로제 마르탱 뒤 가르(1881~1958)

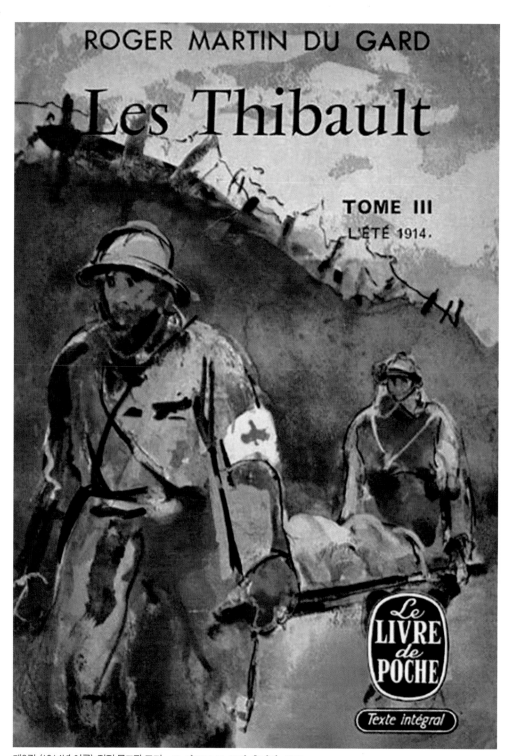

제3권 〈1914년 여름〉 전집 문고판 표지   르 리브르 드 포쉬 출판사. 1959.
뒤 가르는 1914년 제1차 세계대전 시작과 함께 징집되어 4년 뒤 전쟁이 끝날 때까지 복무했다. 이 시기의 경험이 작품
의 밑거름이 되었다.

장 조레스 기사가 실린 〈르 프티 주르날〉 1913년 6월 22일자.
작품 속 '41. 7월 26일 일요일'에서 실존인물 장 조레스를 등장시켜 소설 주인공(자크)과의 관계를 맺어주는데, 이는
뒤 가르의 독특한 소설작법을 보여준다.

마르탱 뒤 가르의 무덤 프랑스 남동부 니스 시미에 묘지. 먼저 간 부인과 함께 묻히다.

텔레비전 영화 〈티보가의 사람들〉 프랑스 제2채널 포스터 　 장 다니엘 베르하게 감독. 장 얀(오스카 티보 역), 장 피에르 로리(앙투안 역), 말릭 지디(자크 역) 출연. 2003.

ROGER MARTIN DU GARD

LES THIBAULT

SIXIÈME PARTIE

LA

MORT DU PÈRE

édition originale

nrf

PARIS

Librairie Gallimard

ÉDITIONS DE LA NOUVELLE REVUE FRANÇAISE

3, rue de Grenelle (vi^e)

〈아버지의 죽음〉 초판 표지 갈리마르출판사. 1929.

World Book 120

Roger Martin du Gard

LES THIBAULTS

티보네 사람들 Ⅱ

로제 마르탱 뒤 가르/민희식 옮김

동서문화사

디자인 : 동서랑 미술팀

티보네 사람들 I II
총차례

티보네 사람들 I

회색노트

소년원

아버지의 죽음

티보네 사람들 Ⅱ

1914년 여름

에필로그 ⋯ 1722

L'été 1914
1914년 여름

1. 1914년 6월 28일 일요일—제네바에서. 자크, 패터슨의 아틀리에에서 모델이 되다

자크는 피곤했지만 자세를 흐트러뜨리지 않으려고 목을 꼿꼿이 세우고 있었다. 눈동자만 조금 움직일 뿐이었다. 그리고 원망하는 듯한 눈길로 인정머리 없는 상대를 바라보았다.

패터슨은 두어 걸음 벽 쪽으로 물러섰다. 그는 한 손에는 팔레트를, 다른 한 손에는 붓을 들고 양쪽으로 번갈아 고개를 갸우뚱거리면서 3미터 앞의 이젤 위에 놓여 있는 캔버스를 뚫어지게 바라보고 있었다. 자크는 이렇게 생각했다. '저 친구 정말 팔자 좋군. 그림을 그릴 수 있으니!' 그의 눈길이 손목시계로 갔다. '나는 오늘밤까지 기사를 써야 한다. 그런데 저 녀석은 그런 것은 아랑곳하지 않으니, 인정머리 없는 녀석!'

숨이 막힐 것처럼 무더웠다. 햇살이 눈부시게 유리창으로 쏟아져 들어오고 있었다. 전에 부엌이었던 이 방은 마을이 내려다보이는 성당 옆 건물 맨 위층에 자리잡고 있는데도, 호수도 알프스 산맥도 보이지 않았다. 눈부시게 푸른 6월의 하늘만이 내다보일 뿐이었다.

방구석의 비스듬한 천장 밑에는 타일을 깐 바닥 위로 짚을 넣어 만든 매트 두 개가 나란히 깔려 있었다. 초라한 옷가지들이 아무렇게나 박아 놓은 못에 걸려 있었다. 녹슨 오븐 위, 벽난로의 선반 위, 개수대 위에 너저분한 물건들이 뒤죽박죽 쌓여 있었다. 에나멜 세면대, 구두 한 켤레, 다 쓴 물감 튜브들로 가득 찬 담배통 하나, 비누 거품이 말라붙은 면도솔, 접시들, 컵 속에서 시들어 버린 장미 두 송이, 그리고 파이프 하나. 마루에는 뒤집힌 캔버스 몇 장이 벽에 비스듬히 세워져 있었다.

패터슨은 웃통을 벗고 있었다. 이를 악물고 코로 거친 숨을 내쉬는 것이 막 달려온 사람 같았다.

"쉽지 않아⋯⋯." 그는 고개를 돌리지도 않고 중얼거렸다.

북유럽 사람 특유의 흰 상체는 땀으로 번들거리고 있었다. 부드러운 살갗 아래에서 근육이 꿈틀거렸다. 몸은 야윌 대로 야위어 가슴팍 아래쪽이 움푹 패어 삼각형 모양의 그림자가 드리워져 있었다. 너무 집중한 나머지 낡은 바지의 얇은 천 밑에서 다리 힘줄이 떨렸다.

"게다가 이제는 담배꽁초 하나 없으니." 그는 낮은 목소리로 중얼거리며 한숨을 쉬었다. 이곳에 도착하면서 자크가 주머니에서 꺼내놓은 담배 세 개비를 모델이 포즈를 취하기 시작할 때부터 연거푸 뻑뻑 피워 버렸던 것이다. 어제부터 아무것도 먹지 않아 텅 비어 있는 그의 위가 경련을 일으켰다. 그러나 그는 그것에도 익숙해져 있었다. '이마가 너무 빛나는데, 흰색이 모자라지 않을까?' 그는 생각했다. 그는 금속 리본처럼 납작해진 채 마루 위에 놓여 있는 백납색 튜브를 힐끗 보았다. 화구상 게렝에게도 이미 백 프랑 정도의 빚이 있었다. 다행히 전에 무정부주의자였다가 최근 사회주의자로 전향한 게렝은 그에게 매우 가까운 동지였다.

패터슨은 초상화에서 눈을 떼지 않고 마치 옆에 아무도 없는 것처럼 얼굴을 찌푸렸다. 손에 든 붓이 아라베스크 무늬를 그리듯 허공에서 움직였다. 그러다가 갑자기 그의 파란 눈이 자크를 향했다. 도둑까치와 같이 자크의 이마를 쏘아보는 그 눈길은 어찌나 날카로웠던지 잔인해 보이기까지 했다.

'마치 과일 그릇에 담긴 사과라도 보는 것 같군.' 자크는 흥미를 느끼며 생각했다. '그 기사 쓰는 일만 없다면⋯⋯.'

패터슨이 자크의 초상화를 그리겠다고 넌지시 제의해 왔을 때 자크는 도저히 거절할 수가 없었다. 여러 달 전부터 패터슨은 모델을 고용할 만한 여유가 없었다. 그렇다고 붓을 잡지 않고는 하루도 견딜 수 없는 성격이었으므로 그저 정물을 그리는 것으로 만족하고 있었다. 패터슨은 처음에는 이렇게 말했다. "더도 말고 네댓 번만 포즈를 취해 주면 돼." 그랬던 것이 일요일인 오늘로 벌써 아흐레째가 되었다. 그동안 자크는 화가 머리끝까지 치미는 것을 참으면서 2시간 안으로 끝난 적이 없는 이 포즈를 취하기 위해 어쩔 수 없이 아침나절마다 이 도시 꼭대기까지 올라오곤 했던 것이다.

패터슨은 열에 들뜬 듯 팔레트 위에 붓을 문지르기 시작했다. 그는 잠깐 마치 도약대에서 탄력성을 시험해 보는 다이빙 선수처럼 무릎을 굽히면서 꼼짝도 하지 않고 자크를 뚫어져라 바라보았다. 그러더니 갑자기 팔을 쭉 뻗고 검객처럼 자세를 취하며 캔버스의 정확한 지점 위에 한줄기 빛, 그것도 아주 작은 빛을 그었다. 그리고 다시 벽까지 물러서서 눈을 가늘게 뜨고 머리를 좌우로 흔들면서 성난 고양이처럼 가쁜 숨을 몰아쉬었다. 이윽고 그는 자크 쪽으로 돌아서더니 마침내 미소를 지으며 이렇게 말했다.

"눈썹, 관자놀이, 이마 위에 나 있는 머리털에 굉장한 힘이 들어 있어! 쉽지 않군……"

그는 팔레트와 붓을 개수대 위에 내팽개치고 몸을 홱 돌리더니 짚을 넣어 만든 매트 위에 벌렁 누워 버렸다.

"오늘은 이만!"

겨우 해방된 자크는 크게 한숨을 내쉬었다.

"봐도 될까? ……야! 오늘은 많이 진척됐군!"

자크의 초상화는 의자에 비스듬히 앉아 있는 모습으로, 무릎까지 그려져 있었다. 왼쪽 어깨는 뒤로 물러나 있고, 오른쪽 어깨와 팔과 팔꿈치는 앞으로 쭉 나와 있었다. 힘줄이 불거져 나온 손은 넓적다리 위에 크게 펼쳐져, 캔버스 아래쪽에 밝고 발랄한 색으로 그려져 있었다. 목은 밝은 빛을 받으며 꼿꼿이 서 있었으나 머리카락과 이마의 무게에 끌린 것처럼 왼쪽 어깨 쪽으로 기울어져 있었다. 광선은 왼쪽에서 비치고 있었다. 얼굴의 반은 그림자가 드리워져 있었으나 머리의 비스듬한 각도 때문에 이마 전체가 빛을 받고 있었다. 그리고 이마의 왼쪽에서 오른쪽으로 드리워진 윤기 나는 짙은 갈색 머릿결 덕분에 피부가 한결 더 빛나 보였다. 패터슨은 이마를 약간 덮은, 풀처럼 뻣뻣하고 촘촘하게 난 머리카락을 훌륭하게 그려내고 있었다. 다부진 턱은 반쯤 풀어헤친 하얀 깃 위에 얹혀 있었다. 고뇌를 간직한 듯한 주름살은 얼굴에 무척 준엄한 빛을 가져다 주었고, 균형을 잃은 큰 입 주변을 어쩐지 고상하게 보이게 하고 있었다. 고뇌가 서린 눈썹 아래 그늘 속에 잠긴 눈길은 솔직하고 단호한 빛을 띠고 있었으나, 너무나 대담하고 넉살 좋게 표현되어 있어서 실물과 닮아 보이지 않았다. 사실은 패터슨도 그것을 알고 있었다. 전체적으로 보아 이마, 어깨, 턱뼈에서 느껴지는 육중한 힘을 그는 아주 잘 나타냈다. 그러나 그는 움직이는 눈길 속에서 서로 뒤섞이지 않고 연속적으로 나타나는 명상, 슬픔, 대담함의 미묘한 뉘앙스를 어떻게 나타내야 할지 몰라 절망하고 있었다.

"내일도 와 줄 수 있지?"

"필요하다면" 자크는 내키지 않는 투로 대답했다.

패터슨은 몸을 일으켜 침대 위에 있는 비옷의 주머니를 뒤졌다. 그러더니 깔깔대고 웃었다.

"미퇴르크 녀석이 경계하고 있어. 요즈음은 주머니에 담배를 넣어 두는 법이 없단 말이야."

웃기 시작할 때면 패터슨은 5, 6년 전에 청교도인 자신의 가족과 인연을 끊고 스위스에 와서 살기 위해 옥스퍼드를 뛰쳐나왔을 때의 장난꾸러기 같은 모습을 되찾곤 했다.

"안 됐군" 그는 익살스런 말투로 중얼거렸다. "일요일 선물로 담배 한 개비를 주려고 했는데!"

패터슨은 먹을 것이 없는 것은 견뎌낼 수 있어도 담배가 없는 것은 견디지 못했다. 그리고 담배 없이는 살아도 그림물감 없이는 살 수 없었다. 그런데 물감, 담배, 먹을 것까지 오랫동안 떨어져서 곤란을 겪은 적은 없었다.

그들은 제네바에서 이렇다 할 수입이 없는 젊은 혁명가들의 방대한 집단을 이루고 있었다. 그들은 활동 중인 여러 조직들과 몰래 관계를 맺고 있었다. 그들은 무엇으로 생활하고 있었을까? 어떻게든 살아가고는 있었다. 자크같이 혜택받은 인텔리들은 신문사나 잡지사 같은 데서 일하고 있었다. 다른 사람들, 세계 곳곳에서 몰려온 전문 기술자들, 즉 인쇄공, 도안공, 시계공들도 그럭저럭 입에 풀칠은 할 수 있었다. 그리고 필요하다면 그것을 일정한 직업이 없는 동지들과 함께 나누어 썼다. 그러나 그들 대부분은 이렇다 할 직업이 없었다. 그들은 닥치는대로 막노동같이 보잘것없는 보수를 받는 일을 하다가 주머니에 몇 푼 생기기가 무섭게 써 버리곤 했다. 이런 무리들 가운데는 다 떨어진 셔츠를 입고 개인 교수를 하거나 도서관에서 조사하는 일을 맡거나 연구소의 허드렛일을 하면서 입에 풀칠해 나가는 학생들이 많았다. 그러나 다행히도 이들이 모두 한꺼번에 곤란을 겪는 일은 한 번도 없었다. 이처럼 주머니에 한 푼도 없이 떠돌아다니는 무리에게 약간의 빵이나 돼지고기, 따뜻한 커피 한 잔, 담배 한 갑 정도를 확보해 주기 위해서는 누군가 주머니 사정이 괜찮은 친구가 하나 있으면 충분했다. 상호부조는 이렇게 자연스럽게 이루어졌다. 젊은 시절에 같은 호기심, 같은 확신, 같은 사회적 정열, 같은 희망을 품고 집단생활을 해 나갈 때는 하루에 한 끼로 때우는 것쯤은 예삿일이었고 그나마 그 한 끼도 별것 아닌 것으로 때울 수 있었다. 패터슨 같은 친구는 심한 공복에서 오는 자극이 두뇌 활동에 바람직한 도취감을 가져다준다고 농담삼아 이야기하곤 했다. 그것은 우스개 이상의 의미를 담고 있었다. 보잘것없는 식사는 그들의 정신적 흥분을 부채질하는 결과를 가져다주었고, 그 결과 동네 모퉁이에서, 카페에서, 하숙집에서 아무 때나 열리곤 하는 끊임없는 그들의 모임은 더욱 열기를 띠었다. 특히 그것이 본부에서 열릴 때는 더욱 그러했다. 그곳에 모일 때는 외국의 혁명가들이 가지고 들어온 정보들을 서로 교환하기도 하고 자기들의 경험이나 주의를 검토하기도 하면서, 모두가 똑같은 열정을 가지고 미래 사회의 건설을 위해 온 힘을 기울이고 있었다.

자크는 면도용 거울 앞에서 깃과 넥타이를 매만지고 있었다.

"서두를 것 없잖아……. 그렇게 바삐 어딜 가려고 그래?" 패터슨이 중얼거렸다.

그는 여전히 웃통을 벗은 채 두 팔을 벌리고 침대 위에 누워 있었다. 손목은 계집아이의 손목처럼 가늘었으나 손은 그야말로 남자의 손이었다. 발목역시 가늘기는 했으나 영국인 특유의 발이었다. 작은 머리에 땀에 젖어 착달라붙은 잿빛 섞인 금발은 유리로 된 천장에서 칙칙한 주홍색을 띠고 있었다. 심오하다고 하기에는 너무 밝게 반짝이는 그 눈 속에는 단순함과 고뇌가 끊임없이 싸우고 있는 것 같았다.

"하고 싶은 얘기가 산더미 같은데" 하고 그는 불쑥 말을 꺼냈다. "우선 자네는 어제 저녁에 '본부'에서 너무 일찍 자리를 떴어."

"피곤해서 그랬어. 모두들 제자리에서 맴돌며 똑같은 말만 되풀이하니까……."

"그건 그랬지. 하지만 아주 열띤 토론이었어. 자네가 없어서 아쉽더군. 조종사가 마침내 보아소니에게 대답을 했어. 그래! 몇 마디뿐이었지. 그런데 그 몇 마디가—뭐라고 할까?—정말 통쾌한 것이었어!"

그 말투에는 은근한 반감 같은 것이 드러나 있었다. 자크는 패터슨이 메네스트렐—사람들은 그를 그냥 '조종사'라고 불렀다—을 증오하면서도 어떤 존경심을 품고 있는 것을 지금까지 여러 번 느껴왔다. 그러나 그것에 대해 패터슨에게 해명을 듣고자 한 적은 한 번도 없었다. 자크는 메네스트렐에게 깊이 빠져 있었다. 그를 친구로서만 사랑하는 것이 아니라 스승의 한 사람으로서 존경심까지 바치고 있었다.

자크는 홱 돌아서며 말했다.

"무슨 말인데? 그가 뭐라고 말했어?"

패터슨은 곧바로 대답하지 않았다. 그는 천장을 바라보며 야릇한 미소를 지었다.

"끝나갈 무렵이었지. 많은 사람들이 자네처럼 자리를 떠나버린 뒤였어. 그는 심드렁한 태도로 보아소니가 얘기하는 것을 듣고 있었어. 그런데 갑자기 여느 때와 같이 자기 발밑에 앉아 있는 알프레다 쪽으로 몸을 굽히고는 아무도 쳐다보지 않고 재빨리 말했어. 가만있자, 뭐라고 했더라. 대충 이런 거였어. '니체는 신의 개념을 말살했다. 그 대신 그는 인간이라는 개념을 가져다 놓았다. 그러나 그건 아무것도 아니다. 이제 무신론은 더 멀리 나아가지 않으면 안 될 때이다. 무신론은 인간이라는 개념마저 말살해야 한다.'"

"그래, 그게 어쨌단 말이야?" 가볍게 어깨를 흔들며 자크가 말했다.

"잠깐만 기다려……. 그때 보아소니가 이렇게 물었어. '그러면 무엇으로 인간이라는 개념을 대신하겠나?' 그러자 조종사는 예의 그 신랄한 미소를 지으면서 확고한 목소리로 이렇게 맞서더군. '무엇으로도 대신할 수 없어!'"

자크는 대답 대신 미소를 지어보였다. 더운 데다가 모델 노릇을 하느라고 지쳐 있었다. 빨리 일하러 가고 싶었다. 게다가 선량한 패터슨을 상대로 철학적 논쟁을 벌이고 싶은 생각은 추호도 없었다. 그는 그저 미소를 거두며 이렇게 말했다.

"패트(_{패터슨}_{의 애칭}), 그는 부정할 수 없는 고귀한 정신의 소유자야!"

패터슨은 팔꿈치를 짚고 몸을 일으키더니 자크의 얼굴을 빤히 쳐다보았다.

"무엇으로도 대신할 수 없대! 아무리 그렇다 해도 absolutely monstrous (정말 터무니없는 말이야)! ……Don't you think so(그렇게 생각하지 않아)?" 자크가 침묵을 지키자 그는 침대 위에 다시 몸을 던졌다. "조종사는 어떤 인생경로를 밟아 왔을까? 나는 언제나 이 점에 관해서 생각하고 있어.

그토록 비정한 데까지 닿으려면 틀림없이 고난의 길을 걸어왔을 것 같지 않아? 그리고 독기를 얼마나 마셨을까? 그런데 말이야, 티보." 그는 거의 말투를 바꾸지 않고 다시 자크 쪽을 돌아보면서 말을 계속했다. "오래전부터 자네한테 물어보고 싶은 것이 있었어. 자네는 두 사람 다 잘 알고 있으니까. 자네는 알프레다가 조종사와 함께 사는 것을 만족해 한다고 생각하나?"

자크는 자신이 지금까지 한 번도 이런 의문을 가져본 적이 없다는 것에 생각이 미쳤다. 이것저것 따져볼 때 말이 안 되는 질문은 아니었다. 그러나 까다로운 문제였다. 그는 이 점에 관해서는 패터슨과 이러쿵저러쿵하지 않는 것이 좋겠다는 막연한 직감을 느꼈다. 넥타이를 다 매고 난 그는 어물쩍 넘어가려고 어깨를 으쓱했다.

패터슨도 이런 침묵을 언짢게 여기는 것 같지 않았다. 그는 다시 누우며 물었다.

"오늘밤에 자노트의 강연회에 갈 건가?"

자크는 화제가 바뀌는 기회를 놓치지 않았다.

"확실히는 모르겠어. 우선 〈르 파날〉(신호등
이라는 뜻)지를 위해 끝내야 할 일이 있어. 일이 순조롭게 되면 6시쯤에 '본부'에 들르지." 그는 모자를 썼다. "어쩌면 오늘밤에 다시 보게 되겠지, 패트!"

"자네, 알프레다에 관한 대답은 하지 않았어" 하고 패터슨이 몸을 반쯤 일으키면서 말했다.

자크는 이미 문을 열어 놓은 뒤였다. 그는 다시 돌아섰다.

"나는 모르겠어" 하고 그는 약간 망설이는 듯하다가 말했다. "그런데 그녀가 행복하지 못할 이유가 없지 않아?"

2. 6월 28일 일요일—글로브 호텔에서 자크와 반네드

벌써 1시 반이 넘었다. 제네바 사람들은 아직도 한가롭게 점심식사를 하며 휴일을 즐기고 있었다. 햇살은 부르 드 푸르 광장에 수직으로 내리쬐어 그늘은 건물들의 가장자리에만 보랏빛 테두리로 남아 있었다.

자크는 인적 없는 광장을 비스듬히 가로질러 갔다. 분수의 물줄기 소리만이 정적을 깨뜨리고 있었다. 고개를 숙인 채 목덜미에 햇살을 받으며 자크는 빠른 걸음으로 걸었다. 그는 거울처럼 번쩍거리는 아스팔트 때문에 눈이 따가워짐을 느꼈다. 제네바의 여름 더위를—희고 푸른빛을 띠었으며 가차없으면서도 건강에 좋은, 후텁지근하거나 찌는 듯한 불볕더위는 드물었다—지나치게 두려워하지는 않지만 좁은 퐁테뉴 거리의 상점들을 따라가다가 약간의 그늘을 발견한 그는 몹시 기뻤다.

그는 자신의 기사에 대해 골똘히 생각하고 있었다. 그것은 〈파날 스위스〉지의 '서평' 란에 실릴, 프리치의 최근 저서에 관한 몇 장의 서평 원고였다. 이미 삼분의 이는 써 놓았다. 그러나 첫 부분은 모두 다시 써야만 했다. 라마르틴(19세기 프랑스의 낭만
주의 시인·정치가)의 문구를 인용하는 것으로부터 시작해야 할 것 같았다. 그가 그저께 도서관에서 베껴 놓은 그 문구는 이러했다. '애국주의에는 두 가지가 있다. 하나는 국민을 서로 이간질하는 정부들에 의해 눈먼 국민들이 서로서로 품게 되는 온갖 증오, 온갖 편견, 심한 반감으로 이루어지는 애국주의이고, 다른 하나는 이와는 반대로 모든 국민이 공통으로 갖는 모든 진리와 권리로 이루어지는 애국주의이다.' 그 생각은 확실히 옳다. 그리고 고결하다. 그러나 그 표현은…… '흥' 하고 그는 미소를 지으며 생각했다. '1848년 무렵의 객설이라고 말할 수 있겠지. 그러나 생각해 보면 우리도 거의 비슷하게 말하고 있는 것은 아닐까? 물론 예외는 있겠지만…… 이를테면 조종사의 말은 이것과는 전혀 다르지.' 메네스트렐과 연관된 패터슨의 질문이 생각났다. 알프레다는 과연 행복할까? 그로서는 그렇다거나 아니다라는 대답을 할 만한 처지가 못 되었을 것이다. 여자들이란…… 여자들 일을 어떻게 알 수 있겠는가? 소피아 캄메르진과의 추억이 그의 머릿속을 스쳐갔다. 로잔과 캄메르진 영감의 하숙을 떠난 뒤로 소피아에 대한 일은 거의 잊고 있었다. 처음에는 소피아가 그를 만나려고 여러 번 제네바에 찾아왔었다. 그러나 머지않아 발길을 끊어 버렸다. 그녀가 찾아왔을 때 그는 언제나 즐거운 마음으로 맞아 주곤 했었다. 그런데 그가 그녀에 대해 전혀 애정을 느끼고 있지 않다는 사실을 눈치챈 것일까? 일말의 아쉬움이 그의 머릿속을 스쳐갔다. 좀 색다른 여자였지……. 그 뒤로 그는 그녀를 대신할 만한 여자를 찾지 못했다.

그는 발걸음을 재촉했다. 론 강까지 내려가야 했다. 그는 강 건너 저쪽 그르뉘 광장에서 살고 있었다. 그곳은 좁은 골목길과 지저분한 집들이 늘어서 있는 빈민가였다. 한가운데 공중변소가 있는 광장 한 모퉁이에 4층짜리 '글로브 호텔'이 빗물로 얼룩진 정면을 빤히 드러내고 있었다. 낮은 출입문 위에 있는 유리로 만든 지구의가 저녁이면 불이 켜져 간판을 대신했다. 거리의 다른 호텔들과는 달리 이 호텔에서는 매춘부를 받지 않았다. 경영자는 베르셀리니 형제로서 두 사람 모두 미혼이었고, 여러 해 전부터 사회당의 당원으로 가입해 있었다. 그들은 거의 모든 객실을 열성당원들에게 빌려 주었는데, 숙박비가 매우 쌌고 그것도 형편이 닿을 때 내도록 했다. 베르셀리니 형제는 돈이 없다는 이유만으로 손님을 내쫓은 적은 한 번도 없었다. 다만 수상한 자는 예외였다. 왜냐하면 이런 혁명가들의 무리 가운데는 매우 선량한 사람들과 악질적인 사람들이 동시에 끼어 있게 마련이기 때문이었다.

자크의 방은 호텔의 위층에 있었다. 비좁지만 아담하고 깨끗한 방이었다. 한 가지 유감스러운 것은 하나밖에 없는 유리창이 층계참 쪽을 향해 나 있다는 점이었다. 그 때문에 계단에서 나는 소리와 냄새가 사정없이 방으로 들어왔다. 조용한 가운데 일하려면 어쩔 수 없이 창문을 닫고 천장의 전깃불을 켜야만 했다. 가구는 충분했다. 좁은 침대, 옷장, 책상과 의자, 그리고 벽에 붙어 있는 세면대. 작은 책상 위에는 항상 잡다한 물건들이 쌓여 있었다. 글을 쓸 때 자크는 대개 침대에 걸터앉아 책상 대신 무릎에 지도를 올려놓곤 했다.

일을 시작한 지 30분쯤 되었을 때 누군가가 간격을 두고 문을 세 번 두드렸다.

"들어와" 하고 자크가 큰 소리로 외쳤다.

빠끔히 열린 문 사이로 헝클어진 머리를 한 어린아이의 얼굴이 나타났다. 알비노(색소 결핍증에 걸린 사람)인 반네드였다. 그도 지난해 자크와 같이 로잔을 떠나 제네바로 와서 같은 호텔에 묵고 있었다.

"미안해요…… 방해가 되었나요, 보티?" 그는 자크가 아버지의 죽음 이래로 본명을 써왔음에도 불구하고 계속해서 예전의 필명을 부르는 사람들 가운데 하나였다.

"'카페 랑도'에서 모니에를 만났어요. 조종사가 당신에게 두 가지 말을 전해 달라고 부탁했대요. 하나는 조종사가 당신을 만날 일이 있으니 5시까지 집에서 기다리겠다는 것이고, 다른 하나는 당신 원고가 이번 주 〈르 파날〉지에 실리지 않게 되었으니까 오늘밤까지 넘겨 주지 않아도 된다는 거예요."

자크는 자기 앞에 널려 있는 종이 위에 두 손을 가지런히 놓고 머리를 벽에 기댔다. "잘됐구나!" 하고 그는 안심하듯이 말했다. 그러나 곧 이렇게 생각했다. '그렇다면 이번 주에는 25프랑을 받지 못하겠군.' 이제 돈도 거의 바닥나 있었다.

반네드는 생긋 웃으며 침대로 다가왔다.

"잘 안 써져요? 무엇에 관한 글인데요?"

"프리치의 《인터내셔널리즘》이라는 책에 관한 거야."

"그런데요?"

"솔직히 말해서 나도 어떻게 생각해야 좋을지 모르겠어……."

"그 책을요?"

"책도 책이고…… 인터내셔널리즘 말이야."

이마 언저리에 보일까말까 하는 반네드의 눈썹이 찡그려졌다.

"프리치는 편협해" 하고 자크는 말을 계속했다. "더구나 전혀 가치가 다른 몇 가지를 혼동하고 있는 것 같은 생각이 든단 말이야. 민족 관념이라든가 국가 관념이라든가 조국 관념이라든가. 그래서 옳아 보이는 말을 할 때도 무엇인가 잘못 생각하고 있다는 느낌이 들어."

반네드는 눈살을 찌푸리고 듣고 있었다. 희미한 속눈썹 그늘이 그의 눈길을 가리고 있었고, 입을 오므린 탓에 입가가 처진 것처럼 보였다. 그는 책상까지 물러난 다음 서류, 세면도구, 책들을 옆으로 밀어놓고 그 위에 앉았다.

자크는 자신이 없는 말투로 말을 이었다.

"프리치나 그 일당들에게 인터내셔널리스트의 이상이란 무엇보다도 조국 개념의 폐기를 뜻하고 있어. 그런데 그럴 필요가 있을까? 꼭 그래야만 할까? 확언할 수는 없을 것 같아!"

반네드는 인형 같은 손을 쳐들며 이렇게 말했다.

"아무튼 애국심이라는 건 없애 버려야 해요! 한 나라라는 좁은 울타리 안에서 어떻게 혁명을 생각할 수 있겠어요? 혁명, 진정한 혁명, 우리의 혁명, 그것은 인터내셔널의 과업이라고 생각해요! 그리고 곳곳에서 동시에, 전세계의 모든 노동자들 대다수에 의해 실현되어야 하는 거예요!"

"그래. 그러나 자네 자신도 애국주의와 조국의 개념을 구별하고 있잖아."

반네드는 새하얀 곱슬머리가 덮인 조그마한 머리를 고집스럽게 저었다.

"그것은 같은 거예요, 보티. 19세기의 예를 보면 알아요. 도처에서 애국주의와 조국에 대한 감정을 북돋우면서 19세기는 민족 국가의 원칙을 공고히 한 거예요. 그리고 각 국민 사이에 증오를 심어 주면서 새로운 전쟁을 준비해 왔던 거예요!"

"동감이야. 그러나 각 나라에서 조국 개념을 왜곡시킨 것은 애국주의자들이 아니라 19세기의 민족주의자들이었어. 감정적이며 정당하고 악의 없는 애착 대신에 그들은 일종의 신앙, 일종의 공격적인 광신을 가져다주었지. 이런 국가주의는 처치해야 해. 물론, 그래야지! 하지만 프리치의 말처럼 조국에 대한 감정도 동시에 배격해야 할까? 이 인간적인 현실, 말하자면 육체적이고 감각적인 이 현실을?"

"그럼요! 진정한 혁명가가 되려면 우선 모든 인간관계를 끊고 자신과도 단절해야 하는데……."

"조심해" 하고 자크가 그의 말을 멈추게 했다. "자네는 자네 자신이 되고자 하는 혁명가의 유형을 머릿속에 두고 있는 거야. 그런데 자네는 인간 본성과 현실과 실생활에 따라 행동하는 인간, 일반적으로 말하는 인간을 그냥 지나치려 하고 있어……. 내가 말하는 감정적인 애국주의라는 것을 사람들이 정말 버릴 수 있을까? 나는 장담할 수 없어. 아무리 몸부림쳐도 인간은 결국 풍토를 따르게 마련이거든. 천성적 기질이라는 것을 갖고 있는 거지. 인종적 특징을 갖고 있는 거야. 인간은 자신을 형성시켜 준 문명의 특수한 형태와 그 관습에 얽매여 있어. 어디를 가나 자신의 언어를 지키거든. 이 점을 주의할 필요가 있어! 아주 중요한 거야. 조국의 문제도 틀림없이 그 근본은 언어의 문제에 지나지 않는 것이고! 어디에 있건, 어디를 가건 인간은 자기 나라말과 자기 나라 어법으로 생각하려 들거든……. 우리 주변을 한번 살펴봐! 제네바에 있는 우리 친구들, 스스로 고국을 등지고 나와 여기에서 그야말로 국제적인 집단을 이루고 있다고 자처하는 사람들 말이야! 그러면서도 본능적으로 끼리끼리 모여 이탈리아인, 오스트리아인, 러시아인 등 허다하게 작은 분파를 이루는 것을 보란 말이야……. 같은 땅에서 태어났고 우애 있고 '애국심이 강한' 작은 집단들이지. 반네드, 자네 자신도 벨기에인과 함께 있지 않은가!"

반네드는 몸을 떨었다. 밤의 새와 같은 그의 눈꺼풀이 비난의 빛을 띠고 자크를 바라보다가 이내 속눈썹 그늘로 사라졌다. 그의 신체적 결함은 그의 태도의 겸손함을 한결 돋보이게 했다. 그러나 그의 침묵은 그의 신념과 사상보다 훨씬 견고했다. 그것은 겉으로 보기에는 소심한 것 같지만 실은 이상하리만큼 자신에 차 있는 그의 신념을 지키는 데 보탬이 되곤 했다. 자크나 조종사조차도 반네드에게 진정한 영향력을 행사할 수는 없었다.

"아니야, 아니야" 하고 자크는 계속해서 말했다. "사람은 조국을 떠날 수는 있어도 잊을 수는 없는 거야. 그리고 이런 의미의 애국주의가 우리 인터내셔널리스트의 혁명 이념과 근본적으로 양립할 수 없는 것은 아니야! 그래서 나는 프리치처럼 생각해 봤어. 본질적으로 인간적인 요소들, 그 자체가 힘을 나타내는 이 요소들을 공격하는 것은 경솔한 짓이 아닐까? 미래의 인간에게서 이런 것을 박탈해 버리는 것은 오히려 해로운 일이 아닐까 하는 생각까지도 들어." 그는 잠시 입을 다물었다가 말투를 바꾸어 망설이는 듯 애매한 말투로 이렇게 말했다. "난 그렇게 생각하고는 있지만 쓸 용기가 없어. 특히 몇 장 안 되는 서평 기사에서는 더욱 그래. 오해를 사지 않으려면 마땅히 책 한 권은 써야 할 거야." 그는 다시 입을 다물었다가 갑자기 이렇게 말했다. "하기야 그런 책도 나는 쓰지 않을 거야……. 왜냐하면 결국 나는 아무것에도 확신이 없으니까! 알겠어? 조국을 잊은 사람을 상상하지 못하는 건 아니야. 사람은 적응해 나가. 누구든지 결국은 그런 단절에 익숙해질 거야."

반네드는 책상에서 물러나 자기도 모르게 자크 쪽으로 한 걸음 다가왔다. 장님 같은 그의 얼굴에는 해맑은 기쁨의 표정이 감돌고 있었다.

"사람은 거기에서 큰 보상을 찾게 될 거예요!"

자크는 미소를 지었다. 그가 어린 반네드를 좋아하는 이유는 반네드가 이 같은 열정을 가졌기 때문이다.

"그럼 난 가 볼게요." 반네드가 말했다.

자크는 계속 웃고 있었다. 그는 반네드가 깡충깡충 뛰어 문 쪽으로 가서 가볍게 인사를 하고 살며시 방을 나가는 모습을 바라보았다.

이제는 기사를 끝마쳐야 한다는 의무감도 없지만—오히려 그 때문이었는지—그는 다시 기운차게 일을 시작했다.

현관에서 4시를 알리는 시계 종소리가 울렸을 때 자크는 여전히 글을 쓰고 있었다. 메네스트렐이 그를 기다리고 있을 시각이었다. 그는 침대에서 뛰어내렸다. 일어서자마자 공복을 느꼈다. 그러나 시내에 나가서 어물어물할 시간이 없었다. 더운물에 넣으면 곧 풀어지는 가루 초콜릿이 서랍 한구석에 아직 두 봉지 남아 있었다. 마침 알코올 램프에도 어제 채워 둔 알코올이 들어 있었다. 얼굴과 손을 씻는 동안 작은 냄비에서는 벌써 물이 끓고 있었다. 그는 뜨거운 초콜릿을 쩔쩔매면서 들이키고는 황급히 방을 나섰다.

3. 6월 28일 일요일—자크의 메네스트렐 방문

메네스트렐의 집은 그르뉘 광장에서 꽤 멀리 떨어져 있고, 많은 혁명가들, 주로 러시아 망명객들이 살고 있는 카루주 거리에 있었다. 그곳은 아르브 강가를 따라 플랭팔레 들판 너머에 있는 아무런 특색이 없는 교외 동네였다. 그곳에서는 넓은 공간이 필요한 청부건축업자, 장작이나 연탄을 파는 땔감장사, 주물장사, 마차상, 널빤지 판매상, 장식품상들이 작업장을 차려놓고 있었고, 이들의 자재 창고들이 확 트인 거리를 따라 드문드문 있는 낡은 집이며 훼손된 정원이며 분양지 따위와 뒤섞여 있었다.

조종사가 살고 있는 건물은 퐁뇌프 다리 어귀, 샤를 파주 강변로와 카루주 거리 모퉁이에 있었다. 4층짜리 긴 건물은 누렇고 평평하며 발코니도 없었으나, 여름 햇빛을 받아 이탈리아풍의 초벌칠을 한 것처럼 운치 있는 색조를 띠고 있었다. 갈매기 떼들은 창문 앞을 지나 아르브 강가의 제방 위에 내려앉곤 했다. 아르브 강은 물살이 빠르고 수심이 그다지 깊지 않아서, 수면 위로 보일 듯 말듯 솟은 바위들을 거품으로 덮으며 격류와 같은 모습을 하고 있었다.

메네스트렐과 알프레다는 복도 끝에 있는 두 칸짜리 아파트에서 살고 있었다. 좁은 현관이 방 두 칸을 갈라놓고 있었는데, 작은 방은 부엌으로, 다른 방은 응접실 겸 사무실로 쓰고 있었다.

볕이 잘 들어 덧문을 닫아 놓은 창가에서 메네스트렐이 작은 이동식 테이블 위로 몸을 수그리고 자크가 오기를 기다리며 일을 하고 있었다. 그는 휘갈긴 약자투성이의 작은 글씨체로 〈어니언 스킨〉지에 간단하게 적고 있었는데, 알프레다가 그것을 판독한 다음 구식 타자기로 치는 일을 맡고 있었다.

지금 조종사는 혼자였다. 알프레다는 그녀가 늘 앉아 있던, 메네스트렐의 의자에 바싹 붙어 있는 낮은 외다리 의자에서 방금 떠났다. 그녀는 메네스트렐의 일이 잠시 중단된 틈을 타서 식탁용 물병에 시원한 물을 채우기 위해 수돗물을 틀려고 부엌으로 갔다. 약한 가스불에 천천히 데워지는 복숭아 설탕 졸임의 새콤한 향기가 방 안의 더운 공기 속에 떠돌고 있었다. 그들은 거의 유제품과 야채와 찐 과일만 먹고 살았다.

"프레다!"

그녀는 들고 있던 커피포트를 물로 씻어 내고 수도를 잠근 다음 급히 손을 닦았다.

"프레다!"

"네……."

그녀는 얼른 그의 곁으로 돌아와 낮은 의자에 앉았다.

"어디 갔었어?" 하고 메네스트렐은 숙이고 있는 그녀의 갈색 목덜미에 손을 얹으면서 말했다. 대답을 듣기 위한 질문은 아니었다. 그는 일을 계속하면서 몽상에 잠긴 듯한 목소리로 그렇게 물었다.

그녀는 얼굴을 들어 미소를 지었다. 그 눈길은 타는 듯했고 성실하며 침착해 보였다. 크게 뜬 그 눈은 모든 것을 보고, 모든 것을 이해하고, 모든 것을 사랑하고자 하는 욕망을 나타냈다. 그러나 그 눈길에서 고집이라든가 호기심 같은 것은 조금도 찾아볼 수 없었다. 그녀는 단지 바라보고 기다리기 위해 이 세상에 태어난 것 같아 보였다. 메네스트렐이 그녀에게 생각한 것을 분명히 말하기 시작할 때(그는 언제나 그렇게 했다) 그녀는 메네스트렐 쪽으로 몸을 돌리고 두 눈으로 듣고 있는 듯했다. 가끔 그의 생각이 미묘해질 때면 그녀는 눈을 깜박거리며 찬성의 뜻을 나타냈다. 이렇게 그녀가 언제나 가까이에서 조용히 그리고 끊임없이 주의를 기울이며 있어 주는 것, 이것이 야말로 메네스트렐이 원하는 모든 것이었다. 그것은 지금 그가 살아가는 데 공기만큼이나 없어서는 안 되는 것이었다.

그녀는 이제 겨우 23살로 그보다 15살이나 아래였다. 그들이 어떻게 알게 되었으며 어떤 인연으로 맺어져 이렇게 함께 살게 되었는지를 정확히 아는 사람은 아무도 없었다. 그들은 지난해에 함께 제네바로 왔다. 메네스트렐은 스위스 태생이었다. 그녀는 자신의 가족이나 어린시절에 관해서 아무런 암시조차 하지 않았지만, 사람들은 그녀가 남아메리카 태생이라는 것을 알고 있었다.

메네스트렐은 무언가를 계속해서 갈겨쓰고 있었다. 갸름한 그의 얼굴—끝을 뾰족하게 다듬은 짧고 검은 턱수염 때문에 더 길어 보였다—은 앞으로 숙여져 있었다. 양쪽 관자놀이에 의해 죄어진 것 같은 좁은 이마가 빛을 받아 환하게 드러나 보였다. 왼손은 여전히 알프레다의 목덜미에 놓여 있었다. 젊은 여인은 등을 구부린 채 고양이처럼 꼼짝도 않고 떨면서 그 애무에 몸을 내맡기고 있었다.

메네스트렐은 왼손은 그대로 둔 채 쓰던 일을 멈추고는, 멍하게 허공을 바라보다가 고개를 가로저었다.

"당통은 이렇게 말했어. '우리는 아래의 것을 위에, 위의 것을 아래에 두고 싶다.' 이봐, 그러나 이건 한 정치가의 말일 뿐이지, 혁명적 사회주의자의 말은 아니야. 루이 블랑, 프루동, 푸리에, 마르크스라면 결코 그런 말은 하지 않았을 거야."

그녀의 눈길이 메네스트렐 쪽으로 향했다. 그러나 그는 그녀를 보고 있지 않았다. 창살 틈으로 햇빛이 새어 들어오는 창 위쪽을 향한 그의 얼굴은 무표정하기만 했다. 그의 용모는 단정했지만 이상하리만큼 생기가 없어 보였다. 얼굴빛이 병적이라고는 할 수 없으나 잿빛이 감돌고 있어서 마치 피부 밑의 피가 무색인 것 같은 인상을 주었다. 짧게 깎은 검은 콧수염 밑의 입술도 살갗과 똑같은 빛깔이었다. 오직 두 눈만이 활기를 띠었다. 작은 두 눈은 괴상하리만큼 서로 가깝게 모여 있었다. 새까만 눈동자는 눈꺼풀 사이 전부를 차지하고 있어서 흰자위가 보일 듯 말 듯했다. 그 빛나는 광채는 똑바로 쳐다보지 못할 정도로 강렬했으나 그 눈빛은 아무런 열정도 발산하지 못하고 있었다. 아무런 정감도 담겨 있지 않고 초롱초롱하기만 한 눈빛은 극도의 주의력으로 항상 긴장된 듯해서 전혀 인간의 눈 같아 보이지 않았다. 상대를 굴복시키고 불안하게 만드는 눈이었다. 그것은 어떤 동물, 혹은 어떤 원숭이한테서나 볼 수 있는 날카롭고 야생적이며 이상한 눈빛을 떠올리게 했다.

"……개인주의적 이데올로기의 삼단논법" 하고 그는 거리낌없이 중얼거렸다. 그것은 마치 마음속으로 생각의 결말을 짓는 것 같았다.

힘이 없고 매우 단조로운 목소리였다. 그는 말할 때면 거의 언제나 짧고 아리송한 어구를 사용했는데, 약하지만 지칠 줄 모르는 숨결로 내뱉는 것 같은 느낌을 주었다. 각 음절을 하나하나 떼어 말하면서도 "개인주의적 이데 올로기의 삼단논법"과 같이 매끄러운 한 문장을 단숨에 엮어가는 수법은 활을 한 번 당겨서 두 계음을 연속으로 재빨리 연주하는 바이올리니스트의 솜씨를 떠올리게 했다.

"계급적 사회주의는 사회주의가 아니야. 계급 질서를 뒤엎는 것, 그것은 다만 하나의 악을 다른 악으로 대신하고, 하나의 억압을 다른 억압으로 바꾸는 것에 지나지 않아. 오늘날의 모든 계급은 고통을 당하고 있어. 이윤 제도, 끊임없는 경쟁의 횡포, 지나친 개인주의는 고용주조차 속박하고 있다고. 단지 고용주가 그것을 이해하지 못하고 있을 뿐이야." 그는 이렇게 말하면서 두 번이나 가슴에 손을 대고 잔기침을 했다. 그리고 아주 빠른 말투로 말했다. "노동의 새로운 조직을 통해 모든 건전한 구성원들을 차별 없이 계급 없는 사회 속으로 폭넓게 녹이는 것, 바로 이것이 필요한 거야……."

그러고 나서 그는 다시 쓰기 시작했다.

메네스트렐의 이름은 항공기 발달의 초기 역사와 결부되어 있었다. 조종사 겸 정비사였던 메네스트렐은 취리히 공장이 창설될 때 S.A.S _(스위스 항공협회)가 초빙한 사람들 가운데 하나였다. 그리고 아직도 쓰이고 있는 몇 개의 장치에는 그의 이름이 붙어 있었다. 당시에 알프스 산맥 위를 비행하려는 그의 끈질긴 시도는 많은 국민들의 관심을 끌었다. 그러나 그는 취리히-토리노 장거리 비행의 실패로 인해 다리에 부상을 입은 뒤(그는 하마터면 목숨을 잃을 뻔했다) 조종사직을 내놓았다. 그러고 나서 S.A.S의 파업 때 기술자로서의 직업을 단호하게 버리고 노동운동에 가담했다가 갑자기 스위스를 떠나 버렸다. 그 뒤 그는 어떻게 되었을까? 스위스를 떠나 여러 해 동안 동유럽에서 지냈던 것일까? 그는 러시아 문제에 매우 정통했었다. 그리고 그가 슬라브 방언을 잘한다는 사실을 보여 주는 기회도 여러 번 있었다. 그뿐만 아니라 그는 소아시아와 스페인에 관한 것도 많이 알았다. 유럽 혁명계의 유력 인사들 대부분과 개인적인 교류가 있었던 것도 사실이었다. 그들 가운데 많은 사람들하고는 꾸준한 편지 왕래까지 있었다. 그러나 그런 사람들과 어떤 기회에 어떤 의도를 가지고 가까워졌을까? 이런 것들에 관한 그의 이야기는 언제나 다른 일에 관해서 이야기하듯이 정확성과 모호함이 뒤섞여 사람들을 어리둥절하게 만들었으며, 그 때문에 일반적인 차원의 토론에서도 부수적인 정보를 제공하기도 했다. 그는 자신이 직접 들은 특별한 말이나 자기 자신이 그 자리에 있었을 법한 일을 이야기할 때도 그 자신이 사건에 어떤 역할을 했는지에 대해서는 결코 설명하려 들지 않았다. 그러한 암시는 언제나 부수적인 것이었다. 사실이나 주의나 개인에 대해서 이야기할 때는 진지하고 확실한 근거가 있는 말투를 쓰다가도, 일단 자기 자신의 이야기는 농담이라는 생각이 들 정도로 얼버무렸다.

그러면서도 그는 어떤 일이 일어난 현장에 자기가 언제나 있었던 듯한 인상을 주었다. 적어도 그는 어느 날 어느 장소에서 실제로 무슨 일이 있었는지에 대해서 어느 누구보다도 잘 알고 있었으며, 그 사건에 대한 독특한 관찰력을 가지고 있었으므로 논박할 수 없는 뜻밖의 추론을 이끌어내는 듯했다.

그는 왜 제네바에 왔을까? 언젠가 그는 "조용히 있고 싶어서"라고 말한 적이 있었다. 처음 몇 달 동안 그는 망명자들이나 스위스 사회당원들과도 교제하지 않고 은둔 생활을 계속했다. 날마다 알프레다와 함께 도서관에서 프랑스 혁명에 관한 유명한 논객들의 저술을 읽고 그것에 주석을 붙이면서 지냈다. 자신의 정치적인 교양을 보완하는 목적 이외에 다른 목적이 없는 것 같았다.

그러던 어느 날, 제네바의 젊은 투사 리차들레가 그를 본부에 데리고 가는 데 성공했다. 그곳에는 밤마다 스위스나 외국의 잡다한 혁명가 무리들이 모이곤 했다. 그곳 분위기가 마음에 들었던 것일까? 그날은 말 한 마디 하지 않더니 다음날에는 제 발로 왔다. 그리고 얼마 안 가서 그의 강한 개성이 인정받게 되었다. 한동안 하는 일 없이 잡담이나 늘어놓던 이 이론가 패거리 속에서 활기찬 그의 비판정신, 책을 읽거나 남이 하는 말에서 주워들은 지식이 아니라 오히려 경험을 통해서 얻은 것 같은 나무랄 데 없는 재능, 모든 문제를 구체적인 차원으로 이끌어 가고 혁명사상에 항상 실제 목표를 제시하고자 하는 본능, 지극히 복잡한 사회 문제 속에서 곧 그 본질을 끄집어내고 그것을 명확한 방식으로 요약하는 슬기—그는 이런 것들을 보임으로 해서 모든 사람들에게 특별한 영향력을 발휘하게 된 것이다. 몇 달 만에 그는 이 집단의 핵심적 인물이자 실제로 이 집단을 이끌어 가는 주동적 인물이 되었다. 어떤 사람은 그를 '지도자'라고 부르기까지 했다. 그는 날마다 나타났다. 그러나 그를 둘러싸고 있는 신비는 여전히 밝혀지지 않았다. 그것은 한 걸음 물러서서 때를 기다리면서 '무엇인가 마음의 준비를 하는' 사람의 신비였다.

"이리 오세요" 하고 알프레다는 자크를 부엌으로 안내하면서 말했다. "지금 일하시는 중이에요." 자크는 이마의 땀을 닦고 있었다. "물 드시겠어요?" 그녀는 개수대의 수도꼭지에서 물을 받고 있던 물병을 가리키면서 말했다.

"그러지요!"

물을 채운 컵에 물방울이 맺혔다. 그녀는 여느 때처럼 공손하고 친절한 모습으로 물병을 들고 그의 앞에 서 있었다. 엷게 분을 바른 윤기 없는 얼굴, 나지막한 코에다 입술을 다물 때면 마치 잘 익은 딸기처럼 부풀어 오르는 어린아이 같은 입, 관자놀이 쪽으로 약간 찢어진 두 눈, 눈썹 언저리에서 얼굴을 가린 검고 억센 윤기 있는 머리카락. 이 모든 것이 유럽제 일본 인형을 떠올리게 했다. '푸른 기모노를 입고 있어서인지도 모르지' 하고 그는 생각했다. 그때 물을 마시던 그의 머릿속에 패터슨이 한 질문이 다시 떠올랐다. '자네는 알프레다가 조종사와 함께 사는 것을 만족해 한다고 생각하나?' 메네스트렐하고 이야기할 때면 언제나 그녀가 곁에 있었지만 실상 그는 그녀에 관해서 아는 것이 거의 없었다. 그는 그녀를 살아 있는 사람이라기보다는 생활 도구로—더 정확히 말하면 메네스트렐의 일부로 생각했었다. 알프레다와 단둘이 마주 앉게 된 지금, 비로소 그는 무엇인가 어색한 느낌이 드는 것을 알 수 있었다.

"한 컵 더 드실래요?"

"그러지요."

초콜릿 탓인지 목이 말랐다. 점심을 걸렀다는 것, 그리고 변변찮은 것으로 끼니를 때웠다는 생각에 사로잡혀 있었다. 그리고 갑자기 뜻밖의 생각이 머리를 스쳤다. '알코올 램프를 끄고 왔나?' 기억을 더듬어 보았지만 분명하지 않았다.

조종사의 목소리가 칸막이 너머에서 들려왔다.

"프레다!"

"네……."

그녀는 미소를 지었다. 그리고 장난기 어린 눈길로 자크를 살짝 쳐다보았다. 그 눈길은 '어쩌면 저렇게 응석받이 같을까!'라고 말하는 것 같았다.

"갈게요" 하고 그녀가 말했다.

메네스트렐은 의자에서 일어나 있었다. 그는 지금 막 덧문을 반쯤 열어 놓은 창 앞에 역광을 받으며 서 있었다. 햇빛이 방 안에 흘러들어와 낮고 큰 침대, 아무런 장식이 없는 벽, 만년필과 몇 장의 종이만이 가지런히 놓여 있는 책상 위를 비추고 있었다.

회색 면 파자마를 입고 서 있는 메네스트렐은 키가 커 보였다. 몸집은 늘씬하고 윗몸은 좀 가는 편이었다. 그러나 어깨는 어쩐지 구부정해 보였다. 그는 자크에게 손을 내밀면서 날카로운 두 눈으로 자크의 눈을 쏘아보았다.

"오라고 해서 미안해. 여기가 본부보다 더 조용할 것 같아서……."

그는 책갈피 끈으로 작업 부분을 표시해 놓은 책을 알프레다에게 건네주면서 말했다. "알프레다, 당신 일은 바로 이거야."

그녀는 순순히 타자기를 꺼내더니 마루 위에 웅크리고 앉아 침대에 등을 기댄 채 타자를 치기 시작했다.

메네스트렐과 자크는 책상 옆에 앉았다. 조종사의 얼굴에 불안한 빛이 감돌았다. 그는 등받이에 몸을 기대고 다리를 앞으로 쭉 뻗었다(부상당한 뒤부터 그는 왼쪽 무릎이 뻣뻣해져서 다리를 약간 절곤 했다).

"곤란한 일이 생겼어" 하며 그는 말을 꺼냈다. "어떤 사람이 편지를 보내왔어. 그 편지에 따르면 경계할 인물이 둘 있는 것 같아. Primo(첫째로라는 뜻의 이탈리아어), 기트베르."

"기트베르?" 하고 자크가 외쳤다.

"Secundo(둘째로라는 뜻의 이탈리아어), 토블러."

자크는 침묵을 지키고 있었다.

"놀랐나?"

"기트베르라고요?" 하고 자크가 다시 물었다.

"이게 바로 그 편지야." 메네스트렐은 파자마 주머니에서 봉투를 하나 꺼내면서 말을 계속했다. "읽어 봐."

"그렇군요" 하고 자크는 그 편지를 천천히 읽고 나서 중얼댔다. 그것은 길고 냉철하며 공격적인 익명의 편지였다.

"기트베르와 토블러가 크로아티아 운동에서 취한 태도는 자네가 알고 있는 대로야. 그들은 대회에 참석하기 위해 빈에 올 거야. 요컨대 그들을 어느 정도까지 믿을 수 있느냐가 문제야. 이 점이 매우 중요해. 나는 확실한 것을 알기 전에는 아무에게도 알리지 않을 생각이네."

"그렇군요." 자크는 다시 말했다. '그럼 어떻게 할 작정이에요?'라는 말이 나오려는 것을 참았다. 메네스트렐과의 관계에서 어떤 동지애 같은 것이 마음속 깊이 있는데도 불구하고, 그는 본능적으로 어느 정도 거리를 두고 있었다. 질문을 예상한 듯 메네스트렐은 입을 열었다.

"Primo(첫째)……" (그는 병적이라고 할 정도로 언제나 명확해야 한다는 점에 신경을 썼다. 그래서 그는 자주 이렇게 확실하고 날카로운 투인 Primo 라는 말로 이야기를 시작하였다. 그렇다고 다음에 언제나 Secundo(둘째)라는 말이 뒤따르는 것은 아니었다) "Primo, 확증을 얻기 위한 유일한 방법은 현지 조사야. 빈에서의 조사는 비밀로 해야 돼. 그러기 위해서는 사람들 눈에 안 띄는 인물에게 시켜야 해. 어떤 당에도 가입해 있지 않은 사람이면 더 좋고……. 그러나" 하고 그는 말을 이으면서 자크를 뚫어지게 바라보았다. "확실한 사람이라야만 돼. 그 판단력에 믿음이 갈 수 있는 인물 말이야."

"그래요" 하고 말하는 자크는 놀라면서도 내심 흐뭇해 하는 눈치였다. 그는 만족스러워하면서 곧 이렇게 생각했다. '이렇게 되면 모델 노릇을 그만둘 수도 있겠군……. 패트에게는 안된 일이지만.' 그러다 또다시 알코올 램프가 생각났다.

잠시 침묵이 흘렀다. 들리는 것은 타자기 소리와 개수대에서 흘러내리는 수돗물 소리뿐이었다.

"맡아 주겠나?" 하고 메네스트렐이 말했다.

자크는 가볍게 머리를 끄덕여 승낙의 뜻을 보였다.

"출발까지는 이틀 남았어" 하고 메네스트렐이 다시 말했다. "그동안 서류들을 준비해. 그리고 빈에는 필요할 때까지 머물러 있고. 필요하다면 2주일간이라도."

알프레다가 잠시 자크 쪽으로 눈을 돌렸다. 자크는 아무 대답도 하지 않고 다시 고개를 끄덕였다. 그녀도 다시 일을 계속했다.

메네스트렐은 이야기를 계속했다.

"빈에서는 오스메르가 도와줄 거야."

이렇게 말하다가 그는 입을 다물었다. 누군가가 현관문을 두드렸기 때문이다.

"알프레다. 가 봐……. 토블러가 정말 돈을 받은 사실이 있다면 오스메르가 틀림없이 알고 있을 거야." 그는 자크 쪽으로 돌아앉으면서 말했다.

오스메르는 메네스트렐의 친구 중 하나였는데, 오스트리아 태생으로 빈에 살고 있었다. 자크도 지난해 로잔에서 그를 만난 적이 있었다. 오스메르는 그곳에 와서 며칠을 묵고 갔다. 그때의 해후는 자크에게 깊은 인상을 남겼다. 냉소적으로 기회주의적 혁명가를 자처하면서, 수단을 가리지 않으며 최종 목적만을 유일한 목적으로 삼고, 하찮은 일이라도 그것이 혁명 목적에 도움이 된다면 자존심 따위는 아랑곳하지 않고, 필요에 따라서는 옷을 빌려 입는 것도 개의치 않는 그런 혁명가를 만나보기는 처음이었던 것이다.

알프레다가 돌아와 누가 왔는지를 알렸다. "미퇴르크예요."

메네스트렐은 자크 쪽을 보면서 투덜거렸다. "나중에 본부에서 또 이야기하지……. 들어와, 미퇴르크" 하고 그는 소리 높여 말했다.

미퇴르크는 활처럼 생긴 눈썹 밑에 크고 둥근 안경을 쓰고 있었다. 그런 눈썹 때문에 그는 언제나 놀란 표정을 짓고 있는 것처럼 보였다. 얼굴이 통통한 데다 살갗이 부석부석해서 조금 부은 것 같아 마치 잠이 부족한 몽유병 환자 같았다.

메네스트렐은 의자에서 일어났다.

"미퇴르크, 무슨 일로 여기까지 왔나?"

미퇴르크의 눈길이 방 안을 한 바퀴 훑더니 조종사, 자크, 그리고 알프레다에게로 옮겨갔다.

"자노트가 막 본부에 도착했어요" 하고 그는 설명했다.

'아니야' 하고 자크는 생각했다. '심지를 불어 불을 끄고 왔는지 어쨌는지 아무래도 확실하지 않단 말이야. 그릇에 초콜릿을 가득 붓고는 냄비를 풍로 위에 다시 올려 뒀었지. 하지만 그대로 불을 끄지는 않았을 거란 말이야…… 초콜릿을 마시고 그냥 뛰쳐나왔어. 아마 불은 여전히 타고 있겠지…….' 그는 한곳을 바라보며 아무 말 없이 있었다.

"자노트는 오늘밤 강연하기 전에 당신을 꼭 만나고 싶어했어요" 하며 미퇴르크는 말을 이었다. "그런데 그는 여행으로 몹시 지쳐 있어요. 더위를 이겨내지 못하더군요."

"하긴 그토록 머리가 덥수룩하니⋯⋯" 하고 알프레다가 중얼거렸다.

"그래서 좀 자러 갔습니다. 그런데 저더러 잘 다녀왔다는 말을 전해 달라고 하더군요."

"됐어, 됐어⋯⋯" 하며 메네스트렐은 전혀 예기치 않았던 아주 날카로운 목소리로 말했다. "이것 봐, 미퇴르크. 자노트는 아무래도 괜찮으니까⋯⋯ 안 그래, 알프레다?" 이렇게 말하면서 그는 알프레다의 도톰한 어깨에 팔을 얹고 손으로 그녀의 머리카락을 만지작거렸다.

"그분을 아세요?" 하고 알프레다는 놀리듯이 자크 쪽을 슬며시 바라보면서 물었다.

자크는 듣고 있지 않았다. 그는 자기를 안심시켜 줄 수 있는 뭔가 정확한 사실을 기억해 내려고 했으나 헛일이었다. 냄비를 내려놓은 것은 확실했다. 그렇다면 분명히 불꽃을 불어서 끄고 뚜껑을 덮은 것이 틀림없지 않을까? 그러나⋯⋯.

"그는 백발의 늙은 사자와 같은 머리털을 하고 있어요" 하고 알프레다는 웃으면서 말했다. "반교권주의의 기수라는 사람이 성당의 오르간 연주자와 같은 머리를 하고 있다니!"

"쯧쯧, 알프레다⋯⋯" 하고 메네스트렐이 부드럽게 꾸짖었다.

당황한 미퇴르크는 멋쩍은 미소를 지었다. 곤두선 머리카락 때문인지 그는 금방 성이라도 낼 것 같은 사람으로 보이기 쉬웠다. 하기는 그는 성을 자주 내곤 했다.

그는 오스트리아 태생이었다. 5년 전에 잘츠부르크에서 약학 공부를 시작했으나 병역을 피하려고 그곳을 떠났다. 그리고 스위스로 와서 처음에는 로잔에 자리 잡았다가, 다음에는 제네바에 와서 전공 공부를 끝마쳤다. 그리고 지금은 일주일에 나흘씩 어느 연구소에서 규칙적으로 일하고 있었다. 그러나 그는 화학보다는 사회학 쪽에 몰두했다. 놀랄 만한 기억력을 가지고 있어서 읽는 것마다 놓치지 않고 그의 네모진 머릿속에다 정리하고 있었다. 그래서 교과서를 찾아보듯이 그에게 무엇이든 물어볼 수 있었다. 메네스트렐을 비롯한 그의 동지들은 이 점을 이용해 왔다. 그는 폭력주의 이론가였다. 그러면서도 감수성이 예민하고 감정적이며 숫기 없고 불우한 사내였다.

"자노트는 벌써 여러 곳에서 강연을 했어요" 하며 미퇴르크는 침착하게 말을 계속했다. "그는 유럽에 관한 일에 아주 정통해요. 밀라노에서 왔거든요. 오스트리아에서는 트로츠키와 이틀이나 함께 지냈대요. 그가 하는 이야기도 참 재미있어요. 강연이 끝나면 그를 '랑도 카페'에 데리고 가서 그의 이야기를 들을 계획이에요. 와 주시겠지요?" 하고 그는 메네스트렐과 알프레다 쪽을 보면서 말했다. 또 자크 쪽으로 눈길을 돌리고는 이렇게 덧붙였다. "자네는 어때?"

"'랑도'라면 가 보지" 하고 자크가 말했다. "그러나 강연은 싫어!" 머리에서 떠나지 않는 알코올 램프 때문에 그는 신경이 날카로워졌다. 더구나 오래 전부터 모든 종교적 신앙에서 해방되었다고는 하나, 막상 다른 사람들의 반교권주의를 대할 때는 그는 거의 언제나 화를 내곤 했다. "제목부터가 유치할 정도로 도전적이야. '신이 존재하지 않는다는 것에 대한 증명!'" 이렇게 말하면서 그는 주머니에서 팸플릿 비슷한 초록색 종이를 꺼냈다. "그리고 그 선언문이라는 것이 말이야!" 하고 큰 소리로 말하면서 어깨를 움츠리더니 과장된 말투로 읽기 시작했다. "나는 정신적 원리의 가정을 뒷받침하고 있는, 모든 것을 송두리째 불필요한 것으로 만드는 우주의 법칙에 대해 이야기하려고 한다……."

"문체를 비웃는 것은 쉬운 일이지" 하고 미퇴르크가 동그란 눈을 번득이며 그의 말을 가로막았다(그는 흥분하면 침이 많이 나와서 말할 때 침 튀기는 소리가 섞여 나왔다). "이것들을 더 훌륭한 이론체계로 말할 수 있다는 것은 인정해. 그러나 여러 번 되풀이해 말한다고 해서 무익하다고는 생각하지 않아. 몇 세기 동안 성직자들이 인간들을 지배해 온 것은 사실 미신을 통해서야. 종교만 없었다면 인간은 그토록 오랫동안 처참한 상태를 감수하지 않아도 되었을지 모르지. 아마 더 일찍 반항을 시도했을 거야. 그리고 자유로웠을 테고!"

"그럴지도 모르지" 하고 자크가 그의 말을 인정했다. 그리고 개구쟁이처럼 프로그램을 구겨서 빠끔히 열려 있는 덧문 밖으로 내던졌다. "마찬가지로 그런 식의 설교는 오늘밤에도 빈이나 밀라노에서처럼 박수갈채를 받을지도 몰라…… 말하자면 밤하늘을 보거나 별을 쳐다보면서 호숫가에 앉아 있으면 훨씬 더 행복할 몇백 명의 남자들이 찌는 듯한 더위에도 불구하고 연기가 자욱하고 숨막히는 분위기 속에 모여 앉아 그래도 무엇인가 알고 싶어하고 해방되고 싶어하는 그 욕망을 두고 볼 때 거기에 감동적인 그 무엇이 있다는 것을 모르지는 않아…… 그러나 나로서는 그런 것을 듣기 위해 하룻밤을 바치는 것은 정말 질색이야. 도저히 참을 수 없어!"

말이 끝날 무렵 그의 목소리에 갑자기 힘이 빠졌다. 지금 그의 눈앞에 책상 위에 흩어져 있는 서류들을 태우고 창문에 쳐 놓은 커튼으로 번지는 불길이 생생하게 떠올라 숨이 막혀 왔다. 메네스트렐, 알프레다, 그리고 평소에는 별로 남의 일에 신경을 쓰지 않는 미퇴르크까지 놀라서 그를 바라보았다.

"그럼, 다시 봐요" 하고 자크가 무뚝뚝하게 말했다.

"같이 본부에 안 갈 거야?" 하고 메네스트렐이 물었다.

자크는 벌써 문의 손잡이를 잡고 있었다. "그 전에 집에 잠깐 다녀올게요" 하고 그가 내뱉듯이 말했다.

카루주 거리로 나오자마자 그는 뛰기 시작했다. 플랑바레 네거리에 이르렀을 때 막 떠나려는 전차를 보고 그는 재빨리 뛰어올랐다. 그러나 강변 정류장까지 오자 아무래도 참을 수가 없어서 전차에서 뛰어내려 다리까지 달려갔다.

에튀브 거리를 지나 그르뉘 광장의 낯익은 풍경, 공중화장실, 여전히 그대로인 '글로브 호텔'의 건물을 바라보았을 때 비로소 그 터무니없는 공포가 거짓말처럼 사라졌다.

'바보' 하고 그는 생각했다.

그제서야 램프 위에 놋쇠뚜껑을 올려놓은 일이며, 그러다가 손가락 끝을 데인 일까지 생각이 났다. 엄지손가락 안쪽에서 아직도 통증이 느껴졌다. 데인 자국을 찾아내려고 손가락을 들여다보았다. 이제서야 기억이 뚜렷해지면서 조금도 의심할 나위가 없어졌다. 확인하기 위해서 일부러 4층까지 올라갈 필요가 없었다. 그는 발길을 돌려 론 강 쪽으로 다시 내려갔다.

다리 위에 서자 그의 앞에, 물에 씻기고 있는 녹색 제방에서 생 피에르 성당의 탑들에 이르기까지 훌륭한 조화를 이룬 오래된 도시가 푸른 알프스 산맥을 배경으로 뚜렷이 드러났다. 그는 다시 '참 바보였어!' 하고 되뇌었다.

별로 대수롭지도 않은 사건에 비해 자신이 겪은 고통을 생각할 때 자크로서는 이상하기 짝이 없었다. 그는 다른 경우들을 생각해 보았다. 이런 상상에 농락당한 것은 이번이 처음은 아니었다. '어쩌면 그렇게 완전히 자제력을 잃을 수 있을까?' 하고 그는 의아하게 생각했다. '어쩌면 그토록 이상하고 병적인 쾌감으로 불안에 몸을 맡겨 버리는 것인가! 더구나 불안뿐만이 아니라 '소심증'에도……'

그는 숨을 헐떡이며 땀투성이가 되어 다니던 이 골목길을 별 관심 없이 종종걸음으로 올라갔다. 어두컴컴하고 썰렁한 이 길은 평평한 곳과 집 앞의 돌계단들 때문에 드문드문 끊어져 있었고, 목조 상점이 있는 주택가를 따라 거리 중심지로 길게 뻗어 있었다.

그는 지금 자신도 모르는 사이에 칼뱅(16세기 프랑스 종교 개혁자. 칼뱅파의 모체) 거리에 와 있었다. 그 거리는 도시 고지대의 능선을 따라 있었다. 엄숙하고 어딘지 모르게 횅한 분위기를 자아내는 칼뱅 거리는 참으로 그 이름과 잘 어울렸다. 가게라고는 전혀 없는 데다가 정면이 회색 돌로 되어 엄숙하고 장중한 인상을 주는 건물들이 줄지어 서 있는데, 그 높은 창문 너머에서 이루어지고 있을 생활들을 떠올려 볼 때면 유복한 청교도주의가 자연스레 떠올랐다. 이렇게 쓸쓸한 풍경 속에서 박공과 주랑과 오래된 보리수와 함께 빛나는 생 피에르 광장이 마치 신의 은총과 같은 모습을 보여 주고 있었다.

4. 자크가 가입한 국제혁명가 집단

'일요일이구나' 하고 자크는 성당 앞뜰에 모인 부인들과 아이들을 보면서 생각했다. '일요일, 벌써 6월 28일이구나. 오스트리아에서 조사하는 일이 열흘이나 2주 동안 계속되는 날에는……. 게다가 '대회' 전까지 해 두어야 할 일은 산더미같이 쌓여 있고!'

1914년 여름, 그는 다른 동지들과 마찬가지로 8월 23일에 빈에서 열리기로 되어 있는 사회주의자대회가 인터내셔널의 여러 가지 중대한 문제에 관해 어떤 결의를 할 것인지 몹시 궁금해 하고 있었다.

조종사가 맡긴 임무를 그는 기쁘게 생각하고 있었다. 그는 활동하는 것을 좋아했다. 그것은 자신을 한껏 사랑할 수 있는 한 가지 방법이었다. 그리고 며칠동안 여기를 떠나 끝없이 계속되는 회합과 동지들의 토론회에서 빠질 수 있다는 것도 나쁘지는 않았다.

제네바에서 그는 거의 매일 저녁마다 본부에 갔다. 어느 날은 그곳에 가서 몇 사람의 손만 잡아보고 돌아오는 때도 있었다. 또 어떤 때는 이 그룹 저 그룹을 전전하다가 메네스트렐과 방구석에 틀어박혀 있을 때도 있었다. 그 야말로 더할 나위 없이 즐거운 나날들이었다(참으로 귀중한 친교의 한때였다. 그러나 그 때문에 그를 질투하는 사람을 많이 만들었다. 왜냐하면 과거 몇 년 동안의 투쟁경력을 가진 사람들, '혁명적 행동'을 몸으로 수행해 온 사람들이 볼 때는 조종사가 자기들보다 자크와 같이 있는 것을 더 좋아한다는 것이 아무래도 이해되지 않았기 때문이다). 그렇기는 해도 대부분의 경우 그는 그의 동지들과 오래도록 함께 있었다. 언제나 묵묵히, 약간의 거리를 두었던 그는 논쟁에 끼어드는 경우가 드물었다. 그러나 일단 가담하면 폭넓은 견해, 이해와 조정에 대한 욕망, 뛰어난 기지를 보여 주곤 해서 논쟁은 이내 평소와는 다른 방향으로 진행되곤 했다.

비슷한 여러 집회에서처럼 이 국제적인 작은 모임에서도 '사도(使徒)'형과 '기술자'형의 두 가지 혁명가형을 찾아볼 수 있었다.

그가 본디 공감을 느끼고 있는 것은 '사도'형 쪽이었다. 그는 그들이 사회주의자이건 공산주의자이건 무정부주의자이건 그런 것에는 개의치 않았다. 그는 용맹한 이들과 함께 있을 때 마음이 편했다. 그들의 반항도 따지고 보면 자기의 반항과 같은 것이었다. 그것은 불의에 대해 타고난 감각이었다. 그들 모두는 그와 똑같이 현 세계의 폐허 위에 올바른 사회를 세우는 것을 꿈꾸고 있었다. 그들의 미래관에 세부적 차이가 있을 수는 있으나 희망하는 것은 같았다. 평화와 우애의 새로운 질서. 바로 이러한 이유 때문에 자크는 그들에게 매우 친근감을 느끼고 있었다. 그리고 그런 고귀한 마음가짐을 매우 소중하게 여겼다. 위대한 것에 대한 감각과 숨은 본능에 의해 그들은 스스로를 향상시키고 자신을 뛰어넘으려고 했다. 사실 그들이 혁명이념에 집착하게 된 것은 자크가 그러하듯 삶에서 어떤 생동감 있는 동기를 찾아보겠다는 뜻에서였다. 이 점에서는 이 '사도'형들도 어쩔 수 없이 개인주의자일 수밖에 없었다. 공동 대의의 승리를 위해서 몸을 바치고는 있으나 투쟁과 희망이라는 강렬한 분위기에 심취된 그들은 무의식중에 자기들의 개인적인 힘과 능력이 엄청나다는 쾌감을 느꼈다. 그리고 자기 자신을 능가하는 큰일에 몸을 바침으로써 자기들의 자질을 드러내보인다는 그런 기쁨도 누리고 있었다.

자크는 이런 이상주의자들을 좋아하고는 있으나, 그들이 자기들의 열정에만 몸을 맡기면서 한없이 허망하게 흔들린다는 것을 알고 있었다. 혁명 이념의 반죽을 부풀리는 진정한 효모는 소수의 '기술자'형에 의하여 퍼져 나갔다. 이들은 명확한 요구를 내세웠고 구체적인 실행을 준비했다. 이들의 혁명적 교양은 넓어졌으며 끊임없이 새로운 요소로 채워져 갔다. 이들의 광신적인 열정에는 하나의 목적이 있었고, 그러한 목적은 중요도에 따라 분류되었다. 그러나 이는 결코 공상적인 것은 아니었다. 사도들이 불어넣은 이데올로기의 고양된 분위기 속에서 기술자들은 실천적 신념을 대표하고 있었다.

정확히 말해서 자크는 이런 부류 가운데 어디에도 속해 있지 않았다. 그래도 그가 거리감을 덜 느끼는 것은 '사도'형이었다. 그의 정신의 명석함이라든가 적어도 명확한 것을 좋아하는 그의 기질, 분명한 목표를 지향하는 그의 자세, 여러 상황과 개개인의 문제와 여러 가지 관계에 대해 그가 가지고 있는 올바른 판단력 따위로 미루어보아 조금만 노력했더라면 그도 훌륭한 '기술자'형이 될 수 있었을 것이다. 누가 아는가? 상황이 허락했다면 아마 '지도자'가 될 수도 있었을 것이다. '지도자'들이 다른 사람들과 구별되는 것은 기술자들의 정치적 자질에다가 사도들의 신비스러운 열정이 결합되었기 때문이 아닐까? 지금까지 그가 만난 몇 사람의 혁명적 지도자들은 한결같이 두 가지 특징을 지니고 있었다. 하나는 지도력(더 적절하게 말하면 현실을 보는 안목이다. 여기에는 아주 일반적이면서도 예리한 데가 있어서 어떤 사태에 처하더라도 어떻게 판단하고 행동의 방향을 어디로 바꿀 것인지를 곧 지적할 수 있다)이고, 다른 하나는 영향력(이것은 어떤 흡인력이 있어서 사람들을 일시에 사로잡을 수 있는 것은 물론이고, 사물 그 자체와 여러 가지 현상도 파악하게 만들어 주는 것처럼 보인다)이다. 그런데 자크는 통찰력과 영향력을 모두 갖추고 있었다. 게다가 그는 특히 남의 마음을 사로잡는 자질을 타고난 데다 남을 이끌어 가는 힘까지 가지고 있었다. 그런데도 그가 이러한 기질을 지금까지 발전시키려고 하지 않은 것은, 극히 드문 예를 제외하고는 남의 발전이나 행동방식에 영향을 주는 것을 본능적으로 싫어했기 때문이다.

그는 가끔 이런 제네바의 무리들 속에서 자신의 미묘한 입장을 생각해 보곤 했다. 집단을 대할 경우와 개인을 대할 경우, 자신의 태도에 큰 차이가 있는 것 같다고 생각했다.

집단을 대할 경우 그의 태도는 대체로 수동적이었다. 그의 영향력이 전혀 없다는 것을 뜻하는 것일까? 절대로 그런 것은 아니었다. 바로 그 점이 그를 가장 놀라게 만드는 것이었다. 그는 어쩔 수 없는 형세에 의해 하나의 역할, 그것도 두드러지지 않는 역할을 맡아 왔었다. 그의 역할은 주위 사람들 모두가 '부르주아적'이라고 부르면서 한데 묶어 한 마디로 묵살해 버리는, 어떤 종류의 가치, 교양, 예술 형식이나 생활방식 같은 것을 설명하고 이것을 해명해 주는 것이 고작이었다. 그는 그의 동료들과 마찬가지로 문명의 영역에서의 부르주아 계급이 역사적 사명의 종말에 이르렀다고 확신하고는 있었으나, 부르주아 문화에 대한 조직적이고 근본적인 말살을 인정하는 데는 이르지 못했다. 그 문화가 아직까지 몸에 배어 있다는 것을 자기 스스로도 느끼고 있었다. 그는 그런 부르주아적 문화의 우수하고 영원한 부분을 옹호하기 위해 지극히 프랑스적인 하나의 지적 귀족주의를 내세웠는데, 이것이 그의 상대들을 매우 화나게 만들곤 했다. 그들은 자기들의 판단을 수정하지는 않았으나, 적어도 단정적인 태도만은 이따금 완화하였다. 그리고 그들은 이러한 이단자가 자기들의 대열 속에 끼어 있다는 것에 대해 다소 의식적인 만족감을 느끼고 있는 것 같았다. 그것은 그가 근본적으로 자기들과 같이 사회적 이상에 불타며 자기들과 함께 있는 것이, 필수불가결한 혁명 이념에 대해 자기들이 타도하려고 마음먹은 사회로부터의 승인을 얻을 것처럼 생각되었기 때문이다.

개인적인 관계의 경우, 곧 사적인 대화의 경우, 그의 개인적 영향력은 전혀 다른 힘을 발휘했다. 처음에는 약간 경계심을 불러일으키다가도 그는―물론 아주 유력한 사람들에게―뚜렷한 정신적 영향력을 행사했던 것이다. 조심성 있는 그의 몸가짐, 흠잡을 데 없는 그의 감각, 품위 있는 그의 태도를 대할 때 그들은 무언가 인간적인 따사로움의 원천을 발견했다. 그리고 그 따사로움이야말로 굳어 있는 그들의 마음을 녹여 주고 그들의 신뢰감을 다시 북돋아 주었다. 그들은 자크를 대할 때는 서로를 대하는 식으로 행동하지 않았다. 곧 조직의 동지로서만 대한 것은 아니었다. 자크와의 관계에서 그들은 어떤 미묘한 친근감과 애정을 느끼고 있었다. 그들은 자크에게 속내나 그들의 걱정거리를 털어놓기도 했다. 어떤 날 밤에는 아무도 모르는 자신들의 이기심이라든가 결함이라든가 인간적인 약점까지도 털어놓곤 했다. 그의 곁에 있을 때 그들은 자기 자신을 더 확실히 인식할 수 있었고, 다시 힘을 얻을 수 있었다. 자크 자신도 내적인 삶을 설계하기 위해 어디서나 항상 구하던 진리를 마치 그가 이미 터득하고 있거나 한 것처럼 그들은 자크에게 충고의 말을 구했다. 그 결과 그들도 모르게 자크에게 견디기 힘든 일종의 압박감을 주고 있었다. 그들이 그의 사람 됨됨이나 하는 말에 그가 생각하지도 않았던 중요성을 부여했으므로, 그는 끊임없이 자기 자신에게 신경을 써야 했고, 입을 다물어야 했고, 자신의 실망이나 불안이나 낙담을 감추어야 했다. 이렇게 그에게 주어진 책임감은 그의 주위에 어떤 절연지대를 만들어 그를 지옥같은 고독 속에 빠뜨렸다. 이런 고독을 괴로워하던 나머지 그는 가끔 절망까지 느끼곤 했다. '분에 넘치는 이런 권위는 도대체 어디에서 오는 것일까?' 하고 그는 자신에게 묻곤 했다. 그럴 때면 앙투안이 입버릇처럼 하던 말이 생각났다. "우리는 티보 집안의 사람이다. 우리 속에는 무언가 사람들에게서 인정받는 것이 있다……." 그러나 이내 그는 이런 오만의 함정에서 벗어났다. 그 같은 신비스런 힘이 그에게서 솟구쳐 나온다고 인정하기에는, 자신의 연약함을 너무나 잘 알고 있었기 때문이다.

5. 6월 28일 일요일—본부에서의 집회

'본부'—메네스트렐의 친한 동지들은 이곳을 보통 '대화실'이라고 불렀다—는 오래된 바리에르 거리 고지대 중심부의 성당을 따라 남의 눈에 띄지 않는 곳에 자리잡고 있었다.

밖에서 보기에 이 건물은 지금까지와는 전혀 다른 용도로 쓰였던 것처럼 보였다. 아담한 이 동네에 몇 채 남지 않은 헐어빠진 건물 가운데 하나이기도 했다. 4층짜리 건물의 앞쪽 면은 바랜 장밋빛으로 초벽이 칠해져 있었고, 금이 가 있었다. 그리고 덧문도 없이 내리닫이가 열려 있었는데, 유리창이 먼지투성이여서 마치 사람이 살지 않는 집 같았다. 집과 길 사이에는 좁은 뜰이 있었는데, 토벽으로 둘러싸인 이 뜰에는 여러 가지 폐물, 고철, 건물에서 부스러져 나온 파편들로 가득했고, 그 사이에 큰 딱총나무 한 그루가 서 있었다. 입구에 있던 철책은 이미 사라졌다. 두 개의 돌기둥에는 간판 대신 아연으로 된 띠가 매여 있었는데, 거기에는 아직도 '주조공장'이라는 글씨가 씌어 있었다. 주조공장은 벌써 오래전에 옮겨 갔으나, 이 집만은 제품을 보관하기 위해 그대로 두었던 것이다.

'본부'는 이렇게 사람이 살지 않는 건물 뒤에 숨어 있었다. 이층 독립 가옥으로서 두 번째 뜰 안에 있었으며, 길에서는 보이지 않았다. 거기로 가려면 옛 주조공장을 가로지르는 아치형 천장의 통로를 지나야만 했다. 건물의 아래층은 전에 차고로 쓰던 곳이었는데, 그곳에는 못하는 것이 없는 모니에가 살고 있었다. 2층에는 어두운 복도로 연결된 네 개의 방이 나란히 있었다. 제일 구석진 방—좁고 작은 방—은 알프레다의 의견에 따라 조종사의 개인 사무실 같은 것으로 쓰이고 있었다. 꽤 넓은 나머지 세 방은 집회 장소로 쓰였다. 각 방에는 여남은 개 정도의 의자와 벤치와 몇 개의 테이블이 있었고, 사람들은 그곳에서 신문과 잡지를 볼 수 있었다. 왜냐하면 본부에는 유럽의 모든 사회주의 신문뿐만 아니라 대부분의 혁명적 부정기간행물들이 있었기 때문이다. 부정기적이라고 말하는 이유는 선전용으로 이따금 여러 호가 잇달아 나왔다가는 자금 부족이나 편집자의 투옥으로 6달 내지 2년씩 공백 기간이 있곤 했기 때문이다.

아치형 통로를 지나 뒤뜰에 들어서자마자, 열린 2층 창에서 토론하는 것 같은 시끄러운 소리가 들려와 자크는 오늘 '대화실'에 사람이 많은 것을 알 수 있었다.

계단 아래쪽에서 세 남자가 스페인어도 아니고 이탈리아어도 아닌 말로 열을 올리며 이야기하고 있었다. 그들 셋은 열렬한 에스페란토주의자였다. 그 가운데 한 사람인 새르팡티에는 로잔에서 교수직을 맡고 있는데, 이날 자노트의 강연을 들으러 왔다. 그는 혁명가들 사이에서 많이 읽히고 있는 〈에스페란티스트 뒤 레망〉지의 주간으로 있다. 그는 기회가 있을 때마다 국제 사회에서 가장 필요한 것은 세계 공통 언어이며, 모든 국어의 공통적인 보조 언어로 에스페란토를 채택하는 것이야말로 사람들 사이에 정신적, 물질적 교류를 쉽게 하는 것이라고 역설하곤 했다. 그리고 그는 대단한 권위를 지니고 있는 데카르트의 문구를 즐겨 인용했다. 데카르트는 사적인 편지를 통해 '이해하기 쉽고 발음하기 쉬우며 쓰기 쉬운 보편적인 언어, 그리고 무엇보다도 판단을 쉽게 해 줄 수 있는 언어를 희구한다'는 뜻을 뚜렷이 밝혔던 것이다.

자크는 세 사람과 악수를 한 뒤에 계단을 올라갔다.

층계참에 올라가니 모니에가 〈포르베르츠〉 (사회민주당 기관지로 앞으로를 뜻하는 독일어)의 큰 뭉치를 정리하고 있었다. 그의 본업은 카페의 종업원이었다. 사실 그는 언제나 셀룰로이드로 된 가슴받이가 깊이 패인 조끼를 입고 있었으나, 그의 본업을 하는 경우는 아주 드물었다. 그는 어느 맥주홀에서 매달 일주일씩만 임시직으로 일했다. 그렇게 하고 남는 시간은 오로지 '혁명을 위해' 봉사하고 있었다. 살림살이, 심부름, 등사판 인쇄, 잡지류 분류 등 그는 모든 일에 한결같은 열성을 보였다.

계단 쪽으로 문이 활짝 열린 문간방 창가에 서서 알프레다와 패터슨은 단 둘이 이야기하고 있었다. 패터슨과 같이 있을 때—자크는 이미 그런 사실을 눈치채고 있었다—알프레다는 말없는 보조원으로서의 역할에서 기꺼이 빠져나왔다. 패터슨 곁에 있을 때 그녀는 다른 곳에서는 수줍어서 숨겨 놓았던 개성을 되찾는 것 같았다. 알프레다는 메네스트렐의 서류 가방을 옆구리에 끼고 손에는 팸플릿 한 권을 들고 있었는데, 그 팸플릿의 한 구절을 패터슨에게 낮은 목소리로 읽어 주고 있었다. 패터슨은 파이프를 문 채 건성으로 듣고 있었다. 그는 고개를 숙인 그녀의 얼굴, 검은 머리카락, 뺨 위에 진 속눈썹의 그림자, 윤기 없는 얼굴 위에 보이는 이상한 빛을 관찰하고 있었다. 그런 모습으로 미루어 보아 그는 '이 여자를 그려 본다면……' 하고 생각하고 있는 듯했다. 두 사람 모두 자크가 그들 앞을 지나간 것을 눈치채지 못했다.

두 번째 방은 들락날락하는 사람들로 붐볐다. 문 가까이에는 보아소니가 무릎을 껴안고 앉아 있었다. 그를 둘러싸고 미퇴르크, 게렝, 고서적상인 샤르코우스키가 서 있었다.

보아소니는 자크와 악수를 하면서 이야기를 계속했다.

"그러나…… 그러나 말이야! 도대체 그게 무엇을 뜻하는지 알아? 답은 언제나 똑같아. 혁명적 열의가 부족하단 말이야. 왜냐고? 사상의 결핍 때문이지!" 이렇게 말하고 나서 그는 윗몸을 뒤로 젖히고 무릎 위에 손을 얹으면서 미소를 지었다.

그는 날마다 일찍 오는 사람들 가운데 하나였다. 그는 토론을 매우 좋아하는 프랑스인으로, 보르도 대학의 자연과학 교수를 지냈는데 인류학을 연구하다가 인류사회학 쪽으로 발을 들여놓았다. 너무나 대담한 강의 태도 때문에 그는 대학 당국의 눈 밖에 나게 되었고, 마침내 여기 제네바에 와서 정착하게 된 것이다. 그는 괴상하게도 머리는 큰데 얼굴은 작았다. 벗겨진 넓은 이마, 통통하고 처진 볼, 몇 겹으로 겹쳐진 턱이 얼굴 둘레에 군살 부위를 만들고 있어서 그 중앙의 한정된 부분에 얼굴 모양이 만들어져 있었다. 장난기와 선의가 어린 반짝이는 두 눈, 냄새를 맡고 먹이를 물기 위해서 벌어진 듯한 작은 콧구멍과 코, 언제나 미소를 머금고 있는 두툼한 입술. 몸집이 큰 그의 생명은 살아 있는 이 작은 가면 속에 한데 모아져 있는 것처럼 보였으며, 그 얼굴은 핏기 없는 지방질의 모습을 띠고 있어서 마치 사막의 잊힌 오아시스 같았다.

"전에도 말한 적이 있지. 다시 한 번 되풀이하는데!" 하고 그는 탐욕스럽게 입술을 핥으면서 말했다. "투쟁이라는 것은 우선 철학적인 방면으로 이끌어 가야만 해!"

미퇴르크는 안경 너머로 승복할 수 없다는 듯이 눈망울을 굴렸다. 그는 머리카락이 곤두선 머리를 흔들었다.

"행동과 사상은 언제나 어긋나지 않아야 해!"

"19세기에 독일에서 일어난 일을 보라고……" 하고 샤르코우스키가 말을 꺼냈다.

보아소니 영감은 가볍게 무릎을 쳤다. "바로 그거야!" 하고 그는 벌써 의기양양해서 웃으면서 말했다. "독일 사람들의 예를 봐."

자크는 그들이 무엇을 말하려는지 미리 알고 있었다. 장기판 위 졸들의 위치처럼 반론과 논증의 입장만이 달라졌을 뿐이다.

방 가운데는 젤라우스키, 페리네, 사프리오, 스카다가 서 있었는데, 호흡이 맞는 사중창처럼 보였다. 자크는 그들에게 다가갔다.

"자본주의 체제 속에서는 모든 것이 서로 묶여 있고, 서로 돕고 있어!" 하고 밤색의 긴 수염을 한 러시아인 젤라우스키가 말을 던졌다.

"그러니까 기다리면 되는 거야" 하고 유대계인 스카다가 온화하면서도 집요하게 또박또박 끊어서 말했다. "부르주아 세계는 결국 저절로 무너질 거야……"

스카다는 50살쯤의 소아시아 출신 유대인이었다. 그는 심한 근시이므로 올리브색 매부리코 위에 망원경 알만큼이나 두꺼운 렌즈의 안경을 쓰고 있었다. 얼굴은 못생긴 편이었다. 계란형의 머리 위에 착 달라붙은 곱슬머리, 아주 큰 두 귀, 그러나 열정적이면서도 사려 깊고 한없이 상냥해 보이는 눈길. 그는 금욕적인 생활을 하고 있었다. 메네스트렐은 스카다를 '명상가 아시아인'이라고 불렀다.

"어때?" 깊은 저음의 목소리와 동시에 짐꾼의 손처럼 투박한 손 하나가 자크의 어깨를 툭 쳤다. "이봐, 따뜻하지?"

키예프가 막 들어오는 참이었다. 그는 거기에 모여 있는 사람들에게 가서 "어때?" 하고 인사말을 던지며 일일이 악수했다. 그는 이렇게 인사하면서 "자네는 어때?"라는 상대편의 전통적인 인사말을 절대로 기대하지 않았다. 겨울이고 여름이고 자기 쪽에서 "따뜻하지?"라고 미리 대답하는 것이었다 (거리에 눈이나 왔으면 모를까 그는 이같이 틀에 박힌 말투를 바꾸려고 하지 않았다).

"붕괴는 아마 먼 장래의 일이겠지, 그러나 분명히 불가피한 일이야" 하고 스카다가 되풀이했다. "시간은 우리에게 유리하게 작용하고 있어. 그러므로 우리는 후회 없이 죽을 수 있는 거야……." 그의 처진 눈꺼풀이 내려앉았다. 그리고 누구를 향한 것도 아닌, 자기 확신의 반영에 지나지 않는 미소로 마치 두 마리의 뱀이 꿈틀거리듯이 길게 찢어진 두 입술이 천천히 실룩거렸다.

장 페리네는 단호하게 머리를 몇 번 끄덕이면서 찬성을 표했다.

"그래, 시간이 말해 주는 거야! ……곳곳에서! 프랑스에서까지도 그래."

그는 낭랑한 목소리로 소리 높여 빠르게 말했다. 그는 머리에 떠오르는 모든 것을 솔직히 말했다. 그의 파리식 말투는 오월동주격인 이 모임에서 하나의 재미있는 분위기를 자아내곤 했다. 그의 나이는 28살에서 30살쯤 되어 보였다. 일 드 프랑스(파리를 중심으로 한 프랑스의 옛 주(州) 이름)의 젊은 '장인'형이었다. 날카로운 눈길, 얼마 안 되는 콧수염, 곧은 코, 단정하고 건장한 몸집, 그는 생앙투안 교외 어떤 가구상의 아들이었다. 젊었을 때 여자 문제로 집을 뛰쳐나온 이래 그는 고생이 무엇인지도 알게 되었고, 무정부주의자들 패거리와 어울리다가 감옥 신세도 졌다. 싸움판을 벌인 뒤로 리옹 경찰의 수배대상자가 되었으므로 결국 국경을 넘어온 것이다. 자크는 이 남자를 좋아했다. 외국에서 온 패거리들은 얼마쯤 거리를 두고 그를 맞고 있었다. 그것은 그의 가벼운 웃음과 재치에 거북함을 느낀 탓도 있으나 무엇보다도 떨떠름했던 것은 그가 자기들에 관해 말할 때 "잉글리쉬 씨(영국인을 가리킴)……", "마카로니 씨(이탈리아인을 가리킴)……", "사워크라우트 씨(독일인을 가리킴)……"라고 부르는 나쁜 습성을 가지고 있었기 때문이다. 그러나 당사자는 그것을 조금도 실례라고 생각하지 않았다. 그러는 자신도 스스로를 "파리고"(파리 토박이)라고 부르고 있으니 말이다!

그는 증인이라도 되어달라는 것처럼 자크 쪽을 돌아보았다.

"프랑스에서는 심지어 산업계나 기업주 계층의 젊은 세대들도 바람이 어디로 불고 있는지를 알아차렸단 말이야. 다들 속으로는 이제 다 끝났다고 생각하고 있어. 영원히 단물을 빨아먹을 수 없다는 것을 알고 있어. 그리고 얼마 안 가서 토지, 광산, 공장, 대기업, 운송기관 등 모든 것이 싫건 좋건 결국 일반 대중에게로, 노동조합으로 돌아가야만 한다는 것도 알고 있어. 젊은 층은 그것을 알고 있지. 안 그래, 티보?"

젤라우스키와 스카다는 홱 돌아서더니 눈으로 자크의 의사를 타진하는 듯했다. 그것은 문제가 각별히 절박하므로 최종적인 결정을 내리기 위해서는 자크의 의견을 기다려야 한다는 태도였다. 자크는 여기에 미소로 답했다. 물론 그것은 이러한 사회적 변혁의 조짐을 그들보다 가볍게 생각했기 때문이 아니었다. 다만 이런 대화의 유용성을 그들만큼 인정하지 않았기 때문이다.

"그건 그래" 하고 그는 받아들였다. "프랑스의 젊은 부르주아들 사이에서는 자본주의의 미래에 대한 신념이 조금씩 흔들리고 있는 것 같아. 그들은 여전히 그 체제를 이용하고 있지. 그들은 자기들이 살아 있는 동안은 그 체제가 지속되기를 바라고 있어. 그러나 더 이상 '양심에 거리낄 것이 없다'는 생각은 못 하게 됐어……. 다만 그것뿐이지. 그들이 언제든지 손을 들 준비가 되어 있다고 생각하는 것은 너무 성급한 결론이야. 내 생각은 반대야. 그들은 무슨 짓을 해서라도 자기들의 특권을 지킬 거야. 그들은 아직도 아주 탄탄하니까! 무엇보다도 그들은 어처구니없는 사실을 이용하고 있어. 그들이 착취하고 있는 일반 대중으로부터 묵인받고 있다는 것 말이야!"

"게다가 아직도" 하고 페리네가 말했다. "지도적 위치는 모두 그들 손아귀에 들어가 있어."

"사실 손아귀에 쥐고 있을 뿐만 아니라" 하고 자크가 되받아 말했다. "지금으로서는 그들은 그것을 손아귀에 넣을 어떤 권리마저 가지고 있는 거야. 그렇다면 도대체 어디에……."

"어느 프롤레타리아의 추억!" 하고 갑자기 키예프가 부르짖었다. 그는 방 구석에 있는 책상 앞에 멈춰 서 있었다. 그곳은 도서계를 맡은 고서적상인 샤르코우스키가 신문, 잡지, 신간 서적 따위를 밤마다 펼쳐 놓곤 하는 곳이 었다. 이쪽에서는 다만 고개를 숙이고 있는 그의 목덜미와 히죽히죽 웃으면 서 쳐든 다부진 어깨만이 보였다.

자크는 하던 말을 마무리지었다.

"……도대체 어디에 가야 그들 자리를 대신할 수 있는 교양 있고 전문적 인 지식을 갖춘 인간들을 하룻밤 사이에 충분히 찾을 수 있겠어? 젤라우스 키, 왜 웃지?"

젤라우스키는 아까부터 흥미와 애정이 어린 눈으로 자크를 바라보고 있었다.

"프랑스인은 누구나 할 것 없이" 하고 그는 고개를 가볍게 흔들면서 말했 다. "언제나 한쪽 눈만 감고 잠자는 회의주의자의 요소를 지니고……."

키예프가 허리를 틀고 뒤를 돌아보았다. 그는 여러 그룹을 돌아본 뒤에 새 로 나온 가제본 책을 흔들며 자크를 향해 성큼성큼 걸어왔다. "에밀 푸샤르 의 〈어느 프롤레타리아의 어린시절 추억〉…… 이게 도대체 뭐라고 생각해, 응?" 그는 눈을 크게 뜨고 낙천가 같은 쾌활한 얼굴을 내밀면서 장난삼아, 약간 과장되어 우스꽝스럽게 보이는 모습으로 다른 사람들의 얼굴을 번갈아 보면서 웃고 있었다. "또 하나 형편없는 동지가 생긴 거 아니야, 응? '문제' 만 일으키는 건달이? ……아니면 프롤레타리아 간판으로 문학을 한다하는 엉터리 문인이야?"

주위에서는 그를 '선동가' 또는 '구두수선공'이라고 불렀다. 프로방스 태생 인 그는 여러 해 동안 상선을 타고 지중해 연안의 항구라는 항구는 빼놓지 않고 떠돌아다니며 별의별 일을 다 하다가 마침내 이곳 제네바에 와서 정착 하게 되었다. 그의 구둣방은 언제나 하는 일 없는 투사들로 가득했다. 본부 가 닫혀 있어도 거기에만 가면 겨울에는 난로가 있고 여름에는 차가운 코코_(싸구려 음료의 일종) 가 있었다. 그리고 계절과 상관없이 언제나 담배와 연설이 있었다.

남프랑스 태생인 그의 노래하는 듯한 목소리는 사람의 마음을 사로잡는 어떤 특별한 매력이 있어서 그는 본능적으로 거기에서 놀랄 만한 이점을 끄 집어내곤 했다. 공적인 회의석상에서 그는 2시간 동안이나 자기 자리에서 몸을 뒤틀고 있다가 회의가 끝나갈 무렵에 갑자기 연단에 뛰어 올라가서는 그다지 새로운 것도 없이 다만 다른 사람의 사상에 자신의 원색적인 언변의 마법을 덧입혀 잠깐 사이에 전체의 찬동을 얻어 냈다. 그리고 아무리 말솜씨 좋은 웅변가도 다수의 동의를 얻어 낼 수 없었던 것을 그가 훌륭하게 가결시켜 버렸다. 그럴 경우 입심 좋은 그의 연설을 멈추게 하는 어려운 일이었다. 서정적인 감정의 폭발, 낭랑한 목소리, 자신의 내부로부터 흘러나와 방 안 전체에 울려 퍼지는 듯한 소리의 흐름을 들으면서 그는 강렬한 육체적인 희열을 느꼈다. 그러나 그 정도로 만족하는 법은 결코 없었다.

책장을 뒤적이면서 그는 각 장의 차례를 훑어보았다. 그리고 이제 막 글자를 배우기 시작하는 어린아이처럼 굵은 집게손가락으로 행을 따라갔다. "가정의 즐거움……. 우리집의 따스함……. 흥, 제기랄!" 그는 책을 덮었다. 그리고 공을 던지는 사람처럼 정확한 자세를 취하고는 한 쪽 무릎을 굽히고 팔을 내뻗으면서 책상 위까지 책을 내던졌다. "이봐" 하고 그는 다시 자크 쪽을 보면서 말했다. "나도 회고록을 썼으면 해. 나라고 왜 못 쓰겠나? 그래, 나도 가정의 즐거움쯤은 알고 있어! 어린시절의 추억도 있고! 그런 추억을 가지고 있지 않은 사람들에게 나누어 줄 만큼은 가지고 있단 말이야!"

다른 그룹의 사람들까지 그 큰소리에 귀가 솔깃해서 그의 곁으로 모여 들었다. 이 '웅변가'의 허풍은 돌파구를 찾지 못하고 있는 이런 토론 분위기에 이따금 새로운 바람을 불어넣는 구실을 하곤 했다.

그는 눈살을 찌푸리고는 주위 사람들의 얼굴을 뚫어지게 바라보았다. 그리고 아주 능란하게 낮고 은근한 목소리로 이야기를 시작했다.

"마르세유의 에스타크 구(區)를 모두가 알고 있겠지? 그래, 그 에스타크 구의 어느 뒷골목에서 우리 여섯 식구가 살고 있었어. 방이 두 칸이라고는 해도 모두 합쳐서 이 방 절반쯤이나 되었을까. 더구나 방 하나에는 창문도 없었어……. 아버지는 추운 새벽부터 일어나서 촛불을 밝혀 놓았지. 그리고 동생들과 같이 덮고 자는 내 이불을 벗겨 버려. '왜냐하면' 자기는 일어났는데 우리가 자고 있는 것이 싫었던 거야. 밤에는 거나하게 취해서 아주 늦게 들어오곤 했지. 부둣가에서 나무통을 굴리므로 피곤했던 거야. 언제나 몸이 골골했던 어머니는 고작 하는 짓이 몇 푼 안 되는 돈을 세는 일이었어. 아버지 앞에서는 우리와 똑같이 언제나 벌벌 떨었지. 어머니도 아침부터 저녁까지 무엇인지는 모르지만 동네에서 남의 집 일을 해 주러 다녔어. 나로 말하면 장남으로 태어난 덕분에 동생 셋을 맡았지. 나는 그들을 자주 때렸어. 잘 울지, 콧물 흘리지, 싸움질하지, 도무지 참을 수가 없었어…… 하루에 한 번 스튜 한 접시도 못 얻어먹었으니까…… 빵 한 조각, 양파 하나, 올리브 여남은 개, 어쩌다가 돼지비계 한 덩이. 먹을 만한 것은 하나도 없었어. 부드러운 말 한 마디 없었고, 재미나는 장난도 해 본 적이 없었어. 아침부터 저녁까지 동네를 서성거리고 다니다가 도랑에서 썩은 오렌지 하나만 찾아내도 곧 싸움질이야…… 길가의 포장마차에서 백포도주에 성게알을 먹고 있는 행복한 놈에게서 나는 껍질 냄새를 맡으러 간 적도 있었어. 13살 때는 공터 울타리 뒤에서 계집애를 뒤쫓아 갔고…… 그때는 정말 비참했었어. 아, 빌어먹을! 가정의 즐거움이라고는! ……추위, 굶주림, 부정, 선망, 반항…… 일 배우라고 나를 대장간에 보냈는데, 나는 언제나 궁둥이를 채이기만 했지. 언제나 빨간 쇠에 두 손을 데고 화덕불에 얼굴이 그을리곤 했어. 그리고 풀무질을 해서 팔은 언제나 끊어질 것 같았어!" 그는 목소리를 높였다. 그 목소리는 쾌감과 반항으로 떨리고 있었다. 그는 주위 사람들을 힐끗 둘러보았다. "나도 얼마든지 어린시절의 추억담은 있단 말이야!"

자크는 호기심에 찬 젤라우스키의 눈과 마주쳤다. 젤라우스키는 손을 천천히 키예프 쪽으로 들면서 이렇게 물었다.

"어떻게 당에 들어오게 되었어?"

"옛날 이야기야" 하며 키예프가 말했다. "해군에서 군복무를 하게 되었는데, 운 좋게도 같은 방에 '뭘 좀 알고' 선전활동을 하던 두 녀석이 있었어. 나는 책을 읽기 시작했지. 여러 가지를 배우기도 하고. 다른 녀석들도 그렇게 했어. 서로 책을 빌려 보면서 토론도 하고…… 말하자면 뭔가 해 보려고 했던 거야. 여섯 달이 지나자 우리는 모두 훌륭한 동지가 되었어. 그리고 군에서 나올 때 나는 확실히 깨달았지. 내가 훌륭한 사나이가 되었다는 것을 ……" 그는 입을 다물었다. 그리고 앞을 멍하게 보고 있다가 이렇게 말했다. "모두 훌륭한 동지였어. '지독한' 패거리였지. 모두들 어떻게 되었을까? 그런 작자들은 '회고록' 따위는 쓰지 않을 거야! ……귀여운 아가씨들, 잘 있었어?" 하고 그는 저쪽에서 걸어오는 두 젊은 여자를 정중하게 돌아보며 말했다. "따뜻해?"

둘러앉아 있던 사람들은 신입당원인 스위스 태생의 두 동지 아나이스 줄

리앙과 에밀리 카르티에에게 자리를 내주려고 원을 넓혔다. 한 사람은 교사이고 다른 한 사람은 적십자 간호원이었다. 둘은 함께 살고 있었고 대개는 함께 모임에 나오곤 했다. 여교사인 아나이스는 몇 가지 언어를 구사하며 신문에 외국의 혁명 관계 기사를 번역하여 발표하고 있었다.

두 사람의 생김새는 서로 아주 달랐다. 손아래인 에밀리는 자그마하고 머리는 갈색이며 살이 쪄 있었다. 그녀에게 아주 잘 어울리고, 벗은 적이 거의 없는 푸른 베일에 싸여 있는 얼굴에는 영국 아기처럼 우윳빛 도는 분홍빛이 감돌고 있었다. 언제나 명랑하며 애교도 있었다. 그녀는 발랄한 제스처를 쓰고 재치도 있었으나, 사람의 신경을 건드리는 부분은 조금도 없었다. 환자들은 모두 그녀를 좋아했다. 키예프도 마찬가지로 그녀를 좋아했다. 그는 아버지 같은 농담을 하면서 그녀를 쫓아다녔다. 그는 어느 누구도 흉내낼 수 없이 진지하게 이렇게 늘어놓곤 했다. "뭐, 미인이라고 해서 그러는 게 아니야. '그냥 어쩐지 좋아서!'"

한편 아나이스도 똑같이 갈색 머리였지만 얼굴색은 붉고 광대뼈가 나왔고 왠지 말을 떠올리게 하는 고집스런 얼굴이었다. 그러나 이 두 여인은 똑같이 균형이 잡혀 있는 느낌과 내적인 힘을 가지고 있다는 인상을 주었다. 말하자면 자신의 행위와 사고가 완전히 하나가 되는 사람들에게서 찾아볼 수 있는 그런 품위있는 느낌을 주었다.

이야기는 다시 계속되었다.

명상가인 스카다가 정의에 대해서 말하고 있었다.

"……자신의 주변에 항상 더 많은 정의를 확립시켜야 해." 그는 설득력 있으면서도 온건한 말투로 설명했다. "사람들이 서로 화목하기 위해서는 가장 중요한 것이 바로 이거야."

"천만에!" 하며 키예프가 외쳤다. "자네가 말하는 정의, 거기에는 나도 동감이야! 거기에는 이론의 여지가 없어! 그러나 세계 평화를 이루기 위해서는 정의를 너무 믿으면 안 돼. 정의를 부르짖는 녀석치고 말수 적고 싸움을 좋아하지 않는 녀석은 없으니까!"

"사랑 없이 오래 계속될 수 있는 건 아무것도 없어" 하고 방금 자크 곁에 와 멈추어 선 반네드가 중얼거리듯 말했다. "평화란 신념의 산물이야……. 신념과 자비의……." 그는 얼마동안 꼼짝 않고 있다가 입가에 야릇한 미소를 짓고는 사라졌다.

낮은 목소리로 이야기하면서 방을 지나가는 패터슨과 알프레다의 모습이 자크의 눈에 띄었다. 두 사람은 메네스트렐이 으레 있을 옆방으로 아무 생각 없이 가고 있었다. 패터슨의 곁에 있으면 그녀는 아주 작아 보였다. 훤칠하게 생긴 패터슨은 파이프를 물고 걸어가면서 그녀 쪽으로 몸을 기울이고 있었다. 세련된 용모, 면도한 흔적이 뚜렷한 밝은 얼굴, 낡은 옷이기는 하나 단정한 옷차림, 이런 것들이 언제나 그로 하여금 그의 동료들보다 깔끔한 사람이라는 인상을 풍기게 했다. 알프레다는 지나가는 길에 자크의 그룹 쪽으로 깊은 눈길을 던졌다. 그럴 때면 그 눈에서는 가끔 지금같이 뜻밖의 불꽃, 남모르는 불길이 엿보이곤 했고, 그것이 그녀로 하여금 어떤 영웅적인 숙명에 몸을 바친 사람처럼 보이게 했다.

패터슨은 자크를 향해 미소를 지었다. 즐거운 듯 활기찬 그의 몸가짐은 그를 한층 더 젊어 보이게 했다.

"리차들레가 나한테 이걸 살짝 넘겨주더군" 하고 어리광부리는 어린아이처럼 말하면서 그는 담배 반 갑을 자크에게 내밀었다. "한 개비 피워 봐, 티보! 싫어? 바보 같으니……." 그는 담배를 한 모금 빨고는 시시하다는 듯이 그것을 콧구멍으로 내뿜었다. "분명히 말할게. 담배란 정말 맛있는 거야!"

자크는 미소를 지으며 그들이 멀어져가는 것을 바라보았다. 그러고 나서 그도 기계적으로 그들이 떠나가 버린 문으로 걸어갔다. 그러나 문지방에 이르자 그는 발걸음을 멈추었다. 그리고 문틀에 팔꿈치를 괴었다.

메네스트렐의 목소리가 그에게까지 들려왔다. 그 목소리는 퉁명스럽고 날카로웠으며 말끝에는 빈정대는 투가 담겨 있었다. "물론이지! 나는 '개혁'에 원칙적으로 반대하지 않아! 나라에 따라서는 개혁을 위한 싸움이 투쟁을 위한 디딤돌이 될 수 있는 거야. 프롤레타리아에 의해 획득된 생활 조건의 개선은 그 수준을 높이면 그들의 혁명적 교양을 늘리는 데 어느 정도 도움이 될 수 있어. 그러나 당신들이 말하는 '개량주의자'들은 개혁이야말로 목적 달성의 '유일한 수단'이라고 생각하거든. 그것은 다른 모든 것 가운데 오직 '하나의 수단'에 지나지 않아! 개량주의자들은 사회 법칙이나 경제적 정복이 프롤레타리아의 생활 개선은 물론이고 그들의 역동성도 필연적으로 늘리는 것으로 생각하고 있어. 이건 생각해 볼 문제야! 그들은 개혁만 된다면, 프롤레타리아가 손짓만 해도 정치권력이 저절로 손에 굴러들어오는 시기가 올 거라고 생각하고 있어. 이것도 생각해 볼 문제야! …… 큰 고통 없이는 아무 것도 만들어 낼 수 없는 거야!"

"격렬한 고통 없이는, Wirbelsturm($^{(회오리바람'이라}_{는 뜻의 독일어)}$) 없이는 혁명은 없어!"라고 말하는 한 사람의 목소리가 들렸다(자크는 그것이 미퇴르크의 독일어투라는 것을 알아차렸다).

"개량주의자들은 크게 오해하고 있어" 하며 메네스트렐이 말을 계속했다. "그들은 이중으로 오해하고 있는 거야. primo, 프롤레타리아를 과대평가하고 secundo, 자본이라는 것을 과대평가하기 때문이야. 프롤레타리아는 아직 그들이 주장하고 있는 것처럼 그렇게 성숙되어 있지 않아. 공격으로 전환하기 위해서나 권력을 쟁취하기 위해서나 그들은 충분한 단결력도, 충분한 계급의식도…… 그 밖의 것들도 충분히 갖추고 있지 못해! 한편 자본가 계급이 후퇴하고 있다는 사실 하나만 보는 개량주의자들은 개혁을 거듭함에 따라 자본가 계급이 밑바닥까지 무너져 없어지는 것으로 생각하고 있어. 터무니 없이! 그들이 가지고 있는 반혁명적 의지나 저항력은 끄떡도 안해. 그들은 권모술수로 언제나 반격을 준비하고 있어. 당 간부들을 자본가 계급과 타협하게 하고 노동자들 사이에 차별을 두어 노동자 계급을 분열시키는 여러 가지 개혁을 자본가들이 아무런 생각도 없이 승인하고 있다고 생각하나? 그것 말고도 모든 것이 이런 식이야……. 물론 나는 자본가 계급이 내부적으로 심각한 분열을 보이고 있는 것도 알고 있어. 내 말은 겉보기와는 달리 자본가 계급의 대항이 강해진다는 뜻이야! 그러니까 빼앗기기 전에 자본가 계급은 온갖 수단을 다 써볼 거야. '온갖' 수단을! 그런데 시시비비는 제쳐 두고 자본가 계급이 가장 의지하는 것 중의 하나가 바로 전쟁이야! 전쟁이야말로 여러 가지 사회적 정복으로 말미암아 잃어버린 모든 지위를 한꺼번에 되찾을 수 있게 하거든! 전쟁, 그건 프롤레타리아를 분열시키고 파멸로 이끌 수 있어! ……Primo, 그것은 프롤레타리아를 분열시켜. 왜냐하면 프롤레타리아는 너나없이 아직 애국적 감정에서 벗어나지 못하고 있기 때문이야. 전쟁은 민족주의적인 프롤레타리아 다수파를 인터내셔널 신봉자들과 대립시키지……. Secundo, 그것은 프롤레타리아를 파멸시킬 거야. 왜냐하면 쌍방의 전선에서 전쟁의 이슬로 사라지는 것은 대다수의 노동자들이기 때문이야. 그리고 살아남는 자들은, 패전국에서는 퇴폐에 빠질 것이고 승전국에서는 쉽사리 마비되고 잠재워지게 될 테니까……."

6. (이어서)

"저 키예프 녀석!" 하고 세르게이 젤라우스키가 자크 곁에 와서 말했다. 자크가 모임에서 떠나는 것을 보고 뒤쫓아온 것이다.

"이상하지, 어렸을 적 일은 정말 언제나 잊지 못해……. 안 그래?" 그는 여느 때보다도 더 마음이 허전한 것 같았다. "그런데, 티보" 하며 그가 물었다. "자네는 어떻게 해서…… (그는 '혁명가가 되었나'라고 말하려다가 순간 망설였다) 우리하고 같이 있게 된 거지?"

"어, 나 말이지!" 하고 자크가 말했다. 그리고 그는 가벼운 미소를 짓고 상체를 조금 뒤로 젖히면서 질문을 피했다.

"나는" 하고 젤라우스키가 곧 말을 이었다. 거기에는 소심한 남자가 처음으로 자기에 관해 말하고 싶은 유혹에 빠질 때 느끼는 즐거운 흥분 같은 것이 엿보였다. "나는 내가 중학교를 도망쳐 나온 뒤부터 어떤 경로를 밟아 차츰 이렇게 되었는지 기억하고 있어. 나는 그때부터 이미 이렇게 될 소질이 있었던 것 같아……. 최초의 동기는 그보다 훨씬 전에 있었어. 내가 아주 어렸을 때……."

그는 고개를 숙이고는 자신의 손을 내려다보았다. 이야기하는 동안 그는 두 손을 쥐었다 폈다 했다. 하얀 두 손은 약간 통통했고, 짧은 손가락은 끝이 네모져 있었다. 자세히 보면 얼굴 피부는 눈언저리와 관자놀이가 옴폭 파진 데에서 주름이 져 있었다. 콧구멍이 납작한 긴 매부리코인데, 그 끝의 움직임은 비스듬한 눈썹 선과 벗겨진 이마 때문에 더 두드러져 보였다. 보기 드물게 멋진 그의 금빛 콧수염은 보풀이 인 푼사 실뭉치나 실유리 같다고나 할까, 이름을 알 수 없고 무게도 없는 어떤 물질로 만들어진 것처럼 보였다. 그것은 솔처럼 가볍게, 극동에서 볼 수 있는 어떤 물고기의 가는 수염처럼 부드럽게 바람에 너울거렸다.

그는 자크를 잡지들이 쌓여 있는 테이블 뒤의 방구석으로 슬그머니 데려갔다. 그들은 단둘이 되었다.

"나로 말할 것 같으면" 하고 자크 쪽을 보지 않고 그는 말했다. "아버지는 고로드니아에서 6베르스타$\left(\begin{smallmatrix}\text{러시아의 거리 단위로서}\\\text{1베르스타는 1,067킬로미터}\end{smallmatrix}\right)$쯤 되는 가족 소유지에 세워진 큰 공장을 경영하고 있었어. 모든 것을 정말 확실히 기억하고 있지. 그런데 도 지금까지 그것을 생각해 본 적이 없단 말이야" 하며 고개를 들고 다정한 눈빛을 자크에게 보내면서 말했다. "그런데 왜 오늘밤에?"

자크가 남의 말을 참을성 있고 신중하며 진지한 태도로 듣기 때문에 사람들은 늘 속내 이야기를 해오곤 했다. 젤라우스키는 계속 미소를 지었다.

"모두가 재미있어. 안 그래? 나는 그 큰 집과 정원사 포마와 숲 어귀에 있는 일꾼들의 작은 마을을 기억하고 있어……. 또 아주 어렸을 때 어머니와 함께 겪은 일도 기억나는데, 그건 지금 생각해 보니까 해마다 거행되던 의식이었어—아버지의 생신잔치였던가? 공장의 안뜰에서였어. 아버지는 혼자 테이블 앞에 서 계셨지. 쟁반 위에는 루블 동전이 산더미처럼 쌓여 있었어. 그리고 일꾼들은 모두 한 사람씩 아무 말 없이 허리를 굽히고 아버지 앞을 지나갔어. 그러면 아버지는 그 일꾼들 모두에게 동전을 한 닢씩 주셨어. 그러면 일꾼들은 저마다 아버지 손을 잡고는 거기에 입을 맞추었지……. 그래, 그때 러시아에서는 그랬어. 어떤 지방에서는, 그렇지, 지금 1914년에도 아직 그렇게 하고 있을 게 틀림없어. 아버지는 키가 큰 데다가 어깨가 아주 넓었어. 언제나 똑바로 서 계셨지. 나는 아버지가 무서웠어. 일꾼들도 아마 무서워했을 거야. 지금도 기억나는데, 아버지는 10시에 하는 식사가 끝난 뒤에 공장에 가기 위해 우리 곁을 떠나면서 현관에서 털을 댄 외투를 입고 모자를 쓰고 나서는 언제나 서랍 속에 있는 권총을 꺼내곤 했어. 그리고 그것을 이렇게 주머니 속에 단번에 쑤셔 넣곤 했지! 그리고 외출할 때는 언제나 묵직한 납으로 된 지팡이를 갖고 나갔어. 그것이 얼마나 무거웠는지 나는 들 수도 없었어. 그런데 아버지는 휘파람을 불면서 두 손가락으로 그것을 빙빙 돌리는 거야……." 이런 자질구레한 것들을 생각해 내는 것이 재미있었던지 그는 입가에 미소를 지었다. "아버지는 매우 강한 사람이었어." 그는 잠깐 사이를 두었다가 말을 이었다. "나는 그게 무서웠어. 그러나 그것 때문에 아버지가 좋기도 했어. 그리고 직공들도 나하고 같은 생각이었어. 모두 아버지를 무서워했지. 그것은 아버지가 매우 엄격하고 전제적이며 필요한 때는 잔인하기도 했기 때문이야. 그러나 그들은 아버지를 좋아했어. 그가 강했기 때문이지. 그리고 아버지는 옳고 그름을 가릴 줄 아는 사람이었어. 그리고 정의파였어. 인정은 없었지만 그래도 꽤 정의파였지!"

뒤늦게 무언가 마음에 걸리는 것이 있었던지 그는 다시 말을 멈추었다. 그러나 자크가 주의를 기울여 듣고 있는 것에 마음이 놓였는지 다시 이야기를 계속했다.

"그런데 어느 날 집안이 발칵 뒤집혔어. 제복을 입은 사람들이 들락날락하는 거야. 아버지는 식사 때가 되어도 돌아오지 않았어. 어머니는 식탁에 앉으려고도 하지 않았어. 문을 여닫는 소리가 들렸지. 하인들이 복도를 뛰어다니고 있었어. 어머니는 2층 창가를 떠나지 않고 있었고, 파업, 난투, 경찰의 난입, 이런 말들이 들렸어. 그때 갑자기 아래에서 떠들어대는 소리가 들렸어. 나는 두 개의 계단 난간 사이로 고개를 내밀었어. 그랬더니 진흙과 눈으로 온통 뒤범벅이 된 들것 하나가 보이더군. 거기에 무엇이 있었는줄 알아? 외투는 찢기고 머리에는 아무것도 쓰지 않은 아버지가 누워 있었어. 아버지는 아주 작아지고, 움츠러지고, 한쪽 팔을 늘어뜨리고 있었던 거야. 나는 와락 울어 버렸어. 누군가가 내 머리에 보자기를 씌웠어. 그러고 나서 집 건너편, 일하는 여자들이 있는 곳으로 끌고 갔어. 여자들은 성모상 앞에서 기도하면서 무엇인가 왁자지껄하게 떠들고 있더군. 마침내 나는 영문을 알게 되었어……. 그 일꾼들, 아버지 손에 입맞추던 그 일꾼들이 그랬던 거야. 그날 그들은 손에 입을 맞추고 돈을 받는 일이 지긋지긋하게 여겨졌던 거야……. 그리고 그들은 기계를 때려부숴 버렸어. 말하자면 그들이 강자가 된 거지! 그래, 그 일꾼들이 말이야! 그들이 아버지보다 더 강해져 버린 거야!"

그는 이제 미소를 짓고 있지 않았다. 그는 손끝으로 긴 수염 끝을 잡아 당기며 엄숙한 모습으로 자크를 내려다보았다.

"그날부터 나에게는 모든 것이 바뀌었어. 나는 이미 아버지 편이 아니었어. 나는 일꾼들 편이었어. 그래, 그날부터 나는 처음으로 그때까지 허리를 굽혔던 민중이 그 허리를 폈을 때 그것이 얼마나 훌륭한 것이고 얼마나 멋진 것인가를 이해하게 된 거야!"

"아버지는 살해되었나?" 하고 자크가 물었다.

젤라우스키는 개구쟁이처럼 깔깔대며 웃었다.

"아니야, 아니야……. 푸르스름한 타박상을 입었을 뿐 별일은 없었어. 그러나 그 사건 뒤로 아버지는 이미 지배자가 아니었어. 한 번도 공장에 발을 들여놓지 않았어. 집에서 보드카나 마시며 우리와 함께 지냈지. 그리고 늘 어머니와 하인들과 소작인들을 괴롭혔어. 나는 도시에 있는 중학교로 보내졌어. 나는 집에 통 들르지 않았지. 그리고 2, 3년이 지난 어느 날 어머니한테서 편지가 왔어. 슬픈 일이 생겼으니까 기도를 하라고 하시더군. 아버지가 돌아가신 거야." 그는 다시 엄숙해졌다. 그는 자기 자신에게 말하듯이 몹시 빠른 말로 이렇게 덧붙였다. "그러나 기도 같은 것은 이미 나하고는 무관한 것이었어. 그리고 얼마 안 되어서 나는 도망쳐 버린 거야……."

둘은 한동안 말이 없었다.

자크는 시선을 떨구고 문득 자신의 어린시절을 생각했다. 위니베르시테 거리의 집이 생각났다. 저녁에 학교에서 돌아왔을 때 카펫과 벽지에서 나던 냄새, 아버지 서재에서 나던 그 특유의 따뜻한 냄새. 종종걸음으로 복도를 걷던 늙은 베즈 유모, 지젤—동그란 얼굴에 얌전하고 귀여운 두 눈을 하고 있던 어린 지젤이 생각났다. 교실이며 공부며 노는 시간이 생각났다. 다니엘의 우정, 선생님들의 의심, 마르세유로의 무모한 도망, 앙투안과 함께 집에 돌아오던 일, 응접실의 불빛 아래에서 프록코트를 입고 그들을 기다리며 서 있던 아버지가 생각났다. 그리고 뒤이어 그 저주받은 나날들, 소년원, 감방, 감시인의 감시를 받으며 날마다 산책했던 일 등…… 자기도 모르는 사이에 전율이 등골을 스쳐갔다. 그는 눈을 뜨고 크게 숨을 내쉬었다. 그리고 자기 주위를 둘러보았다.

"어이구" 하고 그가 지금까지 둘이 있던 방구석에서 불쑥 나오면서 말했다. 그는 마치 물에서 나온 개처럼 몸을 부르르 떨었다. "프레젤이 왔어!"

루드비히 프레젤과 그의 여동생 세실리아가 지금 막 방에 들어온 것이다. 둘은 그곳에 익숙하지 않은 새로 온 손님처럼 어떤 그룹에 들어갈까 생각하고 있던 참이었다. 자크의 모습을 보자 둘은 동시에 손을 들어 인사를 했다. 그리고 조용히 다가왔다.

둘은 키도 같고 똑같이 갈색 머리에 모습도 이상하리만큼 닮았다. 둘 다 땅딸막하고, 목덜미는 좀 무거워 보였고, 표정은 굳어 있으면서도 윤곽이 뚜렷해서 마치 고대인 같은 얼굴을 하고 있었다. 양식화된 얼굴, 그것은 자연스럽게 만들어졌다기보다 무슨 규격에 따라 만들어졌다는 편이 나을 것 같았다. 콧날은 이마의 수직선을 그대로 받아 눈자위에서도 아무런 굴곡을 보이지 않았다. 이런 조각상 같은 얼굴 때문인지 눈에는 생기가 없었다. 그래도 루드비히의 눈이 지금까지 인간적인 감정을 드러내 보인 적이 없는 여동생의 눈보다는 조금 생기가 있어 보였다.

"우린 어제 돌아왔어요" 하고 세실리아가 설명했다.

"뮌헨에서?" 하고 자크는 앞으로 내민 두 사람의 손을 잡으면서 물었다.

"뮌헨이랑 함부르크랑 베를린에서."

"그리고 지난달에는 이탈리아 밀라노에 있었지" 하고 프레젤이 덧붙였다.

그때 마침 한쪽 어깨가 축 처진 갈색 머리의 작은 남자가 그 옆을 지나가다가 희색이 만면해서 멈추어 섰다. "밀라노라고?" 하고 말하면서 그는 말이빨처럼 아름다운 이를 드러내 보이며 히죽거리고 웃었다. "그럼 '아반티 ^('전진'이라는 뜻의 이탈리아어)'의 동지들도 만났겠군?"

"만났지⋯⋯." 세실리아는 머리를 돌렸다. "댁은 밀라노 분이세요?"

이 남자는 그렇다고 고개를 끄덕이더니 웃으면서 몇 번이고 같은 말을 되풀이했다.

자크가 그를 소개했다.

"사프리오 동지야."

사프리오는 적어도 40살쯤은 되는 것 같았다. 그는 작고 뚱뚱하며 좀 기형으로 생겼다. 벨벳처럼 부드럽고 초롱초롱한 칠흑 같은 두 눈이 그의 얼굴을 환하게 했다.

"나는 1910년 이전의 당신네 이탈리아당을 알고 있어요" 하며 프레젤이 말했다. "말하자면 가장 보잘것없는 당의 하나였지. 그런데 지금은 우리가 적색주간의 파업을 보고 왔을 정도니! 정말 대단한 발전이지 뭐야!"

"그래! 얼마나 기막힌 힘이요! 또 얼마나 훌륭한 용기이고!" 하고 사프리오가 외쳤다.

"이탈리아는" 하고 프레젤이 거드름을 피우며 말을 받았다. "확실히 독일 사회민주당의 조직방법에서 많은 것을 배우고 있다고 생각해. 이탈리아의 노동자계급도 지금은 제대로 집결되고 훌륭히 조직되기까지 했거든. 언제라도 돌격할 수 있는 태세를 갖추고 있어. 특별히 말하고 싶은 것은 농민 프롤레타리아가 다른 어떤 나라보다 강력하다는 거야."

사프리오는 유쾌하게 웃었다.

"의회에서는 59명의 의원이 우리 당 소속이야! 거기에다 우리 당의 신문 '아반티'로 말할 것 같으면! 한 호에 4만 5천 부 이상 찍고 있소! 언제쯤 거기에 있었소?"

"4월과 5월에. 앙콘느 대회 때문이었어요."

"세라티를 아오? 벨라는?"

"세라티, 벨라, 바치, 모스칼레그로, 말라테스타……."

"위대한 튜라티는 어땠소?"

"Ach! (그 말이지!) 그 사람은 개량주의자야!"

"무솔리니는? 그는 개량주의자가 아니야! 그 사람은 진실하지! 그 사람을 알고 있소?"

"네" 하고 프레젤은 짧게 대답했다. 그는 슬며시 입을 삐죽거렸으나 사프리오는 눈치채지 못했다.

사프리오는 말을 계속했다. "베니토(무솔리니의 다른 이름)와 나는 로잔에서 같은 집에 산 적이 있어요. 그는 이탈리아로 돌아가기 위해 사면을 기다리고 있었어. 그리고 스위스에 올 때마다 나를 만나러 왔지. 이번 겨울에도……."

"Ein Abenteurer! ('사기꾼'이라는 뜻의 독일어)" 하고 세실리아가 중얼거렸다.

"그는 나처럼 로마뉴 태생이지" 하고 사프리오는 약간 자만심이 감도는 웃음을 짓고는 모두를 살펴보며 말을 계속했다. "로마뉴 태생인 데다 어릴 때는 친구이자 형제 같은 사이였어. 그의 아버지는 선술집 주인으로, 우리집에서 6킬로미터 떨어진 곳에서 살고 있었지. 잘 아는 사이였어. 로마뉴에서는 최초 인터내셔널 당원의 한 사람이야! 술집 안에서 그가 이른바 성직자들이나 애국자들을 형편없이 몰아세우는 것을 당신들이 들었더라면! 그리고 그는 아들 자랑이 대단했어요! 이렇게 말하곤 했지. '베니토와 나는 일단 마음만 먹으면 왕당파 놈들을 모조리 때려눕힐 거야!' 이런 말을 하는 그의 두 눈이 정말 베니토의 눈과 똑같이 빛나고 있었어. 베니토의, 그 눈의 힘이 어떤지 알 거야! 안 그래요?"

"Ja, aber er gibt ein wenig an"('그래, 그러나 그는 좀 으스대는 데가 있어'라는 뜻의 독일어) 하고 세실리아는 미소를 짓고 있는 자크를 바라보며 중얼거렸다.

사프리오의 표정이 어두워졌다.

"베니토가 어떻다는 거야?"

"그녀 말로는 Er gibt an…… 좀 으스대고 허풍스럽다는 거야……" 하고 자크가 설명했다.

"무솔리니가?" 하고 사프리오가 외쳤다. 그는 그녀에게 화난 것 같은 눈길을 보냈다. "그럴 리 없어! 무솔리니는 진실하며 순수해! 오래전부터 반왕정주의적이고 비국가주의적이며 반교권주의적이야. 더구나 위대한 '콘도티에레'^(이탈리아의 용병 대장)야! 진정한 혁명 지도자지! 그리고 언제나 실증적이며 현실적이고……. 행동이 먼저고 신조는 그 다음이야! 포를리에서 파업이 일어났을 때 가두에서, 모임에서, 어디에서든지 그는 미친 사람처럼 굴었어! 더구나 그의 말솜씨란! 쓸데없는 말은 전혀 하지 않고 '이렇게 하는 거야, 저렇게 하는 거야!' 하며 말했지. 아, 기차를 멈추게 하려고 레일을 들어냈을 때 그가 얼마나 기뻐했는지! 트리폴리 원정에 반대하며 벌인 격렬한 운동은 정말 그의 신문과 그 자신이 해낸 거야! 이탈리아에서 그는 우리 투쟁의 혼이야! 〈아반티〉지 상에서 대중에게 날마다 혁명적 분노를 불어넣은 것도 바로 그야! 왕당파 정부의 입장에서는 적대자로서 그 사람 만큼 큰 적수도 없을 거야! 사회주의가 이탈리아에서 대번에 그렇게 강대해진 것도 주로 베니토의 활동 때문일 거야! 그렇고말고! 이 달 들어 그것이 더 확실히 입증되었어. 적색 주간! 그는 참 기회를 잘 잡았어! 아, per Bacco^('물론'이라는 뜻 의 이탈리아어), 사람들이 그의 신문에 귀를 기울였다면! 며칠 뒤면 이탈리아 전체가 화염에 휩싸일 뻔했는데! 노동자 '동맹'이 겁을 먹고 파업을 도중에 그만두지만 않았다면 내란이 일어나 왕정 붕괴를 볼 수도 있었을 텐데! 이탈리아 혁명까지도 될 수 있었을 거야……. 티보, 우리 로마뉴에서는 어느 날 저녁에 동지들이 공화국을 선포하기까지 했어! 그럼, 그럼!" 그는 의식적으로 세실리아와 프레젤에 등을 돌리고 있었다. 그는 자크만을 상대로 이야기했다. 그는 다시 미소를 지었다. 그리고 상냥하면서도 어떤 엄격함을 띤 목소리로 이렇게 말했다. "티보, 자네가 듣는 것을 무조건 다 믿어서는 안 돼!" 그러고 나서 그는 슬며시 어깨를 으쓱했다. 그리고 두 독일인에게는 아무런 인사도 없이 물러갔다.

한순간 짧은 침묵이 흘렀다.

알프레다와 패터슨은 메네스트렐이 있는 방문을 열어 놓고 있었다. 메네스트렐의 모습은 보이지 않았다. 언제나 어조를 높이는 법이 없는 메네스트렐이었지만 이따금 그의 목소리가 들려왔다.

"그래, 자네 쪽에서는" 하며 젤라우스키가 프레젤에게 물었다. "모든 일이 잘되어 가나?"

"독일에서 말이야? 여전히 잘되어 가고 있어!"

세실리아가 말했다. "독일에서는 25년 전까지만 해도 사회주의자는 겨우 100만 명뿐이었어요. 그리고 10년 전에는 200만 명. 그런데 오늘날에는 400만 명!" 그녀는 침착하게 거의 입술도 움직이지 않고 도전적인 투로 말했다. 그리고 무거운 눈길로 자크와 젤라우스키를 번갈아 보았다. 그녀를 보면서 자크는 호메로스의 시에 나오는 쥬농의 모습, '큰 눈을 한' 헤라를 계속 생각하고 있었다.

"그것은 의심할 여지가 없어" 하며 그는 타협적인 투로 말했다. "사회민주당은 25년 전부터 훌륭하고 건설적인 노력을 실행해 왔어. 지도자들이 보여 준 조직적인 수완은 확실히 놀랄 만한 것이었지. 다만 좀 생각해 봐야 할 점은 혁명정신이―뭐라고 할까?―독일의 당 내부에서 점점 희미해져 가고 있지 않나 하는 생각이 들어. 그 노력이 오로지 '조직' 쪽에만 쏠리고 있으니까 말이야……"

프레젤이 끼어들었다.

"혁명정신이? ……아니야, 그렇지 않아. 그 점은 안심해도 돼! 하나의 세력을 갖기 위해서는 우선 조직이 있어야 해! 독일에는 이데올로기만 있는 것이 아니라 리얼리즘도 있어. 그리고 그것이 가장 바람직한 거야! 지난 여러 해 동안, 특히 1911년과 1912년에 걸쳐 유럽의 평화가 보장된 것이 누구 덕분일까? 현재 유럽에서 큰 전쟁을 오랫동안 피할 수 있으리라고 기대할 수 있게 된 게 누구 덕분이야? 그건 독일의 프롤레타리아 덕분이라고! 이것은 모두가 아는 사실이야. 자네는 사회민주당의 건설적인 노력이라고 말했지만, 그건 자네가 생각하고 있는 선을 훨씬 넘어. 그야말로 거대한 구조야. 실로 국가 안의 국가로까지 이루어져 있지. 그럼 어떤 방법으로냐? 오로지 의회 안에서 우리의 영향력 때문이야. 연방의회에서 우리의 영향력은 아직도 계속 커지고 있어. 만일 내일이라도 범게르만주의자들이 저 아가디르 사건 (1911년에 독일이 모로코의 아가디르에 순양함을 파견한 것이 원인이 되어 일어난 사건으로, 독일과 프랑스 사이에 미묘한 긴장 상태를 야기시킴) 때와 같이 기습 공격을 가하려고 한다면 그에 대한 항의는 트레프틀로 공원에서 20만 민중이 시위하던 것과는 양상이 다를 거야. 연방의회의 사회주의자 의원 전원이 일어날 테고! 그리고 그와 동시에 독일의 모든 좌익 분자들이 일어날 거야!”

세르게이 젤라우스키는 주의 깊게 듣고 있었다.

“그렇지만 그런 당신네 의원들은 새로운 군비 법안에 ‘찬성표’를 던졌어!”

“그렇지 않아요” 하고 집게손가락을 치켜들면서 세실리아가 말했다.

그녀의 오빠가 그녀의 말을 가로막았다.

“Ach! 젤라우스키, 자네는 전술이라는 것을 알아야 해!” 하고 그는 의기양양해서 미소를 지으며 말했다. “거기에는 전혀 다른 두 가지가 있어. 하나는 die Militärvorlage, 곧 군비 법안이고 다른 하나는 die Wehrsteuer, 그런 군비법을 실현하기 위해 재원을 마련해 주는 법안이야. 사회민주당은 우선 군비 법안에 ‘반대표’를 던졌어. 그 다음에 군비 법안이 그들의 의사와는 상관없이 연방의회에서 가결되었을 때, 그들은 예산 법안에 ‘찬성표’를 던졌어. 이게 바로 교묘한 전술이었어. 왜냐고? 이 법안에는 Reich($^{('독일제국'이라}_{는 뜻의 독일어)}$)에서 아주 새로운 것, 우리에게는 대단히 중대한 것, 곧 대자본에 대한 국가의 직접세가 걸려 있기 때문이야! 아무튼 기회를 놓치지 않는 것이 중요했으니까! 왜냐하면 이거야말로 프롤레타리아에게는 진정 새로운 사회적 정복이었기 때문이야! 이제 알겠어? 그리고 우리 당의 의원들이 Militarismus($^{('군국주의'라는}_{뜻의 독일어})$)에 대항하는 입장을 꿋꿋하게 고수하고 있다는 증거는, 그들이 수상의 제국주의적 대외 정책을 공격할 때마다 전원이 한 덩어리가 되어 싸우는 것을 보아도 알 수 있어!”

“그건 그래요” 하고 자크가 인정했다. “그렇지만…….” 그는 좀 망설였다.

“그렇지만?” 하고 젤라우스키가 흥미 있다는 듯이 반문했다.

“그렇지만?” 하고 이번에는 세실리아가 물었다.

“그래…… 그러니까 베를린에 있을 때 나는 연방의회의 사회주의자 의원들을 가까이할 기회가 있었어요. 그런데 그때 받은 인상은 군국주의에 대한 그들의 투쟁이 대체로 형식적인 것에 지나지 않는다는 것이었어요. 물론 이건 리프크네히트($^{(19세기 독일 사회주의자, 독일 민주}_{화 강행 주장 및 반전운동 벌임)}$)를 두고 하는 말은 아니에요. 다른 사람들을 두고 하는 말이지요. 대부분은 악을 뿌리째 뽑아 버리는 것을 몹시 꺼리고, 군과 관계된 일 앞에서는 독일의 일반 대중이 복종 정신을 버리지 못하고 있더군요. 그런 상황에 맞서 결연히 싸우는 것을 눈에 띄게 기피하고 있었어요. 내가 받은 인상으로는—글쎄 뭐라고 말해야 좋을지? —뭐니뭐니 해도 그들은 끔찍할 정도로 독일인답다는 것이었어요. 물론 프롤레타리아의 역사적 사명은 잊지 않았지요. 특히 그들이 잊지 않고 있는 것은 '독일' 프롤레타리아의 역사적 사명이라는 거예요! 하지만 그들의 인터내셔널리즘이나 반군국주의가 지금 프랑스에서 볼 수 있는 정도까지 도달하려면 아직 멀었어요."

"물론이에요" 하고 세실리아가 말했다. 그리고 그녀는 잠깐 시선을 내리깔았다.

"물론이지" 하고 프레젤이 되풀이했다. 그의 말투에는 공격적이면서도 뽐내는 기세가 역력했다.

젤라우스키가 급히 끼어들었다. "당신네 나라의 부르주아 민주주의자는 의회에 사회주의자를 받아들이고 있어. 그 이유는 정부의 요직을 맡고 있는 사회주의자는 이미 진정으로 경계해야 할 사회주의자가 아니라는 것을 그들이 잘 알고 있기 때문이야……" 하고 그는 야릇한 미소를 지으면서 말했다.

방 저쪽 끝에서 미퇴르크, 샤르코우스키, 보아소니 영감이 자리에서 일어나 이쪽으로 오고 있었다.

프레젤과 세실리아는 그들과 악수를 나누었다.

젤라우스키는 여전히 미소를 머금고 고개를 조용히 흔들었다. "내 생각은 어떤지 알겠나?" 하고 젤라우스키가 이번에는 자크를 돌아보면서 말했다. "대중을 노예화한다는 점에서는, 그래, 자네들의 민주주의 제도, 공화제, 의회군주제 역시 겉으로는 그런 것 같지 않으면서도 실은 우리의 부끄러운 차리즘 (제정 러시아의 전제. 군주주의를 일컬음)과 마찬가지로 잔혹한 것이고, 더욱 음험한 것이라고 생각해."

"그러니까 역시" 하고 그 말을 들은 미퇴르크가 불쑥 말했다. "지난번에 조종사가 말한 것이 옳았어. 말하자면 민주주의에 맞서는 철저한 투쟁, 이것이야말로 혁명 활동의 첫 과업이야!"

"가만" 하고 자크가 반기를 들었다. "우선 조종사는 러시아만을, 러시아에서의 혁명만을 생각하고 있던 거야. 그리고 그가 말한 것은 러시아 혁명은 부르주아 민주주의 혁명으로 시작되어서는 안 되고 단번에 프롤레타리아 혁명이어야 된다는 거야. 그리고 과장해서는 안 돼. 민주주의 국가 안에서도 유익한 일을 할 수 있어. 조레스(유명한 프랑스 사회당 당수로〈위마니테〉지의 창설자이자 편집〉) 같은 인물을 예로 들 수 있겠지. 프랑스에서는 사회주의자들이 이미 얻어 낼 것은 모조리 얻어냈는데, 독일에서는 오히려 더……."

"그렇지 않아." 미퇴르크가 말했다. "혁명과 민주주의 국가 안에서의 해방은 별개의 것이야! 프랑스에서는 지도자들의 반 정도가 부르주아화됐어. 그들은 벌써 진정한 혁명적 감각을 잃어버렸다고!"

"저쪽에서 하는 이야기를 들으러 가지" 하고 보아소니가 말을 막으면서 열려 있는 문을 향해 짓궂게 눈을 찡긋해 보였다.

"메네스트렐이 거기에 있나?" 하고 프레젤이 물었다.

"들리지 않아?" 하고 미퇴르크가 말했다.

모두들 입을 다물고 귀를 기울였다. 메네스트렐의 목소리가 단조롭고 뚜렷하게 들려왔다.

젤라우스키는 자크의 팔 밑으로 자기 손을 슬며시 넣었다.

"우리도 들으러 가자고……."

7. (이어서)

자크는 반네드 곁으로 갔다. 반네드는 두 손을 모으고 눈을 반쯤 감은 채 모니에가 전에 팸플릿을 쌓아 놓은 먼지투성이의 선반에 등을 기대고 서 있었다.

"그리고 나는" 하고 트라우텐바하가 말했다—그는 짙은 금발의 곱슬머리인 유대계 독일인으로, 주로 베를린에 살고 있으나 제네바에도 자주 오곤 했다—"합법적 수단으로는 절대로 훌륭한 일을 할 수 없다고 생각해! 그건 주지주의자(主知主義者)들의 소심한 방법이야!"

그는 찬동을 구하듯 메네스트렐 쪽을 돌아보았다. 그러나 조종사는 알프레다 옆에 있는 패거리에 둘러싸여 의자에 앉은 채 가만히 먼 곳을 바라보면서 몸을 흔들고 있었다.

"그것은 구별할 필요가 있어!" 하고 검은 머리카락을 짧게 깎은 몸집이 큰 청년 리차들레가 말했다(이 국제적 집단은 지금으로부터 3년 전에 그를 중심으로 구성된 것이다. 그리고 메네스트렐이 나타날 때까지 그는 이 집단의 실질적인 지도자였다. 그러나 그는 메네스트렐의 탁월함을 접하면서부터 자진해서 지도자의 위치를 양보했다. 그 뒤로 메네스트렐 곁에서 지혜롭고 헌신적으로 2인자의 역할을 다하고 있었다). "나라마다 보내야 할 회답이 다 달라. 프랑스나 영국 같은 민주주의 국가에서는 혁명 운동이 합법적으로 진행되는 것을 인정할 수 있어. 잠정적으로!" 그의 턱은 뾰족하고 의지에 차 보였는데, 말할 때는 언제나 턱을 내미는 버릇이 있었다. 면도를 한 그의 얼굴은 검은 머리카락이 드리워진 하얀 이마가 드러나 있어서 언뜻 보기에 꽤 유쾌한 첫인상을 주었다. 그러나 흑옥 같은 두 눈동자는 온화함이 없어 보였고, 얇은 입술은 양끝이 칼로 자른 것 같은 날카로운 선으로 끝나 있었으며, 목소리는 불쾌할 정도로 퉁명스러웠다.

샤르코우스키가 말했다. "문제는 언제 합법적인 행동에서 폭력적인, 혁명적인 행동으로 옮기느냐 하는 점이야."

스카다는 매부리코를 치켜들었다. "속의 증기가 너무 강해지면 사모바르 ^(러시아식 주전자) 뚜껑은 저절로 튀어오르는 법이에요!"

웃음소리가, 거친 웃음소리가 터져나왔다. 반네드가 이름을 붙인 '식인종의 웃음'이었다.

"브라보, 아시아인!" 하고 키예프가 외쳤다.

"자본주의 경제가 권력을 쥐고 있는 한" 하며 보아소니가 복숭앗빛 입술을 작은 혀로 한 번 핥으면서 말에 끼어들었다. "민주적 자유에 대한 민중의 요구가 진정한 혁명을 발전시킬 수는 없어."

"물론이지!" 하고 메네스트렐이 늙은 교수 쪽은 거들떠보지도 않고 내뱉었다.

잠시 침묵이 흘렀다.

보아소니가 다시 말을 이었다. "역사가 말해 줘. 그때 일어난 것만 보더라도……."

이번에는 리차들레가 보아소니의 말을 가로막았다. "흠, 그래, 역사! 역사가 혁명의 발발을 '예견'하게 하고 미리 결정하게 한다는 것을 믿을 수 있단 말이야? 천만에! 때가 되면 사모바르의 뚜껑이 튀어오르지……. 민중 세력의 역동성은 예측할 수 없는 거야."

"생각해 볼 문제야" 하고 메네스트렐이 반론의 여지가 없다는 투로 말했다.

그는 입을 다물었다. 그러나 그의 버릇을 익히 알고 있는 주위 사람들은 모두 그가 지금부터 무엇인가를 이야기하려 한다는 것을 알고 있었다. 모임 석상에서 그는 언제나 묵묵히 자신의 생각을 정리하면서 오랫동안 가만히 있다가 불쑥 토론에 끼어들곤 했다. 때때로 그는 '생각해 볼 문제야!'라는 아리송한 말이나 '물론이지!'라고 얼버무리면서 상대방의 기를 꺾는 듯한 말로 떠버리들의 수다를 멈추게 하곤 했다. 그런 말이 만일 그가 아닌 다른 사람들의 입에서 나왔다면 아마 그것은 우스꽝스런 효과만을 자아냈을 것이 틀림없다. 그러나 그의 날카로운 눈길, 단호한 어조, 그의 내부에서 엿볼 수 있는 긴장된 의지와 성찰력은 상대방으로 하여금 미소를 짓지 못하도록 만들었고, 그의 날카로운 태도에 거부감을 느끼는 사람들마저도 이런 것들 때문에 꼼짝하지 못하고 주의를 하도록 만들었다.

　"혼동하면 안 돼……" 하고 그는 갑자기 분명하게 말했다. "예견! 혁명을 예견할 수 있을까? 그게 무엇을 뜻하나?"

　모두가 귀를 기울이고 있었다. 그는 불편한 다리를 앞으로 쭉 펴고는 잔기침을 했다. 맹수의 발톱을 떠올리게 하는 그의 손. 마치 눈에 안 보이는 공을 쥐고 있는 것처럼 손가락이 반쯤 펴져 있는 그의 손이 턱수염을 가볍게 스치고는 가슴에 가 얹혔다.

　"'혁명'과 '반란'을 혼동해서는 안 돼. '혁명'과 '혁명적 상태'를 혼동해서도 안 되고. 모든 '혁명적 상태'가 다 '혁명'을 유발시키는 것은 아니야. '반란'을 유발시킬 수는 있더라도……. 예를 들어 1905년의 러시아의 경우를 보자고. 처음에 혁명적 상태가 전개되었어, 이어서 반란. 그러나 혁명은 일어나지 않았어." 이렇게 말하면서 그는 잠시 생각에 잠겼다. "리차들레는 '예측'이라고 말했지. 그것은 무엇을 뜻하는 것일까? 하나의 상황이 '혁명화'하는 시기를 예견하는 것. 그건 어려워. 그렇긴 하지만 프롤레타리아의 행동이 혁명 직전의 상황에 작용하여 혁명적 상태의 진전을 조장하고 촉진시킬 수는 있어. 하지만 실제로 그 상태를 폭발시키는 것은 거의 언제나 그것과는 상관없는 외부적인 사건이거나, 돌발적이며 어느 정도 예측할 수도 없는 사건이야. 그러므로 그 시기에 대해서는 미리 언제라고 잘라 말할 수 없는 것이지."

　그는 한쪽 팔을 알프레다가 앉아 있는 의자의 등받이에 올려 두고 주먹으로 자기 얼굴을 괴었다. 한순간 명민한 몽상가 같은 그의 눈이 먼 곳의 한 지점을 뚫어지게 쏘아보았다.

"중요한 것은 여러 가지 상황을 있는 그대로 보는 거야. 현실면에서도 실천면에서도"(그는 이 '실천면'이라는 말을 할 때 심벌즈 소리처럼 울리는 독특한 말투를 쓰곤 했다) "예를 들면 러시아…… 언제든지 실례를, 사실을 돌아보아야 해! 그것만이 우리에게 무엇인가를 가르쳐줄 수 있어. 우리는 수학을 하고 있는 것이 아니야. 혁명이란 의학과 같은 거야. 거기에는 이론이 있고 임상이 있어. 그 밖에 기술도 필요하지. 그건 그렇고……."(그는 이야기를 계속하기에 앞서 마치 알프레다만이 여담을 음미할 수 있기라도 한 것처럼 그녀 쪽으로 슬쩍 미소를 보냈다) "러일 전쟁이 일어나기 전, 1904년의 러시아는 혁명 직전의 상황이었어. 분명히 혁명적 상태를 유발시킬 수 있었고 또 유발시켜야 했었어. 그러나 어떻게 혁명이 일어날 수 있었겠느냐고? 어떻게 예견할 수 있었겠느냐고? 있었지. 곪은 데가 무척 많아서 터질 수밖에 없었어. 토지 문제가 있었고, 유대인 문제가 있었고, 핀란드 및 폴란드 문제가 있었고, 동양에서는 러시아와 일본의 반목이 있었어. 그 가운데 어떤 것이 혁명 직전의 상황을 혁명적 상태로 갑자기 바꿀 수 있는 뜻밖의 요소가 될지 점칠 수 없었거든……. 그런데 갑자기 뜻하지 않은 일이 생긴 거야. 모험적인 투기꾼 패거리가 차르를 교묘히 충동질해서 외무성도 모르는 사이에 외무성의 정책에 반해서 극동전쟁을 일으킨 거야. 도대체 누가 그것을 예견할 수 있었겠어?"

"그러나 만주에서 일어난 러시아와 일본의 세력 다툼이 필연적으로 분쟁을 일으킬 것이라는 것은 예측할 수 있었어" 하고 젤라우스키가 조용히 말했다.

"그러나 그 분쟁이 1905년에 일어난다고 누가 말할 수 있었겠어? 더구나 그것이 만주 문제가 아니라 한국 문제 때문이라고 ……혁명 직전의 상황을 혁명적 상태로 돌변시킨 '새로운 요소'의 한 보기가 바로 이것이야. 러시아에서는 전쟁과 패전이라는 것이 필요했어. 그때 비로소 상황이 혁명적으로 되면서 '반란'으로까지 발전된 거야. 반란이었어—하지만 '혁명'은 아니었어! 프롤레타리아 혁명은 아니었어! 왜? 혁명적 상태에서 '반란'으로 옮겨가는 것이 한 단계이고, 반란에서 혁명으로 옮겨가는 것은 또다른 단계이기 때문이야. 그렇지, 알프레다?" 하고 그는 낮은 목소리로 덧붙였다.

이야기를 하면서 그는 여러 차례 알프레다의 얼굴을 살피려고 슬쩍 얼굴을 기울이곤 했다. 이제 그는 아무도 보지 않고 침묵을 지켰다. 지금까지 이야기한 것을 되새긴다기보다는 이론과 현실, 혁명 이념과 구체적 상황과의 관계 살피기를 잊지 않으면서 자기가 그 속에서 행동하기를 즐기는 하나의 이론 체계를 절대적인 것으로 여기는 것 같아 보였다. 그는 똑바로 앞을 보고 있었다. 그럴 때마다 그의 생명력은 그야말로 어둠 속에서 타오르는 듯한 그 눈빛에 온통 모아져 있는 것 같았다. 그리고 인간미가 거의 없어 보이는 그 눈길은 그의 내부에서 끊임없이 타올라 온몸을 불태우면서 그것으로 생명을 이어가는 보이지 않는 불꽃 같은 것을 떠올리게 했다.

혁명보다는 혁명적 이론에 흥미를 느꼈던 보아소니 영감이 침묵을 깨뜨렸다.

"암! 그렇지! 동감이야! 혁명 직전의 상황에서 혁명적 상태로 옮겨가는 것은 확실히 예견하기 어려워. 그러나, 그러나…… 그러한 혁명적 상태가 이루어졌을 때 혁명을 예견하는 일도 가능하지 않을까?"

"예견!" 하며 메네스트렐이 짜증스럽다는 듯이 말을 가로막았다. "예견……… 예견한다는 것은 그다지 중요한 문제가 못 돼요. 중요한 건 혁명적 상태에서 혁명으로 이행하는 것을 준비하는 것, 촉진하는 거지! 그럴 경우에는 모든 것이 '주관적' 요소에 달려 있어. 곧 혁명적인 행동을 할 혁명 계급 지도자들의 능력 말이야. 그리고 그 능력, 바로 그것이야말로 우리 전위대 모두가 온갖 수단을 다 써서 최대한으로 발휘해야 하는 거야. 이 능력이 충분할 때 비로소 혁명으로 이행할 수 있어! 그때는 사태를 이끌어 갈 수 있어! 그래, 말하자면 '예견할' 수 있지!"

그는 마지막 몇 마디를 목소리를 낮추어 단숨에 끝냈다. 너무나 빨리 말해버렸으므로 그 자리에 있던 외국인들은 무슨 말인지 잘 이해하지 못했다. 그는 입을 다물고 고개를 가볍게 뒤로 젖히더니 잠깐 미소를 짓고 나서 두 눈을 감았다.

서 있던 자크는 창가에 빈 의자 하나가 눈에 띄자 그리로 가서 앉았다. (그는 이렇게 접촉을 유지하면서 조금 떨어진 자리에서 자기를 꼭 붙들고 있을 때 공동생활에 더 잘 참여할 수 있었다. 이럴 때 그는 동지애뿐만 아니라 형제애 같은 것도 느꼈다) 의자에 단정히 앉아 팔짱을 끼고 머리를 벽에 기댄 채 그는 주위 사람들을 잠깐 둘러보았다. 그들은 한순간 긴장을 풀었다가 다시 메네스트렐 쪽으로 몸을 돌렸다. 그들의 태도는 갖가지였으나 모두가 열정적으로 주의를 기울이고 있었다. 혁명적 이념에 자신의 모든 것을 바친 사람들, 자크가 속속들이 알고 있듯이 투쟁적인 생활과 쫓기는 생활을 하고 있는 그들을 자크는 얼마나 사랑했던가! 그들의 몇몇과는 이념적으로 반대 입장일 수도 있었다. 또 다소의 몰이해라든가 거친 태도 때문에 괴로웠던 때도 있었다. 그러나 자크는 그들 모두를 좋아하고 있었다. 그것은 그들이 '순수'했기 때문이다. 그런가 하면 자신도 그들에게서 사랑받고 있는 것이 흐뭇했다. 그들도 자크의 주장이 자기들과 다른 점이 있기는 해도 그 역시 '순수'하다는 것을 잘 알고 있었으므로 그를 좋아했다. 갑작스러운 어떤 감격이 그의 눈앞을 흐리게 했다. 그들이 보이지 않았다. 그들 한 사람 한 사람의 모습도 구별되지 않았다. 그러면서 순간 그에게 비친 이 모임은 법의 보호를 박탈당한 자들이 유럽 각 지역에서 모여들어 구성된 모임으로, 자신들의 노예 상태를 의식한 나머지 마침내 분연히 일어나 새로운 세계를 다시 일으켜 세우고자 온 정력을 한데 모으고 있는 학대받은 인간들의 모습을 떠올리게 했던 것이다.

조종사의 목소리가 침묵 속에서 들려왔다.

"다시 한 번 러시아의 예로 되돌아가지, 그 위대한 경험으로. 언제나 그렇지 않으면 안 돼. 1904년 동양에서 패전을 하고 난 뒤 혁명 직전의 상태가 그 이듬해에 혁명적 상태로 번질 것이라고 누가 감히 예견할 수 있었겠나? 예견할 수 없었지! 그리고 1905년에 주위의 상태에 의해 일단 혁명적 상태가 조성되고 나서 혁명이, 프롤레타리아 혁명이 탄생할 줄이야 그 누가 알았겠나? 몰랐어! 더군다나 그것이 성공할 줄은······. 객관적 요소는 꽤 좋았고 그 특징도 나타났었지. 그러나 주관적 요소는 불충분했어. 그런 사실을 생각해 봐. 객관적 조건은 더할 나위 없었어! 군사적 패배, 정치 위기, 경제 위기, 곧 식량 보급의 위기, 기근 기타 등등······. 그런데도 열기는 급속도로 달아올랐지. 곧 총파업, 농민폭동, 군의 반란, '포템킨' 사건 (1905년에 러시아의 흑해함대 소속의 전
투함 포템킨 해병들이 일으킨 반란 사건), 모스크바의 12월 폭동. 그런데 왜 이런 '혁명적 상태'에서 '혁명'이 탄생될 수 없었나? 거기에는 '주관적' 요소가 불충분했기 때문이야, 보아소니! 무엇 하나 제대로 된 게 없었거든! 참된 혁명적 의지가 없었어! 지도자들 머릿속에 명확한 지침이 없었어! 그들 사이에 연대가 없었어! 지휘체계가 없었고, 규율도 없었어! 지도자와 대중 사이에 충분한 연락이 없었어! 특히 말해 둘 것은 근로대중과 농민대중 사이에 협력이 없었던 점이야. 농민들에게 아무런 강력한 혁명 준비가 없었던 거야!"

"그러나 농민들은……" 하고 젤라우스키가 용기를 내어 말했다.

"농민들? 분명 농민들이 각기 마을에서 움직임을 보이긴 했지. 영주의 장원에 쳐들어가 여기저기에서 '영주'의 저택을 불질렀어. 물론이지! 그러나 노동자들한테 맞선 것이 누구라고 생각하나? 농민들이었어! 모스크바 시가지에서 혁명적 프롤레타리아를 기관총 사격으로 무참하게 살해한 군대가 어떤 사람들로 구성되었다고 생각하나? 농민들이었어. 농민들 외에 아무도 아니었어! 주관적 요소의 결핍이야!" 하고 그는 냉담하게 되풀이했다. "1905년 12월에 무슨 일이 일어났던가를 생각해 보세. 사회민주당 안에서의 이론 투쟁으로 얼마나 많은 시간을 허비했나를 생각해 봐. 지도자들은 이루어야 할 목표에 대한 검증조차 하지 못하고 있었으며, 전술 계획에 대해서도 의견의 일치를 보지 못했었다는 것을 생각해 봐. 그 결과, 페테르부르크의 파업은 때마침 모스크바에서 반란이 시작되려 할 때 어리석게도 끝나고 만 거야. 우체국과 철도의 파업은 12월에 끝났어. 모든 통신망이 끊어짐으로써 정부를 마비시키고, 반란 진압의 임무를 띤 군대의 모스크바 투입을 막을 수 있었던 그때 말이야. 그래서 다 알다시피, 1905년 당시에 러시아 혁명은……." 그는 잠시 망설이다가 알프레다 쪽을 돌아보면서 빠른 말투로 중얼거렸다. "……혁명은 사전에 저—지—당—해 버린 거야!"

이때 의자에 앉아 팔꿈치를 무릎 위에 올려놓고 윗몸을 숙인 자세로 계속 손장난을 하고 있던 리차들레가 놀란 듯이 눈을 들었다. "사전에 저지당했다고?"

"물론이지!" 하고 메네스트렐이 말했다.

침묵이 흘렀다.

자크가 자기 자리에서 입을 열었다. "그건 그렇고, 그래도 사태를 극단으로 밀고 가기보다는 오히려……."

메네스트렐은 알프레다를 바라보고 있었다. 그는 자크 쪽을 보지 않고 미소지었다. 스카다, 보아소니, 트라우텐바하, 젤라우스키, 프레젤도 고개를 끄덕이며 동의했다.

자크는 말을 계속했다. "차르가 헌법을 인정한 이상 오히려……."

"……일단 부르주아 정당과 보조를 맞추는 편이 나았을 거라고 생각하는데" 하고 보아소니가 분명히 말했다.

"……러시아 사회민주당을 체계적으로 더 잘 조직하기 위해서는 오히려 그들을 이용하는 편이 나았어." 프레젤도 말을 거들었다.

"아니야, 나는 그렇게 생각하지 않아" 하고 젤라우스키가 조용히 말했다. "러시아는 독일과는 달라. 그리고 나는 레닌이 옳았다고 생각해!"

"그렇지 않아!" 하며 자크가 외쳤다. "옳았던 것은 플레하노프야! 10월 헌법이 나온 이상 '무기'를 들 것까지는 없었어. 운동을 멈추어야만 했어! 그리고 이미 얻은 것을 공고히 해야만 했어!"

"그들은 대중을 실망시켰지" 하고 스카다가 말했다. "그들은 무익한 살상을 했을 뿐이야."

"그래요" 하고 자크는 열을 올리며 말을 계속했다. "수많은 참상을 피할수 있었을 텐데……. 부질없는 피만 흘렸어."

"잘 생각해 볼 문제야!" 하고 메네스트렐이 퉁명스럽게 말했다.

그의 얼굴에서 미소가 걷혔다. 모두가 입을 다물고 주의를 기울였다.

"저지당한 계획?" 하며 메네스트렐은 잠시 침묵을 지키다가 말을 이었다. "그래! 그리고 그것은 이미 10월부터의 일이었어! 그러나 부질없이 피만흘렸다고? 절대로 그렇지 않아!"

메네스트렐이 일어났다―그가 말을 시작하면서 일어나는 것은 지금까지거의 없었던 일이다. 그는 창가로 가서 무심히 밖을 내다보다가 이내 알프레다 곁으로 돌아왔다.

"12월의 반란은 권력을 탈취하는 데까지는 못 갔어. 그건 그래! 그러나 아무리 그렇다손 치더라도 '마치' 탈취가 가능한 것처럼 행동해서는 안 될 이유라도 있나? 결코 그렇지 않아! 우선 혁명적인 힘의 중요성은 그것을 시험해 볼 때야 비로소 알게 되는 법이야. 그러니까 플레하노프가 잘못 생각한 거야. 10월 이래로 '무기'를 들었어야 했어. 피를 흘려야만 했던 거야! 1905년은 하나의 단계야. 역사적으로 필연적인 단계야. 그것은 코뮌(프러시아-프랑스 전쟁 뒤에 1871년에 파리에서 일어난 폭동) 이래 그보다 더 큰 규모로 제국주의 전쟁을 사회혁명으로 바꾸려고 한 두 번째 시도였어. 피를 흘린 것은 헛되지 않았어! 1905년에 이르기까지 러시아의 민중—민중, 그리고 프롤레타리아마저도—은 차르를 믿고 있었어. 그의 이름을 부르면서 가슴에 십자가를 그었던 거야. 그러나 차르가 민중에게 발포를 명령한 뒤로 프롤레타리아는, 그리고 수많은 농민들까지 이미 차르에게서는 지배계급한테서와 마찬가지로 아무것도 기대할 수 없다는 것을 깨닫기 시작했어. 그런 신비의 나라, 그러한 지식이 뒤떨어진 나라에서 계급의식을 발전시켜 나가기 위해서는 피를 흘리는 일이 불가피했던 거야. 더구나 사태는 그것으로 그치지 않았어. 다른 관점에서 볼 때, 기술적인 관점, 곧 혁명의 기술적인 관점에서 볼 때 그 경험은 매우 중요한 것이었어. 그 경험에서 지도자들은 지금까지 없었던 것을 배운 거야. 내일이면 아마 모두 알게 될 거야!”

메네스트렐은 줄곧 서 있었다. 그리고 두 눈을 반짝이며 말끝마다 손짓을 하곤 했다. 그의 손목은 여자의 손목처럼 부드러웠다. 그리고 손가락을 만지작거리는 그의 섬세하고 뱀 같은 손짓은 동양을, 캄보디아의 무희를, 그리고 뱀을 다루는 인도인을 떠오르게 했다.

그는 알프레다의 어깨를 쓰다듬으며 다시 앉았다.

“내일이면 아마 모두 알게 될 거야” 하고 그는 되풀이했다. “오늘날의 유럽은 1905년의 러시아와 똑같이 확실히 혁명 직전의 상황에 놓여 있어. 자본주의 사회의 대립이 유럽 전역을 휩쓸고 있어. 번영이라고 하나 그것은 환상에 불과해. 그러나 언제, 어떻게 새로운 사실이 생겨나겠나? 그것은 과연 어떤 것이겠나? 경제적 위기겠나? 정치적 위기겠나? 전쟁이겠나? 한 국가 안에서의 혁명이겠나? 언제, 어떻게 혁명적 상태가 조성되겠나? 그것을 ‘예견’할 수 있는 사람은 꽤나 똑똑한 거야! 그러나 그런 것은 아무래도 좋아. 아무튼 거기에는 새로운 요소가 생겨나는 거야! 중요한 것은 그때 ‘준비가 되어 있는’ 것이야! 1905년의 러시아에서는 프롤레타리아가 준비되어 있지 않았어! 그렇기 때문에 모든 것이 실패한 거야. 유럽의 프롤레타리아는 과연 준비가 되어 있나? 지도자들은 준비가 되어 있나? 그렇지 않아! 인터내셔널의 각 분파 사이의 연대는 원활히 이루어져 있나? 아니야! 프롤레타리아 지도자들 사이의 단결은 충분한 효력을 발휘할 만큼 강한 힘이 있나? 그렇지 못해! 각 나라의 혁명세력을 강력하게 집결시키지 않고도 혁명의 승리가 가능하리라고 생각해? ……딴은 그들이 '인터내셔널 사무국'을 세워 놓기는 했어. 그러나 그것이 무엇인가? 그것은 단순한 정보기구에 지나지 않아. '프롤레타리아 중앙집행위원회'는 아직 싹도 보이지 않아. 이런 기구 없이 동시적이고 결정적인 어떤 행동을 한다는 것은 결코 있을 수 없는 일이야! 인터내셔널? 그것은 프롤레타리아의 정신적인 단결을 나타내는 것에 지나지 않아. 물론 그것도 없는 것보다는 낫겠지……. 그러나 그것의 실제적인 조직은 아직 창설되지 않았어. 모든 것을 만들어야 해! 그 활동은 무엇으로 나타나고 있나? 대회! 내가 대회를 욕하는 것은 아니야. 8월 23일에 나도 빈에 갈 예정이니까……. 그러나 사실 대회에서는 아무것도 기대할 수 없어! 예를 들면 1912년의 바젤 대회를 생각해 봐. 그것은 발칸전쟁에 대한 대단한 시위였어—물론이야! 그러나 결과를 봐. 감격 속에서 훌륭한 결의를 했었지. 더욱 대단했던 것은 문제를 회피했던 그들 자신의 솜씨였어! 결의문 속의 '총파업'이란 단어도 그렇다고 말할 수 있겠지! 그때의 토의를 생각해 봐. 파업 문제만 하더라도 이것은 경우에 따라 달리 제기되고 있는데, 이것을 '실제적인' 문제로 삼아 '철저히' 검토한 적이 있나? 이런저런 전쟁이 일어났을 때 프롤레타리아가 취할 구체적 태도는 어떤 것이겠나? 전쟁? 그것은 하나의 실체야. 프롤레타리아? 이것도 또다른 하나의 실체이고. 이 두 실체를 앞에 놓고 우리 지도자들은 선과 악에 관해 설교하는 설교단상의 목사처럼 언변에서의 변화를 만들어 보인 거지. 이것이 지금의 현실이야! 인터내셔널은 나들이 가는 기분에 젖어 있는 정도야! 한편으로는 이론, 다른 한편으로는 대중의 의식과 힘과 혁명적 정열, 이 두 가지를 융합하는 일은 시작조차 되지 않고 있는 실정이야!"

그는 잠시 입을 다물었다.

"모든 것이 지금부터야!" 그는 생각에 잠긴 채 중얼거렸다. "모든 것이. 프롤레타리아의 준비는 막강하면서도 질서 있는 힘을 전제로 해야 해. 그런데 지금까지는 가까스로 보이는 정도였지. 이런 사실을 나는 빈에서 말할 생각이야. 모든 것이 지금부터야." 그는 여전히 낮은 목소리로 되풀이했다. "알프레다. 그렇잖아?"

그는 짧게 미소짓고서 듣고 있던 주위 사람들의 얼굴을 한 번 둘러보았다. 그의 이마에 주름이 잡혔다. "예를 들면 인터내셔널이 아직 일간지나 주간지 하나 못 내고 있다는 것이 있을 수 있는 일이야? 여러 나라 말로 된, 모든 나라의 모든 노동기관에 공통된 〈유럽회보〉 같은 것 말이야. 이것도 대회에서 말하려고 해. 이것이야말로 지도자들로서는 모든 나라에서 거의 같은 질문을 하고 있는 몇백만 명의 프롤레타리아에게 동시에 공통된 회답을 줄 수 있는 최선의 방법이지. 이것은 투사든 아니든 간에 모든 노동자에게 전세계의 정치 및 경제 상황에 대해서 정확한 정보를 줄 수 있는 최선의 방법이야. 이것은 현재의 상황에서는 노동자들에게 국제적 반응을 더욱 상세히 알릴 수 있는 최선의 방법이기도 하고, 모탈라의 야금공이나 리버풀의 부두꾼이 함부르크나 샌프란시스코나 티플리스(그루지야 공화국의 수도로 오늘날의 이름은 트빌리시)에서 일어난 총파업을 아무런 차별 없이 자신의 개인적인 사건인 것처럼 느껴야 해! 한 사람 한 사람의 노동자와 농민이 토요일 저녁에 일터에서 돌아와 테이블 위에 놓여 있는 신문을 보려고 손에 들면서 그것이 같은 시간에 전세계의 모든 프롤레타리아의 손에 들려 있으리라고 생각하는 사실. 또한 거기에서 여러 가지 뉴스, 통계, 지령, 일정을 읽으면서 그것이 같은 시간에 자기처럼 대중의 권리를 의식하고 있는 전세계의 모든 사람들에게 읽힐 것이라고 생각하는 사실—그러한 사실만이 정말 헤−아−릴−수−없−는 설득력을 갖게 되는 거야! 그것만이 아니라 그것이 각국 정부에 끼치는 효과는……."

마지막 몇 마디는 너무 빨리 말했으므로 확실히 알아들을 수 없었다. 마침 친구들에게 둘러싸여 방에 들어온 강연자 자노트의 모습을 보자 그는 하던 말을 즉시 멈추었다. '본부'의 패거리들도 오늘밤에는 조종사가 더 이상 말을 하지 않을 것이라는 사실을 알아차렸다.

8. 6월 28일 일요일—자크, 메네스트렐과 미퇴르크와 산책—폭력을 논의

자크는 자노트를 알지 못했다. 자노트는 알프레다가 말한 대로였다. 땅딸막한 데다가 검은 구식 양복을 입고 있어서 어색해 보였다. 자노트는 발끝으로 방을 가로질러 갔다. 그리고 허리를 반쯤 구부리고 굽실거리면서 인사하는 모습이라든가 성당지기 같은 그의 몸짓은, 문장(紋章) 속 동물의 갈기처럼 기괴한 흰빛이 감도는 엄숙한 얼굴과는 어쩐지 어울리지 않아 보였다.

자크는 의자에서 일어나 있었다. 그는 다른 사람들이 와자지껄하게 서로 소개하는 틈을 타서 슬쩍 자리를 빠져나와 메네스트렐을 기다리기 위해 작은 구석방으로 들어갔다.

예상대로 곧 메네스트렐이 나타났다. 언제나처럼 알프레다를 동반하고 있었다.

대화는 짧았다. 메네스트렐은 기트베르와 토블러에 관한 서류 가운데에서 비난의 글이 씌어 있는 대여섯 통의 서류를 꺼내 자크에게 주었다. 그리고 오스메르에 관해 한 마디 덧붙였다. 그러고 나서 조사를 시작하기 위한 실제 방법에 대해 전반적인 주의를 주었다. 말을 끝마친 후, 그는 자리에서 일어났다.

"자, 알프레다, 저녁 먹으러 가지!"

알프레다는 흩어진 서류를 재빨리 거두어 서류가방 속에 넣었다.

메네스트렐은 자크 쪽으로 걸어와 잠시 자크의 얼굴을 뚫어지게 바라보았다. 그리고 조금전의 대화 때와는 아주 다르게 친근감이 도는 낮은 목소리로 이렇게 물었다. "오늘밤에 뭐 기분 나쁜 일이라도 있나?"

좀 어색해진 자크는 놀란 듯한 미소를 지었다. "아니, 아주 좋아요!"

"빈에 가는 것이 싫은 게 아니야?"

"천만에요, 왜요?"

"아까 걱정스런 얼굴을 하고 있던 것 같아서……."

"아니에요."

"무언가 좀 쓸쓸한……."

자크는 더욱더 미소를 지었다. "쓸쓸한" 하고 자크는 그 말을 되풀이했다. 그의 두 어깨는 의기소침한 듯이 가볍게 움직였고 얼굴에서는 미소가 걷혔다. "어떤 날은 까닭없이 유달리 쓸쓸한 마음이 들 때가 있어요. 잘 아는 사실이잖아요, 조종사?"

메네스트렐은 아무런 대답도 않고 두어 발자국 걸어 문 가까이 가 섰다. 그리고 알프레다가 준비를 다 했는지 확인하려고 뒤를 돌아보았다. 그리고 문을 열고 알프레다를 내보냈다.

"물론이지" 하고 빨리 말하면서 그는 자크를 향해 짧은 미소를 던졌다. "알고 있지, 알고 있어……."

이제 '본부'는 텅 비었다. 모니에가 의자를 제자리에 놓고 그 주변을 대충 정돈하고 있었다. (토요일과 일요일의 모임은 흔히 밤이 이슥할 때까지 계속되곤 했다. 그러나 오늘은 대부분의 사람들이 자노트의 강연을 듣기 위해 저녁식사 뒤에 페레 회관에서 만나기로 되어 있었다)

메네스트렐은 알프레다를 좀 앞장서서 걸어가게 했다. 그는 자크의 팔짱을 끼고는 한쪽 다리를 약간 끌면서 계단을 내려왔다.

"이봐, 누구나 혼자야……. 그것만은 인정해야 돼." 그는 빨리 그리고 나지막하게 말했다. 잠시 이야기를 멈추었다가 그는 알프레다 쪽을 슬쩍 보면서 더 낮은 목소리로 되풀이했다. "언제나 혼자야." 그가 객관적으로 확증된 것처럼 말했으므로 거기에는 어떤 우수라든가 후회의 빛은 조금도 엿보이지 않았다. 그러나 자크는 오늘밤에 조종사가 무엇인가 개인적인 일을 생각하고 있다는 확신이 들었다.

"예, 저도 잘 알아요" 하고 말하면서 자크는 한숨을 지었다. 그는 혼란스러운 사상의 짐 때문에 걷기 힘들어하는 사람처럼 걸음을 늦추더니 마침내 우뚝 섰다.

"그건 바벨의 저주(구약 성서에 나오는 바벨탑 이야기로, 노아의 자손이 하늘에 오르려고 바벨탑을 만들었기 때문에 신의 노여움을 샀다고 함)예요. 나이가 같고, 생활이 같고, 신념이 같은 사람들이 온종일 함께 이야기하며 지극히 자유롭고 지극히 성실하게 이야기하고 지내면서도, 단 1분도 서로 이해할 수 없고 단 1초도 서로 '맞닿을' 수 없으니 말이에요! 우리는 서로 곁에서 살고 있으면서도 서로 알지 못하고 있어요. 호숫가의 돌처럼 그저 쌓여 있을 뿐이지요. 그리고 가끔 생각해 보지만, 말이라는 것도 우리를 서로 일치시키는 것 같은 환상만 줄 뿐이고 사실은 서로를 갈라놓고 오히려 멀어지게 하는 것이 아닌가 싶어요!"

그는 눈을 치켜 떴다. 메네스트렐은 계단 아래에 서서 돌로 만들어진 현관에 울려 퍼지는 이 침울한 목소리를 듣고 있었다.

"아! 가끔 말하기 싫어질 때가 있다는 걸 아신다면!" 하고 자크는 갑자기 기운차게 말했다. "장광설은 이제 질색이에요! 그런 이데올로기 이야기는 정말 싫어요!"

메네스트렐은 이 마지막 말을 듣자 거세게 손을 내저었다.

"물론이야. 말하는 것은 행동의 한 수단에 지나지 않겠지. 그러나 행동할 수 없는 동안에는 말하는 것만으로도 무엇인가를 하는 거야."

그는 안뜰을 힐끗 쳐다보았다. 거기에는 패터슨과 미퇴르크가 조금전에

'본부'에서 하던 '장광설'을 계속하고 있는 듯 제스처를 써가며 왔다 갔다 하고 있었다. 그러고 나서 그는 자크에게 그 날카로운 눈길을 돌렸다.

"참아! 이데올로기 시대야. 한 시기에 지나지 않아. 그러나 꼭 있어야 할 준비 단계의 시기야! 이론의 엄정함은 논쟁을 통해서 확고해지는 법이지. 혁명 이론 없는 혁명운동이 있을 수 없어. 혁명 이론 없는 전위대가 있을 수 없어. 지도자들도 있을 수 없어. 우리의 '이데올로기'가 자네 마음에 들지 않는다는 말이지…… 그렇겠지. 우리 후계자들이 볼 때는 우스꽝스러운 힘의 낭비로 보일 거야. 그러나 그것이 과연 우리의 잘못일까?" 그는 아주 빠른 말투로 중얼거렸다. "행동의 시기는 아직 오지 않았어."

주의를 기울이고 있는 자크의 태도는 '설명 좀 해 보시오'라고 말하는 것 같았다.

메네스트렐이 말을 계속했다.

"자본주의 경제는 엄연히 존재하고 있어. 그 장치는 쇠퇴의 기미를 보이고 있지만 그래도 아직 그럭저럭 움직이고 있어. 프롤레타리아는 고통을 받으면서 흔들리고 있어. 그러나 뭐니뭐니해도 아직 굶어 죽을 정도는 아니야. 이렇게 절뚝거리며 숨을 헐떡이는 기존의 힘에 의해 살아가는 세계에서 행동의 시기를 기다리는 선구자들이 무엇을 하길 바라나, 자네는? 그러니 그들은 말을 하는 거야! 그들은 이데올로기에 열중하는 거야! 그들이 자유롭게 활동할 수 있는 곳은 사상의 영역밖에 없어. 우리는 아직 여러 가지 일에 대한 영향력을 가지고 있지 못해……."

"아!" 하며 자크가 말했다. "여러 가지 일에 대한 영향력!"

"참아, 이 사람아. 모든 것은 잠깐이야! 체제의 모순이 점점 더 뚜렷이 노출되고 있어. 국가들 사이의 경쟁은 치열해지고, 시장 확보를 위한 각축전이 격화되고 있지. 죽느냐 사느냐의 문제야. 그들의 모든 제도는 끊임없이 확장되는 시장을 예상해서 만들어진 거야! 마치 시장이 한없이 확대되기라도 하는 것처럼! ……마침내 벼랑 끝까지 가면 굴러 떨어지고 말아! 한 마디로 지금 세계는 위기를 향해 치닫고 있어. 피할 수 없는 파국을 향해서. 그리고 그게 언젠가는 전세계적인 것이 될 거야. 조금만 기다려! 세계의 경제 생활이 깡그리 파국에 이르기까지 기다리는 거야. 기계가 샐러리맨의 수를 더욱 감축시키기를……. 파산과 몰락이 들이닥치고, 곳곳에서 일자리가 줄어들고, 마치 보험 가입자 모두가 같은 날에 재해를 당한 보험회사 같은 상황에 자본주의 경제가 처해지는 날을. 그때는…… !"

"그때는?"

"그때 우리는 이데올로기에서 빠져나오는 거야! 그때는 장광설의 시대가 끝나는 거지! 그리고 소맷자락을 걷어붙이고 일을 시작하는 거야. 왜냐하면 행동의 때가 되었고, 마침내 우리가 '여러 가지 일에 대한 영향력'을 갖는 때가 되었으니까!" 한 줄기 빛이 그의 얼굴을 비치다가 사라졌다. 그는 "참아…… 참아!" 하고 되풀이했다. 그리고 고개를 돌려 눈으로 알프레다를 찾았다. 알프레다가 너무 멀리 떨어져 있어서 그의 목소리를 들을 수 없었는데도 그는 기계적으로 이렇게 중얼거렸다. "그렇잖아, 알프레다……."

알프레다는 패터슨과 미퇴르크 가까이 가 있었다.

"같이 '르카보'에 가서 무엇 좀 드세요" 하고 그녀는 패터슨은 쳐다보지도 않고 미퇴르크에게 권했다. "그렇잖아요, 조종사?" 하고 그녀는 메네스트렐에게 명랑한 목소리로 외쳤다. (그것은 패터슨과 미퇴르크가 듣기에 분명히 "조종사가 모두의 것을 지불해 줄 테니까……"라는 것을 뜻하고 있었다)

메네스트렐은 아래를 내려다보며 승낙의 뜻을 나타냈다. 그녀는 이렇게 덧붙였다.

"그러고 나서 모두 같이 페레 회관에 가요."

"나는 가지 않을 거예요" 하고 자크가 말했다. "가지 않겠다고요!"

'르 카보'는 대학가 중심부의 바스티옹 공원 뒤쪽에 있는 생우르스 거리의 어느 지하실에 있는 채식주의자들의 작은 술집이었다. 그곳은 특히 사회주의 학생들이 많이 드나드는 곳이었다. 조종사와 알프레다는 카루주 거리에 일하러 돌아가지 않는 날 저녁에는 자주 그곳에 가서 저녁식사를 하곤 했다.

메네스트렐과 자크는 앞에서 걸어가고 있었다. 알프레다와 두 청년은 몇 미터 떨어져서 따라가고 있었다.

조종사는 그 특유의 거친 태도로 말을 계속했다.

"앞으로 그런 이데올로기 시대를 체험하는 기회가 많이 있을 거야. 우리는 무엇인가가 시작되기 직전에 태어났어. 자네는 동지들에게 너무 엄격해! 나는 그들의 모든 것을 허용해 주고 있어. 그들의 장광설조차도, 그것은 그들의 생명력…… 그들의 젊음 때문이야!"

지금까지 자크가 느끼지 못했던 한줄기 우울한 빛이 그의 얼굴을 스쳐갔다. 그는 알프레다가 확실히 따라오는지 확인하려고 뒤를 돌아보았다.

자크는 토라져서 완강하게 머리를 저었다. 사실 그는 실망한 나머지 주위 청년들에게 엄격한 비판을 가할 때가 더러 있었다. 그에게는 대부분의 사람들의 생각이 너무 피상적이고 편협하며, 자기 멋대로 남을 비판하고 미워하는 것 같아 보였다. 그들의 지성은 자신들의 식견을 넓히고 새롭게 하는 쪽보다는 그것을 체계적으로 굳히는 쪽에 쏠리고 있는 것 같았다. 그리고 그들의 대다수가 혁명가라기보다는 반항자에 가깝고, 인류를 사랑하기보다는 반항을 사랑하는 것 같았다.

그러나 자크는 조종사 앞에서 동지들을 비판하는 말을 삼갔다. 그는 다만 이렇게 말했다. "그들의 젊음이라고요? 그러나 나는 그들이…… 충분히 젊지 않은 것이 오히려 원망스러워요!"

"충분히 젊지 않다고?"

"그래요! 그들의 증오는 늙은이의 반발이에요. 이 점은 반네드가 옳게 본 겁니다. 진정한 젊음은 남을 증오해서는 안 되고 사랑할 줄 알아야 해요."

"꿈같은 이야기야!" 하고 뒤따라온 미퇴르크가 엄숙하게 말했다. 그는 안경 너머로 메네스트렐을 슬쩍 곁눈질했다. "진정으로 무엇인가를 하려면 증오해야 하는 거야" 하고 그는 좀 쉬었다가 이번에는 자기 앞의 먼 곳을 바라보며 곧 공격적인 말투로 이렇게 덧붙였다. "역시 이기기 위해서는 언제나 살육이 필요했어. 그런 거야!"

"아니야" 하며 자크가 침착하게 말했다. "증오는 금물이야. 폭력도 안 돼! 그 점에 대해 나는 당신들과 절대로 의견을 같이할 수 없어!"

미퇴르크는 신랄한 눈초리로 자크를 바라보았다.

자크는 메네스트렐 쪽으로 약간 몸을 기울였다. 그리고 이야기를 계속하기 전에 잠시 기다렸다. 메네스트렐이 아무 말도 꺼내지 않자 그는 결심한 듯이 거칠게 말했다.

"증오해야 한다! 살육해야 한다! 이렇게 저렇게 해야 한다! 자네가 그런 것을 어떻게 알아, 미퇴르크? 어떤 위대한 혁명가가 살육 없이―정신력으로―훌륭히 승리를 거두면, 폭력 혁명에 대한 자네의 생각도 완전히 바뀌겠지!"

미퇴르크는 조금 떨어져서 무거운 발걸음을 옮기고 있었다. 그의 얼굴은 굳어 있었다. 그는 아무 대답도 하지 않았다.

"역사를 통해서 볼 때 모든 혁명이 많은 피를 흘린 것은……" 하고 자크는 다시 메네스트렐을 바라보며 말을 계속했다. "그것은 아마 혁명에 참가했던 사람들이 충분한 준비와 생각을 하지 못했기 때문이었을 거야. 혁명은 모두 우리처럼 폭력을 신조로 하는 과격파에 의해서, 어느 정도는 즉흥적으로, 그때그때 공포 속에서 수행되었던 거야. 그들은 혁명을 하는 것으로 생각했지만 실은 그것은 내란에 지나지 않았어……. 폭력은 그 당장의 필요에서 사용한다는 것을 나는 인정해. 그러나 나는 지금과 같은 문명사회에서는 다른 유형의 혁명, 곧 조레스와 같은 인물들이 인내심을 가지고 이끄는 그런 점진적인 혁명을 생각해 보는 것이 무의미한 일이라고는 보지 않아. 휴머니즘의 관념에 투철한 사람들. 이들은 그들의 주의를 숙성시키고, 점진적인 행동 계획을 세울 만큼 시간적 여유를 가졌던 사람들이야. 다음으로 좋은 의미의 기회주의자들. 이들은 의회, 시의회, 조합, 노동운동, 파업의 모든 분야에서 동시에 영향력을 행사하면서 일련의 조직적인 방법을 통해 권력을 장악하려 했어. 그리고 혁명가이자 정치가인 사람들. 이들은 경륜과 권위를 가지고, 명석한 사고에서 우러나는 침착한 정력을 가지고, 협력할 수 있는 충분한 시간을 가지고 계획을 수행했어. 결국 이들은 질서를 지키면서 언제나 사태를 장악할 줄 아는 사람들이었어! 바로 그들이 이끌어 가는 것이 혁명이야."

"사태를 장악한다고!" 하고 미퇴르크가 거친 몸짓을 하며 고함쳤다. "Dummkopf! (^{'명청한 녀석'이라}
는 뜻의 독일어) 새로운 체제의 건설, 그건 어떤 격변의 압력 아래서 모든 열정이 미친 듯이 날뛰는 전체적이고 경련적 Krampf(^{'발작'이라는}
뜻의 독일어) 시기에나 비로소 생각해 볼 수 있는 거야……."(그는 프랑스어를 꽤 유창하게 했으나 강하고 거친 독일어 악센트가 섞여 있었다) "참으로 새로운 것은 증오에 의해서 주어지는 그런 자극 없이는 얻을 수 없어. 그리고 건설을 위해서는 먼저 어떤 회오리바람이, 어떤 Wirbelsturm(^{'회오리바람'이}
라는 뜻의 독일어)이 모든 것을 넘어뜨리고 마지막 잔해까지 모두 고르게 만드는 것이 필요해!" 그는 이 말을 머리를 숙인 채 초탈한 듯한 태도로 했으므로 끔찍스럽게 들렸다. 그는 고개를 들었다. "Tabula rasa! Tabula rasa! (^{'백지상태'}
라는 라틴어)" 그리고 거친 손짓으로 장애물을 부수고 그것을 자기 앞에서 없애 버리는 시늉을 했다.

자크는 몇 걸음 걷다가 대답했다. "그래." 그는 되도록 침착해지려고 노력하면서 숨을 길게 쉬었다. "자네는—우리 모두가 그렇지만—혁명의 개념은 질서의 개념과 양립될 수 없다는 그런 공리에 따라 살고 있어. 우리는 모두가 영웅적이고 피비린내 나는 로맨티시즘에 중독되어 있는 거야. 내 말 알겠어, 미퇴르크? 나는 이렇게 모두가 폭력 이론에 찬성하고 있는 진정한 이유가 어디에 있을까 하고 생각할 때가 있어. 단지 효과적으로 행동하기 위해서는 폭력이 불가피하기 때문일까? 아니야……. 그건 '또한' 그러한 이론이 우리의 가장 저급하고, 가장 오래된, 인간의 깊숙한 곳에 숨겨진 본능을 만족시켜 주기 때문일 거야! 우리의 모습을 거울에 비추어 봐. 얼마나 험악한 눈길, 얼마나 미개인 같은 웃음, 얼마나 잔인하고 야만스런 기쁨을 가지고 우리 모두가 그러한 폭력을 필요한 것인 양 받아들이고 있는지! 사실은 더 부끄러운 동기, 더 개인적인 동기 때문에 우리는 그것에 집착하는 거야. 말하자면 우리 모두가 마음속 깊은 곳에 복수심과 원한을 품고 있기 때문이지……. 그리고 아무런 가책도 없이 복수심을 만끽하기 위해서 그것을 숙명적인 법칙에 순응하는 것으로 정당화시키지. 이 얼마나 감쪽같은 변명인가?"

모욕을 당한 미퇴르크는 갑자기 고개를 돌렸다. "나는" 하며 그는 항의했다. "내 생각으로는……."

자크는 그의 항의에 아랑곳하지 않고 말을 계속했다.

"기다려. 나는 누구도 비난하지 않아. 나는 '우리'라고 했어. 나는 사실을 말하고 있는 거야. 파괴하고자 하는 욕구는 건설하고자 하는 희망보다 훨씬 더 강력한 거야. 우리 가운데서 얼마나 많은 사람들이 혁명을 사회변혁의 작업 이전에 우선 복수의 기회로 여기면서, 혼란과 폭동과 내란과 권력의 노골적인 탈취에 도취되어 있는지 알아? 피를 흘린 승리에 의해 이번에 우리 쪽에서 압제—우리가 생각하는 정의의 압제를 강요하는 날이 온다면, 그 얼마나 미치광이 같은 복수심이겠나! ……'난동에 대한 욕구'. 그래, 미퇴르크, 다른 어떤 것보다도 바로 이것이 모든 혁명가의 마음속 깊은 곳에 있는 거야! 부정하지 마. 우리 가운데 몇 사람이나 이렇게 끓어오른 파괴열에 사로잡히지 않았다고 감히 장담할 수 있을까? 매우 훌륭한 사람들, 매우 관대한 사람들, 매우 희생정신이 강한 사람들 가운데서도 나는 취한 악마의 광기가 발호하는 것을 가끔 보거든……."

"물론이지!" 하며 메네스트렐이 말을 가로막았다. "그러나 문제가 과연 거기에만 있을까?"

자크는 그의 눈길을 붙들려고 돌아섰다. 그러나 헛일이었다. 그가 보기에 메네스트렐은 미소를 지은 것 같았으나 확실하지는 않았다. 자크도 미소를 지었다. 그러나 그것은 자신의 개인적인 이유에서였다. 조금전에 "장광설은 이제 질색이에요!" 하고 자기가 말한 것이 생각났던 것이다.

미퇴르크는 안경 위로 눈썹을 추켜세웠다. 그리고 더 이상 대답할 생각이 없는 것 같아 보였다.

그들은 부르 드 푸르 광장에 이르러서는 조용히 광장을 건넜다. 저녁놀이 낡은 지붕 위의 기와를 붉게 물들이고 있었다. 생 레제의 좁은 길은 마치 어두운 복도처럼 나 있었다. 그들 뒤에서 패터슨과 알프레다가 큰 소리로 이야기하고 있었다. 웃음소리만 들릴 뿐 무슨 말을 하는지는 확실히 알 수 없었다. 메네스트렐은 어깨 너머로 자꾸 그쪽을 힐끔거렸다.

자크는 자신의 사고의 맥락을 설명하지 않은 채 중얼거리듯 이렇게 말했다.

"……그것은 마치 개인은 우선 자신의 가치를 포기하지 않으면 단체나 집단적인 세력에 참여할 수 없다는 것 같군."

"어떤 가치 말인가?" 하고 미퇴르크가 물었다. 이때 그의 무언의 몸짓은 자크가 지금 한 말과 조금전에 한 말 사이에서 아무런 연관을 찾아볼 수 없다고 말하는 것 같았다.

자크는 망설였다. "인간으로서의 가치" 하고 그는 낮은 소리로 얼버무리듯 말했다. 그의 태도는 마치 그 새로운 문제에 대해 논란을 시작하는 것을 두려워하는 듯 했다.

짧은 순간의 침묵이 있었다. 그때 갑자기 메네스트렐의 목소리가 날카롭게 울렸다. "인간으로서의 가치?"

빈정거리는 듯한 이 질문에는 어딘가 신비스러운 데가 있었다. 자크는 그 질문에서 어떤 감동의 흔적을 보는 듯한 느낌이었다. 그는 메네스트렐의 그러한 냉담함에서 받은 어떤 느낌—즉 그의 냉담함이 후천적이라는 것, 그리고 자신은 인간의 본성에 대해서 알 것은 다 알고 있지만 자신의 환멸을 조용히 체념하지 못하는 다감한 마음의 소유자로서 고뇌하고 있다는 것을 숨기기 위해 얼버무리고 있다는 느낌을 받은 적이 한두 번이 아니었다.

미퇴르크에게는 조종사의 쾌활함만이 눈에 들어왔다. 그는 소리내어 웃으면서 엄지손톱으로 치아를 긁었다. "티보, 자네는 정치적 감각이 없어!" 하고 말하는 그의 말투는 논쟁의 결론을 내리려는 것 같아 보였다.

자크는 버럭 화가 나는 것을 참을 수 없었다.

"그런데 그 정치적 감각이라는 것은……."

이번에는 메네스트렐이 말을 가로막았다. "미퇴르크, 정치적 감각이라는 것이 도대체 뭐야? 사생활에서 우리가 저마다 무례한 행동 또는 죄라고 생각하며 배척하고 있는 것을 사회적 투쟁에서는 용인한다…… 그런 거야?"

그는 처음에는 말을 아무렇게나 하는 것 같더니, 끝에 가서는 좀 격렬하면서도 진지하고 신중한 투로 마무리지었다. 그러고는 입을 다문 채 코로 가늘게 숨을 내쉬면서 조용히 웃고 있었다.

자크는 하마터면 메네스트렐의 말에 대답할 뻔 했다. 그러나 조종사는 그에게 언제나 위압감을 주었다.

그는 미퇴르크를 향해 말했다. "진정한 혁명은……."

"참으로 진정한 혁명, 민중 해방을 위한 혁명은 그것이 아무리 광포한 것일지라도 구태여 사람들로부터 용인받을 필요가 없는 거야!" 하고 미퇴르크가 외쳤다.

"그래? 방법이야 어찌 되었든 상관없다는 말이야?"

"물론이지!" 하며 미퇴르크는 자크의 말이 끝나기도 전에 한술 더 떠 말했다. "행동, 그건 자네의 공상적인 사변과 같은 차원이 아니야! '동지', 행동이란, 인간을 꼼짝 못하게 하는 거야. 그래, 행동에서 중요한 것은 한 가지뿐이야. 승리하는 것! ……자네가 어떻게 생각하든 내 경우에는 목적이 복수하는 데 있지 않아! 그래, 목적은 인간 해방이야. 경우에 따라서는 당사자의 의사와 상관없더라도 말이야! 또 필요하다면 총부리에 의존해서라도! 단두대라도 괜찮아! 강에 빠진 사람을 구하려고 할 때 그 구조 작업에 안전을 꾀하기 위해 자네는 우선 그 사람의 머리를 아주 세게 때려야 해……. 진정으로 기다렸던 그날이 올 때 나의 목적은 단 한 가지, 자본주의의 압제를 몰아내고 쓸어버리는 일이야. 그렇게 거대한 골리앗, 백성을 예속시키려고 온갖 수단을 가리지 않았던 그를 쓰러뜨리기 위한 방법을 선택하는 데 이것저것 가릴 만큼 나는 그렇게 어리석지는 않아. 우매함과 악을 쳐부수는 데 도움이 되는 것이라면 무엇이라도 좋아. 그것이 비록 우매함이나 악일 지라도! 불의와 광포가 필요하다면 물론 나는 기꺼이 불의와 광포 편에 설 수도 있어! 나를 더 강자로 만들어 승리를 얻게 해 주는 일이라면 어떤 무기라도 들겠어. 굳이 말한다면, 이 싸움에서는 모든 것이 다 허용되어 있어! 허용되지 않는 것은 패배 뿐이야!"

"아니야" 하며 자크가 격하게 말했다. "그렇지 않아!"

그는 메네스트렐의 시선을 찾았다. 그러나 조종사는 뒷짐을 지고 두 어깨를 축 늘어뜨린 채 그들로부터 조금 떨어져서 집 처마를 따라 앞만 보며 걷고 있었다.

"아니야" 하고 자크는 말을 계속했다. (그는 하마터면 이런 말을 할 뻔했다. '나는 이제 그런 혁명에는 도무지 흥미가 없어. 그런 피비린내 나는 광포한 행위를 하고 또 그것을 정의의 이름으로 호도할 수 있는 그런 인간은 승리하더라도 결코 그의 순수성, 존엄성, 인간에 대한 존경, 공정함에 대한 열정, 정신의 자유를 되찾지 못할 거야. 내가 혁명을 열망하는 것은 그런 미치광이를 권좌에 앉히기 위해서가 아니야') 그러나 그는 단지 이렇게 말하는 것으로 그쳤다. "아니야! 왜냐하면 자네가 역설하는 그 폭력은 대번에 정신적인 면을 위협할 것이기 때문이야. 나는 그것을 직감할 수 있어."

"그렇더라도 할 수 없지! 우리는 소심한 지식 때문에 마비되어서는 안 돼. 자네가 말하는 이른바 정신적인 면이 말살당해서 정신적 활동이 반세기 동안이나 억압된다고 해도 할 수 없어! 그건 나도 자네와 마찬가지로 유감스러워. 굳이 말하자면 다른 도리가 없는 거야! 그리고 진정한 투사가 되기 위해 맹인이 되어야 한다면, 그래, 나는 아마 '눈을 뽑아줘!'라고 말할 거야!"

자크는 반항적인 몸짓을 했다. "그래, 그게 아니야! 할 수 없다고 해서는 안 돼. 미퇴르크, 내 말을 이해해 줘……."(그는 미퇴르크에게 말하고 있었지만 사실은 메네스트렐을 향해 자기의 생각을 밝히려 했던 것이다) "최종 목표에 대해 자네만큼 중요성을 인정하지 않는 것은 아니야. 내가 항의하는 것도 실은 그 목표 자체를 위해서야! 불의와 기만과 광포 속에서 이루어진 혁명, 그것은 인류에게는 단지 헛된 성공에 지나지 않아. 그런 혁명이야말로 출발부터 부패의 싹을 지니고 있다고 말할 수 있겠지. 그러한 방법으로 획득한 혁명은 영속성이 없을 거야. 그리고 머지않아 비난을 받게 될 거야. 폭력, 그것은 압제자의 무기야! 그것은 절대로 민중에게 진정한 해방을 가져다주지 못해. 그것은 단지 새로운 압제를 만들어 낼 뿐이야…… 좀 들어봐!" 그는 미퇴르크가 말을 가로막으려는 것을 보고 갑자기 역정이 나서 외쳤다. "자네들이 그러한 이론적 냉소주의 속에서 끌어내는 힘을 나도 알고 있어. 그리고 만일 내가 그것이 유효하다는 것을 믿는다면 개인적인 혐오 같은 것을 접어 두고 나도 그 냉소주의에 참여할 거야. 그런데 나는 그것을 완전히 믿지 않아! 진정한 진보라면 그 어느 것도 비열한 방법에 의해 이루어지는 일이 없다는 것을 나는 확신하고 있어. 정의와 박애의 세상을 세우기 위해 폭력과 증오를 예찬하는 것은 정말 난센스야. 그것은 진정 우리가 세상에 존속시키려고 하는 그 정의와 박애를 출발점에서부터 배신하는 거야! 안 돼! 이 점에 관해서는 자네 마음대로 생각하라고. 그러나 내가 보기에는 진정한 혁명, 온 힘을 다 바칠 만한 가치가 있는 혁명이란 도덕적 가치의 부정 속에서는 절대로 이루어질 수 없을 것 같아!"

미퇴르크는 반격할 태세를 취했다.

"굉장한 고집이군, 자크!" 하고 메네스트렐이 끼어들었다. 그 목소리는 늘 듣는 사람으로 하여금 정신이 번쩍 들게 하는 가성이었다.

그는 이 논쟁을 방관자로서 지켜보고 있었다. 그는 두 기질의 충돌을 항상 흥미롭게 생각하고 있었다. 본질적인 면에서 정신과 물질, 폭력과 비폭력을 구별하는 것은 그에게는 터무니없고 부질없는 일처럼 보였다. 그것은 잘못된 문제, 잘못 제기된 질문의 전형 같았다. 그러나 이제 와서 그것을 말한다고 한들 무슨 소용이 있을까?

자크와 미퇴르크는 당황해서 입을 다물었다.

미퇴르크는 조종사를 돌아보았다. 그리고 잠시 수수께끼 같은 그 얼굴을 유심히 살펴보았다. 타협의 미소가 입술 위에 굳어지며, 표정이 순식간에 어두워졌다. 그는 이 논쟁에서 자크가 취한 태도가 불만스러웠고, 자크에 대해, 조종사에 대해, 자기 자신에 대해 화가 났던 것이다.

얼마동안 말없이 걷다가 그는 일부러 걸음을 늦추어 두 사람과 간격을 두고 패터슨과 알프레다와 합류했다.

메네스트렐은 미퇴르크가 없는 틈을 이용하여 자크 곁으로 다가갔다.

"자네가 바라는 것은" 하며 그가 말을 꺼냈다. "혁명이 이루어지기 전에 먼저 그것을 정화한다는 것인데, 너무 일러! 혁명이 일어나는 것을 방해할지도 몰라."

그는 잠시 말을 멈추었다. 그리고 자기가 금방 한 말이 얼마만큼 자크의 마음을 아프게 했는지를 알아차리기라도 한 것처럼 날카로운 눈초리로 자크를 힐끗 바라보면서 재빨리 이렇게 덧붙였다. "하지만…… 나는 자네를 잘 이해해."

두 사람은 아무 말 없이 거리를 계속 내려오고 있었다.

자크는 침착하게 자기 자신을 한 번 되돌아보려고 애썼다. 그는 자기가 받은 교육을 생각해 보았다. '학교 교육…… 부르주아적 교육…… 그것이 지울 수 없는 습관을 지성에 가져다준 것이다. 나는 오랫동안 작가가 되기 위해 태어났다고 믿고 있었다. 그런 생각을 버린 것도 그리 오래전의 일이 아니다. 그만큼 나는 사물을 판단하고 결론을 내리기보다는 사물을 보고 그것을 기록하는 성향 쪽이 더 강했다. 혁명가로서는 확실히 하나의 약점이지!' 하고 그는 걱정스럽게 생각했다. 그는 자신을 속이는 법이 거의 없었다. 적어도 의식적으로는 그랬다. 자신을 동지들과 견주어 열등하다고도 뛰어나다고도 생각하지 않았다. 다만 그들과는 다르다고 생각했다. 그리고 모든 것을 따져볼 때 그들보다 '혁명의 좋은 도구'는 못 된다는 것을 스스로 느끼고 있었다. 그런 그가 그들처럼 개인적인 의식을 버리고 자기 사상이나 의견을 한 당파의 추상적인 주의나 공동행동 속에 녹일 수 있을까?

그는 갑자기 낮은 목소리로 이렇게 말했다.

"정신의 자주성을 유지하고 지키는 것, 그것이 공동의 행동에 절대적으로 부적당할까요? 조종사 생각은 어때요?"

메네스트렐은 듣고 있는 것 같지 않았다. 그러나 조금 뒤에 그는 이렇게 중얼거렸다.

"개인적 가치…… 인간적 가치…… 자네는 이 두 말의 뜻이 같다고 생각하나?"

자크는 메네스트렐을 빤히 바라보았다. 의문에 찬 그의 침묵은 조종사에게 더 설명해 줄 것을 요구하는 것 같았다.

그는 마음에 내키지 않으면서도 말을 계속했다.

"우리와 함께 봉기하려는 인류가 지금은 놀랄 정도로 향상되기 시작했어.

그러한 사실은 지금부터 몇 세기에 걸쳐 인간 대 인간의 조건뿐만 아니라 그와 동시에, 아직도 확실히 알지 못하는 인간 자신을—스스로 본능이라고 생각하는 것까지도—바꾸어 놓을 거야!"

이렇게 말하고 그는 다시 입을 다물었다. 그리고 명상에 잠기는 것 같았다.

9. 사라예보에서 암살사건 통보

몇 미터 뒤로 처진 미퇴르크는 패터슨과 알프레다 옆에서 걷고 있었다. 그러나 두 사람의 이야기에는 끼어들지 않았다.

알프레다는 종종걸음으로 영국인 곁을 걷고 있었다. 다리가 긴 그가 한 걸음 내디딜 때마다 그녀는 두 걸음을 걸어야만 했다. 그녀는 스스럼없이 수다를 떨고 있었다. 그리고 상대의 곁에 너무 바싹 붙어 있었으므로 패터슨의 팔이 줄곧 어깨를 스쳤다.

그녀가 말을 꺼냈다. "내가 처음으로 그이를 만난 것은 파업이 있을 때였어요. 나는 취리히의 친구들한테 이끌려 어느 모임에 갔지요. 그때 그이가 연설을 하더군요. 우리는 앞자리에 있었어요. 나는 그이가 연설하는 모습을 지켜보았지요. 그이의 눈, 그이의 손…… 모임이 끝날 무렵에 난투극이 벌어졌답니다. 나는 친구들을 남겨둔 채 그이 곁으로 뛰어가서 숨었지 뭐예요."(그녀는 그런 추억을 더듬으면서 스스로도 놀라는 것 같았다) "그 일이 있은 뒤부터 나는 그이에게서 떠나지 않았어요. 단 하루도, 심지어는 단 두 시간도……"

패터슨은 미퇴르크를 힐끗 쳐다보고는 머뭇거리다가 목소리를 낮추어 이상한 투로 말했다. "당신은 그의 마스코트군."

그녀는 웃었다. "조종사는 당신보다 부드러워요, 패트…… 그이는 '마스코트'라는 말은 안 해요. '수호천사'라고 말해요."

미퇴르크는 건성으로 듣고 있었다. 그는 마음속으로 자크와의 논쟁을 생각하고 있었다. 그는 자신이 옳았다고 확신했다. 자크를 '동지'로 인정하고 있었고, 그의 친구가 되려고도 노력했다. 그러나 조직원으로서의 그에 대한 비판은 엄격했다. 지금 그는 자크에 대해 은근히 증오심 같은 것을 품고 있었다. '이번만은 녀석의 논리를 제 얼굴에 도로 끼얹어 버렸어야 했는데! 그것도 조종사가 보는 앞에서!' 게다가 미퇴르크는 자크와 메네스트렐이 친한 것을 가장 못마땅하게 생각하는 무리에 속해 있었다. 그러나 그것은 비열한 질투심 때문이 아니었다. 그는 자신의 주장이 부당한 것으로 여겨졌기 때문에 싫었던 것이다. 그는 조금전에 조종사로부터 암묵의 동의를 얻을 줄로 생각하고 있었다. 메네스트렐의 애매한 침묵은 그로 하여금 몹시 분한 생각이 들게 했다. 그는 기회를 보아서 그 일을 분명히 해 두고 싶었다. 그런 그의 마음은 격렬한 복수심으로 불타고 있었다.

앞에서 걸어가던 메네스트렐과 자크는 바스티옹 공원 입구에서 걸음을 멈췄다. (공원을 가로질러 가면 생우르스 거리에 곧장 이르게 되어 있었다)

해는 저물어가고 있었다. 철책 너머 잔디밭 위에는 아직 황금빛 아지랑이가 아른거렸다. 오늘은 일요일 저녁이므로 이곳 제네바 대학의 '뤽상부르 (파리에 있는 공원 이름)'라고 할 수 있는 공원은 많은 사람들로 붐비고 있었다. 자리가 비어 있는 벤치는 하나도 없었으며, 활기찬 학생들이 높고 우거진 나뭇가지가 만들어주는 그늘을 따라 좁은 직선 길을 떼를 지어 거닐고 있었다.

알프레다와 패터슨을 뒤로하고 미퇴르크는 걸음을 재촉하여 다시 두 사람과 합류했다.

"……아무튼 인생에 대해 생각하는 방식이 좀 거칠군요" 하고 자크가 말했다. "물질적인 번영에 대한 맹목적인 숭배예요!"

미퇴르크는 자크를 뚫어지게 바라보았다. 그리고 말의 뜻도 잘 모르면서 불쑥 옆에서 끼어들었다. "이번에는 뭐야? 응, 알겠어. 분명히 혁명가들의 '물질적인 욕망'에 대한 비난이겠지!" 하고 약간 기분 나쁜 쓴웃음을 띠며 투덜댔다.

놀란 자크는 다정한 눈길로 그를 바라보았다. 자크는 변덕스러운 이 오스트리아인을 언제나 너그럽게 대했다. 그는 미퇴르크가 고생을 많이 한 탓에 자기 감정을 그다지 겉으로 드러내지 않지만, 그래도 남달리 성실한 우정을 보여 주는 동지라고 생각했다. 자크는 또 그의 거친 태도가 고독감, 불행했던 어린시절, 자신의 어떤 내면적인 갈등이나 약점을 감추려는 강한 자부심에서 나오는 것임을 알고 있었다. (자크의 생각은 틀리지 않았다. 감상적인 미퇴르크는 마음속에 한 가지 괴로운 일을 품고 있었다. 그것은 그가 자신의 추한 모습을 알고 있다는 것과 그 사실을 병적으로 확대해서 생각하고 있다

는 것이었다. 어떤 때는 모든 것에 절망할 정도였다)

자크는 친절히 설명해 주었다.

"사실은 우리 가운데서 아직도 자본주의적인 행복을 생각하고, 느끼고, 바라는 사람이 많다고 조종사에게 말하던 중이야. 그렇게 생각하지 않나? 무엇보다도 먼저 개인으로서의 태도, 내적인 태도가 되어 있지 않다면 어찌 혁명가라고 하겠나? 무엇보다도 먼저 자기 내부의 혁명을 하지 않고, 케케묵은 질서에 의한 타성을 배출하지 않는다면 말이야!"

메네스트렐은 자크를 힐끗 바라보았다. '배출하다니'라고 생각하며 그는 재미있어 했다. '자크 녀석 희한해. 아주 부르주아를 탈피한 것처럼 말하는군. '타성'이 제거된 정신, 그래! —그러나 근본적으로 가장 부르주아적인 것은 제외되었어! 정신 자체를 모든 것의 근본으로 삼는 타성 말이야!'

자크는 이야기를 계속했다.

"그런데 나는 대다수의 사람들이 여전히 물질적인 재산에 비중을 두고 있고 자신도 모르게 그것을 존중하고 있다는 사실에 가끔 놀라곤 해."

미퇴르크는 단호히 그의 말을 가로막았다. "굶어 죽게 된 사람, 그래서 우선 먹기 위해 반항하는 불쌍한 사람을 물질주의자라고 비난하는 것은 사실 쉬운 일이야!"

"물론이지" 하고 메네스트렐이 대화에 끼어들었다.

자크도 곧 인정했다. "미퇴르크, 그런 반항이야말로 그 어느 것보다도 정당한 것이야. 다만 혁명이 자본주의가 다 몰락하고 프롤레타리아가 대신 그자리를 차지할 때 이루어지는 것처럼 생각하는 사람이 우리 가운데 많다는 것 뿐이지. 쫓겨난 사람들 자리에 대신 다른 착취자를 앉힌다고 해서 그것이 자본주의를 타도하는 것은 아니야. 단지 계급을 바꿀 뿐이지. 그리고 혁명이란, 비록 그것이 가장 많은 수를 차지하며 가장 많이 수탈당한 계급이라 하더라도—한 계급의 승리와는 다른 것이어야 해. 나는 보편적인 계급의 승리를 바라고 있어. 폭넓은 인간계급의 승리를 말이야. 거기에서는 모두가 차별이 없는……."

"물론이지" 하고 메네스트렐이 말했다.

미퇴르크는 투덜대며 이렇게 말했다.

"악(惡), 그것은 이윤이야! ……오늘날 이윤은 모든 인간 활동의 유일한 원동력이야! 이 세상에서 그것을 뿌리 뽑지 않는 한!"

"나도 그 말을 하고 싶었던 거야" 하고 자크가 말했다. "뿌리 뽑는다는 것, 그것이 쉬운 일이라고 생각하나? 우리 자신도 그런 관념을 스스로 뿌리 뽑지 못하고 있다는 것을 알지 않나? 우리 혁명가들도 말이야!"

미퇴르크의 생각도 어쩌면 마찬가지였을지 모른다. 그러나 그에게는 거기에 찬동할 만한 마음의 여유가 없었다. 그는 친구를 쥐어박아 주고 싶은 생각이 굴뚝 같았다. 그는 히죽히죽 웃으면서 화제를 바꾸었다.

"우리 혁명가들? 그러나 자네는 혁명가였던 적이 없지 않나!"

이러한 개인적인 공격에 당황한 자크는 자기도 모르게 메네스트렐 쪽을 돌아보았다. 그러나 조종사는 그저 미소만 짓고 있을 뿐이었다. 그리고 그 미소는 위로의 말이라도 해 주리라고 생각했던 자크의 기대와는 거리가 먼 것이었다.

"왜 갑자기 화를 내나?" 하고 그는 떠듬거리며 말했다.

"혁명가란" 하고 미퇴르크는 날카롭게 말했다. 그는 이제 자기 감정을 감추려 하지 않았다. "그것은 신념이 있는 자라야 돼! 바로 그거야! 그러나 자네는 누구처럼 오늘은 이렇게, 내일은 저렇게 그저 생각만 하고 있어. 자네는 이런저런 의견을 가진 인간이지 신념을 가진 인간은 아니야! 신념, 그것은 하나의 은총이지! 그것은 자네를 위한 것이 아니야, '동지!' 자네는 지금 그것을 갖고 있지 못할 뿐만 아니라 앞으로도 결코 갖지 못할 거야……. 정말이야, 그럼! 나는 자네를 잘 알아! 자네가 좋아하는 것은 오늘은 이쪽, 내일은 저쪽, 이렇게 왔다 갔다 하는 거야……. 소파에 앉아 파이프를 입에 물고 '반대'도 하고 '찬성'도 하는 느긋한 부르주아처럼 말이야! 자신의 능란한 솜씨에 흐뭇해 하면서 소파에 앉아 몸을 흔들고 있는 거지! 자네가 꼭 그래, '동지!' 무엇인가 궁리도 하고 의심도 하고 억지도 쓰고 아침부터 저녁까지 온갖 이의를 제기하면서 좌충우돌하고 있어! 자네는 자신의 능란한 솜씨를 흐뭇해 하는 거야! 신념 같은 것은 조금도 없어!" 그는 이렇게 외치면서 메네스트렐 쪽으로 다가갔다. "그렇지 않아요, 조종사? 그러니까 '우리 혁명가들'이라고 그가 말해서는 안 되지요!"

메네스트렐은 다시 야릇한 미소를 잠깐 지었다.

"뭐라고? 내가 어디가 나쁘다는 거야, 미퇴르크?" 하고 점점 더 궁지에 몰린 자크가 용기를 내어 말했다. "과격파가 아닌 게 나쁘단 말이야? 아니야."(그의 당혹감은 차츰 노여움으로 변해 갔다. 그리고 이러한 심경의 변화는 그로 하여금 어떤 쾌감을 느끼게 했다) 그는 퉁명스럽게 이렇게 넛붙였다. "안 됐지만 말이야, 나는 그 점에 관해서는 지금 막 조종사와 이야기하던 참이야. 솔직히 말해서 다시 시작할 생각은 조금도 없어."

　"딜레탕트, 그게 자네의 정체야, '동지!'" 하고 미퇴르크가 강한 투로 말했다. (격정에 사로잡힐 때면 언제나 그렇듯이 그는 때 아닌 침이 넘쳐흘러 말이 빨라졌다) "합리주의적인 딜레탕트! 나는 자네가 프로테스탄트라고 생각해! 영락없는 프로테스탄트! 자유로운 탐구정신, 자유로운 의사판단 등등……. 그래, 자네는 오직 공감만으로 우리와 함께 있어. 그러나 우리처럼 유일한 목표를 향해 가는 것은 아니야! 그리고 나는 이렇게 생각해. 당은 자네 같은 인간들로 해독을 입고 있다고! 언제나 뒷걸음치며 이념의 심판자나 되려는 인간들 말이야! 자네를 우리와 함께 있도록 내버려 두다니. 그것은 잘못이었어! 모든 일을 합리적으로 따지려는 자네의 괴벽, 그것은 병처럼 전염돼. 그래서 마침내는 모두가 회의를 품게 되고 혁명을 향해 똑바로 가지 못하고 좌우로 흔들리게 되는 거야! ……어쩌면 자네 같은 인간들은 한 번쯤은 개인적으로 영웅적인 행동을 할 수 있겠지. 그러나 개인적인 행위란 게 뭐야? 아무것도 아니야! 진정한 혁명가는 자신이 영웅이 아니라는 것을 인정해야 해. 공동체 속에 몰입되어 있는 존재라는 것을 인정해야 해. 자신은 아무것도 아니라는 것을 인정해야 해! 인내를 가지고 모든 사람에게서 보내지는 신호를 기다릴 줄 알아야 하는 거야. 그때야 비로소 그는 일어나서 모두와 함께 전진할 수 있어……. Ach, 이봐 철학자, 자네처럼 머리 좋은 인간은 그런 복종 따위는 경멸해야 한다고 생각하겠지. 하지만 내가 말하는 것은 그런 복종을 하기 위해서는 합리주의적인 딜레탕트가 되는 데 필요한 것보다 훨씬 강인하고, 훨씬 성실하고, 훨씬 고매한 정신이 필요하다는 거야! 그리고 이러한 힘을 가져다주는 것은 오로지 신념밖에 없어! 진정한 혁명가에게는 이 힘이 있어. 왜냐하면 말할 것도 없이 그에게는 신념이 있고, 그 사람 전체가 신념의 덩어리이기 때문이야! 그래, '동지!' 조종사를 보면 알아. 아무 말 없어도 나는 그가 나와 똑같은 생각을 갖고 있다는 것을 알 수 있어……."

그때 패터슨이 미퇴르크와 자크 사이로 쏜살같이 뛰어왔다.

"들어 봐! 저 외치는 소리가 뭐지?"

"무슨 일이지?" 하고 메네스트렐이 알프레다 쪽을 돌아보며 말했다.

모두가 공원을 지나 칸돌 거리로 빠져나오고 있을 때였다. 신문팔이 소년 셋이 보도 이편에서 저편으로 지그재그로 달려오면서 목청을 돋우어 외치고 있었다. "최종판이오! '오스트리아에서 정치적인 암살 사건!'"

미퇴르크가 놀라서 펄쩍 뛰었다.

"오스트리아에서?"

패터슨은 가장 가까이에 있는 신문팔이 소년에게 허겁지겁 달려갔다. 그러나 그는 발길을 돌린 다음, 주머니에 손을 아무렇게나 찌르고 되돌아왔다.

"돈이 '좀 모자라서'……" 하고 그는 처량하게 말했다. 그러고는 '좀 모자라서'라는 완곡어법이 쑥스러웠던지 빙그레 미소를 지었다.

그러는 사이 미퇴르크가 신문을 사서 급히 훑어보았다. 모두들 그의 주변에 모였다.

"Unglaublich! (믿어지지 않아 라는 뜻의 독일어)" 그는 넋나간 사람처럼 중얼거렸다.

그는 신문을 조종사에게 내밀었다.

메네스트렐은 그것을 손에 들고 아무런 감정도 들어 있지 않은 빠른 투로 우선 표제부터 읽었다.

"최근에 오스트리아에 합병된 보스니아의 수도 사라예보에서 오늘 아침 오스트리아—헝가리의 차기 왕위 계승자인 프란츠 페르디난트 황태자 부부가 공식 식전 중 보스니아의 한 청년 혁명가의 권총 피격을 받고 절명……."

"Unglaublich!" 하고 미퇴르크가 되풀이했다.

10. 7월 12일 일요일―메네스트렐을 중심으로 한 모임. 뵘과 최근 빈에서 귀국한 자크에 의한 유럽 정세 설명

2주일이 지난 뒤, 자크는 뵘이라는 오스트리아인과 함께 주간 급행열차로 빈에서 돌아오고 있었다.

그 전날 오스메르가 비밀리에 전해 준 중대하고도 위험한 뉴스 때문에 조사를 멈추고 메네스트렐에게 보고하기 위해 급히 스위스로 돌아오게 된 것이다.

7월 12일 일요일에 미퇴르크는 동지들로부터 질문받을 것을 두려워한 자크의 부탁으로 저녁 6시쯤에 '본부'로 나갔다. 그는 기운차게 계단을 올라가 친구들의 인사에 간단한 미소로 답했다. 그러고 나서 두 방을 가득 메운 패거리들 사이를 뚫고 지나가 조종사가 으레 있으리라고 여겨지는 세 번째 방으로 들어갔다.

그의 짐작은 틀림없었다. 메네스트렐은 알프레다 맞은편의 언제나 그가 앉는 자리에 앉아서, 열심히 귀를 기울이고 있는 12명쯤의 사람들을 앞에 두고 이야기를 하고 있었다. 그는 특히 가장 앞줄에 서 있는 프레젤을 염두에 두고 말하는 것 같았다.

"반교권주의?" 하고 그가 말했다. "어리석은 전술이지! 비스마르크(근세 독일의 대정치가, 독일 통일을 완성함)의 저 유명한 Kulturkampf(문화투쟁'이라는 뜻의 독일어)를 봐. 그의 탄압은 독일의 교권주의를 더 강화시키는 일밖에 하지 못했어……."

미퇴르크는 근심에 찬 얼굴로 알프레다의 눈길을 끈질기게 찾고 있었다. 마침내 그는 그녀에게 눈짓을 한 다음, 패거리에서 물러나 창가까지 갔다.

프레젤이 무엇인가 항의하고 있었다. 그러나 미퇴르크는 그것을 듣지 못했다. 여기저기에서 그만두라는 소리가 빗발쳤다. 끼리끼리 격론을 벌이자 모임이 흐트러지기 시작했다. 알프레다는 그 틈을 타 일어나서 미퇴르크 곁으로 갔다.

메네스트렐의 싸늘한 목소리가 다시 들리기 시작했다.

"나는 대중을 종교의 멍에에서 해방시키는 것이 19세기의 자유사상 부르주아들이 즐겨 부르짖던 그런 어리석은 반교권주의는 아니라고 생각해. 그리고 이 경우에도 문제는 사회적인 것이라고 생각해. 종교의 기초는 사회적인 것이니까. 모든 시대를 통해서 종교는 언제나 그 주된 힘을 억압된 인간의 고뇌 속에서 끌어내 왔어. 종교는 언제나 고통을 이용했지. 종교가 이러한 지주를 잃을 때 모든 종교는 그 생명을 잃게 되는 거야. 지금보다 더 행복한 인류를 상대하게 된다면 종교는 더 이상 영향력을 갖지 못하게 될 거야."

"무슨 일 있어요, 미퇴르크?" 하고 알프레다가 낮은 소리로 말했다.

"티보가 돌아왔는데…… 조종사를 만나고 싶어해."

"그럼 왜 여기에 안 왔어요?"

"저쪽에서 뭔가 심상치 않은 일이 일어나고 있는 모양이야" 하고 미퇴르크는 묻는 말에 대답하지 않고 말했다.

"심상치 않은 일이라고요?"

그녀는 미퇴르크의 얼굴을 유심히 바라보았다. 그녀는 빈에 간 자크의 임무를 생각하고 있었다.

미퇴르크는 자기는 정확한 것은 아무것도 모른다는 표시로 팔을 벌렸다. 그리고 얼마동안 안경 너머로 눈썹을 추켜세우고 눈을 크게 뜬 채 마치 어린 곰처럼 윗몸을 좌우로 흔들고 있었다.

"티보는 뷤이라는 우리나라 사람하고 같이 왔어. 뷤은 내일 또 파리로 출발대. 무슨 일이 있어도 오늘밤에 조종사가 그들을 만나 주어야 해."

"오늘밤이라고요?" 알프레다는 곰곰이 생각해 보았다. "그럼 집으로 와요. 그 방법이 가장 좋겠어요."

"좋아. 그럼 리차들레를 부르도록 해."

"그리고 패트도요" 하고 그녀가 재빨리 말했다.

그 영국인을 좋아하지 않는 미퇴르크는 "패트는 왜?"라고 말하려 했다. 그러나 그는 눈을 끔벅이며 찬동을 표시했다. "9시에?"

"그래요, 9시에."

알프레다는 조용히 자기 자리로 돌아갔다. 메네스트렐은 항변을 용납하지 않는 그 특유의 "물론이지!"라는 말로 프레젤의 말을 막았다. 그리고 다음과 같이 덧붙였다.

"변화가 단 하루만에 이루어질 수는 없을 거야. 한 세대 만에도. 그러나 새로운 인간의 종교적 욕구는 어떤 전환점을 찾을 거야. 사회적 전환점 말이야. 직업적인 종교의 신비 대신에 사회적인 신비가 대치될 거야. 문제는 사회적 성질을 가지느냐이지."

미퇴르크는 다시 한 번 알프레다의 눈길과 마주친 뒤에 슬쩍 빠져나갔다.

3시간 뒤에 자크는 뷤과 미퇴르크와 함께 카루주행 전차에서 내려 메네스트렐의 집으로 갔다.

벌써 땅거미가 지고 있었다. 작은 계단은 어두컴컴했다.

알프레다가 나와서 문을 열어 주었다. 메네스트렐의 옆모습이 불 켜진 방문에 마치 중국식 그림자놀이처럼 비쳤다. 그는 힘차게 자크 쪽으로 걸어와서 낮은 목소리로 이렇게 물었다.

"무슨 새로운 소식이 있나?"

"예."

"소문은 결국 정말이었나?"

"정말이었어요" 하고 자크가 낮은 소리로 말했다. "특히 토블러와 관계되는 것은…… 그 설명은 나중에 하지요. 그러나 당장은 다른 것이 문제예요. 아주 중대한 일이 일어날 것 같습니다." 그는 함께 온 오스트리아인 쪽을 돌아보면서 그를 소개했다. "뵘 동지입니다."

메네스트렐은 손을 내밀었다. "그러면 동지" 하고 그는 약간 회의적인 말투로 말했다. "그래 무슨 새로운 소식이라도 갖고 왔습니까?"

뵘은 침착하게 그를 바라보았다.

"예."

그는 티롤 태생으로 작달막한 키에 정력적인 얼굴을 한 산악지방 사람이었다. 나이는 30살. 머리에 챙 달린 모자를 쓰고 있었으며 더운데도 낡아빠진 누런 레인코트를 딱 바라진 어깨 위에 걸치고 있었다.

"들어와요" 하고 메네스트렐이 손님들을 안으로 들이면서 말했다. 방 안에는 패터슨과 리차들레가 기다리고 있었다.

메네스트렐은 이 두 사람을 뵘에게 소개했다. 뵘은 자기가 아직 모자를 쓰고 있다는 것을 깨닫자 좀 겸연쩍어 하면서 그것을 벗었다. 그는 못이 박힌 큰 장화를 신고 있었는데, 그 때문에 왁스를 칠한 마루에서 미끄러지곤 했다.

알프레다는 패트의 도움을 받아 부엌에서 의자를 가지고 왔다. 그녀는 의자를 침대 주변에 빙 둘러놓았다. 그리고 자기는 침대 위에 가서 앉고는 메모지 철과 연필을 무릎 위에 얌전히 올려놓았다.

패터슨은 그녀 곁에 자리 잡았다. 베개에 팔꿈치를 괴고 반쯤 누운 그는 알프레다 쪽으로 몸을 굽히고 물었다.

"무슨 이야기인지 알고 있어요?"

알프레다는 애매한 몸짓을 했다. 그녀는 경험에 의해 그런 음모자 같은 태도를 경계했다. 비활동적이라는 비난을 받아 온 활동가들에게서 볼 수 있는 그러한 태도는 특히 수없이 실패하면서도 언젠가는 역량을 보일 날이 올 것이라는 집요한 욕망을 나타내는 것이나 다름없었다.

"조금 비켜 줘" 하고 리차들레가 알프레다 곁에 와 앉으면서 허물없는 투로 말했다. 그의 눈길 속에는 언제나 즐거운 듯한, 거의 용맹스럽기까지 한 빛이 반짝이고 있었다. 그러나 그런 자신감 속에는 무엇인가 인위적인 것, 원칙에 따라, 건강에 따라 무슨 일이 있더라도 굳세게, 만족스럽게 살아가겠다는 계획적인 의지 같은 것이 엿보였다.

자크는 주머니에서 봉인된 크고 작은 두 통의 봉투를 꺼내어 메네스트렐에게 건네주었다.

"이것이 문서의 복사본입니다. 그리고 이것은 오스메르의 편지입니다."

조종사는 책상 위에 놓여 방 안을 희미하게 비추고 있는 단 하나뿐인 램프 쪽으로 다가갔다. 편지를 뜯고 읽어 내려가면서 그의 눈길은 기계적으로 알프레다를 찾았다. 그리고 나서 그는 날카롭고 의아하다는 듯한 눈초리로 자크를 쏘아보면서 편지 봉투 두 장을 테이블 위에 놓았다. 그리고 의자에 앉으면서 모두에게 앉기를 권했다.

일곱 사람이 모두 자리에 앉자 메네스트렐은 자크 쪽으로 몸을 돌렸다.

"그래서?"

자크는 뵘을 바라보면서 흐트러진 머리카락을 거칠게 쓸어올렸다. 그러고 나서 조종사에게 이야기하기 시작했다.

"오스메르의 편지를 읽으셨겠지요. 2주 전, 사라예보, 황태자의 암살부터 유럽, 특히 오스트리아에서는 은밀한 일들이 계속 일어나고 있습니다. 매우 중대한 일이므로 오스메르는 급히 이것을 전 유럽의 사회주의 본부에 알려야 한다고 생각했습니다. 그는 동지들을 페테르부르크와 로마에 급히 보냈습니다. 부르만은 베를린으로 떠났고…… 모렐리는 플레하노프한테로, 그리고 레닌도 만나러 떠났어요…….."

"레닌은 다른 파야" 하고 리차들레가 중얼거렸다.

"뵘은 내일 파리로 가게 되어 있어요" 하며 자크는 리차들레의 말은 아랑곳하지 않고 말을 계속했다. "수요일에는 브뤼셀, 금요일에는 런던으로 갈 거예요. 그리고 저는 당신에게 알리라는 임무를 맡았지요. 아무튼 사태가 급속도로 발전할 것 같아요. 오스메르는 저와 헤어질 때 분명히 이렇게 말했습니다. '모두에게 설명해 주어야 해. 이대로 내버려둔다면 아마 2, 3달도 못 가서 전 유럽이 전면전에 휘말릴 거야.'"

"황태자 한 사람의 암살로?" 하고 또 리차들레가 말했다.

"그 황태자가 '세르비아인, 그러니까 슬라브인에게 살해 당했기' 때문이야" 하고 자크가 그쪽을 돌아보면서 말했다. "나도 자네처럼 생각했어. 조금도 의심의 여지가 없었거든. 그러나 거기에서 나는 이해했지. 적어도 문제를 어렴풋이 짐작했어. 그것은 굉장히 복잡한 거야……." 그는 입을 다물고 주위 사람들을 한 번 둘러보더니 메네스트렐에게로 눈길을 돌렸다. 그러고 나서는 좀 머뭇거리면서 이렇게 물었다. "오스메르가 해 준 이야기를 처음부터 할까요?"

"물론이지."

자크는 곧 이야기를 시작했다. "새로운 발칸동맹을 만들기 위한 오스트리아의 노력은 알고 계시겠지요? ……왜 그래?" 그는 의자에 앉아 몸을 움직이는 뵘을 보면서 말했다.

뵘이 말했다. "내 생각으로는 사실을 원인부터 잘 설명하기 위해서는 더 이전의 일로 거슬러 올라가는 것이 좋은 방법일 것 같은데……."

'방법'이라는 말을 듣고 자크는 빙그레 웃었다. 그는 눈짓으로 조종사의 의견을 물었다.

"밤새도록이라도 좋아" 하고 메네스트렐이 말했다. 그는 잠깐 미소를 지었다. 그러고 나서 마비된 쪽의 다리를 앞으로 쭉 뻗었다.

"그러면 자네가 해……" 하며 자크가 뵘에게 말했다. "역사적인 설명은 확실히 자네가 나보다 더 잘할 테니까."

"좋아" 하고 뵘은 진지하게 말했다. (그것을 들은 알프레다의 두 눈에는 장난기 어린 빛이 스쳐갔다)

그는 어깨에 걸치고 있던 레인코트를 벗고 나서 그것을 모자 옆 바닥에 조심스럽게 놓았다. 그리고 윗몸을 꼿꼿이 하고 두 다리를 꼬면서 의자 끝에까지 몸을 내밀어 앉았다. 짧게 깎은 머리카락 때문에 얼굴이 동그랗게 보였다.

"실례합니다" 하며 그는 말했다. "먼저 제국주의 이데올로기의 관점을 말씀드려야겠습니다. 그것은 우리 오스트리아 정치 이면에 숨어 있는 것을 잘 설명하기 위해서입니다. 첫째로" 하며 그는 잠시 생각을 정리하고 난 다음 말을 계속했다. "남방 슬라브족이 도대체 무엇을 원하는지 알아야 합니다."

"남방 슬라브족" 하며 미퇴르크가 끼어들었다. "즉 세르비아, 몬테네그로,

보스니아-헤르체고비나를 말하지. 그리고 헝가리의 슬라브족도 포함되고"

매우 주의 깊게 듣고 있던 메네스트렐은 동의한다는 표시를 해 보였다.

뵘이 말을 계속했다.

"그 남방 슬라브족들은 반세기 전부터 한패가 되어 우리를 적으로 여기고 있습니다. 그들의 중심이 되는 것이 세르비아입니다. 그들은 세르비아를 중심으로 해서 하나의 자치국가, 유고슬라브라는 국가를 만들려고 합니다. 그 때문에 그들은 러시아의 원조를 받고 있습니다. 1878년 베를린 대회 이래로 러시아의 범슬라브주의와 오스트리아-헝가리는 서로 원한을 품고 치열하게 싸워왔습니다. 그리고 이 범슬라브주의는 러시아의 지도자들로부터 절대적인 지지를 받았습니다. 그러나 곧 일어날지도 모르는 분규에서 러시아의 저의, 러시아의 책임 같은 것에 대해서는 그다지 알지 못하므로 말씀드릴 수 없습니다. 저는 다만 우리나라에 대해서만 말하고 있습니다. 그래서 오스트리아로서는—이에 대해서도 제국주의 정부의 관점에서 이야기하겠습니다—남방 슬라브 족의 연합은 실제로 사활이 걸린 큰 문제가 아닐 수 없습니다. 만일 유고슬라브 민족 국가가 우리나라 국경 근처에 세워진다면 오스트리아는 오늘날 그 제국의 일부를 이루고 있는 아주 많은 수의 슬라브족에 대한 통치권을 잃게 됩니다."

"물론이지" 하고 메네스트렐은 기계적으로 중얼거렸다. 그는 마음에도 없는 말참견을 후회하는 듯한 기색을 보이더니 잔기침을 했다.

뵘은 계속했다. "1903년까지 세르비아는 오스트리아의 지배 아래에 있었지요. 그러나 1903년에 세르비아는 민족주의 혁명을 일으켜서 카라게오르게비치 집안의 사람을 왕위에 앉히고 독립했습니다. 오스트리아는 보복의 기회를 노리고 있었지요. 그러다가 1908년에 오스트리아는 러시아가 일본에 당한 것을 좋은 기회로 삼아 전에 우리나라 행정구역에 들어 있던 보스니아-헤르체고비나 지방을 갑자기 합병해 버린 겁니다. 독일과 이탈리아는 이에 승인하는 태도로 나왔습니다. 세르비아는 분격했지요. 그러나 당시의 유럽은 감히 분쟁에 말려드는 것을 원하지 않았습니다. 말하자면 오스트리아는 그 대담함 때문에 성공을 거둔 셈이지요. 그런데 오스트리아는 1912년의 제1차 발칸전쟁 때도 그런 대담한 짓을 되풀이했습니다. 그때도 그 대담함 때문에 성공했지요. 오스트리아는 세르비아가 아드리아 해안에 항구를 보유하려는 것을 방해하고자 했습니다. 그래서 세르비아와 아드리아 해안 사이에 알바니아라는 자치령을 두어서 세르비아에서 아드리아해에 이르는 통로를 막아 버린 겁니다. 세르비아는 전보다 더 분노했습니다. 그래서 일어난 것이 제2차 발칸전쟁입니다. 작년 일이지요. 기억나십니까? 세르비아는 마케도니아에서 새로운 영토를 확보했습니다. 그러나 오스트리아는 이에 반대하려고 했습니다. 그 대담함으로 벌써 두 번이나 성공했었지요. 그러나 이번에는 이탈리아와 독일이 찬의를 보이지 않았습니다. 그래서 세르비아는 과감히 맞서 확보한 영토를 지켰습니다……. 그러나 오스트리아는 이것으로 대단한 굴욕감을 느꼈습니다. 그리고 보복의 기회를 노리고 있었습니다. 우리는 국가적 자부심이 아주 강합니다. 참모본부는 복수를 위한 계획을 하고 있습니다. 우리 외교도 역시 그 방향으로 작용하고 있습니다. 아까 티보가 이번에 만들어진 발칸동맹에 대해 이야기했습니다. 이것이 우리나라로서는 올해의 큰 정책적인 과제입니다. 그것은 오스트리아와 불가리아와 루마니아 사이에 새로운 발칸동맹을 만들자는 동맹 계획입니다. 이 동맹으로 하여금 '슬라브 민족과 맞서자'는 것입니다. 우리나라의 남방 슬라브족뿐만 아니라 모든 슬라브족과……. 아시겠습니까? 말하자면 그것은 또한 러시아에 맞선다는 뜻도 됩니다!"

그는 이렇게 말하고는 무엇인가 중요한 것을 빠뜨리지나 않았나 하고 잠깐 생각에 잠겼다. 그러고 나서 그는 질문하듯이 자크 쪽으로 몸을 구부렸다.

패터슨의 어깨에 등을 기대고 있던 알프레다는 하품을 참으려고 고개를 숙였다. 그리고 오스트리아인은 아주 건실한 사람인데 그 역사 강의는 따분하다고 생각했다.

"물론이지." 자크가 말을 거들었다. "오스트리아 일을 생각할 때마다 오스트리아-독일 동맹을 잊어서는 안 돼. 독일과 그 '해상에서의 장래'는 독일을 영국과 맞서게 하는 거야. 상업적으로 포위되어서 새로운 돌파구를 찾고 있는 독일…… Drang nach Osten(동방 진출'이라 는 뜻의 독일어)의 독일…… 그리고 터키에 대한 대책…… 러시아에 대한 해협로 차단…… 바그다드의 철도, 페르시아만, 영국 석유, 인도 교통로 등등…… 이 모든 것은 서로 관련되어 있어서 그 배후에서 모든 것을 지배하고자 하면서 서로 대치하고 있는 양대 자본주의 국가 그룹을 인정하지 않으면 안 돼!"

"물론이지" 하고 메네스트렐이 말했다.

뵘도 머리를 끄덕이며 찬의를 나타냈다.

침묵이 흘렀다.

오스트리아인이 조종사 쪽을 보면서 진지하게 물었다. "아시겠습니까?"

"아주 명확해!" 메네스트렐은 또렷한 목소리로 말했다.

조종사가 칭찬한다는 것은 드문 일이었다. 그래서 뵘 말고는 모두들 놀랐다. 알프레다는 갑자기 태도를 바꾸었다. 그리고 더 주의 깊게 오스트리아인을 살펴보았다.

메네스트렐은 자크를 보면서, 그리고 몸을 약간 뒤로 젖히면서 말을 계속했다. "그럼 지금부터 오스메르가 무슨 말을 했으며 새로운 사태란 어떤 것인지 들어 보기로 하지."

"새로운 사태요?" 하고 자크가 말을 시작했다. "사실대로 말하면, 그것은 틀린 겁니다. 그것은 아직 멀었습니다. 조짐이라고나 할지……."

그는 갑자기 윗몸을 다시 꼿꼿이 했다. 그러자 그의 이마에 그림자가 졌다. 램프의 어렴풋한 불빛이 얼굴 아랫부분, 튀어나온 턱, 근심에 찬 듯한 주름진 큰 입 언저리를 비추고 있었다.

"중대한 조짐입니다. 아마 단기적인 새로운 사태를 예고하는 것이 되겠지요. 간단히 말씀드리겠습니다. 세르비아 쪽에서는 민족적인 열망을 무시한 채 계속되는 압제에 대해 민중이 심각하게 분개하고 있습니다. 러시아 쪽에서는 슬라브족의 권리 회복을 지지하려는 명백한 경향이 나타나고 있습니다. 사실은 황태자 암살 사건이 일어나자마자 참모본부와 민족주의 일당의 세력에 완전히 억눌려 있는 러시아 정부가 대사들을 통해 러시아 정부는 단연코 세르비아를 두둔할 것이라고 말했다고 해요. 오스메르는 그것을 런던에서 온 정보를 통해 알게 되었습니다. 오스트리아 쪽에서는 지난번의 실패 이래 정부 쪽이 매우 분개하고 있어서 장래에 대한 불안이 심각해지고 있습니다. 오스메르가 말한 것처럼 이런 증오, 원한, 욕망의 폭탄을 지닌 채 우리는 지금 미지의 세계 속으로 접어들고 있는 겁니다. 미지의 세계, 그것은 6월 28일의 돌발 사태로 시작되었습니다. 사라예보의 암살…… 보스니아의 도시 사라예보…… 사라예보. 6년에 걸친 오스트리아의 합병에도 불구하고 주민들이 지금도 세르비아에 충성을 맹세하고 있는 곳입니다. 오스메르도

세르비아의 지도급 인사들이 많든 적든 직접적으로 암살 준비를 도왔다고 생각하고 있는 것 같습니다. 그러나 그것을 입증하기는 어렵습니다. 오스트리아 정부는 유럽 여론의 분노를 자아낸 이 암살 사건을 뜻밖의 좋은 기회로 여기고 있습니다. 세르비아의 실책을 꽉 붙드는 겁니다! 이번에야말로 톡톡히 대가를 치르게 하자는 거지요! 오스트리아의 체면을 회복하는 동시에, 때를 놓치지 않고 중부유럽에서 오스트리아의 주도권을 확보할 수 있는 새로운 발칸동맹을 완성하자는 겁니다! 이야말로 요직에 있는 정치가들에게는 큰 매력이라는 것을 인정해야겠지요! 따라서 빈에서는 지도자들이 조금도 머뭇거리지 않았습니다. 곧 행동 계획이 세워졌습니다. 첫째로, 암살사건에 세르비아가 관련되었다는 사실을 입증하는 것입니다. 빈 정부는 이내 베오그라드(세르비아의 수도)와 세르비아 전역에 공식 수사를 명령했습니다. 어떤 희생을 치르더라도 증거를 찾아야 하니까요. 그런데 지금까지는 이 첫 번째 계획은 완전히 실패인 것 같습니다. 보스니아의 반오스트리아 운동에 관련되었던 대여섯 명의 세르비아 장교의 이름이 발표된 것에 지나지 않았으니까요. 강압적인 명령에도 불구하고 수사관들은 세르비아 정부의 유죄를 단정하는 데까지는 가지 못했습니다. 물론 그들의 보고는 비밀로 되어 있습니다. 신문기자들에게도 알려지지 않게 조심했습니다. 그러나 오스메르는 그 결론을 손에 넣는 데 성공했습니다. 이겁니다." 그는 책상 위에 놓여 있는 큼직한 봉투에 손을 얹으면서 말했다. 봉투의 붉은 소인이 책상 위의 램프 불빛을 받아 뚜렷이 보였다.

꿈꾸는 듯한 메네스트렐의 눈길이 순간 봉투 위에 머물렀다가 다시 자크에게로 돌아왔다.

자크는 말을 계속했다. "그렇다면 오스트리아 정부는 무엇을 했을까요? 그들은 지나치리만큼 그 사건에 열심이었습니다. 그것은 오스트리아가 어떤 은밀한 목적을 추구하고 있다는 것을 충분히 증명했습니다. 오스트리아 정부는 세르비아의 공모가 기정사실이라는 것을 믿게 하고, 인쇄물을 만들도록 했습니다. 관영 신문은 끊임없이 여론을 조작하고 있었습니다. 게다가 암살 사건은 이용할 만한 가치가 있었습니다. 미퇴르크와 룀이 말해 주겠지만, 거기에서 황태자는 민중에게 신성시되고 있었습니다. 이 시점에서 오스트리아 사람들이나 헝가리 사람들은 사라예보의 암살이 세르비아 정부가, 또 어쩌면 보스니아 합병을 반대하는 러시아 정부가 사주한 음모의 결과라고 믿지 않는 사람은 하나도 없습니다. 모두가 굴욕을 느끼면서 복수를 원하고 있습니다. 고위층에서 노린 것이 바로 그런 것입니다. 암살 사건이 일어난 다음날부터 이런 민족적인 자부심을 자극하기 위해 많은 사람들이 온갖 수단을 다 썼습니다!"

"누구야, 그 '사람들이?'" 하고 메네스트렐이 물었다.

"집권자들 말입니다. 특히 외무장관 베르히톨트."

뵘이 끼어들었다.

"베르히톨트!" 하고 그는 찌푸린 얼굴로 의미심장하게 말했다. "현재 상황을 이해하려면 우리와 마찬가지로 이 야심가를 알 필요가 있습니다! 생각해 보세요. 그는 세르비아를 분쇄함으로써 Österreich (오스트리아 제국'이라는 뜻의 독일어)의 비스마르크가 될 수 있는 겁니다! 그는 이미 두 번 성공했다고 믿었습니다. 그러나 두 번 다 기회가 그의 손에서 빠져나갔습니다. 이번에야말로 그에게 절호의 기회가 왔다고 생각하고 있습니다. 그의 입장에서는 이 기회를 놓치지 말아야 할 테지요!"

"그러나 베르히톨트, 그가 곧 오스트리아는 아니지요" 하고 리차들레가 반박했다.

그는 뵘 쪽으로 그 뾰족한 코를 내밀고 미소를 지었다. 그의 하찮은 말투는 일관성 있는 주장과 확신을 가지고 있는 젊은이들에게나 찾아볼 수 있는 완전한 마음의 안정감을 사람들로 하여금 느낄 수 있게 했다.

"Ach!" 하며 뵘이 말을 되받았다. "그는 전 오스트리아를 자기 손 안에 넣고 있답니다! 첫째로 참모본부를, 그리고 황제도……."

리차들레도 머리를 저었다.

"프란츠 요제프? 그건 믿기 힘든데요……. 황제는 몇 살입니까?"

"여든네 살이나 되는 노인입니다" 하고 뵘이 말했다.

"여든 살이 넘은 노인! 그는 이미 두 번이나 불행한 전쟁에 시달렸지요? 그런데 치세의 막바지에 들어서 자진해서 받아들인다니……."

"그러나" 하고 미퇴르크가 외쳤다. "그는 제국이 극도로 위협받고 있다는 것을 잘 알고 있어! 황제는 그 나이에도 불구하고 관 속에 들어갈 때까지 왕관을 쓰고 있을 수 있을지 어떨지조차도 사실은 확신이 없어!"

자크가 일어났다.

"리차들레, 오스트리아는 내부적으로 엄청난 어려움 속에서 몸부림치고 있어. 이 섬을 잊어서는 안 돼. 오스트리아는 여덟에서 아홉의 잡다한 서로 경쟁적인 민족들로 구성되어 있는 나라야. 게다가 중앙권력은 날이 갈수록 약해지고 있어. 붕괴는 거의 숙명적이야. 죽 늘어선 짐덩어리들, 즉 강제로 제국에 합병된 세르비아인, 루마니아인, 이탈리아인들은 흥분하고 있고, 언제나 속박에서 벗어날 기회만을 노리고 있어! …… 나는 거기에서 돌아왔어. 정계에서는 우익이나 좌익이나 할 것 없이 모두들 공공연하게 말하고 있어. 나라의 분할을 피하는 해결책은 전쟁밖에 없다고! 이것이 베르히톨트와 그 패거리들의 의견이야. 물론 이건 장군들의 의견이기도 하지!"

뵘이 말했다. "8년 전부터 참모총장 자리에는 콘라트 폰 회첸도르프가 앉아 있어요. 군부의 악귀입니다. 슬라브 민족의 가장 못된 적이지요. 공공연히 전쟁을 부추기고 있는 자입니다!"

리차들레는 납득하지 못하는 것 같았다. 그는 팔짱을 끼고 두 눈을 반짝이며—너무나 빛났다—충분히 이해는 가지만 뭔가 심히 믿지 않는다는 태도로 이야기하는 사람들을 번갈아 보았다.

자크는 그에게 하던 말을 멈추었다. 그리고 메네스트렐 쪽으로 돌아앉았다. "그러므로" 하며 그는 말을 이었다. "그 나라의 지도자들에게는 일종의 예방 전쟁이 제국을 구하는 셈이 되겠지요. 각 당의 분열도 없어질 테고! 저마다 날뛰는 민족의 싸움도 끝나겠지요! 전쟁은 오스트리아에 경제적 번영을 가져다주고, 슬라브족들이 독점하려고 하는 발칸반도의 모든 시장도 확보할 수 있게 해 주겠지요. 더구나 겨우 2, 3주일 안에 군사적으로 세르비아를 항복시킬 자신이 있는 이상 무슨 위험이 있겠어요?"

"생각해 볼 문제야!" 메네스트렐이 말을 끊었다.

모든 사람의 눈길이 메네스트렐 쪽으로 향했다. 그는 엄숙한 태도를 취하면서도 넋이 나간 사람처럼 알프레다 쪽의 어느 한곳을 멍하게 바라보고 있었다.

"잠깐만!" 하고 자크가 말했다.

"러시아가 있지!" 하며 리차들레가 말을 가로막았다. "게다가 독일도 있어! 이를테면 오스트리아가 세르비아를 공격한다고 생각해 봅시다. 그리고 또 이를테면—이 일은 확실하지는 않지만 있을 수 있는 일이라고 생각합니다―러시아가 개입한다고 생각해 봅시다. 러시아의 동원, 그것은 곧 독일의 동원입니다. 그러면 자동적으로 프랑스도 동원하겠지요. 그들의 훌륭한 동맹관계가 자동적으로 작용하게 되는 거예요……. 다시 말하면 이렇게 해서 오스트리아와 세르비아 사이의 전쟁은 전면전을 불러일으킬 수 있는 것입니다." 그는 자크를 보고 미소를 지으면서 말했다. "그러나 이 일은 독일이 우리보다 더 잘 알고 있어요. 그렇다면 독일은 오스트리아 정부가 하는 대로 내버려 두고 유럽 전쟁의 위험을 무릅쓸까요? 천만에요! 생각해 보세요……. 위험이 그처럼 크기 때문에 독일은 오스트리아의 행동을 막을 겁니다."

자크의 표정은 긴장되었다.

"잠깐!" 하며 자크가 되풀이했다. "바로 그래서 오스메르의 경고가 옳은 겁니다. 독일이 '이미' 오스트리아를 지원하고 있다고 믿을 수 있는 확고한 추정들이 있습니다."

메네스트렐은 몸을 떨었다. 그는 계속 자크를 바라보고 있었다.

"즉" 하며 자크는 말을 계속했다. "오스메르의 말에 따르면 일이 이렇게 된 겁니다. 우선 빈에서 베르히톨트는 암살에 뒤이은 몇 번의 회의에서 두 가지 반대에 부딪쳤던 것 같습니다. 하나는 헝가리수상 티자의 반대였습니다. 그는 매우 진중한 사람이라 강행하는 것에는 반대했어요. 그리고 또 다른 하나는 황제의 반대였습니다. 그래요, 프란츠 요제프는 승낙을 망설였던 것 같아요. 그는 우선 빌헬름 2세가 어떻게 생각하는지를 알고 싶어 했어요. 그런데 때마침 카이저(황제라는 뜻의 독일어로 여기에서는 독일 황제인 빌헬름 2세를 말함)는 순양함을 타고 떠나려 했지요. 카이저를 붙잡을 시간적 여유가 없었던 것입니다. 그래서 베르히톨트는 7월 4일부터 7일 사이에 카이저 및 독일수상과 의논한 끝에 '독일의 승낙'을 받아낼 수 있었던 것 같아요."

"추측에 지나지 않아……" 하고 리차들레가 단호히 말했다.

"물론" 하며 자크가 대답했다. "그러나 이런 추측을 뒷받침해 주는 것이 최근 2주 동안 빈에서 벌어진 일이야. 깊이 생각들 해 봐요. 지난주에는 베르히톨트의 주위에서도 아직 결심하지 못한 것 같았어요. 황제도―또 베르히톨트 자신까지도―독일의 명확한 반대를 두려워하고 있다는 것을 숨기지 않았지요. 그러나 사태는 7일에 와서 갑자기 변했어요. 그날(지난주 화요일이었어요) 중대한 각의, 사실은 군사회의가 급히 소집되었지요. 마치 갑자기 행동의 자유가 허락된 것처럼 말이에요. 회의석상에서 토론한 내용에 대해서도 48시간 동안 침묵이 지켜졌지요. 그러나 벌써 그저께부터 공공연하게 떠돌아다니는 소문이 있었어요. 또 회의가 끝날 무렵에 하달된 여러 가지 지령 때문에 결국 너무 많은 사람들이 그 비밀을 알게 되었지요. 오스메르는 빈에 참으로 훌륭한 정보망을 설치해 놓았어요. 그는 무슨 일이건 결국 다 알게 돼요! 이 회의석상에서 베르히톨트는 아주 새로운 태도로 나왔어요. 마치 독일이 세르비아에 대한 응징을 철저히 지원한다는 약속을 얻은 것 같은 태도였어요. 그리고 각료에게 결연히 실제의 '전쟁계획'을 제시했어요. 티자만은 반대했지요. 베르히톨트의 계획이 군사계획이었다는 증거는 티자가 각료들에게 세르비아의 사과로 만족하자고 설득했다는 점이에요. 티자는 그런 빛나는 외교상의 승리만으로도 이미 훌륭한 것이라고 생각했던 거지요. 그런데 모든 각료가 반대했어요. 마침내 그도 양보하지 않을 수 없었어요. 전체의 의견에 따르게 된 거지요. 더구나 이런 일도 있었어요. 오스메르의 말로는 그날 아침에 모든 각료가 뻔뻔스럽게도 즉각적인 동원령을 내리는 것이 당연하다는 식의 검토를 했다는 거예요. 그들이 그렇게 하지 않은 것은 다만 다른 열강에 대해서 끝까지 호도하는 편이 더 낫다는 이유 때문이었어요. 확실한 것은 베르히톨트와 참모본부의 계획이 채택되었다는 사실이에요. 그 계획의 상세한 내용은 물론 자세히 알 수 없어요……. 그러나 벌써 몇 가지는 알고 있어요. 예를 들면 그다지 사람 눈에 띄지 않게 모든 군사적인 준비를 하도록 명령이 내려져 있어요. 그리고 오스트리아와 세르비아의 국경에는 비상시를 위한 국경수비대가 대기하고 있어서 무슨 구실이라도 생기면 몇 시간 안에 베오그라드를 점령할 수 있어요!" 그는 이렇게 말하면서 재빨리 머리카락을 쓸어 올렸다. "그리고 마지막으로 한 마디 하겠는데, 그 유명한 참모총장장교인 회첸도르프가 이런 말을 한 것 같아요. 물론 군인 특유의 허풍이지만, 오스트리아 지도자들의 정신상태를 잘 나타내 주는 말이지요. 가까운 사람들이 모인 자리에서 그는 이렇게 말했다고 들었어요. '유럽은 머지않아 기정사실 앞에서 눈을 뜰 것이다.'"

11. (이어서)
자크는 입을 다물었다. 모두의 눈길은 조종사에게로 향했다.

그는 팔짱을 끼고 반짝이는 눈으로 무엇인가를 물끄러미 바라보면서 꼼짝하지 않았다.

오랫동안 모두들 말이 없었다. 같은 불안감, 특히 같은 혼란스러운 느낌이 그들의 표정을 일그러뜨렸다.

마침내 미퇴르크가 갑자기 침묵을 깼다.

"Unglaublich!" (믿을 수 없다 라는 독일어)

또다시 침묵이 흘렀다.

이번에는 리차들레가 중얼거렸다. "독일이 배후에 있다는 것이 정말이라면⋯⋯."

조종사는 그가 있는 쪽으로 날카로운 눈길을 던졌다. 그러나 그 눈이 무엇을 보고 있는 것 같지는 않았다. 그의 두 입술이 움직이더니 그 사이로 무엇인가 알아듣기 힘든 말이 새어나왔다. 다만 그에게서 눈을 떼지 않고 있던 알프레다만이 그것이 무슨 말인지 알아차렸다.

"시기상조!"

그녀는 몸을 떨었다. 그리고 본능적으로 패터슨의 어깨에 기대었다.

패터슨은 알프레다를 힐끗 바라보았다. 그러나 그녀는 고개를 숙이고 모든 질문에 대한 대답을 피했다. 그런데 패터슨이 그녀에게 몸을 떠는 이유를 물었다면 그녀는 틀림없이 매우 당황했을 것이다. 오늘밤 처음으로 그녀는 전쟁이 막연한 것이 아니라 피비린내 나는 현실임을 피부로 절실히 느끼는 듯했다. 그러나 그녀가 몸을 떤 것은 자크가 알려 준 여러 가지 사실 때문은 아니었다. 그것은 오히려 메네스트렐의 '시기상조'라는 그 말 한 마디 때문이었다. 왜? 공연히 이제 와서 그런 생각에 놀랄 이유는 없었다. 그녀는 조종사의 확신을 잘 알고 있었다. '혁명은 오직 격렬한 위기에서만 탄생하는 것이다. 현재 유럽의 상황에 비추어 보아 전쟁이야말로 이러한 위기 의식을 가장 절박하게 느끼도록 하는 기회이다. 그러나 만일 프롤레타리아가 충분히 준비되어 있지 않다면 제국주의 전쟁을 혁명으로 전환시키기에는 적당하지 않아.' 이러한 생각, 곧 사회주의가 전쟁을 치를 태세를 갖추고 있지 않은 경우에 전쟁은 한갓 무익한 대량학살에 지나지 않을 것이라는 생각이 그녀의 마음을 뒤흔들어 놓은 것일까? 아니면 '시기상조'라고 한 말투 때문이었을까? 그러나 그런 말투에서 그녀는 도대체 무엇을 느꼈단 말인가? 오래전부터 조종사의 무감각한 말투에 익숙해져 있는 자신이 아니었는가? (언젠가 그녀는 놀란 나머지 자기도 모르게 이런 말을 한 적이 있었다. "전쟁을 대하는 당신의 태도는 마치 죽음을 눈앞에 둔 그리스도인 같군요. 그 사람들은 '내세'를 바라보고 있으므로 죽음의 두려움을 잊고 있는 거예요." 그러자 그는 웃으며 이렇게 말했다. "이봐, 의사에게 분만의 고통은 당연한 이치야.") 그녀는—자신도 그 때문에 가끔 괴로워하지만—어느 누구보다도 지극히 인간적인 그의 약점들을 잘 알고 있었으므로 그가 고되고 꾸준한 노력에 의해서 그토록 초연한 태도를 보일 수 있다는 점에 대해 감탄해 마지않았다. 그것은 또한 하나의 탁월성이라고 할 수 있었다. 그리고 그녀는 이러한 기괴한 '비인간화'의 태도가 결국은 지극히 인간적인 동기에서 나온다는 것을 생각하면서 언제나 감탄했다. 곧 그것은 좀더 인류에게 봉사하기 위한 것이었으며, 더 좋은 세계의 도래를 위해 현 사회를 파괴하는 데 보다 더 유효하게 대처하기 위한 것이라고……. 그러면 그녀는 왜 몸을 떨었을까? 그녀 자신도 뭐라고 꼬집어 말할 수는 없었으리라. 그녀는 긴 속눈썹을 주켜올렸다. 그녀의 눈길은 패터슨의 머리 너머로, 신뢰의 표정을 띠고 메네스트렐에게 쏟아졌다. '기다리는 거야' 하고 그녀는 생각했다. '저 사람은 아직 아무 말도 안 했어. 이제부터 이야기하겠지. 그러면 다시 모든 것이 명확해지고 모든 것이 올바르고 틀림없는 것이 될 거야!'

"오스트리아와 독일의 Militarismus(군국주의라는 뜻의 독일어)는 전쟁을 바라고 있다고 나도 생각해" 하고 미퇴르크가 숱이 많은 머리를 흔들면서 말을 계속했다. "그리고 Militarismus를 게르만족의 많은 지도자들, 대기업, 크루프사(독일의 병기 공장으로, 세계적인 제철공업가인 크루프의 이름을 따서 세워졌음), Drang nach Osten(동방진출주의자라는 뜻의 독일어)의 동조자들이 지지하고 있다는 것도 알 수 있어. 그러나 유산계급 전체는 절대로 아니야! 그들은 겁내고 있어! 그리고 그들의 세력은 커. 아마 그냥 내버려 두지는 않을 거야. 그들은 정부에 이렇게 말할 거야. '그만둬! 미친 짓이야! 폭약에 불을 붙이면 당신들도 함께 날아가 버리는 거야!'"

"그러나 미퇴르크" 하며 자크가 말했다. "만일 지도자들과 군부가 정말 공모하고 있다면 자네가 말하는 유산계급의 반대가 무슨 소용이 있어? 그런데 그 공모에 대해서는 오스메르의 정보가……."

"어느 누구도 그 정보를 의심하지는 않아" 하고 리차들레가 말을 가로챘다.

"그러나 지금 말할 수 있는 것은 다만 전쟁의 '위협'이 있다는 것이야. 결국 그것뿐이지……. 그런데 이 위협 뒤에는 현실적으로 무엇이 있겠나? 전쟁을 하겠다는 명백한 의지? 아니면 게르만 사절들의 무엇인가 새로운 흥정?"

"나는 전쟁이 있을 거라고는 생각하지 않아" 하며 패터슨이 침착하게 말했다. "당신들은 우리 늙은 영국을 잊고 있어! 영국은 삼국동맹(독일-오스트리아-이탈리아가 프랑스에 대항하기 위해 맞은 동맹)이 유럽의 헤게모니를 잡는 것을 절대로 바라지 않아." 그는 이렇게 말하면서 미소를 지었다. "우리 늙은 영국은 침묵을 지키고 있어. 그래서 모두가 영국을 잊고 있단 말이야. 그러나 영국은 주시하고 있어. 귀를 기울이고 있어. 감시하고 있어. 만일에 형세가 불리하다고 생각되면 영국은 곧 일어날 거야! ……아직 힘이 남아 있단 말이야! 늙은 영국은 매일 아침 관수욕하는 것을 잊지 않고 있어."

자크는 초조해 어쩔 줄 몰랐다. "문제는 여기에 있어! 전쟁을 할 의사가 있는지, 아니면 위협 정도로 그칠 것인지, 그 어느 쪽이든 유럽은 내일이라도 엄청난 위협에 맞닥뜨리게 될 거야! 그러면 우리는 무엇을 해야 하겠나? 나는 오스메르와 같은 의견이야. 이 공세를 맞이해서 우리는 태도를 분명히 해야 해. 그리고 우리는 되도록 빨리 반격 준비를 해야 해!"

"그래, 그래. 그 말에는 찬성이야!" 하고 미퇴르크가 외쳤다.

자크는 메네스트렐 쪽으로 몸을 돌렸다. 그러나 그의 눈길을 붙들 수 없었다. 그는 이번에는 그 눈으로 리차들레에게 물었다. 그는 찬성의 표시를 했다.

"찬성이야!"

리차들레는 전쟁의 위험이 있다는 것을 믿지 않았다. 그러나 이 갑작스런 위협에 유럽이 크게 흔들리고 있다는 것에는 이의가 없었다. 그리고 이 혼란에 편승해서 반대 세력을 통합하고 혁명 사상을 발전시키기 위해 인터내셔널이 어떤 수단을 써야 할 것인지를 즉시 생각했다.

자크는 말을 이었다. "나는 오스메르의 말을 다시 하겠어. 유럽 분쟁의 위협은 우리 앞에 또 하나의 새롭고도 명확한 목표를 제시하고 있어. 그러므로 우리의 임무는 2년 전의 발칸전쟁 때 세운 그 계획을 더욱 강화해서 채택하는 것이야. 우선 빈 대회의 시기를 앞당기는 방법이 없을까 생각해 보고…… 이어서, 그리고 곳곳에서 동시에, 공개적이고 공식적이고 효과적인 캠페인을 벌이는 거야! 라이히슈타크(독일 의회)에, 샹브르(프랑스 의회)에, 두마(러시아 의회)에 손을 쓰고! 각국 외무장관들에게 동시에 압박을 가하는 거야. 신문 활동을 하고! 전 민중들에게 호소하고! 집단시위를 하는 거야!"

"그리고 각국 정부에 대해 총파업의 공포를 일깨우는 거지!" 하고 리차들레가 말했다.

"……군수공장의 태업도!" 하며 미퇴르크가 외쳤다. "기관차를 때려 부수고 이탈리아에서처럼 철로망을 절단하는 거야!"

감전된 듯한 눈길을 서로 주고받았다. 마침내 '행동'할 때가 왔는가?

자크는 다시 조종사 쪽을 돌아보았다. 그의 얼굴에 밝으면서도 싸늘한 미소가 탐조등 불빛처럼 스쳐갔다. 자크는 그 미소를 찬성의 뜻으로 받아들였다. 갑자기 고무된 자크는 불을 내뿜는 듯이 말을 이었다.

"파업, 그래! '전면적으로', 그리고 '동시에' 하는 거야! 우리가 가진 최상의 무기야! ……오스메르는 빈 대회에서 문제가 여전히 이론적인 계획에 머물지 않을까 걱정하고 있어. 완전히 새롭게 다시 다뤄야 하는 거야! 이론에서 탈피하는 거야! 이런저런 사태가 일어날 경우에 각국에서 취할 태도를 확실히 해 두어야 해! 바젤 대회의 전철을 밟아서는 안 돼! 구체적이고 실천적인 결정에 도달하는 거야. 조종사, 어떻게 생각해요? ……오스메르는 될 수 있으면 대회 전에 지도자들이 예비회담을 갖도록 하자는 의견입니다. 먼저 장애물을 제거해 놓자는 생각이지요. 그리고 지금부터 각국 정부에게는 이번에야말로 프롤레타리아가 그들의 억압정책에 맞서기 위해 하나가 되어 일어난다는 것을 보여 주자는 겁니다!"

미퇴르크는 비웃었다. "Ach! 지도자들이라! 지도자들이 무슨 소용 있어? 몇 년째 파업 이야기를 하고 있는데! 그런데 이번에는 그것을 겨우 며칠동안의 빈 대회에서 결정할 수 있다고 생각하나?"

"새로운 사건이 발생한 거야!" 하고 자크가 말했다. "유럽 전체가 동란의 위협 속에 놓여 있어!"

"안 돼, 지도자들은 안 돼! 자네 연설 또한 돼먹지 않았어! 대중의 행동, 그래! 대중의 행동밖에 없다고, '동지!'"

"물론 대중의 행동이지!" 하며 자크가 외쳤다. "그러나 그를 위해서는 지도자들이 우선 확실히, 명확히 자신들의 태도를 밝혀 두는 것이 가장 급박한 문제라고 생각하지 않아? 미퇴르크, 생각해 봐. 대중한테 그것이 얼마나 고

무적인 일인지를! ……아! 조종사, 이런 때 하나의 국제적인 신문이 있다면 얼마나 좋을까요!"

"Träumerei!"^(꿈'이라는 뜻의 독일어) 하며 미퇴르크가 외쳤다. "나는 이렇게 말하고 싶어. 지도자들 같은 것은 내버려 두고 대중을 향해 외치는 거야! 예를 들어 독일지도자들이 파업을 용납할 거라고 생각하나? 결코 그렇지 않아! 녀석들은 바젤 대회 때와 똑같은 말을 되풀이할 거야. '러시아 때문에 불가능하다.'"

"그건 중대해" 하고 리차들레가 말했다. "결국 모든 것은 독일의 상황에 달려 있어. 독일사회민주……."

"아무튼" 하고 자크가 말했다. "그들은 2년 전에 필요한 경우에는 전쟁 반대의 태도를 취한다는 것을 분명히 증명했어! 그들이 없었더라면 발칸사건은 유럽을 화염 속으로 몰아넣었을 거야!"

"'그들이 없었더라면'이 아니라" 하고 미퇴르크가 투덜댔다. "'대중이 없었더라면'이야! 그들이 도대체 무엇을 했어? 단순히 대중의 뒤를 따라갔을 뿐이지!"

"그러나 대중의 시위는 도대체 누가 조직했을까? 지도자들이야!" 하고 자크가 대들었다.

뵘은 머리를 저었다. "러시아에 200만의 프롤레타리아뿐만 아니라 몇백만, 몇천만의 농민이 있는 한, 러시아의 프롤레타리아는 정부에 반대할 만큼 강력하지 못해. 그리고 제정 러시아의 Militarismus는 독일로서는 실제적인 위험이야. 그리고 사회민주당도 파업을 약속할 수 없어! ……그리고 미퇴르크의 말이 옳아. 빈 대회에서도 바젤 대회 때와 마찬가지로 단순한 이론상의 승인이 고작일 거야!"

"아! 대회 이야기는 그만해 둬!" 하고 미퇴르크가 신경질적으로 외쳤다. "말해 두겠는데, 이번에도 대중의 행동이 모든 것을 할 수 있을 거야! 지도자들은 뻔뻔스레 뒤를 따라다닐 테고……. 오스트리아든, 독일이든, 프랑스든 곳곳에서 지도자들의 명령을 기다리지 않고 프롤레타리아들을 봉기하게 하는 거야. 우수한 머리들을 구석구석에서 끌어 모아야 해. 그래서 철도에서, 군수공장에서, 병기창에서, 곳곳에서 사건들을 일으키게 하는 거야! 곳곳에서! 그리고 지도자들과 조합원들을 끌고 나가는 거야! 유럽의 모든 혁명 조직에 동시에 불을 붙여야 해! 조종사도 나와 같은 생각일 거야! 곳곳에서 충돌을 일으키는 거야! 오스트리아에서 하는 것이 제일 쉬워! Nicht wahr, Boehm? ^(그렇지 않아, 뵘?) 모든 민족의 음모가들을 충동질하는 거야. 폴란드인, 체코인! 거기에다 헝가리인! 그리고 루마니아인! 그리고 곳곳에서 똑같이 하는 거지! 이탈리아의 파업을 재연시킬 수 있을 거야! 러시아도 그렇고……. 그리고 곳곳에서 대중이 반란을 일으키면 그제서야 지도자들이 움직이지 않겠어?" 그는 메네스트렐 쪽으로 뒤돌아보았다. "조종사, 내 말이 틀려요?"

질문을 받자 메네스트렐은 고개를 들었다. 그의 날카로운 눈길이 처음에는 미퇴르크 쪽으로 향했다가 다음에는 자크 쪽으로 갔고, 마침내 리차들레와 패터슨 사이에 알프레다가 앉아 있는 침대 쪽으로 옮겨갔다.

"아, 조종사" 하고 자크가 외쳤다. "이번에 잘되면 인터내셔널은 얼마나 훌륭한 세력이 될까요!"

"물론이지!" 하고 메네스트렐이 말했다. 가벼운 냉소가 그의 입술 끝을 스쳤으나 너무 순간적이어서 알프레다의 형안(炯眼)만이 그것을 포착할 수 있을 정도였다.

오스메르의 정보를 접했을 때, 그리고 독일이 오스트리아의 목적을 지지하고 있는 것 같다는 짐작을 충분히 뒷받침하는 추정들을 접했을 때 그는 당장 이렇게 생각했다. '드디어 '그들의' 전쟁이 왔다! 70퍼센트 정도는 틀림없다. 그런데 우리는 아직 준비가 되어 있지 않아……. 유럽의 어떤 나라에서도 권력 잡기를 바라기란 불가능해. 그렇다면 어떻게 해야 할까?' 이내 그의 생각이 정해졌다. '취해야 할 전술에 대해 조금도 머뭇거려서는 안 된다. 대중의 평화사상에 전적으로 호소하는 것이다. 지금의 경우에는 그것이야말로 우리가 대중을 휘어잡을 수 있는 최선의 방법이다. 전쟁에 대한 전쟁! 전쟁이 발발하면 그 전쟁이 프롤레타리아의 의사와 이해에 반해서 자본가들이 일으킨 것이며, 그들의 의사와는 상관없이 범죄적 목적을 위해 동족 살해 속으로 몰아넣었다는 확고한 신념을 될 수 있는 대로 많은 병사들이 가져야만 할 것이다. 이야말로 어떤 일이 일어나도 결코 헛되지 않을 것이다. 제국주의를 타도하기 위한 싹을 심는 데 훌륭한 전술이다! 뿐만 아니라, 우리의 지도자들을 억지로 깊이 참여시킴으로써 그들이 관련되어 있다는 것을 정부당국자들이 알 수 있게 하는 절호의 기회이다. 좋아, 해봐! 모두 다 평화주의의 나팔을 불어! 자네들은 오직 그것만을 기다렸던 거야. 이제는 자네들 마음대로야…….' 그는 마음속으로 미소를 지었다. 그는 평화주의자와 온갖 종류의 사회주의자들 사이의 너그러운 포옹을 미리 떠올렸다. 그의 귀에는 연단에서 떨면서 외치는 그 목소리가 들리는 듯 했다. '그러면 우리는……' 하고 그는 생각했다. '그러면 나는……' 그는 자신의 생각을 마무리짓지 못했다. 그렇다고 그 생각을 다시 할 마음도 없었다.

그는 낮은 목소리로 중얼거렸다.

"생각해 볼 문제야."

그의 눈이 자기를 지켜보고 있던 알프레다의 눈길과 마주쳤다. 그리고 모두가 자기 쪽을 향해 침묵을 지키면서 자기 말을 기다리고 있다는 것을 깨달았다. 그는 기계적으로 조금전보다 더 높은 목소리로 되풀이했다.

"생각해 볼 문제야." 그는 신경질적으로 다리를 의자 밑으로 끌어들이면서 기침을 했다. "더 이상 할 말이 없어……. 나는 오스메르와 같은 의견이야. 티보와 미퇴르크와 자네들 모두와 같은 의견이야……."

그는 손을 축축한 이마 위에 얹었다. 그러더니 느닷없이 일어섰다.

방에 의자까지 꽉 차 있는 탓에 그는 더 커 보였다. 그는 테이블, 침대, 동지들의 다리 사이로 나 있는 좁은 공간을 아무런 목적도 없이 원을 그리며 몇 발자국 걸었다. 동지들의 눈과 마주치는 그의 눈은 아무에게도 개인적으로 무엇인가 이야기하고 싶어하는 것 같지 않았다.

얼마동안 말없이 걷다가 그는 갑자기 걸음을 멈추었다. 그의 생각이 아주 먼 곳에서 되돌아오는 것처럼 보였다. 모두들 그가 다시 의자에 가서 앉아 어떤 행동계획을 설명하고, 명령조에 약간은 신비스럽기도 한 귀에 익은 즉석 연설을 하리라고 믿었다. 그러나 그는 같은 말을 되풀이하는 데 그쳤다. "생각해 볼 문제야……." 그리고 아래를 보면서 미소를 짓더니 아주 빠른 말투로 이렇게 덧붙였다. "하기야 모든 것은 목적에 이르는 거니까."

그리고 나서 그는 테이블 뒤로 교묘히 빠져나가 창가에 이르렀다. 그리고 갑자기 어둠을 향해 두 개의 덧문을 밀어 제쳤다. 그는 약간 고개를 갸웃하더니 말투를 바꾸어 어깨 너머로 이렇게 말했다. "알프레다, 우리에게 시원한 것을 좀 줬으면 하는데?"

알프레다는 아무 말 없이 부엌 쪽으로 사라졌다. 잠시 어색한 분위기가 감돌았다. 패터슨과 리차들레는 침대 위에 앉아서 낮은 소리로 수군거렸다. 방 한가운데 천장등 밑에선 두 오스트리아인이 자기 나라 말로 무엇인가 의견을 나누고 있었다. 뵘은 주머니에서 반쯤 남은 시가를 꺼내 불을 붙였다. 불쑥 튀어나온 데다가 불그스레하고 축축해 보이는 그의 아랫입술이 평평한 그의 얼굴에 좋은 인상을 자아냈으나 좀 저속한 육감을 주었으므로 다른 사람과는 아주 다른 인상을 주었다.

메네스트렐은 선 채로 테이블 위에 두 손을 얹어놓고 램프 밑에 오스메르의 편지를 놓고 다시 읽었다. 전등갓을 통해서 퍼지는 불빛이 그를 훤히 비췄다. 그의 짧은 턱수염은 더 검어 보였고 그의 얼굴빛은 더 희어 보였다. 이마에는 주름이 졌다. 눈꺼풀은 거의 눈동자를 덮고 있었다.

자크가 그의 팔꿈치를 건드렸다.

"드디어 '사태를 장악할 때'가 온 모양이군요, 조종사. 당신이 생각한 것보다 훨씬 빨리!"

메네스트렐은 고개를 끄덕였다. 그는 자크를 보지 않고 냉정하게 무뚝뚝하고 아무런 뉘앙스도 없는 투로 이렇게 말했다. "물론이지." 그러고 나서 그는 말없이 편지를 계속 읽어 내려갔다.

한 가지 고통스러운 생각이 자크의 머릿속을 스쳤다. 오늘밤 조종사의 표정에서뿐만 아니라 그를 대하는 자신의 태도에서도 무엇인가 변화를 느꼈다.

마침내 뵘은—그는 내일 새벽에 기차를 타야만 했다—작별인사를 했다. 모두 무엇인가 알 수 없는 홀가분한 마음으로 그의 뒤를 따랐다.

메네스트렐도 현관문을 열어 주기 위해 그들과 함께 아래까지 내려갔다.

12. 7월 12일 일요일—전쟁 위협에 대한 메네스트렐과 알프레다 간의 반발

알프레다는 계단 난간 위로 몸을 숙인 채 사람들의 목소리가 분명히 들리지 않을 때까지 기다렸다. 문득 방으로 돌아가 좀 정리를 해 두어야겠다는 생각이 들었다. 하지만 그녀의 마음은 무거웠다…… 어두운 부엌으로 가서 창가에 팔꿈치를 괴었다. 그리고 어둠 속에서 눈을 크게 뜨고 가만히 있었다.

"무슨 생각에 잠겨 있나, 알프레다?"

뜨겁고 꺼칠꺼칠한 메네스트렐의 손이 그녀의 어깨를 쓰다듬었다. 그녀는 몸을 떨었다. 그리고 어린애 같은 목소리로 단숨에 갑자기 이렇게 물었다. "당신은 정말 전쟁이 일어날 거라고 생각하세요?" 그는 웃었다. 그녀는 모든 희망이 흔들리는 것을 느꼈다. "그러면 우리는……."

"우리? 우리는 아직 준비되어 있지 않아!"

"준비되어 있지 않다고요?" 그녀의 착각이었다. 왜냐하면 오늘밤에 그녀는 전쟁을 반대하는 것만 생각하고 있었기 때문이다. "당신은 정말 전쟁을 막을 길이 없다고 생각하는군요……?"

메네스트렐이 그 말을 가로막았다. "없어! 물론이지!" 그가 보기에 현재의 프롤레타리아가 전쟁이라는 힘에 맞선다는 것은 터무니없는 일 같았다.

어둠 속에서 그녀는 그의 미소와 두 눈의 번득임을 알아볼 수 있었다. 그러자 그녀는 다시 몸을 떨었다. 두 사람은 얼마동안 아무 말 없이 서로 몸을 기대고 있었다.

"그래도" 하며 그녀가 말했다. "패터슨의 말이 옳은가요? 만일 우리가 아무것도 못 한다면 영국이……"

"영국이 할 수 있는 것은 기껏해야 시간을 늦추는 일 정도야―아직은!"

조종사는 그녀에게서 평소와 다른 저항을 느낀 것일까? 그의 퉁명스러운 태도가 더욱 두드러졌다. "더구나 문제는 거기 있지 않아! 중요한 것은 전쟁을 막는 일이 아니야!"

"그렇다면 왜 모두에게 그렇게 말해 주지 않았어요?"

"왜냐하면 당분간 그런 일은 누구와도 상관이 없거든! 그리고 현재로서는 사실 '그런 것처럼' 하는 것이 좋아!"

알프레다는 잠자코 있었다. 그녀는 오늘밤처럼 이토록 심하게 마음의 상처를 받아본 적이 없는 것 같았다. 그리고 왠지 모르게 그녀는 그에 대해 반항심 같은 것을 느꼈다. 그들이 처음으로 교제를 시작할 때 그가 어깨를 흔들면서 재빨리 이렇게 말한 것이 생각났다. "사랑? 우리에게 그런 건 조금도 중요하지 않아!"

'이 사람에게는 무엇이 중요할까?' 하고 그녀는 마음속으로 생각해 보았다. '아무것도! 그렇다. 아무것도―오직 혁명만이 있을 뿐이다!' 그리고 그녀는 처음으로 이렇게 생각해 보았다. '혁명, 그것은 그의 '고정관념'이야…

…, 다른 모든 것은 문제시하지도 않는다! 나까지도! 나라는 한 여자의 목숨까지도! 그에게 소중한 것이라고는 아무것도 없어! 지금 존재하는 자신까지도, 인간 이외의 다른 그 무엇도!' 그녀는 처음으로 '인간보다 더 위에 있고 더 귀한 것' 대신에 '인간 이외의 다른 그 무엇'을 생각했다.

메네스트렐은 빈정거리는 투로 말을 이었다.

"알프레다, 전쟁이 나면 말이야! 내버려 두는 거야! 시위, 폭동, 파업, 무엇이든지 그들이 하고자 하는 대로 말이야! 팡파르를 울리며 전진하는 거야! 나팔을 불며 전진하는 거야! 할 수만 있다면 여리고성(《여호수아》 6장에 나오는 성을 말하는 것으로 큰 어려움이 뜻하지 않게 해결되었을 때의 비유로 쓰임)을 뒤흔들어 놓는 거지!" 그는 갑자기 그녀 곁에서 물러나 발뒤꿈치로 돌아서서는 내뱉듯이 말했다. "그러나 알프레다, 성벽은 그들의 나팔 소리로는 무너지지 않아. 우리의 폭탄이 필요한 거야!"

그리고 다리를 약간 절면서 방으로 되돌아가는 그에게서 알프레다는 언제나 간담을 서늘하게 하는, 숨이 찬 듯한 짧은 웃음소리를 들을 수 있었다. 알프레다는 오랫동안 팔꿈치를 괸 채 꼼짝도 하지 않고 어둠 속을 바라보았다. 인기척이 없는 강가를 따라 아르브 강의 물줄기가 바위에 부딪쳐 힘없이 찰랑거리고 있었다. 강가 집들의 불빛도 하나씩 자취를 감추었다. 그녀는 꼼짝도 하지 않고 있었다. 무엇을 생각하고 있는 것일까? —'아무것도'라고 그녀는 대답했을 것이다. 눈가에 아롱졌던 눈물 두 방울이 그녀의 속눈썹 사이에 맺혔다.

13. 7월 19일 일요일—안느 드 바탱쿠르의 오후

운전기사는 앵발리드 광장을 가로질러 위니베르시테 거리로 나왔다. 자동차는 소리 없이 달리고 있었다. 찌는 듯한 더위가 기승을 부리는 일요일 오후, 거리가 무척이나 한산하고 깊이 잠들어 있는 듯해서, 메마른 아스팔트 위의 부드러운 차바퀴 소리나 길모퉁이에서 울려 대는 무력한 경적 소리도 조심성 없고 그 분위기에 어울리지 않는 것 같았다.

차가 바크 거리를 벗어나자마자 안느 드 바탱쿠르는 의자 위에서 웅크리고 자고 있는 황금빛 페키니즈를 끌어당겼다. 그리고 몸을 숙여서 먼지막이 외투를 입고 무표정하게 운전대에 앉아 있는 유색인 운전사의 등을 양산 끝으로 쿡쿡 찔렀다.

"저기에서 세워 줘, 조. 걸어갈 테니까."

차가 보도 옆에 서자 조가 문을 열었다. 에나멜 칠을 한 가죽보다도 더 반짝이는 그녀의 두 눈동자가 모자 챙 밑에서 마치 인형의 눈처럼 좌우로 움직였다.

안느는 차에서 내리기 전에 잠시 머뭇거렸다. 나중에 인적 없는 이런 곳에서 어떻게 택시를 잡을 수 있을까? 앙투안이 아버지가 돌아가신 뒤 자신의 충고를 마다하면서 불로뉴 숲 근처에 집을 구하지 않은 것이 그녀는 못마땅했다. 페키니즈를 팔 밑에 껴안으며 그녀는 차에서 깡충 뛰어내렸다. 홀가분해지고 싶다는 생각이 그녀를 사로잡았다.

"오늘은 이걸로 됐어, 조. 가 보도록 해⋯⋯."

그늘에 있는데도 구두 밑의 지면이 뜨겁게 느껴졌다. 하늘에는 바람 한 점 없었다. 지붕 위마다 자리 잡은 아지랑이들이 하늘을 가리고 있었다. 눈이 부셔 눈을 가늘게 뜬 안느는 죽은 듯한 건물의 정면과 교도소 문 앞을 따라 걸어가고 있었다. 강아지 펠로우가 늘어진 모습으로 그 뒤를 따랐다. 사람의 그림자조차 눈에 띄지 않았다. 화창한 일요일이면 머리를 땋아 늘이고 장딴지가 너무나 가냘픈 어린 소녀들이 그들의 집 앞 보도 위에서 쓸쓸히 뛰놀곤 했었는데, 오늘은 그 아이들도 눈에 띄지 않았다. 안느는 그 소녀들을 볼 때마다 3주쯤 양녀로 삼아 도빌(프랑스의 유명한 해수욕장 이름)로 데리고 가서 리모슈(빵 과자의 일종)도 먹이고 바닷바람도 쏘이게 해 주고 싶은 생각이 문득 들곤 했었다. 그런데 오늘은 아무도 없다. 개집에 잠들어 있는 집 지키는 개처럼 수위들조차 문 앞에 의자를 내놓고 걸터앉아 시원한 바람이라도 좀 쐬려고 해가 지기를 기다리고 있었다. 오늘은 7월 19일 일요일. 일주일에 걸친 혁명기념일 축제에 지친 파리 사람들 모두가 도시를 빠져나간 듯한 느낌이었다.

티보 집안의 건물은 아주 멀리서부터 보였다. 지붕에는 아직 발판이 놓여 있었다. 백연으로 이어진 곳이 얼룩진 낡은 건물의 정면은 한번 칠을 해 주어 새 단장을 하는 수밖에 없어 보였다. 여러 색깔의 광고가 붙은 판자 울타리가 아래층을 완전히 가리고 있었고, 그쪽만 유난히 보도가 좁았다.

안느는 얇은 비단 드레스의 밑자락을 추어올려 자기 몸 쪽으로 끌어 붙였다. 그리고 개를 뒤에 따르게 하고는 입구를 막고 있는 시멘트 부대라든가 두꺼운 나무판, 건물을 헐어 낸 잔해가 수북이 쌓인 무더기 사이를 누비며

들어갔다. 둥근 천장 밑에 들어서자 지하실에서 나는 냄새와 막 칠한 석회의 축축한 냄새가 가득 차 있어서 마치 차디찬 스폰지를 만질 때처럼 목이 움츠러들었다. 펠로우는 작고 검은 주먹코를 들어올렸다. 그리고 이 고약한 냄새를 맡으려고 멈추어 섰다. 안느는 미소를 지으면서 한쪽 손으로 이 작고 따스한 비단뭉치 같은 개를 들어올려 가슴에 껴안았다.

유리를 끼운 현관문에 들어서자 내부 공사는 끝난 것 같아 보였다. 안느가 지난번에 왔을 때는 아직 깔려 있지 않던 붉은 카펫이 승강기까지 깔려 있었다.

안느는 3층으로 올라가는 층계참에서 멈췄다. 앙투안이 없다는 것을 알면서도 그녀는 초인종을 누르기 전에 언제나 그랬던 것처럼 잠깐 분첩으로 얼굴을 다독거렸다.

문이 천천히 열렸다. 줄무늬가 있는 조끼만 걸친 평복 차림의 레옹은 나오기를 망설였다. 길죽한 데다가 수염이 없고 병아리 솜털로 덮인 얼굴은 특성이 없고, 바보스러워 보이면서도 간교해 보였다—활 모양의 눈썹, 처지고 앞으로 나온 두터운 아랫입술, 눌려 덮인 것 같은 눈꺼풀, 아래로 처진 코—그것이 그에게는 일종의 반사적 방어태세였다. 그는 안느와 꽃으로 장식한 모자와 연보랏빛 옷 위에 그물을 던지듯이 힐끗 곁눈질을 했다. 그리고 몸을 비켜 그녀를 들여보냈다.

"선생님은 아직 돌아오지 않으셨어요."

"알고 있어요" 하고 개를 바닥에 내려놓으면서 그녀가 말했다.

"손님들과 아직 아래에 계시는 줄로 압니다만……."

안느는 입술을 깨물었다. 화요일에 베르크로 출발하는 자기를 역까지 바래다주면서 앙투안은 매주 일요일 오후에는 파리시외로 왕진을 가므로 집을 비우게 될 것이라고 말했었다. 두 사람의 교제가 시작된 지 여섯 달이 되는 지금 그녀는 앙투안의 주위에 무엇인가 넘기 어려운 보호구역이 은밀히 설정되고 있음을 이따금 발견하곤 했다.

"그냥 놓아 두세요" 하고 안느가 양산을 건네주면서 말했다. "몇 자 적어놓을 테니까 선생님께 전해 드려요."

이렇게 말하고 난 다음 그녀는 하인 앞을 지나 지난날 티보 씨가 살던 집마루에 지금 깔려 있는 푹신하고 단조로운 베이지색 카펫 위를 잰걸음으로 지나갔다. 페키니즈는 망설이지도 않고 벌써 앙투안의 서재 앞에 가서 기다리고 있었다. 안느는 서재에 들어선 다음 개를 들여보냈다. 그리고 문을 닫았다. 블라인드가 쳐져 있었고 창문은 닫힌 채였다. 옛날부터 배어 있는 페인트 냄새와 함께 새 카펫 냄새, 막 칠한 바니시 냄새가 방 안에 꽉 차 있었다. 재빨리 책상 앞으로 다가간 그녀는 선 채로 안락의자 등에 두 손을 얹고 힘상궂은 눈빛으로 무엇인가 냄새라도 맡으려는 듯 코를 벌름거리고 있었다. 그러다가 돌연 추한 얼굴을 하더니 수상쩍은 것이라도 찾아내겠다는 눈길로 방 안을 휘둘러 보았다. 그 시선은 자기와 떨어져 있을 때의 앙투안의 생활에 대해 무슨 증거라도 될 수 있는 것이 있으면 하나도 놓치지 않겠다는 그런 것이었다.

그러나 호화롭지만 장식이 없는 이 방은 아무 개성이 없어 보였다. 앙투안은 이 방에서는 전혀 일을 하지 않고, 손님을 받을 때에만 썼다. 사방 벽에는 중간 높이까지 책장으로 둘러싸여 중국 비단으로 가린 유리창 뒤로 빈 선반이 보였다. 방 한가운데는 장식용 책상이 눈에 띄게 자리잡고 있었는데, 투명 유리를 깐 그 투박한 책상 위에는 모로코 가죽으로 된 문방구 한 세트 —이름 첫 글자를 새긴 서류함, 책받침, 압지틀이 놓여 있었다. 서류나 편지 같은 것은 하나도 없고 책이라고는 '전화번호부'밖에 없었다. 잉크가 들어 있지 않은 크리스탈 잉크병 옆에는 골동품 같은 에보나이트 청진기가 놓여 있는데, 이것이 이 집 주인의 직업을 말해 주는 유일한 것이었다. 그러나 이러한 액세서리는 앙투안 자신이 진찰을 위해 놓아 두었다기보다는 오히려 실내장식가가 방을 아름답게 꾸밀 생각으로 그렇게 했다는 쪽이 옳을 것 같았다.

펠로우는 방에 들어오자마자 다리를 쪽 뻗고 엎드렸다. 개의 황금빛 털과 마루에 깔린 양탄자 빛깔이 구분되지 않을 정도로 똑같았다. 안느는 멍한 눈빛으로 개를 힐끗 보았다. 그리고 회전의자 팔걸이 위에 말을 타는 자세로 걸터앉았다. 바로 그 의자에서 앙투안은 일주일에 세 번씩 환자를 보았다. 그녀는 순간 자기가 앙투안이 된 것 같은 느낌이 들었다. 그것이 안느로 하여금 미묘한 즐거움을 느끼게 해 주었다. 앙투안이 그의 생활에서 그녀에게 지극히 한정된 자리밖에 내주지 않는 것에 대한 하나의 앙갚음이었다.

안느는 서류함 속에서 언제나 앙투안이 처방을 내릴 때 쓰는, 위쪽에 글자가 인쇄된 용지철을 꺼냈다. 그리고 핸드백에서 만년필을 꺼냈다.

사랑하는 토니, 닷새를 당신 없이 지내다 보니까 더 이상 참을 수 없었어요. 오늘 아침에 첫차를 탔어요. 지금 4시예요. 나는 우리의 집에 가서 당신이 하루 일을 끝내시기를 기다릴게요. 와 주세요. 사랑하는 토니, 빨리 오세요.

A.

우리가 밖에 나가지 않아도 될 만한 가벼운 저녁식사를 준비해 두겠어요.

그녀는 봉투를 손에 들고 벨을 눌렀다.

레옹이 나타났다. 정복 차림이었다. 개를 쓰다듬어 준 다음 그는 안느에게로 다가왔다.

의자 팔걸이에 앉은 채 안느는 한쪽 다리를 흔들면서 봉투 날개에 침을 바르고 있었다. 그녀의 입은 찢어진 듯 가늘었고, 혀는 두툼했지만 재빨랐다. 그녀가 옷에 잔뜩 뿌린 향수 냄새가 방 안에 떠돌고 있었다. 안느는 하인의 눈이 빛나는 것을 알아차리고는 조용히 미소를 지었다.

"자" 하고 안느는 책상 위에 편지를 던졌다. 그녀가 몸을 움직이자 손목에서 팔찌 소리가 났다. "돌아오시면 이걸 드려요."

앙투안이 없을 때 안느는 가끔 레옹에게 말을 놓곤 했다. 그것이 무척 자연스러워서 레옹도 놀라지 않았다. 그들의 마음은 이심전심으로 통하고 있었다. 함께 저녁식사를 하려고 앙투안을 데리러 왔다가 하는 수 없이 그를 기다려야 할 때면 그녀는 곧잘 레옹을 상대로 수다를 떨곤 했다. 레옹 곁에 있으면 그녀는 고향의 분위기 같은 것을 느꼈다. 더구나 레옹은 이런 친밀감을 나쁘게 이용하지 않았다. 두 사람만 있을 경우에 그는 격식을 차린 말투를 쓰지 않아도 되었다. 그리고 그녀가 팁을 줄라 치면 그는 간단한 눈짓으로, 전혀 신분차를 느끼지 않고 감사의 뜻을 나타내곤 했다.

안느는 종아리를 쭉 뻗고 스커트 밑으로 손을 넣어 스타킹을 추어올린 다음 안락의자에서 깡충 뛰어내렸다.

"나 갈게요, 레옹. 양산은 어디에 두었어요?"

택시를 잡으려면 생페르 거리를 지나 큰길까지 올라가는 것이 가장 확실했다. 거리에는 사람들의 모습이 거의 눈에 뜨이지 않았다. 한 청년이 그녀를 스쳐갔다. 그들은 무심코 눈길을 주고받았다. 둘 다 잊을 수 없는 어느 날에 이미 만난 적이 있다는 것을 생각하지도 못했다. 어떻게 그들이 서로를 알아볼 수 있었겠는가? 4년의 세월이 흐르는 동안에 자크는 끔찍이 변해 있었다. 퉁퉁하고 수심에 찬 얼굴을 한 지금의 자크에게서는 그 옛날 안느와 시몽 드 바탱쿠르의 결혼식에 참석하기 위해 투렌느에 갔을 때의 청년다운 거동이나 풍모가 보이지 않던 것이다. 한편 자크 역시 그 묘한 결혼식이 진행되는 동안에 호기심을 가지고 신부를 관찰했지만, 지금 화장을 한 파리 부인의 얼굴—더구나 그녀는 양산에 반쯤 가려 있었다—에서 친구 시몽과 결혼할 당시의 불안해 하던 그 미망인의 모습을 어떻게 알아볼 수 있었겠는가?

"바그람 거리" 하고 안느는 운전기사에게 말했다.

바그람 거리, 그곳에 '우리의 집'이 있었다. 그곳은 두 사람의 교제가 시작될 때 앙투안이 빌린, 일층의 가구 딸린 독신용 아파트로서 큰길과 막다른 골목과의 모퉁이에 위치해 있었다. 그리고 막다른 골목으로 특별한 출입구가 나 있어서 수위의 눈에 띄지 않고 자유롭게 드나들 수 있었다.

앙투안은 불로뉴 숲 근처 스퐁티니 거리에 있는 안느의 작은 호텔에는 발을 들여놓으려고 하지 않았다. 그러나 안느는 몇 달 전부터 그곳에서 혼자 자유롭게 살고 있었다. (앙투안의 권유로 깁스를 했던 딸 위게트를 바닷가로 데려가게 되었을 때, 안느는 베르크에 집을 빌려 딸이 완쾌될 때까지 남편과 함께 그곳에서 살기로 했었다. 그러나 안느는 이런 용감한 결심에 언제까지나 순응할 수는 없었다. 사실 파리를 결코 좋아하지 않던 시몽이 의붓딸과 영국인 가정교사와 함께 그곳에 주저앉게 된 것이다. 그는 사진에 열중하기도 하고 그림도 조금 그려보고 음악도 해 보고 긴긴 밤에는 전에 했던 신학 공부를 떠올리며 프로테스탄티즘에 관한 책들을 읽기도 했다. 한편 안느는 언제나 구실을 만들어 애써 파리에 있으려고 했다. 그녀가 베르크에 가는 것은 한 달에 겨우 대엿새 정도밖에 되지 않았다. 안느는 지금까지 한 번도 딸에 대해 모성애를 느껴본 적이 없었다. 얼마전까지는 13살이나 된 이 큰딸을 날마다 보고 있어야 한다는 것이 무슨 속박처럼 여겨져 짜증이 나기도 했었다. 그런데 그런 막연히 미운 감정을 느끼고 있을 때 미스 메리가 모래언덕에서 일광욕을 시키고 있는 위게트의 휠체어를 보자 일종의 굴욕감이 겹쳐졌다. 안느는 가끔 빈혈증에 걸린 소녀들이라도 입양시킬까 하는 공상을 해 보았다. 그러면서도 자기 딸을 돌보지 않는 것은 아주 당연히 여겼다. 적어도 파리에서 그녀는 위게트를 잊고 지냈다—그리고 시몽도)

자동차가 바그람 거리에 이르렀을 때 안느는 '가벼운 저녁식사'가 생각났다. 가게는 모두 닫혀 있었다. 그녀는 테른느 거리에 일요일에도 문을 여는 식료품 가게가 하나 있는 것을 알고 있었다. 그녀는 차로 거기까지 간 다음 택시를 돌려보냈다.

무엇을 산다는 것은 즐거운 일이야! 그녀는 강아지를 팔 밑에 끼고는 먹음직스러운 것들이 널려 있는 진열대 앞을 왔다 갔다 했다. 먼저 앙투안이 좋아할 법한 것들을 샀다. 쌀보리빵, 짭짤한 버터, 훈제한 거위 가슴살, 딸기 한 바구니, 앙투안은 물론 펠로우를 위해서도 두블크림^(물기를 뺀 다음
크림을 가한 치즈)을 한 통 샀다.

"그리고 그것도 한 조각 주세요!" 하면서 그녀는 장갑을 낀 집게손가락으로 별것도 아닌 파테 드 프와^(동물의 간으로
만든 파테 요리) 항아리를 게걸스럽게 가리켰다. '그것은' 그녀를 위한 것이었다. 파테 드 프와는 그녀가 끔찍이 좋아하는 것이었기 때문이다. 그것은 여행할 때 어쩌다가 역 구내식당이라든가 시골 여관에 들르지 않으면 그녀로서는 먹어볼 기회가 전혀 없는 것이었다. 분홍색이 돌고 지방질이 많으며 돼지기름으로 감싼, 정향과 육두구 향을 낸 파테. 그것을 갓 구운 둥근 빵 위에 얹어 먹을 때면 그녀는 전에 점원으로 일했을 때의 입맛이 되살아나곤 했다……. 오페라 거리에서 점원 노릇을 하고 있었을 때 주위에 비둘기나 참새떼들이 노는 튈르리 공원 벤치에서 혼자 찬 점심을 먹던 일. 음료수라고는 전혀 없었다. 향료 때문에 입 안이 타는 것을 가라앉히기 위해 길거리에서 산 한 줌의 비가로^(버찌의
일종)를 먹곤 했다. 그리고 마지막으로 가게에 돌아갈 시간이 가까워 오면 양철과 구두약 냄새가 나는, 달아서 혀가 타는 듯한 에스프레소 커피를 생로크 거리에 있는 카페바^(커피, 술, 음료수를 마시거나
가벼운 식사도 할 수 있는 곳)의 카운터에 기대어 서서 혼자 마시곤 했다.

안느는 점원이 물건을 싸고 계산하는 것을 멍하게 바라보고 있었다.

완전히 홀로……. 그 무렵에도 이미 그녀는 어떤 확실한 본능에 따라 앞으로 다가올 기회를 놓치지 않으려면 사람들과 거리를 두어야 하고, 자기를 다른 사람에게 알려서는 안 되고, 친구를 사귀어서도 안 되고, 습관에 얽매이지 말아야 하고, 즉각적인 변신을 할 수 있도록 언제나 얽매여 있지 않아야 한다는 것을 알고 있었다. 아! 그 무렵 채롱과 딸랑이를 손에 들고 '프레첼'(과자의^{일종})과 '코코아'를 팔면서 튈르리 공원 안을 서성거리던 그 점쟁이 노파가 자기가 훗날 대기업가인 구피요의 아내가 될 것이라 어떻게 점칠 수 있었을까! ……그런데 그 일이 마침내 이루어졌던 것이다. 더구나 오랜 세월이 지난 오늘에 와서 보니까 그건 별것도 아니었다는 생각이 들었다.

"여기 있습니다. 부인." 점원이 끈으로 묶은 꾸러미를 내밀었다.

안느는 가슴 언저리로 점원의 눈길이 스쳐가는 것을 느꼈다. 그녀는 남자들의 욕정이 자신을 스쳐가는 것이 점점 더 좋아졌다. 지금 그녀 앞에 있는 점원은 아직 애송이에 지나지 않았다. 뺨에는 솜털이 났고, 한쪽 입술은 터있었으며, 큰 입은 못생기기는 했지만 건강한 느낌을 주었다. 안느는 손끝을 끈 사이로 넣고 얼굴을 들어 고개를 약간 숙이고는 고맙다는 표시로 그녀의 회색빛 눈동자를 굴리면서 그 점원에게 희롱하는 듯한 눈길을 보냈다.

꾸러미는 그다지 무겁지 않았다. 아직 시간은 있었다. 이제 겨우 5시가 되었을 뿐이었다. 안느는 개를 바닥에 내려놓고 바그람 거리를 향해 걷기 시작했다.

"펠로우, 조금만 참아……."

그녀는 윗몸을 유연하게 흔들면서 고개를 꼿꼿이 세우고는 좀 오만하게 성큼성큼 걸어갔다. 자신의 지난 삶을 돌아볼 때마다 그녀는 으스대고 싶은 욕망을 억누를 수 없었다. 안느는 자기의 운명이 항상 자기의 의지에 의해 지배되는 것이며, 지금의 성공도 바로 자기 자신이 이루어 낸 것이 틀림없다고 생각했다.

시간이 흐르다 보니 놀랍기도 하고, 또 그녀가 감탄해 마지않는 것은 어린 시절부터 사회의 밑바닥에서 벗어나려고 그토록 발버둥치던 일이 지금에 와서는 마치 남의 일처럼 여겨지는 것이었다. 그것은 헤엄치는 사람이 물속으로 자맥질해 들어가면서 반사적으로 다시 물 위로 떠오르는 본능과도 같은 것이었다. 또한 순결한 처녀시절을 보내는 동안 아내를 잃은 아버지와 오빠 사이에서 꿋꿋이 자기 자신을 지켜 온 것은 더욱 높이 부상하기 위한 것이었다. 일요일이면 연관공이었던 아버지는 성터로 공놀이를 하러 가고, 안느와 그녀의 오빠는 친구들과 함께 뱅센느 숲에 가서 돌아다니곤 했다. 어느 날 밤 산책에서 돌아오는 길에 오빠 친구인 젊은 전기공이 안느를 껴안으려고 했다. 그녀는 이미 17살이었는데, 그 청년이 전부터 싫지는 않았었다. 그러나 그녀는 그의 뺨을 후려 갈겼다. 그러고는 혼자서 집까지 도망쳐 왔다. 그 뒤부터 그녀는 두 번 다시 오빠와 외출하지 않았다. 그녀는 일요일에는 집에서 재봉일을 했다. 안느는 옷감이나 천조각 만지기를 좋아했다. 그녀의 어머니와 알고 지냈다는 이웃의 방물점 여주인이 그녀를 점원으로 채용한 적이 있었다. 그러나 가난한 손님만 드나드는 동네의 그 상점은 쓸쓸하기 짝이 없었다……. 다행히 그녀는 뱅센느의 에블리즈 광장에 이십세기 백화점이 새로 낸 지점에 여자 점원 자리를 구할 수 있었다. 벨벳이나 호박단 옷을 다루는 일, 오가는 사람들로부터의 유혹을 느끼는 일, 남자 점원들과 담당주임들의 끊임없는 유혹 속에서 살면서도 동료로서의 미소만 보내곤 했다. 그리고 저녁이 되면 얌전히 집으로 돌아가 가족들의 저녁식사를 준비하는 것이 두 해에 걸친 그녀 생활의 전부였다. 결국 그녀에게는 그때의 생활이 즐거운 추억이 되었다. 그러나 아버지가 세상을 떠나자마자 안느는 변두리를 뛰쳐나왔다. 그리고 파리 한복판의 오페라 거리에 있는, 늙은 구피요가 직접 경영하고 있는 본점에 일자리를 하나 얻었다. 결혼할 때까지 빈틈없이 처신해야겠다고 마음먹은 것은 바로 그때였다. '빈틈없이 처신할 것!' 그것은 그녀의 좌우명이라 할 수 있었다. 지금도……. 처음 앙투안을 만났을 때 당장 그를 점찍어 그의 저항을 물리치고 끝내 정복하지 않았던가? 그런데 앙투안은 전혀 그것을 눈치채지 못했었다. 왜냐하면 그녀는 남자의 자존심을 이용할 수 있을 만큼 매우 교활해서 남자 쪽에서 먼저 프로포즈를 한 것 같은 환상을 일으키게 했기 때문이다. 지나칠 정도로 능란했던 그녀는 자신의 힘을 과시하는 외형적인 즐거움보다는 겉으로 약한 체하는 것을 무기로 감쪽같이 상대를 휘어잡는 데서 참으로 완벽한 만족감을 느꼈다.

이런저런 생각을 하는 사이에 어느덧 집에까지 왔다. 걸었기 때문인지 그녀는 땀에 젖어 있었다. 잠가 두었던 방의 정적과 싸늘한 공기가 상쾌하게 느껴졌다. 방 한가운데에 서서 그녀는 몸에 걸친 것을 훌훌 벗어 던졌다. 그리고 화장실로 뛰어들어가 욕조에 물을 받았다.

그녀는 거울과 자신의 육체를 밝게 보이게 하는 희미한 빛이 새어 들어오는 간유리에 둘러싸여 자신의 벗은 모습을 바라보면서 흐뭇해 했다. 물이 세차게 흘러 나오는 수도꼭지 위로 몸을 구부린 그녀는 호리호리한 갈색 허리와 무겁게 매달린 젖가슴 언저리를 아무 생각 없이 손바닥으로 쓰다듬었다. 그러고 나서 욕조에 물이 가득 차기를 기다리지도 않고 탕 속으로 성큼 들어갔다. 물은 아직 미지근했다. 그녀는 쾌감으로 몸을 떨면서 미끄러지듯 몸을 담갔다.

그녀는 자기 앞쪽 벽에 걸려 있는 푸른 줄무늬의 하얀 목욕 가운을 보고 미소를 지었다. 어느 날 저녁에 앙투안이 이 목욕 가운을 입은 우스꽝스러운 모습으로 저녁식사를 했던 적이 있었다. 그녀는 갑자기 그날 밤에 두 사람 사이에 있었던 실랑이를 떠올렸다. 그녀가 앙투안에게 그의 청년시절의 생활과 라셀과의 관계에 대해 물었을 때 그는 이렇게 얼버무리고 말았던 것이다. "모두 이야기한 대로야. 나는 내 과거에 대해서 어느 것 하나 숨기고 있지 않아!"

사실은 그녀도 자신의 이야기를 들려준 적이 거의 없었다. 두 사람의 관계가 시작될 무렵의 어느 날 밤, 앙투안은 그녀의 눈을 들여다보면서 "……운명적인 여자의 눈이군!"이라고 말한 적이 있었다. 안느에게는 그보다 더 즐거움을 불러일으키는 말이 없었다. 그녀는 그 말을 결코 잊지 않았다. 그런 매력을 더 부각시키기 위해 그녀는 되도록 자신의 과거는 비밀에 부쳐 두려고 했다. 어쩌면 졸렬한 생각이었는지도 모른다. 앙투안이 그 운명적인 여자 속에서 점원이었던 자신의 과거를 발견하고 재미있어 했을지 어떻게 알아? 안느는 이 점을 곰곰이 생각해 보기로 결심했다. 처방은 어렵지 않았다. 과거가 다채로웠던 그녀는 무슨 일을 꾸미거나 거짓말을 할 필요도 없이 손쉽게 그것을 찾아낼 수 있었다. 말하자면 젊은시절 한때 감상적인 여점원이었다는 식의 추억담이라든가…….

앙투안……. 그를 생각할 때면 언제나 그녀는 욕정이 일곤 했다. 안느는 있는 그대로의 그를 사랑하고 있었다. 그의 자신감과 힘―그 자신도 그 힘을 의식하고 있었지만……. 게다가 좀 거칠고, 애정의 표현이 좀 결여되어 있기는 하지만 그의 사랑의 열정 때문에 그녀는 그를 사랑했다. 한 시간 뒤면 아마 그가 여기에 나타나겠지…….

안느는 두 다리를 뻗고 머리를 뒤로 젖히면서 눈을 감았다. 그녀의 피로가 마치 먼지처럼 물속으로 녹아 들어갔다. 그녀의 몸은 동물적인 행복감으로 나른해졌다. 위층의 큰 아파트는 인기척 없이 조용했다. 귀에 들려오는 것은 산뜻한 타일바닥 위에 강아지가 엎드려 자면서 내는 코고는 소리, 근처 운동 장의 아스팔트 위를 굴러가는 롤러스케이트의 소리, 수도꼭지에서 맑은 소리를 내며 규칙적으로 똑똑 떨어지는 수돗물 소리뿐이었다.

14. 7월 19일 일요일─자크, 형을 방문, 앙투안, 그의 새집을 동생에게 보여 주다

자크는 위니베르시테 거리의 모퉁이에 서서 자기가 태어난 집을 바라보고 있었다. 온통 철근 골조로 둘러싸여 있는 탓에 알아볼 수 없었다. '맞다' 하고 그는 생각했다. '형은 전면적인 개축 공사를 계획하고 있었지…….'

아버지가 세상을 떠난 뒤로 자크는 파리에 온 적이 두 번 있었다. 그러나 그는 전에 살던 이 동네에는 들르지 않았을 뿐더러, 자신이 파리에 온 사실을 형에게 알리지도 않았다. 앙투안은 지난겨울 동안 애정어린 편지를 여러 번 써 보냈다. 그러나 자크는 다정함을 표시한 간단한 엽서를 보냈을 뿐이었다. 상속 문제에 관한 긴 편지를 받았을 때도 답장은 언제나 같았다. 다섯 줄의 글로 단호한 거절의 뜻을 보냈다. 그것은 뚜렷한 이유 없는 거절로서, 자기는 재산 분배에는 관심이 없으므로 '이런 문제'를 더 이상 형이 자기한테 거론하지 말았으면 좋겠다는 내용이었다.

자크는 지난 화요일부터 프랑스에 와 있었다. (뵘과의 회합이 있은 다음날 메네스트렐은 자크에게 이렇게 말했다. '파리에 얼른 가 보도록 해. 머지 않아 자네가 파리에서 할 일이 생길 것 같아. 현재로서는 이렇다 할 만한 것을 전혀 감 잡을 수는 없지만, 이때를 이용해서 풍향을 살펴 주었으면 해. 어떤 일이 일어날 것인지 가까이에 있으면서 지켜보고. 프랑스 좌익들이 어떤 반응을 보이는지, 특히 조레스 일파인 '위마니테' 패거리들이……. 일요일이나 월요일까지 내가 아무 연락을 하지 않으면 그냥 돌아와도 좋아. 그곳에 있을 필요가 없다고 여겨지면 말이야') 그 며칠동안 자크는 형을 만나러 올 만한 여유가─또 용기도─없었다. 그러나 사태가 하루하루 심각해져 가는 것 같았기 때문에, 자크는 파리를 떠나기에 앞서 형을 만나 보기로 마음먹었다.

새 차양을 가지런히 달아 놓은 2층 쪽을 쳐다보면서 그는 '자기의' 창문, 어린시절의 자기 방 창문을 눈여겨 찾았다. 그는 지금이라도 발길을 돌리려면 돌릴 수 있었다. 그는 망설였다. 그리고 마침내 길을 건너 둥근 천장 밑으로 들어섰다.

지난날의 모습은 찾아볼 수 없었다. 계단 쪽에는 백합이 그려진 어두운 색깔의 벽지와 나선형 받침대로 된 난간과 중세풍의 스테인드글라스는 회반죽 벽과 두들겨 만든 쇠 난간과 대형 낙화 유리창으로 바뀌어 있었다. 달라지지 않은 것은 승강기뿐이었다. 언제나처럼 짤막하게 찰카닥하는 제동기 소리가 난 다음 쇠사슬이 서로 부딪치는 소리에 이어 기름 낀 소리가 났다. 자크는 여기에 와서 그 소리를 들을 때마다 가슴이 죄어드는 듯했다. 굴욕적인 어린 시절의 가장 견디기 힘들었던 한순간이 갑자기 되살아나곤 했기 때문이다. 곧 집을 뛰쳐나갔다가 다시 아버지 집으로 돌아왔던 일…… 그래, 바로 여기야. 이 좁은 승강기였어. 형이 나를 밀어넣었지. 그때 그 달아났던 자는 다시 잡혀 꼼짝 못하게 되고 정말 무력감을 느꼈었지……. 아버지, 소년원 …… 그리고 지금은 제네바, 인터내셔널…… 전쟁, 어쩌면…….

"여, 레옹, 잘 있었어. 집 안이 많이 변했군! ……형님은 계셔?"

레옹은 대답 대신에 놀란 표정으로 이 유령의 얼굴을 뚫어지게 바라보았다. 마침내 그는 눈을 깜빡거리면서 이렇게 말했다.

"선생님이요? 아니오…… 저, 계십니다. 물론 도련님이 오셨다고 하면! 그러나 아래에 계십니다. 실험실 쪽에…… 한 층을 내려가셔야 합니다. 문은 열려 있으니까 들어가시기만 하면 됩니다."

2층 층계참의 동판 위에 '오스카르 티보 실험실 A.'라고 씌어 있는 글이 자크의 눈길을 끌었다.

'그럼 이 집 전체를 쓰고 있나?' 하고 자크는 생각했다. '게다가 오스카르라는 이름까지!'

니켈로 된 손잡이를 돌리면 문을 밖에서 열 수 있게 되어 있었다. 현관에 들어서자 똑같은 문이 세 개나 나란히 있었다. 그 한쪽 문 뒤에서 인기척이 났다. 일요일 오후인데도 형은 환자를 보고 있나? 자크는 당황하면서 몇 걸음 앞으로 다가갔다.

"생물 측정에 의한 실험보고 ……학군에 따른 앙케트……."

말하고 있는 사람은 앙투안이 아니었다. 그러나 곧 형의 목소리가 들려왔다.

"먼저 테스트의 수집…… 테스트의 정리…… 한 달 안에 모든 신경학자,

아동병리학 전문의뿐만 아니라 모든 교육자가 여기 우리 실험실에서, 우리의 통계 속에서 반드시……."

그렇다. 단호하면서도 좀 으스대는 듯하고 말끝마다 좀 빈정거리는 듯한 말투, 앙투안이 틀림없었다. '얼마 안 가서 그의 목소리는 분명히 '자기' 아버지의 목소리와 똑같아질 거야' 하고 자크는 생각했다.

그는 한순간 꼼짝하지 않고 멀거니 마루에 깔린 새 리놀륨을 내려다보았다. 그냥 돌아갈까 하는 유혹이 다시 그의 머릿속을 스쳐갔다. 그러나 이미 레옹을 만났으니……. 하기는 모처럼 여기까지 왔는데……. 그는 어깨를 추슬렀다. 그리고 아이들이 노는 것을 거리낌없이 훼방 놓는 어른처럼 문까지 걸어가서 노크했다.

앙투안은 이야기를 멈추고 자리에서 일어났다. 그리고 화난 얼굴로 문을 반쯤 열었다.

"뭐야……? 어이구? 네가!" 하고 외치는 그의 얼굴은 순식간에 반가운 빛으로 환해졌다.

자크 역시 형제애 같은 감정이 솟구침을 문득 느꼈다. 형을 직접 대할 때마다 정력적인 그의 기색, 네모진 얼굴, 그의 입을 볼 때마다 마음이 뭉클해지는 것은 어쩔 수 없는 일이 아니었을까.

"들어와" 하고 앙투안이 말했다. 그는 동생의 얼굴에서 눈을 떼지 않았다. 자크가 온 것이다! 짙은 밤색머리를 하고 눈동자를 이리저리 굴리면서 어린아이의 얼굴을 생각나게 하는 가벼운 미소를 머금은 자크가 거기에 서 있었다.

얼굴에는 땀이 흐르고 칼라가 없는 흰 가운의 단추를 끄른 남자 셋이 큰 테이블 앞에 앉아 있었다. 테이블 위에는 컵, 레몬, 얼음통이 서류와 펼쳐진 도표 가까이에 놓여 있었다.

"내 동생이야" 하고 앙투안은 반갑다는 듯 웃으면서 말했다. 그리고 일어선 세 사람을 일일이 자크에게 소개했다. "이자크 스튀들레…… 르네 주슬랭…… 마뉘엘 르와……."

"방해한 것 아니야?" 하고 자크가 우물우물하며 말했다.

"물론이지!" 하고 앙투안이 말했다. 그는 즐거운 듯이 동료들을 둘러보면서 이렇게 말했다. "안 그래? 방해한 것이 틀림없지. 그러나 괜찮아! 어쩔 수 없는 경우니까……. 자, 앉아라."

자크는 그 말에는 아무런 대꾸도 하지 않고 넓은 방을 둘러보았다. 방 안은 온통 선반으로 가득 차 있었으며 선반 위에는 번호가 붙은 새 서류꽂이가 가지런히 꽂혀 있었다.

"여기가 어딘가 하고 생각하는 거야?" 하고 어리둥절해 하는 동생을 보고 재미있어 하면서 앙투안이 말했다. "여기는 말하자면 '자료실'이야. 그런데 찬 것 좀 마실래? 위스키? 싫어? ……르와가 시트론수를 만들어 줄 거야." 앙투안은 셋 가운데서 가장 젊은 사람을 향해 이렇게 말했다. 그의 착한 학생 같은 눈빛, 반짝거리는 눈빛이 파리 학생다운 영리한 얼굴을 밝게 해 주고 있었다.

르와가 깬 얼음 위에 시트론즙을 내고 있는 사이 앙투안은 스튀들레 쪽으로 돌아앉았다.

"다음주 일요일에 다시 하자고……."

스튀들레는 다른 사람들보다 나이가 더 들어 보였으며, 앙투안보다도 나이가 더 많은 것 같았다. 이자크라는 이름은 그의 옆모습, 이슬람교단의 수장 같은 턱수염, 고대 페르시아의 승려처럼 이글거리는 두 눈과 잘 어울렸다. 자크는 형과 함께 살 때 그를 언젠가 한 번 만난 적이 있었던 것 같았다.

"주슬랭은 필요 없는 서류를 좀 치워 줬으면 좋겠어……" 하면서 앙투안은 말을 이었다. "아무튼 내 병원의 여름휴가인 8월 1일 전까지는 무엇 하나 계통을 세워 일하지는 못하겠군……."

자크는 귀를 기울였다. 8월…… 여름휴가……. 자크의 표정에서 분명히 약간 놀라는 기색이 엿보였다. 그를 바라보고 있던 앙투안은 무엇인가 설명해야 할 것 같은 생각이 들었다.

"그래, 우리 넷은 올해 여름휴가는 가지 않기로 합의했어. 상황이 상황이니만큼……."

"알겠어" 하고 자크는 심각한 태도로 그 말에 동의했다.

"집 공사가 끝난 지 아직 3주일도 안 되었어. 새로운 진료사업에는 손도 못 대고 있고 게다가 병원 일을 하고 환자들을 보았다면 도저히 그 모든 일들을 진행시킬 수 없었을 거야. 그러나 다행히 새 학기가 시작될 때까지 두 달쯤 여유가 있어."

자크는 어처구니없다는 듯이 형을 바라보고 있었다. 그렇게 말하고 있는 형은 안정성이라든가 장래에 대한 그의 확신을 송두리째 흔들어 버릴지도 모를 세상의 격동 따위는 까맣게 모르고 있는 것이 틀림없었다.

"놀랐어?" 하며 앙투안이 말을 계속했다. "우리 계획을 네가 아직 몰라서 그러는 거야. 우리는 굉장한 야심을 가지고 있어! 안 그래, 스튀들레? 이야기해 줄게. ……물론 함께 저녁을 먹는 거지? ……아무 말 말고 시트론수나 마셔. 그러고 나서 집 안을 둘러보도록 하자. 완전히 새롭게 고쳐진 걸 알게 될 게다. 그 다음에는 위에 올라가서 이야기하자."

'형은 여전하군' 하고 자크는 생각했다. '언제나 무엇인가를 조직해서 그것을 이끌어가야 하니까…….' 그는 시키는 대로 시트론수를 마시고 자리에서 일어났다. 앙투안은 이미 일어나 있었다.

"우선 실험실로 내려가자" 하고 앙투안이 말했다.

티보 씨가 세상을 떠날 때까지 앙투안은 장래가 촉망되는 젊은 의사로서의 평범한 삶을 살아왔다. 그는 여러 가지 시험에 차례로 합격한 뒤에 중앙 의료국에 들어가 병원 쪽에 전임 자리가 나기를 기다리면서 줄곧 환자 진료에 힘써 왔다.

아버지의 유산 때문에 갑자기 그에게는 돈이라는 뜻밖의 힘이 생겼다. 물론 그는 이런 절호의 기회를 놓칠 사람이 아니었다.

그에게 짐이 될 만한 일은 아무것도 없었다. 그렇다고 돈이 드는 취미가 있는 것도 아니었다. 있다면 그것은 오로지 일에만 정력을 쏟는 것이었다. 그의 유일한 야망은 대가가 되는 것이었다. 병원도 환자도 그의 눈에는 하나의 수련 대상에 지나지 않았다. 중요한 것은 아동병리학에 관한 자기 자신의 연구였다. 또 자기가 부자라는 생각이 들자, 전부터 넘쳐 흐르던 그의 활력은 열 배나 더 부풀어 올랐다. 이제 그에게는 단 한 가지 생각뿐, 즉 전재산을 자신의 직업적인 향상을 촉진시키는 데 털어 넣는 일이었다.

그의 계획은 곧 실행에 옮겨졌다. 우선 완비된 조직에 의해서 물질적인 편의를 확보해야 했다. 실험실, 서고, 조수 그룹을 선발해서 확보하는 일이 그것이었다. 돈이 있으니까 모든 것이 가능했고 또 쉬웠다. 재력이 없는 몇몇 젊은 의사들에게 생활 보장을 해 주기도 하고, 그들의 지혜를 빌리기도 하며, 헌신적인 봉사를 받기도 했다. 그는 자신의 연구를 밀고 나가고 더 새로운 연구를 시도하기 위해 그들의 능력을 이용하기도 했다. 앙투안은 에케 박사의 친구로서 '칼리프'라는 별명을 가지고 있는 오랜 동료인 스튀들레를 즉시 생각하지 않을 수 없었다. 그의 체계적인 정신이며 지적인 성실성이며 일의 능력을 앙투안은 잘 알고 있었다. 그리고 그는 두 청년을 택했다. 한 사람은 마뉘엘 르와, 그는 몇 년째 앙투안 밑에서 일해 온 외근 조수였다. 다른 한 사람은 르네 주슬랭, 그는 화학자로서 혈청에 관한 중요한 연구로 이미 주목을 받고 있었다.

아버지의 집은 야심적인 건축기사의 감독하에 몇 달 만에 몰라볼 만큼 개축되었다. 예전의 아래층은 방 가운데 계단으로 2층의 거실과 연결되어 온갖 근대적 설비를 갖춘 실험실로 개조되어 있었다. 모든 것이 완전무결했다. 공사 중에 곤란한 문제가 생기면 앙투안의 손은 기계적으로 수표장이 있는 주머니로 갔다. "어디 견적을 내어 봐 주게." 지출 따위는 그다지 문제되지 않았다. 앙투안으로서는 돈이 드는 것이 문제가 아니라 자신의 계획이 뜻대로 되어가는지 여부가 중요했다. 그의 공증인과 주식중개인은 부르주아 두 세대에 걸쳐 조금씩 축적되고 또 신중하게 관리되어 온 큰 재산을 그가 지금 이렇게 겁 없이 써대는 것을 보고 아연실색했다. 그러나 당사자는 조금도 개의치 않고 유가증권을 보따리로 처분했고, 대리인들의 소심한 경고에는 콧방귀만 뀌었다. 뿐만 아니라 그는 나름대로 재정계획을 가지고 있었다. 엄청난 지출을 하고도 남는 재산은 외국 주식, 특히 러시아 광산 주식에 투자할 생각을 하고 있었다. 그것은 외교관인 그의 친구 뤼멜의 충고에 따른 것이었다. 그의 계산에 따르면 자산은 크게 줄었으나, 전에 티보 씨가 '안전'을 고집하면서 별로 이익을 얻지 못하는 주식을 그대로 붙들고 기존의 재산에 손을 대지 않은 채 얻은 이익에 비하면 그다지 못하지 않다고 생각했다.

아래층을 자세히 살펴보는 데 무려 반시간이나 걸렸다. 앙투안은 하나도 빠짐없이 모두 자크에게 보여 주고 싶었다. 그는 예전의 지하 창고에 석회를 칠해 커다란 지하실로 만든 곳으로도 그를 데려갔다. 그곳에는 최근에 주슬랭이 괴상한 냄새가 나는 사육장을 만들었는데, 거기에서는 들쥐, 생쥐, 모르모트 따위가 개구리를 넣어 둔 물통 옆에서 길러지고 있었다. 앙투안은 아주 만족스런 모습이었다. 그는 젊은이다운, 파도가 일렁이는 듯한, 목 깊은 곳에서 나는 웃음소리를 냈다. 그것은 오랫동안 억제되었던 웃음, 라셀에 의해 비로소 해방된 웃음이었다. '마치 장난감을 자랑하는 부잣집 아이 같군' 하고 자크는 생각했다.

2층에는 작은 수술실, 세 협력자의 연구실, 자료와 참고문헌을 보관하는 방, 서고가 있었다.

"이제 드디어 일을 시작할 수 있단 말이야" 하고 앙투안은 3층으로 올라 가면서 엄숙하고 만족스런 투로 설명했다. "33살……. 후세에 남을 만한 일을 하려면 이제부터 열심히 해야지! 물론이야" 하며 그는 걸음을 멈춘 다음 자크 쪽을 돌아보면서 다시 말을 계속했다. 그 말투는 일부러 그러는 것처럼 좀 힘이 들어 있었는데, 앙투안은 동생 앞에서 특히 그런 말투로 이야기하기를 좋아했다. "사람은 자기가 생각하고 있는 것 이상의 것을 할 수 있어! 무엇이든지 '마음'만 먹으면—물론 실현 가능성이 있는 것이라야 한다는 것은 말할 나위도 없지만—게다가 나는 실현 가능성이 있는 것 말고는 결코 하려고 하지 않아. 그럼, 정말 '마음'만 먹으면! ……" 그는 말끝을 흐리더니 스스로 만족하여 미소를 지으면서 다시 걷기 시작했다.

"시험은 어떻게 되었어?" 하고 자크는 잠자코 있을 수 없어서 물었다.

"병원의 시험은 지난겨울에 합격했어. 다음은 아그레가시옹 $^{(대학 교수}_{자격시험)}$이야— 언젠가는 교수도 될 수 있도록 해 두어야 하니까! ……그런데" 하며 앙투안은 말을 계속했다. "하기는 필립 선생처럼 훌륭한 소아과 의사가 되는 것도 좋아. 그러나 그것만으로는 만족할 것 같지 않아. 내 역량을 보이려면 아무래도 그것만으로는 불충분해. 현대 의학은 정신의학 분야에서도 결정적으로 한 걸음 더 나아가야 해. 그래서 나는 그 가운데 한 사람이 되려고 생각하고 있어, 알겠니? 나는 그 한 걸음이 나 없이 이루어져서는 안 된다고 생각해! 시험 준비를 하는 동안에 내가 그토록 '언어 발달이 늦은' 사람들을 다룬 것도 결코 우연은 아니었어……. 내 생각으로는 아동심리 분야도 아직은 시작에 지나지 않아. 지금이야말로 더할 나위 없이 좋은 시기야. 그래서 내년에는 어린아이의 호흡기관과 지적 생활의 관계에 관한 자료들을 확실하게 정리해 보려고 해." 그는 뒤를 돌아보았다. 그의 얼굴에는 지식에 의해 범속한 사람들의 무지와 구별되는 뛰어난 사람의 풍모가 엿보였다. 그는 자물쇠에 열쇠를 집어넣기 전에 그윽한 눈길로 동생을 바라보았다. "이 방면에는 할 일이 산더미 같아." 그는 천천히 말했다. "해결해야 할 일도 산더미 같고……."

자크는 잠자코 있었다. 그는 이런 생활에 언제나 흥미를 가지고 있는 앙투 안의 태도에 대해 이렇게까지 분노한 적은 거의 없었다. 너무나 좋은 조건을 갖추고 있고, 성공의 길이 확실히 보장되어 있는 것 같은 이삼십 대의 남자 앞에서 자크는 일종의 번민과 함께 자기 균형이 흔들리는 것을 느끼고 있었다—나아가 지금 이 세상을 짓누르고 있는 폭풍우의 위협을 느끼고 있었다.

이렇게 적개심에 불타는 마음으로 집 안을 돌아보러 다니는 것이 자크로 서는 퍽 괴로운 일이었다. 앙투안은 호화로운 이 집 안을 마치 닭장 속의 수 탉처럼 꼿꼿한 자세로 거닐고 있었다. 그는 집 내부의 칸막이를 대부분 부수 고 배치를 전면적으로 바꾸어 놓았다. 간결한 멋을 잃기는 했지만, 규모면에 서는 오히려 더 쓸모 있어진 것 같았다. 옻칠을 한 높은 병풍들이 두 개의 대기실을 여러 개의 작은 공간으로 나누어 놓았으므로 환자들을 따로따로 대기시킬 수 있었다. 앙투안이 자랑하는 건축기사의 창의성은 집 안 전체를 어떤 장식 전람회장 같은 느낌을 갖게 만들어 놓았다. 그런데 앙투안 자신은 이런 외형적인 과시는 별로 중요하지 않다고 분명히 말했다. 그는 설명했다. "그러나 이렇게 하면 환자를 선별해서 볼 수 있어. 알겠지? 되도록 환자 수 를 줄이고 공부할 시간을 가질 수 있거든."

화장실은 썩 잘 꾸며져 있었고, 편안하기 이를 데 없었다. 앙투안은 신이 나 서 입고 있던 가운을 벗으면서 반들반들한 옷장 문을 열었다 닫았다 해 보였다.

"모든 것이 손 닿는 곳에 있도록 되어 있어. 시간 절약이 되거든" 하고 그 는 되풀이했다.

앙투안은 실내용 윗옷을 걸쳤다. 자크는 형의 옷차림이 전보다 훨씬 더 세 련되어졌다는 것을 알 수 있었다. 이렇다하게 눈길을 끄는 것은 없었다. 그 러나 검은 윗옷은 비단이었고 셔츠는 아주 부드러운 바티스트 삼베였다. 이 처럼 얼른 눈에 띄지 않는 우아함이 형에게는 아주 잘 어울렸다. 그는 젊어 보이고 더 유연해 보이면서도 씩씩한 모습에는 조금도 변함이 없었다.

'사치를 만끽하고 있는 것 같군' 하고 자크는 생각했다. '아버지 같은 허세 …… 부르주아의 귀족적인 허세! ……한심한 족속! 확실히 그들은 자기들 의 재산뿐만 아니라 쾌적한 생활의 타성, 안일의 취미, 고급 취미가 마치 자 신들이 우월하기 때문인 것으로 생각하고 있을 거야! 그들은 그것이 마치

개인적인 가치나 되는 것처럼 여기고 있어! 그들에게 사회적 권리를 가져다
주는 그 가치! 더구나 그들은 자신들이 누리는 그 '우대'를 아주 정당하다고
생각하고 있어! 자기들의 권력, 다른 사람의 예속, 그들은 그것을 정당하다
고 할 거야! 그래, 그들은 '소유한다'는 것을 아주 당연하게 여기고 있어!
그리고 자기들의 소유는 누구로부터도 침해당해서는 안 되고, 가지지 못한
사람들의 탐욕으로부터 법에 의해 보호를 받는 것이 지극히 당연하다고 생
각하고 있어! 관대하다고? 흥! 그렇지! 관대하다는 것이 또 하나의 사치
라는 뜻에서 그래. 낭비의 일종인 관대!' 자크는 낭비라고는 전혀 모르고,
필요한 것은 나누어 가지며, 서로 언제나 최소한의 것마저 없어질 위협을 무
릅쓰면서 서로 돕고 사는 스위스 친구들의 불안정한 생활을 생각해 보았다.

그렇지만 작은 풀장만한 욕조, 받아 놓은 물에 반사되는 빛이 눈을 부시게
하는 그 욕조를 보았을 때 그는 조금 부러운 생각을 뿌리칠 수 없었다. 그는
3프랑짜리 방에서 아주 불편하게 살고 있었다. 오늘 같은 더위에 한바탕 목
욕을 한다면 그 기분은 기가 막혔을 것이다.

"이곳이 내 서재야" 하고 앙투안은 문을 열면서 말했다. 자크는 안으로
들어가면서 창가로 다가섰다.

"아니, 여기는 응접실로 쓰던 데 아니야?"

사실 그곳은 예전의 응접실이었다. 지난 35년 동안 장중하고 어슴푸레한
불빛 속에서 티보 씨가 닫집이 달린 커튼과 두터운 휘장에 둘러싸여 가족회
의를 열던 곳이었다. 건축기사는 그 방을 밝고 산뜻하고 단아한 현대식 방으
로 고쳐 다시 만드는 데 성공한 것이다. 그리고 고딕풍의 스테인드글라스를
없앤 세 개의 창문으로는 밝은 빛이 들어와 지금 방 안에 넘쳐흐르고 있었다.

앙투안은 아무런 대답을 하지 않았다. 그는 안느의 편지 봉투가 책상 위에
있는 것을 보고 놀랐다. 왜냐하면 그는 안느가 베르크에 있는 줄로만 알고
있었기 때문이다. 그는 급히 겉봉을 뜯었다. 쪽지를 훑어본 앙투안의 눈살이
찌푸려졌다. 그들의 단란한 아파트에서 흰 비단 실내복을 요염하게 입고 있
는 안느의 모습이 떠올랐던 것이다. 그는 기계적으로 벽시계를 향해 눈길을
돌렸다. 그러고 나서 그 편지를 주머니 속에 넣었다. 때가 좋지 않군. 하는
수 없지! 오랜만에 동생하고 하룻밤을 보내려고 생각하고 있는데……

"뭐라고?" 동생의 말을 듣지 못한 앙투안이 물었다. "여기에서는 절대로

일을 안 해. 여기는 진찰을 위한 곳이야. 난 늘 전에 쓰던 방에서 지내…….
날 따라 와."

복도 저 끝에서부터 레옹이 이쪽으로 걸어왔다. "편지를 보셨습니까?"

"봤어……. 마실 것 좀 갖다주게. 내 서재로."

이 집 안에서 그래도 좀 삶의 냄새가 풍기는 구석이라고는 이 서재가 유일
한 곳이었다. 사실 일보다는 오히려 복잡하고 무질서한 생동감이 느껴졌다.
바로 그런 무질서가 자크에게는 친근감을 느끼게 했다. 산더미 같은 서류,
카드, 수첩, 신문기사 스크랩 등이 책상 위에 쌓여 있어서 겨우 글을 쓸 수
있을 정도의 자리만이 남아 있었다. 선반 위에는 헌 책, 책갈피 쪽지가 끼워
져 있는 잡지들, 아무렇게나 흐트러져 있는 사진들, 약병, 약품 견본 따위가
가득했다.

"자, 앉자" 하고 앙투안은 가죽으로 된 편안한 안락의자 쪽으로 자크를
밀면서 말했다. 그리고 자신은 여러 개의 쿠션이 놓여 있는 디방(등받이와 팔걸이가 없이 벽에 붙여놓는, 쿠션이 있는 긴 의자) 위에 몸을 쭉 펴고 누웠다. 그는 이야기할 때는 언제나 눕는 것을
좋아했다. '서거나 눕는 거야' 하고 말하곤 했다. '의자에 앉는 것은 관리나
하는 짓이야.' 그는 자크의 눈길이 방 안을 둘러보다가 벽난로 위를 장식하고
있는 불상 위에 잠깐 머무는 것을 보았다.

"아름답지? 11세기 거야. 람시 컬렉션에서 나온 거야."

다정하게 동생의 얼굴을 바라보던 그의 눈길은 갑자기 무엇인가 탐색하는
듯한 눈초리로 변했다.

"네 이야기를 들어 보자꾸나. 담배 한 대 피울래? 그런데 프랑스에는 무
슨 일로 왔니? 틀림없이 카요 사건(프랑스 재무상 카요를 비난한〈르 피가로〉지의 주필 가스통 칼메트를 1914년 3월에 카요 부인이 직접 신문사로 찾아가 사살한 사건) 취재
때문이겠지?"

자크는 아무 대답도 하지 않았다. 그는 불상만을 바라보고 있었다. 조개
껍질처럼 굽은 큰 금빛 연꽃잎 속에 있는 불상의 얼굴은 고독하고 평온한 모
습으로 빛나고 있었다. 그리고 나서 그는 형을 뚫어지게 바라보았다. 동생의
눈에는 두려움의 그림자 같은 것이 서려 있었다. 그 표정이 어찌나 침통했던
지 앙투안은 불안한 느낌이 들었다. 그는 곧 어떤 새로운 사건이 동생의 생
활을 파괴하고 있다는 것을 짐작할 수 있었다.

레옹이 쟁반을 들고 들어와 디방 옆에 놓았다.

"대답을 안 하는구나" 하고 앙투안이 말을 계속했다. "파리에는 왜 왔지? 오랫동안 있을 거야? ……뭐 좀 마실래? 나는 여전히 차가운 차를 좋아해."

자크는 신경질적인 태도를 보이며 거절했다. "그런데 형" 하고 자크는 한 동안 가만히 있다가 낮은 목소리로 말했다. "형은 프랑스에서 무슨 일이 일 어나려고 하는지 조금도 짐작이 안 가?"

앙투안은 디방 끝에 몸을 구부린 채 이제 막 차를 따른 유리찻잔을 두 손 으로 쥐고 있었다. 그리고 입을 대기 전에 레몬과 럼주의 냄새가 가볍게 풍 기는 홍차의 향내를 황홀한 듯이 맡고 있었다. 자크에게는 형의 얼굴의 윗부 분과 무관심한 눈길만이 보였다(앙투안은 자기를 기다리고 있을 안느를 생 각하고 있었다. 아무튼 너무 늦기 전에 전화로 알려 주어야지……).

자크는 아무런 설명도 없이 자리에서 일어나 나가려고 했다.

"도대체 무슨 일이 일어나려 한다는 거야?" 하고 앙투안은 자세를 바꾸지 않고 중얼거렸다. 그러고는 심드렁하게 동생 쪽으로 눈길을 돌렸다.

그들은 한순간 침묵 속에서 서로를 바라보았다.

"전쟁이야" 하고 자크는 쉰 목소리로 힘을 주어 말했다.

전화벨 소리가 멀리 현관 쪽에서 들려왔다.

"그래?" 하고 담배연기 때문에 두 눈을 찌푸리면서 앙투안이 말했다. "여 전히 그 빌어먹을 발칸반도니?"

그는 아침마다 신문을 훑어보고 있었다. 그래서 그는 중부 유럽의 여러 나 라 사절들로 하여금 주기적으로 골머리를 앓게 하는, 알 수 없는 어떤 '외교 적 긴장'이 지금 이 순간에 닥치고 있다는 것을 막연하게나마 알고 있었다.

앙투안은 미소를 지었다. "발칸반도인들 주위에 격리선을 설치해 버려. 그래서 이번엔 정말 그 안에서 모두 사라질 때까지 서로 죽이도록 내버려 두 는 거야!"

레옹이 문을 살며시 열었다.

"그분이 전화를 주셨는데요" 하고 그는 숨은 뜻이 있는 듯한 말투로 말했다.

'안느구나' 하고 앙투안은 생각했다. 그리고 방 안에 전화기가 있는데도 불구하고 일어나서 진찰실로 갔다.

순간 자크는 형이 나간 문을 뚫어지게 바라보았다. 그러다가 갑자기 마치 마지막 결단이라도 내리듯 "형과 나 사이에는 건널 수 없는 개울이 있어!"

하며 내뱉듯 말했다(그 개울을 '건널 수 없다'는 것을 확인할 때마다 그는 어떤 광포한 만족감을 느꼈다).

진찰실에 들어간 앙투안은 급히 수화기를 들었다. "여보세요…… 당신이에요?" 부드럽고 정열적인 콘트랄토의 목소리였다. 수화기의 울림이 떨리는 소리를 더 강하게 했다.

수화기를 귀에서 좀 떼어 들고 앙투안은 미소를 지었다.

"마침 잘됐어…… 전화를 하려던 참이었는데…… 난처하게 되었어. 자크가 왔어…… 내 동생 자크 말이야…… 제네바에서 온 거야…… 물론 예고도 없이…… 오늘 저녁에, 지금 막…… 그러니까 당연히…… 도대체 어디에서 거는 거야?"

상대편의 목소리가 어리광을 부리듯이 대답했다.

"물론 우리의 집에서요, 토니…… 기다리고 있었어요……."

"미안해, 이봐…… 알겠지? ……동생하고 같이 있어야 하거든……." 그녀가 아무런 대답도 하지 않자 앙투안은 그녀를 불렀다. "안느……"

그녀는 여전히 침묵을 지키고 있었다.

"안느!" 하고 앙투안은 다시 불렀다.

그는 커다란 장식용 책상 앞에서 머리를 수화기 쪽으로 기울이고 넋 나간 듯한 불길한 눈길로 엷은 밤색 카펫, 서가의 아랫부분, 가구의 다리를 바라보고 있었다.

"네" 하는 그녀의 목소리가 마침내 나지막이 들렸다. 다시 침묵이 흘렀다. "저…… 늦게까지 머물 건가요?"

그 목소리가 어찌나 애처로웠던지 앙투안은 마음이 흔들렸다. "그렇지는 않을 것 같아" 하고 그가 말했다. "왜?"

"하지만 토니, 오늘 저녁에 내가 당신을 보지 않고 그냥 돌아갈 수 있을 거라고 생각하세요…… 잠깐만이라도 말이에요? ……얼마나 기다렸는지 알아준다면! ……모든 준비가 다 돼 있어요…… 식사도……."

앙투안은 웃었다. 그녀도 억지웃음을 지었다.

"식사가 보여요? 창가에 작은 원탁을 놓고……. 큰 초록색 샐러드 그릇에 작은 딸기가 가득해요……. 당신을 위해서지요……." 잠깐 말을 끊었다가 그녀는 목구멍에서 나오는 듯한 빠른 투로 말했다. "이봐요, 토니, 정말? 지금 곧 올 수 없어요? 당장 말이에요. 1시간만이라도?"

"안 돼, 안 되겠어…… 11시나 자정 이전에는 안 돼……. 이해해 줘……."

"잠깐만이라도?"

"모르겠어?"

"아니, 알겠어요" 하며 그녀는 섭섭한 듯 잽싸게 말을 막았다. "도리가 없군요……. 섭섭해요!" 침묵이 흐르더니 가벼운 기침 소리가 들렸다. "그럼 좋아요……. 기다리겠어요." 그녀는 체념한 듯이 한숨을 내쉬었다. 앙투안은 애써 이해하려는 그녀의 마음가짐을 느낄 수 있었다.

"그럼 밤에 봐……."

"그래요…… 그런데!"

"뭔데?"

"아니에요, 아무것도 아니에요……."

"그럼 이따 봐!"

"이따 봐요, 토니!"

앙투안은 얼마동안 수화기를 들고 있었다. 안느 역시 수화기에 귀를 댄 채 전화를 끊지 못하는 것 같았다. 앙투안은 주위를 슬쩍 살핀 다음 전화통에 입을 바짝 대고 키스 소리를 냈다. 그러고 나서 미소를 지으면서 수화기를 놓았다.

15. 7월 19일 일요일—형제, 대외정책에 대한 의견을 주고받다

앙투안이 다시 모습을 나타내는 순간, 그때까지 안락의자에 앉아 있던 자크는 형의 얼굴에서 흥분한 듯한 뭔가 심상치 않은 기색이 감도는 것을 보고 마음이 섬뜩했다. 그는 그 얼굴에서 확실치는 않으나 사랑을 하고 있는 남자의 내면적인 특징을 읽었다. 확실히 앙투안은 변해 있었다.

"미안해…… 전화란 사람을 조용히 놓아 두는 법이 없어……."

그는 찻잔을 놓아두었던 낮은 테이블로 다가와서 몇 모금 마셨다. 그러고 나서 다시 디방에 가서 누웠다.

"무슨 이야기를 했더라? 맞았어! 그래, 전쟁 이야기!"

그는 지금까지 정치에 관심을 가질 만한 여유가 없었다. 또 가지려고도 하지 않았다. 과학적 훈련에 익숙해져 있는 그는 생물 세계와 마찬가지로 인간 사회에서도 모든 것이 문제로 남아 있고, 더구나 그게 해결하기 곤란한 문제라는 것, 그리고 모든 분야에서 진리를 탐구하는 데는 노력과 연구와 그에 합당한 재능이 필요하다고 생각해 왔다. 그래서 그는 정치는 자신의 활동 분야와는 다른 영역에 속하는 것이라고 생각하고 있었다. 더구나 이런 합리적인 태도에는 정치에 대한 자연스런 혐오감이 더해져 있었다. 모든 나라의 역사가 처음부터 끝까지 스캔들로 꽉 차 있다는 사실은 앙투안으로 하여금 권력의 행사에는 어떤 부도덕성이 필연적으로 따르게 마련이라는 확신을 가지게 했다. 또한 적어도 의사인 자기로서는 가장 기본적인 것으로 여기고 있는 엄격한 강직성 같은 것이 정치마당에서는 통용되지 않으며 또 그다지 필요하지 않을 수도 있다고 믿고 있었다. 따라서 그는 공공사업에 관해서는 언제나 불신을 동반한 무관심으로 대하면서, 체신사무나 토목사업의 운영에 관한 것 이상의 흥미를 느끼지 못했다. 그리고 흡연실 같은 데서—예를 들면 뤼멜의 집 같은 곳에서—한담을 나눌 때 다른 사람과 마찬가지로 현직 장관의 행동에 대해서 자기도 어떤 의견을 말해야 할 경우가 생길 때면, 그는 언제나 직접적이고 현실적이고 매우 단순한 생각을 피력하는 것이 보통이었다. 즉 버스 승객이 운전사를 칭찬하거나 비난할 경우 오로지 운전사가 핸들을 조작하는 태도만 보는 것이나 마찬가지였다.

그러나 그는 자크가 그 문제에 집착하고 있는 것 같아서 우선 유럽 정국의 전반적인 것부터 이야기를 시작하려고 마음먹었다. 그리고 자크의 침묵을 깨뜨리기 위해 그는 아주 진지한 태도로 이렇게 말했다.

"정말 발칸반도에 새로운 전운이 감돈다는 거야?"

자크는 형의 얼굴을 뚫어지게 바라보았다.

"그럼 파리에서는 3주 전부터 일어나고 있는 일을 조금도 눈치채지 못하고들 있다는 거야? 온갖 조짐이 나타나고 있는데도! ……이젠 발칸반도에서 소규모 전쟁이 일어나는 것이 문제가 아니야. 이번에야말로 유럽 전체가 전쟁을 향해 줄달음질치고 있어! 그런데도 형 같은 사람들은 아무것도 모르고 여느 때처럼 살고 있다는 거야?"

"쯧…… 쯧……" 하며 앙투안은 믿기지 않는다는 표정을 지었다.

지난겨울 어느 날 아침 막 병원에 나가려고 할 때 의사 수첩의 동원령란을 바꿔 적으려고 온 헌병이 갑자기 생각난 것은 웬일일까? 그는 그때 자기의 배속이 어디로 바뀌었는지 들여다보려고도 하지 않았던 것을 떠올렸다. 헌병이 돌아가자 그는 그 수첩을 서랍 속에 던져 버렸었다—더구나 그것이 어느 서랍인지조차 기억나지 않았다.

"형은 아무래도 모르는 것 같군……. 만일에 모두가 형 같다면, 모든 사람들이 될 대로 되라는 식의 태도를 취한다면 파국을 면치 못할 거야……. 지금은 오스트리아와 세르비아 국경에서 어리석은 총격 하나만 생겨도 전쟁은 기다렸다는 듯이 터지고 말 거야……."

앙투안은 한 마디도 하지 않았다. 그는 가벼운 충격을 받았다. 갑자기 얼굴이 화끈 달아올랐다. 이 말이 그의 마음속에 숨겨져 있는 어느 한 곳을 찌른 것이다. 이런 일은 지금까지 어떤 특별한 감각을 동원해서도 느낄 수 없었던 것이다. 그 역시 1914년 이 여름에 다른 사람들과 마찬가지로 공중에 떠다니는 집단적 전염병에—우주의 섭리라고나 할까?—휩쓸리고 있는 것을 막연히 느끼고 있었다. 그리고 잠깐이기는 했지만 극도의 불안한 예감 같은 것이 엄습해 옴을 억제할 수 없었다. 그러나 그는 즉시 이런 터무니없는 불안을 떨쳐 버렸다. 그리고 나서 언제나처럼 극단적인 것에 반발하면서 동생과 반대 입장을 취하는 데 즐거움을 느꼈다—그의 말투는 타협적인 것이었지만.

"물론 그 점에서 나는 너만큼 정보를 가지고 있지 못해……. 그러나 내가 보기에 서유럽과 같은 문명권 안에서 전면전의 가능성이란 거의 상상할 수 없어! 거기까지 가려면 아무튼, 여론의 급선회 같은 것이 필요해! 그러기에는 시간이 걸려. 몇 달, 아마 몇 년이란 시간이…… 그러노라면 다른 문제가 생겨나 오늘날의 문제에서 그 독성을 없애 줄 거야……." 그는 자기 자신의 논리를 통해 완전히 평정을 되찾고 미소를 지었다. "그런 위협은 뭐 새삼스러운 것이 아니야. 이미 12년 전에 루앙에서 내가 군복무를 할 때도…… 전쟁이나 혁명을 예언하는 사람, 불행을 예언하는 사람은 언제나 있었어……. 그리고 무엇보다도 재미있는 것은 그런 비관론자들이 그들의 예측 근거로 삼고 있는 징후가 언제나 옳은 것이었고 확실히 걱정할 만한 것이었다는 점이야. 그런데 봐. 아무도 생각하지 못했거나 그 가치를 평가하지 못했던 이유 하나 때문에 예측과는 달리 사태가 진전되고 문제가 저절로 해결되었어. 그러면서 인생은 그럭저럭 계속되는 거지……. 평화도 마찬가지야!"

자크는 목을 움츠리고 이마에는 한 다발의 머리카락을 늘어뜨린 채 참을성 있게 듣고 있었다.

"그러나 형, 이번엔 일이 아주 중대해……."

"뭐가? 오스트리아─세르비아 분쟁 말이야?"

"그게 동기야. 그것은 예정되었던 일이라고 할까. 어쩌면 고의로 일어난 사건일지도 몰라……. 그러나 벌써 몇 년 전부터 지나친 군비 확장을 계속해 온 유럽의 무대 뒤에서는 온갖 것이 무르익고 있어. 형이 평화 속에 안주하고 있다고 굳게 믿고 있는 자본주의 사회는 지금 겉으로 나타나 있지 않은 무서운 적대 관계 때문에 갈기갈기 찢겨져 정처 없이 방황하는 상태야……."

"그러나 그런 것이 지금 새삼스러운 일은 아니지 않니?"

"그래! …… 아니 더 정확히 말하면 그랬을지도 모르지……. 그러나……."

"알고 있어" 하며 앙투안이 말을 가로막았다. "그놈의 프러시아 군국 주의가 유럽 전체를 철저히 무장시키는 데까지 몰고 가고 있다는 것을 말이야……."

"그것은 프러시아뿐만이 아니야!" 하고 자크가 외쳤다. "모든 나라가 군국주의를 취하고 있어. 자국의 이익이 위험에 처해 있다고 정당화하면서……."

앙투안은 머리를 저었다. "이익, 그래, 그건 틀림없어" 하며 그가 말했다. "그러나 이해관계에서 오는 싸움이라면 그것이 아무리 심해도 전쟁까지 가지 않고 얼마든지 이해될 수 있는 일이 아니겠어! 나는 평화를 믿어. 그러나 투쟁도 생활의 조건이라고 생각해. 다행히 오늘날 여러 나라 국민들은 무기에 의한 살상 말고도 다른 투쟁 방법을 가지고 있어! 그런 방법은 발칸 족속들에게도 들어맞는 거야! ……모든 정부는—내가 말하는 것은 강대국 정부 말이야—가장 많은 군사비를 계상하고 있는 나라조차도 전쟁은 무슨 일이 있어도 피해야 한다는 점에서는 분명히 일치하고 있어. 하긴 나는 책임 있는 정치가들이 그들의 연설 속에서 말하고 있는 것을 되풀이하는 것에 지나지 않아."

"물론이지! 그들은 말로는 국민을 향해 한결같이 평화를 부르짖고 있어! 그러나 그들 대부분은 전쟁이 주기적으로 어쩔 수 없이 일어나는 정치적 필연이며, 경우에 따라서는 그것을 최대한으로 활용해서 최대한의 '이윤'을 얻어내야 한다고 확신하고 있어. 왜냐하면 그건 때와 장소를 가리지 않고 모든 죄악의 변함없는 원인이 되기 때문이야. 그 이윤이라는 게 말이야!"

앙투안은 곰곰이 생각해 보았다. 그가 막 이의를 제기하려 하는데 자크가 말을 계속했다.

"알다시피 현재의 유럽 지도자들 가운데는 6명의 음흉한 애국주의자들이 있어. 그들은 참모본부의 고약한 영향을 받아 앞다투어 자기네 나라를 전쟁으로 몰아넣고 있어. 이건 알아두어야 할 일이야! 그 가운데 가장 뻔뻔스러운 자들은 그들이 어디로 가고 있는지를 잘 알고 있어. 그들은 전쟁을 바라고 있는 거야. 그리고 전쟁을 준비하고 있어. 마치 사람들이 악랄한 짓을 꾸미듯 말이야. 왜냐하면 그렇게 되는 날에는 사태가 자기들에게 유리하게 된다는 확신을 가지고 있기 때문이지. 이건 확실히 오스트리아의 베르히톨트와 같은 패들의 경우야. 페테르부르크의 이즈볼스키나 사조노프 같은 자들도 다를 게 없어……. 다른 자들의 경우, 나는 그들이 전쟁을 원하고 있다고는 생각하지 않아. 거의 모두가 전쟁을 두려워하고 있기 때문이지. 그러나 그들은 체념하고 있어. 왜냐하면 전쟁을 운명적인 것으로 생각하기 때문이야. 그리고 전쟁을 피할 수 없는 것이라고 생각하는 것이야말로 정치가들의 머릿속에 박혀 있는 가장 위험한 확신이야! 그들은 전쟁을 피하기 위해 모든 수단을 강구하는 대신 오직 한 가지만 생각하고 있어. 어찌되든 간에 되도록 빨리 승리의 기회를 더 넓히자는 거야. 그리고 그들은 평화를 지키기 위해 써야 하는 모든 힘을, 앞에 말한 사람들과 똑같이 전쟁 준비를 위해 쓰고 있어. 이건 말할 것도 없이 카이저와 그 각료들의 경우야……. 어쩌면 영국 정부의 경우도 마찬가지일 거야……. 그리고 확실히 프랑스에서는 푸앵카레의 경우가 여기에 해당돼!"

앙투안은 갑자기 어깨를 으쓱했다.

"베르히톨트, 사조노프라고 말했지. 거기에 대해서는 아무 대답도 못하겠다. 나는 거의 이름도 모르는 사람들이니까……. 그러나 푸앵카레가? …… 바보 같은 소리! 프랑스에서 데룰레드(프랑스의 시인으로 애국적인 작품으로 유명) 같은 미치광이 말고 도대체 누가 무력에 의한 영광이나 복수 같은 것을 꿈꾸고 있단 말이야? 프랑스는 모든 계열, 모든 사회계층을 통틀어 모두가 본질적으로 평화적이야! 그리고 할 수 없이 유럽 분쟁에 말려 들어간다 하더라도 한 가지 사실만은 의심의 여지가 없어. 그 어느 누구도 프랑스가 전쟁을 일으키기 위해 그 무엇인가를 했다고 비난하거나 프랑스에 대해 최소한의 책임이라도 떠넘기는 일은 있을 수 없다는 점이야!"

자크는 의자에서 벌떡 일어섰다.

"이럴 수가! ……형, 그 정도로밖에 생각 안 해? …… 이럴 수가!"

앙투안은 환자를 대하듯이 확신에 찬 눈으로 동생을 바라보았다. (그리고 그 눈은 환자들에게 언제나 큰 신뢰감을 안겨 주었던 것이다—활력이 넘치는 그 눈길은 마치 확실한 진단의 표시 같았다)

자크는 선 채로 형을 아래위로 훑어보았다.

"형은 어처구니 없을 정도로 순진해! ……공화국의 역사를 처음부터 다시 읽어야겠어! 형은 과거 40년 동안의 프랑스의 정책이 평화적이었다고 자신 있게 말할 수 있겠어? 그리고 다른 나라의 권력남용에 대해서 항의할 권리가 프랑스에 있다고 생각하는 거야? ……우리나라의 식민지에 대한 야욕, 특히 아프리카 정책은 다른 나라의 야욕을 부채질하는 데 크게 기여했다고 생각하지 않아? 합병이라는 치욕적인 본보기를 보여준 것이라고는 생각하지 않아?"

"좀 차분히 이야기해!" 하며 앙투안이 말했다. "내가 알기로는 우리나라의 모로코 침입이 위법적인 것은 아니었어. 나는 알헤시라스 회담을 기억하고 있어. 그건 확실히 스페인과 프랑스가 유럽 강대국의 위임을 받아 모로코를 평정한 거야."

"그 위임이라는 것도 힘으로 빼앗은 거지. 그리고 우리한테 그것을 준 열강들이 이번에는 자기들이 그 선례를 이용하려고 생각한 거야. 그들이 한 짓이란, 예를 들면 우리나라가 모로코 원정을 하지 않았더라면 감히 이탈리아가 트리폴리에, 오스트리아가 보스니아에 덤벼들었겠어?"

앙투안은 믿지 못하겠다는 듯이 얼굴을 찡그렸다. 그러나 이런 문제를 잘 알지 못하는 그로서는 동생의 말을 반박할 수도 없었다.

한편 자크는 더욱 열을 올렸다.

"그러면 우리나라의 동맹은 뭐야? 프랑스가 러시아와 군사동맹을 맺은 것이 프랑스의 평화의지를 증명하기 위해서란 말이야? 차르의 러시아가 대혁명을 치른 프랑스와 동맹을 맺은 건 때가 오면 오스트리아에, 독일에, 맞서려는 도박에 우리를 끌어들이려는 속셈에서 나온 것이라는 것쯤은 누구나 잘 알고 있어! 영국 대외정책 지지자인 델카세 (프랑스 외무부 장관을 지냄) 같은 자가 꾸몄던 독일포위정책이 평화적 공작이었다고 형은 생각해? 그 결과로, 조금전 형이 말했듯이, 프러시아 군국주의의 고양과 도약과 무력 증강을 가져왔어⋯⋯. 그 결과로 유럽 전역에 걸쳐 경쟁적인 전쟁 준비, 요새, 함정 건조, 군사철도 따위가 놀랍도록 증가했지⋯⋯. 프랑스에서는 최근 4년 동안에 100억 프랑의 전쟁공채! 독일에서는 8억 프랑! 러시아는 프랑스에서 6억 프랑의 차관을 얻어 갔는데, 그건 서부 독일 쪽으로 자국의 군대를 운송할 수 있도록 철도를 건설하기 위해서야!"

"⋯⋯할 수 있도록!" 하고 앙투안이 중얼거렸다. "언젠가는 그렇게 되겠지⋯⋯. 그것도 먼 장래의 일일 거야⋯⋯."

자크는 개의치 않고 말을 계속했다. "대륙 끝에서부터 끝까지 미친 듯한 군비 경쟁, 그건 모든 나라를 멸망시키고, 사회개혁에 쓰여야 할 몇십억의 돈을 군사비로 소모할 수밖에 없게 만들고 있어⋯⋯. 미치광이 같은 경쟁, 파멸을 향해 내닫는 경쟁이야! 거기에는 우리, 우리 프랑스인도 얼마쯤 책임이 있어. 그리고 우리는 그것을 아무렇지도 않게 계속하고 있어! 프랑스가 모든 민족주의적 '선동분자'들이 맹목적 애국주의자의 상징처럼 치켜올리는 그 로렌느 출신의 애국자 (레이몽 푸앵 카레를 가리킴)를 엘리제궁 (대통령 관저)에 앉힌 것이 과연 평화주의적인 의도에서 세계를 안정시키기 위한 것이었을까? 그가 대통령에 선출되자 프랑스에서 복수전을 희구하는 해괴한 양상이 나타난 것이 기억나지 않아? 영국에서는 독일의 경쟁을 곧 타도하게 될 거라고 장사꾼들이 좋아하며 희망에 부풀고, 러시아에서는 항상 콘스탄티노플 합병을 꿈꾸는 제국주의자들이 군침을 흘리던 일이?"

흥분을 억누르지 못하고 있는 자크를 보면서 앙투안은 웃기 시작했다. 그는 이미 마음을 굳히고 있어서 자크에게 말려들어가지 않고 느긋하게 있을 수 있었다. 그는 이 대화를 단지 어떤 사변적 유희, 정치적 가설을 패로 하는 체스 게임 정도로 생각하고 싶었다.

앙투안은 비꼬는 듯한 태도로 동생이 일어선 의자를 가리켰다.

"앉으려무나⋯⋯."

자크는 험상궂은 눈초리로 형을 노려보았다. 그러나 손을 주머니에 넣고 다시 의자에 앉았다. "제네바에서 보면" 하고 잠깐 침묵을 지키던 그가 다시 말을 했다. "—내가 살고 있는 국제사회에서 말이야—각 국가 간의 미묘한 차이는 자취를 감추었어. 즉, 한 걸음 물러서서 보면 유럽 정치의 전반적인 노선을 파악할 수 있지. 그래서 프랑스가 전쟁을 향해 나아가고 있다는 것을 분명히 느낄 수 있어! 그리고 형이 어떻게 생각하든 간에 이 과정에서 푸앵카레를 공화국의 대통령으로 뽑은 것은 결정적인 시기임을 나타내는 거야!"

앙투안은 계속 미소를 짓고 있었다.

"언제나 푸앵카레구나!" 하고 앙투안이 빈정대며 말했다. "물론 나는 풍문으로만 알고 있다마는…… 말 많은 엘리제궁에서 그는 모든 사람들로부터 존경을 받고 있어…… 케도르세(프랑스 외무성이 있는 센느강 변의 부두. 외무성을 가리킴)에서도 마찬가지이고 푸앵카레 내각에 있었던 뤼멜에게서 들은 이야기다만, 그는 너그러운 사람이고 각료로서도 빈틈없고 근면하다는 거야. 또 정직한 정치가, 질서를 사랑하는 사람, 어떠한 모험도 싫어하는 사람이라는 거야. 그런 사람을 두고 이러쿵저러쿵하는 것은 정말이지 바보 같은 짓이야……."

"잠깐, 잠깐!" 하고 자크가 말을 가로막았다. 그는 주머니에서 손을 빼고 흥분한 몸짓으로 몇 번이나 이마 위에 늘어진 머리카락을 쓸어올렸다. 자제하려고 애를 쓰는 것이 역력했다. 그는 얼마동안 아래를 내려다보다가 다시 눈을 들었다. "할 말이 많아서 어디서부터 시작해야 좋을지 모르겠어……" 하며 그는 계속했다. "푸앵카레…… 인물과 그의 정책은 별개의 것이야. 그러나 그의 정책을 이해하려면 그 사람을 알아야 해……. 그의 전모를! 그 투쟁적인 궤변가 속에 신경질적이면서 당찬 면이 있다는 것, 그리고 언제나 군사적인 것에 흥미를 나타내는 하급 보병장교가 들어앉아 있다는 것을 잊어서는 안 돼……. '질서를 사랑하고, 너그러운 사람.' 그건 맞는 말이야. 충성심, 성실함, 완고한 사람들의 성실함이지. 호인이라고들도 해. 그럴지도 모르지. 그는 대부분의 편지 끝에 '당신의 충실한'이라고 적고 있어. 이건 단순한 형식만이 아니야. 그는 정말로 봉사하고 싶어해. 항상 불의와 싸우고, 잘못된 일들을 바로잡을 준비가 되어 있어."

"허, 꽤 호의적인데 그래!" 하고 앙투안이 말했다.

"잠깐!" 하며 자크가 신경질적으로 되풀이했다. "푸앵카레의 경우, 나는 〈르 파날〉지에 실린 글을 꽤 자세히 분석해 본 적이 있어. 무엇보다도 그는 자신의 주장을 굽힐 줄 모르고 양보하는 법이 없는 오만한 사람이더군. 확실히 그는 총명해! ……추론적이고 논리적인 총명함이지. 그러나 시야가 넓지 못하고 천재성이 없는 그런 총명함이야. 믿기 어려울 만큼 고집이 세! ……머리는 빨리 돌아가지만 좀 근시안적이야. 기억력이 대단하지만 자질구레한 것에 대한 기억력이지……. 이 모든 것이 그를 완벽한 변호사로 만들었어 (푸앵카레는
변호사 출신임). 그는 사상보다 말을 더 능란하게 구사하는 자야……."

앙투안은 반박했다.

"그뿐이었다면 그의 정치적인 성공을 어떻게 설명하겠어?"

"그것은 그의 놀랄 만한 노력의 결과야. 또 재정에 관한 능력 때문이기도 하지. 의회에는 그런 인물이 드물어."

"확실히 청렴하기 때문이기도 해. 그 사회에서는 놀라울 정도로 드문 일이야. 그래서 그것이 절실히 요구되고 있는 거야……."

"그러나 그의 성공은" 하며 자크가 말을 이었다. "그것은 그 자신에게도 확실히 뜻밖의 일이었다는 거야. 그리고 그 성공이 그의 야심을 점점 더 북돋우었어. 그는 야심가가 되어 버린 거지. 그리고 여러 가지 점으로 미루어 봐서 그는 오늘날 역사적인 역할을 해내는 것이 싫지는 않은 모양이야. 또 프랑스로 하여금 어떤 역사적 역할을 하게 하고 새로운 영향력을 행사하도록 하는 것에 자기 이름을 거는 것을 그다지 싫어하지 않는 것 같아……. 제일 걱정되는 것은 국가의 명예에 대한 그의 생각이야. 애국주의의 종교적 의미 말이야. 그건 로렌느에서 태어난 그가 막 떨어져나간 (프러시아-프랑스전쟁의 결과로
로렌느는 독일에 편입되었음) 그 땅에서 젊은시절을 보냈다는 것으로 설명이 돼. 그는 여러 해에 걸쳐 복수심을 불태우며, 잃은 영토의 회복을 갈망해 온 지역 출신이고 또 그 세대에 속하는 사람이야……."

"그건 그래" 하며 앙투안은 동생의 말을 인정했다. "하지만 그렇다고 해서 그가 전쟁을 하기 위해 권력을 잡으려 했다고 말할 수야 없겠지!"

"잠깐" 하며 자크가 되풀이했다. "좀더 이야기를 들어봐……. 2년 반 전에 그가 수상이 됐을 때—또는 18개월 전에 그가 엘리제궁에 들어 갔을 때만 하더라도—누가 그에게 '당신은 프랑스를 전쟁으로 몰아넣으려 하고 있다'라고 말했다면 솔직히 그는 몹시 분해서 펄쩍 뛰었을 거야. 그러나 1912년 1월에 그가 어떤 조건에서 수상이 되었는지를 생각해 봐. 누구의 후임이었지? 카요……. 그런데 카요, 그는 프랑스로 하여금 독일과의 전쟁을 피하도록 했어. 그리고 프랑스와 독일의 지속적인 우호의 기둥을 세우기도 했고. 그가 그런 평화적인 정책을 시행했으므로 민족주의자들에 의해 전복된 거야. 그리고 푸앵카레가 그의 자리를 차지할 수 있었던 것은 그가 전쟁을 원했기 때문이라고는 말할 수 없지만, 아무튼 사람들이 그가 독일에 대해서 '민족주의적인' 태도, 다시 말해서 카요의 지나치게 화해적인 태도와 반대되는 태도를 취해 주기를 바라고 있었기 때문이야. 그 증거로 그가 곧 '포위주의'자였던 늙은 델카세를 재기용하여 그를 외무장관으로 임명한 것을 들 수 있지! ……그리고 그가 대통령이 될 때 그를 당선시킨 다수당은 과연 어떤 당이었어? 자본주의 부르주아들이었어. 아직도 조제프 드 메스트르(_{19세기 프랑스의 정치가, 철학자, 프랑스혁명 뒤에 반혁명파의 대표적인 철학자가 되었으며 절대군주제를 주장})와 같이 전쟁은 하나의 생리적 욕구이며 아주 자연스런 것이고, 좋은 것은 아니더라도 주기적으로 필요한 것이라고 생각하는 사람들이지……. 물론 그들이 보복전을 일으키기 위해 한 것은 아무것도 없어. 그러나 그런 가설이 그들을 들뜨게 하는 거야. 그리고 때가 되면 그 위험마저 감수하려 할지 몰라. 그런 반동적 부르주아의 화석들, 우리는 옛날에 아버지의 만찬 때 이 집에서 그런 자들을 가까이에서 보았어! ……공화국과 얼마쯤 관계가 좋지 않던 이 모든 늙은 프랑스 우파정당들에게 이런 저의가 숨겨져 있다는 것을 그냥 지나쳐서는 안 돼. 곧 전쟁에 이기면 승리자인 정부에 독재적인 권력을 주게 되고, 그렇게 되면 정부는 사회주의자의 대두를 막을 수 있을 것이고, 공화주의적 선동을 뿌리 뽑을 수 있다는 거지. 그들은 병영화되고 규율화된 프랑스를 꿈꾸고 있는 거야. 승리한 프랑스, 최강의 군대를 가지고 거대한 식민지 제국 위에 군림하는 프랑스. 그런 프랑스 앞에서 전세계가 고분고분히 따르는 것……. 애국주의자들에게 얼마나 멋진 꿈이겠어!"

"정권을 잡은 뒤로 푸앵카레는 끊임없이 평화적인 의도를 표방하고 있어……." 앙투안은 자기 의견을 이야기했다.

"흥" 하며 자크가 말했다. "나도 그것이 본심이라고 믿고 싶어―그러나 평화적인 팽창 의도가 외교적으로 실현되지 못할 경우에는 곧 전쟁의도로 바뀌는 거야. 그러나 그 결과는 어떻게 될지 모르지만 다음의 사실을 생각해야 해. 여러 해 전부터 누구나 알고 있는 일이지만 푸앵카레는 두 가지 확신으로 눈이 어두워져 있다는 사실이야. 그 하나는 독일과 영국 사이의 전쟁은 숙명적이라는 거야……."

"너 자신도 조금전에 그런 말을 했어."

"아니야, 나는 숙명적이라는 말은 하지 않았어. 위협이 있다고 했지. 다른 하나는 독일이 특히 아가디르 사건 이후 프랑스를 공격하려고 마음먹고 만반의 준비를 하고 있다는 거야. 이 두 가지 고정관념을 그는 결코 단념하려고 하지 않아. 그리고 힘만이 상대를 두렵게 할 수 있고 평화를 유지할 수 있다고 그는 확신하고 있어. 그가 이 모든 것에서 끌어내는 결론을 형은 이해할 거야. 프랑스가 독일의 공격을 피하려면 프랑스 자신이 더욱더 두려운 존재가 되어야 한다는 거야. 그러니까 철저하게 무장해야 한다는 거지. 말하자면 다루기 힘들고 공격적인 존재로 보여야 한다는 거야……. 이런 것을 알게 되면 모든 것이 자명해져. 1912년 이래 나라 안팎에 걸친 푸앵카레의 모든 활동이 논리적으로 완벽한 것이 되는 거야!"

앙투안은 쿠션 사이로 몸을 쭉 뻗고는 조용히 담배만 피우고 있었다. 그는 동생의 흥분을 보고 놀라면서도 그의 말을 주의 깊게 듣고 있었다. 한편 자크의 목소리는 다시 밀려오는 밀물처럼 점차 누그러졌다. 그에게는 익숙한 이 논쟁, 일시적이나마 형에 대해 어떤 우월감을 느끼게 하는 이 논쟁에서 그는 마음이 가라앉았다.

"무슨 강의라도 하고 있는 것 같아 쑥스럽군" 하고 자크는 애써 미소를 지으면서 말했다.

앙투안은 동생에게 다정한 눈길을 보냈다. "아니야, 아니야, 계속해……."

"나는 '나라 안팎에 걸쳐'라고 말했어. 우선 대외정책부터 시작하지. 그 정책은 선수를 친다는 뜻에서 고의적이고 공격적인 것이었어! 그 예로 러시아와의 관계를 들 수 있어. 독일이 프랑스─러시아 협정을 못마땅해 하고 있잖아? 그거야 할 수 없는 일이지. 푸앵카레가 두려워하는 전쟁이 일어날 경우 독일의 침입에 맞서려면 아무래도 러시아의 원조가 필요하거든. 그래서 독일이 민감한 반응을 보이는 것에는 아랑곳하지 않고 공공연하게 프랑스─러시아 동맹을 강화하려고 생각하고 있는 거야! 그건 엄청난 위험을 무릅쓰는 거야. 왜냐하면 그것은 범슬라브주의의 함정에 빠지는 것이기 때문이야. 오스트리아와 독일에 대한 범슬라브주의의 적대적인 의도는 어느 누구에게도 비밀이 아니지. 그러나 푸앵카레는 그런 것에 아랑곳하지 않아! 위태로운 일에 말려 들어가는 위험보다 프랑스와 하나밖에 없는 동맹국 사이의 유대가 약해지는 것을 두려워하고 있는 거야. 그리고 그 정책을 수행하기 위해 그는 안성맞춤의 협력자들을 찾았어. 러시아의 외무장관 사조노프와 파리 주재 러시아대사인 이즈볼스키가 그들이지. 그는 옛날부터 같은 생각을 하고 있는 친구인 델카세를 페테르부르크 주재 프랑스대사로 보냈어. 지침은 러시아의 전쟁 준비를 부추기고, 무력 정책을 위해 러시아와 긴밀히 제휴하라는 것이었어. 그 지침은 한치의 착오도 없이 이행되었어. 우리는 제네바에 아주 정확한 정보망을 가지고 있거든. 2년 전에 수상으로서 처음으로 페테르부르크에 갈 때부터 푸앵카레는 정복에 대한 기대에서 러시아를 지지하는 태도를 보였어. 그리고 사태의 진전에 무서운 결과를 가져올지도 모를 이번 여행은 틀림없이 그가 그쪽의 지도급 인사들이 만반의 준비를 하고 있는지, 그리고 일단 신호를 보내면 협정의 효력이 쉽게 발휘될 것인지 현지에서 확인하려는 것일 거야!"

앙투안은 한쪽 팔꿈치를 짚고 몸을 일으켰다.

"그런 것들은 모두가 사실이 아니야. 추측에 지나지 않아!"

"아니야. 우리는 많은 정보를 가지고 있어……. 푸앵카레가 과연 러시아인들에게 속고 있는지, 아니면 그들과 한패가 되었는지, 그런 것은 그다지 중요하지 않아. 사실 푸앵카레의 러시아정책에는 간담을 서늘하게 하는 게 있어. 어떻게 보면 논리적이야! 그것은 로렌느에서 전쟁이 일어날 것을 굳게 믿고 있고, 러시아군대가 동부 프러시아에 침입하는 것이 필요하다고 생각하고 있는 사람의 정책이야……. 이즈볼스키 같은 인물이—푸앵카레의 호의라든가 부추김까지는 아니더라도 적어도 묵인 아래—파리에서 어떤 역할을 하고 있는지를 알아야 해! 형은 러시아가 프랑스에서 전쟁 선전을 위해 우리나라 신문에 쏟는 기밀비가 얼마나 되는지 알아? 형은 프랑스 여론을 매수하기 위한 몇백만 루블이 프랑스 정부의 뻔뻔스러운 묵인뿐만 아니라 일간신문의 실질적인 공모를 위해 지출되고 있다는 사실을 알아?"

"설마?" 하고 앙투안은 회의적으로 물었다.

"들어봐. 형은 러시아의 기밀비가 누구 손에 의해 프랑스의 대형신문들에 뿌려지고 있는지 알아? 우리나라 재무장관 자신에 의해서야! ……거기에 대해서는 제네바에 있는 우리 동료들이 확실한 증거를 갖고 있어. 게다가 오스메르 같은 사람은—유럽 사정에 매우 정통한 오스트리아 사람이지—말끝마다 이런 말을 되풀이하고 있어. 지난 발칸전쟁 이래 서유럽 국가의 신문이란 신문 거의 모두가 전쟁에 이해관계가 있는 세력들한테서 월급을 받고 있다고 말이야! 그래서 중앙유럽과 발칸반도에서는 글을 읽을 줄 아는 사람이라면 누구나 전쟁이 임박했음을 알 수 있는 범죄적인 적대관계를, 서유럽 여러 나라의 여론은 2년 전부터 전혀 모르고 있는 거야! …… 그러나 신문 이야기는 그만두지……. 그것이 전부는 아니야……. 잠깐…… 푸앵카레에 대해서는 엄청난 자료가 있어! 생각나는대로 다 형한테 설명할 수는 없어. 국내 정책을 볼까. 그것도 다른 것과 마찬가지야. 논리적이지. 우선 군비 증강의 재강조—이것 때문에 철강조합이 엄청난 이익을 보았지. 내막을 살펴보면 철강조합의 힘이 어마어마해……. 3년 동안의 병역…… 형은 의회의 토론을 쭉 지켜봤어? 그 조레스의 연설을? ……다음에는 사람들의 생각에 대한 조작이야. '프랑스에서는 이제 누구 하나 군사적인 영광을 꿈꾸는 사람은 없다'고 형은 말했어. 형은 지난 몇 달 전부터 프랑스 사회, 특히 청년층에서 타오르는 그 애국적이고 호전적인 흥분을 모르고 있어? 이 점에 대해 나는 전혀 과장을 하지 않아……. 그리고 이것 또한 푸앵카레 그의 짓이야! 그는 계획을 갖고 있어. 동원령을 내릴 때 정부는 흥분한 여론, 정부의 시책을 인정하고 따를 뿐만 아니라 정부를 짊어지고 밀고 나가는 그런 여론에 기댈 필요가 있다는 것을 그는 알고 있어……. 1900년의 프랑스, 드레퓌스 사건(유대계 프랑스 장교 드레퓌스가 독일에 정보를 제공했다는 혐의로 처벌되었다가 무죄로 판정된 사건. 반유대주의, 반독일주의의 우익 진영과 반군사주의, 공화주의의 좌익이 대논쟁을 벌임) 이후의 프랑스는 너무나 평화주의로 기울어졌어. 군대는 신뢰를 잃었고, 사람들은 그런 군대에 대해 관심이 없어졌어. 사람들은 무사안일의 습관에 젖어 버렸지. 그래서 국민적인 불안감을 불러일으킬 필요가 있었던 거야. 청년층, 특히 부르주아 계급의 청년층은 맹목적 애국주의의 선전을 위해서는 더할 나위 없이 좋은 온상이야. 결과는 생각한 그대로 됐어!"

"그 말에 반대하지는 않아. 젊은 민족주의자들이 있기는 있어" 하고 앙투안은 자신의 협력자인 마뉘엘 르와를 생각하면서 말을 막았다. "그러나 그런 사람은 극소수야."

"소수이지만 날마다 늘어나고 있어! 매우 소란스런 소수지. 그들은 군대에 들어가 무슨 기장을 붙이고 깃발을 휘두르며 군대의 행진을 뒤따라 갈 것만 생각하고 있어! 그리고 오늘날 별것도 아닌 것을 구실로 잔다르크 동상이나 스트라스부르 동상(파리의 콩코르드 광장에 세워진, 프랑스의 각 주(州)를 나타낸 동상 가운데 알자스 지방의 수도 스트라스부르를 나타낸 동상. 알자스 로렌느가 보—불전쟁의 결과로 독일에 할양된 이래로 이 동상에는 상장(喪章)이 달려 있었다) 앞에서 시위행진을 하려고 해! 그런데 그 전염성이 대단해! 일반 사람들은—말단 고용인, 장사꾼 할 것 없이—그러한 시위행진과 광적인 흥분에 언제까지나 무관심할 수야 없지……. 게다가 정부에 의해 조종되고 있는 신문이란 신문이 모든 사람들의 머리를 같은 방향으로 끌어가려고 하고 있단 말이야……. 그들은 지금 프랑스 민중이 위협받고 있고, 안전하려면 주먹밖에는 길이 없고, 힘을 보일 때가 왔으므로 엄청난 군사비를 승인해야만 한다고 조금씩 민중들을 설득하고 있어. 사람들은 이 나라에서 형과 같은 의사들이 말하는 '정신병', 전쟁의 정신병을 만들어 내고 있어……. 일단 국민들에게 이러한 집단적 불안, 열광, 공포를 불러일으킨 다음에, 이것을 무서운 광란으로 몰고 가기는 아주 쉬운 일이야! 요컨대 이것이 종합평가야. 내 말은 푸앵카레가 곧 독일에 선전포고를 할 거라는 게 아니야……. 그래. 그는 베르히톨트와는 달라. 그러나 평화를 유지하기 위해서는 그럴 수 있다고 믿어야 돼……. 푸앵카레는—전쟁이 불가피한 것이라는 생각에서 출발해서—전쟁 기회를 피하기는커녕 오히려 그것을 조장하는 정책을 구상하고 또 펼쳐 왔어! 러시아의 전쟁 준비와 병행된 우리 프랑스의 무장은 당연히 베를린을 당황하게 만들었어. 독일군부는 이것을 기회로 자국의 군비를 증강했지. 프랑스—러시아 동맹의 긴밀화는 독일로 하여금 '포위'의 공포를 당연한 것으로 생각하게 한 거야. 그래서 독일장군들은 거기에서 빠져나오기 위해서는 전쟁을 할 수밖에 없다고 공공연하게 말하고 있어. 더구나 그 가운데 몇몇 사람들은 예방적으로 자기들이 먼저 전쟁을 일으킬 필요가 있다고 말할 정도니까! ……이 모든 게 대부분 푸앵카레의 공작에 의한 거야. 이즈볼스키—푸앵카레 정책의 뚜렷하고 놀랄 만한 결과로, 독일은 푸앵카레가 상상한 것과 같이 공격적이고 호전적인 국가가 되었어……. 우리는 지금 지옥권 안에서 맴돌고 있어. 그리고 석 달 안에 프랑스가 유럽전쟁에 휘말려 들어가는 날이 온다면—그것은 러시아가 끈질기게 준비하고, 또한 독일이 좋은 기회로 이용하기 위해 '도래하기를' 학수고대하고 있는 전쟁이야—그때 푸앵카레는 의기양양하게 이렇게 외칠 거야. '그것봐, 우리가 얼마나 위협을 받고 있었나! 더 강력한 군대, 더 신뢰할 수 있는 동맹국들을 내가 원했던 이유를 알겠지!'—그리고 자기 자신의 착각, 러시아와의 친교, 그 비관적 견해에 따른 정책에 의해 겉으로 드러나는 것과는 반대로, 그 자신이 전쟁 책임자의 한 사람이라는 것은 꿈에도 생각하지 못할 거야!"

앙투안은 동생이 이야기하도록 내버려 두기로 마음먹었다. 그러나 속으로는 동생의 그러한 혹평이 앞뒤가 안 맞는 것으로 생각했다. 그는 이야기 도중에 몇 가지 모순된 점을 지적했었다. 논리적이며 현실적인 그의 두뇌는 전체적으로 빈약하며 정돈되지 않은 것 같은 동생의 논증에 반발을 느꼈다. 그는 예나 다름없이 피상적이고 순진한 동생의 견해가 판단력 부족이라는 결론을 내릴 수밖에 없었다. 너무 무르고 관찰력도 부족하고…… 지금 지평선 위에 막연한 위협이 있는 것이 사실이라면, 엘리제궁에 들어앉아서도 뛰어난 활동력을 보이고 있는 푸앵카레가 적당한 시기에 그런 구름을 거둬들일 수 있을 것이다. 그 사람은 믿을 수 있는 인물이다. 그리고 그는 이미 대정치가로서의 수완을 보여 주지 않았느냔 말이다. 뤼멜도 그를 칭송했었다. 푸앵카레 같은 냉철한 사람이 그런 복수전을 꿈꾸고 있다고 생각하는 것은 정말 바보 같은 이야기야. 전쟁을 원하지 않는데도, 다만 전쟁이 일어날 수 있다거나 또 숙명적이라고 생각한다고 해서 그가 마치 전쟁이 불가피한 것처럼 행동한다고 보는 것은 그야말로 바보 같은 생각이지. 어린애 장난이야! 가장 기본적인 상식으로 생각해도 푸앵카레가—그리고 그와 더불어 프랑스의 정치가들 모두가—어떻게 해서든지 자기 나라가 모험에 말려드는 것을 피하도록 단호한 결심을 했으리라는 것쯤은 알고 있어야 할 것 같았다. 여러 가지 이유를 들 수 있다. 우선 푸앵카레가 오늘날의 러시아나 프랑스가 그렇게 큰 도박을 성공적으로 해낼 만한 처지에 있지 못하다는 것을 누구보다도 더 잘 알고 있을 것이다. 얼마전에 뤼멜도 그렇게 말했었다. 더구나 자크 자신도 암암리에 러시아의 수송기관과 전략적인 교통망의 부족을 인정하지 않았던가. 러시아가 6억의 차관을 빌려간 것도 이러한 부족을 메우기 위해서이다. 프랑스에서는 독일의 상비병력 수준에 이르기 위해서 꼭 필요하다고 인정되는 3년 동안의 병역법안이 의회를 가까스로 통과하기는 했으나 아직 그 효력은 발휘되지 못하고 있고…… 어쨌든 앙투안으로서는 가능하면 동생의 주장을 송두리째 묵살해 버리고 싶은 생각이 굴뚝같았지만 그러기에는 정확한 지식이 충분하지 못했다. 그래서 차라리 잠자코 있는 편이 나을 것 같다고 생각했다. 여러 가지 사태로 미루어 보아 자크의 생각이 옳지 않다는 것, 그리고 스위스에 있는 모든 외국인들, 자크가 영향을 받고 있는 모든 거짓 예언자들의 생각이 옳지 않다는 것이 분명히 밝혀질 것이다.

자크는 잠자코 있었다. 갑자기 맥이 풀린 듯한 모습이었다. 손수건을 꺼내어 얼굴과 목덜미를 문질렀다.

자크는 이 격렬하고 즉흥적인 논증이 형을 납득시킬 수 없다고 느꼈다. 그리고 그 이유를 알고 있었다. 그는 정치가들, 평화주의자들, 혁명가들의 여러 부류의 사람들에 관한 자신의 의견을 조잡스럽고 체계 없이, 아무렇게나 내뱉었음을 깨닫고 있었다. 사실 그의 주장의 대부분은 '본부'에서의 장황한 토론에 대한 어렴풋한 기억을 더듬어서 말한 것에 지나지 않았다. 그는 지금 형이 말은 않지만, 자신의 판단력 부족을 은근히 나무라고 있다는 것을 가슴 깊이 느끼고 있었다.

파리에서 일주일 동안 머물면서 그는 특히 프랑스 사회주의자들의 정신상태를 알아보는 데 시간을 보냈다. 그리고 무엇보다도 유럽 여러 나라의 책임 문제보다는 오히려 전쟁의 위협에 맞닥뜨린 프랑스 사회주의자들의 반응을 알아보는 데 힘을 기울였다.

불안한 그의 눈길은 어느 한곳에 집중하지 못하고 방 안을 두리번거리고 있었다. 마침내 그의 눈길은 두 손으로 목덜미를 감싼 채 천장을 쳐다보며 가만히 있는 형에게 머물렀다.

"하기는" 하며 자크는 격한 목소리로 말을 이었다. "왠지 모르겠지만…… 이런 모든 것에는 분명히 덧붙여야 할 것들이 많고 또 내가 이야기하지 못하는 것이 틀림없이 있어……. 푸앵카레에 관해서는 내 생각이 옳지 않았다고 해 두지……. 그리고 프랑스의 책임에 관한 부분도 내가 과장했다고 해 두고……. 하지만 중요한 것은 그게 아니야! 중요한 것은 전쟁이 다가오고 있다는 사실이야! 어떤 대가를 치르더라도 그 위험을 피해야 해!"

앙투안은 믿기지 않는다는 듯이 미소를 지었다. 그것이 자크를 발끈하게 했다.

"아, 형 같은 사람들은" 하며 자크는 큰 소리로 외쳤다. "무사안일에 젖어 정말 범죄적인 확신을 가지고 있어! 부르주아 계급이 곧 사태를 있는 그 대로 보지 않을 수 없게 될 때, 그때는 어쩌면 너무 늦은 거야! ……사태의 진전이 가속화하고 있어. 오늘 7월 19일자 〈르 마탱〉(프랑스에서 발간되는 좌익계 신문으로 '아침'이라는 뜻) 을 봐. 거기에 카요사건의 재판 기사가 나 있어. 여름휴가, 해수욕, 여름철 물가에 관한 기사도 있지. 그러나 일면에 우연이 아닌 기사도 하나 실려 있는데, '전쟁이 일어난다면……'이라는 폭탄적인 말로 시작되고 있지. 자, 우리가 처해 있는 상황이 이런 거야! 서유럽은 화약고나 다름없어. 어디에서 불똥 이 하나 튀면! ……그때야 비로소 형 같은 사람들은 '전쟁이?' 하고 조금전 과 같은 투로 말하겠지. 형 같은 사람들 생각으로는 전쟁이란 입 안에서 맴 도는 하나의 말에 지나지 않아! 형 같은 사람들은 '전쟁'이라고 말해. 아무 도 '전례 없는 살육'이라든가 '책임 없는 몇백만 명의 희생자들'은 생각하지 않고 있어……. 만일에 형 같은 사람들의 생각이 한순간이나마 그 마비 상 태에서 빠져나올 수만 있다면 모두 일어날 거야, 우선 형부터가! 무엇인가 하기 위해서 말이야! 아직 때는 늦지 않았으니까 싸우기 위해서!"

"아니야" 하고 앙투안이 침착하게 말했다. 그는 얼마동안 아무런 감정도 나타내지 않고 있었다. "아니야!" 그는 고개를 돌리지 않고 내뱉듯이 다시 말했다. "나는 아니야."

동생이 제기한 문제로 마음이 어수선해지기는 했다. 하지만 그렇다고 마 음속에 불안이 깃든다든가, 지금까지 이룩한 자신의 안정된 삶, 그 위에 자 신의 균형의 바탕을 두고 있는 삶이 일시에 무너진다는 것을 그는 받아들일 수 없었다.

그는 살며시 일어나서 팔짱을 끼었다. "아니야! 아니야! 결코 아니야!" 하고 그는 고집불통다운 미소를 지으면서 말했다. "나는 세상일에 참견하기 위해 일어설 타입이 아니야! ……나에게는 확실히 정해진 내 일이 있어. 나 는 내일 아침 8시에는 병원에 있을 그런 타입이야. 나에게는 4호실의 플레 그몽(급성 결체 조직염) 환자가 있고, 9호실의 복막염 환자가 있어……. 날마다 위험한 처지에서 구해 주어야 하는 불쌍한 아이들이 많아! 그러니까 나는 그 밖의 일은 '아니다'라고 말하는 거야! ……직업을 갖고 있는 인간은 자기와 아무 관계없는 일에 부질없이 끼어들어서 이러쿵저러쿵 해서는 안 돼……. 나에 게는 직업이 있어. 내 영역에 속하며 또 내가 해결해야 하는 확실하고 한정된 문제들이 있어. 그리고 그것은 흔히 한 생명의 장래—또 때로는 한 가족의 장래에까지 관계되는 거야. 그런 나를 이해할 수 있겠니? ……나는 유럽의 맥박을 짚어보는 일 말고도 할 일이 있어!"

사실 그는 공익을 담당하고 있는 사람들이란 본디 모든 국제적인 어려운 문제에 정통한 사람들이므로 자기와 같은 비전문가는 무조건 그런 사람들에게 맡겨 두어야 한다는 생각을 가지고 있었다. 프랑스의 위정자들에 대해 신뢰를 갖고 있듯이 다른 나라의 통치자들에 대해서도 똑같은 신뢰를 갖고 있었다. 그는 전문가에 대해서는 타고난 존경심을 가지고 있었다.

자크는 새삼 주의 깊게 형을 바라보았다. 전에는 마치 이성의 정복, 세상의 모순에 대한 정신의 승리처럼 찬탄하고 언제나 초조와 선망이 뒤섞인 마음을 불러일으킨 앙투안의 균형이라는 것이 사실은 나태한 활동가의 자기 방어수단에 불과하다는 생각이 문득 들었다. 한 마디로 그들은 단순히 자기들의 가치를 확인하기 위해서—이를테면 유희적으로—움직이는 것에 지나지 않는 것이다! 더 정확히 말하면 앙투안의 균형이라는 것은 사실 자기의 활동에 한정된—결국 너무나도 비좁은—범위에서 오는 편리한 결과가 아닌가 하는 생각이 들었다.

"전쟁의 '정신병'이라고 했지……" 하며 앙투안이 말했다. "바보 같은 소리! 나는 그런 심리적인 요인을 너처럼 중요하게 여기지 않아……. 정치라는 것은 본질적으로 구체적인 세계야. 그런 세계에서 인간 감정의 고귀한 발로는 다른 세계에서만큼 중요하지 않아! ……그러니까 네가 말하는 위험이 실제로 존재한다고 하더라도 우리로서는 어떻게 할 수 없는 거야. 절대로 할 수 없어. 너도 나도 그 어느 누구도!"

자크는 발끈하여 일어섰다.

"그렇지 않아!" 하며 그는 이번에는 치밀어 오르는 분노를 이기지 못하고 몸을 떨며 외쳤다. "뭐라고! 이런 위험을 앞에 놓고도 속수무책으로 아무것도 못한다고? 등을 구부린 채 하잘것없는 자기 일이나 계속하면서 파국이 들이닥치는 것을 그냥 보고만 있겠다니! 말도 안 돼! 그러나 다행히 민중을 위해, 그리고 형 같은 사람들을 위해 불침번을 서고 있는 사람들이 있어. 그들은 유럽을 지키기 위해 내일이라도 필요하다면 목숨을 바칠 것을 서슴지 않는……."

앙투안은 목을 길게 빼고 자크를 보았다.

"사람들?" 하고 언짢은 듯이 그가 말했다. "어떤 사람들인데? 너 같은 사람 말이야?"

자크는 디방 옆에 몸을 기댔다. 이제 그의 분노는 가라앉았다. 그는 형을 내려다보고 있었다. 그의 눈은 자부심과 확신으로 빛나고 있었다.

"형은 전세계에 '조직된' 2천만의 노동자가 있다는 사실을 알기나 해?" 하고 그는 천천히 말했다. 그의 이마에 땀이 송글송글 맺혀 있었다. "형은 국제사회주의 운동이 15년에 걸친 투쟁, 노력, 협력, 부단한 전진의 역사를 갖고 있다는 것을 알고 있어? 오늘날 유럽의 모든 의회 안에 유력한 사회주의 그룹이 있다는 건? 2천만 당원이 20개국 이상에 흩어져 있다는 것은? 20개 이상의 사회주의 정당이 세계 곳곳에 하나의 거대한 고리, 한 형제와 같은 집단을 만들고 있다는 건? ……그리고 그들의 지배적인 생각과 규약의 핵심이 군국주의에 대한 증오이며, 그것이 어떠한 것이든 어디에서 일어나는 것이든 전쟁이 일어나는 것을 막기 위한 단호한 결의라는 것은? —왜냐하면 전쟁이란 언제나 자본주의의 조작이며, 민중은……."

"선생님, 식사 준비가 되었습니다" 하고 문을 열면서 레옹이 말했다.

자크는 하던 말을 멈추고 이마의 땀을 닦으면서 먼저 의자로 돌아왔다. 그리고 레옹의 모습이 사라지자 이내 결론을 내리듯이 중얼거렸다. "형! 무슨 일로 내가 프랑스에 왔는지 알 만하겠지……."

앙투안은 얼마동안 아무런 대답도 않고 동생을 물끄러미 바라보았다. 그의 굽은 눈썹이 움푹 들어간 눈 위에 한가닥의 팽팽한 선을 만들어 그가 자신의 생각에 몰두하고 있음을 나타내고 있었다.

"잘 알았다." 마침내 앙투안은 이상야릇한 투로 얼버무렸다.

순간 둘 사이에 침묵이 흘렀다. 앙투안은 자세를 바꾸어, 두 손바닥으로 턱을 괴고 눈길을 바닥에 둔 채 디방에 앉아 있었다. 이윽고 그는 어깨를 가볍게 흔들면서 자리에서 일어났다.

"아무튼 저녁 먹으러 가자" 하고 그는 미소를 지으면서 말했다.

자크는 아무 말 없이 형의 뒤를 따라갔다.

그는 땀에 흠뻑 젖어 있었다. 복도로 나오자 그 욕조 생각이 되살아났다. 망설임보다는 유혹이 더 강했다.

"형" 하고 그는 불쑥 앙투안을 불렀다. 그러고는 어린애 같이 얼굴을 붉혔다. "바보 같지만 나 목욕 좀 하고 싶어……. 지금 당장, 저녁 먹기 전에…… 그래도 돼?"

"아무럼!" 하고 앙투안은 즐거운 듯이 말했다. (터무니없게도 조금 보복을 한 것 같은 기분이 들었다) "목욕이건 샤워건 하고 싶은 대로 해! ……이리 와."

자크가 목욕을 하고 있는 동안, 앙투안은 서재로 돌아와 주머니에서 안느의 편지를 꺼냈다. 그것을 다시 읽은 다음 찢어 버렸다. 그는 지금까지 여자에게서 온 편지는 한 통도 보관하지 않았다. 마음속으로 미소를 짓고 있었지만 얼굴에는 거의 나타내지 않았다. 다시 쭉 뻗고 누워 담배에 불을 붙였다. 그리고 쿠션에 몸을 파묻고 꼼짝하지 않았다.

그는 곰곰이 생각해 보았다. 전쟁이나 자크, 안느에 대해서가 아닌 자기 자신에 대한 생각이었다.

'나는 무서우리만큼 내 직업의 노예가 되어 있다. 이건 사실이다' 하고 그는 생각했다. '나는 요즈음 무엇을 생각할 시간이 전혀 없다……. 생각한다는 것은 환자를 생각하거나 의학을 생각하는 것과는 다르다. 그것은 분명히 세상일을 깊이 생각해 보는 것이어야 한다. 그런데 나에게는 그럴 만한 여유가 없다……. 나는 그것을 나의 일에서 시간을 훔치는 것처럼 생각할 것이다……. 과연 내 생각이 옳은 것일까? 나의 직업적인 생활, 그것이 인생의 전부라고 할 수 있을까? 그것이 '내' 인생의 전부라고 할 수 있을까? …… 무엇인가 석연치 않다……. 의사 티보 뒤에 다른 어떤 사람이 있다는 것을 확실히 느낀다. 곧 '나 자신' 말이다……. 그런데 그는 질식해 있다. 오래전부터…… 어쩌면 내가 첫 시험에 합격한 뒤부터……. 그날 글쎄! 쥐덫에 걸린 것이다. 지난날의 나라는 인간, 의사이기 이전에 존재했던 인간—결국은 지금의 나라는 인간—그것은 마치 오래전부터 발아하지 못한 채 땅에 파묻혀 있는 씨앗과도 같다. 그렇다. 첫 시험 이후부터…… 그리고 나의 동료들도 모두 나와 똑같다. 일에 매인 모든 인간들은 나와 같을지 모른다……. 우수한 사람들 모두가 그럴 것이다. 왜냐하면 스스로를 희생해 가면서 직업적인 일의 그 엄청난 요구를 감수하는 것은 언제나 우수한 자들이기 때문이

다. 우리는 어쩌면 몸을 판 자유인 같은 것일지도 모른다……'

그는 주머니 깊숙이 손을 넣어 언제나 지니고 다니는 작은 비망록을 만지작거렸다. 그는 기계적으로 그것을 꺼내어 이튿날인 7월 20일자 페이지를 대충 훑어보았다. 거기에는 이름과 메모가 가득 적혀 있었다.

'농담이 아니야' 하고 그는 갑자기 중얼거렸다. '그렇다. 내일은 테리비에와 함께 그의 딸의 상태를 보러 쏘에 갈 약속을 해 두었지……. 그리고 2시에는 내 진찰이 있고……'

그는 담배를 재떨이에 짓누르고는 기지개를 켰다.

'자, 닥터 티보는 다시 출발한다' 하고 그는 미소를 지으면서 생각했다. '그래! 사는 것, 그것은 무엇보다 일하는 것이다. 무익한 논쟁을 늘어놓는 것이 아니다……. 인생에 대해서 깊이 생각해 본다? 그것이 무슨 소용이 있나? 인생. 그것이 어떤 것인지는 잘 알고 있다. 그것은 멋진 순간과 귀찮은 순간의 기묘한 혼합이다! 이것으로 이유는 해결된 셈이다. 사는 것은 모든 것을 문제로 남겨 두는 것이 아니다……'

그는 허리에 힘껏 힘을 주어 몸을 일으켜 세웠다. 그리고 몇 걸음 걸어 창가로 다가갔다.

"사는 것은 곧 행동하는 것이다……" 하고 되뇌이면서 그는 인적이 드문 거리, 죽은 듯한 건물의 전면, 석양을 받아 굴뚝 그림자가 드리워진 비스듬한 지붕을 멍하니 바라보았다. 주머니 속에 있는 비망록을 여전히 만지작거리고 있었다. "내일은 월요일, 13호실의 어린애를 실험해본다……. 접종은 잘될 거야……. 아무튼 고약한 일이야, 15살에 신장을 하나 잃다니……. 그리고 테리비에의 딸애가 있지……. 올해에는 '연쇄상구균'으로 인한 그놈의 늑막염 때문에 골치가 아파……. 이틀이 지나도 잘 안 되면 그때는 할 수 없이 늑골을 잘라내는 거야……. 요컨대!" 하고 그는 불쑥 창 커튼을 다시 내렸다. "착실히 일을 해 나가는 것, 그것만으로도 이미 충분하지 않은가? ……그리고 인생은 흘러가는 대로 내버려 두는 거야!"

그는 방 한가운데로 돌아와 새 담배에 불을 붙였다. 그리고 말의 음조에 흥미를 느낀 듯 마치 후렴처럼 작은 소리로 콧노래를 부르기 시작했다.

"인생은 흘러가는 대로 내버려 두는 거야……. 그리고 자크는 떠벌리도록 내버려 두고…… 인생은 흘러가는 대로 내버려 두는 거야……."

16. 7월 19일 일요일―자크, 형네 집에서 만찬을 함께하다. 화목한 이야기

식사는 차가운 콩소메 한 그릇으로 시작되었다. 형제가 아무런 말도 나누지 않고 그것을 마시고 있는 동안, 바 종업원처럼 흰 윗도리를 걸친 레옹이 엄숙한 모습으로 식기대의 대리석판 위에서 멜론을 자르고 있었다.

"생선하고 콜드미트 조금하고 샐러드가 있을 거야" 하고 앙투안이 말했다. "그걸로 되겠니?"

새 식당은 두 사람을 중심으로 나뭇결을 살린 장식판, 거울, 창 반대쪽의 판벽을 차지하고 있는 긴 식기대로 꾸며져 있어 썰렁하고 음침하면서도 장중한 공간을 이루고 있었다.

앙투안은 이런 엄숙한 환경에 아주 잘 어울리는 것 같았다. 그의 얼굴에는 다정한 호의가 감돌았다. 동생을 다시 만나 기쁨으로 가득 차 있는 그는 차분하게 다시 이야기가 이어지기를 기다렸다.

그러나 자크는 아무 말도 하지 않았다. 그는 정이 들지 않는 이 방과 12명의 손님이 앉을 수 있는 큰 식탁에 두 사람의 식사가 우스꽝스럽게 떨어져 놓여 있는 것이 어쩐지 어색하게 느껴졌다. 레옹의 존재가 이 거북한 분위기를 더욱 두드러지게 했다. 레옹은 접시를 바꿀 때마다 식탁과 찬장 사이를 왔다 갔다 해야 하므로 식당의 절반을 두 번 걷게 되어 있었다. 자크는 자기도 모르게 카펫 위를 미끄러지듯 오가는 이 흰 유령을 곁눈질하곤 했다. 그는 레옹이 멜론을 나누어 준 다음 사라지기를 바랐다. 그러나 레옹은 유리잔에 술을 따르며 서성거렸다.

'새로운 버릇이구나' 하고 자크는 생각했다. (옛날의 형 같으면 마음대로 혼자 따라마셔야 직성이 풀렸을 텐데)

"1904년 산 뫼르소야" 하면서 앙투안은 호박색의 투명한 포도주를 관찰하려고 유리잔을 들어올렸다. "생선하고 아주 잘 맞아……. 아래에서 50병이 나왔어……. 그런데 아버지는 지하 창고의 것은 다 비웠어……."

그는 슬그머니 더 주의를 기울여서 동생을 살펴보았다. 그는 무슨 질문을 하려다가 그만두었다.

자크는 멍하게 밖을 내다보고 있었다. 창문은 열려 있었다. 지붕들 위로 하늘은 자개 같은 장밋빛으로 빛나고 있었다. 그는 어린시절, 이런 저녁 무렵에 이런 집들의 정면, 지붕, 덧문을 닫은 창문들, 검게 더럽혀진 블라인

드, 발코니에 늘어선 초록색 화분을 얼마나 많이 보았던가!

"이봐, 자크……" 하며 갑자기 앙투안이 말했다. "그래, 어때? 잘 지내? 너는 만족하고 있니?"

자크는 소스라치게 놀라면서 형을 바라보았다.

"그래" 하며 앙투안은 다정하게 말을 계속했다. "그런대로 행복해?"

어색한 미소가 잠시 자크의 입가를 스쳐갔다.

"글쎄" 하며 자크는 중얼거리듯 말했다. "행복, 그것은 단번에 얻어지는 게 아니야……. 하나의 재능이라고 생각해. 어쩌면 나는 그것을 가지지 못한 것 같아……."

그는 형의 시선과 마주쳤다. 직업인다운 눈길이었다. 자크는 접시를 내려다보며 잠자코 있었다. 그는 멈춘 토론을 다시 시작할 생각은 없었다. 그러나 그는 줄곧 그것만을 염두에 두고 있었다.

아버지가 쓰시던 은그릇은—레옹이 생선을 담아 들고 온 타원형 접시와 손잡이가 구부러진 것이 고대의 램프를 생각나게 하는 소스 그릇—그 옛날 이 집에서 저녁식사를 하던 때를 떠올리게 했다.

"저…… 지젤은?" 하고 자크가 불쑥 물었다. 그것은 마치 몇 달 동안이나 잊고 있다가 갑자기 다시 생각나기라도 한 것 같은 질문이었다.

앙투안은 그 기회를 놓치지 않았다.

"지젤? 예나 다름없이 그곳에 있어……. 행복한 것 같더라. 가끔 편지가 와. 부활절 때는 사흘 동안 여기서 머물기까지 했지……. 아버지가 남겨준 것으로 지금은 그럭저럭 제 나름대로 꾸려가나 보더라고."

그는 티보 씨의 유산에 관한 언급을 통해 막연하게나마 아버지의 유산에 대한 이야기의 실마리를 만들어보고 싶었다. 그는 동생이 유산 분배를 거절한 것을 결코 진실로 받아들이지 않았다. 그래서 공증인과 의논한 끝에 재산을 똑같이 분배하기로 했다. 그리고 자크 몫의 관리를 그의 대리인에게 맡겨 두었다. 그러나 자크는 그런 것을 전혀 염두에 두고 있지 않았다.

"여전히 수녀원에 있어?" 하고 자크가 물었다.

"아니, 이제 런던에는 없어. 근교의 킹스베리에 살고 있어. 내가 알기로는 그 수녀원에 딸린 곳이야. 하나의 기숙사인데, 주로 지젤 같은 처녀들이 많이 있다더라."

자크는 이런 문제를 불쑥 꺼낸 것이 후회스러웠다. 지젤을 생각할 때 그는 무엇인가 불편함을 느끼지 않을 수 없었다. 그는 지젤이 영국으로 달아난 것—그녀에게 옛날을 떠올리게 해 주고, 배신당한 희망을 생각나게 할 만한 모든 것으로부터 그녀가 멀리 달아나 버린 것에 대한 책임이 오로지 자신에게 있다고 생각할 만한 충분한 이유가 있었다.

앙투안은 너그러운 미소를 지으면서 이야기를 계속했다.

"어떻게 지내는지 알아? 정말 그 애에게 어울리는 생활이야……. 엄격한 규율이 없는 하나의 공동체야. 신앙생활과 운동으로 시간을 보내……." 그는 약간 망설이다가 이렇게 되풀이했다. "행복한 것 같더라."

자크는 재빨리 형이 이야기를 다른 방향으로 돌리도록 유도했다.

"그리고 베즈 유모는?"

(겨울에 보낸 편지를 통해서 앙투안은 그녀가 양로원에 들어갔다는 것을 자크에게 알려 주었었다)

"베즈 유모에 대해서는 실은 언제나 간접적으로만 듣고 있다. 아드리엔느와 클로틸드를 통해서 말이야."

"그녀들은 여전히 여기에 있어?"

"그래…… 그냥 두기로 했어. 레옹과 별 말썽이 없으니까……. 그녀들은 첫째 주 일요일마다 잊지 않고 베즈 유모를 만나러 가."

"거기가 어디야?"

"푸앵 드 주르 강 기슭이야. 샬르가 극성스런 어머니를 거기에 보냈다가 엄청난 돈을 낭비한 그 '양로원' 알지? 몰라? 그 이야기를 몰랐었니? 그 별난 샬르 씨의 미담 가운데 하나인데……."

"그런데 그 사람은 어떻게 되었어?" 하고 자크는 자기도 모르게 웃으면서 형에게 물었다.

"샬르? 그는 아주 잘해 나가! 피라미드 거리에서 발명품 전시장을 경영하고 있어. 자기 말로는 태어나면서부터 바라던 천직이라는 거야……. 그런데 내가 봐도 꽤 잘해 가고 있는 것 같더라……. 지나갈 일이 있으면 들러보아도 좋을 거야. 그는 희한한 사람하고 동업하고 있어. 그 둘은 디킨스를 매혹시키고도 남을 한 쌍이지……."

둘은 함께 소리내어 웃었다. 그들은 잠시나마 변함없는 형제의 정을 되찾았다.

"베즈 유모 말이야……" 하고 좀 있다가 앙투안이 말했다. 그는 갑자기 어색해 하면서 자크에게 그동안의 일을 각별히 이야기해 주고 싶어하는 눈치였다. "이해해 주겠지만" 하고 그는 자크로서는 처음 들어보는 순박한 사람의 투로 말했다. "나도 유모가 이 집을 떠나서 남은 인생을 보내리라고는 정말 생각도 못했어……. 이봐, 레옹, 샐러드 그릇을 식탁 위에 놓아 주게. 우리가 직접 덜어 먹을 테니까……. 크레송(잎이 매운 물냉이) 샐러드야." 레옹이 문 쪽까지 가기를 기다렸다가 앙투안이 말했다. "콜드미트하고 같이 먹을래? 아니면 나중에 먹을까?"

"나중에 먹지."

"솔직히 말할게." 둘만 있게 된 것을 확인한 다음 앙투안이 말했다. "나는 불쌍한 그 노인이 우리집을 나가게 할 만한 행동은 아무것도 하지 않았어. 그러나 솔직히 말하면, 나가겠다는 유모의 고집이 나를 떳떳하게 해준 셈이야. 유모가 여기에 그대로 있었으면 새로운 생활을 설계하는 것도 매우 어려웠을 테니까……. 유모는 지젤이 영국에서 살기로 결심한 것을 알았을 때 '양로원'에 들어갈 생각을 굳힌 거야. 지젤은 유모를 그쪽으로 데려가서 자기 곁에 살기를 부득부득 제의했고……. 그러나 안 됐어. 유모에게는 '양로원'이라는 생각이 머리 깊이 박혀 있었던 거야……. 날마다 아침식사가 끝나면 해골 같은 두 손을 식탁 위에서 마주잡고는 그 작은 이마를 흔들면서 이렇게 푸념을 시작하는 거야. '앙투안, 전에도 말했듯이…… 이제 이런 몸으로는…… 나는 짐이 되고 싶지 않아……. 78살에다 꼴도 이 모양이니…….' 너도 상상할 수 있겠지? 등은 둘로 꺾이고, 턱을 식탁보 위에 얹고는 주름투성이 손바닥으로 빵 부스러기를 모으면서 떨리는 목소리로 '꼴도 이 모양이니……' 하고 늘상 말했지. 나는 언제나 이렇게 대답했어. '네, 네, 나중에…… 다시 상의하도록 하지요.' 그리고 실은—말 못할 이유가 없지 않니?—이렇게 해서 일은 쉽게 끝난 거야……. 결국 내가 양보한 셈이지……. 내가 잘못했다고 생각하는 것은 아니겠지? ……뭐니뭐니해도 나로서는 할 수 있는 데까지 다 한 거야……. 생활에 아무 불편이 없도록 돈을 넉넉하게 주고, 특별대우비용도 지불했어. 그리고 내가 직접 이어진 방 두 개를 골랐어. 방을 새로 손질하고, 될 수 있으면 낯선 기분을 덜 느끼도록 유모 방에 있던 가구를 모두 거기로 옮겼지. 이쯤 되면 유모가 양로원에 들어갔다고 해서 꼭 인생의 낙오자라고는 할 수 없는 거야. 안 그래? 약간의 연금을 받는 여자가 하숙집살이를 하는 셈이지……."

그는 동생을 지그시 바라보았다. 그리고 자크의 긍정하는 눈길을 보고 마음을 놓았다. 그는 곧 미소를 지었다.

"그렇게 된 거야" 하며 그는 쾌활하게 덧붙였다. "내가 나 자신한테 속아서는 안 되겠지……. 숨김없이 말하는데, 유모가 집을 나간 뒤로 마음이 홀가분해졌어!"

잠시 침묵을 지키더니 다시 포크를 손에 들었다. 아까부터 그는 이야기하는 것에 열중해서 먹는 것을 잊고 있었다.

앙투안은 지금 고개를 숙이고 오리 다리를 능숙하게 뜯고 있었다. 그는 무슨 생각에 깊이 빠져 있는 것 같았다. 그러나 손가락 놀림과는 다른 그 무엇에 집중되고 있는 것이 분명했다.

17. 7월 19일 일요일―사회문제에 대한 자크와 앙투안의 서로 다른 태도 ―뜻밖의 제니 드 퐁타냉의 방문

"나는 지금 네가 말하는 2천만 노동자를 생각하고 있는데" 하고 갑자기 앙투안이 말했다. "뭐랄까? 그럼 너는 그 사회주의당에 입당해 있니?"

앙투안은 고개를 숙이고 있었다. 동생을 보려고 눈을 치켜뜰 때도 고개를 들지 않았다.

자크는 이런 분명한 질문에 긍정의 표시로 고개만 끄덕여 보였을 뿐, 아무 말도 하지 않았다. (사실 그는 당원증을 받은 지 며칠 되지 않았다. 유럽이 전쟁의 위협에 처해 있다는 것을 깨닫고 비로소 독자적인 입장을 떠나 사회주의 인터내셔널에 가입할 필요성을 느꼈기 때문이었다. 전쟁에 반대하여 효과적으로 투쟁하기 위해 매우 활동적이고 충분한 인원을 확보해 놓고 있는 유일한 조직이었다)

앙투안은 동생에게 샐러드 그릇을 건네주면서 무심한 말투로 이렇게 물었다. "도대체 너는 그러한…… 정치적 환경 속에서 네 현재 생활이 과연 너의 지적 요구와 가장 어울린다고 확신하고 있니? 너의 문학적 입장이나 본성과도?"

자크는 샐러드 그릇을 거칠게 식탁 위에 놓았다. '불쌍한 형' 하고 그는 마음속으로 생각했다. '점점 아버지처럼 잘난 체하는 말투를 닮아가는군……'

앙투안은 의연한 말투를 유지하려고 애쓰는 것이 역력했다. 그는 망설이다가 분명하게 이렇게 말했다.

"정말 너는 네가 혁명가가 될 자질이 있다고 생각하니?"

자크는 형을 바라보았다. 씁쓸한 미소를 지으면서 곧바로 대답하지 않았다. 그의 얼굴은 차츰 어두워졌다.

"나를 혁명가로 만든 것은" 하며 마침내 자크가 입을 열었다―그의 입술이 부르르 떨리고 있었다―"그것은 내가 여기 이 집에서 태어났다는 것 때문이야……. 부르주아의 아들로 태어났기 때문이야……. 어릴 때부터 이런 특권층이 의존해 살아가는 불의를 날마다 보아 왔기 때문이야……. 어릴 때부터 죄책감 같은 것…… 공범자의 느낌을 가졌기 때문이야! 그래, 그런 것을 증오하면서도 당연한 것처럼 이용하고 있었다는 쓰라린 감정 때문이야!" 그는 앙투안이 항의하려는 것을 손짓으로 막았다. "자본주의가 무엇인지 알기 훨씬전에, 그 말조차도 알기전에, 아마 열 두세 살 때였던 것 같아. 나는 내가 살고 있는 세계, 친구들의 세계, 교사들의 세계…… 아버지의 세계, 아버지의 훌륭한 사업 세계에 대해서 반항심을 느꼈어!"

앙투안은 생각에 잠긴 채 샐러드를 섞고 있었다.

"하기야 사회가 구조적으로 많은 병폐를 지니고 있다는 것은 나도 누구 못지않게 잘 알고 있다" 하며 앙투안은 동생의 환심을 사기라도 하려는 듯이 가벼운 냉소를 머금고 말했다. "그러나 어찌되었든 타성에 의해, 닳고 닳은 축을 중심으로 그럭저럭 돌아가고 있는 사회…… 그것에 대해 너무 엄격해서는 안 돼……. 그런 사회는 그 자체의 미덕과 책임과 위대함을…… 또 편리함을 갖고 있는 거야!"

그는 호인다운 태도로 이렇게 덧붙였으나 그것은 그의 말 이상으로 동생의 기분을 언짢게 했다.

"아니야, 아니야" 하며 자크는 떨리는 목소리로 말했다. "자본주의 세계는 변호의 여지가 없어! 그것은 사람들 사이에 부조리하고 비인간적인 관계를 만들어 놓았어! ……그 세계는 모든 가치가 왜곡되어 있고, 인격의 존중이라는 것은 발붙일 곳이 없고, 오직 이익만이 유일한 원동력이며, 모든 사람이 부자가 되기를 꿈꾸는 그런 곳이야! 그러한 세계에서는 오로지 돈만이 무서운 권력을 쥐고 있고, 매수한 신문으로 여론을 거짓으로 꾸미고, 심지어 국가 자체마저 예속하고 있는 거야! 개인이, 노동자가 제로가 되어 버리는 세계! 그런 세계란……"

역시 화가 치민 앙투안이 말을 가로막았다. "그럼 너의 생각으로는 노동자는 모든 근대사회의 생산혜택을 전혀 누리지 못했다는 거야?"

"얼마나 한심한 정도의 혜택이야? 그래! 그 혜택을 누리는 자는 고용주와 주주이며 대은행가와 대기업들이야……"

"……그럼 너는 당연히 그런 사람들을 하는 일 없이 향락에 빠져 있고, 민중의 땀으로 살이 찌고, 술집 여자들과 샴페인을 건배하는 사람들로 생각하겠구나?"

자크는 감히 어깨를 으쓱할 생각조차 하지 못했다.

"아니야! 그들이 어떤 자들인지 생각해 봐, 형…… 적어도 그들 가운데서 가장 우수한 자들은 절대로 하는 일 없는 자들이 아니야. 오히려 그 반대지. 그러나 쾌락을 추구하는 자들인 것은 사실이야. 그건 그래! 근면하면서 동시에 호사스런 생활을 하고 있어. 즐겁게 일하고 안하무인격의 호사스런 생활! 풍족한 생활, 거기에는 있을 수 있는 온갖 향락이 다 갖추어져 있어. 모든 종류의 쾌락과 위안거리가. 그것은 지적인 노동, 경쟁에 대한 스포츠적인 투쟁, 교활한 계략, 도박, 성공에 의해서 얻어진 거야. 모든 종류의 만족감은 이익의 획득, 사회적 존경, 인간과 물질에 대한 정복에 의해 얻어지는 거야……. 결국은 특권자의 생활이야……. 형도 그것을 부인하지 않겠지?"

앙투안은 잠자코 있었다. '말은 잘하는구나!' 하며 그는 마음속으로 중얼거렸다. '장광설을 늘어놓는군. 바보 같은 녀석! ……상투적인 것을 가지고 열올리고 있네! ……' 그러면서도 그는 자신이 역정을 내는 것은 공정하지 않은 처사라는 것, 동생이 횡설수설하면서 제기한 문제들이 무시할 수 없는 것이라고 느끼고 있었다. '그런 문제들이란' 하고 그는 생각했다. '자크나 그런 부류의 단순한 인간들이 생각하는 것보다는 훨씬 어려운 것들이야……. 아주 복잡한 문제야. 그것을 해결하려면 유토피아를 꿈꾸는 인도주의자들보다는 학자들, 과학적 방법에 정통하고 냉정하면서도 훌륭한 인물들이 필요해……'

자크는 잔인한 눈초리를 하고 이렇게 결론을 내렸다.

"자본주의? 그것이 전에는 진보의 수단이었는지 모르지……. 그러나 지금에 와서는 그 숙명적인 진행 때문에 판단력에 대한, 정의에 대한, 인간의 존엄성에 대한 도전이 되고 있어!"

"허어!" 하고 앙투안이 말했다. "그게 전부야?"

침묵이 흘렀다. 레옹이 들어와 그릇을 치웠기 때문이다.

"치즈와 과일을 주게나" 하고 앙투안이 말했다. "우리가 덜어 먹지……. 프티 스위스(생크림 치즈의 일종)로 할까, 홀랜드로 할까?" 하고 동생 쪽을 보며 말했다. 그는 짐짓 의연한 태도를 취했다.

"생각 없어. 배불러."

"그럼 복숭아는 어때?"

"그게 좋겠어."

"기다려. 좋은 걸로 골라줄게……."

그는 일부러 다정한 태도를 보이려고 애썼다.

"자, 그럼 진지하게 이야기해 보자" 하고 그는 좀 간격을 두었다가 상대편의 마음을 아프게 하지 않으려는 듯 타협적인 투로 말했다. "자본주의란 게 뭐야? 미리 말해 두겠는데, 나는 보편타당한 말이란 걸 믿지 않아. 특히 '주의'가 붙은 것은……."

그는 동생이 당황할 줄 알았다. 그러나 자크는 조용히 얼굴을 들었다. 흥분을 가라앉힌 듯했다. 그의 입술에는 미소의 그림자가 보였다. 그는 잠시 열린 창 쪽을 물끄러미 바라보았다. 날이 저물고 있었다. 줄지어 서 있는 회색빛 지붕 위로 하늘은 점점 그 빛을 잃어가고 있었다.

"내 경우에는" 하며 자크가 설명했다. "'자본주의'라고 할 때 분명히 다음과 같은 것을 생각해. 이 지상의 부를 분배하고, 그것을 활용하는 어떤 방법이라고."

앙투안은 잠시 생각해 보았다. 그리고 고개를 끄덕이며 찬성의 뜻을 나타냈다. 형제는 서로 안도감을 느꼈다. 그래서 이야기는 비교적 부드럽게 진행되었다.

"잘 익었니? 설탕을 좀 줄까?"

"그런데" 하며 자크는 묻는 말에는 대답도 하지 않고 말을 계속했다. "형은 자본주의 가운데서 나를 가장 화나게 하는 것이 무엇인지 알아? 그것은 노동자가 한 인간이 될 수 있는 모든 것을 자본주의가 빼앗아 버렸다는 사실이야. 산업집중으로 노동자는 고향을 빼앗기고 가정을 빼앗기고 그의 생활에 인간적인 특징을 안겨 주었던 모든 것을 송두리째 빼앗겼어. 뿌리가 뽑힌거야. 장인이 직업을 통해 얻던 모든 고귀한 만족감을 노동자는 빼앗긴 거야. 노동자는 공장이라는 개미집 속에서 일하는 어떤 생산동물로 전락한 거야! 형은 이런 지옥 속의 노동조직이라는 것이 어떤 것인지 상상할 수 있어? 육체—기계노동과—뭐라고 말하면 좋을까? —정신노동 사이에 정말 비인간적인 구별이 있다는 것을? 공장노동자에게 나날의 일이 어떤 것인지 형이 상상할 수 있어? 그것이 얼마나 참을 수 없는 노예 상태인지? —옛날 같으면 그와 똑같은 인간이 자기의 작은 일터를 사랑하며 자기 일에 흥미를 느끼는 한 사람의 근면한 장인이 될 수 있었어. 오늘날 그는 아무것도 아닌 존재가 되어 버렸어. 단지 한 개의 톱니바퀴일 뿐, 신비한 기계의 수많은 부품의 하나에 지나지 않아. 더구나 그는 일을 하기 위해 그 기계의 신비를 이해할 필요조차 없는 거야! 신비, 그것은 소수의 전유물이거든. 언제든 같은소수—고용주라든가 엔지니어…….."

"그것은 교육받은 사람과 전문가의 수가 언제나 소수이기 때문이겠지, 뭐!"

"형, 인간이 인간성을 빼앗겼다니까……. 그게 자본주의의 죄악이야! 그게 노동자를 기계로 만들어 버렸단 말이야! 그뿐이 아니야. 기계의 하인으로 만들었어!"

"침착해. 침착해" 하며 앙투안이 말을 가로막았다. "우선 그것은 자본주의가 아니야. 기계화라는 거야. 혼동해서는 안 돼……. 그리고 솔직히 말하는데, 너는 현실을 묘하게 떠벌리는 것 같구나! 실제로 노동자와 엔지니어 사이에 견고한 장벽이 가로놓여 있다고 나는 결코 생각하지 않아. 오히려 대개의 경우에는 그들 사이에 하나의 연계, 일치, 협력이 있다고 생각해. 기계를 '신비'라고 생각하는 노동자는 아주 드물어. 노동자는 기계를 발명할 수도 없었고 어쩌면 그것을 만들 수도 없었을 거야. 그러나 그는 기계가 어떻게 움직이고 있는지 너무나 잘 알고 있어. 그래서 스스로 그 기계를 기술적으로 더 좋게 고치는 경우가 많아. 아무튼 노동자는 기계를 사랑하고, 그것을 자랑으로 여기고 있어. 소중히 다루며, 작동이 잘 되도록 애쓰고 있어……. 미국에 가본 적이 있는 스튀들레는 그쪽의 노동자계급을 사로잡은 '사업적 열광'에 대해 재미있는 이야기를 하고 있어……. 나는 나대로 병원 일을 생각해 보지. 결국은 병원도 공장도 그런 점에서는 다를 게 없어……. 병원에도 고용주와 노동자, '정신' 부분과 '육체' 부분이 있어. 나는 일종의 고용주지. 이것만은 확실히 말할 수 있어. 그러나 내 밑에서 일하는 사람들은 설사 가장 낮은 급사라 해도 네가 말한 뜻의 '하인'은 결코 아니야. 우리는 모두 한 덩어리가 되어 같은 목적을 위해 일하고 있어. 환자의 완쾌가 그거야. 저마다 자신의 능력과 재능을 발휘하는 거지. 협력의 결과로 도저히 안 될 것 같은 경우에 개가를 올렸을 때 그들이 얼마나 기뻐하는지를 네가 보았더라면!"

'언제나 자기가 옳다고 생각하지 않으면 직성이 안 풀리는구나' 하고 자크는 신경질적으로 생각했다. 그러나 그는 자본주의에 대한 비판을 주로 노동의 조직과 분배에 입각해서 토론을 벌인 것이 잘못이었다는 생각이 들었다. 그는 되도록 침착해지려고 애쓰면서 말을 받았다.

"자본주의 체제 아래서 참을 수 없는 건 노동의 종류라기보다 그 속에서 노동에 부과된 '여러 가지 조건'들이야. 그리고 내가 혐오하는 것은 확실히 기계화 그 자체가 아니라 어떤 특권 계급이 그것을 자기 자신만의 이익을 위해 독차지한다는 것이야. 사회의 메커니즘을 단순화시켜서 생각하면 이런 거야. 한편에는 부유한 자들로 구성된 소수의 부르주아 엘리트가 있어. 그 가운데는 재능이 있거나 근면한 사람도 있지. 그런가 하면 놀고 먹는 기생충 같은 자들도 있어. 엘리트는 모든 것을 장악하고, 모든 것을 지배하고, 모든 지도적 지위를 누리고 있고, 모든 이익을 독점하고, 대중의 이익을 위해서는 일하지 않아. 그리고 다른 한편에는 대중이 있어. 진정한 의미의 생산자이며 착취당하는 사람들, 거대한 무리의 노예들이지."

앙투안은 즐거운 듯이 어깨를 으쓱했다. "노예?"

"그래."

"아니야. 노예가 아니야……" 하고 앙투안은 친절하게 말했다. "시민이야……. 법 앞에서 고용주나 엔지니어들과 똑같은 권리를 갖는 시민이지. 선거권도 똑같아. 누구에게도 강요당하지 않아. 자신이 채우고 싶은 욕망에 따라 일을 할 수도 있고 안 할 수도 있어. 직업과 공장의 선택도 자유야. 마음대로 바꿀 수 있어……. 계약에 의해 매여 있기는 하지만, 그것은 의논 끝에 자유롭게 승낙한 계약이야……. 그것을 노예라고 말할 수 있어? 누구의 노예야? 무엇의 노예야?"

"빈곤한 그들 자신의 노예지! 형은 마치 선동가처럼 말하는군……. 그런 자유는 어디까지나 허울일 뿐이야. 실제로 오늘날의 노동자들은 전혀 자립을 못하고 있어. 왜냐하면 항상 가난에 허덕이기 때문이야! 굶어 죽지 않으려면 자신의 노동임금에 매달리는 수밖에 없어. 그래서 일을 독점하고 임금을 결정하는 소수의 부르주아에게 손발이 묶인 채 몸을 바쳐야 하는 거야! 형은 그 소수가 교육받은 사람들과 기술자들이라고 말했지……. 그건 나도 알고 있어. 내가 말하는 것은 그들의 능력이 아니야……. 단지 어떤 일이 일어나고 있는지를 알아 달라는 거야. 고용주는 자기에게 이익이 된다고 생각하면 굶고 있는 노동자에게 일을 줘. 그리고 그 일에 대해서 임금을 지불해. 그러나 그 임금은 노동자가 일을 해서 생산한 이윤에 견주면 너무나 형편없이 작은 부분에 지나지 않아. 고용주와 주주들이 그 나머지를 차지하는 거야……."

"당연하잖아! 그 나머지는 그들이 협력한 몫으로 당연히 그들에게 돌아가야 하는 것이니까!"

"그래. 물론 이론적으로 나머지는 계획을 세운 고용주와 자본을 댄 주주들의 몫이어야 해. 이 일에 대해서는 나중에 다시 이야기하겠어! 우선 숫자를 비교해 보도록 하지. 임금과 이윤을 비교해 봐! ……실제로 그 나머지는 부당하게 떼어낸 것이야. 그것은 제공된 협력과는 확실히 균형이 맞지 않아! 그리고 그 나머지는 부르주아들이 자기들의 힘을 공고히 하고 증대하는 데 쓰이고 있어! 자기들의 안락과 호사를 위해 쓰고 남는 것들은 '자본'으로 만들어서 많은 사업에 투자하지. 그리고 그게 눈덩이처럼 자꾸 커지는 거야. 이렇게 해서 노동자들의 희생의 대가로 자본이 된 그 부(富)라는 것이 몇 세기에 걸쳐 현재까지 부르주아 계급의 절대적인 힘이 된 거야. 그것은 무서운 불의 위에 세워진 절대적인 힘이야……. 왜냐하면—내가 다시 말하고 싶었던 것이 이 점인데—가장 나쁜 불의는 자본가가 자본을 대서 얻는 이익과 열심히 일한 사람이 받는 임금 사이의 불균형에서 그치지 않기 때문이지. 가장 무서운 불의는 이런 사실이야. 돈이 그것을 가지고 있는 자를 위해 '이자를 낳는다'는 점이야! 그리고 그 소유자가 손끝 하나 까딱하지 않아도 '혼자' 활동한다는 점이야! ……돈은 한없이 새끼를 치는 거야! 형은 지금까지 이런 걸 생각해 본 적이 있어? 착취자의 무리들은 은행이라는 악랄한 발명품 덕분에 노예를 사들이고 자신들을 위해 그들을 혹사시키는 완벽한 술책을 발견한 거라고! 안전하고 이름 없는 노예들, 멀리 떨어져 있고 누군지도 알 수 없는 노예들 말이야. 잠깐동안 양심을 잠재우면 그들이 얼마나 괴로운 생활을 하는지 모르는 체할 수 있겠지……. 중대한 죄악은 이거야. 가장 위선적이고 가장 부도덕한 수법으로 살과 땀에서 떼어 냈다는 것!"

앙투안은 테이블에서 의자를 빼내고 담배에 불을 붙였다. 그리고 팔짱을 꼈다. 날이 갑자기 저물었으므로 자크는 형의 표정을 자세히 볼 수 없었다.

"그래서?" 하며 앙투안이 물었다. "너는 그 혁명이 마술 지팡이를 한 번 휘두르는 것처럼 그 모든 것을 단번에 바꾸어야 한다는 거니?"

비웃는 말투였다. 자크는 접시를 한쪽 옆으로 밀어놓고 식탁 위에 편안하게 팔꿈치를 올려놓았다. 그리고 어스름 속에서 형을 노려보았다.

"그래. 왜냐하면 현재 노동자가 고립되어 있고 가난에 허덕이는 한 그들은 속수무책이기 때문이야. 그러나 혁명이 낳는 첫 번째 사회적 효과는 노동자에게 마침내 정치적 힘을 쥐어 주게 된다는 점이지. 그렇게 되면 노동자는 여러 가지 기본적인 조건을 바꿀 수 있겠지. 새로운 제도와 새로운 규범을 만들 수 있을 것이고……. 형, 유일한 악은 인간이 인간을 착취하는 거야. 그러한 착취가 더 이상 있을 수 없는 사회를 만들어야 하는 거야. 오늘날 대기업이나 대은행 같은 기생적 조직이 부당하게 장악하고 있는 부(富)가 다시 자유롭게 유통되어, 인간 공동체 전체가 그것을 이용할 수 있는 사회 말이야. 오늘날 생산에 종사하고 있는 불쌍한 노동자는 생계를 유지하기 위해 꼭 필요한 최소한의 것도 얻을 수 없어. 그 결과로 그들은 무엇을 생각하고, 인간으로서 할 수 있는 범위 안에서 자신을 발전시키는 데 필요한 시간도, 용기도, 심지어 의욕도 없는 거야. 혁명으로 인해 프롤레타리아의 신분이 폐기될 때를 말하는 거야. 진정한 혁명가들의 생각으로는 혁명이란 단지 생산자에게 지금보다 더 넉넉하고 안정되고 더 행복한 생활을 가져다주는 것만은 아니야. 그것은 무엇보다도 노동과 관련된 인간의 상태를 바꾸어 놓은 것이어야 해. 또 그것은 노동 그 자체를 인간적인 것으로 만들어서, 노동으로 하여금 비참한 노예상태로 빠지는 것을 막는 것이어야 해. 노동자는 여가를 가져야 해. 아침부터 저녁까지 하나의 도구에 지나지 않는 상태에서 벗어나야만 하는 거야. 자기 자신에 대해 생각할 여유를 가져야 하고, 또 저마다의 재능에 따라 자신을 최대한으로 발전시킬 수 있어야 해. 그리고 자신이 할 수 있는 한도 내에서—그 한도는 흔히 생각하는 것처럼 제한되어서는 안 돼—참된 인간다운 인간이 될 수 있어야 해……."

그는 '그 한도는 흔히 생각하는 것처럼 제한되어서는 안 돼'라고 말할 때 확신에 넘친 사람의 설득력을 보였다. 그러나 가라앉은 그 말투를 앙투안보다 더 눈치 빠른 사람이 들었더라면 일말의 의심스런 울림을 알아차렸을 것이다.

앙투안은 그것을 눈치채지 못했다. 그는 생각에 잠겨 있었다. "그렇겠다……" 하고 그는 양보했다. "그것이 실현된다고 가정하고…… 그런데 어떤 방법으로?"

"혁명밖에 없어."

"말하자면 프롤레타리아 독재야?"

"독재, 그래…… 거기에서 시작해야 될 거야" 하며 자크는 꿈꾸듯이 말했다. "더 정확히 말하자면 생산자에 의한 독재야……. 프롤레타리아라는 말은 너무 남용되어 왔어. 요즈음에는 혁명가들 사이에서도 48년$\binom{\text{프랑스 2월 혁명이 일}}{\text{어난 1848년을 말함}}$의 인도주의적이고 자유주의적인 옛날 말을 버리려고 해……."

'이것은 거짓말이야' 하고 자크는 자기가 하고 있는 말과 '본부'에서의 연설에 대해 생각했다. '그러나 반드시 그렇게 되어야만 해……."

앙투안은 잠자코 있었다. 그는 동생이 말한 마지막 말을 잘 알아듣지 못했다. '독재……' 하고 그는 생각했다. 아프리오리$\binom{\text{선천적으로}}{\text{선험적으로}}$의 의미에서 따져보면, 프롤레타리아 독재 그 자체가 생각할 수 없는 것으로 보이지는 않았다. 그것이 다른 나라인 경우에, 예를 들어 독일에서라면 어렵지 않게 상상할 수 있었다. 그러나 그것이 프랑스에서라면 아예 불가능한 것 같다는 생각이 들었다. 그는 생각했다. '그런 독재는 단순한 방향전환으로 공고히 자리잡을 수 없어. 그런 독재가 승리를 확보하기 위해서는 그것이 긍정되고, 경제적인 결과를 가져오고, 또 새로운 세대 속에 뿌리를 튼튼히 내릴 시간이 필요해. 집요한 포학, 끊임없는 투쟁, 억압, 약탈, 빈곤이 뒤섞인 시간. 적어도 8년, 10년, 어쩌면 15년이라는 시간이 필요할지도 모른다. 프랑스—국민 모두가 불평을 잘하고 개인주의적이며 자신들의 자유를 소중히 여기는 나라, 평범한 혁명가도 자기도 모르는 사이에 소지주의 습관과 취미를 가지고 있는 소액연금생활자의 나라—그런 프랑스가 과연 10년이란 긴 세월에 걸쳐 이런 엄격한 시련을 견뎌낼 수 있을까? 그런 것을 기대하는 것은 정말 미친 짓이 아닐 수 없어.'

한편 자크는 생각나는 대로 자기 주장을 폈다.

"자본주의 제도로 인간의 모든 활동력을 노예화하고 착취하는 것은 이 제도의 붕괴를 통해서만 끝낼 수 있어. 착취자의 소유욕은 결코 끝이 없지. 지난 50년 동안의 산업 발달은 오직 그들의 권력을 증대시키는 데 이용되었을 뿐이야. 전세계의 모든 부는 그들의 탐욕의 대상이야! 그들의 정복욕, 팽창욕이 극심하기 때문에 전세계 자본주의의 여러 분파들은 광범위한 세계 지배를 위해 대동 단결을 이루지 못하고 오히려 아주 명백한 자신들의 이익에 역행해서 서로 싸우는 지경에까지 이르렀어. 마치 부모의 유산을 놓고 서로 다투는 자식들처럼 말이야! ……전쟁의 위협도 그 깊은 원인을 따져보면 이거야……"(그는 언제나 전쟁의 강박관념으로 되돌아갔다) "그러나 이번에야말로 그들은 뜻하지 않은 힘에 부딪치고 말거야! 다행히도 프롤레타리아는 이제 과거와 같은 수동적 자세가 아니야! 프롤레타리아는 유산계급이 자기네의 욕심과 분열에 의해 그들을 또 다시 희생시키는 파국으로 몰아넣는 것을 절대로 용납하지 않을 거야……. 현재로서 혁명은 그 다음 과제야. 우선은 전쟁 방지야! 그런 다음에……."

"그런 다음에?"

"아, 그런 다음에는 뚜렷한 목표가 있지! ……그러나 가장 급한 일은 이러한 민중세력의 승리와 제국주의에 반대하는 여론의 고양을 이용해서 총궐기하여 권력을 잡는 거야……. 그렇게 되면 생산의 합리화를 세계에 명령할 수 있겠지……. 온 세계에 말이야, 이해해?"

앙투안은 주의 깊게 듣고 있었다. 그는 잘 이해했다는 시늉을 했다. 그러나 미소를 짓다 만 그의 표정은 전적으로 찬성할 수는 없다는 뜻을 담고 있었다.

"물론 저절로 되는 일이 아니라는 것을 잘 알고 있어" 하며 자크가 계속해서 말했다. "거기에 닿기 위해서는 우선 혁명가들이 과감히 앞장설 필요가 있어. '반란 상태'를 유발하는 거지." 그는 메네스트렐의 말을 그대로 인용하면서 그의 날카로운 목소리까지 흉내냈다. "그 부분이 중요해. 그러나 그것을 할 때가 곧 닥칠 거야. 그렇지 않으면 노동자는 아마 반세기 동안 여전히 해방을 기다려야 할 거야……."

침묵이 흘렀다.

"그런데…… 그런 훌륭한 계획을 실천에 옮기는 데 필요한 사람들은 있니?" 하고 앙투안이 물었다.

그는 논쟁을 원만하고 이성적인 쪽으로 이끌어 나가려고 애썼다. 그는 동생에게 그의 호의와 자유로운 정신과 공정함을 솔직히 보여 주려고 마음먹고 있었다. 그러나 자크는 그것을 전혀 고맙게 생각하지 않았다. 오히려 그는 형의 무관심한 태도에 화가 났다. 그는 속지 않았다. 앙투안이 동생과 논쟁할 때면 무의식적으로 보여 주는 빈정거리는 듯한 목소리, 침착한 말투, 이런 것들이 자크로 하여금 형이 자기보다 더 풍부한 경험과 뛰어난 박식으로 윗사람의 입장에 서서 자기를 내려다보는 것 같은 생각을 줄곧 갖게 했다.

"사람들? 있고말고." 자크는 뻐기듯이 대답했다. "그러나 흔히 말하는 위대한 실천가라든가, 천재적인 지도자들에게 기대했던 것은 아니야. 일단 사태가 발생하면 새로운 인물들이 나오거든……." 그는 잠시 입을 다물고 마음속의 꿈을 좇고 있었다. 그는 조용히 말을 이었다. "형, 그 모든 것이 전혀 공상이 아니야……. 사회주의로 나아가는 것은 일반적인 현실이야. 그것은 너무나 뚜렷해. 마지막 승리는 힘든 법이야. 그리고 바람직한 방법은 아니지만, 아마 피비린내 나는 격동 없이 승리란 이루어지지 않을 거야. 그러나 눈을 뜨고 있는 자에게 그것은 피할 수 없는 사실이야……. 결국에는 범세계적인 새로운 제도가 확립될 것을 미리 짐작할 수 있어……."

"'계급 없는' 세계" 하고 앙투안이 비꼬듯 머리를 저으면서 말했다.

자크는 듣지 못한 척하면서 말을 계속했다. "……완전히 새로운 체제야. 이번에는 확실히 그 체제가 예측할 수 없는 수많은 문제를 제기할 것이 틀림없어. 그러나 그것은 적어도 오늘날 가난한 사람들을 괴롭히고 있는 것, 즉 경제 문제를 해결할 거야……. 거기에 조금도 공상적인 것은 없어……" 하며 그는 되풀이했다. "이러한 전제 앞에서는 모든 희망이 허용돼!"

자크의 열정, 희미한 어둠 때문에 더욱 감동적인 느낌을 주는 자크의 그런 확신은 거꾸로 앙투안의 회의적인 태도를 더욱 강화시켰다.

'반란 상태' 하고 그는 생각했다. '천만에! ……해는 여기에 있어! 생활을 좀더 조화롭게 하기 위한 고귀한 노력이 얼마나 큰 희생을 따르게 하는가! ……더구나 그러한 노력을 해도 결코 지속성 있는 개선에는 이르지 못해! 사람들은 흥분한 나머지 스스로를 속이고 성급하게 때려 부수고 갈아치울 것만 생각하고 있어. 그러나 시간이 흐르면 그 새로운 제도에도 또 새로운 병폐가 생겨나는 법이야. 그래서 결국……! 그것은 결국 의학의 경우와 다를 게 없어. 언제나 성급하게 새로운 치료법만을 쓰고 싶어 한단 말이야…….'

실제로 그는 현실세계에 대해서 동생보다 엄격하지 않았고, 결국 썩 잘 적응해 가고 있기는 했으나—그것은 그의 무관심만큼이나 자연스러운 순응적인 성격에 의해서(또한 사회를 이끌어가는 전문가들을 신뢰하기 때문이기도 했다)—그렇다고 그것이 완전하다고 생각하지는 않았다. '그럼…… 그럼' 하고 그는 생각했다. '모든 것은 개선될 수 있고 또 개선되어야만 해. 그게 문명의 법칙이야. 또 생명의 법칙이기도 하고……. 그러나 그것은 단계적으로 이루어져야 하는 거야!'

"그래서 거기에 닿으려면 반드시 혁명이 필요하다는 거니?" 하고 그가 말했다.

"지금은 그래……. 나는 지금 그렇게 믿고 있어" 하며 자크는 인정한다는 투로 말했다. "나는 형이 생각하는 것을 잘 알고 있어. 나도 꽤 오래전에는 형같이 생각했어. 나는 오랫동안 개혁으로 충분하다고 생각하려고 노력했어. 현재의 체제 안에서의 개혁만으로……. 그러나 이제는 그렇게 믿지 않아."

"그러나 네가 말하는 사회주의는 한 해 한 해 시간을 거쳐 저절로 실현되는 것이 아닐까? 곳곳에서 말이야! 전제정치를 하는 독일 같은 나라에서도?"

"그렇지 않아, 형이 말하는 그 경우야말로 의미심장한 거야! 그런 개혁들이 악의 어떤 '결과'를 완화할 수는 있겠지. 그러나 결코 악의 '원인'을 쳐부수지는 못해! 당연해. 개량주의자들, 그들이 아무리 양심적인 사람들일지라도 사실상 타도해야 하고 또 대체해야 할 정치나 경제와 밀접한 관계를 맺고 있어. 자본주의에 대한 스스로의 기반을 무너뜨리고 몰락하기를 요구할 수는 없어! 자본주의는 스스로 자초한 혼란에 빠져 옴짝달싹 못하게 되면 결국 궁여지책으로 개혁안을 사회주의 사상에서 빌려올 거야……. 그러나 그것이 전부야……."

앙투안은 이 말에는 수긍하지 않았다.

"그러나 상대적인 것을 받아들이는 것도 현명한 일이지! 그러한 부분적인 개혁도 네가 옹호하는 사회적 이상을 위해서는 그래도 이득이 되겠지."

"허망한 이득이야. 그것은 마지못해 받아들인 하찮은 양보에 지나지 않아. 본질은 조금도 다를 게 없어. 형이 말하는 나라들에서 개혁이 과연 얼마나 중요한 변화를 가져왔어? 돈의 힘은 조금도 그 지배력을 잃지 않았어. 그것은 여전히 노동을 좌우하고 대중을 손아귀에 넣고 있어. 또 아직도 신문을 조종하고 있는가 하면, 공권력을 부패시키고 위협하고 있어. 일의 근본에 다다르기 위해서는 체제의 토대 자체에 곡괭이질을 하고 사회주의적 계획을 전면적으로 적용해야 해! 낡은 건물을 없애려면 도시계획 전문가가 송두리째 부숴 버리고 새롭게 다시 세우는 거야……. 그래" 하고 자크는 한숨을 쉬면서 말을 계속했다. "지금 나의 깊은 확신은 오직 혁명, 곧 아래서부터 솟구쳐올라 모든 것을 전면적으로 뜯어고치는 대변혁만이 세계를 자본주의의 중독에서 구해낼 수 있다는 거야……. 괴테는 불의와 혼란 가운데에서 어느 하나를 택해야 한다면 불의를 택하겠다고 했지. 나는 그렇지 않아! 나는 정의 없이 진정한 질서는 있을 수 없다고 생각해. 그 어떤 것도 불의보다는 낫다고 생각해…… 그 어떤 것도! 심지어……" 하면서 자크는 갑자기 목소리를 낮추었다. "심지어 그것이 그 무서운 혁명적 혼란이라 해도……."

'미퇴르크가 내 말을 듣는다면 흐뭇해 하겠지…….' 그는 생각했다. 자크는 잠시 생각에 잠겼다. "나의 유일한 희망은 피비린내 나는 혁명이 모든 나라에서 일어나지 않았으면 하는 거야……. 1789년^(1789년의 프랑스 대혁명을 말함)의 공화제 정신이 만방에 스며들어 모든 것을 변혁시키기 위해 1793년^(1793년의 공포정 치 시대를 말함)의 단두대를 유럽 모든 나라의 수도에 반드시 세울 필요는 없었어. 프랑스가 돌파구를 열었지. 그래서 모든 민족이 그곳으로 지나갈 수 있었던 거야……. 한 나라만이—독일이면 어떨까?—살을 에는 듯한 아픔을 겪는 것으로 충분하지 않을까. 그러면 새로운 질서가 잡히고, 다른 나라들은 그 선례를 따라 서서히 발전할 수 있어……."

"독일이라면 그런 대변혁이 어울릴 거야!" 앙투안은 빈정거리듯 말했다.

"그런데" 하고 그는 진지한 투로 말을 이었다. "내가 알고 싶은 것은 그 새로운 사회를 언제 세우느냐 하는 문제야. 나는 결국 헛수고로 끝날 거라고 생각해. 왜냐하면 재건하기 위해서는 언제나 동일한 기초 요소를 가지고 있어야 하기 때문이지. 그리고 그러한 본질적 요소는 변함이 없어. 그것은 인간의 본성이야!"

자크의 얼굴빛이 갑자기 창백해졌다. 그는 마음의 동요를 감추려고 얼굴을 돌렸다.

앙투안은 자신도 모르는 사이에 동생의 큰 상처, 마음속 깊은 곳의 상처, 치유할 수 없는 상처를 건드린 것이다……. 미래의 인간에 대한 신뢰. 그것이야말로 혁명의 존재 이유가 되는 것이고 모든 혁명적 열정의 진정한 도약대를 만드는 계기가 되는 것인데, 불행하게도 자크는 그것을 이따금 잠깐씩 느끼거나 아니면 일시적으로 주변의 분위기에 눌려서만 느끼곤 했던 것이다. 자크는 지금까지 현실적으로 그것을 자기 것으로 만들어 본 적이 없었다. 그는 인간에 대해 한없는 동정심을 가지고 있었다. 인간에 대해 마음으로부터 우러나오는 사랑을 바치고 있었다.

그러나 아무리 발버둥쳐도, 아무리 열렬한 확신을 가지고 이론적인 공식을 되풀이해 보아도, 그는 여전히 인간의 정신적인 가능성에 대해 회의적이지 않을 수 없었다. 그리고 마음속 깊은 곳에는 이런 비통한 거부감이 앞을 가로막고 있었다. 그는 인류의 정신적인 진보라는 이 도그마에 오류가 없다는 것을 믿지 않았으며 또 믿을 수도 없었다. 제도를 전면적으로 개혁하고 새로운 체제를 건설함으로써 인간의 조건을 개선하고 재조직하며 완전하게 할 수 있다는 것. 분명히 그렇다! 그러나 이 새로운 사회 질서가 본질적으로 좀더 나은 인간형을 자동적으로 만들어 내고 또한 인간을 새롭게 만드는 것—그는 거기까지는 기대할 수 없었다. 그리고 마음속 깊은 곳에 자리잡은 이런 근본적인 회의를 느낄 때마다 회한과 부끄러움과 절망 때문에 가슴이 찢어지는 듯했다.

"나는 인간성의 완성에 대해 그렇게 특별한 환상을 가지고 있지는 않아" 하고 그는 약간 목소리를 바꾸어 솔직히 말했다. "그러나 나는 현대의 인간이 자기가 몸담고 있는 사회체제에 의해 상처받고 모욕당하고 있다는 것은 인정해. 이 체제는 노동자를 억압함으로써 그들을 낮추고 그들을 정신적으로 메마르게 하고 극히 저급한 본능으로 그들이 원하는 욕망을 질식시키고 있어. 물론 나는 인간이 그런 저급한 본능을 타고난 것임을 부정하지는 않아. 다만—인간에게 그러한 본능만이 있는 것은 아니라고 생각하고—그렇게 믿고 싶어. 나는 우리의 경제 문명은 선한 본능이 발전하고 나아가서 그것이 다른 본능을 압도하는 데 방해가 된다고 생각해. 그리고 인간 자신이 가지고 있는 가장 훌륭한 것을 자유롭게 꽃피울 수 있을 때야 비로소 인간은 지금과 달라질 것이라는 기대를 가질 수 있다고 생각해……."

레옹이 방문을 살며시 열었다. 그는 자크의 말이 끝나기를 기다렸다가 탁한 목소리로 이렇게 말했다.

"서재에 커피를 준비해 놓았습니다."

앙투안이 돌아보았다.

"아니, 이리로 갖다 주게. 그리고 불도 켜 주고……. 코니스만 켜게……."

천장이 환해졌다. 천장의 환한 빛이 방 안을 밝게 하기에 충분했다.

'가만 있자' 하고 앙투안은 생각했다. 그는 이 점에 있어 동생과 의견을 같이 할 수 있으리라는 것을 생각지 못했었다. '이것이 문제의 핵심이다……. 저런 순진한 녀석들은 인간이 불완전한 것을 사회의 결함 탓으로만 돌린다. 따라서 그들이 혁명에 터무니없는 희망을 거는 것도 아주 당연한 일이다. 만일 그들이 사실을 있는 그대로 볼 줄 안다면…… 그리고 인간은 본디 더러운 동물이며 어떻게 할 수 없다는 것을 확실히 이해한다면……. 모든 사회제도는 숙명적으로 인간성의 추악한 면을 반영하게 되어 있다……. 그렇다면 무엇 때문에 대변혁의 위험을 무릅쓴단 말인가?'

"근대사회의 말할 수 없는 혼란이 단지 물질적인 차원에만 국한되는 것은 아니야……." 자크가 침통한 투로 말하기 시작했지만, 레옹이 커피 쟁반을 들고 들어오자 이야기를 멈추었다.

"설탕은 두 개?" 하고 앙투안이 물었다.

"하나면 돼. 고마워."

잠시 침묵이 흘렀다.

"그것은 모두……" 하고 앙투안이 미소를 지으면서 중얼거렸다. "얘, 내가 한번 솔직히 말해 볼까? 그것은 유토피아야!"

자크는 형을 아래위로 훑어보았다. '형이 '얘'라고 했지. 아버지하고 똑같군' 하고 그는 생각했다. 그는 점점 화가 치밀어 오르는 것을 느꼈다. 그는 화를 내면 속이 후련해질 것 같아 화를 벌컥 내며 외쳤다. "유토피아라고?" 하며 그는 외쳤다. "형은 몇천 명이나 되는 진지한 사람들이 있다는 것을 모르는 것 같아. 그들은 이 '유토피아'를 신중히 검토되고 엄밀히 짜여진 행동 계획으로 삼고, 기회만 오면 행동으로 옮길 태세를 갖추고 있어!"(이렇게 말하면서 그는 제네바, 메네스트렐, 러시아의 이론가들, 조레스를 생각했다) "우리가 오래 산다면 지구의 어디에선가 그런 유토피아가 틀림없이 실현되어 새로운 사회가 탄생하는 것을 볼 수 있을 거야!"

"인간은 언제나 인간일 거야" 하고 앙투안이 중얼거렸다. "언제나 강자와 약자는 있게 마련이니까……. 모두 다 똑같을 수는 없어. 강자는 우리와는 다른 제도, 다른 규범에 그 권력의 기반을 두겠지……. 그리하여 새로운 강자와 계급, 새로운 착취자의 유형이 만들어지고……. 이것이 법칙이야……. 그때까지 우리 문명에서 좋은 점은 어떻게 될까?"

"그래" 하고 자크는 혼잣말처럼 중얼거렸다. 그의 슬픈 듯한 말투는 앙투안으로 하여금 어안이 벙벙하게 했다. "형 같은 사람들에게는 크고 놀라운 사실로 대답해 줄 수밖에 없군……. 그때까지 형의 처지는 편할 거야! 그런 것은 현세에 안주하며 현 상태를 어떻게 해서든지 그대로 유지해 가고자 하는 사람들의 처지야!"

앙투안은 갑자기 들고 있던 찻잔을 놓더니 소리 질렀다.

"그러나 나는 나대로 다른 세계를 받아들일 준비를 완전히 갖추고 있어!" 격렬한 형의 말투에 자크는 자기도 모르게 마음이 흐뭇해지는 것을 억누를 수 없었다.

'그것만으로도 대단한 일이지' 하고 자크는 생각했다. '자신의 확신을 현재의 생활에 굴종시키지 않는 것만 해도…….'

"너는 모를 거야" 하며 앙투안이 말을 계속했다. "나는 모든 사회 형태와 관계가 없는 독립적인 한 시민에 지나지 않아. 나는 정치에 관심도 없어! ……내게는 내가 수행해야 할 직업이 있어. 내가 마음을 쓰고 있는 일은 그것뿐이야. 나머지 것들은 내 진찰실 주변에 너희 마음에 드는 세계를 만들어도 상관없어! 빈곤과 낭비와 어리석음과 저열한 욕망 같은 것들이 없는 사회, 불의와 부패와 특권이 없는 사회, 인간들이 서로 잡아먹는 저 정글의 법칙 같은 것이 판치지 않는 사회, 그런 사회를 건설할 수 있다고 믿는다면—

잘들 해 봐! 우물쭈물하지 말고 말이야! ……나는 자본주의를 두둔하는 게 아니야! 그것은 존재하고 있어. 내가 이 세상에 태어났을 때도 그것은 이미 존재했어. 30년 전부터 나는 그 속에서 살고 있어. 그래서 그것에 익숙해져 있고 그것을 받아들이고 있는 거야. 더구나 기회가 있을 때마다 그것을 이용하기도 해……. 그러나 나는 다른 것과도 타협할 준비가 완전히 되어 있어! 그리고 만일 너희가 정말 더 좋은 것을 찾았다면 그건 다행이야! ……나로서는 내 존재 이유를 만들어 줄 수 있는 것 말고는 아무것도 요구하지 않아. 나는 인간으로서의 내 역할을 못하게 하는 것이 아니라면 너희가 원하는 것을 모두 받아들일 거야……. 그러나" 하며 그는 쾌활하게 덧붙였다. "너희가 말하는 새로운 체제가 아무리 완벽하다 할지라도, 박애를 일반법칙으로 만드는 데 성공한다 하더라도 건강에 대해서도 그럴 수 있을지는 의심스러워……. 분명히 환자가 있을 테고, 따라서 의사도 있겠지. 그렇다면 나로서는 사람들과의 근본적인 관계에서 아무런 변화도 있을 수 없어……. 그렇지만" 하고 그는 눈을 깜빡거리면서 말했다. "네가 말하는 사회주의 사회에서는 나에게 어느 정도의……"

현관의 벨이 요란스럽게 울렸다.

앙투안은 놀라 귀를 기울였다. 그러나 그대로 말을 계속했다. "……어느 정도의 자유만…… 아! 그렇지. 이것은 sine qua non(^{필요불가결}^{한이라는 뜻})의 조건이야. 어느 정도의 직업적인 자유 말이야. 사상의 자유와 일의 자유라는 뜻인데…… 물론 거기에 따르는 모든 위험과 모든 책임은 각오해야겠지."

그는 하던 이야기를 멈추고 귀를 기울였다.

레옹이 층계참의 문을 여는 소리가 들렸다. 뒤이어 여자의 목소리가 들려왔다.

앙투안은 테이블 위에 주먹을 올려놓고 곧 일어날 준비를 하고 있었다. 그의 얼굴에서는 이미 직업적인 표정을 읽을 수 있었다.

레옹이 문 앞에 나타났다.

그에게는 말 한 마디 할 시간조차 없었다. 뒤에서 한 젊은 여자가 바삐 방으로 뛰어들어왔다.

자크는 깜짝 놀랐다. 그리고 갑자기 얼굴이 몹시 창백해졌다. 제니 드 퐁타냉임을 알아보았기 때문이다.

18. 7월 19일 일요일—앙투안과 자크, 제니가 뒤따라 제롬 드 퐁타냉이 권총자살을 계획한 호텔로 나서다

제니는 자크를 알아보지 못했다. 아마 그녀가 그를 주의해서 보지 않았거나 보지 못했을 것이다. 그녀는 긴장된 얼굴을 하고 앙투안 쪽으로 다가갔다.

"빨리 가 주세요. 아빠가 다치셨어요……."

"다치셨다고요?" 하며 앙투안이 물었다. "중태인가요? 지금 어디 계세요?"

제니는 손을 관자놀이에 갖다 댔다. 그녀의 넋 나간 모습이며 몸짓, 지금까지 제롬 드 퐁타냉의 생활에 대해 알고 있는 약간의 일 따위를 미루어 보아 앙투안은 뭔가 심상치 않은 일이 벌어졌다는 것을 언뜻 알아차렸다. 살인 미수? 자살 미수?

"어디 계세요?"

"호텔에요……. 제가 주소를 알아요. 엄마가 가서 기다리고 계세요. 가 주세요."

"레옹" 하고 앙투안이 외쳤다. "빅토르한테 알려 줘……. 빨리 자동차를 준비해!" 그는 제니를 돌아보았다. "호텔이라고? 거기에는 어떻게? ……언제 다치셨는데요?"

제니는 대답하지 않았다. 그녀는 그곳에 같이 있는 손님을 얼핏 바라보았다……. 자크!

자크는 아래를 보고 있었다. 그는 자신을 바라보고 있는 제니의 눈길 때문에 얼굴이 화끈 달아옴을 느꼈다.

메종 라피트에서 보낸 여름 이후 두 사람은 한 번도 만난 적이 없었다. 4년 동안!

"잠깐만, 왕진 가방을 가지고 올게" 하면서 앙투안은 문 쪽으로 뛰어갔다.

자크와 단둘이 있게 된 제니는 몸을 떨기 시작했다. 그녀는 카펫을 뚫어지게 내려다보고 있었다. 그녀의 입가도 눈에 띄지 않을 정도로 떨리고 있었다. 한편 자크는 조금전까지만 해도 상상조차 할 수 없었던 뜻밖의 일에 어안이 벙벙해져서 숨을 죽이고 있었다. 두 사람은 동시에 눈을 들었다. 그들의 눈길이 마주쳤다. 똑같은 놀라움과 괴로움으로 그들의 눈동자가 커졌다. 제니의 두 눈동자에서는 공포의 빛이 어렸다. 그러나 그 빛은 이내 눈꺼풀에 가려졌다.

자크는 무의식적으로 한 걸음 앞으로 나아갔다.

"앉지 그래요" 하고 그는 의자를 가까이 가져가면서 떠듬떠듬 말했다.

제니는 꼼짝도 하지 않았다. 그녀는 천장에서 내리비치는 불빛을 받으면서 있었다. 두 뺨 위에 속눈썹의 그림자가 아른거렸다. 단색의 꼭맞는 타이외르 투피스를 입고 있어서 키가 크고 호리호리하고 아주 늘씬해 보였다.

앙투안이 급히 돌아왔다. 그는 외출용 윗도리를 입고 모자를 쓰고 있었다. 두 개의 붕대 상자를 든 레옹이 뒤따라 들어왔다. 앙투안은 테이블 위에 있는 찻잔을 옆으로 치우고 그 상자를 열었다.

"그런데 좀 설명해 봐요. 자동차는 곧 준비될 테니까요……. 상처 어때요? 어떻게 다쳤어요? 레옹, 빨리 압정포 상자를 가져오게."

앙투안은 이렇게 말하면서 상자 하나에서 핀셋과 작은 약병 두 개를 꺼내어 다른 상자에 넣었다. 그는 서두르고 있었다. 그러나 그 움직임은 재빠르고 정확했다.

"우린 아무것도 몰라요……" 하고 제니는 앙투안이 방 안에 들어오자 그에게로 바싹 다가가면서 중얼거렸다. "권총 탄알이 하나……."

"저런!" 앙투안은 돌아보지도 않고 탄식하듯 말했다.

"파리에 계시는 것조차 모르고 있었어요. 엄마는 아빠가 계속 빈에 계신 줄만 알고 계셨어요."

이렇게 말하는 제니의 목소리는 분명치 않고 좀 숨가빠하는 듯했으나 말투는 단호했다. 이런 와중에서도 그녀는 여전히 힘과 용기를 잃지 않고 있다는 인상을 주었던 것이다.

"아빠가 있는 호텔에서 우리한테 알려 왔어요……. 30분쯤 전에요. 우리는 차를 잡아탔지요……. 그리고 거기로 가는 길에 엄마가 나를 여기에 내려 주었어요. 엄마는 기다릴 시간이 없었나 봐요. 혹시나 해서……."

제니는 말을 끝맺지 못했다. 레옹이 니켈 상자를 들고 들어왔다.

"자" 하며 앙투안이 말했다. "그럼, 갑시다! ……그 호텔은 멀어요?"

"프리들랑 거리 27번지 2호예요."

"너도 같이 가자!" 하고 앙투안이 자크에게 말했다. 그 말투는 의향을 묻는다기보다는 오히려 명령조였다. 그는 이렇게 덧붙였다. "거기에서 네 도움이 필요할 거다."

자크는 아무런 대답도 않고 제니만 바라보았다. 그녀는 잠자코 있었다. 그러나 자크는 자기가 함께 가는 것을 제니가 승낙하는 것으로 여겼다.

"갑시다" 하고 앙투안이 말했다.

자동차는 아직 차고에 있었다. 앞마당에 비치는 헤드라이트의 불빛이 눈이 부실 정도였다. 빅토르가 서둘러 보닛을 닫는 동안 앙투안은 제니를 차에 태웠다.

"나는 앞에 탈게" 하고 자크는 조수석에 타면서 말했다.

차는 콩코르드 광장까지 쏜살같이 달렸다. 그러나 샹젤리제 거리에 이르자 자동차의 통행이 혼잡해져서 운전기사는 하는 수 없이 속도를 늦춰야 했다.

제니의 옆, 차 한구석에 앉은 앙투안은 그녀의 침묵을 방해하지 않으려고 애썼다. 그는 결단과 책임의 시간에 앞서, 자신이 익히 아는 이 달콤한 순간, 기다림과 넘쳐흐르는 힘으로 가득한 이 순간을 아무런 거리낌없이 음미하고 있었다. 그러면서 멍하게 밖을 내다보고 있었다.

무엇이든 몸에 닿는 것을 싫어하듯이 자동차 구석까지 몸을 비키고 있던 제니는 떨리는 몸을 누그러뜨리기 위해 안간힘을 쓰고 있었다. 그녀는 무엇에 부딪친 크리스털 그릇처럼 발끝부터 머리까지 계속 떨고 있었다.

처음 보는 호텔 보이가 경계하는 눈초리와 함께 건방진 투로 "9호실 손님이 머리에 권총 한 방을 쏘았어요"라고 말하면서 안내하던 순간부터—택시를 타고 위니베르시테 거리에 도착할 때까지 모녀는 말 한 마디 없이, 눈물 한 방울 흘리지 않고, 경련을 일으킨 듯이 떨리는 두 손을 꼭 움켜쥐고 있었다—제니는 오로지 부상당한 아버지만을 생각하고 있었던 것이다. 그러나 느닷없는 자크의 출현 뒤로 그녀는 아버지 일은 까맣게 잊어버렸다……. 그녀는 자기 앞에 있는 뚱뚱하고 살아 있는 이 등을 일부러 보려고 하지 않았지만 그래도 자신의 온 힘을 그리로 모을 수밖에 없는 뚜렷한 존재였다! 그녀는 이를 악문 채 왼손을 가슴에 대고 심장의 고동을 억눌렀다. 그리고 고개를 푹 수그리고 있었다. 그녀는 이런 격렬한 마음의 흔들림을 당장 어떻게 해석해야 할지 몰랐다. 죽을 만큼 고통스러웠지만, 이제는 완전히 벗어났다고 생각하고 있는 그 비극적인 사건에 다시 사로잡힌 듯 잠시 몸부림쳤다.

갑자기 자동차가 멈추어 서자, 그녀는 눈을 들었다. 귀영하는 군대 행렬이 지나가는 동안 교차로에서 멈추어야만 했다.

"하필 다급할 때……" 하고 앙투안은 제니 쪽으로 몸을 돌리면서 투덜거렸다.

빽빽이 열을 지은 한 무리의 젊은 병사들이 칸델라를 흔들며 군악대를 선두로 보조를 맞추어 행군하면서, 군대 행진곡의 후렴을 목청껏 부르고 있었다. 양쪽에서는 근엄한 경비대의 보호를 받으면서 모여든 군중이 병사들에게 박수갈채를 보냈고 군기가 지나가자 모자를 벗었다.

운전사는 자크가 모자를 벗지 않는 것을 보자 안심한 듯 자신도 모자를 그대로 쓰고 있었다.

"물론……" 하며 그는 용기를 내어 말했다. "이 지역은 저 녀석들의 세상이랍니다……." 그리고 자크가 어깨를 으쓱하자 용기를 내어 이렇게 덧붙였다. "우리 벨빌에서는 이런 소란을 내버려 두지 않지요! 그럴 때마다 난투극으로 끝난답니다."

마침 행렬이 콩코르드 광장 쪽으로 내려가 왼쪽으로 돌아갔으므로 앙탱 거리의 길이 트였다.

몇 분 뒤 자동차는 전속력으로 교외의 언덕길을 올라가 프리들랑 거리로 나왔다.

앙투안은 재빨리 자동차 문을 열고, 차가 서자마자 뛰어내렸다. 제니는 자리에서 몸을 겨우 일으켰다. 그리고 앙투안이 내미는 손을 거절하고 인도에 내렸다. 그녀는 호텔 출입문에서 차도까지 반사되는 빛에 눈이 부셔 한순간 그대로 서 있었다. 어찌나 현기증이 심했던지 그 자리에 쓰러질 뻔했다.

"따라와요" 하고 앙투안은 그녀의 어깨를 부드럽게 치면서 말했다. "내가 먼저 갈 테니까."

제니는 몸을 뻣뻣이 하고 뒤를 따라갔다. '그는 어디에 있을까?' 하고 생각하면서도 그녀는 감히 뒤돌아볼 엄두를 내지 못했다. (지금 여기 와서도 그녀가 생각하고 있는 것은 아버지가 아니었다)

'웨스트민스터 호텔'은 에투알 동네에서 흔히 볼 수 있는 외국인용 하숙집이었다. 작은 홀에는 환하게 불이 켜져 있었다. 구석 쪽에는 유리문 너머로 갤러리 살롱(복도 형태의 살롱)이 보였다. 거기에서는 사람들이 여기저기 모여 앉아 담배를 피우며 정원수 뒤에 가려진 피아노 소리를 들으면서 트럼프 놀이를 하고 있었다.

앙투안이 뭐라고 말하자 수위가 검은 새틴으로 요란하게 치장한 뚱뚱한 여자에게 눈짓을 했다. 그 여자는 곧 카운터 뒤에서 몸을 일으켜 무뚝뚝한 얼굴로 아무 말도 하지 않고 부랴부랴 그들을 엘리베이터 쪽으로 안내했다. 철문이 닫혔다. 그제서야 비로소 제니는 자크가 그들과 함께 있지 않다는 것을 알고 무척 마음이 홀가분해지는 것을 느꼈다.

정신을 가다듬을 사이도 없이 그녀는 층계참에서 어머니와 마주쳤다.

퐁타냉 부인의 표정은 초췌해 있으면서도 침착성을 잃지 않고 있었다. 제니는 무엇보다도 먼저 어머니의 모자가 비뚤어져 있는 것을 알아차렸다. 그리고 이렇게 괴상하게 흐트러져 있는 어머니의 모습이 슬픔에 잠긴 눈길보다도 더 그녀의 마음을 뒤흔들었다.

퐁타냉 부인은 겉봉이 뜯긴 편지를 손에 들고 있었다. 그녀는 앙투안의 팔을 잡았다.

"저기 계세요⋯⋯. 가시지요." 부인은 앙투안을 급히 복도 쪽으로 데려갔다. "지금 막 경찰에서 다녀갔어요. 아직 살아 있어요⋯⋯. 어떻게 해서든지 살려내야 해요. 호텔 전속 의사는 움직일 수 없다고 해요⋯⋯."

부인은 제니 쪽을 돌아보았다. 그녀는 상처 입은 아버지의 모습을 딸에게 보여 주고 싶지 않았던 것이다.

"너는 거기에서 기다리고 있거라."

그리고 부인은 손에 들고 있던 봉투를 딸에게 내밀었다. 그것은 마루 위의 권총 옆에 떨어져 있던 편지였다. 거기에 주소가 적혀 있으므로 옵세르바투아르 거리로 곧 사람을 보낼 수 있었던 것이다.

층계참에 혼자 남은 제니는 천장의 희미한 불빛 아래에서 아버지가 쓴 편지를 읽기 시작했다. 마지막 줄에 쓰인 '제니'라는 자신의 이름이 먼저 눈에 들어왔다.

    제니, 용서해 다오. 나는 제니한테 한 번도 애정을 보여 주지 못했구나
    ⋯⋯.

제니의 손이 떨리고 있었다. 손끝까지 저며 오는 신경의 떨림을 가라앉히

기 위해 온몸을 움츠려 보았으나 헛일이었다. 그래서 정신을 집중해서 편지를 처음부터 읽었다.

　테레즈! 나를 심하게 나무라지 말아 주오. 일이 이렇게 될 때까지 내가 얼마나 괴로워했는지 당신이 안다면! 당신을 얼마나 불쌍하게 생각했는지! 여보, 내가 당신을 무던히도 고생시켰구려! 그토록 훌륭하고 그토록 착한 당신. 나는 부끄럽게 생각하오. 선을 악으로밖에 갚을 줄 모르는 나였으니 말이오. 그러나 여보, 나는 당신을 사랑했소. 이 마음을 당신이 알아주기만 한다면. 나는 당신을 사랑하고 있으며 당신만을 사랑했소.

글씨가 눈 앞에서 춤을 추었다. 차가우면서도 타는 듯한 제니의 두 눈, 편지를 읽던 그 눈은 계단 쪽으로 끊임없이 불안한 눈길을 보내곤 했다. 머릿속에는 오로지 자크가 오지 않나 하는 생각뿐이었다. 자크가 다시 모습을 나타내지 않을까 하는 두려움이 어찌나 컸던지 그녀는 비통한 몇 줄의 편지에 도저히 집중할 수 없었다. 종이 위에 연필로 아무렇게나 갈겨쓴 이 편지. 스스로 목숨을 끊으려고 하던 최후의 순간에 그나마 딸을 마지막으로 생각한다는 흔적이라도 남기고자 했던 아버지.
　……제니, 나를 용서해 다오…….

　제니는 몸을 숨길 은신처가 될 만한 구석을 두리번거리며 찾아보았다. 그러나 그런 곳은 아무 데도 없었다……. 저쪽 한구석에 긴 의자가 하나 보였다……. 비틀거리면서 그리로 가서 앉았다. 지금 자신이 느끼고 있는 것을 알려고도 하지 않았다. 너무나 지쳐 있었다. 모든 것을 매듭짓고 자기 자신으로부터 벗어날 수 있다면 지금 당장이라도 죽음을 무릅썼을지도 모른다.
　그러나 제니는 자신의 생각을 막을 수 없었다. 잊으려야 잊을 수 없는 과거가 꿈처럼 빨리 지나가는 필름과 같이 눈앞에 펼쳐지고 있었다. 불가사의한 그 일은 1910년의 여름이 끝날 무렵에 메종 라피트에서 시작되었다. 그 당시 자크가 날이 갈수록 더욱 자신에게 빠져들면서 자신을 정복하려 든다는 것을 그녀는 알고 있었다. 그런가 하면 그녀 역시 날이 갈수록 더 마음이 흔들리면서 자크에게 끌리고 있다는 사실을 깨닫고 몹시 당황하고 있던 참이었다. 그러던 어느 날 자크는 아무 예고도 없이, 편지 한 통 남기지 않고, 그런 갑작스런 태도 변화로 인해 그녀가 느낄 모욕감을 덜어 줄 만한 아무런 흔적도 남기지 않은 채 발길을 끊었던 것이다. 그 뒤 어느 날 밤, 앙투안이 전화로 다니엘을 불러냈다. 자크가 실종되었다는 것이었다! ……그리고 이 때부터 그녀의 고통이 시작되었다. 왜 집을 나갔을까? 아니, 어쩌면 더 나쁜 일이, 자살이라도 한 것은 아닐까? 그 무모한 청년은 어떤 비밀을 마음에 품고 집을 나간 것일까? ……1910년 10월 내내 제니는 하루하루 자신의 괴로움을 주위의 어느 누구도, 심지어는 어머니까지도 눈치채지 못하게 하면서, 집 나간 자크의 자취를 찾고 있는 앙투안과 다니엘의 허망한 수색 결과만을 애태우며 기다렸다……. 그리고 그런 상태가 몇 달이나 계속되었다……. 그녀는 침묵과 번민 속에서 진정한 종교적 삶의 지주도 없이, 이런 숨막히는 듯한 야릇한 분위기 속에서 혼자 몸부림쳤다. 자신의 절망뿐만 아니라 육체적인 고통과 그런 충격 뒤에 오는 신체의 쇠약을 감추려고 몹시 애쓰기도 했다……. 마침내 이런 고독한 싸움, 회복되는 듯하다가 다시 재발하는 그런 기간이 1년 이상 이어진 뒤에야 제니는 겨우 마음의 평정을 되찾았다. 이제는 몸을 돌보는 일이 문제였다. 그래서 의사가 시키는 대로 한여름 내내 산에서 지낸 다음 초겨울이 되자 남프랑스로 옮겨 갔다. 자크를 찾았다는 것, 그가 스위스에 산다는 것, 티보 씨의 장례식에 참석하기 위해 그가 파리에 돌아왔다는 것을 그녀가 알게 된 것은 작년 가을 프로방스에 있을 때 다니엘이 어머니에게 보낸 편지를 통해서였다. 그 뒤 몇 주일 동안 그녀는 심한 마음의 동요를 겪었다. 그러나 아무튼 그것은 곧 자연스럽게 가라앉았다. 그래서 그녀 자신은 이제 완쾌된 것으로 생각하고 있었다. 그렇다. 자신과 자크의 관계는 이것으로 완전히 끝난 것이다. 이제 남은 것은 아무것도…… 아무것도 없다고 생각하고 있었다! 그런데 오늘 저녁, 제니로서는 더 이상 비통할 수 없는 이 순간에, 안정을 못 찾는 그 눈동자, 심술궂은 그 얼굴을 하고 자크가 다시 그녀 앞에 나타난 것이다!

제니는 몸을 숙이고 겁을 먹은 듯 두 눈을 계단 쪽으로 향한 채 앉아 있었다. 그녀의 생각이 활발히 움직이기 시작했다……. 자신은 어떻게 되는 것일까? 우연한 만남, 두 눈길의 부딪침, 단지 이것만으로 과거의 온갖 찌꺼기를 휘젓고, 몇 년에 걸쳐 되찾은 균형을 순식간에 파괴해 버리기에 충분하단 말인가?

자크는 형이 시킨 대로 홀에서 기다리고 있었다.

검은 새틴 옷을 입은 여자가 카운터의 자기 자리로 돌아와 안경 너머로 자크에게 이따금 적의에 찬 눈길을 던지곤 했다. 멀리서 들려오는 피아노와 날카로운 소리의 바이올린 악단이 춤추는 단 한 쌍을 위해 탱고를 연주하고 있었다. 자크의 눈에도 그 사람들의 모습이 간간이 유리문을 통해 보였다. 식당에서는 때늦은 손님들이 식사를 막 끝내려던 참이었다. 주방에서 접시 부딪치는 소리가 들려왔다. 웨이터들이 쟁반을 들고 왔다 갔다 하고 있었다. 그들은 카운터 앞을 스치면서 조심스러운 목소리로 "3번 손님께 에비앙 한 병", "10번 손님은 계산", "27번 손님께 커피 두 잔" 하고 알리고 있었다.

여자 청소부가 계단을 뛰어내려 왔다. 그러자 검은 새틴 옷을 입은 여자가 펜 끝으로 그 여자에게 자크를 가리켰다.

청소부는 앙투안이 써 준 쪽지 하나를 가지고 왔다.

닥터 에케한테 전화를 걸어 빨리 와 달라고 할 것. 파시 09-13번.

자크는 공중전화 부스가 있는 곳을 물었다. 그는 전화를 받은 사람이 니콜이라는 것을 알아차렸다. 그러나 자신이 누구라는 것은 밝히지 않았다.

에케는 집에 있었다. 그는 곧 전화를 받았다.

"곧 갈게. 10분 뒤면 도착할 거야."

카운터 보는 여자가 전화박스 앞에서 기다리고 있었다. 저 9호실의 어처구니없는 사람에 관한 모든 것이 그녀에게는 수상쩍었다. 병자라고 해도 호텔 쪽에서는 이미 달갑지 않은 손님인데, 하물며 자살을 기도하다니!

"아시겠지만 이런 일이란 저희 같은 집에서…… 있을 수 없는…… 절대로 …… 아무튼 즉시……."

앙투안이 계단에 모습을 나타냈다. 그는 모자도 안 쓴 채 혼자였다. 자크는 그에게 급히 달려갔다. "어때?"

"혼수상태야……. 전화는 걸었겠지?"

"에케가 곧 온다고 했어."

검은 새틴 옷을 입은 여자는 결심한 듯 그들의 이야기에 끼어들었다.

"담당 의사신가 보지요?"

"그렇습니다."

"아시겠지만 저희로서는 이 상태로 그냥 여기에 있게 할 수는 없어요……. 좌우간 여기는 호텔이니까요. 병원으로 옮겨 주세요……."

앙투안은 여자의 말에는 아랑곳하지 않고 저쪽 구석으로 동생을 데려갔다.

"어떻게 된 거야?" 하고 자크가 물었다. "왜 자살하려 했지?"

"전혀 모르겠어."

"여기에서 혼자 살고 있었나?"

"그런 것 같아."

"곧 올라갈 거야?"

"아니야. 에케를 기다리겠어. 그에게 잠깐 할 이야기가 있으니까……. 앉자." 그러나 앙투안은 앉자마자 다시 일어났다. "전화는 어디에 있지?" 그는 갑자기 안느가 생각났다. "입구를 살피고 있어. 곧 돌아올 테니까."

안느는 불도 켜지 않고 창문을 모두 열어 놓은 채, 발을 쳐 놓고 디방 위에 누워 있었다. 전화벨이 울리자 그녀는 앙투안이 오지 못하리라는 것을 곧바로 알아차렸다. 그녀는 상대편이 하는 말을 귀담아듣지도 않을 뿐더러, 무슨 말을 하고 있는지 제대로 파악하려고 하지도 않고, 그저 앙투안의 이런저런 변명을 듣기만 했다.

"알겠지?" 앙투안은 그녀의 침묵에 놀라면서 말했다.

안느는 대답을 못했다. 목구멍에 경련이 일어나 죄어드는 것 같았기 때문이다. 그래서 그녀는 겨우 이렇게 중얼거렸다.

"……거짓말이지요, 토니?"

목소리가 아주 낮은 데다가 평소와는 달랐으므로 앙투안은 화가 치밀어 올랐으나 꾹 참았다.

"뭐, 거짓말? 말했잖아……. 혼수상태라니까! 외과의사를 기다리고 있는 중이야!"

그녀는 수화기를 꽉 잡고 분에 못 이겨 손을 부들부들 떨었다. 그리고 울음이 나올 것 같아 아무 말도 못하고 있었다.

앙투안은 잠자코 기다렸다.

"당신, 어디 계세요?" 하고 마침내 안느가 물었다.

"어느 호텔이야…… 에투알(개선문이 있는 광장) 근처에 있는……."

그녀는 희미한 메아리처럼 같은 말을 되풀이했다.

"에투알?" 그리고 나서 한참동안 망설이다가 이렇게 말했다. "그러면 아주 가깝군요……. 아주 가까운 곳에 계시네요, 토니!"

그는 미소를 지으며 이렇게 말했다.

"그래, 멀지 않은 곳이지……."

그녀는 목소리를 통해 그가 미소를 짓고 있다는 것을 짐작했다. 그러면서 갑자기 희망을 되찾았다.

"당신이 무슨 생각하는지 잘 알고 있어" 하고 그는 여전히 미소를 지으면서 말했다. "그런데 또 한 번 말해 두는데, 나는 오늘밤 내내 여기에 있어야 할 것 같아……. 당신은 얌전히 집에 돌아가는 게 좋겠어."

"싫어요" 하고 그녀는 나지막한 목소리로 재빨리 외쳤다. "싫어요. 나 꼼짝하지 않겠어요!" 그리고 좀 망설이다가 이렇게 속삭였다. "나, 기다리고 있을게요……."

그녀는 윗몸을 젖히며 수화기를 좀 멀리하고 깊게 숨을 들이마셨다. 멀리서 수화기를 통해 콧소리가 들려왔다.

"……빠져나갈 수 있다면야 그렇게 하지……. 너무 기대하지 말아요……. 그럼 안녕……."

그녀는 재빨리 수화기를 귀에 갖다 댔다. 그러나 그때는 이미 앙투안이 수화기를 내려놓은 뒤였다.

그녀는 다시 디방에 몸을 죽 펴고 누웠다. 그리고 한쪽 뺨을 수화기로 꽉 누르면서 멍하니 두 눈을 크게 뜬 채, 두 다리를 한데 모으고 몸을 쭉 폈다.

"퐁타냉 부인은 정말 훌륭한 부인이야" 하고 앙투안은 자크 곁에 와서 조용히 앉으며 말했다. 그는 잠시 침묵을 지키고 있다가 이렇게 말했다. "제니와는 만나지 않고 있었나보군……. 그 뒤로?" 앙투안은 동생이 집을 나갔던 일, 〈라 소렐리나〉, 그리고 그 아리송한 이야기 등 모든 것이 갑자기 생각났다.

자크는 침울한 표정을 지으며 그렇다는 뜻으로 손을 저었다.

자동차 한 대가 호텔 앞에서 멈추었다. 에케가 돌계단 밑에 나타났다. 부인과 함께였다. 니콜은 제롬 아저씨를 결코 용서하지 않았다. 자기 어머니의 나쁜 행실도 아저씨의 책임으로 돌렸다. 그리고 이런 부끄러운 종말도 결국 하느님의 벌이라고 생각하는 것 같았다. 하지만 그녀는 이렇게 비통한 때 테레즈 아주머니와 제니를 단둘이 있게 할 수는 없다고 생각했던 것이다.

에케는 입구에서 잠깐 멈추어 섰다. 안경 너머의 날카로운 눈길로 그는 홀 안을 한 번 돌아보았다. 그는 자기들 곁으로 다가오는 앙투안의 모습을 보았다. 자크는 일부러 떨어져 있었기 때문에 알아보지 못했다.

앙투안은 니콜의 어린 딸이 죽기 전날 밤 이래로 니콜을 만나지 못했다. (그 뒤에 곧 니콜이 사산을 했다는 것, 그때의 상황이 매우 어려웠으므로 그녀의 심신이 아주 약해져 버렸다는 것을 그는 알고 있었다) 니콜은 아주 수척해져 있었다. 그토록 젊고 순박하던 그녀의 모습은 전혀 찾아볼 수 없었다. 니콜이 손을 내밀었다. 두 사람의 눈길이 서로 마주쳤다. 그리고 니콜의 표정이 가볍게 일그러졌다.

그녀의 고통스런 추억 속에는 언제나 앙투안에 대한 추억이 결부되어 있었던 것이다. 그런데 하필이면 오늘밤 이런 사건의 비극적인 분위기 속에서 또다시 그를 만나게 되다니…….

앙투안은 에케의 귀에다 무엇인가 속삭이면서 그들을 승강기 쪽으로 데려갔다. 자크는 그들이 유리를 끼운 승강기 안으로 들어가기 전에 형이 관자놀이께 머리카락이 난 곳에 손가락을 얹는 것을 멀리서 볼 수 있었다.

검은 새틴 옷을 입은 여자가 카운터에서 뛰어나왔다.

"저 분은 친척이세요?"

"외과의사입니다."

"여기서 수술하는 것은 아니겠지요!"

자크는 여자에게 등을 돌렸다.

음악은 이미 끝난 지 오래다. 식당의 불도 꺼져 있었다. 역에서 오는 승합자동차에서 한 쌍의 젊은 남녀가 내렸다. 그들은 영국인이 틀림없었다. 그리고 과묵한 편이었고, 새 여행 가방을 들고 있었다.

10분쯤 지났을 무렵, 방 청소부가 다시 앙투안의 전갈을 들고 나타났다.

뇌이 54-03번, 베르트랑 병원에 에케의 부탁이라고 하고 전화를 걸 것. 구급차를 곧 보내 주고 수술실을 준비해 놓도록.

자크는 곧 전화를 걸었다.

전화박스에서 나온 그는 문에 몸을 기대고 서 있는 그 호텔 여주인과 마주쳤다. 그녀는 상냥한 태도로 한시름 놓았다는 듯이 미소를 지었다.

그는 형과 에케가 홀을 가로질러 걸어오는 것을 보았다. 외과의사는 혼자 자동차를 탔다.

앙투안은 자크 쪽으로 돌아왔다.

"에케가 오늘밤에 총알을 뽑아내 보겠대. 그 방법밖에 없으니까……." 자크는 눈으로 형에게 물었다. 앙투안은 입을 삐죽거렸다. "두개골 깊숙이 구멍이 났어. 그걸 뽑아낸다면 기적이지……. 그런데 말이야……" 하면서 그는 갤러리 살롱 입구에 있는 우편용 테이블 쪽으로 걸어갔다. "퐁타냉 부인은 뤼네빌에 있는 다니엘에게 알리고 싶을 거야. 밤에도 여는 우체국에 가서 전보를 쳐. 부르스 우체국이면 될 거야."

"휴가를 받을 수 있을까?" 하고 자크는 되물었다. '시국이 시국이니 만큼' 하고 그는 생각했다. '게다가 국경 근처에 주둔하고 있으니!'

"당연하지…… 왜 안 되겠어?" 하고 앙투안은 아무것도 모르고 말했다.

앙투안은 벌써 테이블 앞에 앉아서 전보를 쓰기 시작했다. 그러다가 생각이 바뀌었는지 쓰던 종이를 구겨 버렸다.

"아니야……. 가장 확실한 방법은 대령 앞으로 치는 거야" 하고 그는 중얼거리면서 다른 종이를 집어 들고 이런 문구를 썼다. "……퐁타냉 중사에게…… 휴가를…… 긴급히 허락해 줄 것을…… 간곡히…… 요망함…… 아버지가……." 그러고 나서 그는 자리에서 일어섰다.

자크는 시키는 대로 전보를 손에 들었다.

"그러면 나중에 병원으로 갈까? 장소는 어디지?"

"오려면 비노 거리 14번지로 와……. 하지만 무슨 소용 있겠니?" 잠시 생각에 잠겼다가 그는 다시 말했다. "네게 가장 좋은 건 집에 가서 자는 거야……."(그는 이렇게 덧붙이려고 했다. '어디에서 묵을 거니? 위니베르시테 거리의 집에서 묵지 않을래?' 그러나 그는 아무 말도 하지 않았다) "내일 아침 8시 전에 전화 주렴. 어떻게 되었는지 알려 줄게."

그리고 자크가 물러가려고 하자 그는 동생을 불렀다.

"어떻게 해서든지 다니엘한테 전보를 쳐야 해. 병원 주소도 알려 주고."

19. 7월 19일 일요일—자크의 하루일과 마감—새로운 정국

자크는 자정이 다 되어서야 라 부르스 우체국에서 나왔다.

그는 다니엘을 생각하고 있었다. 마음이 몹시 산란해진 자크는 인도의 가장자리에 서서 불빛이 환히 비치고 있으나 인적이 드문 광장을 아무 생각 없이 물끄러미 바라보고 있었다. '닥터 티보'라는 이름으로 친 전보의 겉봉을 다니엘이 뜯고 있는 모습을 그려 보았다. 열이 날 때처럼 손발이 좀 저려왔다. 현기증도 났다. '왜 이럴까?' 그는 생각했다.

그는 허리에 힘을 주고 몸을 뒤로 젖혔다. 그리고 차도를 건너갔다. 바람은 더 일고 있었으나 밤은 여전히 후텁지근했다. 그는 정처없이 앞으로 걸어갔다. '왜 이럴까?' 그는 다시 마음속으로 생각했다. '제니 때문일까?' 그러자 푸른 투피스를 입은 여위고 창백한 제니, 몇 년 만에 갑자기 나타난 그녀의 모습이 생생하게 눈앞에 떠올랐다. 잠깐동안의 일이었다. 그는 이내, 그리고 별로 애쓰지도 않고 그 모습을 떨쳐 버릴 수 있었다.

그는 비비엔느 거리를 지나 푸아소니에 거리까지 와서 발길을 멈추었다. 여름철의 일요일이라서인지 그때까지만 해도 한산했던 거리가 새벽 1시가 가까워오자 생기를 되찾았다. 여러 군데의 극장에서 사람들이 쏟아져 나왔다. 카페의 테라스는 손님으로 가득했다. 지붕 없는 택시들이 오페라 극장 쪽을 향해 쏜살같이 달려갔다. 인도 위에서도 인파가 서쪽으로 밀려가고 있었다. 꽃이 달린 큰 모자를 쓴 발랄한 밤의 여자들이 혼자인 남자들을 힐끗힐끗 쳐다보면서 생마르탱 문 쪽으로 인파를 거슬러 올라가고 있었다.

자크는 길모퉁이에 있는 어떤 가게에 기대어 서서 사람들이 태평스럽게 무리지어 지나가는 것을 바라보았다. 앙투안의 무지는 보편적인 것이었다. 웃고 떠들며 지나가는 사람들 가운데 유럽이 이미 함정에 빠져 있다는 것을 알고 있는 사람이 한 사람이라도 있을까? ……자크는 몇백만이나 되는 무심한 사람들의 운명이 거의 우연히 뽑힌 몇몇 사람들의 손에 달려 있다는 것과 어처구니없게도 대중이 그런 사람들에게 자기들의 안전을 맡기고 있다는 것에 대해 오늘처럼 비통하게 느껴본 적이 없었다.

한 신문팔이가 헌 신발을 질질 끌면서 힘없이 외치고 있었다.

"2판 신문이오…… 〈라 리베르테〉$\binom{\text{'자유'}}{\text{라는 뜻}}$…… 〈라 프레스〉$\binom{\text{'신문'이}}{\text{라는 뜻}}$……."

자크는 그 신문들을 사서 가로등 불빛에 비추어 대충 훑어보았다. '카요사건 공판…… 푸앵카레 씨의 러시아 방문…… 파리 센 강 횡단 수영 경기…… 미합중국과 멕시코…… 질투의 참극…… 프랑스 일주 자전거 여행…… 튈르리 풍선대회 일등상…… 경제시장 상황…….' 아무 의미 없는 기사들.

다시 제니가 그의 머리를 스쳐갔다. 그는 갑자기 출발을 이틀 앞당기기로 결심했다.

'내일 제네바로 돌아가자.' 이렇게 결정하자 마음이 한결 가벼워졌다.

'〈위마니테〉사에 들러볼까?' 하고 생각한 그는 가벼운 마음으로 크루아상 거리 쪽을 향해 걸었다.

대부분의 내일자 신문을 이 시각에 만들고 있는 이 거리는 아주 활기에 차 있었다. 자크는 벌떼처럼 사람들로 붐비는 거리로 들어섰다. 대낮같이 밝게 불이 켜져 있는 바나 카페는 손님들로 붐볐다. 왁자지껄한 소리가 열린 창문을 통해 길 복판까지 흘러나왔다.

〈위마니테〉사 앞에는 몇 사람이 서서 입구를 막고 있었다. 자크는 몇 사람과 악수를 했다. 라르게가 사장에게 보고한 것이 화제가 되고 있었다. 그것은 금화 40억 프랑의 특별예금(그것은 '전쟁 준비금'이라고 불렸다)이 최근에 프랑스 은행에서 있었을 것이라는 정보였다.

패거리들은 곧 흩어졌다. 어떤 사람들은 오늘밤을 '카페 드 프로그레'에서 끝내자고 했다. 그곳은 여기에서 몇 분밖에 걸리지 않는 상티에 거리에 있었고, 뉴스를 알고 싶은 사회주의자들은 그곳에 가면 몇 명의 신문 편집자와 만날 수 있었다. ('프로그레'에 드나들지 않는 사람들은 몽마르트르 거리의 '카페 드 크루아상'이나 페도 거리의 '라 쇼프'에 가곤 했다)

자크는 '프로그레'에 가서 맥주 한 잔을 하자는 제의를 받았다. 그는 이미 이런 집회 장소에 드나든 적이 여러 번 있었는데, 거기에 갈 때마다 예외 없이 몇 사람의 친구를 만날 수 있었다. 그들은 자크가 어떤 임무를 띠고 스위스에서 왔다는 것을 알고 있었다. 그래서 주위에서는 존경심 같은 것을 가지고 그를 대했다. 모두들 여러 가지 정보를 제공하면서 그의 임무를 도와주었다. 그러나 이러한 신뢰와 우정에도 불구하고 노동자계급 출신의 많은 투사들은 자크를 '인텔리' 또는 '동조자'로 생각하고, 근본적으로는 자기들의 편이 아니라고 생각했다.

'프로그레'에서는 중이층의 비교적 넓고 천장이 낮은 방이 그들의 집회 장소였다. 그곳에는 당에 가입해 있는 지배인이 단골만 올라가도록 제한했다. 그날 밤에는 나이도 모두 다른 20명쯤의 사람들이 담배 연기와 시큼한 맥주 냄새 속에서 더럽고 끈적끈적한 몇 개의 대리석 테이블을 둘러싸고 앉아 있었다. 모두들 전쟁이 일어날 경우 인터내셔널이 할 역할에 대하여 그날 아침 신문에 실린 조레스의 글을 읽으며 토론하고 있었다.

거기에는 카디외, 마르크 르브와르, 스테파니, 베르테, 라프가 있었다. 그들은 수염이 텁수룩하고 얼굴이 불그스레한 금발의 한 남자를 둘러싸고 있었다. 그는 전에 자크가 베를린에서 만나 알게 된 독일인 사회주의자 타흘러였다. 타흘러는 이 글이 독일계의 모든 신문에 게재되어 논의될 것이라고 단언했다. 그의 말로는 대통령의 러시아 여행 예산을 프랑스 사회주의당이 거부한 것을 정당화하기 위해 최근에 조레스가 의회에서 행한 연설—그 연설에서 조레스는 프랑스가 '모험에 휘말리는 것'을 개의치 않는다고 분명히 밝혔다—이 라인 강 건너편에서 대단한 반향을 불러 일으켰다고 한다.

"프랑스에서도" 하고 라프가 말했다. 그는 인쇄공 출신으로서 수염이 텁수룩하고 두개골이 이상하게 우툴두툴했다. "그 결과로 센느 조합은 전쟁의 위협이 있을 경우 총파업을 단행하기로 결의했어."

"당신네 독일 노동자들은" 하며 카디외가 물었다. "사회민주당이 파업 원칙을 인정할 경우에…… 그리고 동원 위협에 직면해서 그런 명령을 내렸을 때, 아무런 논란 없이 파업할 수 있을 만큼 충분한 훈련과 준비가 되어 있을까?"

"그럼 똑같은 질문을 자네한테 하겠네" 하며 타흘러가 자신 있는 듯 쾌활하게 웃으면서 말했다. "동원령이 내려질 때 당신들 프랑스의 노동자계급은 충분히 훈련이 되어 있을까?"

"그것은 모두 독일 프롤레타리아의 태도에 달려 있을 거라고 생각해." 자크가 입을 열었다.

"나 역시 틀림없이 그럴 거라고 대답하겠어." 카디외가 말했다.

"믿을 수 없어!" 하고 라프가 말했다. "나는 오히려 그렇지 않다고 말하고 싶어."

카디외는 어깨를 으쓱해 보였다.

(그는 키가 크고 바싹 말랐으며 비실비실한 사람이었다. 그는 지부, 위원회, 노동조합사무소, C.G.T.(Confédération Générale du Travail. 노동총동맹의 약자), 신문 편집실, 관청의 계단 어디에서나 눈에 띄었으며, 언제나 바쁘게 뛰어다니므로 도저히 붙잡을 수 없는 사람이었다. 언제나 도중에 잠깐씩 마주칠 뿐이고, 막상 찾으면 어디로 갔는지 알 수 없고, 언제나 지나쳐 버린 다음에야 생각나는 그런 유형의 사람이었다)

"그래, 그러나……" 하고 타츨러가 파안대소하며 말했다. "그래, 우리도 gerade so!(똑같아라는 뜻) 왜 그런지 알겠나?" 하고 그는 큰 눈을 두리번거리면서 갑자기 말했다. "독일에서는 푸앵카레의 차르 방문을 매우 불안해 하고 있어!"

"바보 같은 짓이야!" 하며 라프가 투덜거렸다. "확실히 시기를 잘못 잡았어! 세상 사람들의 눈에는 우리가 마치 범슬라브주의를 공식적으로 두둔하기라도 하는 것처럼 보이고 있어!"

자크가 말했다.

"특히 우리나라 신문을 보면 그래. 그 여행에 관해 프랑스의 신문들은 모두 정말 참을 수 없다는 투의 도전적인 논조로 논평하고 있어."

"왜 그런지 알겠나?" 하고 타츨러가 말했다. "외무장관 비비아니의 동행이 페테르부르크에서 Germanismus(게르만주의라는 뜻의 독일어)에 대항하기 위한 외교적 밀담이 있을 것이라는 생각을 갖도록 하기 때문이야……. 우리나라에서는 프랑스가 3년 동안의 병역법을 실시하는 것이 러시아의 요청 때문이라는 것을 모두들 너무나 잘 알고 있어, 그 목적이 뭐야? 이런 범슬라브주의는 독일과 오스트리아를 더욱더 위협하고 있어!"

"그러나 러시아에서는 제대로 안 되고 있어" 하고 들어오자마자 자크 곁에 앉은 밀라노프가 말했다. "여기 신문들은 거기에 대해서 거의 아무것도 쓰고 있지 않아. 프라즈노우스키가 여러 가지 정보를 갖고 러시아에서 왔어. 파업은 푸틸로프 공장에서 일어나 빠르게 확산되고 있어. 그저께 금요일에는 페테르부르크에서만도 동맹 파업자가 6만 5천 명이나 됐어! 시가전이 있었고! 경찰의 발포로 많은 사람이 죽었어! 여자와 아이들까지 말이야!"

또다시 자크의 눈앞에 푸른 투피스를 입은 제니의 모습이 나타났다가 사라졌다. 자크는 이야기를 계속하기 위해, 그리고 마음을 불안하게 하는 제니의 영상을 떨쳐 버리기 위해 밀라노프에게 이렇게 물어보았다.

"프라즈노우스키가 왔다고?"

"오늘 아침에 도착했어. 1시간 전부터 사장하고 방에 틀어박혀 있지. 나는 그를 기다리고 있어. 자네도 그런가?"

"아니야" 하고 자크가 대답했다. 다시 몸이 불편해지면서 열이 나는 것을 느꼈다. 이렇게 담배 연기 속에 꼼짝하지 않고 있으면서 계속 똑같은 질문을 되풀이하는 것이 그로서는 여간 고통스러운 일이 아니었다. "늦었군. 이제 돌아가야겠어."

그러나 밖으로 나오자 동지들과 어울려 있을 때보다 밤의 어두움과 고요한 고독감이 한결 더 고통스럽게 느껴졌다. 그는 발걸음을 재촉해서 호텔 쪽으로 걷기 시작했다. 그가 묵고 있는 곳은 세느 강변 맞은편, 베르나르댕 거리와 투르넬 강변로 모퉁이에 있는 모베르 광장 근처였는데, 방에 가구가 딸린 그 집은 반네드의 오랜 친구인 벨기에인 사회주의자가 관리하고 있었다. 그는 그다지 주의하지 않고 떠들썩한 밤의 중앙시장과 넓고 조용한 시청 광장을 지나갔다. 큰 시계는 2시 15분 전을 가리키고 있었다. 이 시각은 밤늦도록 귀가하지 않은 남자들과 여자들이 서로 지나치면서, 마치 암캐와 수캐처럼 서로 냄새를 맡는 그런 기묘한 시각이었다.

그는 덥고 목이 말랐다. 바는 모두 닫혀 있었다. 머리를 숙인 채 무거운 발걸음으로 강가를 따라 수면과 망각을 향해 걸음을 재촉했다. 그곳에서는 틀림없이 제니가 자기 아버지의 머리맡에서 밤새워 간호하고 있겠지. 그는 그 생각을 하지 않기로 작정했다.

"내일" 하며 그는 중얼거렸다. "이 시각에 나는 이미 멀리 떠나 있을 것이다!"

손으로 더듬어 가면서 계단을 올라가 자기 방에 돌아온 그는 물주전자의 미지근한 물을 한 모금 마셨다. 그리고 촛불을 켤 사이도 없이 옷을 벗고 침대 위에 몸을 던졌다. 그리고 곧 잠이 들었다.

20. 7월 19일 일요일—앙투안, 퐁타냉 부인과 함께 병원에서 숙박

앙투안이 지켜보는 가운데 실시된 수술은 완벽하다고는 말할 수 없었다. 에케는 상처 입은 부위를 절개한 후 부서진 뼈를 꺼냈다. 그 뼛조각은 두개골 속에 깊숙이 박혀 있었다. 그래서 그는 개두(開頭) 수술까지도 결심하고 있었다. 그러나 환자의 상태가 허락하지 않아 두 의사는 결국 총알을 찾아내는 것을 단념해야만 했다.

두 사람은 이 사실을 퐁타냉 부인에게 알리기로 합의했다. 그러나 그렇게 하기에는 너무나 가혹하다는 생각이 들었으므로—전혀 틀린 생각은 아니었지만—수술 결과로 미루어보아 환자가 다시 살아날 가능성이 전혀 없는 것은 아니라고 이야기해 주었다. 따라서 몸의 상태가 회복되면 총알을 찾아서 빼낼 수 있을지도 모른다는 말도 해 주었다. (그러나 그런 요행을 기대하기란 매우 의심스럽다는 말은 하지 않았다)

에케와 그의 아내는 새벽 2시가 되어서야 병원을 떠날 생각을 할 수 있었다. 퐁타냉 부인은 니콜에게 남편과 함께 집으로 돌아갈 것을 당부했었다.

제롬은 3층에 있는 방으로 옮겨졌다. 간호사 한 명이 밤새워 간호하고 있었다.

앙투안은 부인과 제니 둘만 남겨 놓을 수 없어서 자기도 같이 밤을 새우겠노라고 제의했다. 그들 세 사람은 모두 병실 옆에 있는 작은 살롱으로 자리를 옮겼다. 출입문과 창문은 모두 열려 있었다. 그들 주위에는 병원의 음침한 밤의 적막만 감돌았다. 문마다 그 뒤에 몸부림치며 탄식하는가 하면, 엎치락뒤치락하며 시간이 가기만을 바라는 고통받는 육체가 있는 것을 짐작할 수 있었다.

제니는 다른 사람과 떨어져서 방구석에 있는 긴 의자에 앉아 있었다. 스커트 위에 두 손을 가지런히 올려놓고 윗몸을 꼿꼿이 하고는 고개를 숙인 채 두 눈을 감고 있는 그녀는 잠들어 있는 것 같았다.

퐁타냉 부인은 의자를 앙투안 옆으로 가까이 가져갔다. 그를 만나지 못한 지가 벌써 1년도 더 되었다. 그런데도 남편의 자살 소식을 듣자 가장 먼저 떠오른 생각은 닥터 티보에게 구원을 청해야겠다는 일념뿐이었다. 그래서 그는 온 것이다. 그것도 부르자마자 언제나처럼 활기차고 변함없는 모습으로 달려왔다.

"아버님이 돌아가신 뒤로 통 뵙지 못했군요" 하고 갑자기 부인이 말을 꺼 냈다. "몹시 괴로우셨지요……. 저도 걱정을 많이 했어요. 아버님을 위해 기도했어요……." 부인은 입을 다물었다. 그녀는 두 아이가 집을 나갔을 때 꼭 한 번 티보 씨를 찾아갔던 일을 떠올리고 있었다. 그때의 티보 씨는 얼마 나 무정하고 또 무례했던가! ……부인은 낮은 소리로 이렇게 말했다. "저 세상에서 평안하시기를……."

앙투안은 아무런 대답도 하지 않았다. 침묵이 흘렀다.

주위에 날벌레가 날아들고 있는 샹들리에의 불빛이 겉만 번지르르한 가구, 의자의 황금빛 소용돌이 무늬 장식, 푸른 질그릇으로 만든 화분에 담겨 테이 블 중앙에 당당히 자리잡고 있는 리본이 달린 시든 화초를 매정하게 비추고 있었다. 이따금 귀를 멍멍하게 하는 벨 소리가 복도 끝에서 울렸다. 그러자 타일 위를 미끄러지듯이 걸어가는 간호사의 발소리가 들리고, 이윽고 문 하 나가 조용히 열렸다가 다시 닫히는 소리가 났다. 이따금 멀리서 신음하는 소 리며 도자기가 부딪치는 소리가 나다가 다시 모든 것이 잠잠해지곤 했다.

퐁타냉 부인은 앙투안 쪽으로 몸을 기울이고 통통한 작은 손으로 전깃불 때문에 피곤해진 두 눈을 가리고 있었다. 부인은 낮은 목소리로 제롬에 관해 이야기하기 시작했다. 그리고 남편의 복잡한 사업에 대해서 아는 대로 차근 차근 들려주었다. 그녀는 자신이 생각하고 있는 것을 분명히 말하는 데 조금 도 머뭇거리지 않았다. 앙투안에게 믿음을 갖고 있었기 때문이다.

앙투안도 몸을 숙이고 부인의 말에 귀를 기울이고 있었다. 그는 이따금 무 언가가 생각나기라도 한 것처럼 얼굴을 들곤 했다. 그리고 그들은 아주 정중 하고 서로 이해할 수 있다는 듯한 눈길을 주고받았다. '부인은 참으로 훌륭 하다' 하고 앙투안은 생각했다. 이런 슬픔을 당하고도 침착하고 의연할 수 있는 그녀, 언제나 남성적인 꿋꿋함 속에 자연스런 매력을 지니고 있는 그녀 가 믿음직스럽게 생각되었다. '아버지는 부르주아에 지나지 않았어' 하고 앙 투안은 생각했다. '부인은 귀족이야.'

그러는 동안에도 그는 부인이 하는 말을 한 마디도 놓치지 않았다. 그리고 차츰 퐁타냉을 죽음으로 몰고 가기까지의 그 위태로운 과정을 하나하나 다 시 읽어볼 수 있었다.

제롬은 18개월쯤 전부터 어느 영국계 회사에서 일하고 있었다. 본사는 런던에 있고, 헝가리에서 삼림을 벌채하는 회사였다. 그 회사는 착실하게 운영되고 있었다. 그래서 퐁타냉 부인도 몇 달 동안은 남편이 이제 안정된 직장을 잡은 것으로 알고 있었다. 사실 그녀는 제롬이 어떤 일에 종사하고 있는지를 확실히 모르고 있었다. 그는 대부분의 시간을 빈과 런던을 왕래하는 침대차 속에서 보내고, 파리에는 잠시 들르기만 했었다. 그럴 때면 옵세르바투아르 거리의 집에 와서 하룻밤을 지내곤 했다. 서류가 가득 든 가방을 들고 와서는 거드름을 피우는가 하면, 기분이 매우 좋아 들떠있기도 했으며, 가족들에게는 온갖 친절을 다 베풀었으므로 모두가 분위기에 도취되곤 했었다. (그런데 이것은 가련한 부인이 자신의 입으로 말한 사실은 아니지만 여러 가지 정황으로 미루어 보아 그녀는 남편이 오스트리아와 영국에 각각 현지처를 두고 있다는 사실을 알고 있었다) 아무튼 생활은 어렵지 않게 꾸려간 것 같았다. 심지어 그는 자신의 지위가 앞으로 더 높아질 것이며, 그렇게 되면 곧 아내와 딸을 위해 송금을 더 많이 할 수 있을 것이라는 말도 했다는 것이다. 왜냐하면 지난 몇 년 동안 퐁타냉 부인과 제니는 오직 다니엘만 의지하고 살아왔기 때문이다. (퐁타냉 부인은 이렇게 털어놓으면서도 남편의 무책임함을 비난하면서 느끼는 부끄러움과 부모를 끔찍이 위하는 아들을 자랑스러워하는 마음 사이에서 갈등을 느끼고 있는 것이 분명했다)

다행히 아들은 뤼드비그손의 미술잡지 일을 하면서 꽤 높은 보수를 받고 있었다. 다니엘이 군대에 들어가게 되면서 사정이 악화되지 않을 수 없었다. 그러나 너그럽고 눈치 빠른 뤼드비그손은 다니엘이 병역을 마친 다음에도 다시 자기에게 돌아오게 하려고 그가 없는 동안에 금액은 줄었지만 달마다 꼬박꼬박 월급을 주기로 약속했었다. 그래서 아무튼 부인과 제니는 최소한의 생활에는 어려움을 겪지 않았던 것이다. 제롬도 이 모든 사정을 모르지는 않았다. 그는 자기 입으로도 이 사실을 몇 번이고 말하기까지 했다. 가족에 대한 무관심이 몸에 배어 있어서 자기 집의 생계를 아들에게 맡겨 놓고 있으면서도, 마치 고관대작이나 된 것 같은 거드름을 피우며 아들이 지출하는 금액을 정확히 알아두도록 당부하곤 했다. 그리고 아들에게는 기회가 있을 때마다 감사의 뜻을 표시하는 것을 잊지 않았다. 더구나 그는 그러한 금전적인 도움을 마치 아들이 미리 빌려 준 것으로 생각하고 여유만 생긴다면 갚아줄 듯이 굴었다. 그는 빚을 갚기 위해서는 총액이 '우수리 없는 숫자'가 될 때를 기다리는 것이 낫겠다고 말하곤 했다. 그리고 세심하게도 이따금 이런 부채의 정확한 계산서를 만들어 타자로 2부를 쳐서 테레즈와 다니엘에게 1부씩 주곤 했다. 이자는 높은 이율의 복리로 계산되어 있었다……. 이런 소상한 것까지 설명하는 퐁타냉 부인의 순진하면서도 어처구니없는 태도를 보고 있노라면 그녀가 제롬의 악의를 알고 있었는지 없었는지도 가릴 수 없었다.

바로 그 순간에 고개를 든 앙투안은 자신을 바라보는 제니의 눈길과 마주쳤다. 내면적 생활로 가득 찬 눈길, 신중함과 고독이 무겁게 담겨 있는 눈길. 그는 그 눈길과 마주칠 때마다 늘 어떤 거북함을 느끼곤 했다. 그 옛날 동생의 가출에 대해 알아보려고 당시 어린아이였던 제니에게 갔을 때, 그리고 그 눈길을 처음으로 대했을 때를 그는 결코 잊을 수 없었다.

별안간 제니가 자리에서 일어났다.

"가슴이 답답해요" 하고 제니는 어머니에게 말했다. 그녀는 손바닥에 움켜쥐고 있던 작은 손수건으로 이마를 닦았다. "정원에 나가서 시원한 바람을 좀 쐬었으면 해요……."

퐁타냉 부인은 고개를 끄덕였다. 그리고 제니가 사라질 때까지 뒷모습을 지켜보았다. 그러고 나서 부인은 다시 앙투안 쪽으로 돌아앉았다. 그녀는 제니가 그들을 둘만 있게 해 준 것을 고맙게 생각했다. 지금까지의 이야기만으로는 제롬의 갑작스런 자살기도를 충분히 설명했다고 할 수 없다. 이제부터 더 어렵고 더 괴로운 설명을 해야만 했다.

지난겨울 빈에서 이미 여러 사람들과 사귀고 있던 제롬은 '경솔하게도' 자신의 이름을 오스트리아인이 경영하는 어떤 벽지 제조회사의 회장에게 빌려 주었다—그리고 자신의 칭호까지도 빌려 주었는데, 그것은 그가 오스트리아에서 제롬 드 퐁타냉 백작으로 자칭했기 때문이다—그 회사는 설립한 지 겨우 몇 달 만에 그다지 명예롭지 못한 도산을 하고 말았다. 회사를 청산하는 와중에 오스트리아 재판소는 그 책임 소재를 추궁하고 있었다.

더구나 사건은 트리에스테 박람회 사무국이 제소를 해옴으로써 복잡해졌다. 올봄에 벽지회사는 박람회에 진열장을 설치했었는데, 그 임대료가 계속 밀려 있었던 것이다. 제롬은 이 박람회에 각별히 열중해 있었다. 게다가 6월에는 영국 회사로부터 한 달의 휴가까지 받아 트리에스테에서 즐겁게 지냈다. 벽지회사는 몇 차례에 걸쳐 꽤 많은 금액을 그에게 주었다. 그러나 그

돈을 어디에 썼는지가 확실하지 않았다. 그래서 예심판사는 퐁타냉 백작을 진열장 임대료도 내지 않고 회사 비용으로 트리에스테에서 호화판으로 놀아난 혐의로 기소했다. 아무튼 제롬은 파산한 회사의 회장 자격으로 소추를 받게 되었다. 소문에 따르면 그는 적지 않은 주식을 가지고 있었는데, 그것은 회장을 맡은 대가로 '공짜로' 받았다는 것이다.

그런데 어떻게 해서 퐁타냉 부인이 이렇게 자세한 것까지 알았을까? 최근 몇 주일 전까지만 해도 부인은 아무것도 모르고 있었다. 그러던 어느 날 그녀는 제롬으로부터 한 통의 편지를 받았다. 아리송하면서 절박한 편지로서, 그 내용인즉 부인 명의로 되어 있는 메종 라피트의 별장을 저당 잡아 돈을 더 빌려 달라고 매달리는 것이었다─(별장은 벌써 제롬 때문에 일부가 저당 잡혀 있었다) 부인의 의뢰를 받은 공증인은 급히 오스트리아 쪽을 조사하게 했다. 이렇게 해서 퐁타냉 부인은 남편에게 제기된 기소 사실을 알게 되었다.

그런데 최근 며칠동안에 무슨 일이 일어났을까? 어떤 새로운 사건이 제롬을 이 절망적인 행위로까지 몰고 갔을까? 부인은 여러 가지 추측을 해 보았다. 그녀는 트리에스테의 채권자 몇 명이 날마다 지방 신문에 남편을 비방하고 있다는 것을 알고 있었다. 그런데 그들의 폭로가 과연 근거가 있는 것일까? 하지만 제롬은 틀림없이 자기의 장래가 이것으로 끝장났다고 생각했던 것 같다. 오스트리아 법정을 피할 수 있었다 하더라도 이런 스캔들을 일으킨 이상 영국 회사에서의 지위를 그대로 유지하기를 기대할 수 없었다……. 결국 속수무책으로 옴짝달싹 할 수 없게 되자, 제롬으로서는 사라지는 해결책 말고는 다른 방법이 없지 않았을까?

퐁타냉 부인은 입을 다물었다. 의아한 듯 하면서 멍한 부인의 눈길, 앞을 물끄러미 바라보고 있는 그녀의 눈길은 입 밖에 내지는 않았지만 이런 질문을 던지는 것 같았다. '그에게 내가 할 수 있는 모든 것을 해 주었을까? 옛날처럼 내가 자기 곁에 있다는 것을 느꼈더라면 이런 일이 일어났을까?' 그것은 마음만 아프게 할 뿐, 아무리 생각해도 해결할 수 없는 문제였다…….

그녀는 마음을 가다듬으려고 애썼다.

"그런데 제니는?" 하고 그녀는 말했다. "감기라도 들면 어쩌지…… 밖에서 자면 안 될 텐데."

앙투안이 일어났다.

"그냥 계세요. 제가 가 볼 테니."

21. 7월 19일 일요일—제롬의 머리맡에서의 퐁타냉 부인

제니는 정원에 내려갈 기운도 없었다. 그저 앙투안을 피하여 살롱에서 빠져나오려 했을 뿐이다.

한 손으로 타일로 덮인 벽에 기대면서 그녀는 긴 복도를 따라 무턱대고 몇 걸음 걸었다. 창이란 창은 모두 열려 있었으나 숨이 답답하기는 마찬가지였다. 아래에 있는 수술실에서 역겨운 에테르 냄새가 계단을 타고 올라와 온 건물에 들어찬 더운 공기와 뒤섞였다.

그녀의 아버지의 병실문은 반쯤 열려 있었다. 칸막이 뒤에 작은 램프 하나만 켜 두어서인지 방은 어두컴컴했다. 간호사는 의자에 앉아 뜨개질을 하고 있었다. 이불 밑에 움직이지 않는 몸뚱이가 희미하게 보였다. 두 팔은 침대 위에 쭉 뻗어 있었다. 머리는 베개 위에 모로 뉘어져 있었다. 이마는 붕대로 가려져 있었다. 반쯤 벌어진 입은 검은 구멍처럼 보였고, 거기에서 낮은 숨소리가 규칙적으로 새어나오고 있었다.

제니는 반쯤 열린 문틈으로 자신도 놀라울 정도로 침착하고 거의 무관심하게 그 입을 똑똑히 보며 그 숨소리를 듣고 있었다. 아버지는 죽어가고 있었다. 그녀는 그 사실을 알고 있었다. 그리고 그것을 마음속으로 되뇌었다. 그 무서운 생각을 자신의 혼미한 속마음으로부터 떨쳐 버리지 못했기에, 아버지의 죽음을 자신과 관계 있는 확실하고 현실적인 일로 바라볼 수 없었다. 비뚤어진 성격 탓에 자신이 냉랭해지는 것 같았다. 하지만 제니는 아버지가 여러 가지 결점을 가지고 있음에도 불구하고 아버지를 존경했다. 어린시절 중태에 빠진 아버지를 보살피기 위해 그의 머리맡에 있었던 일, 괴로움 때문에 일그러지고 찌푸려진 아버지의 얼굴을 보고 가슴 죄던 일을 생각해 보았다. 그런데 오늘은 어쩌면 이토록 무감각할 수 있을까? ……그녀는 두 팔을 아래로 축 늘어뜨리고 침대를 뚫어지게 바라보면서 그 자리에 우뚝 서 있었다. 자신의 냉담함을 꾸짖는가 하면 죄책감을 느끼면서 이런 비극적인 장면을 외면하고 잊어버리고자 하는 욕망과 싸웠다……. 바로 오늘 저녁 이 뜻하지 않은 아버지의 임종이 자신이 행복해질 수 있는 마지막 기회를 앗아가기라도 하는 것처럼…….

마침내 제니는 바람을 좀 쐬려고 기대어 있던 기둥에서 어깨를 떼고 복도의 창가로 걸어갔다. 마침 그곳에 의자가 하나 있었다. 그녀는 거기에 앉아 난간에 두 팔을 얹고 모아쥔 두 손 위에 무거운 머리를 올려 놓았다.

제니는 자크를 미워하고 있었다! 그는 비열하고 변덕스런 인간이었다. 무책임한 남자라고도 말할 수 있겠지…… . 미친 사람…… .

무더운 어둠 속 아래로 보이는 정원은 나뭇잎 하나 흔들리지 않고 잠들어 있었다. 시야에 어둑어둑한 수풀더미와 잔디밭 주위로 나 있는 샛길의 어두침침한 굴곡이 들어왔다. 일본산 옻나무 한 그루가 지독한 한약 냄새를 풍기며 주위의 공기를 오염시키고 있었다. 수풀 저쪽에서는 띄엄띄엄 서 있는 큰길의 가로등 불빛을 받으며 야채상의 수레들이 천천히 지나가고 있었다. 끝없이 이어지는 수레 행렬은 커피를 갈 때와 같은 소리를 내며 포장도로 위를 흔들거리면서 지나가고 있었다. 이따금 자동차 경적 소리가 짐수레 소리를 뒤덮곤 했다. 그리고 유성 같은 헤드라이트 불빛이 휙 수풀을 스쳐 어둠 속으로 사라지곤 했다.

"이런 데서 자면 안 돼요" 하고 제니의 귀에다 대고 앙투안이 속삭였다.

제니는 소스라쳤다. 그리고 그가 만지기라도 한 듯 하마터면 소리를 지를 뻔했다.

"안락의자를 갖다드릴까요?"

그녀는 괜찮다는 시늉을 하면서 벌떡 일어나 앙투안을 따라 살롱 쪽으로 걸어갔다.

"병세가 더 나빠지진 않을 겁니다" 하고 그는 걸어가면서 낮은 소리로 설명했다. "맥박은 비교적 좋아요. 혼수상태가 좀 나아진 것 같은 증세도 보이고."

살롱에는 퐁타냉 부인이 서 있었다. 그녀는 두 사람을 맞으려고 다가왔다.

"이제야 겨우 생각이 났는데요" 하고 부인은 힘찬 목소리로 앙투안에게 말했다. "제임스한테 알려야 했었는데! 나의 친구 그레고리 목사 말이에요
…… ."

부인은 이렇게 말하면서 다정하게 제니의 어깨에 팔을 얹었다. 그리고 그녀를 품안으로 끌어당겼다. 서로 다른 슬픔이 깃들어 있는 두 사람의 얼굴이 맞닿았다.

앙투안은 그 목사를 잘 기억하고 있다는 표정을 지었다. 그는 병원을 빠져

나갈 수 있는 뜻밖의 구실을 놓치지 말아야겠다는 생각이 문득 들었다! ……1시간만이라도 병원을 빠져나가자……. 바그람 거리까지는 뛰어갈 수도 있지 않을까? 안느의 모습이 머리에 떠올랐다. 하얀 실내복을 입고 긴 의자 위에서 잠이 든 안느의 모습…….

"아주 간단한 일이지요!" 하고 앙투안이 말했다. 그의 울리는 목소리는 흥분에 가득 차 있었다. "주소를 말해 주십시오……. 제가 갈 테니까요!"

퐁타냉 부인은 사양했다.

"너무 멀어요……. 오스테를리츠 역(파리 동남쪽에 있는 역) 근처인걸요!"

"밑에 제 차가 있으니까요! 밤이라서 빨리 달릴 수 있고…… 그리고" 하며 그는 아주 자연스런 말투로 덧붙였다. "가는 길에 잠깐 집에 들렀다 오겠어요. 어젯밤 이후로 전화한 환자가 없나 확인도 할 겸해서……. 1시간 안에 돌아올 수 있을 겁니다."

그는 이미 문 쪽으로 가고 있었다. 그에게는 부인의 설명이나 그녀가 감격해서 하는 감사의 말이 제대로 귀에 들어오지 않았다.

"정말 헌신적인 분이셔! 저런 분을 알고 있어서 얼마나 다행인지 몰라!" 하고 부인은 앙투안의 모습이 눈에서 채 사라지기도 전에 말했다.

"나는 저 사람이 싫어요" 하며 잠자코 있던 제니가 낮은 소리로 말했다.

퐁타냉 부인은 별로 놀라는 기색 없이 딸의 얼굴을 바라보면서 아무런 대꾸도 하지 않았다.

부인은 딸을 살롱에 남겨둔 채 제롬의 병실로 들어갔다.

이제는 헐떡거림도 멈추었다. 시시각각으로 약해져 가는 숨이 반쯤 열린 입에서 소리도 없이 새어나오고 있었다.

퐁타냉 부인은 간호사에게 움직이지 말고 그대로 있으라는 손짓을 했다. 그리고 살며시 침대 발치에 가서 앉았다.

부인은 이미 단념하고 있었다. 그녀는 붕대를 감은 얼굴에서 눈을 떼지 않았다. 자신도 모르게 눈물이 두 뺨으로 흘러내렸다.

'참 멋진 사람인데' 하고 그녀는 제롬을 바라보며 생각했다.

은빛 머리칼을 가리고, 동양풍의 섬세한 옆모습을 두드러져 보이게 하는 솜과 붕대로 감은 터번 아래에 남자다우면서도 단아한 모습을 하고 가만히 있는 제롬은 젊은 파라오의 데스마스크를 떠올리게 했다. 눈에 띄지 않을 정도의 부기가 주름을 완전히 없애 주어 어두컴컴한 방 안에서의 그의 얼굴은 이상하리만큼 젊어 보였다. 매끈한 두 뺨은 불거져나온 광대뼈 아래에서 턱의 단단한 곡선까지 움푹 패여 있었다. 붕대가 이맛살을 좀 잡아당겨 감긴 눈꺼풀이 관자놀이 쪽으로 당겨져 있었다. 마취제 때문에 핏기를 잃고 부풀어오른 입술은 육감적이었다. 그런 그는 두 사람이 젊었을 때의 어느 날 아침, 먼저 잠에서 깬 자신이 잠들어 있는 제롬을 몸을 구부리고 바라보던 때와 마찬가지로 미남이었다…….

절망도 애정도 충족시킬 수 없었던 그녀는 눈물을 통하여 제롬에게 아직 남겨진 것, 곧 자기 일생의 유일하고도 위대한 사랑의 대상에게 남아 있는 것을 물끄러미 바라보고 있었다.

30살이 되던 해의 제롬……. 그는 뒤로 젖힌 몸, 엷은 구릿빛 살결, 미소, 부드러운 눈길, 오염하고 늘씬한 모습을 하고 그녀 앞에 서 있었다……. 그때 그녀는 그를 '나의 인도 왕자님'이라고 불렀다—그만큼 그녀는 사랑받는 것을 자랑스럽게 여겼던 것이다! 목을 젖히고 묵주를 굴리듯 '하, 하, 하……' 하며 세 마디로 분명히 끊어서 웃는 그의 웃음소리가 들리는 것만 같았다. 그의 명랑함, 언제나 즐거운 기분 속에서 살던 그의 모습……. 거짓으로 뭉쳐진 그의 명랑함! 사실 그는 그런 거짓이 하나의 타고난 품성인 것처럼 거짓 속에서 살았다. 장난삼아 아무렇지 않게 하는 거짓이다 보니까 그것이 몸에 배고 만 것이다.

제롬……. 여자로서의 삶을 살아오는 동안 사랑이 어떤 것인지를 알게 해준 그가 지금 침대 위에 누워 있다. 이미 여러 해 전부터 자신의 애정생활은 끝나 버린 것으로 생각했던 그녀! 그녀는 갑자기 자기가 결코 희망을 버리지 않고 있었다는 것을 깨달았다……. 하지만 지금, 오늘밤, 모든 것은 영원히 끝나 가고 있었다.

그녀는 두 손으로 얼굴을 가리고 성령에게 기도했다. 그러나 아무런 대답을 들을 수 없었다. 그녀의 마음은 지금 너무나 인간적인 감동으로 꽉 차 있었다. 불순한 회한에 몸을 맡기고 있는 그녀는 하느님으로부터 버림받은 것 같은 느낌이었다. 부끄럽게도, 마음이 약해진 그녀는 마지막 사랑의 추억을 자신도 모르게 되살리고 있었다……. 메종 라피트에서의 일이었다. 노에미가 죽고 난 뒤 제롬을 암스테르담에서 그 별장으로 데려왔을 때였다. 그날 밤 그는 겁먹은 듯이 그녀의 방으로 슬그머니 들어왔다. 그는 용서를 구했다. 농정과 애무를 구했다. 어둠 속에서 몸을 오므리고 그녀에게 안겼다. 그녀는 어린아이에게 하듯이 그를 두 팔로 꼭 껴안아 주었다. 오늘 같은 여름날의 밤이었다. 창문은 숲 쪽으로 열려 있었고…… 그리고 아침까지 내내 한잠도 자지 않고 아이처럼 자신에게 안겨 잠들어 있는 그를 지켜보았던 것이다…… 무덥고 감미로운 여름밤. 오늘밤과 꼭 닮은…….

풍타냉 부인은 갑자기 고개를 들었다. 그녀의 눈길에 무언가 혼란스런 빛이 어렸다……. 격렬하고 미칠 듯한 욕정. 간호사를 내보내고 여기 남편 곁에 누워 마지막으로 그를 껴안고, 그의 체온 속에 파묻힐 수 있다면. 그래서 영원히 눈을 감아야 하는 그를 마지막으로 자기 손으로 잠재울 수 있다면……. '아이처럼…… 내 아이처럼…….'

눈 앞에 보이는 이불 위에는 거푸집에 넣어서 만든 것처럼 선이 매우 아름답고 신경질적인 손이 놓여 있었다. 네 번째 손가락에 끼고 있는 붉은색의 큰 마노 반지가 검은 점을 이루고 있었다. 오른손, 대담하게 권총을 들었던 그 손…… '내가 왜 그때 당신 곁에 없었을까?' 하고 그녀는 애통해 하며 생각했다. 손을 관자놀이에 대기 전 마음속으로 나를 부르지는 않았을까? 파멸의 그 순간 내가 그의 곁에, 그 자리에 있었더라면 그가 그런 짓을 하지는 않았을 거야. 그 자리는 지상에서의 생활을 위해 하느님이 그에게 정해 주신 자리이며, 어떤 원한이 있더라도 절대로 떠나서는 안 됐을 자리였는데…….

부인은 눈을 감았다. 얼마동안의 시간이 흘렀다. 차츰 마음의 평정을 되찾았다. 온갖 추억들을 떨쳐 버리자 마음속에 있던 회한의 감정이 종교적인 평온으로 다시 돌아왔다. 그녀는 다시금 우주적인 '힘'과 교감이 이루어지는 것을 느꼈다. 이 힘이야말로 그녀에게는 언제나 변함없고 또 없어서는 안 될 위안이었다. 그녀는 하느님이 주신 이러한 시련을 이미 다르게 보고 있었다. 갑자기 들이닥친 불행, 아직도 그 충격이 짓누르고 있는 불행 앞에서 그녀는 지금 초월적이고 신비로운 '필연적 생각', '신의 섭리'를 확인하고자 했다. 그리고 평온한 세계……. 선택받은 사람들에게는 모든 고통의 끝인 포기와 체념 속에서 평화에 가까이 가고 있다는 것을 느꼈다.

'주님의 뜻대로 하옵소서' 하고 그녀는 두 손을 모으며 중얼거렸다.

22. 7월 19일 일요일—동생 방문에 대한 앙투안의 반성

자동차는 창유리를 모두 내리고 인적이 드물어 소리가 잘 울려 퍼지는 거리를 전속력으로 달렸다. 여름밤은 벌써 동이 트는 듯했다.

앙투안은 시트 한가운데 앉아 팔과 다리를 벌리고 담배를 입에 문 채 생각에 잠겨 있었다. 늘 그렇듯이 불면의 피로는 그를 녹초가 되게 하기는커녕 오히려 기분 좋은 흥분을 느끼게 했다.

'3시 반' 하고 그는 페레르 광장의 큰 시계 앞을 지나치며 속으로 중얼거렸다. '4시에 그 미치광이 목사를 깨워서 병원에 보내야지. 그러면 나는 완전히 자유롭게 된다…… 물론 '그 사람'은 내가 없는 사이에 죽을지도 모르지…… 그러나 아직 하루 정도는 더 버틸 수 있을지 모르지…….' 그의 마음은 평온했다. '아무튼 할 수 있는 데까지는 다했다' 하고 그는 수술 과정을 하나하나 더듬어 보면서 생각했다. 그러고 나서 그는 제니가 찾아온 일, 자크와 함께 보낸 저녁 한때를 떠올렸다. 몇 시간에 걸쳐 직업적인 일을 수행한 뒤 지금에 와서 생각해 보니 동생과의 논쟁이 더욱 헛된 일처럼 느껴졌다.

'나는 의사야. 나에게는 해야 할 일이 있고 나는 그 일을 하고 있다. '그들'은 그 이상 무엇을 더 바란단 말인가?'

'그들'이란 바로 자크와 같은 사람들을 두고 한 말이었다. 아무 일도 하지 않고, 아무 직업도 없이, 부산히 돌아다니면서 그저 허공 속에서 지껄이는 것이 고작인 녀석들. 자크뿐만 아니라 그의 배후에 있는 한 무리의 혁명적 선동가들이, 어제 저녁에도 소란을 피우는 소리를 그는 들은 것 같았다.

'불평등, 불의? ……그래, 알아! 그런데 그들은 도대체 무엇을 만들어 냈단 말인가? 그래서 어쨌다는 거야? …… 오늘날의 문명, 그것은 신의 이름으로 주어진 것이야! '주어진 것!' 그래 거기에서 출발하는 거야. 이제 와서 그 모든 것을 무엇 때문에 다시 문제삼는단 말인가? …… '그들의 혁명은' 하며 그는 낮은 소리로 계속 중얼거렸다. '공연히 우리를 궁지에 몰아넣으려고 해! 모두 부숴 버리고 다시 만들다니, 나무쌓기놀이를 하는 아이들처럼! 바보 같은 것들! 딴소리 말고 자기들 일이나 하라지! ……사회가 불완전하다고 한탄하며 협력을 거부하기보다 현재 있는 것, 있는 그대로의 환경, 있는 그대로의 시대에 맞추어서 우리처럼 꿋꿋이 일하는 것이 훨씬 더 나아! 혜택이 불확실하게 마련인 대변혁에 집착하지 말고 저마다 적당한 범위 안

에서 조화롭고, 보람 있는 일을 하는 데 짧은 인생을 바치는 거야!'

그는 혼자 이런 장광설을 늘어놓으면서 흐뭇해 했다. 그는 피아노로 마지막 화음을 한 번 치듯이 이렇게 덧붙였다. '자, 이상과 같소!'

'상속문제도 마찬가지다' 하고 그는 갑자기 치밀어오르는 노여움에 몸을 떨면서 혼잣말을 계속했다. '오늘날 재산을 갖는다는 것이 '타인의 착취에 근거를 둔' 생활이라니! ……바보 같은 녀석! ……나는 세습 상속의 원칙을 옹호하려는 게 아니야. 그럼, 물론 나는 그것을 옹호하지 않아. 너와 마찬가지로 나도 그것을 비난할 수 있어. 한데 제기랄, 지금 세상은 그렇게 되어 있어! 우리의 생활조건도 그렇고! 그래서 어쨌단 말이야?'

그는 혼자 미소지으며 생각했다. '마치 내가 옹호하려고 하는 것에 반기를 드는 것 같군……'

그러나 그는 설득해야 할 상대가 자기 앞에 있는 것처럼 곧 다시 계속했다. '더구나 나는 유산 상속이 대부분 아주 훌륭한 결과를 가져온다고 역설해 왔다. 지금까지 나는 유산 상속이 거의 틀림없이 훌륭한 생활—말하자면 인간공동체에 유용하고 보탬이 되는 생활의 실현을 가능하게 한다는 것을 수없이 확인해 왔다. 가난하지 않은 것이 이제 와서는 죄악이라도 된단 말인가?' 하고 그는 별안간 팔짱을 끼면서 생각했다.

그는 막연하게나마 자신이 논리적으로 약간의 속임수를 쓰고 있는 듯한 느낌이 들었다. 지금 이 순간에 그의 양심이 그 양심 자체에 던진 질문은 오히려 이러한 것이었다. '자기 손으로 번 재산이 아닌 것을 가지고 부자가 된다고 해서 그것을 과연 죄라고 할 수 있을까?' 그러나 그는 이런 미묘한 차이에 집착하지 않았다. 그래서 이런 사소하고 불성실한 생각을 떨쳐 버리려는 듯이 어깨를 으쓱했다.

'지난겨울에 나에게 보낸 편지에서 자크는 '나는 그런 유산으로 혜택을 입고 싶지 않아……'라고 썼었지. 바보 같은 녀석! '혜택을 입다니!' 그래서 지금 내가 그 '혜택을 입는다'고 나를 비난하는 거야, 나를? 그렇다면 결국 직업인으로서의 내 생활과 일이 수월해질 경우에 도대체 누가 그 '혜택을 입는다'는 거야? 나야? ……그래, 바로 나야.' 그는 정직하게 인정했다. '그러나 나는 말하고 싶어. 나만이 그 '혜택을 입는다'고 할 수 있을까? ……그리고 나아가 모든 것을 고려해 볼 때 나 같은 위치에 있는 사람은 사회 일반의

이익을 위해 더욱 열심히 일하고, 자기의 개인적인 이득을 위해서도 '또한' 일하는 것이 아닐까?'

자동차는 세느 강을 건너고 있었다. 세느 강, 부두, 멀리 보이는 여러 개의 다리가 장밋빛 안개에 싸여 있었다. 그는 차창 밖으로 담배꽁초를 버렸다. 그리고 새 담배에 불을 붙였다.

'너는 네가 생각하는 것보다 나와 비슷한 데가 많아, 이 바보야' 하고 그는 만족스런 웃음을 지으며 중얼거렸다. '너는 빨간 머리로 태어난 것과 마찬가지로 부르주아로 태어난 거야! 네 머리색은 뒤에 갈색으로 변했지만 빨간색의 흔적은 남아 있어. 그것은 너도 어쩔 도리가 없는 거야……. 혁명가의 본능이라고? 나는 그 말을 절반밖에 믿지 않아. 너의 유전, 네가 받은 교육, 너의 심오한 취미가 너를 다른 곳에 묶어 놓고 있어. 두고 봐라. 마흔 살만 되면 나보다 더 부르주아답게 될 테니까!'

자동차는 속도를 늦추었다. 빅토르는 윗몸을 숙이고 번지수를 읽었다. 드디어 차가 철책문 앞에 멈추어 섰다.

'아무튼, 아무리 그 애가 그렇더라도 나는 그 애를 사랑해' 하고 생각하며 앙투안은 자동차 문을 열었다.

그는 동생의 방문이 자기에게 얼마나 기쁨을 안겨다 주었는지 좀더 확실히 보여 주지 못한 것을 이제서야 뉘우치고 있었다.

23. 7월 19일 일요일—앙투안, 퐁타냉 부인 의뢰로 그레고리 목사 방문을 요청하다

그레고리 목사는 1년 전부터 잔다르크 동네의 한 초라한 하숙집에 묵고 있었다. 아르메니아 노동자들이 몰려 사는 주택지의 구석에 위치한 곳에 살면서, 목사는 노동자들에게 복음을 전파하고 있었다.

앙투안은 야근하는 수위를 깨우느라 진땀을 뺐다. 그는 아주 가난한 생활을 이어가는 아르메니아인으로서, 복도 입구에 있는 벤치 위에서 옷을 입은 채 자고 있었다.

"예, 예……. 그레고리 목사님요. 저와 함께 올라가시지요……."

목사는 5층 다락방에 머물고 있었다. 여러 세대가 바글거리며 살고 있는 이 누추한 집 안에서는 7월의 무더위 탓에 쓰레기와 양기름의 고약한 냄새가 발효되어 코를 찔렀는데, 아랍 골목에서 나는 심한 악취를 떠올렸다.

늙은 수위의 조심스런 노크 소리를 듣고 그레고리 목사는 침대에서 벌떡 일어났다.

'영적으로 편안한 잠' 하며 앙투안은 in petto ⁽ᵐᵃᵉ속으로라는 뜻의 이탈리아어⁾ 생각했다.

안에서 문고리가 벗겨지더니 목사가 석유 램프를 들고 나타났다.

뜻밖의 광경이었다. 그레고리 목사는 발까지 내려오는 점잖은 잠옷을 입고 있었다. 그리고 간을 확 눌러 주지 않으면 잠이 오지 않아 갈색 플란넬 허리띠로 허리를 꼭 죄어 매고 있었다. 그래서 잠옷 윗부분은 블라우스처럼, 아랫부분은 스커트처럼 부풀어 있었다. 맨발에다가 유령 같은 얼굴빛, 말라 빠진 몸, 텁수룩한 머리털, 신비스런 눈빛을 한 그의 모습은 마치 《아라비안 나이트》에 나오는 마법사 같았다.

목사는 앙투안의 첫마디에—처음에 앙투안인 줄 몰랐다가—모든 것을 알아차렸다. 그는 아무 대답도 않고, 한시도 늦출 수 없다는 듯이, 앙투안이 문지방에 서서 자초지종을 설명하고 있는 동안에 침대의 쇠기둥에 허리띠의 끝을 묶어 놓고는 4미터쯤 되는 허리띠를 풀기 위해 마치 팽이처럼 점점 더 속도를 빨리하면서 혼자 뱅그르르 돌기 시작했다.

앙투안은 웃음이 터져나오려는 것을 간신히 참고 외과의사의 수술을 받았으며 아직 총알을 빼지 못해 어려움에 처해 있다고 이야기했다.

"허! ……허! ……" 하고 목사는 뱅글뱅글 돌면서 숨가쁜 목소리로 이의를 제기했다. "권총 따위는 잊어 버리세요! ……그냥 둬요, 총알은 그냥 둬요! ……살겠다는 의지…… 바로 그것을…… 깨우쳐 주어야 합니다!"

그는 계속 돌면서 불만스런 눈망울을 굴렸다. 드디어 껍질이 완전히 벗겨지자 그는 앙투안의 얼굴 앞에 그의 모나고 균형 잡히지 않은 얼굴을 내밀었다. 그의 눈썹은 경련으로 줄곧 뒤틀렸다. 그러고 나서 그는 조용하고 내면적인 웃음을 터뜨렸다.

"가여운 의사 선생, 전에는 수염을 기르고 있었지요!" 하며 그가 동정 어린 투로 외쳤다. "당신은 병을 고친다고 생각하지요. 그러나 실제로는 당신들, 신을 모독하는 당신들은 병을 만들고 있어요. 당신들은 병이 존재한다고 지레 생각하기 때문이지요! ……No! ……나는 이렇게 말하겠습니다. '빛이 들어오게 해야 한다'고! 그리스도만이 유일한 의사이십니다! 누가 라자로를 살렸지요? 마음이 어두운 가여운 의사 선생, 당신은 라자로를 살릴 수 있다고 생각하십니까?"

앙투안은 가소로워하면서도 그런 내색은 하지 않았다. 그동안 목사는 의사의 눈길에서 본의 아닌 악의의 빛이 번뜩이는 것을 눈치챈 것이 틀림없었다. 눈살을 찌푸리며 갑자기 등을 돌렸기 때문이었다. 위에는 아무것도 걸치지 않고 허리에는 셔츠를 두른 채 그는 방 안 구석구석을 돌아다니며 낮에 입었던 옷가지들을 찾고 있었다.

앙투안은 선 채로 잠자코 기다리고 있었다.

"인간은 신성을 가지고 있어요!" 하고 그레고리는 벽에 등을 기대고 양말을 신으려고 몸을 구부리면서 중얼거렸다. "그리스도께서는 자신이 신성을 가졌다는 것을 마음속으로 알고 계셨습니다! 나도 마찬가집니다! 우리 모두가 그렇습니다! 인간은 신성을 가지고 있는 겁니다!" 그는 끈이 묶인 채로 있는 커다란 검은 구두에 발을 넣었다. "그런데 '율법은 없애야 할 것'이라고 말씀하신 분이 그 율법에 의해 죽음을 당하셨습니다. 그리스도는 율법에 의해 죽음을 당하신 거지요. 인간은 정신 속에 그 율법이라는 글자만을 지니고 있었을 따름입니다. 교회도, 그리스도의 참된 가르침 위에 서 있는 교회는 실제로 단 한 군데도 없습니다. 모든 교회는 그리스도의 비유의 말씀 위에 세워진 것에 지나지 않지요!"

혼잣말을 계속하면서 그는 신경이 매우 날카로운 사람에게서 볼 수 있는 극단적이고 어설픈 몸짓을 하면서 방을 왔다 갔다 했다.

"하느님은 만유에게 만유이십니다. 하느님! 그분은 빛과 열의 지고의 근원이십니다!" 그는 복수에 불타는 듯한 몸짓으로 문고리에 걸려 있는 바지를 벗겼다. 그의 동작 하나하나에는 마치 감전이라도 된 것 같은 격렬함이 엿보였다. "주님은 만유이십니다!" 하고 그는 되풀이했다—그는 목소리를 더 높여 말했다. 왜냐하면 바지 앞단추를 잠그려고 벽을 향해 돌아섰기 때문이었다.

단추를 잠그자마자 그 자리에서 몸을 돌리고는 강하고 도전적인 눈길로 앙투안을 쏘아보았다.

"하느님은 우주적인 모든 것입니다. 그분에게는 악이 없습니다!" 하며 그는 준엄하게 말했다. "그리고 poor dear Doctor(가여운 의사 선생), 만유이신 그 분 안에는 티끌만한 악이나 악의도 없어요!"

그는 검은 알파카 코트에 팔을 끼워 넣고 챙이 둥글게 말린 우스꽝스런 작은 펠트모자를 썼다. 그리고 마치 옷 입은 것이 즐겁기라도 한 듯이, 뜻밖의 쾌활한 목소리로 모자챙을 엄숙하게 만지면서 천장을 향해 이렇게 외쳤다.

"Glory to God(하느님께 영광을)!" 그러고 나서 멍한 눈길로 앙투안을 내려다보면서 갑자기 이렇게 중얼거렸다. "오, 가여운 테레즈 부인……." 그의 눈에는 눈물이 맺혀 있었다. 그는 앙투안이 그 가정의 비극 때문에 자기 집에 왔다는 사실을 그제서야 비로소 깨달은 것 같았다. "불쌍한 제롬" 하고 그는 중얼거리며 한숨을 쉬었다. "불쌍하고 나태한 마음을 가진 자여, 그대는 결국 지고 마는가? 그대는 결국 굴복하는가? 그대 자신으로부터 옳지 못한 것을 쫓아낼 수 없었단 말인가? ……오 그리스도여, 그에게 어둠의 행실을 벗어버리고 빛의 갑옷을 입을 힘을 주소서! _{(로마서) 13장}_{12절에 나오는 말} ……죄인이여, 내가 그대에게 간다! 내가 그대에게 달려간다! ……갑시다" 하고 그는 앙투안에게 다가오면서 말했다. "나를 그가 있는 곳으로 인도해 주시오!"

램프를 끄기 전에 그는 코트의 주머니에서 작은 양초 하나를 꺼내어 불을 붙였다. 그리고 나서 층계참의 문을 열었다.

"가시오!"

앙투안은 시키는 대로 했다. 그레고리는 계단을 비추려고 촛불을 든 팔을 추어올렸다.

"그리스도는 이렇게 말씀하셨습니다. '등불을 등경 위에 얹어두어야 모든 사람들을 다 밝게 비출 수 있지 않겠느냐!' _{(마태복음) 5장}_{15절에 나오는 말} 우리에게 촛불을 비추어 주시는 분은 바로 그리스도이십니다! ……언제나 낮은 곳에서 타고, 언제나 흔들리며 불쾌한 연기가 나는 가여운 촛불…… 비참한 피조물! 가여운 우리들! 언제나 불꽃이 가늘게 빛나도록, 그 피조물을 깊디깊은 어둠 속으로 내몰도록 주님께 기도합시다!" 그리고 앙투안이 난간을 잡고 좁은 계단을 내려가는 동안에 목사는 마치 마귀를 들어내는 주문이라도 외는 것처럼, '피조물'이니 '어둠'이니 하는 말을 퉁명스럽고 신경질적인 말투와 점점 더 알아듣기 힘든 목소리로 중얼거렸다.

"차를 가지고 왔습니다" 하고 뜰에 나왔을 때 앙투안이 말했다. "차로 병원까지 모셔다드리도록 하겠습니다. 저는 1시간 뒤에 다시 가 뵙겠습니다."

그레고리는 아무런 이의도 제기하지 않았다. 그러나 차에 오르기 전에 상대편을 쏘아보는 그의 눈초리가 어찌나 날카롭고 매서웠던지 앙투안은 그만 얼굴을 붉히고 말았다.

'아무려면 내가 어디에 가는지 알지 못하겠지' 하고 그는 생각했다.

그는 말로 표현할 수 없는 안도감을 느끼면서 희끄무레한 여명 속으로 멀리 사라져 가는 자동차의 뒷모습을 바라보았다.

길모퉁이에는 가벼운 바람이 일고 있었다. 어디에선가 비가 온 것이 틀림없었다. 마치 벌을 서다가 풀려난 중학생처럼 앙투안은 발뤼베르 광장까지 뛰다시피 가서 택시를 잡았다.

"바그람 거리!"

차에 올라탄 그는 갑자기 자기가 무척 피곤하다는 것을 알았다. 그러나 그것은 초조함에서 오는 피곤, 욕망을 부채질하는 데서 오는 피곤이었다.

그는 운전사에게 집에서 50미터쯤 떨어진 곳에 차를 세우게 하고는 힘차게 뛰어내려 좁은 골목 안으로 들어갔다. 그리고 살며시 문을 열었다.

문지방에서부터 그의 얼굴이 환히 빛났다. 안느의 향기…… 매혹적인 향기, 꽃향기라기보다는 송진 향기, 향기 이상의 것, 가라앉은 듯 짙은 향기가 저 깊은 목구멍 아래까지 풍겨 왔다. 향기로운 먹거리—그는 그것을 좋아했다.

"나는 자극적인 향기가 좋아" 하고 혼잣말을 하면서 그는 전에 라셀이 걸고 있던 용연향 목걸이를 문득 머리에 떠올렸다.

그는 마치 강도가 침입할 때처럼 조심스럽게 욕실로 들어갔다. 새벽빛을 받은 욕실이 우윳빛으로 훤해지고 있었다. 그는 재빨리 옷을 벗었다. 그리고 욕조 안에 우뚝 서서 목덜미를 큰 타월로 문지르고 난 다음에 찬물을 끼얹었다. 김이 나는 그의 몸에서 물은 마치 달아오른 금속판에서처럼 증발했다. 피곤이 말끔히 가셨다.

그는 몸을 구부려 수도꼭지에 입을 대고 물을 마셨다. 그러고 나서 발소리를 죽여 방 안으로 들어갔다. 발밑에서 우아하고 매우 경쾌한 하품 소리가 들려서 그는 펠로우가 있다는 것을 알아차렸다. 복사뼈 근처를 비벼대고 있는 펠로우의 차가운 콧등과 부드러운 귀가 느껴졌다.

커튼은 걷혀 있었다. 머리맡의 전등이 방 안에 뿌연 빛을 뿌리고 있었다.

그것은 앙투안이 조금전 다리를 건너면서 황홀하게 바라보던 흐릿한 장밋빛 불빛이었다. 안느는 큰 침대 위에서 벽 쪽으로 돌아누워 맨살의 팔꿈치에 머리를 얹고 자고 있었다. 카펫 위에는 패션잡지들이 어지럽게 흩어져 있었다. 작은 테이블 위의 재떨이에는 반쯤 피우다 만 담배들이 수북이 쌓여 있었다.

앙투안은 침대 옆에 서서 안느의 탐스럽게 늘어진 머리카락, 목덜미, 어깨, 시트 아래로 뻗어 있는 늘씬한 다리를 물끄러미 바라보았다. '이상하게 몸을 내맡긴 것 같은 모습을 하고 있군' 하고 그는 생각했다. 안느가 그에게 이처럼 애정어린 측은한 감정을 불러일으킨 적은 별로 없었다. 대개는 거칠고 지칠 줄 모르는 열정을 운동이라도 하는 기분으로 받아들였을 뿐이었다. 얼마동안 그는 바로 가까이에서 느끼는 쾌락을 미루면서 관능적인 기대를 즐기고 있었다. 그것은 자크든 제롬이든 그레고리든 이 세상의 그 어느 누구도 그에게서 빼앗을 수 없는 것이었다. 그녀의 머리카락 속에 얼굴을 파묻고 그 탄력 있고 따뜻한 등을 가슴에 끌어안아 그녀와 한 몸이 되고 싶은 욕망이 어찌나 강렬했던지 그의 미소마저 굳어졌다. 그는 조심스럽게, 숨을 죽이며 시트 자락을 들어올렸다. 그리고 몸을 꿈틀거리며 늠름한 동작으로 천천히 안느 곁으로 미끄러져 들어갔다. 그녀는 숨이 막혀 짧은 신음소리, 쉰 듯한 신음소리를 내었다. 그리고 허리를 뒤틀어 돌아누우면서 잠에서 깨어나 앙투안의 품안에서 정신이 들었다.

24. 7월 20일 월요일—자크, 파리에서 하루—제네바로 떠나기 전, 병원으로 다니엘을 찾아가다

아침 일찍 잠에서 깨어나면서 자크는 상쾌함을 느꼈다.

'오늘 저녁 5시 기차를 타려면 꾸물거려선 안 되지' 하고 그는 침대에서 뛰어내리면서 생각했다. 그러나 막상 일어나자 아무래도 무엇인가 마음에 걸리는 것이 있었다. 전날 밤의 일들이 줄곧 머리에서 떠나지 않았던 것이다.

그는 재빨리 옷을 입고 아래층으로 내려가 앙투안에게 전화를 걸었다. 퐁타냉은 아직 살아 있었다. 혼수상태는 하루 남짓, 어쩌면 그보다 조금 더 계속될 것 같았다. 살아날 가망은 전혀 없는 듯했다.

자크는 오늘 스위스로 돌아갈 생각이므로 이제 다시 만날 기회가 없을 것 같다고 전화로 형에게 알렸다. 그리고 숙소로 돌아가 방값을 치른 다음에 리옹 역의 수화물 보관소로 가서 가방을 맡겼다.

그는 출발전에 처리해야 할 일 때문에 온종일 바삐 돌아다녔다. 그것은 리차들레가 준 주소를 가지고 '만나야 할 사람들' 대여섯 명을 방문하는 일이었다.

모든 좌익진영에서는 전쟁의 위협을 막기 위해 광범위한 운동을 준비하고 있었다. 각 분파들 사이의 결속도 이미 이루어져 있는 것 같았다. 이에 관한 정보는 아주 낙관적인 것이었다.

그러나 자크는 불안에서 벗어날 수 없었다. 다시 혼자가 되자 기다렸다는 듯이 불안감이 그를 사로잡았다. 무어라 설명할 수 없는 허탈감 같은 것을 느꼈다. 그는 마치 열에 들뜬 듯이 땀에 흠뻑 젖어 파리 시내를 뛰어다녔다. 끊임없이 생각을 바꾸는가 하면 방향을 돌려 이야기를 빨리 끝내기도 하며, 30분이나 걸려 찾아가서는 마지막 순간에 방문을 포기하기도 했다. 거리며 집이며 길 가는 사람들이며 심지어 자기 동지들까지도 모두 지금까지와는 달리 적의를 품고 있는 것 같았다. 그는 마치 우리 안에 갇혀 있는 짐승처럼 철책에 몸을 부딪는 듯한 느낌이었다. 게다가 갑자기 자꾸 몸이 불편해졌다. 그래서 얼마동안 멍해지고 손에 땀이 나고 가슴이 죄어오는 것을 느끼며, 자신도 이해할 수 없는 갑작스런 공포감에 맞서서 싸우지 않으면 안 되었다. 그것은 숨막히는 공포였다…….

'도대체 내가 왜 이럴까?' 하고 그는 자문해 보았다.

그러나 4시에는 긴급한 용무를 다 끝내고 언제라도 출발할 준비가 되어 있었다. 한시라도 빨리 제네바로 돌아가고 싶었다. 그러면서도 파리를 떠난다는 것이 어쩐지 마음에 걸렸다.

'밤차로 가면' 하고 그는 문득 생각했다. '시간을 내서 〈위마니테〉사, '카페 드 크루아상', '프로그레'에 들르고, 클리쉬 거리에 가서 그 병기창 사건에 관한 정보를 모을 수 있을 텐데…….'

(사실 6시에 클리쉬 거리의 한 바에서 해운조합 총연맹의 모임이 열릴 예정이었다. 자크는 거기에 가면 몇 사람의 지도자와 만날 수 있다는 것을 알고 있었다. 그들은 내일 파업이 준비되고 있는 서부지구의 몇몇 항구에 나가기로 되어 있었다. 자크로서는 그 문제에 대해 몇 가지 정확한 정보를 얻는

것도 전혀 쓸모없는 일은 아니었다)

오늘 아침부터 또 다른 생각이 그를 끈질기게 괴롭히고 있었다. 그것은 바로 다니엘이 온다는 사실이었다. 물론 그와 악수 한 번 나누지 않고 떠날 수도 있었다. 그러나 자기가 파리에 있다는 것을 다니엘이 알게 될 것이 틀림없었다. '병원에 가지 않고 만날 수만 있다면…….' 그는 갑자기 결심했다. '야간 급행열차로 가자. 저녁식사를 마친 뒤에 뇌이에 가서 다니엘을 만나자. 그 시각이면 '그녀'를 만날 일은 없을 거야…….'

8시 반에 그는 예정대로 '프로그레'에서 나왔다. 클리쉬 거리에서의 모임이 끝난 뒤에 혹시나 해서 거기에 갔었다. 다행히 그는 거기에서 〈위마니테〉지에 보도하기 위해 프랑스 서부 지방의 병기창에 관한 모든 정보를 모으고 있는 편집자 뷔로를 다시 만나게 되었다.

이제는 뇌이를 방문하는 일만 남아 있었다. '내일이면 나는 제네바에 있을 거야' 하며 그는 결심을 굳혔다.

그는 중이층과 커피숍을 연결하는 작은 나선형 계단을 내려오고 있었다. 그때 누군가가 그의 어깨를 툭 쳤다.

"이봐 꼬마, 자네가 파리에 웬일이야?"

어슴푸레한 불빛 아래에서도 굵은 목소리와 하층민의 억양으로 미루어 무를랑이라는 것을 알 수 있었다. 머리를 길게 늘어뜨리고 겨울이나 여름이나 노상 식자공들이 입는 작업복을 걸치고 다니는 그는 머리카락이 검은 늙은 예수의 모습을 하고 있었다.

무를랑은 드레퓌스 사건이 한창일 때 등사판으로 찍어 내는 투쟁회보를 발행했었다. 당시에 사람들은 매주 그것을 손에서 손으로 돌려 가며 읽었다. 그 뒤 〈레탕다르〉(깃발이라는 뜻)지가 혁명가들의 소기관지가 되었을 때는, 무를랑이 몇몇 독지가들의 도움으로 그것을 편집하고 있었다. 자크는 이따금 그에게 보고서라든가 외국 논문의 번역문을 보내곤 했었다. 자크는 그 잡지가 이론적인 비타협성을 기본정신으로 하고 있었으므로 마음에 들었다. 무를랑은 비타협적 사회주의 이론의 이름으로 당 간부들, 특히 그가 '기회주의적 사회주의자들'이라고 부르는 조레스 일파를 공격의 대상으로 삼고 있었다.

그는 자크에게 우정을 느끼고 있었다. 젊은 사람들, 특히 '꼬마들'을 좋아했는데, 그것은 그들의 열성과 불굴의 정신 때문이었다. 그는 대단한 교양은 없었으나 궤변을 늘어놓는 데는 탁월한 재능이 있었다. 더구나 파리의 늙은 노동자들의 소탈한 말투를 쓰고 있어서 더욱 익살스러워 보였다. 그는 몇 년 전부터 그 잡지를 존속시키기 위해 거의 혼자 투쟁하다시피 했다. 주위 사람들은 그를 두려워하고 있었다. 그는 정통성을 확고한 방패로 삼고 혁명의 대의에 몸을 바친 가난한 투사의 생활로 단련되어 있었다. 그리고 당의 모사꾼들을 가차없이 공격하면서 조그마한 과오도 들추어내고, 그들의 타협을 폭로하고, 언제나 신랄한 독설을 퍼부었기 때문이다. 그에게 당한 사람들은 그에 대해 가장 추악한 소문을 퍼뜨려 복수하곤 했다. 그는 한동안 생 앙투안 교외에서 사회주의 문헌을 파는 작은 서점을 하고 있었는데, 그에게 적의를 품은 사람들은 그가 주로 외설 서적을 팔고 있다면서 비난했다. 그런 비난이 전혀 근거 없는 것은 아니었다. 그의 사생활에는 그런 요소가 꽤 있었다. 순수사회주의 잡지인 〈레탕다르〉의 본사가 있는 로케트 거리의 작은 집에는 항상 라프 거리의 빈민굴에서 온 것 같은 수상한 이웃 여자들이 드나들었다. 그 여자들은 그가 좋아하는 사탕과자를 가지고 오곤 했다. 여자들은 큰 소리로 수다를 떨고, 싸움질을 하고, 어떤 때는 서로 치고 받으며 소란을 피우기도 했다. 그럴 때면 우리의 그리스도는 일어나 파이프를 조용히 내려놓고 미처 날뛰는 양쪽 여자들의 팔을 잡아 계단으로 내몰곤 했다. 그러고는 다시 하던 이야기를 계속하는 것이었다.

오늘 그는 왠지 걱정거리가 있는 듯했다. 그는 자크를 인도까지 배웅했다.

"주머니에 한 푼도 없어" 하고 그는 검은 작업복에 달린 주머니 두 개를 뒤집어 보이면서 설명했다. "목요일까지 돈이 마련되지 않으면 다음 호는 당분간 멈추어야겠어."

"그래도" 하며 자크가 말했다. "발행부수는 늘렸다면서요?"

"예약 구독자는 쇄도해! 단지 돈을 내지 않을 뿐이지……. 발송을 보류해 버릴까? 무슨 상업적인 일을 하는 거라면 망설일 것도 없을 텐데. 잡지의 목적이 뭐야? 선전이지. 그러면? ……어떻게 한다? 경비를 줄일까? 하지만 하나에서 열까지 다 나 혼자 맡아 하는 일인데! 처음에는 금고에서 한 달에 100프랑씩 끌어다 썼지. 그러나 그 100프랑도 내 손으로 만져보기는 딱 한 번뿐이었어…… 방랑자처럼 빵 부스러기로 살아가고 있는 형편이야.

빚은 산더미 같고. 이런 생활이 18년이나 계속되고 있으니……. 그건 그렇고 어디 진짜 얘기 좀 해보자구" 하며 그는 말을 계속했다. "스위스에서는 그 불길한 소문을 어떻게들 생각하고 있나? 나는 워낙 능구렁이라서 어떤 일에도 놀라지 않아. 산전수전을 다 겪은 몸이니까. 83년(¹⁸⁸³년의 일)과 비슷해. 그 당시 나는 겨우 20살밖에 안 되었지만 이미 스위스에서 발간되던 신문인 〈라 레볼트〉(^{'반항'이}라는 뜻) 편집실에 매일밤 드나들었지……. 자네는 〈라 레볼트〉를 모르겠지? 그러면 83년에 영국, 독일, 오스트리아, 루마니아가 똘똘 뭉쳐서 프랑스의 고립을 기회삼아 러시아를 상대로 유럽전쟁을 일으키려 했던 것도 모르겠지? 그때 일촉즉발의 위기가 감돌았었지……. 지금의 정세와 별반 다르지 않았어! 술책도 같고…… 그때도 조국이니 민족의 영광이니 하고 떠들어 댔으니까. 하지만 한 껍질 벗겨보면 뭐지? 산업경쟁, 관세, 대자본가의 계략…… 지금도 무엇 하나 변한 것이 없어. 한 가지 다른 점이 있다면 바로 우리한테 크로폿킨(^{1842~1921, 러시아의 무정부주의자})이 없다는 거야. 83년에 크로폿킨은 악마처럼 미쳐 날뛰었지. 그는 여러 개의 커다란 군수 공장들—앙쟁(^{프랑스 제철 공업의 중심지이며, 큰 병기 공장의 소재지}), 크루프(^{독일의 세계적인 철공업가 주철공장을 창설한 후, 무기차량 제조로 유명해짐}), 암스트롱(^{암스트롱 대포의 발명자인 암스트롱의 이름을 딴 영국의 큰 병기 공장})과 그 밖의 병기 공장들—을 비난했어. 이들 공장이 그들의 야망을 이루기 위해 유럽의 큰 신문들을 매수하고 있다고 말이야. 그들이 당황하기라도 했을까! ……나는 그가 쓴 글을 찾아보았어. 지금도 그때와 조금도 다를 게 없었어! 이번 호에는 그 가운데서 3편을 실으려고 해……. 크로폿킨! 읽어봐. 확실히 얻는 게 있을 거야!"

그는 날카로운 눈을 하고, 나이 든 투사와 같은 빈정대는 듯한 말투로 말했다. 그는 다음 호를 인쇄하는 데는 380프랑의 돈이 드는데도 자기에게 돈이 한 푼도 없다는 것을 까맣게 잊고 있었다.

자크는 빠져나왔다.

'〈레탕다르〉지를 전체적인 반전활동계획 일부로 짜 넣어 주자' 하고 그는 생각했다. 그리고 제네바로 돌아가면 가능하면 무를랑에게 조금이나마 보조금이 보내지도록 그것에 관해 꼭 말하기로 마음먹었다.

그는 아직 저녁을 먹지 않았다. 조합 사무소 앞 역에서 샹페레행 지하철을 타기 전에 그는 '카페 드 크루아상'에 가서 샌드위치를 먹었다. 〈위마니테〉

지의 많은 기자들은 그들의 '보스'를 흉내내어 몽마르트르 거리의 모퉁이에 있는 이 카페에 드나들었다.

조레스는 늘 앉는 창가 구석자리에서 세 친구와 함께 저녁식사를 하고 있었다. 자크는 지나가면서 고개를 살짝 숙여 인사했다. 그러나 접시 위로 몸을 숙이고 있던 보스는 아무것도 보지 못했다. 침울한 모습으로, 고개를 푹 숙인 채 어깨를 웅크리고 앉은 보스는 옆자리에 앉은 사람들의 수다에는 아랑곳하지 않고 지고토 플라졸레(제비콩을 섞은 양의 넓적다리 요리)를 먹고 있었다. 서류가 가득 든, 어디를 가나 가지고 다니는 그 큰 가방은 금방 그의 손이 닿는 식탁 끝에 놓여 있었다. 가방 위에는 신문과 팸플릿이 잔뜩 쌓여 있었고, 46배판 가제본 한 권도 놓여 있었다.

자크는 조레스가 지칠 줄 모르는 독서가라는 것을 알고 있었다. 그저께 스테파니가 마리위스 무테(사회당 의원으로서 나중에 식민장관이 됨. 조레스가 1914년 7월에 무테를 지원하는 연설에 나간 것이 그의 마지막 연설이 됨)에게서 들었다고 하면서 들려준 일화가 생각났다. 무테는 최근에 조레스와 여행하면서 조레스가 러시아 문법책을 열심히 읽는 것을 보고 놀랐다는 것이다. 그리고 조레스는 당연한 것처럼 이렇게 말했다고 한다. "그럼 빨리 러시아어를 배워야지. 앞으로 러시아는 유럽에서 엄청난 역할을 하게 될 거야!"

자크는 멀리서 역광을 받으며 앉아 조레스를 지켜보고 있었다. '도대체 다른 사람의 이야기를 듣고 있는 것일까?' 하고 그는 생각했다. 지금까지 조레스를 볼 때마다 이런 생각을 해 본 적이 한두 번이 아니었다. 반추동물처럼 입을 다물고 침묵할 때의 그는 마치 마음속으로 어떤 음악의 음율에 귀를 기울이고 있는 것처럼 보였다. 자크는 조레스가 갑자기 얼굴을 들고 가슴을 펴며 냅킨으로 재빨리 입술을 닦고는 이야기를 시작하는 것을 보았다. 이마 아래에 숨겨진 그의 눈길은 날카롭게 빨리 왔다 갔다 했다. 수염에 감싸여 양끝이 약간 처져 있는 그의 입은 메가폰의 주둥이나 그리스 비극에 나오는 가면의 검은 구멍을 떠올리게 했다. 조레스는 손님들 가운데 어느 특정인에게 말하는 것 같지는 않았으나 생각한 것을 분명히 말하면서 누군가에게 반박하는 것 같았다. 그에게서는 논쟁과 사상이 불가분의 관계를 맺고 있어서, 토론을 할 때만은 그의 정신이 약동하는 것 같았다. 그의 말은 뚜렷하게 들리지 않았다. 왜냐하면 조레스는—적어도 웅변가로서의 그의 폐활량과, 북소리처럼 울려 퍼지는 그의 목소리가 허용하는 만큼—낮은 소리로 말하고 있었기 때문이다. 그러나 자크는 카페 안에서의 웅성거리는 소리 너머로 특색 있는 그 목소리의 음색을 알아들을 수 있었다. 그 울림, 그 은은한 떨림은 오케스트라 박스의 울림처럼 노래하는 듯한 그의 말소리를 반주하듯이 더욱 크게 들리게 했다. 익히 알고 있는 그 목소리의 울림은 자크에게 여러 가지 추억을 불러일으켰다. 집회의 열기, 언변의 경쟁, 비장한 결론, 미친 듯한 군중의 갈채……. 조레스는 자신의 즉석 연설에 푹 빠져 음식이 반쯤 남아 있는 접시를 밀어놓고는, 돌진하려는 물소처럼 몸을 앞으로 구부린 채 연설을 계속했다. 그는 말의 리듬을 자르기 위해 식탁 끝에 놓았던 두 주먹을 난폭하지 않을 만큼 마치 스팀 해머의 장단처럼 치켜들었다가 다시 떨어뜨리곤 했다. 그리고 자크가 시간에 쫓겨 카페를 나서려고 할 때도 조레스는 주먹으로 대리석 테이블을 치면서 여전히 이야기를 계속하고 있었다.

이러한 광경을 목격한 자크는 더욱 용기를 얻었다. 비노 거리의 철책 문 앞에 이르렀을 때에도 그 강렬한 인상은 생생하게 남아 있었다.

'베르트랑 병원', 여기다…….

땅거미가 지고 있었다. 자크는 걸음을 늦추지 않고 정원을 가로질러 갔으나 건물 정면을 올려다볼 용기가 나지 않았다.

수위 노파가 떨리는 목소리로 그 양반은 아직 살아 있으며, 아드님이 어젯밤에 도착했다고 일러 주었다. 자크는 다니엘을 불러달라고 부탁했다. 그러나 노파는 지금 수위실에 자기 혼자뿐이라서 자리를 뜰 수 없다고 했다.

"3층 접수원이 불러줄 겁니다" 하고 그녀가 말했다. "3층으로 올라가 보세요."

자크는 잠시 망설이다가 그렇게 하기로 결심했다.

2층 층계참에는 아무도 없었다. 긴 흰색 복도는 은은한 불빛 아래에서 쥐 죽은 듯이 조용했다. 3층도 마찬가지로 조용했다. 불빛이 환하게 비치는 회랑은 끝없이 길고 적막했다. 그는 접수인을 찾아야 했다. 잠깐 기다리다가 복도를 걸어갔다. 지금까지 느꼈던 극도의 불안감은 어디론가 사라졌다. 그리고 오히려 과감하게 위험과 마주하겠다는 어떤 호기심이 생겼다.

그는 창가 구석에 앉아 있는 어슴푸레한 것을 알아보지 못했다. 그가 다가가자 돌아보더니 자리에서 벌떡 일어났다. 제니였다.

이 만남을 기다리고 있었던 것일까? '올 것이 왔구나' 하고 그는 그다지 놀라지도 않으며 생각했다. 그리고 곧 깨달았다. '오늘도 머리에 아무것도 쓰지 않았네…… 옛날 그때와 똑같구나…….'

제니도 자신의 머리카락이 흐트러져 있다는 것을 알았는지 손을 대번에 머리로 가져갔다. 넓고 흰한 이마는 부드럽다기보다 청순하다는 인상을 주었다.

잠깐동안 두 사람은 가슴을 설레이며 마주 서 있었다. 마침내 자크가 입을 열었다. 그의 목소리는 너무 감동한 나머지 퉁명스럽기까지 했다.

"미안해. 수위 노파의 말이……."

그는 제니의 창백한 얼굴이며 핏기 없는 입술이며 뾰족한 코를 보고 가슴이 미어지는 듯했다. 그녀는 긴장되고 무표정한 눈길로 자크를 쏘아보고 있었다. 그러한 그녀의 눈길에서는 마음을 약하게 먹지 말아야겠다는, 눈길을 돌리지 말아야겠다는 의지가 엿보일 뿐이었다.

"소식을 듣고 싶어서……." 제니는 '이제 전혀 가망이 없어요'라는 표정을 지었다. "……그리고 다니엘도 만나고 싶어서" 하고 자크가 덧붙였다.

그녀는 알약이라도 삼키듯이 힘겹게 알아들을 수 없는 말을 두세 마디 중얼거렸다. 그리고 3층의 살롱 쪽으로 황급히 걸어갔다. 자크는 제니의 뒤를 쫓아가려고 몇 걸음 걷다가 복도 한가운데 멈추어 섰다. 그녀가 방문을 열었다. 자크는 그녀가 다니엘을 부르러 가는 줄로만 알았다. 그러나 그녀는 문을 열어놓은 채 그가 있는 쪽으로 몸을 반쯤 돌리고 눈을 내리깔고는 굳은 표정으로 꼼짝하지 않았다.

"저…… 방해가 된다면……" 하고 자크는 한 걸음 다가가면서 떠듬떠듬 말했다.

제니는 아무 대답도 하지 않았다. 눈꺼풀을 치켜세우려고도 하지 않았다. 초조한 마음을 억누르며 자크가 들어오기를 기다리고 있는 것 같았다. 그리고 자크가 문지방을 넘어서자마자 그대로 문을 닫아 버렸다.

퐁타냉 부인이 방 모서리에 놓인 긴 의자에 어떤 젊은 군인과 나란히 앉아 있었다. 마룻바닥에는 군모, 혁대, 군도(軍刀)가 놓여 있었다.

"네가 어떻게!"

다니엘이 자리에서 일어났다. 생각지도 못했던 반가움에 그의 얼굴이 환히 빛났다. 그는 우뚝 선 채 누군지 확실히 알아보지 못하겠다는 태도로 어깨가 바라지고, 광대뼈가 불거져 나온, 옛날과는 아주 다른 자크를 바라보고 있었다. 자크 역시 얼마동안 가만히 선 채로 구릿빛 얼굴에 머리를 짧게 깎은 하사관을 물끄러미 바라보았다. 마침내 다니엘은 결심한 듯 돌연 박차와 장화 소리를 내면서 어색한 모습으로 그에게 다가왔다.

다니엘은 자크의 팔을 잡고 어머니 곁으로 데려갔다. 퐁타냉 부인은 놀라거나 당황한 기색은 보이지 않고 지친 듯한 눈길로 자크를 쳐다보며 손을 내밀었다. 그리고 그녀의 눈길처럼 침착하면서도 냉정한 목소리로 마치 어제 만나기라도 한 것처럼 이렇게 말했다.

"어서 와요, 자크."

다니엘은 아버지에게서 물려받은 친근하면서도 좀 우아한 몸짓으로 어머니를 향해 몸을 숙였다.

"저, 어머니…… 저, 잠깐 자크와 내려갔다 오겠어요……. 괜찮겠지요?"

자크는 깜짝 놀랐다. 지금 그는 그 목소리, 입 왼쪽을 치켜세우며 약간 수줍은 듯이 짓는 가벼운 미소, 한 음절씩 떼어 '어—머—니' 하고 발음할 때의 그 부드럽고 공손한 말씨에서 지난날과 조금도 다름없는 다니엘의 모습을 알아볼 수 있었다.

퐁타냉 부인은 다정한 눈길로 두 젊은이를 바라보면서 가볍게 고개를 끄덕였다.

"아무렴, 가봐……. 나 혼자 있어도 괜찮으니까."

"정원으로 나가지" 하고 다니엘은 자크의 어깨에 손을 얹은 채 말했다. 그들의 키 차이가 옛날과 다르지 않았기에 다니엘이 무심코 어린시절의 동작을 다시 취한다고 해서 조금도 어색할 것은 없었다. 왜냐하면 다니엘이 언제나 자크보다 키가 컸기 때문이다. 그리고 지금 그가 군복을 입고 있어서 훨씬 더 커 보였다. 흰 칼라가 달린 어두운 색의 군복을 꼭 맞게 입은 유연한 윗몸은 헐렁헐렁한 붉은 바지에 가죽장화를 신고 있어서 두꺼워 보이는 두 다리와 기묘한 대조를 이루고 있었다. 징을 박은 구둣바닥이 타일을 깐 복도 위를 미끄러지며 내는 소리가 잠들어 있는 건물의 정적을 깨뜨렸다. 다니엘은 그것을 의식하고 미끄러지지 않으려고 아무 말 없이 자크의 어깨에 몸을 기댔다.

'제니는 어떻게 되었을까?' 하고 자크는 스스로 물어보았다. 그는 또다시 공포에 짓눌리듯 가슴이 죄어옴을 느꼈다. 목을 꼿꼿이 세우고 눈길은 바닥을 향한 채 걸어갔다. 그리고 계단까지 왔을 때 자크는 자신도 모르게 뒤돌아서 텅 빈 복도를 살펴보았다. 그러자 원망이 깃든 실망이 그를 엄습했다.

다니엘은 계단 앞에서 멈추어 섰다.

"그래, 파리에 와 있었어?"

반가워하는 그 말투에 슬픈 얼굴빛이 더 두드러졌다.

'제니가 나에 관해 아무 말도 하지 않았구나' 하고 자크는 생각했다.

"사실은 벌써 떠났어야 했어" 하고 그는 활기찬 목소리로 말했다. "곧 기차를 타야 해." 다니엘이 눈에 띄게 실망하는 것을 보고 자크는 곧 이렇게 덧붙였다. "너를 보려고 일부러 출발을 늦춘 거야……. 내일까지는 제네바에 돌아가야 해."

다니엘은 근심스러워하며 조심스러운 눈길, 무엇인가 물어볼 것이 많은 듯한 눈길로 자크를 뚫어지게 바라보았다. 제네바에? ……그에게는 이해할 수 없는 자크의 생활이 안타깝게만 여겨졌다. 물어볼 용기도 나지 않았다. 자크의 조심스러운 태도 때문에 다니엘은 아무 말도 못하고 있었다. 그는 굳이 물으려 하지 않고 자크의 어깨 위에 얹었던 손을 뗀 다음에 난간을 잡고 계단을 내려가기 시작했다……. 반가운 마음도 어느덧 사라졌다. 생각지도 못했던 자크의 방문, 마음껏 이야기를 나누고 싶어도 자크가 그렇게 빨리 떠난다면, 다시 만날 수 없게 된다면 찾아 왔다 한들 무슨 소용이 있는가?

지금 막 물을 뿌린 정원은 텅 빈 채 신선한 느낌을 주었다. 나무 사이로 드문드문 켜진 전구의 불빛이 군데군데 비치고 있었다.

"담배 피워?" 하고 다니엘이 물었다.

그는 주머니에서 담배를 꺼내 탐욕스럽게 불을 붙였다. 담뱃불이 잠깐동안 그의 얼굴을 비추었다. 무엇보다도 변한 것은, 예전에 까만 눈동자며 검은 머리카락이며 입술 위로 난 검은색의 가느다란 수염과 아주 다른 대조를 이루고 있던 그의 창백하고 윤기 없던 얼굴빛이 보주 산맥의 맑은 공기 덕분에 자취를 감춘 것이었다.

두 사람은 말없이 어깨를 나란히 하고 꼬불꼬불하게 만들어 놓은 오솔길을 걸었다. 그 길이 끝나는 곳에 하얀 의자 몇 개가 둥글게 놓여 있었다.

"앉을래?" 하며 다니엘이 의자를 권했다. 그리고 자크의 대답을 기다리지 않고 털썩 주저앉았다. "참 피곤해. 끔찍한 여행이었어……." 그는 잠시, 쉴 새없이 덜거덕거리며 무더웠던 기차 속에서의 하루를 생각했다. 자리를 바 꾸지도 못하고 담배만 연거푸 피우며 지나가는 풍경을 바라보면서 그는 서 너 가지 불길한 예감에 사로잡혀 있었던 것이다. 그러는 동안 멀리서는 예측 할 수 없는 사건들이 일어나고 있었다. 그는 되뇌었다. "끔찍했어……." 그 러고는 담뱃불을 들어 지금 아버지의 죽음이 다가오고 있는 창 쪽을 가리키 면서 침울하게 덧붙였다. "언젠가는 이렇게 될 줄 알았어……."

화단의 축축한 부식토가 어둠 속에서 기분 좋은 향기를 내며 증발하고 있 었다. 그리고 이따금 숨결처럼 부드러운 바람에 실려 물약처럼 달콤, 쌉싸래 한 냄새가 그들이 있는 곳까지 풍겨왔다. 그것은 병원의 약국에서 풍겨오는 냄새가 아니라 멀리 떨어진 숲 속의 작은 옻나무에서 풍기는 냄새였다.

자크는 군복 입은 사람 옆에 있으니 전쟁의 위협이 더욱 머리를 떠나지 않 아 이렇게 물었다.

"휴가는 쉽게 받을 수 있었어?"

"그럼, 아주 쉬웠어. 왜?" 자크가 잠자코 있자 다니엘은 안심하고 말을 계속했다. "나흘 받았어. 더 오래 받을 수도 있어. 하지만 그럴 필요는 없을 거야……. 내가 도착했을 때 여기 있던 앙투안이 가망이 전혀 없다고 분명 히 말해 주었어." 그는 입을 다물고 있다가 갑자기 말을 계속했다. "결국 그 렇게 되는 게 나을 거야" 하면서 그는 다시 손을 병실 쪽을 향해 들었다. "끔찍한 일이지. 하지만 일이 이렇게 된 이상, 아버지가 살 수 있으리라고는 아무도 기대할 수 없어. 물론 아버지가 죽는다고 해서 보상되는 것도 아니지 만" 하며 그는 냉담하게 말을 계속했다. "아무튼 그것으로 한 가지 일은 깨 끗이 끝났어. 그렇지 않았더라면 뒤끝은 더 참혹했을 거야……. 엄마를 위 해서…… 아버지를 위해서…… 우리를 위해서……." 그는 자크 쪽으로 살짝 얼굴을 돌렸다. "아버지는 체포될 뻔했어." 그의 목소리에는 어떤 흐느낌이 섞여 있으면서도 퉁명스럽고 도발적인 데가 있었다. 그는 눈을 감고 목을 가 볍게 뒤로 젖혔다. 나뭇잎 사이로 새어든 불빛에 그의 아름다운 이마가 잠깐 빛났다. 그 이마는 가운데를 탄 가르마 때문에 양쪽에 두 개의 활 모양을 만 들고 있었다.

자크는 무슨 말이라도 해 주고 싶었으리라. 그러나 고독한 생활과 정치적인 친교에 젖어 버린 탓에 그는 심정을 토로하는 따위의 습관은 잃어버린 지 오래였다. 그는 다니엘을 향해 그럴 수 있다는 몸짓을 하며 그의 팔을 잡았다. 손바닥에 군복의 까칠까칠한 감촉이 느껴졌다. 다니엘의 몸에서 모직물 냄새, 따뜻하고 기름이 밴 살 냄새, 담배 냄새, 말 냄새가 뒤섞인 묘한 냄새가 났다. 그리고 그가 몸을 움직일 때마다 그것은 곧 밤의 정원 향기에 섞이곤 했다.

자크는 지난 4년 동안 다니엘을 만나지 못했다. 아버지가 돌아가신 뒤로 몇 번의 편지 왕래가 있었고, 다니엘이 오라는 권유도 여러 번 했지만 뤼네빌에 갈 생각을 해본 적은 한 번도 없었다. 그는 다니엘을 만나는 것을 두려워하고 있었다. 그에게는 멀리 떨어져서 주고받은 우정어린 편지가 그 뒤의 그들의 우정에 어울리는 유일한 분위기인 것 같았다. 그러한 우정은 그의 마음속 깊은 곳에 뿌리내린 채 생생하게 살아 있었다. 자크가 가장 애정을 품었던 존재가 형 앙투안과 다니엘이었던 것이다. 그러나 이제 그것은 과거의 일부분에 지나지 않았다. 그는 그 과거로부터 자발적으로 떨어져 나왔고, 그 과거가 계속되는 것을 용납할 수 없었다.

"뤼네빌에서는 전쟁 이야기 안 하나?" 하고 자크가 침묵을 깨뜨리려고 말을 꺼냈다.

다니엘은 그다지 놀라는 것 같지 않았다.

"그야 물론 하지! 장교들은 날마다 전쟁에 관해 이야기해…… 그들에게는 그것이 존재 이유야. 특히 동부 출신 녀석들에게는!" 그는 미소를 지었다. "나는 날마다 꼽고 있어. 73일…… 72일…… 이제 71일…… 내일은…… 나머지 일이야 어찌 되든 나에게는 상관없어. 9월 말에는 제대해."

그때 다시 불빛이 그의 얼굴 위에 어른거렸다. 그렇다. 다니엘은 그다지 변하지 않았다. 단정한 선들이 어떤 엄숙한 느낌을 주는(오늘 저녁처럼 피로와 슬픔 때문에 침울해 있을 때 특히 그러했다) 달걀 같은 그 맑은 얼굴 위에 드리워진 미소가 옛날의 그 밝은 표정을 그대로 보여 주고 있었다. 아련한 느낌을 주는 느긋한 미소, 윗입술을 비스듬히 벌리면 아름다운 치아가 가지런히 드러나는 미소…… 수줍은 듯하면서도 대담함이 엿보이는 미소……. 자크는 과거 소년시절에 사람의 마음을 사로잡는 이 미소를 다니엘의 입술에서 찾아보기 위해 애태우며 기다리곤 했었다. 그리고 지금 그는 황홀한 열기에 휩싸이는 것을 느꼈다.

"군대 생활이 고달프겠지!" 하고 그는 어물어물 말했다.

"아니, 별로……."

서로가 불쑥 내뱉다시피 하다가 다시 침묵 속으로 빠져드는 하찮은 몇 마디의 말. 그것은 이 배에서 저 배로 닻줄을 던지는 선원들이 그 줄을 수없이 물에 빠뜨렸다가 마침내 걷어올리는 장면을 떠올리게 했다.

꽤 긴 침묵 끝에 다니엘은 다시 같은 말을 되풀이했다.

"별로 고달프지 않아. 처음에는 그랬지. 퇴비 작업, 변소 청소, 침그릇 청소……. 지금은 하사관이니까 괜찮아. 좋은 친구가 생겼어. 말(馬)도 있고 동료들도 있어……. 결국 지나고 보니까 만족스러워."

자기를 응시하는 자크의 눈길이 어찌나 딴사람 같고 경멸적이었던지 다니엘은 하마터면 발끈 화를 낼 뻔했다. 자크의 고집스런 태도, 그의 침묵, 그의 질문마저도 무엇인가 거리를 두고 우월감을 느끼고 있는 것 같아 다니엘은 몹시 마음이 아팠다. 그러나 자크에 대한 그의 애정으로 이런 것들을 극복했다. 그가 자크에게 서먹한 감정을 느끼게 된 것은 우정의 오랜 공백에서 기인된 그런 피상적인 몰이해 때문이 아니었다. 그것은 오히려 그가 모르는 자크의 모든 것, 집을 뛰쳐나갔던 자크의 과거를 모르기 때문이었다. 자크의 신뢰를 다시 얻자. 그는 갑자기 자크 쪽으로 몸을 구부렸다. 그리고 상대의 애정에 호소라도 하듯이 지금까지와는 다른 부드럽고 설득력 있는 목소리로 이렇게 중얼거렸다.

"자크……."

다니엘은 그 자신의 체면을 세우기 위해서라도 어떤 대답, 어떤 반응, 마음속으로부터 우러나오는 말 한 마디를 기대하고 있었음이 틀림없다. 그러나 자크는 마치 물러서기 위해서 그러기라도 하는 것처럼 본능적으로 윗몸을 뒤로 뺐다.

다니엘은 용기를 내어 이렇게 말했다.

"말해 봐! 4년 전에 도대체 무슨 일이 있었어?"

"잘 알잖아."

"아니야! 나는 아무것도 모르고 있었어. 왜 너는 집을 나갔지? 어째서 나한테 미리 알리지도 않았어? 비밀을 지켜 달라고 했더라면…… 왜 몇 년 동안이나 소식도 없었던 거야?"

자크는 어깨 사이에 목을 움츠리고 있었다. 그는 반항이라도 하려는 듯이 다니엘을 바라보았다. 그리고 피곤한 기색을 보였다. "지나간 일들을 다시 말해 봤자 무슨 소용이 있어?"

다니엘이 그의 손목을 잡았다.

"자크!"

"싫어."

"뭐? 정말 '싫어?', 무엇 때문에 네가 그런 짓을 했는지…… 절대로 말해 주지 않겠단 말이지?"

"아! 그만두자" 하고 다니엘의 손을 뿌리치면서 자크가 말했다.

다니엘은 입을 다물었다. 그리고 천천히 일어났다.

"나중에, 나중에……" 하고 자크가 중얼거렸다. 그러는 그의 목소리는 너무도 힘이 없었다. 그래서 그가 화를 내며 이러한 말을 내뱉었을 때, 갑작스런 그 목소리의 폭발은 더욱 놀랍게 들렸다. "'그런 짓'이라니! 마치 내가 죄를 지은 것처럼 말하는구나!" 그는 거침없이 말을 계속했다. "우선, 뭐 그리 설명할 필요가 있을까? 너는 한 남자가 어느 날 갑자기 모든 것과 인연을 끊고자 한다 해서 그것이 정말 있을 수 없는 일이라고 생각해? 어느 누구하고도 의논하지 않고 자기 혼자 홀연히 떠나는 것을 이해하지 못하겠어? ……넌 몰라? 언제까지나 재갈이 물리고 손발이 묶인 채로 있을 수 없다는 것을 몰라? 남자란 일생에 한 번쯤은 자기 자신이 되어 보려는 용기가 있어야 해! 자기 마음속으로 깊이 파고들어 가서 지금까지 완전히 무시당하고 경멸당했던 것을 발견하고는 마침내 '이것이야말로 진정한 나 자신이다!'라고 말할 수 있는 용기 말이야. 다른 모든 사람들에게 '나는 너희 따위는 필요 없어!'라고 외치며 뿌리칠 수 있는 용기 말이야. 몰라? 너는 그것을 정말 모르겠어?"

"그래, 알아, 잘 알겠어……" 하고 다니엘이 중얼거렸다.

그는 처음 이렇게 힘차고 침통하며 격렬한 목소리를 들었을 때, 옛날의 자크를 본 것 같아 말할 수 없는 기쁨을 느꼈다. 그러나 곧 이런 거친 말투 뒤에 뭔가 부자연스런 것이 있다는 것을 확실히 깨달았다. 이러한 폭발은 무엇보다도 도망갈 구실에 지나지 않는 것이었다……. 그는 지금 자크가 둘의 사이를 자연스럽게 해 줄 만한 솔직한 설명을 결코 하지 않으리라는 것을 깨달았다. 이제는 무엇인가를 알고자 하는 생각은 버려야만 했다. 그리고 지금까지 자랑으로 여겨왔던 단 하나밖에 없는 그들의 우정도 단념하지 않으면 안 되었다. 다니엘은 이 사실을 분명히 느꼈다. 그러자 그는 가슴이 미어지는 듯했다. 더구나 오늘 저녁 그에게는 또 다른 슬픈 일이 있는데……

그들은 잠시동안 서로 아무 말 없이 꼼짝하지 않고, 심지어는 서로 바라보지도 않고 마주 앉아 있었다. 드디어 다니엘이 쭉 뻗고 있던 두 다리를 오므리고는 이마에 손을 얹었다.

"아무래도 나는 올라가 봐야겠어" 하며 그는 낮은 소리로 말했다. 그의 목소리에는 전과 같은 울림이 없었다.

"그래" 하며 자크는 곧 일어섰다. "나도 가 봐야겠어."

다니엘도 따라 일어섰다. "와 줘서 고마워."

"어머니께 너무 오래 붙들고 있어서 죄송하다고 전해 줘……"

그들은 둘 다 누군가가 먼저 걸음을 떼기를 기다렸다.

"몇 시 기차야?"

"23시 50분."

"P.—L.—M.(^{파리―리옹―마르세유}_{를 연결하는 열차})이니?"

"응."

"자동차를 찾아볼까?"

"필요 없어……. 거기까지 가는 전차가 있으니까……"

그들은 이런 이야기를 주고받게 된 것을 쑥스럽게 여기면서 잠시 침묵을 지켰다.

"문까지 바래다 줄게" 하고 오솔길을 걸으며 다니엘이 말했다.

그들은 아무 말도 나누지 않고 정원을 빠져 나왔다.

그들이 대로로 나왔을 때 자동차 한 대가 문 앞에 와서 섰다. 모자를 쓰지 않은 젊은 여자와 늙은 신사가 뛰어내렸다. 그들은 심상찮은 얼굴들을 하고 있었다. 두 사람은 바삐 자크와 다니엘의 앞을 지나갔다. 두 청년은 그들을 지켜보았다. 그들에 대한 호기심이라기보다는 서로가 그 순간을 어떻게 넘겨야 할지를 모르고 있었기 때문이다.

자크는 작별을 서두르면서 손을 내밀었다. 다니엘은 그 손을 묵묵히 잡았다. 손과 손을 꼭 잡은 채 둘은 잠시 서로를 바라보았다. 다니엘이 어설픈 미소를 지어보이자 자크 역시 마지못해 미소로 응답했다. 자크는 힘차게 문 밖으로 뛰쳐나와 불빛이 환한 넓은 인도를 건넜다. 차도에 접어들기 전에 그는 뒤를 돌아보았다. 다니엘은 그 자리에 그대로 서 있었다. 손을 들어보이고는 돌아서서 어두운 나무 사이로 사라지는 다니엘의 모습이 자크의 눈에 보였다.

멀리 우거진 숲 사이로 환한 불빛이 새어 나오는 병원의 창문들이 보였다. 제니……

자크는 전차를 기다리지도 않고 파리를 향해 내달렸다―자신이 탈 기차가 있는 곳으로, 제네바를 향하여. 자신의 생명이라도 걸려 있는 듯이 뛰고 또 뛰었다.

25. 1914년 7월 20일 일요일―앙투안과 안느, 파리 교외에서 만찬에 참석

래커 칠을 한 칸막이가 있는 커다란 살롱에(앙투안은 누구든 서재에는 절대로 사람을 들여보내지 않도록 레옹에게 일러 놓았다) 바탱쿠르 부인이 앉아서 하품을 하고 있었다.

창문은 모두 열려 있었다. 바람 한 점 없는 가운데 하루가 저물고 있었다. 안느는 윗몸을 흔들어 걸치고 있던 가벼운 가운을 안락의자 등에 걸쳐 놓았다.

"우릴 너무 기다리게 하는구나, 펠로우" 하며 그녀는 작은 목소리로 말했다.

카펫 위에 느긋하게 누워 있던 페키니즈의 귀가 가볍게 떨렸다. 안느는 이 금빛 명주 뭉치 같은 강아지를 1900년의 박람회에서 샀다. 이제는 이도 빠지고 성질도 사나워진 이 늙은 개를 그녀는 어디에 가나 꼭 데리고 다녔다.

갑자기 펠로우가 고개를 들었다. 안느는 재빨리 일어났다. 안느와 펠로우가 동시에 앙투안의 빠른 발걸음 소리와 습관처럼 세차게 문을 여닫는 소리를 들었기 때문이다.

생각대로 앙투안이었다. 그는 의사답게 걱정스러운 얼굴을 하고 있었다.

그가 안느의 머리카락에 가볍게 키스하고 목덜미까지 내려오자 그녀는 소스라쳐 몸을 떨었다. 그녀는 손을 들어서, 손가락으로 앙투안의 잘생기고 네모진 이마며 두툼해서 의지가 강해 보이는 눈썹 언저리며 관자놀이며 뺨을 천천히 어루만졌다. 그러고는 잠시 그의 턱을 쥐었다. 좋아하면서도 동시에 두려움을 느끼고 있는 티보 집안 특유의 단단한 그 턱을 만져 보았다. 이윽고 그녀는 머리를 치켜들고 일어나면서 미소지었다.

"나를 보고 있어 줘요, 토니! —그게 아니에요. 당신의 눈은 나를 향해 있지만 눈길은 딴 곳을 보고 있는걸요……. 그렇게 근엄한 얼굴을 하면 싫어요."

앙투안은 안느의 어깨를 잡고 자기 앞에 똑바로 세운 다음 두 손으로 어깨뼈를 가볍게 두드렸다. 그리고 손을 그대로 안느의 어깨 위에 올려놓고는 살짝 물러서면서 마치 자기 소유물을 살펴보듯이 위에서부터 아래까지 그녀를 훑어보았다. 그를 사로잡는 안느의 가장 큰 매력은 그녀의 미모보다도 오히려 그녀가 너무나도 분명히 사랑을 위해 만들어진 것처럼 보이는 점이었다.

그녀는 생기와 기쁨으로 가득한 눈으로 앙투안을 바라보면서 그가 하는 대로 몸을 내맡겼다.

"옷을 갈아입고 곧 올게" 하면서 앙투안은 살며시 그녀를 뒤로 밀쳐 의자에 다시 앉혔다.

근래에 와서 앙투안은 저녁에 턱시도를 걸치는 경우가 잦았다. 그래서 5분도 걸리지 않아 샤워를 하고 수염을 깎은 다음 깔끔한 셔츠, 흰 조끼, 미리 준비해 놓은 옷가지를 입을 수 있었다. 레옹은 그 모든 것을 미리 준비해 놓고 마치 얼빠진 사제처럼 아래를 보면서 한 가지씩 건네주고 있었다.

"밀짚모자와 운전용 장갑" 하고 그는 낮은 목소리로 말했다.

방을 나오기 전에 그는 거울에 비친 자신의 모습을 슬쩍 살펴보고는 커프스를 집어냈다. 그는 얼마전부터 부드러운 셔츠, 꽉 끼는 칼라, 재단이 잘된 양복을 입었을 때 느끼는 더할 나위 없이 쾌적하고 상쾌한 기분을 즐기게 되었다. 날마다 일이 끝나면 한가롭고 호사스런 하룻밤을 즐기는 것이 지금의 그에게는 당연할 뿐만 아니라 건강에도 좋은 일이라고 여겨졌다. 그리고 그는 그런 휴식을 안느와 함께 누리는 것을 다행으로 생각했다—비록 가끔 그렇듯 혼자 충분히 자기 본위로 즐길 수도 있었지만.

"토니, 저녁식사는 어디에 가서 하지요?" 하고 안느가 물었다. 앙투안은 그녀에게 외투를 입혀 주면서 드러난 목덜미에 재빨리 키스를 했다. "파리 시내는 안 돼요. 무척 더우니까요……. 마를리에 있는 '프라트'는 어때요? 아니면 '코크'라든가! 그쪽이 더 재미있을 것 같아요."

"너무 멀어……."

"무슨 상관 있어요? 베르사유부터는 오는 길도 얼마 전에 다시 포장했는데."

그녀는 '이런 것을 하면 어때요?'라든가 '거기에 가면 어때요?'라고 말할 때는 다정하고 나른한 눈길을 하면서 아무렇지도 않다는 듯이 말하는 독특한 버릇이 있었다. 그리고 거리라든가 시간이라든가 앙투안의 피곤이나 기호 따위는 물론이고, 자신의 변덕 때문에 드는 비용 같은 것도 아랑곳하지 않고 무턱대고 엉뚱하게 먼 곳으로 가자고 했다.

"그래, 그럼 '코크'로 가지!" 하고 앙투안은 쾌활하게 말했다. "펠로우 일어나!" 그는 몸을 구부려 개를 팔에 낀 다음 문을 열었다. 그리고 안느를 앞장세우기 위해 조금 물러났다.

그녀는 멈추어 섰다. 검푸른 외투, 크림색 드레스, 검은 래커 칠을 한 칸막이. 이 모든 것들이 그녀의 갈색 피부를 더욱 은은한 빛으로 빛나게 했다. 그녀는 돌아서서 거침없는 눈길로 그를 지그시 바라보았다. 그러면서 "나의 토니……" 하고 중얼거렸다. 그 목소리가 어찌나 작았던지 그에게 속삭인 것이라고 믿기 어려울 정도였다.

"나가지!" 하고 그가 말했다.

"그래요……" 하고 그녀는 한숨짓듯 대답했다. 그렇게 말하는 그녀의 태도는 파리에서 45킬로미터나 떨어진 레스토랑을 선택한 것이 마치 폭군의 변덕 때문에 마지못해 자기가 양보라도 한 것 같은 느낌을 주었다. 그리고 태피터 장식단을 살랑살랑 흔들면서 턱을 높이 쳐들고 유연한 걸음걸이로 사뿐히 문지방을 넘었다.

"당신이 걸어가는 모습은" 앙투안이 안느의 귀에다 대고 속삭였다. "마치 바다로 나가는 아름다운 범선 같군……."

자동차의 성능이 좋아 운전하기에 즐거웠으나, 앙투안은 핸들을 잡는 데 더 이상 흥미를 느끼지 못했다. 그러나 그는 안느가 이렇게 운전사 없이 그와 드라이브하기를 좋아한다는 것을 알고 있었다.

땅거미가 지고 있었다. 저녁은 여전히 무더웠다. 불로뉴 숲을 지날 때 앙투안은 울창한 숲 아래, 사람이 잘 다니지 않는 작은 길을 택했다. 열린 차창으로 후텁지근한 바람과 풀 냄새가 흘러 들어왔다.

안느는 계속 수다를 떨었다. 최근에 베르크로 여행 갔던 이야기를 하면서 남편 이야기를 했다. 그녀로서는 흔한 일이 아니었다.

"글쎄, 그이는 나를 떠나지 못하게 했어요! 애걸하다 못해 협박까지 하더군요. 정말 지긋지긋했어요! 그래도 정거장까지 데려다 주더라고요. 하지만 무척 괴로워하는 눈치였어요. 그리고 기차가 막 떠나려 하는데 플랫폼에서 뚱딴지같이 이렇게 말하는 거예요. '당신, 절대로 마음 변하는 일 없겠지?' 그러기에 차 속에서 나는 '네!' 하고 대답해 주었어요. 그런 '네'는 여러 가지 끔찍한 뜻을 지닌 거죠! ……그래요. 내 마음이 변하지 않으리라는 것은 확실하니까. 그이가 아주 싫을 뿐이랍니다. 어쩔 수가 없는걸요!"

앙투안은 미소를 지었다. 그는 그녀가 뾰로통해 있는 것을 보는 것이 싫지 않았다. 그녀에게 가끔 이런 말을 하곤 했다. '나는 당신이 해적 같은 눈을 할 때가 좋아!' 그러면서 다니엘과 자크의 친구인 시몽 드 바탱쿠르를 떠올리곤 했다. 어린 염소 같은 눈, 노란 머리카락, 온순하면서도 좀 침울해 보이는 행동. 한 마디로 그리 호감이 가지 않는 인물이었다.

"내가 그런 바보를 좋아했다니" 하고 안느는 계속 재잘거렸다. "어쩌면 바로 그것 때문이었는지 몰라요……."

"무엇 때문에?"

"사실은 그이가 바보스러웠으므로……. 그리고 일생동안 이렇다 할 연애 사건 하나 없었던 사람이었으므로……. 신선한 느낌이 들었지요. 또 나를 변화시켜 주리라는 기대도 있었고. 게다가 새로운 인생을 시작할 수 있는 기회라는 막연한 생각도 들었고요. 어처구니 없는 바보짓이었지요!"

그녀는 자기 자신에 관해, 자신의 과거에 관해 좀더 자주 그에게 이야기해 주어야겠다고 결심했던 일을 생각했다. 지금이야말로 절호의 기회였다. 그녀는 편안히 앉아서 앙투안의 어깨에 머리를 기댔다. 그리고 도로를 내다보면서 여러 가지 추억에 잠겼다.

"가끔 투렌에서 사냥할 때 그이를 만났지요. 그이가 나를 유심히 보고 있다는 것을 알았어요. 그러나 말을 걸어오지는 않았어요. 그러던 어느 날 저녁 숙소로 돌아오는 길에 숲 속에서 그와 마주쳤어요. 어째서 그랬는지는 기억나지 않지만 그때 그 사람은 걸어오고 있었어요. 나는 혼자였고. 그래서 나는 자동차를 멈추고 그에게 투르까지 데려다 주겠다고 했어요. 그랬더니 그이의 얼굴이 홍당무가 되더군요. 차를 타기는 했지만 그는 아무 말도 하지 않았어요. 땅거미가 질 무렵이었어요. 그런데 갑자기 입시세관(入市稅關)에 조금 못 미쳐서……"

앙투안은 도로와 자동차의 리듬에 정신이 팔려 있었다.

안느…… 그녀는 나와 헤어지면 분명 또 다른 남자를 좋아할 것이다. 그녀는 자신의 운명을 좇아가겠지. 그는 이 관계가 오래 가리라고는 꿈에도 생각하지 않고 있었다. '이상해' 하며 그는 생각했다. '번번이 이렇게 열정적이고 제멋대로인 여자들한테 끌리다니…….' 그는 가끔 이렇게 여러 여자를 상대로 즐기는 사랑의 유희가 결국은 사랑의 불완전한 형식이 아닌가 생각해 보았다. 그것은 어쩌면 지극히 비참한 것일지도 모른다. '너는 사랑과 욕정을 혼동하고 있어' 하고 언젠가 스튀들레가 그에게 말한 적이 있었다. 불완전하든 어떻든 그것은 그 자신의 방식이었다. 그리고 그는 그것에 만족하고 있었다. 그가 맡은 천직에 헌신하기 위한, 언제나 자유롭고자 하는 근면한 인간으로서의 그의 역량에 그녀는 조금도 피해를 주지 않았던 것이다. 그는 얼마 전에 스튀들레와 나눈 대화가 머리에 떠올랐다. 칼리프(스튀들레의 별명. 이슬람교의 지배자)는 그가 아는 페기(샤를 페기(1873~1914). 20세기의 프랑스 기독교문학 작가)라는 젊은 작가의 말을 인용해 들려주었다. '사랑이란 잘못을 저지른 애인을 옳다고 보는 것이다.' 이 말이 앙투안은 몹시 못마땅했다. 사랑이 그렇게 위압적이고 미치광이 같고, 사람을 바보로 만드는 방식으로 표현될 때 그것은 언제나 그에게 놀라움과 두려움, 심지어는 혐오감마저 불러일으켰다.

자동차는 다리로 접어들어 세느 강을 건너 쉬렌 언덕을 힘차게 올라가고 있었다.

"저기 튀김 요리를 하는 조그만 음식점이 있어요" 하고 안느가 갑자기 손으로 가리키면서 말했다.

(그곳은 최근까지 들로름이 줄곧 그녀를 데려갔던 곳이다—들로름은 의과대학 출신으로서 불로뉴에서 약제사가 되었다. 그리고 몇 년전부터 금년 겨울까지, 즉 안느가 마약 중독에서 해방될 때까지 그녀에게 모르핀을 공급해 줌

으로써 뜻하지 않게 그의 정부가 된 이 여자의 환심을 살 수 있었던 것이다)

안느는 앙투안이 뭐라도 물어볼까봐 억지웃음을 지으면서 이렇게 말했다.

"거기 주인 아주머니는 일부러라도 가볼 만해요. 머리를 컬클립으로 말아 올린 아주머니인데, 양말이 복사뼈까지 말려져 있어요……. 나 같으면 헐렁한 양말을 신을 바에야 맨발이 훨씬 낫겠는데! 그렇지 않아요?"

"언제 일요일에나 한 번 가 보지" 하고 앙투안이 말했다.

"일요일은 안 돼요. 일요일은 내가 무척 싫어하는 것을 아시잖아요? 사람들은 쉰답시고 온통 거리를 메우고!"

"하지만 다른 사람들이 일주일에 엿새를 일해 주는 것은 고마운 일이야" 하고 앙투안은 비꼬듯 말했다.

그녀는 그 비난을 알아차리지 못하고 웃기 시작했다.

"컬클립! 나는 이 말이 참 좋아요. 입속에서 마치 캐스터네츠 소리처럼 울려 퍼지거든요. 개가 한 마리 더 있으면 컬클립이라고 부를 텐데……. 하지만 개를 또 기르지는 않겠어요" 하며 안느는 엄숙하게 말을 이었다. "펠로우가 늙으면 독살할 거예요. 그리고 다른 개는 기르지 않을래요."

앙투안은 고개를 돌리지 않고 미소지었다.

"펠로우를 독살할 만한 용기가 있을까?"

"있어요" 하며 그녀는 또렷한 목소리로 말했다. "하지만 그것은 펠로우가 아주 늙어 버려서 몸을 움직이지 못하게 될 때가 될 거예요."

앙투안은 그녀를 슬쩍 바라보았다. 그는 구피요가 죽었을 때 이상한 소문이 떠돌았던 사실이 떠올랐다. 이따금 그는 그 일을 생각해 보곤 했다. 그럴 때마다 대개 웃어넘겨 버렸지만 가끔 안느가 무섭게 여겨질 때가 있었다. '무슨 짓이라도 할 수 있는 여자다' 하고 그는 생각했다. '무슨 짓이라도. 다 '늙어 빠져서 몸을 움직이지 못하게 되면' 심지어 남편도 독살할 수 있는 여자…….' 그는 이렇게 물었다. "그러면 무엇으로 할 거야? 스트리크닌으로? 아니면 청산가리로?"

"아니오. 바르비투르산으로 할 거예요……. 그래도 제일 좋은 것은 디디 알이지요. 하지만 그것은 B표에 들어 있는 거니까 처방전이 없으면 안 돼요 ……. 간편한 디알이면 족해요! 그렇지 않니, 펠로우?"

앙투안은 쓴 웃음을 지었다. "적당량을 조제하는 일이 그렇게 간단하지는 않아! 1, 2그램이라도 많거나 적으면 망치고 마니까……."

"1, 2그램이라고요? 3킬로그램도 안 되는 개인데요? 당신은 아무것도 모르시는군요, 의사 선생님!" 그녀는 간단한 계산을 해 보고는 침착하게 이렇게 말했다. "아니에요. 펠로우는 0.25그램이나 기껏해야 0.28그램이면 끝나요……."

그녀는 입을 다물었다. 앙투안도 아무 말 없이 있었다. 두 사람은 과연 똑같은 것을 생각하고 있었을까? 아니다. 그녀는 조용히 이렇게 말했다.

"나는 펠로우 대신에 다른 개를 기르지 않을 거예요……. 절대로. 놀라셨어요?" 그녀는 또다시 그에게 바싹 기대었다. "나도 성실한 여자가 될 수 있어요, 토니, 정말로…… 정말로 성실해질 수 있어요……."

차는 방향을 틀어 건널목을 건너기 위해 속력을 늦추었다.

안느는 거리를 내다보며 건성으로 미소짓고 있었다.

"토니, 나는 결국, 위대한 사랑, 단 한 번뿐인 사랑을 할 여자가 되려고 태어났나 봐요……. 그런 생활을 했다 해도 뭐 내 잘못은 아니지요. 아무튼" 하며 그녀는 힘차게 말을 계속했다. "분명히 말할 수 있는 것은 나는 절대로 비굴한 짓은 안 했다는 거예요……."(그녀는 매우 솔직한 여자였다. 들로름은 잊어버리고 있었다) "나에게는 무엇을 후회한다든가 하는 것은 있을 수 없어요" 하며 그녀는 말을 끝맺었다.

그녀는 잠시 입을 다물고 관자놀이를 앙투안의 어깨에 댄 채 어두워진 수풀과 그곳을 빠져 나가는 자동차 주위를 춤추듯 떠돌고 있는 모기떼를 바라보았다. "참 이상해요" 하며 그녀는 말을 계속했다. "나는 행복해질수록 내가 착한 여자처럼 느껴져요……. 가끔 어떤 일에, 어떤 사람에게 나 자신을 완전히 바쳤으면 하고 바랄 때가 있어요!"

향수에 젖은 그녀의 목소리에 그는 충격을 받았다. 그녀가 성실하다는 것을 그는 알고 있었다. 사치도, 사교계의 지위—그것은 15년에 걸친 타산과 거래의 목적이었다—도 그녀에게 마음의 안정이나 행복을 가져다주지 못했다는 것을 그는 알고 있었다.

그녀는 한숨을 내쉬었다.

"나 이번 겨울에는 정말로 생활방식을 바꾸어 보기로 결심했어요……. 착실한 생활…… 유익한 생활…… 토니, 당신이 도와주셔야 해요. 약속하시지요?"

그녀가 입버릇처럼 하던 말이었다. 하기는 앙투안도 그녀가 생활방식을 바꾼다는 것이 불가능하다고 보지는 않았다. 그녀는 여러 가지 단점을 가지고 있지만 장점도 많이 갖고 있었다. 매우 예리한 현실감각을 천부적으로 타고났으며, 어떤 시련도 견뎌 내는 강인한 정신력을 갖고 있었다. 그러나 성공하기 위해서는, 끝까지 밀고 나가기 위해서는 옆에서 이끌어 주고 그녀의 약점을 감싸 줄 사람, 이를테면 자신과 같은 사람이 필요했다. 지난겨울에 그녀로 하여금 모르핀을 끊게 하려고 마음먹었을 때 그는 그녀에 대한 자신의 영향력을 가늠할 수 있었다. 그는 그녀를 일주일 동안 생제르맹 병원에 입원시켜 고통스러운 해독치료를 받도록 하는 데 성공했던 것이다. 병원에서 나올 때 그녀는 지쳐 있었다. 그러나 완전히 나아 있었다. 그리고 그 뒤로 그녀는 두 번 다시 모르핀 주사를 맞지 않았다. 만일 그에게 그럴 생각이 있었다면 지금까지 파묻혀 있던 이 정력을 분명히 진지한 일에 쏟을 수도 있었을 것이다. 그가 마음만 먹었더라면 안느의 장래는 완전히 뒤바뀔 수도 있었다……. 그러나 그는 그런 기미를 절대로 보이지 않기로 결심했었다. 그런 '구원'이 앞으로 자신에게 또 하나의 귀찮은 부담을 안겨 주리라는 것을 너무나 잘 알고 있었기 때문이다. 모든 행위에는 책임이 뒤따르게 마련이다. 친절한 행위인 경우에는 더더욱 그러하다……. 그런데 그에게는 해야 할 자기 생활이 있었고, 지켜야 할 자신의 자유가 있었다. 그 점에 대해서는 결코 양보할 수 없었다. 그러면서도 그 일을 생각할 때마다 그는 마음의 동요를 느끼며 우울해 했었다. 그것은 마치 물에 빠져 허우적거리는 사람이 그를 향해 내민 손을 보지 않으려고 얼굴을 돌리는 것과 같았다…….

정말 이상하게도 그날 밤 '코크 다르'에는 손님이 거의 없었다.

자동차가 서자 급사장, 보이, 웨이터들이 늦게 찾아온 손님을 맞이하기 위해 달려나와 두 사람을 숲의 이곳저곳으로 정중히 안내했다. 풀숲에 가려져 있던 작은 현악대가 조용히 연주를 시작했다. 모두 잘 짜여진 각본에 따라 움직이는 것 같았다. 그리고 안느 뒤에서 걸어가는 앙투안 자신도 마치 능숙한 연기를 하는 배우가 바야흐로 무대에 나가기라도 하듯이 의젓하게 걸어나갔다.

테이블과 테이블 사이에는 쥐똥나무와 꽃상자들로 꾸며진 화단이 있어서 서로 보이지 않게 되어 있었다. 안느는 마침내 테이블 하나를 골랐다. 그리고 그녀는 지배인이 친절하게도 자갈 위에 마련해 준 쿠션 위에 개를 놓는 일에 먼저 신경을 썼다(그것은 복숭앗빛 무명 쿠션이었다. '코크'에서는 작은 베고니아 화단을 비롯해서 테이블보, 파라솔, 나뭇가지에 매단 등롱에 이르기까지 모든 것이 복숭앗빛이었다).

안느는 선 채로 차분히 메뉴를 살폈다. 그녀는 짐짓 미식가인 것처럼 보이려고 했다. 보이들을 거느리고 온 급사장은 입술에 연필을 대고 유심히 내려다보면서 아무 말 없이 서 있었다. 앙투안은 그녀가 앉기를 기다리고 있었다. 안느는 앙투안을 향해 돌아서더니 장갑을 벗은 손끝으로 메뉴에 적힌 몇 가지 요리를 가리켰다. 그녀가 볼 때—물론 전적으로 틀린 생각은 아니었지만—앙투안은 다른 사람에게 양보하는 것을 싫어하는 성격이라 그녀가 직접 보이에게 이야기하는 것을 좋아하지 않는 것 같았다.

앙투안은 언제나 그렇듯이, 단호하면서도 익숙한 말투로 음식을 주문했다. 급사장은 알겠다는 듯이 정중한 태도로 그것을 받아 적었다. 앙투안은 그가 메모하는 모습을 보고 있었다. 사람들이 자기를 떠받들어 주는 것이 그로서는 흐뭇한 일이었다. 그는 순진하게도 여기 있는 모두가 자기를 극진히 대접한다고 생각하는 것 같았다. 물론 그는 그것을 아주 당연한 것으로 여겼다.

"어머나, 귀여운 pussy(고양이라는 뜻의 어린아이 영어)!" 하고 외치며 안느는 테이블 위에 뛰어오른 검은 고양이에게 팔을 내밀었다. 난처해진 보이들은 재빨리 냅킨을 흔들어 쫓으려 했다. 태어난 지 6주쯤 되는 새까맣고 먹지 못해 삐쩍 마른 새끼 고양이었다. 배가 툭 튀어나오고 그의 큰 머리통에는 야릇한 초록빛 눈이 박혀 있었다.

안느는 고양이를 두 손으로 잡고 웃으면서 뺨에 갖다 댔다.

"안느, 그런 벼룩투성이는 내려요……. 그러다 할퀸다니까."

"아니야, 넌 벼룩투성이가 아니지……. 귀여운 pussy" 하고 안느는 더러운 새끼 고양이를 가슴에 안고 그 머리를 턱 끝으로 문지르면서 말했다. "어머나 이 배! 마치 '루이 15세의 서랍장' 같아! 그리고 이 큰 머리통 좀 봐! 마치 순이 돋은 양파 같아……. 토니, 순이 돋은 양파의 모양이 얼마나 우스꽝스러운지 아세요?"

앙투안은 애써 웃어 보였다. 좀 억지웃음이었다. 그런 일은 그에게 드문 편이었다. 그는 자신의 웃음소리를 듣고 놀랐다. 갑자기 그는 그 웃음소리가 특별하다는 것을 깨달았다. '이런' 하고 생각하면서 그는 묘하게 가슴이 죄어 오는 것을 느꼈다. '나는 방금 아버지와 똑같이 웃었어……' 아버지가 살아 있었을 때 앙투안은 그의 웃음소리에 전혀 신경 쓰지 않았었다. 그런데 오늘밤 자신의 입에서 나온 그 웃음소리를 언뜻 알아본 것이다.

안느는 크림색 타프타가 더러워지는 것도 아랑곳하지 않고 그 끔찍한 동물을 어떻게 해서든지 무릎에 앉혀 두려고 했다.

"어머나, 못됐어!" 하며 그녀는 아주 기분이 좋아서 떠들어 댔다. "벨제뷔트(성서에 나오는 마귀의 두목) 씨, 가르랑거리는 소리를 내봐! ……봐요……. 이 고양이는 다 알아들어요……. 확실히 요놈은 영혼을 가지고 있어요" 하고 그녀는 정색을 하며 말했다. "나 이것 사 주세요, 토니…… 우리의 마스코트가 될 거예요! 이 애가 우리와 함께 있으면 우리에게 불행이 닥치지 않을 것 같아요!"

"거 봐" 하며 앙투안은 놀리듯 말했다. "그러면서도 아직 미신을 안 믿는다고 주장할 수 있을까!"

그는 이미 이 문제로 그녀를 놀려 준 적이 있었다. 그녀는 밤에 왠지 불길한 예감이 들어 잠자리에 들지 못하고 방 안을 서성거릴 때면, 추억이 담긴 물건들을 넣어 둔 서랍 속에서 오래된 카드점 책을 꺼내어 잠이 올 때까지 카드점을 치곤 했다고 그에게 털어놓은 적이 있었다.

"당신 말이 옳아요" 하고 그녀는 갑자기 말했다. "나는 정말 바보예요."

그녀는 고양이를 놓아주었다. 그러자 고양이는 비틀거리면서 두세 번 구르다가 덤불 속으로 사라졌다. 단둘이 된 것을 확인한 안느는 앙투안을 지그시 바라보면서 이렇게 속삭였다.

"나를 꾸짖어 주세요. 난 그런 것을 좋아하니까요……. 당신 말을 들을게요. 두고 보세요…… 제 잘못을 고칠게요. 당신이 바라는 여자가 되겠어요."

앙투안은 자기가 바라고 있는 이상으로 안느가 자기를 좋아하고 있다는 생각이 들었다. 그는 미소를 지었다. 그리고 포타주(채에 거른 야채, 생선, 고기, 곡식 등으로 만든 수프)를 들라는 시늉을 했다. 그녀는 눈을 내리깔고 어린아이처럼 하라는 대로 했다.

그녀는 전혀 다른 이야기를 시작했다. 앙투안과 떨어지지 않기 위해서 여름휴가를 파리에서 보내기로 했다는 것, 네댓 새 전부터 신문마다 대서특필하고 있는, 반은 정치적이며 반은 감정적인 재판 사건(카요 부인의 칼메트 사살에 대한 재판 사건)에 관한 이야기였다.

"얼마나 대담한 일인지! 나도 그런 일을 해 보고 싶어요! 당신을 위해서 말이에요! 당신이 잘못되기를 바라는 사람은 죽여 버릴 거예요!" 멀리서 두 대의 바이올린과 첼로와 비올라가 미뉴에트를 연주하고 있었다. 그녀는 잠시 공상에 잠기는 듯하더니 어리광을 부리는 듯하면서도 비장한 목소리로 이렇게 말했다. "사랑하는 사람을 위해서 살인을 하다……."

"보아하니 정말 해낼 것 같군" 하고 앙투안은 미소를 지으면서 말했다.

그녀는 무어라고 대꾸하려 했다. 그러나 그때 마침 급사장이 와서 아직 자르지 않은 새끼 비둘기가 담긴 군침 도는 은접시를 마치 향로처럼 내놓았다. 살미 (^{구운 새}_{고기 스튜}) 향기가 났다.

앙투안은 그녀의 속눈썹 끝에서 눈물방울이 반짝이는 것을 보았다. 그는 눈길로 그녀에게 물었다. 본의 아니게 그녀의 마음을 아프게 했나?

"그건 당신이 생각하는 것 이상으로 정말인지 몰라요" 하며 그녀는 그를 바라보지도 않고 한숨을 지었다. 그녀의 말투 때문이었을까? 이상하게도 그는 구피요의 일을 다시 한 번 생각하지 않을 수 없었다.

"뭐, 정말이라고?" 하고 그는 이상한 듯이 물어보았다.

그 억양에 깜짝 놀란 안느가 눈을 들었다. 그리고 앙투안의 눈길 속에서 이해할 수 없는 동요의 빛을 발견했다. 처음에는 그가 왜 그런 반응을 보이는지 몰랐다. 그리고 갑자기 그들이 독약에 관해 이야기했던 것, 거기에 대해서 앙투안이 물어왔던 것이 생각났다. 그녀는 남편이 죽은 뒤에 나돌던 자신에 대한 비난의 소리를 모르지는 않았다. 우아즈 지방의 한 신문은 그 지방의 늙은 억만장자가 야심을 품은 젊은 여자와 늘그막에 결혼을 했는데, 그 여자에 의해 별장에 감금되었다가 어느 날 밤 의문의 죽음을 당한 것이 틀림없다고 암시하기까지 했었다.

앙투안은 목소리를 가다듬어 되풀이했다.

"뭐, 정말이라고?"

"나는 정말 멜로드라마의 여주인공 같아요" 하고 안느는 앙투안의 생각을 알아챘다는 것을 숨기려는 듯 냉정하게 대답했다. 그녀는 핸드백에서 작은 거울을 꺼내어 물끄러미 들여다보았다. "보세요…… 내 얼굴이 침대에서 바보같이 죽을 사람의 얼굴 같아요? 천만에요. 나는 꼭 드라마틱하게 죽을 거예요, 두고 보세요! 어느 날 아침 칼에 찔려 방 안에 쓰러져 있는 나를 발견하게 될 거예요……. 카펫 위에 발가벗은 채로…… 칼에 찔려…… 더구나 책에 나오는 안느라는 이름을 가진 여자들이 언제나 칼에 찔려 죽는다는 걸 나는 알고 있어요……. 그런데" 하며 그녀는 거울을 보면서 말을 이었다. "나는 죽을 때 꼴이 흉해질까봐 몹시 두려워요. 죽은 사람들의 창백한 입술, 그건 정말 소름끼쳐요……. 나는 화장만은 꼭 해 주었으면 해요. 하기는 유언장에도 써 놓았지만."

그녀는 여느 때보다 더 빠른 말투로, 그리고 겁을 먹었을 때처럼 떠듬거리면서 말했다. 그녀는 손수건 자락으로 속눈썹 사이에 맺혀 있는 눈물을 얌전하게 닦았다. 그리고 나서 분첩으로 얼굴에 분을 한 번 바른 다음 모두 핸드백에 집어 넣었다. 그리고 고리를 잠갔다.

"사실은" 하며 그녀는 계속해서 말했다(그리고 고백을 할 때의 그녀의 아름다운 콘트랄토 목소리는 갑자기 상스러운 말투로 바뀌어 있었다). "멜로드라마의 여주인공 같은 얼굴이 그다지 싫지는 않은데요……."

안느는 마침내 앙투안에게로 얼굴을 돌렸다. 그리고 그가 자기를 계속 살피고 있다는 것을 깨달았다. 그녀는 느긋하게 웃어보였다. 그러한 그녀의 모습에는 어떤 결의가 엿보였다. "나는 내 생김새 때문에 지금까지 여러 가지로 손해를 보았어요" 하면서 그녀는 한숨을 지었다. "사람들이 나를 독살범으로 본다는 사실을 알고 계시지요?"

잠시 앙투안은 망설였다. 그는 눈을 깜박거렸다. 그리고 이렇게 말했다.

"알고 있어."

안느는 팔꿈치를 식탁 위에 올려놓고 뚫어지게 앙투안의 눈을 바라보면서 교태를 부리는 목소리로 말했다. "당신은 내가 그런 짓을 할 수 있다고 생각하세요?" 말투에는 허세가 깃들어 있었지만 눈길은 상대의 눈을 피해 허공을 향하고 있었다.

"왜 못해?" 하고 그는 농담 반 진담 반으로 말했다.

그녀는 테이블보를 내려다보면서 한동안 아무 말이 없었다. 그러한 의문이 자기에 대해 앙투안이 느끼고 있는 감정에 어떤 자극을 주었을지도 모른다는 생각이 그녀의 머릿속을 스쳐갔다. 차라리 불안해 하는 그를 그대로 내버려 둘까 하는 유혹도 스쳐갔다. 그러나 그녀가 다시 그를 바라보았을 때 그 유혹은 사라져 버렸다.

"난 할 수 없어요" 하며 그녀는 거침없이 말했다. "사실은…… 그처럼 소설 같은 얘기는 아니에요. 구피요가 죽은 날 밤에 우연히 제가 그 사람과 단둘이 있었다는 것뿐이에요. 정말이에요. 그 사람은 때가 되어서 죽은 것이지 나하고는 아무런 상관이 없어요."

앙투안의 침묵. 이야기를 듣고 있는 그의 태도로 보아 그는 더 자세한 설명을 듣고 싶어하는 것 같았다. 그녀는 손도 대지 않은 접시를 앞으로 내밀었다. 그리고 나서 핸드백 속에서 담배 한 개비를 꺼냈다. 앙투안은 꼼짝하지 않고 그녀가 불을 붙이도록 내버려 두었다. 그녀는 곧잘 이 홍차 담배를 피우곤 했다. 그것은 뉴욕에서 구해 온 것으로서 풀잎이 타는 것처럼 맵고 현기증을 일으키는 냄새를 풍겼다. 그녀는 담배를 두세 모금 빨더니 길게 연기를 내뿜었다. 그리고 나서 힘없이 중얼거렸다.

"이런 옛날이야기 재미있어요?"

"응" 하고 그는 얼떨결에 대답했다.

안느는 미소를 짓더니 농담으로 그랬다는 듯이 어깨를 으쓱했다.

앙투안은 갈피를 잡지 못하고 있었다. 언젠가 안느가 이런 말을 하지 않았던가? '나는 살아오면서 나 자신을 지키기 위해 거짓말하는 버릇이 몸에 배어 있어요. 그러니까 내가 거짓말을 한다고 생각하시면 곧 나에게 말해 주세요. 그렇다고 나를 나쁘게는 생각하지 마세요…….' 그는 어찌할 바를 모르고 있었다. 그는 문득 전에 안느가 어린 위게트의 가정교사였던 미스 메리와 이상하게 친한 것을 보고 놀랐던 일이 생각났다. 그는 그런 친밀의 본질에 대한 자신의 생각이 결코 틀린 것이 아니라는 확신을 가지고 있었다. 그러나 나중에 그가 미소를 지으면서 안느에게 그 일에 관해 몇 가지 분명하게 질문했을 때, 그녀는 솔직히 털어놓기는커녕 오히려 그런 의심을 품은 데 대해 분개하는가 하면 결백을 가장하며 매우 당황했다.

"안 돼요! 뼈 같은 것은! 목에 걸리면 어떡할 거예요!"

보이가 친절한 체하려고 펠로우의 쿠션 앞에 파테 접시를 가져와서 새끼 비둘기 뼈를 주려고 했던 것이다.

급사장이 뛰어왔다.

"부인, 무슨 일이라도?"

"아무 일도 아니오, 아무 일도." 짜증이 난 앙투안이 말했다.

펠로우는 일어서서 접시의 냄새를 맡았다. 녀석은 한 번 기지개를 켜더니 귀를 쫑긋거리며 킁킁 냄새를 맡아보았다. 그러더니 실망했는지 작고 납작한 코를 주인을 향해 돌렸다.

"펠로우, 도대체 왜 그러니?" 하고 안느가 말했다.

"왜 그러니?'" 하고 급사장이 메아리처럼 되풀이했다.

"보여 주세요." 보이를 향해 안느가 말했다. 그녀는 그릇에 손등을 갖다 대었다. "어머나, 이 파테는 다 식어 버렸어요! 내가 따뜻한 걸로 갖다 달라고 말했는데……. 그리고 기름기도 없애고" 하며 그녀는 손가락으로 기름 덩이를 가리키면서 야멸차게 말했다. "밥하고 홍당무하고 잘게 썬 고기 조금하고, 별로 어려운 거 아니잖아요!"

"가져가!" 하고 급사장이 호통쳤다.

보이는 접시를 들고 잠깐 파테를 유심히 살펴보더니 순순히 주방으로 돌아갔다. 그러나 돌아가기 전에 그는 테이블 쪽을 힐끗 쳐다보았다. 그때 그의 눈길이 앙투안의 눈길과 마주쳤다.

둘만이 되었다.

"당신" 하며 그는 나무라듯 말했다. "아무래도 펠로우가 좀 까다롭다고 생각하지 않아…… ?"

"저 보이가 멍청한 거예요!" 하고 안느가 화를 내면서 말을 가로막았다. "당신도 보셨지요? 그릇 앞에 우두커니 서 있는 꼴이라니!"

앙투안은 부드럽게 말했다. "아마 지금쯤 변두리의 어느 다락방에서 저녁을 먹고 있을 마누라와 애들을 생각하고 있었는지도 모르지……."

안느는 열이 나서 후들후들 떨리는 손을 얼른 앙투안의 손 위에 얹었다.

"토니, 그래요. 무서워요. 당신의 그런 말은…… 그래도 설마 당신은 펠로우가 병이 나도 좋다는 말씀은 아니겠지요?" 그녀는 정말 당황하는 것 같았다. "그런데 왜 웃는 거예요? 이봐요, 토니. 저 불쌍한 보이에게 팁을 주어야지요……. 특별히 저 보이에게 말이에요……. 두둑히…… 펠로우가 주는 거라고……."

그녀는 잠시 생각에 잠겨 있더니 갑자기 이렇게 말했다.

"저, 우리 오빠도 처음에는 식당 보이 노릇을 했었어요……. 그래요, 뱅센느의 싸구려 식당의 보이였지요."

"당신한테 오빠가 있는 줄은 몰랐어" 하고 앙투안이 말했다(그의 말투와 얼굴 표정은 '하기야 나는 당신에 관해 그다지 아는 것이 없어……'라는 뜻을 은연중에 암시하는 것 같았다).

"아, 지금은 먼 곳에 가 있어요……. 살아만 있다면 좋으련만……. 인도차이나로 떠났어요. 식민지 부대에 지원해서……. 거기에서 살림을 차렸다던가……. 한 번도 소식이 없었어요……." 그녀는 점점 목소리를 낮추었다. 그녀의 목소리는 낮은 톤일 때 특히 숙연해졌다. 그러면서 말을 이었다. "기막힌 일이지요. 내가 도와줄 수도 있었는데……." 그러고 나서 입을 다물었다.

"그러면" 하며 잠시 침묵을 지키다가 앙투안이 말했다. "그는 당신이 거기에 없을 때 죽었나?"

"누구?" 하고 안느는 눈을 깜박거리면서 반문했다. 안느는 앙투안이 이렇게 집요하게 물어오는 데 놀랐다. 그러면서도 앙투안이 자기에게 몹시 신경을 쓰고 있다는 것을 느끼고는 흐뭇해 했다. 갑자기 안느는 웃기 시작했다. 난데없는 웃음, 명랑하고 상대방도 같이 웃게 되는 그런 웃음이었다. "가장 어처구니없는 것은 하지도 않았고, 또 도저히 할 만한 용기도 없는 나를 두고 내가 했다고 몰아붙이는 거예요. 내가 정말로 어떤 나쁜 짓을 했는지는 아무도 몰라요. 말할게요. 나는 구피요가 썼다는 유언장을 믿지 않았어요. 그이가 정신이 흐려졌던 두 해 동안 나는 보베의 한 공증인의 도움으로 억지로 받아 낸 위임장을 가지고 버젓이 그이 재산의 대부분을 내 것으로 해 버렸거든요. 하지만 쓸데없는 짓이었지요. 왜냐하면 유언장은 나에게 아주 유리하게 되어 있었고, 위게트에게는 단지 법률상의 상속분만 남겨져 있었어요……. 하지만 7년 동안이나 그 지옥 같은 생활을 참아온 나로서는 재산을 내 것으로 만들 권리쯤은 있다고 생각해요!" 그녀는 웃음을 그치더니 상냥한 목소리로 덧붙였다. "그리고 토니, 이런 이야기를 하는 것은 당신한테가 처음이에요."

그녀는 갑자기 몸서리쳤다.

"추워?" 하고 앙투안은 눈으로 외투를 찾으면서 말했다. 밤은 점점 선선해졌다. 밤이 깊었다.

"아뇨, 목이 말라요." 그녀는 샴페인을 넣어 둔 통을 향해 잔을 내밀었다.

그녀는 앙투안이 따라 주는 샴페인을 꼴깍꼴깍 마신 다음에 ㄱ 매운 담배에 불을 붙였다. 그리고 어깨에 외투를 걸치려고 일어섰다. 다시 자리에 앉은 그녀는 앙투안 곁에 가려고 의자를 당겼다.

"들려요?" 하고 그녀가 물었다.

밤나방 몇 마리가 등롱 주위를 날아다니다가 큰 파라솔 천 위에 부딪혀 투둑투둑 소리를 내고 있었다. 이제 현악대의 소리도 들리지 않았다. 레스토랑 창문의 불도 대부분 꺼져 있었다.

"여기도 좋아요. 하지만 더 좋은 곳을 알고 있어요……" 하고 그녀는 기대에 부푼 눈길로 말했다.

앙투안에게서 아무 대답이 없자 그녀는 그의 손목을 잡았다. 그리고 그 손을 뒤집어 테이블보 위에 올려놓았다. 그는 손금을 보려고 하는 줄로 알았다.

"그만둬" 하고 그는 손을 뿌리치려고 하면서 말했다(점을 보는 것만큼 그의 신경을 거스르는 일도 없었다. 아무리 훌륭한 예언이라 해도 자신이 마음먹고 있는 장래에 견준다면 그처럼 하찮은 짓도 없는 것 같았다!).

"바보!" 그녀는 손목을 그대로 잡고 있으면서 웃었다. "이봐요, 나는 이러고 싶었어요……." 그녀는 갑자기 몸을 숙이며 그의 손바닥에 입을 갖다 댔다. 그리고 그대로 얼마동안 꼼짝 않고 있었다.

앙투안은 다른 한 손으로 숙이고 있는 그녀의 목덜미를 부드럽게 쓰다듬었다. 그러면서 자신에 대한 그녀의 애틋한 사랑과 그녀에 대해 너무나 타산적인 자신의 감정을 비교해 보았다.

바로 그때 직감적으로 알아차리기라도 한 듯이 그녀가 가볍게 고개를 들었다.

"나는 내가 당신을 사랑하는 것만큼 당신이 나를 사랑해 주기를 바라진 않아요. 다만 당신을 좋아하게 내버려 두었으면 싶어요……."

26. 7월 21일 화요일—자크, 제네바로 돌아가다

반네드는 외출하려는 참이었다. 아침마다 늘 그렇듯이 석유난로 위에 커피를 끓이고 있었는데, 그때 자크가 와서 방문을 노크했다. 자크는 자기 방에 가서 짐을 풀지 않고 곧장 반네드의 방으로 왔던 것이다.

"제네바에서는 뭐 새로운 것이 있었나?" 하고 그는 여행가방을 타일이 깔린 바닥에 놓으면서 쾌활하게 말했다.

방구석에 있던 반네드는 실눈을 하고 자크가 있는 쪽을 살피다가 목소리를 듣고는 그를 알아보았다.

"보티! 벌써 돌아온 거예요?" 그는 어린애 같은 작은 손을 내밀면서 자크 쪽으로 걸어왔다. "얼굴빛이 좋군요" 하고 그는 자크 쪽으로 다가와 자크의 얼굴을 뚫어지게 바라보면서 말했다.

"그래" 하고 자크도 그것을 인정했다. "좋아!"

그것은 사실이었다. 모든 예상과 달리 어젯밤 여행은 여간 좋은 것이 아니었다. 홀가분한 밤이었다. 콩파르티망^(예닐곱 사람이 앉게 되어 있는 열차 안의 칸막이 방) 안에서는 혼자였으므로 그는 길게 몸을 뻗고 금방 잠들 수 있었다. 그리고 겨우 눈을 뜬 곳이 퀴로즈 역이었다. 몸은 상쾌하고 활기가 넘치며, 무엇에서 해방이나 된 것처럼 유별나게 행복감에 젖어 있기까지 했다. 깊은 골짜기에서 밤이 남기고 간 솜털구름을 막 솟아오른 아침 햇살이 걷어 내고 있는 동안 열차의 승강구에서 심호흡을 하며 아침 공기를 들이마시고 있던 그는 오늘 아침에 이렇게까지 기쁨으로 충만한 이유가 어디에 있을까 하고 자기 자신을 돌아보았다. 그는 생각했다. '이제는 복잡한 사상이나 이론 속에서 허우적거리는 것도 끝이다. 이제 명확한 목적이 주어졌다. 반전을 위한 직접적인 행동이다!' 그렇다. 중대한 시기였다. 확실히 결정적인 시기였다. 파리에서 가지고 온 여러 가지 인상의 대차대조표를 만들어 볼 때 프랑스 사회주의 진영의 단호함, 조레스를 중심으로 이루어지고 있고 또 그의 낙관적인 투쟁 정신을 기초로 이루어지고 있는 지도자들 사이의 협약, 노동조합의 활동과 당의 활동 사이에 이루어지고 있는 것으로 보이는 협조 따위는 그로 하여금 인터내셔널의 불굴의 힘을 더욱 믿을 수 있게 해 주었다.

"앉아요" 하고 반네드는 흐트러진 침대 위의 시트를 잡아당기면서 말했다 (그는 자크에게 말을 놓겠다는 생각을 해 본 적이 한 번도 없었다). "같이 커피나 마셔요……. 그래, 모든 일이 잘됐나요? 들어봅시다! 그쪽에서는 모두 뭐라고 합디까?"

"파리에서? 가지각색이야……. 대중은 아무것도 모르고, 누구 하나 걱정하는 사람이 없어. 놀라운 일이지. 신문들은 카요 부인의 재판이라든가 푸앵카레의 러시아 방문 따위만 대서특필하고 있어—그리고 여름휴가 이야기! ……하기는 프랑스 신문에 어떤 지령이 내려졌다는 말이 떠돌고 있어. 말하자면 외교관들의 노력을 방해하지 않기 위해 발칸 문제에 관심을 기울이게 해서는 안 된다는 거야……. 그러나 당내에서는 동분서주하고 있어! 그리고 실제로 모두들 훌륭하게 일하고 있는 것 같고! 총파업이 매우 중요한 문제로 떠오르고 있는 것이 분명해. 이거야말로 빈 대회에서 프랑스의 슬로건이 될 거야. 물론 의문점은 독일 사회민주당이 어떻게 나오느냐 하는 거지. 그들도 원칙적으로는 이 문제를 들고 나오는 데 찬성하고 있지만……."

"오스트리아 쪽 정보는요?" 하고 반네드는 책이 수북이 쌓여 있는 머리맡 탁자 위에 커피를 가득 담은 양치질 컵을 놓으면서 물었다.

"응. 그 정보가 틀리지 않는다면 꽤 좋은 소식이야. 어젯밤 〈위마니테〉사에 들렀는데, 세르비아에 보낸 오스트리아의 통첩은 도전적인 성격을 띠지 않았을 것이라는 의견들이었어."

"보티" 하고 반네드는 갑자기 말했다. "잘됐어요. 당신을 만나니까 속이 후련해져요!" 그는 상대의 이야기를 멈추게 한 것이 미안하게 생각되었는지 미소를 지었다. 그러고 나서 곧 말을 계속했다. "여기에 뷜만이 와 있어요. 그가 빈의 외교관들로부터 나온 이야기라고 하면서 들려주던데, 그의 말로는 오히려 오스트리아의 의도가 악랄하고…… 그리고 아주 계획적인 거라고 하더군요……. 모든 게 틀려먹었어요!" 하고 그는 침울하게 말을 맺었다.

"반네드, 그걸 좀 설명해 줘" 하고 자크가 말했다.

그의 말투에는 호기심보다는 유쾌함과 애정이 엿보였다. 반네드도 그렇게 느꼈음이 틀림없었다. 그는 미소를 지으면서 침대 위 자크의 곁에 와서 앉았다.

"올겨울에 프란츠 요제프를 진찰하기 위해 불려 갔던 의사들은 호흡기질환이라는 진단을 내렸어요……. 불치병이래요…… 더구나 아주 중태이므로 황제가 연말을 넘기지 못할 거라는 거예요."

"그렇구나…… requiescat (고인을 위한 기도로서/ '고이 잠드소서'라는 뜻)!" 하고 자크는 중얼거렸다. 지금 그는 그 일을 그렇게 중대하게 여길 생각이 없었다. 그는 손을 데지 않으려고 손수건으로 컵 둘레를 감쌌다. 그리고 반네드가 만들어 준 걸쭉한 커피를 조금씩 마시고 있었다. 그는 컵 너머로 의심쩍은 듯하면서 다정한 눈길로 머리가 헝클어진 친구의 창백한 얼굴을 바라보았다.

"잠깐" 하고 반네드가 말을 되받았다. "그런데 지금 문제가 복잡해요……. 진찰결과가 바로 수상한테 보고된 것 같아요……. 베르히톨트가 자기 별장으로 많은 정치가를 불러들여 비밀회의로 하나의 어전회의를 열었다고 해요."

"허어!" 하고 자크는 재미있다는 듯이 맞장구를 쳤다.

"그리고 그들이—그 가운데는 티소, 포르가하, 그리고 참모총장 회첸도르프도 있었어요—이런 이야기를 한 것 같아요. 지금의 정세로 보아 황제가 죽으면 오스트리아 국내에 매우 어려운 일들이 벌어질 거다. 이중군주제(오스트리아—헝가리 제국)가 그대로 유지되더라도 오스트리아는 앞으로 약해질 것이 틀림없다. 오스트리아는 앞으로 오랜 기간은 세르비아를 제압할 생각을 단념해야 할 거다. 그러니까 제국의 장래를 위해 이 기회에 꼭 세르비아를 타도해야 한다. 그러자면 어떻게 해야 할 것인가?"

"늙은이가 죽기 전에 세르비아 원정을 서두른다?" 하고 자크는 조금전보다 좀더 관심 있는 태도로 말했다.

"그래요……. 그러나 어떤 사람들은 한술 더 떠요……."

자크는 반네드가 말하는 것을 가만히 보고 있었다. 눈먼 천사 같은 그의 얼굴 앞에서, 그 가냘픈 겉모습과 윤기 없이 무른 그의 몸속에서 나타나는 단단한 핵과 같은 결연한 정신력이 대조를 이루고 있다는 것을 느끼면서 새삼 감명을 받았던 것이다. '사랑스런 반네드' 하고 그는 미소를 지으면서 생각했다. 그는 일요일마다 레만 호숫가의 여러 여관에서 열렸던 열렬한 정치 논쟁 도중에—'모두 다 비열해. 모두 썩었어!' 하고 외치며—갑자기 테이블을 떠나 어린아이처럼 혼자 그네를 타러 가던 반네드를 여러 번 보았던 일이 생각났다.

"……어떤 사람들은 한술 더 떠요" 하고 반네드는 맑고 부드러운 목소리로 계속 말했다. "그들은 사라예보의 암살이 베르히톨트가 고용한 선동분자들이 저지른 일이며, 그렇게 함으로써 그가 기대했던 계기를 마련할 수 있었다고 말하고 있어요! 그리고 베르히톨트가 그 때문에 일석이조의 효과를 얻었다고 해요. 일단 그는 미덥지도 않고 너무 평화주의적인 왕위 후계자를 쫓아낼 수 있었고, 또 황제가 살아 있는 동안 세르비아와의 전쟁을 가능하게 했다는 거예요."

자크는 웃고 있었다.

"정말 황당무계한 이야기를 하는군……."

"보티, 당신은 그렇게 생각하지 않아요?"

"그야" 하며 자크는 진지하게 대답했다. "야심적인 인간, 정치생활로 일그러진 인간은 일단 자기 손 안에 절대권력이 들어왔다고 생각하면 무슨 짓이라도, 정말 무슨 짓이라도 서슴지 않고 할 수 있는 거야! 역사란 이런 것을 길게 예증하는 것에 지나지 않아……. 하지만 반네드, 나는 이렇게도 믿고 있어. 어떤 음흉한 계획이라도 민중의 평화의지 앞에서는 곧 분쇄되고 만다는 것을 말이야!"

"조종사도 그렇게 생각한다고 믿으세요?" 하고 반네드는 머리를 흔들면서 물었다.

자크는 의아스러운 듯이 그를 빤히 바라보았다.

"제 생각으로는……" 하고 반네드는 망설이다가 말을 계속했다. "물론 조종사는 그렇지 않다고 말하지는 않아요……. 하지만 그는 언제나 그런 저항, 민중의 의지라는 것을 전적으로 믿고 있는 것 같지는 않아요……."

자크의 얼굴빛이 어두워졌다. 그는 메네스트렐의 처지가 자기와 어떤 점에서 다른지 잘 알고 있었다. 그렇게 생각하는 것은 괴로운 일이었다. 그는 본능적으로 그런 생각을 하지 않으려고 애썼다.

"반네드, 그런 의지는 존재해!" 하며 그는 힘차게 말했다. "나는 파리에서 막 돌아왔어. 그리고 나는 믿어. 현재 그것은 프랑스만의 일이 아니야. 유럽 곳곳에서 동원될 수 있는 사람들 가운데서도 전쟁을 인식하려는 사람은 백에 열, 아니 다섯도 안 돼!"

"그럼 나머지 아흔다섯은 수동적이거나 체념하고 있는 사람들이군요, 보티!"

"나는 그렇게 알고 있어. 그러나 그 아흔다섯 가운데 전쟁의 위험을 인식하고 분연히 일어서는 사람이 여남은 명, 아니 그 반이라도 있다고 상상해봐. 그야말로 여러 나라의 정부는 진정한 투사군단을 만나게 되는 거야! ……맞서기 위해서는 백 명 가운데서 이런 대여섯 명에게 손을 써서 단결해야 해. 실현될 수 없는 것이 아니야. 그리고 이 순간에도 유럽의 혁명가들은 곳곳에서 그것을 이루기 위해 활동하고 있어!"

자크는 일어섰다. "몇 시지?" 하고 그는 손목을 힐끗 보면서 물었다. "이제 메네스트렐을 만나러 가야겠어."

"오늘 아침에는 안 돼요" 하고 반네드가 말했다. "조종사는 리차들레와 함께 자동차로 로잔에 갔으니까요."

"쯧쯧…… 확실해?"

"대회 때문에 그곳에서 9시에 약속이 있대요. 오후나 되어야 돌아올걸요."

자크는 난처한 표정을 지었다. "좋아, 오후까지 기다리지……. 그런데 자네는 오늘 아침에 무슨 일이 있나?"

"도서관에 가려고 했어요. 하지만……."

"나하고 같이 사프리오 집에 가자. 가면서 이야기하자. 그에게 전해 줄 편지가 있어. 파리에서 네그로토를 만났거든……." 그는 여행가방을 다시 들고 문 쪽으로 걸어갔다. "10분만. 아래층 이발소에서 면도하고 있을 테니까…… 내려오면서 나를 불러 줘."

사프리오는 성당 교구 안에 있는 페리스리 거리의 작고 초라한 2층 집에서 혼자 살고 있었다. 그리고 그는 아래층에다 상점을 차려 놓았다.

사람들은 사프리오의 과거에 대해서 그다지 아는 것이 없었다. 그러나 명랑하고 친절하다고 이름이 났으므로 모두가 그를 좋아했다. 스위스에 오기 훨씬 전부터 이탈리아 당원이었던 그는 7년전부터 제네바에서 약국을 경영해 왔다. 그가 이탈리아를 떠나게 된 것은 불행한 부부생활 때문이었는데, 분명하게는 아니었지만 그는 그 문제에 대해 자주 이야기하곤 했다. 어떤 사람들의 말로는 그 일 때문에 그가 살인도 저지를 뻔했다는 것이다.

자크와 반네드가 들어갔을 때 가게에는 아무도 없었다. 입구의 벨 소리를 듣고 사프리오가 안에서 얼굴을 내밀었다. 검고 아름다운 그의 두 눈이 다정하게 빛나고 있었다.

"Buon giorno!"(^{'안녕하세요'라는} 뜻의 이탈리아어)

그는 머리를 흔드는가 하면 균형이 잡히지 않은 두 어깨를 오므리고 이탈리아 여관 주인처럼 상냥하게 두 팔을 벌리며 미소를 지었다.

"우리나라 사람 둘이 와 있어." 그는 자크의 귀에 속삭였다. "들어와요."

그는 언제나 스위스 정부로부터 추방령을 받은 이탈리아인 망명객들에게 기꺼이 은신처를 제공했다(제네바 경찰은 평소에는 매우 너그러웠지만 주기적으로 불시에 소탕하는 일에 열을 올리고, 외국 혁명가들 가운데 경찰의 눈엣가시 같은 사람들을 영토 밖으로 쫓아내곤 했다. 소탕작업은 일주일 정도 이어졌다. 그러는 동안 도피자들은 대개 지내던 숙소를 떠나 몇몇 동료들의 집에 피신해서 살곤 했다. 그러고 나면 전처럼 다시 평온해졌다. 사프리오는 이런 종류의 친절을 베푸는 전문가의 한 사람이었다).

자크와 반네드는 그를 따라갔다.

가게 뒤에는 전에 술을 저장하던 지하실이 있었고, 가게와의 사이에는 좁다란 부엌이 있었다. 이 방은 지하감옥이라고 해도 믿을 정도였다. 천장은 궁륭형이었고 텅 빈 마당으로 향해 난 창살 있는 환기창이 위에서부터 희미한 빛을 들여보내고 있었다. 그러나 방의 배치로만 보면, 그것은 사람 눈에 띄지 않는 안성맞춤의 은신처였다. 거기에는 꽤 많은 사람이 들어갈 수 있어서 메네스트렐도 가끔 자기들끼리의 작은 모임장소로 이용하곤 했다. 한쪽 벽을 따라 여러 칸의 나무 선반이 쳐져 있었는데, 그 위에는 낡은 약제 기구, 작은 유리병, 주둥이가 넓은 빈 병, 못 쓰게 된 막자사발이 쌓여 있었다. 가장 높은 선반 위에는 칼 마르크스의 목판화가 놓여 있었는데, 액자 유리는 금이 가 있었고 먼지가 뿌옇게 쌓여 있었다.

정말로 거기에는 두 명의 이탈리아인이 있었다. 한 사람은 아주 젊은 남자로 룸펜처럼 누더기를 걸치고 토마토를 곁들인 식은 마카로니 한 접시를 앞에 놓고 혼자 식탁에 앉아 있었다. 그는 나이프 끝으로 그것을 잘라서 빵 위에 얹고 있었다. 그리고 상처 입은 짐승처럼 부드러운 눈길로 두 방문객을 바라보다가 다시 식사를 계속했다.

나이는 더 많아 보이면서 옷차림이 더 깔끔한 다른 한 사람은 원고를 손에 들고 서 있었다. 그는 두 방문객을 맞으려고 이쪽으로 걸어왔다. 그는 레모 튜티였다. 자크는 그를 전에 베를린에서 만난 적이 있었는데, 당시에 그는 이탈리아 신문의 특파원으로 일하고 있었다. 그는 몸집이 작았고 약간 여성적인 데가 있었으며 매섭고 총기 어린 눈초리를 하고 있었다.

사프리오는 손가락으로 튜티를 가리켰다.

"레모는 어제 리보르노에서 왔어."

"나는 파리에서 오는 길이에요" 하고 자크는 지갑에서 한 장의 봉투를 꺼내면서 사프리오에게 말했다. "그리고 어떤 사람을 만났는데—그게 누구였는지 맞춰 봐요! —그 사람이 나더러 이 편지를 당신한테 전해 주라고 하더군요."

"네그로토!" 하고 사프리오는 기쁜 얼굴로 봉투를 받아 쥐면서 외쳤다.

자크는 의자에 앉았다. 그리고 튜티 쪽으로 몸을 돌렸다.

"네그로토한테서 들었는데, 이탈리아에서는 2주일전부터 대훈련이라는 명분으로 8만 명의 예비군을 소집해서 무장시켰다더군. 사실일까?"

"아무튼 5만5천 명에서 6만 명 정도는 되지—Si(그래라는 뜻의 이탈리아어)…… 하지만 네그로토도 모르고 있다는 것은 즉 군 내부에 엄청난 혼란이 있다는 거요. 특히 북부 지방의 군대는 군기문란이 이루 말할 수 없다는군! 명령 계통도 엉망이고. 징계 같은 것은 이제 예삿일인가 봐."

노래하는 듯한 반네드의 목소리가 침묵 속에서 들려왔다.

"바로 그거예요! 거부하는 거예요! 그러면 이 지구상에 살인은 더 이상 발붙일 곳이 없어질 테니까요……."

모두가 웃었지만, 반네드만은 웃지 않았다. 그는 얼굴을 붉히며 작은 두 손을 마주 잡은 채 침묵을 지켰다.

자크가 말했다. "그렇다면 이탈리아에서는 동원령이 내려지더라도 일이 쉽지 않겠군?"

"안심해도 돼!" 하고 튜티가 힘차게 말했다.

사프리오는 편지를 읽다가 고개를 들었다.

"우리나라에서 누가 군국주의로 나아가려 한다면, 사회주의자이건 아니건 간에 국민 모두가 반대할 것이 틀림없어!"

"당신네 나라들보다는 우리나라가 경험적인 면에서 앞서 있으니까" 하고 튜티가 매우 정확한 프랑스어로 설명했다. "우리에게 트리폴리 원정은 바로 어제 일이야. 민중은 모든 것을 알고 있지. 군인에게 권력을 맡기는 것이 얼마나 비싼 대가를 치르는 일인지를 그들은 알고 있어! ……나는 단지 전쟁터에서 싸우는 사람들의 고통만을 말하는 것은 아니야. 나라를 질식시켜 버리는 그 독기를 말하는 거지. 허위보도, 민족주의적 선전, 자유의 말살, 생활비의 폭등, 탐욕스러운 profittori(착취자라는 뜻의 이탈리아어). 이탈리아는 이런 길을 걸어 왔거든. 이탈리아는 그것을 하나도 잊지 않았어. 우리나라에서는 동원령이 내려지기 전에 당이 새로운 '적색주간'을 조직하는 일은 어렵지 않을 거야!"

사프리오는 편지를 정성스럽게 접었다. 그리고 그것을 셔츠 속에 넣었다. 그리고 한쪽 눈을 깜박거리면서 햇볕에 그을린 얼굴을 자크 쪽으로 돌렸다.

"Grazie!"(^{'고마워'라는 뜻}의 이탈리아어)

방구석에 있던 청년이 일어섰다. 그는 식탁 위에 놓인, 물을 차갑게 보관하는 큰 도기 병을 두 손으로 잡고 물을 한참동안 꿀꺽꿀꺽 마셨다.

"Basta!"(^{'그만하면 됐어'라는} 뜻의 이탈리아어) 하고 사프리오는 웃으면서 말했다. 그는 청년 곁으로 가서 다정하게 그의 목덜미를 잡았다. "자, 위층에 가서 푹 자, 동지."

청년은 순순히 사프리오를 따라 부엌 쪽으로 갔다. 그리고 지나가면서 다른 사람들에게 공손히 머리를 숙여 인사했다.

나가기 전에 사프리오는 자크 쪽을 돌아보며 이렇게 말했다. "〈아반티〉지에 실린 무솔리니의 경고가 확실히 큰 충격을 준 거야! 왕도 정부도 호전주의 정책에는 민중이 결코 따르지 않는다는 것을 알아차린 거지!"

두 사람이 2층으로 통하는 작은 나무계단을 올라가는 소리가 들렸다.

자크는 곰곰이 생각해 보았다. 그는 머리카락을 쓸어올리며 튜티를 바라보다가 물었다. "바로 그것을 이해시켜야 돼—지도자들을 두고 하는 말은 아니야. 그들은 우리보다 더 잘 알고 있어—우리가 이해시켜야 할 사람들은 독일과 오스트리아의 민족주의자들이야. 그들은 지금도 삼국동맹을 목표로 삼고 자기네 정부를 모험으로 몰아가고 있거든……. 그런데 자네는 아직도 베를린에서 일하나?"

"아니" 하고 튜티는 간단히 대답했다. 그 말투, 눈빛 속을 스쳐가는 미묘한 미소는 분명히 '물어보아도 소용없어……. 비밀이니까'라고 말하고 있었다.

사프리오가 돌아왔다. 그는 머리를 설레설레 저으면서 웃었다. "젊은 녀석들이라니, 쯧쯧!" 하며 그는 반네드에게 말했다. "녀석들은 정말 어수룩해! 스파이한테 또 한 명 잡혔어…… 그러나 다행히 녀석이 엄청나게 발이 빨라서…… 게다가 이 사프리오 아저씨의 재치 덕분이었지!"

그는 쾌활하게 자크 쪽을 돌아보았다.

"그래, 티보. 자네는 파리에서 믿어도 될 만한 좋은 인상을 받고 왔나?"

자크는 미소를 지었다. "좋다뿐인가요!" 그는 흥분하며 말했다.

반네드는 의자를 바꾸어 햇빛을 뒤로 하고 자크 옆에 앉았다. 빛을 정면으로 받는 것이 밤의 새처럼 고통스러웠기 때문이다.

"프랑스 사람만 만난 것은 아니었어요" 하며 자크가 말을 계속했다. "나는 벨기에 사람, 독일 사람, 러시아 사람을 만났어요……. 혁명가 동지들은 곳곳에서 경계하고 있지요. 그들은 전쟁의 위협이 심각하다는 것을 알고 있어요. 그리고 곳곳에서 무리를 지어 전체적인 행동방침을 찾고 있어요. 저항이 조직화되고 구체화되어 가고 있어요. 행동의 일치, 운동의 확산—일주일도 안 되어서 말이에요—정말이지 마음이 든든해요! 사람들은 인터내셔널이 마음만 먹는다면 어떤 힘을 가지고 추진할 수 있는지 알고 있어요. 더구나 오늘날 부분적으로 모든 나라의 수도에서 별도로 진행되는 것은 지금 계획하고 있는 것에 견주면 아무것도 아니지요! 다음 주에 인터내셔널의 간부회의가 브뤼셀에서 소집돼요."

"Si, si……" 하고 튜티와 사프리오가 동시에 말했다. 타는 듯한 그들의 눈길은 흥분한 자크의 얼굴에서 떠날 줄 몰랐다.

반네드 역시 눈을 깜박거리면서 옆에 앉아 있는 자크를 보려고 상체를 구부렸다. 그는 팔을 자크의 의자 등받이에 얹고 손은 자크의 어깨에 올려 두고 있었다. 그러나 아주 살짝 걸쳐 놓았으므로 자크는 그 무게를 느끼지 못했다.

자크가 말을 이었다. "조레스와 그 그룹은 그 회합에 대단한 의미를 부여하고 있어요. 스물두 나라의 대표자가 참석하거든요! 더구나 그 대표자들은 등록된 2천만 노동자들뿐만 아니라 실제로는 그 밖의 수천만 사람들, 동조자들, 망설이고 있는 모든 사람들을 대표하고 있어요. 심지어 그 중에는 우리와는 의견을 달리하지만 전쟁의 위험을 눈앞에 둔 지금, 인터내셔널만이 대중의 평화의지를 구체화시켜 그것을 끌고 갈 수 있다고 생각하는 사람들이 있는 거예요……. 우리는 브뤼셀에서 역사적인 일주일을 갖게 될 거예요. 역사상 처음으로 민중의 목소리, 현실적인 다수의 목소리를 들을 수 있을 거예요. 그건 싫어도 따라야 할 목소리거든요!"

사프리오는 흥분한 나머지 의자에 앉아 소리쳤다. "브라보! 브라보!"

"그리고 더 멀리 내다봐야 해요" 자크는 자신의 신념을 확인하는 데 쾌감을 느꼈다. "우리가 승리한다면 그것은 단지 위대한 반전 투쟁의 승리에 그치는 것이 아니지요. 그 이상이지. 그 승리는 인터내셔널의 승리예요……."

바로 그 순간 자크는 반네드가 자기 어깨에 기대고 있다는 사실을 알아차렸다. 반네드의 작은 손이 갑자기 떨리기 시작했기 때문이다. 그는 반네드 쪽으로 몸을 돌리면서 무릎을 두드렸다. "그래, 반네드! 그렇게 되면 아주 간단하게, 무익한 폭력을 쓸 필요도 없이 전세계에 사회주의의 승리가 마련되는 거야!" 그리고 그는 허리에 힘을 주어 일어나면서 말했다. "그럼 이제 조종사가 왔는지 가 보자!"

메네스트렐이 집에 돌아오기에는 너무 이른 시간이었다.

"그럼 같이 '라트레이유'에 잠깐 들러보자……." 자크가 반네드의 팔짱을 끼면서 제안했다. 그러나 반네드는 고개를 저었다. 그는 이미 너무 많이 걸었던 것이다.

제네바에 정착한 뒤로 그는 자크와 함께 있고 싶어서 타자를 치는 일에서 완전히 손을 떼었다. 그는 오로지 역사연구에 몰두해 있었다. 수입은 훨씬 적었다. 그러나 자기가 하고 싶은 일에 전념할 수 있었다. 두 달 동안 그는 라이프치히의 한 출판사가 계획하고 있는 《프로테스탄티즘에 관한 문헌들》의 출판 자료를 모으느라고 시력이 완전히 나빠졌다.

자크는 반네드를 도서관까지 바래다주었다. 혼자가 된 그는 '카페 랑도'(그곳은 '그뤼틀리'와 마찬가지로 젊은 사회주의자들이 즐겨 찾는 카페였다) 앞을 지나가다 그리로 들어갔다.

그는 패터슨이 그곳에 있는 것을 보고 깜짝 놀랐다. 테니스 바지를 입은 패터슨은 카페 주인이 그곳에서 전람회를 열도록 허락해 주어 액자를 걸고 있는 중이었다.

패터슨은 아주 신이 난 것 같았다. 그는 최근에 엄청난 일을 거절했다. 색스턴 W. 클레그라는 상처한 미국인이 그의 정물화를 보고 감동하여, 50달러를 낼 테니 자기 아내의 빛바랜 명함판 사진을 보고 아내의 전신상을 그려달라고 부탁했던 것이다. 그의 아내가 펠레 산(_{령 마르티니크 섬의 화산}^{동 카리브해에 있는 프랑스})에서 조난당하여 비탄에 잠긴 홀아비는 단 한 가지만을 요구했다. 그것은 아내의 옷을 파리의 최신 유행대로 바꾸어 달라는 것이었다. 패터슨은 유머를 섞어 가며 이야기를 부풀려서 들려주었다.

'우리 가운데 쾌활한 면을 지니고 있는 사람은 패터슨뿐이야. 자연스럽고 마음에서 우러나는 쾌활함 말이지' 하고 생각하며 자크는 파안대소하는 그 영국 청년을 바라보았다.

"그럼 자네와 잠깐 함께 가지" 패터슨은 자크가 메네스트렐을 만나러 간다는 것을 듣고 이렇게 말했다. "최근에 영국에서 아주 이상한 편지를 받았어. 런던에서 홀데인(영국의 정치가이자 법학자, 철학자. 1912에서 1915년까지 영국군을 재조직)이 극비리에 대단한 원정부대를 조직하고 있다고 소문이 났다는 거야. 만반의 준비를 갖추려는 거겠지…… 그리고 해군도 동원령을 해제하지 않고 있어서…… 자네도 스피트헤드에서 열린 관함식에 대한 기사를 읽어 보았나? 유럽 각국 대사관의 육해군 무관들은 군함이 영국 국기를 휘날리면서 지나가는 것을 보기 위해 꼬박 6시간이나 불려 갔다는 거야. 봄에 볼 수 있는 송충이 행렬처럼 한 척 한 척 바싹 붙어서…… 정말 엄청난 시위지……. Boast(허세라는 뜻의 영어)! Boast!" 하고 패터슨은 어깨를 흔들면서 말했다.

하여튼 그런 독설 뒤에는 자만심이 깃들어 있었다. 자크는 마음속으로 비웃었다. '영국인이란 아무리 사회주의자라 해도 화려한 해군 편대를 보면 무감각할 수 없단 말이야' 하고 그는 생각했다.

"그런데 우리 초상화는?" 하고 헤어질 때 패터슨이 물었다. "그 초상화 때문에 죽을 지경이야! 오전중에 두 번만 하면 돼. 더 이상 필요 없어. 맹세해! 오전중에 두 번만…… 언제 할까?"

자크는 패터슨의 집요함을 알고 있었다. 빨리 끝내려면 순순히 그의 말에 따르는 수밖에 없었다.

"내일로 하지. 11시가 어때?"

"All right! 자네는 참 좋은 친구야, 자크!"

알프레다 혼자였다. 큰 꽃무늬가 있는 기모노, 이마 위로 늘어뜨린 검은 머리카락과 눈썹. 마치 의도하기라도 한 것처럼 그녀는 극동에서 온 인형의 모습을 하고 있었다. 그녀의 주위에는 덧문 틈새로 새어 들어오는 햇빛 속에서 파리들이 윙윙거리고 있었다. 부엌에서 요란스럽게 끓고 있는 콜리플라워(꽃 양배추)의 고약한 냄새가 방 안에 온통 퍼졌다.

그녀는 자크를 보자 무척 반가워했다.

"네, 조종사는 돌아왔어요. 하지만 또 새로운 문제가 생겨서 리차들레와 함께 본부에 틀어박혀 있다고 모니에 편으로 알려 왔어요. 나는 나중에 타자기를 갖고 갈 거예요…… . 나하고 점심이나 들어요" 하고 그녀는 갑자기 정색을 하고 자크에게 제의했다. "그리고 나중에 함께 가요…… ."

그녀는 아름답고 활기찬 눈으로 자크를 바라보고 있었다. 자크는 그녀의 초대가 순수한 친절에서 나온 것이 아니라는 인상을 어렴풋이 받았다. 물어볼 말이라도 있는 것일까? 속내라도 털어놓으려는 것일까? ……그는 젊은 여자와 단둘이 마주 앉아 이야기를 나누고 싶은 생각이 전혀 없었다. 게다가 속히 메네스트렐과 만나고 싶었다.

그는 거절했다.

조종사는 '대화실'의 작은 사무실에서 리차들레와 함께 일하고 있었다.

두 사람뿐이었다. 메네스트렐은 책상에 앉아 있는 리차들레의 뒤에 서 있었다. 두 사람은 앞에 펴 놓은 서류 위로 몸을 숙이고 있었다.

자크를 보자 메네스트렐의 눈빛은 반가움과 놀라움으로 번득였다. 이어 그의 날카로운 눈길은 한군데로 쏠렸다. 그는 무엇인가 머리에 떠오르는 것이 있는 듯했다. 의아해 하는 몸짓으로 리차들레 쪽으로 몸을 숙여 턱으로 가리켜 자크가 온 것을 알렸다.

"마침 잘 왔어. 같이 해도 되겠지?"

"물론" 하고 리차들레가 동의했다.

"앉게나" 하고 메네스트렐이 말했다. "곧 끝날 테니까." 그리고 그는 리차들레에게 이렇게 말했다. "쓰도록 해…… . 이것은 스위스 당으로 보낼 거야." 메마르고 거친 목소리로 그는 이렇게 말했다. "문제 제기의 방법이 잘못되었다. 문제는 거기에 있지 않다. 마르크스와 엥겔스의 그 시대에는 이런저런 국가를 편들 수 있었지만 우리는 그럴 수 없다. 현재, 우리 사회주의자들은 유럽의 여러 국가들 사이에 어떠한 구별도 두지 않는다. 지금 우리를 위협하고 있는 전쟁은 제국주의 전쟁이다. 그것은 금융자본의 이익만을 목표로 하고 있다. 이 점에서 모든 국가는 같은 깃발 아래에 서 있다. 프롤레타리아의 유일한 목적은 아무런 구별을 두지 않고 모든 제국주의 정부를 가차없이 타도하는 것이다. 내 의견은 '절대 중립'이다…… . 이 단어에 밑줄 쳐……이 전쟁을 통해 자본주의 강대국들의 두 진영은 서로 물어뜯게 된다.

우리의 전술은 그들로 하여금 서로 물어뜯게 하는 것이다. 또 그 싸움을 조장하는 것이다…… 아니야. 그 마지막 말은 지워 주게……—사건을 이용하는 것이다. 활동력은 좌익에게 있다. 혁명적인 소수는 이 위기 동안에 그 활동력을 증대시켰다가 때가 오면 혁명을 유발시킬 돌파구를 만들어야 한다." 그는 입을 다물었다. 잠깐 침묵이 흘렀다. "프레다는 왜 오지 않지?" 하고 메네스트렐은 매우 빨리 말했다.

그는 책상 위에 있는 메모지 철을 들었다. 그리고 쪽지 위에 간단한 메모를 갈겨쓰더니 그것을 리차들레에게 주었다. "이것은 위원회로…… 이것은 베른과 바젤로…… 이것은 취리히로……." 마침내 그가 일어나서 자크 쪽으로 걸어왔다. "돌아왔나?"

"'일요일이나 월요일까지 아무런 연락이 없으면'이라고 말씀하셨기에……."

"사실이야. 노리고 있던 단서로부터 아무런 수확이 없었어. 그래서 자네에게 파리에 더 있어 달라고 편지를 보내려던 참이었어."

파리…… 뜻하지 않았던 마음의 동요, 무엇이라고 분석할 수도 없는 마음의 흔들림이 자크를 사로잡았다. 그는 마치 투쟁을 포기하듯, 무거운 책임을 남에게 떠넘기듯, 될 대로 되라는 기분으로 돌연 생각했다. '그렇게 되기를 바랐던 것은 바로 그들이야.'

메네스트렐은 계속해서 이렇게 말했다.

"지금 누군가가 그쪽에 가 주면 좋을 것 같아. 자네가 보내 준 정보는 헛된 것이 아니야. 내가 잘 모르고 있는 사회의 분위기를 전해 주는 것이니까. C.G.T.보다 오히려 〈위마니테〉지의 움직임에 주의해야 해. C.G.T.에 대해서는 다른 데서도 정보를 보내 와……. 예를 들면 독일 사회민주당과 조레스와의 관계, 영국과 조레스와의 관계가 그것이지. 프랑스와 러시아의 관계에 대한 외무성의 활동 상황…… 하기는 이 모든 게 자네한테 이야기했던 것이지만. 오늘 아침에 도착했나? 피곤하지는 않아?"

"괜찮습니다."

"다시 가 줄 수 있겠나?"

"당장 말입니까?"

"오늘 저녁에."

"필요하다면! 파리에 말입니까?"

메네스트렐은 미소를 지었다.

"그건 아니야. 좀 빙 돌아서 가 주었으면 해. 브뤼셀, 안트베르펜…… 자세한 것은 리차들레가 설명해 줄 거야……." 그는 낮은 목소리로 덧붙였다. "알프레다, 식사를 끝내고 곧 온다고 하고선!"

리차들레는 찾고 있던 열차시간표를 덮고 뾰족한 코를 자크 쪽으로 들었다.

"오늘밤 19시 15분에 떠나는 기차가 하나 있어. 그걸 타면 바젤에는 내일 새벽 2시쯤에, 브뤼셀에는 정오에 도착해. 거기에서 안트베르펜으로 가는 거야. 내일 수요일 오후 3시까지는 도착해야 돼……. 신중을 기해야 하는 임무야. 크니아브로우스키를 만나야 하는데, 그는 엄중히 감시를 당하고 있거든……. 그를 알아?"

"크니아브로우스키? 응, 잘 알아."

처음 크니아브로우스키를 만나기 전 자크는 모든 혁명가 사회에서 그에 관해 이야기하는 것을 들은 적이 있었다. 마침 블라디미르 크니아브로우스키가 형기를 마치고 러시아 형무소에서 막 나왔을 때였다. 자유의 몸이 되자 그는 또다시 선동가의 임무를 맡았다. 자크는 그해 겨울에 제네바에서 그를 만났다. 그리고 크니아브로우스키가 옥중에서 쓴 저서의 일부분을 스위스 신문에 기고하려고 젤라우스키의 도움을 받아 번역까지 했었다.

"조심해" 하고 리차들레가 말했다. "지금 수염을 짧게 깎아서 아주 딴 사람처럼 보이나 봐."

선 채로 몸을 뒤로 젖히고 그 얇은 입술로 특유의 미소를 지으면서 리차들레는 총명하고 자신감이 넘치는 눈으로 자크를 보았다.

메네스트렐은 뒷짐을 진 채 근심스러운 표정을 하고는 불편한 다리의 혈액순환을 위해 좁은 방 안을 왔다 갔다 하고 있었다. 갑자기 그는 자크 쪽으로 돌아보았다. "파리에서는 어처구니없게도 오스트리아의 유화정책을 믿고 있다던데, 어때?"

"그렇습니다. 그러나 어제 〈위마니테〉지에서는 오스트리아의 각서가 유예 기간을 전혀 받지 않을 것이라고 말하고 있었습니다……."

메네스트렐은 창가로 걸어가서 마당을 내려다보았다. 그러고는 다시 자크 쪽으로 돌아왔다.

"생각해 볼 문제야!"

"아?" 하고 자크가 중얼거렸다. 그의 몸이 가볍게 떨리더니 이마에 땀방울이 맺혔다.

리차들레는 냉정하게 단정지었다. "오스메르가 정확히 보았어. 사태는 급격하게 전개되고 있어."

잠깐 침묵이 흘렀다. 조종사는 다시 방 안을 왔다 갔다 하기 시작했다. 그는 눈에 띄게 초조해 하고 있었다. '오스트리아 일 때문일까?' 하고 자크는 자문해 보았다. '아니면 알프레다가 오지 않아서일까?'

"바이양(에두아르 바이양. 프랑스의 사회주의 정치가. 프랑스 사회당 대통령 후보를 역임)과 조레스가 한 말이 옳았습니다" 하며 자크가 말했다. "각국 정부는 대중이 그들의 전쟁 정책을 받아들이리라는 온갖 희망을 버려야 합니다. 억지로라도 중재를 받아들이도록 해야 합니다! 총파업도 불사한다는 식으로라도! 이 동의는 일주일 전에 프랑스 대회에서 절대 다수의 찬성으로 가결되었습니다. 그 원칙에는 모두가 찬성해요. 그러나 파리에서는 독일 쪽을 납득시켜 우리나라처럼 확실한 의사 표명을 얻어 내려고 합니다."

리차들레는 고개를 저었다. "헛수고일 거야…… 그들은 여전히 거절할 거야. 그들의 논법이란—플레하노프의 낡은 논법, 리프크네히트의 논법인데—무척 완강한 거야. 사회화의 정도가 다른 두 나라 국민 사이에서, 파업은 더 사회화한 나라가 덜 사회화한 나라에 질질 끌려가게 되는 결과를 가져와. 불 보듯 뻔한 일이지."

"그래도 독일 사람들은 러시아의 위협에 정신을 빼앗기고 있어."

"알 만해! 아! 러시아가 사회적으로 충분히 진보해서 두 나라가 동시에 파업을 일으킬 수만 있다면!"

자크는 굽히지 않았다. "우선, 러시아에서 파업이 불가능하다는 것은 이제 그다지 확실한 게 아니야. 적어도 부분적인 파업, 말하자면 푸틸로프(푸틸로프 공장) 파업 같은 것이 일어나서 다른 여러 공장으로 확대되면 군부를 매우 난처하게 만들 수도 있을 거야. 러시아 이야기는 이제 그만해 두지. 사회민주당의 민족주의적인 혐오감에 맞서는 확실한 논법이 있어. 그들을 향해 이렇게 말하는 거야. '동원령과 동시에 자동적으로 총파업령을 지령하면 독일에는 어떤 위험이 될 것이다. 그렇다. 그런데 '예방적'인 파업은 어떨까? 긴장이 닥쳐오기 직전에, 외교적 위기가 감도는 시기에, 즉 동원령 직전에 사회주의의 이름으로 이루어지는 파업이라면? 그것이 엄청난 혼란으로 국민 생활을 위협하고, 그 위협이 심각하다면 정부는 싫어도 중재에 나서야 할 것이다…….' 이런 논법을 펼친다면 독일 쪽의 반대도 별 수 없을 거야. 그리고 나는 이것이야말로 브뤼셀의 간부회의에서 프랑스 사회당이 채택할 선언이라고 생각해."

책상 앞에서 서류 위로 머리를 숙이고 있던 메네스트렐은 이러한 논쟁에는 관심이 없다는 눈치였다. 그는 몸을 일으켜 자크와 리차들레 사이로 왔다. 그의 얼굴에 심술궂은 미소가 스쳐갔다.

"이제 자네들, 물러가게나. 나는 할 일이 있으니까. 나중에 이야기를 나누도록 하지……. 두 사람 다 4시에 다시 와 주게." 그는 열린 창문 쪽을 불안한 눈빛으로 쳐다보았다. 그 눈길에는 '도대체 알프레다는 어찌된 일이지?'라는 뜻이 담겨 있었다. 그리고 그는 리차들레를 향해 이렇게 말했다. "Primo, 크니아브로우스키를 만나기로 되어 있는 자크에게 상세한 설명을 해 주도록 해. Secundo, 자크의 여비를 지불할 것. 2, 3주일쯤 가 있어야 할 거야……."

그리고 나서 그는 두 사람을 문 쪽으로 밀었다. 그리고 그들이 나간 다음 문을 닫았다.

27. 7월 22일 수요일—자크, 임무를 갖고 안트베르펜으로

화창한 오후, 찌는 듯한 태양 아래에서 안트베르펜 시는 마치 스페인의 도시같이 바싹 타고 있었다.

차도에 발을 들여놓으려던 자크는 타는 듯이 뜨거운 길 위에서 눈을 껌벅이며 역의 큰 시계를 보았다. 3시 10분. 암스테르담에서 오는 기차는 3시 23분에 도착한다. 역 안에서는 되도록 남의 눈에 띄지 않는 편이 좋겠다.

거리를 가로질러 가면서 건너편 맥주집 테라스에 자리잡고 있는 사람들을 재빨리 살펴보았다. 안심이 되었던지 그는 좀 떨어져 있는 빈 테이블을 찾아서 맥주를 시켰다. 시간이 되었는데도 광장에는 인적이 드물었다. 길을 가는 사람들은 그늘진 쪽의 인도에서 벗어나지 않으려고 마치 개미처럼 모두가 한결같이 길을 돌아가고 있었다. 안트베르펜 시의 사방에서 오는 전차들은 차체 밑에 검은 그림자를 드리우면서 네거리에서 마주쳤다. 그리고 달아오른 차바퀴들이 커브에서 심하게 삐걱거리는 소리를 냈다.

3시 23분. 자크는 일어나서 옆문에서 역으로 들어가기 위해 왼쪽으로 걸어갔다. 역 홀에는 별로 사람이 없었다. 지저분한 복장을 하고 케피(프랑스 육군 장교의 군모)를 쓴 벨기에 출신의 늙은 역무원이 먼지투성이의 바닥 위에 물뿌리개로 팔자를 그리고 있었다.

위쪽에서는 마침 열차가 플랫폼에 들어오고 있었다.

자크는 계속 신문을 보면서 여객이 나오는 큰 계단 밑에 가서 섰다. 그렇다고 누구를 유심히 보는 것도 아니고, 그저 자기 앞을 지나가는 사람들을 멍하게 바라보고 있었다. 나이가 쉰 안팎으로 보이는 남자가 챙이 달린 모자를 쓰고 자크 앞을 지나갔다. 그는 회색빛 양복을 입고 옆구리에 신문 뭉치를 끼고 있었다. 인파는 빨리 지나갔다. 이윽고 뒤쳐진 몇 사람들만이 남았다. 계단을 내려오는 데 불편을 느끼는 노파 몇 사람뿐이었다.

자크는 마치 기다리던 사람이 오지 않기라도 한 것처럼 발길을 돌려 힘없는 걸음걸이로 역을 나왔다. 만약 이때 눈치가 빠르고 그의 거동을 미리 알고 있던 경찰 같았으면 그가 인도를 떠나기 전에 어깨 너머로 슬쩍 곁눈질하는 것을 눈치챘을 것이다.

그는 케이제르 거리에서 프랑스 거리까지 가서 어디로 갈까 생각하는 관광객처럼 망설이다가 오른쪽으로 돌아갔다. 리리크 극장 앞을 지나면서 잠시 극장 광고를 살펴보았다. 그리고 재판소 앞에 있는 한 작은 공원 안으로 침착한 걸음걸이로 들어갔다. 빈 벤치를 발견한 그는 그리로 가서 털썩 주저앉아 이마의 땀을 닦았다.

골목길에서는 아이들이 더위는 아랑곳하지 않고 공놀이를 하고 있었다. 자크는 주머니에서 접은 신문을 꺼내 자기 옆에 있는 벤치 위에 깔아 놓았다. 그리고는 담배에 불을 붙였다. 발 밑으로 공이 굴러오자 그는 웃으며 그것을 감추었다. 아이들은 왁자지껄하면서 그를 둘러쌌다. 그는 어린아이들에게 공을 도로 던져 주면서 이번에는 자기도 공놀이에 끼어들었다.

몇 분 뒤에 어떤 사람이 산책을 하다가 벤치 끝에 와서 앉았다. 그는 손에 아무렇게나 접은 신문지 몇 장을 들고 있었다. 분명히 외국인이었다. 틀림없는 러시아인이었다. 챙 달린 모자를 깊숙이 내려 쓰고 있어서 이마는 보이지 않았다. 햇빛을 받은 광대뼈 언저리가 밝게 빛나고 있었다. 수염이 없는 얼굴로 미루어 보아 나이가 든 사람이었다. 움푹 패인 데다가 주름살투성이의 정력적인 얼굴이었다. 너무 구운 빵껍질의 색깔처럼 햇볕에 그을린 그 얼굴은 눈빛과 기이한 조화를 이루고 있었다. 그의 눈은 그늘이 져 있어서 확실한 색을 분별할 수 없으나, 밝은 푸른색 또는 쥐색을 띠고 유달리 반짝거렸다.

그 남자는 주머니에서 작은 시가를 꺼냈다. 그리고 자크 쪽을 보면서 정중하게 모자챙에 손을 갖다 댔다. 자크의 담배로 자기 시가의 불을 붙이려면 몸을 굽혀 신문을 든 손으로 벤치를 짚어야 했다. 두 사람의 눈이 서로 마주쳤다. 그 남자는 몸을 일으켜 다시 신문을 무릎 위에 놓았다. 그는 아주 능숙하게 옆에 놓여 있던 자크의 신문을 손에 들었다. 그러고는 자기의 신문을 자크 가까이에 놓았다. 그러자 자크는 태연하게 곧 그 위에 손을 얹었다.

먼 곳을 보면서 입술도 움직이지 않고, 거의 들릴 듯 말 듯한 목소리—울림이 없이 뱃속에서 나오는 목소리, 감옥에나 들어가 봐야 처음으로 그 비밀을 알 법한 목소리—로 그 남자는 이렇게 중얼거렸다.

"편지는 신문 속에 있어. 거기 〈프라우다〉(러시아 공산 당의 기관지) 최근 호 몇 부도."

자크는 잠자코 있었다. 그는 아주 천연스런 모습으로 아이들과 계속 놀고 있었다. 그가 공을 멀리 던지면 아이들은 뛰어갔다. 아주 즐거운 어지러움 속의 난투극이었다. 이긴 아이는 의기양양해서 공을 가지고 왔다. 그리고 또 같은 놀이가 계속되었다.

그 남자는 웃고 있었다. 그리고 자기도 이 놀이를 즐기고 있는 것 같았다. 그러자 애들은 이번에는 그 남자에게 공을 주었다. 왜냐하면 그가 자크보다 공을 더 멀리 던지기 때문이었다. 그리고 둘만이 남겨지자 크니아브로우스키는 그 기회를 놓치지 않고 말을 걸어왔다. 그다지 입을 열지 않았는데도 또박또박 끊기는 짧은 말, 힘차면서도 은은한 말투였다.

"페테르부르크에서. 월요일, 14만의 파업자. 14만. 여러 지역에서 계엄령. 전화선 절단, 전차 불통. 근위 기병대 출동. 기관총으로 무장한 4개 연대가 동원되고…… 코사크 연대 몇 개 대대……."

아이들이 순식간에 몰려와 벤치를 둘러쌌다. 그는 마지막 말을 기침을 하는 척하며 얼버무렸다.

"그러나 경찰도 장군들도 속수무책이야." 그는 잔디 가운데로 공을 던져 주고 나서 말을 계속했다. "폭동에 뒤따른 폭동. 정부는 푸앵카레를 환영하기 위해 프랑스 국기를 나누어 주었어. 그러나 여자들이 그것으로 붉은 깃발을 만들었지. 기마병의 돌진, 일제 사격. 나는 비보르크 시에서 벌어지는 전투를 보았어…… 끔찍했어. 또 하나는 바르샤바 역 근처. 또 다른 하나는 스타가라데레프냐 근교…… 그리고 또 심야에…….”

아이들이 다시 돌아오자 그는 입을 다물었다. 그리고 갑자기 아이들이 귀여워 못 견디겠다는 듯이 가장 어린아이—네댓 살 되어 보이는 얼굴색이 창백한 금발의 아이—를 붙들고는 무릎 위에 올려놓고 웃으면서 흔들어 주었다. 그리고 입술 위에 쪽 하고 키스를 했다. 그러고 나서 어리둥절해 하는 그 애를 내려놓은 다음 공을 들어 멀리 던졌다.

“파업자들은 무기를 들고 있지 않아. 길에 깔아 놓은 돌멩이, 병, 석유통뿐이었어. 공격을 막기 위해 집집마다 불을 질렀어. 셈소니예프스키 다리가 타는 것을 보았어. 밤새도록 여기저기에서 화재가 일어났어. 수백 명의 사상자…… 체포된 사람만 하더라도 수백 명에 이르고. 모두가 용의자인 거야. 우리 신문은 일요일부터 발행정지되고…… 편집인들은 투옥. 이것은 혁명이야. 혁명이니 망정이지 아니면 전쟁이나 다름없어. 푸앵카레는 러시아에 와서 못할 짓을 했어. 정말 못할 짓을 한 거야.”

그는 애들이 서로 밀치고 뒹굴고 있는 잔디밭 쪽을 향해 얼굴을 돌리고는 웃는 척했으나 그 입가에 나타난 것은 억지웃음에 지나지 않았다.

“가 볼게!” 하며 그는 침울하게 말했다. “그럼, 안녕.”

“그래” 하고 자크는 숨을 몰아쉬면서 말했다. 근처에 인기척은 없지만 더 이상 그를 붙잡는 것이 의미가 없었다. 가슴이 답답해짐을 느낀 자크는 속삭이듯 말했다. “돌아가는 건가…… 그리로?”

크니아브로우스키는 곧 대답하지 않았다. 윗몸을 굽힌 다음 두 팔꿈치를 무릎에 얹어놓고는 어깨를 축 늘어뜨린 채 구두와 구두 사이에 있는 길바닥의 모래를 내려다보고 있었다. 맥이 풀려 있는 그의 육체는 당장에라도 쓰러질 것처럼 보였다. 자크는 그의 얼굴에서 체념—더 정확히 말하면 인고—의 주름을 보았다. 그것은 결국 그가 걸어온 삶이 입 양쪽에 새겨 놓은 것이었다.

“그래, 그리로” 하고 그는 고개를 들면서 말했다. 그는 주변의 공간과 공원, 멀리 보이는 집들의 정면, 푸른 하늘을 지금이라도 여차하면 광란에 뛰어들 사람처럼 정신이 나간 듯하면서도 확고한 눈빛으로 두리번거렸다. “해로(海路)를 통해 함부르크로…… 확실히 돌아갈 수 있어. 그러나 알다시피 그쪽 사태는 점점 우리들에게 힘들어져." 그는 천천히 일어섰다. "아주 어렵게 되어가고 있어."

그러고 나서 다시 자크 쪽을 보면서 우연히 옆에 앉은 사람에게 작별인사를 하듯이 공손히 손을 모자챙에 대었다. 그들은 불안에 차 있으면서도 우정이 담긴 이별의 눈길을 주고받았다.

"Vdobryi tchass(성공을 빈다는 뜻의 러시아어)" 그는 헤어지면서 중얼거렸다.

어린아이들은 그가 철문을 나설 때까지 웃음소리며 고함소리를 지르며 그를 배웅했다. 자크도 멀리 사라져가는 그의 모습을 지켜보았다. 그의 모습이 사라지자 자크는 그가 벤치 위에 남기고 간 신문지 뭉치를 주머니에 넣었다. 그리고 일어나서 침착한 모습으로 다시 산책을 계속했다.

그날 밤 자크는 크니아브로우스키에게서 받은 편지를 윗옷 안에 넣고 꿰맨 다음 다시 브뤼셀에서 파리로 가는 기차를 탔다.

그 다음날 목요일 아침 일찍, 그날 밤 제네바로 가게 되어 있는 슈나본에게 비밀서류를 전했다.

28. 7월 23일 목요일, 24일 금요일—자크, 파리로 귀환, 잠시 지내다

23일 목요일. 자크는 아침 일찍부터 신문을 보려고 '카페 드 프로그레'로 들어갔다. 그는 중이층 화실을 피하려고 아래층 방에 자리를 잡았다.

카요 부인의 재판 기사가 거의 모든 일간지들의 전면을 가득 채우고 있었다.

2면이나 3면에서는 몇몇 신문이 페테르부르크의 모든 공장이 파업에 들어갔다는 것, 그러나 노동자들의 소요는 경찰의 강력한 개입으로 곧 진압되었다는 것을 짧게 보도하고 있었다. 그와는 반대로 다른 지면 전체가 푸앵카레에 대한 차르의 환영행사 기사로 가득했다.

한편 오스트리아—세르비아 '분쟁'에 대해서 언론은 오히려 애매한 태도를 취하고 있었다. 공식적이라는 이유로 신문마다 게재했을 한 각서에 따르면 러시아 관변 쪽에서는 일반적으로 긴장완화가 외교적 여러 경로를 통해 빨리 이루어져야 한다고 생각한다는 것이었다. 그리고 대부분의 신문들은 전에 발칸 위기에 처했을 때 독일이 자신의 동맹국인 오스트리아에 온건한 태도를 언제나 권장했었다는 사실을 지적하면서 독일에 대한 믿음을 아주 정중하게 피력했다.

다만 〈악시옹 프랑세즈〉지(왕정복고 운동에 의해 설립된 프랑스 우익계 신문)만은 불안감을 공공연하게 드러냈다. 지금이야말로 대외정책에 관한 프랑스 정부 본래의 소극적 태도를 규탄하고, 좌익정당들의 비애국심을 분쇄하기 위한 절호의 기회라는 것이었다. 특히 사회주의자들을 겨냥한 것이었다. 몇 년 동안 매일같이 조레스를 독일에 매수된 매국노라고 되풀이하는 것으로 만족하지 못한 샤를 모라스(악시옹 프랑세즈지의 주필)는 〈위마니테〉지가 점점 국제적 평화주의를 격렬하게 외치는 데 분개한 나머지, 오늘은 조레스를 샤를로트 코르데(프랑스 혁명 때 마라를 찌른 여인)와 같은 해방자에 의해 없어져야 할 대상으로서 지칭하는 것 같았다. '우리는 누구에게도 정치적 암살을 종용하지 않는다'라고 그는 신중하면서도 대담하게 썼다. '그러나 조레스는 그야말로 무서움에 떨고 있어야 한다! 그의 논제는 만일 그가 칼메트와 똑같은 운명에 처해질 경우 현재의 상태에 어떤 뚜렷한 변화가 일어날 것인지를 실험적으로 해결해 보려는 욕망을 어떤 광분자에게 불러일으킬 수 있다.'

아래로 내려온 카디외가 쏜살같이 지나갔다.

"올라가지 않을래? 위층에서는 논쟁에 불이 붙었어. 꽤 흥미진진해. 사명을 띠고 빈에서 온 오스트리아 동지 뵘이 있어. 그의 말로는 오스트리아의 각서가 오늘밤에 베오그라드(세르비아의 수도. 여기에서는 세르비아 정부를 뜻함)로 전달되리라는 거야. 푸앵카레가 페테르부르크를 떠나자마자."

"뵘이 파리에 있나?" 하고 자크는 얼른 일어나면서 말했다. 그는 뵘을 다시 만난다는 생각에 몹시 기뻤다.

그는 작은 나선형 계단을 올라가서 문을 열었다. 그리고 정말로 누런 레인코트를 접어 무릎 위에 올려놓은 채 맥주 한 잔을 앞에 놓고 조용히 앉아 있는 뵘 동지를 보았다. 15명쯤의 행동대원들이 그를 둘러싸고 계속 질문을 퍼붓고 있었다. 뵘은 여전히 시가 끝을 씹으면서 조리있게 그들의 질문에 대답하고 있었다.

뵘은 자크가 들어오는 것을 보고 마치 그와 어제 헤어지기라도 했던 것처럼 다정하게 눈을 찡긋했다.

오스트리아 정부의 호전적인 태도와 오스트리아—헝가리의 격앙된 여론에 대한 그의 보고는 사람들로부터 격분과 불안을 자아낸 것 같았다. 오스트리아가 세르비아에 대해 도전적인 최후통첩을 보낼지도 모른다는 사실은 지금 상황에서 지극히 우려되는 분규를 초래할 것이 틀림없었다. 게다가 세르비아의 수상 파시치는 유럽 각국 정부에 보낸 경고각서에서, 열강들이 세르비아에게 전적으로 소극적 태도를 기대해서는 안 되며, 세르비아는 자국의 존엄성을 해칠 우려가 있는 어떠한 요구도 단호히 배격한다는 것을 열강에게 통고했다는 것이다.

자기네 나라의 무모한 정책을 변명할 생각은 추호도 없었으나, 뷤은 세르비아(그리고 러시아)에 대한 오스트리아의 격분을 설명하려고 했다. 이 작고 거친 이웃 나라가 대국 러시아의 지원과 교사를 등에 업고 끊임없이 오스트리아를 괴롭힌 결과, 국민들이 자존심에 상처를 입었다는 이유였다.

그는 말했다. "오스메르는 이미 몇 년 전에 세르비아 주재 러시아 대사에게 러시아 외무장관 사조노프가 보낸 비밀외교각서를 내게 읽어 주었어. 그것은 매우 중요한 문서야" 하며 그는 덧붙였다. "왜냐하면 세르비아가—그리고 그 배후에 있는 러시아가—오스트리아 제국의 안전에 얼마나 끊임없는 위협인지에 대한 증거니까!"

"언제나 그랬듯이 자본주의적 정책의 폐해야!" 하고 푸른 작업복을 입은 늙은 노동자가 테이블 끝에서 외쳤다. "유럽의 모든 정부는 민주주의적이든 아니든 대중의 감시를 받지 않는 비밀외교를 펼치고 있어. 모두가 국제 금융 자본의 꼭두각시들이야……. 그리고 40년 동안 유럽이 전면전을 피해 온 것도 단지 금융가들이 각국 정부가 점점 더 많은 빚을 져서 무장된 평화를 연장시키길 바라기 때문이거든. 그러면 자신들에게 이익이니까……. 하지만 대은행업자가 일단 전쟁이 일어나는 쪽이 이익이 된다고 생각하면!"

모두가 큰 소리로 동의했다. 그들은 늙은이의 이런 말참견이 뷤이 말하고 있는 뚜렷한 문제와 별로 관계가 없다는 것쯤은 염두에 두지 않았다.

자크와 안면이 있는—주의 깊고 열정적인 눈길과 결핵환자 같은 얼굴을 한 청년이 갑자기 침묵을 깨고 탁한 목소리로 비밀외교의 위험에 대한 조레스의 문장을 인용했다.

뒤이어 웅성웅성해지는 틈을 타서 자크는 뷤에게 다가가 점심 약속을 했다. 그런 다음 그는 시가를 씹는 것과 같은 끈기로 다시 설명을 계속하고 있는 뷤을 뒤에 남겨 두고 몰래 그곳을 빠져나왔다.

자크는 뵘과 점심을 같이 한 다음, 〈위마니테〉사에서 몇 사람과 만나 이야기하고, 리차들레가 파리에 도착하는 대로 해 달라고 부탁한 몇 가지 급한 용건을 마쳤다. 뒤이어 저녁에는 뵘을 환영하기 위해 〈르 발르아〉에서 열린 사회주의자 회합에 참여했다—거기에서 페테르부르크 소요사건에 대해 발언할 기회가 있었다—첫날부터 자크는 이런 일에 정신이 팔려 있어서 퐁타냉 집안 사람들의 일을 생각할 겨를이 없었다. 그렇지만 두세 번 비노 거리의 병원에 전화를 걸어 제롬의 생사 여부를 물어보려는 생각은 했었다. 그런데 이름을 밝히지 않아도 가르쳐 줄까? 차라리 그만두는 편이 좋지 않을까? 그는 자기가 파리에 와 있다는 것을 알리고 싶지 않았다. 그렇지만 그날 저녁 투르넬 강가의 작은 방에 돌아와 잠을 자려고 했을 때, 그는 제롬의 일을 짐짓 모른 척하는 것이 마음을 편하게 해 주기는커녕 사실을 알았던 것보다 오히려 더 자신을 괴롭힌다는 것을 알아차렸다.

금요일 아침, 잠에서 깼을 때 그는 앙투안에게 전화를 걸고 싶은 유혹을 느꼈다. '그래 보았자 무슨 소용이 있을까? 도대체 무슨 상관이 있어?'라고 그는 시계를 보면서 생각했다. '7시 30분…… 형이 병원에 가기 전에 통화하려면 지금밖에 시간이 없다!' 그는 더 이상 망설이지 않고 침대에서 뛰쳐나왔다.

앙투안은 동생의 목소리를 듣고 깜짝 놀랐다. 그는 제롬이 지난 사흘 동안 생사의 갈림길에서 헤매다가 의식을 회복하지 못한 채 어젯밤 마침내 숨을 거두었다고 알려 주었다. "장례식은 내일 토요일에 있을 거야. 계속 파리에 있을 거니?" 하며 앙투안은 덧붙였다. "다니엘은 쭉 병원을 떠나지 않고 있어. 아무 때고 가면 만날 수 있을 거다……." 앙투안은 동생이 다니엘을 만나고 싶어하는 것을 당연한 것으로 여기는 것 같았다. "그런데 점심을 먹으러 오지 않을래?" 하고 그는 동생에게 제의했다.

자크는 안절부절못하며 전화기 곁에서 물러선 다음 수화기를 놓았다.

24일자 신문들은 오스트리아의 '각서'가 세르비아에 전달된 것을 짧게 보도했다. 그런데 대부분의 신문은—물론 명령에 따른 것이었겠지만—애매한 논평에 그치고 있었다.

조레스는 그날의 논설에서 러시아의 파업에 관한 내용을 다루었다. 그리고 그 기사의 논조는 전에 없이 침통했다.

유럽의 여러 나라들에 대한 엄청난 경고이다! 도처에서 혁명이 임박해 있다. 이런 상황에서 유럽 전쟁을 일으키거나 또는 일어나도록 내버려 둔다면 차르의 경솔함이야말로 엄청난 것이다! 또 오스트리아-헝가리 제국이 성직자와 군부정당의 맹목적인 격분에 휘말려서 세르비아와의 관계가 수습할 수 없는 정도에 이르게 된다면 그것 또한 치명적인 경솔함이 될 것이다! ……푸앵카레의 여행기에는 러시아 노동자의 피와 비극적인 경고로 점철된 고통스러운 한 페이지가 덧붙여졌다!

〈위마니테〉사의 편집부에서는 이 논조에 대해서 조금의 의심도 품지 않았다. 거기에는 경고의 메시지와 최악의 사태를 걱정하는 마음이 담겨 있었기 때문이다. 모두들 초조한 마음으로 조레스가 돌아오기를 기다리고 있었다. 조레스는 오늘 아침 돌연 케도르세(도르세 강변. 외무성을 가리킴)에 나가 비비아니 씨의 부재중에 외무장관 대리를 맡고 있는 비엥브뉘 마르탱 씨와 개인 교섭을 하기로 결심한 것이다.

편집자들 사이에 무언가 알 수 없는 혼미한 분위기가 감돌았다. 사람들은 유럽 여러 나라의 반응이 어떠할 것인가를 불안스럽게 생각하고 있었다. 천성적으로 비관론자인 갈로의 말로는 엊저녁 독일과 이탈리아에서 들어온 보도에 따르면 이 두 나라에서는 일반 대중의 의견, 신문, 심지어 일부 좌익 정당에 이르기까지 오스트리아의 태도에 오히려 호의적이 아닌가 하고 걱정하고 있다는 것이었다. 스테파니는 조레스와 같은 생각을 갖고 있었는데, 베를린에서는 사회민주당의 분노가 강한 행동으로 나타날 것이며, 그 결과 독일뿐만 아니라 독일 국경 밖에까지 커다란 여파가 미치게 될 것이라고 했다.

정오가 되자 편집실은 텅 비었다. 스테파니가 편집실을 지킬 차례였다. 자크는 같이 있어 주겠다고 제의했다. 다음주에 브뤼셀에서 열리기로 되어 있는 인터내셔널 회의 소집에 관한 서류를 들여다보고 싶었기 때문이다. 모든 사람들은 이 임시 총회에 커다란 희망을 걸고 있었다. 스테파니는 바이양, 키어 하디(영국 독립 사회당의 급선봉), 그 밖에 당의 여러 수뇌부가 전쟁이 일어날 경우 이것을 기회로 삼아 총파업을 상정하리라는 것을 알고 있었다. 그러나 그런 근본적인 문제를 앞에 놓고 특히 영국과 독일의 사회주의자들은 어떤 태도로 나올 것인가?

1시가 되었는데도 아직 조레스의 모습은 보이지 않았다. 자크는 '카페 드 크루아상'에서 요기를 하려고 밖으로 나왔다. 아마 보스도 그곳에서 점심을 들고 있지 않을까?

그러나 조레스는 그곳에 없었다.

자크가 빈자리를 찾고 있을 때, 전에 베를린에서 만난 적이 있고 그 뒤 제네바에서도 여러 차례 본 적이 있는 독일 청년 키르헨블라트가 그를 불렀다. 그는 한 친구와 함께 식사중이었는데 자크도 합석하기를 권했다. 그 친구 역시 독일인으로서 이름은 박스였다. 자크는 모르는 사람이었다.

두 사람은 이상할 정도로 달랐다. '저들은 동부 독일의 전형적인 두 가지 인간형을 잘 나타내고 있군' 자크는 생각했다. '지도자형과…… 그 반대형!'

박스는 전에 제련소에서 근무한 적이 있었다. 나이는 40살쯤. 어딘지 러시아 사람 같은 중후한 얼굴, 납작한 광대뼈, 정직해 보이는 입가, 끈기와 장중함을 보이는 밝은 두 눈. 그의 커다란 두 손바닥은 금방이라도 쓸 수 있는 연장처럼 펴져 있었다. 그는 상대편의 이야기를 들으며 머리를 끄덕일 뿐, 말을 별로 하지 않는 편이었다. 그의 온몸에서는 굳건한 정신, 침착한 용기, 각고와 인내, 규율에 대한 사랑, 본능적인 성실함이 배어 나오고 있었다.

키르헨블라트는 박스에 비하면 훨씬 젊었다. 작고 둥근 얼굴이 가는 목 위에 있어서인지 새머리를 떠올리게 했다. 광대뼈는 박스와는 달리 넓지 않지만 눈 아래에서 거의 뾰족하게 보일 정도로 불쑥 나와 있었다. 언제나 진지하고 주의 깊은 그의 표정에는 가끔 불안한 미소가 떠오르곤 했다. 갑자기 입술 양끝까지 벌어지는 미소, 눈꺼풀을 가늘게 뜨며 관자놀이에 주름을 잡고, 치아가 모두 보일 정도로 입술을 젖히는 미소였다. 그때 그 눈길 속에서는 좀 잔인해 보이는 육감적인 불꽃이 번득였다. 어떤 개들은 장난을 칠 때 이렇게 이를 드러내 보인다. 그는 동부 프러시아 태생으로 그의 아버지는 교수였다. 독일의 진보적인 정계에서 자크가 접해 보았던 이들처럼, 그는 교양 있고 니체주의를 숭상하는 독일인이었다. 그들에게 법률 같은 것은 존재하지 않았다. 명예에 대한 각별한 감수성, 어떤 기사도적인 낭만주의 정신, 자유분방하고 위험한 생활에 대한 동경, 이런 것들이 나름의 귀족적인 취미를 확실히 의식하는 그들을 하나의 계급으로 결합시켜 주었다. 사회제도에 반항적이기는 하지만 그런 사회 속에서 지적인 영향을 받은 키르헨블라트는 기질적으로 무정부주의자였으므로 무조건 사회주의에 뛰어들 수도 없었고, 민주주의적이고 평등주의적인 이론이나 제정 독일에 잔존하는 봉건적 특권에도 본능적으로 혐오감을 느꼈다. 결국 그는 국제혁명결사대의 주변에서 생활하고 있었다.

대화는—박스가 프랑스어를 잘 모르기 때문에 독일어로 진행되었다—대번에 오스트리아 정책에 대한 베를린 정부의 입장으로 흘러갔다. 키르헨블라트는 독일 고급관리들의 사고방식을 확실히 알고 있는 것 같았다. 그는 최근 카이저^(독일 황제 빌헬름 2세) 동생 하인리히 대공이 영국 왕에 대한 특별한 사명을 띠고 급히 런던에 파견된 것을 알고 있었다. 이러한 시기의 비공식 접촉은 카이저가 오스트리아—세르비아 분쟁에 대한 자기의 의견을 조지 5세^(영국의 왕)도 찬성하게 만들려는 개인적인 생각을 보여 주는 것 같았다.

"어떤 생각에서일까?" 하고 자크가 물었다. "문제는 모두 거기에 있어……. 도대체 독일정부의 태도에는 협박이 얼마나 포함되어 있을까? 트라우텐바하를 제네바에서 만났는데, 그는 정통한 소식이라면서 카이저 자신은 전쟁 발발의 가능성에 대해 생각하는 것조차 거부하고 있다는 거야. 그러나 오스트리아 정부가 독일의 지지를 확신하지 않고서 이렇게 대담하게 나올 수는 없을 것 같아."

"옳은 말이야." 키르헨블라트가 말했다. "내 생각에는 카이저가 오스트리아의 요구사항의 원칙을 승인하고 거기에 찬성한 것 같아. 오스트리아로 하여금 가능하면 빨리 손을 쓰게 해서 하루빨리 유럽 사회에 기정사실로 들이밀려고 하는 것 같아……. 그것도 확실히 하나의 훌륭한 평화주의지……." 그는 심술궂은 미소를 지었다. "물론이야! 러시아의 저항을 피하기 위해서는 그것이 가장 좋은 방법이지! 유럽의 평화를 확보하기 위해 오스트리아—세르비아 분쟁을 촉진시키는 거야!" 그는 돌연 진지해졌다. "그러나 카이저에게는 훌륭한 조언자가 있으므로 그런 위험을 고려하지 않은 거야. 이를테면 러시아가 거부권을 행사할 위험, 전면전의 위험이지. 그러나 그는 그런 위험 같은 것은 대수롭지 않게 생각한다는 거야. 그게 과연 옳은 것일까?

문제는 결국 거기에 있어……." 그의 얼굴은 다시 메피스토펠레스 같은 미소를 지으며 긴장했다. "나는 지금 상상하고 있어. 소심한 상대를 앞에 놓고 좋은 패를 쥐고 있는 도박꾼 같은 카이저를 말이야. 물론 그도 운이 나쁘면 파산할 수 있다는 것쯤은 잘 알고 있겠지. 파산이란 언제나 있는 법이니까……. 그러나 최고의 패를 손에 넣었는데 파산을 두려워한 나머지 이런 절호의 기회를 과연 놓칠 수 있을까?"

카랑카랑한 목소리며 능글맞은 미소로 미루어 보아 키르헨블라트는 경험을 통해 자기 손에 좋은 패를 쥐고 있다는 것이 어떤 뜻인지, 그리고 뱃심좋게 운을 걸어본다는 것이 무엇을 뜻하는지를 알고 있는 사람 같았다.

29. 7월 24일 금요일―남편의 관 앞에선 퐁타냉 부인의 묵상

제롬 드 퐁타냉의 입관은 병원의 관례대로 새벽에 행해졌다. 입관이 끝나자 관은 곧 마당 구석의 작은 건물 안으로 옮겨졌다. 왜냐하면 병원 당국은 환자가 숨을 거둘 경우 살아 있는 환자들로부터 될 수 있는 대로 멀리 떨어진 곳에다 장례식 때까지 시신을 안치하도록 조치했기 때문이다.

남편이 숨을 거둘 때까지 오랫동안 거의 방을 떠나지 않았던 퐁타냉 부인은 유해가 있는 지하실의 좁은 방에 있었다. 지금 부인 곁에는 아무도 없었다. 제니는 방금 막 나갔다. 어머니 심부름으로 옵세르바투아르 거리의 집으로 모녀가 내일 장례식 때 입을 상복을 가지러 간 것이다. 그리고 동생을 문까지 바래다 준 다니엘은 마당에서 담배를 피우느라고 늑장을 부리고 있었다.

채광 환기창 밑으로 햇살이 스며드는 지하묘소 같은 방에서 짚으로 만든 의자에 광선을 등지고 앉아 있는 부인에게는 이것이 병원에서 보내는 마지막 날이었다. 부인은 두 개의 검은 접이식 사다리 위에 아무것도 덮이지 않은 채 방 한가운데에 놓여 있는 관을 바라보고 있었다. 고인의 약력이라고는 놋쇠판 위에 새겨진 이름이 전부였다.

제롬―엘리 드 퐁타냉
1857년 3월 11일~1914년 7월 23일

그녀는 마음이 안정되고 평온해짐을 느꼈다. 그것은 하느님의 보살핌 때문이었다. 마지막 날 밤의 충격, 너무나 급작스러운 것이어서 기절할 수밖에 없었던 그 순간. 그것도 이제는 지난 일이 되고 말았다. 그녀의 마음속에는 죄스러우면서도 가책 없는 슬픔만이 남아 있었다. 그녀는 우리 모두가 언젠가는 각자의 순간적인 모습을 떠나 그 속으로 들어가야 하는 절대적인 힘, 모든 생명을 관장하는 큰 힘을 믿고 또 그것과 함께 하며 살아왔다. 죽음을 앞에 두고도 전혀 두려움을 느끼지 않던 부인이었다. 소녀 때도 아버지 유해 앞에서 조금도 무섭다는 느낌을 갖지 않았다. 자신이 숭배하고 있는 인도자의 영적 존재, 그것이 육체적인 소멸 뒤에도 자신에게 간직되어 있을 것이라는 사실을 그녀는 한순간도 의심해 본 적이 없었다. 사실 그녀에게는 이렇게 의지할 수 있는 존재가 언제나 함께 있었다. 언제나—이번 주에도 그 증거를 보았지만—목사가 그녀의 생활과 투쟁에 끊임없는 조언을 해 주었으며, 그녀의 번민을 지도하고 그녀에게 결단력을 불어넣어 주었던 것이다.

오늘도 마찬가지로 그녀는 제롬의 죽음이 하나의 끝이라고는 생각하지 않았다. 그 어느 것도 죽어 없어지는 것은 없다. 모든 것은 변화되어 다시 살아날 뿐이다. 계절이 죽 이어지는 것과 마찬가지이다. 덧없는 물체를 영원히 봉인해 버린 이 관을 앞에 두고 그녀는 무언가 신비스런 흥분을 느꼈다. 그것은 해마다 메종 라피트의 정원에서 봄에 싹이 트는 것을 보았던 나뭇잎들이 가을이 되면 드디어 때가 되어서 하나씩 떨어져 나가는 것을 보았을 때 느꼈던 감정과 비슷했다. 그렇게 나뭇잎이 온통 떨어져 나간다고 해도 수액이 깃들어 있고 생명의 비약이 끊임없이 계속되고 있는 나무줄기의 숨은 힘에는 조금도 손상이 가지 않는다. 죽음이란 그녀에게 언제나 생명 현상이었다. 그리고 이런 영원한 발아의 불가피한 회귀를 두려움 없이 바라볼 수 있다는 것은 주님의 권능에 겸허한 자세로 참여하는 것이나 다름없었다.

묘지같이 썰렁한 방 안 공기 속에는 제니가 관 위에 놓아둔 장미꽃의 은은하면서도 좀 메스꺼운 냄새가 섞여 있었다. 퐁타냉 부인은 아무 생각 없이 오른손의 손톱을 왼손의 손바닥에다 문지르고 있었다(그녀는 매일 아침 화장을 마치고 난 후, 창 앞에 잠시 앉아 손톱을 손질하면서 새로운 하루가 시작되는 순간을 맞이하며 아침기도로 간주하는 짧은 명상을 하는 것이 습관처럼 되어 있었다. 이 때문에 그녀의 마음속에는 손톱을 닦는 일과 성령을 부르는 것이 반사적으로 연결되어 있었다).

제롬이 살아 있을 때는 비록 그가 멀리 떨어져 있어도 그런 괴로운 연모의 정이 언젠가는 인간적인 보상을 가져다주리라는 것, 그리고 언젠가는 제롬이 뉘우치면서 정신을 차리고 자기에게 돌아오리라는 것, 또한 두 사람의 과거를 깨끗이 잊고 서로 의지하며 일생을 마치게 되리라는 희망을 남몰래 품고 있었다. 그러나 그것도 허망한 기대로 끝났다. 그녀는 그것을 영원히 체념해야 하는 바로 그 순간에 비로소 의식한 것이다. 그렇다고는 해도 지금까지 겪어 온 여러 가지 고통스런 추억이 어찌나 생생했던지 이제는 그런 시련에서 벗어났다는 홀가분한 기분이 들었다. 제롬의 죽음으로 기나긴 세월에 걸쳐 그녀의 삶을 좀먹고 있던 유일한 슬픔의 샘이 말라 버린 것이다. 오랫동안 얽매인 생활을 하다가 뜻하지 않게 재기하게 된 것이나 다름없었다. 아주 인간적이고 지극히 당연한 감정이었다. 그녀는 자신도 모르게 그러한 즐거움을 맛보았다. 실은 부끄러워해야 할 일이었는지도 모른다. 그녀의 맹목적인 신앙은 그녀로 하여금 양심의 밑바닥까지 진실로 꿰뚫어 보게 하지 못했다. 그녀는 지극히 본능적인 이기주의의 결과에 지나지 않는 것을 성령의 은총이라고 생각했다. 이런 체념과 마음의 평화를 얻게 해 준 하느님께 그녀는 감사하고 있었다. 그리고 아무런 양심의 가책 없이 홀가분해진 기분을 만끽하였다.

부인은 오늘이야말로 부담없이 편안함에 몸을 맡길 수 있었다. 왜냐하면 밤샘을 하게 되는 오늘만이 그녀에게는 그나마 휴식이라고 할 수 있고, 그 뒤부터는 피로와 투쟁의 나날이 기다리고 있었기 때문이다. 내일 토요일은 장례식, 집으로 귀가, 다니엘이 떠나는 날이다. 그리고 일요일부터는 급히 처리해야 할 까다로운 일들을 시작해야 한다. 아이들 이름을 불명예에서 구해 주는 일이다. 즉시 트리에스테와 빈으로 가서 남편 일을 확실히 매듭지어야 한다. 제니와 다니엘에게는 아직 알리지 않았다. 그녀는 다니엘이 반대할 것을 짐작하고 있었으므로 쓸데없는 논쟁으로 시간을 끌고 싶지 않았다. 아무튼 부인의 결심은 이미 서 있었다. 활동계획은 성령이 정해 준 것이었다. 이런 무모한 계획을 생각해 낸 그녀는 자기가 잘 알고 있는 정신적인 흥분, 신의 뜻을 실증하는 초자연적이고 절대적인 감격을 느낄 수밖에 없었으며, 또한 어떤 의심도 하지 않았다……. 가능하면 일요일, 늦어도 월요일에는 오스트리아를 향해 출발하자. 2주 또는 3주 동안, 필요하면 8월 한 달 내내 머물자. 예심판사도 만나봐야지. 다른 이사들도 만나서 파산한 사업에 관해서 차근차근 논의해 봐야지……. 그녀는 성공을 의심하지 않았다. 다만 현지에 가서 직접적인 영향력을 발휘하여 활동할 필요가 있었다(그리고 그녀는 자신의 직감에 자신이 있었다. 이미 지금까지 여러 차례 어려운 처지에 놓였을 때마다 그녀는 자신의 능력을 확신할 수 있었다. 그렇다고 그런 능력을 자기 자신의 개인적 매력으로 돌리려는 생각은 꿈에서도 해본 적이 없었다. 오직 하느님의 신비한 힘, 곧 그녀를 통해 신의 섭리가 빛나는 것으로 생각했던 것이다).

빈에는 또 하나의 성가신 용건이 그녀를 기다리고 있었다. 그것은 월헬미네라는 여인을 만나보는 일이었다. 제롬의 가방 속에서 그 여인에게서 온 순박하고 애정어린 몇 통의 편지를 발견하고서, 거기에 마음이 쓰였던 것이다.

그녀는 남편의 눈을 감겨 준 다음에야 비로소 그의 옷가지를 살펴볼 생각을 했다. 어제 저녁에 결심한 일이지만 아이들이 절대로 아버지의 비밀을 눈치채지 못하게 하기 위해 온전히 혼자 있게 되는 시간을 택한 것이었다. 여러 가지 서류를 찾아내는 데 그녀는 굉장한 시간을 소비했다. 그것들이 여러 가지 옷가지 속에 흩어져 있었기 때문이다. 그녀는 거의 1시간이나 걸려 낯익은 물건들, 사치스러운 것과 보잘것없는 것 따위를 만져 보았다. 마치 난파선의 파편처럼 제롬이 남기고 간 것들이었다. 닳아빠진 명주 내의, 해질 때까지 입은 보기 좋은 양복. 거기서는 아직 시큼하면서도 상쾌한 냄새—라벤더, 베티버, 레몬 향기 등이 났다—그것은 제롬이 30년 동안 좋아했던 냄새이며, 그녀에게는 애무와 같이 가슴을 설레게 하는 향기였다……. 아직 지불이 안 된 여러 통의 청구서가 구두상자와 화장품상자 속까지 굴러다녔다. 은행, 제과점, 구둣방, 꽃집, 귀금속상, 묵은 치료비 계산서. 게다가 뜻밖의 청구서들. 뉴 본드 스트리트에서 발을 치료하는 중국 의사의 청구서와 아직 지불이 안 된 라패 로(路)의 가죽 제조점의 황동도금한 화장품 상자 대금 청구서가 나왔다. 트리에스테의 공영전당포 영수증은 진주 넥타이핀과 수달 깃이 달린 외투를 터무니없는 헐값으로 저당 잡힌 것을 말해 주고 있었다. 백작 집안의 문양이 그려져 있는 지갑 속에는 퐁타냉 부인, 다니엘, 제니의 사진과 함께 빈의 어느 여가수의 헌사가 쓰인 사진이 들어 있었다. 마지막으로 외설스런 그림이 들어 있는 독일판 소책자 사이에서 얇은 종이로 된 포켓용 낡은 성경을 찾아낸 퐁타냉 부인은 놀랄 수밖에 없었다……. 부인은 이 작은 성경 말고는 모두 잊고 싶었다……. 제롬은 자신의 방탕한 행실을 그럴듯하게 얼버무리기 위해 비통한 '해명'을 하면서 수없이 이렇게 외쳤다. "여보, 당신은 너무 나를 엄격하게 판단하고 있소……. 나는 당신이 생각하는 것처럼 악하지 않아!" 그것은 사실이었다. 성령만이 각자의 비밀을 알고 계신다. 인간이 어떤 길을 둘러서, 그리고 어떤 필요한 목적을 위해 각자 자기 완성의 길을 걸어가는지는 성령만이 아신다.

부인은 눈물이 글썽한 눈으로 벌써 장미꽃이 시들어가는 관 위를 바라보고 있었다.

'아니에요' 하며 그녀는 마음속으로 말했다. '아니에요, 당신은 근본적으로 악에 물들어 있는 사람은 아니었어요…….'

다니엘과 함께 니콜 에케가 들어오자 그녀는 명상에서 깨어났다.

니콜은 눈부시게 아름다웠다. 상복을 입은 덕인지 혈색이 한층 더 돋보였다. 빛나는 두 눈, 추켜세운 눈썹, 자연스럽게 앞으로 내민 그녀의 얼굴은 언제나 청춘을 바쳐서 급히 달려온 듯한 인상을 주었다. 그녀는 아주머니에게 키스하려고 몸을 굽혔다. 퐁타냉 부인으로서는 상투적인 말로 침묵을 깨뜨리지 않는 것이 고마웠다. 니콜은 관 곁으로 걸어갔다. 그리고 한동안 팔을 앞으로 늘어뜨리고 두 손으로 깍지를 낀 채 꼿꼿이 서 있었다. 퐁타냉 부인은 니콜을 지켜보았다. 니콜은 기도를 하고 있는 것일까? 아니면 자신의 과거, 제롬 아저씨가 큰 영향을 미쳤던 자신의 부끄러운 어린시절을 생각하고 있는 것일까? ……니콜은 얼마동안 그런 불가사의한 부동자세를 취한 뒤에 마침내 아주머니 쪽으로 돌아와 또 한 번 그녀의 이마에 키스했다. 그리고 방에서 나갔다. 그동안 어머니 뒤에 줄곧 서 있던 다니엘이 그녀의 뒤를 따라나갔다.

복도로 나온 니콜은 발걸음을 멈추고 물었다. "내일 몇 시지?"

"여기서 11시에 출발해. 직접 묘지로 갈 거야."

둘은 건물 입구의 그늘진 현관에 서 있었다. 그들 앞에는 햇살이 비치는 정원이 펼쳐져 있었다. 그곳에는 밝은 빛깔의 실내복을 입은 회복기 환자들이 양지바른 잔디밭 가장자리를 따라 누워 있었다. 오후의 햇살은 뜨겁고 찬란했다. 바람 한 점 없는 대기 속에 여름이 완전히 자리 잡은 듯한 느낌이었다.

다니엘이 말을 꺼냈다. "매장한 뒤에 그레고리 목사님이 간략하게 기도를 해 주시기로 했어. 어머니는 그 밖의 어떤 의식도 원하지 않으셔."

니콜은 생각에 잠긴 채 그의 말을 듣고 있었다. "테레즈 아주머니는 정말 훌륭한 분이야" 하고 그녀는 속삭이듯 말했다. "아주 꿋꿋하고 침착하셔……, 정말 훌륭하셔, 언제나 한결같이……."

다니엘은 우정어린 미소로 감사의 뜻을 표했다. 그녀에게서 이미 어린애 같은 눈길은 찾아볼 수 없었다. 그러나 푸른 눈동자 속에는 옛날과 같은 독특한 투명함과 한때 그의 마음을 흔들어 놓았던 우수에 젖은 부드러운 표정이 깃들어 있었다.

"정말 오랫동안 못 만났어!" 하고 다니엘이 말했다. "그런데 니콜, 너 행복하니?"

멀리 숲이 우거진 곳을 바라보던 그녀의 눈길은 천천히 주위를 두리번거리다가 다시 다니엘에게로 향했다. 그녀의 얼굴에는 괴로운 표정이 어렸다. 다니엘은 그녀가 금방이라도 울음을 터뜨릴 것으로 믿었다.

"알겠어……" 하고 그는 더듬거리며 말했다. "니콜, 너라고 해서 괴로움이 없는 것은 아니었겠지……." 다니엘은 그때 비로소 그녀가 몹시 변했다는 사실을 눈치챘다. 얼굴 아랫부분은 예전보다 더 살이 쪄 있었다. 눈에 띄지 않을 정도로 얇게 분을 바른 붉은 두 뺨에는 약간 생기를 잃은 피곤한 모습이 비쳤다. "그래도 니콜, 너는 젊어. 앞으로 너의 인생은 창창하니까! 행복해야지!"

"행복이라고?" 하고 그녀는 애매하게 어깨를 으쓱해 보이면서 되풀이했다.

다니엘은 놀라서 그녀를 바라보았다. "그럼, 행복해야지. 당연하지 않아?"

니콜은 다시 햇살이 찬란하게 비치는 정원 쪽을 멍하게 바라보았다. 그녀는 잠시 침묵을 지키고 있다가 돌아보지도 않고 말했다.

"인생이란 이상한 거야……. 그렇게 생각 안 해? 스물다섯밖에 안 됐는데 벌써 많이 늙었다는 느낌이 드니 말이야……." 그녀는 좀 망설이다가 말했다. "……너무 외로워……."

"너무 외롭다고?"

"그래" 하고 그녀는 여전히 먼 곳을 바라보면서 말했다. "어머니도, 과거도, 나의 청춘도, 모두 멀리멀리 가버렸어……. 아이도 없고……. 그리고 영원히 못 가질 거야. 끝장이지. 나는 아이를 결코 갖지 못할 거야……."

절망적인 기색이 드러나지 않는 부드러운 말투였다.

"그래도 남편이 있잖아……." 다니엘이 무심코 말했다.

"남편, 그래……. 우리는 깊고 흔들리지 않는 애정을 갖고 서로 사랑하고 있어……. 그는 똑똑하고 착해. 내 생활을 즐겁게 해 주려고 무척 애쓰고 있지."

다니엘은 잠자코 있었다.

그녀는 벽 쪽으로 한 발 다가가 몸을 기댔다. 그리고 마치 서슴없이 모든 것을 다 말해 버리기로 작정이라도 한 듯 목소리를 높이지 않고 고개를 살짝 치켜들며 말했다. "그런데 그게 어쨌다는 거야. 아무튼 알다시피 펠릭스와 나 사이에는 별로 공통점이 없어……. 그 사람은 나보다 서른 살이나 많아서인지 나를 한 번도 동등하게 대해 준 적이 없어……. 거기다 그 사람은 어떤 여자에게나 환자를 대하듯이 아버지 같은 친절한 마음으로 대하고 있어……."

다니엘은 에케의 모습이 떠올랐다. 잔주름 많은 회색빛 관자놀이, 근시 특유의 날카로운 눈길, 신중하고 분명하며 강직한 태도. 그런 에케가 왜 니콜과 결혼했을까? 지나가는 길에 맛있는 과일을 따고 싶은 심정으로 했을까? 그렇지 않으면 일로 세월을 보내다가 지금까지 누리지 못했던 젊음, 자연 그대로의 우아함을 좀 거두어들일 생각에서였을까?

니콜이 말을 계속했다. "그리고 그 사람에게는 그 사람 나름의 생활, 외과 의사로서의 생활이 있어. 의사라는 직업이 어떤 것인지 알지만 아침부터 저녁까지 자기 생활은 없는 거야. 같이 식사를 해 본 적이 거의 없을 정도니까. 오히려 그런 편이 나을지도 모르지. 둘이 같이 있어도 별로 할 이야기가 없는 데다가 서로 이해하려 들지도 않고, 취미도 다르고 또 둘만의 추억 같은 것도 전혀 없으니…… 그래! 말다툼 같은 건 한 번도 없었어. 사이가 틀어진 적도 없었고!" 니콜은 웃으며 말을 계속했다. "우선 나는 그 사람이 뭐라고 하면 어떤 일이라도 '예'라고 말해 버려. 그 사람이 무엇을 생각하고 있는지를 미리 짐작해 버려……." 그녀는 웃음을 거두었다. 그리고 이상하게 느린 투로 말했다. "어떻게 되든 나에게는 전혀 상관없으니까!"

그녀는 서서히 벽에서 등을 떼더니 걷기 시작했다. 그리고 넋 나간 사람처럼 현관 앞 돌층계를 내려갔다. 다니엘은 아무 말도 하지 않고 따라갔다. 니콜은 아무렇지 않은 듯이 다니엘 쪽을 돌아보면서 미소지었다.

"들어봐!" 하며 그녀는 말했다. "이번 겨울에 그 사람이 작은 거실에 놓으려고 새 책장을 몇 개 만들었는데, 놓아둘 데가 없어서 마호가니 책상을 팔기로 했어. 내가 어머니한테서 물려받은 거야. 하지만 나는 그런 것에는 관심 없었어. 무엇 하나 내 것이라고는 없고, 또 아무것도 가지고 싶은 게 없으니까. 그런데 그 책상을 비워야 했어. 그 속에는 지금까지 들여다본 적도 없는 종이뭉치들이 가득 들어 있었어. 아버지와 어머니가 주고받은 편지, 오래된 장부, 할머니의 옛날 편지, 안내장, 친구에게서 온 편지…… 옛날 추억이 가득했어. 렌, 로와야, 비아리츠^(프랑스 대서양 연안, 스페인과의 국경 지대에 위치한 관광 도시)…… 온갖 옛날 일들, 잊고 있던 많은 옛날이야기, 고인이 된 옛날 사람들…… 그것들을 불사르기 전에 나는 한 줄 한 줄 모두 읽어 봤어……. 그때 일을 떠올리며 2주 동안 울었지……." 그녀는 다시 웃었다. "또 2주 동안…… 정말 즐거웠어! ……펠릭스는 그것을 조금도 눈치채지 못했어. 알았다 해도 이해하지 못했을 테지만. 나에 관해서는 아무것도 몰라. 나의 어린시설이라든가 추억 같은 것은……."

둘은 천천히 정원을 가로질러 걸어갔다. 니콜은 환자들 앞을 지나면서 목소리를 낮추었다.

"지금은 그래도 괜찮은 편이지. 하지만 장래를 생각하면 이따금 무서워져……. 알다시피 우리는 현재 각자 서로 자기 일을 갖고 있어. 그 사람은 병원이 있고, 사람들과 만날 일이 있고, 환자가 있어. 나는 나대로 항상 물건을 사러 나가는가 하면 사람들을 방문하러 나가. 게다가 요즘은 바이올린을 시작해서 친구들과 같이 음악공부를 해. 저녁에는 일주일에 몇 번씩 초대를 받아 나가기도 해. 펠릭스 입장에서는 직업상 줄곧 교제도 해야 하니까. 하지만 먼 훗날에 그 사람이 일을 그만두기라도 하면…… 나는 그것이 무서워……. 매일 밤 난로 곁에 마주 앉은 노부부가 되면 우리는 어떻게 될까?"

"무슨 그런 끔찍한 소리를 하는 거야!" 다니엘이 중얼거렸다.

니콜은 깔깔거리며 쾌활하게 웃었다. 그녀의 젊음이 우연히 되살아나는 것 같았다. "오빠는 바보야!" 하고 그녀는 말했다. "나는 한탄하는 게 아니야. 인생이란 그런 거니까. 단지 그것 뿐이야. 다른 사람들의 인생이라고 해서 더 나을 것도 없어. 오히려 그 반대야. 그래도 나는 행복한 사람들 축에 속해. 그래도 어렸을 때는 여러 가지 일을 생각하지……. 동화 속 삶을 살아갈 것처럼 말이야……."

그들은 철문 가까이에 왔다.

"만나서 즐거웠어" 그녀가 말했다. "군복 입은 모습이 멋있어! ……언제 제대해?"

"10월에."

"그렇게 빨리?"

그는 웃었다. "너에게는 시간이 짧은 것 같겠지!"

니콜은 발걸음을 멈추었다. 햇볕으로 인한 그림자가 그녀의 살결 위에서 어른거렸다. 그녀의 치아가 반짝반짝 빛났고, 머리카락은 군데군데 투명한 황갈색으로 비쳐 보였다.

"안녕" 그녀는 다정하게 손을 내밀었다. "제니에게 만나지 못해 섭섭해 하더라고 전해 줘. 그리고 올겨울에 파리로 돌아오면 가끔 들러 줘. 동정을 베푸는 셈치고……. 둘이서 잡담도 하고 오랜 친구로서 여러 가지 추억도 더듬어 보게……. 나이를 먹을수록 옛날 일에 온통 마음이 가는 걸 보면 이상해……. 와 주겠지? 약속하는 거지?"

다니엘은 좀 지나칠 정도로 크고 둥글며 맑은 물 같은 니콜의 아름다운 눈 속을 잠시 유심히 들여다보았다.

"약속해." 그는 거의 침통한 투로 말했다.

30. 7월 24일 금요일—천문대 길의 집에 홀로 돌아온 제니의 오후

일요일 이후 제니가 병원 밖으로 나온 것은 이번이 처음이었다. 날마다 다니엘과 함께 정원을 잠깐 산책하는 것이 고작이었다. 죽음과 가까이해 본 경험이 없는 그녀는 이 기나긴 나흘을 살아 있는 사람들에게 둘러싸인 유령같이 지내왔다. 그녀를 둘러싸고 있는 모든 것이 어색하고 낯선 세계의 일 같았다. 그래서 그녀는 오빠의 자동차를 타고 햇빛이 비치는 대로에서 혼자라는 것을 깨닫는 순간 해방감 같은 것을 느꼈다. 그러나 그러한 느낌도 잠시뿐이었다. 자동차가 샹페레 문에 이르기도 전에, 나흘동안이나 자신을 괴롭혀 온 깊고 걷잡을 수 없는 번민이 다시 엄습해 옴을 느꼈다. 더구나 사람들 때문에 신중하게 행동해야 했던 병원을 벗어나 홀로 남겨지니, 그 번민은 무서울 정도로 깊이를 더해 가는 느낌이었다.

정문 앞에 이르러 택시에서 내렸을 때는 1시 정각이었다.

제니는 수위의 질문과 애도의 말을 듣는 둥 마는 둥 하면서 곧 아파트로 올라갔다.

모든 것이 널브러져 있었다. 문이란 문은 마치 달아난 뒤처럼 모두 열려 있었다. 옷가지는 침대 위에 던져져 있고, 구두는 마룻바닥에서 뒹굴고, 서랍도 모두 열린 채였다. 퐁타냉 부인의 방은 마치 강도라도 들어왔다 나간 것 같았다. 2년 전부터 식모 없이 살아온 모녀가 그날 급히 식사를 했던 둥근 식탁 위에는 먹다 만 저녁식사 찌꺼기가 아직도 그대로 있었다. 모두 깨끗이 치워야 했다. 다음날 묘지에서 돌아오는 어머니가 이 을씨년스러운 난장판을 보고 일요일 저녁에 겪었던 끔찍한 순간의 생생한 기억을 되새기는 슬픔은 없도록 해야만 했다.

가슴이 답답한 데다가 무슨 일부터 시작해야 할지 몰라, 제니는 자기 방에 들어갔다. 나갈 때 창문 닫는 것을 잊은 것이 틀림없었다. 바닥은 어제의 소나기로 축축이 젖어 있었다. 바람이 불어 들어왔는지 작은 책상 위에 있던 편지가 흐트러져 있었고, 꽃병은 쓰러진 채 꽃잎들이 떨어져 있었다.

제니는 서서 이런 어지러운 광경을 물끄러미 바라보면서 천천히 장갑을 벗었다. 어떻게 해서든 다시 정신을 차리려고 애썼다. 어머니는 제니에게 여러 가지 세심한 지시를 해 주었다. 책상 속에서 열쇠를 꺼내어 집 안쪽에 있는 다락을 열어 옷장 속의 상자나 트렁크에서 상복용의 솔 두 장과 얇은 비단 베일이 든 초록색 종이상자를 찾아야 했다. 그녀는 자연스레 매일 아침 집에서 일할 때 입는 블라우스를 못에서 벗겨내 작업복으로 갈아입었다. 그러나 완전히 기진맥진해 있었다. 침대 끝에 앉았다. 아파트의 고요가 어깨를 짓눌렀다.

'도대체 왜 이렇게 피곤할까?' 그녀는 그 이유를 잘 알면서도 자문해 보았다.

지난주만 해도 자신은 바로 이 방을 왔다 갔다 하며 삶의 기쁨에 흥겨워하고 있었다. 일주일만에—아니 일주일도 채 안 된 나흘만에 그토록 고심해서 얻은 정신적 균형이 깨어지고 말았단 말인가?

그녀는 목덜미가 무거워지는 것을 느끼면서 움츠리고 앉아 있었다. 울기라도 하면 마음이 후련해졌을지도 모른다. 그러나 그런 마음 약한 방법은 늘 마음에 들지 않았다. 어렸을 때도 슬프다고 해서 울어본 적이 없었다. 오히려 슬픔은 그녀로 하여금 언제나 긴장과 무정한 마음을 갖도록 했다. 그녀는 메마른 눈길로 흐트러진 편지, 가구, 벽난로의 자질구레한 실내 장식품들 위를 더듬었다. 그리고 빨려 들어갈 듯이 눈부신 햇살이 비치는 거울을 지그시 바라보았다. 문득 반짝이는 햇살의 반사 속에 잠시 자크의 모습이 떠올랐다. 그녀는 황급히 일어나 덧문과 창문을 닫고는 흐트러진 편지와 꽃을 주워 모은 뒤에 복도로 나왔다.

다락 안의 공기는 숨이 막힐 정도였다. 방 안의 열기로 모직물, 먼지, 장뇌(樟腦), 햇빛에 바랜 헌 신문지 냄새가 코를 찔렀다. 그녀는 창문을 열기 위해 높은 의자에 겨우 올라갔다. 밖의 공기와 함께 눈을 찌르는 듯한 햇살이 방 안으로 흘러들어와, 그곳에 겹겹이 쌓인 여러 가지 물건들의 을씨년스런 모습을 그대로 드러냈다. 못 쓰게 된 침구, 석유램프, 교과서, 회색 먼지와 죽은 파리로 뒤덮인 종이상자. 트렁크를 쌓아 놓은 구석을 치우기 위해 짚으로 속을 채운 마네킹 인형을 안아 옮겨야 했다. 그 인형 위에는 오래된 램프 갓이 쓰여 있었다. 그 갓에 달린 술은 헝겊으로 만든 물망초 꽃다발로 들어올려져 있었다. 제니는 아주 어렸을 때부터 응접실 피아노 위에 놓여 있던 이 요란한 갓을 보고는 한순간 가슴이 뭉클해졌다. 그녀는 바지런하게 일을 시작했다. 여러 개의 상자를 열어 보기도 하고 선반들을 샅샅이 뒤지기도 하며, 코를 찌르는 메스꺼운 작은 나프탈렌 주머니를 조심스럽게 바꿔 놓기도 했다. 땀에 흠뻑 젖은 채 녹초가 되어 있었지만, 스스로 창피하게 여기고 있는 이런 무기력감과 싸우면서, 적어도 자신을 여러 가지 상념으로부터 벗어나게 해 주는 이 일에 혼신의 힘을 다했다.

그러나 불현듯 안개 속을 뚫는 빛살처럼, 막연하면서도 분명한 한 가지 생각이 급소를 찌르듯이 그녀의 가슴에 와 닿아 꼼짝할 수가 없었다. '파멸한 것은 아무것도 없다……. 여전히 모든 것이 가능하다…….' 그렇다. 어쨌든 자신은 젊다. 앞길에는 창창한 미지의 삶이 있다. 삶! '여러 가지 가능성의' 무한한 원천!

이런 평범한 생각을 통해 그녀가 발견한 것은 너무도 새롭고 위험한 것이어서 아연실색할 수밖에 없었다. 자크가 떠난 뒤 스스로 회복되고 자제력을 다시 찾을 수 있었던 것은 그 당시에 지극히 하찮은 희망까지도 물리칠 수 있었기 때문이라는 것을 그녀는 문득 깨달았다.

'나는 다시 '희망'을 가질 수 있을까?'

그 대답이 너무도 긍정적이었으므로 제니는 몸을 떨기 시작했고, 옷장의 받침대에 어깨를 기대야만 했다. 얼마동안 꼼짝하지 않고 눈을 내리깐 채 정신이 마비된 듯한 멍한 상태로 있었다는 사실을 자신도 거의 의식하지 못하고 있었다. 환영 같은 광경들이 머리를 스쳐 지나갔다. 메종 라피트에서 테니스를 한 뒤 자기 바로 옆 벤치에 앉아 있던 자크의 모습. 그녀는 그의 관자놀이를 적시던 자잘한 땀방울까지 뚜렷하게 기억하고 있었다. 숲 속의 길가, 차고 근처에 자기와 단둘이 있던 자크. 그들은 거기에서 늙은 개 한 마리가 치인 것을 막 목격했었다. 그녀는 침통한 자크의 목소리가 아직도 들리는 것 같았다. '당신은 죽음에 대해 생각해 본 적이 있나요?' 정원의 작은 문이 있는 데서 달빛을 받아 흙담 위에 비친 제니의 그림자에 살짝 입을 맞추던 자크. 어둠 속에서 풀밭 위로 달아나던 그의 발소리가 지금도 들리는 듯했다…….

더운 날씨였으나 제니는 몸을 떨면서 등을 기댄 채 서 있었다. 믿을 수 없을 정도의 평온함을 되찾았다. 높은 창을 통해 들려오는 거리의 소음은 먼 다른 세계에서 들려오는 것 같았다. 나흘 전 자크를 만난 뒤부터 다시 불붙기 시작한 미칠 것 같은 행복에의 갈구를 어떻게 하면 지울 수 있을까? 다시 병이 시작된 것이다. 그리고 앞으로 그치지 않고 이어지리라는 것도 알고 있었다……. 이번에는 나을 것 같지 않았다. 이제는 '자신이 낫기를 원치 않으니까…….'

가장 괴로운 것은 고독, 언제나 홀로 있다는 것이었다. 오빠는? 뇌이에서 함께 살 때 다니엘은 동생에게 많은 관심을 베풀었다. 오늘 아침만 하더라도 둘이 함께 병원 식당에서 식사를 할 때 제니의 멍한 모습에 놀랐는지 제니의 손을 잡고는 웃지도 않고 속삭였다. '도대체 무슨 일이야, 제니?' 제니는 얼버무리듯이 고개를 저으면서 잡고 있던 손을 놓았다……. 아! 이렇게 오빠를 사랑하면서도 그에게 아무 말도 할 수 없다는 것. 둘의 삶 때문에, 성격 때문에, 어쩌면 오누이 관계라는 것 때문에 그들 사이에 놓여 있는 이 장벽들을 단번에 무너뜨릴 수 있는 말을 할 수 없다는 것이 언제나 큰 괴로움이었다! 그렇다. 자신에게는 속내를 이야기할 만한 사람이 아무도 없다. 자신의 말을 들어 주고 이해해 줄 만한 사람이 아무도 없었다……. 아무도. '그이'라면, 어쩌면…… 언젠가는? …… 그녀의 마음 깊은 곳에서 부드럽고 은밀한 목소리가 속삭이듯 들려왔다. '나의 자크…….' 제니는 얼굴을 붉혔다.

그녀는 완전히 녹초가 되어 곧 쓰러질 것 같은 기분이 들었다. 시원한 물이라도 마시면 좋으련만…….

제니는 장님처럼 조심스러운 발걸음으로 한 손으로 벽을 짚고 몸을 지탱하면서 부엌으로 갔다. 수돗물은 얼음처럼 차가웠다. 두 손에 물을 받아 이마와 눈 주변을 적셨다. 다시 힘이 났다. 조금만 참자……. 제니는 창문을 열고 창틀 위에 두 팔꿈치를 올려놓았다. 멀리 보이는 지붕 위에서는 아지랑이가 마치 작은 분자들처럼 아른거리고 있었다. 뤽상부르 역에서 기관차의 날카로운 기적 소리가 울려 퍼졌다. 지난 몇 주 동안 오늘 같은 오후에 찻물을 끓이면서 이렇게 팔꿈치를 대고 들뜨다시피한 기분으로 얼마나 수없이 노래를 흥얼거렸던가! 그녀는 지난 봄의 자신, 마음도 가라앉고 정신적으로도 완전히 회복되었던 자기 자신에 대해 말할 수 없는 향수를 느꼈다. '내일, 모레, 계속되는 나날을 살아갈 힘을 어디에서 얻을까?' 그녀는 낮은 소리로 자문해 보았다. 그러나 머리에 떠오른 말들은 상투적인 생각을 드러낼 뿐, 마음속의 숨겨진 진실을 전해 주지는 않았다. 희망을 되찾은 그녀는 고통도 기꺼이 감수하겠다고 다짐했다……. 갑자기, 여태껏 미소를 보인 적이 없던 그녀가 거울 앞에 있었더라면 분명히 보았을 미소를 입술에 짓고 있었다.

31. 7월 24일 금요일─자크, 다니엘을 방문하고 그의 아틀리에로 나서다

오전 내내, 그리고 두 독일 사람과 식사할 때도 자크는 마음속으로 생각했다. '다니엘을 만나러 갈까?' 그럴 때마다 그는 자신에게 이렇게 대답했다. '그만두자. 만나서 뭘 해?'

그러나 3시쯤 키르헨블라트와 같이 음식점을 나와 증권거래소 광장을 가로질러 지하철역 앞을 지나갈 무렵에 갑자기 이런 생각이 떠올랐다. '보지라르의 집회는 5시다……. 뇌이에 갈 '마음이 있다면' 지금이 가장 좋은 기회인데…….' 그는 어쩔 줄을 몰라 멈추어 섰다. '이번에 간다면 앞으로는 두 번 다시 갈 생각을 말아야지…….' 그리고 그는 그 독일인과 헤어져 서슴지 않고 지하철 계단으로 달려갔다.

비노 거리의 병원 입구에서 그는 인도의 가장자리, 자동차 옆에서 담배를 피우고 있는 형의 운전사 빅토르를 보았다. '결국 그렇게 하는 것이 좋겠다' 하고 그는 형도 그 자리에 같이 있게 될 걸로 생각했다.

정원에 이르렀을 때 마침 그는 자기 쪽으로 오는 형을 보았다.

"좀더 일찍 왔더라면 너를 시내까지 데려다 줄 수 있었을 텐데. 지금은 바빠서……. 오늘 저녁 나하고 식사하지 않겠니? 안 돼? 그럼 언제 하지?"

자크는 그 질문에는 아랑곳하지 않고 물었다.

"다니엘을 만나려면 어떻게 해야 할까? 그것도…… 단둘이 만나려면."

"문제없어……. 퐁타냉 부인은 지하실을 떠나지 않을 테고 제니는 나가고 없으니까."

"없다고?"

"저 나무숲 뒤로 회색 지붕이 보이지? 그곳이 바로 영안실이야. 다니엘은 거기에 있어. 문지기가 알리러 갈 거야."

"제니는 병원에 없어?"

"없어. 어머니 심부름으로 옵세르바투아르 거리에 있는 집에 뭔가를 가지러 갔어. 파리에 오래 있을 거니? ……그럼 전화라도 걸어 주겠지?"

그는 철책문을 나가 자동차 안으로 자취를 감췄다.

자크는 그 건물을 향해 계속 걸어갔다. 갑자기 그는 걸음을 늦추었다. 머릿속에 엉뚱한 생각이 떠올랐다. 그는 몸을 돌려 철책문까지 다시 나와 택시를 불렀다.

"빨리요" 그는 쉰 목소리로 말했다. "옵세르바투아르 거리!"

그는 가로수, 길 가는 사람들, 마주 오는 자동차를 열심히 보고 있었다. 그리고 아무것도 생각하지 않으려고 노력했다. 어떤 미지의 힘이 바로 실천에 옮기도록 명령하고 있지만, 잠시만 깊이 생각할 여유를 갖는다면 자신이 이처럼 부질없는 행동은 하지 않으리라는 것을 잘 알고 있었다. 거기에 가서 무엇을 한다는 건가? 자신도 전혀 알 수 없었다. '스스로를 합리화시키자!' 처음부터 끝까지 잘못되었다고 여겼던 자신에게서 탈피하자! 그녀에게 그것을 설명하고 이번만은 결말을, 결말을 내야 한다!

그는 뤽상부르 공원 철책 앞에서 차를 세웠다. 그리고 거의 뛰다시피 걸어갔다. 전에 여러 번 올 때마다 멀리서 물끄러미 바라보던 그 발코니, 그 창문을 보지 않으려고 애썼다. 집 안으로 뛰어들어가 수위실 앞을 쏜살같이 지나갔다. 수위 아주머니가 제니에게서 미리 무슨 부탁을 받지나 않았을까 두려웠기 때문이다.

아무것도 변한 것이 없었다. 다니엘과 수다를 떨면서 자주 올라가곤 했던 계단…… 그 무렵 다니엘은 반바지 차림으로 옆구리에 책을 끼고 있었다. 마르세유에서 돌아오던 날 밤에 처음으로 퐁타냉 부인이 모습을 나타냈던 층계참. 그때 부인은 그 위에서 두 도망자 쪽으로 몸을 굽히며 준엄한 미소를 보냈을 뿐 꾸짖지도 않았었다……. 변한 것이 없었다. 아무것도. 까마득한 기억 속에서 울려 퍼지는 아파트의 벨 소리까지도…….

이제 곧 제니가 나타날 것이다. 무슨 말을 해야 할까?

그는 불끈 쥔 주먹을 허리에 얹고 윗몸을 비스듬히 한 채 귀를 기울였다. 그러나 문 너머에서는 아무런 소리도 들려오지 않았다. 발소리조차도……. 무엇을 하고 있을까?

그는 한동안 기다렸다. 그러다가 조금전보다 멋쩍은 듯이 다시 초인종을 눌렀다.

여전히 조용했다.

그는 급히 아래 수위실까지 뛰어 내려갔다.

"제니, 집에 있지요?"

"안 계셔요……. 아시겠지만 퐁타냉 씨가 그만……."

"알고 있어요. 그리고 제니가 집에 있다는 것도 알고 있어요. 급한 전갈이 있어서……."

"아가씨는 점심식사 뒤에 분명히 왔는데, 다시 나갔어요. 15분은 됐을걸요."

"아!" 자크가 말했다. "다시 나갔단 말입니까?"

얼빠진 사람처럼 그는 노파를 뚫어지게 바라보았다. 그 심정을 어떻게 설명해야 할지 자신도 몰랐을 것이다. 한결 마음이 가벼워졌다고 할까? 크나큰 실망을 맛보았다고 할까?

보지라르 거리의 집회는 5시가 되어야 시작된다. 거기에 갈 수밖에 없나? 지금 그는 그럴 마음도 내키지 않았다. 처음으로 어떤 것—개인적인 어떤 것—이 개인으로서의 자기 자신과 행동대원으로서의 자신 사이에 어렴풋하게나마 끼어들고 있었다. 순간 그는 결심했다. 뇌이로 돌아가자. 제니가 잠시 들릴 곳이 있다면 내가 먼저 도착해서 철책문 앞에서 기다리면 된다. 그러면…… 터무니없고 무모하기 이를 데 없는 계획일지도 모르지……. 하지만 어찌되었건 이렇게 패배감에 사로잡혀 있는 것보다는 낫다!

자크는 우연을 미처 생각하지 못했다. 앞으로 어떻게 해야 할지 망설이며 병원 앞에서 전차를 내렸을 때 누군가가 뒤에서 불렀다.

"자크!"

마침 저쪽 인도에서 전차를 기다리던 다니엘이 그를 보고 어리둥절해 하면서 차도를 건너왔다. "아직 파리에 있었니?"

"어제 돌아왔어." 자크가 더듬거리며 말했다. "형한테서 들어 알고 있어……."

"의식을 회복하지 못한 채 돌아가셨어." 다니엘은 간단히 말했다.

그는 오히려 자크보다 더 쑥스러워하는 것 같았다. 심지어는 난처해 하는 것 같기도 했다. "약속이 있는데 미룰 수가 없어." 다니엘은 낮은 소리로 말했다. "뤼드비그손에게 몇 작품을 팔기로 했거든. 집에 돈이 필요해서 그가 오늘 내 아틀리에로 오기로 되어 있어……. 네가 온다는 것을 알았더라면…… 어쩌지? 같이 가지 않을래? 뤼드비그손이 오기 전까지는 아틀리에에서 조용히 이야기할 수 있을 거야."

"그래." 자크는 모든 계획을 말끔히 단념하였다.

다니엘은 고맙다는 뜻으로 미소를 지었다.

"좀 걷자. 그리고 성터에서 택시를 잡도록 하자."

그들 앞에 펼쳐진 넓은 거리가 햇빛을 받아 빛나고 있었다. 그늘진 인도는 걷기에도 좋았다. 번쩍이는 군모를 쓰고 장식용 깃털을 휘날리며 걷고 있는 다니엘의 모습은 멋지기는 했지만 한편 우스꽝스러워 보이기도 했다. 그가 찬 군도(軍刀)가 발에 부딪혀 박차를 때리면서 내는 소리는 씩씩한 그의 발걸음과 잘 어울렸다. 전쟁이라는 강박관념에 사로잡혀 있는 자크는 친구의 설명을 건성으로 듣고 있었다. 그는 다니엘의 말을 막으며 그의 팔을 잡고 이렇게 외칠 뻔했다. '이봐, 무슨 일이 일어나고 있는지도 모르는군!'

불길한 생각이 그의 머릿속을 스쳐갔다.

그는 갑자기 걸음을 멈추었다. 만일 인터내셔널의 저항이 평화를 지키지 못한다면, 로렌 국경 지대에 전위로 있는 이 훌륭한 용기병 (龍騎兵 : 16~17세기 이래 유럽에 있었던 기마병. 갑옷을 입고, 용 모양의 개 머리판이 있는 총을 들었음)은 아마 전쟁이 시작되는 첫날에 목숨을 잃게 될 것이다…….
그는 가슴이 찢어지는 듯했다. 그래서 하려던 말도 못하고 말았다.

다니엘이 이야기를 계속했다.

"뤼드비그손은 '5시쯤'이라고 말했어. 그러나 그가 오기 전에 작품을 골라 놓아야겠어……. 너도 알겠지만 어떻게 해서든지 헤쳐 나가야 해. 아버지는 빚만 남겨 놓았어."

그는 야릇하게 웃었다. 그 웃음, 그의 수다스러움, 떨리는 듯하면서도 이상야릇한 그 목소리—이 모든 것이 평소 그에게서 찾아볼 수 없던 신경과민 증세를 나타냈다. 오늘 오후에 여러 가지 일이 겹쳐 버렸기 때문이었다. 자크를 다시 만나게 된 놀라움, 예전에 이야기를 주고받던 분위기를 되찾고 싶은 생각, 속내를 마음껏 털어놓음으로써 침묵을 지키고 있는 상대의 신뢰를 회복하고 싶은 욕망, 또한 나흘 동안 아버지의 죽음을 기다리며 유폐된 날들을 보낸 뒤에 이렇게 밖에 나오게 된 즐거움, 오늘같이 맑게 개인 날씨가 가져다주는 황홀감, 그리고 이렇게 둘만이 걷고 있다는 사실 때문이었다.

자크는 자기 명의로 된 재산이 방치되어 있다는 것을 까맣게 잊고 있었기에, 자기가 친구를 도와줄 수 있다는 생각은 전혀 하지 못했다. 더구나 다니엘도 그런 생각을 하지 못했다. 그렇지 않았다면 그런 궁상스런 말은 하지 않았을 것이다.

"빚이…… 게다가 가문의 치욕이야." 다니엘은 침울하게 말을 계속했다. "아버지는 우리의 생활을 완전히 망쳐 놓았어! 오늘 아침에 영국에서 아버지 앞으로 온 편지를 보았어. 아버지가 돈을 주기로 약속했던 여자였지. 아버지는 런던과 빈을 왔다 갔다 하면서 마치 침대차 보이처럼 양쪽 종점에 살림을 차려 놓고 있었던 거야……. 어떻게 그럴 수가 있지!" 그는 격렬한 말투로 덧붙였다. "아버지의 그런 무분별한 행동은 그렇다 치겠어! 가증스러운 것은 그 밖의 모든 행실이야."

자크는 애매하게 고개를 끄덕였다.

"이런 것까지 말하면 놀라겠지?" 하며 다니엘은 말을 계속했다. "나는 아버지를 몹시 원망해. 물론 여자 문제 때문은 아니야. 그래! 그 문제라면 오히려 그 반대라고 말할 수 있어……. 이상하지? 아버지는 나한테 무엇 하나 털어놓고 이야기하거나 또 마음을 주고받지도 못하고 돌아가셨어. 그러나 만일 아버지와 나 사이에 마음이 통하는 것이 있었다면 그것은 오로지 이 두 가지 문제에 관해서였을 거야. 여자, 연애……. 어쩌면 내가 아버지와 닮았기 때문이겠지." 그는 침통한 목소리로 말했다. "아주 닮았어. 욕정에 맞설 줄 모르고 뉘우칠 줄도 몰라." 그는 머뭇거리다 말을 이었다. "너는 그렇지 않지?"

자크도 4년 전부터 다소 그런 '욕정'에 굴복했었다. 그러나 언제나 뉘우쳤다. 자신도 모르게 그늘진 양심의 어느 구석에는 전에 다니엘과 논쟁할 때 자주 말했던 '순수'와 '불순'을 순진하게나마 구별하는 면이 남아 있었다.

"응." 그가 대답했다. "나는 그런 용기…… 있는 그대로의 자신을 받아들이는 용기를 가져본 적이 없었어."

"그게 용기일까? 연약함일지도 모르지……. 아니면 자만이거나…… 뭐라고 불러도 좋아……. 내 생각에는 나 같은 기질을 가진 사람에게 이런저런 욕망을 추구한다는 것은 그야말로 정당하고 필수적인 생활방식이야. 특유한 생활리듬이라고 할 수도 있지. 굴러들어 오는 떡은 절대 거절하는 법이 없어!" 그는 마음속으로 어떤 맹세를 되풀이하듯이 격렬한 투로 말했다.

'운 좋게도 저 애는 잘생겼어.' 자크는 군모의 챙 밑으로 뚜렷하게 드러나면서 남자답고 의지가 강한 다니엘의 옆모습을 슬며시 바라보았다. '욕망에 관해 이토록 자신 있게 말할 수 있으려면 '이성을 끄는 매력'이 틀림없이 있을 거야. 그리고 스스로도 언제나 그런 욕망을 자극하겠지……. 어쩌면 나와는 다른 경험을 갖고 있을지도 몰라…….' 자크는 프룄링 할멈의 조카이며 알자스 태생의 감상적인 금발 소녀였던 리스벳의 품안에서 처음으로 사랑을 겪었던 일을 떠올렸다. 다니엘은 그보다 더 어렸을 때 마르세유에서 하룻밤을 묵게 해 주었던 창녀의 침대 속에서 이미 쾌락에 눈떴었다. 이렇게 다른 두 사람의 첫 경험이 그들의 운명을 영원히 정해 버렸단 말인가? '인간은 정말로 그의 첫 경험에 의해 '방향이 결정'되는 것일까?' 자크는 자문해 보았다. '아니면 그와 반대로 그 첫 경험도 그가 일생 동안 따라야 할 숨은 법칙에 지배받은 것일까? 그리고 인간은 평생 그 법칙에 지배받는 것일까?'

다니엘은 자크의 생각을 완전히 꿰뚫어 보기나 한 것처럼 큰 소리로 외쳤다.

"우리는 이런 문제를 복잡하게 생각하는 나쁜 버릇이 있어. 사랑? 그것은 건강에 속하는 문제야. 육체적인 동시에 정신적인 건강에 속하는 문제지. 나는 이아고 (셰익스피어의 《오셀로》에 나오는 인물)의 정의를 전적으로 받아들여. 기억나? It is merely a lust of the blood and a permission of the will……. 그래, 사랑이란 그런 거야. 정액의 방사일 뿐 아무것도 아니라고 생각해야 돼. 이아고는 정말 멋진 말을 했어. '뜻이 맞고 피가 끓는 것…….'"

"영어 텍스트를 인용하는 버릇은 여전하군" 하고 자크가 웃으며 빈정댔다. 지금 자크는 사랑에 대해 논쟁하고 싶은 생각이 전혀 없었다……. 시계를 보았다. 〈위마니테〉사에는 통신사의 전보가 4시 반이나 5시 이전에는 전달되지 않는다…….

다니엘은 자크의 태도를 눈치챘다.

"아직 여유가 있어." 그가 말했다. "우리집에 가면 더 자유롭게 이야기할 수 있을 거야." 그리고 그는 택시를 불러 세웠다.

다니엘은 차 안에서 이야기를 멈추지 않으려고 자신에 관해, 뤼네빌과 낭시에서의 여성 편력에 관해 계속 떠들어 댔다. 그러면서 일시적이었던 그런 행각을 자랑삼아 이야기했다.

"왜 나를 뚫어지게 보고 있는 거야……?" 그는 갑자기 쑥스러워하면서 물었다. "나만 떠들고 있군……. 도대체 무얼 생각하고 있는 거야?"

자크는 자신도 모르게 움찔했다. 그는 언제나 자기 머리를 떠나지 않았던 몇 가지 의문점을 이번만은 다니엘에게 물어야겠다고 생각했다. 그러나 이번에도 그만두고 말았다.

"무얼 생각하느냐고? ……뭐…… 이런저런 일 모두 다!"

그 뒤 침묵이 계속되는 동안 그들은 각자 지금까지 마음에 지니고 있던 상대의 모습이 과연 현실의 모습과 일치하는지를 무거운 마음으로 자문하였다.

"센 거리로 가주세요" 다니엘은 운전사에게 큰소리로 말했다. 그러고는 자크 쪽을 보면서 물었다. "맞다, 너 아직 내 아틀리에에 못 가봤지?"

그 아틀리에는 다니엘이 입대하기 전해에 빌린 것으로서(집세는 뤼드비그손이 다니엘에게 그들의 미술잡지 문헌을 그곳에다 보관해 달라는 그럴듯한 구실을 내세워 지불해 주고 있었다) 바닥에 돌이 깔린 마당 구석의 높은 창이 있는 옛날 건물 꼭대기에 있었다.

돌계단은 어둡고, 군데군데 패인 곳이 있는가 하면 냄새가 나고 낡은 것이었다. 그러나 폭이 넓고 공들여 다듬은 철 난간으로 꾸며져 있었다. 감옥에서나 볼 수 있는 작은 창이 나 있는 아틀리에의 문을 다니엘은 수위에게서 받아온 묵직한 열쇠로 열었다.

자크는 다니엘을 따라 넓은 다락방으로 들어갔다. 천장은 먼지투성이였지만 유리로 된 큰 지붕이 있어서 환하게 빛이 들어오고 있었다. 다니엘이 바삐 움직이는 동안 자크는 호기심에 차서 방 안을 둘러보았다. 아틀리에의 벽은 색조의 변화가 전혀 없는 베이지색으로 되어 있었다. 구석의 벽을 뚫어 만든 중이층 같은 작은 방 두 개가 있었는데, 커튼으로 반쯤 가려져 있었다. 그 가운데 흰색으로 칠해진 방은 화장실로 개조되어 있었다. 엷은 붉은색 벽지로 꾸며져 있고 낮은 침대가 방을 온통 차지하고 있는 또 하나의 방은 알코브(벽을 움폭하게 만들어
서 침대를 들여놓은 곳)로 쓰이고 있었다. 구석에 제도용 책상이 있고, 그 위에는 책, 화집, 산더미 같은 잡지가 쌓여 있었다. 그리고 위에는 초록색 전등갓이 드리워져 있었다. 덮여 있던 커버들을 다니엘이 서둘러 벗기자 아래에 작은 바퀴가 달린 여러 개의 캔버스와 갖가지 모양의 의자 몇 개가 쌓여 있는 모습이 보였다. 벽에 붙여 놓은 하얗게 칠한 나무상자 안에는 몇 개의 틀과 판지가 들어 있었는데 가지런히 놓인 일부분만 보였다.

다니엘은 낡아 빠진 가죽을 씌운 안락의자를 자크가 서 있는 곳까지 밀고 왔다.

"앉아……. 손 씻고 올게."

자크는 용수철이 삐걱거리는 의자에 앉았다. 그는 창으로 눈을 들어 뜨거운 햇살을 받고 있는 집들의 지붕 풍경을 바라보았다. 아카데미의 둥근 지붕, 생제르맹 데 프레 성당의 뾰족한 탑, 생 쉴피스 성당의 탑 등이 뚜렷이 보였다.

화장실 쪽으로 몸을 돌렸을 때 커튼 사이로 다니엘의 모습이 보였다. 다니엘은 군복을 푸르스름한 파자마 윗도리로 갈아입었다. 그는 거울 앞에 앉아 수줍은 미소를 띠면서 손바닥으로 머리를 매만지고 있었다. 자크는 마치 무슨 비밀이라도 발견한 듯이 놀랐다. 다니엘은 정말 미남이었다. 그러나 그는 그런 사실을 별로 의식하고 있는 것 같지 않았다. 메달 속의 프로필을 떠올리게 하는 그 얼굴은 소박하고 발랄해 보였다. 자크는 이처럼 즐거운 듯이 거울 앞에 느긋이 앉아 있는 다니엘을 일찍이 머릿속에 그려 본 적이 없었다. 다니엘이 방에 돌아왔을 때 자크는 갑자기 끓어오르는 감동으로 제니와의 일을 생각했다. 오빠와 동생은 조금도 닮은 데가 없었다. 그러나 둘 다 아버지에게서 균형 잡힌 몸매와, 똑같이 훤칠한 유연함을 물려받아서 그들의 거동을 볼 때 혈연관계임을 부정할 수 없었다.

자크는 얼른 의자에서 일어나 틀이 들어 있는 상자 쪽으로 걸어갔다.

"그건 글러 먹었어" 하고 다니엘이 다가서며 말했다. "모두 오래된 작품이야. 1911년쯤의 것……. 그해에 그린 것들은 모두 다른 작품을 베낀 것에 불과해……. 휘슬러(19세기 미국의 화가이자 비평가. 런던에 살면서 런던 화단에서 활약)가 번 존스(19세기 영국의 화가. 라파엘 전위파에 속함)에 대해서 한 신랄한 이 말을 알고 있지? '이 작품은 매우 훌륭한 듯한 작품과 비슷하다…….' 그것보다는 이쪽 것을 봐 줘" 하면서 그는 거의 전부가 같은 나체를 그린 몇 장의 유화를 끌어냈다. "모두 입대 직전의 작품이야. 이런 습작으로 나는 확실히 알게 됐어……."

자크는 다니엘이 하던 말을 끝마치지 않았다는 것을 알았다.

"알게 됐다니, 뭘?"

"이것 말이야……. 이 등, 이 어깨말이야……. 이 어깨나 등처럼 견고한 것을 선택하는 것이 무엇보다도 중요해. 그리고 진실을 어렴풋하게나마 깨닫게 될 때까지 계속 매달리는 거지……. 탄탄하고 영원한 것으로부터 창출되는 소박한 이 진실 말이야. 어느 정도 꾸준히 노력하고 깊이 연구하면 결국 비밀을 포착하게 마련이야. 모든 것의 실마리…… 우주를 여는 어떤 열쇠 같은 것 말이야……. 그래서 이 어깨라든가 이 등이……."

이 어깨, 이 등…… 자크는 마음속으로 유럽의 앞날과 전쟁을 생각하고 있었다.

"내가 배운 것은 모두가" 하며 다니엘이 말을 이었다. "언제나 같은 모델을 두고 끈질기게 연구한 데서 나왔어……. 바꿀 필요가 어디 있어? 같은 출발점으로 끊임없이 되돌아가려고 고집할 때 자신으로부터 얻어지는 것이 더 많은 법이야. 다시 말하면 매번 다시 시작하면서 같은 방향으로 더 멀리 가겠다는 마음가짐으로 말이야……. 내가 작가였다면 새로운 작품마다 등장인물을 바꾸지 않고 무한히 같은 인물에 매달려서 그것을 깊이 파고들 거야

……."

자크는 적개심을 느끼며 입을 다물고 있었다. 그런 미학상의 문제라는 것이 그가 볼 때는 얼마나 인위적이고 무익하며 시대에 역행하는 것인지 모른다! 그는 다니엘 같은 생활이 무슨 목적을 지니고 있는지 이해할 수 없었다. 그는 자문해 보았다. '제네바에 있는 동료들이 그를 어떻게 생각할까?' 다니엘과 같은 친구를 두었다는 것이 부끄럽게 여겨졌다.

다니엘은 한 장 한 장 캔버스를 들어 그것을 환한 쪽으로 돌려 눈을 가늘게 뜨고 한 번 슬쩍 본 뒤에 제자리에 가져다 놓았다. 그는 이따금 그 가운데 하나를 골라 들면서 그것을 가까운 캔버스 밑에 따로 놓곤 했다. "뤼드비그손을 위해 그린 거야." 다니엘은 어깨를 으쓱해 보이면서 입속으로 중얼거렸다. "결국 재능이라는 것은 별것 아닌 거야—물론 그게 없어도 곤란하지! ……중요한 것은 노력이야. 노력 없는 재능 같은 것은 불꽃에 불과해. 잠깐 반짝하기는 하지. 그러나 남는 것은 아무것도 없어." 그는 아쉬운 듯 틀을 차례로 3장을 꺼냈다. 그리고 한숨지었다. "'그자들에게' 아무것도 팔지 않을 수 있다면……. 절대로. 그리고 일생동안 노력, 노력만 하는 거야."

다니엘을 계속 지켜보던 자크가 물었다.

"너는 언제나 그렇게 너의 예술에 심취해 있니?" 그 말투에는 의아해하면서 경멸이 약간 깃들어 있었다. 다니엘도 그것을 눈치챘다.

"그렇다고 달리 어떻게 할 수도 없잖아?" 하고 그는 타협적인 투로 말했다. "누구나 행동에 재능이 있는 것은 아니야."

신중을 기하기 위해 다니엘은 자신의 진정한 생각을 털어놓지 않았다. 세상에는 인류에게 혜택을 주는 여러 가지 복지를 위해 행동하는 사람이 너무나 많다고 그는 생각했다. 그리고 자기나 자크처럼 다행스럽게도 자신들의 재능을 연마하여 예술가가 될 수 있는 사람들은 별다른 영역을 갖지 못한 사람들에게 인류 공동체의 이익을 위해 행동이라는 영역을 확보해야 한다고 생각하고 있었다. 이런 그의 견해로 보면 자크는 타고난 사명을 틀림없이 배신한 것이다. 그리고 과묵하고 초조해 하는 어린시절의 친구인 자크의 태도를 보고 그는 자신의 판단이 틀리지 않았다고 생각했다. 그러한 태도야말로 숨은 불만의 표시이며 자신의 운명을 달성하지 못한 것을 막연하게나마 의식한 나머지 겉으로는 용감한 체하고 남을 우습게 보지만, 실은 마음속의 소외감을 거만하게 숨기고 있는 사람들의 회한 같은 것이라고 생각했다.

자크의 표정은 굳어 있었다. "이봐, 다니엘" 하고 그는 고개를 숙이며 말했다—이로 인해 목소리도 짓눌린 것처럼 들렸다—"너는 네 작품 속에 파묻혀 살고 있어. 마치 인간에 대해서 아무것도 모르는 것처럼……."

다니엘은 손에 쥐고 있던 한 장의 습작을 내려놓았다.

"인간에 대해?"

"인간은 불행한 동물이야" 하며 자크는 말을 계속했다. "학대받고 있는 동물이야…… 그런 고통에서 눈을 돌릴 수만 있다면 아마 너처럼 살아갈 수 있을지도 몰라. 그러나 일단 모든 인간이 겪는 역경을 접해 본 일이 있으면 예술가로서의 생활 같은 것, 그래, 그런 것은 절대로 할 수 없게 돼……. 알겠어?"

"알겠어" 하고 다니엘은 천천히 대답했다. 그리고 큰 유리벽으로 걸어가서 얼마동안 지붕 너머로 보이는 지평선을 바라보았다. '그래' 하고 그는 생각했다. '자크가 한 말은 확실히 옳다……. 역경…… 그러나 그것이 어떻다는 건가? 모든 것이 절망적인데……. 모든 게 그렇지. 바로 예술만 빼놓고!' 그는 자기가 일생을 맡길 수 있는 멋진 은신처에 그 어느 때보다도 더 애착을 느끼고 있음을 알았다. '이 세상의 죄와 불행을 왜 내가 짊어진단 말인가? 그럴 경우 나의 창의력은 마비될 것이며, 나의 재능은 질식하고 말텐데. 그렇게 되면 아무에게도 이익되는 것이 없게 돼. 나는 사도(使徒)가 되기 위해 이 세상에 태어난 것은 아니다……. 또—내가 아주 괴짜라고 해두자—그렇더라도 '행복하다'는 굳은 의지를 가지고 살아왔어!' 그건 사실이었다. 그는 어릴 때부터 모든 것을 무릅쓰고 자신의 행복을 지키려고 노력해 왔으며, 그것이야말로 자기 자신에 대한 의무 가운데 가장 중요한 것이라고 생각했다. 이런 마음가짐이란 순박하다고 할 수도 있지만 그에게는 지극히 타당한 것이었다. 더구나 이것은 어려운 의무였으며 부단한 주의를 요했다. 조금이라도 기분 내키는 대로 하다가는 즉시 불행이 닥쳐오게 마련이니까……. 그의 행복의 첫 조건은 우선 자신의 독립성이었다. 그래서 그는 자신의 자유를 희생시킬 각오가 되어 있지 않다면 어떤 집단적인 목적에 참여해서는 안 된다는 것을 잘 알고 있었다……. 그렇다고 자신의 그런 생각을 자크에게 털어놓을 수는 없었다. 그는 잠자코 있을 수밖에 없었으며, 친구의 눈길 속에서 읽은 경멸적인 폭언을 감수하는 도리밖에 없었다.

다니엘은 몸을 돌렸다. 그러고는 자크 쪽으로 다가가 의아한 눈초리로 잠시 자크를 바라보았다.

"너는 행복하다고 말하지만 그렇지 않은 것 같아." 다니엘이 마침내 말했다(그러나 자크는 그런 말을 한 적이 없었다). "오히려 너는 아주…… 슬프고…… 번민에 차 있는 사람처럼 보여!"

자크는 다시 일어섰다. 이번만은 한 마디해야만 했다! 별안간 오랫동안 미루어 오던 결심이라도 한 것 같았다. 자크의 표정이 어찌나 침통했던지 다니엘은 어리둥절해하며 그를 바라보았다.

마침 그때 요란한 벨 소리가 울려 그들을 소스라치게 했다.

"뤼드비그손이야" 하고 다니엘이 말했다.

'잘됐구나' 하고 자크는 생각했다. '말해 보았자 뭐해?'

"오래 걸리지 않아. 기다려!" 하고 다니엘이 낮은 소리로 말했다. "나중에 내가 바래다 줄게……."

자크는 고개를 흔들며 거절의 뜻을 표시했다.

다니엘은 간청했다.

"이대로 가 버리는 것은 아니겠지?"

"가야 해."

그의 얼굴에서는 아무런 표정도 읽을 수 없었다. 다니엘은 순간 실망스런 표정을 지으며 그를 바라보았다. 아무리 호소해 보아야 소용이 없다는 것을 알고 실망한 몸짓을 했다. 그리고 문을 열러 뛰어갔다.

뤼드비그손은 크림색의 튀소르^(작잠견)로 된, 몸에 잘 맞는 코트다쥐르^(지중해 연안의 피서지)식 양복을 입고 있었는데, 거기에 달린 장미꽃 모양의 장식이 눈길을 끌었다. 희끄무레하고 무른 반죽으로 빚어 낸 것 같은 큰 머리가 두 겹으로 접힌 목 위에 얹혀 있었는데, 낮은 칼라를 하고 있어서 지극히 편해 보였다. 두개골은 뾰족하고 눈언저리는 약간 주름이 잡혀 있었으며, 광대뼈는 평평했다. 아랫입술이 두툼하고 옆으로 길게 뻗은 그의 입은 올가미를 연상케 했다.

그는 분명히 다니엘과 단둘이서 가격을 흥정하려고 했었다. 그런데 그 자리에 제삼자가 있는 것을 보고 약간 놀라는 기색이었다. 하지만 그는 상냥하게 자크 쪽으로 걸어왔다. 한 번밖에 본 일이 없을 텐데도 그는 대변에 자크를 알아보았다.

"반갑습니다" 하고 그는 r음을 혀 끝으로 굴리면서 말했다. ^(charr'mé하고 발음을 굴렸다는 뜻) "4년 전에 러시아 무용을 보러 갔을 때 막간에 이야기를 나눈 적이 있습니다. 그렇죠? 당신은 그때 고등사범학교 시험 준비를 하고 계셨지요?"

"그랬습니다" 하고 자크가 말했다. "대단한 기억력을 갖고 계시는군요."

"물론이지요" 하고 뤼드비그손은 말했다. 그는 두툼한 눈꺼풀을 내려뜨면서 자크의 찬사에 신이 나서 맞장구라도 치듯 다니엘 쪽을 돌아보았다. "지금 여기 당신 친구인 티보 씨가 옛날 그리스에서는—확실히 테베라고 생각되는데—법관이 되려는 사람은 적어도 10년 동안은 장사를 해 본 일이 없는 사람이어야 했다는 이야기를 해 주셨죠…… 이상하지요? 나는 그것을 잊은 적이 없어요……. 그날 저녁에 당신은 또 이런 것도 가르쳐 주셨어요" 하며 이번에는 자크 쪽을 보면서 말을 이었다. "프랑스에서는 앙시앵 레짐 ^(프랑스혁명 이전의 프랑스 정치 체제) 시대에 귀족 칭호를 받으려는 사람은 적어도 20년 동안—뭐라고 그랬던가요? —귀족 신분을 가지고 있지 않으면 안 된다고 하셨지요. 안 그래요?" 그는 정중하게 고개를 숙이면서 말을 맺었다. "하여간 교양 있는 분들하고 이야기하는 것은 한없이 즐거운 일이지요……."

자크는 미소를 지었다. 그리고 급히 떠나려고 뤼드비그손에게 인사했다. "그럼" 하고 다니엘은 문간까지 자크 뒤를 따라가면서 중얼거렸다. "정말 기다려 줄 수 없다는 거야?"

"안 돼. 벌써 늦었어……."

그는 다니엘의 눈길을 피했다. 또다시 끔찍한 공상이 그의 가슴을 죄는 듯했다. 최전선에 있는 다니엘…….

뤼드비그손을 의식한 둘은 기계적으로 악수를 했다.

자크는 직접 가서 무거운 문을 열고는 "안녕" 하고 인사를 한 다음 어두운 계단을 뛰어 내려갔다.

인도에 우두커니 서서 그는 숨을 들이마시면서 시계를 보았다. 보지라르 거리의 집회는 이미 오래전에 끝났다.

시장기가 느껴졌다. 그는 빵집에 들어가 크루아상 2개와 초콜릿 1개를 사 가지고 증권거래소 쪽을 향해 걸어갔다.

32. 7월 24일 금요일—저녁 무렵, 자크 〈위마니테〉사(社)로 나서다. 비관적 상황

7월 24일 금요일 저녁, 〈위마니테〉에 있는 갈로와 스테파니의 사무실에서 있었던 이야기는 비관적이었다. 보스를 만난 사람들은 모두가 불안한 모습을 하고 있었다. 증권거래소에서는 갑작스런 공황 때문에 3퍼센트 이윤의 국채가 80프랑이나 떨어졌으며 한때는 78프랑까지 내려갔다. 1871년($\binom{프러시아-프랑스\ 전쟁}{에서\ 프랑스가\ 패한\ 해}$) 이래 국채의 가격이 이토록 내려간 적은 한 번도 없었다. 그리고 독일 쪽의 전문가에 따르면 베를린 거래소에서도 이와 나란한 공황이 있었다.

조레스는 오후에 또다시 외무성에 갔으나 몹시 걱정스러운 모습으로 되돌아왔다. 그는 아무도 만나지 않고 사무실에 틀어박혀 일을 하고 있었다. 다음날 실릴 논설은 이미 준비되어 있었다. 현재로서는 그 제목만을 알고 있으나 그것만으로도 그동안의 일을 충분히 말해 주고 있었다. '평화를 위한 최후의 기회.' 그는 스테파니에게 말했다. "오스트리아의 각서는 지극히 강경해. 오스트리아 정부는 공격을 급히 서둘러서 열강의 온갖 예방책을 불가능하게 만들려는 생각이야……."

모든 것이 유럽에서 최악의 혼란을 야기시키기 위해 악랄하게 획책된 것 같았다. 프랑스 정부의 수뇌들은 31일까지 돌아오지 않았다. 그들은 러시아에서 스웨덴으로 향하는 배 안에서 이 정보를 접했을 것이 틀림없으며 프랑스의 다른 각료나 연합국 정부들과 쉽사리 협의할 수 없었다(베르히톨트는 프랑스 대통령이 출발한 뒤에야 러시아가 그 각서를 알도록 꾸며 놓았다. 그것은 아마 푸앵카레가 조정을 권할 우려가 있으므로 그렇게 한 것이 틀림없었다). 카이저도 아직 바다 위에 있었다. 따라서 멀리 떨어져 있으므로 설령 하려고 해도 프란츠 요제프에게 즉각적으로 태도완화를 권고할 수가 없었다. 한편 러시아에서 절정에 달해 있던 파업은 러시아 지도층의 행동의 자유를 마비시켰다. 마찬가지로 아일랜드 내란도 영국의 행동을 마비시켰다. 그런가 하면 세르비아 정부도 최근 며칠동안 선거 때문에 법석을 떨었다. 대부분의 각료들은 그들의 유세를 위해 지방에 가 있었다. 오스트리아의 각서가 건네졌을 때 수상 파시치까지도 베오그라드에 없었다.

각서에 대해서는 확실한 것이 밝혀지지 않았다. 어제 세르비아 정부에 제출된 텍스트는 오늘 열강에 전달되었다. 오스트리아가 여러 차례 선전했던 타협적 태도의 보장에도 불구하고(베르히톨트는 러시아—프랑스 두 나라 대사에게 확언하기를 몇 가지 요구는 '지극히 수락할 만하다'고 했다) 각서는 분명히 최후통첩의 성격을 띠고 있었다. 오스트리아 정부는 그들이 내세우는 조건 전부를 받아들일 것을 요구하고 있었으며, 기한부로 회답을 요구하고 있었다—그것도 48시간이라는 믿을 수 없을 정도의 짧은 기한부였다! — 여기에는 다른 열강이 세르비아를 위해 중재하려는 것을 방해하려는 의도가 다분히 있었다. 오스메르가 보낸 빈의 한 사회주의자가 오스트리아 외무성에서 알아낸 비밀정보를 조레스에게 가져왔는데, 그것은 지금까지의 걱정이 정당한 것이었음을 입증해 주고 있었다. 베오그라드 주재 오스트리아대사 기슬 남작은 각서를 전달하라는 명령과 함께 다음날 토요일 오후 6시까지 세르비아 정부가 이의 없이 오스트리아의 요구를 받아들이지 않을 경우 외교관계를 끊고 곧 세르비아를 떠나라는 확실한 명령을 받은 것이 틀림없었다. 그런 명령으로 보아 최후통첩이 고의적으로 모욕적이고 받아들이기 힘든 형식으로 쓰였고, 오스트리아가 곧 선전포고를 할 수 있게 꾸며진 것임을 충분히 알 수 있었다. 다른 몇 개의 정보도 모두 그 이상의 비관적 가정을 나타내는 것들이었다. 참모총장 회첸도르프는 전보를 받자마자 티롤에서 휴가를 멈추고 급히 빈으로 돌아왔다. 베르히테스가덴에서 휴양하고 있던 프랑스 주재 독일대사인 폰 쉔 씨도 갑자기 파리로 돌아왔다. 베르히톨트 백작은 이슐에서 황제와 만난 뒤에 일부러 잘츠부르크로 돌아가서 거기서 독일 재무장관 베트만 홀베크와 만났다.

이처럼 모든 것이 교묘하게 꾸며진 광범위한 음모 같은 인상을 주고도 남았다. 그런데 이에 대한 독일의 역할은 어떠했는가? 친독파들은 잘못을 러시아에 전가시키면서 독일이 범슬라브주의라는 불안한 계획을 갑자기 알게 되었다는 사실과 러시아에서 이미 대대적인 군비를 갖추었다는 사실을 들어 독일의 태도를 변명하고 나섰다. 베를린에서는 정부관계자들이 의논이나 한 듯이 독일 지도자들이 그날까지 오스트리아의 요구를 몰랐고, 그것이 열강에게 통첩되고 나서 처음으로 알게 된 거라고 주장하고 나섰다. 외무장관 야고브도 영국 대사에게 확실히 그렇게 말했다는 것이다. 그러나 각서의 사본은 적어도 이틀 전에 독일에 전달된 것 같았다.

이런 사실로 미루어 독일이 확실히 오스트리아를 지지하고 전쟁을 원하고 있다고 결론지을 수 있을까? 그날 저녁 무렵에 스테파니의 방에서 자크가 만났던, 독일에서 방금 온 트라우텐바하는 너무나 단순한 그런 방식의 추정에 대해서 반대 의견을 내세웠다. 그에 따르면, 베를린 군부에서 아직 러시아가 전쟁 준비가 되어 있지 않다고 믿고 있는 것으로 미루어 보아 독일의 태도는 이해할 수 있다는 것이다. 만일 독일 군부의 계산이 틀림없고, 러시아가 별수없이 수동적인 태도를 취하여 전면전이 될 위험이 전혀 없다면 게르만 제국은 어떤 일이라도 해낼 수 있으며, 그렇게 되면 게르만 제국에 분명한 승산이 있다는 것이다. 모든 문제는 힘으로 빨리 일을 진행시키는 데에 있었다. 오스트리아군의 삼국협상국^(1914년 영국—프랑스)_{—러시아의 삼국협상)} 쪽에서 중재나 협의를 들고 나오기 전에 베오그라드에 진주하는 것이 필요했다. 그때 독일이 개입한다는 것이다. 독일은 모든 묵계나 사전모의에 대해서는 모르는 척하면서 분쟁을 국부적으로 처리하기 위해, 그리고 독일이 주도권을 잡고 분쟁을 해결하기 위해 중재를 맡고 나올 것이다. 유럽은 평화를 확보하려는 일념에서 독일의 중재를 기꺼이 받아들일 것이 틀림없었다. 그리고 별다른 토론도 없이 세르비아의 이해관계를 희생시킬 것이다. 이렇게 해서 독일 덕분에 다시 안정이 회복되고, 일은 결국 게르만계 제국에 유리하도록 귀착될 것이다. 오스트리아—헝가리 제국은 이것으로 영원히 그 기반이 굳게 다져질 것이며, 삼국동맹^(독일—오스트리아)_{—이탈리아의 동맹)}은 전례없는 외교적 승리를 기록하게 될 것이다. 독일의 비밀 계획에 관한 이러한 추정은 베를린 주재 이탈리아 대사관을 중심으로 수집된 몇 가지 정보에 따라 확인된 것이었다.

스테파니가 보스에게 불려가자 자크는 트라우텐바하를 데리고 '프로그레'로 갔다.

작은 방 안은 온통 야단법석이었다. 석간신문들이나 〈위마니테〉사의 편집부에서 보내 온 여러 기사를 보면 갑론을박의 서로 모순된 논평을 보여 주고 있었다.

9시쯤 되어서 낙관적인 공기가 감돌았다. 파제스는 지금 막 보스를 잠시 만나고 오는 길이었는데, 그가 보기에 보스도 걱정하는 기색이 많이 누그러졌다고 했다. 조레스는 이런 말을 했다고 한다. '불행도 무엇인가에는 도움이 되지…… . 오스트리아의 태도는 유럽을 반드시 각성하게 할 거야.' 다른 한편으로 계속 들어오는 전문은 인터내셔널의 활동에 관해 여러 가지 정보를 제공해 주고 있었다. 벨기에, 이탈리아, 독일, 오스트리아, 영국, 러시아의 당 본부는 프랑스의 당 본부와 끊임없이 연락을 취하면서 대대적인 시위 준비를 서두르고 있었다. 때마침 독일 당 본부에서 보내 온 희망적 보고에 따르면 베트만이나 야고브는 말할 것도 없고, 카이저마저도 전쟁에 휘말려 들어가는 것을 받아들이지 않을 것이라고 했다. 따라서 독일에 의한 강력하고도 유효한 중재를 충분히 기대할 수 있다는 것이었다.

러시아에서도 고무적인 정보가 들어왔다. 오스트리아의 각서를 받자마자 차르 주재하에 급히 소집된 각의에서는 오스트리아정부로 하여금 세르비아에 통보한 기한을 늘리도록 긴급 조치를 취하기로 결정했다는 것이다. 문제의 핵심은 건드리지 않고 다만 기한이라는 이차적 문제를 들고 나선 이 교묘한 요구는 오스트리아 정부도 거절할 것 같지 않았다. 기한연장이 비록 2, 3일에 지나지 않더라도, 유럽 외교계가 공동의 행동노선을 위한 의견일치를 보기에는 충분한 시간임에 틀림없었다. 이미 러시아 외무성은 시간을 놓칠세라 페테르부르크 주재 각국 대사와 적절한 회담을 시작했고, 그 결과는 기대할 만한 것으로 여겨졌다. 그와 거의 비슷한 시기에 런던에서 온 전문은 이러한 희망을 뒷받침해 주었다. 외무장관 에드워드 그레이 경은 기한연장에 관한 러시아의 제의를 앞장서서 전적으로 지지했다. 게다가 그는 서둘러 중재 계획을 세워서, 독일, 이탈리아, 프랑스, 영국 등 분쟁과 직접적으로 관계가 없었던 네 강대국을 규합시키려고 했다. 그것은 거절당할 우려가 없는 신중한 제안이었다. 왜냐하면 이 중재석상에는 양쪽 진영에 각각 같은 수의 지지자가 있게 되기 때문이다. 즉 한편에는 오스트리아의 이익을 편드는 입장에 선 독일과 이탈리아, 다른 한편에는 세르비아와 슬라브족의 이익을 대표하는 프랑스와 영국.

그러나 11시를 넘어서자 다시 불길한 조짐에 분위기가 어두워졌다. 먼저 독일이 에드워드 그레이 경의 안을 받아들이기는 했으나 매우 쌀쌀맞은 반응을 보여, 이로 미루어 독일이 다른 열강과 허심탄회하게 중재에 나서겠다는 의사가 없는 것 같다는 소문이 퍼졌다. 게다가 외무성에서 돌아온 마르크 르부아르의 말을 듣고 모두가 불안감을 감추지 못했다. 그의 말에 따르면 오스트리아가 여러 가지 기대를 뒤엎고 기한연장을 요구해 온 러시아의 제의를 냉정히 거절했다고 한다. 그것은 곧 오스트리아의 침략 의사 표출로 볼 수 있는 것이었다.

새벽 1시쯤 대부분의 행동대원들은 떠나버렸지만 자크는 다시 〈위마니테〉 사에 돌아왔다.

현관에서는 갈로가 조레스의 사무실에서 나온 사회당의원 두 사람을 배웅하려는 참이었다. 그들은 걱정스러운 비밀정보를 가져 왔다. 오늘 각국 정부가 독일의 타협적 중재를 기대하고 있던 바로 그때, 파리에 막 귀임한 독일대사 폰 쉔 씨는 케도르세를 방문하여 외무장관 대리 비엥브뉘 마르탱 씨에게 독일정부의 선언문을 읽어 주었다는 것이다. 더구나 이 뜻밖의 문서는 마치 경고와 같은―오히려 협박과 같은 냉담한 문장이었다고 한다. 독일은 그 문서에서 오스트리아의 통첩을 '그 정신이나 형식은 승인한다'라고 아주 오만한 투로 표현하고 있었다. 그리고 유럽 외교계는 여기에 개입할 아무런 이유가 없다는 것을 비치고 있었다. 분쟁은 오스트리아와 세르비아 두 나라 사이에 국한되어야 하고, '어떠한 제삼국'도 논쟁에 개입해서는 안 되며 '그렇지 않을 경우 중대한 결과를 끌어낼 위험이 있다'는 뜻을 천명하고 있었다. 그 뜻은 분명히 '우리는 오스트리아를 지지하기로 결의했다. 만일 러시아가 세르비아를 위해 개입한다면, 우리도 부득이하게 군대를 동원할 수밖에 없을 것이다. 그렇게 되면 자동적으로 동맹관계에 의해 프랑스와 러시아는 삼국동맹을 상대로 전쟁의 위기에 부닥칠지 모른다'는 것을 분명히 나타내고 있었다. 이러한 폰 쉔의 성명은 독일 제국주의의 불길한 미래를 짐작케 하는 편협한 침략 태도, 게다가 협박의 의도까지 갑자기 드러낸 것이라고 할 수 있었다. 그렇다면 반쯤 도전적인 이런 태도에 프랑스는 어떤 반응을 보일까?

갈로와 자크는 현관에 있었다. 자크가 나가려고 할 때 갑자기 한쪽 문이 열렸다. 조레스가 나타났다. 땀에 번쩍거리는 이마, 뒤로 젖혀 쓴 밀짚모자, 둥글게 바라진 어깨, 눈썹 그림자에 가려진 눈. 그는 허리춤에 짧은 팔로 서류가 가득 든 가방을 꼭 껴안고 있었다. 그는 둘을 얼핏 한 번 보더니 그들의 인사에 기계적으로 대답하면서 무거운 발걸음으로 방을 가로질러 자취를 감추었다.

33. 7월 25일 토요일―병원에서 퐁타냉 부인과 다니엘의 마지막 아침

퐁타냉 부인과 다니엘은 관 옆에 놓인 두 의자에서 밤을 새웠다. 제니는 오빠가 억지로 권해 몇 시간 쉬러 가고 없었다.

아침 7시쯤 제니가 그들에게 돌아왔을 때 다니엘은 어머니 곁으로 다가가 부드럽게 어깨를 어루만지고 있었다.

"어머니, 같이 가요……. 우리가 차를 마시고 올 동안 제니가 있을 테니까요."

부드러우면서도 확고한 목소리였다. 퐁타냉 부인은 피곤한 얼굴로 아들 쪽을 돌아보았다. 그녀는 아무리 사양해 보아야 소용없다는 것을 알았다. '그래' 하고 그녀는 생각했다. '이 기회에 오스트리아 여행을 말해 두어야지.' 부인은 관을 한 번 힐끗 보고는 일어섰다. 그리고 순순히 아들의 뒤를 따라 갔다.

아침은 제니가 하룻밤을 지낸 부속 건물에서 들기로 했다. 실내는 정원을 향해 활짝 트여 있었다. 광택이 나는 찻주전자, 유리 그릇에 담긴 버터와 꿀을 보자 퐁타냉 부인은 자신도 모르게 천진스런 미소를 지었다. 하루가 시작되는 상쾌한 아침에 자식들과 함께하는 식사란 그녀에게 언제나 휴식과 기쁨을 가져다주는 시간이었고, 그 덕분에 타고난 낙천적인 성격에 새로운 힘을 얻을 수 있었다.

"그러고 보니 시장했던 것 같구나" 하고 부인은 식탁에 다가가면서 털어놓았다. "얘야, 너는   그녀는 의자에 앉아 자연스레 빵에 버터를 바르기 시작했다. 다니엘은 미소를 띠면서 어머니가 하는 것을 보고 있었다. 불빛이 환한 방 안에서 희고 앙상한 작은 손으로 매일 하던 몸놀림이지만, 이렇게 능숙한 손놀림을 보고 다니엘은 가슴이 뭉클해짐을 느꼈다. 그가 어렸을 때 매일 아침마다 보던 동작이었다.

푸짐한 쟁반을 앞에 놓고 여러 가지 상념에 사로잡힌 퐁타냉 부인은 이렇게 중얼거렸다.

"얘야, 네가 군복무 하는 동안 네 생각을 얼마나 했는지 모른다. 별 탈 없이 잘 지내고 있었니? ……밤에 네가 비에 젖은 옷을 입은 채로 지푸라기 위에서 자지나 않을까 하는 생각이 들 때는 내가 침대에서 자고 있다는 것이 부끄러웠단다. 그래서 잠을 이루지 못하곤 했어."

다니엘은 몸을 굽혀 어머니의 팔 위에 손을 얹었다.

"무슨 말씀이세요, 어머니! 몇 년 동안 군대생활을 하다 보니 전쟁놀이를 하는 것도 오히려 기분전환이 되었어요……." 그는 어머니 쪽으로 몸을 숙여 손목에 차고 있던 금팔찌를 만지작거리며 말을 계속했다. "그리고 어머니도 아시다시피 훈련 중인 하사관은 언제나 민가에서 재워주니까요!"

그는 이 말을 아무 생각 없이 내뱉었지만 민박할 때 우연히 몇 차례 있었던 여자와의 관계가 머리에 떠올랐다. 그리고 순간 자기도 모르게 쑥스러움을 느꼈다. 퐁타냉 부인도 내심 그 기색을 알아차릴 수 있었다. 어머니는 아들에게서 눈을 돌렸다.

잠시 침묵이 흘렀다. 그러다가 그녀는 머뭇거리며 물었다.

"몇 시에 떠나니?"

"오늘밤 8시에요……. 휴가는 자정까지이지만 내일 아침 점호 때까지 가면 돼요."

장례는 1시 반 이전에는 끝나지 않을 것이고, 집에 돌아가자면 2시나 되어야 할 텐데. 그녀는 다니엘과 함께 보낼 오늘 하루가 너무나 짧다는 생각이 들었다……

다니엘도 마치 같은 생각을 하고 있었던 것처럼 이렇게 말했다.

"그런데 오늘 오후 잠깐 나가봐야 해요. 피치 못할 일이라서……."

그 목소리에서 부인은 아들이 뭔가 감추고 있다는 것을 짐작할 수 있었다. 그러나 그 비밀에 관해서는 착각하고 있었다. 얼버무리는 듯하면서도 거침없는 그 말투는 예전에 벽난로 앞에서 저녁 1시간을 같이 보낸 뒤에 일어나면서 "저, 어머니 나 친구들하고 만날 약속이 있어요"라고 말하던 때와 똑같았기 때문이다.

다니엘도 어머니가 의심하고 있다는 것을 어렴풋이 눈치챘다. 그래서 곧 그것을 떨쳐 버려야겠다고 생각했다.

"수표 받을 것이 있어서…… 뤼드비그손의 수표요."

정말이었다. 그는 파리를 떠나기 전에 그 돈을 어머니에게 드리고 싶었던 것이다.

부인은 그 말을 못 들은 척했다. 언제나 그렇게 하듯이 찻잔을 내려놓지 않고 두 눈에 홍차의 더운 김을 받으면서 뜨거운 차를 한 모금씩 소리없이 마시고 있었다. 다니엘이 떠난다고 생각하자 그녀는 마음이 무척 무거워졌다. 곧 있을 장례식도 잠시 잊고 있었다. 그러나 푸념을 늘어놓을 여유도 없었다. 지난 몇 달 동안 다니엘이 집에 없었기에 겪어야 했던 고통도 이제 곧 끝나고 있기 때문이다. 10월이 되면 집으로 돌아온다. 10월이 되면 세 식구의 생활이 다시 시작될 것이다. 이런 것을 생각만 해도 그녀의 머릿속에는 앞으로의 평화로운 생활이 떠올랐다. 뜻하지 않은 제롬의 죽음이 그녀의 앞날을 밝게 해 주었던 것이다. 이제부터는 혼자서 홀가분하게 두 아이들 사이에서 살 수 있으리라……

다니엘은 뭔가 마음에 걸리는 듯 지그시 어머니를 바라보았다.

"그런데 여름동안 제니와 어떻게 파리에서 지내실 거예요?" 하고 그가 물었다.

(퐁타냉 부인은 돈이 필요하여 이번 여름동안 메종 라피트의 집을 외국인들에게 세놓았다)

'마침 좋은 기회다. 여행 이야기를 꺼내야지' 하고 그녀는 생각했다.

"걱정 안 해도 돼. 우선 이런저런 일을 뒤처리하느라 굉장히 바빠질 테니까……"

다니엘은 어머니의 말을 가로막았다.

"어머니, 제가 걱정하고 있는 것은 제니예요……"

오래전부터 제니의 적은 말수와 조심스러운 태도에 익숙해져 있었지만 지난 며칠동안 제니의 초췌한 얼굴과 끓는 듯한 눈길에 그는 충격을 받지 않을 수 없었다. "확실히 몸이 좋지 않아요" 하고 그는 말했다. "바람을 좀 쐬어야 할 것 같아요."

퐁타냉 부인은 아무런 대답도 않고 쟁반 위에 찻잔을 놓았다. 부인도 심상치 않은 딸의 모습을 눈치챘던 것이다. 멍하니 무엇에 홀린 듯한 제니의 표정에는 아버지가 돌아가셨다는 이유만으로는 석연치 않은 점이 있었다. 그러나 제니를 보는 부인의 생각은 다니엘과 달랐다.

"제니는 가여운 아이야." 그녀는 한숨을 지었다. 그리고 악의 없는 신중한 투로 이렇게 말했다. "그 애는 사람을 믿질 못해……" 그리고 언제나 문제가 생겼을 때 하는 것처럼 좀 부풀려지고 엄숙한 투로 덧붙였다. "그래. 사람이라면 모두 마음속의 시련이나 갈등을 갖게 되나 보다."

"그거야 그렇겠지요." 다니엘은 어머니의 말을 가로막았다. "하여간 제니가 이번 여름에 산이나 바다에 가서 좀 지낼 수 있으면 하는데요……"

"바다도 산도 그 아이에게는 아무 소용이 없어." 퐁타냉 부인이 고개를 저으면서 말했다. 온순한 사람들이 불굴의 확신을 가지고 고집 부리는 특유의 태도였다. "제니는 몸이 아픈 게 아니다. 그 애한테는 어느 누구도 아무것도 해 줄 수 없어……. 사람은 저마다 홀로 싸워 나가야 하는 거란다. 마치 정해진 날에 홀로 죽어야만 하는 것처럼……." 이렇게 말하면서 부인은 남편의 외로운 마지막을 생각했다. 그녀의 두 눈에 어느새 눈물이 가득했다. 잠시 말을 멈췄다가 독백이라도 하듯 나지막이 덧붙였다. "홀로, 다만 성령과 함께."

"또 그런 원론적인 얘기를……!" 다니엘이 말했다. 그의 목소리는 조금 짜증스러운 듯이 떨리고 있었다. 그는 케이스에서 담배 한 대를 꺼낸 다음 입에다 물었다.

"그런 원론적인 얘기라니……?" 놀란 퐁타냉 부인이 되물었다.

그녀는 다니엘이 거칠게 담배 케이스를 닫고 나서 담배를 입에 물기 전 그것을 손등에 가볍게 두들기는 것을 보았다. '아버지와 똑같은 버릇이구나' 하고 부인은 생각했다. '아버지를 꼭 닮은 손…….' 다니엘의 약지에는 죽음을 앞에 둔 남편의 손에서 뺀 반지가 끼여 있어서 더욱 닮아 보였다. 그녀는 그 커다란 카메오 반지를 보고, 이제는 오직 추억으로만 남을 남편의 멋지고 남성적인 그 손을 생각하면서 비통해 했다. 제롬의 모습을 생각만 해도 20살 때처럼 가슴이 울렁거리는 것은 어쩔 수 없었다……. 그러나 아들이 아버지를 닮았다는 생각을 할 때마다 그녀는 흐뭇한 감회와 함께 두려운 불안감을 느끼곤 했다.

"그런 원론적인 얘기……?" 하고 부인이 되풀이했다.

"저는 그저……" 다니엘이 말했다. 그는 눈썹을 찡그린 채 말이 얼른 생각나지 않아 머뭇거렸다. "어머니의 그런 원론은 언제나…… 다른 사람들로 하여금…… 자신의 운명대로 걸어가게 내버려 두었지요—설사 그들이 잘못된 길을 가고 있을 때에도—또 그런 운명이 그들의 생활뿐만 아니라…… 어머니 자신의 생활 속에 괴로움만 가져다주었을 때도 말이에요!"

그녀는 가슴 아픈 충격을 받았다. 그러나 끝까지 모르는 척하면서 미소까지 띠었다.

"그럼 지금 와서 너를 너무나 자유롭게 내버려 두었다고 불평하는 거니?"

이번에는 다니엘이 미소를 지었다. 그리고 몸을 굽히면서 어머니의 손 위에 자기의 손을 포개었다.

"어머니에게 불평하는 게 아니에요. 앞으로도 절대 불평은 않겠어요." 그는 다정하게 어머니를 바라보며 말했다. 그리고 의도치 않은 집요한 태도로 말을 이었다. "그리고 제가 말씀드린 것이 제 자신의 일이 아니라는 것은 아실 텐데."

"어머, 얘야" 하고 부인은 갑자기 발끈해서 말했다. "그래서는 안 된다!" 그녀는 아픈 곳을 찔렸던 것이다. "너는 틈만 나면 언제나 아버지를 책망하려 드는구나!"

장례를 몇 시간 앞둔 오늘 아침에 이런 논쟁을 한다는 것은 아무리 생각해도 온당치 않았다. 다니엘도 그것을 느끼고 있었다. 그는 벌써 자신이 한 말을 뉘우치고 있었다. 그러나 이왕 그런 말을 해서 기분이 언짢아진 이상 내친 김에 더 심한 말을 해 보자는 생각이 들었다.

"아무튼 어머니는 아버지를 변호할 생각만 하시는군요. 모든 것이 아버지 덕분이라고 말하면서도, 아버지 때문에 우리가 이렇게 수습할 수 없을 정도로 어려운 처지에 놓이게 됐다는 것을 잊고 계시니 말이에요!"

물론 부인에게도 다니엘처럼 생각할 만한 이유가 얼마든지 있었을지 모른다. 그러나 지금 그녀에게는 아들의 통렬한 비난에 대해 아버지의 추억을 좋게 갖도록 해 주어야겠다는 생각밖에는 없었다.

"아, 다니엘, 네 태도는 옳지 못해!" 하고 그녀는 흐느껴 우는 듯한 소리로 말했다. "너는 한 번도 아버지의 진정한 성품을 이해하려고 하지 않았어!" 그녀는 변호해서는 안 되는 일을 변호할 때처럼 고집을 부리듯 흥분하며 말을 계속했다. "아버지에게는 책망할 만한 일이 전혀 없었어! 아무것도! ……아버지는 사업에 성공하기에는 너무나 신사적이었고 너그러웠으며 사람을 너무 믿었던 것뿐이야! 이것이 아버지의 결점이었어! 아버지는 파렴치한 사람들을 거절하지 못해서 그들에게 희생되신 거야! 이 점이 아버지의 결점이었어, 유일한 결점이었지! 그것을 증명할 수도 있어! 어쩌면 신중하지 못했는지도 몰라. 스텔링 씨가 내 앞에서 말한 것같이, 유감이지만 경솔한 점이 있었어. 결국은 그랬던 거야! 유감이지만 경솔했다는 것!"

다니엘은 어머니를 보지 않고 입술을 떨면서 약간 어깨를 움찔했다. 그러나 스스로 자제하고는 아무런 대답도 하지 않았다. 모자는 언제나 이렇게 서로 애정을 느끼며, 또 서로 마음을 터놓고 이야기하고 싶어하면서도 그렇게 하지 못하고 있었다. 조금 건드리자마자 각자가 숨기고 있던 생각이 서로 부딪쳐 버린 것이다. 그리고 그들의 소원해진 감정은 침묵조차 어색하게 만들었다……. 다니엘은 고개를 숙였다. 그리고 눈길을 마루 위로 향한 채 꼼짝도 하지 않고 있었다.

풍타냉 부인도 아무 말을 하지 않았다. 출발부터 좋지 않았던 이야기를 계속 한들 무슨 소용이 있겠는가? 부인은 남편을 상대로 제기되어 있는 심각한 소송에 대해 아들에게 알려 주고, 자신의 이번 여행이 얼마나 절박한 일인지 깨닫게 할 생각도 없지는 않았다. 그러나 마음에 거슬리는 다니엘의 냉혹함에 맞닥뜨린 그녀에게는, 남편을 변호해야겠다는 일념 외에 아무 생각도 없었다. 그런데 그것은 자신의 출발을 정당화시킬 여러 가지 이유의 타당성을 감소시킬 뿐이었다. '할 수 없지. 편지로 알려 주어야겠다' 하고 그녀는 생각했다.

괴로운 침묵은 잠시 더 이어졌다.

다니엘은 지금 창 쪽으로 몸을 돌리고 아침 하늘과 나뭇가지들을 보면서 아무렇지도 않은 척하면서 담배를 피우고 있었다. 그런 아들의 모습에도 어머니는 속아 넘어가지 않았다.

"8시다." 풍타냉 부인은 병원 시계가 울리는 소리를 듣고 난 뒤에 중얼거렸다. 그녀는 드레스 위에 떨어진 빵을 잘게 뜯어 창틀 위에 있는 참새들에게 던져 주었다. 그리고 침착한 목소리로 말했다.

"저리로 가 봐야겠구나."

다니엘은 이미 일어서 있었다. 자기 자신이 부끄러웠다. 그리고 양심의 가책을 느꼈다. 어머니가 아버지를 맹목적으로 사랑한다는 것을 알게 될 때마다 아버지에 대한 그의 원한은 높아만 갔다. 스스로도 뭐라 말할 수 없는 어떤 감정 때문에, 아버지에게 지나치게 관대한 어머니의 애정을 나무라지 않을 수 없었던 것이다……. 그는 담배를 던졌다. 그리고 멋쩍은 미소를 띠면서 어머니 곁으로 걸어왔다. 그러고는 아무 말도 하지 않고 몸을 굽혀 언제나처럼 어머니의 이마 위, 나이보다 빨리 백발이 된 머리 언저리에 키스를 하려고 했다. 입술은 그 장소를 알고 있었다. 그리고 코는 어머니의 피부에서 나는 포근한 냄새를 알고 있었다. 그녀는 약간 고개를 들어 다니엘의 얼굴을 두 손으로 감쌌다. 그러고는 아무 말도 하지 않고 다만 미소를 지으면서 지그시 아들의 눈 속을 들여다보았다. 나무라는 빛이 전혀 보이지 않는 어머니의 눈길, 어머니의 미소는 이렇게 말하는 것 같았다. '모든 것은 과거의 일이야. 신경질을 낸 나를 용서해 다오. 어머니를 괴롭혔다고 해서 걱정할 것은 없다.' 다니엘은 이 무언의 말을 너무나 잘 알고 있었으므로 알았다는 표시로 두 번 눈을 깜빡여 보였다. 그리고 일어서려는 어머니를 도왔다.

부인은 말없이 아들의 팔에 몸을 맡긴 채 지하실 쪽으로 내려갔다.

다니엘이 문을 열었다. 그리고 어머니를 안으로 들여보냈다.

차가운 지하실 공기와 관 위에서 시들어 가던 장미 향기가 섞여 부인의 얼굴에 닿았다. 제니는 두 손을 무릎에 얹은 채 가만히 앉아 있었다.

퐁타냉 부인은 다시 딸 옆자리에 가서 앉았다. 그리고 의자 등에 걸어 놓은 핸드백 속에서 성경책을 꺼내어 아무렇게나 들춰 보았다(그녀는 그것을 '아무렇게나'라고 말하곤 했다. 그러나 사실은 겉장이 낡아 빠진 그 헌 성경책을 펼칠 때면 언제나 그녀가 지금까지 가장 열심히 읽고 좋아하는 구절의 하나가 펼쳐지곤 했다). 부인은 읽어 내려갔다.

……그 누가 부정한 데서 정한 것을 나오게 할 수 있겠습니까? 아무도 없사옵니다. 사람이 며칠이나 살며 몇 달이나 움직일지는 당신께서 결정하시는 일이 아닙니까? 넘어갈 수 없는 생의 마감날을 그어주신 것도 당신이십니다. 그러니, 이제 그에게서 눈을 돌리시고 품꾼같이 보낸 하루나마 편히 좀 쉬게 내버려 두소서……. 〈욥기〉 14 : 4~6절

부인은 눈을 들어 잠시 무슨 생각에 잠기더니 곧 성경책을 스커트의 주름진 곳에 놓았다. 성경책을 손에 들어 그것을 열고 덮는 조심스러운 자세는 그녀에게서만 찾아 볼 수 있는 신앙과 감사의 행동이었다.

부인은 지금 완전히 평정을 되찾았다.

34. 7월 25일 토요일—자크, 제롬 드 퐁타냉의 매장식에 참석

자크는 어젯밤 조레스가 택시를 타고 어둠 속으로 사라지는 것을 본 뒤에,

대개 밤늦게까지 카페 '쇼프'에 꾸역꾸역 모여 밤을 지내는 행동대원들의 무리에 섞이려고 그곳에 갔다. 그 카페에는 사회주의자들을 위해 마련해 둔 특별실이 있었는데, 그 방에서 정원으로 통하는 입구가 하나 있었다. 그러므로 가게가 닫힌 뒤에도 방문을 열어 놓을 수 있었다. 논쟁이 매우 활기를 띠며, 밤늦게까지 계속되었으므로 자크는 새벽 2시가 되어서야 겨우 그곳을 빠져나올 수 있었다. 그러나 이렇게 시간이 늦어지자 모베르 광장의 하숙까지 갈 엄두가 나질 않아 증권거래소 가까이의 수상쩍은 여관에 들어갔다. 그는 침대에 눕자마자 깊은 잠으로 곯아떨어져서, 동네가 왁자지껄하는 이른 아침의 소음에도 잠에 파묻혀 있었다.

눈을 떴을 때는 해가 중천에 있었다.

간단히 세수를 한 다음, 거리에 나가 신문을 몇 가지 샀다. 그것을 읽기 위해 급히 큰 거리에 있는 카페 테라스로 갔다.

드디어 신문들도 경종을 울리기로 작정한 모양이었다. 카요 재판 기사는 이제야 2면으로 밀려났다. 모든 신문은 큰 표제로 시국의 중대함을 보도하며, 오스트리아의 각서를 '최후통첩'으로 다루면서 오스트리아의 태도를 '염치없는 도전'이라고 몰아붙였다. 일주일 동안 매일 지면에 카요 변론을 상세하게 보도하던 〈르 피가로〉지조차도 오늘은 1면에서부터 '오스트리아의 협박'이라는 제목을 머리기사로 다루면서, '전쟁이 올 것인가?'라는 불안한 제목 밑에 한 면을 온통 외교적 긴장감에 할애했다. 정부 기관지격인 〈르 마탱〉지에는 호전적인 논조가 엿보였다. '오스트리아—세르비아 사이의 분쟁은 대통령의 러시아 방문 동안에 이루어졌다. 두 나라(프랑스와 러시아)의 동맹이 허를 찔린다는 것은 있을 수 없는 일이다…….' 클레망소도 자신이 이끄는 〈리베르테르〉(자유인 이라는 뜻) 신문에 다음과 같이 썼다. '1870년(프러시아-프랑스 전쟁이 발발한 해) 이래 유럽은 오늘과 같은 일촉즉발의 전쟁위기에 처한 적이 없었으며, 이번에는 그 영향의 범위조차도 헤아릴 수 없다.' 〈레코 드 파리〉지는 폰 쉔 대사의 케도르세 방문에 대해 보도했다. '오스트리아의 강요에 이어 독일의 협박까지…….' 그리고 마감 직전에 들어온 보도는 다음과 같은 경고로 끝을 맺고 있었다. '세르비아가 양보하지 않는 한, 당장에라도 선전포고가 있을지 모른다.' 이것은 물론 오스트리아—세르비아 사이의 전쟁을 두고 하는 말이다. 그러나 전쟁을 그 선에서 막을 수 있다고 누가 장담할 수 있겠는가? 조레스는 그의 머리기사에서 '평화를 위한 마지막 기회'는 세르비아의 굴복, 그리고 오스트리아의 요구를 굴욕적으로 수락하는 것 외에 다른 방법이 없다고 솔직히 피력했다. 신문의 발췌보도에 따르면 외국 신문들도 역시 비관적인 견해였다. 오늘 7월 25일 아침, 세르비아에 주어진 유효기한 만료 불과 12시간 전에 전 유럽은 갑자기 공포 속에서 눈을 뜬 것이다(그것은 2주 전에 자크가 빈에서 입수한 오스트리아장군의 예언 그대로였다).

자크는 테이블을 뒤덮은 신문들을 밀어 놓으면서 식은 커피를 마셨다. 이미 알고 있는 것 이외에는 새로운 읽을거리가 아무것도 없었다. 그러나 이 한결같은 불안감은 그에게 새롭고 극적인 소리를 들려주었다. 그는 수많은 노동자들, 버스에서 내리는 근로자들을 멍하게 바라보면서 허탈감에 빠졌다. 그들은 언제나처럼 신문을 손에 들고 평소보다 더 진지한 얼굴로 일터를 향해 달려가고 있었다. 자크는 잠시 맥이 풀리는 듯했다. 자기만이 느낄 수 있는 고독이 참을 수 없을 만큼 그를 짓눌렀다. 제니와 다니엘 그리고 오늘 아침에 있었던 장례식에 대한 생각이 그의 머릿속을 스쳐갔다.

자크는 벌떡 일어나서 몽마르트르 쪽으로 걷기 시작했다. 당쿠르 광장까지 올라가 〈리베르테르〉사에 들러야겠다는 생각이 들었다. 한시라도 빨리 투쟁의 분위기 속에 뛰어들고 싶었다.

벌써 정보를 구하러 온 10명 정도의 동지가 오르셀 거리에 있었다. 모두가 좌익 신문들을 손으로 건네 가며 읽고 있었다. 〈르 보네 루즈〉지는 1면 전부를 러시아의 파업 기사로 메웠다. 혁명가들 대부분의 견해로는 페테르부르크에서 있었던 노동자들의 소요사태는 그 중요성으로 보아 러시아의 중립적 입장을 가장 확실하게, 다시 말하면 분쟁을 발칸에 국한시키는 데 가장 확실한 보장의 하나라는 것이었다. 그리고 〈리베르테르〉사에서는 모두가 입을 모아 인터내셔널의 우유부단함을 공격하고, 그 수뇌들이 정부와 타협하고 있음을 비난했다. 지금이야말로 일격을 가할 시기가 아닌가? 모든 수단을 다 동원해 다른 나라에도 파업을 종용하여, 유럽의 모든 정부를 동시에 마비 상태로 몰아넣을 수 있는 절호의 기회가 아닌가? 지금이야말로 집단적 궐기를 위한 유일한 기회이며, 현존하는 전쟁 위협을 불식시킬 뿐만 아니라 혁명을 몇십 년 앞당길 수 있는 유일한 기회라는 것이었다!

자크는 논쟁에 귀를 기울였다. 그리고 자신의 의견은 말하기를 망설였다.

그가 볼 때 러시아의 파업은 양날의 검 효과를 지닌 것이었다. 즉 그것은 참모본부의 호전적 계략을 마비시킬 수도 있었다. 그런가 하면 또한 나쁜 입장에 처해 있는 정부에 급전환 유혹을 줄 수도 있었다. 전쟁 위험을 구실로 계엄령을 선포하고 냉혹한 강압정책으로 민중의 봉기를 단호히 봉쇄시킬 수도 있는 것이었다.

피갈 광장에 이르렀을 때 시계는 11시 정각을 가리키고 있었다. '도대체 오늘 11시에 무슨 볼일이 있었나?' 하고 그는 자문해 보았다. 생각이 나질 않았다. 토요일 11시…… 갑자기 불안해진 그는 기억을 더듬어 보았다. 퐁타냉 집안의 장례식이던가? 그러나 거기에 갈 생각은 처음부터 없었는데……. 그는 고개를 숙인 채 안절부절못하며 걸었다. '이런 꼴로는 사람들 앞에 나설 수 없어……. 수염도 깎지 않고…… 뭐, 다른 사람들 속에 숨어 있으면 그만이지만……. 몽마르트르의 묘지 근처구나…… 마음만 있다면 이발소에서 5분이면 되는데…… 다니엘과 악수를 할 테고…… 그래, 그것도 확실히 좋은 일일 거야. 그렇다고 어떻게 될 것도 아닐 텐데…….'

그는 벌써 이발소 간판을 찾고 있었다.

묘지에 이르자, 입구의 수위가 이미 장례 행렬이 지나갔다고 일러 주었다. 그러면서 방향을 가르쳐 주었다. 드디어 그는 묘 사이로, 좁고 길다란 묘석 앞에 모여 있는 한 무리의 사람들을 보았다.

퐁타냉 집안의 묘

그는 다니엘과 그레고리 목사의 뒷모습을 찾아냈다.

목사의 쉰 듯한 목소리가 조용한 가운데 들려왔다.

"주께서는 모세에게 '나는 너와 함께 있을 것이니라!'라고 말씀하셨습니다. 그렇다면 죄인이여, 당신도 음침한 골짜기를 걸어가도 두려워 마십시오. 주께서는 당신과 함께 계실 것입니다!"

자크는 그곳에 있는 사람들의 앞모습을 보려고 한 바퀴 돌았다. 빛을 정면으로 받은 다니엘의 이마가 다른 사람들의 머리 위로 드러나 보였다. 그 곁에 세 여인이 똑같이 검은 베일을 쓰고 서 있었다. 제일 앞에 있는 여인이 퐁타냉 부인이었다. 그런데 다른 두 여인 가운데 어느 쪽이 제니일까?

목사는 텁수룩한 머리에 넋을 잃은 듯한 눈초리를 하고 선 채, 위협적인 몸짓으로 팔을 추켜올리며 묘혈 가장자리에서 직사광을 받고 있는 황색 관을 향해 기운차게 부르짖고 있었다.

"가엾고 가여운 죄인이여! 당신의 태양은 날이 저물기도 전에 지고 말았습니다. 그러나 우리는 희망 없는 사람들처럼 당신에 대해 한탄하려 하지 않습니다! 당신은 눈에 보이는 세계에서는 떠났습니다. 그러나 우리 눈에서 사라진 것은 천하고 보잘것없는 형태뿐인 것입니다. 오늘 당신은 매우 영광스런 봉사를 위해 주님의 부르심을 받고 곁에서 빛나고 있습니다! 그래서 당신은 우리보다 앞서 강림의 기쁨 속에 닿은 것입니다! ……지금 여기 나와 더불어 기도하는 형제들이여, 모두 인내를 가지고 마음을 굳게 가지십시오! 예수님의 강림은 우리 모두에게 가까워 오고 있습니다! ……여호와 아버지, 우리의 영혼을 당신의 거룩하신 손에 맡기겠나이다! 아멘."

지금 사람들은 관을 들어 그것을 끈에 달아 흔들거리면서 부딪치지 않게 내리고 있었다. 퐁타냉 부인은 다니엘의 부축을 받으며 묘혈을 내려다보고 있었다. 뒤에 있는 여인이 제니인가? 옆에 있는 사람은 니콜 에케이고? 머지않아 세 여인은 장의사의 안내를 받아, 길에서 기다리고 있던 영구차까지 조용히 걸어갔다. 차는 곧 천천히 출발했다.

다니엘은 오솔길 끝에서 햇볕에 반짝이는 군모를 옆에 끼고 홀로 서 있었다. 그는 위풍당당해 보였다. 늘씬한 몸매와 우아한 태도가 언제나 좀 엄숙한 티를 내지만, 다니엘은 언제나 그렇듯 전혀 주눅들지 않은 모습으로 지금 앞을 천천히 지나가는 문상객들의 인사를 받고 있었다.

자크는 그를 지켜보고 있었다. 이렇게 멀리서 그를 바라보는 것만으로도 옛날처럼 감미롭고 애틋한 사랑의 감정이 느껴지는 듯했다.

다니엘도 그가 있는 것을 알았다. 그는 사람들과 악수를 하면서도 뜻밖에 와 주어서 고맙다는 표정을 지으며 이따금 자크 쪽으로 눈길을 보냈다.

"와 주어서 고마워" 하고 그는 말했다. 그리고 잠깐 망설이다가 덧붙여 말했다. "난 오늘밤 떠나……. 한 번 더 만났으면 하는 생각도 했었지!"

다니엘을 앞에 둔 자크는 전쟁이며 돌격부대며 최초의 전사자들을 생각했다. "신문 보았어?" 그가 물어보았다.

다니엘은 무슨 말인지 잘 모르겠다는 듯이 그의 얼굴을 물끄러미 바라보았다. "신문? 아니. 그런데 왜?" 그러고 나서 강요하는 듯한 인상을 주지 않으려는 목소리로 물었다. "오늘 저녁 동부역에 나를 배웅하러 와 주지 않겠어?"

"몇 시에 떠나지?"

다니엘의 표정이 밝아졌다. "9시 반 기차인데, 9시에 역 구내식당에서 기다릴까?"

"갈게."

그들은 잠시 서로의 얼굴을 마주 보고 나서 악수했다.

"고마워." 다니엘이 나지막한 소리로 말했다.

자크는 뒤도 돌아보지 않고 홀홀히 사라졌다.

35. 7월 25일 토요일—자크, 점심 식사를 하기 위해 형네 집으로 가다. 앙투안과 그의 조수들

그날 아침에 자크는 이러한 정치적 상황 악화에 대해 앙투안이 어떤 반응을 보일지 여러 번 자문해 보았다. 장례식에서 형을 만날 수 있기를 막연히 기대했었다.

그는 빨리 점심을 먹고 위니베르시테 거리의 집에 가기로 마음먹었다.

"아직 식사 중이십니다" 하면서 레옹은 자크를 식당으로 안내했다. "그런데 막 과일을 갖다 드렸어요."

자크는 들어서는 순간 이자크 스튀들레와 주슬랭과 애송이 르와가 형을 둘러싸고 식탁에 앉아 있는 것을 보고 실망했다. 그는 모두가 이렇게 매일 모여서 식사하는 줄은 몰랐던 것이다(그것은 앙투안의 요청에 따른 것이었다. 이렇게 함으로써 병원에서의 오전과 환자들에게 얽매여 있는 오후 사이에 그 동료들과 매일 대할 수 있었다. 한편 그들 세 사람에게도—셋이 모두 독신자이므로—시간상으로도 경제적이며 금전적으로도 적지 않은 이익이 있었다).

"식사는?" 하고 앙투안이 물었다.

"됐어. 먹고 왔어."

자크는 큰 식탁을 한 바퀴 돌면서 그들과 악수를 했다. 그러고는 의자에 앉기 전에 아무에게나 말하듯 물어보았다.

"신문 읽어 보았어요?"

앙투안은 대답하기 전에 잠시 동생의 얼굴을 뚫어지게 바라보았다. '네 말이 옳았던 것 같다'라고 말하는 눈빛이었다.

"읽었어" 하고 앙투안은 근심에 찬 모습으로 말했다. "모두 다 읽었어."

"식사하면서부터 모두들 그 이야기뿐이었어요" 하고 스튀들레가 검은 수염을 쓰다듬으면서 털어놓았다. 앙투안은 불안한 마음을 겉으로 드러내지 않으려고 애썼다. 오전 내내 그는 석연치 않은 초조함을 느꼈다. 그에게는 잘 정돈된 집이 필요하듯이 믿음직스럽게 조직된 하나의 모임이 필요했다. 그래서 자신이 아니더라도 어느 누군가 양심적인 사람이 있어서 적절하게 여러 가지 물질적인 문제를 처리해 주기를 바랐다. 그는 사회제도의 몇 가지 병폐는 너그러이 봐 주고 의회의 스캔들 따위는 모르는 척하려고 했다. 그것은 그가 레옹이 낭비를 하거나 클로틸드가 조금씩 돈을 떼어먹는 것 따위는 못 본 척하는 것과 같았다. 그러나 어떤 경우에도 프랑스의 운명이 사무실 운영이나 부엌살림 이상으로 자신의 마음을 괴롭히는 것이어서는 안 되었다. 그리고 정치적 소란 때문에 자기 생활이 방해를 받는다든가 일의 계획 같은 것이 위협을 받는다는 것은 생각조차 할 수 없는 일이었다.

그는 말했다. "그러나 지나치게 걱정할 필요는 없다고 생각해…… 이런 일이 어디 한두 번인가. 하기는 오늘 아침 신문은 의외로 아주 불쾌한 사벨 _{(서양의 검으로, 사벨 소}리를 내고 있더군……"

(서양의 검으로, 사벨 소
리란 전쟁의 위험을 의미)

마뉘엘 르와는 마지막 말을 듣고서, 눈동자가 큰 젊은 얼굴을 앙투안 쪽으로 돌렸다.

"사벨 소리가 국경 너머까지 들릴 겁니다. 그리고 그것은 분명 탐욕스런 이웃들을 섬뜩하게 하겠지요!"

접시 위로 몸을 숙이고 있던 주슬렝이 르와를 보려고 고개를 들었다. 그러고 나서 하던 일을 계속했다. 그는 얌전하게 포크와 나이프 끝으로 복숭아 껍질을 벗기고 있었다.

"뭐가 뭔지 모르겠어" 하고 스튀들레가 말했다.

"아무튼 그렇게 될 가능성이 커" 하고 앙투안이 말했다. "그리고 그럴 필요가 있었는지도 모르지."

"뭐가 뭔지 모르겠는걸!" 하고 스튀들레가 말했다. "위협 정책이란 늘 위험한 거야. 그건 상대를 마비시키기보다는 흥분시키는 일이 흔해. 특히 정부가 당신이 말하는…… 사벨의 소리를 울리는 것은 큰 잘못이라고 생각해!"

"책임 있는 사람들 입장에 서서 생각한다는 것은 어쨌든 어려운 일이야" 하고 앙투안이 침착한 투로 말했다.

"나 같으면 책임 있는 사람들에게 무엇보다도 신중한 사람이 되어 달라고 부탁하겠어" 하고 스튀들레가 되받았다. "공격적인 태도를 취하는 것, 그게 바로 가벼운 행동의 출발인 거야. 다음에는 그런 태도를 취할 수밖에 없다고 믿게끔 하는 것이 두 번째로 가벼운 짓이고…… 전쟁이 우리를 위협하고 있다는 생각…… 아니 전쟁이 일어날지도 모른다는 생각을 심어 주는 것보다 더 평화를 위태롭게 하는 것은 없어!"

자크는 침묵을 지키고 있었다.

앙투안은 동생을 보지 않고 말했다. "내 생각으로는 어떤 각료가 한 인간으로서 전쟁을 규탄한다 하더라도, 역시 공격적인 조처를 취할 수밖에 없을 것 같아. 그가 권력의 자리에 앉아 있다는 사실 때문이지. 한 나라의 국가원수로서 그 국가의 안정을 지킬 책임을 맡은 사람일 경우 현실을 바로 보는 감각을 갖고 있다면. 그리고 인접 국가의 위협적인 정책을 현실로 받아들인다면……."

"게다가" 하며 르와가 끼어들었다. "그저 개인적인 두려움 때문에 어떻게든지 전쟁을 막아보려고 마음먹은 정치가는 생각할 필요가 없겠군요! 국제무대에서 확고한 자리를 잡고 있고, 영토나 식민제국을 갖고 있는 한 나라의 우두머리가 되면 어쩔 수 없이 현실적인 견해를 갖게 되겠지요. 수상들 가운데서 제아무리 평화애호가라고 자처하는 사람도 일단 임무를 맡게 되면, 그 나라의 부를 확보하고 그 나라의 자산을 이웃나라에 뺏기는 것을 막기 위해 어떻게 해서라도 강력한 군대를 갖고 그로써 그 나라를 존경받게 하며, 세계 다른 나라들에게 자국의 존재를 인식시키기 위해서 이따금 으름장을 놓을 필요가 있다는 것을 곧 깨닫게 될 거라고 생각해요!"

'자국의 부를 확보한다' 자크는 생각했다. '바로 그거야! 자기 것은 확보하고, 기회만 있으면 이웃 사람의 것까지도 자기 것으로 만들려는 것! 그것이―개인이나 국가를 막론하고―자본주의 정책의 전부인 것이다……. 개인은 이익을 손에 넣기 위해 싸운다. 국가는 판로나 영토, 항구를 손에 넣기

위해 싸운다! 마치 인간 활동에 전쟁 이외의 다른 법칙이 없는 것처럼……'

"불행히도" 하며 스튀들레가 말했다. "내일 정세가 어떻게 바뀔지 모르지만 자네가 말하는 그 사벨 소리란 프랑스의 내외정책에서 매우 우려할 만한 결과를 가져올 거야……."

이렇게 말하면서 그는 마치 자크의 의견을 묻는 듯 자크 쪽으로 몸을 구부렸다. 그의 눈동자에는 지치고 불안한 빛이 역력했다. 자크는 그의 눈길을 피할 수밖에 없었다.

주슬렝은 또다시 얼굴을 들어 스튀들레를 바라보았다. 그러고는 다른 사람들의 얼굴도 한 번 둘러보았다. 그는 지극히 우아하고 온화한 얼굴에 금발 머리를 하고 있었다. 길쭉한 매부리코, 두툼하고 시원한 입술에 미소를 띤 입. 눈도 역시 길쭉하고 부드러운 회색을 띠고 있어서 어딘지 유별난 것 같았다.

"어쨌든." 그는 건성으로 중얼거렸다. "자네는 어느 누구도 전쟁을 원치 않는다는 것을 잊고 있는 것이 틀림없어! 어느 누구도 말이야!"

"장담할 수 있나?" 하고 스튀들레가 되물었다.

"소수의 노인들을 제외하고" 하면서 앙투안이 중재에 나섰다.

"그런 위험한 소수의 노인들은 영웅적인 소리를 외치며 야단법석을 떨지" 하고 스튀들레가 말했다. "그런 자들은 전쟁 뒷전에서 아무런 위험을 느끼지 않고 즐길 수 있다는 것을 알고 있거든……."

"위험한 것은 유럽 여러 나라의 지도층이 그런 노인들 손아귀에 들어 있다는 겁니다……." 자크는 신중한 태도로 말했다. 앙투안도 그의 그런 태도를 눈치챘다.

르와는 웃으면서 스튀들레를 바라보았다. "칼리프 선생, 당신은 새로운 생각을 좋아하시지요. 이런 생각을 한번 예방책으로 던져 보면 어떨지요. 이를테면 총동원령이 내려지면, 우선 노인층이 앞장서라고요! 노인들을 최전선으로 보내자고요!"

"그것도 나쁘지 않은데" 하고 스튀들레가 중얼거렸다. 잠시 침묵이 흐르는 동안 레옹이 커피를 준비했다. "그런데 전쟁을 피할 수 있는 분명한 방법이 한 가지 있어" 하고 침울한 투로 스튀들레가 말했다. "대담한 방법이야. 그리고 유럽에서 이루어질 수 있는 방법이지."

"뭐지?"

"국민투표에 붙이는 거야!" 자크만 머리를 끄덕이며 찬성의 뜻을 나타냈다. 스튀들레는 용기를 얻어 말을 이었다. "보통선거를 하는 우리 민주국가에서 선전포고를 하는 행위를 정부가 주도하도록 내맡긴다는 것은 비논리적이고 불합리한 처사가 아닐까? ……주슬렝은 '어느 누구도 전쟁을 바라지 않아'라고 말했어. 그렇다면 어떤 나라의 어떤 정부도 국민 대다수의 뚜렷한 의사와 달리 전쟁을 결정한다든가 또는 전쟁을 수락할 권리를 가져서는 안 되는 거야! 국민의 사활이 걸려 있는 문제인데, 적어도 이 정도는 말할 수 있다고 생각해. 국민의 의사를 묻는 것이 옳다는 것이지. 그리고 이건 필수적인 거야." 그가 열을 올리며 말하자 매부리코의 콧구멍 언저리는 떨리기 시작했으며, 관자놀이 언저리에는 어두운 반점이 떠올라 말처럼 큰 눈의 흰자위가 약간 충혈되었다. "이것은 절대로 비현실적인 이야기가 아니야" 하고 스튀들레가 말했다. "모든 나라의 국민이 그들의 위정자들로 하여금 헌법에서 불과 세 줄만 수정하도록 하면 되는 거야. 곧 '총동원령의 선포와 선전포고는 국민투표에 붙여 75퍼센트의 절대다수표를 얻지 못하면 할 수 없다.' 잘 생각해 봐. 이것만이 합법적인 방법이며, 새로운 전쟁을 막을 수 있는 거의 틀림없는 방법이야……. 평화시에는—우리 프랑스에서도 그 예를 볼 수 있었지만—엄밀히 말해서 대중은 호전적인 정책을 가진 사람에게 정권을 맡긴 적도 있었어. 어느 때나 불장난을 좋아하는 조심성 없는 인간들이 있기 마련이니까. 그러나 일단 총동원령을 앞두고 자기를 권력의 자리에 앉혀 준 사람들의 의견을 들어야만 할 때는, 아마 누구 하나 그에게 선전포고의 권리를 인정해 주지 않을 거야!"

르와는 조용히 웃고 있었다.

앙투안은 일어나 르와의 어깨에 손을 얹었다.

"성냥을 좀 주게나, 마뉘엘…… 그런데 자네는 어떻게 생각해? 자네 애독지에서는 뭐라고 하겠나?"

르와는 착한 생도 같은 눈길로 앙투안을 바라보았다. 그리고 경계하는 듯한 태도를 보이면서 계속 웃고만 있었다.

앙투안은 동생 쪽을 뒤돌아보며 설명했다. "마뉘엘은 〈악시옹 프랑세즈〉(샤를 모라스가 이끄는 우파 신문)지의 애독자야."

"저도 매일 읽고 있어요." 자크는 자기를 뚫어지게 바라보고 있는 젊은 의사를 바라보며 말했다. "그 신문은 훌륭한 이론가들이 한 팀을 이루고 있어서 종종 빈틈없는 이론을 펼치곤 하지요. 그러나 유감스럽게도—적어도 이것은 저의 개인적인 의견입니다만—그 데이터가 거의 언제나 엉터리예요."

"그렇게 생각하세요?" 하고 르와가 콧소리를 내며 말했다.

그는 허세와 자만심을 드러내 보이면서 계속 미소를 띠고 있었다. 그의 태도는 자기가 확신하고 있는 것에 대해 속인들과 논쟁하고 싶지 않다는 식이었으며, 마치 무슨 비밀이라도 지니고 있는 아이 같았다. 그런가 하면 그의 눈길에는 이따금 오만한 빛이 감돌곤 했다. 그리고 자크의 비판을 듣고 조심스런 태도를 떨쳐 버리기로 결심이라도 한 것처럼 앙투안 쪽으로 걸어와서 거친 투로 말했다.

"선배님, 솔직하게 말하자면 나는 독일—프랑스 문제 같은 것은 이젠 지긋지긋해요! 우리 선조들과 우리가 이런 귀찮은 짐을 걸머지고 온 지도 40년이나 됐어요. 이걸로 족해요. 모든 것을 매듭짓기 위해 전쟁을 해야 한다면, 좋아요, 합시다! 어차피 그렇게 될 테니까요! 우물쭈물할 이유라도 있습니까? 불가피한 일을 끌고 간다고 해서 무슨 소용이 있겠습니까?"

"영원히 끌겠지." 앙투안이 미소를 지으며 말했다. "끊임없이 전쟁을 끌다 보면 그게 평화나 다름없지 않은가!"

"이번만은 결말을 짓고 싶어요. 적어도 한 가지만은 확실하니까요. 즉, 전쟁을 한다면—지금으로서는 우리가 승자가 될 가능성이 크지만, 설사 패자가 되더라도—이번에는 담판을 보게 될 겁니다. 그러면 앞으로 독일—프랑스 문제 따위는 없어지겠지요! 그리고……" 그는 진지한 얼굴로 덧붙였다. "그렇게 되면 커다란 손실로써 얻는 혜택도 큽니다. 고인 물이 썩듯이 40년 동안 누려온 평화가 한 나라의 정신을 바로 잡을 수는 없어요. 프랑스의 정신적인 도약이 전쟁을 치러야만 얻을 수 있는 것이라면, 기꺼이 우리 몸을 바치자고요!"

그 말투에는 아무런 허풍스런 냄새도 풍기지 않았다. 르와의 진지함에는 의심의 여지가 없었다. 모두가 그렇게 느끼고 있었다. 그는 분명 확신에 넘친 사람, 스스로 진실하다고 믿는 일에 대해서는 목숨이라도 바칠 각오가 되어 있는 인간이었다.

앙투안은 선 채로 담배를 물고 눈꺼풀에 주름을 지으며 듣고 있었다. 그는 아무 대답 없이 다정하면서도 근엄한 눈길, 우수에 찬 눈길로 르와를 눈여겨 보았다. 언제나 르와의 그런 용기가 마음에 들었다. 그는 잠시 불이 붙은 담배를 뚫어지게 바라보았다.

주슬렝이 스튀들레 곁으로 걸어왔다. 그는 손톱이 산(酸)으로 누렇게 된 둘째손가락으로 스튀들레의 가슴을 여러 번 찔렀다.

"이것 봐요. 우리는 언제나 민코프스키(러시아 출신의 프랑스 현대 정신병학자. 베르그송의 심리학설을 기초로 한 정신분열증 연구로 알려져 있음)의 분류법으로 되돌아가게 되어 있어. '동조적인 환자들과 정신분열증 환자들', 즉 인생을 긍정하는 사람들과 그것을 부정하는 사람으로 말이야……."

르와는 명랑하게 웃기 시작했다.

"그러면 나는 '동조적인 환자'인가요?"

"그렇지. 그리고 칼리프는 '정신분열증 환자'이고. 자네들 둘 모두가 영원히 여기에서 벗어나지 못할 거야."

앙투안은 자크 쪽으로 몸을 돌렸다. 그리고 시계를 보면서 미소지었다.

"그래, 너는 바쁘지 않은 모양이구나, '정신분열증 환자!' ……잠시 내 방으로 가자."

"나는 르와가 참 좋아." 앙투안은 그의 작은 서재 문을 열어 동생을 먼저 들어가게 하면서 말했다. "건전하고 아량이 있는 인물이야. 곧은 정신의 소유자이고……. 물론 편협한 면도 있기는 하지만" 하며 앙투안은 묵묵히 입을 다물고 있는 자크를 앞에 두고 덧붙였다. "앉으려무나. 담배는? ……너좀 신경이 거슬렸던 모양이지? 그의 사람 됨됨이를 알아서 이해해 주어야지. 무엇보다도 명랑한 성격의 사람이야. 무엇이든지 단정적으로 말하기를 좋아하는 사람이지. 현실적인 것이든 있는 그대로의 사실이든 언제나 즐겁게 그리고 과감하게 받아들이는 사람이야. 비판정신이 결여되어 있지는 않은데도 분석 따위에는 거부감을 가지고 있어. 적어도 자기 일에서는 말이야. 그는 정신을 마비시키는 의심이라는 것을 본능적으로 싫어해. 어쩌면 그의 생각이 틀린 것은 아닌지도 모르지……. 그에게 인생이란 지적 토론이어서는 안 돼. 그는 절대로 '무엇을 생각할 것인가'라고 말하는 법이 없어. '무엇을 할 것인가', '어떻게 효과적으로 행동할 것인가'라고 말하지. 물론 그의 결점도 잘 알고 있어. 하지만 그건 결국 젊기 때문에 생기는 결점이야. 언젠가는 고쳐질 거야. 너는 그 목소리를 눈치채지 못 했니? 가끔 아직 어린애 같이 목소리를 높이곤 해. 그럴 때면 어른 목소리처럼 굵은 목소리를 내려고 억지로 목소리에 힘을 주기도 하지……."

자크는 의자에 앉아 있었다. 그는 형의 말을 듣고 있었지만 찬성하지는 않았다.

"나는 다른 두 사람이 더 마음에 들어" 하고 자크가 속마음을 털어놓았다. "특히 주슬렝 그 사람은 꽤 사람이 좋아 보여."

"아!" 앙투안이 웃으면서 말했다. "그 친구는 영원히 동화 속에서 사는 그런 인물이야. 정말 발명가 기질을 타고났어. 그런 인간만이 때때로 발견해 내는 비현실 세계 속에서 가능한 것과 불가능한 것 사이에 있는 것을 꿈꾸며 살아온 사람이야. 실제로 그 친구는 그런 발견을 하고 있어. 그것도 아주 중요한 발견이지. 언제고 틈나는 대로 설명해 줄게……. 그에 관한 르와의 말이 아주 재미있어. '주슬렝은 세 발 가진 송아지만 보고 싶어 했어. 언제고 정상적인 송아지를 보게 되는 날에는 신기한 것을 발견한 것처럼 생각할 거야. 그러고는 가는 곳마다 떠들어댈 거야. 이것 봐, 네 발 가진 송아지도 있어!'" 앙투안은 소파에 두 발을 죽 뻗고 두 손으로 목덜미를 받치고 있었다. "보다시피 내 팀은 꽤 우수한 사람들로 구성되어 있어…… 세 사람 모두가 매우 다르지만 서로 알게 모르게 돕고 있지……. 칼리프는 전부터 알고 있었지? 나에게 엄청난 도움을 주고 있어. 뛰어난 작업 능력을 가지고 있거든. 굉장한 재주꾼이야! 재능이 있다는 것이 그 사람의 특징이라고 할 수 있을 정도야. 그게 그의 역량이면서 그의 한계야. 무엇이든지 애쓰지 않고 이해하거든. 새로 터득하는 지식마다 마치 미리 짜 놓은 서류함에서처럼 그의 머릿속에 바로 정리되거든. 그러니까 그의 머리에 무질서란 있을 수 없지. 그러나 그에게서 나는 언제나 무엇인가 색다르고 불가해한 것을 느꼈어 —아마도 인종 때문이겠지……. 뭐라고 말하면 좋을까……. 그의 사상은 그 자신에게서 나오는 것도 아니고 그 자신과 일체를 이루고 있는 것도 아니야. 참 기이한 일이야. 머리를 쓸 때도 자신의 재능을 쓰는 것이 아니라 무슨 도구를 쓰는 것 같아…… 다른 데서 가지고 온 도구, 누가 빌려 준 도구를 쓰는 것처럼 말이야……."

이야기를 하면서 그는 시계를 보았다. 그리고 귀찮은 듯 소파에서 발을 움츠렸다.

'신문을 읽고는 있군' 하고 자크는 생각했다. '그러면서도 위협의 중대함을 몰랐단 말인가? 그렇지 않으면 대화를 계속하려고 일부러 이런 수다를 떨고 있는 것일까?'

"어디로 가는 거야?" 하고 물으면서 앙투안은 자리에서 일어났다. "가는 데까지 차로 데려다 줄까? 나는 관공서…… 케도르세에 가는데."

"아, 그래?" 하고 자크는 의아한 얼굴로 말했다. 그러면서 자신의 놀라움을 감추려고도 하지 않았다.

"뤼멜을 만나러 가는 거야" 앙투안은 묻지도 않은 대답을 했다. "오! 정치 이야기를 하기 위해서 만나는 건 아니야…… 요즈음 이틀에 한 번씩 주사를 놓아 주어야 하거든. 보통은 그가 맞으러 오는데 오늘은 일이 산더미같이 쌓여 있어서 사무실을 비울 수가 없다는 거야."

"도대체 그는 이번 사건을 어떻게 생각하고 있을까?" 자크는 별 생각 없이 말했다.

"모르겠다. 좀 물어볼까 해……. 오늘 저녁에 들르려무나. 말해 줄 테니……. 아니면 나하고 같이 갈래? 10분쯤이면 일은 끝날 거야. 차 안에서 기다리고 있어."

자크는 솔깃해져서 잠시 생각해 보고는 고개를 끄덕였다.

나가기 전에 앙투안은 책상 서랍들을 열쇠로 잠갔다.

"그런데 말이야" 그가 낮은 소리로 말했다. "조금전에 집에 가서 뭘 했는지 아니? 동원란을 읽어 보려고 군대수첩을 찾고 있었어……." 그의 미소에서는 그림자조차 찾아볼 수 없었다. 그는 침착한 투로 말했다. "콩피에뉴…… 더구나 '첫' 날에!"

형제는 잠자코 눈길만을 교환했다. 자크는 좀 망설이다가 침통한 투로 말했다. "오늘 아침부터 유럽에서 무수한 사람들이 분명히 형처럼 행동했을 거야……."

"불쌍한 뤼멜" 하고 계단을 내려가면서 앙투안은 말했다. "그 친구, 겨울 동안 무척 고생했지. 며칠 뒤에 휴가를 얻어 떠나기로 되어 있었어. 그런데 ―모두가 물론 이 소동 때문이지만―베르틀로(외무성 정무국장)가 휴가를 취소하라고 했다는 거야. 그래서 어떻게든 버텨 보려는 목적에서 나를 만나자는 거야. 치료를 시작했지. 잘됐으면 해."

자크는 듣고 있지 않았다. 그는 오늘따라 왠지 형에 대한 격렬한 애정과 함께 강한 욕구와 불만 같은 것을 느끼고 있었다.

"아! 형" 하고 그가 무심코 말했다. "형이 만약 인간이라든가 대중, 고통받는 민중을 더 잘 알아준다면—형은 얼마나…… 다른 사람처럼 보일까!" (그런 말투 속에는 '형이 얼마나 훌륭하게 보일까……. 얼마나 가깝게 느껴질까……. 형을 사랑할 수 있게 되면 얼마나 좋을까……'라는 뜻이 담겨 있었다)

앞에서 걸어가던 앙투안은 당혹스런 모습으로 뒤를 돌아보았다.

"내가 인간을 모른다고 생각하니? 15년 동안이나 병원 근무를 하고 있는데! 나는 15년 동안 매일 아침 3시간씩 사람들만 보아왔어. 모든 계층의 인간들, 공장의 노동자들, 변두리에 사는 사람들하며…… 게다가 의사인 내가 보는 것은 벌거벗은 인간이야. 병고 때문에 완전히 허세를 버린 인간 말이야! 그런 내 경험이 네 경험보다 못하다는 말이구나!"

'그런 뜻이 아니야' 하고 자크는 몹시 안타까워하며 생각했다. '아니야, 이것은 별개의 문제야.'

20분 뒤에 케도르세를 나와 자크가 기다리고 있는 차로 돌아온 앙투안의 얼굴은 근심으로 가득 차 있었다.

"야단법석들이야" 하고 그는 투덜거렸다. "각 부서마다 미친 듯이 왔다 갔다 하고들 있어……. 모든 대사관에서 보내오는 전문…… 오늘밤 세르비아가 통보하기로 되어 있는 회답의 본문을 걱정스럽게 기다리고 있어……." 자크의 무언의 물음에 대답하려고도 하지 않고 그는 물었다. "그래, 지금부터 어디로 가니?"

자크는 〈위마니테〉사'라고 말하려다가 그만두고 이렇게만 대답했다.

"증권거래소 근처."

"거기까지는 데려다 줄 수 없어. 늦으니까. 괜찮다면 오페라 광장에서 내려 줄게." 앉자마자 앙투안은 곧 말을 계속했다. "뤼멜은 난처해 하는 것 같았어……. 오늘 아침 비서실에서는 독일 대사관의 비공식 각서를 매우 신중하게 고려하고 있었거든. 그 각서에 따르면 오스트리아 각서는 최후통첩이 아니고 단순한 '단기기한 회답 요구'에 지나지 않는다는 거야. 그리고 외교적 용어에 따르면 여러 가지 의미를 띠고 있는 것 같아. 즉 한편으로 독일은 오스트리아의 태도의 진중함을 완화하기에 급급해 하고 있다고 생각할 수 있어. 다른 한편으로는 오스트리아가 세르비아의 협상을 거절하지 않을 거라고 생각해……."

"그런 정도야?" 하고 자크가 말했다. "그런 궤변을 아직도 진심으로 받아들이고 있을까?"

"하기는 세르비아가 거의 이의 없이 굽힐 것같이 보여서 오늘 아침에는 꽤 밝은 희망을 가지고 있었나 봐."

"그런데?" 하고 초조한 듯 자크가 물었다.

"그런데 조금전에 세르비아가 30만 명을 동원했다는 소식이 들어왔어. 그리고 세르비아 정부는 국경에서 가까운 베오그라드에 머물러 있기에는 위험하다고 느꼈던지 수도를 세르비아 내륙으로 옮길 준비를 하고 있다는 거야. 따라서 세르비아의 회답이 바라던 것처럼 굴복이 아닐 것이라는 결론에 이르렀나 봐. 그리고 세르비아는 그 나름대로 급습을 당하리라고 내다보는 것 같아……."

"그러면 프랑스는? 어떤 주도권이라도 잡을 것 같아?"

"물론 뤼멜이 모든 것을 다 이야기해 줄 수는 없었어. 그러나 내가 짐작하건대 오늘 각료들 사이의 의견으로는 단호한 태도를 보여야 한다는 것이 지배적이라는 거야. 필요에 따라서는 공공연히 전쟁을 준비해야 한다는 의견이 유력한가 봐."

"여전히 위협정책이군!"

"뤼멜은 이런 말도 했어. 그리고 이것이 지금 공식강령인 것 같아. 곧 '일이 이쯤 되면 프랑스와 러시아가 매사에 결연한 태도를 보이지 않는 한 도저히 중유럽 제국을 견제할 수 없을 거야.' 그는 또 이렇게 말했어. '만약 우리들 가운데 어느 한 나라라도 뒷걸음질친다면 틀림없이 전쟁이 발발할 것이다!'"

"모두들 물론 이런 속셈을 가지고 있는 거야. 곧 '위협적인 태도를 보였는데도 전쟁이 터진다면, 전쟁 준비를 해 두는 것이 우리에게는 오히려 유익하다!'"

"그럴지도 모르지. 그리고 그런 생각은 옳은 것이라고 여겨져."

"그러나" 하며 자크가 외쳤다. "중유럽 제국도 똑같이 생각하고 있을 게 틀림없어! 그렇다면 앞으로 어떻게 되겠어? ······스튀들레의 말이 옳아. 이런 호전적 정책은 모든 정책 가운데서도 가장 위험한 거야!"

"그런 것은 전문가에게 맡길 일이지" 하고 앙투안이 신경질적으로 말했다. "어떻게 하는 것이 좋은 길인가는 그들이 우리보다 더 잘 알고 있을 거야."

자크는 어깨를 으쓱하고는 아무 말도 하지 않았다.

자동차가 오페라극장 가까이에 이르렀다.

"언제 다시 만날 수 있을까?" 하고 앙투안이 물었다. "줄곧 파리에 있을 거야?"

자크는 애매한 몸짓을 했다.

"모르겠어······."

앙투안은 벌써 자동차 문을 열고 나가려는 동생의 팔을 잡았다.

"잠깐······." 그는 말이 얼른 생각나지 않아 머뭇거렸다. "알겠지만—아니 모를지도 모르지만—요즈음 2주일에 한 번씩 일요일 오후에 친구들이 집으로 와······. 내일은 오후 3시에 뤼멜이 주사를 맞으러 오기로 되어 있어. 그리고 잠시만이라도 그 모임에 자리를 같이 하겠노라고 나에게 약속했어. 그를 만날 생각이 있으면 와도 좋아. 지금 사정으로 봐선 그의 이야기에 참고할 만한 것이 있을 거야."

"내일 3시라고?" 하고 자크는 얼버무리듯 되물었다. "어쩌면 갈 수 있을지도······. 애써 볼게······. 고마워."

36. 7월 25일 토요일—자크, 동부역에서 다니엘을 바래다주다

〈위마니테〉사에는 자크가 앙투안과 뤼멜에게서 들은 것보다 더 많은 것을 알고 있는 사람이 아무도 없었다.

조레스는 하루 예정으로 그의 친구 마리우스 무테(사회당의원)의 선거운동을 위해 론느 지방으로 떠났다. 이렇게 중대한 시기에 보스가 자리를 비운 탓에 편집자들 사이에서 다소 혼란의 기미가 엿보이기는 했으나 그래도 분위기는 낙천적인 쪽으로 기울어져 있었다. 모두들 별로 불안해 하지 않으면서 최후 통첩에 대한 회답을 기다리고 있었다. 세르비아는 결국 열강의 압력으로 오스트리아가 모욕당했다는 구실을 내세우지 못하도록 매우 타협적인 자세를 보일 것이라고 모두들 믿고 있었다. 특히 독일 사회당이 프랑스 사회주의자들에게 서슴없이 되풀이했듯이, 공동의 위험에 처했을 때는 확실히 전적인 협조가 이루어질 것이라는 확언을 모두들 매우 중요시하고 있었다. 더구나 국제평화운동의 확대에 대한 지극히 희망적인 정보가 쇄도하고 있었다. 곳곳에서 전쟁의 위협에 반대하는 시위운동이 열을 올리고 있었다. 유럽의 여러 사회주의 정당은 구체적이고 강력한 행동을 펼치기 위해 활발하게 의견을 교환하고 있었다. 전쟁을 막기 위해서는 총파업도 마다하지 않는다는 생각이 점점 구체화되는 것 같았다.

자크는 스테파니의 방에서 나오다가 소식을 들으러 오는 무를랑과 마주쳤다. 정세에 관해 몇 마디 주고받은 늙은 혁명가는 자크를 구석으로 데리고 갔다.

"어디에 묵고 있나? 지금 가택수색을 하는 경찰이 안 가는 데 없이 마구 쑤시고 다녀……. 제르베도 당했어. 크라볼도 그랬고."

자크는 투르넬 강변의 여관집 주인이 수상쩍다는 것을 모르지는 않았다. 물론 그의 신분증명서는 문제가 없지만 경찰과의 접촉을 별로 달갑게 여기지 않았던 것이다.

"내 말 들어" 하고 무를랑이 권했다. "우물쭈물하지 마! 오늘 저녁에 옮기도록 해."

"오늘 저녁에?" 못할 것도 없었다. 지금 막 7시 반을 알리는 소리가 울렸으니까. 다니엘과의 약속은 9시였다. "그런데 어디로 옮기지?"

무를랑에게 한 가지 생각이 떠올랐다. 〈레탕다르〉지의 동지 한 사람이 마침 일주일 동안 집을 비우게 되었다. 1년 기간으로 얻은 그의 방은 생퇴스타슈 성당의 문앞, 파리 중앙시장 근처의 주르 거리에 있는 건물의 3층에 있었다. 낡고 한적한 건물이어서 아무리 생각해 보아도 경찰의 리스트에 올라 있을 것 같지는 않다는 것이다.

"거기에 가 보자" 하고 무를랑이 말했다. "여기서 아주 가까워."

마침 그 사람은 집에 있었다. 문제는 바로 해결되었다. 1시간도 채 안 되어서 자크는 가벼운 짐을 옮겨왔다.

동부역 앞까지 왔을 때 역의 큰 시계는 9시 몇 분을 가리키고 있었다.

다니엘은 밖에 나와 식당 입구에서 기다리고 있었다. 자크를 보자 당황한 기색을 하고 다가왔다.

"제니가 와 있어" 하고 그는 재빨리 말했다.

자크의 얼굴이 붉어졌다. 그리고 그의 입술에서는 "아……" 하는 소리가 들릴까 말까 할 정도로 새어 나왔다. 순간 어처구니없는 몇 가지 생각이 머리에 떠올랐다. 그는 마음의 동요를 감추려고 얼굴을 돌렸다.

다니엘은 자크가 두리번거리며 제니를 찾고 있는 것으로 생각했다.

"플랫폼에 나가 있어" 하고 다니엘이 설명해 주었다. 그러고는 변명이라도 하듯이 "기차 있는 데까지 나를 배웅하고 싶다고 했어……. 우리가 만난다는 것을 그 애한테 말하는 것이 꺼림칙하게 여겨져서. 말했더라면 안 왔을지도 몰라. 그 애한테 알려 준 것은 조금전이야."

자크는 다시 마음을 가다듬었다. "그럼, 나는 가 볼게" 하고 그는 힘차게 말했다. "너와 그냥 악수나 하고 싶었을 따름이야……." 그는 미소를 지었다. "이젠 됐으니까 나는 돌아갈게."

"아, 안 돼!" 하고 다니엘이 말했다. "할 이야기가 많아……." 그리고 즉시 덧붙였다. "신문 봤어."

자크는 고개를 들었다. 그러나 아무런 대답도 하지 않았다.

다니엘이 물었다. "너는 전쟁이 나면 어떻게 할 거야?"

"나 말이야?" (고개를 흔드는 그의 모습은 '설명하자면 끝이 없어'라고 말하는 것 같았다) 그는 잠시 입을 다물고 있었다. "전쟁은 안 일어날 거야" 그는 마침내 아주 희망적인 목소리로 힘차게 말했다.

다니엘은 주의 깊게 그의 얼굴을 바라보았다.

"지금 일어나려고 하는 것을 모두 설명할 수는 없지만" 하며 자크가 말을 이었다. "그러나 내 말을 믿어 줘. 나는 내가 하는 말에 자신이 있어. 유럽의 모든 민중 사이에는 이미 여론이 크게 들끓고 있는 데다가 사회주의 세력의 결집이 잘 이루어져 있으므로 어느 나라 정부도 자국 국민을 전쟁에 몰아넣을 만한 권위를 더 이상 지니고 있지 못한 형편이야."

"그럴까?" 다니엘은 전혀 믿을 수 없다는 듯이 중얼거렸다.

자크는 잠시 눈길을 아래로 떨구었다. 전체적인 상황이 갑자기 그의 머리에 떠올랐다. 그는 지금 모든 나라에서 사회주의 진영을 두 개로 갈라놓는 흐름을 도표로 보듯이 뚜렷하게 알 수 있었다. 정부에 대해 심한 적개심을 품고 있는 좌익은 반란을 목적으로 더욱더 대중을 선동하고 있고, 개량주의자들인 우익은 내각의 효율성을 신뢰하고 정부에 협조하려고 노력하고 있었다……. 그는 갑자기 섬뜩함을 느꼈다. 하나의 의구심이 그의 머릿속을 스쳤다. 그러나 그는 재빨리 눈꺼풀을 추켜들었다. 그리고 마침내 다니엘의 마음을 뒤흔들어 놓을 만큼 확신을 가지고 되풀이했다.

"그래! ……너는 노동자들의 집단인 인터내셔널의 강력한 힘에 대해 전혀 아는 바가 없을 거야! 모든 것은 처음부터 예상했던 대로야. 모든 것은 집요한 반항을 위해 준비된 거야. 모든 나라에서, 프랑스, 독일, 벨기에, 이탈리아에서…… 전쟁을 일으키려고 한다면 그때는 전면적인 반란이 일어날 거야!"

"아마 전쟁보다 더 끔찍하겠지" 하고 겸연쩍은 듯 다니엘이 말했다.

자크의 얼굴에는 어두운 그림자가 드리웠다.

"나는 지금까지 폭력지지자는 아니었어" 하고 그는 잠시 말을 멈추었다가 계속했다. "그렇지만 유럽 전쟁의 위험성과 전쟁방지를 위한 반란의 위험성을 비교해 보았다면 어떻게 망설이고 있을 수 있겠어? ……몇백만이라는 인간이 무고하게 학살당하는 것을 막기 위해 바리케이드 위에서 몇천 정도의 인간이 죽는 것으로 끝난다면, 유럽에는 나처럼 망설이지 않을 사회주의자가 많이 있을 거야……."

'제니는 어떻게 하고 있을까?' 하고 자크는 마음속으로 생각했다. '오빠가 너무 늦는다고 생각하고 이리로 오겠지…….'

"자크" 하고 갑자기 다니엘이 소리질렀다. "약속해 다오……." 그는 어떻게 자신의 생각을 나타내야 좋을지 몰라 입을 다물었다. "네가 걱정돼" 그가 더듬거리며 말했다.

'다니엘은 나보다 백 배나 더 위험에 처해 있다. 그러면서도 자신의 일은 조금도 생각 안 해.' 자크는 몹시 감격스럽게 생각했다. 그리고 애써 미소를 지으면서 말했다. "다시 한 번 말해 두지만 전쟁은 안 일어날 거야! ……다만 큰 위험이 도사리고 있어. 이번 기회에 여러 나라 국민들이 위험의 뜻을 알게 된다면 좋으련만……. 언제고 다시 이 모든 것을 이야기할 때가 오겠지……. 그럼 가 볼게……. 안녕."

"안 돼! 아직은 가면 안 돼. 왜냐고?"

"기다리는 사람이…… 있어" 하고 자크는 애써 낮은 소리로 말했다. 그리고 손으로 넌지시 역 안쪽을 가리켰다.

"기차 있는 데까지만이라도 배웅해 줘" 하고 다니엘은 처량하게 말했다. "제니한테 인사도 할 겸."

자크는 소스라쳤다. 허를 찔린 듯 그는 멍하게 다니엘을 바라보았다.

"자, 따라와." 다니엘이 정답게 자크의 팔을 잡았다. 그는 소매 속에서 표를 꺼냈다. "너의 입장권도 사 놓았어……."

'끌려가서는 안 될 텐데' 하고 자크는 속으로 생각했다. '바보짓이야……. 거절하고 달아나야 해…….' 하지만 마음속으로는 어렴풋한 즐거움 같은 것이 그로 하여금 다니엘의 뒤를 따르게 했다.

역 홀은 병사와 여객과 짐수레로 붐볐다. 토요일 저녁인 데다 많은 사람에게 여름휴가가 시작된 것이다. 매표소에는 흥겨워서 떠들어 대는 사람들로 붐비고 있었다. 그들은 개찰구에 도착했다. 커다란 유리로 된 천장 밑은 더 어두침침한 데다 담배 연기가 자욱하고 소란스러웠다. 사람들은 귀가 터질 듯한 소음 속을 바삐 오갔다.

"제니 앞에서 전쟁 이야기는 한 마디도 하지 마." 다니엘은 자크의 귀에 대고 외쳤다.

제니는 멀리서 그들의 모습을 보았다. 그러나 그들을 못 본 척하면서 재빨리 얼굴을 돌렸다. 목구멍이 마르고 목덜미가 뻣뻣해진 그녀는 그들이 다가오는 것을 느꼈다. 드디어 오빠의 손이 어깨에 와 닿았다. 제니는 휙 돌아서며 깜짝 놀란 체했다. 다니엘은 누이동생의 얼굴빛이 창백해진 것을 보고 매우 놀랐다. 피로와 이별의 흥분 때문일까? 어쩌면 동생의 검은 옷에서 오는 대조 때문인지도 모르지?

제니는 자크 쪽을 보지도 않고 머리를 끄덕여 인사했다. 그러나 오빠 앞에서 손을 내밀지 않을 수도 없었다. 그녀는 격식차린 딱딱한 투로 이렇게 말할 뿐이었다.

"두 분이 말씀하시도록 저는 실례하겠어요."

"아니, 그럴 필요 없어" 하고 자크가 힘차게 말했다. "오히려 내가…… 더구나 이렇게 있을 형편이 못 돼……. 10시 안에 멀리…… 센 강변 왼쪽까지 가야 하니까……."

그들 옆 객차 밑에서 요란스럽게 증기가 뿜어나와 서로의 말이 들리지 않았다. 구름같이 건조한 증기가 그들을 둘러쌌다.

"그럼 다시 만나." 자크는 다니엘의 팔을 잡으면서 말했다.

다니엘의 입술이 움직였다. 무슨 대답이라도 한 걸까? 찡그린 듯한 가벼운 미소에 그의 입가가 당겨 올라갔다. 군모의 그늘 밑으로 보이는 그의 두 눈은 빛나고 있었으나 눈길은 절망적이었다. 그는 두 손으로 자크의 손을 잡았다. 그러고는 갑자기 몸을 구부려 어색하게 자크의 윗몸을 끌어안고 키스했다. 그들이 사귀어 온 이래 처음 있는 일이었다.

"잘 있어" 하고 자크가 다시 한 번 말했다. 그는 허둥지둥 제니를 향해 작별의 눈길을 던지고, 머리를 숙여 다니엘에게 쓸쓸한 미소를 보낸 다음, 달아나다시피 했다.

그러나 역을 빠져나오자마자 알 수 없는 이상한 힘이 인도 끝에서 그의 발걸음을 멈추게 했다. 황혼이 깃들어 여기저기 전등불이 켜진 가운데 자동차들이 이리저리 오가는 광장이 그의 눈 앞에 펼쳐졌다. 마치 두 세계의 분계선 같기도 했다. 저쪽에서는 투사로서의 삶이 그를 맞아들일 만반의 준비를 하고 기다리고 있었다. 또한 고독도 기다리고 있었다. 이쪽 역 안에 머무는 한은 그것과는 다른 일이 일어날 수도 있었다. 무엇일까? 그는 알 수 없으며 또 밝혀내려고도 하지 않았다. 다만 이 광장을 건넘으로써 운명의 제의를 거부하고 어떤 멋진 기회를 영원히 단념하는 것 같은 느낌이 들었다.

다리에 힘이 빠진 자크는 흐느적거리며 오직 결단을 늦출 궁리만 하고 있었다. 빈 짐수레 몇 대가 벽을 따라 가지런히 놓여 있었다. 그는 그 가운데 하나를 골라 거기에 앉았다. 생각해 보기 위해서인가? 아니다. 생각할 수도 없었다. 너무 무기력한 동시에 너무나 불안했다. 등을 굽혀 두 손을 무릎 사이에 축 늘어뜨리고 모자를 깊숙이 쓴 채 땅바닥을 보면서 거친 숨을 내쉬었다. 그리고 아무것도 생각하지 않았다.

아마도―그런 일만 일어나지 않았더라면―언제까지나 거기에 꼼짝하지 않고 있었을 것이다. 그리고 충분히 휴식을 취하고 나서 기력을 되찾은 다음 다시 불안한 생활 리듬을 거역하지 못하고 세르비아의 회답을 알기 위해 〈위마니테〉사로 달려갔을 것이다……. 그랬더라면 앞으로 있게 될 이런저런 사건의 가능성이 아마도 영원히 닫혀 버렸을지 모른다……. 그러나 우연한 일이 생겼다. 짐꾼이 그 짐수레를 가지러 온 것이다. 자크는 일어나 그 남자를 본 다음 시계를 들여다보았다. 그러고는 야릇한 미소를 지었다.

미련이 남은 듯 그리고 우연한 충동에 몸을 맡기듯, 그는 다시 유유히 역에 들어가서 입장권을 샀다. 그리고 홀을 빠져나와 다시 출발 플랫폼에 들어섰다.

37. 7월 25일 토요일—자크, 제니의 뒤를 쫓아가다

스트라스부르행 급행열차는 아직 떠나지 않고 있었다. 열차 뒷부분에는 화물차를 나타내는 미등 두 개가 깜빡이지 않고 비치고 있었다. 다니엘과 제니는 인파 속에 묻혀 보이지 않았다.

9시 28분. 9시 30분. 플랫폼 위에서는 하나의 소용돌이가 인파를 흔들어놓았다. 마침내 객실 문이 소리를 내며 닫혔다. 기적이 울렸다. 아크등의 푸르스름한 불빛 속에서 하얀 수증기가 플랫폼의 천장 쪽으로 피어오르고 있었다. 불이 켜진 열차들이 덜커덕 움직였다. 삐걱거리는 소리, 무겁게 서로 부딪치는 소리. 자크는 서서 아직 움직이지 않는 열차 뒷부분의 화물차를 뚫어지게 바라보았다. 드디어 움직이기 시작했다. 세 개의 붉은 램프가 멀어지더니 선로만이 남았다. 다니엘을 태운 열차는 조용히 어둠 속으로 빠져나갔다.

'이제 어떻게 하지?' 하고 자크는 생각했다. 스스로도 어떻게 해야 할지 아직 망설이고 있다는 생각이 들었다.

그는 플랫폼 입구까지 걸어갔다. 그리고 급행열차가 떠난 뒤에 출구를 향해 걸어오는 인파를 보았다. 사람들의 얼굴은 전등불 밑을 지날 때마다 잠시 밝아졌다가 다시 어둠 속으로 사라지곤 했다.

제니⋯⋯.

멀리서 그녀의 모습을 보았을 때 처음에는 도망쳐 몸을 숨기려고 했다. 그러나 부끄러움보다 다른 감정이 더 강하게 움직였다. 그래서 오히려 그녀의 눈에 띄려고 가까이 갔다.

제니는 자크 쪽으로 곧장 걸어오고 있었다. 얼굴에는 오빠와 헤어진 감정의 흔적이 아직 남아 있었고, 아무것도 보지 않고 빨리 걸었다.

2미터 거리에서 제니는 돌연 자크를 알아보았다. 자크는 그녀가 충격을 받고 얼굴에 경련을 일으키며, 얼마전에 앙투안의 집에서 만났을 때처럼 두려움으로 눈동자가 잠시 휘둥그레지는 것을 보았다.

처음에 제니는 자크가 뻔뻔스럽게도 자기를 기다리고 있는 줄은 몰랐다. 어쩌다 늦어 거기에 있는 줄만 알았다. 그녀는 자크의 눈을 피해 얼굴을 마주치지 말아야겠다는 생각뿐이었다. 그러나 인파에 밀려 어쩔 수 없이 그의 앞을 지나야만 했다. 그녀는 그가 자기를 유심히 보고 있다는 것을 느꼈다. 그리고 그가 여기서 자기를 기다리고 있었다는 것을 알아차렸다. 자크는 제니가 자기 앞까지 온 것을 보자 무의식적으로 모자를 벗었다. 제니는 그 인사에 아무런 반응도 보이지 않고 고개를 숙인 채 좀 비틀거리면서 앞서 가는 여객들 사이를 헤치고 나아가 똑바로 출구 쪽으로 향했다. 뛰어갈 생각은 없었다. 다만 한 가지 목적뿐이었다. 될 수 있는 대로 빨리 자크의 시야에서 벗어나 사람들 틈에 끼어 지하철을 타고 자취를 감춰 버리는 것이었다.

자크는 제니의 뒤를 눈으로 좇으려고 몸을 돌렸다. 그러나 그는 그 자리에서 그대로 움직이지 못하고 서 버렸다. '이제 어떻게 하지?' 그는 다시 생각했다. 결정을 내려야만 했다. 잠시도 늦출 수 없는 순간이었다……. '아무튼 제니를 놓쳐서는 안 된다!'

자크는 제니의 뒤를 따랐다.

여객들이며, 짐꾼들이며, 손수레 등이 길을 가득 메우고 있었다. 그는 짐짝 위에 웅크리고 있는 한 가족을 비켜 가야만 했다. 자전거 바퀴에 부딪치기도 했다. 제니를 찾았으나, 그녀의 모습은 이미 보이지 않았다. 재빨리 뛰어갔다. 까치발을 하고 여기저기 두리번거리며 움직이고 있는 많은 사람들의 등을 더듬어 찾았다. 마침내 출구를 향해 급히 나가는 사람들 틈에서 기적적으로 검은 베일과 가녀린 어깨를 찾아냈다. 또다시 놓쳐선 안 된다……. 눈길을 떼어서는 안 돼!

그러나 제니 쪽에서 선수를 쳤다. 인파에 막혀 제자리걸음을 하고 있던 자크는 그녀가 개찰구를 지나 홀을 빠져나가서 지하철 쪽으로 가려고 오른쪽으로 도는 것을 목격했다. 극도로 초조해진 자크는 팔꿈치로 사람들을 헤집고 개찰구까지 나아가서 지하철로 통하는 계단으로 뛰어 들어갔다. 어디로 갔을까? 계단 아래에 있는 그녀의 모습이 갑자기 보였다. 몇 번 껑충 뛰어 내려가 거리를 좁혔다.

'이제 어떻게 하지?' 하고 그는 다시 한 번 생각했다.

아주 가까이에 있었다. '가서 말을 걸어볼까?' 그는 한 걸음 앞으로 나아가서 그녀 바로 뒤에까지 갔다. 자크는 숨가쁜 목소리로 제니의 이름을 불렀다. "제니……."

그녀는 무사히 도망쳐 나왔다고 생각하고 있었다. 그런데 갑작스런 이 부름은 어깨를 치듯 그녀를 휘청거리게 했다.

자크는 다시 한 번 불렀다.

"제니!"

제니는 그 소리를 들은 척 만 척하면서 쏜살같이 달아났다. 그녀는 공포심 때문에 어쩔 줄을 몰랐다. 게다가 마음이 어찌나 무거워졌던지 마치 꿈속에서 무거운 짐을 질질 끌고 가다가 발목을 잡힌 것 같은 느낌이었다.

지하도 끝에 사람이 거의 보이지 않는 계단 하나가 그녀 앞에 입을 벌리고 있었다. 제니는 방향 같은 것은 아랑곳하지 않고 그리로 뛰어들었다. 계단 가운데가 손잡이로 나뉘어 있었다. 멀리 아래쪽에는 플랫폼으로 나가는 개찰구와 차표를 끊고 있는 역무원의 모습이 보였다. 그녀는 떨리는 손으로 핸드백 속을 찾았다. 자크는 그녀의 그런 모습을 보았다. 그녀는 차표를 가지고 있는데 그는 없다! 차표가 없으면 개찰구의 회전문을 통과할 수 없다. 제니가 개찰구까지 가 버리면 그는 이제 그녀를 붙잡을 수 없을 것이다! 꾸물거릴 새도 없이 자크는 몸을 날려 쫓아가 거침없이 그녀의 앞을 가로막았다.

제니는 이제 꼼짝없이 붙들렸다는 것을 깨달았다. 두 다리가 후들후들 떨렸지만, 정면으로 맞서 자크의 얼굴을 뚫어지게 바라보았다.

자크는 제니가 가는 길을 가로막고 거기에 우뚝 서서 모자를 쓴 채 붉은 얼굴에 부어오른 표정으로 대담하게 똑바로 앞을 바라보았다. 그런 그의 태도는 악한이나 미친 사람 같기도 했다…….

"할 말이 있어!"

"싫어요!"

"할 말이 있다니까!"

그녀는 전혀 두려워하는 기색 없이 그를 바라보고 있었다. 푸르스름하고 큰 두 눈동자에는 오로지 노여움과 경멸만이 엿보였다. "저리 가요!" 하고 그녀는 헐떡거리면서 쉰 목소리로 나지막이 외쳤다.

그들은 잠시 증오의 눈길을 주고받으며 서로의 격앙된 마음에 도취된 듯이 얼굴을 마주 보며 꼼짝하지 않고 서 있었다.

그런데 그들은 좁은 통로를 가로막고 있었으므로 급한 승객들이 투덜거리면서 그들 사이를 빠져나갔다. 그리고 수상하다는 듯이 뒤돌아 그들을 바라보곤 했다. 제니는 그런 사실을 눈치챘다. 그러자 갑자기 힘이 쭉 빠졌다. 이렇게 망신을 당하느니 차라리 굴복하는 편이 낫겠다……. 소문나는 것이 가장 난처했기 때문이다. 그러니 말다툼을 굳이 피할 필요는 없다. 그러나 여기서는 안 돼, 구경꾼들이 보는 앞에서는 안 돼!

제니는 별안간 뒤돌아서서 아까 왔던 길을 거슬러 급히 계단을 올라갔다.

자크도 뒤를 쫓았다. 그들은 불쑥 역 밖으로 나왔다.

'택시를 타거나 전차를 타면 나도 같이 타야지' 하고 자크는 생각했다. 광장은 환하게 밝혀져 있었다. 제니는 오가는 자동차 사이로 대담하게 뛰어들었다. 자크도 뒤를 따랐다. 하마터면 버스에 부딪칠 뻔했다. 욕설을 퍼붓는 운전사의 목소리가 들렸다. 도망치는 제니의 모습을 보니 위험 같은 것은 안중에도 없었다. 그는 지금까지 이렇게 자신에 차 있어 본 적이 없다는 느낌이 들었다.

인도에 이르자 제니는 뒤돌아보았다. 불과 몇 미터 떨어진 곳에 자크가 있었다. 그에게서 빠져나갈 수 없을 것이다. 제니는 단단히 마음을 정했다. 지금 심정 같아서는 욕이라도 퍼부어 주고 싶었다. 그러나 어디서? 이렇게 많은 사람들 속에서는 안 된다…….

제니는 그 지역의 지리를 잘 몰랐다. 큰 거리 하나가 오른쪽으로 통하고 있었다. 그곳은 사람들로 붐비는 거리였다. 그러나 제니는 무턱대고 그곳으로 들어섰다.

'어디로 가는 것일까?' 하고 자크는 생각했다. '바보 같은 여자…….' 지금 그의 심경에 변화가 일어났다. 바로 조금전까지 그의 마음을 사로잡고 있던 흥분이 지금은 이러지도 저러지도 못하는 동정심으로 변했다.

갑자기 제니는 망설였다. 왼쪽에 좁고 인기척 없는 길의 끝이 보였는데 거기에는 커다란 건물의 그림자가 드리워져 있었다. 제니는 그 골목으로 성큼 들어섰다.

도대체 어쩌자는 것일까? 제니는 그가 가까이 오는 것을 느꼈다. 그가 뭔가 말하려고 한다……. 귀를 기울이고 온 신경을 곤두세워 기다렸다. 뭐라고 한 마디만 하면 뒤돌아 서서 화를 벌컥 내야지.

"제니…… 용서해 줘……."

뜻밖의 말! 아주 공손하고 비통한 목소리……. 그녀는 정신이 멍해지는 것 같았다. 제니는 멈칫 서서 손으로 벽을 짚었다. 그리고 오랫동안 숨을 죽이며 눈을 감은 채 꼼짝하지 않았다.

자크는 가까이 다가가려 하지 않았다. 그는 모자를 벗고 있었다.

"가라면 가겠어……. 한 마디도 않고 당장 돌아가겠어. 약속해……."

제니는 그 말을 들은 지 얼마 지나서야 비로소 그 말의 뜻을 알아차렸다.

"돌아갈까?" 그는 다시 한 번 목소리를 낮추어 말했다.

'안 돼' 하고 제니는 생각했다. 그러나 곧 그러한 자기 자신에 대해 놀라지 않을 수 없었다.

자크는 제니의 대답을 기다리지 않고 낮은 목소리로 여러 번 되풀이했다. "제니……." 그 억양이 어찌나 부드럽고 정다우며 조심스러웠던지 다정한 고백과도 같았다.

그녀는 알아차리고 있었다. 어둠 속에서 불안해 하면서도 단호한 자크의 얼굴을 얼핏 쳐다보았다. 행복이 그녀의 목구멍을 조였다.

자크는 다시 물어보았다. "돌아가는 게 좋을까?" 그러나 그 말투는 지금까지와는 전혀 달랐다. 제니가 이야기를 듣지 않고서는 자기를 쫓아 버리지 않으리라는 것을 굳게 믿었기 때문이다.

제니는 어깨를 살짝 으쓱했다. 그녀의 표정은 본능적으로 경멸이 담긴 냉담한 빛을 띠었다. 그렇게 가장하는 것만이 잠시나마 그녀의 자존심을 지킬 수 있는 것처럼.

"제니, 내 말을 들어줘…… 꼭…… 부탁이야……. 그러고 나서 나는 돌아갈 거야…… 저기 성당 앞 공원까지 같이 가자고……. 저기라면 앉을 데가 있을 거야…… 어때?"

제니는 자신에게 집요한 눈길이 쏠리는 것을 느꼈다. 그것은 목소리 이상으로 그녀의 마음을 흔들어 놓았다. 그는 어떻게 해서든지 그녀의 속마음을 알아내려고 결심한 것 같았다.

제니에게는 대답할 만한 기력이 없었다. 어색한 몸짓으로 그저 강요에 못 이겨 그러는 것처럼 벽에서 몸을 뗐다. 그러고 나서 윗몸을 똑바로 하고 앞을 응시하면서 마치 몽유병자 같은 걸음걸이로 다시 걷기 시작했다.

자크는 약간 떨어져 그녀 곁을 말없이 걷고 있었다. 그녀의 발걸음 뒤에서는 이따금 겨우 느낄 만한 상쾌한 향기가 풍겼다. 자크는 그것을 훈훈한 밤공기와 함께 들이마셨다. 감동과 회한 때문에 그는 눈물을 글썽이고 있었다.

제니가 자기 앞에 다시 나타난 뒤로 그는 아주 겸허한 뉘우침의 마음과 용서와 사랑을 구하고 싶은 마음이 남몰래 자신을 괴롭히고 있다는 것을 오늘 밤에는 인정할 수밖에 없었다. 이 기분을 제니에게 말할까? 말해 봤자 믿어 주지 않겠지. 난폭함과 무례함만 보여 주었으니까……. 무례하게 뒤를 쫓아 망신을 주었으니 무엇으로도 결코 보상할 수 없을 거야!

38. 7월 25일 토요일—생 뱅상 드 폴 공원에서 자크와 제니의 하룻밤

그들은 생 뱅상 드 폴 성당 앞에 있는 작은 공원의 위쪽으로 들어갔다. 아래쪽 라파예트 광장에는 차가 드문드문 지나갔다. 공원에는 인적이 없었다. 그러나 평온한 불빛이 비치고 있어서 음침한 느낌은 전혀 들지 않았다.

자크는 가장 밝은 벤치 쪽으로 걸어갔다. 제니는 그가 하는 대로 내버려두었다. 그녀는 결심을 하고 앉았다—침착하게 앉아 있는 모습은 실은 꾸민 것이었다. 도저히 서 있을 수 없었기 때문이다. 두 사람 주위로 들려오는 거리의 소음에도, 제니는 마치 비바람이 치기 전에 천둥번개를 머금은 깊은 적막 속에 싸여 있는 것 같은 느낌이 들었다. 무엇인가 엄숙하고 무시무시한 분위기가 감돌고 있었다. 그녀 때문도 아니고 그렇다고 자크 때문도 아니었다. 그러면서도 갑자기 폭발할 것만 같았다.

"제니……."

이렇게 인간미 넘치는 목소리를 들은 제니는 구원받은 듯한 느낌이 들었다. 차분한 목소리였다. 상냥하다 못해 마음을 어루만지는 듯한 그 목소리.

자크는 벤치 위에 모자를 던져둔 채 제니에게서 조금 떨어진 곳에 서 있었다. 그리고 무슨 말을 하고 있었다. 무엇을 이야기하고 있는 것일까?

"나는 제니를 한시도 잊은 적이 없어!"

제니의 입에서는 한 마디가 튀어나올 듯했다. '거짓말쟁이!' 그러나 그녀는 땅을 내려다보며 침묵을 지켰다.

자크는 힘을 주어 되풀이했다. "한시도" 그리고 나서 아주 긴 간격을 두고 더 낮은 목소리로 덧붙였다. "제니도 마찬가지였겠지!"

이번에야말로 제니는 항의의 몸짓을 하지 않을 수 없었다.

자크는 침울하게 말을 계속했다. "내가 잘못 생각하고 있었군! ……제니는 나를 몹시 미워했던 거야. 그래, 그랬을 거야. 나도 그런 일을 저지른 나 자신이 미워! ……하지만 '잊고 있었던 것'은 아니야. 우리는 줄곧 남몰래 서로를 아껴 왔어."

제니는 한 마디도 할 수 없었다. 그러나 자크가 자신의 침묵을 오해하지나 않을까 해서 자기 몸에 남아 있는 온 힘을 다해 부정의 뜻으로 고개를 저었다.

자크는 불쑥 다가왔다.

"제니는 아마 결코 용서하지 않겠지. 나도 그것을 바라고 있지 않아. 단지 제니가 나를 이해해 주기만 바랄 뿐이야. 그래, 서로의 눈을 보고 나를 믿어 주길 바라. 4년 전에 내가 자취를 감춘 것은 '그럴 만한 이유'가 있었기 때 문이야! 나 자신에겐 그 밖에 도리가 없었어!"

자크는 도피하여 자유를 얻고자 했다는 것을 강조하려는 듯 자신도 모르 게 그 마지막 말에서 가볍게 떨었다.

제니는 꼼짝하지 않고 싸늘한 눈길로 자갈 위를 뚫어지게 보고 있었다.

"지난 3년 동안 나는 얼마나 변했는지 몰라……" 자크는 변명이라도 하는 듯한 몸짓을 하며 말했다. "오! 나는 제니에게 숨기려고 하는 것이 아니야. 그래! 오히려 나의 가장 절실한 욕망은 제니에게 모든 것을 말해 줄 수 있 으면 하는 거야. 모든 것을……."

"나는 당신에게 아무것도 바라지 않아요!" 하고 외치는 제니의 말투에 날 카로움이 깃들어 있었으므로 자크는 감히 그녀를 가까이하지 못했다.

침묵이 계속되었다.

"지금은 제니가 내게서 멀어진 것 같은 느낌이야" 하며 자크는 한숨지었 다. 그리고 잠시 뒤 상대가 화를 낼 수 없도록 진솔한 태도로 털어놓았다. "나는 제니가 바로 곁에 있는 것 같이 느껴져……."

그 목소리는 또다시 따뜻하고 마음을 사로잡는 억양을 띠었다……. 제니 는 갑자기 두려움에 사로잡혔다. 자크와 단둘이 밤에 이런 외딴 곳에 있다는 것을 새삼 의식했던 것이다. 그녀는 일어나 달아나려고 했다.

"안 돼." 자크는 명령하는 듯한 손짓을 하며 말했다. "안 돼. 내 말을 들어봐. 그런 행동을 하고 나서 나는 제니한테로 올 생각을 감히 할 수 없었던 거야. 그런데 이렇게 제니를 만나게 됐어. 이렇게 제니가 내 곁에 있어 주었고, 일주일 전부터 우리는 만날 수밖에 없었어……. 아! 오늘밤 제니가 내 마음을 알아 준다면! 이 순간 내게는 떠나야만 했던 것, 그리고 지난 4년 동안의 일 같은 것은 별로 중요하지 않아. 심지어는—이렇게 말하는 것이 뻔뻔스런 일 같지만—제니에게 준 온갖 고통도 말이야! 그래. 지금 내가 느끼는 것에 견주면 그런 것은 아무것도 아니야…… 제니, 그런 건 나에게는 이미 아무것도 아니야. 왜냐하면 제니가 그렇게 거기에 있고, 내가 이렇게 제니에게 말할 수 있으니까! 지난번 형의 집에서 제니를 만났을 때 심정이 어땠는지 제니는 짐작할 수 없을 거야……."

'그럼 내 심정은!' 하고 제니는 반사적으로 생각했다. 그러나 그 순간 제니는 지난 며칠동안 겪은 마음의 동요를 생각하며 자신의 허약함을 힐책하고 그것을 부정했다.

"자" 하고 그가 말했다. "나는 제니한테 거짓말은 하고 싶지 않아. 나는 내 자신한테 이야기하듯이 제니한테 말하고 있어. 일주일 전 같았으면 지난 4년 동안 줄곧 제니만을 생각하고 있었다는 말을 감히 입 밖에 내지도 못했을 거야. 아마 나 자신도 모르고 있었을 거야. 그러나 지금 나는 깨달았어. 언제나 그리고 어디를 가나 마음속에 지니고 다니던 괴로움의 정체를 지금 나는 알게 된 거야. 그것은 깊은 향수, 하나의 상처였어. 그것은…… 제니가 없다는 사실, 제니를 그리워하는 마음 바로 그것이었어. 그것은 내가 입은 상처였고, 그 상처를 낫게 해 주는 것은 아무것도 없었어. 제니가 내 생활 속에 다시 자리를 잡은 이래로 별안간 내 마음속에 비추어진 광명 덕분에 지금 분명히 알게 된 거야!"

제니는 건성으로 듣고 있었다. 완전히 얼이 빠진 사람 같았다. 동맥의 고동이 머릿속에서 귀를 찢을듯이 울려 대고 있었다. 주위에 있는 모든 것, 나무들, 건물과 집들의 정면 윤곽이 흐려지며 흔들리고 있었다. 그러나 순간 얼굴을 들어 자크의 눈과 마주쳤을 때 그녀는 아무런 거리낌없이 상대의 눈길을 대담하게 대했다. 그리고 그녀의 침묵, 표정, 곧게 세운 목은 이렇게 말하는 것 같았다. '언제까지 나에게 고통을 줄 거예요?'

자크는 정적 속에서 낭랑한 목소리로 계속 이야기했다.

"아무 말도 않는군. 제니가 무슨 생각을 하고 있는지 나는 짐작도 못하겠어. 하지만 그런 것은 아무래도 상관없어. 그래, 사실이야. 나를 어떻게 생각하고 있는지 그런 것은 별로 문제가 안 돼! 만일 제니가 내 이야기를 들어 준다면 제니를 설득할 자신이 있다고 느낄 정도로! 명백한 것을 부정할 수 있을까? 언젠가는, 언젠가는 제니도 나를 알게 될 거야. 나는 제니를 다시 설득시킬 만한 힘과 인내력을 가지고 있다고 생각해……. 나의 소년시절, 내 세계는 제니를 중심으로 움직이고 있었어. 나는 내 장래를 제니의 장래와 연결시켜서밖에 생각할 수 없었어—제니는 어떻게 생각했는지 모르지만 오늘밤 제니가 그러하듯이 말이야. 확실히 제니는 언제나 약간…… 나에 대해서 냉정했어. 제니! 내 성격이나 내가 받은 교육, 나의 무례한 언동, 모든 것이 제니의 마음에 들지 않았던 거야. 여러 해 동안 제니는 내가 해주려고 하는 것에 대해서 어떤 반감만을 보여 주었어. 그런 것이 나를 더 망설이게 만들었고, 더 반감을 가지도록 만든 거야! 내 말이 틀린가?"

'맞아요' 하고 제니는 생각했다.

"그러나 벌써 그때부터 나는 제니의 반감 같은 건 아무렇지도 않았어……. 오늘밤도 그렇지만……. 그때 내가 느끼고 있었던 감정에 비한다면 그게 문제가 될 수 있을까? 그토록 격렬하고 집요한…… 순수하고 내 생활의 중심을 이루고 있던 것, 그러면서 나는 오랫동안 그것을 뭐라고 불러야 할지도 몰랐고, 또 그럴 엄두도 나지 않던 감정에 견준다면 말이야?" 그의 목소리는 떨리고 헐떡거렸다. "생각해 봐……. 그 젊었던 여름날을……. 메종에서의 우리의 마지막 여름을! ……그해 여름 우리가 운명을 짊어졌다는 것을 제니는 몰랐어? 그리고 영원히 거기에서 벗어나지 못하리라는 것을?"

추억을 하나하나 떠올릴 때마다 또 다른 추억이 되살아나곤 했다. 그때마다 그녀는 뼛속까지 괴로움이 파고드는 것 같아서 그의 말을 더 듣지 않기 위해 다시 달아나고 싶은 충동을 느꼈다. 그러면서도 그녀는 한 마디도 놓치지 않고 듣고 있었다. 그녀의 숨소리도 자크 못지않게 거칠었다. 그리고 자신의 마음을 드러내지 않으려고, 온 힘을 다해 숨소리를 억눌렀다.

"우리들이 그랬듯이 두 인간 사이에, —그런 이끌림, 그런 약속, 그렇게 큰 희망이 있다면—4년, 10년이 지나갔더라도 그것이 무슨 상관이 있겠어? 그것은 결코 없어지지 않아……. 그래, 없어질 수 없어" 하고 자크는 거친 말투로 말했다. 그리고 목소리를 낮춰 비밀을 털어놓듯이 속삭였다. "그것은 알지도 못하는 사이에 자라서 두 사람의 마음속에 뿌리를 내릴 뿐이야!"

제니는 마치 자신도 잘 알지 못했던 아픈 곳, 숨은 상처를 드러낸 것처럼 자존심이 몹시 상했다. 그녀는 머리를 조금 뒤로 젖혔다. 그리고 어깨를 펴고 윗몸을 꼿꼿이 가누려고 손으로 벤치를 짚었다.

"그리고 제니는 그해 여름의 제니 그대로야. 나는 느낄 수 있어. 내 눈은 틀림없어. 옛날 그대로의 제니! 옛날 그대로의 외톨이." 자크는 잠깐 망설였다. "옛날 그대로…… 행복하지 못한! ……또 이렇게 말하는 나도 마찬가지야. 외톨이야. 옛날 그대로 외톨이야…… 아! 제니, 우리는 외톨이야! 외톨이인 우리 둘이 4년 동안 각자 암흑 속에 절망적으로 파묻혀 있었다니! 그러다가 갑자기 이렇게 만나게 됐으니! 그리고 할 수만 있다면 지금이라도……." 자크는 잠시 말을 멈추었다가 다시 격하게 말했다. "오늘 저녁처럼 혼신의 용기를 모아 '제니에게 말해야겠어'라고 이야기하던 9월의 마지막 날을 생각해 봐. 기억하겠지? 정오 무렵, 센 강 둑 위에서, 풀 속에 자전거를 내동댕이치고…… 꼭 오늘밤처럼 나만 이야기했었지……. 그리고 오늘밤처럼 제니는 아무 대답도 안했고……. 그래도 제니는 와 주기는 했었어. 그리고 오늘밤처럼 내 이야기를 듣고 있었지……. 나는 제니가 동의하는 것으로 짐작했었어……. 둘 다 눈에 눈물이 가득 고여 있었지……. 그리고 내가 입을 다물자마자 우리는 서로 바라보지도 않고 헤어졌던 거야……. 아! 그 침묵이 얼마나 엄숙했던지! 그 쓸쓸함이란! 그러나 그것은 빛나는─희망으로 빛나는 쓸쓸함이었어!"

이번에는 제니가 몸을 움찔하며 일어섰다.

"그래요……" 하고 그녀는 외쳤다. "그런데 3주 뒤에!"

숨이 꽉 막히는 듯 말은 거기서 끝나 버렸다. 그러나 엄습해 오는 마음의 흔들림을 감추기 위해 자신도 모르게 화를 내는 척했다.

그녀의 속마음을 드러내는 듯한 비난의 외침은 그때까지 자크의 마음속에 남아 있던 두려움과 불안을 단숨에 쓸어버렸다. 그는 북받쳐 오르는 기쁨으로 어쩔 줄을 몰랐다.

"아! 제니." 자크는 떨리는 목소리로 말했다. "그렇게 갑자기 떠났던 것도 설명해야겠어……. 그렇다고 변명하려는 것은 아니야. 나는 발작적인 광기에 사로잡혔던 거야. 아무튼 나는 도저히 참을 수가 없었어! 공부, 가정 생활, 아버지! 그리고 또 다른 일 때문에……."

자크는 지젤을 생각하고 있었다. 오늘밤 당장 그 이야기를 할까? ……마치 절벽을 따라 손으로 더듬어 가는 것 같은 느낌이었다. 자크는 낮은 목소리로 되풀이했다. "또 다른 일 때문에……. 모두 설명해 줄게. 나는 제니한 테 솔직하고 싶어. 처음부터 끝까지 솔직하고 싶어. 그런데 그것이 무척 어렵군! 자기 자신에 관해 이야기할 때는 별수 없어. 진실을 모두 말하는 법이 없지……. 모든 것과 관계를 끊고서 벗어나려고 행방을 감추고 싶어하는 그 욕구, 그건 끔찍한 것이야. 어떤 병 같은 것이지……. 나는 여태까지 평온과 쾌활함을 갈망해 왔어! 나를 다른 사람들의 희생물로 여겼지. 만일 그들에 게서 벗어나 그들로부터 멀리 떨어진 다른 곳에서 완전히 새로운 삶을 다시 시작한다면 마침내 그런 평화를 얻으리라고 늘 생각하고 있었어! 하지만 내 말을 들어봐, 제니. 나는 오늘 확신해. 만일 이 세상에서 나를 고쳐줄 수 있고, 나를 진정시켜 줄 수 있는 사람이 있다면…… 그것은 바로 제니야!"

제니는 아까처럼 세차게 돌아앉았다.

"하지만 4년 전에 내가 당신을 붙들 수 없지 않았나요?"

자크는 제니의 마음속에 자리잡고 있으며, 앞으로도 계속 그럴 것이 틀림 없는 어떤 냉혹한 것에 부딪혔다고 느꼈다. 예전에도 엇갈리는 두 사람의 성격이 잠시 합쳐지는 때가 이따금 있었다. 그때도 이렇게 마음속에 숨겨져 있는 냉혹함에 끊임없이 부딪치곤 했었다.

"그랬지……. 하지만……" 하고 그는 망설였다. "내 생각을 말해 볼게. 그러면 제니는 지금까지 나를 붙잡아 두기 위해 무엇을 했어?"

'아!' 제니는 솔직하게 생각해 보았다. '이 사람이 떠나고 싶어하는 것을 알았더라면 나는 틀림없이 무엇이든 시도했을 거야!'

"이해해 줘. 나는 내 잘못을 얼버무릴 생각은 없어! 그래. 다만 알고 싶 어……(그의 미소, 다정한 목소리는 지금 말하려고 하는 것에 대해서 미리 용서부터 구하는 것 같았다). 나는 제니한테서 무엇을 얻었을까? 하찮은 것 이었겠지! ……이따금 평소보다 덜 냉혹한 눈길, 전보다 덜 움츠리며 조금 적극적인 태도. 때로는 그나마 신뢰감을 보여주는 말. 그런 것이 고작이었어 ……. 그러면서 말을 얼버무리는가 하면 다시 말을 않고 나를 따돌린 적이 한두 번이 아니었지! 안 그래? 나를 미지의 세계로 몰아붙인 병적인 충동을 막아줄 만한 격려의 말 한 마디라도 제니는 내게 해준 적이 있어?"

제니는 이런 비난의 타당성을 인정할 수밖에 없었다. 순간 그녀는 스스로의 잘못을 인정하고 마음이 홀가분해졌으면 하는 심정이었다. 그러나 마침 자크가 곁에 와서 앉았다. 제니의 몸은 뻣뻣해졌다.

"나는 아직 모든 사실을 이야기한 게 아니야……." 자크가 이 '모든'이라는 말을 지금까지와는 달리 불안해 하면서 침통하고도 단호한 목소리로 이야기했으므로 제니는 몸을 떨었다. "어떻게 설명하면 좋을지 모르겠군……. 아무튼 나는 오늘 무슨 일이 있어도 비밀을 다 털어놓고 싶어……. 그 당시 나의 생활에는 또 다른 사람이 있었어. 우아하고 귀여운 한 여인……. 지젤이야……."

제니는 날카로운 바늘로 가슴을 찔린 것 같은 느낌이었다. 하지만 자크가 스스럼없이 안 할 수도 있었을 이런 고백을 한다는 것이 제니에게 커다란 감동을 가져다주었으므로 그녀는 자신의 고통은 거의 잊어버렸다. 자크는 제니에게 아무것도 숨기지 않았다. 그래서 제니도 완전히 믿을 수 있었던 것이다! 제니는 어떤 희열에 사로잡혔다. 마음이 후련해지면서 자신을 숨막히게 했던 비정한 저항을 마침내 떨쳐 버릴 수 있다는 생각이 들었다.

자크는 지젤의 이름을 입에 올리려는 순간 야릇한 충동, 오래전에 자신의 마음속에서 지워졌던 가슴 아픈 애정의 격정을 물리쳐야만 했다. 그러나 그것도 잠깐의 일이었다. 그것은 재 속에 파묻혀 있던 마지막 불꽃으로서 어쩌면 오늘밤을 마지막으로 영원히 꺼지기를 기다렸는지 모른다.

자크는 말을 이었다. "지젤에 대해 내가 느꼈던 감정, 어떻게 설명하면 좋을까? 정확한 말이 떠오르지 않는군……. 왠지 마음이 이끌리는, 무의식적이고 피상적으로 느낀 매력은 무엇보다도 어린시절의 추억 같다고나 할까……. 아니야, 그것만으로는 설명이 모자라. 나는 추호도 거짓말을 하고 싶지 않아. 과거를 세세히 들려주고 싶어……. 지젤과 같이 있다는 것이 집 안에서 나의 유일한 즐거움이었어. 제니도 알다시피 그 애는 세련된 성품의 소유자야……. 마음이 따뜻하고 아주 헌신적인 여자지……. 나에게는 여동생 같은 존재였어……. 그러나" 하면서 그는 말 한 마디 한 마디를 끝마칠 때마다 목이 메이는 듯한 소리로 말했다. "제니에게는 진실을 말해야겠어. 지젤에 대한 나의 감정…… 그것은 형제애와 같은 것은 아니었어. 정말…… 순수하지 않았어!" 그는 입을 다물었다가 아주 낮은 소리로 말을 계속했다. "내가 형제애로서, 순수한 애정을 가지고 사랑한 것은 바로 제니야. 나는 제니를 여동생처럼 사랑했어……. 여동생처럼!"

오늘밤 이런저런 추억을 떠올리다 보니 가슴이 찢어지는 것 같았다. 그는 갑자기 힘이 빠지는 것을 느꼈다. 뜻하지 않은 그리고 억누를 수 없는 오열이 목에서 치밀었다. 고개를 숙여 두 손으로 얼굴을 감쌌다.

제니는 별안간 일어섰다. 그리고 한 발 물러섰다. 자크의 뜻하지 않은 약한 마음이 그녀에게 충격을 주었을 뿐만 아니라 그녀를 혼란에 빠뜨린 것이다. 그리고 지금까지 자크에 대한 자신의 불만이 잘못되었던 것이 아닌가 하고 처음으로 자문해 보았다.

자크는 제니가 일어나는 것을 보지 못했다. 그러나 제니가 벤치에서 떠난 것을 알고 자신에게서 달아나려는 것으로 생각했다. 그렇지만 그는 움직이지 않고 몸을 웅크린 채 계속 울었다. 그는 반은 의식적으로, 반은 엉큼한 생각에서 이 눈물을 이용하려고 했던 것일까?

제니는 물러가지 않았다. 넋 나간 사람처럼 거기에 있었다. 수줍음과 자존심으로 무장하고 동시에 동정과 사랑의 마음으로 몸을 떨면서 절망적으로 자기 자신과 싸우고 있었다. 그녀는 드디어 자신과 자크 사이를 갈라놓고 있던 벽을 뛰어넘었다. 자기의 무릎 높이에 머리를 숙인 채 두 손으로 얼굴을 감싸고 있는 자크를 내려다보았다. 제니는 어색하게 팔을 내밀었다. 그리고 손가락으로 자크의 어깨를 살짝 건드리자 그의 어깨가 심하게 떨렸다. 제니가 물러서려고 하자 자크는 그녀의 손을 붙잡고 꼭 쥐었다. 자크는 제니의 원피스에 슬며시 얼굴을 묻었다. 이와 같은 접촉이 제니를 불처럼 타오르게 했다. 들릴까 말까 하는 내면의 소리가 지금 무서운 구렁으로 떨어지고 있다는 것, 더구나 이 사람을 사랑해서는 안 된다고 경고해 주었다……. 제니는 깜짝 놀라 떨었으나 이내 몸이 굳어졌다. 그러나 물러서지는 않았다. 두려움과 황홀감에 빠진 제니는 필연에, 자신의 숙명에 순응했다. 이제는 무슨 일이 있어도 거기에서 벗어나지 못할 것이다.

자크는 제니를 안으려는 듯 팔을 앞으로 내밀었다. 그러나 검은 장갑을 낀 제니의 두 손을 붙잡는 것으로 그쳤다. 그리고 그에게 내맡긴 제니의 손을 잡고 벤치 쪽으로 끌어당겨 그곳에 억지로 앉혔다.

"제니뿐이야……. 제니만이 내가 지금까지 몰랐던 이 마음의 평정을 가져다주었어. 그리고 오늘밤 제니 곁에서 나는 그것을 발견한 거야……."

'나도' 하고 제니는 생각했다. '나도…….'

"아마 이미 제니를 사랑한다고 한 사람이 있었을지도 몰라" 하며 자크는 말을 이었다. 그 목소리는 차분했다. 제니에게는 그 차분한 울림이 이미 자신에게 도달하여 마음속 깊은 곳까지 스며들어 혼란스러우면서도 감미로운 사랑의 상처를 주는 것만 같았다. "그러나 내가 확신하는 것은 어느 누구도 내 감정만큼 깊고 영원하며, 이만큼 생생한 감정을 제니에게 가져다줄 수 없다는 거야!"

제니는 대답을 하지 않았다. 너무나 큰 감동 때문에 정신이 없었다. 시간이 지날수록 자크가 자신을 점점 더 사로잡는다고 느꼈다. 그리고 자기가 자크의 애정에 몸을 맡길수록 자크도 자신의 것이 된다고 느꼈다.

자크는 되풀이했다. "지금까지 다른 사람을 좋아한 적이 있어? 나는 제니에 대해 아무것도 아는 것이 없어."

제니는 놀란 나머지 파란 두 눈을 들어 그를 보았다. 그 순간 그 눈동자가 어찌나 맑았던지 자크는 자신이 한 질문을 말끔히 지워 버리기 위해서 어떤 대가라도 치렀을지 모른다.

그는 뚜렷한 사실을 인정하는 듯 확고하고 솔직한 투로 말했다. "내가 제니를 사랑하는 것만큼 당신을 사랑하는 사람은 아무도 없었어……." 그리고 잠시 쉬었다가 말했다. "나의 모든 삶은 오늘밤을 기다려 왔다고 느껴져!"

제니는 곧바로 대답하지는 않았다. 드디어 지금까지 그가 들어본 적이 없는 조급하고 목이 메인 듯한 소리로 제니가 중얼거렸다.

"나도 그래요, 자크."

제니는 벤치 등에 몸을 기댔다. 그리고 눈길은 어둠 속을 향하고 고개를 숙인 채 움직이지 않았다. 겨우 1시간도 채 안 되어서 제니는 10년이나 달라진 듯 보였다. 사랑 받고 있다는 확신이 그녀로 하여금 새로운 마음가짐을 갖도록 했던 것이다.

그들은 어깨와 팔을 통해 서로의 타는 듯한 체온을 느꼈다. 숨이 막히고 마음은 온통 혼란스러워져 눈만 깜박이며 입을 다물고 있었다. 그러면서 그들은 둘만의 세계, 이런 침묵, 이런 밤을 두려워하고 있었다. 마치 그들의 행복이 하나의 승리라기보다는 눈에 안 보이는 힘에 굴복한 것처럼 두려워하고 있었다.

별안간 그들의 머리 위에서, 지금까지 멈추었던 시간 속에서 집요하게 쇠망치로 두드리는 듯한 성당의 종소리가 공간을 가득 메웠다.

제니는 마음을 다잡고 자리에서 일어났다.

"11시네!"

"가지마, 제니!"

"틀림없이 엄마가 걱정하고 있을 거예요" 하고 제니는 절망한 듯이 말했다.

자크는 붙잡으려 하지 않았다. 오히려 그는 자기가 가장 바라고 있던 것, 영원토록 그녀를 가까이 붙잡아 두고 싶은 마음을 체념함으로써 뭔가 야릇하고 새로운 기쁨을 느꼈다.

그들은 서로 아무 말 없이 나란히 돌계단을 내려와 라파예트 광장까지 걸어갔다. 인도까지 왔을 때 마침 손님을 찾아 돌아다니던 택시 한 대가 그들 앞에 와서 섰다.

자크가 말했다. "집에까지라도 데려다 줄까?"

"안 돼요……."

그 말은 쓸쓸하면서도 다정하고 또한 확고했다. 그리고 곧 그것에 대한 변명이라도 하듯 미소를 지었다. 자크가 제니가 미소짓는 것을 보기는 참 오랜만의 일이었다.

"엄마를 다시 볼 때까지 잠시 혼자 있고 싶어요……."

자크는 '아무래도 좋아'라고 생각했다. 그리고 이렇게 스스럼없이 헤어질 수 있다는 것에 놀랐다.

제니는 미소를 거두었다. 이목구비가 섬세한 그녀의 얼굴 위에서는 고뇌의 표정 같은 것을 읽을 수 있었다. 마치 지난날의 고통이 할퀴고 간 흔적이 지금 너무나 새로운 행복감 속에 아직 남아 있는 듯했다.

제니는 수줍어 하며 말했다.

"내일은 어때요?"

"어디서?"

제니는 망설이지 않고 말했다.

"집에서. 아무 데도 안 가고 있겠어요. 기다릴게요."

자크는 약간 놀랄 수밖에 없었다. 그러나 곧 둘 사이에 서로 감춘 것이 없다고 생각하면서 어떤 자부심 같은 것을 느꼈다.

"그래, 갈게…… 내일……."

제니는 자크가 꼭 쥐고 있던 손을 슬며시 뺐다. 머리를 숙이고 자동차 안으로 몸을 감추었다. 자동차는 곧 달리기 시작했다.

자크는 문득 생각났다.

'전쟁…….'

별안간 세상의 빛과 기온이 바뀌는 것 같은 느낌이 들었다. 팔을 축 늘어뜨리고 이미 시야에서 사라진 자동차 쪽을 바라보면서 그는 순간 몸을 찌르는 듯한 공포감과 싸웠다. 오늘밤 유럽을 짓누르고 있는 불안이 또다시 그가 혼자가 되고 자유롭게 되길 기다렸다가 그의 마음을 덮친 것 같았다.

"아니야, 전쟁은 아니야!" 하고 그는 주먹을 불끈 쥐면서 중얼거렸다. "혁명이야!"

지금 온 생애를 걸려는 사랑을 위해 그에게는 그 어느 때보다도 더 정의롭고 순수하고 새로운 세계가 필요했다.

39. 7월 26일 일요일—자크의 아침—정치적 정세. 오스트리아 세르비아 국교단절

자크는 소스라쳐 놀라며 눈을 떴다. 초라한 이 방……. 정신이 나간 사람처럼 그는 불빛 속에서 눈을 깜박이면서 기억을 더듬어갔다.

제니…… 성당 앞의 작은 공원…… 튈르리 공원…… 새벽녘에 이르렀던 도르세 역 뒤쪽 싸구려 여관…….

그는 하품을 하고는 시계를 힐끗 쳐다보았다. '벌써 9시구나!' 굉장한 피로를 느꼈다. 그러나 그는 침대에서 뛰어내려 물을 한 잔 마신 다음 거울에 비친 피곤한 얼굴과 빛나는 자신의 두 눈을 보고 씩 웃었다.

그는 어젯밤을 밖에서 지냈다. 자정쯤에 어떻게 된 영문인지 〈위마니테〉 사 앞에 있었다. 신문사 안에까지 들어가서 몇 계단을 올라갔었다. 그러나 중간쯤까지 올라갔다가 되돌아 나왔다. 제니가 돌아간 뒤에 석간신문의 속보를 가로등 밑에서 훑어보고 나서야 최신 소식을 알게 되었다. 그는 친구들의 정치 토론에 끼어들 용기가 나지 않았다. 자신에게 주어진 지금의 평온함을 헛되게 하다니. 오늘밤 인생을 그토록 아름답게 해 주었던 이 즐거운 신뢰를 급박한 사태 때문에 뒤죽박죽으로 만들다니. 천만에! ……그래서 그는 더운 여름밤에 머리도 식힐 겸해서 즐거운 마음으로 정처 없이 걸어 보기로 했었다. 이 넓은 파리의 밤하늘 아래 자신의 행복을 아는 사람이 제니밖에 없다는 생각을 하면서 흥분을 감추지 못했다. 그동안 가는 곳마다 줄곧 끌고 다니던 고독의 무거운 짐으로부터 처음으로 해방감을 느꼈다. 그는 마치 발걸음의 리듬만이 자신의 희열을 나타낼 수 있는 것처럼 경쾌하고 춤추는 듯한 빠른 걸음으로 걸었다. 그의 머릿속에서는 제니의 생각이 떠나지 않았다. 그녀의 말을 되뇌이자, 그 메아리가 그의 온몸을 전율케 했다. 아직도 그에게는 제니의 목소리의 미묘한 억양까지도 들리는 듯했다. 그녀의 모습이 그에게서 떠나지 않을 뿐만 아니라, 그의 마음속에 살아 있으면서 그의 마음을 독차지하고 있었던 것이다. 그만큼 그는 그것에 사로잡혀 자기 자신을 잊어버리고 있었고, 만물의 모습, 우주의 의미까지도 완전히 숭고한 모습으로 바뀌었다고 생각했다……. 얼마동안의 시간이 흐른 뒤 그는 밤에도 열려 있는 튈르리 공원의 한 모퉁이에 있는 마르상 건물까지 왔다. 이 시각에 사람 하나 보이지 않는 공원은 휴식처로 안성맞춤이었다. 그는 벤치 위에 다리를 죽 뻗고 누웠다. 잔디밭과 연못에서는 상쾌한 냄새가 피어올랐고, 피튜니아와 제라늄 꽃향기가 풍겨 왔다. 그는 잠드는 것이 두려웠다. 언제까지나 자신의 즐거움을 만끽하고 싶었다. 새벽빛까지 그곳에 머물러 있었다. 그렇다고 무슨 뚜렷한 생각이 있어서도 아니었다. 별빛이 차츰 희미해지는 하늘을 바라보며 지금까지 한 번도 경험하지 못한 순수하고 원대한 평온과 숭고한 감정에 사로잡혀 있었다.

여관을 나오자마자 자크는 신문가판점을 찾았다. 7월 26일 일요일의 모든 신문은 격분한 표제를 내걸고 세르비아의 회답에 관한 아바스 통신을 싣고 있었다. 그리고 폰 쉔 대사가 케도르세에 제시한 위협적인 교섭에 대해 정부의 지시를 받기라도 한 것처럼 모두 한결같이 항의하고 있었다.

큰 표제를 한 번 들여다보는 순간 아직 마르지 않은 신문지에서 풍겨 나오는 잉크 냄새가 자크로 하여금 자신이 투사임을 일깨워 주었다. 그는 〈위마니테〉사로 급히 가기 위해 버스에 올라탔다.

이른 아침인데도 편집실 안에는 평소에 찾아볼 수 없었던 생기가 감돌고 있었다. 갈로, 파제스, 스테파니도 벌써 자신들의 부서에 와 있었다.

발칸 지역 정세에 관한 뜻밖의 상세정보가 들어왔다. 전날, 최후통첩에 대한 유예기간 만료 시각에 파시치 수상은 베오그라드 주재 오스트리아 공사 기슬 남작에게 세르비아 쪽의 회답을 알렸다. 이 회답은 타협의 선을 넘었다. 곧 굴복을 뜻하는 것이었다. 세르비아는 모든 것을 수락했다. 오스트리아―헝가리 제국을 비난하는 세르비아의 선전을 공공연하게 금지시키고 그러한 금지를 '관보'에 게재하기로 받아들였다. 민족주의 사회 단체인 '노로드나 오브라나'의 해산뿐만 아니라 반 오스트리아 활동을 한 혐의가 있다고 인정되는 장교들을 군대에서 추방하는 것까지 약속하고 있었다. 다만 '관보'에 게재해야 할 본문의 문구와 혐의가 있는 장교들을 지명할 법정의 구성에 관해서도 언급할 것을 요청해 왔다. 이것은 형편없는 보류사항으로 상대편에게 불만을 일으킬 만한 것도 못 되었다. 그러나 오스트리아 공사관은 무력 제재가 불가피하도록 하기 위해 무슨 일이 있어도 외교관계를 끊으라는 명령을 받기라도 한 것처럼 파시치 수상이 관저에 도착하자마자 기슬 공사에게서 '세르비아의 회답은 불만족스러운 것으로 인정하고, 오스트리아 공사관 전원을 그날 밤으로 세르비아에서 철수시킨다'는 놀라운 통고를 받았다. 그러자 바로 그날 오후 동원 준비를 하고 있던 세르비아 정부는 서둘러 베오그라드를 떠나 행정부서를 크라구예바츠로 옮겼다.

사태의 중대함은 아주 명확했다. 의심의 여지 없이 오스트리아는 전쟁을 원하고 있었다.

이렇게 위기가 절박해도 〈위마니테〉사에 모인 사회주의자들의 신념은 흔들리지 않고 오히려 궁극적으로는 평화가 승리하리라는 확신을 굳건히 하는 것 같았다. 더구나 인터내셔널의 활동에 관해서 갈로가 모으고 있는 여러 가지 정확한 정보도 그 희망을 정당화시켜 주고 있었다. 프롤레타리아의 저항은 더욱더 심해졌다. 무정부주의자들까지도 투쟁에 합류할 태세였다. 그들은 일주일 뒤 런던에서 회의를 열기로 했다. 그리고 다른 모든 토의에 앞서 유럽 문제에 관한 토론을 하기로 되어 있었다. 파리에 있는 노동총연맹은 가까운 시일 안에 바그람 거리의 홀에서 대대적인 시위를 벌일 계획을 세우고 있었다. 그 공식기관지인 〈라 바타이유 조합주의자〉지('조합 투쟁'이라는 뜻)는 전쟁이 발발할 때에 노동자 계급이 취할 태도에 대해 연합회의에서 정식으로 의결된 결정을 대서특필하며 주의를 환기시켰다. '어떠한 선전포고에도 노동자들은 즉시 혁명적 총파업으로 맞서라.' 이번 주 브뤼셀의 민중회관으로 긴급소집된 인터내셔널의 유럽 지도자들은 끊임없이 의견을 나누며, 본부의 집회 준비를 게을리하지 않았다. 그 집회의 뚜렷한 목적은 전 유럽의 저항을 통합하고, 위협당하고 있는 모든 국민에게 각국 정부의 위험한 정책을 근본적으로 거부하는 방법을 지체 없이 제공하기 위해 유효한 집단적 조치를 취하는 데 있었다.

이 모든 것이 좋은 징조인 것 같았다.

게르만계 여러 나라에서 나타나고 있는 평화주의적 저항은 특히 의미심장했다. 오늘 아침에 도착한 오스트리아와 독일 야당신문 최신호 몇 부가 이 사람 손에서 저 사람 손으로 돌았는데, 그것을 갈로가 희망적인 주석을 붙여 번역했다. 빈의 〈아르바이터차이퉁〉지('노동자 신문'이라는 뜻의 독일어)는 오스트리아의 사회당이 최후통첩을 거침없이 공격하기 위해 전 노동자의 이름으로 평화적 교섭을 요구하는 장중한 선언문을 실었다. '평화는 지금 풍전등화나 다름없다……. 우리는 온 힘을 다하여 거부하는 이 전쟁의 책임을 받아들일 수 없다!'

독일에서도 마찬가지로 좌익정당들이 항거하고 있었다. 〈라이프치거폴리스차이퉁〉지와 〈포르뵈르츠〉지는 격렬한 기사를 통해서 독일 정부에 대해 오스트리아의 행동을 정면에서 부정하도록 촉구했다. 사회민주당은 28일 화요일을 기해서 베를린에서 대대적인 집회를 준비하고 있었다. 그리고 모든 독일 국민에게 보내는 매우 강경한 항의문에서 만일 발칸에 분쟁이 일어난다 해도 독일은 엄격히 중립을 지켜야 한다고 노골적으로 말하고 있었다. 갈로는 지도위원회가 어제 제출한 선언문에 대단한 중요성을 부여했다. 그는 몇 구절을 번역해서 높은 목소리로 들려주었다. '오스트리아 제국주의가 일으킨 호전적인 열기는 온 유럽에 죽음과 황폐를 가져올 것이다. 범세르비아 국가주의자들의 행동이 비난받아야 한다면, 동시에 오스트리아—헝가리 정부의 도발적 태도도 통렬히 항의받아야 한다. 독립국가에 대한 오스트리아—헝가리 정부의 요구는 지금까지 유례를 찾아볼 수 없을 정도로 야만적인 것이다. 그것은 직접적으로 전쟁을 도발할 의도를 가지고 계획한 것으로

밖에 생각할 수 없다. 독일의 의식 있는 무산계급은 인류와 문명의 이름으로 전쟁 선동자의 범죄적 행동에 대해서 격렬히 항의함과 동시에 정부가 오스트리아에 대해서 평화유지를 목적으로 그의 영향력을 행사할 것을 긴급히 요구한다.' 그곳에 모인 몇 사람들은 이것을 듣고 격한 감격에 사로잡혔다.

자크는 친구들의 전적인 찬성과는 의견을 달리하고 있었다. 그가 볼 때 이 선언문은 아직도 너무 미온적인 것 같았다. 독일 사회주의자들이 독일계 두 나라 정부의 공모 사실에 대해서 공공연히 언급하지 않은 것이 못마땅했다. 그는 베르히톨트와 베트만 홀베크 두 수상 사이에 합의된 행동에 대한 혐의를 공표함으로써 사회민주당이 비로소 독일의 모든 사회계급의 대정부 여론을 환기시킬 수 있다고 생각했다. 자크는 그런 자신의 의견을 확신하고 있었다. 그리고 사회주의자들이 취하고 있는 너무나 소극적인 태도에 대해 꽤 신랄한 비난을 퍼부었다(그는 입 밖에는 내지 않았지만 독일의 사회주의자들을 통해서 실은 프랑스의 사회주의, 특히 의회파 그룹, 〈위마니테〉사의 사회주의자들을 공격했다. 그가 볼 때 최근 며칠동안 이들의 태도는 소심하고 겁이 많으며 너무 정부 쪽에 치우쳐 있고, 외교적이며 너무나 민족주의적이라는 생각이 들었다). 갈로는 독일 사회민주당의 확고부동함과 그 저항의 효과를 믿고 있던 조레스의 의견을 예로 들며 자크에게 반론을 제기했다. 그러나 자크의 질문에 대해서 갈로는 베를린에서 나온 정보에 따르면, 사회민주당의 공식 지도자들 대부분이 세르비아에 대한 오스트리아의 군사행동이 거의 불가피해졌다고 인정하여, 전쟁을 오스트리아—세르비아 국경에 '국한'할 필요가 있다는 빌헬름슈트라세(독일 외무성이 있는 거리)의 주장을 지지할 것 같다는 점을 솔직히 인정했다.

"오스트리아의 현재 태도로 보아서" 하고 갈로가 말했다. "그리고 현재 이미 행동으로 옮겨졌다는 점으로 보아서—이 일은 어떻게든 고려해야 할 일인데—'국지적 해결'은 타당하고 현실적인 거야. 불길을 막기 위해 필요 없는 것을 걷어치우자는 것이고 분쟁의 확대를 국한시키겠다는 거야."

자크는 의견을 달리했다.

"분쟁의 국지적 해결에 만족한다는 것은 오스트리아—세르비아 사이의 전쟁을—적어도—승인했다고 자백하는 것이나 다름없어요. 따라서 얼마쯤은 강대국들의 중재활동을 암암리에 거절한다는 뜻도 되지요. 그것만으로도 벌써 중대한 겁니다. 그렇지만 그것으로 끝나지 않아요. 설사 국지적이라 하더라도 전쟁인 이상 러시아는 다음 가운데 양자택일로 나올 거예요. 굴복하고 세르비아가 유린당하는 것을 보고만 있든가, 아니면 세르비아 쪽에 서서 오스트리아와 싸우든가. 그런데 러시아 제국주의는 자신의 세력을 공고히 할 수 있는 이 절호의 기회를 포착해, 오스트리아에 맞설 군대를 동원하기 위한 구실을 찾았다고 생각할 공산이 아주 큽니다. 그렇다면 우리가 어떤 지경에 처하게 될지 알 만하겠지요. 동맹관계가 자동적으로 발동됨에 따라 러시아의 동원은 곧 유럽 전체의 전쟁이 될 겁니다……. 그래서 독일은 의식하든 안 하든 간에 분쟁의 국지적 해결을 고집하면서 러시아를 전쟁으로 몰고 있어요! 평화로 이어진 유일한 기회는 영국이 요구한 것같이 오히려 반대로 '분쟁을 국지적인 것'으로 하지 않고 '유럽의' 외교문제로 삼는 거예요. 그렇게 되면 강대국들은 이 문제에 직접 관여하게 될 것이고, 각 나라 정부는 모두 그 해결에 힘을 기울이게 되겠지요……."

모두들 자크의 말을 끝까지 듣고 있었다. 그러나 잠시 그가 입을 다물자 반대 의견이 쏟아져 나왔다. 각자 자신의 말에는 반론의 여지가 없다는 투로 "독일이 바라는 것은……", "러시아의 결심은……"이라고 말했다. 마치 모두가 나라의 중요한 회의에라도 참석하고 있는 것 같았다.

토론이 점점 혼란에 빠졌을 때 카디외가 나타났다. 그는 조레스와 무테를 따라 베즈에 갔다가 론느 지방에 다녀왔는데, 지금 막 기차에서 내리자마자 오는 길이었다.

갈로가 일어섰다. "보스도 돌아왔나?"

"아니. 오후에 돌아와. 리옹에 들렀어. 어떤 '견직물 제조업자'와 만날 약속이 있어서……." 카디외는 미소를 지으면서 말했다. "허! 내가 경솔한 말을 한다고는 생각하지 않는데…… 그 '견직물 제조업자'라는 사람은 사회주의 실업가야—그런 사람들이 더러 있지—게다가 평화주의자야……. 상상하기 어려울 정도로 굉장한 부자인가 봐……. 그리고 선전을 위해 재산의 일부를 당장 인터내셔널 본부 회계에 제공하겠다는 거야! 정말 훌륭한 자세 아닌가……."

"유복한 사회주의자들이 모두 그렇게만 나온다면!" 하고 쥐믈렝이 중얼거렸다.

자크는 저도 모르게 몸을 떨었다. 쥐믈렝을 바라보고 있는 그의 눈길은 조금도 움직이지 않았다.

방 한가운데서는 카디외가 계속 이야기하고 있었다. 그는 자신의 이번 여행, 어제 저녁의 대회에 대해서 흥분을 감추지 못하고 이야기를 늘어놓았다. "보스는 평상시보다 훌륭했어!" 하고 그는 자신 있게 말했다. 그의 말에 따르면 조레스는 개회 30분 전에 세르비아의 굴복과 오스트리아의 거절, 뒤이은 외교 단절과 두 나라 군대의 동원을 차례로 알았다. 그는 흥분해서 연단에 올라갔다. "보스가 한 연설로는 유일하게 비관적인 연설이었어!" 하고 카디외가 말했다. 조레스는 갑작스런 감흥에 몸을 맡기고 현대사의 생생한 정경을 그려 갔다는 것이다. 그는 자못 응징하는 듯한 목소리로 유럽 각국 정부의 책임을 차례로 규탄했다. 오스트리아의 책임은 대담무쌍한 도발 행위를 거듭하여 이미 여러 차례 유럽에 불을 붙일 뻔했다는 점이며, 그 속셈은 오늘 정말로 뚜렷하게 드러났다. 그리고 세르비아에 싸움을 겂으로써 다시 무력을 행사하여 흔들리는 제국을 공고히 하겠다는 목적밖에는 없다. 독일이 질 책임은, 처음 몇 주 동안에 걸쳐 오스트리아의 호전적 야심을 완화하고 자제하도록 하지 않고 오히려 그것을 지지한 듯한 점이다! 러시아의 책임은, 집요하게 남하정책을 수행하고 여러 해 전부터 발칸에서 전쟁을 원하는가 하면, 국위를 지킨다는 구실을 내세워 별 위험 없이 개입하면서 콘스탄티노플로 진출해 마침내 영-불 해협의 점령을 획책한 점이다! 그렇다면 프랑스의 책임은 그 식민정책, 특히 모로코 정복으로 다른 나라의 합병정책에 대해 항의할 수 없게 되었으며, 권위로써 평화를 옹호할 수 없게 된 점이다. 유럽 각 나라의 정부와 정치가 모두의 책임은 30년 전부터 그늘에서 국민의 생명이 걸려 있는 비밀조약의 체결에 광분하고 있다는 점, 각국 정부를 전쟁 수행과 제국주의적 공략에 끌고 들어가는 것 이외에는 아무런 이익도 없는 위험한 동맹 체결에 광분하는 점에 있다는 것이었다! "우리는 지금 끔찍한 위기를 맞이하고 있다……"라고 조레스는 외쳤다. "평화를 유지하기 위해서는 오직 한 가지 기회밖에 없다. 그것은 프롤레타리아가 그들의 모든 힘을 집약시키는 것이다……. 나는 어떤 절망과 함께 이 말을 외친다……."

자크는 건성으로 듣고 있었다. 그리고 카디외가 이야기를 끝내자 곧 일어섰다.

그때 마침 마르고 키가 큰 데다 건강이 좋지 않아 보이는 남자가 들어왔는데, 그는 회색 머리에 턱수염을 기르고 나비넥타이를 맸으며 챙 넓은 펠트모자를 쓰고 있었다. 쥘 게드(프랑스의 집산주의적 사회주의자)였다.

모두들 입을 다물었다. 게드의 존재는 마치 은둔자의 얼굴처럼 좀 신랄하고, 환상에서 깨어난 표정을 하고 있었으므로 언제나 분위기가 좀 어색해지곤 했다.

자크는 얼마동안 벽에 등을 기댄 채로 있었다. 문득 무슨 결심이라도 한 듯이 시계를 보더니 갈로에게 가볍게 인사를 하고는 문 쪽으로 걸어갔다.

계단에서는 투사들이 몇 명씩 무리를 지어 자기들끼리 요란스럽게 토론을 계속하면서 오르락내리락하고 있었다. 계단 아래에서는 푸른 겉옷을 입은 늙은 노동자가 주머니에 두 손을 찔러 넣고 혼자 입구의 문틀에 기대어 꿈꾸는 듯한 눈매를 하고, 거리의 지나가는 사람들을 보면서 무정부주의자들의 옛 노래(라바숄이 단두대 밑에서 불렀다는 노래를 말함)를 낮고 굵은 목소리로 부르고 있었다.

행복하고 싶거들랑
제기랄
네 지주의 목을 매달려무나…….

자크는 옆을 지나면서 꼼짝하지 않는 그 남자를 슬쩍 바라보았다. 구릿빛이 도는 주름진 얼굴, 벗겨진 넓은 이마, 고상한 면과 비속한 면, 정력적인 면과 쇠약한 면이 뒤섞여 있는 모습이 자크에게 낯설지가 않았다. 그가 거리에 나왔을 때야 비로소 기억에 떠올랐다. 지난해 겨울 어느 날 저녁 로케트 거리의 〈레탕다르〉사에서 만난 적이 있다. 그리고 그 늙은이가 병영 문 앞에서 반군국주의 삐라를 뿌렸다는 이유로 구치소에 들어갔다 나왔다는 사실을 무를랑이 일러 주었었다.

11시. 안개가 자욱한 가운데 태양은 거리 위에 폭풍우를 머금은 더위를 무겁게 드리우고 있었다. 눈을 뜨면서부터 그림자처럼 끈질기게 따라다니던 제니의 모습이 뚜렷이 떠올랐다. 호리호리한 몸매, 어깨 언저리의 가냘픈 곡선, 베일의 주름에 감춰진 투명한 목덜미…… 행복한 미소가 그의 입가에 떠올랐다. 틀림없이 제니는 이 결심을 좋게 받아줄 거야.

증권거래소 광장에서는 재미나게 노는 한 무리가 그의 앞을 지나갔다. 먹을 것을 실은 자전거를 탄 젊은이들은 숲 속에서 야외 점심을 즐기러 가는 것이 분명했다. 그는 잠시 그들이 지나가는 것을 보다가 센 강 쪽으로 걸어갔다. 별로 급한 일도 없는 자크는 앙투안을 만나려고 생각했다. 그러나 형이 정오 이전에는 거의 돌아오는 법이 없다는 것을 그는 알고 있었다. 길거리는 텅 비어 조용했다. 물을 뿌린 아스팔트에서 강한 냄새가 올라왔다. 그는 고개를 숙인 채 걸으면서 아무 생각 없이 콧노래를 불렀다.

행복하고 싶거들랑
제기랄……

"선생님은 아직 돌아오시지 않았는데요." 그가 위니베르시테 거리의 집에 도착했을 때 수위 아주머니가 그에게 일러 주었다.

자크는 그 근처를 둘러보기도 할 겸 밖에서 기다리기로 작정했다. 멀리서 자동차 소리가 들려왔다. 앙투안이 손수 운전을 하고 있었다. 그는 혼자였는데 수심에 가득 찬 모습이었다. 차를 세우기 전에 동생을 가만히 보더니 여러 차례 고개를 흔들었다.

"어떻게 된 거야, 오늘 아침 그 일들은?" 앙투안은 자크가 자동차 문에 다가서자마자 물었다. 그는 쿠션 위에 있는 대여섯 종류의 신문을 손가락으로 가리켰다.

자크는 아무런 대답도 않고 얼굴을 찡그렸다.

"올라가서 점심이나 같이할까?" 하고 앙투안이 제의했다.

"아니야. 형한테 할 말만 하면 돼."

"여기 길가에서?"

"응."

"그럼 차 안에라도 들어가자꾸나."

자크는 형 곁에 앉았다.

"나, 돈 이야기 좀 하려고 왔어" 자크는 좀 괴로운 듯한 목소리로 말했다.

"돈이라고?" 순간 앙투안은 놀란 모습을 했다. 그러나 곧 이렇게 말했다. "뭐 어려울 것 없지! 원하는 대로 줄게."

자크는 화가 난 몸짓을 하며 그의 말을 막았다.

"그게 아니라! ……있잖아, 그 편지에 관해서 이야기하고 싶은데. 아버지가 돌아가신 뒤에……. 그거 말이야……."

"유산 말이니?"

"응."

자크는 스스로 그 말을 꺼내지 않아도 된 것을 무척 홀가분하게 생각했다.

"너…… 생각이 바뀌었니?" 하고 신중한 태도로 앙투안이 물었다.

"그런지도 모르지."

"좋아!" 앙투안은 미소를 띠었다. 그는 항상 자크를 몹시 화나게 했다. 남의 생각을 꿰뚫어 보는 점쟁이 같은 태도 때문이었다. "이러쿵저러쿵할 생각은 없다만" 하며 앙투안이 말을 꺼냈다. "그때 네가 보내 온 답장에선 ……."

자크는 그의 말을 가로막았다. "내가 그저 알고 싶은 것은……."

"네 몫이 어떻게 되었느냐 하는 거지?"

"응."

"그 몫은 아직도 너를 기다리고 있어."

"만약에 내가…… 그것을 받으려면 일이 복잡할까? 시간이 오래 걸려?"

"아주 간단해. 공증인 베노 사무실에 가서 수속을 하면 그가 맡은 물건을 알려 줄 거야. 그 다음은 주권이 보관되어 있는 중개인 종코이에게 가서 수속을 하는 거야—네가 가서 일러 주기만 하면 돼."

"그렇다면 그것은…… 내일이라도 할 수 있을까?"

"꼭 그렇게 해야 한다면……. 그렇게도 급하니?"

"응."

"좋아" 하고 앙투안은 말했다. 그는 그 밖에 다른 것은 물어볼 수가 없었다. "공증인에게 네가 간다고 미리 알려 주기만 하면 돼……. 그런데 오늘 오후 뤼멜을 만나러 집으로 오지 않겠니?"

"봐서…… 올게……."

"그렇다면 일은 간단해. 그때 내일 베노 씨에게 가져갈 편지를 줄게."

"알았어" 하고 자크는 자동차의 문을 열면서 말했다. "그럼 가 보겠어. 안녕! 고마워. 증서 가지러 다시 올게."

앙투안은 장갑을 벗으면서 멀어져 가는 동생을 바라보았다. '어쨌든 괴짜야! 자기 받을 몫이 얼마나 되는지 물어보지도 않으니!'

그는 신문 뭉치를 다시 주워 모았다. 그리고 차를 인도 가장자리에 세워 놓고는 생각에 잠긴 모습으로 집 안으로 들어갔다.

"그분이 전화를 주셨는데요" 하고 레옹이 고개를 들지도 않고 말했다.

그것은 바탱쿠르 부인의 이름을 입 밖에 내지 않기 위해 레옹이 언제나 쓰는 부드러운 표현이었다. 앙투안 쪽에서도 그 문제에 관해 주의를 주려고 생각해 본 적이 지금까지 한 번도 없었다. "그분은 선생님이 돌아오시는 대로 전화를 주셨으면 하던데요."

앙투안은 눈살을 찌푸렸다. 끊임없이 전화로 성가시게 구는 안느의 나쁜 버릇! ······그러면서도 그는 곧 서재로 들어가 전화 곁으로 갔다. 밀짚모자를 목덜미까지 내려쓰고 손을 든 채 수화기를 들 생각도 않고 얼마동안 전화기 앞에 서 있었다. 그는 멍청한 눈으로 테이블 위에 금방 내던진 신문을 바라보고 있었다. 그러다가 갑자기 전화기에서 물러섰다.

"이런 때, 원!" 하고 나지막한 소리로 말했다.

오늘은 정말 머릿속에 다른 일이 꽉 차 있었다.

앙투안과의 대화를 통해 마음이 흐뭇해진 자크는 이제 제니를 만날 일만 생각했다. 그러나 퐁타냉 부인이 있을 것을 생각하니 1시 반 내지 2시 전에는 옵세르바투아르 거리로 갈 엄두가 나지 않았다.

'자기 어머니에게는 뭐라고 말했을까?' 하고 그는 마음속으로 생각했다. '나를 어떻게 맞아 줄까?'

자크는 오데옹 극장 근처에 있는 학생식당에 들어가 천천히 점심을 먹었다. 그리고 시간을 보내려고 뤽상부르 공원에 갔다.

서쪽에서 오는 먹구름이 이따금 햇빛을 가리곤 했다.

"우선 영국은 움직이지 않을 거야" 하고 그는 〈악시옹 프랑세즈〉지에서 읽은 국수주의적인 기사를 생각하면서 혼잣말을 했다. "영국은 중립을 지키겠지. 그리고 중재의 시기를 기다리면서 방관할 거야······. 러시아가 전투 태세에 들어가려면 두 달은 걸릴 테고······. 프랑스는 곧 패전할 테고······. 그러니까 민족주의자들에게도 평화만이 유일한 합리적인 해결책일 거야! ···

…그런 기사는 범죄나 다름없어. 스테파니가 그것에 관해 뭐라고 말해도 그 무서운 영향력은 부정할 수 없어……. 다행한 일은 일반 대중들에게서 역시 아주 강한 보수적 본능과 그리고 뭐니뭐니해도 현실에 대한 놀랄 만한 감각을 찾아볼 수 있거든……."

큰 공원은 햇살과 그늘, 푸른 수풀, 꽃, 장난치는 아이들로 가득했다. 나무숲 한 모퉁이에 있는 빈 벤치가 그의 눈길을 끌었다. 그는 털썩 주저앉았다. 초조한 나머지 안절부절못해 마음을 가라앉힐 수 없었던 자크는 여러 가지 일, 유럽, 제니, 메네스트렐, 조레스, 앙투안, 아버지의 유산을 생각하고 있었다. 상원의 큰 시계가 15분을 치고 나서 다시 또 30분을 치는 소리가 들렸다. 마음을 달래면서 10분을 더 기다렸다. 그러나 더 이상 참을 수 없어서 자리에서 일어나 성큼성큼 걷기 시작했다.

제니는 집에 없었다.

그에게는 예측할 수 없던 뜻밖의 일이라고 하지 않을 수 없었다. '아무 데도 가지 않고 있겠어요'라고 말한 제니가 아니었던가?

난감해진 자크는 마음속으로 설명을 여러 차례 되풀이해 보았다. 부인은 며칠 예정으로 여행을 떠나시고 안 계십니다……. 아가씨는 역까지 배웅하러 갔는데 몇 시에 돌아오겠다는 말은 없었습니다.

하는 수 없이 수위실을 떠났다. 밖으로 나온 자크는 완전히 얼빠진 사람 같았다. 마음의 충격이 어찌나 컸던지 퐁타냉 부인의 갑작스런 출발과, 제니가 어제 저녁 집에 돌아와 어머니에게 어쩌면 털어놓았을지도 모를 여러 가지 속내 이야기가 어떤 관계가 있지 않을까 하고 생각할 정도였다. 터무니없는 추측……. 그럴 리가 없어. 제니를 다시 만날 때까지 이런저런 생각은 그만두자. 그는 수위 아주머니의 말을 다시 생각했다. '……부인은 며칠 예정으로 여행을 떠나시고 안 계십니다.' 그렇다면 며칠동안 제니는 파리에 혼자 있는 것일까? 이런 즐거운 추측이 다소 그의 실망을 덜어 주었다.

그런데 당장은 어떻게 하지? 오후 8시 15분까지 기다려야 했다. ―그 시간에 스테파니가 글라시에르 지부의 특히 활동적인 두 사람의 투사를 소개해 주기로 되어 있었기 때문이다. 그때까지는 자유로웠다.

자크는 앙투안이 집으로 오라고 했던 일이 문득 생각났다. 다시 제니 집에 갈 때까지 형 집에 가 있기로 작정했다.

40. 7월 26일 일요일—앙투안의 집에서 일요 모임. 필립 박사, 외교관 뤼멜

앙투안의 응접실에는 이미 대여섯 명이 모여 있었다.

자크는 들어가자마자 형을 눈으로 찾았다. 마뉘엘 르와가 와서 그를 맞이했다. 앙투안은 필립 박사와 함께 서재에 있는데 곧 나올 것이라고 했다.

자크는 스튀들레와 르네 주슬렝, 그리고 전에 아버지의 머리맡에서 만난 적이 있는 키가 작고 턱수염을 기른 명랑한 성격의 의사 테리비에와 악수를 했다.

키가 크고 아직 젊으며, 한창때의 나폴레옹을 떠올리게 하는 정력적인 모습의 한 남자가 난로 앞에서 큰 소리로 장광설을 늘어놓고 있었다.

"그렇고 말고" 하고 그 남자는 말했다. "각국 정부는 한결같은 위세로 한결같이 성실한 체하면서 전쟁을 원하지 않는다고 항변하고 있어. 그렇다면 왜 좀더 타협적으로 나오면서 그것을 실증하려고 하지 않을까? 그들이 하는 수작은 민족의 명예라든가 위신, 절대적 권리라든가 정당한 갈망 같은 것에 관한 것뿐이야……. 그들 모두가 '그래, 평화를 원해. 그러나 나에게 이익을 가져다주는 평화말이야'라고 말하는 것 같아. 그런데 이런 말을 듣고 분개하는 사람이 아무도 없어! 그만큼 개개인의 생각이 정부와 마찬가지란 소리지. 무엇보다도 거래에서 재미를 보려고 들지! ……이게 문제야. 이를테면 모두에게 이득이 돌아가게 할 수 없다는 점이 말이야. 평화 유지는 서로의 양보 없이는 얻을 수 없는 건데……."

"누구지요?" 하고 자크가 르와에게 물었다.

"안과의사 피나치입니다. 코르시카 출신이지요. 소개해 드릴까요?"

"아니요, 그럴 필요 없습니다." 자크는 얼른 대답했다.

르와는 미소를 지었다. 그리고 자크를 구석에 데리고 가서 상냥한 태도를 보이며 그의 곁에 앉았다.

르와는 스위스, 특히 제네바를 잘 알고 있었다. 여름철에 몇 해를 계속 해서 레가타(_{競漕})에 참가한 일이 있었기 때문이다. 자크는 자신이 하고 있는 일에 관해 질문을 받았으므로 자신의 개인적인 일, 저널리즘에 관해 이야기했다. 그는 신중한 태도를 취하기로 결심했다. 그리고 이런 패들에게 쓸데없이 자신의 의견을 피력하는 일은 삼가기로 했다. 곧 이야기를 전쟁 쪽으로 이끌고 갔다. 그것은 지난번에 이 젊은 의사가 그에게 들려 준 말 가운데 이 의사의 정신상태가 그의 마음에 걸리는 것이 있었기 때문이다.

"나는" 하고 르와가 가느다란 그의 갈색 수염을 손끝으로 어루만지면서 말했다. "1905년 가을부터 전쟁을 생각해 왔습니다! 그런데 당시 나는 불과 16살이었어요. 최초의 바칼로레아(프랑스의 대학 입학 자격시험)를 치르고 나서 스타니슬라스 학교에서 철학을 공부하고 있었어요……. 그건 그렇고, 그해 가을 나는 독일의 위협이 우리 세대 앞을 가로막고 있다는 것을 확실히 느꼈습니다. 그리고 많은 내 친구들도 나와 똑같이 느꼈습니다. 우리는 전쟁을 바라지 않아요. 그러나 그 뒤부터 우리는 전쟁을 당연하고 피할 수 없는 하나의 사실로서 받아들이고 있습니다."

자크는 눈썹을 치켜세웠다.

"당연하다고요?"

"그래요. 말하자면 결판내야 할 일이지요. 프랑스가 계속 존재하기를 원한다면 언젠가는 결심해야 할 일입니다!"

스튀들레가 획 돌아서서 그들 곁으로 오는 것을 보고 자크는 거북함을 느꼈다. 자크는 제삼자 없이 좀더 물어보고 싶었는지 모른다. 그는 르와에게 약간의 증오를 느꼈지만 그렇다고 적개심을 품은 것은 아니었다.

"프랑스가 계속 존재하기를 원한다면?" 하며 스튀들레가 거만한 말투로 반복했다. "그보다 더 자극적인 말이 있을까?" 하고 그는 주의를 주듯 말했다. 그러나 이번에는 자크를 향해 말했다. "애국주의를 전유물로 언제나 그 호전적인 속셈을 애국적 감정으로 호도하려는 민족주의자들의 괴벽이지 뭐야? 마치 전쟁을 향해 마음이 끌리는 것이 애국주의의 특허처럼 되어 있으니 말이야!"

"당신은 놀랍군요, 칼리프" 하고 비꼬는 투로 르와가 말했다. "우리 세대의 인간은 당신 같은 인내심을 갖고 있지 못해요. 이들은 더 민감하답니다. 우리 세대는 더 이상 독일의 도발을 참고 견디기를 거부합니다."

"하지만 지금까지는 오스트리아의 도발만이 문제였지요……. 그것도 목표는 우리가 아니었고요!" 하며 자크가 말에 끼어들었다.

"그렇다면 언젠가 우리 차례가 오기를 기다리면서 당신은 방관자로서 게르마니즘이 세르비아를 유린하는 것을 구경만 하겠다는 건가요?"

자크는 아무 대답도 하지 않았다.

스튀들레는 비웃었다.

"약자들을 옹호하겠다고? ……그건 그렇고, 영국이 파렴치하게도 남아프리카의 금광을 탈취했을 때 프랑스는 왜 세르비아인들과는 달리 연약하고 착한 소수 민족인 보어인들을 구하러 나서지 않았나? 오늘에 와서는 어째서 그 가엾은 아일랜드를 도우러 나서지 않느냐 말이야? ……그런 멋진 행동을 이루어 내는 데는 유럽의 모든 군대를 싸움판에 끌어들일 위험이라도 있다고 생각하는 건가?"

르와는 그저 미소만 짓고 있을 뿐이었다. 그는 곰곰이 생각하다가 자크 쪽을 돌아보았다. "칼리프 씨 같은 분들은 감상벽 때문에 전쟁에 대해 엉뚱한 것을 생각하고…… 전쟁의 현실성을 전적으로 무시하려 드는 그런 순진한 사람들에 속하지요."

"현실성?" 하며 스튀들레가 말을 가로막았다. "이를테면?"

"이를테면 여러 가지를 들 수 있겠지만…… 우선 자연의 법칙을 들 수 있겠지요. 인간 속에 깊이 뿌리를 박고 있는 본능으로서, 품위를 떨어뜨릴 만한 손상을 입히지 않고는 그것을 없애지 못할 거예요. 건전한 인간은 힘으로 살아야 해요. 이것이 법칙이지요……. 그 다음에 인간으로서 매우 귀하고 훌륭한…… 그리고 사기를 북돋는 덕성을 발휘하는 좋은 기회라는 겁니다!"

"도대체 어떤 덕성입니까?" 하고 자크는 순전히 질문하는 듯한 말투를 유지하려고 애쓰면서 물어보았다.

"아, 저" 하고 르와는 작고 둥근 머리를 치켜들면서 말했다. "내가 가장 높이 평가하고 있는 덕성입니다. 곧 남성적인 정력, 위험을 좋아하는 취향, 의무에 대한 자각, 더 적절하게 말하자면 자신의 희생, 크고 집단적이고 영웅적인 행동을 위한 개인의사의 포기……. 젊고 강인한 청년에게는 영웅주의가 굉장한 매력이 있다는 사실을 모르십니까?"

"그것은 알아요" 하고 자크가 간결한 투로 대답했다.

"용기란 훌륭한 거지요!" 하며 자신만만한 미소에 눈을 반짝이면서 르와가 계속 말했다. "전쟁은 우리 나이의 사람들에게는 하나의 멋진 스포츠이지요. 무엇에도 비할 데 없는 '고상한 스포츠!'"

"스포츠라고?" 하고 분개한 스튀들레가 투덜거리며 말했다. "인명을 희생시키는 스포츠군!"

"그래서 어떻다는 거예요?" 하고 르와가 대들었다. "인간은 아주 번식력이 강해요. 그래서 필요하다면 이따금 이런 사치를 즐길 만하지 않겠어요?"

"필요하다면?"

"국민들의 건강을 위해서 주기적으로 상당량의 출혈이 필요해요. 너무 긴 평화시대가 계속되면 이 세상에는 많은 독소가 생겨나 그것에 중독되어 버리니까요. 그래서 집 안에만 틀어박혀 있는 개인의 경우처럼 이 세상도 정화할 필요가 있는 거지요. 내가 보기에 지금 이 순간 프랑스인의 정신에는 특히 많은 양의 출혈이 필요하다고 생각합니다. 그런데 만일 우리가 서유럽 문명을 몰락에 빠뜨리거나 천박한 것으로 만들 생각이 없다면 유럽인의 정신에도 그것이 필요하지요."

"내가 보기에 비열이란 바로 잔인과 증오에 굴복하는 것을 뜻해!" 하고 스튀들레가 말했다.

"잔인이라고 누가 당신에게 말했던가요? 누가 증오라고 그랬고요?" 하고 르와는 어깨를 으쓱해 보이면서 반격했다. "언제나 어떤 주제에도 적용할 수 있는 똑같은 일반논리, 우스꽝스럽고 상투적인 것의 되풀이군요! 확실히 말해 두지만 우리 세대에 사는 사람들에게 전쟁이란, 잔인성에 호소하는 의미는 조금도 지니고 있지 않아요. 더구나 증오는 더 말할 나위도 없고요! 전쟁이란 인간 대 인간의 말다툼 같은 것은 아니지요. 그것은 개개인을 뛰어넘은 것이에요. 곧 그것은 국가 사이의 어떤 모험이에요……. 굉장한 모험이지요! 순수한 상태에서 하는 시합 말입니다! 운동장에서와 마찬가지로 전쟁에서 싸우는 인간들은 시합하는 두 팀의 선수들이나 다름없어요. 그들은 서로 원수 사이가 아니고 경쟁상대일 뿐인 거예요!"

스튀들레는 말의 울음소리 같은 날카로운 소리를 냈다. 그는 움직이지도 않고 눈 앞에 있는 젊은 검투사를 바라보고 있었다. 그런 그의 눈동자는 어둡고 팽창되어 있었으나 거의 무표정했으며, 흰자위 속에서 헤엄치고 있었다.

"나에게는 모로코에 가 있는 대위 형이 한 분 계세요" 하며 르와가 조용히 말을 이었다. "칼리프, 당신은 도무지 군대라는 것을 모르고 있어요! 당신은 젊은 장교들의 정신상태라든가, 그들의 멸사봉공의 정신이라든가 그들의 정신적인 고매함 같은 것을 모르고 있어요! 그들이야말로 큰 이념에 봉사하기 위해 사리사욕을 떠난 용기가 어떤 것인지를 보여 주는 생생한 본보기라고요……. 당신과 같은 사회주의자들은 그런 모임에 합류해 보는 것도 좋을 것입니다! 질서 있는 사회가 어떤 것인지를 알게 될 테니까요. 저속한 야심은 전혀 발을 들여놓을 수 없는, 저마다 거의 금욕적인 생활을 하면서 자신들의 삶을 그야말로 공동체를 위해 바치는 그런 사회 말입니다!"

르와는 자크 쪽을 보았다. 그러면서 호응이라도 해 달라는 것 같았다. 그는 솔직한 눈길로 자크를 뚫어지게 바라보았다. 그래서 자크는 더 이상 침묵을 지킨다는 것은 배신행위나 다름없다고 생각했다.

"그 모두가 정확히 보신 거라고 생각합니다" 하며 자크는 신중히 말을 시작했다. "적어도 식민지군대의 젊은 간부들 사이에서는……. 그리고 그들의 이념이 어떻든지 그 이념에 자신들의 생명을 용감히 바치는 사람들을 보는 것보다 더 감동적인 것은 없습니다……. 그러나 나는 그런 용감한 젊은이들이 어떤 뜻하지 않은 오류의 희생물이 되기도 한다고 생각합니다. 그들은 진심으로 숭고한 사명에 몸을 바치고 있다고 믿습니다. 그런데 사실은 자본에 봉사하고 있는 것에 불과하지요! ……당신은 모로코의 식민지화라고 말씀하시지만…… 그것도 실은……."

"모로코 정복이야" 하며 스튀들레가 잘라 말했다. "대단한 규모의 '사업', '계략'에 지나지 않아! ……거기에 죽으러 가는 자들은 결국 속고 있는 거야! 그들은 강도 같은 짓에 자신들의 목숨을 바치고 있다는 것을 조금도 생각하지 못하고 있어!"

르와는 눈을 반짝거리며 스튀들레를 보았다. 그의 얼굴색은 창백해져 있었다. "이런 썩어빠진 시대에는" 하고 그는 외쳤다. "군대야말로 신성한 대피소이며 위대한……."

"아, 형님이 왔어" 하고 자크의 팔을 건드리며 스튀들레가 말했다.

필립 박사가 앙투안을 데리고 들어왔다. 자크는 필립 박사를 알지 못했다. 그러나 형이 그에 관해서 하는 말을 너무나 자주 들었으므로 염소 수염을 기르고 있는 이 늙은 임상의의 모습을 호기심을 가지고 살폈다. 그는 헐렁한 알파카 재킷을 허수아비처럼 메마른 그의 두 어깨에 걸치고 깡충깡충 뛰듯이 걸어 들어왔다. 스패니얼 종 개의 눈처럼 짙은 눈썹 밑에 가려져 있는 그의 두 눈은 작고 빛났으며, 뚜렷이 누구를 보는 것도 아닌데 좌우로 움직이며 주의를 살피고 있었다.

제각기 하던 이야기를 멈추고 모두가 입을 다물었다. 모두 차례차례로 박사에게 가서 인사를 했다. 박사는 무관심하게 힘없는 손을 내밀었다.

앙투안은 동생을 그에게 소개했다. 자크는 날카로운 눈길이 자신을 뚫어지게 바라보는 것을 느꼈다. 그런 무례한 눈길 뒤에는 극도의 소심함이 숨겨져 있는 것 같았다.

"여, 자네 동생이라……. 응…… 그래……." 필립 박사는 콧소리를 내며 말했다. 그러면서 그는 자크의 성격이며 생활에 관해 소상히 알고 있다는 듯이 관심 있는 태도를 보이면서 아랫입술을 깨물었다. 그리고 자크에게서 눈길을 떼지 않고 곧 말했다. "독일에 자주 갔었다는 말을 들었는데…… 나 역시 자주 갔었지요. 흥미 있었어요."

그는 말하면서 자크를 점점 더 자기 앞으로 밀고 갔다. 그 때문에 그들은 곧 창가에 둘만 있게 되었다.

"언제 가 보아도" 하며 그는 말을 이었다. "내가 생각하기에 독일은 수수께끼 같았어요…… 안 그래요? 극단과…… 예측 불허의 나라……. 유럽에서 독일 사람들처럼 유별나게 평화주의적인 인간형이 있을까요? 없을 거예요……. 다른 한편으로 그들의 피 속에 흐르고 있는 군국주의……."

"그러나 독일의 인터내셔널리즘은 유럽에서 가장 활발하다고 생각합니다." 자크는 용기를 내어 말했다.

"그렇게 생각하십니까? 그래요……. 그 모든 것은 재미있지요……. 그런데 지금까지 내가 생각한 것과는 반대로 지난 며칠동안 일어난 사건을 보면 어쩐지……. 외무성에서는 독일의 타협적 행동에 기대를 걸 수 있지 않을까 생각하는 것 같더군요. 대경실색할 일이지요……. 당신은 독일의 인터내셔널리즘이라고 말했는데……."

"그렇습니다……. 독일은 군부를 떠나서 보면 군대와 민족주의 사이에 전반적인 불신이 있다는 것을 알 수 있습니다. 국제조정협회는 보기 드물게 활기 있는 단체로서 거기에는 독일 귀족계급의 명문들이 모두 열거되어 있으며, 우리 프랑스의 평화주의 단체와는 다르게 영향력을 가지고 있습니다. 잊어서는 안 될 일은 독일이란 나라에서는 리프크네히트처럼 미치광이 같은 투사가 반군국주의에 관한 팸플릿 때문에 투옥되었다가도, 프러시아의 연방의회와 곧이어 독일 연방의회 하원에 당선되는 그런 곳입니다! 우리나라의 경우 저명한 반군국주의자가 의회에 들어가서 연설한다는 것을 생각이나 해 볼 수 있겠습니까?"

필립 박사는 코를 훌쩍이며 주의 깊게 듣고 있었다.

"좋아요…… 좋아……. 모두가 재미있군요……." 그러고는 불쑥 덧붙여 말했다. "나는 오랫동안 자본과 금융기관과 대기업의 인터내셔널화는 조그만 국지적 혼란이 일어나도 전세계를 아주 가깝게 만들어 주며 전반적인 평화의 새롭고도 결정적인 요인이 된다고 믿어 왔어요……." 박사는 미소를 지으며 자기 턱수염을 쓰다듬었다. "이것은 이론적인 견해입니다만" 하며 그는 아리송하게 말을 맺었다.

"조레스도 그렇게 믿고 있었습니다. 그는 지금도 그렇게 믿고 있어요."

박사는 얼굴을 찌푸리며 대답하였다. "조레스…… 조레스는 전쟁방지를 위해 일반대중의 영향력도 기대하고 있어요……. 이론상으로요! ……사람들은 호전적이고 투쟁적으로 나오는 민중운동을 곧잘 머리에 떠올리지요……. 그러나 평화 유지에 필요 불가결한 통찰력, 의지, 절도를 보여 주는 민중운동 같은 것을 과연 생각할 수 있을까요?" 그는 잠시 간격을 두고 있다가 말했다. "나처럼 전쟁에 대해 혐오감을 느끼는 사람들은 따지고 보면 특수하고 개인적이며 구조적인 동기…… 단순한 체질적인 결백에 그저 따르고 있는 것에 불과할지 몰라요……. 과학적인 지혜를 가지고 있다면 아마 파괴본능을 자연적인 본능으로 간주할지 모르지요. 이것은 생물학자들에 의해서 대체로 확증된 것 같은데……. 그런데" 하고 그는 또다시 화제를 옮기면서 말을 이었다. "우스운 것은 이런 문제를 해결하려면 끈질긴 연구가 필요한데, 지금 유럽에서 제기되고 있는 진지하고 절박한 모든 문제 가운데 전쟁이라는 비상수단을 통해 쾌도난마로 해결할 수 있는 것은 내가 보기에 하나도 없어요……. 그렇다면?"

박사는 미소를 짓고 있었다. 지금 그가 한 말은 그가 방금 했거나 들은 말과 전혀 부합되는 것 같지 않았다. 짙은 눈썹 밑에 가려져 있고 심술기로 번득이는 눈을 가진 박사는 언제나 자기 자신을 향해 무엇인가 신랄한 이야기를 하고는 '내심으로' 비웃으며 즐기는 것 같았다.

"나의 아버지는 군인 장교였어요" 하며 그는 이야기를 계속했다. "아버지는 제2제정 당시 모든 전쟁에 참가했지요. 나는 줄곧 전쟁 이야기를 들었습니다. 그런데 어떤 전쟁이든지 그 원인이나 정확한 이유를 알아내려고 하면 거기에는 언제나 '불필요함'이라는 특성을 발견하게 되거든요. 매우 흥미 있는 일이지요……. 잠시 물러서서 생각하면 근대전쟁은 모두가 아주 손쉽게 피할 수 있었던 것 같아요. 곧 두세 사람의 국가원수에게 최소한의 양식이나 평화를 위한 의지만 있었다면 말입니다……. 그것이 전부가 아닙니다. 대부분의 경우 교전국들은 두 나라 모두 상대국의 진정한 의도를 모르는 데서 오는 부당한 경계심과 공포심에 사로잡혀 있더군요……. 한 나라 국민이 다른 나라 국민에게 덤벼드는 경우 90퍼센트는 공포심 때문입니다……." 그는 심하게 기침을 하더니 짧고 목이 졸리는 듯한 웃음소리를 냈다. "그것은 겁 많은 산책가들이 밤에 마주치고는 서로 지나가기를 망설이다가 결국 두 쪽에서 덤벼드는 것과 똑같은 것입니다. 각자 자신이 당할 것 같다고 생각한 탓이며…… 망설이다가 어떻게 당할지 모르는 것보다는 위험이 따르더라도 선제 공격을 하는 편이 낫다고 생각한 탓입니다……. 아주 무서운 일이지요……. 지금의 유럽을 보세요. 마치 망령에 사로잡혀 있는 것 같습니다. 모든 나라가 전전긍긍하고 있어요. 오스트리아는 슬라브인들을 두려워하고 있지요. 그러면서 국위를 손상시키지나 않을까 떨고 있어요. 러시아는 게르만인들에게 겁을 먹고 있고, 수세를 취하고 있는 것이 허약한 것으로 보이지나 않을까 떨고 있지요. 독일은 독일대로 카자크의 침입을 겁내고 있어요. 어쩌다가 포위당하지나 않을까 겁먹고 있어요. 프랑스는 독일의 군비를 두려워하고 있어요. 그리고 독일은 독일대로 오로지 예방책으로 무장을 하는데, 그것은 혹시나 해서……. 모든 나라들이 평화를 위해서는 추호의 양보도 하려고 하지 않아요. 겁먹은 것으로 보이지나 않을까 해서지요…….

"게다가" 하며 자크가 말했다. "그런 두려움을 상대가 가지고 있다는 사실이 자기들에게 유리하게 작용한다고 생각하는 여러 제국주의 국가가 그것을 조심스럽게 요리하고 있다는 뜻이 되겠지요! 몇 개월 전부터 푸앵카레의 정책, 프랑스의 내정이란 국민의 공포심을 조직적으로 이용하는 것이라고 말할 수 있겠지요……."

박사는 상대의 말을 듣지도 않고 이야기를 계속했다. "무엇보다도 가증스러운 것은……" (그는 좀 냉소적이었다) "아니, 무엇보다도 우스꽝스러운 것은—정치가라는 사람들 모두가 그런 두려움을 잘난 척하는 허세 속에 숨기려는 거예요……."

그는 앙투안이 그들 쪽으로 오는 것을 보고 이야기를 멈추었다. 앙투안 옆에는 금방 레옹의 안내를 받고 들어온 40대의 남자가 서 있었다.

뤼멜이었다. 그의 당당한 태도는 그로 하여금 선천적으로 공식적인 의식을 위해 태어난 사람처럼 보이게 했다. 든든하게 생긴 두개골은 빽빽이 나 있는 고수머리의, 숱 많은 엷은 금발 머리털 무게에 끌리듯 뒤로 젖혀져 있었다. 두 끝을 빳빳이 올린 짙고 짧은 수염은 펑퍼짐하고 살찐 얼굴을 돋보이게 했다. 눈은 꽤 작고 살 속에 파묻혀 있는 듯했으나 짙은 남색의 재빠른 두 눈동자는 로마인 같은 엄숙한 얼굴 생김새에 이글거리는 두 개의 불꽃을 심은 듯했다. 전체적으로 개성이 엿보였으며, 언젠가는 어떤 흉상 제작가가 시골에 놓기 위해 모델로 삼을 수 있는 그런 인물이었다.

앙투안은 뤼멜을 필립 박사에게, 그리고 자크를 뤼멜에게 소개했다. 뤼멜은 마치 당대의 저명인사 앞에 있는 것처럼 노의사 앞에서 머리를 숙였다. 그리고 자크에게 정중하게 손을 내밀었다. 여느 때와는 달리 '일류인사가 되려면 소박한 태도를 보이는 것이 더할 나위 없는 방책이지'라고 생각하는 것 같았다.

"이봐, 우리가 무슨 이야기를 했는지 설명할 것까지는 없겠지" 하고 앙투안이 뤼멜의 팔에 손을 얹으면서 말했다. 뤼멜은 아첨하는 미소를 지었다.

"선생, 당신은 물론 우리가 모르는 자료들을 가지고 계시겠지요" 하고 필립 박사가 말했다. 그리고 비웃는 듯한 눈초리로 뤼멜을 뚫어지게 바라보았다. "우리 같은 문외한들은 신문에서 읽은 것이 고작이라서……."

뤼멜은 조심성 있는 몸짓을 했다. "그렇지만 교수님, 저도 교수님 이상으로 별로 아는 것이 없습니다……." 그는 자신의 재담에 상대가 미소짓는 것을 확인하자 말을 계속했다. "그건 그렇고 실은 사태를 비관할 것도 없다고 생각합니다. 절망할 이유보다는 안심할 수 있는 이유가 훨씬 더 많다고 말할 수 있겠지요."

"마침 잘됐어" 하고 앙투안이 말했다.

그는 박사와 뤼멜을 나머지 손님 곁으로 가게 해서 모두를 방 한가운데 앉도록 했다.

"안심할 수 있는 이유라면?" 칼리프가 의심스런 투로 말했다. 뤼멜은 자기 주위에 둥글게 모여 있는 손님들을 그의 파란 눈으로 돌아본 다음 스튀들레에게 눈길을 멈추었다.

"사태는 심각합니다. 그러나 무엇 하나 과장해서 생각해서는 안 됩니다" 하고 그는 얼굴을 약간 뒤로 젖히면서 말했다. 그리고 침체된 여론에 활기를 불어넣어 주는 사명을 띤 공인다운 말투로 힘차게 말했다. "평화 유지에 도움이 되는 요소가 아직 많이 남아 있다고 생각하시는 편이 어떨까요!"

"예를 들면?" 하고 스튀들레가 물었다.

뤼멜은 살짝 눈썹을 찌푸렸다. 그는 이 유대인의 집요함에 신경질이 났다. 그리고 거기에서 어떤 숨은 악의를 느꼈다.

"예를 들면?" 하고 그는 마치 무슨 이야기부터 해야 좋을지 망설이는 사람처럼 되물었다. "자, 우선 영국 쪽의 요소이죠. 중부유럽제국(독일, 오스트리아를 가리킴)은 처음부터 영국 외무성의 격렬한 항의를 받았습니다."

"영국이라고요?" 하며 스튀들레가 말을 가로막았다. "벨파스트의 소요사건! 더블린에서의 유혈폭동! 아일랜드 자치령에 관한 버킹엄 궁전회의의 한심한 실패! 아일랜드에서 시작되고 있는 것은 그야말로 내란이지요……. 영국은 등에 꽂힌 화살 때문에 마비상태에 있습니다!"

"아니 뒤꿈치에 가시가 박힌 정도겠지요!"

"선생님, '그분'이 전화를 걸어왔는데요" 하고 문간에서 레옹이 말했다.

"바쁘다고 전해 주게" 하고 앙투안이 짜증을 내며 말했다.

"영국의 경우 그 정도는 약과지요!" 하며 뤼멜이 말을 계속했다. "그 에드워드 그레이 경의 냉정함을 아신다면……. 정말 훌륭한 외교관이에요" 하고 그는 스튀들레를 외면한 채 박사와 앙투안 쪽을 보면서 말했다. "시골 출신의 노귀족인데 국제 관계가 어떠해야 하는지에 관해 매우 독자적인 견해를 가지고 있습니다. 그가 유럽의 같은 정객들과 유지하고 있는 친분관계는 공식적인 것이 아니고 자기 계층의 사람들과 맺는 것 같은 점잖은 관계인 것입니다. 나는 그가 최후통첩과 같은 말투 때문에 스스로 빈축을 샀다는 것을 알고 있습니다. 아시다시피 그는 오스트리아에 대해서는 권고를 하는 동시에 세르비아에 대해서는 태도를 완화하도록 충고하면서 때를 놓치지 않고 확고한 태도를 보였습니다. 유럽의 운명은 일부 그의 손에 달려 있다고 할 수 있겠지요. 그러니까 더 이상 훌륭하고, 더 이상 공정한 방법은 없을 겁니다."

"독일이 그에게 반기를 들고 거절한 것은……" 하며 스튀들레가 그의 말을 또 중단시켰다.

이번에는 뤼멜이 그의 말을 막았다. "독일의 신중하고도 사리에 맞는 중립적 태도는 영국이 중재에 나서려는 처음의 노력을 늦출 수 있었습니다. 그러나 에드워드 그레이 경은 패배한 것으로 여기고 있지 않습니다. 그래서―이것은 말씀드려도 좋으리라 생각합니다. 왜냐하면 신문이 내일이나 경우에 따라서는 오늘 저녁에라도 발표할 테니까―영국 외무성은 케도르세와 협력하여 분쟁의 평화적 해결을 위해 결정적이라고 생각되는 새로운 계획을 세웠습니다. 에드워드 그레이 경은 논쟁 중인 모든 문제의 토의를 위해 독일과 이탈리아와 프랑스 3국의 대사와 당장 런던에 모여 회의할 것을 제의했습니다."

"하기는 그렇게 명분을 내세워 꾸물거리고 있는 사이에" 하고 스튀들레가 말했다. "오스트리아군은 베오그라드를 점령하겠지요!"

뤼멜은 무엇에 찔리기라도 한 것처럼 긴장하여 말했다. "그런데, 선생, 그 점에 관해 당신이 잘못 알고 계시지나 않는지 염려스럽군요. 겉으로는 여러 가지 군사행동을 취할 것처럼 보이지만 현재 오스트리아―세르비아 사이에는 모의연습 정도말고 무슨 일이 있다고 증명할 만한 것이 아무것도 없어요……. 당신은 다음과 같은 중대한 사실을 충분히 주의하시는지 어쩐지 모르겠지만, 오늘까지 어떤 선전포고도 외교적 경로를 통해 유럽의 여러 나라 정부에 통고된 바가 없습니다. 그것뿐이 아니지요. 오늘 정오까지도 오스트리아 주재 세르비아공사는 여전히 빈을 떠나지 않았습니다! 무슨 이유에서일까요? 그것은 두 나라 정부 사이의 활발한 의견교환을 위해 그 중재역을 하고 있기 때문입니다. 이것은 길조인 것입니다. 협상을 하고 있는 한! …… 그리고 설혹 외교적 단절이 이루어지고, 오스트리아가 선전포고를 결심한다 하더라도 내 생각에는 세르비아가 현명한 권고에 따라 30만 대 150만이라는 불균형한 전쟁을 거부하리라 믿으며, 전투를 수락하지 않고 스스로 군대를 철수할 것으로 보는데…… 다음과 같은 점을 잊지 마시기 바랍니다" 하고 그는 미소를 지으면서 말을 덧붙였다. "협상은 대포가 하는 것이 아니고 외교관에게 달려 있는 것입니다……."

앙투안의 눈길이 동생의 눈길과 마주쳤다. 그리고 동생의 눈길에서 불손한 빛을 느꼈다. 분명히 뤼멜의 말은 자크에게 설득력이 없었다.

"그러나" 하고 피나치가 미소를 지으면서 말했다. "독일의 태도에서 안심할 만한 여러 가지 이유를 찾아내기란 그렇게 간단한 일은 아닐 텐데요?"

"그것은 또 어째서인가요?" 하고 뤼멜은 날카로운 눈길로 슬쩍 안과의사를 바라보면서 응수했다. "독일에서는 호전적인 세력, 물론 나는 그것을 부정하지 않습니다만, 그 세력이 지극히 영향력 있는 다른 세력에 의해 조절되고 있습니다. 오늘밤 키엘(발트해에 있는 독일 군항)에 도착하는 카이저의 성급한 귀국만 보더라도 지난 며칠동안의 정치적 동향이 틀림없이 바뀌는 것 같습니다. 카이저는 유럽 전쟁과 같은 위험한 일을 끝까지 반대하겠지요. 그의 친한 보좌관 모두가 평화를 확신하는 사람들이니까요. 그리고 그가 가장 믿고 있는 친구 가운데는 베를린 주재 러시아 대사인 리히노프스키 공작이 있습니다. 저도 전에 런던에서 여러 차례 만난 적이 있는데, 생각이 깊고 신중한 인물로 현재 독일 궁전에서 그의 영향력은 대단합니다…… 아시겠지만 독일의 경우 전쟁의 위험성이란 심각한 것입니다! 국경을 봉쇄당하면 독일은 문자 그대로 굶어 죽겠지요. 곡물과 가축을 러시아에서 들여오지 못하는 날에는 강철, 석탄, 기계를 가지고 그들이 동원한 4백만의 인원과 6천3백만의 국민을 먹여 살릴 수는 없을 테니까요!"

"그렇지만 다른 데서라도 사올 수 있지 않겠어요?" 하고 스튀들레가 이의를 제기했다.

"문제는 여기에 있습니다. 독일 지폐는 외국에서 곧바로 거절당할 테니까 그 대금은 어쩔 수 없이 금으로 지불해야 할 겁니다. 그런데 계산은 매우 간단하지요. 독일의 금 보유량은 이미 알려져 있습니다. 독일은 '불과 몇 주일' 만에 매일 필요한 금의 지출을 더 이상 계속할 수 없는 지경에 처하게 될 겁니다. 그렇게 되면 굶어 죽는 것이지요!"

필립 박사는 콧방귀 비슷한 작은 웃음소리를 냈다.

"교수님은 다른 의견을 가지고 계신가요?" 하고 뤼멜은 의아해 하면서도 공손함을 잃지 않은 말투로 박사에게 물었다.

"아니…… 아니……" 하며 박사는 호인 같은 투로 중얼거렸다. "다만 마음에 걸리는 것이 있다면…… 그런 것은 이론적인 생각에 불과하지 않겠어요?"

앙투안은 웃지 않을 수 없었다. 그는 지도교수의 이런 표현방식을 오래전부터 알고 있었다. '이론적인 생각'이라 말하는 것은 그의 방식이었는데, 그것은 '바보 같은 짓이야'라는 뜻과 같은 것이었다.

"제가 말씀드리는 것은" 하며 뤼멜이 자신만만해서 계속했다. "여러 전문가가 인정하고 있는 일이라서, 독일의 경제학자까지도 전시의 경우 보급품이라도 늦춰진다면 독일은—이것은 주지의 사실입니다만—항복할 수밖에 별다른 방법이 없다는 것입니다."

"만약 독일이 동맹국을 믿고 있다면!" 하고 테리비에는 r음을 불명확하게 발음하며 말했다. 그러면서 그는 남몰래 짓궂은 웃음을 띠고 있었다. "그런데 이탈리아는……!"

"이탈리아는 분명히 중립을 지키기로 확고히 결심한 것 같습니다" 하고 뤼멜이 자신 있게 말했다.

"그리고 오스트리아 군대로 말할 것 같으면……!" 하고 르와는 경멸하듯 입을 삐죽거리고, 어깨 너머로 빈정거리는 듯한 손짓을 하며 외쳤다.

"아닙니다. 여러분" 하고 뤼멜은 이런 여러 가지 말참견에 만족해 하면서 말을 계속했다. "되풀이해서 말씀드립니다만 위험을 떠벌리지 맙시다……. 들어 보십시오. 이렇게 말씀드려도 국가기밀을 누설하는 것은 아니겠지요. 지금 페테르부르크에서 러시아 외무장관 사조노프와 오스트리아대사 사이에 회담이 진행 중인데 그 결과가 크게 기대되고 있습니다. 자! 이러한 직접회담을 양쪽에서 수락했다는 사실만으로도 양쪽이 힘의 행사를 피하고자 한다는 공동의 희망을 나타내는 것이 아닐까요? ……이 밖에 새로운 방법에 의한 평화 중재가 곧 있을 예정임을 우리는 알고 있습니다. 예를 들면 미국의 중재…… 로마 교황의 중재……."

"로마 교황이라고요?" 하고 필립 박사가 아주 진지하게 물었다.

"그래요. 교황이에요!" 하고 애송이 르와가 거들었다. 그는 의자에 말타듯 걸터앉아 팔짱을 낀 채 그 위에 턱을 받치고 뤼멜의 말 한 마디를 하나도 놓치지 않고 듣고 있었다.

박사는 미소는 띠지 않았으나 상대를 노려보는 눈길에는 익살스런 빛이 번뜩이고 있었다. "로마 교황의 중재라고요?" 하며 그는 되풀이했다. 그리고 부드러운 말투로 덧붙였다. "그것도 이론상의 생각이 아니었으면 합니다만……."

"교수님, 교수님 생각이 틀린 것 같은데요. 이건 지금 정말 문제가 되어 있거든요. 교황의 단호한 거부는 늙은 프란츠 요제프로 하여금 완전히 단념하도록 해서 오스트리아군을 당장 자국의 국경 내로 끌어들이도록 할 것입니다. 각국 정부는 이것을 알고 있습니다. 그리고 이 순간 교황청에서는 그야말로 영향력을 행사하는 데 골몰하고 있습니다. 누가 승리할까요? 몇몇 전쟁 지지자가 교황이 온갖 권고를 삼가도록 하는 데 성공할까요? 아니면 다수의 평화옹호파가 교황으로 하여금 중재의 결의를 하도록 할까요?"

스튀들레가 히죽히죽 웃으며 말했다. "우리나라에서 교황청에 대사를 보내지 않고 있는 것이 유감이군. 교황에게 '복음서'를 보시라고 권했으면 됐을 텐데……."

이번에는 박사도 미소를 띠었다.

"교수님은 교황의 영향력에 대해서 회의적이신 것 같은데……" 하고 뤼멜은 불만과 아이러니가 섞인 투로 말했다.

"선생님은 언제나 회의파셔" 하고 앙투안은 농담처럼 말했다. 그러면서 그는 찬동의 눈길, 애정과 존경심이 담뿍 담긴 눈길로 스승을 바라보았다.

박사는 앙투안 쪽을 돌아보면서 슬쩍 눈살을 찌푸렸다.

"여보게" 하며 박사가 말했다. "솔직히 말해서─이것도 노쇠의 현저한 증상임에 틀림없어─점점 어떤 의견을 가진다는 것이 어려워진단 말이야……. 내가 지금까지 증명해 온 것이 어떤 것일지라도 그 반대가 다른 사람에 의해 같은 정도로 뚜렷하게 입증되지 않는 것을 들어본 적이 없는 것 같아. 이것이 자네가 말하는 소위 나의 회의주의라는 것이 아닐까? 그러나 지금 자네는 전적으로 오해하고 있어. 나는 뤼멜 씨의 능력에 경의를 표하네. 그리고 어느 누구 못지않게 그 논거의 타당성을 인정하고 있네……."

"그러나……" 하고 앙투안이 웃으면서 작은 소리로 말했다.

박사도 미소를 지었다.

"그러나" 하고 박사는 힘차게 두 손을 비비면서 말을 이었다. "내 나이가 되면 이성의 승리를 기대하기란 어렵다네……. 이제 평화가 사람들의 양식에 달려 있지 않다면 평화란 병들어 있는 거지! ……그렇다고 해서" 하며 박사는 곧 말을 계속했다. "팔짱을 풀고 있을 이유는 못 돼. 외교관들이 애쓰고 있다는 것을 충분히 인정해. 언제나 무엇인가 할 일이 있는 것처럼 동분서주해야 하지. 의학에서도 그것이 우리의 원칙이야. 그렇지 않나, 티보?"

마뉘엘 르와는 지루한지 한 손가락으로 턱수염을 매만지고 있었다. 그에게는 노교수의 이런 낡아빠진 변설을 듣는 것처럼 울화통이 치밀어 오르는 일도 없었다.

뤼멜도 마찬가지로 이런 학자풍의 회의적 태도를 못마땅하게 생각하면서 앙투안 쪽을 끈질기게 보고 있었다. 그리고 상대의 눈길과 마주치면 자기가 여기에 온 진정한 목적인 주사 놓는 일을 앙투안에게 알리기 위해 눈짓을 했다.

그때 마침 마뉘엘 르와가 그를 향해 단도직입적으로 말했다.

"중대한 것은 어쨌든 사태가 악화될 경우 프랑스는 속수무책이라는 것입니다. 아! 오늘날 우리가 확고하고…… 강력한 무력을 가지고 있다면……."

"속수무책이라니요? 도대체 누가 그런 말을 했어요?" 하고 뤼멜이 몸을 다시 일으켜 세우면서 이의를 제기했다.

"허! 윔베르 씨가 3주 전에 상원에서 한 폭로연설은 꽤 정곡을 찌른 것이라고 생각하는데요!"

"천만의 말씀" 하고 뤼멜은 어깨를 약간 으쓱해 보이면서 외쳤다. "당신은 윔베르 상원의원이 '폭로했다'고 말하는데 그것은 이미 세상 사람이 다 알고 있는 사실입니다. 어떤 신문은 대서특필했습니다만 전혀 그럴 만한 것은 못 됩니다. 프랑스의 군인들이 마치 프랑스 공화혁명력 2년 때의 병사같이 맨발로 전쟁터에 나갈 수밖에 없다는 식으로 그렇게 순박하게 생각하지는 마십시오……."

"아니 군인만 두고 하는 이야기가 아닙니다……. 예를 들면 중화기 같은 것……."

"그런데 전문가들, 이 방면에 아주 정통한 사람들 가운데는 독일군이 자랑하는 원거리사정포의 유용함을 철저하게 부정하고 있다는 사실을 아십니까? 그것은 보병의 행군 속도를 둔화시킨 기관총과 같은 것이라서……."

"성능이 어떤데, 그 기관총이라는 게?" 하고 앙투안이 말을 중단시켰다.

뤼멜은 웃었다.

"피에스키가 만든 건데, 루이 필립 왕을 살해할 뻔했던 폭발장치와 소총의 중간 정도 성능을 가지고 있어⋯⋯. 이론적으로는 사격장에서 무시무시한 위력을 보여 주지. 그러나 실제로는! 한 알의 모래만 섞여도 작동하지 않는 모양이야⋯⋯."

뤼멜은 르와 쪽을 돌아보면서 더 진지한 태도로 말을 이었다.

"전문가들의 말에 따르면 중요한 것은 야포(野砲)라는 겁니다. 그런데 우리나라의 야포는 독일 것보다 훨씬 우수하지요. 그들이 77밀리를 가지고 있는 것에 비해 우리는 더 많은 75밀리가 있어요. 더구나 우리의 75밀리는 그들의 77밀리와는 비교가 안 될 정도의 성능을 가지고 있습니다⋯⋯. 안심하세요⋯⋯. 사실은 3년 전부터 프랑스는 대단한 노력을 해 왔습니다. 병력집결, 철도이용, 식량보급 등 모든 문제가 지금은 완전히 해결을 보았습니다. 싸워야 한다면 프랑스는 만반의 태세를 갖추고 있다고 말할 수 있습니다. 그리고 프랑스의 동맹국들도 이것을 잘 알고 있어요!"

"그렇기 때문에 위험하다는 것이지!" 하고 스튀들레가 중얼거렸다.

뤼멜은 그런 칼리프의 생각을 이해할 수 없다는 듯이 무례하게 눈살을 치켜세웠다. 이번에는 자크가 말을 꺼냈다.

"사실 우리로서는 현재 러시아가 프랑스 군대를 너무 믿지 않는 것이 오히려 다행이라고 보는데요!"

자신의 결심을 굳게 지켜 오던 자크는 지금까지 묵묵히 듣고만 있었다. 그러나 이제는 참을 수가 없었다. 문제는—그가 보기에 가장 중요한 문제는 대중의 반대인데—이 점에 관해서는 거론조차 되지 않았다. 자크는 재빨리 생각해 보았다. 그리고 자신도 이런 경우에 적합한 초연하고 사변적인 투로 말할 수 있을 만큼 침착성이 있다는 것을 확인하자 외교관 쪽으로 돌아앉았다.

"당신은 조금전에 안심할 수 있는 여러 가지 이유를 들었습니다" 하며 그는 신중한 투로 시작했다. "평화 유지를 위한 여러 가지 중요한 가능성 가운데 평화주의 단체의 저항을 기대해 보는 것이 타당하다고 생각지 않으세요?" 그의 눈길은 앙투안의 얼굴 쪽으로 슬며시 향했다가 거기에서 일말의 불안을 감지하자 다시 뤼멜 쪽으로 갔다. "어쨌든 현재 유럽에서는 위협이 더해 갈 경우 그들의 정부로 하여금 전쟁의 유혹에 빠져들지 못하도록 하기 위해 확신에 넘쳐 있고, 굳은 결의를 한 1천만 내지 1천2백만의 인터내셔널리스트가 있습니다⋯⋯."

뤼멜은 꼼짝하지 않고 듣고 있었다. 그는 자크를 주의 깊게 관찰했다.

"그러나 나는 그런 하층민의 시위를 당신처럼 중요하게 여기지 않는데요" 하고 뤼멜은 침착하게 말했다. 그런 그의 침착함 뒤에는 비꼬는 듯한 말투가 엿보였다. "하지만 모든 나라의 수도에는 애국심에 불타는 운동이 몇몇 완강한 반대 시위에 비해 그 수가 매우 많고 또 강력하다는 점을 주목해야 합니다…… 어제 저녁 베를린에서는 1백만의 시위대가 거리를 누비고, 러시아 대사를 모욕하고, 왕궁의 창 밑에서 〈바흐트 암 라인〉(라인 강의 수호자라는 뜻의 옛 독일 국가)을 부르며 비스마르크의 동상을 꽃으로 덮었습니다…… 그렇다고 몇몇 반대 운동이 있었다는 것을 부정할 생각은 없었습니다. 그러나 그들의 운동이란 순전히 부정적인 것이지요."

"부정적?" 하며 스튀들레가 외쳤다. "지금까지 전쟁의 위협이 민중 사이에서 이렇게 대중의 지지를 받지 못한 경우는 없었어요!"

"'부정적'이라고 말씀하시는 뜻은 무엇이지요?" 하고 자크가 침착하게 되물었다.

"글쎄요" 하고 뤼멜이 잠시 적당한 말을 찾는 듯한 태도를 보이면서 대꾸했다. "당신이 말하는 그들 집단은 전쟁에 대한 온갖 예견에 적대감을 가지고 있는데, 그들이 유럽에서 기대할 만한 하나의 세력을 구축하기에는 수적으로도 열세이고 충분히 훈련되어 있지 못한 데다가 국제적으로도 제대로 결합되어 있지 못하다는 뜻이지요……."

"1천2백만이나 되는데!" 하고 자크가 되풀이했다.

"아마 1천2백만은 되겠지요. 그러나 대부분은 단순한 '가입자'나 '회비를 내고 있는 사람들'에 불과하지요. 이 점을 혼동하지 마십시오! 실제로 적극적인 투사는 몇 명이나 될까요? 그런 투사 가운데는 아직도 애국적 감정에 빠져 드는 사람들의 수도 적지 않다는 겁니다…… 나라에 따라서는 그런 혁명단체가 정부의 권력에 어떤 방해를 가할 수도 있겠지요. 그러나 그것은 이론상의 방해입니다. 어떠한 경우에도 일시적인 것에 지나지 않아요. 왜냐하면 그런 종류의 반대는 권력이 허용하는 범위 안에서밖에 행사하지 못하니까요. 만일 사태가 악화되면 각국 정부는 그런 교란자들을 없애기 위해 계엄령에 의존하지 않고도 자유주의의 나사를 약간 조이기만 하면 될 겁니다……. 그래요. 아직은 어떤 나라에서도 인터내셔널은 정부의 행동을 실질적으로 견제할 만한 힘을 보여 주지 못하고 있어요. 그런데 이처럼 위기에 처해 있는 시기에 과격파들이 견실한 저항단체를 만들려고 하는 것은……" 뤼멜은 미소를 지었다. "너무 늦었어요…… 이번 일 때문이라면……."

"적어도" 하며 자크가 반격했다. "태평시대에는 잠들어 있던 이런 저항세력들이 위기의 절박함을 의식한 나머지 분연히 일어나서 갑자기 강력한 세력이 된다면 다른 문제겠지요! ……지금 러시아에서 일어나고 있는 격렬한 파업이 차르 정부를 마비시키지 못하고 있다고 생각하십니까?"

"착각입니다" 하고 뤼멜이 냉정하게 말했다. "이렇게 말해도 좋을지 모르겠습니다만 당신은 적어도 정보면에서 24시간 늦습니다……. 막 접수된 전문이 다행히 명확한 사실을 전하고 있습니다. 페테르부르크의 혁명적 소요는 진압되었다는 것입니다. 잔인하게, 그러나 철―저―하―게."

그는 자신의 말에 의문의 여지가 없다고 한 것이 미안하게 생각되었는지 계속 미소를 지었다. 그러더니 앙투안 쪽을 보면서 손목에 차고 있는 시계를 보란 듯이 들어올렸다.

"이봐…… 유감스럽지만 시간이 급해서……."

"그럼, 자네 일을 같이 보도록 하지" 하면서 앙투안은 자리에서 일어났다.

그는 자크가 반격으로 나오지 않을까 걱정하고 있던 터였다. 그래서 토론이 빨리 끝나는 것을 다행으로 여겼다.

뤼멜이 모두에게 새삼 정중하게 작별인사를 하고 있는 동안 앙투안은 주머니에서 한 통의 편지를 꺼내 들고 동생 곁으로 다가갔다.

"공증인에게 줄 편지다. 읽어 본 다음에 네가 봉하려무나……. 그런데 너는 뤼멜을 어떻게 생각하니?" 하고 앙투안은 별 뜻 없이 물었다.

자크는 미소를 지으며 다만 이렇게 대답했다.

"생긴 대로야!"

앙투안은 딴 생각을 하는 듯했으며 말하기를 망설이고 있었다. 그는 힐끗 주위를 살피더니 아무도 그의 말을 듣지 못하리라는 것을 확인하자 목소리를 낮추어 허물없이 불쑥 이렇게 물었다.

"그런데…… 너는 전쟁이 나면 어떻게 할래……. 소집은 늦추어졌지, 안 그래? 그러나…… 동원이 된다면?"

자크는 대답에 앞서 잠시 형을 뚫어지게 바라보았다('제니도 아마 똑같은 질문을 하겠지' 하고 그는 생각했다).

자크는 퉁명스럽게 말했다.

"나는 결코 동원되지 않을 거야."

앙투안은 슬쩍 뤼멜 쪽을 바라보았다. 그는 형제가 무슨 말을 주고받았는지 알아들은 것 같지 않았다.

두 형제는 더 이상 한 마디도 나누지 않고 헤어졌다.

41. 7월 26일 일요일—앙투안과 단둘이 되자, 뤼멜 마음속의 불안을 털어놓다

"자네 주사는 훌륭해" 하고 단둘이 되자 뤼멜이 말했다. "벌써 눈에 띄게 나아진 기분이야. 일어날 때도 별로 힘들지 않고, 식욕도 전보다 더 좋은 편이야……."

"저녁때 열은 없나? 현기증도 안 나고?"

"아니."

"그럼 약 분량을 늘여도 괜찮겠군."

그들이 들어간 방은 진찰실 바로 옆방으로 흰 타일이 입혀져 있었다. 방 한가운데는 수술용 침대가 있었는데 뤼멜은 반쯤 옷을 벗은 다음 스스럼없이 그 위에 가서 누웠다.

앙투안은 등을 돌린 채 증기 소독기 곁에서 약을 조제하고 있었다.

"자네 이야기로 퍽 안심했네" 하고 그는 생각에 잠겨 말했다.

뤼멜은 앙투안이 병 이야기를 하는지 아니면 정치 이야기를 하는지 궁금하게 여기면서 앙투안 쪽으로 눈을 돌렸다.

"그렇다면" 하며 앙투안은 말을 이었다. "왜 신문이 독일의 이중성과 저의에 대해 악의 섞인 태도로 물고 늘어지도록 사람들을 내버려 둔단 말인가?"

"'내버려 두는 것'이 아니야. 부추기는 거지! 온갖 가능성을 생각해서 여론을 준비시켜 두어야 하니까……."

침통한 말투에 앙투안은 몸을 반쯤 돌렸다. 뤼멜의 얼굴에서는 잘난 체하는 자신감은 찾아볼 수 없었다. 그는 멍하게 눈을 크게 뜨고 고개를 내저었다.

"여론을 준비시켜?" 하고 앙투안이 반문했다. "그래도 여론은 세르비아의 이해 문제 같은 것 때문에 공연한 분규에 말려들어가는 것을 절대로 받아들이지 않을 텐데!"

"여론?" 하고 뤼멜은 마치 모든 것을 잘 아는 사람처럼 입을 삐죽거리며 말했다. "여보게, 뭐 어느 정도의 강력한 권력과 정보망만 있으면 불과 3일 동안에 여론 같은 것은 '어떤 방향으로든' 돌릴 수 있어! ……대다수의 프랑스인은 프랑스―러시아 동맹을 언제나 자랑해 왔으니까. 다시 한 번 그런 심리를 자극하는 일을 하는 건 어렵지 않을 거야."

"설마!" 하고 앙투안이 가까이 오면서 반박했다.

그는 에테르를 적신 솜으로 주사 놓을 부위를 닦았다. 그리고 재빠른 동작으로 바늘을 근육 깊숙이 꽂았다. 그는 아무 말 없이 약이 빠르게 내려가고 있는 주사기를 보고 있었다. 그리고 나서 바늘을 뺐다.

"프랑스인들은" 하며 앙투안이 다시 말을 이었다. "프랑스―러시아 동맹을 열광적으로 환영했어. 그런데 그 결과가 어떻게 될 것인지 궁금해 하며 생각해 보기는 이번이 처음인 셈이야……. 잠시 누워 있어……. 그런데 러시아와의 조약에는 어떤 것이 적혀 있지? 거기에 관해 아무도 아는 것이 없으니 말이야."

질문은 완곡했다. 그러나 뤼멜은 이 질문에 기꺼이 대답해 주었다.

"나도 상층부의 기밀사항을 알고 있는 건 아니야" 하고 그는 한쪽 팔꿈치로 몸을 일으키면서 말했다. "내가 알고 있는 건…… 관청의 무대 뒤에서 흘러다니는 이야기야. 우선 1891년과 1892년에 두 가지의 예비 협정이 이루어졌지. 뒤이어 1894년에 카시미르 페리에^(당시의 프랑스 수상)가 서명한 실질적인 동맹 조약이 이루어졌고 그 본문 전체는 알 수 없지만―이것은 국가기밀에 속하는 건 아니야―프랑스와 러시아 두 나라는 어느 한쪽이 독일의 위협을 받을 경우 서로 군사원조를 제공하기로 약속한 거야……. 그 뒤에 델카세^(프랑스 외무부장관 친영반독주의자)가 나왔어. 그리고 푸앵카레였고 이번에 그의 러시아 방문이 이루어진 거야. 이건 모두가 말할 것도 없이 두 나라의 약속을 더욱 확실하고 공고히 하자는 거야."

"그렇다면!" 이번에는 앙투안이 말을 받았다. "러시아가 만약 이번에 독일 정책에 반대하는 입장을 취한다면 러시아 쪽에서 독일을 위협하는 것이 되겠군! 그러면 조약 조문에 따라 우리한테는 아무런 의무도 없게 될 테고……"

뤼멜은 슬쩍 미소를 띠면서 얼굴을 찌푸렸다가 금방 제 모습을 되찾았다.

"이 사람아, 그게 그렇게 간단한 일이 아니야⋯⋯. 남쪽 슬라브인들의 확고한 보호자격인 러시아가 내일이라도 오스트리아와의 국교를 끊고 세르비아를 방위하기 위해 동원령을 내린다고 가정해 봐. 독일은 1819년에 오스트리아와 맺은 조약에 따라 필연적으로 러시아와 맞서기 위한 동원령을 내릴 거야⋯⋯. 그러면 독일의 그 동원령은 프랑스로 하여금 전에 러시아와 맺은 협약을 지켜야만 하는 처지로 몰고 가서 프랑스의 동맹국을 위협하는 독일에 맞서기 위해 즉각적인 동원령을 내리게 할 거야⋯⋯. 그건 자동적인 거야⋯⋯."

앙투안은 화가 치미는 것을 참을 수 없었다.

"그런 식으로 생각하면 전에 우리나라 외교관들이 마침내 안전보장을 이룩했다고 자랑했던 프랑스―러시아의 그 값비싼 우호가 지금에 와서는 정반대의 결과를 가져온단 말이군! 평화의 보장이 아니라 전쟁의 위험이 닥쳐오니 말이야!"

"외교관들은 모든 비난을 각오하고 한 거야⋯⋯. 1890년의 유럽에서의 프랑스의 입장을 생각해 봐. 프랑스를 무방비 상태로 두기보다 양날의 칼로 무장시키고자 했다고 해서 우리 외교관들이 잘못한 것일까?"

앙투안에게는 그럴듯한 주장처럼 보였다. 더욱이 그는 그 질문에 대답할 만한 거리를 생각해 내지 못했다. 현대사에 관해 아는 것이 없었기 때문이다. 하기는 이 모든 것이 그에게는 단지 회고적인 흥미에 지나지 않았다.

"그것은 아무튼 간에" 하고 앙투안이 말했다. "자네 말대로라면 현재 프랑스의 운명이 오로지 러시아에 달려 있단 말인가? 아니, 더 정확히 말하자면" 하고 그는 잠시 머뭇거리다가 덧붙였다. "모든 것은 우리의 프랑스―러시아 조약에 대한 충실성 여하에 달려 있다는 건가?"

뤼멜은 또다시 얼굴을 찌푸리며 미소를 지었다.

"여보게, 그렇다고 우리가 러시아와 한 약속을 깰 수 있으리라고는 기대하지 말게. 현재 우리나라의 대외정책을 이끌어가는 사람은 베르트로 씨야. 그가 현재의 지위에 있는 한, 그리고 그의 배후에 푸앵카레 씨가 버티고 있는 한 동맹국들에 대한 우리의 충성심에는 결코 아무런 문제가 없을 거야." 그는 잠깐 망설이다가 말을 계속했다. "이 사실이 폰 쉔 대사의 말도 안 되는 제안 뒤에 열린 각의에서 명백히 드러났나 봐……."

"그렇다면" 하고 앙투안은 신경질적으로 외쳤다. "러시아와의 상호의존 관계에서 벗어날 수 있는 방도가 전혀 없다면 러시아로 하여금 중립을 지키도록 하는 수밖에 없겠군!"

"그 방법은?" 뤼멜은 푸른 눈으로 앙투안을 뚫어지게 보았다. 그는 중얼거렸다. "그런데 너무 늦지 않았다고 누가 말할 수 있겠어……?" 그리고 잠시 침묵을 지키다가 말을 이었다. "러시아에서는 군부가 아주 강경해. 러일 전쟁의 패배 이후 러시아 참모부에서는 복수를 해야겠다는 강한 욕구가 사라지지 않는 형편이야. 그리고 보스니아―헤르체고비나의 병합으로 오스트리아로부터 당한 모욕도 결코 잊지 않고 있어. 이즈볼스키 같은 자들은― 이건 여담이지만 그는 오늘 저녁 파리에 도착하기로 돼 있어―러시아 국경을 콘스탄티노플까지 뻗기 위해서라면 유럽 전쟁도 불사하겠다고 공공연히 말하고 있어. 그들은 전쟁을 프란츠 요제프가 죽을 때까지, 가능하면 1917년까지 늦추려고 생각할지도 몰라. 그러나 만약에 그 이전에 기회가 주어진다면……."

그는 갑자기 의기소침해져서 숨을 가쁘게 쉬며 빠르게 말을 이었다. 그의 눈썹 주위에는 근심에 찬 듯한 주름이 져 있었다. 그는 가면이라도 벗은 것 같이 보였다.

"그래, 솔직히 말하자면 나는 절망하기 시작했어……. 아까 자네 친구들 앞에서는 억지로 아무 문제 없는 것처럼 말했어. 그러나 실은 형세가 좋지 않아……. 매우 좋지 않으므로 외무장관은 대통령과의 덴마크 동행을 포기하고 부랴부랴 프랑스에 되돌아오기로 결심했어……. 정오의 전보들도 신통치 않았어. 독일은 그레이 영국 외무장관의 제안에 쾌히 따르기는커녕 우물쭈물하면서 트집을 잡고 있어. 그리고 중재회의를 좌절시키려고 온갖 짓을 다하고 있는 것 같아. 독일은 정말 사태를 악화시키려고 하는 걸까? 아니면 4개국 회담을 배격하려는 생각일까? 왜냐하면 오스트리아―이탈리아 관계가 악화됨에 따라 회의를 열어보았자 오스트리아가 삼 대 일로 질 것이 뻔하다는 것을 짐작하고 있을 테니까……. 이건 가장 호의적이고…… 또 가장 그럴듯한 가정이야. 그러나 그러는 동안에도 사태는 급진전되고 있어……. 벌써 곳곳에서 전쟁 준비를 하고 있어……."

"전쟁 준비?"

"필연적이야. 각국 정부는 말할 것도 없이 전시체제를 갖추기 위한 동원을 생각하고 있어. 그리고 '만일의 경우를 대비해서' 그 준비를 하고 있어……. 벨기에에서는 이미 오늘 브로크빌 씨 주재로 임시회의가 열렸고 분명히 전쟁에 대응하기 위한 군사회의야. 10만 이상의 군대를 전선에 보내기 위해 세 연령층의 소집을 계획하고 있어……. 우리나라에서도 마찬가지이고. 오늘 아침 케도르세에서 각의가 열렸는데 '대비책'으로 전쟁 준비를 분명히 검토했을 거야. 툴롱이나 브레스트(프랑스 군항)에서는 함대에 대기령이 내려졌어. 모로코에는 흑인 부대 15개 대대를 당장 프랑스로 보내라는 명령을 타전했어. 그 밖에도 여러 나라가……. 각국 정부는 모두 이런 방향으로 움직이고 있어. 이런 식으로 사태는 자연히 악화의 길로 점점 치닫는 거야. 왜냐하면 일단 국민 동원이라는 무서운 톱니바퀴를 움직이기 시작하면, 도중에 준비를 늦추거나 꾸물대는 일은 실질적으로 불가능하다는 사실을 참모본부의 전문가로서 모르는 사람은 하나도 없을 테니까. 그래서 가장 평화주의적인 정부도 다음의 딜레마에 빠져 있어. 말하자면 이왕 준비한 것이라는 이유 하나만으로 전쟁을 일으키든가 아니면……."

"아니면 취소 명령을 내려 모든 것을 후퇴시켜 전쟁 준비를 그만두게 하던가!"

"그래. 하지만 그런 경우 '앞으로 몇 개월 동안에는 동원할 필요가 없다는 것'을 확실히 해 두어야 할 거야……."

"왜?"

"왜냐하면—이것 또한 전문가의 입장에서 볼 때 이론의 여지가 없는 공리인데—별안간 멈추게 하면 복잡한 기계의 모든 장치가 망가져 버려 얼마동안 쓸 수 없게 되어 버리니까. 그런데 얼마동안은 동원할 필요가 없을 거라고 확신할 수 있는 정부가 과연 있을까?"

앙투안은 잠자코 있었다. 그는 동요한 듯이 뤼멜을 바라보고 있었다가 드디어 낮은 소리로 말했다. "어처구니없는 일이군……."

"믿을 수 없는 것은, 여보게, 모든 것이 겉보기와는 달리 어쩌면 도박에 불과하다는 사실이야! 지금 유럽에서 벌어지고 있는 일은 어쩌면 멋진 포커판 같은 것일지도 몰라. 그래서 각자 협박을 통해 이기려고 하고 있는 거야

……. 오스트리아가 신의 없는 세르비아의 목을 슬그머니 조르는 동안 그의 파트너인 독일은 위협적인 겉모습을 하고 있어. 그 목적은 아마 러시아의 행동과 강대국들의 타협적인 중재를 마비시키려는 데 있겠지, 곧 포커판에서와 마찬가지로 자기 카드가 좋은 체하며 그럴듯하게 '허세를 부리는' 자들, 그러면서 가장 오래 버티는 자들이 이기는 거야……. 포커에서와 마찬가지로 아무도 상대의 카드를 모르고 있는 거지. 현재 독일의 태도와 러시아의 태도에 얼만큼의 간계가 숨겨져 있는지, 그리고 실제로 공격적인 의도가 얼마나 숨어 있는지 그것은 아무도 몰라. 현재까지 러시아는 게르만인들의 대담함 앞에서 언제나 양보해 왔으니까. 그래서 독일과 오스트리아는 당연히 이렇게 생각하고 있을 거야. '조금만 허세를 부리며' 모든 것을 각오하고 있는 것처럼 보이면 러시아는 여전히 타협적으로 나올 것이다.' 그러나 다른 한편으로는 지금까지 러시아가 항상 타협적으로 나왔으므로 이번만은 그야말로 무력으로 개입할지도 모른다는 거야……."

"어처구니없는 일이군……" 하고 앙투안이 되풀이했다.

그는 낙담한 모습으로 손에 들고 있던 주사기를 증기 소독기 접시 속에 넣었다. 그리고 창가로 몇 발짝 걸어갔다. 그는 뤼멜이 말하는 유럽의 정치 현황을 들으면서 마치 갑자기 폭풍우를 만나 배에 타고 있는 선원 모두가 우왕좌왕하는 것을 보는 승객의 불안감 같은 것을 느꼈다.

침묵이 흘렀다.

뤼멜은 자리에서 일어났다. 그는 바지의 멜빵을 다시 걸쳤다. 자신의 말을 듣는 사람이 있나 없나를 확인이라도 하려는 것처럼 자신도 모르게 주위를 한 번 힐끗 살피더니 앙투안 곁으로 가까이 왔다.

"이것 봐, 티보" 하며 목소리를 낮췄다. "이런 것은 입 밖에 내서는 안 되겠지만 자네는 의사니까 비밀을 지켜 주겠지, 안 그래?" 그는 앙투안의 얼굴을 빤히 쳐다보았다. 앙투안은 아무 말 없이 머리를 숙였다. "이것 봐……. 지금 러시아에서는 믿을 수 없는 일이 일어나고 있어! 사조노프 대사가 우리 정부에 미리 귀띔해 준 바에 따르면 그의 정부는 미온적인 태도를 떨쳐 버릴 거라는 거야! ……그런데 사실 우리도 조금전에 페테르부르크로부터 매우 중대한 정보를 입수했어. 러시아의 의도는 더 이상 의심할 여지가 없다는 거야. 러시아는 이미 총동원을 시작했다는 거였어! 해마다 실시하는 훈런은 멈추었고, 군부대들은 부랴부랴 주둔지로 돌아갔대. 4개의 주요 군관구인 모스크바, 키예프, 카잔, 오데사에는 동원령이 내렸고! ……어제 25일 아니면 그저께일지도 몰라. 군사회의석상에서 참모본부는 오스트리아에 맞서기 위한 '예방책으로' 무력행동을 급히 준비하라는 문서에 따른 명령을 차르한테서 얻어냈다는 거야……. 독일도 틀림없이 그 사실을 알고 있을 거야. 독일의 태도도 이번 일로 충분히 설명하고도 남아. 독일은 독일대로 은밀히 동원하고 있으니까. 문제는 독일의 경우 그 나름대로 서두를 만한 충분한 이유가 있다는 거지……. 게다가 독일은 오늘 아주 중대한 조처를 취했어. 곧 페테르부르크에 대해서 공식적으로 통고하기를 만약 러시아가 전쟁 준비를 멈추지 않을 경우, 또 전쟁 준비가 가속될 경우 독일로서는 어쩔 수 없이 동원령을 내릴 수밖에 없다는 거야. 그렇게 되면 전면전이 될 거라고 독일은 뚜렷이 밝히고 있어……. 러시아의 반응은 어떨까? 만약 러시아가 양보하지 않는다면 무거운 책임을 떠맡고 있는 러시아로서는 무겁다 못해 짓눌리고 말 거야……. 그런데…… 러시아가 양보할 가능성은 별로 없으니……."

"그런데 이런 와중에서 우리나라는 어떻게 하지?"

"우리나라 말이야? ……우리나라? ……어떻게 하면 좋으냐고? 러시아와의 조약을 폐기한다? 지금이야말로 우리의 온 힘의 결집과 범국민적 열정이 필요한 때인데 우리 국민의 사기를 떨어뜨려서야 되겠어? 러시아와의 조약을 폐기해? 그리고 우리나라를 완전히 고립시킨다? 유일한 우리의 동맹국들과의 사이가 틀어지고? 그렇게 되면 분개한 영국의 여론이 프랑스-러시아 그룹으로부터 등을 돌려 자기 나라 정부를 게르만 편으로 몰고 가지 않을까?"

조심스럽게 방문을 두 번 노크하는 소리를 듣고 뤼멜은 하던 말을 멈추었다. 복도에서 레옹의 목소리가 들렸다.

"'그분'한테서 다시 전화가 왔는데요……."

앙투안은 짜증스러운 몸짓을 했다.

"저, 나 지금…… 아니야!" 하고 그는 외쳤다. "가서 받을게!" 그리고는 뤼멜에게 이렇게 말했다. "잠깐 실례해도 되겠지?"

"자, 그건 그렇고 너무 늦었으니까 가 봐야겠어. 다시 봐……."

앙투안은 급히 작은 서재로 돌아와 수화기를 들었다.

"웬일이야?"

수화기를 들고 있던 안느는 이런 퉁명스런 말투에 놀라 몸서리쳤다.

"참 그렇군요" 하면서 안느는 겸연쩍어 했다. "오늘이 일요일이었군요! ……집에 손님들이 와 계시겠네요……."

"웬일이야?" 하고 그는 되풀이해서 물었다.

"그냥 그저……. 그런데 방해가 됐나요?"

앙투안은 아무런 대답도 하지 않았다.

"저어……." 앙투안의 기분이 아주 좋지 않은 것을 눈치챈 안느는 어떻게 말해야 할지, 어떤 거짓말을 꾸며야 좋을지 몰랐다. 달리 어떻게 할 수도 없고 해서 그녀는 머뭇거리며 말했다. "오늘 저녁 사정은 어때요?"

"안 돼" 하고 그는 딱 잘라 말했다. 이번에는 목소리를 부드럽게 하고 다시 말했다. "안 되겠어, 오늘 저녁은……." 그는 갑자기 측은한 생각이 들었다. 안느도 그의 그런 생각을 곧바로 느꼈다. 그것이 그녀에게는 흐뭇하기도 하고 또한 괴롭기도 했다. "안 되는 줄 알잖아" 하고 그는 말했다(안느는 그의 한숨소리를 들었다). "우선 오늘은 시간이 없어……. 있다 해도 이런 때 밤에 나다니다니……."

"어떤 때인데요?"

"글쎄, 안느, 당신은 신문을 읽었겠지? 무슨 일이 일어나고 있는지 짐작도 못하겠어?"

안느는 몸을 움찔했다. 신문? 정치 문제? 그런 일로 나를 따돌리려고 하는 걸까? '거짓말을 하고 있는 게 틀림없어' 하고 그녀는 생각했다.

"그럼…… 오늘밤…… 우리집에서 어때요? 싫어요?"

"안 돼. 돌아오는 게 늦을 테고, 그렇게 되면 피곤해질 테니까. 이봐, 분명히 말해 두지만…… 고집부리지 마……." 그러면서 그는 힘없이 이렇게 덧붙였다. "아마, 내일…… 내일 전화할 수 있으면 할게……. 그럼 안녕!"

그리고 대답도 기다리지 않고 전화를 끊었다.

42. 7월 26일 일요일—자크, 제니의 집 첫 방문

자크는 형을 기다리지 않고 밖으로 나왔다. 그리고 옵세르바투아르 거리의 수위 아주머니가 제니는 벌써 1시간 전부터 돌아와 있다는 말을 들려주었을 때 형 집에서 늑장부린 것을 몹시 뉘우쳤다.

그는 껑충껑충 계단을 올라가 벨을 눌렀다. 가슴을 조이면서 문 뒤에서 제니의 발소리가 들려오기를 기다리고 있었다. 그런데 들리는 것은 제니의 목소리였다.

"누구세요?"

"자크야!"

자크는 걸쇠 소리를 들었다. 드디어 문이 열렸다.

"엄마는 떠나셨어요" 하고 제니는 문을 잠가 놓고 있었던 이유를 설명했다. "지금 막 역까지 배웅하고 돌아오는 길이에요."

제니는 그를 들어오게 하려다가 마치 무엇인가 거북함을 느낀 것처럼 문턱에 서 있었다. 그러나 자크는 솔직하고 밝은 표정으로 제니의 얼굴을 바라보았다. 그것이 곧 그녀의 불안을 말끔히 씻어 주었다. 지금 그가 여기에 있다! 어제의 꿈이 계속되고 있는 것이다!

자크는 부드러우면서도 스스럼없는 태도로 두 손을 제니에게 내밀었다. 제니도 머뭇거리지 않고 솔직한 동작으로 자신의 두 손을 내밀었다. 그리고 손을 빼지 않고 두어 발 뒤로 물러서면서 그를 문턱 안으로 들어오게 했다.

제니는 그를 기다리면서 '어디로 데리고 들어갈까?' 하고 자문해 보았다. 응접실은 여러 가지 커버로 온통 뒤덮여 있다. 자기 방은? 그곳은 자신이 쉬는 곳이고, 자신만의 보금자리이다. 그리고 그곳은 상대가 누구이든 간에 데리고 들어가는 것을 꺼리는 곳이다. 다니엘조차도 그곳에 발을 들여놓은 예가 드물었다. 나머지 방은 다니엘과 퐁타냉 부인의 방이었는데, 모녀는 보통 그 방을 같이 쓰고 있었다. 제니는 결국 오빠의 방을 생각해 냈다.

"오빠 방으로 가세요" 하고 제니가 말했다. "집 안에서 시원한 곳은 거기뿐이니까요."

아직 가벼운 상복이 준비되지 않아서 제니는 전에 입던 칼라가 열려 있고 흰 리넨으로 된 여름옷을 집 안에서 입고 있었다. 그런 그녀의 모습은 젊고 경쾌해 보였다. 허리는 가늘고 다리는 길었지만 유연한 편은 아니었다. 왜냐하면 본능적으로 자신의 동작에 신경을 쓰면서 의식적으로 걸음걸이를 뻣뻣하게 하고 있었기 때문이다. 그러나 그렇게 어색한 몸가짐에도 불구하고 쭉 뻗은 제니의 팔다리는 젊음의 탄력성을 보여 주었다.

자크는 두리번거리며 제니의 뒤를 따라갔다. 주의를 살피면서 그는 감회에 젖지 않을 수 없었다. 모든 것이 눈에 익은 것들이었다. 현관과 거기에 놓인 네덜란드풍의 장롱이며 문 위에 걸린 델프트 도자기 접시, 예전에 퐁타냉 부인이 아들의 초기 작품들인 목탄화 몇 점을 걸어 놓았던 복도의 회색 벽, 아이들이 사진을 현상하는 암실로 썼던 붉은 유리를 끼운 구석방이며 다니엘의 방, 그의 방 벽에 붙은 책장, 흰 대리석으로 된 낡은 시계, 수없이 다니엘과 마주 앉았던 검붉은 벨벳으로 된 두 개의 안락의자이며……

"어머니는 여행을 떠나셨어요" 하고 제니는 멋쩍어 하는 모습을 보이지 않기 위해 블라인드를 올리면서 설명해 주었다. "빈으로 가셨어요."

"어디?"

"오스트리아의 빈 말이에요……. 앉으세요" 하고 그녀는 자크가 어리둥절해 하는 모습을 보지 못하고 돌아서면서 말했다.

(어제 저녁 제니는 예상했던 것과는 달리 늦게 들어온 것에 대해 어머니에게서 아무런 질문도 받지 않았다. 퐁타냉 부인은 다음날 자신의 여행 준비에 정신이 팔려—다니엘 앞에서는 준비를 시작할 수 없었다—제니가 밖에 나가 있는 동안 시계를 볼 생각조차 못했다. 그래서 제니는 변명할 필요가 없었다. 오히려 어머니 쪽에서 숨길 것이 있어서인지 조금 당혹해 하면서 열흘쯤 집을 비우게 된다고 서둘러 말했다. 그 기간 동안 현지에 가서 '일을 수습한다'는 것이었다)

"빈에?" 하며 자크는 앉으려고 하지도 않고 되물었다. "그냥 떠나시게 했어?"

제니는 짤막하게 일의 경위를 말해 주었다. 그리고 제니가 반대하자 어머니는 당신이 빈에 가야만 어려운 문제의 수습이 가능하다고 주장하면서 말도 못 붙이게 했다는 것이다.

제니가 이야기하고 있는 동안 자크는 물끄러미 그녀를 지켜보고 있었다. 제니는 윗몸을 똑바로 세우고 진지한 얼굴에 어색한 자세로 다니엘의 책상 앞 의자에 앉아 있었다. 입 언저리에 잡힌 주름과 꼭 다물고 있는 입술은—'침묵이 몸에 배었구나' 하고 자크는 생각했다—성찰과 활력을 보여 주고 있었다. 자세는 약간 굳어 있었으며, 경계하는 눈초리로 상대를 바라보고 있었다. 불신감일까? 오만일까? 수줍음일까? 아니다. 제니를 잘 알고 있는 자크는 그런 어색한 태도가 천성적인 것임을 익히 알 수 있었다. 그리고 그것이 성격의 한 면이고 자기 나름의 조심스러움과 도덕관념에서 나오는 태도 이외에는 아무것도 아니라는 것을 알 수 있었다.

자크는 이런 때 오스트리아에 머무는 것은 아무리 생각해 보아도 시기적으로 적절하지 않다고 말해 주고 싶은 마음이 굴뚝 같았다. 그는 신중하게 물어보았다.

"오빠는 그 여행을 알고 있어?"

"몰라요."

"아" 하며 자크는 갑작스럽게 결연히 말했다. "다니엘은 분명히 반대했을 거야. 나는 확신해. 어머니는 오스트리아가 동원령을 내리고 있다는 사실을 모르고 계시지? 또 군대가 국경을 지키고 있다는 것도? 그리고 빈이 내일쯤에는 계엄령 밑에 있게 되리라는 것도?"

이번에는 제니가 소스라치게 놀랐다. 일주일 동안 그녀는 신문 한 장 읽을 사이가 없었던 것이다. 자크는 몇 가지 주요 사건을 간단히 말해 주었다.

자크는 조심스럽게 사실을 전하면서 제니가 너무 걱정하지 않도록 신경 썼다. 설마 하는 마음이 뚜렷이 드러나는 제니의 질문으로 미루어 보아 정치적인 관심사가 그녀의 생활 속에서 차지하는 비중이 별것이 아님을 알 수 있었다. 역사책에서 배우는 것 같은 그런 전쟁의 어느 하나가 일어날지 모른다는 사실이 제니를 겁나게 하지는 못했다. 전쟁이 일어나면 다니엘이 곧 위험에 처하게 된다는 생각조차 그녀의 머리에는 떠오르지 않았다. 다만 전쟁이 일어날 경우 어머니 신상에 닥쳐올 수 있을 구체적인 어려운 문제만을 생각하고 있었다.

"어쩌면" 하고 자크는 급히 말했다. "어머니는 도중에 계획을 포기하실지도 몰라. 되돌아오시기를 기대해 봐."

"그렇게 생각하세요?" 하고 제니는 생기 있게 물었다. 그러고는 얼굴을 붉혔다.

뭐니뭐니해도 어머니의 출발이 다행스런 일이었다는 것과 그것은 여러 가지 변명의 시간을 뒤로 미루도록 해 주었다고 제니는 자크에게 솔직히 말했다. 그리고 어머니의 반대를 두려워해서가 아니라고 서슴지 않고 덧붙였다.

그러면서도 제니는 자신의 일을 어머니에게 있는 그대로 말하고 자신의 심정을 모두 털어놓아야 한다는 것을 무엇보다도 두려워하고 있었다.

"당신은 기억하고 계시겠죠, 자크?" 하고 제니는 진지한 모습으로 자크를 바라보면서 덧붙였다. "나는 누가 미리 알아서 해 주는 것을 좋아해요……."

"나도" 하고 자크가 웃으면서 말했다.

담화는 훨씬 은밀한 쪽으로 접어들었다. 자크는 제니의 여러 가지 상세한 설명을 유도하는가 하면, 제니로 하여금 자신의 심정을 토로하도록 도와주기도 하면서 그녀 자신에 대해 물어보았다. 제니도 순순히 묻는 말에 대답했다. 자크가 여러 가지를 묻는 말에 그녀는 별로 반발심을 보이지 않았다. 오히려 여러 가지를 물어보는 것에 대해 고마움마저 느꼈다. 그리고 평소의 조심성을 떨쳐 버리고 어떤 쾌감을 느끼는 자신을 발견하면서 새삼 놀라는 것 같았다. 그 이유는 지금까지 누구 하나 이렇게 열정적이며 마음을 사로잡는 눈길로 자신에게 관심을 기울여 준 사람이 없었기 때문이다. 또한 그녀의 마음을 아프지 않게 하려고 신경을 써 주면서 그녀를 이해하려는 남다른 욕구를 가지고 이렇게 말해 주는 사람도 없었기 때문이다. 지금까지 느껴보지 못한 온정이 그녀를 감싸주었다. 여태까지는 갇혀서 살아왔으나 지금은 울타리의 경계선이 갑자기 물러서면서 생각지도 않았던 지평선이 보이는 것 같은 느낌이었다.

자크는 줄곧 이유 없이 미소를 짓고 있었다. 그것은 제니 때문이라기보다는 자기 자신의 행복을 생각하고 짓는 미소였다. 그는 행복감에 완전히 넋이 나가 있는 듯했다. 지금은 유럽 문제 같은 것은 안중에도 없었다. 제니와 자신 이외에는 아무것도 없었다. 그녀가 하는 모든 말은 아무리 하찮은 것이라도 그에게는 퍽이나 은밀하고 둘만의 속삭임과 같은 생각이 들어 격렬한 감사의 마음을 느끼지 않을 수 없었다. 그의 마음속에는 새로운 확신이 뿌리를 내려 그로 하여금 자부심을 갖게 만들었다. 그 까닭은 그들의 사랑이 단순히 다른 것에 견줄 수 없는 귀중한 것일 뿐만 아니라 또한 아주 예외적이고 전례 없는 일이라고 생각되었기 때문이다. 그들의 입에서는 줄곧 '마음'이란 단어가 튀어나오곤 했다. 그리고 그때마다 막연하고 수수께끼 같은 이 말은 그들만이 아는 신비를 담고 있는 것처럼 마법의 말처럼 독특한 진동과 함께 그들 가슴속에 울렸다.

"내가 무슨 일로 놀라고 있는지 알아?" 하고 자크가 갑자기 외쳤다. "그것은 내가 조금도 놀라지 않고 있다는 사실이야! 나는 이렇게 될 것을 마음속으로 한 번도 의심하지 않았었거든!"

"나도 그래요!"

그것은 자크도 그렇지만 제니에게도 진실은 아니었다. 그러나 생각하면 할수록 더욱더 두 사람에게는 단 하루도 희망을 버린 적이 없었던 것 같았다.

"그리고 이렇게 여기 있는 것이 아주 당연한 것으로 여겨져……" 하며 자크가 말을 계속했다. "제니 곁에 있으면 이제서야 내가 정말 몸 둘 곳을 찾았구나 하는 느낌이 들어!"

"나도요!"

(그들이 이처럼 서로가 마음이 잘 통한다고 느끼며 무슨 일에도 생각이 같다고 말할 수 있었던 것은 어떤 관능적인 유혹 때문이었으며, 그들은 이런 유혹에 줄곧 몸을 내맡기고 있었다)

제니는 앉았던 자리에서 일어나 거의 조심성 없는 자세로 자크 앞에 와서 앉았다. 자크에 대한 사랑이 제니를 육체적으로 이미 변모시키는 것 같았다. 몸가짐에서 드러나는 이런 것이 평소에는 찾아볼 수 없었던 어떤 우아함과 유연함 같은 것을 제니에게 가져다주었다. 자크는 이런 변신을 황홀하게 지켜보았다. 그는 제니의 윗몸이 움직임에 따라 드러나는 그림자의 난무와 옷 속 근육의 움직임과 호흡의 뛰는 율동을 사랑스럽게 바라보고 있었다. 서로 찾다가 스쳐 지나가는가 하면 곧 헤어지고, 헤어졌는가 하면 다시 만나는 사랑하는 두 마리의 비둘기처럼 민첩한 두 손의 놀림이 그에게는 지루하게 여겨지지 않았다. 제니는 아주 작고 둥글게 올라온 하얀 손톱을 지니고 있었다—'마치 개암 열매의 반쪽 같구나' 하고 그는 생각했다.

그는 순간 몸을 굽혔다.

"이것 봐, 여러 가지 놀라운 것을 발견했어."

"뭔데요?"

자크의 말을 들으려고 제니는 의자 팔걸이에 팔꿈치를 대고 손바닥에 턱을 고였다. 그녀의 손가락은 볼을 받치고 있었는데 자유로운 둘째손가락은 살짝 입술을 만지작거리는가 하면 잠깐 관자놀이까지 뻗곤 했다.

자크는 아주 가까이에서 제니를 보면서 말했.

"낮에 보면 당신의 눈동자는 정말 두 개의 푸른 구슬, 맑은 두 개의 사파이어 같아."

제니는 부끄러운 듯 미소를 짓더니 고개를 숙였다. 그러더니 다시 몸을 일으키며 장난삼아 보복이라도 하려는 듯 제니 쪽에서 그를 유심히 살폈다.

"내가 보기에는, 자크, 어제 저녁부터 당신이 변했다는 생각이 들어요."

"변했다고?"

"그래요, 많이."

제니는 아리송한 태도를 취했다. 자크는 제니에게 이런저런 질문을 퍼부었다. 처음에는 망설이며 말을 할 듯하다가도 다시 화제를 딴 데로 돌리는 것으로 미루어 자크는 제니가 자신의 입으로는 말할 수 없는 무엇인가가 있다는 것을 알아차렸다. 제니는 자크가 여기에 도착한 뒤로 그들의 사랑과 관계없는 무슨 말 못할 걱정거리에 사로잡혀 있는 듯한 낌새를 눈치챘던 것이다.

자크는 이마에 흘러내린 머리를 단번에 쓸어올리며 말했다.

"자" 하고 그는 아무런 전제도 없이 말했다. "어제 저녁부터 내 생활은 이랬어."

자크는 제니에게 튈르리 공원에서의 하룻밤, 〈위마니테〉사에서의 오전, 앙투안을 방문했을 때의 일 따위를 상세히 이야기해 주었다. 사소한 것까지 소상하게 이야기하면서 그는 마치 소설가처럼 스스로에게 도취되어 그 장소와 사람들을 묘사했다. 스테파니, 갈로, 필립, 뤼멜이 한 말을 전할 때는 거기에 대해 자기 자신이 보여 준 반응을 들려주면서 자기가 느낀 불안이나 희망을 털어놓기도 했다. 그러면서 지금 전쟁의 위협에 맞서서 벌이고 있는 투쟁 이념을 제니에게 알려 주기에 열중했다.

제니는 한 마디도 빼놓지 않고 숨을 헐떡이면서 넋 나간 사람처럼 듣고 있었다. 그녀는 별안간 자크의 생활 속에 빠져들어가 있을 뿐만 아니라 위기에 처해 있는 유럽, 듣도 보도 못한 소름끼치는 여러 가지 문제에 직면해 있었다. 갑자기 사회라는 건축물이 흔들리고 있었다. 마치 지진이 일어나 우리 주위에 있던 벽이며 지붕이며 지금까지 우리를 보호해 주고, 우리의 안전을 보장해 주고, 절대로 파괴되지 않으리라 생각했던 모든 것이 무너져 내리는 것을 목격하는 사람들의 공포 같은 것을 느꼈던 것이다.

어제까지만 해도 제니에게는 미지의 세계였던 자크 개인의 활동범위가 어디까지 뻗치고 있는지 그녀는 확실히 파악하지 못하고 있었다. 그러나 자신의 사랑을 충분히 정당화하기 위해 제니는 자크를 높이 평가하고 싶었다. 그리고 자크의 목적이 고귀하다는 것, 자크가 이름을 인용한 사람들—메네스트렐이나 스테파나나 조레스 같은 사람들—모두가 각별한 존경을 받을 만하다는 것을 깨달았다. 그들의 희망은 분명히 정당한 것이었다. 왜냐하면 자크가 그들과 희망을 같이하고 있었기 때문이다.

자크는 신이 나서 이야기를 계속했다. 제니가 귀담아들어 주므로 더욱 고무되어 자신의 이야기에 도취되었다.

"……우리 혁명가는……" 하고 그는 말했다.

제니는 고개를 들었다. 자크는 제니의 눈길에서 놀라는 기색을 읽었다.

제니는 자크가 경건한 마음가짐과 함께 뭔가 호감이 담긴 목소리로 '혁명가'라고 말하는 것을 들어보기는 처음이었다. 사실 혁명이란 말은 그녀에게는 저속한 욕망을 만족시키기 위해 부유한 사람들이 사는 지역을 서슴지 않고 방화하고 약탈하는 사팔뜨기 얼굴을 한 사람들의 이미지를 떠올리게 했던 것이다. 즉, 폭탄을 윗옷 밑에 감추고 있는 파렴치한 사람들, 이런 무리들에 대해 사회가 강제수용 처분을 내리는 것 이외에는 다른 방도가 없는 사람들.

자크는 사회주의에 관해, 그리고 자신이 인터내셔널에 가입한 것에 대해 이야기를 시작했다.

"내가 혁명단체에 뛰어든 것이 용기를 내세운 순박한 정열 때문이라고 생각해서는 안 돼. 나는 어디까지나 오랜 의구심 끝에, 그리고 커다란 번민과 커다란 정신적 고독에 시달린 끝에 거기에 도달하게 된 거야. 제니를 처음 알게 되었을 때만 해도 나는 인류의 동포애라든가 진리나 정의의 승리를 믿고 싶었던 거야. 그런 것들의 승리가 아주 가까이에서 손쉽게 얻어지는 것으로 생각했어. 그런데 그것이 내 환상에 지나지 않았다는 것을 곧 발견했어. 그러자 모든 것이 내 마음속에서 불명확하게 된 거야. 그 당시 나는 내 인생에서 최악의 순간을 겪었어. 나는 전락하는 데까지 전락하도록 내 자신을 내맡겼어. 밑바닥, 아주 밑바닥까지 갔던 거지……. 그런데 나를 구해 준 게 바로 혁명의 이상이야" 하며 그는 메네스트렐을 아주 고맙게 생각하면서 말을 이었다. "바로 혁명의 이상이 내 시야를 넓게, 환하게 비추기 시작했고,

어릴 때부터 반항적이고 보잘것없는 인간이었던 나에게 삶의 이유를 가져다 주었어……. 나는 정의의 승리를 쉽게 얻을 수 있고 가깝게 있다고 생각했던 것이 어리석은 일이었음을 깨달았을 뿐만 아니라, 절망한다는 것은 더욱 어리석은 짓이고 죄를 범하는 짓이라는 것을 깨달았어! 특히 나는 그런 승리를 믿기 위해 적극적인 방법이 있다는 것도 알았어! 그리고 나의 본능적인 반항도 나와 똑같은 반항자들과 협동해서 사회 발전을 위해 힘을 기울일 경우 열매를 맺을 수 있다는 것도 알았어!"

제니는 묵묵히 듣고만 있었다. 프로테스탄트의 기질을 타고난 그녀는 사회는 엄격한 체제 순응주의를 따라서는 안 된다는 생각, 또한 인간은 자신의 개성을 드높일 의무를 띠고 있고 자신의 양심이 명하는 행위를 끝까지 밀고 나갈 의무를 지니고 있다는 생각을 충분히 하고도 남았다. 자크는 제니가 자기를 이해해 주고 있다는 것을 느낄 수 있었다. 그는 제니의 침묵 속에는 남의 말을 놓치지 않으려고 하는 지성, 균형 잡히고 건전한 지성, 사변적인 토론에는 별로 훈련되어 있지 않지만, 모든 편견을 뛰어넘을 수 있는 지성이 꿈틀거리고 있음을 느낄 수 있었다. 그리고 그녀가 버리지 못하고 있는 그런 조심성 뒤에는 짓눌린 어떤 감성이 고동치고 있고, 정말 전적인 희생을 할 만한 충분한 이유가 있다면 얼마든지 나서서 거기에 봉사할 마음가짐이 되어 있다는 것을 자크는 느꼈다.

그렇지만 자신이 지금까지 아무렇지 않게 생각하며 살아온 자본주의 사회가 실은 받아들일 수 없는 부정의 온상이라고 역설하는 자크의 말을 들었을 때 제니는 의아스러운 표정을 짓지 않을 수 없었다. 그런 문제를 별로 깊이 생각해 보지 않았던 그녀는 생활조건의 불평등을 성격의 차이에서 오는 피할 수 없는 결과인 것으로 생각하고 있었다.

"아!" 하고 자크가 외쳤다. "혜택받지 못한 사람들, 제니! 확실히 당신은 그런 사람들의 실상을 상상도 못할 거야! 그렇지 않다면 그렇게 고개를 흔들지 않겠지……. 당신은 바로 곁에 불행한 사람들이 많다는 사실을 모르고 있어. 그들에게 살아간다는 것은 일에 짓눌려 고통받는 것에 지나지 않아. 알맞은 보수도 못 받고, 미래에 대한 보장도 없고, 희망의 가능성도 없이 말이야! 당신은 석탄을 캐고 공장을 짓는 사람들이 있다는 것을 잘 알고 있어. 하지만 일생동안 탄광의 어둠 속에서 허덕이고 있는 사람이 몇백만이나 된다는 것을 드물게라도 생각해 본 적이 있어? 또 공장의 기계 소음 속에서 신경이 무뎌질 대로 무뎌져 있는 몇백만의 사람들이 있다는 것을? 그런가 하면 그런 대로 혜택받은 농촌 사람들, 그들의 매일매일의 임무란 계절에 따라 하루에 10시간, 12시간, 14시간 땅을 갈아서 마침내 그들을 등쳐 먹는 중간상인들에게 온갖 땀의 결실을 팔아넘기게 되는 그런 사람들을 생각해 본 적이 있느냐 말이야! 바로 여기에 인간의 고통이 있는 거야! 내 말이 좀 지나쳤나? 천만에! 나는 내가 목격한 것을 말하고 있는 거야……. 나는 함부르크에서 굶어 죽지 않으려고 나와 똑같은 필요에 따라, 방을 얻기 위해 모인 백 명쯤 되는 패거리들과 함께 막노동을 한 적이 있어. 3주 동안 나는 도형수 감시인처럼 고함을 질러 대는 십장의 명령에 아침부터 저녁까지 따랐던 거야. '이 들보를 들어 올려! 이 부대를 날라! 이 모래차를 끌어!' 밤이 되면 먹을 것과 술에 걸신들린 사람처럼 몇 푼 안 되는 노임을 가지고 선창을 떠나는 거였어. 지칠 대로 지친 데다가 몸뚱이는 먼지와 땀으로 끈적거리고 몸도 머릿속도 텅 빈 상태였으니까. 어찌나 지쳐 있었던지 반항할 기력도 없을 정도였어! 가장 끔찍한 것은 이런 건지도 몰라. 그런 가엾은 패거리들의 대부분은 자신들이 사회의 불공평함의 희생물이라는 의심조차 하지 않는 거야! 도형수 같은 그런 끔찍한 생활을 아무렇지도 않게 참는 힘이 어디에서 나오는 것인지 정말 생각해 보지 않을 수 없어! 나는 그 지옥에서 도망칠 수 있었어. 그것은 마침 나는 몇 개 국어를 알고 있어서 신문기사를 읽을 기회가 있었기 때문이야……. 하지만 다른 패들은? 그들은 거기서 계속 곤욕을 치르고 있어! 제니, 우리는 이런 사실이 현재 존재하고 있고, 앞으로도 계속 지상에서의 인간의 정상적인 상황이라고 받아들여야 할까?

자, 여러 공장의 예를 들려줄게! 나는 한때 푸메의 어느 단추공장에서 화물운반원으로 일한 적이 있어. 10초마다 계속 재료를 던져 주지 않으면 안 되는 기계의 노예였지! 잠시도 머리나 손을 비울 수 없었어……. 몇 시간이고 항상 같은 동작을 되풀이해야 하는 거야. 진짜 피로는 못 느꼈는지도 몰라. 그러나 확실히 말해 두지만 2시간 계속해서 시멘트 푸대를 나르고 나면 눈은 먼지 때문에 쑤시고, 목은 칼칼해지고, 함부르크에서의 피로 이상으로 여기에서 나올 때는 바보스런 그 일 때문에 더욱 멍청해져 있었던 거야! ……나는 또 이탈리아의 비누공장에서 많은 여자를 보았는데, 그 일이라는 것은 10분마다 40킬로그램 무게의 가루비누 상자를 들어 나르는 것이었어. 그 것을 하지 않을 때는 선 채로 크랭크를 돌리는 것이었어. 그 크랭크가 어찌 나 단단했던지 그것을 움직이려면 발을 벽에 단단히 기대야만 했어. 더구나 여자들이 하루 8시간이나 그런 노동을 해 대고 있었으니……. 조금도 꾸며 낸 이야기가 아니야! 나는 프러시아 모피공장에서 17살 된 소녀들에게 아침 부터 저녁까지 가죽을 브러시로 닦는 일을 시키는 것을 본 적이 있어. 털이 목구멍에 들어가기 때문에 소녀들은 일을 계속하려면 하루에도 여러 차례 그것을 뱉어내기 위해 밖으로 나가야만 했어……. 더구나 그 임금이 얼마나 형편없는 것이었는지 몰라! 왜냐하면 남자와 똑같은 수고를 하면서도 어디 를 가나 여자의 보수는 적게 마련이었으니까……."

"왜 그렇지요?" 하고 제니가 물었다.

"왜냐하면 여자에게는 생활하는 데 도움을 주는 아버지나 남편이 있다는 것을 전제로 하고 있기 때문이야……."

"그런 경우가 흔한 게 사실이지요" 하고 제니가 말했다.

"천만에! 그런 가엾은 여자들이 일을 해야만 하는 것은 우리 사회에서 남 자가 자신이 거느리고 있는 가족들을 충분히 먹여 살릴 수 있을 만큼 돈을 못 벌고 있기 때문이 아닐까? 나는 방금 외국 노동자들의 경우를 예로 들었 어. 그러나 이브리나 퓌토나 빌랑쿠르 같은 곳에 언제든지 아침에 가 보라고 ……. 아직 7시도 안 됐는데 홀가분한 몸으로 작업장에서 일을 하려고 아이 들을 탁아소에 맡기러 오는 여자들이 줄을 잇는 것을 볼 수 있을 거야. 그런 탁아소를 (공장의 비용으로) 만든 공장주들은 자신들이 노동자들의 은인이 라고 으스댈지도 몰라……. 그러나 8시간의 육체 노동을 하기 전에 새벽 5 시에 일어나서 커피를 끓이고 빨래를 하고 어린것들의 옷을 입힌 다음 방을 좀 치우고 7시에 일터로 달려가야만 하는 어머니들의 생활이 어떤 건지 상상 해 볼 수 있겠어? 끔찍한 생활이 아니고 뭐야? 하지만 그런 생활을 실제로 하고들 있어! 그런데 그렇게 자신을 희생해 가며 생활하는 사람들에 의해 자본주의 사회는 번영해 가고 있는 거야! ……정말 제니, 이런 일을 용서해 서야 되겠어? 몇백만이나 되는 사람들의 생활을 희생시켜 가면서 자본주의 사회가 번영해 가는 것을 가만히 보고만 있어도 되겠느냐 말이야? 안 되지! ……그러나 이런 모든 일과 그 밖의 것들이 수정되기 위해서는 권력의 주인이 바뀌지 않으면 안 돼. 곧 프롤레타리아가 정권을 장악해야만 해. 내 말을 이해하겠어? 자, 당신이 그렇게도 두려워하고 있는 '혁명'이라는 말의 뜻은 바로 이런 거야……. 지금의 사회와는 그 조직이 완전히 다른 새로운 조직을 건설해 인간이 생계를 유지할 수 있어야 할 뿐만 아니라 인간답게 살 수 있어야 해! 개개인에 대해서는 노동에서 오는 이익의 물질적인 몫을 나누어야 할 뿐만 아니라 자유와 여가, 복지의 그 부분도 돌려주어야 해. 그렇지 않으면 그 개개인은 인간의 존엄성을 발전시켜 나갈 수 없을 테니까……."

"인간의 존엄성……" 하고 제니는 생각에 잠긴 듯한 모습으로 되풀이했다.

제니는 갑자기—이 사실을 매우 부끄럽게 생각했다—자신이 20살이 될 때까지 세상의 노동과 빈곤에 대해서 아무것도 아는 게 없다는 생각이 문득 들었다. 다수의 노동자와 1914년 현재의 부르주아인 자신과의 계급 격차는 고대 문명에서의 계급 차이만큼이나 장벽이 있었던 것이다……. '하지만 내가 알고 있는 부자들이 모두가 추악한 사람들은 아니야' 하고 제니는 순박하게 생각했다. 어머니가 참여하고 있으며, 영세민 가정에 '자선을 베풀고 있는' 프로테스탄트 사업을 생각해 보았다……. 제니는 부끄러움으로 얼굴이 화끈해 오는 것을 느꼈다. 자선! 제니는 지금 그런 자선을 간절히 바라는 불행한 사람들과, 살 권리를 주장하면서 자신들의 자주성과 인간으로서의 '존엄성'을 요구하는 착취당한 노동자들 사이에는 아무런 공통점이 없다는 것을 이해한 것이다. 그런 가난한 사람들이란 자신이 어리석게 믿고 있었던 것처럼 결코 민중이라고는 말할 수 없었다. 그들은 부르주아 사회의 기생충에 지나지 않았다. 또한 그들은 자신들을 방문하는 자선단체의 귀부인들과 마찬가지로 자크가 말한 노동자의 세계와는 무관한 인간들이었다! 제니는 자크를 통해서 '프롤레타리아'라는 것을 알게 된 것이다.

"인간의 존엄성" 하고 제니는 다시 한 번 되풀이했다. 그런 말투는 여기에 이 말이 지니고 있는 뜻 전체를 부여하고 있음을 여실히 보여 주었던 것이다.

"오!" 하며 자크는 말했다. "처음에는 별로 큰 결과를 얻을 수 없을지 몰라……. 혁명에 의해 해방된 노동자는 우선 지극히 이기적인 만족에 매달릴 거야. 심지어는 지극히 천박한 만족이라고도 말할 수 있을 거야. 이것은 달갑게 받아들여야 해. 그런 저속한 욕망은 채워 주어야만 해. 그래야만 참되고…… 내면적인 진보가……" 그는 머뭇거리다가 덧붙여 말했다…… "정신적인 교양이 가능한 거야……."

그의 목소리의 울림은 생기를 잃었다. 자신이 잘 알고 있는 고뇌가 목을 조였던 것이다. 그러나 그는 이야기를 계속했다.

"불행하게도 우리는 이런 필요성을 인정하지 않으면 안 돼. 곧 여러 가지 제도상의 혁명이 풍습의 혁명을 훨씬 앞질러야 한다는 사실을 말이야. 그러나 인간을 의심해서는 안 돼. 안 되지……. 우리에게는 그럴 권리가 없는 거야……. 물론 나는 인간의 결함을 잘 알고 있어! 하지만 나는 그런 결함의 매우 많은 부분이 현실 사회의 결과라고 믿고 있고, 또 믿고 '싶어……'. 염세주의의 유혹과 싸워야만 해. 그리고 인간을 믿게 되어야만 하고! …… 인간에게는 위대함을 지향하는 은밀하고도 꺾을 수 없는 갈망이 있고, 또 있어야만 해. 그러니까 재 속에 파묻힌 그런 불씨에 끈기 있게 입김을 불어넣어 그것이 피어나서…… 언젠가는 활활 타도록 해야 해!"

제니는 갑자기 고개를 숙이면서 찬동의 뜻을 나타냈다. 그녀의 얼굴에는 그 어느 때보다도 단호한 결의가 엿보였으며, 눈에는 근엄한 빛이 가득 차 있었다.

자크는 회심의 미소를 지었다.

"그러나 사회 변혁은 어차피 나중의 일이야……. 우선 무엇보다도 시급한 것은 지금 당장 전쟁을 막는 일이야!"

자크는 문득 스테파니와의 약속이 생각나 흰 대리석으로 된 시계를 힐끗 보았다. 시계는 멈춰 있었다. 그는 자기 시계를 보고는 서둘러 자리에서 일어났다.

"벌써 8시야?" 하고 그는 꿈에서 깨어난 사람처럼 말했다. "15분 안으로 증권거래소까지 가야 해!"

자크는 갑자기 자기들의 이야기가 뜻하지 않게 엄숙했다는 생각이 들었다. 제니를 실망시킨 것 같아 그는 변명을 하려고 했다.

"아니에요, 아니에요" 하며 제니는 곧 그의 말을 가로막았다. "나는 당신이 그 모든 문제에 대해서 어떻게 생각하는지 알고 싶어요……. 당신이 어떻게 생활하는지 알고 싶고…… 알아야겠어요……." 그녀의 열정적인 말투는 이렇게 말하는 것 같았다. '그렇게 모든 것을 털어놓고, 있는 그대로의 당신을 나에게 보여 줌으로써 내가 가장 소중하게 여기는 당신의 애정의 증거를 가장 훌륭하게 내게 보여 준 거예요!'

"내일" 하고 문 쪽으로 걸어가면서 자크가 말했다. "좀더 일찍 올까? 점심을 끝내는 대로."

제니는 미소를 지었다. 그 미소는 그녀의 눈동자 깊숙한 곳까지 밝게 했다. 제니는 이렇게 말하고 싶었다. '네, 오세요. 될 수 있는 대로 자주……. 당신이 와 주실 때만 나는 살아 있다는 느낌이 들어요!'

그러나 제니는 얼굴을 붉히면서 입을 다물었다. 그리고 그의 뒤를 따라 집 안을 걸었다.

반쯤 열린 응접실 문 앞에서 자크는 멈추어 섰다.

"들어가도 괜찮아? 여러 가지 일이 생각나는군……."

덧문은 닫혀 있었다. 제니는 앞으로 먼저 들어가 창문을 열었다. 제니는 그 걸음걸이로 보나, 방을 가로질러 딱히 거칠지 않게 유연하면서도 확실한 태도로 자기 목표를 향해 똑바로 걸어가는 것으로 보나, 그녀 특유의 독특한 면이 있었다.

묶인 커튼, 말려 있는 카펫, 마루에서는 천 냄새와 왁스 냄새가 풍기고 있었다. 자크는 미소를 지으면서 모든 것을 바라보고 있었다. 그는 앙투안과 함께 처음으로 이곳에 왔을 때의 일을 떠올렸다……. 그때 제니는 기분이 좋지 않은 듯 발코니에 가서 팔꿈치를 괴고 있었다. 그리고 자신은 이 구석의 장식장 앞에 멍하니 서 있었다. 그는 지금 그 장식장을 덮고 있는 천을 들어 올리지 않아도 그날 천연덕스럽게 바라보았던 사탕그릇이며 부채며 세공품들을 다시 보는 듯했다. 그리고 그 뒤 그는 이것들을 몇 년에 걸쳐 변함없이 똑같은 장소에서 볼 수 있었던 것이다……. 지난 몇 년 동안 여러 가지로 달라진 제니의 모습도 마치 원화를 모사하듯이 그의 눈 앞에 포개져 있었다. 그는 소녀시절과 처녀 때의 제니의 태도, 그녀의 심한 변덕, 어설픈 감정의 격발, 갑작스런 홍조, 비밀을 털어놓을 듯한 태도를 되새겨 보았다…….

자크는 제니 쪽으로 몸을 돌리며 미소를 지었다. 그가 무슨 생각을 하고 있는지 제니는 알아차린 것일까? 그럴지도 모른다. 제니는 아무 말도 하지 않았다. 자크는 말없이 얼마동안 제니를 바라보았다. 그는 오늘 이렇게 다시 같은 응접실에서 솔직하면서 약간 경직된 눈길, 매끄럽고도 신비스런 얼굴,

수줍음도 없고 그렇다고 방종하지도 않은 옛날과 똑같이 자기 자신을 억제하고 있는 제니를 다시 보게 된 것이다……

"제니, 어머니 방을 보여 줄 수 있을까?"

"그러세요." 제니는 놀라는 기색 없이 말했다.

벽에 초상화와 사진이 잔뜩 걸려 있고, 기퓌르(모양과 모양을 이어 / 맞춘 성긴 레이스)를 덮은 녹색 다마스(다마스 원산 / 의 자두나무)의 큰 침대가 놓여 있는 방, 그는 이 방의 사소한 것까지 알고 있었다! 다니엘은 제니가 이 방에 들어오기 전에 반드시 노크를 하도록 했었다. 퐁타냉 부인은 전등갓의 장밋빛 불빛 아래, 벽난로 옆에 있는 두 개의 안락의자 가운데 어느 하나에 앉아, 난로가에서 교양서적이나 영국 소설을 읽고 있었다. 그녀는 읽던 책을 무릎에 놓고, 마치 그 어느 것도 이들의 방문보다 더 즐거운 것이 없는 듯 환한 미소를 지으며 두 젊은이를 맞이하곤 했었다. 부인은 자크를 자기 앞에 앉게 하고 격려하는 눈길로 그의 생활과 공부에 관해 물어보곤 했었다. 그리고 다니엘이 쓰러지는 장작을 일으키려고 하면 부인은 능숙한 솜씨로 재빨리 그에게서 부집게를 뺏어들고 "안 돼, 안 돼" 하고 웃으며 이렇게 말하곤 했었다. "그만둬. 너는 '불의 성질'을 모르니까!"

자크는 이런 모든 추억에서 벗어나려고 애썼다.

"어머니 방으로 가지" 하고 자크는 문 쪽으로 가면서 말했다.

제니는 그를 응접실로 데리고 갔다.

순간 자크가 어찌나 근엄한 태도로 바라봤던지 제니는 말할 수 없는 공포에 사로잡혀 얼굴을 숙였다.

"당신은 여기에서 행복했었어? 정말로 행복했었어?"

제니는 대답하기 전에 의식적으로 자신의 과거를 곰곰이 생각하며 지나간 몇 해 동안의 일, 불안하고 수심에 차 있던 소녀시절의 일, 언제나 마음을 쓰고 내향적이며 과묵하게 지낸 어린시절을 잠시 되살려보았다. 그런 무미건조한 과거였지만 그래도 얼마간의 밝은 구석은 있었다. 어머니의 따스한 사랑이며 다니엘의 애정이며……. 하지만 아니야……. 행복했었느냐고 물었는데, '정말' 행복했는가? 아니야. 절대로 그렇지 않아.

제니는 다시 고개를 들었다. 그리고 부정적으로 머리를 저었다.

그녀는 자크가 깊은 한숨을 쉬고는 단호한 제스처로 머리를 추켜올린 다음 별안간 미소를 짓는 것을 보았다. 자크는 아무 말도 하지 않았다. 그는 제니에게 감히 행복을 약속할 수 없었다. 그러나 계속 미소를 짓는가 하면 제니의 눈동자 깊숙한 곳까지 들여다보면서 도착했을 때와 마찬가지로 제니의 두 손을 잡고 그 위에 입맞춤을 했다. 제니는 그에게서 눈을 떼지 않았다. 제니는 심장이 고동치는 것을 느꼈다. 고동치는 것을…….

제니는 훨씬 나중에야 자크의 그런 모습이—선 채로 자기 쪽으로 몸을 굽히고 있던 그의 모습이—그때의 자기의 기억 속에 확실히 새겨진 것을 알았다. 그의 이마, 검은 머리, 날카롭고 대담한 눈길, 앞날을 기약하는 듯한 자신 있는 그 미소가 얼마나 놀랄 만큼 강렬하게 자신의 일생을 통해 두고두고 생각날지를 훨씬 지나서야 알았던 것이다…….

43. 7월 27일 월요일—자크, 베를린에서의 비밀임무 지령을 받음

건물 마당 깊숙한 곳까지 울려 퍼지는 생튀스타슈 성당의 낡은 종소리에 자크는 아침 일찍 눈을 떴다. 우선 머리에 떠오르는 것은 제니였다. 어젯밤 줄곧 그리고 잠드는 순간까지 그는 몇 번이나 옵세르바투아르 거리를 방문했을 때의 일을 생각했다. 그리고 그 기억을 더듬을 때마다 끊임없이 새로운 사실들이 떠오르곤 했다. 그는 새로 옮긴 숙소의 장식물을 무심히 살펴보면서 얼마동안 침대 위에 누워 있었다. 벽은 습기로 썩어 있었고 천장은 여기 저기 벗겨져 있었다. 누구의 것인지 모를 헌 옷가지들이 양복걸이에 걸려 있었다. 장 위에는 가제본 책자와 팸플릿 뭉치가 쌓여 있었다. 아연으로 된 세면대 위쪽에는 비누 거품 때문에 얼룩이 져 있는 싸구려 거울이 빛나고 있었다. 이 방에 살고 있던 동지는 도대체 어떤 생활을 하고 있었을까?

창은 밤새 열린 채로 있었다. 그러나 아침 시간인데도 불구하고 마당에서 올라오는 공기는 악취를 풍겨 숨이 막힐 지경이었다.

'27일 월요일' 하고 그는 머리맡 탁자 위에 놓인 수첩을 뒤적이며 생각했다. '오늘 아침 10시에 C.G.T. 패거리들을 만나고…… 그 다음에 돈 문제를 처리하기 위해 공증인과 중개인을 만나야 한다……. 그러나 1시에는 제니의 집에 갈 것이다. 제니 곁에! 그리고 나서 4시 반에는 보지라르 거리에서 '크니페르딩크'를 위한 집회가 있고…… 6시에는 〈리베르테〉사에 들르고…… 그리고 밤에는 시위운동……. 어제 저녁에는 어수선했다. 오늘은 확실히 별일이 없을 것이다. 큰 거리를 언제나 애국 청년들에게 맡길 수만은 없다! 오늘 저녁 시위운동은 잘될 거야. 벽보도 여러 군데 붙어 있고…… 건축연합의 패들은 조합 쪽에 도움을 청했고…… 조합운동이 당의 운동과 잘 맺어지는 것은 무엇보다도 중요하다…….'

자크는 급히 복도의 수도에 가서 물통에 물을 가득 채웠다. 그리고 윗옷을 벗은 다음 찬물로 몸을 씻었다.

갑자기 마뉘엘 르와의 일이 생각났다. 그는 그 애송이 의사에게 욕설을 퍼붓기 시작했다. "결국 너희들이 비애국자라고 비난하는 사람들은 두말할 것도 없이 너의 자본주의에 맞서는 사람들이다! 너희들 제도를 반박하기만 하면 곧 비애국자가 되는 거지! 너희들은 입만 열면 '조국'을 떠들어 대지" 하고 그는 머리를 물에 담그면서 투덜거렸다. "그러나 너희들은 '사회!', '계급!'을 생각하고 있는 거야. 조국을 지킨다는 미명 아래에 너희들의 사회조직을 고수하려는 것 외에는 아무것도 아니야!" 그는 손으로 수건 끝을 쥐고 기운차게 등을 문지르면서 다가올 세계를 머릿속에 그렸다. 그것은 여러 국가가 지역적 자치 단체로 계속 있으면서 똑같은 프롤레타리아 조직 아래에서 결합될 세계였다.

그의 생각은 다시 조합운동으로 되돌아갔다.

'보람 있는 일을 하기 위해서는 아무래도 조합 내부에 들어가지 않으면 안 돼…….' 그의 얼굴에는 어두운 그림자가 드리워졌다. 도대체 자신은 무엇 때문에 프랑스에 있는 것일까? 정보수집임무, 물론 그렇다. 그리고 자신은 최선을 다해 그것을 이행해 왔다. 어제도 물론 제네바로 간단한 '몇 가지 보고'를 보냈다. 메네스트렐에게는 도움이 될 수 있을지 모른다. 그러나 자신은 조사하는 그 임무의 중요성에 대해 착각하고 있지는 않다. '도움이 되어야지, 정말 도움이 되어야 해……. 행동해야 하고…….' 그는 이런 희망을 품고 파리에 왔다. 그런데 하나의 방관자로서 이야기나 소식을 기록하는 사람에 불과하며, 결국 아무것도 하지 않는—아무것도 할 수 없는 사람이라는 데 화가 났다! 이런 인터내셔널 조직으로는 어쩔 수 없이 제한을 받게 마련이며 무엇인가 하려고 해도 할 수 없다. 당에 속해 있지 않은 자, 오래전부터 당의 조직에 들어가 있지 않은 자에게는 실질적인 행동이 허락되지 않는다. '여기에 혁명을 맞이한 개인의 모든 문제가 있다'고 생각하면서 그는 갑자기 의기소침해졌다. '나는 본능적으로 도망치고 싶은 마음에서 부르주아지에서 탈주했다…… 그것은 개인의 반항이지 계급적인 반항은 아니다. 나는 나 자신을 돌보며 자신을 찾아 헤매는 데 시간을 보냈다. '이것봐, 동지. 자네는 결코 진정한 혁명가는 못 될 거야.' 그는 미퇴르크가 한 비난의 말이 생각났다. 그리고 오스트리아인과 메네스트렐과 확고한 현실주의에 입각하여 피에 의한 혁명의 절대적인 필요성을 받아들인 모든 사람들을 생각했다. 그러면서 그는 끔찍한 폭력 문제에 목이 졸리는 듯한 느낌이 들었다. '아! 언제고 자유로울 수 있다면…… 자신의 몸을 내던지는 것이다. 자신을 송두리째 내던짐으로써 자신을 완전히 자유롭게 하는 것이다……'

자크는 언제나 그렇듯이 고뇌와 실망 속에서 세수를 마쳤다. 그러나 다행히 그런 기분도 오래가지 않고 곧 활력이 넘치는 외부 생활에 마음이 쏠렸다.

'정보나 얻으러 가자' 하고 그는 마음을 가다듬으며 생각했다. 그런 생각만 해도 기운이 되살아났다. 그는 방을 열쇠로 잠그고 급히 거리로 뛰어나왔다.

신문에는 그리 대단한 것이 실려 있지 않았다. 우익 신문들은 '애국자 연맹'이 스트라스부르의 동상 앞에서 벌인 데모를 중심으로 떠들어 대고 있었다. 대부분의 홍보지에서 장황하고 모순된 해설로 공식보도를 흐지부지 덮어 버렸다. 그 목적은 불안의 요인과 희망의 이유를 교묘하게 조작하는 데 있는 것 같았다. 좌익기관지는 모든 평화주의자들에게 오늘밤 레퓌블리크 광장에서 있을 데모에 참가하도록 호소하고 있다. 〈라 바타이유 조합주의자〉지는 1면에 이렇게 내걸고 있다. '오늘밤 다 함께 불르바르로!'

10시에 나가기로 약속한 봉디 거리에 도착하기 전에 자크는 〈위마니테〉사에 들렀다.

갈로의 사무실 문 앞에서 나이 든 여성 투사와 마주쳤는데, 그녀와는 '프로그레'에서의 집회 때 자주 만났으므로 안면이 있는 사이였다. 입당한 지 15년이나 되었으며 〈라 팜므 리브르〉^(자유 부인'이라는 뜻)의 편집장을 맡고 있는 여자였다. 모두들 위리 아주머니라고 불렀다. 그녀의 지칠 줄 모르는 수다에서 벗어나기 위해 모두들 되도록 그녀를 피하려고 했지만 그래도 그녀는 모든 사람들로부터 사랑을 받았다. 지나치게 남의 일 돌보아 주기를 좋아했고, 의협심을 요하는 일이라면 무엇이든지 발벗고 나섰으며, 사람들 소개하기를 끔찍이 좋아했다. 그리고 나이도 많은 데다 정맥류(靜脈瘤)를 앓고 있으면서도 실업자에게 일거리를 찾아주는 일이라든가 곤경에 처한 동지를 도와주는 일이라면 피곤한 줄 모르는 그녀였다. 페리네가 경찰과 말썽을 일으켰을 때도 그녀는 대담하게 페리네를 그녀의 집에 유숙시켰었다. 아무튼 별난 여자였다. 흐트러진 회색 머리는 집회에서도 과격파 여성다운 면모를 일깨워 주곤 했다. 얼굴의 윤곽은 옛날 그대로였다. "얼굴은 그런 대로 괜찮아"라고 페리네는 하층민의 억양으로 말하곤 했다. "그러나 몸에는 아마 비가 새고 있을 거야……." 열렬한 채식주의자인 그녀는 최근 협동조합을 하나 만들었는데, 그것은 파리의 동네마다 사회주의자들을 위한 채식주의 식당을 내기 위해서였다. 시국이야 어떻든 간에 그녀는 지지자들을 모집하는 데 때를 놓치지 않았다. 그래서 자크의 팔을 꼭 잡고는 설득하려 했다.

"이봐, 잘 알아보라구! 위생학자한테 가서 말이야! 썩은 음식, 썩은 고기를 먹는 짐승의 고기나 계속 몸에 집어넣는다면 당신 몸은 기능의 조화를 이룰 수 없을 테고, 머리도 최대한의 역량을 발휘할 수 없게 될 테니까……."

자크는 간신히 그녀를 뿌리치고 갈로 사무실로 들어갔다.

갈로는 혼자가 아니었다. 그의 비서인 파제스가 그에게 명단을 내밀면 그는 그것을 하나하나 살피면서 붉은 연필로 체크하고 있었다. 책상 위에 산더미처럼 쌓인 서류 위로 얼굴을 들어 자크에게 앉으라는 시늉을 하면서도 그는 계속 체크를 하고 있었다.

자크는 그를 옆에서 바라보았다. 설치류 같은 그의 옆모습은 인간의 얼굴이라고 하기에는 곤란한 정도였다. 이마와 코의 비스듬히 젖혀진 선이 대충 얼굴의 전부라고 할 수 있었다. 그 선은 위로는 텁수룩한 회색빛 머리카락 덤불 속으로 사라졌으며, 아래쪽으로는 오므린 입과 이지러진 턱을 가리고 있고, 마치 펜닭이처럼 나 있는 턱수염에서 끝나 있었다. 자크는 갈로를 볼 때마다 언제나 호기심을 감추지 못하곤 했는데, 그것은 우연히 몸을 웅크리려고 하는 고슴도치를 보는 것 같은 느낌이 들었기 때문이다.

바람에 문이 열리자 스테파니가 나타났다. 그는 양복 윗도리도 안 입고, 툭 튀어나온 팔꿈치까지 셔츠 소매를 걷어올린 채, 새의 코 같은 콧잔등 위에 안경을 묵직하게 올려놓고 있었다. 어제 브뤼셀의 조합 회의에서 가결된 일정을 가져온 것이다.

갈로는 일어났다. 그러나 파제스가 준 명단을 손에서 놓지 않고 그것을 조심스럽게 서류함 속에 넣었다. 세 사람은 자크를 거들떠보지도 않고 벨기에에서 가결된 일정을 잠시 논의했다. 그리고 오늘의 정보에 관해서 각자의 의견을 나누었다.

확실히 오늘 아침 분위기는 많이 누그러졌다. 중부 유럽에 관한 정보에는 뭔가 희망이 엿보였다. 오스트리아 군대는 여전히 다뉴브 강을 넘지 않고 있었다. 조레스의 말에 따르면 세르비아와 단교하기 위해 오스트리아가 서둘러 취한 음모 뒤에 쉬는 시기가 의미심장하다는 것이다. 세르비아의 회답에서 뚜렷이 나타난 성의와 강대국들의 한결같은 분노 때문에 빈 정부는 무력 도발을 망설이고 있는 것 같았다. 다른 한편 강대국 정부를 몹시 불안하게 했던 어제 러시아에 대한 독일의 동원령 위협도 따지고 보면 그다지 비관적이지는 않은 것 같다는 것이 중론이었다. 사람에 따라서는 그것이 평화를 지키고자 하는 순수한 염원에서 나온 자발적이면서 단호한 행위라고 말하기도 했다. 사실 직접적인 결과에 대해서 꽤 희망적인 것으로 알려져 있었다. 러시아는 오스트리아군이 진출할 경우 싸우지 않고 후퇴한다는 약속을 세르비아로부터 얻어 냈던 것이다. 그렇게 함으로써 시간을 벌 수 있으며 화해의 방법도 찾을 수 있을지 모른다는 것이었다.

자크는 국제적 저항운동에 관해 꽤 고무적인 여러 가지 정보를 입수했다. 이탈리아에서는 정세를 검토하고 사회당의 평화주의적 태도를 분명하게 하기 위해 사회당의원들이 밀라노에서 회의를 소집하기로 되어 있었다. 독일에서는 정부의 강력한 조치에도 불구하고 반대 세력을 침묵시킬 수 없었다. 베를린에서는 전쟁을 반대하는 대대적인 시위가 내일을 기해 벌어지게 되어 있었다. 프랑스에서는 상황의 급박함을 전해 들은 사회주의자와 조합주의자의 각 지부가 전국에 걸쳐 지역적 파업을 구상하고 있었다.

누군가가 스테파니에게 와서 쥘 게드가 기다리고 있다고 알려 주었다. 약속 시간 때문에 마음이 바빴던 자크는 그와 함께 방을 나왔다. 그리고 그의 사무실까지 함께 갔다.

"지역적 계획?" 하며 자크가 물었다. "전쟁이 날 경우 총파업으로까지 밀고 가기 위해선가?"

"총파업, 물론이지" 하고 스테파니가 대답했다.

그러나 자크가 볼 때 그 말투에는 자신이 좀 없어 보였다.

‘카페 리알토’는 봉디 거리에 있었다. ‘노동총연맹’ 가까이에 위치해 있어서 그곳은 조합에 가입한 그룹, 특히 적극적인 무리가 모이는 본거지로 되어 있었다. 자크는 그곳에서 리차들레가 만나라고 한 C.G.T.의 투사 두 사람과 만나기로 되어 있었다. 한 사람은 초등학교 교사였고, 다른 한 사람은 전에 제련 공장의 공장장을 지낸 적이 있었다.

대화를 시작한 지가 벌써 1시간 가까이 되었다. 자크는—전쟁반대를 목적으로 어떻게 하면 C.G.T.와 사회주의자와의 활동을 더욱 긴밀하게 맺어 줄 수 있을까 하는 연구 방법에 대해서 정보를 얻는 데 흥미가 끌려—대화를 마치고 싶은 생각이 없었다. 바로 그때 카페의 여주인이 집회를 위해 마련된 뒷방 문에 나타나 안쪽을 향해 소리쳤다.

“티보, 전화 왔어요.”

자크는 일어서기를 망설였다. 아무도 여기까지 와서 자기를 귀찮게 굴 사람은 없을 텐데. 방 안에 티보라는 이름의 다른 사람이 있는 것이 아닐까? ……그러나 아무도 일어나는 사람이 없자 그는 가서 받기로 했다.

파제스였다. 갈로 사무실을 나올 때 봉디 거리에서 약속이 있다고 귀띔을 해 주던 갈로의 말이 생각났다.

“연락이 되어서 다행이야!” 하고 파제스가 말했다. “지금 스위스 사람 하나가 찾아왔는데 자네를 만나고 싶어해……. 어제부터 사방으로 자네를 찾아다녔다는 거야.”

“어떤 사람인데?”

“키가 작은 남자인데 괴짜 같아. 흰머리 난쟁이로 알비노(^{색소 결핍}_{증 환자}) 같아.”

“아! 알겠어……. 스위스 사람이 아니야. 벨기에 사람이야. 그런데 파리에 있대?”

“자네가 어디에 있다는 것은 일부러 말하지 않았어. 1시에 ‘크루아상’에 가면 혹시 만날 수 있을지도 모른다고 알려 주었지.”

‘그럼 제니와의 약속은 어떻게 하지!’ 하고 자크는 생각했다.

“안 돼” 하며 자크는 얼른 말했다. “1시에 무슨 일이 있어도 꼭 지켜야 할 약속이 있어서…….”

"좋을 대로 해" 하고 파제스가 말했다. "그런데 무슨 급한 용무가 있는 것 같던데. 메네스트렐의 심부름으로 자네에게 전할 것이 있다는 거야……. 하여간 자네한테 전하기는 했어. 또 봐."

"고마워."

메네스트렐에게서? 급한 전갈이라고?

자크는 어찌할 바를 모르며 '리알토 카페'를 나왔다. 옵세르바투아르 거리의 방문을 미룰 결심을 하지 못하고 있었다. 결국 이성이 승리했다. 그는 공증인에게 가기 전에 급히 우체국으로 뛰어들어가 제니에게 3시 이후에나 갈 수 있겠다는 속달 우편을 급히 썼다.

베노 사무실은 트롱세 거리의 아름다운 건물 2층에 있었다.

다른 때 같으면 베노 선생의 거드름을 피우는 태도라든가, 주변, 건물, 가구, 서기들의 모습이라든가, 쓸데없는 서류가 공동묘지 무덤들같이 쌓인 음침하고 먼지투성이의 사무실 분위기가 자크에게는 우스꽝스럽게 보였을지 모른다. 사람들은 자크를 꽤 정중히 맞이했다. 작고한 티보 씨의 아들인 데다가 상속인이며, 앞으로도 틀림없는 고객이었기 때문이다. 심부름꾼부터 사무장에 이르기까지 상속재산에 대해서 무엇인가 경건한 존경심을 나타내고 있었다. 자크는 몇 개의 서류에 서명했다. 자크가 이 큰 재산을 조급하게 챙기고자 하는 것을 안 공증인은 그가 그것을 가지고 어떻게 할 것인가를 슬며시 물었다.

"말씀드릴 필요도 없겠습니다만" 하고 베노 씨는 의자 손잡이 끝에 달린 사자머리 조각을 움켜잡으면서 말했다. "이런 난세에는 주식에도 예측하지 못할 일들이 벌어져서…… 주식에 밝은 사람들도……. 그런가 하면 여러 가지 위험도 있어서……."

자크는 서둘러 이야기를 끝내고 작별인사를 했다.

환전업자 사무소에서는 예사롭지 않은 열기가 창살 뒤의 직원들을 흥분시키고 있었다. 계속 전화가 울리고 있었다. 사람들은 주식 매매 주문을 하느라 큰 소리로 외치고 있었다. 증권거래소의 개장 시간이 다가오고 있었던 것이다. 전반적 상황의 중대성 때문에 파란 많은 장이 예상되었다. 자크는 종크와 씨를 직접 만나 보았으면 했으나 거절당했다. 전무이사를 만나는 것으로 만족하지 않으면 안 되었다. 가지고 있는 주식을 바로 처분하고 싶다는 말을 꺼내자 시기가 좋지 않아서 전부를 매각할 경우 꽤 많은 손실을 각오해야 할 것이라는 이야기를 들었다.

"그런 것은 상관없습니다" 하고 자크는 말했다.

그의 확고한 태도에 상대는 아무 말도 하지 못했다. 이렇게 미치광이 같은 짓을 저지르면서도 태연한 이 기이한 손님이야말로 특별한 정보를 가지고 있어서 한몫 단단히 보려는 것이 틀림없어 보였다. 어쨌든 이것을 모두 처분하기 위해서는 이틀 정도는 잡아야 할 것 같다고 그는 말했다. 자크는 자리에서 일어나 수요일에 오겠다고 하면서 사무소 회계에게 그날 전재산을 현금으로 받을 수 있게 해 달라고 부탁했다.

전무이사가 자크를 층계참까지 배웅했다.

반네드는 문 쪽의 가까운 긴 의자에 혼자 앉아 있었다. 테이블 위에 팔꿈치를 괴고 손바닥으로 턱을 받치고는 눈을 깜박이면서 들어오는 사람을 지켜보았다. 그는 카키색의 이상한 식민지 옷을 입고 있었는데 그것 또한 머리털과 마찬가지로 색이 바래 있었다. '크루아상'에 드나드는 사람들 대개가 야릇한 옷차림을 하고 있었으나 그의 그런 모습은 유난히 눈에 띄었다.

자크를 보자 그는 벌떡 일어났다. 창백한 그의 얼굴이 갑자기 붉어지더니 얼마동안 말을 하지 못했다.

"드디어!" 하고 반네드는 탄식하듯 말했다.

"그래, 자네도 파리에 와 있었나, 반네드?"

"드디어!" 하고 반네드는 되풀이했다. 그의 목소리는 떨리고 있었다. "이것 봐, 보티, 나는 무서워 죽을 지경이야!"

"왜 그래? 무슨 일이야?"

반네드는 눈이 부셔 빛을 가리려고 손을 눈 위에 가져다 대고 근처 테이블을 조심스럽게 둘러보았다. 무엇인가 수상한 낌새를 알아차린 자크는 그의 곁에 가서 앉아 귀를 바싹 갖다 댔다.

"당신이 필요해요" 하고 반네드가 속삭였다.

제니의 모습이 순간 자크의 눈앞을 스쳐 갔다. 그는 신경질적으로 머리카락을 쓸어올리면서 자신 없는 목소리로 물었다.

"제네바에서?"

반네드는 아니라는 뜻으로 헝클어진 머리를 가로저었다. 그는 주머니 속을 뒤지더니 겉봉에 아무것도 안 쓰인 봉인된 편지 한 통을 꺼냈다. 자크가 몹시 흥분해서 듣고 있는 동안 반네드는 그의 귀에다 대고 속삭였다.

"전해 줄 것이 또 있어요. 에베를레라는 이름의 신분증명서."

봉투 속에는 두 겹으로 접힌 편지가 들어 있었다. 첫 페이지에는 리차들레의 필적으로 보이는 몇 줄의 글이 적혀 있었다. 다른 페이지에는 아무것도 적혀 있지 않은 것 같았다.

자크는 다음과 같은 것을 읽었다.

조종사는 자네를 기대하고 있어. 다음 장을 읽어 봐. 수요일 브뤼셀에서 모두 만나기로 되어 있어.

동지들의 안부를 전하네.

R

'다음 장을 읽어 봐……' 자크는 이 서식을 알고 있었다. 흰 페이지에는 은현(隱現) 잉크로 지령이 적혀 있었다.

"이걸 해독하려면 집으로 돌아가야겠어……." 자크는 편지를 손가락 사이에 넣고 초조하게 빙빙 돌렸다. "그런데 나를 찾지 못했더라면 어쩔 뻔했지?" 하고 자크가 물었다.

반네드는 순박한 미소를 지었다.

"미퇴르크와 같이 있어요. 그럴 경우 미퇴르크가 편지를 뜯어보고 당신 대신 하게 되어 있었어요. 동지들과는 수요일에 브뤼셀에서 만나기로 되어 있어서……. 당신은 베르나르뎅 거리의 리베르 집에 살고 있지 않아요?"

"미퇴르크는 어디 있어?"

"그도 당신을 찾고 있어요. 3시에 바르메스 로(路)의 외르뎅 집에서 만나기로 되어 있어요. 외르뎅은 미퇴르크와 같은 나라 사람인데 우리는 그 집에서 유숙하고 있어요."

"이봐" 하고 자크는 편지를 주머니에 넣으면서 말했다. "자네는 내 방에 같이 가지 않는 편이 낫겠어. 공연히 수위의 눈길을 끌 필요는 없으니까…

…, 미퇴르크를 데리고 4시 15분에 몽파르나스 역의 전차 대기실 앞으로 나와, 알겠지? 볼롱테르 거리의 재미있는 모임에 데리고 갈 테니까……. 그리고 오늘밤에는 식사를 끝낸 다음 함께 레퓌블리크 광장 데모에 가자고."

30분 뒤에 자크는 방에 틀어박혀 지령 문구를 해독하고 있었다.

28일 화요일 베를린에 있을 것.
18시 포츠담 광장의 아싱거 식당으로 갈 것. 거기에서 Tr.과 만나 확실한 지령을 받을 것.
일을 파악하게 되면 첫차를 타고 브뤼셀로 갈 것.
각별한 주의를 할 것. V로부터 받는 서류말고는 아무것도 지니지 말 것.
불행하게도 잡혀 간첩으로 기소될 경우에는 베를린의 막스 케르펜 변호사를 선정할 것.
이 사건은 Tr.과 그의 친구들이 준비했는데 Tr.은 특히 자네와 같이 일하기를 간청해 왔네.

"그러면 이제부터다" 하고 자크는 나지막한 소리로 말했다. 그러고는 얼른 이렇게 생각했다. '도움이 되어야지, 행동하는 거다!'
대야에서는 알카리성 현상액의 냄새가 풍겼다. 그는 손가락을 닦은 다음 침대로 와서 앉았다.
'자' 하고 그는 되도록 침착하려고 애쓰면서 생각했다. '베를린…… 내일 저녁에……. 아침 기차를 타면 저녁 6시 약속 시간 안에 갈 수는 없을 테고. 아무래도 오늘 20시 기차로 떠나야겠다……. 어쨌든 제니를 다시 볼 시간은 있다……. 좋아……. 그러나 데모에는 갈 수 없구나…….'
그는 씨근거리며 곰곰이 생각해 보았다. 마루 위에 열려 있는 가방 안에는 기차 시간표가 들어 있었다. 그는 그것을 들고 창가로 걸어갔다. 숨이 막힐 듯한 더위였다.
"부득이한 경우에는 0시 15분 준급행으로 가지 말라는 법도 없겠지? ……여행시간은 더 오래 걸리겠지. 그렇지만 오늘 저녁 데모에는 갈 수 있을 것이다……."

옆방에서는 가냘프고 떨리는 여자의 목소리가 들려왔다. 다리미질을 하고 있는 것이 틀림없었다. 왜냐하면 난로 위에 다리미를 놓을 때 쇠 부딪히는 소리가 그녀의 노랫소리를 이따금 끊어 놓곤 했기 때문이다.

'Tr., 이 사람은 트라우텐바하야……. 틀림없어……. 그 자는 무슨 음모를 꾸미고 있을까? 그리고 하필이면 왜 나를 원하는 걸까?'

그는 땀에 흠뻑 젖은 이마를 닦았다. 이제야 행동할 때가 다가왔다는 것, 이런 임무의 불가사의한 특징, 다분히 위험이 따를 것이라고 생각하며 흥분에 젖었다. 그러나 제니와 헤어져야 한다는 것을 생각하자 절망하지 않을 수 없었다.

'수요일에 브뤼셀에서 그들을 만날 테고' 하고 그는 생각했다. '일이 순조롭게만 된다면—문제없이—목요일에는 파리에 되돌아올 수 있을 것이다……'

이렇게 생각하자 마음이 가라앉았다. 결국 파리를 떠나 있는 날은 사흘밖에 안 된다.

'곧 제니에게 알려야지……. 4시 15분에 몽파르나스 역 앞까지 가려면 지금 곧 떠나야겠다……'

출발하기 전에 다시 집에 들를 수 있을지 확실하지 않아서 그는 지갑에 있는 것을 모두 꺼냈다. 그리고 자신의 개인적인 서류로 소포 하나를 만들었다. 그리고 만일을 생각해서 그 위에 메네스트렐의 주소를 썼다. 자신은 반네드가 준 에베를레 명의의 신분증만 지녔다.

그런 다음 그는 옵세르바투아르 거리를 향해 출발했다.

44. 7월 27일 월요일—자크, 제니의 집 두 번째 방문

자크가 벨을 울리자 제니는 곧 문을 열었다. 그녀는 어제 자크와 헤어진 그 자리에서 그가 오기만을 줄곧 기다리고 있었던 것 같았다.

"좋지 않은 소식이야" 하고 그는 인사도 없이 낮은 소리로 말했다. "오늘밤 외국으로 떠나야 해."

제니는 더듬거리며 말했다. "떠난다고요?"

제니의 얼굴은 몹시 창백해졌다. 그리고 자크를 뚫어지게 바라보았다. 그가 자기에게 이런 괴로움을 안겨다 줄 수밖에 없는 것을 몹시 안타깝게 생각하고 있는 것 같기에 그녀는 절망감을 보이지 않으려고 애썼다. 그러나 다시 자크와 헤어진다는 것이 그녀에게는 견딜 수 없는 고통이었다…….

"목요일, 늦어도 금요일까지는 돌아올 거야" 하고 그는 급히 덧붙였다.

제니는 고개를 숙이고 있었다. 그리고 깊이 한숨을 내쉬었다. 불그스레한 빛이 다시 그녀의 뺨 위에 나타났다.

"사흘이야!" 하고 자크는 억지로 미소를 지으면서 되풀이했다. "사흘은 긴 것이 아니야…… 평생 행복하게 살아가는 것에 견주면!"

제니는 불안하고 의아스러운 듯한 눈길로 그를 바라보았다.

"아무것도 묻지 말아 줘" 하고 그는 말했다. "나는 어떤 임무를 맡았어. 그래서 떠나지 않으면 안 돼."

'임무'라는 말에 제니의 얼굴에는 불안의 그림자가 드리워졌다. 그것을 본 자크는 독일에 가서 무엇을 할 것인지 자기 자신도 모르지만 제니를 안심시켜야겠다고 생각하면서 이렇게 말했다.

"외국의 몇몇 정치가들과 접촉하러 가는 것뿐이야……. 내가 그들 나라 말을 거침없이 할 수 있으니까……."

제니는 조심스럽게 자크를 살폈다. 그는 말을 멈추고는 현관 테이블 위에 펼쳐져 있는 몇 종류의 신문을 가리키면서 물었다.

"어떤 일이 일어나고 있는지 알겠지?"

"네" 하고 제니는 간단히 대답했다. 그 말투로 보아 그녀도 지금은 그에 못지않게 시국의 중대함을 충분히 인식하고 있는 것 같았다.

자크는 제니 곁으로 걸어가 두 손을 잡아 합장했다. 그러고 나서 그는 손등에 입을 맞추었다.

"'우리 방'으로 가자" 하고 자크는 다니엘의 방을 가리키면서 말했다. "몇 분밖에 시간이 없어. 그 시간을 헛되게 하고 싶지 않아!"

제니는 마침내 미소를 지었다. 그리고 자신이 앞장서서 복도를 걸어갔다.

"어머니한테서는 아무 소식이 없어?"

"없어요" 하고 제니는 돌아보지도 않고 말했다. "엄마는 오늘 정오가 조금 지나서 빈에 도착하실 거예요. 내일까지는 전보가 있을 것 같지 않아요."

방에는 모든 것이 자크를 맞이하기 위해 정돈되어 있었다. 블라인드가 내려져 있어 광선은 부드러웠다. 청소도 되어 있었다. 창에는 방금 다림질한 커튼이 걸려 있었다. 탁상시계도 가고 있었다. 책상 구석에는 스위트피 한

다발이 놓여 있었다.

제니는 방 가운데 서서 조심스럽고 약간 불안한 눈길로 그를 바라보았다. 자크는 미소를 지었다. 그러나 제니는 반응하지 않았다.

"그래서요" 하고 제니는 자신 없는 투로 짧게 말했다. "정말이에요? 몇 분밖에 시간이 없다는 게?"

자크는 웃음을 머금은 부드러운 눈길, 그러면서 상대의 마음을 꿰뚫어 보는 듯한 눈길로 제니를 보고 있었다. 그것은 멍한 눈길이 아니라 오히려 또렷하고 주의 깊은 눈길이었다. 그러나 그것이 제니에게는 어쩐지 거북스럽게 느껴졌다. 제니가 보기에는 자크가 여기에 온 뒤부터 그의 눈길이 뭔가에 골몰해 있어 자신의 눈길을 진정으로 사로잡은 적이 한 번도 없었던 것 같았다.

자크는 제니의 입술이 떨리고 있는 것을 보았다. 그는 그녀의 손을 잡고 중얼거렸다.

"내 용기를 꺾지 말아줘……."

제니는 벌떡 몸을 일으켰다. 그리고 미소를 지었다.

"좋아" 하고 자크는 제니를 앉히면서 말했다. 그러고 나서 그는 자기가 무슨 생각을 하고 있는지 따위는 설명하지도 않고 낮은 목소리로 말했다. "자기 자신을 믿어야 해. 자기 자신 말고는 아무것도 믿어서는 안 돼……. 자신의 운명을 분명히 인식하고 그것을 위해서 모든 것을 바칠 수 있는 사람만이 믿음직한 내적 생활을 할 수 있는 거야."

"그래요" 하고 제니는 더듬거리며 말했다.

"자기 자신의 힘을 의식해야 해!" 하고 자크는 마치 스스로에게 하는 것처럼 말을 이었다. "그리고 그 힘에 따르는 거야. 다른 사람들이 그 힘을 나쁘게 평가한다면 하는 수 없지만……."

"그래요" 하고 제니는 다시 얼굴을 숙이면서 되풀이했다.

지난 며칠 사이 그녀는 이미 여러 차례 지금처럼 생각한 적이 있었다. '이 사람이 말하는 것을 나는 귀담아들어야 해……. 그것을 깊이 생각해 보고…… 그것을 더 확실히 이해하기 위해서……' 제니는 순간 눈을 아래로 깔고 꼼짝하지 않았다. 숙인 그 얼굴이 깊은 명상에 잠겨 있는 것을 보고 자크는 마음이 산란해져서 얼마동안 잠자코 있었다.

그러다가 그는 감정을 억누르면서 떨리는 목소리로 덧붙였다.

"내 생애에서 결정적인 여러 날 가운데 어느 하루를 꼽으라면 그것은 다른 사람들로부터 비난받고 위험하다고 평가받는 것이 실은 반대로 내게서 가장 훌륭한, 가장 옳은 것이라는 것을 깨닫게 된 그날이었어!"

제니는 이 말을 들으면서 이해는 했지만 어리둥절해졌다. 지난 이틀 전부터 제니의 내적 세계의 토대가 하나하나 흔들리기 시작했던 것이다. 그녀 주위에는 하나의 구덩이가 파헤쳐졌는데 자크가 모든 판단의 근거로 삼고 있는 그 새로운 가치가 아직 그 구덩이를 메워 주지 못했던 것이다.

제니는 자크의 얼굴이 갑자기 환해지는 것을 보았다. 자크는 또다시 미소를 지었다. 그러나 그것은 지금까지의 것과는 다른 미소였다. 그는 막 묘안을 하나 생각해 낸 것이다. 그러면서 벌써 제니에게 눈으로 질문을 던지고 있었다.

"이봐, 제니…… 오늘밤은 혼자니까…… 나하고 같이 어디라도 좋아…… 저녁을 먹으러 가지 않겠어?"

제니는 아무런 대답도 않고 제의에 어리둥절해져서 그의 얼굴을 물끄러미 바라보았다―그녀에게는 뜻하지 않은 일이었다.

"7시 반까지는 볼일이 있어" 하고 그는 설명했다. "그리고 9시까지는 레퓌블리크 광장에 가야 돼. 어때, 이 소중한 시간을 같이 보내면?"

"좋아요."

'제니에게는 나름대로 독특한 면이 있어' 하고 자크는 생각했다. '고집이 센 면이 있는가 하면 부드러운 면도 있어서 '네' 아니면 '아니오'가 분명하거든…….'

"고마워!" 하고 자크는 아주 기뻐하며 외쳤다. "그런데 데리러 올 시간은 없어. 7시 반까지 증권거래소 앞까지 와줄 수 없을까…… ?"

제니는 고갯짓으로 승낙의 표시를 했다.

자크는 일어났다.

"그럼 나는 가볼게. 이따가 봐…….."

제니는 그를 붙들려고 하지 않았다. 그리고 말없이 계단 있는 데까지 배웅했다.

자크가 계단을 내려오다가 다시 한 번 마지막으로 부드러운 작별의 미소를 보내기 위해 돌아보았을 때 제니는 난간 밖으로 몸을 굽히고 갑자기 대담하게 말했다.

"나는 동지들과 같이 있는 당신을 떠올리는 것이 즐거워요……. 이를테면 제네바에서…… 거기서라면 당신은 참다운 당신이 될 수 있을 거예요……."

"왜 그런 말을 하지?"

"왜냐하면" 제니는 적당한 말을 찾고 있는 듯했다. "지금까지 내가 보아 온 당신은 어디 있어도 언제나—어떻게 말하면 좋을까? —어쩐지…… 고향 이 없는 사람 같은 느낌이 들어요……."

자크는 계단 위에서 멈추었다. 그리고 얼굴을 들어 진지한 모습으로 제니 를 바라보았다.

"잘못 생각했어!" 하고 그는 격렬하게 말했다. "거기 가도 역시 나는…… 고향이 없는 사람이야! 어디를 가나 그래. 나에게는 언제나 고향이 없었어. 고향 없이 태어난 사람이야!" 그는 미소를 지으며 덧붙였다. "제니! 당신 곁에 있을 때만 고향이 없는 사람이라는 느낌을 떨쳐 버릴 수 있어……. 조 금이라도……."

그의 얼굴에서는 미소가 사라졌다. 뭔가 머뭇거리는 것 같았다. 그는 손으 로 묘한 제스처를 했다. 그리고 멀어져 갔다.

'제니는 완전무결해' 하고 자크는 생각했다. '완전무결. 그러나 속을 알 수 없단 말이야!' 제니를 비난하는 것은 아니었다. 제니가 줄곧 그의 마음을 끌 었던 것도 어느 정도는 이런 신비스러움 때문이 아니었을까?

집에 돌아온 제니는 한동안 닫힌 문에 기댄 채 멀어지는 발소리에 귀를 기 울이고 있었다. '아, 자크는 참 복잡한 사람이야!' 하고 제니는 갑자기 생각 했다. 그렇다고 섭섭하게 여기는 것은 아니었다. 항적(航蹟) 같이, 또는 발 자취같이 자크가 지나간 뒤에 남겨 놓은 그런 막연한 공포의 느낌마저도 소 중하게 여길 정도로 제니는 그에게 완전히 빠져 있었던 것이다.

45. 7월 27일 월요일—오후의 정치 정세

보지라르의 집회는 볼롱테르 거리에 있는 '카페 가리발디'의 개인 방에서 열렸다.

자크가 소개한 반네드와 미퇴르크는 당 대표로 영접받았다. 그래서 맨 앞 줄에 앉게 되었다.

사회자인 지브엥은 크니페르딩크에게 발언을 부탁했다. 이 늙은 이론가의 저서는 스웨덴어로 쓰였지만 오래전부터 그의 영향력은 스칸디나비아 국가들에 한정되어 있지는 않았다. 가장 중요한 그의 저서들은 번역되어서 여기 모인 사람들 중에도 읽은 사람이 많았다. 그는 아주 정확한 프랑스어를 구사하고 있었다. 백발의 훤칠한 키와 사도처럼 빛나는 눈빛이 그의 사상에 권위를 더해 주었다. 그는 유럽 열강의 과격한 민족주의에 대해 오래전부터 불안과 반대 의사를 드러내 보인 평화적이고 순수한 중립 국가의 국민이었다. 그는 예리한 통찰력을 가지고 날카롭게 유럽의 정세를 판단하고 있었다. 확실한 자료에 근거를 두고 있는 데다가 정열적인 그의 연설은 박수갈채로 수없이 멈춰지곤 했다.

자크는 딴 생각을 하고 있었으므로 잘 듣지 못했다. 그는 제니를 생각하고 있었다. 또 베를린에서의 일을 생각하고 있었다. 크니페르딩크가 저항할 것을 비장하게 외치며 연설을 끝내자마자 자크는 뒤이어 있을 일반 토론을 기다리지 않고 자리에서 일어났다. 그는 반네드와 미퇴르크를 〈리베르테르〉사로 데리고 가려던 것을 그만두고 저녁 데모를 위해 만날 장소만을 일러 주었다.

테아트르 프랑세 ^(1680년에 창립된)_(고전극 전문 극장) 광장까지 왔을 때 자크는 시계를 보고 계획을 변경했다. 몽마르트르까지는 거리가 멀었다. 〈리베르테르〉사까지 가는 것보다 〈위마니테〉사에 가서 오늘 오후의 정세를 듣는 편이 낫겠다고 생각했다.

크루아상 거리까지 왔을 때 그는 보도 위에서 마침 밀라노프와 같이 신문사에서 나오는 무를랑의 모습을 보았다. 그는 인쇄공들이 입는 작업복 차림이었다. 자크는 그들과 같이 몇 걸음 걸었다.

자크는 밀라노프가 무정부주의자들과 관계를 맺고 있다는 것을 알고 있었다. 그래서 이번 주말에 있을 런던 회의에 참석할 의향이 있는지를 물어보았다.

"거기에서 기대할 것이 무엇이 있겠나" 하고 러시아인은 짧게 대답했다.

"더구나" 하며 무를랑이 주의를 환기시켰다. "회의는 잘 안 될 것 같아. 지금 모두가 눈에 띄지 않으려 하거든. 지하에 숨어버렸어…… 경찰국에서도 내무성에서도 이미 그들을 쫓고 있어. '수첩 B'를 서둘러 폭로하려는 것 같아!"

"수첩이라니?" 하고 밀라노프가 물었다.

"수상한 인물들의 리스트야. 형세가 나빠지기만 하면 곧 쥐잡기를 할 채

비가 되어 있어야 하거든……."

"저쪽에서는 오늘 저녁 뭐라고 말할까?" 하고 자크가 〈위마니테〉사의 창을 가리키면서 물었다.

무를랑은 어깨를 으쓱했다. 최근의 전문은 모두가 실망시키는 것들이었다. 언제나 정통한 정보를 입수하는 〈더 타임즈〉지 특파원이 페테르부르크에서 보내온 대담한 전문에 따르면 차르가 오스트리아 국경에 배치된 14군단에 동원을 허가해 주었다는 것이다. 이것이 독일의 경고에 대한 회답이라는 것이다. 러시아는 한때 희망을 품고 있었던 것과는 달리 위협에 넘어가기는커녕 오히려 공공연하게 공격적이 되었다. 곧 독일이 부분적으로나마 동원령을 감행할 경우 러시아 정부는 지체없이 총동원령을 내릴 것이라고 위협하고 있었다. 그런데 베를린에서 들어온 전문에 따르면 카이저 정부가 모든 조심성을 내던지고 동원을 적극적으로 추진하고 있다는 것이었다. 참모장 폰 몰트케가 급히 소환되었다. 독일의 일반 대중에게는 정부계 신문을 통해 전쟁이 가까이 닥쳐왔다는 것을 알렸다. 〈베를리너 로칼란차이거〉지는 오스트리아의 최후통첩을 옹호하는 장문의 논설을 게재해서 세르비아의 의기소침을 떠들어 대고 있었다. 베를린에서는 아침 일찍부터 공포에 사로잡힌 금리 생활자들이 은행 창구에 몰려들었던 것 같다는 것이다.

프랑스에서도 마찬가지로 은행들이 시달렸다. 리옹, 보르도, 릴르에서는 예금 인출의 쇄도로 은행이 어려운 처지에 놓였다. 파리의 증권거래소에서는 오늘 오후에 그야말로 난동이 벌어졌다. 한 오스트리아 태생의 무인가 주식 중개인이 국채값의 하락을 선동했다고 해서 "밀정을 죽여라!"라는 아우성과 함께 야단법석이 일어났던 것이다. 경찰이 출동한 것은 마지막 순간이었다. 경찰관들은 오스트리아인을 뭇매질하려고 미친 듯이 날뛰는 군중들을 막기에 진땀을 뺐다. 사건 자체는 대수롭지 않았지만 전시의 민심 혼란을 보여 주는 것이었다.

"그런데 발칸 쪽은?" 하고 자크가 물었다. "오스트리아군이 국경을 침범하지는 않았겠지?"

"아직은 아니야" 하고 누군가가 말했다.

그러나 금방 들어 온 전문에 따르면 오늘까지 미루어졌던 공격이 오늘밤에는 틀림없이 감행되리라는 것이었다. 갈로는 확실한 소식통에 따른 것이라면서 오스트리아의 총동원은 사실상 결정되었고, 내일 공표되어 사흘 안에는 시행될 것이 분명하다고 했다.

"프랑스에서는" 하고 무를랑이 말했다. "휴가 중인 장교와 사병, 휴가 중인 철도 직원과 우체국 직원 모두가 전보로 소환됐어⋯⋯. 그리고 푸앵카레 자신도 모범을 보이려고 아무데도 들르지 않고 되돌아오고 있어. 수요일에는 됭케르크에 도착할 거야."

"푸앵카레라면⋯⋯" 하고 밀라노프가 말했다. 그리고 그는 빈에서 나돌고 있는 의미심장한 소문을 전했다. 7월 21일 팔레 디베르(동궁(冬宮)이라는 뜻)에서 있었던 외교사절 초청연에서 푸앵카레는 날카로운 목소리로 오스트리아대사에게 다음과 같은 말을 해서 물의를 일으켰다는 것이다. '세르비아는 러시아 국민과 매우 친한 친구입니다. 대사님, 그런데 러시아는 프랑스와 동맹국 사이지요!'

"여전히 위협정책이야!" 하고 자크가 스튀들레를 생각하며 중얼거렸다.

밀라노프는 데모를 기다리는 동안 '프로그레'에 가자고 제의했다. 그러나 무를랑은 거절했다.

"오늘 저녁은 수다 떠는 것도 지긋지긋해" 하고 무를랑은 거들먹거리는 말투로 대꾸했다.

"부탁드릴 게 있는데" 하고 자크는 밀라노프가 가버리자 무를랑에게 말했다. "주르 거리에 있는 내 방에 끈으로 묶은 소포를 두고 왔는데 그 속에 개인적인 서류가 들어 있어요. 골치 아픈 일이라도 생기지나 않을까 해서 그러는데 그것을 제네바에 있는 메네스트렐에게 보내 줄 수 없겠어요?"

자크는 더 이상 그 이유를 설명하지 않고 미소지었다. 무를랑은 잠시 자크의 얼굴을 뚫어지게 바라보았다. 그러나 아무것도 묻지 않고 고개를 끄덕이며 승낙의 뜻을 나타냈다. 헤어지려는 순간 그는 잠시 자크가 내민 손을 자기의 손으로 꽉 붙잡았다.

"행운을 빌겠어⋯⋯" 하고 그는 말했다(그리고 이번에는 '애송이'라는 말은 쓰지 않았다).

자크는 신문사로 돌아왔다. 제니와의 약속시간까지는 반 시간밖에 남지 않았다.

사회주의자들 한 무리가 조레스 사무실에서 나오고 있었는데 그 가운데 안면이 있는 사람들로는 카디외, 콩페르 모렐, 바이앙, 상바가 있었다. 자크는 그들이 뒤이어 갈로 사무실로 들어가는 것을 보았다. 그는 몸을 돌려 스테파니의 사무실 문으로 가서 노크했다. 스테파니는 혼자 선 채로 외국 신문들이 산더미처럼 쌓인 테이블 위로 몸을 숙이고 있었다.

스테파니는 훤칠한 키에 몸은 야윈 편이었다. 가슴은 움푹 들어가 있고 어깨는 뾰족했다. 칠흑 같은 머리카락으로 가려진 그의 얼굴은 경련 때문에 쭈글쭈글해져 이따금 미친 사람처럼 보이기도 했다. 그는 남프랑스 태생의 지칠 줄 모르는 활동력을 지닌 사람이었다(실제로 그는 아비뇽 사람이었다). 역사학 아그레제(대학교수 자 격증 소유자)인 그는 사회 투쟁에 뛰어들기 전에 지방에서 여러 해 동안 교편을 잡은 적이 있었다. 그가 가르친 제자들은 언제나 그를 잊지 않았다. 그를 〈위마니테〉사에 들어오게 한 것은 쥘 게드였다. 자신이 건장한 건강의 소유자이므로 허약한 사람을 좋아하지 않았던 조레스는 그의 역량은 인정하면서도 그를 좋아하지 않았다. 그럼에도 불구하고 조레스는 그를 신문사 내에서 가장 높은 자리에 앉혀 여러 가지 어려운 일을 맡겼다.

그날 오후 조레스는 그에게 사회당의원들과 당의 행정위원회에 연락을 취할 것을 각별히 부탁했다. 조레스는 러시아의 온갖 무력 간섭을 규탄하기 위해 사회당 의원들로 하여금 공식적인 항의를 제기하는 문제를 검토하고 있었다. 그는 프랑스가 페테르부르크와 공동보조를 취하지 못하도록 하고, 행동의 자율성을 유지하면서 유럽에서 평화적 중재자로서의 역할을 행사하도록 하기 위해 케도르세에서 열심히 교섭을 벌이고 있었다.

스테파니는 지금 막 조레스와 오랜 시간의 대담을 나누고 오는 길이었다. 그는 자크에게 보스가 평소와는 달리 몹시 신경이 날카로워져 있다는 사실을 숨김없이 말해 주었다. 조레스는 내일자 〈위마니테〉지에 '전쟁은 오늘 아침 일어날 것이다'라는 위협적인 표제를 크게 내걸기로 결정했다는 것이다.

그는 스테파니와 함께 성명서 초안을 하나 작성했는데 그 내용은 사회당은 외국에 대해 당의 평화의지를 프랑스의 모든 노동자의 이름으로 뚜렷이 밝힌다는 것이었다. 스테파니는 좁은 방 안을 서성거리면서 우렁찬 목소리로 기억해 두었던 전문을 들려주었다. 그의 작은 두 눈은 안경 너머에서 새 같은 눈길로 끊임없이 움직이고 있었다. 뼈마디가 튀어나온 매부리코는 마치 새의 부리처럼 불쑥 나와 있었다.

"폭력정치에 대해서 사회주의자들은 전국민에게 호소하는 바이다……"라고 그는 팔을 추어올리면서 낭랑한 목소리로 말했다. 이런 고무적인 선언 문구를 신도송(信徒頌)처럼 되풀이함으로써 자신의 신념을 굳건히 하고자 하는 마음가짐은 오늘 저녁 눈에 띄게 감동적이었다.

독일 사회주의국가들이 발표한 비슷한 성명이 오늘 낮에 도착했다. 조레스는 스테파니의 도움을 받아 자기가 직접 그것을 번역했다. '전쟁이 임박했다! 우리는 전쟁을 원하지 않는다! 국제 평화 만세! 의식 있는 독일 프롤레타리아는 인류와 문명의 이름으로 강력히 항의를 제기한다! …… 우리는 독일 정부에 대해서 평화 유지를 위해 오스트리아에 영향력을 행사해 줄 것을 강력히 요구한다. 그리고 만일 끔찍한 전쟁을 막을 길이 없다면 독일은 절대로 분쟁에 말려들지 말 것을 요구한다!'

조레스는 이 두 성명서를 한 쌍의 포스터로 만들고 그것을 몇천 부 찍어서 될 수 있는 대로 빨리 파리 전시가지와 모든 대도시에 붙이기를 원했다. 벌써 오늘 저녁부터 사회주의자가 경영하는 모든 인쇄소는 이 일에 동원되었다.

"이탈리아에서도 모두 잘들 하고 있나 봐" 하고 스테파니가 말했다. "밀라노에 모인 사회당의원단은 정부로 하여금 이탈리아가 삼국동맹의 동맹국과 동조하지 않겠다는 것을 공개적으로 선언토록 하기 위해 이탈리아의회의 임시 긴급소집을 요구하는 의사 일정을 가결했어."

그는 빠른 동작으로 테이블 위에 놓인 두 장의 신문을 손에 들었다.

"이건 무솔리니가 〈아반티〉지에 공표한 사회당 성명서의 번역이야. '이탈리아가 취할 태도는 한 가지뿐. 곧 중립! 이탈리아의 프롤레타리아는 또다시 도살장에 끌려가는 것을 참을 것인가? 일치된 소리를 외쳐야 한다. 전쟁 반대! 한 사람이라도, 한 푼의 돈도 전쟁으로 보내지 말아라!'"

이 번역문은 내일 〈위마니테〉지 1면에 실리기로 되어 있었다.

"수요일에는" 하며 그는 말을 계속했다. "브뤼셀에서 국제사회주의동맹 모임이 있을 뿐만 아니라 저녁에는 또한 조레스와 벨기에의 반데르 벨드, 독일의 하아스와 몰켄부르, 영국의 키어 하디, 러시아의 루바노비치가 주재하는 반전대회가 열려……. 대단할 거야……. 이 집회를 유럽의 엄청난 시위로 만들기 위해 모든 나라의 동원 가능한 투사들을 여기로 모이게 한 거야. 전세계의 프롤레타리아가 각국 정부의 정책에 반대하여 일어나는 것을 보여 주어야 해!"

그는 코를 실룩거리며 두 입술을 꽉 깨문 채 무력한 자신을 통탄스러워 하면서 방 안을 왔다 갔다 하고 있었다. 그러나 꿋꿋하게 버티면서 절망하지 않았다.

문이 열리더니 마르크 르부아르가 들어왔다. 그의 얼굴은 붉고 흥분한 모습이었다. 들어오자마자 그는 의자에 털썩 주저앉았다.

"그 자들 모두가 그것을 원하지 않는지 어떤지는 생각해 볼 문제야!"

"전쟁 말인가?"

그는 케도르세에서 오는 길이었다. 그리고 거기에서 이상한 소식을 듣고 온 것이다. 소문에 따르면 독일대사 폰 쉔이 케도르세를 찾아와 독일은 스스로 강경태도를 포기하는 러시아의 체면을 세워 주기 위해 세르비아의 영토 보존을 존중하겠다는 공식적인 약속을 오스트리아로부터 받아내겠다고 전했다는 것이다. 곧이어 대사는 프랑스 정부에 프랑스와 독일 두 나라는 평화 확보를 열망한다는 점에서 '철두철미하게 협조적'이고, 협력해서 행동한다는 것, 그리고 페테르부르크에 대해 태도완화를 계속 권고한다는 내용의 공식 발표를 신문을 통해서 해 주기 바라는 제의를 했을지도 모른다는 것이다. 그런데 프랑스 정부는 베르톨로의 영향력 때문에 이 제의를 물리쳤고, 또 동맹국 러시아의 자존심을 건드리는 것이 두려워서 독일과의 어떠한 '협조도' 공표할 것을 단호히 거절했을 것이라고 했다.

"독일이 제의해 오는 것이 무엇이든 간에" 하고 르부아르가 결론을 내렸다. "케도르세에서는 '그것은 함정이다!'라고 말하고 있어. 40년 전부터 계속되는 일이니까!"

스테파니의 작은 눈은 괴로운 표정을 띠면서 르부아르를 바라보고 있었다. 그의 노란 얼굴이 더욱 시무룩해 보였다. 그것은 마치 젤라틴같이 뺨의 근육이 턱의 무게로 늘어진 듯했다.

"한심한 것은" 하며 그는 낮은 소리로 말했다. "유럽에서 일곱 내지 여덟 명—또는 열 명이 될지도 모르지—의 인간들이 저희들끼리의 '역사'를 만들려고 하는 거야……. 나는 '리어왕'이 생각나. '소수의 미친 자들이 장님 무리를 끌고 가는 시대는 저주받을지어다!' 자, 가자" 하고 스테파니는 갑자기 르부아르의 어깨에 손을 얹으며 말했다. "보스한테 알려야 해."

혼자 남은 자크는 자리에서 일어났다. 제니를 만나러 갈 시간이 되었다. '그런데 내일 밤은 베를린에 있을 것이다……' 그는 틈틈이 자신의 임무를 생각해 보았다. 그때마다 즐거운 마음으로 몸을 떨곤 했지만 그렇다고 일말의 불안감이 없는 것은 아니었다. 그것은 자기에게 기대하고 있는 것을 썩 잘 해내지 못하면 어쩌나 하는 걱정이 앞섰기 때문이었다.

46. 7월 27일 월요일—자크와 제니, 증권거래소 부근에서 만찬을 즐기다

증권거래소의 큰 시계가 지금 막 30분을 가리키고 있는데 제니는 벌써 와 있었다. 자크는 멀리서 제니를 보고 걸음을 멈추었다. 닫힌 철책 앞에 서 있는 그녀의 늘씬한 모습이 오가는 신문팔이 소년들과 버스 안내원들 사이에서 뚜렷이 도드라져 보였기 때문이다. 자크는 오랫동안 인도 끝에 서서 제니의 모습을 물끄러미 바라보았다. 이렇게 혼자 있는 그녀의 모습을 남몰래 보면서 그는 아주 먼 옛날의 감동이 되살아나는 느낌이 들었다. 옛날 그는 메종라피트에서 잠시나마 제니를 보기 위해 자주 퐁타넹 집의 정원 주위를 맴돌곤 했었다. 그는 어느 날 오후 늦게 제니가 흰 옷을 입고 느티나무 숲의 그늘에서 나오는 것을 보았을 때의 일을 떠올렸다. 마침 햇살이 길게 뻗어 있는 곳에 오게 된 그녀는 순간 빛의 후광을 받아 마치 유령처럼 보였었다……

오늘 저녁 제니는 상을 당한 표식인 베일을 쓰지 않았다. 검은 옷을 입고 있어서 그녀의 모습이 더욱 늘씬해 보였다. 옷 입는 방식이나 행동에서도 남의 마음에 들려는 생각 따위는 해본 적이 없는 제니였다. 오로지 자기에게 납득이 가는 일만 추구하는 그녀였다(자존심이 너무 강해서 남의 평가 따위는 별로 신경을 쓰지 않았다. 그런가 하면 너무 겸손해서 남들이 자기를 어떻게 평가할까 하는 생각은 아예 하지 않는 그녀였다). 제니는 소박하고 지극히 실용적인 모양의 옷을 좋아했다. 그러면서도 세련되어 보였다. 그러나 그 세련됨이란 무엇보다도 소박함과 선천적인 기품에서 나오는 것이어서 조금 무뚝뚝하고 엄격한 면이 엿보였다.

자크가 가까이 오는 것을 보았을 때 제니의 마음은 설레었다. 그녀는 미소를 지으며 그에게로 다가왔다. 이제는 스스럼없이 미소를 짓게 되었다. 아니, 더 정확하게 말해서 희미한 전율로 입가에 경련이 일어났으며, 그럴 때면 그녀의 밝은 두 눈 속에서 작은 섬광이 비치곤 했다. 자크는 제니의 모습을 이제는 곧잘 알아볼 수 있었는데—그때마다 그의 마음은 즐거움으로 부풀곤 했다.

그는 짓궂은 말을 걸면서 그녀에게로 다가갔다.

"당신이 미소지을 때면 나는 은총이라도 받는 기분이 들어."

"정말?"

제니는 슬그머니 자존심이 상하는 것을 숨길 수 없었다. 그녀는 자크의 말이 옳다고 생각했다. 그리고 그녀의 생각은 한술 더 떴다. '그래요. 나는 고집이 세 보이고 쌀쌀한 얼굴을 하고 있어요……' 하지만 그녀는 언제나 자신에 관해 말하는 것을 싫어했다.

"모든 게 점점 더 악화되고 있어" 하고 자크가 갑자기 한숨을 지으며 말했다. "각국 정부마다 고집을 부리면서 위협을 하고 있어. 서로가 경쟁적으로 완강하게 나오고 있으니……."

자크가 도착했을 때부터 제니는 그의 얼굴에서 지치고 수심에 찬 모습을 알아보았다. 그녀는 정확한 정보가 듣고 싶어 그에게 묻는 듯한 눈길을 보냈다. 그러나 그는 완강하게 머리를 가로저었다.

"아니야, 아니야. 아무 말도 안 하는 게 좋겠어. 무슨 소용이 있어? 그것으로 됐어. 차라리 이런 막간을 이용해서 내가 모든 것을 잊도록 좀 도와줘……. 거리에 나가 저녁을 먹자고. 시간도 절약할 겸. 점심도 안 먹었어. 굉장히 배가 고파……. 따라와" 하고 자크는 제니를 이끌면서 말했다.

제니는 자크의 뒤를 따라갔다. '만일 엄마나 다니엘이 우리를 본다면' 하고 그녀는 생각했다. 이렇게 둘이 몰래 나간다는 것은 아직 아무도 눈치채지 못하고 있는 그들의 친교를 갑자기 구체적으로 인정하는 일이나 다름없었다. 그 때문에 제니는 잘못을 저지른 소녀처럼 불안해 했다.

"저기는 어떨까?" 하고 자크는 길모퉁이에 있는 초라해 보이는 식당을 가리키면서 물었다. 그 식당의 정면은 인도를 향해 활짝 트여 있어서 밖에서도 흰 식탁보가 깔려 있는 몇 개의 테이블이 보였다. "조용할 거야. 그렇게 생각 안 해?"

그들은 차도를 건너 썰렁하고 손님이 하나도 없는 식당의 문턱을 함께 넘었다. 안쪽에는 부엌 유리문을 통해 촛대 밑 테이블에 앉아 있는 두 여자의 뒷모습이 보였다. 두 여자 가운데 아무도 돌아보지 않았다.

자크는 지친 동작으로 긴 의자 위에 모자를 던졌다. 그러고는 식당 주인을 부르러 안으로 들어갔다. 그는 얼마동안 가만히 서서 기다렸다. 제니는 그에게 눈을 돌렸다. 그러자 부엌의 불빛으로 묘하게 일그러져 나이 들어 보이는 그의 얼굴이 갑자기 낯선 사람처럼 보였다. 그녀는 악몽을 꾸고 있는 듯한 느낌과 유괴범에 의해 무서운 곳에 끌려온 소녀가 겁에 질린 것 같은 느낌이 들었다……. 그런 착각은 잠시 뿐이었다. 이미 자크는 제니가 있는 쪽으로 돌아왔다. 어두운 데서 나오자 그의 제 모습이 되살아났다.

"앉아" 하고 자크는 의자를 앉기 쉽게 가까이 놓아 주면서 말했다. "아니야, 저쪽에 앉는 게 좋겠어. 눈이 부시지 않을 테니까."

제니는 이렇듯 남성의 배려를 받고 있다고 느껴보기는 이번이 처음이었다. 그녀는 흐뭇하여 시키는 대로 했다.

부엌에 있는 두 여인 중에서, 장밋빛 블라우스를 입고 암소 같은 이마 위에 머리를 낮게 드리운 뚱뚱하고 무기력해 보이며, 더 나이 어려 보이는 여자가 자리에서 일어났다. 그리고 마치 먹이를 먹고 있는데 방해받은 짐승처럼 언짢은 얼굴을 하고 두 사람 쪽으로 왔다.

"저녁식사를 할 수 있을까요, 아가씨?" 자크가 쾌활한 투로 물었다.

소녀는 그를 아래위로 훑어보았다. "원하신다면."

자크의 눈은 유쾌하게 여자와 제니 사이를 오갔다.

"계란은 넉넉히 있어요? 있다고요? 냉육도 좀?"

그녀는 가슴팍에서 종이를 한 장 꺼냈다. "자, 여기 있어요" 하고 말하는 그녀의 태도는 '먹든지 말든지 하라'는 식이었다.

그래도 자크의 유쾌한 기분에는 변함이 없었다.

"좋아요!" 하고 자크는 큰 소리로 메뉴를 읽은 뒤에 제니에게 눈으로 물으면서 말했다.

여종업원은 아무 말도 하지 않고 돌아갔다.

"매력적인 여자로군" 하고 자크가 중얼거렸다. 그리고 웃으면서 제니의 맞은편에 앉았다. 그는 얼른 다시 일어나 제니가 윗옷을 벗는 것을 도와주었다.

'모자도 벗을까?' 하고 그녀는 생각했다. '그만두자. 헝클어진 머리를 보이게 되니까…….' 그런 변덕스런 생각이 갑자기 부끄럽게 여겨졌다. 그래서 제니는 스스로 모자를 벗고 손으로 머리를 매만질 생각도 하지 않았다.

부루퉁한 얼굴을 한 여자가 김이 나는 수프 그릇을 들고 다시 나타났다.

"고맙습니다, 아가씨" 하고 자크는 손으로 국자를 잡으면서 외쳤다. "이런 수프가 있다고 진작 말해 주었디라면…… 맛있는 냄새야!" 그리고 세니를 향해 "덜어 줄까?" 하고 물었다.

그의 명랑함에는 좀 가식적인 데가 있었다. 마주 대하고 처음 식사를 한다는 사실이 제니 못지않게 그를 들뜨게 했던 것이다. 그러면서도 그는 오늘 하루 동안의 걱정거리에서 벗어나지 못하고 있었다.

제니 뒤에는 푸르스름한 거울이 하나 있어서 그녀의 일거수일투족을 그대로 비추고 있었다. 자크는 덕분에 자기 앞에 있는 제니의 발랄한 상반신 너머로 우아한 그녀의 어깨와 목덜미를 볼 수 있었다.

자신이 관찰당하고 있다는 것을 느낀 제니는 갑자기 이렇게 말했다.

"자크…… 궁금한 것은…… 당신이 나를 잘 알고 있는지 어떤지 하는 것이에요. 생각만 해도 오싹해져요……. 당신은…… 나한테 환상을 품고 있는 것은 아닌가요?"

그녀는 엄습해 오는 불안을 감추려고 미소지었다. 그것은 '나는 자크가 바라는 대로의 사람이 될 수 있을까? 결국 그를 실망시키게 되는 건 아닐까?'라고 생각할 때마다 그녀를 사로잡곤 하던 불안이었다.

이번에는 자크 쪽에서 미소를 지었다.

"그럼 내가 '당신은 나를 잘 알고 있어?'라고 묻는다면 당신은 뭐라고 대답하겠어?"

제니는 잠시 망설였다.

"나는 '아니오'라고 대답할 것 같아요."

"그러나 동시에 '그런 것은 별 문제가 안 돼요'라고 생각하겠지. 당신이 옳을지도 몰라" 하고 자크는 여전히 미소를 지으면서 말했다.

제니는 머리를 숙이며 그것을 시인했다. '그래요' 하고 제니는 생각했다. '그런 것은 별 문제가 안 돼요. 저절로 알게 될 테니까……. 어쩌면 세상 부모들이 하는 것과 같은 생각을 내가 하다니!'

"서로 믿어야지" 하고 자크가 힘주어 말했다.

제니는 아무 대답도 하지 않았다. 자크는 의아스런 눈초리로 제니를 관찰했다. 그러나 행복한 표정으로 변한 제니의 얼굴을 보는 순간 그에게는 그것이 가장 안심할 수 있는 대답이었다.

따뜻한 버터 냄새가 방 안을 가득 채웠다.

"저기 성깔 있어 보이는 그 여자가 오고 있어" 하고 자크가 속삭이듯 말했다.

장밋빛 블라우스를 입은 여종업원이 오믈렛을 들고 왔다.

"베이컨을 넣은 거죠?" 하고 자크가 큰 소리로 외쳤다. "기가 막히군요! ……요리를 직접 하세요, 아가씨?"

"물론이죠!"

"대단한 솜씨군요!"

그 소녀는 다정한 미소를 지으며 겸손한 태도를 취했다. "저어, 아시다시피 여기 저녁식사는 변변치 않아요……. 오시려면 오전 중에 오셔야 해요. 점심때는 빈자리가 하나도 없답니다. 그런데 저녁에는 아주 한산해요. 연인들을 제외하고는……."

자크는 제니와 흥겨운 눈길을 주고받았다. 그는 성미가 고약한 이 여인의 얼굴 주름살을 펴 준 느낌이 들어 정말 마음이 놓이는 것 같았다. "이건" 하고 자크는 때를 놓치지 않고 입맛을 다시며 말했다. "진짜 오믈렛이야!"

으쓱해진 소녀가 이번에는 웃기 시작했다. "저는" 하고 소녀는 마치 속말이라도 하려는 듯이 몸을 숙이며 속삭였다. "요리를 할 때 어느 누구에게도 물어보는 일이 없어요. 식도락가들에게 맡긴답니다."

소녀는 앞치마의 주머니에 두 손을 집어넣고 궁둥이를 흔들면서 사라졌다.

"그 정도 칭찬에 저러나?" 하고 자크는 웃으면서 말했다.

제니는 넋을 잃은 채 생각에 잠겼다. 지금 이 순간적인 장면의 일, 그것은 별것이 아니었다. 그러나 제니는 거기에서 놀라운 것들을 발견했다. 자크는 확실히 어떤 열을 전하는 재능을 가지고 있었다. 한 마디의 말, 한 번의 미소로 상대에게 관심을 보여 줌으로써 신뢰와 공감을 불러일으키는 데 적절한 온기를 만들어 내는 재능을 가지고 있었다. 제니는 어느 누구보다도 이 사실을 잘 알고 있었다. 자크 곁에 있으면 제아무리 고집 세고 폐쇄적인 사람일지라도 마침내는 자신의 마력에서 벗어나 마음을 열고 명랑해지는 것이었다. 제니의 입장에서 볼 때 그런 재능보다 더 놀라운 일은 없었다! 자크나 다니엘과는 반대로 그녀는 타인에 대해서 거의 아무런 흥미를 가지고 있지 않았다. 자신의 세계에 파묻혀 살고 있었다. 무엇보다도 자기 자신의 환경을 순수하게 보존하고 싶어 했으며, 심지어 자신과 가까운 사람들과도 적당한 거리를 두고, 세상과 접촉할 때는 어떤 것에도 상처받지 않는 평온한 표면만을 보이도록 노력해 왔다. '그러나' 하고 그녀는 오빠를 염두에 두고 생각했다. '이렇게 자크가 모든 사람에게 흥미를 끄는 것은 어느 한 사람만을 선택할 수 없기 때문이 아닐까?'

"당신은 어느 한 사람만을 좋아할 수 있어요?" 하며 제니는 불쑥 물었다. "누구보다도 어느 한 사람을 좋아할 수 있느냔 말이에요? 그리고 영원히?"

그녀는 자신의 말이 얼마나 애매하고 서투른지 곧 알아차렸다. 그러고는 얼굴을 붉혔다.

자크는 한동안 어안이 벙벙해서 제니를 바라보고 있었다. 그러면서 그녀가 무슨 생각에서 그런 질문을 했는지를 알아내려고 애썼다. 어쨌거나 성실한 대답을 하고 싶었던 자크는 그 질문을 속으로 되뇌어 보았다. 그 까닭은 사소한 것이라도 서로가 속이는 일이 있다면 그들의 사랑에서 신성한 것을 더럽힐지도 모른다는 것을 둘 다 거의 미신처럼 믿고 있었기 때문이다.

'누구 하나를 좋아할 수 있느냐?'라고 자크는 하마터면 입 밖에 낼 뻔했다. '그러면 다니엘에 대한 나의 우정 같은 것은?' 그러나 그 예는 적당하지 않았다. 왜냐하면 그런 우정이란 시간의 힘에서 벗어날 수 없기 때문이다.

"지금까지는 할 수 없었어" 하고 자크는 약간 퉁명스럽게 고백했다. 그러고는 더 격렬한 투로 덧붙였다. "아니, 그게 지금부터라도 못할 이유가 될 수 있을까?"

"그렇게는 생각하지 않아요" 하고 제니는 황급히 말했다.

자크는 제니가 괴로워하는 모습에 당혹했다. 극도로 예민한 감수성을 지닌 그녀를 대할 때는 여러 가지로 신중해야 한다는 사실을 그는 뒤늦게 알아차린 것이다. 무엇인가 더 말을 하고 싶어서 머뭇거렸다. 그런데 여종업원이 다음 접시를 가져왔으므로 제니에게 다정한 미소, 자신이 거칠었던 것에 대해 용서를 구하는 미소를 보내는 것으로 그쳤다.

제니는 자크를 지켜보고 있었다. 자크가 이처럼 갑자기 극단적으로 흐르는 것이 무슨 위험에 처한 것처럼 그녀의 마음을 두렵게 했다. 그러나 한편으로는 무엇 때문에 그런지 알 수 없지만 그녀를 황홀감에 젖게 했다. 혹시 거기에서 우월감과 힘의 징표를 발견해서였을까? '이 괴짜……' 하고 제니는 정감에 넘친 긍지를 가지고 생각했다. 지금까지 그녀의 얼굴을 어둡게 했던 그림자가 싹 가셨다. 그리고 지난 이틀 동안 자신의 마음을 송두리째 뒤흔들어 놓는가 하면 완전히 새롭게 태어나게 했던 은밀하고도 확실한 행복감이 다시 스며드는 것을 느꼈다.

여종업원이 방을 나가자 자크는 또렷한 투로 말했다.

"당신의 신뢰는 아직도 너무 약해……."

그 말투에 조금도 질책 같은 것은 없었다. 다만 아쉬움과 회한이 있을 뿐이었다. 그 이유는 자신의 지난날의 태도가 제니의 모든 불신을 정당화시키기에 충분했다는 사실을 그는 잊지 않고 있었기 때문이다.

제니는 곧 그가 불안해한다는 것을 눈치챘다. 그래서 쓰라린 모든 추억을 떨쳐 버리기 위해 얼른 말했다. "그것은 내가 신뢰를 받아들일 만한 마음의 준비가 안 되어 있기 때문이지요, 뭐…… 이제까지 한 번도……"(제니는 적절한 표현을 찾고 있었다. 마침 전에 자크가 한 말이 생각났다) "마음의 평안을 가져 본 적이 없었던 것 같아요. 어렸을 때도…… 나는 그런 여자예요……." 제니는 미소를 지었다. "그래요, 적어도 전에는 그런 여자였어요……." 그러고는 낮은 목소리로 아래를 보면서 덧붙였다. "나는 지금까지 누구에게도 이런 것을 털어놓은 적이 없어요." 아주 자연스럽게 뒷문을 힐끔 쳐다보더니 테이블 너머 자크 쪽으로 두 손을 내밀었다. 갸름하고 따뜻하며 아무것도 안 낀 두 손, 그 손은 떨리고 있었다. 제니는 지금 자신이 완전히 자크의 것임을 느끼고 있었다. 그리고 더욱더 자신을 내던져 그의 속에서 소멸해 녹아 버리고 싶은 생각만 들었다.

자크는 중얼거렸다. "나도 당신처럼…… 혼자였어. 언제나 혼자였어! 그리고 언제나 불안했고!"

"알고 있어요" 하고 제니는 슬며시 손을 빼면서 말했다.

"어떤 때는 내가 다른 사람보다 훌륭하다고 생각할 때도 있었어. 그리고 자만심에 도취되어 있기도 하고 그런가 하면 어떤 때는 어리석고 무지하며 못생겼다는 생각이 들어 굴욕감에 괴로워할 때도 있었고……"

"나하고 똑같아요."

"언제나 이방인 같은 느낌……."

"나도요."

"자신은 남과 다르다는 생각에 사로잡혀서……."

"나도 그랬어요. 그런 생각을 떨쳐 버릴 수 있는 희망도 없고, 다른 사람과 같아지고 싶은 생각도 없으면서……."

"그래도 어느 시기에는 자신에 대해 완전히 절망하지 않았어" 하며 자크는 갑자기 고마운 마음이 들어 말했다. "그것이 누구 덕인지 알아?"

순간 제니는 어리석게도 그가 '당신 덕분이야'라고 말해 주기를 바랐다. 그러나 자크는 이렇게 말했다. "다니엘 덕분이야! ……우리의 우정은 무엇보다도 서로 믿는 것이었어. 나를 구해 준 것은 다니엘의 애정, 다니엘의 믿음이야."

"내 경우도요" 하고 그녀가 중얼거렸다. "나의 경우도 똑같아요! 나는 다니엘말고는 한 사람의 친구도 없어요."

그들은 서로에게 그리고 상대방의 입을 통해 자신의 심경을 토로하면서 지루한 줄 모르고 있었다. 그리고 탐욕스럽고 넋을 빼앗긴 듯한 눈초리로 상대를 빤히 바라보곤 했다. 그들은 각자 고백이라도 하듯, 그리고 그들의 만남에 결정적인 증거라도 되는 듯, 이쪽 미소에 상대의 미소가 응해 주기를 몹시 기다리고 있었다. 상대의 직감으로 이렇게 서로를 쉽게 느끼고, 둘이 이토록 비슷하다는 것을 발견하는 것이야말로 신기하고도 뜻밖의 기적이 아닐 수 없었다! 그들에게는 이렇게 서로 속을 털어놓는 이야기가 아무리 해도 끝이 없을 것 같았다. 그리고 지금 같아서는 이 세상의 어느 것도, 그들이 이렇게 서로 알려고 하는 노력보다 더 소중한 것은 없을 것 같았다.

"그래, 내가 파멸하지 않은 것은 다니엘 덕분이야……. 그리고 또한 형 덕분이지" 하고 자크는 곰곰이 생각해 보고 나서 덧붙였다.

제니의 얼굴에서는 자기도 모르게 냉담한 표정이 엿보였는데 자크는 곧 그것을 눈치챘다. 그는 당황해서 눈으로 그녀에게 물어보았다.

"당신은 그를 잘 알고 있지, 내 형 말이야?" 하고 그는 그녀가 앙투안을 칭찬해 주리라는 확신을 가지고 물어보았다.

그녀는 하마터면 '나는 그를 싫어해요'라고 말할 뻔했다. 그러나 이렇게만 말했다. "나는 그분의 눈이 싫어요."

"눈이?"

자크의 감정을 상하게 하지 않으면서 어떻게 하면 자신의 생각을 나타낼 수 있을까? 하지만 제니는 그에게 아무것도 숨기고 싶지 않았다. 설사 그것이 자크의 마음을 아프게 하는 일이 있더라도.

　자크는 마음에 걸리는 듯 다그쳐 물었다.

　"형의 눈 어떤 점이 싫다는 거야?"

　제니는 잠시 곰곰이 생각해 보았다.

　"글쎄…… 무엇이 좋은 일이고 무엇이 나쁜 일인지 분별할 줄 모를 뿐만 아니라, 아예 그런 것에는 관심도 없어 보이는 눈……."

　이런 기묘한 판단에 자크는 어찌할 바를 몰랐다. 그때 그는 언젠가 다니엘이 앙투안에 대해 한 말이 생각났다. '내가 어째서 너의 형한테 매력을 느끼고 있는지 아니? 그의 판단의 자유분방함 때문이야.' 다니엘이 앙투안에게 감탄해 마지않았던 것은 어떤 문제라도 온갖 도덕적 편견을 떠나, 마치 해부 자료라도 관찰하듯이 아주 자연스럽게 있는 그대로를 볼 수 있는 능력을 갖추고 있다는 사실이었다. 위그노 교도의 피를 받은 다니엘에게는 그런 정신 자세야말로 큰 매력을 불러일으키는 것이었다.

　자크의 눈길은 더 명확한 설명을 요구하는 것 같았다. 그러나 그런 눈길을 대하는 제니의 얼굴 표정이 어찌나 평온하고 냉담했던지 그는 감히 더 이상 물어볼 생각을 하지 못했다.

　'속을 알 수 없는 여자야' 하고 자크는 생각했다.

　장밋빛 블라우스를 입은 여종업원이 식탁을 치우기 위해 와서 물었다.

　"치즈를 더 드릴까요? 과일은요? 모카 커피는요?"

　"나는 이제 아무것도 필요없어요" 하고 제니가 말했다.

　"그럼, 필터로 거른 커피 한 잔."

　그들은 다시 자유롭게 대화를 나누기 위해 커피 시중이 끝나기를 기다렸다. 자크는 몰래 제니를 바라보았다. 새삼 그녀의 눈의 표정과 얼굴의 표정이 퍽이나 대조를 이루고 있다는 것, 또 그녀의 눈의 표정은 앳되고 불완전한 얼굴에 비해 참으로 '나이 들어' 보인다는 것을 알 수 있었다.

　자크는 일부러 몸을 구부렸다.

　"당신 눈을 보여 줘" 하며 그는 이런 검진을 변명하듯 미소를 지으며 말했다. "나는 그것을 '알고' 싶어……. 아주 맑은 물 같고…… 순수한 하늘색, 냉랭한 하늘색 같으니 말이야. 그리고 그 눈동자는! 끊임없이 모양이 바뀌고 있어……. 움직이지마, 아주 멋있어."

제니 역시 그를 바라보고 있었다. 그러나 미소를 띠지 않은 약간 지친 모습이었다.

"이것 봐" 하고 자크가 말했다. "당신이 주의를 기울여 무엇을 보려고 할 때는 푸른 무지갯빛이 수축되곤 해……. 그리고 눈동자가 점점 작아져……. 나중에는 둥글고 흠 없는 송곳 구멍처럼 아주 작은 하나의 점이 될 정도야……. 당신의 눈 속에는 정말로 멋진 의지가 숨어 있어!"

그는 제니도 투쟁을 위한 훌륭한 동료가 될 수 있으리라는 생각이 문득 들었다. 그러자 자신도 모르게 지금까지의 모든 관심이 다시 마음을 사로잡았다. 그는 시간을 확인하려고 벽에 걸린 괘종시계로 고개를 돌렸다.

제니는 어두워진 그의 얼굴을 보고 갑자기 두려운 생각이 들어 속삭이며 물었다.

"뭘 생각하고 있어요, 자크?"

자크는 흘러내린 머리카락을 거친 동작으로 쓸어올렸다.

"아!" 하고 그는 자신도 모르게 주먹을 불끈 쥐면서 말했다. "내 생각은 이래. 지금 이 순간 유럽에는 앞으로의 사태를 훤히 내다보면서 모두를 구원해 주기 위해 동분서주 하고 있는 사람들이 수백 명이 있어. 그런데 모두가 이들의 부르짖는 구원의 소리를 귀담아듣지 않는 거야! 정말 한심하기 짝이 없는 일이지! 잠들어 있는 대중을 어떻게 흔들어 깨울 수 있을까? 때가 되면 그런 대중들이 과연……."

자크는 이야기를 계속 했다. 제니는 그것을 듣는 척만 하고 있었다. 실은 그녀에게는 그의 말이 귀에 들어오지 않았다. 시계를 보는 자크의 눈길을 알아차린 뒤로 그녀의 주의는 딴 데에 가 있었다. 그리고 가슴이 울렁거리는 것을 도저히 억누를 수가 없었다. 자크가 없는 사흘! ……무슨 일이 있어도 자크에게는 드러내 보이고 싶지 않은 번민과 싸우고 있었다. 그리고 몇 분 동안이나마 활기차게 자기 곁에 있어 주는 기쁨을 가슴 벅차게 느끼면서, 턱뼈가 수축될 때의 모습 하나하나, 눈살을 찌푸리는 동작 하나하나, 두리번거릴 때의 두 눈의 광채 등 자크의 얼굴 표정 하나도 놓치지 않고 좇고 있었다—마치 휘날리는 불꽃에 감싸인 것같이, 난무하는 자크의 말과 사상에 당황해 하며 그가 말하는 것을 이해하려고도 하지 않았다.

자크는 갑자기 입을 다물었다.

"당신은 내 말을 듣고 있지 않아!"

제니는 눈을 깜박거렸다. 그리고 얼굴을 붉혔다.

"듣고 있지 않아요……."

그리고는 용서를 구하는 듯 상냥하게 손을 내밀었다. 자크는 그 손을 잡고 뒤집어서 손바닥에 자신의 입술을 갖다 댔다. 그는 곧 그녀의 팔 근육이 가늘게 떨리는 것을 느꼈다. 그리고 미묘한 마음의 동요를 느끼면서―그는 처음 느낀 마음의 동요였다―그 작은 손이 그냥 하는 대로 맡겨져 있는 것이 아니고 오히려 정열적으로 자기 입술을 누르는 것을 알았다.

그러나 시간은 다가오고 있었다. 그에게는 아직 할 얘기가 남아 있었다.

"제니, 오늘밤 당신에게 해둘 말이 있어……. 지난해에 아버지가 돌아가신 뒤…… 나는 유산분배 이야기를 거절했던 적이 있어. 나는 그런 돈은 한 푼도 받을 생각이 없었으니까……. 그러나 이제 생각을 바꾸었어……."

그는 잠시 말을 멈추었다. 제니는 매우 놀라 몸을 다시 일으켰다. 그리고 불현듯이 떠오르는 막연하고 모순된 생각으로 자신도 모르게 당황하여 그의 눈길을 피했다.

"나는 그 돈을 전부 받아서 인터내셔널의 금고에 넣으려고 생각해. 반전 투쟁을 위해 당장 쓰이도록 하기 위해서 말이야."

제니는 깊은 한숨을 쉬었다. 두 뺨이 붉게 물들었다. '왜 그런 말을 내게 하는 걸까?' 하고 자문해 보았다.

"찬성하지, 그렇지?"

제니는 본능적으로 고개를 숙였다. '찬성하지?'라는 말을 이렇게 강조하는 저의는 어디에 있을까? 마치 자신의 행동에 대한 통제권을 그녀에게 맡기고 싶어하는 것처럼……. 제니는 석연치 않게 고개를 끄덕였다. 그리고 수줍어하며 두 눈을 들었다. 그 표정에서는 확실히 물어보는 것 같은 뜻을 엿볼 수 있었다.

"이제까지" 하며 자크는 말을 이었다. "내가 쓰는 기사 덕에 나는 먹고 살아왔어……. 최저 생활을 한 거야……. 그러나 그런 것은 별 문제가 안 돼. 가난한 사람들 속에서 살고 있고, 나는 그들과 다를 바가 없으니까. 그리고 그것이 참 좋아."

자크는 길게 한숨을 내쉬었다가 좀 멋쩍은 생각이 들었는지 화가 난 듯한 투로 얼른 말했다.

"만약 이런 보잘것없는 생활일지라도…… 당신이 두려워하지 않는다면, 제니, 내가 볼 때 우리는 두려울 것이 아무것도 없어."

그것은 그들의 장래, 그들의 공동생활에 대해서 처음으로 입 밖에 낸 말이었다.

제니는 다시 고개를 숙였다. 감동과 희망으로 숨이 막히는 듯했다.

자크는 제니가 다시 몸을 일으키기를 기다렸다. 그렇지만 행복에 젖어 어쩔 줄 모르는 그녀의 얼굴을 보자 그는 이렇게 말할 뿐이었다.

"고마워."

여종업원이 계산서를 가지고 왔다. 자크는 계산을 끝내고 시계를 다시 쳐다보았다.

"벌써 20분 전이군. 당신을 집에까지 데려다 줄 시간이 없어."

제니는 그가 일어나서 가자는 의사 표시를 하기도 전에 이미 일어나 있었다. '그는 떠나버리겠지' 하고 그녀는 가슴을 조이면서 생각했다. '자크는 내일 어디에 있을까……. 사흘 동안이나…… 지루하고 따분한 사흘.'

자크가 겉옷 입는 것을 도와주자 제니는 얼른 몸을 돌렸다. 그리고 아주 가까이에서 자크의 얼굴을 뚫어지게 바라보며 물었다.

"자크…… 적어도 위험한 일은 없겠지요?" 그녀의 목소리는 떨리고 있었다.

"무엇이?" 하고 그는 생각할 여유를 얻으려고 되물었다.

그의 머릿속에는 리차들레의 전갈이 떠올랐다. 그녀에게 거짓말은 하고 싶지 않았다. 그렇다고 걱정을 끼치고 싶지도 않았다. 그는 애써 미소를 지어보였다.

"위험한 일? ……그렇지 않을 거야."

제니의 눈동자에는 공포의 빛이 감돌았다. 그러나 그녀는 급히 눈꺼풀을 아래로 깔며 곧 의연한 모습으로 자신도 미소를 지었다.

'나무랄 데 없는 여자야' 하고 자크는 생각했다.

그들은 말도 주고받지 않고 서로 어깨를 나란히 하고 상티에 지하철까지 걸어갔다.

계단 위에서 자크는 멈추어 섰다. 첫 번째 계단을 이미 내려간 제니는 자크 쪽으로 몸을 돌렸다. 작별할 시간이 되었다……. 자크는 두 손을 제니의 어깨 위에 올려놓고 말했다.

"그럼 목요일에…… 늦어도 금요일까지는……."

자크는 야릇한 모습으로 제니를 바라보았다. 그는 하마터면 그녀에게 '너는 내 사람이야……. 헤어지지 말고 나를 따라와!'라고 말할 뻔했다. 모여든 군중과 한바탕의 소동을 생각하면서 그는 재빨리 낮은 목소리로 말했다.

"어서 가봐…… 안녕……."

그의 입술에서는 미소도 아니고 그렇다고 키스를 하려는 것도 아닌 어떤 움직임이 엿보였다. 그는 어깨에 얹었던 두 손을 불현듯 빼고는 그녀를 유심히 보다가 홀연히 사라졌다.

47. 7월 27일 월요일—자크, 포부르에서 열린 시위에 참가

날은 아직 저물지 않았다. 소나기를 머금은 듯한 후덥지근한 날씨였다.

큰 거리는 평상시와는 다른 모습을 띠고 있었다. 가게란 가게는 모두 셔터를 내렸다. 대부분의 카페도 닫혀 있었다. 문을 연 곳도 경찰의 명령으로 테라스를 모두 치워 놓았다. 의자나 테이블이 바리케이드로 쓰이지 않도록 하기 위해, 또 경찰대의 돌격에 방해가 되지 않도록 하기 위해서였다. 구경꾼들이 모여들고 있었다. 지나가는 자동차도 뜸해지기 시작했다. 버스 몇 대만이 경적을 울리면서 지나갔다.

생마르탱 로(路)와 마젠타 거리 및 C.G.T. 주변은 특히 인구가 밀집되어 있는 지역이었다. 수많은 남녀의 무리가 벨빌의 고지대에서 내려오고 있었다. 여러 연령층의 노동자들이 작업복 차림으로 파리 시내와 교외 구석구석으로부터 무리를 지어 몰려나와 그 밀집도가 점점 더해 가고 있었다. 구석진 곳, 건물을 짓고 있는 작업장, 길모퉁이에는 경찰대가 경찰서 버스 주위에 까맣게 모여 명령만 내리면 어디에든지 출동할 수 있도록 태세를 갖추고 있었다.

반네드와 미퇴르크는 포부르 드 탕플의 한 가게에서 자크를 기다리고 있었다.

차량의 왕래가 끊긴 레퓌블리크 광장에는 딴 일로 바쁜 사람들도 그 자리에 발이 묶여 꼼짝하지 못하고 있었다. 자크 일행은 〈위마니테〉사의 편집자들과 만나기 위해 팔꿈치로 인파를 헤치고 앞으로 나아가려고 했다. 자크는 그들이 광장 중앙의 기념비 밑에 모여 있는 것을 알고 있었다. 그러나 행렬의 선두가 구성되어 있는 광장까지 간다는 것은 이미 불가능한 일이었다.

별안간 바람이 살랑거릴 때와 같은 흔들림이 사람들 머리를 물결치게 했다. 그리고 그때까지 보이지 않았던 50여 개의 깃발이 인파 위로 우뚝 솟아올랐다. 외침도 노래도 없이 마치 몸을 꿈틀거리는 파충류같이 지면에 찰싹 붙어서 행렬은 보무당당하게 생마르탱 문을 향해 움직이기 시작했다. 불과 몇 분 만에 군중은 경사를 만난 용암의 흐름처럼 큰 거리를 꽉 메웠다. 그리고 양쪽 도로에서 계속 몰려오는 사람들로 그 수가 불어나면서 천천히 서쪽을 향해 밀려가기 시작했다.

군중 속에 파묻힌 채 더위 때문에 헐떡거리면서 자크, 반네드 그리고 미퇴르크는 서로 잃어버리는 일이 없도록 하기 위해 나란히 걸어갔다. 인파에 밀려 그들 셋은 무거운 소용돌이 속에 빠져들기도 하고, 잠시 멈추었다가 다시 밀려가 어두운 건물 정면 이쪽저쪽에 부딪치기도 했다. 건물의 창으로 구경꾼들이 내다보고 있었다. 어둠이 깃들었다. 끊임없이 움직이는 큰 혼란 위로 가로등의 전구가 불안하고 비통한 빛을 쏟고 있었다.

'아!' 하고 기쁨과 긍지로 도취된 자크는 속으로 생각했다. '얼마나 멋진 경고인가! 전 국민이 전쟁반대를 위해 일어나고 있다! 대중은 이해한 것이다……. 대중은 호소에 호응했다! ……이것을 뤼멜에게 보여 주었으면!'

전보다 더 오래 멈추어 있게 되자 세 사람은 체육관의 줄기둥에 옴짝달싹 못하고 기대어 서 있었다. 그러나 앞에서 고함 소리가 났다. 그쪽 프와소니에르로(路) 입구에서 행진은 어떤 장애에 부딪친 것 같았다.

5분, 10분이 지났다. 자크는 조바심이 났다.

"따라와" 하고 그는 반네드의 손을 잡으면서 말했다. 투덜거리는 미퇴르크를 앞세우고 둘은 사람들 사이를 헤쳐나가며, 너무 완강한 중심부는 우회해서 지그재그로 전진해서 교묘히 빠져나갔다.

"반대 시위다!" 하고 누군가가 말했다. "'애국연맹' 놈들이 네거리를 점령하고 길을 막고 있다!"

자크는 반네드의 손을 놓고 사태를 살피려고 한 상점의 기둥 위로 기어 올라갔다.

깃발의 행렬은 포부르 프와소니에르의 모퉁이 〈르 마탱〉사의 붉은 건물 밑에 멈추어 있었다. 양쪽의 맨 앞줄은 서로 욕지거리와 고함을 지르며 충돌했다. 소요는 거기에서 끝났으나 매우 격렬했다. 서로 얼굴을 내밀고 위협하며 주먹질을 했다. 소수의 검은 소대를 이루어 군중 속에 끼어 있던 경찰은 곧 현장에 뛰어왔으나 될 대로 되라는 태도인 것 같았다. 누군가가 신호를 하듯 백기 하나를 흔드니까 애국단체의 패거리들이 '라 마르세예즈'를 부르기 시작했다. 그때 사회주의자들은 '인터내셔널가'를 외치며 응수했는데 그 소리는 마치 한 사람의 목소리처럼 퍼져 나갔다. 그리고 그 힘찬 리듬은 곧 다른 모든 소리를 덮어 버렸다. 갑자기 넘실거리는 큰 파도가 일더니 군중을 동요시켰다. 인접한 거리를 통해 여기저기에서 뛰어나온 순찰대는 총경의 지휘 아래 난폭하게 인파 속으로 뚫고 들어가서 네거리를 장악하려고 했다. 곧 난투극은 격렬해졌다. 노래는 일단 멈추는 듯했다가 다시 계속되면서 그 사이 사이에 "베를린으로!", "프랑스 만세!", "전쟁은 집어치워라!" 따위의 성난 구호가 들려왔다. 경찰은 혼란 속에 파고들어가서 응수하는 평화주의자들을 공격했다. 호각 소리가 요란스럽게 울려 퍼졌다. 팔이 올라가고 곤봉이 난무했다. "나쁜 놈! ……개새끼!" 몸부림치는 한 시위대원에게 두 경관이 덤벼드는 것을 자크는 목격했다. 경찰관들은 반쯤 죽게 된 그를 마침내 길모퉁이에 있는 여러 대의 경찰차 가운데 한 대에다 던져 넣었다.

자크는 거기에서 너무 멀리 떨어져 있는 자신이 몹시 원망스러웠다. 건물들을 따라가면 저 네거리까지 갈 수 있을까? 순간 그는 자신의 임무와 기차 일이 생각났다……. 오늘 그는 자기 자신만의 몸이 아니었다. 자신의 충동에 굴복해서는 안 되는 입장이었다!

앞에 보이는 큰 거리에서는 둔탁한 소리가 들려왔다. 멀리 철모가 번쩍이는 것이 보였다. 시위대와 맞서기 위해 말을 몰고 달려오는 파리 경찰대의 일개소대였다.

"공격해 온다!"

"도망쳐라!"

자크 주위에서는 겁을 먹은 군중들이 되돌아가려고 했다. 그러나 그들은 다가오는 기마대와, 뒤에서 밀면서 후퇴할 수 없게 하는 거대한 행렬 사이에 끼어 움직일 수가 없었다. 폭풍우가 휘몰아치는 바위 위에 올라서 있듯이 갓돌 위에 올라가 있던 자크는 발 밑에서 소용돌이치는 인파의 물결로 떨어지지 않으려고 쇠로 된 셔터에 꼭 매달려 있었다. 두리번거리며 동료들을 찾아보았으나 어디 갔는지 보이지 않았다. '내가 어디에 있는지 알고 있을 거야'하고 그는 생각했다. '만나게 되겠지.' 그는 이렇게 생각하면서 몸이 오싹해 오는 것을 느꼈다. '제니를 안 데리고 온 것이 천만다행이다……'

네거리 근처에서 말들이 앞발로 땅을 걷어차고 있었다. 옆을 지나가던 사람들은 혼비백산했다. 미친 듯한 성난 얼굴들, 터지고 피투성이가 된 얼굴들이 그 와중에 나타났다가 사라지곤 했다.

무슨 일이 일어난 것일까? 아무래도 이해할 수 없었다……. 지금 네거리의 복판에서는 모두가 철수했다. 평화주의자들은 기마대와 경찰관들의 연합된 행동 앞에서 굴복할 수밖에 없었을 것이다. 단장, 모자, 유류품들이 즐비한 차도 가운데는 장식을 붙인 경찰관과 경찰의 고위 간부로 보이는 사복 차림의 몇몇 사람이 왔다 갔다 하고 있었다. 그런 사람들 주위에는 경찰관의 비상선이 전진하면서 그 원을 넓히고 있었다. 드디어 큰 거리가 온통 경찰들에 의해 막혀 버렸다.

그러자 마치 개에게 덜미를 물린 양 떼들이 한동안 마구 발을 구르다가 방향을 바꾸듯이 시위대는 뒤로 돌아서서 스트라스부르 로(路)와 제바스토볼로(路)를 향해 물밀듯이 몰려갔다.

"드루오 광장으로 집합!"

'여기에 죽치고 있다가는 좋지 않겠다' 하고 자크는 생각했다(그는 문득 체포될 경우를 생각해서 제네바 대학생 장 세바스티엥 에베를레라는 이름의 신분증만을 소지하고 있다는 사실을 상기했다).

자크는 오트빌 거리를 통해서 빠져나올 수 있었다. 반네드와 미퇴르크는 어떻게 됐지? 어떻게 하면 좋을까? 드루오 네거리로 달려가 볼까? 아니면 소란스러운 현장으로 돌아가 볼까? 그런데 만일 체포된다면? 혹시 소요인파에 묻혀 쌍방의 난투극 사이에서 빠져나오지 못하고 기차를 놓친다면? ……몇 시일까? 11시 5분 전……. 현명한 일은 괴롭더라도 시위대에서 등을 돌리고 북부역까지 가는 것이다.

자크는 드디어 라파예트 광장의 생 뱅상 드 폴 성당 앞으로 나갔다. 작은 공원! 제니……. 그는 성지 순례를 하는 기분으로 둘이 앉았던 벤치까지 올라가 보고 싶은 생각이 들었다……. 그러나 기다리고 있던 경찰소대가 그 계단을 점거하고 있었다.

목이 말라죽을 지경이었다. 자크는 그때 거기에서 멀지 않은 포부르 생드니 거리에 됭케르크 지구의 사회주의자들이 모이곤 하던 바가 생각났다. 기차를 타러 가기 전에 거기에서 30분쯤 보낼 시간이 있었다.

평소 투사들이 모이곤 하던 바의 뒷방에는 아무도 없었다. 그러나 카운터 곁에 카페 주인을 중심으로—그는 당의 고참이었다—대여섯 명의 손님이 격렬한 충돌이 있었던 거리 정보를 이야기하고 있었다. 동부역을 중심으로 전쟁반대 시위는 철저하게 봉쇄되고 말았다는 것. 그 시위대는 다시 C.G.T. 본부 앞에서 집결하고 있었다는 것. 거기에서는 정말 폭동이 시작되려는 참이어서 경찰의 돌격이 필요했다는 것. 그래서 사람들의 말로는 부상자의 수가 많았다는 것이다. 그 구역의 경찰서에는 체포된 시위대원으로 가득 차 있으며, 소문에 의하면 큰 거리의 질서 유지를 지도하고 있던 지방경찰국장이 칼부림을 당했다는 것이다. 파시 방면에서 온 손님의 말에 따르면 콩코르드 광장에서는 스트라스부르 동상(알자스 지방의 수도 스트 라스부르를 나타낸 동상)이 삼색기(프랑스 국기)로 싸여 있고, 경찰관의 보호 밑에서 벵골 불꽃을 붙인 일단의 젊은 애국자들의 감시 아래에 있다는 것이다. 소요통에 찢긴 윗옷을 바의 아주머니에게 꿰매 달라고 부탁한 회색 수염의 한 늙은 노동자의 말에 따르면 큰 거리의 몇몇 시위대들은 다시 증권거래소 근처에 집결해서 붉은 깃발을 펼쳐 들고는 '전쟁반대!'를 외치면서 팔레부르봉(프랑스 하원)을 향해 행진하고 있었다는 것이다.

"전쟁반대 좋아하네!" 카페 주인이 중얼거렸다. 그는 70년(1870년 프로이 센―프랑스 전쟁)을 목격한 사람이었다. 그리고 '코뮌'의 일도 겪었다. 그는 머리를 세차게 흔들며 말했다. "'전쟁반대!'라고 외치는 건 이미 늦었어. 그건 마치 눈 앞에 폭풍우가 몰아칠 때 '비 그쳐라!'라고 외치는 거나 다름없어……."

눈을 가늘게 뜨고 담배를 피우고 있던 노인은 그 말을 듣자 화를 냈다.

"샤를, 늦게라도 좋은 일을 해야 해! 8시부터 9시 사이에 레퓌블리크 광장에서 그 광경을 보았다면……. 발을 들여놓을 틈이 없었어! 멸치 떼 같은 집단이었지!"

"나도 거기에 있었어요" 하고 자크가 노인 쪽으로 다가가면서 말했다.

"그래, 있었다면 내 말에 찬성하겠지. 그런 광경은 지금까지 본 적이 없어. 시위라면 나야말로 볼 만큼 보아 왔어! 페레의 처형에 항의할 때도 나는 거기에 있었어. 십만 명은 되었을 거야……. 루세의 석방을 위해 군대 영창에 항의했을 때도 나는 있었어, 그때도 십만은 됐지……. 프레 생 제르베에서 3년 군복무 법에 반대할 때는 확실히 십만 이상이었어……. 그런데 오늘밤이야말로! 삼십만은 되었을까? 오십만? 백만? 누구도 알 수 없을 정도야. 벨빌에서 마들렌까지 온통 사람의 물결과 '평화 만세!'를 외치는 고함 소리뿐이었으니까. 그래, 여보게들, 이런 시위를 나는 이제까지 본 적이 없어. 그 일에 관해서는 훤히 알고 있으니까! 경찰이 무기를 가지고 있지 않았던 것은 다행한 일이야. 그렇지 않았더라면 나오는 수작으로 봐선 피바다를 이룰 뻔했어! ……오늘밤에 더 대담하게 나왔다면 정권은 무너졌을 거야! 절호의 '기회'를 놓쳤어……. 레퓌블리크 광장에서 깃발을 들고 행진을 시작했을 때 이것 봐, 샤를, 그때 누군가 역량 있는 인물이 있었다면 그가 우리 모두를 마치 한 사람을 주무르듯 어디로 이끌고 갔을지 알아? 엘리제 궁이었어. 혁명을 위해서 말이야!"

자크는 흐뭇해 하며 웃고 있었다.

"그건 연기됐을 뿐이지요! 앞으로 이루어질 겁니다. 어르신!"

자크는 아주 유쾌한 기분으로 역에 도착했다. 그리고 별 어려움 없이 베를린행 삼등 열차표를 살 수 있었다.

플랫폼에 나오자 뜻밖의 일이 그를 기다리고 있었다. 반네드와 미퇴르크가 거기에 있었다. 출발시간을 알고 있던 그들은 자크와 악수하려고 와 있던 것이다. 반네드는 모자를 잃어버렸는데, 그의 얼굴은 창백하고 일그러져 있었다. 반면에 미퇴르크는 벌겋게 흥분한 얼굴을 하고 두 주먹을 주머니 속에 넣고 있었다. 그는 붙잡혀 몹시 얻어맞고 호송차 쪽으로 끌려가다가 혼잡한 틈을 타서 마지막 순간에 달아날 수 있었던 것이다. 그는 안경 너머로 분노한 눈동자를 굴리면서 침을 마구 튀겨가며, 프랑스어와 독일어를 반반 섞어 자신이 겪은 사건을 이야기해 주었다.

"여기에 있을 필요 없어" 하고 자크가 말했다. "셋이 있으면 쓸데없이 사람들 눈에 띌 염려가 있으니까."

반네드는 자크의 두 손을 잡았다. 장님 같은 얼굴 위에서는 무색의 긴 속눈썹이 신경질적으로 움직이고 있었다. 그는 다정하면서 간청하는 목소리로 나지막이 말했다.

"조심해, 보티……."

자크는 마음의 동요를 감추려고 웃으면서 말했다.

"수요일 브뤼셀에서!"

그 시간에 스퐁티니 거리 2층에 있는 작은 응접실 안에서 안느는 정장을 한 뒤 곧 나갈 채비를 하고는 얼굴에 수화기를 갖다 대고 멍하니 서 있었다.

앙투안은 벌써 불을 껐다. 신문을 전부 읽고 난 뒤 막 잠을 자려고 하던 참이었다. 그런데 저녁 때 레옹이 머리맡 탁자 위에 놓아 둔 전화의 벨 소리가 희미하게 울리는 바람에 그는 잠자리에서 일어났다.

"토니, 당신이에요?" 멀리서 부드러운 목소리가 나지막하게 들려왔다.

"뭐? 웬일이야?"

"아무것도 아니에요……."

"무슨 일이 있나 보군! 말해 봐!" 하고 앙투안이 걱정스럽게 물었다.

"아무것도 아니에요. 정말…… 아무 일도 아니에요……. 그냥 당신 목소리가 듣고 싶어서……. 벌써 잠자리에 드셨어요?"

"응, 그래……."

"주무셨어요?"

"응, 그래…… 아니야, 아직 안 자고 있었어……. 자려던 참이었어. 그런데 별일 없다는 게 정말이야?"

그녀는 웃었다.

"아무 일도 없어요, 토니……. 그렇게 걱정해 주셔서 고마워요. 목소리가 듣고 싶다고만 그랬는데……. 갑자기 목소리가 몹시 듣고 싶은 때가 있다는 걸 이해 못하시겠어요?"

그는 팔꿈치로 몸을 기대고 불빛에 눈부셔 하면서 헝클어진 머리에 불쾌한 모습으로 가만히 참고 있었다.

"토니……."

"왜 그래?"

"아무것도 아니에요……. 당신을 사랑해요, 토니……. 오늘밤 당신이 정말 내 곁에 있어 주었으면 해요……."

길고 긴 침묵의 몇 초가 지났다.

"이것 봐, 안느, 말해 준 적이 있지만……."

그녀는 대번에 그의 말을 가로막았다.

"그럼요, 알고 있어요. 신경 쓰지 마세요……. 그럼 안녕히 주무세요!"

"그럼 안녕."

전화를 먼저 끊은 것은 앙투안이었다. 안느는 수화기를 내려놓는 소리가 몸속까지 파고드는 것 같았다. 그녀는 눈을 감았다. 그리고 오랫동안 기적이라도 기다리듯 전화기에 귀를 대고 있었다.

"나는 참 바보야." 안느는 마침내 큰 소리로 중얼거렸다.

그녀는 알고 있는 것과는 정반대로—확신까지 가지고 있었지만—앙투안이 이렇게 말해 주기를 바랐던 것이다. '그리로 빨리 와……. 나도 갈 테니까.'

"바보! …… 바보! …… 바보!" 하고 그녀는 조그만 원탁 위에 핸드백, 모자, 장갑을 내던지면서 되풀이했다. 그러자 갑자기 지금까지 생각하지 못했던 간단하면서 끔찍한 사실이 머리에 떠올랐다. 그녀에게는 못 견디게 그 사람이 필요한데 그에게는 그녀가 전혀 필요치 않다는 것!

48. 7월 28일 화요일—자크, 베를린으로 떠나다. 폰라우트 방문

거의 한숨도 못 자고 아침 8시쯤 함 역에 도착한 자크는 독일 신문을 사려고 플랫폼에 내려갔다.

신문들은 한결같이 오스트리아가 세르비아에 대해서 공식적으로 '전쟁상태'를 선언한 것을 비난하고 있었다. 우익계의 모든 신문, 범독일주의의 〈포스트〉지 또는 크루프 사(독일의 병기 공장)의 기관지인 〈라인 신문〉까지 오스트리아 정책의 무모한 호전성에 대해 '유감'의 뜻을 나타내고 있었다. 카이저와 황태자의 갑작스런 귀국이 눈에 띄게 큰 표제로 보도되었다. 지극히 역설적인 것은 대부분의 신문이 카이저가 포츠담으로 돌아오자 곧 수상과 육해군의 참모총장들과 오랜 시간에 걸쳐 중요한 회의를 연 것을 보도하면서 평화 유지를 위한 카이저의 영향력에 크게 희망을 걸고 있다는 것이었다.

자크가 기차의 자기 칸으로 돌아오자 같은 칸 안의 사람들도 그와 마찬가지로 신문을 사들고 와서는 보도에 대해 토론을 하고 있었다. 그들은 셋이었는데 그 가운데 한 사람은 젊은 목사로서, 그의 사려 깊은 눈길은 무릎 위에 놓인 신문보다는 열린 창 쪽으로 더욱 자주 향하곤 했다. 다른 한 사람은 흰 턱수염을 기른 노인으로서 확실히 유대인 같았다. 나머지 한 사람은 50살쯤 되어 보이는 남자인데 살이 찌고 명랑하며 얼굴과 머리는 털 하나 없이 미끈했다. 그는 자크를 향해 미소를 짓고는 손에 들고 있던 펼쳐진 〈베를리너〉지를 흔들면서 독일어로 물어 왔다.

　"당신도 정국에 관심을 가지고 계시오? 외국 분인 모양이지요?"

　"스위스 사람입니다."

　"프랑스계 스위스인인가요?"

　"제네바입니다."

　"그렇다면 우리보다는 프랑스 사람을 훨씬 잘 알겠구려. 프랑스 사람 개개인을 두고 볼 때는 참 좋습니다. 그렇지 않습니까? 그런데 국민으로서 결속하면 왜 그렇게 역겨워지는 거요?"

　자크는 애매한 미소를 지어보였다.

　수다스러운 독일인은 목사의 눈길과 또 유대인의 눈길을 끌었다. 그리고 말을 이었다.

　"나는 장사 일로 프랑스에 자주 갔습니다. 그쪽에는 친구도 많습니다. 나는 오래전부터 독일의 평화주의가 언젠가 프랑스의 저항을 물리치고 나면 결국 서로 잘 이해하게 되리라고 믿어왔습니다. 그런데 믿지 못할 그 작자들하고는 별 수 없어요. 내심 그자들은 복수할 것만 생각하고 있어요. 요즈음 그자들의 정책도 그것으로 모두 설명할 수 있지요."

　"독일이 그토록 평화를 사랑하고 있다면" 하며 자크가 용기를 내어 입을 열었다. "이럴 때 왜 동맹국인 오스트리아에 대해 유감 없이 평화주의적 태도를 보임으로써 그런 것을 더욱 강력히 입증하려고 하지 않는 걸까요?"

　"물론 그렇게 하고 있어요……. 신문을 보세요……. 그런데 프랑스 쪽에서도 만일 전쟁을 바라지 않는다면 이럴 때 왜 러시아 정책을 지지하는 거지요? 페테르부르크에서 한 푸앵카레의 연설이 그동안의 진상을 잘 밝혀 주고도 남아요. 평화든 전쟁이든 그 열쇠를 쥐고 있는 것은 바로 프랑스입니다.

내일이라도 러시아가 프랑스 군대를 믿을 수 없게 된다면 어쩔 수 없이 평화적으로 협상하는 수밖에 별 도리도 없겠지요. 또 동시에 전쟁의 위험도 완전히 없어지게 될 테고!"

목사도 이 의견에는 찬성이었다. 노인도 마찬가지였다. 그는 수년 간 스트라스부르에서 법학교수를 지낸 적이 있으면서도 알자스인을 싫어했다.

자크는 노인이 권하는 시가를 정중하게 사양했다. 그리고 어떤 토론에도 관심이 없다는 듯 조심스런 태도를 취하면서 열심히 신문을 읽는 척했다.

노교수가 이야기를 시작했다. 그는 70년 이후 비스마르크 정책에 대해 피상적이고 편협한 의견을 가지고 있었다. 그리고 비스마르크가 프랑스로 하여금 다시 한 번 군사적 패배를 맛보게 함으로써 프랑스를 결정적으로 무찔러 버리려고 생각하는 것을 전혀 모르거나 아니면 모른 척하고 있었다. 또 독일이 프랑스와 다시 가까워지려고 시도했던 몇 가지 제스처만을 생각하려는 것 같았다. 교수의 말에 이끌려서 화제는 역사적인 분야로 옮겨갔다. 세 사람 모두 같은 의견이었다. 그리고 그들의 생각은 독일인 대다수의 생각을 나타내는 것이었다.

그들이 볼 때 분명한 것은 최근까지 독일이 프랑스 국민에게 호의적인 교섭만을 끊임없이 해 왔다는 것이다. 비스마르크 자신도 커다란 위험을 무릅쓰면서 패전 국민의 급속한 부흥을 허용해 줌으로써 그의 화해정신의 증거를 보여 주었는데, 만일 그가 그럴 뜻이 없었다면 못하게 할 수도 있었을 것이다. 곧 그는 패전 뒤에 프랑스 국민을 열광시킨 식민지 정복의 열기를 정면으로 반대하기만 했어도 되었다는 것이다. 그렇게 되면 삼국동맹(1882년에 체결된 독일－오스트리아－이탈리아의 동맹)은? 그것은 어느 누구에게도 위협적인 것이 아니었다. 그것은 애당초 군사적 동맹을 뜻하는 것이 아니고 당시 유럽에서 그 징후가 나타나고 있던 혁명적 열기에 대해서 똑같이 불안을 느끼고 있던 삼국 원수가 체결한 보수적 연대 협정에 불과했다는 것이다. 1894년에서 1909년에 걸친 15년 동안 러시아－프랑스 동맹 이후까지 독일은 정치적인 문제들, 특히 아프리카 문제를 처리하기 위해 프랑스의 협조를 구해 왔었다. 1904년과 1905년에 독일 정부는 진심으로 협조 제의를 분명히 되풀이했었다. 그러나 프랑스는 항상 카이저가 내미는 손을 거부해 왔다! 프랑스는 언제나 더할 나위 없이 호의적인 제의에 대해서 경계심을 품고 냉혹하게 거절하든가 아니면 협박으로 대응해 왔다! 만일 삼국동맹의 성격이 달라졌다면 그 책임은 당연히 프랑스가 져야 되는 것이다. 그 이유는 차리즘과의 이해할 수 없는 군사적 동맹이라든가, 또 정부 각료들의 여러 가지 거동, 특히 델카세의 행동을 두고 볼 때 프랑스의 대외정책은 독일을 적대시하는 것이고 그 목적은 게르만계 국가들을 포위하는 데 있음이 뚜렷이 드러났기 때문이다. 그러므로 삼국동맹은 삼국협상 (^{1914년에 체결된 프랑스―
영국―러시아 사이의 협상}) 의 발전에 맞서는 방어용 무기가 될 수밖에 없었다. 삼국협상은 누가 보아도 정복자들의 공모임이 분명했다. 정복자들! 이렇게 말한다고 해서 너무 심하다고 할 수 없는 것이, 여러 가지 사실로 비추어 보아 충분한 이유를 찾아낼 수 있었기 때문이다. 곧 그 삼국협상 덕분에 프랑스는 광대한 모로코 영토를 점령할 수 있었고, 러시아는 어떤 위험도 겪지 않고 콘스탄티노플까지 무난히 진출하는 것을 가능하게 하는 발칸연맹을 조직할 수 있었다. 또 삼국협상 덕분에 영국은 지구의 모든 해역에서 그 절대적인 힘을 공략할 수 없는 것으로 만들 수 있었다! 이런 뻔뻔스러운 제국주의 정책에 유일한 장애물이 게르만 집단이었다. 삼국협상이 주도권을 확보하기 위해서는 아무래도 게르만 집단을 무너뜨리는 일이 앞으로의 과제였다. 때마침 절호의 기회가 주어진 것이다. 프랑스와 러시아는 즉시 그 기회를 잡았다. 발칸제국의 동요와 빈 정부의 무모한 책동을 이용해서 두 나라는 독일이 오스트리아를 비난하도록 획책하면서 베를린과 그 유일한 맹방과의 사이를 이간질해 놓고, 10년에 걸친 노력의 결과로 독일을 적대 유럽의 중앙에서 고립되게 만들려고 했다는 것이다.

적어도 이것이 목사와 노교수의 의견이었다. 뚱뚱한 독일인의 생각으로는 삼국협상의 목적이 더 공격적이었다. 즉, 페테르부르크 정부가 독일을 타도하기를 바라는 나머지 전쟁을 원하고 있다는 것이었다.

"생각이 있는 독일 사람이라면 누구나" 하며 그는 말을 이었다. "별수없이 평화에 대한 믿음을 점점 잃게 되어 있지요. 러시아는 폴란드에서 전략적 철도망을 강화하고, 프랑스는 군대와 군비를 증가하고, 영국은 러시아와 해군 협정을 준비하고 있다는 사실을 우리는 알았으니까요. 삼국협상이 삼국동맹에 맞서서 군사적 승리를 통한 세력 확보를 원하고 있다는 것이 아니라면 그러한 모든 준비의 뜻이 어디에 있겠습니까? ……좋든 싫든 그 자들의 전쟁에 끌려 들어가는 수밖에 없지요……. 지금 당장의 일은 아니더라도 늦어도 1916년, 1917년까지는 틀림없을 겁니다……." 그는 미소를 지었다.
"그러나 삼국협상 쪽은 큰 착각에 빠졌어요! 독일 군대는 만반의 준비가 되
어 있거든요! 독일의 전력과 맞섰을 때 어느 누구도 무사한 적이 없지요!"

노교수는 미소를 지었다. 목사도 근엄하게 머리를 끄덕이며 찬성의 뜻을
표했다. 이 마지막 관점에는 세 사람 모두가 이의 없이 완전히 의견의 일치
를 본 것이다.

자크는 여러 번 베를린에 와본 적이 있었다.

'동물원 앞 역에서 내리자' 하고 그는 생각했다. '서부지구라면 옛 친구들
과 마주칠 위험이 가장 적어.'

포츠담 광장에서 은밀히 만나기로 한 약속시간까지는 2시간 정도가 있었
다. 그래서 울란트 거리에 살고 있는 칼 폰라우트 집에 가서 몸을 숨기기로
작정했다. 그는 리프크네히트의 친구로서 신중한 사람으로 정평이 나 있는
믿을 수 있는 동지였다. 치과의사이기 때문에 이 시간에 가면 반드시 집에
있을 것이다.

자크는 노부인과 젊은 학생 두 사람이 기다리고 있는 응접실로 들어갔다.
폰라우트가 노부인을 부르려고 문을 반쯤 열었을 때 자크가 눈에 띄었다. 그
렇지만 그는 잠자코 있었다.

20분이 지났다. 폰라우트는 다시 나타나 학생을 데리고 갔다. 잠시 뒤에
혼자 되돌아왔다.

"그런데 자네는?"

아직 젊은데도 거의 백발의 머리털들이 밤색 머리를 둘로 갈라놓고 있었
다. 움푹 들어가 있고, 금가루를 뿌린 것 같은 갈색의 두 눈 속에서는 언제
나 변함 없는 열기가 불타올랐다.

"임무 때문이야" 하고 자크는 중얼거리듯 말했다. "막 기차에서 내렸어.
1시간 정도 기다려야 해. 아무도 만나서는 안 되겠기에."

"마르타에게 알려 줄게" 하고 폰라우트는 별로 놀란 기색도 없이 말했다.
"따라와."

폰라우트는 자크를 어느 방으로 안내했는데 그 방의 창 가까이에는 30세
쯤 되어 보이는 부인이 빛을 등지고 바느질을 하고 있었다. 방은 썰렁했다.

트윈 베드가 한 쌍, 책이 가득 쌓여 있는 테이블이 하나, 바구니 하나가 마루 위에 있었는데, 샴고양이 한 쌍이 그 속에 잠들어 있었다. 자크는 갑자기 이것과 같은 방을 본 일이 떠올랐다. 차분하고 조용한 방, 여기에서 자신과 제니가…….

폰라우트 부인은 천천히 바늘을 일감 위에 꽂고는 자리에서 일어났다. 금발의 머리카락을 땋아 내린 부인의 납작한 얼굴은 활력과 온화함이 풍기는 독특한 인상을 느끼게 했다. 자크는 베를린에서 있었던 사회주의자들의 여러 집회에서 남편과 같이 참가한 그녀를 자주 만나곤 했었다.

"얼마든지 있어도 좋아" 하고 폰라우트가 말했다. "나는 일하러 갈 테니까."

"커피 드시겠어요?" 하고 부인이 물었다.

그녀는 쟁반을 들고 와 자크 앞에 놓았다. "마음 놓고 드세요……. 제네바에서 오셨나요?"

"파리에서요."

"어머나!" 하고 부인은 관심이 간다는 태도로 말했다. "리프크네히트는 지금의 경우 모든 것이 프랑스에 달려 있는 걸로 생각하고 있어요. 프랑스에서는 전쟁을 한사코 반대하는 프롤레타리아가 무척 많다고 하면서 다행히도 각료들 가운데 사회주의자가 한 사람 있다고 하더군요."

"비비아니 말입니까? '옛날' 사회주의자였지요……."

"프랑스가 마음먹기에 따라서 유럽에 훌륭한 본보기를 보여줄 수도 있을 텐데!"

자크는 큰 거리의 시위 이야기를 해 주었다. 부인이 말하는 것은 힘들이지 않고도 알아들었지만 막상 자신이 독일어로 표현하려니까 천천히 이야기하는 수밖에 없었다.

"여기서도 어제 거리에서 치고받고 야단이었답니다" 하고 부인이 말했다. "백여 명이 부상당하고 5, 6백 명이 체포됐대요. 그리고 오늘 저녁에 또 있을 겁니다……. 오늘은 전쟁을 반대하는 공개집회가 쉰 개는 더 있다더군요 ……. 동네마다 열리는 셈이지요……. 9시에는 브란덴부르크문에서 대대적인 집회가 있어요."

"프랑스에서는" 하고 자크가 말했다. "우리는 놀랄 정도로 무감각한 중산계급과 싸워야 해요……."

폰라우트가 들어왔다. 그는 미소를 지었다.

"독일에서도 마찬가지야……. 어디에 가나 무감각해……. 이토록 절박한 위기에도 의회에서는 누구 하나 외교위원회의 소집을 요청한 사람이 없다니 믿을 수 있는 일인가? ……민족주의자들은 정부가 보호해 준다고 생각하고 있어. 그래서 그들이 신문을 통해 벌이는 조직적 선전 활동은 믿을 수 없을 정도로 끔찍해! 그들은 베를린의 계엄령, 반대파 지도자들의 가차없는 체포, 평화주의자들의 집회 금지를 매일같이 요구하고 있어! ……그러나 그런 것은 대수로운 일이 아니야! 그런 자들이 가장 큰 문제는 아닐 테니까……. 독일의 도시는 가는 곳마다 곳곳에서 지금 프롤레타리아가 동요하고, 항의하고, 위협하고 있어……. 정말 놀라운 일이야……. 1912년 10월 르드부르와 다른 패들과 함께 '전쟁에는 전쟁으로!'라고 외치며 노동자 대중을 궐기하도록 했을 때를 다시 겪는 거야. 그 당시 정부는 자본주의 국가들의 대혼란으로 인해 유럽에서 혁명운동이 바로 휘몰아칠 걸로 보았어. 정부는 겁을 먹고 정책에 제동을 가했던 거야. 이번에도 우리의 승리는 틀림없어!" 자크가 자리에서 일어났다. "벌써 가는 건가?"

자크는 그렇다는 뜻으로 고개를 한 번 끄덕여 보였다. 그리고 젊은 부인에게 작별인사를 했다.

"전쟁에는 전쟁으로!" 하고 자크에게 말하는 부인의 두 눈은 빛났다.

"이번에야말로 꼭 평화를 얻고야 말 거야" 하고 폰라우트는 자크를 현관 쪽으로 배웅하면서 말했다. "그러나 얼마나 시간이 걸릴까? 내 생각으로도 결국 전면전은 불가피한 것 같아. 그리고 혁명도 그 과정을 거치지 않고서는 이루어질 수 없다는 생각이고……."

자크는 폰라우트와 헤어지기 전에 지금 가장 자신의 마음을 사로잡고 있는 문제에 대해서 그의 의견을 타진해 보지 않을 수 없었다.

자크는 그의 말을 가로막았다.

"자네들, 빈과 베를린 사이에 맺어진 협정에 대해서 무엇인가 확실한 것을 알고 있나? 유럽을 상대로 그게 무슨 놀음이지? 무슨 흑막이 있었을까? 공모가 있었는지 없었는지 자네는 어떻게 생각해?"

폰라우트는 심술궂은 미소를 지었다.

"역시 자네는 프랑스인이군!"

"프랑스인, 왜?"

"왜냐하면 자네는 이렇게 말하니까 말이야. '이것이냐 저것이냐⋯⋯.' 이처럼 명확한 형식에 집어넣지 않으면 못 배기는 것이 자네들 프랑스인들의 나쁜 버릇이야! 마치 확실한 사상은 '선험적으로' 옳은 사상이기라도 한 것처럼!"

어리둥절해진 자크가 이번에는 미소를 지었다. '도대체 어느 정도 근거 있는 비판일까?' 하고 그는 자문해 보았다. '그리고 그게 나한테 어느 정도 적용될 수 있을까?'

폰라우트는 다시 진지한 태도로 돌아갔다. "공모? 그것은 정도에 달렸어. 공개적인 공모인지 파렴치한 공모인지 그것은 확실치 않아. 나는 이렇게 말하고 싶어. '그렇기도 한 것 같고 또 아닌 것 같기도 하고'⋯⋯최후통첩 발표 날 우리의 지도자들이 보여 준 놀라는 모습에 물론 일면의 허세가 없지는 않았어. 그러나 그것은 일면에 지나지 않았어. 들리는 바로는 오스트리아수상이 유럽의 각국 정부를 속인 것과 똑같은 수법으로 독일수상을 감쪽같이 속였고, 베트만 홀베크는 용서할 수 없는 경거망동을 했다는 거야. 베르히톨트는 독일 외무성에 최후통첩의 하찮은 개요만 보낸 것에 지나지 않았어. 그리고 그는 독일이 먼저 각국 정부가 오스트리아 정책을 지지하는 쪽으로 기울도록 하기 위해 본문은 완화해도 좋다고 약속했다는 거야. 베트만은 그것을 믿었어. 독일은 전적으로 믿고 경솔하게 맡아 버린 거야⋯⋯. 베트만과 야고브와 카이저가 드디어 그 내용을 확실히 알았을 때, 믿을 만한 소식통에 따르면, 그들은 깜짝 놀랐다는 거야."

"그것을 안 것이 언제였다는 거야?"

"22일 아니면 23일."

"바로 그거야! 파리에서도 들었는데 그것이 22일이라면 독일 외무성은 최후통첩을 수교하기 전에 아직 빈 정부에 이야기할 만한 여유가 있었을 거야! 그런데 독일은 그것을 하지 않았어!"

"그렇지 않아, 티보" 하고 폰라우트가 말했다. "독일은 그만한 여유가 없었다고 생각해. 22일 저녁에도 모든 것은 이미 늦었던 거야. 빈 정부에 본문 변경을 시키기에도 늦었던 거야. 각국 정부가 오스트리아를 경계하도록 알리기 위해서도 너무 늦었고. 그래서 본의 아니게 궁지에 몰린 독일이 자신의 체면을 세우는 방법은 하나밖에 없었어. 곧, 유럽 전체를 떨게 하기 위해 끝까지 양보하지 않겠다는 태도를 보이고, 이러한 위협을 통해 좋든 싫든 간에 끌려 들어간 위험한 외교적 승부에서 유리한 고지를 차지하는 것이야……. 대체로 이렇게들 말하고 있어……. 매우 믿을 만한 정보에 따르면 카이저는 어제 아침까지도 잘해 낸 것으로 알았다고 해. 왜냐하면 러시아는 확실히 중립을 지킬 것으로 믿고 있었기 때문이야.”

“그건 아니야! 독일이 러시아의 호전적 의도를 전혀 몰랐다고 생각할 수 없어!”

“겨우 어제서야 정부는 위험한 궁지에 몰린 것을 깨달았다는 거야……. 그래서” 하며 폰라우트는 젊은이다운 미소를 지으면서 덧붙였다. “오늘 저녁의 시위는 각별한 중요성을 띠고 있어. 망설이고 있는 정부에 대해서 대중의 경고가 결정적인 역할을 할 수 있을 테니까! 운터 덴 린덴 _(보리수 가로수가 있는 베를린 중심가의 이름)에 올 건가?”

자크는 고개를 가로저었다. 그리고 더 이상 아무런 설명도 하지 않고 폰라우트에게 작별인사를 했다.

‘프랑스 사람의 나쁜 버릇?’ 하고 자크는 계단을 내려오면서 생각했다. ‘명확한 사상, 옳은 사상…… 아니야, 내게는 그렇지 않아……. 아니야……. 내게는—명확하든 막연하든—사상이란 유감스럽게도 잠정적인 축받이에 불과해……. 그런데 그것이 바로 내 약점이란 말이야…….’

49. 7월 28일 화요일—슈톨바하 대령의 서류가방

정각 6시에 자크는 포츠담 광장의 카페 ‘아싱거’로 들어갔다—아싱거는 베를린의 모든 구역에 지점을 내고 있는데 대중카페의 대표업소 가운데 하나였다.

자크는 곧 작은 식탁에 혼자 앉아 야채 수프를 앞에 놓고 있는 트라우텐바하를 발견했다. 그는 신문을 네 번 접어 컵에 기대어 세우고 읽고 있는 것처럼 했으나, 실은 총명하고 민첩한 눈초리로 입구 쪽을 살피고 있었다. 그는 조금도 놀란 기색을 보이지 않았다. 두 청년은 마치 어제 헤어진 사람들처럼 아무런 감동도 나타내지 않고 서로 손을 잡았다. 그리고 자크는 의자에 앉아 수프를 주문했다.

트라우텐바하는 거의 검정에 가까운 금발 머리에 늠름한 체격을 갖춘 유대인이었다. 짧게 깎은 곱슬머리 밑에 어린 숫양 같은 이마가 드러났다. 피부는 희고 주근깨가 나 있었다. 가장자리가 접혀 올라간 두터운 입술은 얼굴색과 겨우 분간할 수 있을 정도의 붉은색이었다.

"누구 다른 녀석이 오지나 않나 해서 걱정하고 있었어" 하고 트라우텐바하는 독일어로 중얼거렸다. "이런 일에 스위스 사람은 안심할 수 없어…… 마침 좋은 때 와 주었어. 내일이면 늦었을 거야." 그는 일부러 데면데면한 태도로 미소지으면서 마치 별일 아닌 것처럼 겨자 그릇을 가지고 장난하고 있었다. "굉장히 까다로운 일이야—적어도 우리에게는" 하며 그는 수수께끼 같은 말을 덧붙였다. "자네는 할 일이 아무것도 없어."

"할 일이 아무것도 없다니?" 자크는 맥이 좀 빠지는 것 같은 느낌이 들었다.

"지금부터 이야기해 주는 것 이외에는 다른 일은 아무것도 없어."

트라우텐바하는 여전히 낮은 목소리로 계속 미소를 띠고는 기분 좋은 표정을 지으며, 누가 주의해 볼 경우를 대비해서 상투적인 작은 웃음으로 말을 매듭지으면서 간결하게 할 일을 설명해 주었다.

그는 남다른 자질을 통해 어떤 혁명적, 국제적 스파이 업무의 비밀지도를 맡고 있었다. 그런데 며칠전에 그는 오스트리아 장교인 슈톨바하 대령이 베를린에 온 것을 알아냈다. 육군성에 비밀 임무를 띠고 온 것 같다는 것이었다. 그리고 이런 그의 방문은 오스트리아와 독일 두 나라 참모본부의 협력을 확실하게 할 목적을 띠고 있다고 생각할 만한 충분한 이유가 있었다. 트라우텐바하는 대령의 서류를 훔친다는 대담하기 짝이 없는 계획을 세웠다. 그리고 그 일을 위해 숙련된 두 동지의 도움을 청해 놓고 있었다. "그 방면의 '전문'적인 친구들이야" 하고 트라우텐바하는 의미 있는 미소를 지으며 말했다. "그리고 나와 마찬가지로 보증할 수 있어." 이 마지막 이야기에 자크는 별로 놀라지 않았다. 그는 트라우텐바하가 오랫동안 베를린의 도둑 집단 속에서 살았으며, 그런 암거래 사회와 여러 가지 관계를 유지하면서 지금까지도 대의를 위해 그것을 이용해 왔다는 것을 알고 있었다.

슈톨바하는 초저녁에 마지막으로 육군참모총장을 만나기로 되어 있었다. 묵고 있는 호텔에는 오늘밤 곧 빈으로 떠날 것이라고 일러 두었다. 시간의 여유도 없었다. 슈톨바하가 육군성을 나와 기차를 타는 사이에 서류를 훔쳐내야만 했다.

물론 자크는 그런 도둑질에 참여할 필요가 없었다(사실 그는 그것을 오히려 고맙게 생각했다). 그의 역할은 단지 그 서류를 인계받아 즉시 그것을 독일에서 빼돌려 될 수 있는 대로 빨리 메네스트렐의 손에 넘기는 일이었다. 트라우텐바하는 지난 여러 해 동안 메네스트렐과 각별한 관계를 맺고 있었다. 메네스트렐은 그 서류의 중요성 여하에 따라 내일 브뤼셀에 모이게 되어 있는 인터내셔널의 지도자들에게 그 서류의 전달 여부를 정할 것이다. 그래서 자크는 벨기에행 기차표를 미리 사 두었다가 오늘밤 10시 반부터 프리드리히 슈트라세 역에 가 있기로 되어 있었다. 그리고 삼등 대합실에 있는 긴 의자에 누워 마치 깊은 잠에 들어 있는 것 같이 하기로 되어 있었다. 신문지에 싸인 서류 뭉치를 한 여행자가 남의 눈에 안 띄게 그의 머리맡에 갖다 놓는다. 그리고 그 여행자는 아무 말도 건네지 않고 이내 사라진다는 지령을 두 번 되풀이해서 들었다.

"맥주 한 잔 더하자" 하고 트라우텐바하가 말했다. "그리고 나서 헤어지도록 하자고."

자크는 아무 말도 하지 않고 듣고만 있었다. 무언가 찜찜하다는 생각이 들었기 때문이다. 서류를 훔친다는 것은—그것이 비록 유익한 일을 위해서 하는 짓일지라도—그가 보기에 결코 즐거운 일은 아니었다. 임무를 받으면서도 그가 생각했던 일은 그런 종류의 계획에 가담하는 것이 아니었다. 그는 처음에는 별것 아닌 일을 부탁받은 것을 오히려 다행이라고 생각했다. 그러나 동시에 그런 장물 은닉이라든가 심부름 같은 소극적인 역할을 맡은 것에 실망한 나머지 은근히 화까지 치밀어 올랐다……

트라우텐바하와 헤어지기 전에 자크는 폰라우트에게 한 것과 똑같은 질문을 던졌다. 그의 말로는 오스트리아 정부와 독일 정부 사이에 묵계가 있었다고 하는데 그것이 정말인가?

"베르히톨트와 베트만 사이에 어떤 합의가 있었는지는 나도 모르겠어……. 그러나 오스트리아 참모본부와 독일 참모본부 사이에 공모가 있었다는 것은 가능한 일이야. 독일 정부가 베르히톨트와 독일 참모본부에 의해 똑같이 놀아났을지도 모른다는 생각은 들어……."

"그렇다면!" 하고 자크가 말했다. "독일군부가 처음부터 오스트리아의 참모본부와 공모하고 있다는 증거를 잡을 수 있다면! ……그리고 3주 전부터 독일의 정책에 대해 책임을 지고 있고, 영국의 중재 제의를 독일로 하여금 회피하도록 현재 부추기고 있는 것이 오스트리아 장군들의 공범자인 당신네 독일 장군들의 음험한 공작이라는 것을 확인할 수 있으면 좋겠는데!”(자크는 자신이 서류 도둑질에 가담하는 이유를 정당화하기 위해서라도 그 서류가 목적을 위해 특별히 유익한 도움을 가져다줄 수 있음을 스스로 납득할 필요성을 느끼고 있었다)

“나도 그렇게 생각해. 이것은 예상할 수 없을 정도의 결과를 갖게 될지 몰라……. 우리나라 사회주의 지도자 가운데 가장 애국자라 할지라도 이제는 정부에 대해서 반기를 들고 나서지 않을 수 없을 거야. 그러니까 아무래도 대령의 서류를 들여다보는 것이 필요한 거야! ……자네는 앉아 있어” 하고 트라우텐바하는 일어서면서 덧붙였다. “내가 먼저 나갈 테니까. 그럼 역에서 10시 반이야. 그때까지는 조용히 있으면서 사람이 모이는 데는 피하도록 해. 밖에는 경찰들이 있으니까…….”

오늘밤에 여러 곳에서 있을 것이라는 시위의 위협도 육군참모총장으로 하여금 오스트리아 참모본부의 비공식 밀사인 슈톨바하 폰 블루멘펠트 백작과 오랜 시간에 걸친, 마지막이자 결정적인 회담을 끝까지 밀고 나가게 하는 데 아무런 방해도 되지 못했다.

회담은 9시 15분쯤에 지극히 우호적인 분위기 속에서 끝났다. 육군참모총장은 대령을 정문 계단의 층계참까지 배웅하는 친절을 베풀었다. 그는 경비원들과 전속 부관이 보는 앞에서 대령에게 손을 내밀었다. 대령은 허리를 약간 굽히면서 그 손을 잡았다. 두 사람 다 평상복 차림이었다. 그들의 얼굴은 지쳐 있었고 침통했다. 그리고 다분히 함축된 뜻이 담긴 눈길을 주고받았다. 대령은 묵직한 황갈색의 서류가방을 옆에 끼고는 부관을 앞세우고 붉은 카펫이 깔린 넓은 계단을 내려갔다. 그는 계단 아래에서 뒤돌아보았다. 육군참모총장은 흐뭇한 자세로 계속 눈으로 그를 따라가며 우정어린 마지막 인사를 했다.

앞마당에는 육군성의 자동차가 가다리고 있었다. 슈톨바하가 시가에 불을 붙여 물고 차 안에 깊숙이 자리잡는 동안 부관은 운전사 쪽으로 몸을 구부려 시위를 피하기 위해, 그리고 대령이 묵고 있는 쿠어퓌르슈텐담의 호텔까지 무사히 안내하기 위해 길을 가르쳐 주었다.

무더운 밤이었다. 초저녁에 비가 왔다. 그러나 잠시 퍼붓는 소나기였던 탓인지 시원하기는커녕 거리를 김이 자욱한 한증막처럼 만들어 놓았다. 소요에 대비해서 상점의 불은 모두 꺼져 있었다. 그리고 아직 10시도 안 되었는데 베를린은 평상시 같으면 새벽녘에나 볼 수 있는 엄숙하고 음침한 모습을 띠고 있었다. 대령은 넓은 베를린의 전경을 물끄러미 바라보고 있었다. 대령은 이번 여행의 실제적 결과와 내일 빈에서 폰 회첸도르프 장군에게 제출하기로 되어 있는 보고에 대해서 흐뭇하게 생각했다. 의자에 앉으면서 기계적으로 서류가방을 자리 옆에 놓았다. 그는 문득 생각이 난 듯 그것을 들어 무릎 위에 올려놓았다. 그것은 니켈로 된 자물쇠가 달린 얇은 황갈색의 새 가죽 가방이었다. 흔한 형태지만 호화롭게 보여 각료실에 들고 드나들기에 손색이 없는 것이었다. 그는 베를린에 도착하자마자 이번 임무를 위해 그것을 쿠어퓌르슈텐담의 가방가게에서 샀던 것이다.

자동차가 호텔 앞에 멈추자 도어보이가 곧 마중 나와 몇 번이나 굽신거리며 인사하면서 호텔 입구까지 안내했다. 슈톨바하는 프론트 앞에 가서 가벼운 식사를 가져오도록 지시하면서 계산서도 준비하라고 했다. 야간특급열차를 타려고 생각했기 때문이다. 그러고는 뚱뚱한 몸집에 어울리지 않게 빠른 걸음으로 엘리베이터를 타고 2층까지 올라갔다.

휘황찬란한 전등불이 비치고 있고 인기척 없는 커다란 복도 가운데에는 보이 한 명이 당번실의 문 앞 벤치에 앉아 있었다. 슈톨바하는 본 적이 없는 남자였다. 2층의 담당 보이와 교대한 것 같았다. 그 남자는 곧 일어나서 대령 앞을 걸어가 방문을 열어 주었다. 그리고 전기 스위치를 돌린 다음 나무로 된 덧문을 내렸다. 방에는 창이 둘 달려 있고, 천장은 아주 높으며, 벽은 노란색 무늬가 있는 검은 벽지가 발려 있었다. 방은 푸른색이 도는 타일로 된 화장실로 이어져 있었다.

"대령님, 시키실 일은 없으십니까?"

"없어, 짐은 다 정리됐어. 목욕이나 했으면 하는데."

"오늘밤 떠나십니까?"

"그래."

보이는 대령이 방에 들어가면서 문 옆의 의자 위에 놓은 가방 쪽으로 무심한 눈길을 보냈다. 그리고 슈톨바하가 모자를 침대 위에 던지고 구슬 같은 땀방울이 흐르는 번들번들한 목덜미를 손수건으로 닦고 있는 동안 욕실에 들어가 물을 틀었다. 보이가 다시 방에 돌아왔을 때 오스트리아 참모총장의 특사는 연보라색 팬티 차림에 양말만 신고 있었다. 보이는 양탄자 위에 놓인 먼지투성이의 구두를 들었다.

"곧 가지고 오겠습니다." 보이는 이렇게 말하며 방을 나갔다.

욕실과 당번실 사이에는 판자로 된 얇은 벽이 있을 뿐이었다. 보이는 양모로 된 헝겊으로 구두를 문지르면서 벽에 귀를 대고 소리를 엿들었다. 묵직한 대령의 몸이 시끄러운 소리를 내며 탕 속에 들어가는 것을 들었을 때 보이는 빙그레 미소를 지었다. 그때 그는 황갈색 니켈 자물쇠 장식이 달려 있고, 안에는 헌 종이뭉치가 들어 있는 멋진 새 가방을 벽장에서 꺼냈다. 그것을 신문지에 싼 다음 겨드랑이에 끼었다. 그리고 손에 구두를 들고 방문을 노크했다.

"들어와!" 하고 슈톨바하가 소리쳤다.

'글렀구나' 하고 보이는 곧 생각했다. 대령이 욕실문을 활짝 열어 놓고 있었으므로 이쪽 방에서도 욕탕 끝에 불쑥 내밀고 있는 대령의 장밋빛 두개골이 보였던 것이다.

보이는 굳이 들어가려 하지 않고 구두를 바닥에 놓은 다음 꾸러미를 들고 그대로 방에서 나왔다. 대령은 미지근한 탕 속에 턱까지 파묻고는 기분이 좋아 첨벙거리고 있었다. 그때 별안간 전깃불이 꺼졌다. 방도 욕실도 동시에 어둠 속에 파묻혀 버렸다. 슈톨바하는 얼마동안 참고 기다렸다. 그러나 전기가 들어오지 않자 벽을 손으로 더듬어 벨을 찾았다. 그리고 화가 난 듯 스위치를 눌렀다.

방의 어둠 속에서 보이의 목소리가 들려왔다.

"부르셨습니까?"

"무슨 일이지? 정전인가?"

"아닙니다. 당번실에는 불이 꺼지지 않았습니다……. 아마 이 방의 퓨즈가 나갔나 봅니다. 곧 고쳐 드리겠습니다……. 잠깐이면 됩니다."

꽤 시간이 흘렀다.

"어떻게 된 거야?"

"죄송합니다. 두꺼비집을 찾고 있습니다. 문 옆에 있는 줄 알았는데……."

대령은 욕조 밖으로 머리를 내밀고는 보이가 무엇인가 뒤적거리며 소리내고 있는 캄캄한 방 쪽으로 눈을 크게 떴다.

"아무래도 찾을 수 없네요" 하고 보이가 다시 말했다.

"죄송합니다……. 다른 데를 보고 오겠습니다. 두꺼비집이 복도에 있을지도 모르겠습니다……."

보이는 재빨리 방을 나와 당번실에 가서 대령의 가방을 안전한 곳에 두고 급히 전깃불을 켰다.

45분 뒤에 슈톨바하는 정성껏 몸을 닦고 향수를 뿌린 다음 옷을 입었다. 그리고 차를 마시고 소시지와 과일을 먹고 난 다음 시가에 불을 붙이고 시계를 보았다. 아직 시간은 안 되었지만—그는 서두르는 것을 싫어했다—프론트에 전화를 걸고 짐을 챙기러 오라고 했다.

"아니야, 그건 내가 가지고 갈 거야." 문 옆의 의자 위에 놓인 황갈색 가방을 짐꾼이 들려고 하는 순간 대령이 말했다.

대령은 그것을 짐꾼의 손에서 돌려받아 자물쇠가 잠겨 있는지 슬쩍 확인한 다음, 소중하게 팔짱에 꼈다. 그리고 잊은 것이 없는지 확인한 뒤 방을 나왔다. 그는 늘 무엇에나 매우 꼼꼼했다.

2층을 내려오기 전에 대령은 팁을 주려고 보이를 찾았다. 그러나 복도에는 사람의 그림자도 보이지 않았다. 대령이 당번실 문을 열어보았다. 그러나 방은 텅 비어 있고, 보이의 모습은 보이지 않았다.

"바보 같은 녀석, 할 수 없지" 하고 대령은 중얼거렸다. 그리고 빈행 특급 열차를 타기 위해 홀홀히 사라졌다.

거의 같은 시각에 제네바 학생 에베를레(^{장 세바}_{스티엥})는 프리드리히 슈트라세 역에서 브뤼셀행 열차를 탔다. 그는 아무런 짐도 지니지 않았다. 오직 꾸러미 하나만을 들고 있었는데, 그것은 커다란 책을 포장한 것 같아 보였다. 트라우텐바하는 잠깐 사이에 자물쇠를 뜯은 다음 서류를 신문지에 싸서 끈으로 묶었다. 그리고 아무 쓸모없이 위험하기만 한 황갈색의 그 멋진 가방을 없애 버렸다.

'이런 서류를 가지고 있다가 만약 독일 영내에서 들키면……' 하고 자크는 생각했다. 그러나 자신의 '임무'가 겨우 이 정도의 위험에 그친다는 것이 참 가소롭다고 생각하면서 오히려 그것을 재미있어 했다. 그것을 위험하다고는 생각하고 싶지 않았다. '공연히 제니를 걱정시켰군!' 하고 그는 화를 벌컥 내며 생각했다.

그러나 도중에 그는 화장실로 들어가 그 종이뭉치를 폈다. 그리고 세관원의 심문을 피하기 위해 될 수 있는 대로 여러 군데 주머니와 옷 안쪽에 나누어 숨겼다. 더 신중을 기하기 위해 그는 독일 영내 마지막 기차역에서 내려 시가 몇 개를 샀다. 국경의 세관에서 신고할 만한 거리를 장만하기 위해서였다.

어쨌든 세관 검사는 그를 불쾌하게 했다. 드디어 기차가 벨기에 영토의 선로 위를 달리고 있다는 것을 확인했을 때야 비로소 자신이 땀에 흠뻑 젖어 있다는 것을 깨달았다. 그는 자기 자리에 몸을 파묻고는 정성스럽게 단추를 낀 윗옷 위로 팔짱을 끼었다. 그리고 달콤하게 잠에 빠져들었다.

50. 7월 29일 수요일—브뤼셀. 자크, 〈지구본부〉 구성원 한 사람 한 사람 과 재회

6층 건물의 브뤼셀 민중회관은 꼭대기층에서부터 맨 아래층까지 온통 벌집 쑤셔놓은 듯이 야단법석이었다. 국제사회주의 본부에서는 아침부터 임시 총회가 열리고 있었다. 여기 벨기에의 수도에는 유럽 각국의 사회당의 모든 지도자뿐만 아니라, 수요일 밤에 원형경기장에서 거행되는 반전집회를 통해 국제적인 반향을 일으키기로 결심한 투사들도 곳곳에서 속속 모여들었다. 각국 정부의 제국주의 정책을 분쇄하려는 끈질긴 노력을 지지하기 위함이었다.

당을 위해 메네스트렐이 제공한 비용 덕분에—(메네스트렐과 리차들레가 어떤 방법으로 본부의 비밀 자금을 댔는지 그것을 아는 사람은 아무도 없었다)—10여 명이 브뤼셀에 올 수 있었다. 그들은 회합장소로 안스파슈 로(路)에서 가까운 알르 거리의 '타베른 드 리옹'이라는 술집을 선정했다.

자크가 동지들과 다시 만난 곳, 그리고 슈톨바하의 문서 꾸러미를 메네스트렐에게 전한 곳도 바로 이 술집이었다(메네스트렐은 곧 자리에서 일어나 이 전리품을 처음으로 검토하기 위해 자기가 묵고 있는 호텔방에 틀어박혔다. 자크도 좀더 늦게 거기에 가서 만나기로 되어 있었다).

자크가 모습을 나타내자 모두 즐거운 환성으로 그를 맞이했다. 제일 먼저 자크를 본 키예프가 곧 소리를 질러 댔다.

"티보! 잘 돌아왔어! ……이봐, 어때? 덥군!"

'본부'에 항상 모이던 얼굴이 모두 보였다. 메네스트렐과 알프레다, 리차들레, 패터슨, 미퇴르크, 반네드, 페리네, 약품 판매상 사프리오, 세르게이 파블로비치 젤라우스키, 그리고 뚱뚱한 보아소니 영감, 그리고 '명상적 아시아인' 스카다. 거기에 간호사 베일을 쓰고 장밋빛 얼굴에 금발의 머리를 한 젊은 여인 에밀 카르띠에까지 있었다. 키예프는 출발하면서부터 '삼복 더위니까'라고 말하면서 어떻게 해서든지 에밀의 베일을 벗기려고 했다.

자크는 미소를 띠고 모두가 내미는 손을 잡아 주면서 흐뭇해 했다. 상상했던 것보다 더 흐뭇한 느낌이 들었다. 왜냐하면 이렇게 벨기에의 술집에서 느닷없이 제네바의 여러 집회에서와 같은 뜨거운 분위기를 맛볼 수 있었기 때문이다.

"여, 이봐" 하고 키예프가 말했다. 그는 자크가 프랑스에서 온 줄 알고 있었다. "그래, 카요 부인은 무죄가 됐다면서? ……그런데 무얼 마시겠나? 자네도 역시 녀석들의 맥주를 할 거야?" (키예프는 '북방족속들이 마시는 그런 싸구려 맥주'는 업신여겼다. 그리고 그가 즐겨 마시는 독한 베르무트에 충성을 바쳤다)

키예프가 흥겨워 떠들어 대는 모습은 최근 며칠동안 제네바에서 거의 전반적으로 떠돌던 낙관론을 잘 나타내고 있었다. 전처럼 메네스트렐이 모습을 나타내지 않던 '대화실'에서의 논쟁은 인터내셔널의 꿈을 거의 벗어나지 못했다. 그리고 유럽 각지에서의 여러 가지 평화주의적 시위가 그 모임에서 감격적으로 받아들여졌으므로 아무리 불안한 소식이 전해지더라도 그 감격을 뒤흔들지는 못했을 것이다. 그들 그룹의 브뤼셀 도착, 다른 유럽 대표와의 최초의 접촉, 중요 인사들의 참석, 전쟁을 반대하는 이 엄숙한 단결, 이러한 것들은 그들 대부분이 볼 때 승리를 위한 인터내셔널의 단호하면서도 효과적인 협력을 유감 없이 보여주는 것이었다. 오늘 아침의 전보도 오스트리아가 세르비아에 대해 선전포고를 했고, 더욱이 어제 저녁부터 베오그라드에 포격을 시작했다고 전했다. 그러나 그들은 오스트리아의 각서가 시사해 주듯이 그것은 성채가 몇 발의 포탄을 맞았을 뿐, 그 포격은 실제로는 중요하지 않고, 경고나 상징적인 시위의 한 수단이지 적대 행위의 전주곡이라고 볼 수는 없다고 쉽게 생각하고 있었다.

페리네는 자크를 자기 곁에 앉도록 했다. 그는 아침나절을 프랑스대표의 본부인 '아틀란틱 호텔'의 바에서 보냈다. 그리고 거기에서 최근의 파리 정보를 가지고 왔다. 그의 말에 따르면 조레스와 쥘 게드가 이끄는 하원의 사회주의자 그룹은 그 전날 케도르세(프랑스 외무성)에 가 외무장관 대리와 오랫동안 요담을 했다는 것이다. 그 방문 결과 당 소속 의원들은 성명서를 작성해서 그것을 통해 다음과 같이 단호하게 부르짖었다. '프랑스만이 프랑스를 지배할 수 있으며, 프랑스는 어떤 경우라도 비밀조약을 독단적으로 해석함으로써 무서운 분쟁에 말려들어 가서는 안 된다.' 그러면서 그들은 '의회가 폐회 중이지만 빠른 시일 안에 하원을 소집할 것'을 요구하고 나섰다는 것이다. 결국 프랑스의 사회주의자들은 투쟁을 의회 쪽으로 몰고 갈 준비를 하고 있었다. 페리네는 프랑스대표의 활기, 침착함, 변치 않는 희망에서 아주 깊은 감명을 받았다. 특히 조레스는 끈질기게 희망적 견해를 밝히고 있었다. 최근 그가 한 말은 자랑스럽게 인용되곤 했다. 그가 반데르벨트에게 다음과 같이 말하는 것을 주위 사람들이 들은 적이 있다고 전했다. '두고 봐, 아가디르 사건과 똑같이 될 테니까. 일의 기복은 있을 것이다. 그러나 '일은 해결되고 말 거야'라고 하면서 자신의 낙관론을 여실히 증명이라도 해 주려는 듯이 보스는 점심식사 뒤에 1시간 정도 자유로운 시간이 있어 반 에이크(네덜란드 화가. 북부 유럽 르네상스 미술의 선구자)의 작품 앞에서 한가로이 보내기 위해 미술관에 갔었다는 것까지 이야기해 주었다.

　"나는 그를 봤어" 하고 페리네가 말했다. "그리고 단언하는데 그는 실망한 사람의 모습이 아니었어! 바로 내 곁을 지나갔는데 여전히 한쪽 어깨가 축 늘어질 정도의 무거운 서류가방을 들고 밀짚모자에 검은 모닝코트를 걸치고 있었어……. 언제 보아도 강의하러 가는 대학교수의 모습이지……. 한쪽 팔은 내가 모르는 녀석에게 맡기고 있었어. 나중에 들었는데 독일인 하제였어……. 그런데…… 마침 둘이 내 테이블 곁을 지나갈 때 하제는 발걸음을 멈추지 않겠어. 그러고는 괴상한 악센트가 섞인 프랑스말로 이렇게 말하는 것을 나는 들었어. '카이저는 전쟁을 원하지 않습니다. 전쟁을 원치 않아요. 전쟁의 결과에 대해 너무나 두려워하고 있어요!' 바로 그때 조레스가 고개를 돌렸어. 그리고 매서운 눈초리로 입가에는 미소를 띠고 이렇게 대답하더군. '그럼, 카이저로 하여금 오스트리아에 대해 강력하게 영향력을 행사하도록 하면 되겠군. 프랑스에서는 우리가 정부로 하여금 러시아에 영향력을 행사하도록 할 테니까!' 마침 내 테이블 앞에서였어……. 나는 그들 두 사람의 말을 자네들이 내 말을 여기서 이렇게 듣는 것과 똑같이 들었던 기야."

"러시아에 영향력을 행사한다! 그렇다면 빨리 서둘러야 할지 몰라!" 하고 리차들레가 중얼거렸다.

자크의 눈과 그의 눈이 마주쳤다. 그리고 자크는 리차들레가—그것은 확실히 메네스트렐의 생각을 반영하고 있는 것이 틀림없었다—일반적인 낙관론과는 아주 거리가 멀다는 느낌이 들었다. 그 인상은 리차들레 자신에 의해 곧 확인되었다. 왜냐하면 그는 자크 쪽으로 몸을 굽히면서 의문에 찬 말투로 목소리를 낮추어 이렇게 덧붙였기 때문이다.

"그렇다면 프랑스는, 아니 프랑스를 이끌고 가는 사람들은—러시아의 동원을 용인함으로써, 또 러시아가 오스트리아의 도발에 또다른 도발을 통해 응수하고, 독일의 최후통첩을 묵살하는 태도로 응수하는 것을 용인함으로써—이미 암암리에 '전쟁을 인정하고 있다'고 말할 수 있지 않겠어!"

"러시아의 동원은 아직 '부분적인 것'에 지나지 않아" 하고 자크는 별로 확신도 없으면서 말에 끼어들었다.

"'부분적인' 동원? 일시적으로 위장된 총동원과 무슨 차이가 있어?"

샤르코우스키와 리차들레의 옆의 구석 벤치 위에 앉아 있던 미퇴르크의 목소리가 요란스럽게 울려 퍼졌다.

"러시아 말이야? 러시아도 동원하고 있어. 그것은 확실해! 러시아는 차르 체제를 지지하는 '군국주의자들' 손 안에 있어. 지금 유럽의 모든 정부도 마찬가지로 반동세력의 포로가 되어 있고! 또한 그 존재 이유 자체가 전쟁이 필요한 하나의 제도, 한 체제의 포로가 되어 있는 거야. 이것이 사실이야, '동지!' 슬라브 민족의 해방? 그런 것은 구실에 지나지 않아! 차리즘은 슬라브 민족을 억압하는 것 이외에는 아무것도 한 일이 없거든! 폴란드에서는 슬라브 민족을 짓밟았어! 불가리아에서는 그들을 자유롭게 하는 척하면서 실은 더 가혹하게 탄압했어! 사실은 러시아의 '군국주의'와 오스트리아의 '군국주의' 사이에 옛 싸움이 또다시 시작되려는 것뿐이야!"

옆 테이블에서는 보아소니, 키예프, 패터슨, 사프리오가 갈수록 속을 알 수 없는 베를린 정부의 계획에 관해서 그칠 줄 모르는 논쟁을 계속하고 있었다. 이미 외교적으로 눈부신 성공을 거두고 있는 프란츠 요제프에게 약간 강력한 충고만 하면 될 텐데 카이저는 어째서 중재를 끝내 거부하고 있는 것일까? 독일로서도 세르비아가 오스트리아군에게 침략당하는 일이 있더라도 거기에 아무런 이해가 없다. 사회민주당원들이 말하고 있듯이 만일 베를린이 전쟁을 원하지 않는다면 독일이 유럽에서 이 같은 위험을 무릅쓸 이유가 어디 있을까? ……패터슨은 영국의 태도에는 뭐라고 간단하게 규정지을 수 없는 것이 있다고 지적했다.

"유럽의 관심은 온통 영국으로 향해 있어" 하고 보와소니가 거드름을 피우며 말했다. "오스트리아의 선전포고로 오스트리아와 페테르부르크 사이의 쌍무회담이 결렬됨으로써 앞으로는 런던의 중재를 계속 기다려 보는 수밖에 딴 도리가 없어. 그래서 중재자로서의 영국의 역할은 한층 중대성을 띠게 되었지."

브뤼셀에 도착하자마자 같은 영국의 사회주의자들을 만나러 달려갔던 패터슨은 영국 대표단원들이 영국 외무성에서 들은 소문을 심히 걱정하고 있다는 사실을 확인했다. 외무부장관 그레이의 측근 가운데 유력한 인사들이 확실히 중립을 선언한다는 것은 오히려 동맹국(독일과 오스트리아)의 호전적 정책을 부추길 수도 있다는 염려에서 외무부장관에게 최후의 결심을 하도록 권하고 있었다는 것이다. 또 오스트리아─러시아 사이의 분쟁 발발의 경우, 영국이 취해야 할 중립적 태도에는 아무런 이상이 없을지 모르지만, 프랑스─독일 사이에 전쟁이 일어난다면 문제는 똑같지 않음을 적어도 독일에게 경고하도록 권하고 있었다는 것이다. 중립을 고수하려는 영국 사회주의자들은 그레이가 그러한 압력에 굴복하지나 않을지, 그리고 특히 오늘 그러한 선언을 함으로써 지난주와 마찬가지로 영국 여론의 비난의 대상이 되지 않을까 걱정하고 있었다. 최후통첩에 나타난 믿을 수 없을 만큼의 가혹함, 더구나 세르비아를 공격하려는 오스트리아의 집요함이 영국에서 오스트리아에 대한 전 국민적인 증오심을 불러일으켰다는 것이다.

여행 때문에 지쳐 있는 자크는 이 모든 논쟁을 듣는 둥 마는 둥했다. 반가운 얼굴들을 다시 보게 되어 느낀 즐거움도 생각했던 것보다 빨리 사라졌다.

그는 반네드와 젤라우스키와 스카다가 낮은 목소리로 이야기하고 있는 테이블 가까이로 갔다.

"오늘은" 하며 반네드가 그의 맑고 부드러운 목소리로 말했다. "모두가 저마다 자기 일에만 전념하고 서로 아무런 동정도 베풀지 않고 생활하고 있어……. 이런 것은 고쳐야만 해, 젤라우스키……. 우선 인간의 마음이야. 동포애라는 것은 외부에서 법률로 만들어지는 것이 아니야……." 그는 잠시 보이지 않는 천사들 쪽에 미소를 보낸 뒤 말을 계속했다. "물론 그런 것이 없더라도 사회주의적 '조직'만은 만들 수 있겠지. 그러나 '사회주의'는 안돼. 엄두도 못 낼 거야!"

반네드는 자크가 자기네 곁으로 오는 것을 보지 못했다. 그는 갑자기 자크의 모습을 보자 얼굴을 붉히면서 입을 다물었다.

스카다는 맥주컵 옆에 제본이 뜯어진 몇 권의 책을 놓았다(그의 주머니는 언제나 정기 간행물이나 책으로 불룩했다). 자크는 아무 생각 없이 책의 표제를 쳐다보았다. 에픽테토스…… 바쿠닌의 '저작집' 제4권…… 엘리제 르클뤼의 '무정부주의와 교회……'

스카다는 젤라우스키를 향해 몸을 구부렸다. 반 센티미터 정도 두께의 안경렌즈 너머로 작은 공 모양의 그의 두 눈이 놀랄 만큼 확대되어 마치 수란(水卵)같이 튀어나왔다.

"나는, 나는 조금도 조급하게 굴지 않을 거야" 하고 스카다는 버릇처럼 손톱으로 짧고 곱슬곱슬하고 착 달라붙은 머리를 긁으면서 부드러운 목소리로 설명했다. "내가 혁명을 바라는 것은 내 자신을 위해서가 아니야. 그것은 20년, 30년, 아마 50년 뒤에 '올지도 몰라!' 나는 확실히 알고 있어! 그리고 내가 살아가기 위해서, 내가 행동하기 위해서 필요한 것은 그냥 그것으로 충분해……."

구석 쪽에서 리차들레가 다시 이야기를 시작했다. 자크는 듣고만 있었다. 리차들레의 예언자적인 말에서 그는 조종사의 생각을 떠올렸다.

"전쟁은 여러 나라로 하여금 그들의 부채를 평가절하해서 처리하도록 몰고 갈 거야. 그러면서 곧 여러 나라를 파산에 빠뜨리겠지. 그와 동시에 소액 예금자들을 더 가난하게 만들테고 그것은 아주 급속도로 전반적인 빈곤을 가져올 거야. 그것은 새로운 집단의 희생자들로 하여금 자본주의 체제에 맞서 궐기하게 선동할 것이고, 그들은 우리 쪽으로 오게 될 거야. 전쟁은 자─동─적─으─로 사라져 버릴 거야……."

미퇴르크가 말을 막았다. 보아소니, 키예프, 페리네 모두가 한꺼번에 떠들기 시작했다. 자크는 듣는 둥 마는 둥 했다. '내가 변한 것일까?' 하고 그는 자문해 보았다. '아니면 저 친구들이 변했나?' 그는 자신이 불안해 하는 이유를 도무지 알 수 없었다. '전쟁의 위협은 우리 동지들을 놀라게도 하고……분열시키기도 했다. 각자 자신의 기질에 따라 자기 나름대로 반응을 보여 왔다. 행동의 필요성, 그렇다. 전반적이고 격렬한 행동의 필요성. 그런데 우리 가운데 누구도 과감하게 행동해 보려고 들지는 않는다……. 우리 그룹은 고립되고 분열되어 있으며 이끌고 갈 만한 사람도 없고 규율도 없다……. 누구의 잘못인가? 메네스트렐의 책임일지도 모른다……. 메네스트렐이 나를 기다리고 있겠지' 하고 그는 시계를 보면서 생각했다.

자크는 패터슨 곁에 앉아 있는 알프레다 쪽으로 갔다.

"당신 호텔에 가려면 어느 방향의 전차를 타야 하지?"

"따라와" 패터슨이 일어나며 말했다. "알프레다와 내가 바래다 줄게."

패터슨은 마침 영국의 사회주의자인 키어 하디라는 친구와 만날 약속이 있었다. 그는 자크의 팔을 잡고 알프레다를 뒤따라오게 하고는 '타베른'에서 나왔다. 아무래도 몹시 흥분해 있는 것 같았다. 런던에서 신문 기자를 하고 있는 하디의 친구로부터 당의 한 신문을 위한 아일랜드 조사를 부탁받았다는 것이다. 만일 그 일이 결정되면 패터슨은 내일 아침 새벽에 배를 타고 영국에 가기로 되어 있었다. 앞으로의 이런 일이 그의 마음을 뒤흔들어 놓았다. 대륙에 발을 디딘 지 5년이 되었지만 그동안 그는 한 번도 '영불 해협'을 건넌 적이 없었다!

해가 쨍쨍 내리쬐고 있었다. 포장도로는 타는 듯했다. 도시를 짓누르는 무더위를 식혀 줄 만한 바람 한 점 불지 않았다. 겉옷도 걸치지 않고 파이프를 물었으며, 작은 모자를 쓰고 흰 목 언저리에 와이셔츠 단추를 풀어헤친 채, 긴 다리에 낡은 플란넬 바지를 기워 입은 패터슨은 그 어느 때보다 여행 중인 옥스퍼드대 학생 그대로였다.

알프레다는 그들 곁에서 걷고 있었다. 면으로 된 하늘색 드레스는 자주 빨아서인지 색이 바래어 우아한 아마빛을 띠었다. 검은 머리카락, 찡그린 작은 코, 인형 같은 큰 눈, 다소곳한 모습, 두 팔을 흔들거리는 것이 작은 계집애처럼 보였다. 그녀는 습관대로 아무 말도 하지 않고 듣고만 있었다. 그러다가 목소리를 가볍게 떨면서 물어보았다.

"이번에 떠나면 제네바에는 언제 돌아오지요?"

패터슨의 얼굴이 어두워졌다.

"모르겠어."

알프레다는 망설이는 듯하더니 그를 향해 시선을 들었다. 그리고는 뺨 위로 속눈썹 그림자를 깜박거리면서 재빠른 동작으로 눈꺼풀을 아래로 내리깔고는 중얼거렸다.

"꼭 돌아오겠지요?"

"물론이지" 하고 그는 기운차게 대답했다. 그리고 자크의 팔을 놓고 그는 알프레다 곁으로 바싹 다가갔다. 그리고 그의 큰 손을 스스럼없이 그녀의 어깨 위에 얹었다. "물론이야…… 의ㅡ심ㅡ할ㅡ여ㅡ지ㅡ없이!"

그들 세 사람은 아무 말도 하지 않고 잠시 걸었다.

패터슨은 주머니에서 파이프를 꺼냈다. 그리고 걸으면서도 머리를 약간 뒤로 젖히고는 자크를 마치 무슨 물건이라도 보듯이 유심히 살폈다.

"나는 자네의 초상화를 생각하고 있어, 티보……. 아직 두 번은 해야 해 ……. 잠깐씩 두 번 말이야. 그러면 끝낼 수 있을 거야. 이봐, 아무래도 그놈의 작품을 끝마치기가 쉽지 않단 말이야!"

패터슨은 젊은이답게 껄껄대고 웃었다. 마침 네거리를 지나려 할 때 그는 자크 쪽을 돌아보면서 길모퉁이에 있는 작고 지붕이 낮은 집 하나를 어린아이처럼 손가락질했다.

"잘 봐둬. 저것이 젊은 윌리엄 스탠리 패터슨이 살고 있는 집이야. 내 '침실'은 크지. 음, 담배 한 갑만 주면 대가로 침실의 절반은 제공하겠어."

자크는 아직 방을 정하지 않았었다. 그는 미소를 지으면서 말했다.

"그러기로 하지."

"2층이야. 창문이 열려 있는…… 2호실이야. 기억하겠지?"

알프레다는 움직이지도 않고 눈을 치켜세우고 패터슨의 창을 바라보았다.

"그럼 여기서 헤어지지" 하고 패터슨이 자크에게 말했다. "역이 보이지? 조종사가 살고 있는 거리는 바로 그 뒤야."

"당신도 갈 거야?" 하고 자크가 알프레다에게 물었다. 그녀가 자기를 데리고 같이 가는 줄로 생각했기 때문이다.

알프레다는 소스라쳤다. 그리고 자크를 바라보았다. 그녀의 두 눈동자는 못내 아쉬운 망설임으로 가득 찬 듯 휘둥그레져 있었다.

한동안 침묵이 흘렀다.

"아니야. 지금은 자네만 가" 하고 패터슨이 데면데면하게 말했다.

"그럼."

51. 7월 29일 수요일—메네스트렐, 슈톨바하의 서류를 점검

최근 2주 동안 메네스트렐은 본부의 동지들 못지않게 격분한 태도로 '전쟁에는 전쟁으로!'라고 부르짖곤 했다. 그러나 인터내셔널이 전쟁에 반대하기 위해 온갖 활동을 다 벌이고 있지만 그것이 결코 전쟁을 막을 수 없을 것이라는 확신만은 조금도 변함이 없었다. "진정한 혁명적 상황을 만들기 위해서는 전쟁이 필요해"라고 그는 알프레다에게 말하곤 했다. "물론 혁명이 그러한 상황, 혹은 다음 전쟁, 또는 다른 종류의 위기로부터 생길지 어떨지는 말할 수 없어. 그것은 여러 가지 상황에 달려 있어⋯⋯. 특히 '최초의 승리'라는 사실에 달려 있지. 그럼 어느 나라가 먼저 이길까? 독일일까 아니면 프랑스와 러시아 두 나라일까? 그것은 예측할 수 없지⋯⋯. 우리로서는 문제가 거기에 있는 것이 아니야. 우리의 현재 전술은 그들의 제국주의적 전쟁을 조만간 프롤레타리아 혁명으로 바꿀 수 있는 확신이 있는 것처럼 행동하는 데 있어⋯⋯. 현재의 혁명 직전 상황을 어떻게 해서든지 격화시키는 거야. 다시 말하면 어디로부터 나오든 간에 모든 평화주의적 선의의 노력을 한곳으로 모으는 거야. 그리고 어떤 방법을 써서라도 소요를 부추기고! 될 수 있는 대로 혼란을 극대화시키는 거야! 각국 정부의 계획을 최대한 방해해야 해!" 그는 마음속으로 이렇게 생각했다. '다만 목적을 넘어서지 말 것. 전쟁을 늦출 위험이 있는 너무나 효과적인 술책은 모두 피할 것⋯⋯.'

브뤼셀에 도착한 그는 일부러 '타베른'에서 먼 곳에 숙소를 정했다. 남부역 뒤, 빈터 구석의 작은 집에 묵고 있었다.

2시간을 자기 방에서 혼자 슈톨바하 문서를 검토해 본 그는 지금까지는 독일과 오스트리아 참모본부의 공모 사실에 대해 더 이상 의심할 여지가 없음을 알았다. 거기에는 부인할 수 없는 증거가 있었다⋯⋯. 자크가 가지고 온 전리품 거의 전부는 슈톨바하가 베를린에서 참모본부의 지휘관들과 육군참모총장 사이에서 주고받은 회담을 그날그날 기록한 메모인데, 회담이 있을 때마다 그 뒤에 그가 빈으로 보낸 메시지를 작성하는 데 쓰인 것이 틀림 없었다. 이 메모는 두 나라 참모본부 사이에 이뤄지고 있는 현재의 협의사항을 낱낱이 밝혀 줄 뿐만 아니라, 바로 얼마전에 일어난 여러 가지 일까지 시사해 줌으로써 지난 몇 주일 동안 독일과 오스트리아 사이에 있었던 협상의 경과를 명확히 밝혀 주었다. 이렇게 과거의 일을 밝혀 내는 것은 커다란 흥밋거리였다. 그것은 메네스트렐에게, 빈의 사회주의자 오스메르가 뵘과 자크에게 부탁해서 7월 11일 제네바에서 자신에게 전달하도록 한 걱정스러운 일을 뒷받침해 주는 것이었다. 그리고 그렇게 함으로써 메네스트렐은 여러 가지 사실의 연속성을 재구성해 볼 수 있었다.

사라예보의 암살 사건이 있은 지 불과 며칠 뒤에 베르히톨트와 하우젠돌프는 그들의 노황제로 하여금 이 사태를 이용해서 곧 동원령을 내리고, 무력으로 세르비아를 무찔러 버릴 결심을 하도록 하기 위해 온갖 책동을 꾸몄다. 그러나 프란츠 요제프 노황제는 좀처럼 말을 들으려 하지 않았다. 그는 오스트리아의 무력행동은 카이저의 반대에 부딪칠 것이라고 하면서 반대했다('아! 아!' 하고 메네스트렐은 생각했다. '그것은 곧 그가 이미 러시아의 개입 가능성과 전면전의 위험을 명확하게 읽고 있었음을 증명하는 것이다!'). 그때 베르히톨트는 노황제의 반대를 꺾기 위해 자신의 비서실장인 알렉산드르 호이요스를 즉시 베를린에 급파한다는 대담한 생각을 했다. 그 임무는 독일의 동의를 얻자는 것이었다. 호이요스는 생각했던 대로 처음에는 카이저와 재상으로부터 거절당했다. 그들은 사실 러시아의 반발을 두려워한 나머지 오스트리아에 끌려 유럽전쟁에 말려 들어가는 것은 생각조차 하지 않고 있었다. 그때 마침 프러시아 군부가 등장했다. 호이요스는 그 군부가 완벽하게 통제되고 지극히 강력한 지원군이 되어줄 수 있다고 생각했다. 1913년 2월 이후 독일 참모본부는 슬라브 민족의 침략 위험, 또 세르비아와 러시아가 오스트리아에 대해서—따라서 독일에 대해서 획책하고 있는 음모에 대해서 모르는 것 없이 다 알고 있었다. 뿐만 아니라 페테르부르크가 세르비아와 공모해서 사라예보 암살사건에 어느 정도 간접적으로 관여했다고 의심하기까지 했다. 그러나 독일의 장군들은 마치 공리나 되는 것처럼 러시아는 어떤 경우에도 곧 전쟁에는 뛰어들 수 없다고, 적어도 앞으로 2년 동안은 그들의 군비가 완료될 때까지 어떤 사태에도 말려들지 않을 것이라고 공언하고 있었다. 이렇게 호이요스에게 놀아난 독일군 수뇌부들은 현재의 유럽 정세로 보아 러시아가 전면전을 일으킬 만큼 강경 일변도로 나갈 위험은 매우 희박하며 지금이야말로 게르만 민족의 위력을 찬란하게 발휘할 절호의 기회라고 카이저와 베트만을 설득하는 데 성공했다. 이렇게 해서 호이요스는 오스트리아가 자유롭게 행동해도 좋다는 권리를 얻어 내는 한편 오스트리아가 어떤 요구를 하더라도 독일은 동맹국인 오스트리아를 확고하게 지지한다는 약속을 빈에 가져갈 수 있었다. 이러한 것들이 결국 최근 몇 주 사이에 걸쳐 이해할 수 없었던 오스트리아의 정책도 설명해 주고 있었다. 한편 그것은 그 뒤부터 카이저와 그 측근자들이 전쟁이 일어날 공산 내지는 적어도 가능성을 막연하게나마 인정하고 있었다는 것을 증명하는 것이었다.

'이 사실을 나 혼자만 알게 되어서 다행이다' 하고 메네스트렐은 곧바로 생각했다. '하마터면 도움을 청하기 위해 자크와 리차들레를 데리고 올 뻔했군!'

메네스트렐은 선 채로 침대 위로 몸을 구부리고 있었다. 장소가 비좁기 때문에 그는 침대 위에 서류를 몇 개의 작은 꾸러미로 분류해서 늘어놓았었다. 그는 자기 오른쪽에 있던 메모를 들었다. 그것들은 모두 비교적 과거에 속하는 것, 7월 초순의 사건에 관한 것이었다. 그는 그것을 한 장의 봉투에 넣어 위에 '제1호'라고 써서 봉했다.

그리고 그는 의자를 가까이 끌어다가 앉았다.

'이것들을 다시 한 번 살펴봐야지' 하고 그는 왼쪽에 쌓아 두었던 메모를 끌어당기면서 생각했다. '이것은 슈톨바하 그 친구의 임무의 전부다……. 이쪽 꾸러미는 오스트리아의 작전 계획. 전략이라든가 전문적인 상세한 보고서류. 내 영역과는 무관한 것이다. 이것은 '제2호' 봉투에 넣자……. 자, 됐다. 나에게 관계되는 것은 나머지 부분이다……. 메모에는 모두 날짜가 적혀 있다. 따라서 일련의 회담을 다시 편성해 보는 것은 어려운 일이 아니다……. 그런데 임무의 목적은? 큰 글씨로 '독일의 동원령을 독촉하는 일'이라고 적혀 있다……. 이것이 최초의 서류다……. 베를린에 도착하자마자 폰 몰트케와의 회견…… 등등…… 슈톨바하 대령은 독일 참모본부가 전쟁 준비를 서두르기를 역설했다……. 그러나 거기에 대한 대답은 '불가능합니다! 수상은 반대합니다. 그리고 수상은 카이저로부터 지지를 받고 있습니다!' 이런! 어째서 베트만이 반대했다는 걸까! ……그는 '아직 이르다'라고 말하고

있다. 그렇다면 그가 말하는 이유를 좀 살펴 보자. ……첫 번째, 국내 정치
면에서의 이유. 민중의 시위, 〈홀웰스〉지의 공격, 따위에 대해서 격노하고
있군……. 아! 아! 사실은 사회민주당의 서항에 무척 골머리를 앓고 있어!
……두 번째, 대외정책면에서의 이유. 우선 독일을 위해 중립국, 특히 영국
의 동의를 확보한다……. 다음에, 러시아의 위협이 더 강화될 것을 기다린
다. 그거야 독일 정부가 '분명히 공격적으로 나오는 러시아'와 대면했을 때
독일의 사회주의자들은 물론, 모든 유럽으로 하여금 독일이 '정당방위의 입
장'에 처해 있으며, '만일의 경우를 대비해서' 본의 아니게 동원한다는 것을
납득시킬 수 있기 때문이겠지……. 그래! 완벽한 논리야! ……그렇다면 그
들의 동료인 베트만에게 그가 내키지 않는 일을 억지로 시키려고 슈톨바하
와 독일 장군들은 어떤 책략을 쓰려는 걸까? ……여기에 있는 메모 모두가
그들의 계략이 어떻게 이루어졌는지 일목요연하게 보여 주고 있다……. 러
시아로 하여금 어떻게 해서든지 '독일에 대해 적대적인 것으로 인정되는 행
동'을 취하게 하는 것이 문제다. '예를 들면 러시아가 동원하도록 몰아부칠
것'을 25일 밤에 슈톨바하가 암시를 주었군. 낡은 수법이야! ……거기에 대
해 독일 쪽에서는 '그 말대로다. 그러나 그러기 위해서는 좋은 방법, 단 하
나의 방법이 있다. 그것은 전적으로 오스트리아에 달려 있다. 곧, 오스트리
아의 동원이다……'라고 대답하고 있다. 장군이라는 자들은 생각보다 바보
가 아니군! 그들은 만일 프란츠 요제프가 전군에 동원령을 내리기만 하면—
(슈톨바하는 덧붙여 말했다. '그것은 앞으로 세르비아에 대한 위협일 뿐만
아니라 러시아에 대한 명백한 위협도 된다')—차르도 어쩔 수 없이 '총'동원
령을 내려 맞서는 수밖에 없을 것이라는 사실을 잘 알고 있었다. 그리고 러
시아가 '총'동원령을 내릴 경우에 카이저도 총동원령을 더 이상 거부할 수
없게 될 거야. 그렇게 되면 수상으로서는 할 말도 없을 테지. 다시 말하면
러시아의 침공이라는 분명한 위협이 직접적인 동기가 되어 독일이 동원하는
것이라면 누구도 군소리가 없을 테니까. 대내적으로건 대외적으로건 유럽의
여론도 독일 여론처럼 이미 러시아에 대해서 매우 들끓고 있는 형편이지. 그
러니 사회민주당도 아무런 군소리를 못할 거야……. 그래, 틀림없이 그럴
테지. 수데쿰과 그 일당들은 회의석상마다 귀에 못이 박히도록 러시아의 위
협을 되풀이할 테고! 베벨조차도! 그는 1900년쯤부터 이미 러시아의 위협

을 받게 된다면 스스로 총을 잡겠다고 공언하고 있었으니까! ……이번에야말로 사회주의자들은 그 말을 액면 그대로 받아들일지 몰라. 함정에 걸려드는 거야! ……자기네가 파놓은 함정에 말이야! 그들로서는 어쩔 수 없는 일이지. '사회민주주의적인 입장'에서 어쩔 수 없겠지! 그들의 정부가 카자크의 제국주의에 맞서서 독일의 프롤레타리아를 지켜 주려고 하는 이상 그들 정부와 협조하지 않을 수 없는 것이다! ……잘들 해보라지! 그러니까 오래 않아 오스트리아의 총동원! ……슈톨바하가 베를린에 도착한 그 다음날부터 회첸도르프에게 줄기차게 전보를 보내서 오스트리아로 하여금 단연 총동원 쪽으로 향하도록 한 이유를 알 만해! ……잘 한다! 베를린의 장성들은 오스트리아를 중간에 세워서 러시아에 대해 음흉한 책략을 부리기 시작한다! 그러는 동안 카이저와 수상은 그런 줄도 모르고 한가하게 시가를 피우고 계실 테고!'

메네스트렐은 언제나 하는 버릇대로 엄지손가락과 둘째손가락으로 얼굴 근육을 눌러 관자놀이 근처까지 잡아 올렸다. 그러고 나서 손가락을 뺨을 따라 가느다란 턱수염 끝까지 재빠르게 죽 끌어내렸다.

"좋아, 좋아……. 이대로 계속 진행해 가는 거야! 일이 순조롭게 진행되는군!"

메네스트렐은 재빨리 이불 위에 흩어져 있던 메모를 다시 모아서 세 번째 봉투에 넣었다. 그러고는 낮은 목소리로 되풀이했다.

"이 사실을 나 혼자만 알게 되어 다행이다!"

그는 의자 등에 기대고 팔짱을 끼었다. 그리고 한동안 그대로 가만히 있었다.

확실히 이들 서류는 헤아릴 수 없을 만큼 중요한 '새로운 사실'을 제공하고 있었다. 독일 사회민주당원들은 몇몇 사람을 제외하고는 빈과 베를린 사이의 이러한 공모를 눈치채지 못하고 있었다. 황제 제도를 통렬히 비방하던 사람들까지도 독일이 오스트리아의 체면을 세워 주기 위해 세계 평화와 제국의 장래를 위태롭게 하는 우를 범하리라는 생각은 하기조차 싫어했다. 따라서 그들은 공식적인 보도를 믿고 있었다. 독일 외무성으로서는 오스트리아의 최후통첩이 '정말 뜻밖의 일'로서 처음부터 그 정확한 내용이나 도전적 성질을 몰랐으므로, 독일이 성심성의껏 오스트리아와 그 상대 국가들 사이에서 중재하려고 애쓰는 것으로 그들은 믿고 있었다. 물론 눈치 빠른 패들만큼은 독일과 오스트리아 두 나라 참모본부 사이에 어떤 양해가 있었으리라는 것쯤은 충분히 알아차리고 있었다(오전에 메네스트렐이 만난, 브뤼셀에와 있는 독일대표 하제도 일요일에 자신이 정부 쪽에 가서 취한 조치를 그에게 이야기해 준 바 있었다. 그는 당의 이름으로 독일과 오스트리아 동맹은 엄격히 말해서 '방위적 성격'을 띠고 있다는 것을 엄숙하게 주지시켰다는 것이다. 그런데 당의 입장에 대한 정부 쪽의 반응이 '그러나 만일 러시아가 우리 동맹국에 대해서 적대 행위로 나오면서 선수 치면 어떻게 하느냐?'라는 것이었다고 하면서 은근히 불안감을 감추지 못하고 있었다. 그러면서도 지금까지 그 스스로는 오스트리아의 총동원이 러시아를 향한 독일 군부의 좋은 미끼가 달린 낚싯바늘 구실을 하는 것이라고는 상상조차 못하는 것 같았다!). 따라서 슈톨바하의 메모로 폭로된 부정할 수 없는 공모의 증거가 만일 사회민주당의 지도자들 손아귀에 들어갈 경우에는 그야말로 그들의 반전투쟁에서 무서운 무기가 될 수 있으며, 지금까지 그들이 빈 정부에만 국한하던 격렬한 공격을 당장 자기 나라 정부 쪽으로 돌리게 될 것이다.

'대단한 폭발력을 가진 무기'라고 메네스트렐은 생각했다. '이것을 잘만 쓰면 정말 예측할 수 없을 정도의 효과를 가져올 수 있을 것이다. ……그렇다. 무슨 일이라도 할 수 있겠지. 극단적으로는 전쟁을 좌절시킬 수 있는 일까지도!'

잠시 메네스트렐은 카이저와 수상이 이러한 증거가 백일하에 드러난 것을 ―또는 독일 국민뿐만 아니라 세계의 여론조차 독일 정부에 등을 돌릴 정도의 심한 신문공세에 몰리는 것을― 보고 놀라 떨며 다음과 같은 두 가지의 딜레마에 처하게 될 때의 일을 떠올려 보았다. 이를테면 사회주의의 모든 지도자를 체포함으로써 독일의 모든 프롤레타리아, 유럽의 인터내셔널에 대해 공공연하게 싸움을 선포하든가 (이 추측은 거의 상상할 수 없는 것이었다) 아니면 사회주의자들의 협박에 굴복하여 호이요스와 약속한 협력을 오스트리아에 거절함과 동시에 조속히 후퇴하든가 하는 일이었다. 만일 그렇게 된다면? 그러면 독일의 지지를 잃은 오스트리아는 아마 더 이상 전쟁계획을 고집할 만한 용기가 없을 것이다. 다만 외교상의 흥정만으로 만족하는 수밖에 없겠지……. 그렇게 되면 모든 자본주의자들의 계획은 뒤엎어지고 말 것이다.

"두고 봐야지!" 하고 메네스트렐은 중얼거렸다.

그는 자리에서 일어나 잠시 방 안을 서성거리다가 물 한 컵을 마셨다. 그리고 다시 서류가 있는 데로 와서 앉았다.

"자, 조종사, 전략에 차질이 있어서는 안 돼! ……여기 두 가지 안이 있다. 이 무기를 폭발시키느냐 아니면 그것을 뒷날을 위해 숨겨서 보관할 것이냐가 문제다……. 첫 번째 가정으로는 예를 들면 이 서류를 리프크네히트 같은 사람의 손에 넘기는 것인데 그러면 곧 이상한 소문이 확 퍼진다. 그렇게 되면 두 가지 경우를 생각할 수 있다. 괴상한 소문으로 인해 전쟁을 막을 수 없는 경우와 아니면 전쟁을 막을 수 있는 경우 두 가지이다. 그런 소문이 전쟁을 막을 수 없는 경우를 떠올려 보자. 무슨 이득이 있을까? 물론 프롤레타리아는 전쟁터로 간다. 그러나 속았다는 확신을 갖게 되고, 이것은 내란을 위한 좋은 선전의 기회라고 말할 수 있다……. 그렇다. 하지만 바람은 지금 반대 방향으로 불고 있다. 이미 곳곳에 '전시적 정신상태'가 거세게 일어나 있다. 여기 브뤼셀에도 역력하다……. 그렇다면 사회민주당의 모든 지도자들이 오늘 과연 폭탄을 폭발시킬 만한 용기가 있을까? 그 점이 아무래도 걱정이다……. 적어도 그들이 서류를 〈홀웰스〉지에 발표할 경우도 생각해 보자. 곧 압수당하겠지. 정부는 뻔뻔스럽게도 부인하는 태도로 나올 것이고, 독일에서는 민중의 정신상태로 미루어보아 우리의 비판보다는 아마 정부 쪽의 부인하는 말에 더 무게를 두고 믿을 게 틀림없다……. 그러면 이번에는 모든 예상을 뒤엎고 리프크네히트가 민중의 분노와 전세계의 비판을 이용하여 카이저를 후퇴시켜서 전쟁을 방지하는 데 성공할 경우를 생각해 보자. 물론 인터내셔널의 힘과 대중의 혁명의식은 고양될 거다……. 그렇다. 그러나…… 그러나 전쟁을 막는 것이 과연 좋을까? 우리에게 둘도 없는 절호의 기회인데!"

그는 잠시 굳은 얼굴 표정을 짓고 짊어져야 할 중대한 책임을 생각하면서 우뚝 서 있었다.

"안 돼!" 하고 그는 나지막하게 말했다. "안 돼! ……비록 백의 하나 전쟁을 막을 수 있는 기회가 있다 해도 결코 그것을 해서는 안 돼!"

그는 잠시 깊은 생각에 잠겼다.

'안 돼, 안 돼……. 문제를 어떻게 생각해 보아도 안 돼……. 지금으로서 유일한 해답은 무기를 아무 때고 쓸 수 있도록 해 두는 데 있다.'

그는 몸을 굽혔다. 그리고 결심한 듯 침대 밑에서 작은 가방을 꺼냈다.

"모두 이 속에 넣어 두자……. 아무에게도 말하지 말 것……. 때를 기다리기로 하자!"

그가 생각하는 때라는 것은 사기가 떨어져 동원된 대중이 결정적으로 흔들리기 시작할 때를 말한다. 그리고 그러한 사기 저하를 촉진시키고 격화시키기 위해서는 정부간의 음모에 관한 결정적인 증거를 내밀어 일대 충격을 가하는 것이 중요하게 작용할 수 있는 그런 시기를 말한다.

그는 잠시 미소를 지었다. 그것은 신들린 사람과 같은 미소였다.

'이런저런 사태가 무엇에 달려 있을까? 전쟁도 혁명도 어떻게 보면 내가 여기에 갖고 있는 봉투 세 개에 달려 있을지도 모른다!'

그는 그것을 손에 들었다. 그리고 기계적으로 그 무게를 달아보았다.

누군가 문을 두드리는 소리가 들렸다.

"프레다인가?"

"저예요, 티보."

"아!"

메네스트렐은 급히 봉투를 작은 가방 속에 넣었다. 그리고 문을 열러 가기 전에 열쇠로 잠갔다.

자크는 본능적으로 그 서류가 있는 곳을 찾기 위해 어수선한 방 안을 한 번 둘러보았다.

"프레다는 자네와 같이 오지 않았나?" 하고 메네스트렐은 불만스럽다는 듯이 걱정하는 기색을 보이면서 말했다. 그러나 곧 그것을 억제했다. "않으라는 말도 안 했군" 하고 그는 익살스럽게 말하면서 방의 의자에 가득 쌓여 있는 산더미 같은 여자 옷을 가리켰다. "그런데 나는 막 나가려는 참이었어. 민중회관에서 그 친구들이 무얼 하고 있는지 좀 가보고 싶어서 말이야……."

"그런데…… 그 서류는?" 하고 자크가 물었다.

조종사는 말하면서 작은 가방을 침대 밑으로 밀어넣었다.

"트라우텐바하 녀석은 정말 공연한 헛수고를 했더군." 그는 침착하게 말했다. "그리고 자네도 말이야……."

"그래요?"

자크는 깜짝 놀랐다기보다는 어안이 벙벙했다. 그는 그 서류가 쓸모없으리라는 생각은 꿈에도 한 적이 없었다. 그는 좀더 자세히 묻고 싶은 생각에 망설이고 있다가 마침내 용기를 내어 물었다.

"그럼, 그 서류는 어떻게 하셨나요?"

메네스트렐은 발로 작은 가방을 가리켰다.

"오늘밤에 본부에 모든 것을 보고해야 할 줄 알았는데…… 반데르벨드나 조레스에게……?"

조종사는 지그시 미소를 지었다. 입술 위에 짓는 미소라기보다 눈으로 짓는 차디찬 미소였다. 죽은 사람 같은 낯빛에 그런 눈길의 미소가 어찌나 날카롭고 비인간적으로 보였던지 자크는 그만 시선을 떨구고 말았다.

"조레스에게? 반데르벨드에게?" 하며 메네스트렐은 날카로운 목소리로 말했다. "그들은 거기에서 연설할 거리조차 별로 찾아내지 못할 거야!" 자크가 낙심하는 태도를 보이자 그는 빈정대는 투를 버리고 덧붙였다. "물론 제네바에 돌아가서 이 모든 서류를 더 자세히 살펴볼 거야. 하지만 언뜻 보기에는 아무것도 없더군……. 전략상의 여러 가지 문제라든가 병력 수에 관한 목록이라든가……. 지금으로서는 도움될 것이 하나도 없어." 그는 겉옷을 다시 입고 모자를 들었다. "같이 갈까? 걸으면서 천천히 이야기하자. 너무 덥군! 7월의 브뤼셀은 잊지 못할 거야! ……그런데 알프레다는 어디에 갔을까? 마중 나온다고 했는데……. 자, 나가자구."

가는 도중에 줄곧 그는 자크에게 파리에 머무는 동안의 일을 물어보았다. 그러나 서류에 관한 이야기는 입 밖에도 내지 않았다.

그는 여느 때보다도 발을 질질 끌었다. 그리고 새삼 변명이라도 하듯 퉁명스럽게 말했다. 여름이면, 특히 피로가 겹칠 때는 다리의 근육이 비행기 사고가 있었던 다음날처럼 가끔 쑤시곤 한다는 것이었다.

"'상이군인'이 따로 있나" 하고 그는 슬며시 웃으면서 말했다. "좀 지나면 많이 좋아질 거야……."

민중회관 입구에서 자크가 작별인사를 하려고 하자 그는 별안간 자크의 팔을 꽉 잡았다.

"그런데 자네는? 자네는 어떻게 된 거야?"

"어떻게 되다니요?"

"변한 것 같아. 글쎄 뭐라고 할까……. 아주 달라졌어."

메네스트렐은 강하고 총명하며 검디검은 눈동자로 자크를 뚫어지게 바라보았다.

제니의 추억이 자크의 눈앞에서 잠시 어른거렸다. 자크는 깜짝 놀라 얼굴을 붉혔다. 변명하기도 싫었을 뿐더러 거짓말하기도 싫었다. 자크는 수수께끼 같은 미소를 지으며 고개를 돌렸다.

"그럼 나중에 또 보자구" 하면서 조종사는 더 이상 추궁하지 않았다. "집회 전에 프레다와 '타베른'에서 저녁을 하기로 되어 있어. 우리 곁에 자리를 잡아놓지."

52. 7월 29일 수요일 ─〈시르크 루아얄〉에서의 집회

아침 8시부터 시르크 루아얄의 좌석 5천 개가 꽉 찼을 뿐만 아니라, 기둥과 기둥사이의 통로에도 시위군중으로 꽉 들어찼다. 그리고 밖에 시르크를 둘러싸고 있는 좁은 길에도 군중이 개미떼처럼 모여 있어서 극성인 몇몇 투사의 집계로는 벌써 5, 6천 명에 달하고 있었다.

자크와 친구들은 겨우 사람들 틈을 헤치고 홀 안으로 들어갔다.

'임원'들은 인터내셔널 본부 총회가 열리고 있는 민중회관에 붙잡혀 아직 오지 않았다. 총회가 분규를 겪느라 꽤 늦게까지 늦춰질지 모른다는 소문이었다. 키어 하디와 바이양은 그 자리에 참석한 모든 대표들에게 위험 방지를 목적으로 하는 총파업 원칙에 대한 참가와 각 나라에서 당의 이름으로 이러한 파업 준비에 적극 참여한다는 것을 정식 의제로 채택하는 문제에 안간힘을 쓰고 있었다. 그렇게 되면 전쟁이 일어날 경우 인터내셔널이 각국 정부의 전쟁 계획을 방해할 수 있을 것이다. 조레스는 이 제안을 전폭적으로 지지했다. 그래서 아침부터 격렬한 논쟁이 이어졌다. 두 가지 주장, 언제나 변함없는 두 가지 주장의 대립을 볼 수 있다. 한편에서는 침략전쟁의 경우 파업원칙을 따르자고 했다. 그러나 방어전쟁의 경우에는 파업으로 마비상태인 나라가 필연적으로 공격자에 의해 침략당하지 않을 수 없으므로 적에게 공격받은 국가는 무기를 가지고 스스로를 지킬 권리와 함께 그 의무의 정당성을 인정하자는 것이었다. 독일대표의 대부분과 벨기에 및 프랑스대표 다수가 그런 의견이었다. 그러면서 침략국에 대한 명확하고도 이론의 여지가 없는 정의를 내리는 데 역점을 두었다. 다른 대표들은 역사를 들먹였다. 그리고 최근의 프랑스, 독일, 또는 러시아 신문에 나타난 어느 정도 설득력 있는 논지를 은근히 반영시켜 인용하면서 정당방위를 앞세운 전쟁의 허구성을 반박하고 나섰다. 그들은 말했다. "국민을 전쟁으로 끌어들이려고 하는 정부는 항상 무슨 구실을 찾아내어 공격을 당했다고 주장하거나 또는 그렇게 보이려고 한다. 따라서 이런 기만술책을 꾸미지 못하게 하려면 전쟁 방지를 위한 파업원칙을 미리 발표해 두는 것이 무엇보다도 중요하다. 그렇게 함으로써 어떤 전쟁위협일지라도 그 회답은 자동적인 것이 될 것이다. 또한 이 원칙은 지금 당장 모든 나라 사회주의 지도자들의 만장일치로, 그리고 가능하면 조금도 빠져나갈 틈을 주지 말고 채택되어야 한다. 그렇게 함으로써 이 집단적 저항—단 하나의 효과적인 저항, 전면적인 조업중지를 통한 저항—은 위기가 닥쳤을 때 '도처에서 일제히' 일어날 수 있다." 그러나 유럽의 가까운 장래의 운명이 결정될 수 있는 이 논쟁 결과에 관해서는 아직 아무도 알지 못했다.

자크는 누군가 팔꿈치를 치는 것을 느꼈다. 사프리오였다. 그는 자크의 모습을 보고 사람들의 틈을 헤치고 왔다.

"파라조로가 무솔리니에게서 받은 호전주의적 내용이 담긴 편지에 관해서 들려주고 싶은데" 하면서 그는 셔츠 안쪽 가슴팍에 소중하게 끼고 있던 여러 통의 접은 종이를 꺼냈다.

"최선을 다해 또박또박 썼어……. 그리고 리차들레가 〈르 파날〉지를 위해 멋진 문장으로 번역했어. 이것 좀 보라고……."

너무 떠들썩해서 자크는 사프리오의 입술 아주 가까이까지 귀를 갖다 대는 수밖에 없었다.

"이것 봐……. 우선 이렇게 된 거야. '전쟁으로 부르주아 계급은 프롤레타리아를 이런 비통한 선택 앞에 서게 한다. 곧, 반역을 하던가 아니면 살육에 참가하던가 말이다. 반역일 경우에는 이내 유혈사태에 빠지게 되고, 살육일 경우에는 '의무', '조국'과 같은 어마어마한 말을 앞세워 그 말 뒤에 숨어버리는 것이다……' 듣고 있나? ……베니토(무솔리니의 이름)는 계속 이렇게 쓰고 있어. '국가 사이의 전쟁이란 계급 협동의 가장 잔인한 형태이다. 부르주아 계급은 '조국'이라는 제단 위에 프롤레타리아를 바쳤을 때 회심의 미소를 짓는 것이다!' 그리고 또 이렇게 말하고 있어. '인터내셔널, 그것은 앞으로 일어날 모든 일의 필연적인 귀결이다…….' 그렇고 말고" 하고 사프리오는 목소리를 떨면서 말했다. "바로 그거야! '인터내셔널', 바로 그것이 목적이야! 자네도 알다시피 '인터내셔널'은 이미 그 힘이 강력하기 때문에 각 나라의 민중을 구할 수 있어! 오늘밤의 이 모습을 보라구! 프롤레타리아의 단결, 이거야말로 세계의 평화인 거야!"

사프리오는 가슴을 쭉 폈다. 그의 두 눈은 빛나고 있었다. 아직 무슨 말인가를 계속 하는 것 같았지만 떠드는 소리가 점점 커져서 자크는 그의 말을 알아들을 수 없었다.

이렇게 숨막히는 듯한 분위기 속에 몰려 있던 군중들은 차츰 지루해 하기 시작했다. 그 기분을 달래기 위해 벨기에 투사들은 그들의 노래 '프롤레타리아여 단결하라'를 부를 것을 생각해 냈다. 모두 함께 부르기 시작했다. 처음에는 망설이더니 옆사람의 목소리에 힘입어 모두가 점점 힘차게 불렀다. 그러는 사이에 각자의 목소리뿐만 아니라 마음까지도 합쳐져 갔다. 노래는 하나의 연계를 이루어 연대성을 드러내는 구체적인 상징이 되어 갔다.

애타게 기다렸던 대표들이 연단 구석에 마침내 모습을 드러내자 회의장에 모인 사람들 모두가 일어났다. 우렁찬 박수갈채가 터져나왔다. 기쁨과 친근감과 신뢰감을 보여 주는 갈채였다. 그리고 아무런 지시도 없었는데 자연스럽게 '인터내셔널 노래'가 거기에 있는 모든 사람들의 가슴으로부터 터져나오면서 요란한 갈채소리를 뒤덮었다. 마침내 노랫소리는 의장석에 앉아 있던 반데르벨드의 신호에 따라 아쉬운 듯 여운을 남기면서 그쳤다. 차츰 조용해지자 모든 사람들의 얼굴은 의장단에 있는 지도자들 쪽으로 향했다. 당의 여러 신문 덕택에 그들의 얼굴은 모두에게 널리 알려져 있었다. 사람들은 서로 손짓하며 그들의 이름을 속삭였다. 어느 한 나라도 참석하지 않은 나라가 없었다. 대륙의 운명이 무너지기 직전에 놓인 이 시기에 전유럽의 노동자들은 이 작은 연단에 의해 대표되고 있었고, 한결같이 집요하고 엄숙한 기대를 걸고 있는 몇만 명의 눈길이 이 연단을 향해 집중되고 있었다.

이러한 집단적이고 전통성을 가진 신뢰감은 반데르벨드의 입을 통해, 인터내셔널 사무국이 독일대표의 제의에 따라 8월 23일에 빈에서 소집하기로 했던 인터내셔널 사회주의 회의를 8월 9일 파리에서 열기로 결정했다는 것이 알려졌을 때 한층 더 깊어졌다. 조레스와 게드는 프랑스 사회당의 이름으로 개최의 책임을 맡았다. 그리고 모든 사람들의 열렬한 지지를 구하기 위해

'전쟁과 프롤레타리아'라는 명칭을 붙여 그 시위운동에 대대적인 반향을 불러일으키자고 제의하였다.

"지금 두 강대국에 맞서 싸우려는 이 순간에" 하고 반데르벨드가 외쳤다. "4백만 이상의 사람들에 의해 선출된 그 나라의 조합 및 노동단체 대표들이 이른바 적국의 영토에 가서 서로 우정을 돈독히 하고 국민 사이의 평화를 유지할 의지를 선포한다는 것은 결코 진부한 광경이 아닙니다!"

독일의회의 사회당의원 하제는 박수갈채를 받으며 일어섰다. 그의 대담한 연설은 사회민주당의 성실한 협력에 관해 추호의 의심도 남기지 않았다.

"오스트리아의 최후통첩은 하나의 도발이었습니다. ……오스트리아는 전쟁을 원했던 겁니다. ……오스트리아는 아무래도 독일의 지지를 기대하고 있는 것 같습니다. ……그러나 독일 사회주의는 비밀조약에 의해 프롤레타리아가 말려드는 것을 원하지 않습니다. ……독일의 프롤레타리아는 선언합니다. 비록 러시아가 분쟁에 뛰어든다 하더라도 독일은 결코 끼어들어서는 안 됩니다."

박수갈채 때문에 그의 연설은 매 구절마다 멈춰지곤 했다. 명확한 이 선언은 모두에게 안도감을 가져다주었다.

"우리의 적들이여 주의하라!"라고 그는 연설을 마치면서 절규했다. "심한 빈곤과 억압에 지친 민중은 이제는 눈을 뜨고 사회주의 사회를 건설하기 위해 단결해야 합니다!"

이탈리아 대표 모르가리, 영국 대표 키어 하디, 러시아 대표 루바노비치가 잇달아 발언했다. 드디어 유럽의 프롤레타리아는 각자 자기 나라 정부의 위험한 제국주의를 타도하기 위해, 그리고 평화를 유지하는 데 필요한 양보를 요구하기 위해 목소리를 한데 모았다.

조레스 차례가 되어 그가 말하려고 앞으로 나가자 박수갈채는 한층 더 열렬했다.

조레스의 몸가짐은 그 어느 때보다 무거워 보였다. 그는 오늘 하루의 일로 지쳐 있었다. 목은 두 어깨 사이에 푹 파묻혀 있었고, 좁은 이마 위에는 땀으로 착 달라붙은 머리카락이 헝클어져 있었다. 연단을 천천히 올라가 몸을 움츠린 채 두 다리를 꼿꼿이 세우고 대중을 향해 섰을 때, 그는 밀려드는 재앙을 막기 위해 등을 돌려 땅을 단단히 딛고 서 있는 작고 다부진 거인처럼 보였다.

그는 외쳤다.

"여러분!"

언제나 그가 단상에 올라설 때마다 되풀이되는 아무리 봐도 신기한 현상이지만, 그의 목소리는 단번에 수천 명이나 되는 사람들의 환호하는 목소리를 눌러 버렸다. 엄숙한 정적이 감돌았다. 그것은 폭풍우 전 숲속의 고요함 바로 그것이었다.

그는 잠시 생각을 가다듬는 것 같더니 주먹을 불끈 쥐었다. 그러고는 갑자기 짧은 두 팔을 가슴 위로 가져갔다("마치 설교하는 바다표범 같군" 하고 패터슨이 불손한 태도로 덧붙였다). 처음에는 급하지 않게 조용히, 이렇다 할 힘도 들이지 않고 그는 연설을 시작했다. 그러나 처음 몇 마디부터 그의 목소리는 마치 청동 종이 흔들릴 때 나는 소리처럼 울려 퍼지면서 공간을 가득 메웠다. 홀 안은 곧 종루처럼 울렸다.

자크는 몸을 앞으로 구부린 채 주먹 위에 턱을 고이고 있었다. 그리고 그의 두 눈은 얼굴을 치켜들고 있는 조레스를 향했다. 조레스의 얼굴은 언제나 어딘가 딴 곳을 보는 것 같았다. 자크는 그가 하는 말 한 마디 한 마디를 놓치지 않았다.

조레스는 무엇 하나 새로운 것을 말하지는 않았다. 그는 다시 한 번 정복 정책과 국위선양 정책의 위험, 각국 정부 외교의 무력함, 맹목적 애국주의자들의 광기, 전쟁의 재앙에 대해 역설했다. 그의 생각은 간단했다. 그가 쓰는 어휘도 한정되어 있었다. 그 목적도 대개 지극히 평범한 말일 뿐이었다. 하지만 오늘밤 자크를 포함해서 여기에 온 군중 사이에 대단한 긴장의 흐름이 감돌게 했다. 그들은 연설가의 명령에 따라 흔들렸고, 또는 동포애나 분노, 증오나 희망으로 몸을 떨었고, 마치 바람에 우는 하프처럼 몸을 떨었다. 이처럼 사람을 매혹시키는 조레스의 힘은 과연 어디에서 오는 것일까? 긴장한 수천의 얼굴 위에 점점 커지는 커다란 소용돌이를 불러일으키는 것은 그의 집요한 목소리 때문일까? 인간에 대한 매우 뚜렷한 그의 사랑 때문일까? 그의 신념 때문일까? 그의 내적인 서정성 때문일까? 재기에 넘친 언어구사와 분명한 행동의식, 역사가로서의 명찰(明察)과 시인으로서의 공상, 질서에 대한 동경과 혁명의 의지, 이 모든 것이 기적적인 조화를 이루고 있는 그의 교향악적 정신 때문일까? 특히 오늘밤 청중 한 사람 한 사람의 골수까지 스며드는 흔들릴 수 없는 확신은 그의 이런 말, 이런 목소리, 이런 부동의 태도에서 생기는 것이 틀림없었다. 이것은 곧 눈앞에 다가올 승리에 대한 확신이었고, 이미 민중의 거부가 각국 정부로 하여금 망설이게 하고, 전쟁을 획책하는 흉악한 세력이 평화의 세력을 이길 수 없을 것이라는 확신이었다.

일장의 감동적인 연설을 끝내고 아직 긴장 상태에서 벗어나지 못한 듯 흥분을 감추지 못하며, 신성한 열변 때문에 움츠러든 몸으로 그가 마침내 단상을 떠날 때 홀의 모든 사람들은 일어서서 우레와 같은 박수갈채를 보냈다. 박수와 발을 구르는 소리는 마치 산골짜기에서 천둥이 메아리치듯 얼마동안 홀의 이쪽 벽에서 저쪽 벽까지 귀가 터질 듯이 울려 퍼졌다. 청중들은 팔을 뻗어 모자, 손수건, 신문, 단장을 미친 듯이 흔들어 댔다. 마치 밀밭을 휩쓸고 지나가는 폭풍우의 기세 같았다. 이렇게 흥분이 절정에 이른 순간 조레스가 자극적인 말 한 마디만이라도 외치며 손짓을 했다면 열광해 있던 이 군중은 고개를 숙이고 있는 그를 뒤따라 어떤 바스티유(프랑스 혁명 당시 파리 / 시민이 습격한 감옥)라도 습격했을지 모른다.

어느새 이런 소란도 서서히 가라앉더니 리듬이 생겼다. 자신들을 죄고 있던 바이스에서 벗어나려는 것처럼 흥분해 있던 모든 가슴들은 다시 음악과 노래로 쏠렸다.

저주받은 자들이여, 일어나라! ……

밖에서는 안으로 들어올 수 없었던 데다 경찰이 진을 치고 있는데도 수천의 시위군중이 부근의 거리를 꽉 메우고 일제히 '인터내셔널 노래'를 부르기 시작했다.

저주받은 자들이여, 일어나라!
이제야 일어날 때가 왔다!

53. 7월 29일 수요일—브뤼셀에서 저녁 무렵의 평화적 시위

차츰 사람들은 홀을 빠져나갔다. 자크는 사람들에게 밀려 이리왔다 저리갔다 하면서도 조난당한 사람처럼 자신에게 매달려 있는 반네드를 보호하느라고 안간힘을 썼다. 그러면서 그는 몇 미터 떨어진 곳에 몰려 있는 메네스트렐, 미뢰르크, 리차들레, 사프리오, 젤라우스키, 패터슨, 알프레다에게서 눈을 떼지 않았다. 그런데 어떻게 하면 그들 곁으로 갈 수 있을까? 그는 반네드를 앞으로 밀면서 동료들 곁으로 조금이라도 가까워질 수 있는 사람들의 움직임을 최대한으로 이용해서 점차 그들과의 사이를 좁혀갔다. 마침내 몸싸움을 안 하고도 그는 인파에 밀린 일행과 함께 출구 쪽으로 떠밀려 갔다.

때로는 팡파르처럼 요란스럽게 울려 퍼지는가 하면 또 때로는 콧노래처럼 은은하게 들려오는 '인터내셔널 노래' 소리에 섞여 날카로운 고함 소리가 들려왔다. "전쟁반대!", "사회주의 만세!", "평화 만세!"

"이리로 와. 미아 될라" 하고 메네스트렐이 말했다.

그러나 알프레다는 그 말을 듣지 못했다. 패터슨의 팔에 매달려 있던 그녀는 앞에서 무슨 일이 일어나고 있는지 알고 싶었다.

"기다려 봐" 하고 중얼거리듯이 패터슨이 말했다.

그는 두 손을 단단히 마주 잡았다. 그리고 허리를 굽혀 알프레다에게 발받침을 만들어 주었다. 그녀는 그 위에 발을 올려놓았다.

"이얏!"

그는 허리에 꽉 힘을 주며 일어섰다. 그리고 사람들 머리 위로 알프레다를 들어올렸다. 그녀는 계속 웃고 있었다. 그리고 몸의 균형을 유지하기 위하여 몸을 패터슨의 윗몸에 착 붙이고 있었다. 크게 뜬 그녀의 인형같이 큰 두 눈이 오늘밤 활활 타는 불길처럼 빛났다.

"아무것도 안 보여요" 하며 그녀는 술에 취한 사람처럼 나른한 목소리로 말했다. "아무것도⋯⋯. 보이는 건 깃발뿐이에요!"

그녀는 좀처럼 내려오려 하지 않았다. 패터슨은 그녀의 스커트에 시야가 막혀 비틀거리면서 계속 걸었다.

어떻게 된 영문인지 그들은 모두 밖으로 나와 있었다.

거리에 나오자 인파는 홀 안에서보다 더 대단했다. 그리고 떠드는 소리가 어찌나 심하고 줄기찼던지 무슨 말을 하고 있는지 통 알 수 없었다. 얼마동안 제자리걸음을 하다가 인파는 방향을 잡고서 움직이기 시작했다. 그리고 몇 겹이나 되는 경찰의 비상선을 물리치고 나가 길가에 몰려 있는 구경꾼들을 함께 몰고 가면서 천천히 어둠 속을 향해 흘러가기 시작했다.

"어디로 끌려가는 걸까?" 하고 자크가 물었다.

"Zusammen marschieren, Camm'rad!"(모두 같이 행진하는 거야,
동지'라는 뜻의 독일어) 하고 미퇴르크가 외쳤다. 살갗이 늘어진 그의 얼굴은 마치 열탕에서 막 나온 사람처럼 벌겋게 부어 있었다.

"정부 청사에 시위하러 가는 거겠지" 하고 리차들레가 설명했다.

"Keinen Krieg! Friede! Friede!"(전쟁반대! 평화! 평
화'라는 뜻의 독일어) 하고 미퇴르크가 외쳤다.

젤라우스키는 목구멍에서 나오는 소리로 억양을 붙여 외쳤다.

"Daloï Vaïnou! ……Mir! Mir!"(전쟁반대! 평화! 평
화'라는 뜻의 러시아어)

"프레다는 어디 갔지?" 하고 메네스트렐이 중얼거렸다.

자크는 알프레다를 찾으려고 뒤돌아보았다. 뒤에는 리차들레가 머리를 높이 들고 그의 영원한 미소, 너무나 개방적인 미소를 입가에 띠고 걷고 있었다. 그 뒤에는 반네드가 미퇴르크와 젤라우스키 사이에 끼어 걷고 있었다. 반네드는 두 팔꿈치를 두 동료의 팔에 맡겨서 마치 그들에게 들려 가는 것 같았다. 그는 소리도 지르지 않고 노래도 부르지 않았다. 눈을 반쯤 감은 하얀 얼굴에 비통해 하며 넋을 잃은 것 같은 표정으로 하늘을 쳐다보고 있었다 ……. 멀리, 뒤에는 알프레다와 패터슨이 따라오고 있었다. 자크에게는 그들의 얼굴만이 보였다. 어찌나 서로 몸을 꽉 붙이고 있었던지 몸과 몸이 서로 엉켜 있는 것 같았다.

"알프레다는 어디 갔지?" 하고 조종사는 걱정스런 목소리로 되풀이했다. 그는 자신의 개를 잃은 장님과도 같아 보였다.

푹푹 찌는 늦은 여름밤이었다. 상점마다 쇼윈도의 불이 꺼져 있었다. 그리고 불이 켜져 있는 창문마다 사람들의 검은 그림자가 몸을 창밖으로 내밀고 있었다. 여러 간선도로의 교차 지점에는 불도 켜지 않은 텅 빈 전차가 염주같이 이어져 한 줄로 레일 위에 늘어서 있었다. 거리마다 보행자들이 떼를 지어 쏟아져 나와 이동하는 인파는 끊임없이 불어나고 있었다. 시위대의 대부분은 브뤼셀과 교외의 노동자들이었다. 그리고 곳곳에서, 앙베르, 강, 리에주, 나위르, 모든 광산의 중심지로부터 많은 투사들이 와서 브뤼셀의 사회주의자들과 외국에서 온 대표들과 합류했다. 오늘밤 브뤼셀은 마치 유럽의 평화의 수도가 된 듯한 느낌을 주었다.

'이것으로 됐다!' 하고 자크는 생각했다. '이것으로 평화는 얻게 된 셈이다! 이 세상의 어떤 힘도 이 방죽을 무너뜨릴 수는 없을 것이다! 여기에 있는 이 민중이 이 방죽을 지키는 한 전쟁은 일어나지 않을 것이다!'

무력해진 경찰력은 네 겹의 경찰 비상선을 치고 왕궁과 정원과 각 부서를 지키는 것으로 만족했다. 그 앞을 시위대의 선두가 유유히 행진을 계속해 가면서 루아얄 광장에 이르렀다. 그리고 시내 중심가 쪽으로 향하면서, 침묵 속에 싸여 있는 장중한 관청 앞을 지날 때마다 수천의 입은 한결같은 열정을 가지고 "사회주의 만세!", "전쟁반대!"를 계속 부르짖었다.

선두에는 진지한 모습의 대열이 제각기 깃발을 둘러싸고 의연하게 행진을 계속하고 있었다. 그 밖의 사람들은 시끄럽고 소란스러운 야외 축제에서와 같이 대열을 짓고는 제멋대로 그 뒤를 따랐다. 여자들은 남자들의 팔에 매달려 있었다. 아버지의 어깨 위에 올라탄 아이들은 놀란 것 같은 눈을 하고 있었다. 모두가 프롤레타리아의 위대한 힘의 일부를 대표한다는 정신을 가지고 있었다. 얼굴은 긴장되고 눈은 똑바로 앞을 보면서, 그들은 거의 서로 말도 나누지 않고 앞으로 나아갔다. 그리고 걸음을 멈출 때도 보조를 맞췄다. 전등불이 비치는 곳에서는 그들의 벗겨진 이마가 빛나곤 했다. 신뢰감에 도취되어 있고, 똑같은 의지로 단단해진 이 모든 사람들의 얼굴 위에는 오늘밤 각국 정부와 싸워서 이긴 것 같은 확신이 엿보였다. 그리고 이처럼 쇄도한 사람들의 물결 너머로 목청을 높여 끊임없이 외쳐 대는 '인터내셔널 노래'는 마치 모든 사람들의 심장의 고동처럼 힘차게 울려 퍼졌다.

자크는 여러 차례 메네스트렐이 무엇인가 말할 것이 있는 듯 자기가 있는 쪽으로 더 가까이 오고자 하는 것을 눈치챘다. 그러나 그때마다 그는 사람들에게 밀리거나 혹은 갑자기 높아지는 노랫소리 때문에 못하곤 했다.

"마침내 '대중의 행동'이군요!" 하고 자크는 메네스트렐을 보며 외쳤다. 자크는 상대의 체면을 생각해서 애써 미소를 지으려고 했다. 그러나 그의 눈길은 모든 사람들의 눈빛과 마찬가지로 흥분된 기쁨으로 빛나고 있었다.

조종사는 아무 대답도 하지 않았다. 그의 눈동자는 차갑고, 그의 입가에는 고통을 나타내는 주름이 잡혀 있었다. 자크는 그것이 무엇 때문인지 알 수 없었다.

두 사람 앞에서 소동이 일어나더니 갑자기 시위행렬이 흔들렸다. 선두가 어떤 장애에 부딪친 것이 틀림없었다. 자크가 소요의 원인을 알아보려고 발돋움을 했을 때 그의 귀에 조종사의 목소리가 들렸다. 매우 빠른 말투인 데다 언제나처럼 사람을 당황하게 하는 날카로운 목소리였다.

"오늘 프레다는 아무래도……."

소란 때문에 잘 들리지 않았다. 자크는 섬뜩한 생각이 들어 뒤돌아보았다. 그가 듣기에는 "……호텔에 돌아오지 않을 거야"라고 말하는 것 같았다.

그 둘의 눈길이 마주쳤다. 조종사의 얼굴이 어두워졌다. 무표정한 그의 검은 눈동자는 고양이 눈같이 동물적인 인광을 발하면서 빛나고 있었다.

바로 그 순간 큰 소요가 그들이 있는 데까지 몰려와 그들을 밀어붙였다.

미디 로(路)의 교차 지점에서 깃발 하나를 중심으로 순식간에 모인 소수의 민족주의자 무리가 대담하게도 시위대의 행진을 막으려고 했다. 약간의 실랑이가 있기는 했지만 시위대가 행진을 계속하는 것을 막지는 못했다. 그러나 행진의 중단과 밀려남 때문에 자크는 메네스트렐과 동지들로부터 완전히 떨어지게 되었다.

오른쪽으로 밀린 자크는 집 처마 밑에 갇혀 버리고 말았다. 한편 길 중앙에서는 뒤쪽에서 밀어붙이기 때문에 사람들의 거센 물결이 생겨 메네스트렐 일행을 앞으로 밀고 나갔다. 자크가 잠시 꼼짝 못하고 묶여 있는 장소에서 몇 미터 떨어진 곳에 있는 패터슨의 얼굴이 갑자기 눈에 띄었다. 그는 여전히 알프레다와 함께 있었다. 그들은 자크를 보지 못하고 지나쳐 버렸다. 그러나 자크는 그들을 바라볼 만한 시간적 여유가 있었다. 그들은 이미 전과 같은 사이는 아닌 것 같았다……. 어슴푸레한 빛이 얼굴 윤곽을 두드러지게 나타냈기 때문에 패터슨의 얼굴은 기괴한 모습을 띠었다. 보통 때는 노상 움직이며 웃음짓고 있던 그의 눈동자는 무엇인가를 응시하는 듯한 빛이 역력했는데, 그것은 어떻게 보면 잔혹한 광기와도 같았다. 알프레다의 얼굴도 그에 못지않게 변해 있었다. 무엇인가 결심한 듯 격렬하고 육감적인 그녀의 표정은 얼굴을 일그러뜨리는 동시에 천하게 바꾸어 놓았다. 마치 술 취한 매춘부의 얼굴 같았다. 그녀는 관자놀이를 패터슨의 어깨에 기대고 있었다. 입을 벌린 채, 쉰 목소리로 '인터내셔널 노래'를 부르고 있었다. 그것은 자기 자신의 승리, 자신의 해방, 본능의 승리를 구가하는 것 같았다……. '아무래도 오늘 저녁 프레다는 돌아오지 않을 거야……' 하던 메네스트렐의 말이 생각났다.

자크는 겁이 났다. 그들에게 무슨 말을 할지 생각하지도 않고, 그들과 다시 만나기 위해 군중 속으로 파고들어 가려고 했다. 그는 "패트!" 하고 외쳤다. 그러나 그를 둘러싸고 있는 인파에 밀려 꼼짝할 수가 없었다. 빠져나가려고 애써 보았지만 허사였다. 단념하는 수밖에 없었다. 그는 한동안 눈으로 두 사람의 뒤를 쫓았다. 마침내 그들의 모습이 시야에서 완전히 사라지자 될 대로 되라는 식으로 인파에 몸을 맡기고 떠밀리는 대로 앞으로 나아갔다.

혼자가 된 자크는 집단적 감염이라고나 할까 이상한 현상에 사로잡혔다. 모든 시간과 공간의 개념이 사라져 버렸다. 개인적 의식도 사라져 버렸다. 확실하지 않은, 혼수상태 같은 원천적인 세계로 되돌아가는 것 같은 느낌이 들었다. 이렇게 끊임없이 이동하는 집단, 우정 넘치는 집단 속에 묻혀 녹아 버린 자크는 자기 자신을 완전히 버린 듯한 느낌이었다. 마음속에는 표면까지 솟아오르지 못하는 뜨거운 샘과도 같이 자신이 하나의 총체, 수(數)와 진실과 힘의 총체의 일부를 이루고 있다는 막연한 의식이 깔려 있었다. 그러나 그는 그런 것을 염두에 두고 있지는 않았다. 그러면서 멍한 상태로, 졸음이 와서 쉬듯이 가벼운 도취감에 사로잡힌 채 계속 걷고 있었다.

이렇게 지극히 행복한 상태는 1시간, 아니 그 이상 계속되었다. 인도 끝에 발을 부딪치는 순간 그는 이런 몽롱한 상태에서 깨어날 수 있었다. 그리고 갑자기 자신이 피곤한 상태라는 것을 깨달았다.

시위대는 양쪽의 어두운 건물 사이를 천천히, 완강한 흐름으로 계속 나아갔다. 뒤에서는 노래도 거의 부르고 있지 않았다. 이따금 억눌린 가슴을 터뜨리는 것 같은 "평화 만세!", "인터내셔널 만세!"라고 외치는 거센 소리가 들려왔다. 그 외침은 마치 새벽빛의 닭 울음소리처럼 여기저기에서 똑같은 외침을 불러일으키곤 했다. 그러고는 다시 조용해졌다. 그러나 그것은 잠시 동안의 말없는 흥분, 군중의 제자리걸음에 지나지 않았다.

자크는 방향을 바꾸어 길가로 가서 건물 쪽으로 다가갔다. 그리고 문을 닫은 가게들을 따라 몸을 옮기면서 도망갈 기회를 노렸다. 그러자 골목길 하나가 보였다. 그곳은 구경 나온 동네 사람들로 꽉 차 있었다. 자크는 그곳을 교묘하게 헤치고 나가 벽에 만들어 놓은 한 분수대 가까이의 텅 빈 곳까지 갈 수 있었다. 정다운 소리를 내며 신선하고 맑은 물이 흐르고 있었다. 그는 물을 마시고 나서 이마와 두 손을 적셨다. 그리고 한동안 그곳에서 숨을 돌리며 머물렀다. 머리 위에는 여름밤의 하늘이 빛났다. 그는 이틀 전의 파리와 어제 베를린 역에서의 소동을 생각해 보았다. 유럽의 모든 도시에서 민중은 똑같이 세찬 힘으로 무익한 희생에 맞서서 봉기했다. 도처에서, 빈에서는 링슈트라세에서, 런던에서는 트라팔가 광장에서, 페테르부르크에서는 카자크 기병들이 시위대에게 칼을 번쩍이며 휘둘러 대는 넵스키 광장에서 "Friede! Peace! Mir!"^(평화라는 뜻의 독일어, 영어, 러시아어)를 높이 외치고 있었다. 국경을 초월하여 모든 노동자들의 손이 똑같은 동포애의 이상을 향해 뻗고 있었다. 그리고 유럽 전체가 똑같은 외침으로 들끓고 있었다. 앞날을 걱정할 필요가 있을까? 내일은 온 인류가 자신들의 고뇌에서 해방되어 더 나은 운명을 만들기 위해 다시금 힘을 기울일 수 있을 텐데……

미래! …… 제니…….

제니의 모습이 갑자기 그의 마음을 사로잡았다. 모든 것을 물리치면서, 그리고 오늘밤의 격렬했던 흥분도 아랑곳없이 그리움과 애틋한 정으로 사무치는 욕망이 엄습하는 것이었다. 그는 일어서서 다시 어둠 속을 걷기 시작했다.

잠을 자는 것……. 지금 그가 원하는 것은 그것 외에는 아무것도 없었다. 어디라도 좋다. 벤치에서라도……. 그는 잘 알지도 못하는 이 도시의 어떤 곳에서 갈 길을 찾아 헤맸다. 뜻하지 않게 인기척 없는 어떤 광장으로 나왔다. 알고 보니 그곳은 오늘 오후 패터슨과 알프레다와 함께 지나온 곳이었다. 용기를 내자……. 패터슨의 방이 있는 호텔까지는 그리 멀지 않을 것이다…….

그는 별로 힘들이지 않고 그 호텔을 찾아냈다.

간신히 구두와 겉옷을 벗은 다음, 옷을 입은 채로 침대 위에 누웠다.

54. 7월 29일 수요일─패터슨, 알프레다와 사랑의 도피를 자크에게 말하다─메네스트렐의 자살미수

눈을 떴을 때 방 안은 눈부시게 환했다. 자크는 얼마가 지나서야 겨우 제정신이 들었다. 방구석에 무릎을 꿇고 있는 한 남자의 등이 눈에 들어왔다. 패터슨이었다……. 그는 바닥 위의 열려 있는 여행가방 속에 서둘러 옷을 챙겨 넣고 있었다. 벌써 나가는 것일까? 도대체 몇 시나 되었을까?

"패트, 자넨가?"

그는 아무런 대답도 없이 가방을 닫고 그것을 문 가까이에 놓고는 침대 쪽으로 걸어왔다. 그의 얼굴은 창백했고 눈에는 독기가 서려 있었다.

"데리고 가겠어!" 그는 내뱉듯이 말했다. 그의 목소리는 일종의 위협 투로 떨리고 있었다.

자크는 피로에 지친 두 눈으로 어이없다는 듯 그의 얼굴을 바라보았다.

"Hush! (조용히 라는 뜻의 영어) 아무 말 하지 마!" 자크는 입술조차 움직이지 않았는데 패터슨은 더듬거리며 말했다. "알고 있어! ……이렇게 됐어! 이제 아무도 어떻게 할 수 없어!"

자크는 순간 모든 것을 알아차렸다. 그리고 악몽 속에서 몸부림치다 일어난 어린애 같은 표정을 지으며 패터슨의 얼굴을 뚫어지게 바라보았다.

"그녀는 저 아래, 택시 안에 있어. 마음을 굳혔어. 나 역시 그렇고. 그녀는 그 사람에겐 아무 말도 안 했어. 그 사람이 불쌍하다면서 아무것도 말하고 싶지 않다는군. 자기 물건을 찾으러 가려고도 하지 않아. 우리는 떠날 거야. 그녀는 그를 다시는 만나지 않을 거야. 오스탕드행 첫차를 탈 거야. 내일 저녁에는 런던이지……. 모든 것은 이렇게 끝나 버렸어. 이제 와서 어떻게 할 수도 없어!"

자크는 몸을 일으켜 세웠다. 나무 침대에 머리를 기대고 아무 말도 하지 않았다. '살인범의 낯짝이구나' 하고 그는 생각했다.

"나는 몇 달 전부터 생각하고 있었어!" 하고 패터슨은 말하면서 전등불 밑에서 꼼짝하지 않았다.

"그러나 나는 말을 꺼낼 용기가 없었어……. 그런데 오늘밤에야 비로소 알게 됐어. 그녀도 나와 똑같이…… 불쌍한 darling! 자네는 알프레다가 그 사람과 지낸 생활이 어떤 것이었는지 몰라……. 인간 이하야. '아무것도' 아니야! ……하기야 훌륭한 임무를 띠고 있지! 그것을 그녀에게도 알렸어. 그녀는 모든 것을 받아들였지! 그녀는 그것이 가능하다고 생각하고 있었어……. 그녀는 아무것도 모르고 있었던 거야……. 자신을 희생시킬 수 없다는 생각이 든 거야……. 그녀를 나무라지 말아줘!" 하고 패터슨은 별안간 되풀이했다. 그런 그의 모습은 어리둥절해 있는 자크의 얼굴에서 무엇인가 준엄한 비판의 빛을 읽은 듯했다. "자네는 그가 어떤 사람인지 모르고 있어! 무엇이든지 해치울 수 있는 사람이야! 아무것도 믿지 않고 아무것도 믿을 수 없는 절망감에서 자기 자신을 믿으려고조차 하지 않아. 왜냐하면 그 자신이 '아무것도' 아니니까!"

자크는 침대 위에 두 팔을 뻗고 머리를 약간 뒤로 젖힌 채 불빛에 눈이 부셔 꼼짝도 하지 않았다. 창문은 열려 있었다. 쫓으려고 하지 않았으므로 모기가 귓전에 와서 윙윙거렸다. 그는 많은 피를 흘린 사람이 느끼는 듯한 역겨움을 느꼈다.

"인간은 누구나 살아갈 권리를 가지고 있어!" 하고 거친 목소리로 패터슨은 말했다. "자네는 누군가에게 물에 빠진 사람을 구출하러 물에 뛰어 들라고 할 수 있어. 하지만 자신이 죽어 가면서까지 그 사람의 머리를 계속 물 위로 들어올리고 있으라고 요구할 수는 없어! ……그녀는 살고 싶어해. 그래! 그러던 참에 내가 나타난 거야. 그래서 그녀를 데리고 가는 거지! Hush!"

"나는 당신들을 조금도 나무라지 않아" 하고 자크는 고개를 움직이지 않고 중얼거렸다. "그러나 나는 그를 생각하고 있어……."

"You don't know him! He is capable of anything! …… That man is a monster……a perfect monster!" (자네는 그 사람을 몰라! ……그 사람은 무슨 일이든지 저지를 수 있어! ……그는 괴물이야! 완전한 괴물이야! '라는 뜻의 영어)

"그는 죽을지도 몰라, 패트."

패터슨의 입술이 반쯤 열렸다. 창백한 그의 얼굴은 마치 한 대 얻어맞은 것 같이 일그러졌다. 그런 패터슨의 모습이 자크에게는 갑자기 흉측스럽게 여겨져 보고 있을 수가 없었다. '살인범'이라 또다시 생각했다. 그의 얼굴에서 잠시 눈을 돌린 다음 낮은 목소리로 말을 계속했다.

"나는 당을 생각하고 있어. 당에는 지도자가 필요해. 그 어느 때보다도……. 그것은 배신이야, 패트. 이중의 배신이야. 모든 면에서 배신이야."

패터슨은 이미 문턱까지 가 있었다. 비스듬히 쓴 챙 달린 모자, 창백한 얼굴, 쫓기는 듯한 눈, 작위적인 미소는 갑자기 그에게서 불량배 같은 면모를 느끼게 했다. 그는 갑자기 몸을 굽혀 여행가방을 손에 들었다. 이제 그는 살인범이라기보다는 오히려 강도 같았다.

"Good night!" 하고 그는 말했다. 그러고는 시선을 떨군 채 들려고도 하지 않고 달아나듯 떠나가 버렸다.

문이 닫히자마자 제니의 생각이 참을 수 없을 정도로 자크를 엄습해 왔다. 왜 또 제니 생각을? …… 조용한 거리에서 자동차가 움직이기 시작하는 소리가 들렸다. 한참동안 머리를 나무 침대에 기댄 채, 눈길을 닫힌 문에 고정시킨 채 그는 움직이지 않았다. 그의 눈앞에는 패터슨의 고운 얼굴, 싱그러운 눈, 금발 소년 같은 그의 미소가 떠오르는가 하면, 해고당한 하인 아니면 현장을 들킨 도둑 같은 울적한 모습, 뻔뻔하면서도 부끄러워하는 그 모습이 아른거렸다……. 정욕으로 보기 흉하게 비뚤어진 얼굴……. 지하철의 통로에서 제니를 쫓아갈 때 자신의 모습이 그랬을지도 모른다……. 그리고 그날 자신도 역시 비열한 행위, 배신행위를 할 수 있지 않았을까?

6시 반인데도 잠을 이룰 수 없었던 자크는 메네스트렐의 숙소로 달려갔다.

하숙집 안은 아직 모든 것이 잠들어 있었다. 나이 든 여자 한 사람이 현관의 타일을 닦고 있었다. 자크는 순간 망설였다. 이대로 돌아갈까? 아니면 올라갈까? 8시 기차를 타려면 더 이상 방문을 지연시킬 시간이 없었다. 그리고 어젯밤의 일이 있었던 이상 메네스트렐을 만나지 않고 브뤼셀을 떠날 수는 없었다.

그는 우선 조종사의 방을 두드렸다. 아무런 대답도 없다. 방이 틀렸나? 그럴 리가 없다. 어제 왔던 곳은 바로 여기다. 29호실이다. 메네스트렐이 밤새도록 기다리다가 잠들어 버렸을까? ……또 한 번 두드려 보려는 순간 자크는 안에서 맨발로 급히 걸어오는 발소리와 자물쇠에 손이 닿는 소리를 들었다. 터무니없고 무서운 생각이 문득 그의 머릿속을 스쳐갔다. 그는 본능적으로 손잡이를 잡아 돌렸다. 문이 열렸다. 그때 마침 열쇠로 잠그려고 하는 메네스트렐과 마주쳤다.

두 사람은 서로의 얼굴을 뚫어지게 바라보았다. 싸늘한 조종사의 얼굴에는 수수께끼 같은 표정이 서려 있었다. 아마도 분한 마음에서 오는 표정일지도 모르지……. 순간 망설이는 것 같아 보였다. 오는 손님을 밀치고 문을 잠그려고 했을까? 자크는 그가 그랬을지 모른다는 생각도 해 보았다. 문 손잡이를 돌렸을 때와 똑같은 직감이 시키는 대로 그는 어깨로 문을 한 번 밀치고 방 안으로 들어갔다.

자크는 곧 방의 모습이 변해 있는 것을 알아차렸다. 더 넓어 보였다. 테이블과 의자는 벽 쪽으로 밀어 놓았으므로 옷장 거울 앞의 방 한가운데는 텅비어 있었다. 침대는 흐트러져 있었다. 그러나 위에는 이불이 덮여 있었다.

방 안은 뭔가 목적이 있는 것처럼 잘 정돈되어 있었다. 메네스트렐 자신조차 푸른색 잠옷을 입고 있었는데 다림질한 흔적이 역력했다. 외투걸이에는 옷이 하나도 걸려 있지 않았다. 세면대에는 화장도구도 보이지 않았다. 모든 것이 출발을 위해 창가에 있는 두 개의 여행가방 속에 넣어진 것 같았다. 그러나 잠옷 차림으로, 게다가 맨발로 외출할 수는 없지 않겠는가?

자크의 두 눈은 메네스트렐 쪽으로 향했다. 메네스트렐은 같은 장소에 꼼짝하지 않고 있었다. 그러면서 자크를 바라보고 있었다. 그는 우두커니 서 있었는데 두 다리에 안정감을 잃은 것 같아 보였다. 그런 그의 모습은 마치 수술 뒤의 혼수상태에서 깨어나기 시작하는 수술환자, 또는 저승에서 되살아온 망자를 떠올리게 했다.

"뭘 하려고 했지요?" 하고 자크가 머뭇거리면서 물었다.

"나 말인가?" 메네스트렐이 반문했다. 그는 자신도 모르게 시선을 떨구더니 비틀거리면서 벽 있는 데까지 물러갔다. 그리고 무슨 말인지 잘 알아듣지 못한 것처럼 중얼거렸다. "내가 뭘 '하려고' 했느냐고?" 그러면서 테이블 옆에 앉아 두 손으로 천천히 이마를 감쌌다.

테이블 위도 이상할 정도로 정돈되어 있었다. 거기에는 봉한 두 통의 편지가 뒤집어져 나란히 놓여 있었다. 그리고 접힌 한 장의 신문지 위에는 만년필, 지갑, 시계, 열쇠 꾸러미, 벨기에 돈 등 일용품들이 가지런히 놓여 있었다.

자크는 잠시 난감해 하면서 가만히 있었다. 마침내 그는 메네스트렐 곁으로 다가갔다. 상대는 얼른 고개를 치켜들면서 말했다.

"쉿⋯⋯"

그는 힘들여 일어나서 절뚝거리면서 몇 걸음 걸어 자크 쪽으로 다가왔다. 그리고 조금전과는 확실히 다른 투로 다시 한 번 물었다.

"뭘 하려고 했느냐고? ⋯⋯그래! 옷을 입으려던 참이었어⋯⋯. 그리고 자네와 같이 나가려고 했지! 자네와 함께 말이야!"

그는 자크를 보지도 않고 가방 하나를 열었다. 옷가지를 꺼내어 그것들을 침대 위에 펼친 다음 신문지 꾸러미 속에서 먼지투성이 구두를 꺼냈다. 그리고 마치 자기밖에는 아무도 없는 것처럼 옷을 입기 시작했다. 준비가 다 되자 그는 테이블까지 걸어갔다. 의자에 앉아서 아무 말도 않고 있는 자크는 거들떠보지도 않고 두 통의 편지를 집자 그것을 갈기갈기 찢어 벽난로에 던져 버렸다.

그때 줄곧 그에게서 눈을 떼지 않던 자크는 벽난로 속이 금방 종이를 태운 재로 가득 찬 것을 알았다. '그렇게 서류를 많이 갖고 있었을까?' 하고 자크는 자문해 보았다. 그러나 문득 '슈톨바하 문서?'라는 생각이 들었다. 그는 열려 있는 가방 쪽으로 당황한 눈길을 던졌다. 그 가방에는 별로 든 것이 없었다. 그리고 문서다운 꾸러미도 보이지 않았다. '다른 가방에 넣었겠지' 하고 자크는 문득 뇌리를 스친 터무니없는 의심을 떨쳐 버리기 위해 그렇게 생각했다.

메네스트렐은 테이블 곁으로 돌아왔다. 돈, 지갑, 열쇠 꾸러미를 집어 그것을 차근차근 주머니에 넣었다.

그 뒤에 비로소 그는 자크가 있다는 것을 생각해 낸 것 같았다. 자크를 물끄러미 보더니 자크가 있는 쪽으로 걸어왔다.

"이봐, 오길 잘했어……. 안 그래? 오길 잘했어……." 그의 얼굴은 평온했다. 그는 야릇하게 미소를 지었다. "쓸데없는 일일뿐이야…… 원해 봤자 아무런 소용이 없고, 걱정해도 소용이 없고……. 헛될 뿐이야……."

그는 뜻밖에 자크에게 두 손을 함께 내밀었다. 자크가 감격스럽게 그 손을 잡자 메네스트렐은 여전히 미소를 지으면서 말했다.

"So nimm denn meine Hünde, und fähre mich……. (자, 손을 잡고 데려다
쥐라는 뜻의 독일어) 자!" 하고 중얼거리듯이 말하면서 그는 자크에게서 물러섰다.

그는 가방이 있는 쪽으로 걸어가 하나를 들려고 했다. 자크도 얼른 몸을 굽혀 다른 하나를 들려고 했다.

"아니야. 그것은 내 것이 아니야……. 놓고 갈 거야."

흐린 그의 눈빛 속을 비통한 슬픔과 애정의 미소가 얼핏 스쳐 지나갔다.

'문서는 태워 버렸구나' 하고 생각하면서 자크는 어이없어 했다. 그러나 그는 아무것도 물으려 하지 않았다.

그들은 함께 방을 나왔다. 메네스트렐은 평소보다 약간 더 다리를 절고 있었다.

아래로 내려온 그들은 사무실 문 앞을 지나면서도 안으로 들어가지 않았다. 자크는 생각했다. '숙박료 계산도 끝냈구나!'

"제네바행 급행열차는…… 7시 15분에 있군." 메네스트렐은 현관 벽에 붙어 있는 기차시간표를 보면서 중얼거렸다. "그런데 자네는? 8시 파리행 기차를 탈 건가? 나를 기차에 태워 줄 만한 시간은 있군⋯⋯. 이것 봐, 이렇게 다 해결되는 거야!"

55. 7월 29일 수요일—자크, 파리로 귀국. 제니를 세 번째 방문

자크가 벨기에에서 오는 기차에서 내렸을 때 파리 시가는 소나기가 막 지나가고 한낮의 태양이 한층 더 타는 듯한 햇살을 쏟고 있었다.

정세는 암담하고 불길한 조짐이 거듭되고 있었다. 여행하는 동안에 그가 들은 것은 모두가 걱정스러운 징후들뿐이었다. 기차는 만원이었다. 국경지방 주민들 사이에는 커다란 동요가 일고 있었다. 휴가를 받아 귀향했던 북부지방 병사들이나 장교들에게는 그들의 연대로 복귀하도록 전보로 통첩되었다. 자크는 프랑스 사회주의자들과 같은 기차로 브뤼셀을 출발하기는 했지만 그들과는 따로 떨어져 북부지방 사람들로 붐비는 칸에 탔다. 그 사람들은 서로 알지도 못하면서 이야기를 나누고 신문을 돌려 읽으며 정보를 주고받고 있었다. 불안해 하면서 여러 가지 사태에 관한 논평을 하기도 했다. 불안하다고는 해도 거기에는 놀라움과 호기심과 미심쩍어 하는 마음이 두려움보다 더 큰 부분을 차지하고 있는 것 같았다. 대부분의 사람들이 전쟁이 일어날 것이라는 생각에 이미 익숙해진 것이 분명했다. 프랑스 정부가 미리 취한 대비책에 관해 주고받는 이야기에는 무엇인가 시사하는 바가 있었다. 벌써 곳곳에서 철도, 다리, 수로, 전시공장이 군대의 감시 아래에 있다는 것이었다. 현역병 대대가 코르베이의 전력수차공장을 점거했다. 그 공장 사장은 〈악시옹 프랑세즈〉지에 의해 독일군의 예비장교라고 비난받고 있던 인물이었다. 파리에서는 송수장과 식료품저장소 따위가 군대의 감시 아래에 있었다. 기술자라고 자칭하는 가슴에 훈장을 단 한 신사가 에펠탑에 무선장치를 설치하기 위해 이미 여러 가지 공사가 급히 진행 중임을 제법 그럴듯하게 설명하고 있었다. 자동차 제조업자라는 한 파리 사람은 마침 자동차 경기에 쓰려고 모아 놓은 수백 대의 자동차가 징발까지는 아니지만, 새로운 조치가 있을 때까지 그냥 묶여 있을지도 모른다고 한탄하고 있었다.

자크는 생캉탱 역에서 구한 〈위마니테〉지를 통해, 정부가 어제 28일 수요일에 노동총연맹이 바그람관에서 열기로 했던 집회를 막바지에 가서 봉쇄했다는 것을 알고 깜짝 놀라 분개했다. 그 집회에는 파리와 파리 교외의 모든 노동단체들이 집단시위를 하기 위해 모이기로 되어 있었다. 금지령에도 불구하고 테른 거리에 몰려온 시위대가 경찰의 난폭한 공격으로 흩어졌다는 것이다. 소동은 밤이 되어도 한동안 계속되었다. 하마터면 적극적인 시위대의 몇몇 대열은 내무성과 엘리제궁까지 밀고 나갈 뻔했다는 것이다. 이런 민족주의자들의 권력행사는 푸앵카레의 귀국 때문이라고 했다. 그것은 집회의 권리를 존중하지 않고 지난날의 공화주의의 자유마저 유린하여 노동자의 항의 열기를 분쇄하려는 정부의 의사 표시인 것 같았다.

기차는 30분 늦게 도착했다. 역 구내식당에서 샌드위치를 먹고 나오면서 자크는 '카페 드 프로그레'에서 몇 번 만난 적이 있는 나이 든 신문기자를 만났다. 루벨이라는 그 사람은 〈사회투쟁〉지의 편집자였다. 그는 크레이에 살고 있었으며, 매일 오후에 신문사에 오곤 했다. 둘은 함께 역을 나왔다. 역 앞 광장과 거기에 면해 있는 집들은 아직 깃발로 꾸며져 있었다. 어제 있었던 대통령의 파리 귀환은 파리에 애국심의 폭발을 불러일으켰는데, 루벨은 현장을 목격했다고 하면서 매우 흥분해서 이야기를 했다.

"알고 있어" 하며 자크는 상대의 이야기를 가로막았다. "신문이란 신문이 모두 그것을 대서특필하고 있어. 역겨워……. 설마 〈사회투쟁〉지까지 장단을 맞추고 있지는 않겠지?"

"〈사회투쟁〉지가? 그럼 최근에 실은 보스의 글은 읽지 않았나?"

"아니, 브뤼셀에서 지금 막 오는 길이야."

"자네는 늦구만……."

"보스라면 귀스타브 에르베 말인가?"

"에르베는 어리석은 몽상가와는 달라. 그는 모든 사실을 있는 그대로 보고 있어……. 벌써 며칠 전부터 그는 이제 전쟁은 불가피하다는 것, 반대 입장에 서서 고집 부려봤자 어리석은 일이고, 심지어 죄악이라고까지 생각했던 거야……. 화요일의 글을 보라고. 알게 될 테니까……."

"에르베가 애국주의자였어?"

"애국주의자, 그렇게 말해도 좋겠지……. 현실주의자라고 할 만하지! 그는 정부 조치에 도발적인 제스처가 있었다고 비난해선 안 된다고 솔직히 말하고 있어. 그러면서 결론으로, 프랑스가 자국의 영토를 지키기 위해 싸우지 않을 수 없게 된 이상 지난 여러 주 동안 프랑스가 취한 정책을 볼 때 프롤레타리아의 배반은 어떻게도 정당화될 수 없다는 거야."

"에르베가 그런 말을 했어?"

"그는 그것이 하나의 '매국 행위'라고까지 아주 명백하게 쓰고 있어! 왜냐하면 지켜야 할 이 국토는 뭐니뭐니해도 프랑스대혁명의 조국이기 때문이라는 거야!"

자크는 멈춰 섰다. 그는 말없이 루벨을 바라보았다. 그러나 곰곰이 생각해보면 별로 놀랄 일도 아니었다. 왜냐하면 2주 전에 총파업 문제가 바이양과 조레스에 의해 프랑스 사회주의자대회에서 토의에 붙여졌을 때 에르베가 맹렬히 반대입장을 취하던 것이 생각났기 때문이다.

루벨은 말을 계속했다.

"자네는 늦어……. 정말 늦어……. 다른 데서 어떻게 이야기하고 있는지 가서 들어보게 그래. 이를테면 〈라 프티트 레퓌블리크〉^{('소공화국'}_{이라는 뜻)} 사 같은 데 말이야……. 그렇지 않으면 공화당 본부 같은 곳이라든가. 나도 어제 저녁에 거기에 들렀는데…… 어디나 다 같은 의견이야. 도처에서 눈을 뜨고 있어……. 사태를 이해한 사람은 에르베만이 아니야……. 각 국민 사이의 동포애, 그것도 아주 그럴싸해. 그런데 사태는 벌써 발생하고 있어. 그것을 바로 봐야 해. 그런데 자네는 뭘 하고 싶어하나?"

"아무거나. 뭐 새삼스럽게……."

"즉 전쟁을 피하기 위해서는 내란도 불사하겠다는 뜻인가? 꿈이야! 여기까지 온 이상 누구 하나 들으려고 하지 않을 거야……. 외부의 침략위협을 눈앞에 두고 있는 현재로서는 어떤 반란공작도 실패하고 말 거야. 노동자 핵심세력에서도, 인터내셔널에서까지도, 대다수 사람들은 일반 대중과 발을 맞추어 자기네 영토를 지키려고 해……. 국제적인 동포애, 그렇지, 원칙으로는. 그러나 당분간 그런 문제는 이차적인 거야. 지금은 누구나 다 제한된 동포애를 생각하고 있어. '프랑스 국민'으로서의 동포애 말이야……. 거기에다, 제기랄, 독일놈들이 아주 오래전부터 계속 귀찮게 굴고 있으니까! 녀석들 정말 해볼 테면!"

대여섯 명의 신문팔이들이 광장을 급히 뛰어가며 외치고 있었다.

〈파리—미디〉! ^{(파리)지의}_{정오판)}

루벨은 찻길을 건너 신문을 사러 갔다. 자크도 그를 따라가려고 하는 순간 근처를 배회하던 빈 택시 한 대가 그의 앞으로 왔다. 자크는 부랴부랴 택시에 올라탔다. 만사를 제쳐 놓고 제니의 집으로 달려가야 한다.

'에르베, 그 친구······' 하고 자크는 불쾌하게 생각했다. '그런 자들까지도 기세가 꺾인다면 다른 사람들, 서민들, 일반 대중들은 도대체 어떻게 버티란 말인가······. 손에 드는 신문마다 정당한 전쟁과 정당하지 않은 전쟁이 있으며, 프러시아 제국주의에 맞서는 전쟁, 요컨대 범게르만주의자들과의 결판을 내는 전쟁이야말로 정당한 전쟁, 신성한 전쟁이고, 민주적 자유를 지키기 위한 십자군 전쟁이라고 떠들어 대는 것을 읽을 테니 말이다!'

옵세르바투아르 거리에 도착한 자크는 퐁타냉 집의 발코니 쪽을 올려다보았다. 창문은 모두 열려 있었다.

'제니의 어머니가 돌아오셨을까?' 하고 자크는 생각했다.

아니었다. 제니는 혼자였다. 창백한 얼굴을 하고 기뻐서 마음을 설레이며 현관문을 열어 주고는 현관의 어둠 속으로 뒷걸음질하는 제니를 보자 자크는 제니가 혼자라는 사실을 확인할 수 있었다. 제니는 불안하지만 아주 부드러운 눈길로 자크를 뚫어지게 바라보았다. 자크는 제니에게 다가가 자연스럽게 두 팔을 벌렸다. 제니는 몸을 떨며 눈을 감고 자크의 품에 안겼다. 두 사람에게는 이것이 최초의 포옹이었다······. 두 사람 다 전혀 예기치 않았던 일이었다. 아주 잠깐동안의 포옹. 제니는 문득 거역하지 못할 현실을 다시 의식한 듯 자크에게서 빠져나왔다. 그리고 신문이 펼쳐져 있는 테이블 위를 가리키며 말했다.

"정말이에요?"

"뭐가?"

"저······ 동원령!"

자크는 제니가 가리킨 신문을 집어 들었다. 그것은 역 광장에서 팔리는 〈파리-미디〉지였다. 벌써 1시간 전부터 파리시내의 동네마다 몇천 부씩 팔려 나간 신문이었다. 그것을 보고 질겁한 이 집 수위가 제니에게 가져다준 것이다.

자크의 얼굴이 상기되었다.

'어젯밤 엘리제궁에서 군사회의가 열렸다……. 제3군단이 급히 국경지대로 파견되었다……. 제8군단에 소속된 부대원들은 의복, 탄약, 야전식량을 지급받고 출발명령을 기다리고 있다!'

제니는 몹시 불안해 하면서 꼼짝하지 않고 자크를 바라보고 있었다. 그녀는 참다못해 불쑥 이렇게 물었다.

"전쟁이 나면, 자크…… 당신도 출정하나요?"

자크가 벌써 닷새 전부터 기다리고 있었던 질문이다. 신문에서 눈을 떼고 고개를 세게 저으며 그는 단호하게 안 간다는 뜻을 나타냈다.

제니는 속으로 생각했다. '나도 그러리라고 생각했어요.' 그러고는 자신을 괴롭히는 꺼림칙한 생각을 애써 떨쳐 버리면서 그녀는 얼른 생각했다. '출정을 거부하는 데는 굉장한 용기가 필요한 거야!'

침묵을 깬 것은 제니였다.

"이리 와요."

제니는 그의 손을 잡고 이끌었다. 그녀의 방문은 열려 있었다. 제니는 잠시 망설이다가 자크를 들어오게 했다. 자크는 별 생각 없이 제니의 뒤를 따라갔다.

"아마 사실이 아닐 거야" 하고 자크는 한숨을 지으며 말했다. "그러나 내일이라도 그럴 수 있을지 몰라. 전쟁이 사방에서 우리를 조이고 있으니까. 그 위험은 점점 다가오고 있어. 러시아는 절대로 양보하지 않아. 독일도 마찬가지이고……. 어느 나라에서나 정부는 똑같이 가소로운 제의와 똑같은 아집과 똑같은 거절을 고집스럽게 되풀이할 뿐이야……."

'그래' 하고 제니는 생각했다. '무서워서 그런 것은 아니야. 자크에게는 용기가 있어. 그는 논리적이야. 그가 다른 사람들처럼 굴 리가 없어. 그는 지지 않아. 틀림없이 남아 있을 거야.'

제니는 잠자코 자크에게 다가가 그의 가슴에 몸을 바싹 붙였다.

'나하고 같이 있어 줄 거야!' 하고 제니는 문득 생각했다. 그녀의 가슴은 자신도 모르게 두근거렸다.

자크는 제니를 팔로 감싸안았다. 그리고 선 채로 몸을 구부려 반쯤 가려진 그녀의 이마에 입을 맞추었다. 제니는 꽉 안겨 있는 것을 느끼면서 뭐라 말할 수 없는 감미로움에 정신이 아득해지는 것 같았다. 제니는—자신도 왠지 모르게—자크가 자기를 들어올려 어디론가 데려갈 수 있도록 될 수 있는 내로 몸을 움츠리고 가볍게 하려고 애썼다……. 제니는 여행 중에 있었던 일에 대해서 자크에게 물어보고 싶은 생각이 굴뚝 같았지만 감히 그러지 못했다. 자크는 자기의 얼굴로 한 번 비비면서 그녀의 얼굴을 살짝 들어올리게 했다. 입술은 그녀의 뺨, 매끄러운 긴 뺨을 스치고 입까지 미끄러져 갔다. 그녀는 입을 꽉 다물고 있었지만 피하지는 않았다. 제니는 그 집요한 입맞춤에 숨이 막히는 것 같았다. 숨을 쉬려고 얼굴과 얼굴 사이에 손을 넣어 윗몸을 뒤로 젖혔다. 그녀의 표정은 놀랍도록 평온하고 엄숙했다. 그녀는 자기가 이렇게 또렷하게 자신을 의식하고 책임을 느끼며 결단력이 있었던 적이 지금까지 한 번도 없었던 것 같았다. 자크는 조심스럽게 제니를 다시 힘껏 껴안았다. 제니는 기죽지도 않고 저항도 하지 않은 채 자신을 내맡겼다. 그녀는 이처럼 그의 팔에 안겨 있음을 느끼는 것 이외에 더 바라는 것이 아무것도 없었다. 뺨과 뺨을 맞대고 서로 가만히 껴안은 채로 그들은 창 앞에 놓인 좁은 의자에 앉아 있었다. 잠시 두 사람은 아무 말 없이 꼼짝하지 않았다.

"엄마한테서는 여전히 소식이 없어요." 낮은 목소리로 제니가 말했다.

"정말……어머니한테서……."

제니는 자신을 괴롭히는 걱정거리에 대해 그가 아주 무관심한 것이 순간 원망스럽게 여겨졌다.

"아무 소식도 없어?"

"빈 역에서 써 보낸 '무사히 도착'이란 내용의 월요일자 엽서 한 장뿐이에요!"

제니는 그 엽서를 어제 수요일 아침에 받았다. 그 뒤로 극도로 불안해져서 우편물들을 기다려 보았으나 허사였다. 편지도 전보도 오지 않았다……. 그녀는 여러 가지 억측을 하며 갈팡질팡하고 있었다.

자크는 멍하게 낯선 방 안을 둘러보았다. 이 방을 며칠 전에 보았더라면 그가 이처럼 감격하지는 않았을지 모른다. 밝고 잘 정돈되어 있으며, 그리고 흰색과 파란색 줄무늬가 섞인 벽지를 바른 작은 방이었다. 벽난로가 화장대 대신 쓰이고 있었다. 거기에는 상아빗과 바늘꽂이가 있고, 거울 모서리에는 몇 장의 사진이 끼어 있었다. 테이블 위에는 하얀 가죽 받침이 놓여 있었다.

급히 접어 놓은 신문 몇 장 말고는 무엇 하나 흐트러진 것이 없었다.

자크는 낮은 목소리로 제니에게 말했다.

"당신의 방······." 그녀가 아무 대답도 하지 않자 그는 어물거리며 말했다. "어머니께서 여행을 계속하실 줄 몰랐어······."

"당신은 엄마를 몰라요! 엄마는 한번 결심한 일은 절대로 포기하는 법이 없어요. 그리고 엄마는 그쪽에 가 있는 이상 생각한 대로 어떻게 해서든지 해결하려고 하실 거예요······. 그런데 엄마가 그 일을 할 수 있을지······. 어떻게 생각하세요? 이런 때 오스트리아에 있는 것이 위험하지는 않을까요? 어때요? 무슨 일은 없을까요? 늦출 경우 그쪽에서 엄마를 되돌아올 수 있게나 할까요?"

"모르겠어" 하고 자크는 솔직히 대답했다.

"그럼 어떻게 하죠? 주소도 모르고 있으니······. 아무 소식이 없다는 것을 어떻게 생각해야 할까요? 그쪽을 떠났다면 전보라도 쳤을 텐데······. 그러니까 엄마는 역시 아직도 빈에 있는 게 분명해요. 편지는 도중에 없어지는 일도 있고······." 제니는 걱정스러운 몸짓을 하며 테이블 위에 있는 신문을 가리켰다. "그런데 이런 것을 읽으면 걱정을 안 할 수가 없어요······."

제니는 아침 일찍부터 신문을 사러 나갔었다. 그리고 자크가 오는데 집을 비우면 안 될 것이라고 생각하여 서둘러 돌아왔었다. 자기에게 소중한 사람들인 자크나 어머니, 다니엘의 주위를 맴돌고 있는 위험에 온통 정신이 팔려 아침 내내 여러 신문을 읽고 또 읽곤 했다.

"다니엘도 제게 편지를 썼어요" 하고 제니는 일어서면서 말했다.

그녀는 받침 밑에서 봉투 하나를 꺼내어 자크에게 내밀었다. 그리고 나서 마치 충실한 동물처럼 다가와서 그에게 몸을 바싹 붙였다.

다니엘은 편지에서 퐁타냉 부인이 예정보다 여행을 오래 끌고 있는 것에 불안을 감추지 못하고 있었다. 그는 이렇게 혼란스러운 때 파리에 홀로 있는 제니의 처지를 측은히 여긴다고 했다. 그러면서 앙투안이나 에케 부부를 찾아가 보라고 했다. 그는 동생에게 너무 불안해 하지 말라고 간곡하게 말하면서 아직 사태는 수습될 여지가 있다고 했다. 그러나 추신으로 자기가 소속되어 있는 사단이 긴급상황에 놓였다는 것과 그날 밤 안으로 뤼네빌을 떠날 것 같다는 것, 어쩌면 한동안 소식을 전하기도 어려울 것이라고 덧붙였다.

제니는 자크 가슴에 머리를 기댄 채 눈을 들어 그가 편지를 읽는 모습을 바라보고 있었다. 자크는 편지를 다시 접어서 그녀에게 돌려 주었다. 그는 제니가 희망적인 말을 기다리고 있음을 알았다.

"다니엘이 말한 대로야. 사태는 아직 수습될 수 있어……. 다만 각국의 국민들이 알아 주기만 한다면……. 그들이 행동하기로 결심한다면……. 바로 이것을 위해서 마지막, 마지막 순간까지 힘써야 해!"

그는 한시도 머릿속을 떠나지 않는 생각에 사로잡혀 파리, 베를린, 브뤼셀에서 있었던 시위와 어떻게든 유럽의 평화를 지키려는 자신들의 의지를 관철시키기 위해 외치는 군중의 한결같은 열정을 목격했을 때 자신이 얼마나 감동했었는지 간단히 들려주었다. 그는 갑자기 지금 여기에 있는 것이 부끄럽게 생각되었다. 그는 동지들의 활동, 오늘 있을 이런저런 사회당 지부별 행사, 자신이 직접 해야할 일—가능한 빨리 당에서 비용으로 쓸 수 있도록 해야 할 돈에 대해서 생각했다……자크는 얼굴을 홱 들었다. 그리고는 제니의 머리를 쓰다듬으면서 좀 거칠고 우울한 투로 말했다.

"제니, 나는 언제까지나 당신하고 있을 수는 없어……. 나를 필요로 하는 일이 너무 많아……."

제니는 꼼짝도 하지 않았다. 그러나 자크는 제니가 긴장하는 것을 느꼈고, 그녀가 자신에게 절망적인 눈길을 던지는 것을 보았다. 자크는 더욱 격렬하게 제니를 가슴에 껴안고 핼쑥해진 그녀의 얼굴에 마구 키스를 했다. 그는 제니가 불쌍하게 여겨졌다. 도저히 구할 길 없는 무언의 이 고통 때문에 여러 가지 사태가 그에게는 갑자기 더 무겁게 느껴졌다.

"그렇다고 당신을 함께 데리고 갈 수도 없고……" 하고 그는 자신도 모르게 말이 나온 듯이 중얼거렸다.

제니는 놀라 몸을 떨었다. 그리고 결심한 듯이 이렇게 말했다.

"왜 안 돼요?"

무엇을 하려는지 자크가 알아차리기도 전에 그녀는 그의 팔을 빠져나가 옷장을 열고 모자와 장갑을 꺼냈다.

"제니! 말했잖아. 그래서는 안 돼……. 나는 할 일도 많고, 또 만나야 할 사람도 많아……. 〈위마니테〉사에도 가야 하고……. 또 〈리베르테르〉사와 그 밖에 다른 곳에…… 오늘 저녁에는 몽루주에도 가야 해……. 그동안 당신이 뭘 하겠어?"

"길가에 있을게요……" 하고 제니는 애원하듯 말했다. 그런 그녀의 말투에 당사자는 물론 자크도 놀라지 않을 수 없었다. 그녀는 이미 자존심 같은 것은 깡그리 잊고 있었다. 3일 동안 떨어져 있으면서 그녀는 아주 변해 버린 것이다. "언제까지라도 기다릴 거예요……. 조금도 귀찮게 굴지 않을 테니까…… 자크, 당신을 따라가게 해 주세요. 당신과 언제나 같이 있게 해 주세요……. 아니에요, 그런 부탁을 하는 게 아니에요. 저도 안 된다는 것을 알고 있어요……. 하지만 제발…… 여기에…… 이런 신문들과 함께 나를 내버려두고 가지 마세요!"

지금까지 자크가 제니를 이처럼 가깝게 느껴보기는 이번이 처음이었다. 그것은 새로운 제니—투쟁을 위한 동지였다!

"좋아, 데리고 가지!" 하고 그는 흔쾌히 외쳤다. "내 친구들도 소개하고…… 그래……. 오늘 저녁에 몽루주 집회에 같이 가……. 따라와!"

"먼저 해야 할 일은 유산문제를 처리하는 거야……" 하고 그는 둘이서 밖으로 나오자마자 침착하게 말했다. "그런 다음 〈파리—미디〉의 기사가 사실인지 확인해 봐야겠어."

목소리도 들떠 있었다. 그는 제니가 같이 있게 되자 가장 즐거웠던 시절의 활기를 되찾았던 것이다. 그는 제니의 팔꿈치 밑으로 손을 넣었다. 그러고는 빠른 걸음으로 그녀를 뤽상부르 공원 쪽으로 데리고 갔다.

중개인사무소(은행의 각 지점, 저축은행, 우체국도 마찬가지였다)에는 지폐를 금화로 바꾸려고 창구에 사람들이 떼로 몰려와 야단법석이었다. 증권시장은 이틀 전부터 그야말로 아우성이었다. 증권중개인들과 거래소 밖의 증권중개인들은 만일을 생각하여 7월 결산을 8월 말로 늦출 수 있는 지불정지령을 내리도록 정부 당국에 압력을 가했다.

"정보가 매우 정확하셨더군요, 선생" 하고 지배인은 눈을 껌벅거리면서 감탄해 마지않았다. "이틀 차이로 하마터면 말씀대로 못해 드릴 뻔했습니다!"

"알고 있습니다" 하고 자크는 침착하게 말했다.

몇 시간 뒤 티보 씨가 남긴 막대한 재산의 반은—그렇게 짧은 시일 안에는 도저히 해결할 수 없는 남아메리카 주식 250만 프랑을 제외하고—스테파니를 통해 신중하고 맡을 만한 자격이 있는 사람의 손에 넘어갔다. 이 사람은 익명의 기부금을 24시간 안에 인터내셔널 본부에 기탁할 책임을 맡았던 것이다.

56. 7월 30일 목요일—앙투안, 뤼멜을 방문. 프랑스 외무성의 패닉 상태

같은 시간에 앙투안은 뤼멜에게 주사를 놓기 위해 외무성 계단을 올라가고 있었다. 며칠 전부터 특히 외무장관이 돌아온 뒤부터 뤼멜은 밤낮으로 기진맥진해 있어서 위니베르시테 거리에 오는 것을 포기할 수밖에 없었다. 그리고 몸을 혹사한 탓에 전과는 달리 매일 주사를 맞아야 했으므로 결국 앙투안 쪽에서 정기적으로 그를 찾아오기로 한 것이다. 앙투안은 그 왕진을 기꺼이 받아들였다. 20분을 뤼멜의 사무실에서 보내곤 했는데, 이것은 그로 하여금 외교적으로 급변하고 있는 여러 상황을 그날 그날 알 수 있게 해 주었다. 그는 이렇게 우연한 기회로 파리에서 정보에 가장 정통한 사람의 하나로 자처하게 되었다.

복도와 그 옆 작은 응접실에는 여러 사람이 면담을 기다리고 있었다. 그러나 경비는 앙투안을 알고 있었으므로 뒷문으로 그를 안내했다.

"그러면" 하고 앙투안은 주머니에서 〈파리—미디〉지를 꺼내면서 말했다. "사태가 점점 급박해지고 있단 말인가?"

"쳇······" 하고 뤼멜은 의자에서 일어서며 눈살을 찌푸렸다. "그런 건 어서 찢어 버리게나······. 즉각 부인했어! 이런 파렴치한 허위보도는 정부가 고소할 거야. 경찰이 곧 남아 있는 부수를 모두 압수했어."

"그럼 허위보도였단 말이지?" 하고 안심했다는 투로 앙투안이 물었다.

"그······ 그런 건 아니야."

앙투안은 사무실 구석에 기구를 놓으며 얼굴을 들었다. 그리고 피곤한 모습으로 천천히 옷을 벗는 뤼멜을 잠자코 주시했다.

"어제 저녁에 매우 심각한 조짐이 있었던 건 틀림없어······." 피로 때문에 가라앉은 그의 목소리는 앙투안이 볼 때 변해 있는 것 같았다. "새벽 4시인데도 우리는 모두 일어나 있었어. 초조한 상태였으니까. ······육군참모총장과 해군참모총장이 급히 엘리제궁에 불려갔는데, 그 자리에는 벌써 수상도 와 있었어. 2시간 동안 진지하게····· 비상조치에 관해 토의한 거야."

"그래서······ 그 조치는 취하지 않기로 한 건가?"

"결국 취하지 않기로 했지, 아직은…… 오늘 아침부터는 약간의 정세 완화를 전하라는 지시가 있었을 뿐이야. 독일은 군대를 동원하지 않겠다고 정식으로 통고해 왔어. 뿐만 아니라 빈 정부와 페테르부르크 정부와는 적극적으로 '담판'을 짓고 있다는 거야. 그러므로 지금은 공연히 주도권을 잡거나 해서 일을 위험하게 몰고 간다면……."

"그런데 독일의 그런 태도는 좋은 징조이구먼!"

뤼멜은 눈짓으로 그의 말을 가로막았다.

"이 사람아, 그거야 속임수지! 속임수에 지나지 않아! 가능하면 동맹국 ^(제1차 세계대전에서 연합국에 대항하여 싸운 독일, 오스트리아, 헝가리)의 주장에 이탈리아를 끌어들이려는 온건한 제스처인 거야. 사실은 아무런 성과도 얻을 수 없는 제스처지. 오스트리아는 이제 물러설 수 없고, 러시아는 물러서려고 하지도 않는다는 것을 독일도 우리 못지않게 잘 알고 있어."

"자네 말을 들으니 정말 놀랄 말한 일이군……."

"오스트리아도 그렇고 러시아도 그래…… 그 밖에 '다른 나라들도……' 그러므로 사태가 꼬여가는 거야. 정부 안에서는 거의 전부가 여전히 평화를 원하고 있어. 하지만 동시에 전쟁을 원하는 정부도 도처에 있어…… 각국 정부는 어쩔 수 없는 형세에 따라 불길한 가정 앞에서 한결같이 '어쨌든 한번 해볼 만한 승부다…… 어쩌면 손 안에 넣기에 좋은 기회인지도 모른다!'라고 생각하고 있거든. 그건 그래! 자네도 알다시피 유럽 각국은 오래전부터 마음속으로는 어떤 목적을 이루어야겠다는 생각, 어차피 전쟁에 끌려 들어갈 바에는 거기에서 어떤 이익을 끌어내야겠다는 생각을 언제나 해왔어……."

"우리나라도?"

"우리나라에서도 지도자들 중에서 가장 평화주의적이라 할 수 있는 사람들까지 '요컨대 이번이야말로 독일과 결판을 짓고…… 알자스—로렌을 다시 찾을 수 있는 좋은 기회인지 모른다'라고 생각하고 있어. 독일은 독일대로 이 기회에 포위망을 뚫으려 생각하고 있고 영국은 그 나름대로 독일 해군을 전멸시켜 독일의 무역과 식민지를 가로채려 하고 있어. 모든 나라가 큰 재앙을 피하려고 하면서도 그 이면에는…… 여차 일이 터질 경우 손에 넣을지도 모르는 이익을 노리고 있는 거야."

뤼멜은 낮고 단조로운 말투로 자기 생각을 털어놓았다. 그는 이야기하는 데 지친 것 같았고, 너무 피곤해서 가만히 있을 기운도 없는 것처럼 보였다.

"그래서?" 하고 앙투안이 물었다. 그는 기대와 불확실에서 오는 물리적 공포 때문에 이제는 차라리 전쟁이 터져 별수없이 출정하는 수밖에 없다는 말을 듣는 편이 더 낫겠다는 생각이 들었다.

"그런 데다가" 하고 뤼멜은 묻는 말에 대답하려고도 하지 않고 이야기를 시작했다. 그는 입을 다물고 곱슬곱슬하게 컬을 한 머리를 손끝으로 천천히 쓰다듬고 나서 두 손으로 이마를 감쌌다.

2주일 동안 아침부터 저녁까지 그 모든 문제에 관해 떠들고 또 그 모든 것이 펼쳐지는 것을 들어온 나머지 자기가 말하고 있는 사태가 얼마나 심각한 것인지 의식하는 것조차 잊고 있는 것 같았다. 그는 선 채로 두 눈을 내리깔고 두 손으로 관자놀이를 누르며 미소를 짓고 있었다. 그의 와이셔츠 자락이 노란 솜털이 난 희고 통통한 넓적다리 위에서 펄럭거렸다. 그의 미소라 해도 앙투안에게 보내는 미소는 아니었다. 멍청하고 짜증스러워하는 미소, 거의 바보스러워 보이는 미소였다. 전혀 '사자답지' 않은 미소였다. 눈에 띄게 초췌한 모습을 그의 부은 얼굴, 잿빛 곱슬 머리카락이 땀으로 찰싹 붙어 있는 핏기 없고 주름진 이마 위에서 읽을 수 있었다. 그는 지난 이틀 밤을 꼬박 케도르세에서 보냈던 것이다. 지쳐 있는 정도가 아니었다. 극적이었던 이 1주일 동안의 충격으로 인해 완전히 힘이 빠지고 허약해졌으며 거의 녹초가 되었다. 그런 그의 모습은 물속에서 오랫동안 이리저리 끌려다닌 물고기 같았다. 주사 덕분에(그리고 앙투안이 만류하는데도 불구하고 2시간마다 복용한 콜라정제(자극성불면제) 덕분에) 일과만은 해낼 수 있었다. 그러나 그것은 최면상태에서였다. 기운을 되찾은 신체는 다시 제 기능을 발휘하기는 하지만 중요한 어느 기관이 틀림없이 고장을 일으킨 것 같아 보였다. 이제 몸이 더 이상 말을 듣지 않는 것이었다.

뤼멜을 보기만 해도 측은한 생각이 들었다. 그런데도 앙투안은 궁금증을 풀고 싶었다. 앙투안은 되풀이해 물었다.

"그런 데다가 어쨌다는 거야?"

뤼멜은 몸을 떨었다. 그리고 양손을 댄 채 얼굴을 들었다. 머리가 윙윙거리고 지끈거려서 대수롭지 않은 충격을 받아도 금세 머리가 깨질 것만 같았다. 그래, 이 상태가 언제까지나 계속될 수는 없어. 결국에 가서는 머릿속에서 무엇인가가 터지고 말 거야……. 그 순간 그는 장소는 상관없이, 설사 그곳이 감방이라도 좋으니 반나절만이라도 혼자 있으면서 푹 쉴 수 있다면 자신의 지위와 야망을 송두리째 버려도 좋겠다는 생각이 들었다…….

그러면서 그는 전보다 목소리를 낮추면서 말을 계속했다.

"그런 데다가 '우리나라'는 이런 것을 '알고 있어'. 독일은 만일 러시아가 군대를 조금이라도 동원한다면 곧바로 동원령을 내릴 것이라고 페테르부르크에 통고했다는 사실을 말이야……. 하나의 최후통첩이지!"

"그렇다면 무엇이 러시아로 하여금 동원령을 못하도록 가로막고 있는 거야?" 하고 앙투안이 외쳤다. "어제 차르가 헤이그의 국제사법재판소의 중재를 제안했다고 하지 않았는가?"

"바로 그거야. 문제는 '오직' 거기에 있어. 러시아는 중재를 떠들어 대고는 있지만 끈질기게 동원을 계속하고 있어!" 하며 뤼멜은 냉담한 투로 말했다. "우리나라에 알리지 않았을 뿐만 아니라 우리 모르게 시작한 동원이야! ……그러면 언제부터였을까? 어떤 사람들의 말로는 24일부터라는 거야! 오스트리아의 선전포고가 있기 나흘 전이지! 오스트리아가 군대를 동원하기 닷새 전이고! 어제 저녁에 사조노프 씨가 우리에게 러시아는 전쟁 준비를 서두르고 있다고 분명히 말했어. 내가 알기로는 어느 누구보다도 진지하게 무슨 일이 있어도 전쟁은 피하고 싶다는 비비아니 씨는 말 그대로 아연실색한 거야. 동원—'총'동원의 칙령이 오늘 저녁 페테르부르크에서 공식적으로 발표된다 해도 우리는 아무도 놀라지 않을 거야! ……오늘밤 군사회의도 바로 그 문제 때문이거든……. 사실은 헤이그 평화재판소에서 중재해 주기를 바라는 것 같은 이상주의적인 제안보다 훨씬 더 중요한 거야! 또는 카이저와 그의 사촌인 차르 사이에 오가는 것으로 보이는 '우호적인' 서신보다 말이야! ……그럼 러시아는 왜 그렇게 도전적인 태도를 보이는 것일까? 푸앵카레가 독일이 무력으로 나오지 않는 한 러시아는 프랑스로부터 군사적 원조를 바랄 수 없다고 늘 신중하게 되풀이했기 때문일까? 그것도 의심스러워 ……오히려 러시아가 독일로 하여금 도전적인 태도를 취하게 해서 그 결과 프랑스도 동맹국으로서 약속을 지키지 않을 수 없게 만들기를 바란다고 말하고 있어!"

뤼멜은 입을 다물었다. 그는 자신의 무릎을 주의 깊게 살펴보고 나서 두 다리를 만졌다. 더 이상 말하기를 망설이고 있는 것일까? 앙투안은 그렇게 생각하지 않았다. 그는 오늘 이 외교관이 말해도 되는 것과 안 되는 것을 전혀 판단할 수 없는 상태에 있지 않나 하는 인상을 받았다.

"푸앵카레 씨는 아주 강경해" 하며 뤼멜은 얼굴을 들지 않고 말을 이었다. "아주 강경해……. 예를 들면 오늘밤에 페테르부르크 주재 프랑스대사관에는 프랑스 정부의 이름으로 러시아의 동원을 '단호히 거부'하라는 훈령이 가 있을 거야."

"아주 잘했어!" 하고 앙투안은 순진하게 외쳤다. "나는 푸앵카레가 전쟁에 동의할 거라고 믿는 자들과는 언제나 의견을 달리 해 왔어."

뤼멜은 금방은 뭐라고도 대답하지 않았다.

"푸앵카레 씨는 무엇보다도 우리나라의 책임을 안전하게 해 두려고 하는 거야" 하고 뤼멜은 의외로 입을 삐죽거리며 중얼거렸다. "이제 알다시피 늦건 빠르건, 일이야 어찌 되든, 전보는 쳐놓았어. 그게 기록으로 남아 우리의 평화의지만은 입증할 거야……. 그걸로 프랑스의 명예는 구제됐어……. 아주 적절한 시기야…… 썩 잘한 일이야."

전화벨 소리가 나직하게 울리자 뤼멜은 수화기를 들었다.

"안 돼……. 신문기자는 아무도 만날 수 없다고 해……. 안 돼. 그 사람도!"

앙투안은 곰곰이 생각해 보다가 말했다.

"그런데 프랑스가 지금이라도 굳이 러시아의 동원을 막으려 한다면 공식적인 반대보다도 훨씬 더 효과적인 방법은 없을까? 지난번에 한 자네 이야기로는, 만일 러시아가 독일보다 '먼저' 군대를 동원할 경우에는 조약에 따라 프랑스는 러시아를 원조하지 않아도 된다는 것이었어. 그렇다면 어느 정도 강력하게 사조노프에게 그것을 상기시켜서 전쟁 준비를 늦추도록 하면 되잖아?"

뤼멜은 마치 어린아이가 지껄이는 것을 듣는 사람처럼 점잖게 어깨를 으쓱했다.

"이봐, 지난날에 맺은 프랑스─러시아 조약이 지금에 와서 무슨 소용이 있겠나? 내 생각이 틀렸는지 어떤지는 역사가 말해 줄 거야. 어쨌든 내 짐작으로는 지난 3년 동안에, 특히 최근 몇 주 동안에—러시아의 끊임없는 이중적인 교묘한 술수에다가 또 우리 지도자들의 순진한 부주의까지 합세해서—러시아의 동맹은 아무런 '조건 없이' 개정됐고…… 그리고 프랑스는 사전에 동맹국의 모든 군사행동에 묶여 버린 것이 틀림없어……. 그런데 이것은 우리나라 외무장관의 짓 같지는 않아……" 하고 뤼멜은 낮은 목소리로 덧붙였다.

"그렇지만 비비아니와 푸앵카레는 의견이 같았을 텐데……."

"휴" 하며 뤼멜이 말했다. "의견이야 물론 같았겠지……. 다른 것이 있다면 그것은 비비아니 씨가 군부세력에 언제나 맞서 왔다는 점일 거야……. 알다시피 비비아니 씨는 수상이 되기 전에는 3년 군복무에 반대한 사람이었어……. 어제만 해도 배에서 내렸을 때 그는 모든 일이 잘 되게 되어 있고 또 그러리라고 굳게 믿고 있는 것 같았어. 그런데 그는 지금은 어떻게 생각하고 있을까? 오늘밤에 확대 각료회의가 끝난 뒤에 그는 알아볼 수 없을 만큼 변해 있었고, 보기에도 측은한 생각이 들 정도였으니까……. 만일 우리나라가 군대를 동원할 경우 그가 사직한다 해도 나는 놀라지 않을 거야……." 이렇게 말하면서 그는 질질 끄는 발걸음으로 긴 의자로 걸어가서 쿠션에 코를 파묻고 길게 엎드렸다. "오늘은" 하고 여전히 거드름을 피우며 말했다. "확실히 오른쪽 넓적다리지."

앙투안은 주사를 놓기 위해 가까이 갔다.

잠시 침묵이 흘렀다.

"처음에는" 하며 뤼멜은 쿠션에 묻힌 목소리로 말했다. "오스트리아가 평화를 지키려는 노력을 의도적으로 게을리하는 것 같아. 그런데 지금은 평화를 지키려는 모든 노력을 의도적으로 게을리하는 것 같아. 그런데 이제는 러시아인 것이 틀림없어……." 그는 일어나 다시 옷을 입기 시작했다. "그래서 러시아는 이번의 영국의 새 중재 노력을 완강하게 거부하면서 무산시키고 만 거야. 실은 어제 런던에서 이 문제에 대한 진지한 검토가 있었고, 어떤 절충안이 제출되었던 거야. 영국은 베오그라드 점령을 하나의 기정 사실, 즉 오스트리아가 가진 단순한 담보인 것으로 잠정 승인하겠다고 제의하면서 그 대신 오스트리아에게 자신들의 의도를 누구나 알 수 있도록 분명히 해 달라고 했어. 협상을 시작하려면 최소한 이것이 출발점이었으니까. 다만 여기에는 강대국들의 만장일치의 찬동이 필요했어. 그런데 러시아는 단호하게 거절한 거야. 그러면서 절대조건으로 세르비아의 전쟁행위 중지와 오스트리아 군대의 베오그라드 철수를 요구해 왔어. 이것은 사실 지금의 정세로 보아 오스트리아가 받아들일 수 없는 양보를 요구하는 것밖에 안 돼! 그래서 모든 게 다시 수포로 돌아가고 말았어……. 그건 그래. 헛된 희망 따위는 품어 봤자 소용없어. 러시아는 바꿀 수 없는 결정을 해 놓고 그것에 따라 움직이고 있어. 그런데 그 결정은 어제의 일이 아닌 것 같아……. 러시아는 더 이상 말도 들으려 하지 않아. 이제는 이 전쟁을 포기하려 하지 않고, 오히려 이 전쟁이 자기 나라에 이익이 되기를 바라고 있어. 결국 러시아는 우리 모두를 전쟁으로 이끌고 가는 거야……. 우리는 그것을 절대로 피할 수 없을 테고!

뢰멜은 이미 윗옷을 입었다. 그리고 넥타이가 제대로 매였는지 거울로 확인하려고 기계적으로 벽난로 쪽으로 걸어갔다. 그런데 가다 말고 돌아보았다.

"그런데 우리 케도르세 안에 정말로 사실을 알고 있는 사람이 있는 줄 아나? 진짜 정보보다는 허위정보가 훨씬 더 많아……. 어떻게 하면 그것을 가려낼 수 있을까? 좀 생각해 보게. 2주 전부터 케도르세와 참모본부의 모든 사무실마다 전화벨 소리가 끊이지 않아. 그것도 즉각적인 대답을 요구하는 전화야. 그래서 지칠 대로 지친 책임자들은 깊이 생각할 시간도 연구할 시간도 없어! 생각해 봐. 어느 나라 할 것 없이 참사관들, 각료들, 국가원수들의 책상 위에는 인접 국가의 속셈을 알리는 암호전보가 시시각각 쌓이고 있어! 미치광이처럼 요란스럽게 늘어놓는 객설이고, 서로 모순된 정보와 주장이면서 모두가 다른 어느 것보다도 중대하고 절박하다는 거야! 이렇게 시끌벅적한 혼잡 속에서 어떻게 그 내막을 똑똑히 알 수 있겠어? 예를 들면, 비밀첩보망을 통해서 극비정보가 들어왔는데 뜻밖의 절박한 위험을 알리는 거야. 그런데 알고 보면 재빨리 손만 쓰면 아직은 막을 수 있을지도 모르는 그런 위험이지. 도저히 확인할 길이 없어. 이쪽에서 손을 썼는데 그 정보가 허위였다면 우리 행동이 사태를 악화시켜 상대국의 결정적인 행위를 불러일으킬지도 모르고, 모처럼 이루어지려던 협상을 망쳐 버릴 우려가 있는 거야. 그러나 손을 쓰지 않고 있는데 그 위험이 사실이라면? 내일이면 이미 때는 늦어……. 글자 그대로 유럽은 마치 술 취한 여자처럼 비틀거리고 있어. 절반은 사실이고 절반은 거짓인 그 숱한 정보가 난무하는 속에서 말이야……."

뤼멜은 서툰 솜씨로 칼라를 매만지며 방 안을 왔다 갔다 하고 있었다. 그러면서 그 역시 유럽이 그러하듯이 혼란스런 자신의 생각에 휘말려 휘청거렸다.

"불쌍한 각국의 대사관들!" 하고 그는 중얼거렸다. "모두가 그들을 비난하고 있어⋯⋯. 하지만 사실 평화를 지킬 수 있는 것은 그들밖에 없었어. 그리고 만일 그들이 문제의 핵심을 향해 전력을 기울일 수 있었다면 아마 평화를 지키는 데 성공했을 거야. 그런데 그들은 자신들의 전력을 인간들의 자존심, 그리고 국민의 자존심을 지키는 데만 쏟고 있거든! 딱한 일이야⋯⋯."

그는 아무 말 없이 왕진가방을 챙기고 있는 앙투안 곁으로 와서 멈춰 섰다.

"게다가" 하며 그는 생각한 바를 분명히 말하지 않을 수 없다는 듯이 말을 이었다. "지금에 와서는 외교관들이나 정부당국자들만으로는 결정할 수 없게 되었어⋯⋯. 여기 케도르세에서도 모두들 며칠전부터 정책과 외교로 해결할 시기는 이미 지났다고 느끼고 있어⋯⋯. 지금은 각 나라에 발언권을 갖고 있는 사람들이 군인들이야⋯⋯. 그들이 가장 강자들이지. 그들은 국가 안전을 들먹이며 떠들어 대고 있어. 그리고 모든 민간세력들은 그 앞에서 꼼짝 못하고 있고⋯⋯. 그래, 가장 비호전적인 나라에서조차 실권은 이미 참모본부의 손 안에 들어가 있어⋯⋯. 이봐, 사태가 이쯤 된 이상⋯⋯ 이쯤 된 이상⋯⋯." 그는 얼버무리는 제스처를 취했다. 다시 얼굴을 찌푸리며 바보 같은 미소가 입가에 떠올랐다.

전화가 울렸다.

잠시 그는 전화기를 뚫어지게 바라보았다.

"위험한 톱니바퀴지" 하며 그는 눈을 아래로 향한 채 중얼거렸다. "서로 맞물리는 것도 없이 굴러가는 톱니바퀴 같은 거야⋯⋯. 우리는 파멸을 향해 달려가고 있어. 마치 비탈길을 내려가는 기차가 브레이크가 걸리지 않아 그 자체의 무게 때문에 가속이 붙어 걷잡을 수 없이 달려가는 것처럼⋯⋯ 나중에는 현기증이 날 만큼 말이야⋯⋯. 사태는 '이미 손에서 떠나 버린' 것 같은 느낌이야⋯⋯. 이끄는 사람도 없이, 아무도 바라지 않는데도 제멋대로 가고 있어⋯⋯. 누구 하나⋯⋯ 각료들도 왕들도 바라지 않는 방향으로 말이야. 이렇다 할 이름 있는 어느 누구도⋯⋯ 우리 모두가 허둥지둥하고, 무엇에 들키고, 무장해제당하고, 농락당하고 있다는 느낌이 들어⋯⋯. 어떻게 해서 이렇게 됐는지 누구 때문인지도 몰라……. 저마다 그런 일은 하지 않겠다고 말한 일을, 어제까지만 해도 절대로 행하고 싶지 않다고 말하던 짓을 하고 있어……. 책임 있는 사람들은 모두 노리개가 된 것 같아—모르기는 해도—까마득히 높은 곳에서, 아주 먼 곳에서 조종하는 불가사의한 세력의 노리개가 된 듯한 느낌이 들어……."

뤼멜은 계속 멍한 눈으로 전화기를 바라보면서 그 위에 손을 얹었다. 마침내 그는 몸을 일으켰다. 그리고 수화기를 들기 전에 앙투안에게 다정한 손짓을 해보였다.

"그럼 내일 보세……. 용서하게, 배웅은 하지 않겠네."

57. 7월 30일 목요일—앙투안, 시몽 드 바탱쿠르의 방문 맞다. 안느와의 이별을 결심

케도르세에서 나온 앙투안은 몹시 지쳐서 열이 나고 마음이 심란해, 그날 일이 쌓였는데도 왕진을 가기 전에 잠시 집에 들러 쉬기로 했다. 그는 그런 일이 일어나리라고는 믿지 않았지만 마음속으로는 이렇게 되뇌이고 있었다. '한 달만 있으면…… 동원되겠지……. 미지의 세계……."

둥근 천장 밑으로 들어서자마자 한 젊은 남자가 눈에 띄었다. 그 남자는 현관에서 나오다가 앙투안을 보고는 멈추어 섰다.

시몽 드 바탱쿠르였다.

'남편이군' 하고 앙투안은 몸을 가다듬으며 생각했다.

전에 여러 번 만난 일이 있었고—작년에도 안느의 딸에게 깁스를 해 줄 때에 만난 적이 있었는데도 앙투안은 그를 금방 알아보지 못했다.

시몽은 변명을 늘어놓았다.

"오늘은 진찰하시는 날로 생각했었지요, 의사 선생님……. 그래서 내일 뵈었으면 하고 약속을 해 놓았습니다. 실은 오늘 저녁에 베르크로 돌아가고 싶어서 그다지 폐가 되지 않는다면……."

'무슨 일로 날 만나자는 걸까?' 하고 앙투안은 경계심을 가지고 생각했다. 그는 피하지 않고 당당하게 행동하고 싶었다.

"10분 정도면……" 하고 그는 무뚝뚝하게 말했다. "죄송합니다만 온종일 왕진이 있어서……. 올라오세요."

두 사람의 입김과 땀내가 뒤범벅되어 풍기는 좁은 엘리베이터 안에 그 사람과 나란히 서 있는 앙투안은, 묘한 혐오감이 도를 지나 원한 비슷한 감정으로 변해 몸이 굳은 채 마음속으로 이렇게 되뇌었다. '안느의 남편…… 남편…….'

"전쟁을 피할 수 있을 걸로 생각하십니까?" 하고 바탱쿠르가 느닷없이 물어왔다. 어렴풋한 미소, 순박하고 부드러운 미소가 그의 입술 위에 감돌았다.

"저도 어떻게 되는 건지 모르겠습니다." 앙투안은 침울하게 말했다.

상대의 얼굴이 일그러졌다. "그렇게 될 수는 없겠지요…… 그 지경까지, 그렇게까지 될 수는 없어요……."

앙투안은 아무 말도 없이 열쇠 꾸러미를 만지작거리고 있었다. 그는 문을 열었다. "가시죠."

"사실 딸아이 위게트 일로 상의드릴 것이 있어서 왔습니다……" 하고 바탱쿠르가 입을 열었다.

자신에게는 아무것도 아닌 그 아이의 이름을 그는 지극히 감동적으로 불렀다. 하기는 그는 그 아이를 자기 딸처럼 사랑했고, 병을 낫게 해 주려고 온 정성을 기울여 온 것 같았다. 그는 어린 환자의 요양생활에 관해 세세한 것까지 빠뜨리지 않고 들려주었다. 그의 말에 따르면 위게트는 깁스를 한 상태에서 그토록 오랫동안 움직이지 못하면서도 천사와 같은 인내심으로 견뎌왔다는 것이다. 그 아이는 하루에 아홉 내지 열 시간을 밖에서 지냈다. 하얀 조랑말을 한 마리 사 주었는데 그것은 그 아이의 '관'(누운 채로 올라탈 수 있는 마차용 관)을 베르크의 여러 동네를 거쳐 모래 언덕까지 끌고 가도록 하기 위해서였으며, 밤이면 그는 아이에게 책을 읽어 주고, 프랑스어, 역사, 지리 따위도 조금씩 가르쳐 주었다는 것이다.

앙투안은 바탱쿠르를 자기 방으로 안내하면서 잠자코 그의 이야기를 들었다. 그리고 자신의 직업적인 관심사도 있고 해서 그의 말을 들으면서 환자의 병세에 관해 가르쳐 줄 수 있는 몇 가지 징후를 모으려고 애를 썼다. 그는 안느와의 관계는 까맣게 잊고 있었다. 다만 전에 안느를 자주 앉게 했던 바로 그 안락의자에 바탱쿠르가 몸을 파묻는 것을 보았을 때에야 비로소 그는 이상하리만큼 집요하게 이런 생각을 하게 되었다. '저기에 있는 저 남자, 나에게 말을 붙이고 나에게 미소를 지으며 자신의 여러 가지 걱정거리를 나에게 털어놓기 위해 온 저 남자, 나는 그를 속이고, 그의 아내를 훔쳤다. 그런데 그는 그런 사실을 모르고 있다⋯⋯.'

처음에는 구체적으로 뭐라고 꼬집어 말할 수 없는 기북스런 느낌만 들었다. 그것은 만지고 싶지 않은 것을 만졌을 때, 더욱이 좀 구역질까지 나는 것을 만졌을 때 느끼는 것 같은 불쾌감이었다. 그러다가 바탱쿠르가 갑자기 입을 다물고 약간 머뭇거리는 듯한 모습을 보이자 앙투안의 머릿속에 의혹이 스쳐 지나갔다. '알고 있는 걸까?'

"실은 선생님께 환자를 간호하는 저의 처지를 말씀드리려고 온 것은 아닙니다" 하고 바탱쿠르가 말했다.

탐색하는 듯한 앙투안의 눈초리에 상대방은 용기를 얻어 이야기를 계속했다.

"지금 여러 가지 귀찮은 문제들이 저에게 일어나고 있어서요⋯⋯. 편지로는 오해를 살 우려도 있고 해서⋯⋯ 모든 것을 확실히 하려면 직접 찾아뵙고 말씀드리는 편이 낫겠다 싶어서⋯⋯."

'하기야, 어찌 됐든 그가 모를 리가 없지 않을까?' 하고 앙투안은 불현듯 생각했다.

잠시 침묵이 흘렀다. 그동안에 앙투안은 괴상한 추측에 빠져 들어갔다.

"실은" 하며 마침내 바탱쿠르가 입을 열었다. "베르크에 머무는 것이 과연 위게트에게 좋은지 어떤지 잘 몰라서요." 그러면서 기후에 관해 여러 가지로 설명을 시작했다.

그의 말에 따르면 회복 속도가 부활절 이후로 눈에 띄게 느려졌다는 것이다. 하지만 베르크의 의사는 자기 고장을 옹호하는 마음에서 바다와 인접한 곳이 아이에게 나쁘다는 생각은 조금도 하지 않는다고 했다. 어쩌면 해발(海拔) 때문일까? 그때 마침 위게트의 유모인 미스 메리가 영국의 친지들로부터 피레네 동부지방의 한 젊은 의사에 관한 특별한 정보를 얻었는데, 그 의사는 이 방면의 전문의로서 놀라운 성과를 거두고 있었다는 것이다⋯⋯.

앙투안은 꼼짝도 하지 않고, 옆모습이 염소처럼 구부러진 마른 얼굴, 모래언덕의 햇볕에도 그을리지 않은 금발머리 남자의 연한 피부를 바라보고 있었다. 바탱쿠르의 말에 귀를 기울이면서 찬성하는 점과 반대하는 점을 신중히 생각하고 있는 것처럼 보였다. 그러나 사실은 거의 듣고 있지 않았다. 그는 가끔 안느가 속내 이야기를 할 때 남편을 가리켜 무능하고, 불성실하고, 이

기적이고, 허영심 많고, 음흉스럽게 악한 남자라고 혹평하던 말을 생각하고 있었다. 그때까지도 그는 안느가 그린 남편의 모습을 액면 그대로 받아들였다. 왜냐하면 그녀가 남편에 관해 말할 때는 진심에서 우러나오는 것처럼 태연하게 멸시하는 듯한 태도를 보이곤 했기 때문이다. 그러나 본인을 눈 앞에 둔 지금, 앙투안의 머릿속에서는 여러 가지 착잡한 생각이 뒤얽혀 버렸다.

"위게트를 퐁로뫼에 데리고 가면 안 될까요?" 하고 바탱쿠르가 물었다.

"괜찮아요…… 좋아요……" 하고 앙투안은 중얼거리듯이 말했다.

"물론 그 아이 곁에 자리잡도록 하겠습니다. 그 아이를 위해 좋은 일이라면 멀리 가건 쓸쓸하건 그런 것은 아무래도 좋습니다. 그런데 저의 아내 말인데요……." 안느의 이름을 말하자마자 그의 얼굴에는 고통스러운 표정이 잠시 떠오르다가 이내 사라졌다. "아내는 베르크로 우리를 보러 잘 오지 않습니다" 하고 그는 애써 관대한 미소를 지으며 털어놓았다. "선생님도 아시다시피 파리는 아주 가깝지요. 아내는 언제나 친구들에게 초대받으며 그녀답지 않게 사교계의 생활에 얽매여 있습니다……. 그러나 우리와 함께 퐁로뫼에서 산다면 파리의 생활 같은 것은 곧 잊어 버릴지도 모르지요……."

그의 눈길에는 다시 이전의 부부관계로 돌아갔으면 하는 바람이 엿보이기는 했지만 그것을 믿고 있는 것 같지는 않았다. 하지만 그는 결혼 첫날 못지 않게 그 여인을 애틋하게 사랑하는 것이 틀림없었다.

"모든 것이 달라지겠지요……" 하고 그는 아리송하게 중얼거렸다.

앙투안은 바탱쿠르에 대한 안느의 비판이 겉보기에 그럴 듯했던 이유를 알 것 같았다. 그런데도—그리고 이러한 확신은 점점 더 또렷하게 그의 마음속에 굳게 자리잡았다—저기, 자기 앞에, 안락의자에 앉아 있는 남자가 안느가 묘사하던 인물과는 근본적으로 다르다는 생각이 들었다. 위선, 이기주의, 악의. 조금이라도 주의력을 가진 관찰자라면 이처럼 당사자를 앞에 놓고 직접 접촉하여 살펴보든지 가지고 있는 명민한 직감을 통해서든지 이런 비난은 채 5분도 가지 않을 것이 분명했다. 오히려 그의 하찮은 말, 어색한 몸가짐에서까지도 바탱쿠르다운 정직함, 타고난 겸손, 선량함이 뚜렷이 나타나고 있었다. '마음 약한 사람, 확실해!' 하고 앙투안은 생각했다. '소심한 사람임에 틀림없어. 걱정도 많고, 어쩌면 모자라는 사람일지도……. 그러나 불성실한 사람은 분명히 아니다!'

바탱쿠르는 차분히 자기의 이야기를 계속했다. 신뢰와 감격으로 가득 찬 호인의 눈길을 보내며, 그는 앙투안의 의견도 듣지 않고 그렇게 중대한 결심을 할 생각은 꿈에도 해본 적이 없다고 털어놓았다. 앙투안의 능력과 열성을 알고 있었으므로 그는 앙투안에게 그 문제를 전적으로 맡겼다. 심지어 그는 병의 원인을 알고 판단하기 위해 잠시라도 좋으니 어린 환자를 보러 베르크에 와 줄 것을 바라기까지 했다. 지금 상황으로는 물론 별 도리가 없겠지만……

앙투안은 그의 말을 주의 깊게 듣고 있었다. 그는 안느와의 관계를 영원히 끊기로 결심했다.

그것이 과연 그 자리에서 몇 분 만에 결정될 수 있는 문제일까? 아니면 이런 극단적인 결심이 이미 오래전부터 그의 마음 한구석에 자리잡고 있었던 것일까? 더구나 절박하고 강압적이며 불가항력인 필요에 따라 이렇게 바로 아무런 불평없이 굴복하고 마는 것을 과연 결심이라고 불러도 될까? …… 그가 그 결심을 분석할 여유가 조금이라도 있었다면, 최근 며칠동안 안느의 전화를 어떻게든지 피하고자 했던 것, 그녀가 레옹을 통해 만나자고 계속 제의한 것을 줄기차게 피해 온 이면에는 이미 그녀와의 관계를 끊으려는 무의식적인 욕구가 은밀하게 작용했던 것이라고 생각했을 것이 틀림없다. 또 이번 일이 시국과 아무런 관련이 없는 것처럼 보이지만 실은 유럽을 들끓게 하고 있는 비극이 이런 초연한 태도와 무관하지는 않았을 것이 틀림없다. 다시 말해서, 온 세계를 혼란으로 빠뜨리고 있는 여러 가지 사건에 비추어 볼 때, 안느와의 관계는 이런 새로운 감각에 더 이상 맞지 않는 것으로 여겨졌을지 모른다.

어쨌든 이렇게 헤어질 것을 서두르고, 자신도 거의 모르는 사이에 그 결정이 이미 끝난 일로 여겨지는 것은 그의 서재 안에 앉아 있는 바탱쿠르의 존재 때문이었다. 자기가 기만한 사람과 자기 집 안에서 서로 마주 앉아 있다는 사실, 아무렇지도 않게 엄숙한 얼굴을 하고 그 사람에게서 이러한 존경과 신뢰를 받고 있다는 사실, 자기가 받은 온갖 수모를 전혀 눈치채지 못하고 있는 그 사람과 마치 신뢰할 수 있는 친구처럼 이야기하고 있다는 사실, 이 모든 것이 그에게는 견디기 어려운 것이었다. 그는 마음속으로 막연히 이렇게 생각했다. '그래서는 안 돼……. 그럴 수는 없어…… 인생이 그래서는 안 되지……. 우선 나부터. 그래, 나의 즐거움, 나의 쾌락 같은 것부터…

…. 그러나 뒤에는 기이하게도 무모하게 희생되는 운명들, 속박된 인간들이 있다……. 이 세상에 혼란과 거짓, 불의와 정신적인 고통이 존재하는 것은 나 같은 인간, 나 같은 생활, 나 같은 행동을 하는 인간들 때문이다…….'

이상하게도 그는 다소 단호한 투로 '이제 안느와 나의 관계는 끝장났다'라고 마음속으로 다짐한 순간, 모든 것이 마치 마법처럼 사라져 버린 느낌이었다. 그렇다. 지금까지 아무 일도 없었던 것 같이 생각되었다. 그는 이제 조금도 거리낌없이 바탱쿠르의 눈을 바라보며, 그에게 미소를 짓고, 그를 격려하고, 그에게 이런저런 조언을 해줄 수 있었다. 바탱쿠르가 자리에서 일어나 초등학교 학생처럼 수줍은 태도로 "아무래도 10분이 지난 것 같네요"라고 더듬더듬 말할 때 앙투안은 웃으면서 그의 어깨 위에 다정하게 손을 얹었다. 앙투안은 이야기를 계속하면서 계단까지 그를 배웅했다. 다음주에 베르크에 가겠다는 것까지 약속했다(앙투안은 잠시 모든 것을, 전쟁까지도 잊고 있었다……. 그런데 갑자기 그것이 머리에 떠올랐다. 또 현재의 모든 가치를 뒤엎으려고 위협하는 재앙이 이런 엉뚱한 약속을 하게 만들었으리라는 생각이 들었다. '한 달 뒤면 우리는 둘 다 죽고 없을지도 모른다' 하고 그는 생각했다. '그런 것과 비교하면 나머지 것들은 무슨 소용이 있겠는가?').

"8시 30분 기차를 타면 랑에는 11시쯤에 도착하고, 점심은 베르크에서 들 수 있습니다" 하고 바탱쿠르는 안심한 듯이 덧붙였다.

"뜻밖의 일이 일어나지 않는 한……" 하고 앙투안은 약속했다.

바탱쿠르의 얼굴이 창백해지면서 일그러졌다. 그는 순간 주먹으로 입술을 눌렀다. 비통한 고뇌로 그의 눈이 휘둥그레졌다. 바로 그 순간 오랜 위그노 교도(프랑스의 칼 뱅파 신교도)의 자손으로 바탱쿠르 백작 대령의 아들인 그가 자기의 병역의 무를 몹시 걱정스럽게 생각하고 있다는 것을 뚜렷이 알아볼 수 있었다.

"제가 동원되면 위게트는 어떻게 될까요?" 하고 바탱쿠르는 앙투안 쪽을 보지 않고 말했다. "그렇게 되면 미스 메리만 남거든요……." 그때 두 사람은 함께 그리고 거의 같은 식으로 안느를 생각했다.

바탱쿠르는 아무 말 없이 문 쪽으로 걸어갔다. 층계참에서 그는 뒤돌아보며 이렇게 물었다.

"선생님은 언제 출정하십니까?"

"첫날입니다……. 보병대대 군의관…… 콩피에뉴 제54연대…… 그런데 댁은?"

"셋째 날입니다……. 중사…… 베르됭 경기병 제5연대."

두 사람은 다정하게 악수했다. 그리고 앙투안은 마지막으로 우정어린 세 스처를 한 다음 조용히 문을 닫았다.

앙투안은 잠시동안 카펫을 내려다보면서 우두커니 서 있었다. 그의 눈앞에 통렬한 영상이 떠올랐다. 그것은 경기병 중사의 옷을 입은 시몽 드 바탱쿠르가 알자스 평야에서 포탄 세례를 받아가며 그 소대의 선두에 서서 달리는 모습이었다…….

요란스런 전화벨 소리에 그는 깜짝 놀라 몸을 일으켰다.

'안느겠지' 하고 생각하며 냉담한 미소를 지었다. 전화기에 달려가 모든 것을 즉시 결말짓고 싶은 욕망이 그를 사로잡았다.

복도 끝에서 레옹이 이미 수화기를 들었다.

"네…… 8월 7일 화요일이라고요? 알겠습니다……. 3시에…… 장테 교수님의 부탁이라고요? ……알겠습니다. 그렇게 적어 두겠습니다……."

수첩을 뒤적이면서 계단을 내려오던 앙투안은 2층 층계참에서 귀에 익은 목소리에 고개를 들었다. 그는 문을 열고 문헌실 쪽으로 걸어갔다.

스튀들레와 르와가 앉아서 토론을 하고 있었다. 그들은 흰 가운을 입고 있지 않았다. 그들의 주위에는 오늘 신문이 테이블과 의자 위에 널려 있었다.

"이 사람들아, 이게 일하는 건가?"

스튀들레는 침울한 모습으로 어깨를 으쓱했다.

르와는 자리에서 일어나 미소를 짓더니 궁금해 하는 태도로 앙투안을 바라보았다.

"뤼멜을 만나셨습니까, 선배님?"

"만났어. 〈파리─미디〉지의 보도는 잘못된 거야. 정부에서는 그것을 부인했어. 하지만 정세는 점점 더 나빠지고 있어……." 잠깐 사이를 두었다가 그는 간단히 이렇게 덧붙였다. "심연의 가장자리를 빙빙 돌고 있어……."

스튀들레는 투덜거렸다.

"게다가 독일은 준비를 하고 있어!"

"우리나라도 하고 있어요, 다행히." 르와가 대꾸했다.

잠시 침묵이 흘렀다.

"평화를 위한 마지막 희망은 노동자 계급의 손 안에 있어" 하고 스튀들레가 한숨을 지으며 말했다. "하지만 그들이 그것을 깨달을 때는 이미 시기적으로 너무 늦을 거야……. 대중들에게서는 전쟁에 대한 하나의 끔찍한 숙명론을 볼 수 있지……. 어떻게 보면 이해가 가. 초등학교 때부터 아이들은 잘못된 생각을 갖게 돼—옛날에 있었던 여러 차례의 전쟁, 영광, 깃발, 조국에 관해 그들에게 가르치는 방식 때문에—군대 행진, 열병에 부여하는 위엄 때문에—게다가 병역의무 때문에…… 오늘날 우리는 그런 비상식적인 언동의 대가를 값비싸게 치르고 있는 거야!"

르와는 비웃는 태도로 듣고 있었다.

앙투안은 다시 비망록을 꺼내 자세히 살펴보았다.

"그럼, 이따 봐" 하고 그는 모자를 쓰면서 퉁명스럽게 말했다. "이러다간 오늘 왕진을 못 끝내겠어……. 그럼 저녁에!"

두 사람만 남았다. 르와가 칼리프의 앞을 막아서며 말했다.

"언젠가는 '그렇게 될 것'이 틀림없어요. 적어도 지금의 상황이 그다지 나쁘지 않다는 것만이라도 인정하는 게 좋겠어요!"

"이봐, 그만해 둬!"

"천만에요……. 이번만은 아무런 선입견 없이 생각해 보세요! ……결국 우리나라는 꽤 좋은 입장에 있어요……. 프랑스로서는 전쟁이 러시아와 독일 사이에서 먼저 터지는 것이 무엇보다도 바람직한 일이에요. 그렇게 돼야 러시아의 협력을 기대할 수 있으니까요. 그리고 원조하는 입장에 서게 되니까 언제나 가장 유리하지요……. 다른 한편으로 우리는 충분한 여유를 갖고—나는 그렇게 되길 바라요—우리의 참모본부가 두려워하는 그런 급습을 당하는 일 없이 슬며시 동원 준비를 할 수 있거든요. 이 모든 것이 우리나라의 가능성을 높여 주는 겁니다……."

스튀들레는 아무 말 없이 그를 바라보고 있었다.

"자" 하며 르와가 말했다. "당신이 올바른 생각을 가진 사람이라면 내 의견에 찬성하지 않을 수 없을 거예요. 해묵은 분쟁을 청산하고 드디어 국위선양하기에 지금이 절호의 기회예요!"

"국위라니!" 하고 스튀들레는 화를 내며 투덜거렸다.

문이 열리더니 주슬렝이 들어왔다.

"자네들은 여전히 논쟁하고 있나?" 하고 그는 지겹다는 듯이 말했다.

(주슬렝은 블라우스를 입고 있었다. 그는 다른 사람들처럼 결코 낙관은 하지 않았다. 앞으로 3주가 지나면 자기가 오전 시간을 바쳐온 연구결과를 확인하러 다시 거기에 오지 못하리라는 것을 그는 알고 있었다. 하지만 아무 일도 없다는 듯이 일하는 것을 자신의 의무로 생각했다. "우선 일을 하고 있으면 생각을 안 하게 되니까" 하고 그는 회색빛이 감도는 두 눈에 슬픈 미소를 띠면서 앙투안에게 말했다)

"어딜 가나 똑같이 바보 같은 소리만 되풀이하고 있으니!" 하고 스튀들레가 어깨를 으쓱하며 그에게 외쳤다. "여기에서는 프랑스의 영광! 저기에서는 오스트리아의 애국심! 러시아에서는 발칸반도에서 슬라브 민족의 명예를 지켜야 한다고 외치고…… 전면적인 대량학살을 불러일으키는 것보다는, 좀 늦은 감이 있기는 해도 각 국민의 평화를 보장해 주는 것이 얼마나 '영광'스런 일인지를 모르는 것 같아!"

스튀들레는 민족주의자들이 언제나 숭고함, 무사무욕, 여러 가지 영웅적인 덕행을 자기들만의 전유물로 주장하는 것을 심히 못마땅하게 생각하고 있었다. 그는 어느 당에도 가입하지 않았다. 그렇다고 여러 나라의 수도에서 호전적인 세력들과 격렬하게 싸우고 있는 혁명투사들이 어느 누구 못지않게 숭고함과 희생정신, 실현하기 힘든 이상을 위해 자신을 뛰어넘고자 하는 의지, 영웅적인 열정과 정신력의 소유자라는 것을 모르지는 않았다.

그는 주슬렝도 르와도 보지 않았다. 예언자 같은 그의 눈은 움직이지 않고 응집된 광채를 발하고 있었다.

"민족의 영광!" 하며 스튀들레는 다시 투덜거렸다. "양심을 잠재우기 위해 이미 거창한 말은 다 동원됐어! ……그 모든 것의 어리석음을 은폐하고 양식이 눈을 뜰 때마다 막아야 하니까! '영광! 조국! 권리! 문명!' 그런데 그런 속임수 뒤에 무엇이 있는 줄 알아? 산업적인 이해관계, 시장경쟁, 정치가들과 기업가들의 결탁, 각 나라의 지배계급들의 지칠 줄 모르는 탐욕이 도사리고 있어! 어처구니없는 노릇이지! 문명을 지킨다고? 가장 지독한 야만행위를 통해서 말이야? 가장 비열한 본능을 폭발시켜서? 권리와 정의를 옹호한다고? 아무도 모르는 암살행위로? 우리를 해칠 생각이 없는데 매한 가지로 똑같은 감언이설에 따라 마지못해 우리와 대적하게 된 그런 불쌍한 사람들에게 발포함으로써? 어리석은 짓이야! 어리석은 짓이야!"

"좋아요, 칼리프!" 하고 르와는 멸시하는 듯 외쳤다.

"침착해, 침착해" 하고 주슬렝은 르와의 어깨 위에 손을 얹으며 부드럽게 말했다.

주슬렝은 그들 가운데 최연소자인 마뉘엘 르와에 대해 앙투안과 마찬가지의 온정을 품고 있었다. 주슬렝은 왠지 모르게 르와가 좋았다. 그의 침착한 담력, 너그럽고 순박한 마음 때문이었다. 무슨 일에든 가만히 있지 못하며, 언제나 자신을 희생할 태세를 갖추고 있는 이 무사와 같은 르와에게서 주슬렝은 어떤 매력을 느낄 수 있었다. 실험실 사람이며 절대적인 것을 탐구하는 그는 르와의 이런 점에 무관심할 수 없었다. 그는 르와의 순수함에 대한 동경, 전쟁을 통한 쇄신에의 소박한 신념을 존경하고 있었다―전쟁이란 분명히 많은 피를 흘려야 하는 것이지만……

"영광……" 하며 그는 중얼거리듯이 말했다. "내 생각으로는 도덕적 가치가 아무런 뜻을 지니지 못하는 곳에 그것을 끌어들인 게 큰 잘못인 것 같아. 여러 국가를 분열시키고 있는 경제적 투쟁 속에 말이야…… 그것이 모든 것을 왜곡시키고 해치고 있어. 또 현실적인 온갖 상거래를 마비시키고 있고. 그것은 상사(商社)들 사이의 단순한 경쟁에 지나지 않고, 또 그래야만 하는 것을 감정적, 이념적인 대립으로, '종교전쟁으로' 가장시키고 있는 거야!"

"카요는 1911년에 그것을 일찍 간파했어" 하고 칼리프는 격렬하게 말했다. "그가 없었더라면……"

르와는 공경적인 어투로 그의 말을 가로막았다.

"그렇다면 당신은 카요를 중죄재판소에서가 아니라 외무성에서 보는 편이 낫다고 생각하는 거 아닌가요?"

"물론이지. 그가 계속 권좌에 있었더라면 우리는 틀림없이 지금과 같은 상태에 있지 않을 거야! ……그가 없었다면 이번 전면전쟁, 그 알량한 사건도 여러 국민의 행복을 위해 3년은 일찍 일어났을 거야. 하기는 자네 친구들과 자네는 그것이 지금 임박해 오니까 좋아서 어쩔 줄 모르는 것 같지만! ……그는 민족의 영광 따위는 입에 담지도 않았어. 그는 이해관계가 달린 일만을 문제삼았던 거야. 만사를 제쳐놓고 현실적인 면, 문제가 되는 이해관계에 집착했던 거야! ……그 덕에 최악의 경우를 벗어날 수 있었거든!"

주슬렝은 르와의 눈길에서 악의가 번득이는 것을 보았다. 그는 재빨리 대화에 끼어들었다.

"내 생각으로도 그런 면에 너무 완강하게 집착하지 않는다면 아무리 적대 관계에 있다 해도 외교적인 절충, 서로의 양보를 통해 해결될 수 있다고 믿어. 이해관계란 감정문제보다 더 쉽게 해결되는 법이니까! ……내 생각도 카요 같은 사람이 있으면…… 전쟁이 일어난다면 클레오파트라의 코에 운명을 걸었던 역사가들은 분쟁의 복잡한 원인들 가운데서 〈르 피가로〉지의 운명적인 권총 사건에 역시 중요성을 부여할 거야……."

르와는 자신있다는 듯 껄껄대며 웃기 시작했다.

"나는 대답을 안 하는 게 낫겠군요" 하고 그는 유쾌하게 말했다. "그런 것은 훗날에 맡기지요!"

58. 7월 30일 목요일―자크, 제니를 몽루주의 회합에 동반, 연설

"이 사람들과 함께 가지" 하고 자크가 제니에게 말했다.

'카페 드 크루아상'에는 10여 명의 사람들이 모여 있었는데 막스 바스티엥이 연설하기로 되어 있는 몽루주에 같이 가기 위해서였다.

(오늘 저녁 모든 구역에서―그르넬, 보지라르, 바티뇰, 비에트에서―사회주의자들의 각 지부는 작은 집회를 열고 있었다. 벨빌와즈에서는 바이양이 발언하기로 되어 있었다. 그래서 한바탕 소동이 벌어질 것으로 예상하고 있었다. 라틴 구에서는 학생들이 빌리에 회관에서 집회를 열기로 되어 있었다)

모두 샤틀레까지 승합차로 가서 오를레앙 문까지는 전차를 탔다. 그리고 나서 전차를 갈아타고 에글리즈 광장까지 갔다. 거기서 전차에서 내려 사람들로 붐비는 거리를 지나 전에 극장이었던 집회 장소까지 걸어가야 했다.

무더운 밤이었다. 변두리의 공기는 악취를 풍겼다. 동네 사람들은 모두 저녁식사를 끝내고 할 일도 없이 불안한 마음으로 밖에 나왔다. 주요 간선도로 가장자리에는 석간을 팔러 온 신문팔이의 고함 소리가 울려 퍼졌다.

제니는 오래된 거리를 비틀거리며 걷고 있었다. 그녀는 지쳐 있었다. 크레이프 베일의 무게에 무더위, 베일에서 풍기는 염료 냄새 때문에 머리가 아프기 시작했다. 더욱이 대부분 작업복 차림인 사람들 틈에서 상복을 입고 있는 제니는 소외감을 느끼지 않을 수 없었다. 무의식적으로 그녀는 장갑만 벗었다.

곁에서 걷고 있던 자크는 제니가 몹시 힘들어하며 걷고 있다는 것을 눈치 챘다. 하지만 제니의 팔을 잡아주기를 망설였다. 그는 친구들 앞에서 제니를 동지로 대하고 있었기 때문이다. 그는 〈위마니테〉사에 들어온 최근의 소식에 관해서 스테파니와 이야기를 주고받으면서 이따금 격려의 눈길을 제니에게 던지곤 했다.

스테파니는 노동자들의 움직임에 자신의 낙관론의 근거를 두고 있었다. 그의 말에 따르면 노동자들의 움직임이 더 격화되고 있다는 것이다. 민중의 항의도 늘어가고 사회당의 선언, 사회당 의원단체의 선언, 노동총연맹의 선언, 센 연합회의 선언, 자유사상가 총본부의 선언이 있었다.

"곳곳에서 소란을 피우고, 도처에서 데모를 벌이고 있어!" 하고 그는 말했다. 새까만 그의 두 눈에는 희망의 빛이 번득이고 있었다.

그는 베스트팔렌(독일의 주 이름)에서 돌아와 '크루아상'에서 저녁을 먹고 있는 한 아일랜드 사회주의자로부터 오늘 저녁에 독일 철강산업의 중심지인 에센에서, 크루프 병기공장의 소재지에서 대규모 평화시위가 열리기로 되어 있다는 것을 들었다. 또한 그 아일랜드인은 꽤 많은 노동자들이 비공식 집회에서 제국주의 정부의 호전적 경향을 막으려고 태업을 찬성하는 구호를 외쳤다고 전해 주었다.

그런데 오후에 심각한 위기감이 전해졌다. 독일에서 날아온 불안한 소문이 편집실 안에 퍼졌던 것이다. 카이저가 사조노프에게 최후통첩을 하듯이 러시아의 동원에 관한 해명을 받아 내도록 했는데, 그 회답으로서 이번의 동원은 부분적인 것이며, '지금에 와서 멈추게 할 수는 없다'는 뜻을 전해 받고는 바로 동원령을 준비시켰다는 것이다. 사실 2시간 동안 사람들은 모든 것이 아주 절망적이라 생각했다. 이윽고 독일 대사관은 그 소문을 부인했다. 그리고 그 표현이 너무나 단호했으므로 독일의 동원 소식은 근거가 없는 것 같아 보였다. 그 소식이 베를린에서 〈로칼란차이거〉지에 의해 전해졌다는 사실도 알았다. 즉 〈파리−미디〉지의 근거 없는 기사에 대한 국경 저쪽에서의 응수 같은 것이었다. 이렇게 잇따른 실망스러운 사건 때문에 여론은 극도로 위험한 흥분상태에 빠져 있었다. 조레스는 무엇보다도 이런 공포에서 오는 모든 피해를 두려워했다. 그는 각 단체와 각 가정에서 할 일은, 정당방위라는 강박관념에 사로잡혀 평화의 적들에게 말려들 수 있는 막연한 공포심과 싸우는 것이라고 계속 되풀이했다.

"그가 귀국한 뒤 본 적이 있나?" 하고 자크가 물었다.

"그럼. 지금까지 2시간 동안 함께 일을 하다가 오는 길이야."

조레스는 벨기에에서 돌아오자마자, 브뤼셀에서 있었던 대회 결과를 사회주의 의원단에 보고하러 가기 전, 8월 9일 파리에서 열기로 되어 있는 인터내셔널 회의 준비를 착수하기 위해 동지들을 한자리에 모았다. 프랑스 사회당으로서는 유럽 사회주의의 중요한 이 집회를 무슨 일이 있어도 성공시켜야 했는데, 기일이 앞으로 열흘밖에 남지 않았다. 따라서 한시도 헛되게 보낼 시간이 없었다.

조레스가 〈위마니테〉사에 모습을 나타내자 모두들 활기를 되찾았다. 그는 독일 사회주의자들의 확고한 태도에 힘을 얻고, 그들로부터 얻어 낸 약속을 믿으면서, 투쟁을 더욱 활발히 전개하려는 새로운 열의에 차서 돌아왔다. 바그람 회관 문제에 대해 정부가 취한 태도에 분격한 그는 곧 권력과 맞서 싸울 결의를 다졌다. 그리고 8월 2일, 오는 일요일에 대규모 반전집회를 조직함으로써 평화수호자들에게 괄목할 만한 보복의 기회를 마련해 주기로 한 것이다.

"힘을 내" 하고 제니의 팔을 붙잡으면서 자크가 말했다. "저기야."

제니는 한 건물 현관에 매복해 있는 경찰 일개 소대를 보았다. 청년들이 〈라 바타이유 생디칼리스트〉지와 〈르 리베르테르〉지를 팔고 있었다.

그들은 막다른 골목 안으로 들어갔는데 거기에는 사람들이 극장 안으로 들어가지는 않고 무리를 지어 선 채 이야기를 늘어놓으면서 늑장을 부리고 있었다. 그렇지만 회의는 시작되었고 만원이었다.

"바스티엥의 연설을 들으러 왔나?" 하고 마침 회의장에서 나오는 투사 한 사람이 자크에게 물었다. "바스티엥은 연맹에 붙들려 있어서 오지 못할 것 같아."

실망한 자크는 그냥 되돌아가려 했다. 그러나 제니를 보니 곧바로 되돌아가려는 것 같지 않았다. 자크는 다른 친구들은 내버려 두고 제니를 이끌고 빈 자리가 두 개 있는 맨 앞줄로 갔다.

지부의 서기장인 르포르라는 사람이 무대 위 정원용 테이블에 앉아 회의를 주재했다.

연사는 몽루주의 시의원으로서 무대 앞 가장자리에 서 있었다. 그는 전쟁이란 아크로니즘('시대착오'의 뜻인 아나크로니즘을 잘못 발음한 것)이라고 여러 번 되풀이했다. 사람들은 그의 연설을 들으려 하지 않는 듯 옆에 앉은 사람들과 이야기를 나누고 있었다.

"조용히 하시오!" 하고 의장이 철제 책상을 이따금 손바닥으로 치며 큰 소리로 외쳤다.

"사람들의 얼굴을 더 가까이에서 봐" 하고 자크가 낮은 소리로 말했다. "혁명가들은 대충 그 얼굴 생김새로 분간할 수 있어. 혁명을 턱에 갖고 있는 사람들이 있는가 하면, 눈 속에 갖고 있는 사람들도 있어……."

'그럼 자기는?' 하고 제니는 생각했다. 그녀는 주위 사람들을 보는 대신 자크의 얼굴, 불쑥 나온 의지에 찬 그의 턱, 활기에 차 있고 좀 차갑게 느껴지며 정력적으로 빛나는 그의 눈길을 살폈다.

"당신 발언할 건가요?" 하고 제니는 머뭇거리며 중얼거리듯이 물었다. 그녀는 오면서 줄곧 그 일을 생각했다. 자크를 좀더 우러러보기 위해 그가 발언하기를 원했다. 그러나 뭔가 멋쩍은 생각이 들어 묻기를 꺼려했던 것이다.

"그럴 생각은 없어" 하고 자크는 제니의 팔 밑에 손을 밀어넣으면서 대답했다. "나는 대중 앞에서는 말을 잘 못해. 몇 번 이야기할 기회가 있었는데 그때마다 늘 말에 끌려서 뉘앙스를 변질시키고 진짜 생각을 왜곡시키고 있다는 느낌이 들어 굳어 버리거든……."

제니에게는 자크가 이렇게 자기에게 마음을 털어놓는 것을 듣는 것만큼 즐거운 일은 없었다. 그렇지만 그가 자신에 관해 이야기하는 것은 대체로 그녀도 이미 알고 있었던 것이다. 자크가 이야기하는 동안에 제니는 옷을 통해 자기의 팔꿈치를 붙들고 있는 그의 손의 열기를 느낄 수 있었다. 그리고 그로 인해 마음에 어찌나 강한 충격을 받았던지 자기의 살을 파고드는 그 감미로운 열정, 그것 이외에는 아무것도 생각할 수 없었다.

"알다시피" 하며 자크는 말을 계속했다. "나는 거짓말을 하고 있다는 느낌, 내가 생각하고 있는 이상의 것을 말하고 있는 것 같은 느낌이 들 때가 가끔 있어……. 그래서는 안 되는데……."

그의 말은 옳았다. 그러나 이야기를 할 때 뭔가 자극적인 도취감을 느끼면서, 청중과 자기 사이에 어떤 의사교환, 공감대 같은 것을 거의 언제나 느꼈던 것도 사실이다.

연단에는 목덜미가 불그레한 한 뚱뚱한 남자가 시의원을 대신해 올라왔다. 그의 낮은 목소리는 처음 몇 마디부터 청중의 주위를 끌었다. 그는 청중을 향해 잇달아 결정적인 문구를 내뱉었지만 그가 하는 말에서는 아무런 사고의 맥락을 찾아볼 수 없었다.

"권력은 민중을 착취하는 자의 손 안에 들어가 있습니다! ⋯⋯보통선거란 음흉한 장난입니다! ⋯⋯노동자는 산업적 봉건제도의 노예입니다! ⋯⋯자본주의자들인 군수품 납품업자들의 정책은 유럽의 마루 밑에 일촉즉발의 화약통을 쌓아놓았습니다! ⋯⋯민중 여러분, 여러분은 크뢰조(프랑스의 유명한 군수공장) 의 주주들에게 배당금을 확보해 주기 위해 총알에 맞아 죽고자 합니까?"

떠나갈 듯한 박수갈채로 짧고 숨가쁜 듯한 이 단정적인 말 한 마디 한 마디가 기계적으로 끊기곤 했는데, 그때마다 그는 테이블을 세차게 두드렸다. 그는 박수갈채를 받는 것에 익숙해 있었다. 그래서 한 마디가 끝날 때마다 박수를 기다리기 위해 말을 뚝 멈추곤 했다. 그리고 마치 목구멍에 풍뎅이라도 들어간 것처럼 잠시 입을 벌렸다.

자크는 제니 쪽으로 몸을 구부리며 말했다.

"어리석기 짝이 없군⋯⋯. 청중들에게 저런 말을 해서는 안 되지⋯⋯. 그들은 다수이고 힘이 있다는 것을 깨닫게 해야 해! 그들은 그 사실을 막연하게 알고는 있지만 '느끼지' 못하고 있어! 직접적이고 결정적인 경험을 통해 알아야만 해. 그것을 위해서라도 이번에야말로 프롤레타리아가 이기는 것이 참 중요해! 그들이 실제로 자신들의 능력만으로 침략 정책을 막을 수 있고, 각국 정부를 후퇴시킬 수 있다는 것을 알 때, 그때야 진정으로 그들은 자신들의 힘을 알게 될 테고, 그때야 비로소 진정으로 그들은 어떤 일도 해낼 수 있다는 것을 깨닫게 될 거야!"

청중은 두 번째 연사의 지리멸렬한 말투에 지루해 하기 시작했다. 극장 한 구석에서는 동료들끼리 논쟁에 열을 올리더니 싸움으로까지 번졌다.

"조용히 하시오!" 하며 서기장인 르포르가 외쳤다. "중앙위원회의 지시입니다⋯⋯. 당의 규율입니다⋯⋯. 조용히 해요, 여러분!"

그는 경찰의 개입을 유발할지도 모를 어떤 혼란이 일어나는 것을 두려워하는 것이 분명했다. 그래서 아무런 소요 없이 집회가 끝나는 것에만 마음을 쓰고 있었다.

그날 밤의 마지막 연설자로 예정된 세 번째 연사가 연단 앞에 서자 잠시 정적이 감돌았다. 레비 마스라는 라카날의 고등중학교 역사교수였는데, 그는 사회주의적 저술과 대학과의 분쟁으로 널리 알려져 있었다. 70년(프랑스-프로이센 전쟁이 일어난 1870년을 말함) 이후의 프랑스—독일 관계를 주제로 이야기하기로 되어 있었다. 학식이 많음을 과시하며 그는 당면 문제를 설명했다. 연설을 시작한 지 25분이 지나도록 겨우 사라예보 암살사건까지밖에 이르지 못했다. 그는 울리는 낮은 목소리로 '용감한 소수민족 세르비아'에 관해 말했는데, 그때 그의 뾰족 코에 걸려 있던 코안경이 그의 그런 목소리 때문에 떨렸다. 그는 동맹국 그룹별로, 그리고 오스트리아—독일 및 프랑스—러시아 사이의 조약을 비교검토하기 시작했다.

청중은 참다 못해 크게 술렁이기 시작했다.

"집어치워! 본론을 이야기해!"

"행동계획을 말해!"

"뭘 해야 하는 거야? 어떻게 전쟁을 막자는 거야?"

"조용히 하시오" 하고 점점 더 초조해진 르포르가 되풀이했다.

"차마 볼 수 없군!" 하고 자크가 제니의 귀에다 대고 속삭였다. "여기에 있는 이 사람들은 모두 단순명료하고 실제적인 지령을 받으려고 온 거야. 그런데 저들 머릿속에 외교사를 잔뜩 주입시킨 채 집으로 돌려보내려 하는군. 저들은 이런 모든 것은 너무 복잡해서 자신들로서는 도저히 이해할 수 없고 …… 오히려 불가피한 일을 기다리는 수밖에 별 도리가 없다는 느낌을 갖게 될 거야!"

사방에서 야유가 빗발쳤다.

"사태가 어떻게 되어가는 거야? 이제 어떻게 되는 거야?"

"진실을 알고 싶다!"

"옳소! 진실을!"

"여러분, 진실이라고요?" 레비 마스는 야유에 과감히 맞서며 외쳤다. "진실은 프랑스가 평화를 사랑하는 나라라는 것입니다. 그리고 지난 2주일 전부터 프랑스는 모든 제국주의 국가들이 당황해 할 정도로 이 사실을 당당하게 증명하고 있습니다! 국내 정책에 대해서는 비판이 있을 수 있지만 우리 정부는 어려운 과업을 수행하고 있습니다! 사회당의 의무는 정부의 과업을 복잡하지 않게 하는 것입니다! 물론 우리는 부르주아가 강령으로 삼고 있는 민족주의적 미사여구를 그대로 받아들여서는 안 됩니다! 그러나 이것은 큰 소리로 말해야 하고, 또 모든 사람들 앞에서 큰 소리로 외쳐야 합니다. 프랑스인이라면 아무도 외국의 새로운 침략에 맞서서 자기의 국토를 지키기를 거부하는 사람은 없을 것입니다!"

자크는 화가 나 견딜 수 없었다.

"듣고 있어?" 하고 그는 다시 제니에게 몸을 기대면서 말했다. "국민을 전쟁으로 끌어들이는 데 저보다 더 나은 말은 없을 거야! ……자기들이 원하는 대로 국민이 받아들이도록 하기 위해서는 독일의 공격이 내일로 다가왔다고 믿게 하면 돼!"

제니는 푸른 눈을 들어 자크를 보며 말했다.

"말해요! 당신이!"

자크는 대답하지 않고 가만히 연사를 바라보고 있었다. 그는 주위에서 불만의 소리가 점점 높아져 가는 것을 느낄 수 있었다. 특히 갈피를 못 잡고 있는 군중들의 마음속에는 겉으로 나타내지는 않지만 고귀한 열정, 혁명적 행동에 걸맞은 열정이 끓고 있는 것을 그는 느낄 수 있었다. 그래서 그것을 이용하지 않는다는 것은 죄를 범하는 것 같은 느낌이 들었다.

"좋아!" 하고 갑자기 자크가 외쳤다.

그는 발언을 신청하기 위해 손을 들었다.

의장은 잠시 자크의 얼굴을 유심히 바라보다가 일부러 고개를 돌려 버렸다.

자크는 서둘러 종이쪽지에 자기 이름을 갈겨썼다. 그러나 그것을 르포르가 있는 데까지 가져갈 사람이 아무도 없었다.

웅성거리는 소리가 더 커지는 가운데 레비 마스의 연설은 끝나가고 있었다.

"여러분, 확실히 상황은 미묘합니다! 하지만 절망적이지는 않습니다. 정부가 국민의 지지를 받는 한 위협당하고 있는 평화를 굳건히 지킬 것입니다! 우리의 위대한 조레스의 논설을 다시 읽어보십시오! 국경선 저쪽에서 무모하게도 우리에게 싸움을 걸어오는 자들은 우리의 정치가와 외교관들 뒤에 '권리'의 평화적인 수호를 위해 의견을 같이하는 사회주의적 프랑스가 있다는 것을 생각해야만 합니다!"

그는 코안경을 바로잡더니 의장과 눈짓을 주고받았다. 그리고 뒤돌아보지도 않고 총총히 무대 뒤로 사라졌다. 그와 개인적으로 알고 있는 친구들의 박수 소리가 들려왔지만 떠들썩한 항의 소리와 여기저기에서 불어 대는 휘파람 소리에 묻히고 말았다.

르포르는 서 있었다. 그는 조용해지기를 바라면서 거드름피는 것 같은 몸짓을 했다. 청중은 그가 무슨 말을 하려는 줄 알고 잠시 조용해졌다. 그는 이 기회를 이용해서 외쳤다.

"여러분, 이것으로 폐회하겠습니다!"

"안 됩니다!" 하고 자크가 자리에서 부르짖었다.

그러나 이미 참석자들은 무대를 등지고, 막다른 골목 쪽으로 열려 있는 세 개의 출구로 몰려가고 있었다. 접는 의자의 삐걱거리는 소리, 아우성 소리, 말다툼 소리가 뒤섞여 법석이었으므로 제어하기란 불가능했다.

자크는 흥분한 나머지 어쩔 줄 모르고 있었다. 정확한 정보를 얻고자 하는 선의의 이 사람들이 자기들에게서 인터내셔널이 무엇을 기대하고 있는지 알지 못하고 무질서하기 짝이 없는 이 강연을 떠나서는 절대로 안 된다!

그는 인파를 헤치고 오케스트라 박스까지 갔다. 무대는 이 어두운 공간을 사이에 두고 청중석과 분리되어 있어서 도저히 올라갈 수 없었다. 자크는 울화가 치밀어 어쩔 줄 모르고 있었다.

"발언이 있습니다!"

그는 오케스트라 박스를 따라 무대 앞 1층의 칸막이 관람석까지 가서 훌쩍 뛰어올라 칸막이 관람석 안으로 들어갔다. 거기에서 복도를 따라 무대 뒤에 이르는 문을 발견했다. 사람들을 제치고 마침내 무대 위에 갈 수 있었다. 무대에는 아무도 보이지 않았다. 그는 그대로 계속 외쳤다.

"발언이 있습니다!"

그러나 그의 목소리는 소란 때문에 들리지 않았다. 그의 앞에는 이미 사분의 삼 정도가 빈 극장이 마치 먼지 자욱한 깊은 웅덩이를 파놓은 듯 있었다. 그는 정원용 탁자 쪽으로 달려갔다. 그리고 징을 때리듯이 그의 두 주먹으로 미친듯이 탁자를 두들기기 시작했다.

"동지들! 발언이 있습니다!"

아직 회의장 안에 남아 있던 사람들—아마 50명쯤 되는 사람들—이 무대 쪽을 돌아보았다.

웅성거리는 소리가 들려왔다.

"들어봅시다! ……조용히들 하시오! ……들어봅시다!"

자크는 마치 경종을 울리듯이 계속 탁자를 두드렸다. 그의 얼굴은 창백했고 머리는 헝클어져 있었다. 그는 두리번거리며 장내를 돌아보았다. 그리고 목청을 다해 부르짖었다.

"전쟁! 전쟁!" 갑자기 정적이 감돌았다. "전쟁! 전쟁이 우리 눈앞에 닥쳐왔습니다! 24시간 안에 전쟁이 유럽을 덮칠지 모릅니다! ……여러분은 진실을 알고 싶지요? 바로 이것이 진실입니다. 한 달도 못 되어서 오늘밤 여기 계신 여러분들이 모두 학살을 당할지도 모르는 일입니다!"

그는 격렬한 손짓으로 눈 위에 흘러내린 머리카락을 쓸어올렸다.

"전쟁! 여러분은 전쟁을 바라지 않으시겠지요? 그런데 '그들은' 전쟁을 바라고 있습니다! 그리고 좋든 싫든 여러분에게 그것을 강요할 것입니다! 여러분은 희생자가 될 것입니다! 그러나 여러분은 마찬가지로 범죄자도 될 것입니다! 왜냐하면 전쟁, 그것을 막는 일은 오로지 여러분에게 달려 있기 때문입니다……. 여러분은 저를 보고 계시지요? 여러분 모두가 '어떻게 하면 좋은가?'라고 스스로에게 묻고 있습니다. 그리고 오늘밤 여기에 오신 것은 바로 그 때문입니다……. 그럼 제가 여러분에게 그 방법을 말씀드리겠습니다! 아직 할 일은 있습니다! 아직 한 가지 구원의 길이 있습니다! 오직 한 가지밖에 없습니다! 저항하기 위해 단결하는 것입니다! 전쟁을 거부하는 것입니다!"

더욱 침착해지고 이상하리만큼 흥분을 가라앉힌 자크는 잠시 사이를 두었다가 목소리를 가다듬고 청중에게 이해시키기 위해 한 마디 한 마디를 분명하게 끊어서 발음하면서 연설을 계속했다.

"여러분은 이런 말을 듣고 계시지요. '전쟁이 일어나도록 하는 것은 자본주의이다, 민족주의의 경쟁이다, 돈의 위력이다. 무기상인들이다. 이 말은 모두 사실입니다. 그러나 깊이 생각해 보십시오. 전쟁이란 무엇입니까? 단순히 이해관계의 충돌인가요? 유감스럽게도 그렇지 않습니다! 전쟁이란 인간의 일이고, 또 피를 요구합니다! 전쟁이란 민중이 동원되어 서로 싸우는 것입니다! 민중이 동원되기를 거부하고, 민중이 싸우기를 거부한다면 책임 있는 모든 각료들, 모든 은행가들, 모든 기업가들, 모든 무기상인들은 전쟁을 일으킬 수 없을 것입니다! 대포와 총은 저절로 작동되는 것은 아닙니다! 전쟁을 하려면 군인이 있어야 합니다! 그리고 자본주의의 이윤추구와 살상을 위해 필요한 군인이 바로 우리인 것입니다! 어떠한 합법적인 권력, 어떠한 동원령도 우리가 없으면, 우리의 동의가 없으면, 우리가 따라가 주지 않는다면 아무것도 아닌 것입니다! 따라서 우리의 운명은 오로지 우리에게 달려 있습니다! 우리의 운명은 우리가 마음대로 결정할 수 있습니다. 왜냐하면 우리는 다수이고 힘이 있기 때문입니다!"

갑자기 모든 것이 흔들렸다. 갑작스런 현기증…… 번개처럼 책임감이 그의 머릿속을 스쳐갔다. 발언한 것이 옳은 일이었을까? 내가 진실을 파악하고 있다고 나 자신에게 말할 수 있을까? ……잠시 불안해진 그는 허탈감에서 빠져나오지 못하고 있었다.

바로 그때 극장 구석에서 술렁거리는 것이 보였다. 늦게 돌아가던 사람들이 나가지 않고 자석에 끌려오는 쇳가루처럼 무대 쪽으로 천천히 다가오고 있었다. 순식간에 불안한 마음이 누그러지더니 아무 흔적도 없이 사라져 버렸다. 다시금 자신이 생각하고 있는 모든 것, 아무 말 없이 자신을 향해 의문을 제기하는 저 사람들에게 말해 주고자 하는 모든 것이 뚜렷하고 이론의 여지가 없는 것으로 여겨졌다.

자크는 앞으로 한 걸음 나아가 무대 앞으로 몸을 구부리며 외쳤다.

"신문을 믿지 마십시오! 신문은 진실을 왜곡하고 있습니다!"

"브라보!" 하고 외치는 소리가 들렸다.

"신문은 민족주의자들에게 매수당해 있습니다! 자기들의 탐욕을 은폐하기 위해 모든 정부는 거짓보도를 위한 신문이 필요합니다. 그런데 그 신문은 국민들끼리 서로 학살하는 것이 국민 개개인으로서 신성한 목적, 신성한 국토방위를 위해, 권리, 정의, 자유, 문화의 승리를 위해 영웅적으로 몸을 바치는 것이라고 국민들을 설득하고 있습니다! ……마치 '정당한' 전쟁이 있는 것처럼 말입니다! 마치 몇백만의 무고한 백성을 억지로 고통과 죽음으로 이끌고 가는 것이 옳은 일인 것처럼 말입니다!"

"브라보! 브라보!"

막다른 골목을 향해 열려 있는 세 개의 문은 구경꾼들로 꽉 차 버렸다. 그들은 밖에 있는 사람들에게 조금씩 밀려 드디어 안으로 들어와 자리를 잡고 앉았다.

"조용히들 하시오! 들어봅시다!" 하고 여기저기서 속삭이듯 말했다.

"여러분은 소수의 살인범들이 그들 자신이 준비한 사태에 온통 정신이 팔려 평화를 사랑하는 몇백만의 유럽인을 전쟁터로 내모는 것을 더 이상 참으시렵니까? ……전쟁을 하려는 의사, 그것은 결코 민중의 의사가 아닙니다! 민중의 적은 민중을 착취하는 자들 말고는 없습니다! 민중들 서로는 적이 아닙니다! 독일의 노동자 가운데 프랑스의 노동자들에게 총을 쏘기 위해 아내와 자식을 버리고 직업을 버리려는 사람은 하나도 없습니다!"

찬동의 웅성거림이 청중들 사이에 퍼졌다.

제니는 뒤를 돌아보았다. 이제는 이삼백, 어쩌면 그 이상의 사람들이 긴장한 얼굴로 듣고 있었다.

자크는 갈피를 잡지 못하고 있는 무언의 이 군중 쪽으로 몸을 굽혔다. 그들은 마치 곤충의 집처럼 자리를 뜨지 않고 수군거리고 있었다. 누구인지 전혀 분간할 수 없는 이들의 얼굴 얼굴에서는 호소하는 듯한 빛이 역력했는데, 그것이 자크에게는 뜻하지 않은 엄청난 힘을 가져다주었다. 동시에 그의 확신과 희망은 열 배나 더 그 강도를 더해 갔다. 그는 잠시 생각했다. '제니가 듣고 있지.' 그는 깊이 숨을 들이마셨다. 그리고 다시 열정적으로 연설을 시작했다.

"우리는 희생자로 끌려나가게 되는 것을 기다리며 거기에 그렇게 팔짱을 끼고 멍청히 있어야 할까요? 각국 정부의 평화적 항의를 믿고 있어도 되겠습니까? 유럽을 헤어날 수 없는 혼란에 빠뜨려 허덕이게 만든 것이 누구입니까? 은밀한 술수를 써서 우리를 큰 재앙 일보 직전까지 몰고 온 정치가들, 수상들, 군왕들, 그들 자신이 파렴치하게도 위태롭게 만든 그 평화를 외교 협상으로 구할 수 있기를 기대할 만큼 우리는 어리석어야 합니까? 아닙니다! 이제 각국 정부가 평화를 보장할 시기는 지났습니다! 이제 평화는 정부가 구할 수 없습니다! 우리의 손 안에, 우리에게 달려 있습니다!"

다시 박수갈채가 터져나오면서 그의 말을 중단시켰다. 그는 이마의 땀을 닦았다. 그리고 숨가빠 하는 달리기 선수처럼 잠시 헐떡거렸다. 그는 자신의 힘을 자각했다. 그러면서 자신의 말 한 마디 한 마디가 청중들의 머릿속에 강렬하게 파고들면서, 마치 화약고를 폭파시키는 뇌관처럼 터질 때마다 그런 폭발 충격을 애타게 기다리던 반항적인 사상의 화약고가 마구 폭발하는 것을 느꼈다.

자크는 초조한 몸짓으로 정숙할 것을 요구했다.

"'무엇을 할 것인가?'라고 여러분은 물을 것입니다. 하라는 대로 해서는 안 됩니다!"

"브라보!"

"각자 흩어져서는 할 수 있는 것이 없습니다. 그러나 하나로 뭉치지 못할 것이 없습니다! ……이 점을 잘 알아야 합니다. 나라 살림, 국가 안정의 토대인 그 균형은 오로지 노동자들에게 달려 있습니다. 민중은 강력한 무기를 가지고 있습니다! 물리−칠−수−없는 무기! 그리고 그 무기는 바로 파업입니다! '총파업!'"

그때 회의장 구석에서 누군가가 큰 소리로 외쳤다.

"독일놈들이 그걸 이용해서 우리를 쓰러뜨리려는 수작이야!"

자크는 몸을 움찔했다. 그러면서 연설 방해자를 눈으로 찾았다.

"그 반대요! 독일의 노동자는 우리와 함께 걸을 것이요! 나는 그것을 알고 있습니다! 나는 독일에서 오는 길입니다! 내 눈으로 보았습니다! 운터 덴 린덴의 여러 시위를 보았습니다! 카이저의 창문 밑에서 평화를 외치는 소리를 들었습니다! 독일의 노동자들도 여러분과 마찬가지로 총파업을 할 준비가 되어 있습니다! 그들이 아직 못하고 있는 까닭은 러시아에 대한 두려움 때문입니다. 누구의 잘못인가요? 잘못은 우리, 우리의 지도자들, 우리 나라가 차리즘과 맺은 어처구니없는 동맹에 있는 것입니다. 차리즘이야말로 러시아에 대한 독일의 공포를 부채질한 거나 다름이 없습니다. 어쨌든 깊이 생각해 보십시오. 어떻게 하면 독일 국민의 안전을 최대한으로 보장해 줄 수 있을까. 다시 말해서 전쟁의 길로 치닫고 있는 러시아를 어떻게 하면 막을 수 있을까요? 그것은 우리에게 달려 있습니다. 우리 프랑스인이 전쟁을 거부하면 됩니다! 파업을 결의함으로써 우리 프랑스인은 일석이조의 효과를 얻는 것입니다. 곧 전쟁의욕에 사로잡혀 있는 차리즘을 마비시킬 수 있고, 독일 노동자와 프랑스 노동자의 현재 같은 친교를 방해하는 장애물을 송두리째 없애게 됩니다! 두 정부에 맞서 동시에 총파업을 일으켜 친교를 돈독히 합시다!"

흥분한 청중은 박수갈채를 보내려 했지만 자크는 그럴 틈을 주지 않았다.

"파업만이 우리 모두를 구할 수 있는 유일한 행동입니다! 생각해 보십시오! 우리 지도자들의 한번의 명령으로 같은 날, 같은 시간에 도처에서 나라 살림은 당장 마비되어 멎게 됩니다! ……파업 명령으로 모든 공장, 상점, 관공서는 텅 비게 될 것입니다! 길에서는 파업자들의 현장감시반이 도시로 반입되는 식량보급을 막습니다! 빵, 고기, 우유도 모두 파업위원회에 의해 배급됩니다! 물, 가스, 전기도 끊길 것입니다! 기차, 버스, 택시도 없습니다! 편지와 신문은 말할 것도 없고! 전화도 안 되고 전보도 안 됩니다! 사회의 모든 기능이 갑자기 멎는 것입니다! 거리에는 불안에 떠는 사람들이 방황합니다. 폭동도 없으며 혼란도 없습니다. 침묵과 공포만 있을 뿐입니다! ……여기에 대해서 정부가 무슨 수를 쓸 수 있겠습니까? 경찰력과 몇 명의 지원병으로 이 공격에 정면으로 맞설 수 있을까요? 식량저장은 어떻게 할 수 있겠습니까? 주민들에게 식량을 어떻게 공급하겠습니까? 보안대원과 군대조차 먹여 살릴 수 없는 정부, 민족주의 정책을 지지하던 사람들조차 공포에 질려 정부에 압력을 가하는 그런 정부가 항복하는 길 말고 무슨 방책이 있겠습니까? 며칠이나……아니, 며칠이라고는 말하지 않습니다. 몇 시간이나…… 이런 봉쇄, 대중생활 전체가 송두리째 마비되고 마는 이런 것에 맞서 싸울 수 있을까요? 그리고 대중의 의사가 이처럼 표출되는 상황에서 어떤 정치가가 감히 전쟁을 꿈꾸겠습니까? 정부에 반대해서 봉기한 민중에게 어떤 정부가 감히 소총과 탄약을 지급하겠습니까?"

열광적인 박수갈채가 그의 연설을 멈추게 하곤 했다. 그는 소란을 가라앉히기 위해 있는 힘을 다 모았다. 그렇게 애쓰다 보니 그의 얼굴이 붉어지고 턱은 떨리며 목의 근육과 혈관이 부풀어 오르는 것을 제니는 보았다.

"지금은 중대한 위기에 처해 있습니다. 하지만 모든 것은 아직 우리에게 달려 있습니다! 우리가 가지고 있는 무기는 그것을 쓸 필요가 없을 정도로 강력합니다! 파업을 하겠다는 위협만이―노동 대중이 정말 일치단결해서 거기에 호소하리라는 것을 정부가 똑똑히 알 경우―우리를 지옥으로 이끌고 가는 정책 방향을 당장 바꿀 것입니다! ……동지들, 우리는 무엇을 해야 합니까? 그것은 간단하고 분명합니다! 단 한 가지 목표밖에 없습니다. 평화입니다! 당파적인 모든 싸움을 초월한 단결뿐입니다! 저항을 하는 데에 단결하는 것입니다! 거부하는 데에 단결하는 것입니다! 인터내셔널의 지도자들을 중심으로 뭉칩시다! 그들로 하여금 온갖 수단을 다 써서 파업을 조직하고, 나라의 운명과 유럽의 운명이 달려 있는 프롤레타리아의 위대한 공세를 준비하도록 요청합시다!"

자크는 말을 뚝 그쳤다. 갑자기 하고 싶었던 말을 다 해 버린 듯한 느낌이 들었다.

제니는 그를 뚫어지게 바라보고 있었다. 자크가 눈을 깜박거리며 머뭇거리다가 팔을 들어 손을 흔드는 것을 보았다. 입술은 지친 듯한 미소로 떨리고 있었다. 그는 취한 사람처럼 빙글 돌더니 두 개의 무대장치 기둥 사이로 사라졌다.

군중은 고함을 지르고 있었다.

"브라보! ……그의 말이 옳다! ……전쟁은 싫다! ……파업이다! ……평화 만세!"

갈채는 몇 분 동안 이어졌다. 청중은 그 자리에 선 채로 박수를 치며 연사를 다시 부르기 위해 소리를 지르고 있었다.

끝내 연사가 다시 나타나지 않자 그들은 웅성거리며 출구 쪽으로 몰려갔다.

연사는 무대 뒤의 어둠침침한 곳에 주저앉아 있었다. 온몸이 달아오르고 기진맥진한 데다 땀투성이가 된 채 낡은 무대장식 더미 뒤의 상자 위에 앉은 자크는 흐트러진 머리에 팔꿈치를 무릎 위에 올려놓고 두 주먹으로 눈을 감쌌다. 이런 난파상태에 빠진 그는 될 수 있는 대로 오랫동안 모든 사람을 피해 혼자 있고 싶은 생각밖에 없었다.

제니가 한참동안 찾아다니다가 스테파니의 안내로 마침내 그를 발견한 곳이 바로 거기였다.

그는 고개를 들었다. 그러더니 갑자기 안심한 듯한 얼굴로 자기 앞에 서 있는 제니에게 미소를 지었다. 제니는 아무 말 없이 뚫어지게 자크를 바라보았다.

"이제 나가자" 하고 그들 뒤에 있던 스테파니가 중얼거렸다.

자크는 일어났다.

텅 빈 회의장은 어둠 속에 묻혔다. 사방의 문은 누군가가 밖에서 닫아 놓았다. 그러나 무대 한구석에서 희미하게 비치는 전등 덕분에 복도로 나올 수 있었다. 복도는 극장 뒤에 있는 비상구로 통하고 있었다. 그들은 석탄광을 따라 널빤지와 사각대가 가득 널려 있는 작은 마당으로 나왔다. 그 마당은 인적이 없어 보이는 좁은 거리로 통했다.

그런데 그들이 그 거리로 들어서자마자 두 사람이 어둠 속에서 모습을 드러냈다.

"경찰입니다!" 하고 한 사람이 말했다. 그러면서 그는 마술사 같은 동작으로 주머니에서 명함을 꺼내 스테파니의 코 앞에 들이대며 물었다. "신분증명서 좀 보여 주시겠습니까?"

스테파니는 그 남자에게 기자수첩을 내밀었다.

"신문기자입니까?"

경찰관은 건성으로 수첩을 훑어보았다. 그가 찾고 있는 것은 아까 연설을 한 사람이었다.

다행히 자크는 오늘 제니와 돌아다니다가 무를랑의 집에 들러 지갑을 다시 들고 나왔다. 그러나 무모하게도 독일 국경을 넘을 때 이용했던 제네바 대학의 학생증도 그대로 바지주머니에 지니고 있었다. '만일 몸 수색이라도 하면……' 하고 그는 생각했다.

그러나 사복 형사는 그렇게까지 열의를 보이지 않았다. 그는 가로등 불빛 아래에서 자크의 여권을 살펴보고 직업상 흘끗 사진을 볼 뿐이었다. 그리고 연필에 침을 여러 번 발라가며 수첩에 몇 자 끼적거렸다.

"거주지는?"

"제네바입니다."

"파리에서는?"

자크는 잠시 망설였다. 그는 여행하기 전에 묵은 적이 있고, 그에게 절대적인 안전을 보장해 주던 주르 거리의 방이 이제는 더 이상 자유스럽지 못하다는 것을 무를랑의 집에 들렀을 때 전해 들었다. 새로운 거처는 아직 물색해 두지 않았다. 오늘밤에는 투르넬 강변로 모퉁이에 있는 베르나르뎅 거리의 싸구려 여인숙에 가서 묵을 생각이었다. 그는 그 주소를 말해 주었다. 경찰관은 그것을 수첩에 적었다.

그러고 나서 경찰관은 자크 곁에 있는 제니에게로 몸을 돌렸다. 그녀는 몇 장의 명함과 우연히 핸드백 속에 넣어두었던 다니엘에게서 온 편지봉투밖에 지니고 있지 않았다. 경찰관은 조금도 까다롭게 굴지 않았다. 그리고 그녀의 이름을 수첩에 적지도 않았다.

"고맙습니다" 하고 경찰관은 정중하게 말했다. 그리고 거수경례를 하고 동료 경찰관과 함께 사라졌다.

"사회질서는 지켜져야 하는 거야." 스테파니는 비아냥거리듯 말했다.

자크는 그제야 미소를 지어 보였다.

"나도 드디어 주의인물인가……."

제니는 자크의 팔을 잡고 매달리다시피 했다. 얼굴이 일그러져 있었다. "그들이 당신을 어떻게 하려는 걸까요?" 하고 제니는 힘없는 목소리로 물었다.

"아무것도 아니야, 그만해 둬!" 스테파니는 웃음을 터뜨리며 말했다. "그 자들이 우리를 어떻게 하겠어? 우리야말로 철저히 법을 지키고 있는데."

"한 가지 꺼림칙한 것은" 하며 자크가 털어놓았다. "내가 묵고 있는 리에 뵈르 호텔 주소를 가르쳐 준 거야."

"내일 그곳을 떠나 다른 데서 묵으면 돼."

무더운 밤이었다. 골목길에는 역한 악취가 풍기고 있었다. 제니는 자크에게 몸을 바싹 붙이고 있었다. 가슴이 울렁거려 견딜 수 없었다. 우둘투둘한 길을 비틀거리며 걷다가 발목을 삐었다. 그래서 자크가 팔을 잡아주지 않았더라면 넘어질 뻔했다. 잠시 걸음을 멈추고 어느 헛간 벽에 어깨를 기대었다. 삔 발목이 몹시 아팠기 때문이다.

"아! 자크……" 하고 제니는 나지막한 소리로 말했다. "몹시 피곤해요……."

"내게 기대고 있어."

축 늘어진 제니의 모습을 보자 더 사랑스럽게 여겨졌다.

큰 거리로 통하는 골목길을 벗어났을 때는 떠들썩했던 군중은 이미 흩어진 뒤였다.

"둘 다 이 벤치에 앉도록 해" 하고 스테파니가 명령하듯 말했다. "마지막 전차를 놓치면 안 되니까 나는 먼저 가볼게. 시청 앞에 택시정류장이 있어. 택시를 한 대 보내 줄게."

3분쯤 지나서 택시가 인도 끝에 와 섰을 때 제니는 자신이 약해져 있는 것이 부끄럽게 여겨졌다.

"그럴 필요는 없는데. 전차 있는 데까지 걸어서 갈 수 있었을 텐데……."

남에게 폐를 끼치지 않는 것을 자랑으로 여겨왔던 제니는 이렇게 자크에게 짐이 되고 있는 자신이 원망스러웠다.

차에 올라타자마자 제니는 좀더 편안히 그의 가슴속에 파묻히고 싶어서 모자와 베일을 벗었다. 제니는 자신의 뺨을 통해 자크의 뜨거운 가슴이 헐떡거리며 고동치는 것을 느꼈다. 제니는 머리를 움직이지 않고 손을 들어 자크의 얼굴을 더듬어 찾았다. 자크는 미소를 짓고 있었다. 제니는 그의 입을 만져보고 그 사실을 알아챘다. 그때 그녀는 자크가 정말로 거기에 있는지 확인이라도 하려는 것처럼 손을 도로 당겨 다시 그의 두 팔 사이에 파고들었다.

택시가 속력을 늦추었다. '벌써 다 왔나?' 하고 제니는 못내 아쉬워하며 혼자 생각했다. 그런데 그녀의 생각이 틀렸다. 아직 집에 온 것이 아니었다. 오를레앙 문과 임시세관이 눈에 들어왔다.

제니는 중얼거리듯이 말했다.

"오늘밤은 어디에서 묵으실래요?"

"글쎄, 리에뵈르에서 묵을까 하는데, 왜?"

제니는 무엇인가 말하려다가 그대로 입을 다물어 버렸다. 자크는 제니 위로 몸을 숙였다. 제니는 두 눈을 감았다. 자크의 입술이 눈을 감고 있는 그녀의 눈꺼풀 위에 오랫동안 머물러 있었다. 그녀의 귀에는 분명치 않게 중얼거리는 몇 마디가 들려왔다. "귀여운…… 나의 사랑…… 제니……." 그녀는 따스한 입술이 자신의 뺨을 따라 미끄러져 내려와 코 언저리를 스치고 입술에 와 닿는 것을 느꼈다. 그녀의 입술은 본능적으로 경련을 일으켰다. 자크는 더 이상 계속하지 않고 고개를 들었다. 그리고 더 힘차게 팔로 감으면서 정열적으로 껴안았다. 이번에는 제니가 스스로 입을 내밀었다. 그러나 자크는 그것을 알아차리지 못했다. 그는 이미 몸을 가다듬고 포옹을 풀었다. 그리고 택시의 문을 열었다. 제니는 그제서야 택시가 멈췄다는 것을 알았다. 언제 멈췄을까? 집의 정면과 대문이 보였다.

자크가 먼저 차에서 내려 제니를 부축해 주었다. 그가 운전기사에게 요금을 내는 동안 제니는 마치 몽유병 환자처럼 초인종이 있는 곳까지 서너 걸음 걸어갔다. 터무니없는 유혹이 머릿속을 스쳐갔다. 그러나 어머니가 돌아와 계실지도 모른다……. 어머니 생각을 하자 제니는 갑자기 가슴이 뭉클해짐을 느꼈다. 불안감이 그녀를 온통 사로잡았다. 떨리는 손으로 초인종을 눌렀다.

자크가 곁으로 왔을 때 문은 반쯤 열려 있었다. 그리고 수위실 앞에 있는 전등이 켜져 있었다.

"내일?" 하고 자크는 급히 말했다.

제니는 승낙의 표시로 고개를 끄덕였다. 제니는 한 마디도 말할 수 없었다. 자크는 제니의 손을 잡아 자신의 두 손으로 꼭 쥐었다.

"아침에는 안 돼……" 하고 그는 다급한 목소리로 말했다. "2시면 어때? 데리러 올까?"

제니는 두 번째 승낙의 표시를 했다. 그리고 나서 자크에게서 손을 뺐다. 그리고 문을 밀었다.

자크는 제니가 어색한 걸음걸이로 불빛이 비치는 곳을 지나 뒤돌아보지도 않고 어둠 속으로 사라지는 것을 보았다. 그는 문이 닫히기를 기다렸다.

59. 7월 31일 금요일—오전 중 자크. 전쟁 위협받는 파리

리에뵈르에서 자크는 거의 잘 수 없었다.

좁은 철제침대 위에서 이리저리 뒤척대며 유리창이 환하게 밝아오는 새벽녘이 되지나 않았나 스무 번이나 자문해 보다가 마침내 2시간 동안 깊은 잠에 빠졌다. 그리고 잠에서 깨어났을 때 그는 녹초가 된 채 얼빠진 사람 같았다.

밖은 마침내 동이 텄다.

옷을 입은 다음 그는 여행용 가방 속에 있는 얼마 안 되는 짐을 챙기고 서류를 한 다발로 묶었다. 그리고 나서 의자를 창까지 끌고 갔다. 팔꿈치를 난간 위에 올려놓고 이렇다 할 뚜렷한 생각 없이 한참동안 그런 자세로 있었다. 제니의 모습이 눈앞에 아른거리곤 했다. 어제 저녁 자동차 안에서처럼 제니가 아무 말 없이 가만히 곁에 있어 서로의 어깨와 볼의 감촉을 느끼고 몸을 어루만지며 있었으면 싶었다……. 제니와 멀리 떨어져 있는 지금, 자크는 그녀에게 할 말이 태산 같다는 느낌이 들었다……. 그는 청소부와 우유배달부의 아침 일과로 차츰 활기를 띠고 있는 거리와 강변을 바라보았다.

개천가에는 아직 쓰레기통들이 줄지어 있었다. 호텔 맞은편의 길모퉁이 집에는 도자기 상인이 살고 있는 중이층을 제외하고는 모두 덧문이 닫혀 있었다. 유리창 저편에는 짚 속에 반쯤 파묻혀 있는 수없이 많은 자질구레한 실내 장식품들, 짝이 맞지 않는 차 세트, 대형 도자기, 사탕그릇, 바칸트(주신(酒神) 바쿠스의 무녀) 상(像), 위인들의 흉상들이 무수히 쌓여 있었다. 그 아래 유대인 푸줏간의 자줏빛 덧문 위에는 히브리어로 쓴 황금빛 간판이 걸려 있었는데, 그것이 오랫동안 자크의 눈길을 끌었다.

7시가 되어 숙박비를 내도 되겠다는 생각이 들자 그는 그곳을 나와 여러 가지 신문을 사고는 그것을 읽기 위해 강변의 벤치 위에 앉았다.

공기는 서늘한 편이었다. 저 멀리 노트르담 성당 언저리에는 맑은 안개가 끼어 있었다.

자크는 마치 거울놀이에서처럼 각종 신문마다 끊임없이 되풀이하여 싣고 있는 급보(急報)와 논평을 걸신이라도 든 듯 탐욕스럽게 읽고 또 읽었다.

이번에는 신문마다 한결같이 위기가 닥친 것을 알리고 있었다. 〈자유인〉지에 실린 클레망소의 논설에는 '심연의 가장자리에서'라는 표제가 붙어 있었다. 〈르 마탱〉지까지 큰 표제어로 '위기 오다'라고 솔직히 인정하고 있었다.

공화당계 신문들의 대부분은 우파와 합세해 '지금과 같은 상황에서' 평화를 위한 국제대회를 파리에서 열기로 수락한 프랑스 사회당을 비판하고 나섰다.

자크는 그 벤치를 떠나 새로운 하루를 어떻게 시작할지 결정하지 못하고 있었다……. 7월 31일, 금요일……. 어쨌든 그는 그것들을 읽음으로써 방심 상태에서 천천히 벗어나 이 세상과의 접촉을 다시 할 수 있었던 것이다. 아침부터 옵세르바투아르 거리의 제니 집으로 뛰어가고 싶은 생각과 잠시 싸웠다. 그런데 그런 유혹이 애정 때문이라기보다는 실은 살아남으려는 비열함에서 오는 것임을 깨달았다. 부끄러웠다. 전쟁은 숙명적인 것이 아니다. 아직 절망이라고는 말할 수 없다. 할 일이 남아 있다……. 이 시각 파리의 모든 동네에서는 사람들이 싸우기 위해 잠자리에서 일어나고 있다……. 게다가 제니에게는 2시나 되어서야 집으로 데리러 갈 거라고 미리 일러 두지 않았던가? 〈위마니테〉사에 가기에는 시간이 너무 일렀다. 하지만 〈레탕다르〉(깃발이 라는 뜻) 사까지라면 그렇지도 않다. 가방을 어디에다 맡겨야 할지 몰랐다. 그래, 무를랑에게 맡겨야지.

그는 늙은 식자공을 찾아가겠다는 생각을 하면서 자리에서 일어났다. 강변을 따라 바스티유까지 걸어가야지. 그러면 컨디션이 좋아질 거야.

〈레탕다르〉사의 문은 닫혀 있었다. '나중에 다시 오자' 하고 그는 생각했다. 그리고 시간을 이럭저럭 보내기 위해 마음 내킨 김에 생앙투안 교외에서 서점을 경영하고 있는 비달의 집에 가 보기로 했다. 그 가게 뒷방은 〈레랑루즈〉 (공산주의의 약 진이라는 뜻) 지를 발행하고 있는 무정부주의 지식인 그룹의 모임장소로 쓰이고 있었다. 그 잡지에는 자크도 몇 번인가 독일 책과 스위스 책에 관한 서평을 실은 적이 있었다.

비달은 혼자였다. 셔츠 차림으로 창가에 있는 자기 책상에 앉아서 그는 팸플릿을 끈으로 묶고 있었다.

"아직 아무도 안 왔나?" 하고 자크가 물었다.

"보다시피."

비달의 화난 듯한 말투에 자크는 깜짝 놀랐다.

"왜? 너무 이른가?"

비달은 어깨를 으쓱했다. "어제도 마찬가지였어, 별로 못 보았으니까. 남의 눈에 띄고 싶지 않아서이겠지…… 이거 읽어 보았나?" 하면서 그는 책상 위에 놓여 있는 여러 부의 책 가운데서 한 권을 가리켰다.

"읽었어." 그것은 크로폿킨의 《혁명의 심리》였다.

"훌륭해!" 하고 비달이 말했다.

"가택수색이라도 있었나?" 하고 자크가 물었다.

"그런 것 같아…… 그러나 여기에는 오지 않았어. 적어도 지금까지는. 하지만 만반의 준비가 되어 있으니 아무 때고 올 테면 오라지 뭐…… 앉아."

"방해하고 싶지 않아. 또 올게."

밖으로 나와 차도를 건너려고 할 때 순경 한 사람이 다가와 공손히 이렇게 물었다.

"신분증을 가지고 계십니까?"

겉차림으로 보아 사복 형사인 듯한 남자 셋이 20미터쯤 떨어진 인도에 멈추어 서서 이쪽을 보고 있었다. 순경은 아무 말 없이 여권을 대충 훑어보았다. 그러고는 인사를 하면서 돌려 주었다.

자크는 담배를 피워 물고 그 자리를 떠났다. 그러나 무엇인가 꺼림칙한 느낌이 들었다. '12시간 사이에 두 번씩이나' 하고 그는 생각했다. '계엄령이라도 내린 것 같군.' 그는 미행당하는 것이 아닌가 확인하려고 르드뤼 롤랭 거리로 들어섰다. '그렇게 과대평가되는 건 아닌가보군…….'

그 순간 그는 이왕 근처에 왔으니 '모던 바'에 들러볼까 하는 생각도 해 보았다. 그곳은 트라베르시에르 거리에 있는 카페로서 유달리 활기 있는 한 사회주의 지부의 중심지였다. 재무담당인 봉피스는 페리네와 죽마고우였다.

"봉피스? 그 사람 코빼기도 보이지 않은 지가 이틀이나 됐어" 하며 카페 주인이 말했다. "더구나 오늘 아침에는 아직 아무도 안 보이는구먼."

마침 그때 서른 살쯤 되어 보이는 사람이 등에 비스듬히 톱을 둘러메고 손으로 자전거를 밀면서 바 안으로 들어왔다.

"잘 있었나, 에르네스트……. 봉피스 있나?"

"없어."

"동지들은?"

"아무도 없어."

"허! ……소식도 없고?"

"없었어."

"여전히 중앙위원회의 지령을 기다리고 있나?"

"그런가 봐."

흑단(黑壇) 세공인은 아무 말 없이 의아하다는 듯한 눈길로 주위를 살폈다. 그리고 입술에 붙은 담배꽁초를 떼어 내려고 물고기처럼 입을 실룩거리고 있었다.

"정말 골치 아픈데" 하며 마침내 그가 말했다. "어쨌든 알고는 있어야 할 텐데……. 결국 나는 7월 4일 첫날에 동원이 돼. '만일 그렇게 되면' 어떻게 해야 할지 모르겠군……. 에르네스트, 자네는 어떻게 생각하나? 역시 가야 할까?"

"가면 안 돼" 하고 자크가 외쳤다.

"아무래도 모르겠어"라고 무뚝뚝하게 에르네스트가 말했다. "모두 네 일인걸."

"전쟁터에 가는 것은 전쟁을 하고 싶은 쪽에 서게 되는 거야……"라고 자크가 말했다.

"물론 내 일이야." 그 사람은 자크의 말은 못 들은 척하면서 카페 주인을 향해 찬동의 뜻을 나타냈다. 당황한 것이 분명했지만 말투는 거침없었다. 그는 자크에게 불만스런 눈길을 보냈다. 그는 이렇게 생각하는 것 같았다. '남의 의견 따위는 개의치 않아. 나는 위원회의 행동지침만 기다릴 뿐이지.'

그는 몸을 일으켜 자전거를 되돌리더니 "그럼 잘 있게"라고 말했다. 그러고는 엉덩이를 흔들면서 유유히 사라졌다.

"결국 모두가 똑같은 질문을 하니 정말 귀찮아 죽겠어" 하고 카페 주인은 투덜거리며 말했다. "난들 무슨 뾰족한 수가 있겠어? 위원회는 지령을 내리는 데 합의를 못 보았다고들 해. 그래도 당(黨)인 이상 지령 정도는 내려야 하지 않을까, 안 그래?"

〈레탕다르〉사로 되돌아가기 전 자크는 이제 시시각각 활기를 더해 가고 있는 그 동네를 생각에 잠긴 채 서성거렸다. 야채와 과일을 잔뜩 싣고 개천가에 줄지어 늘어선 수레들, 행상인들의 외치는 소리, 햇볕을 피하려고 하나뿐인 보도의 그늘진 곳에서 서로 밀치며 북적거리는 노동자들과 아낙네들의 모습은 이 좁은 거리가 노천시장임을 말해 주고 있었다.

그는 양품점 진열장에 거의 하나같이 남자용 잡화와 계절에 맞지 않는 것들, 뜨개질한 조끼, 플란넬 벨트, 넓은 면 셔츠, 털양말 같은 것들이 진열되어 있는 것을 볼 수 있었다. 구두가게에는 판지나 옥양목으로 만든 띠 위에 즉흥적으로 만든 듯한 선전문구가 나붙어 있었는데, 그것이 눈길을 끌었다. 가장 소심한 가게에는 '사냥화'라든가 '행군화'라고 씌어 있었다. 몇몇 대담한 가게는 '군화', 심지어는 '목이 긴 군화(일종의 반장(화를 일컬음)'라는 광고를 내걸고 있었다. 물건을 사려는 것도 아니면서 남자들은 흥미 있는 듯 발길을 멈추곤 했다. 여인들은 혹시나 해서 시장바구니를 팔에 걸고 기웃거리며 모직물을 만져보기도 하고, 징이 박힌 군화를 손으로 들어보기도 했다. 아직 물건을 사는 것은 아니었지만, 사람들의 주의를 끌었다는 사실은 이렇게 상품을 늘어놓는 것이 전반적인 관심에 응하는 것임을 충분히 입증해 주었다.

화폐의 점차적인 감소는 상거래를 뚜렷하게 위축시키기 시작했다. 환전상으로 둔갑을 한 행상인들이 가슴에 상자를 안고 돌아다니고 있었다. 그들은 백 프랑짜리 지폐를 동전 95프랑으로 환전해 주면서 암거래를 하고 있었다. 경찰은 보고도 못 본 체했다.

프랑스 중앙은행은 어제 5프랑짜리와 20프랑짜리 소액 지폐를 대량으로 발행했는데, 사람들은 그것이 무슨 진기한 물건이라도 되는 것처럼 서로 보여 주고 있었다.

"그렇다면 이 모든 것을 미리 준비하고 있었다는 말이군" 하고 말하는 사람들의 태도에는 의혹과 앙심 같은 것이 엿보이면서도 어렴풋이 감탄해 마지않는 눈치였다.

마침내 자크는 방황하던 끝에 바스티유 광장의 한 카페 테이블에 이르렀다. 어제부터 아무것도 먹지 않았으므로 목이 마르고 배도 고팠다.

교외에 사는 사람들의 인파가 리옹 역과 전차와 지하철에서 물밀듯이 쏟아져 나왔다. 그들은 손에 신문을 들고 잠시 햇빛이 비치는 광장에 멈추어 서서 혼란스런 얼굴로 주위를 둘러보곤 했다. 그런 그들의 태도는 밤새 전쟁의 위협이 파리를 변모시키지 않았다는 것을 직장에 가기 전에 확인이라도 하려는 것 같았다.

카페에서는 무엇엔가 쫓기는 듯 불안해 보이는 사람들이 계속 왔다 갔다 하며 큰 소리로 말하고 있었다.

어떤 사람은 동원주의서를 확인해 보려고 자기 아내를 구청에 보냈었다고 말하면서, 몰려드는 인파를 원활히 처리하려면 병사과의 창구인원을 지금의 세 배로 늘렸어야 했을 것이라고 거드름을 피우며 떠들어 댔다.

한 택시기사는 카이저의 베를린 귀환과 푸앵카레의 파리 귀환 사진이 같은 페이지에 나란히 실린 잡지 하나를 웃으면서 보여 주었다. 잘 어울리면서도 상징적인 두 개의 사진에서 두 나라 국가원수는 자동차 디딤대에 서서 의연한 제스처로 국민들의 신뢰에 찬 환호에 답하고 있었다.

한 중년부부가 들어와 카운터로 다가갔다. 여인은 겁에 질린 표정으로 다정한 눈길을 구하기라도 하는 듯 손님들의 얼굴을 훑어보았다. 곧이어 그들 부부가 말을 시작했다.

남자가 말을 꺼냈다.

"우리는 퐁텐블로에서 왔습니다. 그쪽은 난리입니다."

그리고 나서 그는 입을 다물었다.

여인이 더욱 수다스럽게 설명을 덧붙였다.

"어제 저녁에 우리와 같은 층에 묵고 있던 용기병 제7연대 장교에게 누가 와서 속히 짐을 꾸리라고 말하더군요. 그리고 나서 한밤중에 말발굽 소리에 잠이 깨었지요. 기병대에 출동 명령이 떨어진 거지요."

"어디로요?" 하고 카운터의 여인이 물었다.

"그건 모르겠어요. 발코니에 나와 보았더니 마을사람들이 모두 창에 얼굴을 내밀고 있더라고요. 고함 소리나 말소리 하나 들리지 않았어요. 악대도 없이 완전무장을 하고…… 도둑처럼 사라졌어요……. 그 뒤에는 군용차량과 자동차들이 개인 장비들을 싣고 지나갔어요……. 그런 것이 끝없이 지나갔지요. 아침까지 계속되었답니다."

"면사무소에는" 하며 남자가 말을 계속했다. "말과 노새와 마차를 징발한다는 방을 내걸었습니다. 심지어 말먹이까지요!"

"그런 것들 모두 다 불길한 징조야" 하고 카운터의 여인이 그럴 줄 알았다는 듯이 관심 있는 태도로 응수했다.

"예비군도 이미 징집됐어" 하고 누군가가 말했다.

"늙은 사람들을? 그럴 리가!"

"아무렴요!" 하고 보이가 손님의 시중을 들다 말고 말했다. "다리라든가 철도의 분기점이라든가 하여튼 위태로운 것은 모두 지키기 위해 우선 사람들이 필요한 것 같아요……. 저도 아는데, 샤롱 근처에 살고 있는 저의 형이 43살이나 되는데도 수비대에 소집됐어요. 좋든 싫든 머리에는 낡은 군모를 쓰고 윗도리 위로 탄약통을 멘 채 손에는 총을 들고 있답니다. 용감하지요! 육교에 가서 보초를 선답니다! 그런데 이건 농담이 아닙니다. 다리로 가려면 증명서가 있어야 합니다. 그게 없으면 쏴버리라는 거예요! 주위에 벌써 스파이가 서성대고 있는 모양입니다."

"나는 둘째 날에 나가기로 되어 있소" 하고 흰 삼베옷을 입은 페인트공이 누가 묻지도 않았는데 떠들어 댔다. 그는 아무에게도 눈길을 돌리지 않고 오로지 손가락 사이에 끼어 돌리고 있는 작은 유리잔을 보면서 말했다.

"나도 마찬가지야" 하고 누군가가 말했다.

"나는 셋째 날이요!" 하고 사람이 좋아 보이는 뚱뚱한 배관공이 외쳤다. "그런데 나는 앙굴렘으로 간답니다! 그거야 독일놈들이 샤랑트에 쳐들어 오기 전에 해야 한다는 거지요!" 그는 허리춤에서 흔들거리는 연장 주머니를 어깨로 한번 쓱 올려붙이더니 히죽히죽 웃으며 문 쪽으로 가서 이렇게 말했다. "어쨌든 나는 아무래도 상관없어…… 두고 봐야지…… 되든가 안 되든가 둘 중에 하나겠지!"

"할 일은 해야지" 하고 카운터의 여인이 점잔을 부리며 결론을 지었다.

자크는 주먹을 꽉 쥐고 있었다. 입을 다문 채 마음을 졸이며 어이없다는 듯 사람들의 얼굴을 살펴보았다. 그는 사람들의 얼굴에서 격렬한 반발이나 저항의 자취를 찾아보려고 애썼지만 쓸데없는 일이었다. 그들은 모두가 이번 사건에 허를 찔려 갈피를 못 잡고 얼이 빠져 있는 것 같았다. 허풍은 떨고 있지만 속으로 겁에 질려 있는 듯했다. 모두 체념하거나 그와 비슷한 상태에 있었던 것이다.

자크는 일어서서 가방을 들고 밖으로 나왔다. 그는 어느 때보다도 무를랑을 만나고 싶었고, 또 만나야만 할 것 같은 기분이었다.

나이 든 식자공은 두 손을 검은 작업복 주머니에 쑤셔 넣고 문이 모두 열려 있는 중이층의 방 세 곳을 왔다 갔다 하고 있었다. 아무도 없었다. 발걸음을 멈추지도 않고 "들어오세요!" 하고 외쳤다. 그리고 자크가 문을 닫자 그제서야 비로소 뒤를 돌아보았다.

"자넨가?"

"안녕하세요? 이것 좀 맡아 주시겠어요?" 하고 자크는 가방을 들어올려 보이면서 말했다. "아무 표시 없는 속옷 약간, 서류도 없고 이름도 써있지 않지만."

무를랑은 간단히 승낙의 몸짓을 했다. 그러나 그의 눈길은 화가 난 사람처럼 굳어 있었다.

"자네 아직 여기서 무얼 하고 있는 거야?" 하고 그는 퉁명스럽게 물었다.

어리둥절한 자크는 그를 물끄러미 바라보았다.

"달아나지 않고 뭘 꾸물거리고 있어? 바보 같은 것들, 이번에야말로 올게 왔다는 것을 모른단 말이야!"

"당신의 입에서! ……당신까지?"

"그래, 나도야" 하고 그는 굵고 우렁찬 목소리로 말했다. 그는 수염 사이에 남아 있던 빵부스러기를 털어 버리고 다시 손을 주머니에 넣었다. 그리고 왔다 갔다 했다.

자크는 이토록 일그러진 얼굴과 이토록 흐릿한 눈을 한 그를 본 적이 없었다. 흥분이 가라앉기를 기다려야만 했다. 상대가 권하지도 않았는데 그는 의자를 끌어다 앉았다.

무를랑은 우리 안에 갇힌 맹수처럼 두세 바퀴 돌다가 자크 앞에 와서 멈추어 섰다. "이제 자네는 누구를 믿나?" 하고 그는 외쳤다. "그 알량한 '노동자 대중?' 총파업?"

"그렇습니다!" 하고 자크는 확신에 찬 목소리로 말했다.

무를랑의 어깨는 파도처럼 넘실거렸다.

"총파업이라고? 흥! 이제 와서 그게 할 소리야? 도대체 누가 그런 생각을 하지?"

"내가요!"

"자네가? 자기들이 부탁하지도 않았는데 사람들이 도와주려고 하는 그런 가엾은 무리들 가운데도 무모한 자, 싸움질하기 좋아하는 자, 태어날 때부터 성 잘 내는 자들이 의외로 많으며 그런 자들은 언제나 싸울 태세를 갖추고 있다는 사실을 자네는 모른단 말이야? 그리고 그런 자들은 독일인이 한 사람이라도 국경선을 넘어왔다고 생각되면 제일 먼저 총을 잡는다는 것을 모른단 말이야? ……하나하나 따로 떼어 보면 대체로 좋은 놈들이야. 아무도 해치고 싶지 않다고 말하고 또 자기들도 그렇게 믿고 있어. 그러나 그런 녀석들의 마음속에는 육식을 좋아하고 파괴적인 본능의 잔재가 고스란히 숨겨져 있어. 자랑스럽게 여기지 않고 숨기고 있는 본능이지만 하여간 근질근질해서 못 견디고 있다가 기회만 주어지면 기어코 그것을 충족시키고 싶어 하는 그런 인간이야……. 인간은 인간이야. 어쩔 도리 없지! …… 그런데 개개인을 믿을 수 없다면 자네는 누구를 믿겠는가? 지도자들을 믿겠나? 어떤 지도자들을? 유럽의 프롤레타리아 지도자들을 믿겠나? 우리나라의 지도자들? 선량한 사회당의 국회의원들? 도대체 자네는 그들이 무엇을 하고 있는지 모르나? 그들은 푸앵카레의 신임투표에 여념이 없어! 자칫하면 그들은 그의 선전포고에 미리 서명할 거야!"

그는 홱 돌아서서 방을 한 바퀴 다시 돌았다.

"천만에" 하고 자크는 중얼거렸다. "여기에는 조레스가 있어요……. 다른 나라에는 반데르벨드 같은 사람과 하스 같은 사람이 있고……."

"허허, 그럼 자네가 믿고 있는 것은 그런 위대한 지도자들이란 말인가?" 하고 무를랑은 자크 쪽으로 성큼성큼 돌아오면서 말했다. "하지만 자네는 브뤼셀에서 그들을 가까이에서 보았겠지! 만일 그자들이 사내였다면, 진심으로 혁명으로 평화를 지키려고 결심한 사내였다면 유럽의 사회주의에 한 마디의 지령을 내리는 데 합의하지 못했을 리가 있겠나? 그렇지 않네! 그자들은 각국 정부를 맹렬히 비난함으로써 자신들에게 갈채를 보내도록 하는 거야! 그러고 나서 어떻게 했느냐고? 그자들은 우체국까지 뛰어가서 카이저에게, 차르에게, 푸앵카레에게, 미합중국 대통령에게—게다가 교황에게까지 탄원하는 전보를 쳤지! 그래, 그자들은 교황에게 전보를 쳐서 프란츠 요제프를 지옥으로 보내 달라고 협박했어! ……조레스는 무엇을 했나? 그자는 매일 아침마다 비비아니에게 가서 '장관님' 하고 아양 떨면서 그로 하여금 러시아를 겁주기 위해 언성을 높여달라고 그의 소매에 매달리는 거야! ……그런 거라고! 노동자 계급은 자신들의 지도자들에게 속은 걸세! 그 지도자들이란 전쟁 위협에 맞서는 대신 모든 행동의 자유를 민족주의자들에게 내주어 버렸으며, 혁명적 기회를 포기하는가 하면 프롤레타리아를 의기양양한 자본주의에 넘겨 버린 거야!"

그는 두어 발 걸었다가 갑자기 홱 몸을 돌렸다.

"게다가 누가 뭐래도 조레스 그 작자는 갈채를 받으려 으스대고 있다는 생각을 떨쳐 버릴 수가 없어! 결국 그도 나와 마찬가지로 일은 이미 결판났다는 것을 알고 있어! 모든 것은 끝장났다는 것! 내일이면 러시아와 독일이 싸움을 시작하리라는 것! 그리고 푸앵카레가 태연하게 전쟁을 받아들이리라는 것도 알고 있어! ……우선 푸앵카레는 페테르부르크에서 맺은 범죄적인 조약을 지키고자 하기 때문이고, 그 다음에는……" 거기까지 말하다 말을 중단하더니 문에 가서 살그머니 문을 열었다. 그러고는 회색빛 고양이 한 마리와 새끼 고양이 세 마리를 들여보냈다. "이리 와, 야옹아……. 그 다음에는 알자스—로렌 지방을 프랑스에 되찾아 준 사람이 되고 싶어 죽겠나 봐!"

그는 창과 창 사이 벽에 책과 소책자가 잔뜩 쌓여 있는 선반으로 다가갔다. 책 한 권을 꺼내 말의 목을 쓰다듬듯이 손바닥으로 몇 번 두드렸다.

"알겠나?" 하고 그는 책을 제자리에 다시 놓으며 아까보다 부드럽게 말했다. "공연히 잘난 체하려고 그러는 것은 아니야. 하지만 내 생각이 옳았던 것은 사실인 것 같아. 바젤회의 뒤에 그자들의 인터내셔널이 얼마나 애매한 기초 위에 자리잡고 있는지를 증명해 보이려고 이 책을 쓴 거야. 내가 옳았어. 조레스 그자가 나를 욕하더군. 모두가 나를 욕했어. 그런데 오늘날 사실은 이 모양이 된 거야! ……우리의 진짜 사회주의 인터내셔널리즘을 도처에서 아직도 권력을 장악하고 있는 민족주의 세력과 '양립'시키려고 하는 것은 미치광이 짓이었어……. 합법적인 테두리 안에서 각국 정부에 '압력을 가하는 것으로' 만족하면서, 그리고 의회에서 허울 좋은 연설만으로 그치면서— 싸우고자 한다니—그것도 이기기를 바란다니 그거야말로 어리석기 그지없는 짓이야! ……우리의 그 알량한 혁명지도자들 가운데 열에 아홉은, 사실, 말해 볼까? 그자들은 국가라는 틀 밖에서 행동할 생각은 추호도 못할 거야! 그렇다면 이제 어찌된 일인지 알 만하지? 그 국가라는 것—그자들은 그것을 알지도 못할 뿐더러, 그 국가를 적당한 시기에 뒤엎어 그 자리에 사회주의 공화국을 앉힐 생각도 못하고 있어—적의 첫 번째 창기병이 국경선에 모습을 드러내는 날에는 총검으로 막는 수밖에 이젠 별 도리가 없어! 그리고 그자들은 슬며시 준비를 하고 있어! …… 이런 꼴을 보아야 하다니!" 하고 그는 격분해서 말하면서 또다시 돌아서더니 방 끝까지 재빨리 걸어갔다. "분명히 말해 두지만 이런 것이야말로 주위 사람들에 대한 배신행위라고 하는 거야! 귀스타브 에르베에 대한 배신! 처음부터 끝까지 모든 지도자들의 배신행위지! …… 자네 신문 읽었나? 조국이 위태롭다! 모두 일어나자! 칼을 뽑아 들라! 둥둥 쿵쿵! 대전을 준비하기 위한 북소리다! ……앞으로 일주일도 못 가서 프랑스는 말할 것도 없고 어쩌면 유럽을 통틀어 순수한 사회주의자는 열두어 명도 남지 않게 될 걸세. 어디를 가나 '사회주의적 애국자'들밖에는 없을 걸세!" 무를랑은 재빨리 자크 쪽으로 돌아와 신경질적인 손을 자크의 어깨 위에 얹으면서 이렇게 말했다. "그러니까 말하는 거야. 자네는 이 무를랑을 믿어도 돼. 달아나게! ……우물쭈물할 때가 아니야! 스위스로 가! 거기 가면 자네 같은 젊은이들이 할 일이 아직 있을 거야. 여기에 있으면 끝장이야. 정말 모든 것이 끝나는 거야!”

자크는 억제할 수 없는 불안감을 안고 무를랑의 집을 나왔다. 어디에 가면 위안을 얻을 수 있을까?

그는 〈위마니테〉사로 갔다. 그러나 스테파니도 갈로도 보스와 회의 중이었다. 두 문 사이에서 마주친 카디외가 뛰어가면서 큰 소리로 알려 주었다. 조레스는 방금 두 각료, 말비와 아벨 페리를 만나고 돌아왔는데, 그의 말에 따르면 아직은 절망할 것이 조금도 없다는 것이었다.

카디외가 지나가자마자 이번에는 갈로의 젊은 조수인 파제스와 마주쳤다. 그는 매우 비관적이었다. 러시아에서는 전투 준비에 박차를 가하는 것 같다는 것이 그의 견해였다. 어제 차르가 비밀리에 결정적인 칙령, 총동원 칙령에 서명했으리라는 추측이 사방에서 확인되었다는 것이다.

자크는 ‘크루아상’에 잠시 들어가 보았지만 아는 얼굴이라고는 하나도 없었다. 단지 홀 한구석에서 위리 할멈이 여권(女權)을 주장하는 소집회를 주재하는 것 같은 모습만이 눈에 들어왔다. 짧은 다리에 비해 너무 높은 모조 가죽을 씌운 의자에 앉아서 모자도 쓰지 않은 채, 회색 머리 타래에 휩싸여 늙은 광신도 같은 얼굴을 한 그녀는 자기 의견을 따르도록 하기 위해 그곳에 불러모았음이 틀림없는 한 무리의 투사들 가운데서 열을 올리며 수다를 떨고 있었다. 자크는 그녀를 못 본 척하고 밖으로 나왔다.

상티에 거리의 ‘프로그레’에는 이미 몇몇 사람이 와 있었는데, 그들은 중 이층의 흡연실 테이블에 앉아 오늘 일을 이러쿵저러쿵 떠들고 있었다. 라브, 쥐믈렝, 베르데가 있었고, 또 낭시에서 온 새 얼굴이 하나 보였다. 그는 ‘뫼르드 에모젤 연맹’의 간사로서 오늘 아침에 파리에 도착했는데 동부의 소식을 가지고 왔다고 했다.

그와 같이 여행한 어떤 독일 사회주의자가 그에게 확언한 바로는 어제 저녁 베를린에서 군사회의가 열렸었다는 것이다. 또 연방회의의 소집도 결정되었다. 독일에서는 바로 오늘 ‘중대한 결정’이 내려질 것으로 예상하고 있다는 것이다. 모젤 강의 여러 다리가 독일 군대에 의해 무력으로 점령당했으며, 사건이 터질지도 모른다는 것이다. 이미 어제 뤼네빌 근교에서는 독일 경기병이 도발이라도 하려는 듯이 국경선을 넘어 프랑스 영토를 몇백 미터

달렸다는 것이다.

"뤼네빌에서?" 하고 자크는 순간 다니엘을―제니를 생각하며 말했다.

자크는 이제 그저 건성으로만 듣고 있었다. 낭시에서 온 그 사람 말로는 벌써 며칠 밤째 동부의 모든 철도에 끊임없이 빈 객차들이 잇달아 지나가는데, 큰 역에 모였다가 곧이어 파리 근교에 와서 별도로 모인다는 것이다.

자크는 가슴을 졸이며 잠자코 있었다. 그는 유럽이 파멸로 향하는 내리막길을 미끄러져 굴러가는 것을 정말 눈으로 보는 듯했다. 이제 어떤 기적이 일어나야 구원의 대전환, 여론의 환기, 각국 국민들의 돌연한 대규모 저항을 불러일으킬 수 있단 말인가?

별안간 그는 형을 만나고 싶은 생각이 들었다. 이번 주 내내 형을 만나 보지 못했던 것이다. 마침 점심식사 시간이어서 앙투안이 집에 있을 시간이었다. '그러면' 하고 그는 생각했다. '제니의 집에 갈 때까지 시간을 때울 수 있겠군.'

60. 7월 31일 금요일―자크, 앙투안과 점심식사를

"자크 도련님은 전쟁이 일어나리라는 사실을 알고 계신가요?" 하고 레옹이 물었다. 놀리는 것일까? 돌출된 안구의 눈길만큼이나 그 말투도 바보스럽게 질문하는 것 같았다. 그러나 앞으로 내민 두꺼운 아랫입술에는 간계가 엿보였다. 그는 자크의 대답도 기다리지 않고 덧붙여 말했다.

"저는 나흘째 되는 날에 나갑니다. 하지만 저는 언제나 기다리고 있었습니다⋯⋯."

층계참에서 승강기의 문이 철커덩거리는 소리가 났다.

"선생님이 오십니다" 하고 레옹이 말했다. 그리고 그는 문을 열러 갔다.

앙투안은 안경을 쓰고 회색머리에 알파카 재킷을 입은 한 남자를 어깨로 밀쳤다. 자크는 그가 아버지의 옛날 비서임을 알아보았다.

샬르 씨는 자크를 알아보자 몸을 움찔했다. 그는 아는 얼굴을 볼 때마다 놀라움의 외침을 억누르기라도 하려는 듯이 손을 입에 가져가곤 했다.

"아, 도련님 아니세요?"

앙투안은 동생이 거기에 있는 것을 보고 놀라는 기색도 없이 태연히 자크와 악수했다.

"샬르 씨는 나를 기다리며 길에서 서성거리고 있었어⋯⋯. 함께 점심을 하기로 했어."

"어쩌다 한번은 예외일 수 있지요" 하고 샬르 씨는 황송해 하면서 중얼거렸다.

앙투안은 레옹을 돌아보며 말했다. "바로 식사를 하는 게 좋겠군."

세 사람 모두 진찰실로 들어갔다. 거기에는 이미 스튀들레, 주슬렝, 르와가 함께 있었다. 펼쳐진 신문들이 책상 위에 어지럽게 널려 있었다.

"늦었구먼. 병원 일이 끝난 뒤에 케도르세에 들렀다 오느라고 그랬어" 하고 앙투안은 변명했다. 잠시 침묵이 흘렀다. 모두가 우울한 모습으로 그를 바라보고 있었다. "아무래도 좋지 않아⋯⋯. 아주 좋지 않아⋯⋯" 하고 앙투안이 짤막하게 대답했다. 그는 낙담한 듯 입을 삐죽거리며 고개를 저었다. 그리고 나서 목소리를 높여 말했다. "자, 식사합시다."

누구 하나 침묵을 깨지 못하고 모두 근심스런 얼굴로 반숙 달걀을 순식간에 먹어치웠다.

"뤼멜의 말로는" 하며 앙투안이 접시에서 눈을 떼지도 않고 갑자기 말을 꺼냈다. "지금 같아서는 영국이 우리에게 동조할 것으로 기대할 만한 이유가 충분히 있다는 거야. 하여간 적으로 돌아서지 않는 것만은 확실해."

"그렇다면" 하며 스튀들레가 물었다. "어째서 영국은 그런 사실을 재빨리 알리지 않는 거지? 아직은 모든 사태를 수습할 수 있을 텐데!"

자크는 참지 못하고 이렇게 말했다.

"왜냐고요? 영국은 분명히 사태를 수습할 의사가 전혀 없기 때문이지요⋯⋯. 영국이야말로 전면전이 일어나면 실제로 어부지리의 요행을 얻을 유일한 나라일지 모릅니다."

"네가 잘못 생각한 거야" 하며 앙투안이 신경질적으로 말했다. "런던의 고위층에서는 아무도 전쟁을 원하고 있는 것 같지 않아."

앙투안의 오른쪽에서 샬르 씨가 의자 끝에 엉덩이를 붙이고 앉아 귀를 기울이고 있었다. 어디에 앉건 그는 언제나 보조의자에 앉아 있는 것 같은 자세를 취했다. 고개를 갸우뚱거리며 그는 걱정스러운 듯이 말하는 사람을 주의 깊게 살피고 있었다. 그래서 그는 먹는 것조차 잊고 있었다. 지금 세상을 떠들썩하게 하는 소동은 그의 이해력과 신경의 지구력을 넘어섰던 것이다.

그저께부터 이 불쌍한 양반은 신문과 사람들의 대화를 통해 얻은 병적인 공포심 때문에 안절부절못하고 있었다. 오늘 아침에 여기에 온 것도 혹시나 마음 놓이는 이야기를 들을 수 있지 않을까 해서였다.

앙투안은 점잔 빼는 투로 말했는데 그것은 부자연스럽게 들렸다.

"지금 영국 내각은 진심으로 평화를 사랑하는 사람들로 구성되어 있어. 게다가 유럽의 여러 나라 정부를 두고 볼 때 그 가운데서 가장 훌륭한 정부 각료팀인 것 같아. 그레이는 사려 깊은 사람으로 8년 전부터 외무성을 이끌어 오고 있어. 아스키드와 처칠은 생각이 깊고 정직해. 홀데인은 매우 활동적인 사람으로 유럽을 잘 알고 있지. 로이드 조지로 말하자면 그의 평화주의는 널리 알려져 있어. 그는 언제나 군비확장에 반대해 왔어."

"모두 훌륭한 사람들이군요" 하고 샬르 씨는 마치 오래전부터 그렇게 생각하고 있었던 것처럼 맞장구를 쳤다.

자크는 방어태세를 갖추고 형을 바라보며 조용히 식사를 계속했다.

"그런 사람들이 이끌고 있으므로 영국은 추호도 모험을 감행할 의사가 없어" 하고 앙투안이 결론을 내렸다.

스튀들레가 다시 끼어들었다.

"그렇다면 동맹국(독일, 오스트리아, 헝가리)을 후퇴시키는 유일하고도 확실한 방법은, 전쟁이 일어날 경우 영국이 그들에게서 등을 돌릴 것이라고 미리 경고해 두는 것이었을 텐데 어째서 그레이는 열흘 전부터 외교적인 속임수로 미봉책에만 골몰했을까요?"

"그래, 바로 그거야. 어제 독일대사와 회담하는 자리에서 그레이가 한 말이 바로 그것인 것 같아."

"그럼 결과는 어떻게 되었어?"

"아무 반응도 없어……. 아직은 아무 반응도……. 한편 케도르세에서는 그 선언이 너무 늦어서 아무런 효과가 없는 게 아닌가 걱정하고 있어."

"당연하지" 하며 스튀들레가 투덜거렸다. "무엇 때문에 그렇게 꾸물거렸지?"

"그것은 우연한 것이 아닙니다" 하며 자크가 넌지시 말했다. "유럽에서 권력을 잡고 있는 음흉한 정치가들 가운데서도 그레이가 가장……."

"뤼멜의 말은 전혀 그렇지 않았어" 하고 앙투안이 화를 내며 자크의 말을 가로막았다. "뤼멜은 3년 동안 런던 주재 대사관에 근무한 적이 있어. 그래서 그는 그레이와 자주 만났던 거야. 그러니까 그의 말은 사정을 잘 알고 하는 것이지. 그리고 아주 지혜롭게 말하더군."

"듣기 좋은 이야기인데요" 하고 샬르 씨는 낮은 목소리로 혼잣말처럼 중얼거렸다.

앙투안은 입을 다물고 있었다. 논쟁할 기분도, 케도르세에서 들은 것을 이야기할 기분도 아니었다. 매우 지쳐 있었기 때문이다. 그는 어제 스튀들레와 함께 의학문서들을 정리하며 저녁나절을 보냈다. 만일의 경우를 생각해서 기록문서를 정돈하려 한 것이다. 칼리프가 돌아간 다음에는 서재에 올라가 편지류를 태우고, 개인적인 서류들을 골라 정리했다. 그리고 새벽녘에 2시간 정도만 눈을 붙였을 뿐이다. 잠에서 깨어나자마자 신문을 읽고 난 그는 안절부절못하며 불안상태에 빠져 있었는데, 오전 내내 사람들을 만나 나눈 이야기, 모든 사람들의 비관론, 당황해 하는 모습은 그의 그런 불안을 가중시키기만 했던 것이다. 오늘 아침의 진찰은 유독 환자가 많았다. 그는 기진맥진한 몸으로 병원에서 나왔다. 그리고 뤼멜과의 맥 빠지는 그 대담은 결국 …… 이번에야말로 정신적으로 심한 충격을 받게 한 것이다. 그런 마음의 혼란은 그가 정확하게 그 위에 자신의 삶을 구축해 놓았던 과학과 이성이라는 토대를 뒤흔들어 놓았다. 그는 갑자기 정신이 무력하다는 것과, 오래전부터 근면한 그의 삶의 밑바탕이 되어온 덕행, 절도, 양식, 지혜와 경험, 정의에 대한 의지 등이 아무런 소용이 없다는 것을 깨달은 것이다…… 그는 혼자 있으면서 곰곰이 생각해 보고, 또 의기소침해지는 것과 싸우며, 정신을 가다듬어 다시 대담하게 불가항력적인 것에 대처하고 싶어했는지도 모른다. 그러나 모두가 그를 향해 있었고, 그의 말을 기다리고 있는 것 같았다. 그는 눈살을 찌푸리며 힘을 모아 말을 계속했다.

"그레이 그 사람은 양심적이며, 좀 의심이 많고 소심하며 그다지 너그럽지는 않지만 생각과 행동이 성실한 전형적인 영국인인 것 같아. 네가 생각하고 있는 것과는 전혀 딴판이지" 하고 그는 동생 쪽을 보면서 말했다.

"나는 그의 정책을 두고 말하는 거야" 하고 자크가 말했다.

"뤼멜은 그 정책을 극구 칭찬하던데! 하지만 복잡해서 그가 말해 준 것을 모두 기억하지는 못할 것 같아……." 그는 한숨짓더니 손으로 이마를 문질렀다. "우선 그레이는 프랑스와의 확고한 동맹을 마음대로 떠들고 다닐 만한 입장이 못 돼. 내각 안에는 홀데인처럼 독일 쪽으로 기울어져 있는 사람들도 있으니까. 그리고 영국 국민은 최근까지도 사라예보 암살사건의 결과보다는 아일랜드와의 문제에 훨씬 더 신경을 쓰고 있었어. 그리고 내각의 입장은 세르비아를 지키기 위해 대륙에 싸우러 와야 한다는 생각을 단호히 거절할 거야……. 그래서 아무리 그레이가 빠르고 더 분명하게 영국을 분쟁에 끌어들이고 싶어해도 그는 동료들이나 의회 그리고 국민들로부터 지지를 못 받을 위험이 있어."

점심식사 때에는 드문 일인데 앙투안은 자기 손으로 포도주 한 잔을 따라 단숨에 들이켰다.

"그것만이 아니야" 하며 그는 말을 이었다. "문제는, 언제나 그렇듯이, 심리적인 면도 있어. 그레이는 처음부터 평화냐 전쟁이냐의 열쇠를 영국이 쥐고 있다는 사실을 확실히 의식하고 있었던 것 같아. 그런데 자기가 쥐고 있는 무기가 양날이라는 것도 알아차린 것 같아. 이를테면 영국 정부가 일주일 전에 프랑스와 러시아에 군사적인 원조를 공약했다고 상상해 봐……."

"……베를린은 곧 태도를 바꾸었을지 몰라" 하며 스튀들레가 그의 이야기를 가로막았다. "독일은 후퇴하여 오스트리아로 하여금 적의를 거두도록 했을 테고 그렇게 모든 것이 외교적인 흥정을 통한 협상으로 원만히 마무리지어졌을지도 몰라!"

"그럴지도 모르지, 하지만 아무도 장담할 수가 없어. 그리고 그레이로서는 그 반대의 경우를 두려워할 만한 이유가 충분히 있었던 것 같아. 러시아가 프랑스의 군대와 재력은 물론, 영국의 함대와 재력도 기대해 볼 만하다는 것을 확실히 알았다면 그런 마지막 카드를 한번 마음먹고 써 보려는 유혹을 물리치지 못했을 거야……. 이런 각도에서 볼 때" 하고 앙투안은 자크 쪽을 바라보면서 말을 계속했다. "그레이의 태도도 아주 다른 양상을 띠고 있어. 그가 시소놀이를 택하게 된 것은 평화를 지키려는 그의 진실된 갈망 때문이라는 것을 알게 될 거야. 그는 프랑스에 대해 이렇게 말했어. '조심하시오, 러시아에 손을 쓰시오. 러시아는 어떻게 해서든지 당신들을 분쟁에 끌어넣으려고 하고 있어요. 이 점을 잘 알아 두시오. 그렇다고 우리를 믿지 마시오.' 동시에 독일에는 이렇게 말했어. '주의하시오! 우리는 당신들의 강경한 태도에 찬성하지 않소. 우리 함대가 북해에 동원됐다는 것, 그리고 우리는 중립을 지킨다는 약속을 어떤 나라하고도 한 적이 없다는 사실을 잊지 마시오."

스튀들레는 어깨를 으쓱했다. "그레이, 그 양반이 빈틈없는 사람일진 모르겠지만 대단히 순진한 사람인 것만은 틀림없는 것 같아. 왜냐하면 러시아는 런던이 베를린을 위협하고 있다는 것을 자기들의 정보기관을 통해서 기어코 알아낼 수밖에 없기 때문이야. 그렇게 되면 러시아로 하여금 당연히 영국의 지지를 기대하도록 부추기는 꼴이 되는 거지. 그동안 독일의 대 간첩조직은 영국이 프랑스와 러시아에게 하지 않을 수 없는, 별로 고무적이지 않은 제안을 전하는 거야⋯⋯. 그럼 독일은 더 이상 영국의 위협을 진지하게 받아들일 아무런 이유가 없게 되는 거지⋯⋯. 시소놀이는 결국 전쟁 가능성만 높여 준 셈이 되지!"

따지고 보면 그것은 뤼멜이 내린 결론과 거의 비슷했다. 그러나 앙투안은 그런 말은 입 밖에도 내지 않았다. 그는 동료들에게 전해도 괜찮으리라고 생각되는 일반적인 정보와, 뤼멜과의 자유로운 대화 가운데서 사적인 견해라든가 속내 이야기로 여겨지는 것과는 세심하게 구별했다. 자크가 있으므로 그는 오히려 더 신중을 기했다. 따라서 그는 고위층에서, 예를 들면 조지 황제(영국황제)에게 보내는 프랑스 대통령의 친서 형식으로 대영제국의 원조를 단도직입적으로 그리고 간절히 호소할 시기가 오지 않았는지 곰곰이 생각해 보고 있는 중이라는 이야기는 할 생각이 없었다. 또한 뤼멜에 따르면, 그레이가 어제 저녁 독일대사와 회견하는 자리에서 마침내 영국이 분쟁에 무력 개입하기로 결정했다는 정확한 정보에 대해서도 그는 암시하지 않았다. 독일은 그저께인 29일에 중대한 실수를 범한 것 같았다. '영국의 중립을 우리에게 약속하십시오'라고 런던에 말하면서 '우리는 승전한 뒤에 프랑스의 영토를 존중할 것을 약속합니다. 우리는 프랑스에게서 식민지만을 몰수할 것입니다'라고 했다는 것이다. 건방지기 짝이 없는 이 담화는—전쟁이 일어날 경우 벨기에의 중립을 존중하지 않겠다는 거부로 받아들여져서—뤼멜에 따르면, 영국 외무성의 분노를 자아내어 모든 각료들을 친프랑스로 급선회하도록 했으며, 영국 정부로 하여금 더 적극적으로 프랑스—러시아 쪽에 가담하도록 했다는 것이다.

자크는 반론도 제기하지 않고 앙투안의 설명을 귀담아들었다. 그러나 전적으로 동감하는 것은 아니었다.

"모두 듣고 보니" 하며 자크가 말했다. "뤼멜은 문제의 중요한 요점을 너무 등한시한 것 같아."

"말하자면?"

"말하자면 10년 전만 하더라도 대영제국은 누가 뭐라 해도 바다의 지배자였어. 그러나 지금은 독일 해군의 급속한 발전을 무슨 수를 써서라도 막지 못하면 영국은 머지않아 해군력에서 이등국에 불과할 거야. 이것은 사실이야. 알려질 대로 알려져 있지. 하여간 이건 내가 보기에 그레이의 양심의 문제라든가 심리적인 망설임 이상의 것을 설명해 주고 있어."

"맞았어" 하고 스튀들레는 한술 더 떴다. "더구나 바그다드 철도 문제는 영국의 정책에 어떤 영향을 미치고 있나? 독일은 콘스탄티노플과 페르시아 만을 연결하는 철도를 장악했어. 다시 말해 그건 인도로 곧장 이어지고, 생존권이 달려 있는 수에즈 운하를 위협하는 거야!"

"도대체 그게 모두 무얼 뜻하는 거죠?" 하고 르와가 무심하게 물었다.

"무얼 뜻하는 건가요?" 하고 샬르 씨도 메아리처럼 되받았다.

"영국으로서는 전쟁을 원하는 어쩔 수 없는 이유가 있고, 전쟁을 해서라도 독일의 힘을 약화시키려는 겁니다" 하고 자크가 대답했다. "그리고 내가 보기에는 이것이 모든 의문을 풀어 주리라 생각합니다."

"영국은 이미 나폴레옹1세와 이렇게 저렇게 싸운 적이 있습니다" 하고 샬르 씨가 교묘히 끼어들었다. 그리고 유쾌한 듯한 미소를 지으며 이렇게 덧붙였다. "사실 나폴레옹1세야말로 독일에서는 찾아보려야 찾아볼 수 없는 전략가였지요!"

잠시 침묵이 흘렀다. 그리고 모두의 눈길에는 비웃는 듯한 빛이 떠올랐다가 곧 사라졌다.

"그럴지도 모르지만" 하며 주슬렝이 자크에게 물었다. "당신은 영국 지도자들의 평화주의적인 현 정책을 믿을 수 없다고 말하는 겁니까?"

"그렇습니다. 카이저가 '우리의 미래는 바다에 있다'라고 선언했을 때, 그것은 영국에 도전한 것입니다. 내가 보기에 영국은 지금 그 도전을 받아들이고 있습니다. 유럽에서 유일하게 눈에 거슬리는 나라를 쳐부술 수 있는 기회로 이용하려는 겁니다. 그레이는 러시아의 속셈을 너무나 잘 알고 있었으므로 중재를 거듭 제의하면서도 그 효과에 대해서는 전혀 기대하지 않았다고 나는 생각합니다. 또 그가 줄곧 고의적으로 기만정책을 써 왔다고 생각합니다. 사실 영국 정부는 자기에게 필요한—필요하지만 지금까지 스스로 기선을 잡지 못했으며, 어쩌면 앞으로도 기선을 잡지 못할지도 모르는 그 전쟁을 불가피하게 만들 수 있는 모든 것을 결국 좋은 기회로 삼는다고 생각합니다.”

자크는 앙투안의 얼굴을 가만히 바라보았다. 앙투안은 과일을 깎고 있었으며, 논쟁에는 흥미가 없는 것 같아 보였다.

“1911년에 이미” 하고 스튀들레가 마뉘엘 르와 쪽을 돌아보면서 말했다. “영국은 모로코 사건에 관해서 프랑스—독일 관계를 약화시키기 위해 비열한 온갖 짓을 다했어. 만일 카요($\frac{모로코\ 사건\ 당시의}{프랑스\ 외무장관}$)가 없었더라면…….”

자크의 눈길은 르와에게 쏠렸다. 르와는 커다란 식탁 끝에 앉아 있었다. 카요의 이름을 듣고 그가 갑자기 고개를 들었다. 그의 젊은 치아가 빛나는 것이 보였다.

바로 그때 조금전부터 생각에 잠겨 있는 것같이 보이던 주슬렝이 입을 열었다. 접시에 담긴 신선한 복숭아 껍질을 벗기다가 멈추고는—그는 아무 생각 없이 포크와 나이프 끝으로 껍질을 열심히 벗기고 있었다—다정한 눈길로 식탁 주위를 둘러보며 이렇게 말했다.

“미래의 역사가들이 현재 우리가 겪고 있는 역사를 뭐라 이야기할 것인지 내가 생각하고 있는 바를 말해 볼까? 그들은 이렇게 말할 거야. ‘1914년 6월의 어느 여름날에 갑자기 유럽 한가운데서 화재가 일어났다. 화재의 발원점은 오스트리아에 있었다. 장작은 빈에서 용의주도하게 준비되었다…….”

“……그런데” 하며 스튀들레가 주슬렝의 말을 가로막았다. “불똥이 튀긴 건 세르비아야! 페테르부르크로부터 곧장 날아오는 사납고 음흉한 북동풍에 실려서 말이야!”

“그리고 러시아는” 하며 주슬렝이 말을 계속했다. “즉시 불을 불러일으켰어!”

“……게다가 프랑스의 이해할 수 없는 동의를 얻어……” 하고 자크가 주석을 달았다. “그리고 그들은 공모하여 그 장작더미 위에다 오래전부터 말려 두었던 작은 장작다발을 던진 거지요!”

“그러면 독일은?” 하고 주슬렝이 물었다. 아무도 대답하는 사람이 없자 그는 계속해서 말했다. "독일은 그동안 불길이 타오르는 것과 불똥이 튀는 것을 냉담하게 지켜보고 있었어…… 어떤 속셈이 있었기 때문일까?"

"물론 그렇지!" 하고 스튀들레가 외쳤다.

"아닙니다. 그것은 어리석음 때문이었을 거예요" 하며 자크가 끼어들었다. "어리석음과 교만 때문이었지요! 왜냐하면 독일은 어리석게도 필요할 때는 불길이 다른 곳으로 번지지 않도록 할 수 있을 뿐더러, 불길을 막기 위해 필요 없는 것은 걷어치울 수 있다고 자부하고 있었기 때문입니다!"

"……그러니까 이용당하고 있었군" 하고 르와가 말했다.

"설마!" 하고 샬르 씨가 우울해 하며 중얼거렸다.

주슬렝이 말을 이었다. "남은 것은 영국인데……."

"영국은" 하며 자크가 외쳤다. "내가 보기에는 아주 간단해요. 영국은 처음부터 불을 끄고도 남을 많은 양의 물을 갖고 있었어요. 그리고—상황이 악화되자—불이 붙으면서 번지는 것을 분명히 보았지요. 그러나 영국은 다만 '불이야!' 하고 외쳤을 뿐, 눈치를 보며 수문을 열지 않았습니다! …… 이런 사실로 미루어 보아 영국은 아무리 평화주의적인 척해도 후세들이 판단하기에는 음흉한 방화범의 공범으로 보일 가능성이 다분히 있습니다!"

앙투안은 접시 위로 몸을 숙이고 있었으며, 듣고 있는 것 같지 않았다.

스튀들레는 눈물을 글썽거리는 것 같은 그의 큰 눈을 자크 쪽으로 향했다.

"당신의 의견에 내가 동의할 수 없는 것이 한 가지 있는데, 그것은 독일의 태도입니다!" 그러면서 마음의 불안을 이기지 못하기라도 한 듯 그의 목소리는 매우 흥분한 것처럼 울렸다. "나는 독일이 전쟁 야욕을 품고 있다고 봅니다!"

"물론이지!" 하며 르와가 외쳤다. "독일은 샤를5세의 꿈, 나폴레옹의 꿈을 꾸고 있는 거야! 공국(公國)들의 전쟁, 사드와의 싸움 ^(1866년에 프러시아군이 오스트리아군을 크게 이긴 싸움), 70년 전쟁 ^(1870년 프랑스와 프러시아의 전쟁), 모두가 유럽정복을 향해 착착 단계를 쌓아 왔어! 그리고 각 단계마다 군사력을 고도로 증강시켜 범게르만주의의 목적을 하루라도 빨리 이루려고 한 거지!"

고개를 숙이고 장광설이 끝나기를 기다리던 스튀들레는 다시 자크 쪽으로 몸을 구부렸다. "그래, 나는 독일이 뻔뻔스런 음모를 꾸미고 있다고 생각해! 독일이야말로 무대 뒤에서 처음부터 끈을 잡아당겨 오스트리아를 움직였어!”

자크는 뭔가 말하려 했지만 스튀들레가 그럴 틈을 주지 않았다. 그는 야릇한 불안감에 사로잡혀 있는 듯했다. 그래서인지 거의 고함치다시피 했다.

“자! 명백한 거야! 도대체 오스트리아가, 허약한 오스트리아가 어떻게 혼자서 그런 태도, 최후통첩과 같은 태도를 취할 수 있었을까? 더구나 열강 모두가 바라고 있는 마당에 세르비아의 회답에 조금의 여유도 주지 않고 거절하다니? 그리고 깊이 생각할 사이도 없이 그토록 타협적인 그 회신을 일축하다니? 그럴 수가! 그리고 독일이 전쟁을 할 저의가 없다면 영국의 모든 제안—그것이 성실하건 성실하지 않건 간에 외교적으로 수락할 수 있었을 텐데—에 대해 끈질기게 반대하는 것은 무슨 까닭인가? 더구나 차르가 제의한 분쟁을 헤이그 중재재판소에 회부하는 것을 거부하고 있는 이유는 어디에 있을까?”

“그것도 대충은 알 만해요” 하며 자크가 말을 꺼냈다. “독일은 러시아의 범슬라브주의의 호전적인 의도를 꿰뚫어본 거예요. 그리고 오스트리아—세르비아 분쟁에서 열강의 간섭이 사실은 가만히 보고 있는 것보다 더 위험하다고 늘 주장했지요.”

앙투안은 격렬하게 동생의 말을 반박했다.

“케도르세에서는 결코 독일의 평화적인 항의를 믿지 않았던 거야. 오래전부터 그들은 도덕적인 확신을 갖고 있었지…….”

“도덕적인 확신이라니!” 하고 자크가 말했다.

“……동맹국이 사전에 분쟁을 막거나 늦출 수 있는 모든 것을 배척하기로 결심했다는 확신 말이야.”

이런 탁상공론 정치 이야기에 짜증이 난 앙투안은 식탁 위에 냅킨을 놓고 자리에서 일어났다.

모두가 함께 자리에서 일어났다.

“이 점을 잊어서는 안 돼요. 독일은 지금까지 여러 차례 화해를 시도해 왔어요. 그러나 러시아 정부도 프랑스 정부도 그것을 전혀 고려하려고 하지 않았던 겁니다.” 자크는 식당을 나오면서 스튀들레에게 말했다.

“그러는 척하는 거야! 그래! 독일은 뭐니뭐니해도 유럽의 여론에 좀 신경을 써야만 했던 거야!”

주슬렝이 공정하게 지적했다. "그러나 독일의 주장—세르비아 토벌의 필요성과 분쟁의 엄격한 국지화—은 전혀 유럽 전쟁을 일으키려는 의도는 조금도 없어……. 하물며 '우리나라에 맞서서' 싸우겠다는 뜻은 더욱 없었어!"

"게다가" 하며 자크가 덧붙였다. "만약 독일이 그런 전쟁의사를 갖고 있었다면, 그리고 프랑스를 무찔러 버리고 싶은 그런 생각이 정말로 있었더라면 왜 그토록 오랫동안 우물쭈물했겠어요? 오늘날보다 훨씬 더 유리한 기회가 15년 전부터 얼마든지 있어 왔는데 어째서 그것을 놓쳤을까요? 독일은 왜 1898년 파쇼다의 프랑스—영국의 위기를 이용하지 않았을까요? 또 1905년의 러시아—일본 전쟁을? 1908년의 보스니아 위기를? 1911년의 모로코 사건을 왜 이용하지 않았을까요?"

"그까짓 거 아무려면 어때" 하고 스튀들레는 완강한 태도를 보이며 중얼거렸다. 그는 다시 "될 대로 되라지!" 하고 되뇌이면서 두 주먹을 주머니에 찔러 넣었다.

샬르 씨는 문 앞에 움직이지 않고 서서 빵덩어리를 조금씩 뜯어먹으며 다른 사람들이 자기 앞으로 차례차례 지나가도록 옆으로 비켜서 있었다. 앙투안이 제일 뒤에 있었다. 샬르 씨는 그에게 빵을 내보이며 눈을 깜박였다.

"돌아가신 나의 아버지도 이것을 어쩌나 좋아했던지 디저트에는 반드시 빵껍질이 있어야만 했답니다……. 앙투안 씨, 저도 그래요. 이게 제일 맛있으니 말입니다."

자신의 약점을 너그럽게 보아달라는 듯한 미소를 띠었지만, 거기에는 별로 흔하지 않은 취미를 가지고 있어서 자랑스럽게 여기는 기색이 역력했다. 샬르 씨는 겸손하다기보다는 지나칠 정도로 천진난만했다.

자크와 주슬렝이 커피가 마련되어 있는 진찰실에 들어가려 할 때 스튀들레가 두 사람 사이로 끼어들어와 그들의 팔꿈치를 잡았다. 그리고 몸을 구부리고 몹시 근심스러워 하며 속내 이야기라도 하려는 듯한 투로 말했다.

"아무려면 어때. 이론을 내세우는 것만이라면 얼마든지 할 수 있고, 모든 것에 대해 이유를 찾아낼 수 있으니까! 아무려면 어때. 우리는 모두 독일이 책망받아 마땅하며 우리가 속고 있다고 생각할 '필요가' 있으니까! 내가 신문을 펼쳤을 때마다 먼저 찾는 것은—솔직히 말해서—독일이 표리부동하다는 증거야!"

"무엇 때문에?" 하고 문 앞에 멈추어 서 있던 주슬렝이 물었다.

스튀들레는 눈을 내리깔며 말했다. "우리 눈앞에서 일어나고 있는 것을 참아내기 위해서! ……일단 독일이 나쁘다는 것을 의심하기 시작하면 모두가 '우리의 의무'라고 부르는 것은 좀처럼 할 수 없을 테니까!"

자크는 쓴웃음을 참지 못하고 이렇게 말했다.

"'애국적인' 의무 말이겠지요!"

"그래요" 하고 스튀들레가 말했다.

"그래, 당신은 그 이름으로 무엇을 하려는지 알고 있을 텐데 아직도 그 의무라는 것을 염두에 두고 있다는 겁니까?"

스튀들레는 마치 그물에 걸려 몸부림치듯이 어깨를 흔들었다.

"아" 하고 그는 화가 나 있으면서도 애원하는 듯한 투로 말했다. "더 이상 나를 어지럽게 하지 말아줘요! ……불행히도 프랑스가 내일이라도 동원령을 내린다면 우리 생각이야 어떻든 우리는 빠져나가지 못한다는 것을 모두 알고 있으니까."

자크는 입을 열어 '나는 달라!'라고 외치려 했다. 그때 그는 방 한가운데에 서 있던 형이 이쪽으로 몸을 돌리고 자기를 뚫어지게 보고 있는 것을 알아챘다. 자신도 모르게 마음이 위축된 자크는 형의 그 눈길에서 야릇한 애원의 빛을 읽고 그대로 입을 다물었다. 앙투안이 방에 들어온 뒤부터 자크는 형이 혼란에 빠져 있는 것을 알아차리고 몹시 놀랐다. 그 때문에 그는 마음속 깊이 감동하고 있었다. 그것은 죽음을 앞둔 아버지의 머리맡에서, 그때까지 불굴의 사람처럼 보이던 형이 갑자기 오열을 터뜨리는 것을 목격한 그날 밤과 같았다.

앙투안은 얼굴을 돌렸다.

"마뉘엘" 하고 그는 말했다. "커피 좀 주지 않겠나?"

"그리고" 하며 스튀들레는 점점 더 흥분한 투로 말을 이었다. "나는 마음속으로 이렇게 생각하고는 해. '누가 알아? 유럽의 대전은 평화로운 시기에 20년 동안 선전하는 것보다 사회주의의 도래를 훨씬 더 앞당길지도 모른다'고 말이야!"

"그게" 하며 주슬렝이 말했다. "무슨 소리인지 통 모르겠는걸! 자네들 같은 이론가들 가운데는 혁명을 일으키기 위해서는 전쟁이 필요하다고 주장하는 사람들도 있다는 것을 나는 잘 알고 있어. 하지만 그건 필립 박사가 적절하게 말했듯이 하나의 '관념적인 시각'이라고 늘 생각해 왔거든. 무장한 근대 국가라든가 동원된 하나의 국민이 어떤 것인가를 전혀 모르는 사람들의 생각이야! 우리와 같이 자유로운 민주주의 제도에서도 아직 성공하지 못한 혁명이, 모든 혁명가들이 군부에 예속되고, 개개인의 삶과 죽음의 문제가 군사 독재의 손아귀에 놓이는 시기에 갑자기 가능한 것으로 기대하다니 정말 얼토당토않은 착각이야!"

스튀들레는 듣고 있지 않았다. 그는 자크를 뚫어지게 보고 있었다.

"전쟁이" 하며 그는 침울한 목소리로 말을 이었다. "그것도 고작 3, 4개월이나 가겠지……. 하지만 그런 시련 뒤에 유럽의 프롤레타리아가 더 강해지고, 더 훌륭하게 단련되고, 더 단합된다면? 그리고 그 뒤에 제국주의라든가, 군비 경쟁이 정말로 모습을 감춘다면? 그리고 모든 나라의 민중이 마침내 확고한 평화, 인터내셔널을 중심으로 평화를 구축한다면 어떨까?"

자크는 완강하게 고개를 저으며 이렇게 말했다. "안 됩니다! 그런 확실성 없는 아름다운 미래에 대한 꿈이라면 저는 원치 않습니다. 그러기 위해 전쟁을 해야 한다면 말입니다! ……폭력 앞에, 그리고 피 앞에 이성과 정의를 포기하느니 차라리 모든 것을 단념하겠습니다! 그런 참화와 그런 어리석은 짓을 하느니 차라리 모든 것을 단념하겠습니다! 전쟁을 하느니 모든 것을!"

잠자코 듣고 있던 르와가 외쳤다. "모든 것이라고? ……적의 침략으로 국토가 점령당해도? ……그러면 평온하기 위해 독일에게 바로 뫼르 지방, 아르덴느 지방, 북쪽 지방과 파드칼레를 내주면 어떨까요! 안 될 이유가 없지 않아요? 바다로 향한 출구도 곁들여서 말입니다!"

자크는 슬쩍 어깨를 으쓱했다. "그렇게 될 경우 북부지방의 몇몇 실업가들은 곤란하게 될지 모르지요. 하지만 솔직히 말해서 그것이 대부분의 노동자와 광부들에게 있어서 그들의 비참한 생활에 무엇인가 본질적인 것을 바꾸리라 생각하십니까? 그리고 그들에게 물어볼 경우 대부분이 싸움터에서의 명예로운 죽음보다는 그 쪽을 택하지 않으리라고 생각하십니까?" 그의 얼굴은 의연하고 엄숙했다. "나는 당신들이 전쟁과 평화를 각국 국민들 생활의 정상적인 사이클로 여기고 있다는 것을 잘 알고 있습니다……. 그건 흉측한 발상이에요! ……그런 비인간적인 사이클을 이번에는 어떻게 해서라도 막아야 합니다! 인류는 그러한 피비린내 나는 리듬에서 벗어나 더 나은 사회를 창조하는 쪽으로 활동력을 자유롭게 돌릴 수 있어야 합니다! 전쟁은 인간의 극히 중대한 문제를 전혀 해결하지 못합니다! 전혀! 전쟁은 노동자의 비참한 상태를 더 악화시킬 뿐입니다! 전쟁을 하는 동안에는 육탄(肉彈), 그 뒤에는 전보다 더 혹사당하는 노예, 이것이 노동자의 운명인 것입니다!" 자크는 비밀스런 말투로 덧붙였다. "아주 단순합니다. 한 나라의 민중에게 전쟁의 악보다 더 나쁜 것은 아무것도—엄밀하게 말해서 '아무것도!'—없다고 나는 생각합니다!"

"아주 간단하군요" 하고 르와가 냉담하게 말했다. "좀 지나칠 정도로…… 간단하군요, 실례의 말인지 모르겠습니다만! 마치 한 나라의 국민이 승리한 전쟁에서 아무런 이득도 얻지 못기라도 하는 것처럼 말입니다!"

"아무런 이득도 얻지 못해요! 결코!"

그때 또렷하고 단호한 앙투안의 목소리가 들려왔다. "말도 안 돼!"

자크는 소스라치게 놀라 고개를 돌렸다. 그때까지 책상 앞에 앉아 눈을 내리깔고 편지 겉봉을 뜯는 데 여념이 없는 줄로만 알았던 앙투안이 아닌가. 그런데 사실은 몇 미터 떨어진 곳에서 오고가는 이야기를 한 마디도 놓치지 않고 듣고 있었던 것이다. 그는 동생을 바라보지도 않고 말을 이었다.

"말도 안 돼! 역사적으로 볼 때 말도 안 돼! 모든 역사는……잔다르크로부터 시작하여……."

"저런" 하고 주슬렝이 익살맞게 끼어들며 말했다. "누가 알아? 잔다르크가 없었더라면 영국과 프랑스는 한 나라로 합병되었을지……. 물론 샤를7세에게는 지극히 불명예스러운 일이었겠지만. 그러나 두 나라 국민에게는 아주 좋았어. 여러 가지 고통스런 일들이 없었을 테니까……."

앙투안은 어깨를 으쓱하며 이렇게 말했다.

"농담하지마, 주슬렝……. 예를 들면 독일이 사드와 싸움이나 세당 싸움에서 아무것도 얻은 게 없다고 부인할 건가?"

"독일은!" 하며 자크가 응수했다. "독일 국가로 말할 것 같으면! 하나의 개체입니다……. 하지만 '민중은?' 하지만 독일 국민인 독일의 일반민중은 대체 무엇을 얻었단 말입니까?

르와가 벌떡 일어섰다.

"만일 1915년의 부활제까지—아니 그 전에라도! —프랑스가 승리를 거두어 알자스-로렌 지방을 되찾아서 영토를 라인 강의 자연 국경까지 늘리고, 사르 지방의 풍부한 광산자원을 병합하고, 아프리카에 있는 독일 식민지를 빼앗아 식민제국을 확대한다면, 그리고 그 병력으로 유럽 대륙에서 최강대국이 된다면, 프랑스 민중은 그 병사들의 희생으로 아무것도 얻은 것이 없다고 말할 수 있을까요?"

그는 기분 좋게 웃기 시작했다. 그리고 상대를 납득시킨 걸로 생각했던지 담배 케이스를 꺼낸 다음 의자를 하나 잡더니 그것을 돌렸다. 그리고 그 위에 말 타듯이 걸터앉았다.

"그리 간단하지 않아, 그런 것들이…… 그리 간단하지 않지……" 하고 자크 곁에서 생각에 잠겨 있던 주슬렝이 중얼거렸다.

"나는" 하며 자크는 그를 향해 목소리를 낮추어 말했다. "나는 폭력을 인정할 수 없습니다. 그것이 비록 폭력에 맞서는 것일지라도! 나는 마음속에 폭력의 낌새가 스며들 만한 틈을 조금도 남기고 싶지 않습니다! ……나는 모든 전쟁을 거부합니다. 그것이 '옳든' '그르든'! 어느 나라가 일으켰고, 그 동기가 어떠하든 간에 전쟁이라면 예외 없이 거부합니다!"

흥분으로 목이 미어지는 것 같아 그는 입을 다물었다. '내란조차도' 하고 그는 미퇴르크처럼 무슨 짓이라도 하겠다던 혁명가들과의 격렬한 논쟁을 떠올리면서 마음속으로 생각했다('나는 동포애의 이상을 승리로 이끌기 위해 생명을 바쳐 왔어' 하고 미퇴르크는 그들에게 말하곤 했다. '그렇다고 증오심의 폭발과 미친 듯이 날뛰는 대량학살에 의존하고자 하는 것은 아니야……').

61. 7월 31일 금요일—국방 의무에 대한 자크와 앙투안의 대립

"그리 간단하지 않아……" 하고 주슬렝은 자기 주위를 무거운 눈길로 둘러보며 되풀이했다. 그는 잠시 말을 멈추었다가 마치 덧없는 생각을 계속 쫓기라도 하듯 말투를 바꾸었다.

"우리 의사들은 소집당하더라도 적어도 잔인한 짓을 하는 데에 말려들지는 않을 거야……. 우리가 동원되더라도 사람을 죽이기 위한 것이 아니라 살리기 위해서니까……."

"그래, 그래……" 하고 스튀들레가 힘을 주어 말했다. 눈물이 글썽거리는 그의 눈은 무언가 고마움의 뜻을 보이면서 주슬렝 쪽을 향했다.

"자네들이 의사가 아니라면?" 하고 르와는 귀가 솔깃하면서도 공격적인 자세로 호기심을 보이며 주위 사람들의 얼굴을 차례로 뚫어지게 바라보면서 말했다(모두가 알고 있듯이 그는 군 당국에 자신의 의사 면허증을 한 번도 이용한 적이 없었으며, 군복무를 하면서도 의무실 근무장교로 잠시 실습을 했을 뿐, 그 뒤에는 부대에 복귀했던 것이다. 그리고 지금은 보병연대에 편입된 예비역 소위로 적을 가지고 있었다).

"이봐, 마뉘엘" 하고 앙투안이 큰 소리로 말했다. "자네 우리에게 끝내 커피를 주지 않을 작정인가?"

앙투안은 어떤 구실을 찾아서라도 논쟁을 멈추도록 해 말 많은 무리를 쫓아내려는 것 같았다.

"곧, 곧 준비하겠습니다!" 하고 르와가 말했다. 그는 정말 운동한 사람답게 한쪽 다리로 의자 등받이를 뛰어넘으며 일어섰다.

"이자크!" 하고 앙투안이 불렀다.

스튀들레가 다가왔다. 앙투안은 그에게 편지를 한 통 내밀었다.

"이것 봐, 필라델피아 연구소가 드디어 답장을 보내왔어……." 그리고 습관대로 그는 덧붙였다. "정리하도록." 스튀들레는 놀란 모습으로 그를 바라보면서 편지를 받으려 하지 않았다. 앙투안은 억지 웃음을 슬쩍 지으면서 편지를 그대로 휴지통에 던졌다.

주슬렝과 자크 두 사람만이 넓은 방의 한 귀퉁이에 서 있었다.

"의사이건 아니건" 하고 자크는 형 쪽을 보지 않았지만 옆 사람에게만 말을 건넨다고 보기에는 지나치게 큰 목소리로 말했다. "징집에 응해서 동원된 사람은 모두 국가정책에 찬성하는 사람들로서, 그 사실만으로도 전쟁을 승인하고 있는 겁니다. 내가 보기에 문제는 모든 사람들에게 똑같은 것이라 생각됩니다. 여러분이 그런 학살에 한몫을 하도록 하기 위해서는 정부가 그렇게 하라고 명령만 내리면 되지 않을까요? ……비록 내가…… 지금과 같은 내가 아니더라도 말입니다" 하고 자크는 주슬렝 쪽으로 몸을 숙이면서 말했다. "비록 내가 잘 따르는 국민이고 국가제도에 만족하고 있다 해도 국시(國是)라고 해서 내가 정신적인 의무라고 여기는 것을 침범하려 든다면 나는 그것을 용납하지 않을 것입니다. 국민이 국가의 통치 아래 있기는 하지만 국민들의 양심을 국가가 강요할 수 있는 권리를 지니고 있다고 생각한다면 그 국가는 국민들의 협력을 바랄 수 없습니다. 그리고 무엇보다도 국민 한 사람 한 사람의 도덕적 가치를 인정하지 않는 사회는 경멸과 반항만을 겪게 됩니다!"

주슬렝은 머리를 설레설레 흔들었다. "나는 열렬한 드레퓌스파(1899년에 프랑스에서 벌어진 유명한 드레퓌스 사건, 당시에 정의와 인도를 표방하며 드레퓌스를 지지한 사람의 하나였다는 뜻)의 한 사람이었어" 하며 그는 대답을 대신했다.

책상에서 무엇엔가 골몰해 있는 것 같던 앙투안이 휙 뒤돌아보았다.

"질문이 잘못 제기되었어" 하고 앙투안이 날카로운 목소리로 말했다. 그렇게 말하면서 그는 자리에서 일어나 동생을 보면서 혼자 방 한가운데까지 갔다. "우리나라와 같은 민주정부는—설사 그 정책이 소수 반대파로부터 도전을 받는다 해도—정부가 정권을 쥐고 있다는 그 자체, 대다수의 의사를 합법적으로 대표하고 있을 수밖에 없는 거야. 그러므로 동원된 사람이 징집에 응하는 것은 국민의 총의를 따르는 거야. 정권을 잡고 있는 정부의 정책에 대한 개인적인 의견이 어떻든 간에!"

"자네는 대다수의 의사를 내세우는군" 하고 스튀들레가 말했다. "그러나 국민 전체라고 말할 수는 없다 하더라도 대다수는 지금 전쟁이 일어나지 않기를 바라고 있어!"

자크가 말을 이었다. "도대체 무슨 명목으로" 하고 그는 직접적으로 형에게 말하는 것을 피하면서 어색한 부동자세로 주슬렝을 보면서 말했다. "그 다수가 무슨 명목으로 신중하고 정당한 주장까지 희생해야 하며, 또 자기 자신의 가장 신성한 확신보다 국민으로서 따르는 쪽을 먼저 받아들여야 한단 말입니까?"

"무슨 명목으로?" 하고 르와가 따귀라도 맞은 듯 갑자기 몸을 일으키며 외쳤다.

"무슨?" 하고 샬르 씨의 목소리가 메아리처럼 울렸다.

"사회계약의 명목으로 말이야" 하고 앙투안이 단호하게 말했다.

르와는 항의하려면 해 보라는 태도로 자크 쪽과, 이어서 스튀들레 쪽을 뚫어지게 보았다. 그러고 나서 어깨를 으쓱하더니 휙 돌아서서 빠른 걸음으로 멀리 창가에 있는 안락의자로 가서 등을 돌리고 털썩 주저앉았다.

앙투안은 눈을 내리깔고 찻잔 안에 있는 찻숟가락을 신경질적으로 젓고 있었다. 그는 깊은 생각에 잠겨 있는 듯했다.

잠시 침묵이 흘렀다. 주슬랭이 부드럽게 침묵을 깼다.

"선배님, 선배님이 말하는 것을 잘 이해하겠어요. 결국 저도 같은 생각이라 믿습니다……. 오늘날의 사회가 모순을 지니고 있건 없건 간에 우리에게는, 우리 기성세대에게는 하나의 현실입니다. 이것은 앞서간 세대들이 세워서 우리에게 남겨 준, 이미 만들어진 토대로서 비교적 단단한 것입니다. 그런 토대 위에서 이번에는 우리가 우리의 균형을 찾은 것입니다……. 저는 그것을 너무나 잘 알고 있어요."

"그렇고 말고" 하고 앙투안이 말했다. 그는 고개를 들지 않고 여전히 찻숟가락을 젓고 있었다. "개인으로서의 우리는 연약하고 외롭고 빈털터리인 존재야. 우리의 힘—우리 힘의 대부분, 하여간 여러 가지 방법으로 그 힘을 발휘할 수 있다는 것도—그것은 우리를 한데 모아 우리의 활동을 조정해 주는 사회집단 덕분이야. 그리고 현재의 세계정세로 보아 그 집단은 우리에게 신화가 아니야. 그건 공간 속에 제한되고 한정되어 있어. 프랑스라는 이름을 지니면서 말이야……."

앙투안은 침울하지만 자신 있는 목소리로 천천히 말을 이어갔다. 그는 오래전부터 지금 이야기하고 있는 것을 준비했다가 마침 그 말을 할 기회를 포착하기라도 한 것처럼 보였다.

"우리는 모두가 국가공동체의 일원이야. 우리는 실제로 그 공동체에 딸려 있어. 우리와 그 공동체—우리에게 우리의 존재를 가능하게 해 주고, 거의 완전하다 할 정도로 안전한 삶을 영위하도록 해 주며, 그 테두리 안에서 문화인다운 생활양식을 꾸미도록 해 준 그 공동체—우리와 그것 사이에는 몇 천 년 전부터 합의된 유대관계, 계약, 곧 우리 모두를 속박하는 하나의 계약이 있어! 여기에는 선택의 문제가 있을 수 없어. 이것은 기정사실이니까……. 따라서 앞으로 인간이 사회생활을 계속하는 한 개개인은 그 사회에 대한 의무에서 자기 마음대로 벗어날 수 있다고 생각해서는 안 돼. 자신을 보호해 주고 또 자신이 이용하는 그 사회에 대해서 말이야."

"모두가 그런 것은 아니야!" 하고 스튀들레가 말을 막았다.

앙투안은 슬쩍 그를 바라보았다.

"모두 다 그래! 똑같지는 않을지도 몰라. 하지만 모두가 그래! 자네도 그렇고 나도 그래! 프롤레타리아도 부르주아도 종업원이건 부장이건! 우리는 공동체의 일원으로 태어났다는 사실로부터 모두가 거기에서 어떤 자리를 차지하며 그 사회로부터 각자 매일 이익을 얻고 있는 거야. 그 이익의 대가로 사회계약을 지키고 있어. 그런데 그 계약의 첫 조항 가운데 하나는 우리가 공동체의 법을 존중해야 한다는 것, 설사 우리가 개인적으로 자유롭게 생각할 때 그런 법이 늘 옳은 것은 아닌 것 같다 할지라도 거기에 따라야 한다는 것이야. 그런 의무를 거부하는 것은 프랑스 같은 국가공동체를 균형 잡히고, 살아 있는 한 조직체로 만들어 주는 사회의 여러 조직에 금가게 하는 거나 다름없어. 그것은 사회기구를 위태롭게 하는 거나 다름없지."

"틀림없어!" 하고 자크가 낮은 목소리로 말했다.

"뿐만 아니라" 하며 앙투안이 성난 것 같은 목소리로 말을 이었다. "그것은 분별없는 행동이나 다름없어. 왜냐하면 그것은 개인의 진정한 이익에 역행해서 행동하는 게 될 테니까. 그런 무정부주의적인 반항으로 인해 일어나는 혼란은 비록 불완전한 법이라고 하더라도 그런 법에 따르는 것보다 개인에게 훨씬 더 불행한 결과를 가져다줄 거야."

"말하자면!" 하고 스튀들레가 큰 목소리로 외쳤다.

앙투안은 다시 한 번 스튀들레를 힐끗 쳐다보았다. 그리고 이번에는 그가 있는 쪽으로 반 걸음 내디디며 말했다.

"개인으로서는 찬성하지 않는 법일지라도 국민된 도리로는 그 법에 항상 따라야 하지 않을까? 더구나 국가는 우리가 그것과 투쟁하는 것을 허용하고 있어. 즉 프랑스에는 여전히 사상의 자유와 표현의 자유가 있어! 게다가 우리에게는 선거와 법적투쟁의 무기인 투표용지까지 있고."

"농담 그만합시다!" 하며 스튀들레가 반격했다. "자네가 말하는 프랑스의 보통선거는 터무니없는 속임수야! 4천만 프랑스인 가운데 선거권을 가진 자는 1천2백만도 안 돼! 고작 6백 하고도 한 표, 곧 유권자의 과반수를 가지고 대다수라고 하니 말이야! 따라서 우리 3천4백만은 6백만 명의 의사에 따르는 바보들이야. 그런데 이들 6백만이 대부분 어떻게 투표하는지 자넨 알 거야. 술집 정치 이야기에나 놀아나며 되는 대로 하는 거야! 그래, 그래.

프랑스 사람들은 현실적인 정치적 역량을 조금도 갖고 있지 않아. 정치형태를 변혁시킬 만한 능력을 가지고 있을까? 그들에게 강요된 새로운 법률을 부정하거나 이에 이의를 제기할 만한 능력을 가지고 있느냔 말이야? 프랑스 국민의 이름으로 체결하고, 분쟁이 일어날 경우 하는 수 없이 거기에 말려들어 목숨을 바칠 수도 있는 그런 동맹조약에서 프랑스 국민의 의견은 묻지도 않아! 이게 바로 프랑스에서 국민의 지상권이라고 부르는 거야!"

"다른 의견이 있네" 하고 앙투안이 침착하게 수정의견을 내놓았다. "나는 자네가 말하는 것처럼 그렇게까지 박탈당했다고는 생각하지 않아. 물론 사회생활을 하면서 사건이 생길 때마다 개인적으로 문의를 받은 적은 없어. 하지만 공동체가 내 마음에 들지 않는 정책을 채택한다면 나에게는 의회에서 그 정책과 맞서 싸울 사람들에게 표를 던질 자유가 있어! ……그러나 내 표가 그때까지 대다수의 의사를 대표하고 있는 사람들을 정권에서 몰아내지 못하고 그 자리에 내가 좋아하는 방향으로 국가정책을 바꿀 사람들을 앉히지 못하는 한 나의 의무는 아주 간단해. 이론의 여지가 없어. 나는 사회 계약에 매이는 거야. 따라서 복종해야 해, 따라야 하고."

"Dura lex, c'est lex! (악법도 법이니 따라는 뜻)" 하고 샤르 씨가 모두 가만히 있는 가운데 거드름을 피우며 속삭이듯 말했다.

스튀들레는 방 안을 이리저리 왔다 갔다 하고 있었다. "문제는" 하며 그는 투덜거렸다. "현재 상황으로 볼 때 동원된 사람들이 따르지 않음으로써 일어날 수 있는 혁명적 혼란이 그 악의 정도에서……."

"……최단기간의 전쟁일지라도 그에 견주어 보면 훨씬 적지 않을까 하는 점에 있다는 거겠지요!" 하고 자크가 말을 맺었다.

방구석에서 르와가 몸을 움직이자 의자의 용수철이 삐걱거리는 소리가 들렸다. 그러나 그는 아무 말도 하지 않았다.

"내 경우는, 선배님" 하고 주슬렝이 조용히 말했다. "선배님의 생각과 같습니다. 나는 따를 겁니다……. 그건 그렇고 현재 우리를 위협하고 있는 것과 같은 대재난을 눈앞에 둔 비상시에 그처럼 따르는 것이 다른 사람들이 보기에는 받아들일 수 없는…… 비인간적인…… 의무처럼 여겨질 수 있다는 것도 저는 압니다."

"그와는 반대야" 하며 앙투안이 다시 말했다. "시국의 중대성을 개인이

의식하면 할수록 그만큼 그의 의무도 거역할 수 없는 것으로 생각해야 해!"

앙투안은 잠시 말을 멈추고 마시지 않은 커피를 쟁반 위에 놓았다. 그의 얼굴은 긴장되어 있었고 목소리는 떨렸다.

"나는 며칠전부터 그 점에 대해 생각하고 있어" 하고 그는 갑자기 괴로운 듯한 투로 털어놓았다. 그 목소리를 들은 자크는 얼떨결에 형을 바라보았다. 앙투안은 얼마간 엄지와 검지로 눈두덩을 누르고 있다가 고개를 들고 묘하고 강렬한 눈길을 자크 쪽으로 보냈다. 그러고는 한 마디 한 마디를 신중하게 말했다.

"오늘 저녁, 대다수가 뽑은 정부에 의해—비록 그것이 나의 표와는 반대로 이루어진 정부라고 하더라도—동원령이 공포될 경우에, 내가 임의로 계약을 파기할 권리가 있고, 또 모든 사람에게 똑같이—그야말로 모든 사람에게 똑같이 의무를 회피할 권리가 있다고 해도 그것은 내가 전쟁에 대해 내 나름대로의 의견이 있기 때문도 아니고 소수 반대파에 속하기 때문도 아니야!"

자크는 별로 끼어들고 싶은 생각이 없는 듯 자신에게 하는 말을 듣고만 있었다. 그는 형의 논지에 반발심을 느꼈다기보다는 독단적인 주장을 피력하면서 떨고 있는 인간적이고 은밀한 그 말투에 자기도 모르게 감동되었다. 더구나 형의 태도가 자기와 아무리 서로 다르다고 해도 이 경우에는 앙투안이 논리적이고 스스로에게 지극히 충실하다고 생각하지 않을 수 없었다.

별안간 앙투안은 누군가가 심하게 반박이라도 한 것처럼 팔짱을 끼고 이렇게 외쳤다. "제기랄, 전쟁이 날 때까지만, 그때까지만 국민일 수 있다면 얼마나 좋을까, 그때까지만 국민에 속한다면 말이야!"

그 뒤에 계속된 침묵은 퍽이나 무거운 것이었다.

주슬렝은 주위의 분위기를 감지하고 이쯤해서 화제를 바꾸는 것이 좋겠다고 생각했다. 그는 다정한 투로, 마치 논쟁이 끝나고 모든 사람들의 의견이 일치된 것처럼 결론으로 이렇게 말했다.

"결국은 선배님이 옳습니다. 사회생활은 하나의 도박이지요. 규율을 받아들이든지 아니면 국가를 떠나든지 둘 가운데 하나를 선택해야 합니다……"

"나는 선택했어요" 하고 자크가 그의 곁에서 목소리를 낮추며 속삭였다.

주슬렝은 살짝 고개를 돌렸다. 그리고 반사적으로 정감어린 눈으로 주의 깊게 잠시 그를 바라보았다. 그는 눈 앞의 자크를 통하여 하나의 비장한 운명을 엿본 것 같은 눈치였다.

레옹의 매끈한 얼굴이 빙긋이 열린 문틈으로 나타났다.

"'그분께서' 전화를 주셨는데요."

앙투안이 돌아보았다. 그리고 마치 깜짝 놀란 사람처럼 눈을 깜박거리며 레옹을 바라보았다. '또 그녀구나' 하고 그는 마침내 생각했다.

"알겠어. 곧 갈게."

그는 눈을 내리깔고 걱정스러운 얼굴로 한동안 있다가 서두르지 않고 방을 나갔다.

'무슨 말을 하려는 걸까?' 하고 그는 서재에 들어가면서 생각했다. '당신은 이제 저를 사랑하지 않는군요! ……전처럼 저를 사랑하지 않는군요!' 여자들이 그런 말을 할 때가 필연적으로 온다. 모든 여자들이! '이제는 싫어졌다'라고 여자들에게 말하면 여자들은 놀랄지 모른다……. 그러나 그것은 여자들이 아니고 우리이다! 여자들을 앞에 놓고 변해 버린 것은 남자이다……. 여자들은 '이제 당신은 저를 사랑하지 않는군요'라고 말하지 말고 '당신은 둘이 같이 있기만 하면 남자인 당신 자신이 싫어지시는군요……'라고 말해야 할 것이다.

앙투안은 전화기 앞에 섰다. 별로 깊이 생각하지 않고 수화기를 들었다.

"토니, 당신이에요?"

그는 섬뜩해 하며 반발심 같은 것을 느꼈다. 친숙한 그 목소리, 너무나 잘 알고 있는 그 목소리, 노래하는 듯하고 나지막하며 일부러 꾸민 듯한 감미로운 그 목소리를 들으며 가만히 서 있었다. 그리고 대답할 결심을 못하고 있었다. 억누른 분노……. 이틀 전부터 그는 그녀에게서, 그녀의 마법에서 풀려난 줄로 알고 있었다……. 해방된 것만이 아니다. 어떤 더러운 것이 씻겨진 듯한 느낌이었다……. 그는 시몽을 떠올렸다. 아니다, 끝났다. 끝나고말고. 닻줄은 확실히 끊어졌다. 무엇 때문에 다시 맨단 말인가?

그는 수화기를 테이블 한가운데 살짝 내려놓고 한 걸음 뒤로 물러섰다. 수화기에서 찍찍하는 잡음이 들려왔다. 죽기 직전의 거친 숨결 비슷한 헐떡거림과 딸꾹질 같은 소리……. 그것은 잔인한 짓이었다.……. 할 수 없지! 무슨 일이 있어도 다시 만나서는 안 된다.

앙투안은 진찰실로 가지 않고 복도로 나가는 문 쪽으로 가서 문을 열쇠로 잠그고 긴 의자로 되돌아와 담배에 불을 붙였다. 그리고 테이블을 향해 마지막 눈길을 던진 다음—수화기는 마치 죽은 뱀처럼 뒤틀린 채 반들거리며 잠잠히 누워 있었다—그는 쿠션 사이로 다리를 쭉 뻗고 깊숙이 누웠다.

진찰실 벽난로 앞에 스튀들레와 단둘이 마주 앉은 샬르 씨는 자기가 말할 수 있는 기회가 생긴 데다가, 또 들어 주는 사람까지 있는 것을 흐뭇해 하면서 무슨 말인지 통 알 수 없는 객설로 자신의 사업에 관해 상대에게 설명하려고 애쓰고 있었다.

"새로운 발상이고 기상천외의 발상이며 조그만 발명 같은 것이지요……. 언제나 새로운 것을 만들어 내는 것이 우리 회사의 신조랍니다……. 우선 A.C., 그러니까 연구가협회(Association des Chercheurs)의 회보를 보내 드릴게요……. 두고 보면 아시게 됩니다. 이미 즉결조치도 해놓고 있습니다……. 이번 전쟁에는 꼭 필요합니다……. 방향을 바꾸게 될 겁니다……. 국방은…… 각자 자기 분야에서…… 뭐라고요?" 그는 마치 절박한 질문을 알아듣지 못한 것처럼 걱정스러운 태도를 보이며 계속 되물었다. "발명가들은 벌써 비상한 관심을 보이고 있습니다" 하며 그는 곧 이어서 말했다. "비밀을 누설하고 싶지는 않습니다만……. 예를 들면 늪의 물과 빗물을 위한 휴대용 여과기라고 말할 수 있지요……. 전쟁터에서는 귀중한 것입니다……. 병사들의 몸을 상하게 하는 나쁜 병균을 모조리……." 그는 만족스러운 웃음을 띠며 이렇게 말했다. "그리고 더 비상한 관심을 끄는 것은 발포장치가 달린 자동조준기라는 겁니다……. 눈이 나쁜 보병들이나…… 포병들을 위한 거지요……."

얼마전부터 자기 자리에서 앞뒤가 맞지 않는 말을 듣고 있던 르와가 벌떡 일어나며 말했다.

"자동이라고요? 어떤 건데요?"

"바로 그래요" 하고 샬르 씨는 우쭐해 하며 말했다. "바로 그게 기가 막힌 거랍니다."

"그렇다면? 어떻게 작동합니까?"

샬르 씨는 단호한 몸짓을 하면서 이렇게 말했다.

"저절로요!"

자크와 주슬렝은 줄곧 서재 모퉁이에 서서 낮은 목소리로 이야기를 나누고 있었다.

"무엇보다도 견딜 수 없는 것은" 하고 자크는 화가 난 듯이 이마에 한 줄의 주름을 지으면서 말했다. "병역이라는 것, 국기를 앞세운 국가라는 것이 하나의 교리나 되는 것처럼, 또 이론의 여지없이 신성한 의무나 되는 것처럼 생각했던 것이 이해할 수 없게 되는 날이 반드시, 그것도 어쩌면 가까운 장래에 오리라는 것입니다! 총 들기를 거부했다고 해서 사회 권력이 한 인간을 총살할 수 있는 권리를 갖는다는 것이 생각할 수도 없는 일처럼 여겨지는 날 말입니다! ……옛날에 몇천 명의 유럽인들이 그들의 종교적인 신념 때문에 재판에 회부되고 고문받아야 했다는 것을 우리가 믿기 어려운 것과 똑같이……."

"이봐요!" 하고 르와가 외쳤다.

그는 책상 위에 있는 그 날짜 신문을 한 장 들어 건성으로 훑어보고 있다가 장난투로 크고 분명하게 알아들을 수 있는 목소리로 읽었다.

"아이가 하나 있는 젊은 부부가 정원이 있고 물고기가 많은 강가의 조용한 작은 주택을 석 달 동안 빌리기 원함. 될 수 있으면 노르망디 지방이나 부르고뉴 지방이면 좋겠음. 신문사 사무실 3418호로 보내기 바람!"

그의 웃음소리가 낭랑하게 울려 퍼졌다. 오늘 웃을 수 있는 사람은 그밖에 없었다.

"곧 여름방학을 맞게 되는 중학생처럼 즐거워하는군" 하고 자크가 중얼거렸다.

"진짜 영웅처럼 들떴어요" 하고 주슬렝이 정정했다. "기쁨이 없는 곳에 영웅적 행위도 있을 수 없어요. 있다면 용맹함밖에는……."

샬르 씨는 시계를 꺼냈다. 그리고 시간을 보기 전에 언제나 그렇게 하듯이 청진하는 의사처럼 멍하니 눈을 크게 뜨고 '작고 이상한 물체'에 잠시 귀를 기울였다. 그러고 나서 그는 눈썹을 추켜세우면서 안경 너머로 이렇게 말했다. "1시 37분."

자크는 소스라치게 놀랐다. "늦었어" 하고 그는 주슬렝의 손을 잡으면서 말했다. "저는 그만 가보겠습니다. 형님을 기다릴 시간이 없군요."

긴 의자 위에 누워 있던 앙투안은 계단에서 레옹의 배웅을 받고 있는 자크의 목소리를 들었다. 앙투안은 재빨리 문을 열었다.

"자크! ……애……."

자크가 깜짝 놀라 자기 쪽으로 오자 이렇게 물었다. "가는 거니?"

"응, 가려던 참이야."

"잠시만 들어와" 하고 앙투안은 그의 팔을 잡으면서 침착하게 말했다.

자크는 형과 단둘이 이야기를 하러 위니베르시테 거리에 왔던 것이다. 그는 자기 재산을 어떻게 처리했는지 형에게 들려주고 싶었다. 형에게 숨기는 것처럼 보이는 것이 싫었기 때문이다. 게다가 이렇게 생각했다. '상황 봐서 제니와의 일도 말해야지…….' 시간에 쫓기기는 해도 둘만이 이야기를 나눌 수 있는 기회라고 생각하고 그는 기꺼이 응했다. 그리고 형의 서재로 들어갔다. 앙투안은 다시 문을 닫았다.

"이봐" 하고 앙투안은 앉지도 않고 말했다. "애야, 진지하게 이야기해 보자. 도대체…… 너는 어떻게 할 작정이니?" 자크는 놀란 체하며 아무 대답도 하지 않았다. "너는 병역면제를 받았지……. 하지만 동원될 경우에는 병역면제자도 모두 재조사를 받게 될 거야. 누구나 할 것 없이 모두 전선에 보내질 텐데……. 너는 어떻게 할 작정이니?"

자크는 거짓말을 할 수 없었다.

"아직 아무 생각도 없어" 하고 그는 말했다. "현재로서는 합법적이지 않아. 나에 대해 어떻게 할 수 없어." 형의 끈질긴 눈길 앞에서 그는 무뚝뚝하게 덧붙였다. "이것만은 형한테 말할 수 있어. 동원될 바에는 차라리 두 손을 잘라 버리겠어."

앙투안은 잠시 눈을 돌렸다.

"그런 태도야말로 가장……."

"……가장 비겁하다고 생각해?"

"아니야, 그렇게는 생각하지 않았어" 하며 앙투안은 위로라도 하듯 말했다. "하지만 가장 이기적인 태도라고……." 자크가 까딱도 하지 않자 그는 말을 이었다. "니는 어떻게 생각하니? 이런 시기에 병역을 거절한다는 것은 전체 이익보다는 개인 이익을 앞세운 것이라고 생각되는데."

"'국가적' 이익보다도 앞선다는 거야!" 하며 자크가 응수했다. "전체의 이익, 대중의 이익은 분명히 평화에 있는 거야. 전쟁에는 없어!"

앙투안은 애매한 몸짓을 했다. 그것은 마치 이제 이론 투쟁은 화제에 올리지 말자는 것 같았다. 그러나 자크는 집요하게 물고 늘어졌다.

"전체적 이익—나는 그것을 거절함으로써 전체적 이익에 기여한다고 생각하고 있어! 나는 분명히 느끼고 있어—의심의 여지 없이 느껴—오늘 내 마음속에서 거부하는 것이 가장 올바른 거야!"

앙투안은 화가 나는 것을 참았다.

"자, 잘 생각해 봐라……. 그런 거절로 어떤 실제적인 결과를 얻을 수 있을까? 아무것도 없어! ……한 나라 전체가 동원되고 절대 다수가—이번 경우는 그럴 거야—국토 방위의 의무를 수락할 때 혼자 반항하는 행위란 무의미하고 실패할 수밖에 없는 일이 아닐까?"

말투가 매우 조심스럽고 온정이 넘쳐흘러 자크는 가슴이 뭉클해졌다. 자크는 매우 침착한 태도로 형을 바라보았다. 그리고 친근감이 도는 미소까지 띠었다.

"왜 또 형은 그런 이야기를 하는 거야? 내가 무슨 생각을 하고 있는지 형은 알고 있을 텐데……. 나 자신이 죄악으로 생각하고 있고, 진리, 정의, 인간의 연대성을 배신하는 것으로 생각하고 있는 일을 정부가 강제로 시키려고 한다면 나는 그것을 절대로 받아들일 수 없어……. 영웅적 행위란 르와가 말하는 것 같은 것은 아니라고 나는 생각해. 영웅적 행위란 총을 들고 전선으로 뛰어가는 것은 아니야! 그것은 전쟁을 거부하는 것, 공범자가 되느니 차라리 처형장에 끌려가는 거야! ……허망한 희생이라고? 어떻게 알아? 전쟁을 가능하게 했고, 그리고 지금도 그렇게 만들고 있는 것은 군중이 맹목적으로 따르기 때문이야……. 혼자만의 희생이라고? 할 수 없지……. '아니'라고 말할 만한 배짱이 있는 자의 수가 적더라도 하는 수 없지. 그거야 ……." 그는 망설이다가 말을 이었다. "그거야…… 배짱 좋은 자는 좀체로 찾아볼 수 없기 때문이지……."

앙투안은 선 채로 이상하리만큼 뻣뻣한 자세로 듣고 있었다. 눈에 띄지 않을 정도로 속눈썹이 떨리고 있었다. 그는 뚫어지게 동생을 바라보면서 잠을 자고 있는 사람처럼 짧게 숨을 내쉬고 있었다.

"하여튼 동원령을 못 들은 척하면서 거의 혼자서 그것과 싸우려고 하면 보통이 아닌 정신력이 필요할 텐데" 하고 앙투안은 부드럽게 말했다. "그러나 그런 것이야말로 아무런 의미 없는 힘이라는 거야……. 미련스럽게 머리를 벽에 박다가 깨지는 것 같은 힘이야! ……확신을 갖고 전쟁을 거부하고, 그러한 확신 때문에 총살당하는 사람이라면 나는 그런 사람에게 나의 모든 동정과 연민을 보내겠어……. 그러나 나는 그런 사람을 쓸데없는 공상가로 여기겠어……. 그리고 나는 '그런 사람을 비난할 거야.'"

자크는 조금전에 '하는 수 없지'라고 말했을 때 같이 가볍게 양팔을 펼쳐 보일 뿐이었다. 앙투안은 아무 말도 하지 않고 잠시 동생을 물끄러미 바라보았다. 아직 단념하지는 않았다.

"진실은 거기에 있는 거야. 그리고 우리를 계속 짓누르고 있어" 하며 앙투안은 말을 이었다. "사태의 중대함─사태는 이미 어느 누구의 손에도 달려 있지 않아─그래, 사태의 중대함은 내일이라도 국가가 우리를 마음대로 할 수 있는 데까지 와 있어. 도대체 너는 지금 국가가 우리에게 짐 지우고 있는 속박이 우리의 개인적 의사와 들어맞는지 아닌지를 검토할 때라고 생각하니? 그래서는 안 돼! 책임 있는 사람들이 일을 결정하고 책임 있는 사람들이 명령하는 거야……. 나의 일에서도 마찬가지야. 일단 알맞다고 생각되는 처방을 급히 내렸으면 그것으로 그만이야. 사람들이 이러쿵저러쿵하는 것을 나는 용납하지 않아……."

앙투안은 손을 부자연스럽게 이마로 가져가 손가락을 잠깐 눈꺼풀 위에 올려놓았다. 그는 애써 이야기를 계속했다.

"잘 생각해 봐, 애야……. 전쟁을 찬성하는가 아닌가 하는 것이 문제가 아니야─너는 내가 전쟁을 찬성한다고 생각하니? ─단지 전쟁을 견디어 내느냐가 문제가 되는 거야. 우리의 기질에 따라 저항감을 가질 수도 있어. 하지만 그것은 내적인 저항이어야 해. 의무감의 속박을 받을 줄 아는 저항감 말이야. 위험에 처했을 때 협력하기를 망설인다는 것은 두말할 것도 없이 공동 생활을 배신하는 거나 다름없어……. 그래, 그거야말로 진정한 배신이고, 동포에 대한 죄악이며, 연대 의무를 잊은 거라 할 수 있어……. 나는 정부가 내리려는 결정에 대해서 우리가 그것을 논의할 권리마저 없다고 주장하는 것은 아니야. 다만 그것은 뒤의 문제야. 복종하고 난 뒤의 문제야."

자크는 다시 입가에 미소를 띠고 말했다.

"그런데 나는 여러 나라가 서로 전쟁하는 명목으로 내걸고 있는 국민적 요구라는 것에 대해서 개인이 완전히 무관심해도 된다고 생각해. 설사 그 동기가 어떠하든 간에 나는 국가가 인간의 양심을 유린하는 그런 권리는 부정해……. 이런 어마어마한 말을 쓰는 것을 늘 싫어해 왔어. 하지만 일이 바로 그렇게 된 걸. 내 마음속에서는 형 같은 이런저런 기회주의적 추리보다는 양심의 소리가 더 커. 형이 말하는 법률 같은 것보다는 양심의 소리 쪽이 더 크게 울리고 있고……. 폭력이 세계의 운명을 마음대로 다루는 것을 막을 수 있는 단 하나의 방법은 우선 스스로 온갖 폭력을 거부하는 거야! 살상을 거부하는 것이야말로 고귀한 정신의 표지로서 당연히 존경받아야 한다고 나는 믿고 있어. 만일 법전이나 재판관이 이것을 존중하지 않는다면 정말 딱한 일이야. 조만간 알게 될 거야……."

"알았어, 알았어……" 하고 앙투안은 화제가 또 일반론으로 치우치는 데 역정을 내면서 말했다. 그리고 팔짱을 끼면서 이렇게 말했다. "그런데 '실질적으로는' 어떻게 되는 거지?"

앙투안은 동생 쪽으로 걸어왔다. 그리고 둘 사이에는 드문 일로서 자연스런 동작으로 두 손으로 부드럽게 동생의 어깨를 잡았다.

"너의 대답이 듣고 싶구나, 애야……. 동원은 내일이야. 너는 도대체 어떻게 할 셈이니?"

자크는 화가 난 것은 아니지만 그래도 단호한 태도로 형한테서 빠져나왔다.

"나는 전쟁을 반대하는 투쟁을 계속할 거야! 마지막까지! 모든 수단을 다 동원해서! 모든 것을! ……필요하다면……혁명적 투쟁에 호소해서라도!" 자크는 자신도 모르게 목소리를 낮추었다. 가슴이 조여오는 듯, 하던 말을 멈추었다가 이렇게 말했다. "그렇게 말은 하지만…… 모르겠어." 그는 잠시 입을 다물었다가 계속했다. "그러나, 형, 이것만은 확실히 말할 수 있어. 절대적으로 확실해. 내가 군인이 된다고? 천만의 말씀!"

자크는 이 말을 끝으로 애써 미소를 지어 보이면서 간단히 작별인사를 했다. 그리고 문 쪽을 향해 걸어갔다. 앙투안도 굳이 그를 붙들려고 하지 않았다.

62. 7월 31일 금요일─사회주의자 동지를 만난 자크와 제니의 오후

자크는 제니를 그녀의 집에서 만났다. 제니는 옷을 차려 입고 혼자 막 나가려던 참이었다. 얼굴은 긴장을 한 채 극도의 흥분상태에 있었다. 어머니에게서도 아무런 소식이 없고 다니엘에게서도 편지 한 통 없었다. 그래서 제니는 갈피를 못 잡고 있는 중이었다. 신문보도는 제니를 공포로 몰아넣었다. 게다가 자크도 늦게서야 왔다. 몽루주에서 있었던 경찰관과의 일을 되새기며 그 일에 온통 정신이 팔려 있던 제니는 자크의 신변에 무슨 일이 일어난 것이 틀림없다고 생각했었다. 제니는 한 마디의 말도 못하고 그의 팔에 몸을 던졌다.

"실은" 하며 자크가 말했다. "오스트리아에 있는 외국인 신상에 관해 무엇인가 알 수 없을까 해서……. 환상을 품어 보았자 아무런 소용이 없어. 그 쪽에는 계엄령이 내려져 있어. 물론 독일 사람들에게는 자기 나라에 돌아가는 것이 아직 허용되고 있는 모양이야. 이탈리아와 오스트리아와의 관계가 매우 긴장되어 있기는 하지만…… 그러나 프랑스 사람, 영국 사람, 러시아 사람은! ……만일 엄마가 여러 날 전에 빈을 떠나지 않으셨다면─그렇다면 이미 여기에 와 계셔야 하는데─너무 늦은 감이 들어……. 모르긴 해도 떠나지 못하셨을 거야……."

"떠나지 못하셨다고요? 그건 왜? 형무소에라도 들어가셨을까요?"

"물론 아니야! 단지 기차를 탈 수 있는 허가를 얻지 못하신 것이 아닐까 하고 추측해 볼 뿐이야……. 1주일이나 2주일 동안 말이야. 곧 사건이 해결되어 국제적인 조치가 취해질 때까지……."

제니는 아무런 대답도 하지 않았다. 자크가 자기 곁에 있어 주는 것만으로도 충분히 상상의 고통으로부터 벗어날 수 있었다. 제니는 자크에게 몸을 기대면서 어제부터 몹시 기다리고 있었던 키스에 스스럼없이 몸을 내맡겼다. 그리고 자크에게서 몸을 떼자마자 이렇게 중얼거리듯이 말했다.

"자크, 이제 혼자는 못 있겠어요……. 데려가 주세요……. 이제 당신과 헤어지는 것은 싫어요!"

둘은 걸어서 뤽상부르 공원 쪽으로 갔다.

"메디시스 거리의 모퉁이에서 전차를 타도록 하지" 하고 자크가 말했다.

시간이 되었는데두 이날 공원에는 거의 사람이 없었다. 이따금 불어오는 미풍이 나뭇가지를 흔들곤 했다. 화단에서 양귀비의 진한 냄새가 풍기고 있었다. 남녀 한 쌍이 외따로 화단 곁의 벤치 위에서 사랑의 열기로 주위를 가득히 메우고 있는 듯한 느낌이었다. 그들은 서로 부둥켜안고 있었으므로 어느 쪽이 남자이고 어느 쪽이 여자인지 가릴 수 없었다.

철책 저쪽으로 언제나 다름없는 파리의 거리 모습이 보였다. 전쟁의 위협에 굴복하고 있는 듯한 열띤 거리의 모습. 그 소음조차도 맑게 개인 여름날 오후에 유럽의 이쪽 끝에서 저쪽 끝까지 서로 주고받는 여러 가지 무시무시한 소식을 반영하는 것 같았다. 여름 휴가철을 맞이한 파리시내인데도 이틀 만에 갑자기 사람들로 붐비기 시작했다. 신문팔이들은 목청을 높여 호외를 외치면서 네거리를 건너가고 있었다. 자크와 제니가 전차를 기다리고 있을 때 말 두 마리가 끄는 역의 합승마차가 그들 앞을 지나갔다. 안에는 부모들을 비롯해서 아이들과 식모들이 발을 들여놓을 틈도 없이 빽빽하게 들어서 있었다. 지붕 위에는 높게 쌓아 올린 짐짝들 가운데 유모차, 새우잡이 그물, 양산 하나가 눈에 띄었다.

"운명 따위는 아랑곳하지 않는 족속들이야" 하고 자크가 중얼거렸다.

수플로 거리, 생미셀 로(路), 메디시스 거리에는 사람들의 왕래가 끊이지 않았다. 그렇다고 일하느라 부지런한 파리도 아니고, 화창한 일요일의 한산한 파리도 아니었다. 벌집을 쑤셔놓은 것 같은 파리시내 풍경이었다. 길을 지나가는 사람들은 누구나 할 것 없이 모두가 무엇에 쫓기기라도 하는 듯 빠른 걸음으로 걷고 있었다. 그러나 멍청한 그들의 모습, 왼쪽으로 갈까 오른쪽으로 갈까 망설이는 모습은 그들 가운데 대부분이 뚜렷한 목적지가 없다는 것을 잘 말해 주고 있었다. 그들은 혼자 있기도 갑갑하고—그렇다고 세상 돌아가는 일을 외면할 수도 없어서—자신들의 숙소와 하던 일을 박차고 밖으로 나온 것이다. 그리고 그들의 목적은 자기 자신으로부터 벗어나 길을 지나가는 이웃들의 불안해 하는 물결과 마음의 짐을 잠시나마 잊었으면 하는 데 있었다.

그날 오후 내내 제니는 라틴 구로부터 바티뇰까지, 그라시에르 거리로부터 바스티유까지, 베르시 강변로에서 샤토도까지 아무 말 않고 그림자처럼 자크의 뒤를 따라다녔다. 가는 곳마다 똑같은 보도, 똑같은 논평, 똑같은 분노의 목소리가 들려왔다. 그리고 가는 곳마다 사람들의 어깨는 한결같이 축 늘어져 있고, 한결같이 체념의 기색을 보였다.

이따금 단둘이 되었을 때면 제니는 어느 누구보다도 태연하게 자기 자신과 날씨에 관해 말하곤 했다. "베일을 쓰고 온 내가 잘못이었어요……. 길을 건너가서 저 꽃가게를 좀 구경했으면 해요……. 더위가 이제 좀 가라앉았네요. 느끼시겠죠? 이제 겨우 숨을 돌리겠어요……." 그런 어린애 같은 말, 유럽 문제며, 꽃가게며, 오늘의 날씨며, 그 모든 것을 똑같은 차원에서 생각하는 제니를 보고 자크는 약간 역정이 났다. 그는 제니에게 냉담하고 무거운 눈길을 보냈다. 제니는 그의 눈길에서 어둡고 쓸쓸해 하는 빛을 보자 별안간 마음이 스산해졌다. 측은한 마음이 든 자크는 이따금 고개를 돌리곤 했다. 그리고 마음속으로 물어보았다. '이런 모든 것에 제니를 끼어들게 한 것이 옳은 일일까?'

C.G.T. 복도에서 우연히 만난 동지 하나가 호기심에 찬 날카로운 눈초리를 제니에게 쏟는 것을 자크는 알아보았다. 먼지투성이의 층계참에서 노동자들 사이에 섞여, 착 달라붙은 투피스를 입고, 크레이프 베일을 쓰고 있는 그녀의 몸가짐이나 얼굴에서 자크는 별안간 뭐라고 꼭 집어서 말할 수 없지만 그녀가 속해 있는 사회의 독특한 흔적과 특징을 엿보는 것 같았다. 자크는 멋쩍은 생각이 들어 제니를 이끌고 밖으로 나왔다.

시계는 7시를 알리고 있었다. 그들은 몇 개의 큰 거리를 지나 증권거래소 동네까지 갔다.

제니는 지쳐 있었다. 자크의 몸에서 발산되는 생명력이 제니를 압도하고 그녀에게 남아 있는 체력을 모두 고갈시켰던 것이다. 그녀는 전에 메종 라피트에서 자크의 곁에 있을 때 지금과 같은 피로를 느꼈음을 떠올렸다. 그것은 지금과 마찬가지로 남에게 요구하는 것 같고, 갑작스러운 생각의 변화라도 생기면 그 목소리와 남을 사로잡는 듯한 그 눈길을 통해 남에게 거의 강요하다시피 하는 긴장감 때문이었다.

〈위마니테〉사 앞까지 왔을 때 맞은편에서 뛰어오던 카디외와 마주쳤다.

"그럴 줄 알았어" 하며 카디외가 외쳤다. "독일은 동원했어! 러시아는 결국 자신의 목적을 이룬 셈이야!"

자크는 몸을 움찔했다. 그러나 카디외는 이미 멀리 가 있었다.

"알아 봐야지. 거기에서 기다려." (자크는 편집실로 제니를 데리고 가는 것이 어쩐지 마음이 내키지 않는 것 같았다)

제니는 차도를 건너가 인도 위에서 서성거리고 있었다. 자크가 모습을 감춘 건물의 문을 통해 마치 벌통의 벌들처럼 많은 사람이 끊임없이 드나들고 있었다.

30분쯤 지나서 자크가 돌아왔다. 그의 얼굴은 심한 충격을 받은 사람 같았다.

"틀림없어. 독일에서 온 정보야. 그루시에, 상바, 바이양, 르노델을 만나고 왔어. 그들 모두가 거기에서 상세한 보고를 기다리고 있어. 카디외와 마르크 르봐르는 케도르세와 신문사 사이를 늘 왔다 갔다 하고 있어…… 러시아의 군비 가속화에 맞서 독일도 동원을 결의한 거야…… 정말 동원한 걸까? 조레스는 아니라고 말하고 있어. 독일말로 이른바 Kriegsgefahrzustand (전시태세'라는 뜻의 독일어) 라는 거야. 이것은 독일 헌법에도 확실히 인정하고 있어. 조레스는 사전을 손에 들고 번역을 하려고 해. '전쟁의 위험 상태…… 전쟁 위협 상태……' '보스'는 참 멋있어. 절망하는 법이 없거든! 그는 브뤼셀에서 갖고 온 신뢰감, 하제나 독일의 사회주의자들과의 대담에서 얻은 신뢰감을 계속 갖고 있어. 그는 이렇게 되풀이하고 있어. '그들이 우리들과 같이하고 있는 이상 사태는 결코 절망적이지 않다!'"

자크는 제니의 팔을 붙잡고는 빠른 걸음으로 무턱대고 그녀를 끌고 다녔다. 그들은 줄지어 서 있는 집 주변을 몇 번이나 맴돌았다.

"프랑스는 어떻게 하려는 걸까요?" 하고 제니가 물었다.

"긴급 각료회의가 4시에 소집됐나 봐. 공식성명에 따르면 각료회의에서는 '국경보호를 위한 필요조치'가 의제에 올랐다는군. 아바스 통신은 오늘 저녁 국경수비대가 전초기지에 도착했다고 전하고 있어. 한편 참모본부는 적에게 충돌의 구실을 주지 않기 위해 국경 전역에 걸쳐 몇 킬로 정도의 비점령지대를 남겨 놓을 거라고 말하고 있어…… 독일대사는 지금 이 시간에도 비비아니와 회담중이야…… 독일 사정에 밝은 갈로는 굉장한 비관론을 펴고 있어.

그에 따르면 표현양식을 지나치게 믿지 말라는 거야. Kriegsgefahrzustand라는 것은 공식적인 동원령 이전에 동원하는 가장된 동원 수법에 지나지 않는다는 거야……. 어쨌든 독일은 지금 계엄령 아래에 있어. 말하자면 언론에도 함구령이 내려졌고, 전쟁을 반대하는 어떠한 데모도 독일에서는 할 수 없다는 거야……. 내가 볼 때 이것이 가장 중대한 문제일지도 몰라. 민중의 봉기만이 전쟁을 막을 수 있을 텐데……. 스테파니는 반대로 조레스와 마찬가지로 낙관론을 고집하고 있어. 그들에 따르면 카이저는 동원령을 내리는 대신이런 예비조치를 내려 아직 평화를 지키고자 한다는 것을 입증했다는 거야. 하여튼 그럴 듯한 말이지. 독일은 이렇게 함으로써 페테르부르크 정부로 하여금 타협적 태도로 나오도록 하고, 그리고 러시아의 동원을 취소하도록 하기 위한 마지막 기회를 주는 거야. 카이저와 차르 사이에는 어제부터 사적인 전보가 끊임없이 오고간 것 같아……. 내가 스테파니와 헤어지려고 하는 순간 마침 브뤼셀에서 전화가 와서 조레스는 전화를 받으러 갔어. 그들은 모두 중요한 메시지를 바라고 있었던 것 같아……. 나는 그대로 나와 버렸지. 당신이 어떻게 됐는지 알고 싶어서……."

"내 문제는 신경 쓰지 마세요" 하고 제니는 발끈해서 말했다. "빨리 그쪽으로 가보세요. 기다리고 있을게요."

"여기서? 길에 서서? 안 돼! 차라리 '프로그레' 카페에 가서 앉아 있어."

그들은 상티에 거리 쪽을 향해 급히 걷기 시작했다.

"어이!" 하고 누군가 굵고 우렁찬 목소리의 사나이가 말했다.

제니는 뒤를 돌아보았다. 그러자 인쇄공이 입는 검은 작업복을 걸치고, 예수같이 머리를 헝클어뜨린 늙은 남자의 모습이 눈에 띄었다. 무를랑이었다. 자크가 재빨리 말했다.

"독일이 동원했어!"

"쳇! 알고 있어……. 그럴 줄 알았어!" 하면서 그는 침을 뱉었다. "별도리 없지……. 하는 수 없어! ……당분간 어떻게도 할 수 없을 거야! 모든 것이 파괴되고 말 거야. 우리의 문명 같은 것은 송두리째 없어질 거야. 그렇게 되면 무엇인가 새롭고 깨끗한 것을 건설하게 되겠지!"

잠시 침묵이 흘렀다.

"'프로그레'에 가려던 참이었나?" 하고 무를랑이 물었다. "나도 가는 길이었어."

세 사람은 얼마동안 묵묵히 걸었다.

"오늘 아침 말한 것을 생각해 보았나? 달아날 생각이 없느냔 말이야" 하고 무를랑이 물었다.

"아직은."

"자네 마음대로 하게나……." 그는 머뭇거리다가 이렇게 말했다. "금방 '연맹'에 들러보았어……." 그는 날카로운 눈초리로 제니를 한 번 힐끗 바라보았다. 그러고 나서 자크에게 집요한 눈길을 던졌다. "할 말이 있어."

"말해 봐요" 하고 자크가 말했다. 그리고 제니의 아래팔에 손을 얹으면서 이렇게 분명하게 말했다. "친구끼리니까 부담 없이 말해도 돼요."

"좋아" 하고 무를랑이 말했다. 그리고 굳은살이 생긴 두 손가락을 자크의 어깨 위에 얹으면서 목소리를 낮추어 말했다. "중요한 정보야. 어제 육군장관이 블랙리스트에 올라있는 요주의 인물을 모두 체포하라는 명령서에 서명했어."

"설마……" 하고 자크가 말했다.

무를랑은 그렇다는 듯이 고개를 끄덕였다. 그리고 휘파람을 불 듯이 입 안에서 어물어물 이렇게 말했다. "명단에 올라있는 자들은 주의해야 해!"

무를랑은 제니 얼굴이 아주 창백해지면서 겁을 집어먹고는 자신의 얼굴을 뚫어지게 바라보고 있다는 것을 눈치챘다. 그는 제니에게 미소를 지어 보였다.

"걱정할 것 없어, 아가씨……. 오늘밤에 모조리 총살당한다는 뜻은 아니니까……. 단지 만일을 생각해서 그런 명령이 나온 거야. 우리를 죽이고 싶다거나, 어떤 처벌도 받지 않고 큰 전쟁을 치르고 싶을 때 특전사단을 통해 명령을 따르도록 하기만 하면 되니까……. 교외에서는 벌써 '병아리들'(사복형사를 뜻함)이 꽤 움직이고 있어. 〈적기〉 같은 것도 가택수색을 당했나 봐. 그리고 〈라 뤼트〉(투쟁이라는 뜻) 사도, 오늘 아침엔 퓌토를 급습하는 바람에 이즈자코비치도 하마터면 잡힐 뻔했어. 퓌제는 붙잡혔어. 〈피로 물든 손〉의 작가 말이야. 그자는 참모본부를 비난하는 포스터를 그렸다고 해서 잡힌 거야……. 시끄러울 거야. 무슨 일이 일어날지 몰라."

세 사람은 카페로 들어갔다. 자크는 제니를 사람이 거의 없는 아래층 방으로 데리고 갔다.

"뭐 좀 같이 들지" 하고 자크가 말했다.

"아니야" 하며 무를랑은 천장 쪽을 가리켰다. "위에 올라가 형세를 좀 살펴보겠어……. 아침부터 위에서는 바보 같은 말다툼을 하고 있는 것 같아…….. 그럼 잘들 있어!" 무를랑은 자크의 손을 잡자 다시 한 번 중얼거리며 되풀이했다. "이봐, 내 말 들어. 달아나라니까!"

일어나서 좀 가다가 무를랑은 뜻밖에도 친근한 미소를 두 사람에게 보냈다. 그들의 귀에 나선형으로 된 작은 계단을 삐걱거리며 오르는 그의 발소리가 들려왔다.

"당신 오늘밤은 어디에서 묵을 거예요?" 하고 몹시 걱정스러운 듯이 제니가 물었다. "어제 저녁에 그자들에게 주소를 가르쳐 준 그 호텔은 안 되겠죠?"

"뭘!" 하고 자크는 태연하게 대답했다. "내가 블랙리스트에 오를 만한 대상이 되는지조차도 확실하지 않아……." 제니의 걱정스러워하는 눈길을 보자 자크는 이렇게 덧붙여 말했다. "어쨌든 걱정할 필요 없어. 벌써 나도 리에뵈르에 다시 갈 생각은 관뒀어. 여행가방은 오늘 아침 무를랑에게 맡겨 놓았어. 그리고 몸에 지니고 다니면 위험할 것 같은 서류는 당신 집에 두고 온 꾸러미 속에 넣어 두었고."

"잘했어요" 하고 제니는 자크를 보면서 말했다. "집 같으면 아무런 위험이 없지요."

자크는 서 있었다. 그는 차 한 잔만을 시켰다. 그러나 차를 제니에게로 가지고 올 때까지 기다릴 수가 없었다.

"기분은 괜찮은 편이지? ……잠깐 〈위마니테〉사에 다녀올게……. 꼼짝 말고 여기에 있어."

"곧 돌아오겠지요?" 하고 제니는 억눌린 것 같은 목소리로 말했다. 갑자기 무서워졌던 것이다. 제니는 괴로워하는 모습을 보이지 않으려고 아래를 보았다. 그리고 손등 위에 자크의 손이 놓이는 것을 느꼈다. 그녀는 이것을 무언의 비난같이 느껴 자신도 모르게 얼굴을 붉혔다. "지금 한 말은 농담이에요……. 가세요! ……제 걱정은 하지 마세요……."

제니는 혼자서 그녀에게 가져다준 차를 몇 모금 마셨다. 카밀레 향이 나는 씁쓸한 음료였다. 그리고 나서 찻잔을 밀어 놓고 테이블의 차디찬 대리석판 위에 팔꿈치를 괴었다.

활짝 열려 있는 입구의 문을 통해 거리의 소음과 함께 눈부신 햇실이 들어오고 있었다. 그 때문에 거울과 유리로 된 선반과 구리로 된 기둥과 카운터의 마호가니가 눈이 부실 정도로 반짝반짝 빛났다. 그런 여러 가지 빛이 반사하는 가운데 카운터 뒤에서는 졸졸 흐르는 샘물 같은 소리를 내면서 카페 주인이 병을 씻고 있었다. 주변 테이블 위에는 여러 가지 신문이 너저분하게 널려 있었다. 제니는 아무 생각도 없이 주위를 둘러보았다. 시간이 흐르고 있었다. 피곤한 머릿속에는 어린애 같은 망상이나 우울한 생각, 또는 갑작스런 걱정거리가 마치 유령같이 맴돌았다. 제니는 자기 곁에 있는 긴 의자 위에 등을 둥그렇게 하고 있는 회색 고양이에게 주의를 모으려고 애썼다. 자고 있는 걸까? 눈은 감고 있었지만 귀만은 움직이고 있었다. 자려고 긴장해 있는 것 같았다. 저 고양이 역시 유럽의 하늘에 떠돌고 있는 막연한 이 위기를 느끼고 있는 것일까? 접힌 발끝은 축 늘어져 있지만 거기에는 어쩐지 꾸며진 동작 같은 것이 엿보였다. 자고 있는 것일까? 아니면 자는 척하고 있는 것일까? 누구를 속이려고? 어쩌면 스스로를? ⋯⋯해가 저물어가고 있었다. 이따금 남자들, 특히 노동자들이 들어올 때면 그들은 카페 주인과 정답게 눈길을 주고받고 홀을 지나 중이층 쪽으로 올라가곤 했다. 그들이 중이층 문을 열 때마다 와자지껄하는 소리와 말다툼 소리가 밖의 소음과 함께 뒤섞이곤 했다.

“자, 왔어!”

제니는 깜짝 놀랐다. 자크가 돌아온 것을 보지 못했던 것이다.

자크는 제니 곁에 앉았다. 이마는 땀으로 흠뻑 젖어 있었다. 머리를 한 번 흔들어 그는 흘러내린 머리카락을 뒤로 젖히고 이마의 땀을 손수건으로 닦았다.

“이런 와중에도 좋은, 아주 좋은 소식이 들어왔어!” 하고 자크가 목소리를 낮추어 말했다. “전화가 왔어. 브뤼셀을 ‘경유’하여 독일 사회민주당에서 전갈을 보내왔어. 그들은 투쟁을 그만둘 생각이 없는 거야. 오히려 반대야! 조레스가 옳아. 그들이야말로 형제나 다름없어. 절대로 물러서지 않을 거야! 그쪽도 우리와 똑같이 겁내고 있어. 그리고 그 어느 때보다도 긴밀한 접촉을 유지하면서 같이 행동하기를 바라고 있어. 그러나 물론 계엄령 아래에 있는 독일에서는, 자기 나라 안에서는 우리와의 연락도 매우 곤란해질 거야. 그래서 그들은 벨기에를 거쳐 대표위원 헤르만 뮐러를 보내기로 했어. 내일 파리에 도착하기로 되어 있는데 물론 큰 권한을 띠고 올 거야. 주위에서는 그가 전쟁을 일으키는 세력들과 맞서서 즉각적이고 대대적인 행동을 펼치기 위해 프랑스 사회주의자들과 상담차 오는 것으로 생각하고 있어. 알겠어? 〈위마니테〉사에서는 누구나 뜻하지 않은 이 사절, 내일 뮐러와 조레스의 최종면담에 모든 기대를 걸고 있어—두 사람 다 프롤레타리아지! 두 사람 사이에서 최종적인 결의가 취해질 거야! 스테파니에 따르면 결국 두 나라에서 노동자 계급의 대대적인 봉기를 도모하는 것이 바로 그 목적이라는 거야. 시기적절한 생각이지! 아직 늦지는 않았으니까. 총파업을 하면 아직 희망이 있어!"

자크가 어찌나 다급한 투로 말했던지 제니는 그 열기에 빠져들지 않을 수 없었다.

"보스는 내일 통렬한 기사를 내기로 작정한 것 같아……. 졸라의 〈나는 고발한다〉(드레퓌스 사건 때 졸라가 드레퓌스의 무죄를 논하면서 〈오로르〉지에 발표해서 통렬히 군부를 고발한 논문) 와 정말 좋은 대조가 되는 기사를 말이야! ……."

그는 제니의 눈길에 나타난 막연한 의문의 빛을 보고 이러한 비교가—더구나 그것은 자기 자신으로부터 나온 발상은 아니었고 갈로의 비서인 파제스가 말해 준 것이었다—그녀에게 아무런 확실한 관념도 불어넣어 줄 수 없다는 것을 알았다. 그리고 그는 잠시 자신과 그녀의 사이에 꽤 먼 거리가 있다는 것을 뼈저리게 느꼈다.

"조레스와 이야기하셨나요?" 하고 제니는 순진하게 물었다.

"아니, 오늘은 대화를 나누지 않았어. 그러나 조레스가 신문사에서 나올 때 나는 마침 파제스와 같이 계단에 있었어. 조레스는 언제나처럼 한 떼의 친구들에게 둘러싸여 있었어. 나는 그가 친구들에게 이렇게 말하는 것을 들었어. '두고 보면 알 거네. 지금 말하는 것을 모두 내일 기사로 쓸 거야! 책임자 전부를 도마 위에 놓을 테니까! 이번에는 내가 알고 있는 것을 모두 말해 버리겠어!' 그러면서 그 양반은 웃고 있었어. 틀림없어! 분명해, 웃고 있었어! 그 독특한 웃음, 선량한 거인의 웃음, 기운찬 웃음…… 그러고 나서 그는 이렇게 말했어. '그러나 우선 저녁식사를 하자고. 가까운 곳이 좋겠지? 알베르의 집에서…….'"

제니는 한곳을 바라보면서 아무 말 없이 있었다.

"조레스를 가까이에서 보고 싶지 않아?" 하고 자크가 물었다. "'크루아상'에 가서 무얼 좀 먹자고. 조레스가 어떤 사람인지 가르쳐 줄게……. 나도 배가 고파. 우리도 당연히 먹을 권리가 있으니까!"

63. 7월 31일 금요일―조레스의 암살

벌써 9시 반이 지나가고 있었다. 대부분의 단골손님은 이미 가고 없었다. 자크와 제니는 손님이 별로 없는 오른쪽에 자리를 잡았다.

조레스와 그의 동지들은 입구 왼쪽에 몽마르트르 거리와 나란히 자리한 몇 개의 테이블을 이어서 자리를 잡고 있었다.

"그가 보여?" 하고 자크가 물었다. "저기 가운데 긴 의자에 등을 창 쪽으로 향하고 있는 사람이야. 자, 봐. 빵집 주인 알베르에게 무엇인가 말하려고 몸을 돌리고 있어."

"별로 걱정하는 기색이 없네요" 하고 제니는 놀란 듯이 말했다. 자크는 제니의 그런 말에 흐뭇함을 느꼈다. 그는 제니의 팔꿈치를 잡고 그것을 부드럽게 쥐었다.

"다른 사람들도 알고 있어요?"

"물론이지. 조레스의 오른쪽이 필립 랑드리외. 왼쪽에 뚱뚱한 사람은 르노델. 그 앞에 있는 사람은 드브뢰이. 그리고 그의 옆에 있는 이가 장롱게."

"여자는?"

"프와송 부인 같아. 랑드리외 앞에 앉아 있는 사람의 부인이야. 그 옆이 아마데 뒤와. 바로 그 앞이 르누 형제. 그리고 지금 막 와서 테이블 곁에 서 있는 사람이 미켈 알메레다의 친구로 〈보네 루지〉(붉은 모자 라는 뜻) 기고가……. 이름은 기억이 나지 않는데……."

꽝 하고 타이어가 터지는 것 같은 소리에 자크는 깜짝 놀라 입을 다물었다. 거의 동시에 두 번째 폭음에 이어 유리창이 깨지는 소리. 방의 거울 한 장이 박살났다.

모두 한동안 어리둥절해 있다가 뒤이어 왁자지껄하는 소리가 들렸다. 방 안의 사람들은 모두 일어나 깨진 거울 쪽을 향했다. "거울에 한 발 쐈어!"

—"누구야?"—"어디서야?"—"길거리에서야!" 보이 둘이서 입구 쪽으로 뛰어갔다. 그리고 떠들썩한 소리가 들려오는 밖으로 뛰어나갔다.

자크는 본능적으로 몸을 일으켰다. 그리고 제니를 보호해 주려고 팔을 앞으로 내밀었다. 그러면서 그는 눈으로 조레스를 찾았다. 잠시 조레스가 눈에 들어왔다. 보스 주위에는 친구들이 서 있었다. 조레스만은 침착하게 그대로 의자에 앉아 있었다. 자크는 무엇인가 바닥에 떨어진 것을 주으려고 천천히 몸을 굽히는 것 같은 조레스를 보았다. 그리고 나서 그의 모습이 보이지 않았다. 그때 마침 집주인의 아내인 알베르 부인이 자크의 테이블 앞을 뛰어지나가면서 이렇게 외쳤다.

"조레스 씨가 당했어요!"

"가만히 있어" 하고 자크는 제니의 어깨에 손을 얹고 그녀를 억지로 자리에 앉히며 속삭였다.

자크는 보스의 테이블 쪽으로 달려갔다. 바로 거기에서 숨가빠하는 것 같은 사람들의 목소리가 들려왔다. "의사를 빨리!" "경찰을 불러!" 사람들은 선 채로 둥글게 모여 수선스런 몸짓, 손짓을 하면서 조레스의 동지들을 둘러싸고는 사람들의 접근을 막고 있었다. 자크는 팔꿈치로 헤치며 테이블을 한 바퀴 돌아 방의 모퉁이까지 파고들어 갔다. 몸을 구부리고 있는 르노델의 등에 반쯤 가려져 있는 육체 하나가 모조피혁이 씌워져 있는 긴 의자 위에 눕혀져 있었다. 르노델은 몸을 일으켜 테이블 위에다 피로 물들은 수건을 던졌다. 자크는 그때 비로소 조레스 얼굴과 이마와 수염과 반쯤 열린 입을 보았다. 정신을 잃은 것이 틀림없었다. 얼굴은 창백하고 두 눈은 감고 있었다.

식사를 하고 있던 한 남자가—의사임에 틀림없다—둥글게 모여 있는 사람들의 틈을 헤치고 들어왔다. 그는 거침없이 조레스의 넥타이를 풀고 옷깃을 벌린 다음 축 늘어진 조레스의 손을 잡고 맥을 짚어 보았다.

소란을 진정시키려는 듯한 여러 사람의 목소리가 들렸다. "조용히! ……쉬!" 거기에 모인 사람들의 눈길은 모두 조레스의 손목을 잡고 있는 이 낯선 남자에게로 쏠렸다. 그 남자는 한 마디도 하지 않았다. 그는 몸을 굽히고 있었다. 그러나 그는 코니스를 향해 예언자 같은 얼굴을 들면서 눈을 깜빡거렸다. 그는 자세를 그대로 유지한 채 아무도 보지 않고 고개를 흔들었다.

거리로부터 구경꾼들이 물밀듯이 카페 안으로 들어왔다.

알베르의 목소리가 울려 퍼졌다.

"문을 닫아요! 창문을 닫아요! 덧문을 내리고!"

밀려드는 인파 때문에 사크는 홀 한가운데까지 밀려났다. 친구들은 조레스의 몸을 들어올려 테이블 둘을 급히 이은 그 위로 조심스럽게 옮겼다. 자크는 보려고 애썼다. 그러나 총에 맞은 조레스 주위에 사람들이 점점 더 모여들었다. 자크의 눈에는 흰 대리석 한 모퉁이와 먼지투성이의 큼지막한 구두 바닥이 우뚝 서 있는 것만이 보일 뿐이었다.

"비켜요, 비켜요! 의사 선생님이 보시게!"

앙드레 르누가 마침내 의사를 찾아 데리고 온 것이다. 두 사람은 재빨리 사람들의 벽을 뚫고 들어갔다. 그들이 지나간 뒤에는 탄력성을 띤 사람의 무리가 다시 벽을 쌓았다. 사람들은 서로 속삭였다. "의사…… 의사……."

긴 시간이 흘렀다. 불안한 침묵이 감돌았다. 그리고 굽히고 있는 목덜미마다 어쩐지 떨고 있는 것 같은 모습이었다. 자크는 지금까지 모자를 쓰고 있던 사람들이 모자를 벗는 것을 보았다. 들릴까 말까 하는 세 마디의 말이 되풀이되면서 이 입에서 저 입으로 전해졌다.

"죽었어…… 죽었어……."

자크는 눈물이 가득한 눈을 들어 제니를 찾으려고 뒤를 돌아보았다. 제니는 손짓만 있으면 곧 뛰어오려고 서 있었다. 그녀는 사람들의 틈을 교묘하게 빠져나와 자크가 있는 데까지 왔다. 그리고 아무 말도 하지 않고 자크의 팔을 잡았다.

일개 부대가 와서 사람들을 홀에서 쫓아내기 시작했다. 이런 소용돌이 속에 휘말린 자크와 제니는 서로 꼭 끌어안고 이리저리 떠밀리며 입구 쪽으로 끌려갔다.

그들이 문을 넘어서려고 하는 순간 경찰들과 실랑이를 하던 한 남자가 카페 안으로 들어왔다. 자크는 그가 사회주의자이며 조레스의 친구인 앙리 파브르라는 것을 알았다. 그는 파랗게 질려 있었다. 이렇게 더듬거리며 말했다. "그는 어디에 있어? 병원으로 옮겼나?"

아무도 대답하는 사람이 없었다. 누군가의 무기력한 손이 홀 구석 쪽을 가리켰다. 그러자 파브르가 돌아보았다. 텅 빈 방 한가운데서 마치 모르그^(신원 불명자의 시체 수용소)의 시체와도 같이 검은 옷가지로 싸여 대리석 테이블 위에 놓여 있는 꾸러미를 환한 전깃불이 비추고 있었다.

밖에서는 비상경비대가 카페 앞에 모여서 네거리를 가로막고 있는 군중을 해산시키기 위해 진땀을 뺐다.

자크에게는 경찰관들과 무엇인가 이야기하고 있는 쥐믈렝과 라브의 모습이 눈에 들어왔다. 자크는 꼭 매달려 있는 제니의 팔을 이끌고 그들 곁에까지 갔다. 그들은 신문사에서 오는 길이었으므로 아무것도 목격하지 못했다. 그러나 자크는 그들 입을 통해 길에 있던 범인이 열린 창문에서 총을 바싹 들이대고 쏘았다는 것, 잠시 추격당하다가 지나가는 행인들에게 붙잡혔다는 것을 알았다.

"어떤 놈이었어? 그리고 지금 어디에 있지?"

"마이유 거리의 경찰서에."

"가 보자" 하고 자크는 제니를 이끌면서 말했다.

경찰서 앞은 사람들로 들끓었다. 자크는 기자수첩을 보였지만 아무 소용이 없었다. 아무도 들어가는 것이 허용되지 않았다.

그들은 발길을 돌리려고 하다가 카디외를 덥석 붙잡았다. 카디외는 몸을 돌렸다. 그리고 자기를 붙잡는 사람이 자크라는 것을 미처 알지 못한 채 (더구나 조금전에 그는 〈위마니테〉사에서 자크와 이야기를 나누었는데도 불구하고) 당황한 눈으로 자크를 물끄러미 바라보았다. 마침내 그는 이렇게 중얼거렸다.

"어, 티보 아닌가? ……이것이 최초로 피를 본 경우야……. 최초의 희생이지……. 그런데 다음 차례는 누구일까?"

"암살자는?" 하고 자크가 물었다.

"모르는 놈이야. 이름은 빌랭이래. 그놈을 보았어. 25살쯤 되어 보이는 젊은 애송이야."

"그런데 하필이면 왜 조레스를? 왜?"

"민족주의자임에 틀림없어. 미친놈이야……."

카디외는 팔꿈치에서 자크의 손을 떨쳐 버리고 그대로 사라졌다.

"그리로 되돌아가 보자" 하고 자크가 말했다.

자크의 팔에 매달린 제니는 아무 말 없이 긴장한 채 자크와 같은 보조로 걸으려고 애썼다.

자크는 제니 쪽으로 몸을 숙였다.

"지쳐 있는 모양이군……. 어디 근처에서 조용히 있으면 어때? 나중에 데리러 오면 되니까."

제니는 충격과 피로가 겹쳐 마치 환자 같았다. 그런데 하필이면 이럴 때 서로 떨어질 생각을 하다니……. 제니는 대답도 하지 않고 아까보다 더 바싹 자크에게 몸을 붙였다. 자크는 굳이 대답을 들으려 하지 않았다. 이렇게 옆에 있는 그녀의 생기 있는 체온을 느낀다는 것이 그에게는 절망과 싸우는 데 한결 도움이 되었다. 그리고 자크 역시 혼자 있고 싶은 생각은 거의 없었다.

무더운 밤이었다. 아스팔트 냄새가 코를 찔렀다. 몽마르트르 동네 주변 거리는 보행자들의 검은 그림자로 어른거렸다. 교통은 막혀 있었다. 창가마다 사람들이 옹기종기 모여 있었다. 길 가는 사람들은 서로 알지도 못하는 사이인데도 "조레스가 암살당했답니다"라는 말을 주고받곤 했다.

경찰의 비상선에 의해 '크루아상' 앞은 한적해졌지만 동네마다 암살소식이 마치 전류처럼 빠른 속도로 퍼져나가 경찰의 비상선은 그곳으로부터 몰려드는 인파를 접근하지 못하도록 애쓰고 있었다.

자크와 제니가 네거리까지 왔을 때 말을 탄 근위병 한 부대가 생마르크 동네에서 나왔다. 그 소대는 우선 빅투아르 동네로부터 증권거래소 근처까지의 통로를 터놓았다. 그리고 광장 중앙에 와서 펼쳐지더니 얼마동안 말을 선회시키면서 구경꾼들을 근처에 있는 집 뒤로 몰아붙였다. 혼란을 틈타―겁을 먹은 사람들이 옆 골목으로 도망갔다―자크와 제니는 첫 번째 줄까지 나갈 수 있었다. 그들의 눈길은 철제 셔터가 내려진 어두운 카페의 정면을 향하고 있었다. 경찰이 겨우 드나들 수 있을 정도로 열린 문틈을 통해 경관들이 지키고 있는 모습이 엿보였으며, 이따금 홀이 요란스럽게 밝혀지는 것을 볼 수 있었다.

잇달아 두 대의 택시, 휘장을 단 몇 대의 리무진이 차단선을 넘어왔다. 차에서 내린 사람들은 경비대를 지휘하고 있는 장교의 경례를 받으며 황급히 카페 안으로 모습을 감추었다. 그들이 들어가자마자 문은 곧 닫혔다. 그들이 누구인지를 알고 있는 사람들은 이름을 대며 수군거렸다. "경찰국장이다…… 폴 박사이다…… 센 군 지사이다…… 검찰국장이다……."

드디어 빅투아르 동네로부터 구급차 한 대가 끊임없이 밝은 종소리를 내며 작은 말을 앞세우고 급히 나타났다. 한동안은 조용했다. 경관들은 마차를 '크루아상' 입구 앞에 멈추도록 했다. 네 사람의 간호사가 차도로 뛰어내렸다. 그리고 마차의 뒷문을 열어놓은 채 가게 안으로 들어갔다.

10분쯤 지났다.

군중은 조바심이 나 발을 구르고 서 있었다. "안에서는 무얼 꾸물거리고 있는 거야!", "그러니까 검시를 해야 되겠지!"

갑자기 자크는 제니의 손가락이 자기 소매를 꽉 쥐는 것을 느꼈다. '크루아상'의 문이 양쪽으로 열렸다. 모두 깜짝 놀라 입을 다물었다. 알베르 씨가 인도 위에 나타났다. 카페 안은 마치 예배당 안처럼 불이 환하게 켜졌다. 그리고 검은 복장의 경관들이 움직이고 있었다. 들것을 통과시키기 위해 순경들이 양쪽으로 갈라서서 줄을 만드는 것이 보였다. 들것은 흰 천으로 덮여 있었다. 모자를 쓰지 않은 남자 4명이 들것을 운반했다. 자크는 그들이 늘 보아 온 르노델, 롱게, 콩페르 모렐, 데오 부르탱임을 알 수 있었다.

광장에 있던 사람 모두가 함께 모자를 벗었다. 어떤 집의 창가에서는 "살인범을 죽여라!" 하는 수줍은 듯한 소리가 조심스럽게 터져 나오면서 밤하늘에 울려 퍼졌다.

흰 천으로 덮은 들것은 운반하는 사람들의 발소리조차 잘 들리지 않을 정도로 조용한 가운데 천천히 문지방을 넘어서서 인도를 지나 잠시 머뭇거리다가 순식간에 마차 안으로 사라졌다. 두 남자가 곧 올라탔다. 경관 한 사람이 마부 옆자리에 올라탔다. 그러고 나서 문이 닫히는 소리가 분명하게 들렸다. 말이 움직이기 시작했다. 자전거를 탄 일개소대의 경찰에 둘러싸인 마차가 종소리를 내며 증권거래소 쪽으로 접어들었다. 그때 갑자기 소란스러운 소리가 울려 퍼지면서 희미한 종소리를 덮어 버렸다. 그 소리는 곳곳에서 일제히 일어나면서 지금까지 억눌려 있던 몇백 명의 가슴을 풀어 주었다. "조레스 만세! …… 조레스 만세! …… 조레스 만세!"

"〈위마니테〉사까지 가보자" 하고 자크가 속삭였다.

그러나 그들 주위의 군중은 그 자리에서 뿌리를 내린 듯이 움직이지 않고 있었다. 군중들의 눈길은 경찰이 지키고 있는 컴컴한 카페 정문의 불가사의를 향한 채 떠날 줄 모르고 있었다.

"조레스가 죽었어……" 하고 자크가 중얼거렸다. 그는 잠시 뒤에 또 되풀이해서 말했다. "조레스가 죽었어……. 도저히 믿을 수가 없어……. 특히 그 결과에 대해서는 상상할 수도 추정해 볼 수도 없어……."

빽빽이 조여 있던 사람들의 줄이 차츰 느슨해지더니 이윽고 몸을 움직일 수 있게 되었다.

"가자."

'크루아상' 동네까지는 어떻게 가야 할까? 네거리를 막고 있는 바리케이드를 뚫고 나갈 생각을 해 봤자 소용없는 일이고, 그렇다고 몽마르트르 동네를 통해서 큰 거리로 다시 가는 것도 불가능한 일이었다.

"돌아서 가자" 하고 자크가 말했다. "페도 동네와 비비엔느 동네로 해서!"

그들은 겨우 비비엔느 동네를 빠져나와 복잡한 몽마르트르로(路)로 들어서자마자 거세게 밀려드는 군중에 의해 떠밀리면서 끌려갔다.

그들은 시위의 한복판으로 빠져 들어간 것이다. 한 떼의 애국청년들이 국기를 흔들며 목이 터져라 하고 '라 마르세예즈'(^{프랑스}_{국가})를 부르면서 길을 꽉 메운 채 프와소니에르 거리로부터 내려와서 앞에 있는 것을 닥치는 대로 밀어냈다.

"독일을 쳐부수자! ……카이저를 죽여라! ……베를린으로!"

제니는 사람들에게 떠밀려 몸의 균형을 잃었다. 그녀는 자크에게서 떨어지게 될 것 같아서 발을 동동 굴렀다. 그리고 겁이 나서 소리를 질렀다. 자크는 팔로 제니의 허리를 감싸 꼭 껴안아 주었다. 그는 제니를 껴안고 닫혀 있는 대문의 우묵한 공간까지 밀고 갔다. 제니는 군중들이 발을 구르며 일으키는 먼지 때문에 눈도 못 뜨고, 날카로운 고함 소리와 노랫소리에 멍해 있었다. 그리고 미친 사람 같은 눈빛으로 자신의 얼굴을 스치고 지나가는 그들의 얼굴 모습에 겁에 질려 있었다. 제니는 손이 닿을 만한 곳에 구리로 된 손잡이가 있는 것을 보았다. 있는 힘을 다해 허겁지겁 팔을 내밀어 그 손잡이를 꽉 잡았다. 그녀에게는 이것이 구원의 손길같이 여겨졌다. 제니는 기절할 뻔했다. 눈을 감았다. 그러나 구리 손잡이를 잡은 손만은 꼭 쥐고 놓지 않았다. 귀에는 숨가쁘게 되풀이해서 말하는 자크의 목소리가 들려왔다. "꽉 잡고 있어……. 무서워하지 마……. 내가 잡고 있으니까……."

얼마간의 시간이 흘렀다. 마침내 소요도 멀어지는 것 같았다. 제니는 눈을 떴다. 그리고 자기에게 미소를 보내고 있는 자크를 보았다. 인파는 계속 그들의 곁을 흘러가고 있었다. 그러나 아까보다 속도도 느려지고 인파의 간격도 크게 벌어졌으며 소리도 들리지 않았다. 시위대라기보다 구경꾼 같았다. 제니는 여전히 온몸을 떨고 있었다. 그리고 아직도 숨을 돌리지 못하고 있었다.

"기운 내" 하고 자크가 속삭였다. "자, 이제 끝났어……."

제니는 손을 이마에 가져가 모자를 고쳐 쓰는 순간 베일이 찢어진 것을 알았다. '엄마한테 뭐라고 말할까?' 하고 생각하며 그녀는 아연실색했다.

"이곳을 떠나도록 하자" 하며 자크가 말했다. "걸을 수 있겠어?"

가장 좋은 방법은 인파의 뒤를 따라가다가 골목길로 빠져나가는 것이었다. 자크는 〈위마니테〉사에 가는 것을 이미 단념했다. 그렇다고 울화가 치밀지 않는 것도 아니었다. 그러나 오늘 저녁 그에게는 책임이 있었다. 연약하고 한없이 소중한 존재가 그에게 맡겨져 있었다. 그는 제니가 정신적으로 한계점에 와 있으며, 이제는 그녀를 옵세르바투아르 거리의 자기 집으로 데려다 주는 길밖에 없다는 것을 알아차렸다. 제니는 자크의 부축을 받으며 이끄는 대로 따라갔다. 이제 제니는 더 이상 고집을 부리지 않았다. "나에게 신경 쓰지 마세요……"라는 말도 더 이상 하지 않았다. 오히려 온몸을 자크의 팔에 맡긴 채 자기도 모르게 매우 지쳐 있는 자신의 모습을 거리낌없이 드러냈다.

그들은 종종걸음으로 증권거래소 광장까지 갔다. 그러나 한 대의 택시도 만날 수 없었다. 인도나 차도 할 것 없이 온통 인파로 가득 차 있었다. 파리 사람 모두가 밖으로 나온 것 같았다. 영화관에서는 영화 상영 도중에 암살 소식이 스크린에 비추어졌다. 그리고 어디서나 극도의 불안 속에서 폐관했다. 그들을 앞질러 가는 사람들은 누구나 소리 높여 똑같은 말을 하곤 했다. 자크는 지나쳐 가는 그들에게서 다음과 같은 단편적인 담화 내용을 들을 수 있었다. "오늘 저녁부터 북부역과 동부역은 군대가 점령했다는데……"—"무얼 꾸물거리고 있지? 무엇 때문에 아직도 동원을 하지 않고……"—"일이 이 지경에 이르렀으니 말이야! 기적이라도 일어나지 않으면 도무지……" "나는 샤를로트에게 내일 애들을 데리고 돌아오라고 전보를 쳤어……"—"나는 이렇게 말해 주었어. 부인! 당신에게 22살 먹은 아들이 있다면 아마 그런 말씀은 하지 못하실 텐데요!"

신문팔이들이 군중 사이를 누비고 다녔다.

"조레스 암살!"

증권거래소 광장 주차장에도 한 대의 차도 없었다.

자크는 제니를 철책의 갓돌 위에 앉게 했다. 그리고 제니 곁에 고개를 숙인 채 서 있었다. 그는 또다시 중얼거렸다. "조레스가 죽었어……."

자크는 이렇게 생각했다. '누가 내일 독일대표를 맞이할 것인가? 그리고 누가 지금 우리를 지켜 줄 것인가? 조레스만이 유일하게 절망하는 법이 없는 사람이었는데……. 정부가 입을 틀어막지 못하는 유일한 사람이었는데……. 군대의 동원을 지금이라도 막을 수 있는 유일한 사람이었을 텐데……..'

사람들은 서둘러 우체국으로 들어갔다. 창문을 통해 새어 나오는 불빛이 인도를 밝혀 주고 있었다. 퐁타냉 씨가 자살하던 날 밤 다니엘에게 전보를 치러 왔던 곳이 바로 이곳이었다. 그날 밤은 제니를 다시 만나기도 한 날이었다……. 2주일도 채 안 되었는데! …… 신문가판대에는 불길한 표제를 굵은 활자로 크게 내붙이고 있는 호외가 눈에 띄었다. '유럽 전체가 무장하다…… 정세는 시시각각 악화일로에…… 엘리제궁에서 각료회의. 독일의 도전적 태도에 따른 마지막 결정을 모색중……..'

한 술주정꾼이 그들 앞을 비틀거리고 지나가면서 취한 목소리로 고함을 질렀다. "전쟁 따위 집어치워라!" 자크는 오늘 저녁에 이런 고함 소리를 들어보는 것이 처음이라는 것을 주목했다. 거기에서 어떤 결론을 끄집어 내려고 한다면 어리석은 짓이었을 것이다. 어쨌든 사실은 너무나도 확실했다. 조레스의 유해 앞에서나 큰 거리에서나 또 "베를린을 쳐부수자!"라고 외치는 애국주의자들 앞에서나 이런 반항의 외침을 내지르는 목소리는 하나도 없었다. 그저께까지만 해도 거리의 모든 시위에서는 이런 소리가 아주 자연스럽게 울려 퍼졌었는데!

빈 택시 하나가 광장 저쪽으로 지나갔다. 몇 사람이 택시를 소리쳐 불렀다. 자크는 서둘러 뛰어가서 발판에 올라서 차를 제니 앞으로 인도했다.

두 사람은 한 마디도 하지 않고 서로 반대쪽에서 올라탔다. 그들은 똑같이 불안과 비탄 속에 빠져 있었다. 또한 어떤 사건을 모면한 사람들처럼 언짢은 마음이었다. 그러나 이 차를 올라탐으로써 그들은 적대적인 세계로부터 빠져나와 마침내 단둘이 될 수 있었다. 자크는 제니를 껴안았다. 그는 다시 힘차게 제니를 껴안았다. 너무나 지쳐 있었는데도 그는 어떤 기이한 환희와 그 어느 때보다 더 강렬한 삶의 의욕을 느꼈다.

"자크" 하고 제니는 자크의 귀에다 대고 속삭였다. "오늘밤은 어디에서 지낼 작정이세요?" 그러고 나서 마치 준비하고 있던 구절을 낭송하는 것처럼 재빨리 이렇게 말했다. "집으로 오세요. 거기라면 조금도 위험하지 않을 거예요. 다니엘의 소파에서 쉬도록 하세요."

자크는 바로 대답하지 않았다. 그는 손가락 사이에 제니의 손을 꼭 잡고 있었다. 그 손은 언제나처럼 저항이 없고 부드러울 뿐만 아니라 뜨겁고 신경질적이며 생기 넘치는, 마치 어루만지는 듯한 손이었다.

"그렇게 하지" 하고 자크는 짧게 대답했다.

얼마 뒤 계단 밑에 왔을 때—제니의 뒤를 따라서 수위실 유리문 앞을 지나가면서 자기도 모르게 무의식적으로 발소리를 죽이고 있다는 것을 의식하고는—비로소 자크는 자신의 입장을 알아차렸다. 그리고 제니가 자신에 대해 품고 있는 신뢰와 사랑을 언뜻 생각했다. 제니는 지금 파리에 혼자 있다. 그런데도 퐁타냉 부인도 다니엘도 모르게 자기 집에서 묵고 가라니……. 자기가 느끼고 있는 당혹을 제니도 틀림없이 느끼고 있을 것이다. '불안감마저 느낄지도 모르지' 하고 그는 생각했다. 그러나 그것은 자크가 잘못 생각한 것이었다. 제니는 깊이 생각한 끝에 자신이 옳다고 판단한 대로 행동하고 있었으며, 그 밖의 일은 아무것도 걱정하고 있지 않았다. 경찰들과 마주친 뒤로 제니는 자크 때문에 몹시 불안해하고 있었다. 자크가 옵세르바투아르 거리 집에 와서 몸을 숨기는 것에 동의해 주었으면 하는 생각이 줄곧 그녀의 머릿속을 떠나지 않고 있었던 것이다. 그런데 그러한 계획—일주일 전이라면 생각조차 할 수 없었던 계획—이 마음속에 너무나 단단히 뿌리를 내렸으므로 이제는 그것이 얼마나 무모한 것인지조차 깨닫지 못하고 있었던 것이다. 오로지 자크가 곧바로 승낙해 준 것을 고맙게 여기고 있을 뿐이었다.

집에 들어서자마자 제니는 결심이라도 한 듯이 모자와 겉옷을 벗었다. 그러고는 바삐 왔다 갔다 했다. 이제는 피로를 느끼는 것 같지도 않다. 차를 끓이고, 다니엘의 방을 정돈하고 소파에 잠자리를 마련하기 위해 시트를 깔려고 했다.

자크는 그것을 말렸다. 결국 그는 제니의 손목을 꼭 잡고 억지로 움직이지 못하게 했다.

"그런 일은 모두 나에게 맡겼으면 해" 하고 자크는 미소를 지으면서 말했다. "곧 새벽 2시야. 아침 6시에는 나갈 거야. 그냥 입은 채로 자겠어. 그런데 잠이 올 것 같지가 않아."

"그래도" 하며 제니가 애원하듯 말했다. "덮을 것은 있어야지요……."

자크는 제니가 쿠션을 제자리에 놓고 머리맡에 놓인 전등에 전기를 연결시키는 것을 도와주었다. "자, 이제는 당신 일을 생각해. 내가 있다는 것은 잊어버리고 자는 거야, 자도록 해…… 알겠지?"

제니는 다소곳이 고개를 끄덕여 보였다.

"내일 아침에는" 하고 자크는 말을 덧붙였다. "나는 당신이 깨지 않도록 소리 없이 물러갈 거야. 아침에 늦잠을 자도록 해. 쉬기도 할 겸해서……. 내일 무슨 일이 일어날지 누가 알아? ……점심때가 지난 뒤에 돌아와서 소식을 전해 줄 테니까."

제니는 알았다는 듯이 또 고개를 끄덕여 보였다.

"그럼 잘 자" 하고 자크가 말했다.

자크는 숱한 추억이 생생하게 담겨 있는 이 방 안에 선 채 순수한 마음으로 제니를 두 팔로 껴안았다. 그들의 가슴이 맞닿았다. 자크가 좀더 앞으로 잡아당기자 제니는 잠시 균형을 잃었다. 두 사람의 무릎이 부딪혔다. 그들은 똑같은 마음의 동요를 느꼈다. 그러나 그것을 의식한 것은 자크뿐이었다.

"꼭 안아 주세요" 하고 중얼거리듯이 제니가 말했다. "좀더 꼭 안아 주세요……."

제니는 자크의 목을 팔로 감았다. 그러고는 갑작스러운 열정과 어떤 도취감에 사로잡혀 그를 껴안았다. 순진하면서도 대담하게 나오는 제니의 태도는 자크보다도 더 무모해 보였다. 오히려 자크를 침대 쪽으로 몰고 간 것은 제니 쪽이었다. 그들은 서로 꼭 껴안은 채 침대에 쓰러졌다.

"꼭 안아 주세요" 하고 제니는 되풀이해서 말했다. "더 세게요……. 좀더 세게요……." 그러고는 흥분한 자신의 모습을 보이지 않으려고 제니는 탁자 위로 팔을 뻗어 전깃불을 껐다.

자크는 되도록 자제하려고 했다. 그러나 이렇게 된 이상 제니는 자기 방으로 돌아가지 않을 것이고, 오늘밤 두 사람은 서로 떨어질 수 없으리라는 것을 자크는 알고 있었다……. '우리도 별수없이……' 하고 자크는 불현듯 생각했다. '우리도 결국 다른 사람들과 다를 바 없구나…….' 막연한 분노와 절망과 두려움 같은 것이 그의 욕망과 뒤섞였다. 숨을 헐떡이며, 이제 그는 자제할 수 없는 혼미상태에 몸을 맡긴 채 어둠을 공모자로 하여 아무 말 없이 그녀를 꼭 껴안았다.

그는 갑작스러운 경련으로 숨이 끊어지는 듯함을 느끼며 꼼짝도 할 수 없었다……. 이윽고 몸의 긴장이 풀리면서 제대로 숨을 쉴 수 있게 되었다. 허탈감, 또 약간의 수치심과 비애와 고독이 섞인 씁쓰레한 느낌과 함께 그는 제정신을 되찾았다.

제니는 애무에 완전히 빠져들어 자신을 잃은 채 자크의 품 안으로 계속 파고들어 갔다. 그녀는 거의 아무것도 생각하지 않고 있었다. 단지 감미로운 이 순간이 계속되기만을 바라고 있을 뿐이었다. 제니는 자신의 뺨을 자크의 윗옷에 대고 있었다. 그리고 자신의 가슴과 맞닿아 있는 자크의 심장이 뛰는 소리를 신기한 듯 듣고 있었다. 열린 창문을 통해 들어오는 우윳빛 때문에 —달빛인가? 아니면 벌써 새벽이 되었나? —방 안은 환상적인 안개 속에 파묻혀 있는 것 같았다. 벽이며, 가구며, 딱딱하고 불투명한 모든 것이 갑자기 투명해지는 것 같았다. 잠을 잔다는 것……. 둘이서 함께 극적인 시간을 겪은 뒤에 서로 껴안고 자는 것은 상을 받는 것처럼 즐거운 일이었다.

자크가 먼저 잠에 빠져들었다. 제니는 그가 마지막으로 키스하면서 분명하지 않은 몇 마디를 더듬거리며 들려주는 것을 들었다. 그리고 자신에게 기대 잠들어 있는 자크에 대해 말로 할 수 없는 두근거림을 느끼면서 이러한 행복감을 가능한 한 오래 끌어보기 위해 피로를 잠시라도 견뎌 내려고 애썼다. 결국 제니도 자크에게 꼭 안긴 채 잠들어 버렸는데, 그것은 잠에 파묻혔다기보다는 감미로움을 느끼면서 몸을 맡기고 있는 것이나 다름없었다.

64. 8월 1일 토요일—오전 중 〈위마니테〉사에 있는 자크

자크는 제니보다 먼저 눈을 떴다. 그는 서서히 현실 생활을 되찾아갔다. 흥분과 피로에도 젊음이 거의 손상되지 않은 제니의 상냥한 얼굴을 이른 아침 햇살 속에서 한동안 물끄러미 바라보았다. 약간 벌어진 입술은 곧 미소라도 지을 것 같았다. 창백하면서도 윤기가 도는 장밋빛 뺨 위로 수채화를 그리기라도 한 것처럼 속눈썹의 투명한 그림자가 길게 드리워져 있었다. 그는 거기에 입술을 대려다가 그만두었다. 그리고 조심스럽게 침대 겸용의 긴 의자 끝까지 슬그머니 미끄러져 내려가 그녀가 놀라지 않도록 일어났다.

일어서 거울을 본 그는 자기의 구겨진 옷이며, 핏기 없는 안색이며 흐트러진 머리를 알아챘다. 이런 자신의 모습을 제니에게 보이기가 싫어서 황급히 문 쪽으로 갔다. 그러나 나가기 전에 벽난로 위의 꽃병에서 스위트피를 몇 송이 골라 작별의 뜻으로 자신이 방금 빠져나온 자리에 놓았다. 그러고 나서 발끝으로 걸어서 방을 나왔다.

이미 7시가 넘었다. 8월 1일 토요일이다. 새로운 달이 시작된다. 여름의 한 달, 휴가의 달이다. 이 달에는 무엇이 올 것인가? 전쟁? 혁명? …… 아니면 평화?

오늘도 날씨는 좋을 것 같았다.

자크는 몽파르나스로(路) 클로즈리 데 릴라(유원지 이름) 가까이에 목욕탕이 하나 있던 것이 생각났다.

그는 목욕탕에 들어가기 전에 신문을 샀다.

그 가운데서 〈르 마탱〉, 〈르 주르날〉 같은 신문은 한 장에 인쇄되어 있었다. 전쟁 때문에 벌써 절약하는 것일까? 신문에는 '만일의 경우에……' 동원될 사람들을 위해 여러 가지 정확한 정보가 실려 있었다.

〈위마니테〉지도 평상시와 다름없이 발간되었다. 검은 테를 크게 두르고 암살에 대해서 상세한 기사를 실었다. 자크는 거기에서 푸앵카레가 조레스의 미망인에게 보낸 감동적인 서한을 읽고 놀랐다. '……범국가적인 단합이 그 어느 때보다도 더 필요한 지금 나는 충심으로……' 그런데 자크는 조레스 부인이 여행 중이라는 것, 그리고 조레스의 친구들은 부인이 돌아올 때까지 장례 준비를 미루고 있다는 것을 알았다. 그렇다면 그 편지는 푸앵카레 자신이 직접 신문사에 전달한 것이 틀림없었다. 무슨 목적으로 그랬을까?

각료회의의 이름으로 비비아니가 서명한 감동적인 성명은 조레스가 '이렇게 어려운 시기에 독자적으로 정부의 애국적인 행동을 지지했다'는 것을 특별히 기록하는 것을 잊지 않았다. 그러면서 마지막 부분은 은근히 위협적인 투로 끝을 맺었다. '현재 조국이 처해 있는 심각한 상황에서 정부는 평온을 유지하기 위해, 그리고 대중의 동요에 편승해서 수도를 혼란 속으로 빠뜨리는 선동 따위를 삼가해 주기를 바라는 뜻에서 노동자계급 및 온국민의 애국심에 기대를 거는 바이다.' 정부는 폭동을 두려워하는 것일까? 가십란 기사에 따르면 말비 내무장관은 각료회의 도중에 암살소식을 듣고 황급히 엘리제궁을 떠나 내무성으로 가서 경찰국장과 연락을 취했다고 한다.

게다가 신문이란 신문은 모두 무슨 지령이라도 있었던 것처럼 이구동성으로 단결의 필요성을 역설하고 있었다. 그리고 암살사건을 계기로 해서 '이 위대한 공화주의자가 죽기 전에 자기 당에 보여 준 모범'을 앞다투어 찬양하였다. 곧 조레스는 '최악의 경우에 대비해서 정부가 필요한 대책을 미리 강구하는 데' 찬동했다는 것이다. 이런 여러 가지 해설을 읽고 있자니 세상을 떠난 조레스가 오로지 프랑스의 민족주의 정책을 북돋아 주기 위해서 외치고 있었던 것 같은 느낌이 들었다.

작전은 교묘하면서도 음험했다. 상대가 쓰러졌을 때 가장 교묘한 수법은 그 유해를 탈취해서 그것을 정부에 대한 충성의 상징으로 만들고, 또 그것을 무기로 이용하는 것이다. 지도자를 잃은 사회주의에 역행해서 '그자들은 장례를 국장(國葬)으로 치르는 데까지 몰고 갈까?' 하고 자크는 역겹게 생각했다.

자크는 목욕탕의 증기 때문에 젖어버린 신문지를 모두 한데 뭉쳐서 그것을 멀리 던져 버렸다. 그리고 머리끝까지 화가 난 채 미지근한 탕 속에 몸을 담갔다.

'사태를 똑바로 보아야지' 하고 그는 생각했다.

'극단적인 애국주의자들'의 무리가 놀랄 만큼 늘어 이제 투쟁은 불가능한 것 같았다. 신문기자, 교수, 작가, 학자, 지식인들 할 것 없이 모두가 앞다투어 그들의 비판적 독립성을 포기하고는 새로운 십자군 운동을 부르짖으며 대대로 내려오는 원수에 대한 증오심을 부채질하고, 맹목적 복종을 내세우는가 하면 어리석은 희생을 준비하기에 바빴다. 더욱이 좌익계 신문에서조차 민중의 지도자로 자처하는 엘리트—그들은 바로 어제까지만 해도 유럽 여러 국가 사이의 이 무서운 분쟁이야말로 계급투쟁의 국제적 기반을 넓힐 뿐이고, 이윤본능, 경쟁본능 그리고 소유본능의 마지막 귀결에 불과하다고 스스로 소리 높여 부르짖었는데—모두가 이제 와서는 자신들의 영향력을 정부에 봉사하는 쪽으로 몰고 가려는 것 같았다. 어떤 사람들은 '아, 우리의 꿈은 너무나 아름다웠어……'라고 회한의 말을 중얼거리는 것만으로 부끄러워하는 사람도 있었다. 그러나 모두가 굴복하기 시작했다. 모두가 국토방위를 정당화하며, 양심의 가책도 느끼지 않고 자신들을 지지하는 노동자들에게 살상행위에 협력하도록 부추기기 시작한 것이다. 그들의 전반적인 무기력 상태는 갑자기 애국심을 빙자한 거짓이 마음대로 판을 치는 결과를 자아냈던 것이다. 그리고 그것은 자크가 볼 때 지금까지 평화를 지키는 데 유일한 희망이었던 대중의 마음속 반항의 기세를 송두리째 앗아갈 위험이 있었던 것이다.

'아……' 자크는 가슴이 찢어지는 것 같은 무력함을 느끼면서 생각했다. '일은 훌륭하게 준비되어 있었는데……. 전쟁이란 광적인 국민에게나 가능한 것이다. 우선 첫 단계는 사람들 마음의 동원이다. 그것만 된다면 사람들을 동원하는 것은 정말 아무것도 아니다!' 어느 집회 때의 일이 떠올랐다. 조레스였나? 아니면 반데르벨드였나? 그렇지 않으면 신뢰에 굶주린 민중들이 귀를 기울이고 들었던 어느 지도자였던가? 그날 밤 그 사람은 연단에 올라가 혁명가 개개인의 행동을 두고 말하기를, 해안에 사는 사람들이 아버지부터 그 아들까지 바닷가에다 외바퀴 손수레 한 대 분의 벽토 부스러기를 날라 붓는 것에 비유했다. '파도는 몰려와서' 하고 그 사람은 외쳤다. '부스러기 더미를 흩뜨립니다. 그러나 그 손수레 하나하나는 무거운 돌덩이의 미세한 찌꺼기를 남겨 놓아서 그것은 밀려오는 파도에도 흘러가지 않습니다! 그래서 차츰 둑이 만들어지게 되는 것입니다! 그리고 언젠가는 이렇게 쌓인 돌이 튼튼한 방파제를 이루어 휘몰아치는 파도조차도 무력해지는 그런 날이 꼭 올 것입니다. 이것이야말로 하나의 새로운 대지가 되며, 미래 세대들은 그 위에서 당당한 모습으로 행진하게 될 것입니다!' 이처럼 훌륭한 비유는 그날 시위 군중을 열광시켰던 것이다! '하지만' 하고 자크는 생각했다. '지금 이 거대한 해일을 앞에 두고 그런 하찮은 노력들이 과연 무슨 소용이 있을까?'

자크는 곧 자신의 나약함을 부끄럽게 생각했다. '다른 사람들처럼 되어서는 안 된다……. 절망 때문에 약해져서는 안 된다! 가장 훌륭한 사람들까지도 체념하여, 사건들의 숙명성이라는 허구 앞에 굴복하게 되는 바로 그 순간부터 모든 것은 정말 다시는 돌이킬 수 없게 되는 것이다! 사건은 바로 우리가 만들어 내는 것이다! 어떤 일이 있어도 희망을 가져야 한다! 그리고 행동하는 거다! 위기감을 불러일으킨다든가 공포심을 거짓으로 유포하는 것에는 마지막까지 맞서 싸우는 거다! 아직은 아무것도 절망적이지 않다!'

자크는 무서우리만큼 고독을 느꼈다. 고독, 그것은 성실하고 순수하기 때문이다. 외롭다. 하지만 동시에 이런 비통한 고립에 의해 보호받는다는 느낌도 들었다. 자신의 절망감에도 불구하고 자크는 자기가 옳다는 것, 진리를 옹호하고 있다는 것을 알고 있었다. 결코 포기하는 일은 없을 것이다!

자크는 제니에게로 돌아가지 않고 〈위마니테〉사로 달려갔다.

오늘 아침 신문사 건물은 마치 초상집 같았다.

이 시각에도 벌써 계단이나 복도에는 투사들의 왕래가 그치지 않았다. 심한 충격을 받은 그들의 얼굴에는 슬픔과 낙담의 그늘이 서로 엇갈리고 있었다. 암살자의 이름이 입에서 입으로 전해졌다. 라울 빌랭……. 그를 아는 사람은 아무도 없었다. 정신이상자인가? 민족주의의 앞잡이일까? 누가 그의 손에 무기를 쥐어 주었을까? 경찰에게 범인은 자신의 행동에 대해 아무런 설명도 하려고 들지 않았다. 주머니 속에서 발견된 종이쪽지에는 다음과 같은 알 수 없는 글귀가 적혀 있었다. '조국은 위기에 처해 있다. 살인자를 처단해야 한다.'

스테파니는 다른 편집부 직원들과 마찬가지로 밤새 줄곧 서 있었다. 얼굴빛은 진한 수프처럼 담황색이었다. 눈물과 불면으로 충혈된 작고 검은 그의 두 눈은 끊임없이 깜박거리고 있었다.

그의 방에는 십여 명쯤 되는 사회주의자들이 몰려와서 열띤 토론을 벌이고 있었다.

여기에 온 사람들의 말에 따르면 독일대사인 폰 쉔이 프랑스 외무성에 와서, 프랑스가 중립을 지키고 러시아로부터의 군사적 협력 요청을 거절한다는 약속을 얻어 내기 위해 심상치 않은 교섭을 시도했다는 것이다. 그러면서 독일은 프랑스 정부가 중립을 지킨다는 보증으로서 독일이 러시아와 전쟁을 치르는 동안 툴과 베르됭의 요새를 독일에 내어 준다면 프랑스와는 전쟁을 하지 않겠다는 약속을 하겠다는 것이다.

정말 소수이기는 하지만 뷔로나 라브 같은 사람들은 이런 막판 흥정이 무엇보다도 프랑스를 분쟁으로부터 보호해 주는 한 가지 방법일 수 있다는 것을 은연중에 암시했다. 그러나 대부분은 예상 밖으로 프랑스—러시아 동맹을 옹호하는 입장이었다. 젊은 쥐믈렝은 자크로 하여금 마뉘엘 르와가 분통 터뜨리던 것을 떠올리게 하는 말투로 발끈하며 대들었다.

"만일 그렇게 한다면 그것이야말로 역사상 프랑스가 자신이 서명한 일을 파기하는 최초의 경우가 될 것입니다!"

뷔로가 갑자기 일어섰다.

"잠깐만!" 하며 뷔로가 말했다. "공연히 모르는 소리는 하지도 말게나! ……일련의 사건을 자세히 살펴보게. 동원의 시기를 비교해 보라는 말일세! 프랑스가 온갖 노력을 했는데도 러시아가 오래전부터 군비를 은밀히 비축하기 시작하여 그동안 활발하게, 또 끈질기게 계속 비축해 왔다는 것을 제쳐 놓기로 하세. 지금 당장은 공식성명에 대해서만 말해 보세. 차르의 칙령은 그저께 '목요일' 오후에 서명되었네. 즉 러시아의 동원은 전쟁을 뜻한다고 독일이 미리부터 분명하게 선언하면서 무서운 경고를 했는데도 불구하고 말이야. 바로 그저께 '목요일일세!' 프란츠 요제프는 어제 '금요일' 정오가 다 돼서야 동원령에 서명했단 말일세. 그리고 똑같이 어제이긴 하지만 몇 시간 뒤에 독일은 Kriegsgefahr(전시상태)를 선언했어. 단 이것은 총동원과 같은 것은 아냐. 이상이 그동안의 정확한 사건 일지일세……. 그리고 이것은 누구나 다 알고 있는 사실이야" 하고 그는 주머니에서 신문 한 장을 꺼내면서 말을 계속했다. "〈르 마탱〉지 같은 정부의 기관지조차도 러시아의 총동원이 오스트리아의 총동원보다 먼저라는 것을 솔직히 인정하고 있다네. 사실인즉 그래! 그리고 그 점이 중요한 거야! 미래의 역사가들의 눈에는 이것이 가장 중요한 것으로 보일 걸세. 러시아는 이론의 여지없이 침략국가로 규정될 게 틀림없어! ……그건 그렇고" 하며 그는 잠시 숨을 돌린 다음 신중하게 말을 계속했다. "나도 누구 못지않게 프랑스의 명예를 걱정하고 있다네. 다만 나는 이러한 사실로 미루어 볼 때 프랑스는 현재 상황에서 과거에 체결한 의무를 조금도 저버리지 않고 러시아에 원조하는 것을 그만둘 수 있다고 생각하네! 게다가 침략국가와의 제휴를 거부하는 것이야말로 뒷날 우리 정부가 결코 전쟁을 원하지 않았다는 사실을 반박할 여지없이 뚜렷하게 증명해 보일 기회라고 생각하네!"

모두들 조용해졌다. 갑자기 희망이라도 생긴 것 같았다.

쥐믈렝 자신도 반박할 거리를 찾지 못했다. 그러나 그는 자신의 잘못을 인정하고 싶지 않았다. 그는 질문의 방향을 돌렸다. "프랑스가 체결한 의무라……. 과연 그 의무를 구체적으로 알고 있는 사람들이 있을까? 푸앵카레가 2년 전에 이즈볼스키에게 놀아나 프랑스의 이름으로 무슨 약속을 했는지 정확하게 알고 있는 사람들이 과연 있을까?"

"그건 그렇고 외무장관은 뭐라고 대답했나?" 자크가 물었다. "외무성은 폰 쉔의 제의를 말할 것도 없이 하나의 '함정'으로 간주했다면서? 프랑스 외교가 예외 없이 늘 하는 짓이지!"

"함정으로 받아들인 것이 아니라" 하며 스스로 소식통이라고 자부하는 카디외가 정정했다. "적어도 위장된 도전, 곧 하나의 최후통첩으로 받아들인 거야."

"그런데 무슨 목적으로?"

"그거야 프랑스로 하여금 즉각 태도를 밝히게 하려는 거지! 누구나 알다시피 독일 참모본부의 작전은 우선 프랑스전선에서 결정적인 승리를 거두고, 그 다음에 동부전선으로 방향을 바꾸겠다는 배짱이야. 따라서 독일로서는 가능한 한 빨리 프랑스를 공격해야만 해. 독일이 러시아—독일 전선에서 전투가 시작되기 전에 프랑스를 억지로 전쟁에 끌어들이려고 하는 게 이런 데서 비롯되는 거야!"

스테파니는 조금전부터 초조한 기색을 보이고 있었다. 그는 떨리는 목소리로 논쟁에 끼어들어 끝을 맺었다.

"자네들의 이야기를 들으면 마치 전쟁이 일어났거나 아니면 곧 일어날 것 같군! 그것도 프랑스와 독일 사회주의자의 유대가 그 어느 때보다도 더욱 공고히 다져지려는 바로 이 순간에! 오늘밤 우리와 자리를 함께 할 뮐러가 도착함으로써 전반적이고 즉각적이며 결정적인 행동을 기대할 수 있는 다름 아닌 바로 이 순간에!"

모두가 입을 다물었다. 순간 조레스의 환영(幻影)이 방 안에 떠돌았다. 스테파니는 조레스와 다름없는 의견을 피력했다. 지금 정세로 보아서 두 나라 정부의 의견이야 어떻든 간에 두 나라 사이에 평화협정을 맺기 위해 공식적으로 사회민주당 대표를 파리에 보낸다는 것은 정말 전례 없는 일로서 거기에 모든 기대를 거는 것이 당연한 것은 아니었을까?

"독일 사람들 아주 멋진데!" 쥐믈렝이 외쳤다. 누구 못지않게 비관적인 시각을 가지고 있던 그가 느닷없이 젊은이다운 신뢰감에 젖은 모습은 일반 사람들의 혼란상태를 그대로 보여 주는 것이었다.

그때 마침 르노델이 들어와 분위기를 바꾸어 놓았다.

그의 얼굴은 파리하고 부어 있었다. 그리고 멍한 눈길을 하고 있었다. 그는 죽은 친구의 시신 곁에서 밤샘을 한 것이다.

르노델은 조레스의 죽음으로 인한 당의 사정을 검토하고자 오늘 아침 〈위마니테〉사로 긴급히 소집한 센 군(郡) 사회주의연맹 사무소 집회에 참석하기 위해 온 것이다. 그는 그 모임에 가기 전에 조합주의자 동맹이 막 요청한 것에 관해서 스테파니와 의논할 생각이었다. 그의 말에 따르면 리옹, 마르세유, 툴루즈, 보르도, 낭트, 루앙, 릴르 등 여러 곳에서 새로운 시위계획이 이루어지고 있는 것 같았다. "아무렴, 그렇지." 그는 주먹을 불끈 쥐면서 말했다. "아직 절망하기에는 일러!"

그와 스테파니, 둘만 남겨 놓고 모두가 물러갔다. 자크는 갈로를 만나보고자 했지만 공교롭게도 방에 없었으므로 그냥 슬그머니 나와 버렸다. 그는 제니에게 가기 전에 무정부주의자들의 동정을 살피기 위해 〈르 리베르테르〉사에 들러보기로 했다.

그런데 당쿠르 광장에 이르렀을 때 그는 코쇼와 형제와 〈르 리베르테르〉사를 자주 드나드는 두 사람의 석공과 마주쳤는데—이 석공들은 자크에게 거기에 가지 말라고 한사코 말렸다.

"지금 거기에서 오는 길이야. 아무도 없어. 모두 피해 버렸어. 경찰이 서성거리고 있더군. 눈에 띄어서 좋을 게 뭐 있어?"

자크는 잠깐 그들과 같이 걸었다. 두 사람의 석공은 이렇다 할 목적도 없이 걷고 있었다. 그들은 '이렇게 엉뚱한 일이 생겨서' 이례적으로 일터를 비우게 되었다.

"자네는 그놈의 전쟁이라는 걸 어떻게 생각하나?" 형이 자크에게 물었다. 그는 적갈색 머리에 얼굴은 주근깨투성이의 몸집이 큰 남자로 무뚝뚝해 보였다. 그러나 오늘 아침 푸른기가 도는 눈에는 보통 때와는 다른 부드러운 빛이 감돌고 있었다.

"이 사람은 그런 것에 관심이 없어. 스위스 사람이니까." 동생이 말을 가로막았다(쌍둥이는 아니지만 형과 닮은꼴이었다. 다만 거기에는 완성된 조각과 최초의 모양과의 차이 같은 것이 있었다).

자크는 상세히 이야기해도 소용없다는 것을 알았다.

"뭐, 관심거리가 못 돼" 하고 자크는 간결하게 말했다.

동생은 명랑한 투로 말했다.

"그건 그래. 우리와 똑같은 입장이 아니니까."

뜻하지 않은 이 휴가를 자축이라도 했는지 거나하게 취해 있는 형은 상당히 말수가 많은 편이었다. "뭐, 우리는 간단해. 몸뚱이밖에 가진 것이 없는 자들에게는 몸뚱이가 중요지! ……그렇지만 필요할 경우에는 이념을 위해 목숨을 내던져서는 안 된다는 말은 아니야. 그러나 애국자인 척하는 자들의 이념 같은 것을 위해서라면 사양하겠어! 그렇게 하고 싶은 자들이나 하라고 해! 우리에게는 그래도 마음 놓고 일할 수 있는 곳이 우리의 조국이란 말이야. 그렇지 않니, 쥘르야?"

동생은 경계하는 듯이 가볍게 휘파람을 불었다.

"그러면?" 하고 자크가 물었다. "여차해서 동원이 된다면……자네들은 어떻게 할 거야?" (자크는 자신의 경우를 생각해 보았다. 앙투안에게서 '너는 어떻게 할 거야?'라는 질문을 받았을 때 그가 한 대답에는 추호의 거짓도 없었다. 모르기는 해도 죽을 힘을 다해 싸울 것이다. 그러나 어디에서? 누구하고? 어떻게? ……그는 더 이상 그 문제를 생각하고 싶지 않았다. 그런 생각을 한다는 자체가 이미 평화에 대해 의심을 품는 것이니까)

동생은 남몰래 형을 슬쩍 보았다. 그리고 형이 주절거리는 것이 불안하기라도 한 듯이 자기 쪽에서 부랴부랴 대답을 했다.

"동원당한다 해도 9일째야. 그때까지는 사태를 관망할 시간이 있으니까."

그러나 형은 동생의 주의를 눈치채지 못했다. 그리고 자크 쪽을 보면서 목소리를 낮추었다. "자네, 사이야바르를 알고 있지? 몰라? 주근깨가 난 녀석 말이야……. 사이야바르, 그 사람은 포르부 태생이야. 그래서 말인데 우리가 메닐무슈(파리 근교의 노동자 동네) 동네를 환하게 알고 있듯이 그자는 스페인 국경을 깡

그리 외고 있어······." 그는 비밀이라도 말하는 것처럼 눈을 깜박였다. "스페인이라면 설사 전쟁이 나도 중립을 지킬 거야. 거기 같으면 거추장스러울 것이 없어. 사내답게 자유로이 돈벌이를 할 수 있어······. 거기 일 싫으면 무서울 것이 없어. 그렇지 않니, 쥘르?"

동생은 슬쩍 자크 쪽을 살폈다. 그의 파란 눈동자에는 금속과 같은 빛이 번득였다. 그는 투덜거리며 말했다. "형, 이런 말은 앞으로 절대로 하지마!"

"걱정 없어" 하면서 자크는 두 형제의 손을 잡았다.

자크는 생각에 잠긴 채 그들이 멀어져 가는 것을 바라보았다. 그리고 안 되겠다는 듯이 머리를 저었다.

"그건 안 돼······. 나는 안 돼······. 중립국으로 달아난다면 거기에도 이유는 있겠지. 그러나 '마음 편하게 일하기 위해' 그리고 '돈벌이를 위해'라니. 다른 사람들은······ 안 돼!" 그는 몇 걸음 내딛다가 다시 거기에 서버렸다. '그렇다면 도대체 어떻게 하면 좋을까?'

65. 8월 1일 토요일—안느, 앙투안을 만나기 위해 방문

안느는 단호한 발걸음으로 전화기 옆으로 걸어갔다. 그녀는 수화기를 들려고 하다가 이렇게 생각했다. '나는 바보였어. 11시 20분. 그이는 아직 병원에 있을 거야······. 문 앞에서 기다리면 어떨까? 거기 같으면 나를 피하려야 피할 수 없겠지.'

안느는 오전에 운전기사를 쉬게 한 것이 생각났다. 한시도 헛되이 보내지 않기 위해—특히 조바심 내는 것이 싫어서—그녀는 준비가 되자 곧 집을 나왔다. 그리고 택시를 잡아탔다.

"세브르 동네! 가다가 내릴 곳을 일러 드릴게요."

병원 수위는 티보 박사가 돌아온 것을 보지 못했다고 했다.

안느는 인도에 세워 놓은 자동차들을 슬쩍 바라보았다. 앙투안의 차는 보이지 않았다. 그러나 마당에 두었는지도 모를 일이었다. 게다가 오전에는 언제나 자기 차를 타는 일이 없다.

안느는 다시 택시에 올라탔다. 그리고 윗몸을 문밖으로 내놓고 정면 현관을 통해 사람들이 출입하는 것을 지켜보고 있었다. 낮 12시 5분 전······ 12

시……. 큰 시계가 12시를 쳤다. 거기에 맞추어 거의 동시에 근처 교회의 종이 울리기 시작했다. 사무원, 간호사들의 물결이 인도 위에 넘쳐흘렀다.

갑자기 안느의 이마가 축축해지기 시작했다. 옆길로 난 다른 문이 생각났던 것이다. 그녀는 급히 차에서 내려 수위에게 박사가 나오면 여기에 그대로 있게 해 달라고 말해 놓고 이번에는 걸어서 갔다.

인도는 좁고 바쁜 사람들로 혼잡을 이루었다. 차도에는 자동차와 트럭이 줄지어 있었다. 사람들이 많이 지나가는 거리마다 소음으로 귀가 터질 것 같았다. 안느는 현기증이 나 그 자리에 서 버렸다. 관자놀이가 윙윙거렸다. 눈을 감고 냉정하게 생각해 보았다. 죽는 편이 오히려 나을 것 같았다. 그러나 곧 몸을 일으켜 몽유병자처럼 걸어서 수위실 문 앞까지 갔다.

"티보 선생님이라고요? 그런데 조금전에 병원을 떠나셨는데요……."

안느는 아무 대답도 하지 않았다. 인사하는 것조차 잊고 미친 듯이 나왔다. 어떻게 하면 좋을까? 다시 한 번 위니베르시테 거리의 집으로 전화를 걸어 볼까? (그녀는 어제 하루만 하더라도 여러 차례 전화를 걸었었다. 오늘 아침에 걸었을 때도 방금 나갔다고 했다. 적어도 레옹의 대답은 그러했다. "이렇게 일찍?" 하고 그녀는 말했었다. 정말이었을까? 7시 15분인데?)

그녀는 다시 수위실로 들어갔다.

"전화를 걸어도 될까요? 아주 급한 일이 있어서요."

전화는 계속 통화 중이었다. 기다리는 수밖에 없었다. 마침내 통화가 이루어졌다.

"집에 안 계십니다……. 점심식사를 하러도 들어오시지 않을 거라고 하셨습니다……."

레옹의 아주 냉담한 말투였다. 안느는 이제 그를 미워하기에 이르렀다. 상냥한 척하면서 느릿느릿한 목소리, 앙투안과 자기 사이에 언제나 끼어들어 그녀가 구하는 직접적이고 박진감 있고 거의 육감적인 접촉을 못하게 하는 그 목소리를 그녀는 이제 더 이상 참을 수 없게 되었다.

안느는 한 마디도 하지 않고 전화를 끊고 다시 인도로 나왔다. '안 돼! 직접 가 봐야지! ……거짓말인지 어떤지 알 수 있을 거야!'

우선 택시가 있는 데까지 되돌아가야만 했다. 안느는 사람들 틈 사이를 뛰어서 빠져나갔다. 그녀는 자신을 파고드는 이런 정념에 굴복하는 것에 화가

나 있으면서도 그렇다고 그것에 맞설 힘도 없었다.

"위니베르시테 거리 4번지 B호!"

멀리서 그 집의 새로 단장한 정면, 블라인드, 자동차가 드나드는 대문이 보였을 때 그녀는 두려움에 몸이 오싹해 옴을 느꼈다. 앙투안이 식사를 하다 말고 냅킨을 손에 든 채 거만한 태도로 응접실 구석에서 나오는 모습을 머릿속에 그려 보았다. 뭐라고 말할까? '토니, 나는 당신을 좋아해요'라고? 갑자기 안느는 자신이 너무나 잘 알고 있는 그의 찡그린 눈썹이며 턱이며 신경질적이고 차가운 그의 눈길이 무섭게 생각되었다. 편지로 할까?

"차를 세워 주세요……. 저 모퉁이에서…… 우체국 앞에서."

안느는 속달용지를 받아들고 거기에 이렇게 휘갈겨 썼다.

만나고 싶어요. 토니, 잠시만이라도. 언제고 아무 데라도 좋아요. 전화 좀 주세요. 기다리겠어요. 꼭 만나고 싶어요. 나의 토니.

'꼭 만나고 싶어요.' 그것은 그녀가 줄곧 되뇌이고 있던 말이다. 그녀는 단한 번이라도 그를 다시 만난다면 그를 말로 구슬려서 꼼짝하지 못하게 할 자신이 있었다.

안느는 속달을 우체통 속에 넣었다. 그러고는 그렇게 하는 자신을 부끄럽게 생각하면서 그곳을 부랴부랴 빠져나왔다.

속달이 위니베르시테 거리 집에 도착했을 때 앙투안은 아직 식탁에 있었다.

"이봐, 나는 자네를 믿어" 하고 그는 르와에게 말했다. 르와는 홍조를 띠면서 전날 밤에 그가 참가했던 민족주의자들의 시위에 관해 앙투안에게 방금 이야기해 주던 참이었다.

"나는 여러 가지 의미에서 자네를 믿지 않을 수 없어! 지금 우리는 엉뚱한 애국심의 발로를 보고 있어……. 그러나 불르바르(큰거리)를 누비고 다니면서 전쟁을 지지한다고 역설하는 저 선량한 청년들 모두가 나에게 무엇을 생각하게 하는지 알겠나?"

그때 레옹이 그에게 속달우편을 내밀었다. 낯이 익은 필적이었다. 어두운 그림자가 그의 눈길을 흐리게 했다.

"……내가 어렸을 때 보던 파리시내의 벽보를 떠올리게 해……." 그는 이야기를 하면서 자기가 하는 일에 관심이 없는 사람처럼 속달편지의 점선 부분을 뜯었다. 그리고 편지를 한 번 훑어본 뒤에 그것을 잘게 찢어 버리고 다시 말을 이었다. "그 그림 벽보에는 한 떼의 기러기가 나는 것이 그려져 있었어……. 그리고 기러기는 길고 뾰족한 칼을 손에 든 요리사에게 갈채를 보내고 있었어……. 이런 설명 문구와 함께, '스트라스부르 제(製) 파이 만세!'" 그는 속달의 종잇조각들을 접시 위에 뿌렸다. 그리고 입을 다물었다.

안느와 앙투안 사이에는 아무런 논쟁도 없었다. 단지 지난번에 남편 시몽을 만난 뒤부터 앙투안은 방문이라든가 만날 약속을 한다든가 전화 통화를 한다든가 하는 따위를 일체 피하고 있었다. 그는 자기에게 어울리지 않는 이런 애매한 태도를 취하고 싶지는 않았다. 그러므로 괴로워하고 있었다. 왜냐하면 그는 분명한 입장을 좋아했기 때문이다. 그래서 언제고 안느에게 결정적인 이야기를 해 주겠다고 생각하고 있었다. 꼭 그렇게 하겠다고 하루에도 여러 번 마음속으로 분명히 다짐하곤 했다. 레옹이 눈을 아래로 깔고 '그분께서 전화 주셨습니다' 하며 상투적인 문구로 그를 맞이할 때마다. 그러나 너무 피곤한 날들이 이어졌다. 그리고 가끔 직업적인 생활에서 벗어나게 될 때도 불안한 마음으로 열심히 신문을 읽거나, 아니면 어떤 병적인 선량함 탓으로 자기처럼 전쟁에만 정신이 팔려 다른 말은 아무것도 하려 들지 않는 사람들에게 매여 버리는 것이었다. 아무것도 책망할 거리가 없는 안느, 1주일 전까지만 해도 어쨌든 자기 생활 속에서 커다란 위치를 차지하고 있던 그녀에 대해 무엇인가 적의가 담긴 무관심만을 느낄 수밖에 없는 자신을 생각하면서 그는 이따금 놀라곤 했다…….

그런 것을 앙투안은 자신만의 일이라고 생각하고 있었다. 그는 자기가 매우 일반적인 현상을 따르고 있다는 사실을 모르고 있었다. 지금 유럽을 뒤흔들고 있는 전율은 사생활까지도 타격을 주었다. 곳곳의 인간들 사이에는 인위적으로 만들어진 유대관계가 느슨해지면서 저절로 끊겨 가고 있었다. 세계를 휘몰아치려는 바람의 조짐이 나뭇가지에서 벌레가 생긴 과실을 흔들어 떨어뜨리고 있었다.

66. 8월 1일 토요일—자크, 제니와 함께 점심식사

자크는 아직 낮 12시도 안 됐는데 옵세르바투아르 거리의 집에 돌아왔다. 제니는 그가 이렇게 빨리 올 줄은 몰랐다. 당황한 제니는 9시까지 잤다고 솔직히 털어놓았다. 그녀는 오스트리아에 대한 정보를 조금이라도 얻을 수 있지 않을까 해서 열심히 신문을 읽고 있었다. 빈에서 발이 묶인 어머니의 운명을 떠올릴 때마다 제니의 목소리는 떨리곤 했다. 제니는 일어서 손으로 얼굴을 가린 채 방을 가로질러 두서너 발 앞으로 나아갔다.

자크는 거짓말을 하지 않고 어떻게 하면 제니를 안심시킬 수 있을지 알 수 없었다. 가냘픈 비탄의 모습을 이렇게 곁에서 보게 되니 사건의 중대함이 더욱 무겁게 느껴졌다. 그리고 지금 그에게는 위협받고 있는 평화를 위해 투쟁한다는 이유 외에도 제니를 그런 불안에서 구해 주었으면 하는 순박한 소망이 더해졌다.

"앉지 그래" 하고 자크가 말했다. "그렇게 비참한 얼굴을 하고 서 있지 말고……. 정말 그냥 보고 있을 수가 없군……. 아직은 절망할 이유가 하나도 없어!"

제니는 그저 그를 믿고 싶었다. 자크는 어쨌든 제니를 안심시켜 주려고 미소를 지었다. 그는 밀러의 사명과 스테파니의 끈질긴 희망 따위를 열을 올리며 이야기해 주었다. 그는 자신이 하는 말에 스스로 심취되어 있었다. 그러면서 솔직한 심정으로 이렇게까지 이야기해 주었다.

"위기가 이토록 뚜렷하고 이같이 전반적이 된 게 어쩌면 잘된 일인지도 몰라! 왜냐하면 모든 것이 커다란 여론을 불러일으키는 데 달려 있으니까!"

"그렇군요" 하고 제니는 가만히 자크를 바라보면서 말했다. 그녀는 신경질적인 태도로 자리에서 일어서더니 블라인드를 내리러 갔다. 그 몸짓이 어찌나 흥분해 있었던지 블라인드의 끈이 손가락에 감겨 빠지지 않았다.

자크는 제니 쪽으로 걸어가 팔로 제니의 어깨를 감싸 꼭 껴안아 주었다.

"자, 침착해야 돼. 나를 봐……. 여기 있으면 참 기분이 좋거든! 좀 쉬기도 할 겸 기운을 차리려고 온 거야. 나에게는 당신이 필요해……. 당신이 믿어 주는 것이 필요한 거야!"

제니는 얼른 표정을 바꾸었다. 그리고 보란 듯이 미소를 지어 보였다.

"진작 그랬어야지! 이제는 모자를 쓰지 그래. 식사하러 갈 테니까."

"여기서 같이 하면 어때요?" 하고 제니가 경쾌하게 제의했다. 자크는 그런 제니의 태도에 깜짝 놀랐다. 왜냐하면 전혀 꾸밈이 없었기 때문이다. "그러면 좋겠는데! 달걀이며 복숭아며 차도 있으니 말이에요……."

자크는 그러기로 했다.

제니는 몹시 기뻐서 가스레인지에 불을 켜려고 뛰어갔다. 자크도 부엌까지 제니의 뒤를 따라갔다. 자신의 강박관념에서 잠시 마음을 돌린 자크는 제니가 테이블 위에 식탁보를 펼치고 식기를 어울리게 놓고 오르되브르를 담는 접시에 조가비꼴 버터를 가지런히 놓으며, 꼼꼼한 여자들이 살림의 세세한 일까지 열심히 해치우듯이 수선 떠는 것을 바라보고 있었다. 제니의 하찮은 몸가짐도 얼마나 부드럽고 자연스러운가! 사랑은 마침내 그녀의 억센 면을 꺾어 버렸으며, 지금까지 무엇엔가 억눌려 빠져나오지 못하고 있는 것 같았던 여자다운 기질이 해방된 것 같았다.

"우리끼리 처음 하는 조촐한 점심식사" 하고 제니는 식탁 위에 달걀 요리를 놓으면서 새삼스럽게 말했다.

두 사람은 오랜 친구처럼 마주 앉았다. 제니는 즐거워 하고 있었다. 자크도 그러려고 애썼다. 그러나 수심에 찬 그의 얼굴은 그대로였다. 제니는 그런 자크의 모습을 은밀히 살피고 있었다. 자크는 그것을 눈치채고 미소를 지어 보였다.

"여기에 있으면 기분이 참 좋아!"

"그래요" 하며 제니는 진지하게 말했다. "우리는 이제 정말 같이 있어야 해요!"

자크는 시선을 떨구었다. 그는 갑자기 앞으로의 일을 생각하고 흠칫 공포에 사로잡혔다.

식사를 하면서도 그들은 침묵을 깨지는 못했다. 자크는 이따금 조용히 제니를 부드러운 눈으로 바라보곤 했다. 그리고 자신의 심정을 어떻게 나타내야 좋을지 몰라 팔을 쭉 뻗어 제니의 손 위에 잠시 자기 손을 올려놓곤 했다.

제니는 아무 말 없이 있는 자크를 보는 것이 괴로웠다. 지난 며칠동안 그녀의 마음속에는 어떤 변화가 일어나기 시작했다. 처음으로 자신의 본성에도 불구하고, 또 오랫동안 습관처럼 되어온 내면적인 성향에도 불구하고 자기 자신에 관해 말하고 싶은 욕망을 느꼈던 것이다. 지금까지 홀로 지내 온 시간은 결국 자크에게 바치는 끝없는 혼잣말이나 다를 바 없었다. 곧 자크 앞에서 자신을 면밀히 해부하고 있었으며, 자신의 성격적인 결함이라든가 자신의 능력이라든가 자신의 한계를 자크에게 있는 그대로 드러내 보였던 것이다. 왜냐하면 자크가 자기에 대해 잘못 생각하고 있지나 않을까 하는 두려움, 그리고 자기를 더 잘 알게 되는 날에는 끔찍이 실망하지나 않을까 하는 두려움에 사로잡혀 있었기 때문이다.

둘이서 과일 그릇을 비웠을 때 제니는 자크에게 냅킨을 접도록 했다. 그리고 다니엘이 쓰던 냅킨을 말아서 꽂는 고리를 건네주었다. 그러고 나서 다니엘에게 했듯이 자크의 팔을 잡고 그를 자기 방으로 데리고 갔다.

문이 반쯤 열려 있는 응접실 앞을 지나면서 자크는 그때 마침 한 줄기 햇살을 받고 환하게 빛나고 있는 피아노를 보았다……. 자크는 우뚝 섰다. 그러고는 갑자기 무슨 변덕스러운 생각에 사로잡힌 듯 이렇게 말했다.

"제니, 들려주지 않겠어……. 당신이 칠 줄 아는…… 그 곡 말이야……. 전에…… 당신이 치던 그 곡 말이야."

"그 곡이라니요?" 제니는 그가 무엇을 말하려는지 알고 있었다. 제니는 메종 라피트에서의 괴로웠던 여름날을 생각하면서 몸을 떨었다. "오, 자크 …… 오늘은 안 돼요……."

"쳐 봐!"

제니는 문을 열고 피아노 곁으로 다가갔다. 그리고 순순히 쇼팽의 '연습곡 제3번'을 치기 시작했다. 그것은 그녀가 지금까지의 생애에서 가장 괴로웠고, 가장 절망했던 어느 하룻밤의 일을 떠올리게 하는 곡이었다.

자크는 제니의 눈에 띄지 않게 그녀의 뒤, 어둠 속에서 팔짱을 낀 채 서 있었다. 그는 눈물을 참으려고 눈을 감았다. 그리고 흐뭇한 마음으로 옛날을 되새기게 하는 애틋한 그 곡이 정적 속에서 울려 퍼지는 소리에 귀를 기울이고 있었다. 제니는 마지막 곡조까지 다 끝낸 다음 벌떡 일어나 뒤로 물러섰다. 그리고 자크에게로 와서 몸을 기댔다.

"용서해 줘" 하고 자크는 제니의 귀에다 대고 여태까지 한 번도 들은 적 없는 낮고 침통한 목소리로 속삭였다.

"왜 그러세요?" 하고 제니가 깜짝 놀라 되물었다.

"우리는 참 행복할 수 있었는데. 그것도 아주 오래전부터!"

제니는 소스라쳤다. 그리고 갑자기 자신의 손을 자크의 입에 가져갔다.

창문은 열려 있었다. 제니는 그를 천천히 발코니까지 데리고 갔다. 내려다보이는 곳에는 한길의 가로수 가지가 울창한 초록색 양탄자를 이루고 있었는데, 그곳으로부터 이따금 참새 무리가 지저귀는 것 같은, 눈에 보이지 않는 아이들의 목소리가 들려왔다. 저 멀리 뤽상부르 공원의 나뭇잎들은 곧 다가올 가을의 적갈색에 앞서 이미 청록색을 보이고 있었다.

자크는 그들 앞에 펼쳐지고 있는 눈부신 경치를 아무 생각 없이 바라보았다. '뮐러는 이미 브뤼셀을 떠났겠지' 하고 그는 생각했다. 그는 그 일 외에는 아무것도 생각할 수 없었다.

그의 곁에서 제니는 꿈이라도 꾸듯 중얼거렸다.

"나는 저기에 있는 나무 하나하나를 모두 알고 있어요……. 그리고 그 나무 밑에 어떤 벤치가 있고 어떤 동상의 초석이 있는지도 알고 있어요……. 나의 어린시절은 모두 이 공원 안에 있어요……." 제니는 잠시 말을 멈추었다가 덧붙였다. "나는 지난날을 떠올리기를 좋아해요……. 당신도?"

"아니" 하고 자크는 퉁명스럽게 말했다.

제니는 얼굴을 홱 돌려 못마땅한 듯한 눈길을 그에게 보냈다. 그리고 시큰둥한 투로 말했다.

"다니엘도 그래요."

자크는 변명을 해야 한다고 생각했다. 그는 애써 이렇게 말했다.

"나에게 과거는 과거일 뿐이야. 지나가는 하루하루는 모두 어두운 구렁 속에 빠져 들어가는 거야. 나의 눈길은 언제나 미래를 향해 있었지."

자크의 이런 말은 뭐라 형용할 수 없을 정도로 제니의 마음에 상처를 안겨 주었다. 그녀에게 현재란 아무 가치도 없었다. 그리고 미래란 더더구나 그러했다. 그녀의 내면 생활은 오로지 회상을 마음의 양식으로 삼고 있었던 것이다.

"그런 일은 있을 수 없어요. 당신은 자신을 유별나게 보이려고 그런 말을 하는 거예요!"

"유별나게 보이려고?"

"아니요" 하며 그녀는 얼굴을 붉히면서 말을 이었다. "'유별나게 보이려고'라고는 말할 수 없지만……" 그녀는 잠시 생각에 잠겼다. "당신은 가끔…… 사람들을 골탕먹이고 싶은 생각이 들 때가 없으세요? 물론 장난삼아 그런다고는 말할 수 없겠지만…… 그래도 그렇게 함으로써 사람들과의 관계에서 빠져나갈 수 있을 테니까요……. 그렇지 않아요?"

"어떻게 그럴 수가? 빠져나간다고?" 자크는 곰곰이 생각해 보다가 솔직히 말했다. "그럴지도 모르지……. 확실히 사람들이 나에 대해 독단적인 견해를 갖고 있다고 느끼는 것은 참을 수 없는 일이야. 그것은 마치 그들이 나의 한계를 정하고 나의 사고능력을 멈추게 하려는 거나 다름없어. 그래서 사람들을 일부러 어리둥절하게 만드는 경우가 있었는지도 몰라. 단지 그런 구속에서 벗어나기 위해서 말이야……."

자크는 혼자서는 도저히 할 수 없었을지도 모를 자기반성을 제니 때문에 하게 되었다는 것을 깨달았다. 그리고 그 점에 대해 그녀에게 고맙게 생각했다. 그는 추억에 집착하는 그녀의 감상적인 성격에 대해 바보 같은 말을 내뱉음으로써 그녀의 마음을 아프게 한 자신을 나무랐다. 자크는 제니의 허리를 감싸고 있던 팔로 더 세게 끌어안았다.

"아까는 공연히 마음 아프게 했네. 바보 같은 짓이었어……. 여러 가지 일로 너무 신경이 곤두서 있나 봐……." 그는 미소를 지었다. "그건 그렇고, 내 잘못을 변명하는 것 같지만 당신은 정말 철부지야……. 지나치게 감수성이 예민해!"

"그래요. 그건 사실이에요" 하고 제니가 얼른 대답했다. "너무 예민해요." 자크는 미소를 지어 보였다. "그래요……. 나는 나 자신을 잘 알고 있어요! 내가 친절하다는 것을 사람들에게 믿게 하려고 행동할 때마다 따지고 보면 사실은 곰곰이 생각한 끝에 어떤 의무를 이행하려는 생각에서 그러는 거예요……. 나에게는 꾸밈없고 자연발생적이고 자신도 의식하지 못하는, 그야말로 참된 친절, 그것이 빠져 있어요……. 예를 들어 엄마와 같은 친절……." 제니는 하마터면 '당신과 같은 친절'이라고 말할 뻔했다. 그러나 그녀는 그 말을 하지 않았다.

자크는 놀란 듯이 제니를 힐끗 바라보았다. 그녀의 마음속에서 갑자기 무엇인가 문이 닫히는 것 같아 보였다. 이렇게 큰 소리로 그녀가 자기 자신에 관해 소상하게 말하는 것을 들었을 때 자크에게는 그 어느 때보다 그녀가 불가사의하게 느껴졌다. 바로 그때 그녀의 얼굴은 긴장되고 눈은 냉혹한 빛을 띠고 있었다. 그리고 자크에게는 무엇인가 교제가 끊어진 것 같은 느낌, 화석처럼 굳어지고, 맞서고, 의사소통이 되지 않는 한 인간을 앞에 두고 있는 것 같은 느낌이 들었다. 하나의 수수께끼로 자크는 그 이유를 알 수 없었기 때문에 남자로서 몹시 자존심이 상했다.

자크는 진지한 얼굴로 중얼거렸다.

"제니, 당신은 마치 하나의 섬 같아……. 아름다운 섬, 햇볕이 드는 섬…… 그러나 가까이 갈 수 없는 섬!"

제니는 깜짝 놀라 몸을 떨었다.

"왜 그런 말을 하세요? 너무해요!"

무언가 음침한 기운이 제니의 간담을 서늘하게 하면서 두 사람 사이를 지나갔다. 그들은 서로 가까이에서 발코니 손잡이에 몸을 기댄 채 굳게 닫힌 서로의 생각, 서로의 불안을 생각하면서 잠시 침묵을 지키고 있었다.

저 멀리 상원의 큰 시계가 두 번 울렸다. 자크는 자기의 시계를 보면서 일어섰다.

"2시야!" 그리고 여전히 그 생각에 사로잡힌 채 이렇게 덧붙였다. "이제 뮐러는 떠났겠군."

그들은 방 안으로 들어왔다. 자크는 같이 가자고 권하지 않았다. 제니 쪽에서도 그것을 요구하지 않았다. 그렇지만—일이 자연스럽게 되어 갔기 때문에—제니가 자기 방으로 서둘러 가면서 이렇게 말할 때 자크는 그것을 듣고도 별로 놀라지 않았다.

"잠깐만 기다리세요……. 나 준비하고 올게요."

제니를 〈위마니테〉사에 데리고 들어가기로 애당초 결심했었지만 막상 그녀와 같이 거기에 도착했을 때 우선 그는 계단에서 만난 라브에게 독일대표의 도착을 맞이하는 일이 어떻게 되었는지를 물어보았다. 뮐러를 태운 벨기에 발 열차는 5시 조금 지나 파리에 도착하기로 되어 있었다. 사회당의 대의원들은 그를 맞기 위해 팔레부르봉(프랑스 하원)의 어느 홀에서 6시에 모이기로 했다. 회담의 중요성으로 미루어 오늘밤은 꽤 늦게까지 이어질 전망이었다.

"우리는 모두 북부역에 가서 그를 기다리기로 했어" 하고 라브가 말했다.

북부역! 제니는 순간 자크를 처음 만났을 때의 여러 가지 정경, 지하철역의 통로에서 쫓기던 일, 생 뱅상 드 폴 작은 공원 벤치에서의 일 따위가 떠올랐다. ……. 제니는 순진하게도 자크 역시 그 일을 생각하고 있는 줄 알고 그를 쳐다보았다. 그러나 자크는 라브 쪽을 향해 있었다. 오늘 아침 사회주의연맹의 모임에서 어떤 결정이 내려졌는지를 묻고 있었다.

"아무 결정도" 하며 라브는 투덜댔다. "사무국의 임원들은 아무런 결정도 내지 않고 뿔뿔이 헤어졌어. 당에는 이제 지도자가 없는 거야!"

신문사 사무실마다 긴장에 싸여 있었다. 갈로 방에서는 파제스와 카디외, 그외 몇 사람이 토론을 하고 있었다.

독일의 Kriegsgefahr 선언이 내려진 뒤부터 프랑스 참모본부가 즉각적인 동원령 발동을 위해 정부 쪽에 압력을 가하고 있다는 소문이 떠돌았다. 이제는 시간문제라는 것이다. 파제스는 심지어 조프르 장군 비서실에 근무하는 서기에게서 들었다며 동원령은 이미 어제 정오에 푸앵카레에 의해 서명되었다고 했다. 그러나 외무성에서 돌아온 카디외에 따르면 그것은 확실히 허위 보도라는 것이다.

"이제 알게 될 거야" 하고 카디외는 자신만만하게 말했다.

그의 말로는 오늘 외무성의 최대 관심사는 영국 정부의 태도라는 것이다. 카요 같은 정치인들은 영국 사회당에 의한 영국의 중립 예찬을 못하도록 하기 위해 프랑스 사회당 지도자들이 하디에게 가서 교섭할 것을 생각한 것 같다. 한편 푸앵카레는 영국의 개입이야말로 평화확보를 위한 마지막 기회이니까 영국으로 하여금 프랑스를 지지한다고 선언하도록 하기 위해 조지 5세에게 친서를 보낼 것을 생각한 것 같다.

"그 친서라는 게 언제 일이야?" 하고 자크가 물었다.

"어제."

"그렇군! 러시아가 공식적으로 동원령을 선포하고, 전쟁은 이미 피할 수 없다는 것을 푸앵카레가 알고 난 뒤야!"

누구 하나 이의를 다는 사람이 없었다.

공식적인 것으로 보이는 오늘 아침의 전문에 따르면 영국과 프랑스 두 나라의 참모본부는 끊임없이 연락을 취하고 있으며, '행동계획에 대해 협의가 이루어졌다'고 한다. 그것은 과연 군사행동을 두고 하는 말일까? 믿을 만한 소식통에 따르면 영국은 자기 나라의 함대에 대해서 모든 해협의 감시를 명령하고, 상선의 군항 출입을 금지시키고, 이들 군항을 내려 볼 수 있는 요새에는 이미 포병을 배치했으며, 연안의 모든 등대에는 오늘밤 불을 끄도록 하는 명령을 내렸다는 것이다.

마르크 르봬르가 들어왔다.

르봬르는 비비아니와 폰 쉔 대사 사이의 두 번째 회담 내용을 전했다. 수상은 이렇게 말했을 것이라고 했다. '독일은 동원령을 선포했습니다. 이 정보가 우리에게 들어왔습니다.' 그리고 독일대사가 침묵을 지키고 있으니까 수상은 이렇게 덧붙였을 것이다. '귀국의 태도는 결국 우리나라의 태도를 결정짓게 됩니다……. 그렇지만 조프르 장군은 어디까지나 평화를 지키고자 하는 우리의 굳은 의지를 끝까지 그리고 모든 사람에게 보이기 위해 프랑스 전군에 내린 명령에서 최소한 국경선 10㎞ 안까지 물러나라고 했습니다. 이렇게 해도 사건이 생길 경우에 책임은 귀국에 있다고밖에 할 수 없을 것입니다!'

육군성과 긴밀한 관계를 맺고 있던 파제스는 곧 이 말을 바꾸었다. 그에 따르면 프랑스가 취한 조치는 아무런 현실적 중요성을 띠지 못한다는 것이다. 그것은 참모본부가 세운 작전계획에 조금도 도움이 되지 않고 오히려 평화를 해치는 결과밖에 가져오지 못한다는 것이다. 그는 또한 메시미 육군장관의 주변에서는 이런 일시적인 후퇴가 단순히 외교상의 줄다리기에 지나지 않으며, 유럽의 여론, 특히 영국의 여론을 자극하는 것 외에는 아무런 목적도 없다고 했다.

"확실히" 하며 자크가 말했다. "그자들의 목적은 또한 영국의 동조를 얻고자 하는 데 있는 것 같아……. 그러나 내 생각으로는 그자들의 주된 목적은 우리를 공격하는 데 있어! 평화를 사랑하는 우리를 말이야! 우리를 농락해서 우리의 공감을 얻고 우리에게서 인정받으려고 하는 거야! 처음에는 행동이 그다지 공격적이지 않지만 결국은 우리를 거리낌없이 군부에 끌어들이려는 간계야. 내일 야당계 신문들이 뭐라고 떠들어 댈지 나는 빤히 내다보고 있어!"

시끄러운 대화 소리에도 불구하고 서류 정리에 여념이 없던 갈로는 산더미 같은 서류 뒤에서 별안간 고슴도치 같은 얼굴을 들었다.

"그 증거로는 정부가 조치를 취하기도 전에 서둘러서 집요하게 그걸 비공식적으로 당 지도자들에게 알려 주었다는 거야!"

가냘픈 팔다리를 지녀 추위를 잘 타는 하급 공무원과 같은 그의 모습과 잘 어울리는 화난 듯한 말투는 비록 그가 옳은 이야기를 할 때도 엉터리 수작을 하고 있다는 느낌을 줄 때가 더러 있곤 했다. 그러나 오늘은 그가 몹시 화가 나 있기 때문에 한없이 슬픈 듯한 표정이 눈에서 사라지지 않고 있다는 것, 그의 용모가 추해 보이는데도 그런 그의 표정이 오히려 사람을 감동시키는 데가 있다는 것을 자크는 알아차렸다.

한 무리의 젊은 투사가 편집실에 뛰어들어 왔다. 애국자연맹의 행렬이 스트라스부르의 상(像) (콩코르드 광장을 둘러싼 프랑스의 각 주를 상징하는 상 가운데 보불전쟁 때 독일에 빼앗긴 알자스, 로렌느의 수도 스트라스부르를 나타내는 상에는 언제나 상장(喪章)이 달려 있었다) 앞에서 시위하기 위해 지금 막 콩코르드 광장을 향해 오고 있다는 소문이 들려왔다.

"가볼까?" 하고 파제스가 말했다.

모두가 이미 일어섰다(사실 그들은 단순히 복수의 난투극을 벌이기보다는 이것을 계기로 '무엇인가'를 꾸미는 데 더 마음을 쓰고 있는 것 같아 보였다).

제니는 자크가 그들과 같이 가고 싶지만 자기 때문에 망설이고 있다는 것을 눈치챘다. "같이 가요" 하고 그녀는 딱 잘라 말했다.

67. 8월 1일 토요일—동원령

짙은 안개가 끼어 있으면서도 태양이 사람들의 머리 위를 짓누르고 파리 중심지의 공기를 숨막히게 했다. 점점 더 불안을 느끼기 시작한 시민들은 소나기가 올 듯한 날씨인데도 불구하고 조바심을 내면서 파리 떼처럼 집에 돌아가려 하지 않았다. 은행이며 경찰서며 구청 앞에는 마음이 불안해진 사람들이 떼를 지어 몰려 있어서 경찰들은 그들을 아무 소동 없이 분산시키고자 애쓰고 있었다. 신문팔이들이 외쳐 대는 소리가 군중의 웅성거리는 소리를 뒤덮으면서 마침내 사람들의 신경을 곤두서게 했다.

피라미드 광장에 있는 잔다르크 상 발밑은 관대(棺臺)처럼 꽃으로 꾸며져 있었다. 리볼리 거리의 아케이드 아래에는 서로 반대방향으로 가는 보행자들이 줄지어 붐비고 있었다. 대부분의 상점은 이미 쇼윈도를 닫았다. 차도의 차량 수는 겨울철의 가장 복잡한 날만큼이나 많았다. 그에 반해서 튈르리 공원은 예비로 집결시켜 놓은 공화국 근위대의 기병대를 빼고는 쓸쓸하기 짝이 없었다. 말들이 엉덩이를 흔들 때마다 빛이 번득이는 나무 그늘에서는 철모가 번쩍이곤 했다.

시위가 있을 것이라는 소문은 아무래도 잘못된 것 같았다. 콩코르드 광장에는 아무런 조짐도 보이지 않았다. 통행도 끊기지 않았다. 얼마 안 되는 경찰의 비상망이 만일을 생각해서 사람들이 스트라스부르 상(像)에 다가가는 것을 막고 있는 정도였다. 상의 초석은 또한 삼색기 리본으로 꾸며진 화환으로 뒤덮여 있었다.

〈위마니테〉사에서 온 사람들은 맥빠진 모습으로 뿔뿔이 흩어졌다.

자크와 제니는 루아얄 거리의 떠들썩한 군중에 끼어들었다.

"4시 반이야" 하고 자크가 말했다. "밀러를 맞으러 가야겠어. 피곤하지 않아? 큰 거리를 지나 북부역까지 걸어서 가야겠는데."

그들은 큰 거리로 접어들었다. 그런 다음 생라자르 거리에 가기 위해 코마르탱 거리로 들어섰다. 그들이 생 루이 당탱 성당 앞에 이르렀을 때 갑자기 귀를 찢는 듯한 시끄러운 소리가 주위를 압도했다. 성당의 커다란 종소리가 똑같은 음을 내며 분명하고 우렁차고 엄숙하게 울려 퍼졌다.

사람들은 그 자리에 꼿꼿이 서서 잠시 어리둥절해 하며 서로 얼굴을 마주 보았다. 그들은 이곳저곳으로 뛰기 시작했다.

"왜 그래요? 무슨 일이지요?" 하고 제니는 더듬거리며 물었다. 자크는 제니의 팔을 꼭 잡았다.

"그럴 줄 알았어" 하고 그들 곁에 있던 누군가가 중얼거렸다.

멀리서 다른 성당의 종이 울려 퍼지고 있었다. 순식간에 파리의 하늘은 조종(弔鐘)처럼 끝없이 음침한 리듬으로 똑같은 종소리가 울려 퍼지는 둥근 구리 천장으로 바뀌어 갔다.

제니는 무슨 영문인지 알지 못했다. 그래서 되풀이해서 물었다.

"무슨 일이 일어났어요? 모두 어디로 뛰어가는 거예요?"

자크는 아무 말도 하지 않고 그녀를 차도 쪽으로 끌고 갔다. 몇백 명에 이르는 사람들이 차가 오가는 것도 아랑곳하지 않고 제멋대로 건너가고 있었다.

우체국 앞에 사람들이 꾸역꾸역 모여들더니 마침내 큰 무리를 이루었다. 유리창 안쪽에 지금 막 흰 종이가 나붙은 것이다. 그러나 자크와 제니는 너무 멀리 떨어져 있었으므로 그것을 읽을 수가 없었다. "그럴 줄 알았어……. 그럴 줄 알았어……." 속삭이는 소리가 들려왔다. 맨 앞쪽에 있던 사람들은 순간 넋이 나간 모습으로 게시물을 열심히 한 자 한 자 주의 깊게 읽는 것 같았다. 그러고 나서 침울한 눈에, 땀에 젖고 일그러진 얼굴로 발길을 돌렸다. 어떤 사람들은 아무 말도 없이 아무도 보지 않고 사람들 틈을 헤치며 얼굴을 축 늘어뜨린 채 홀홀히 사라졌다. 또 나른 어떤 사람들은 반대로 눈에 눈물이 글썽해서 머리를 저으며 친숙한 사람의 눈길을 찾는가 하면 혼잣말처럼 알아들을 수 없는 몇 마디를 중얼거리면서 못내 아쉬운 듯 물러서는 것이었다.

자크와 제니는 마침내 게시물 가까이 갈 수 있었다. 네 귀퉁이를 분홍색 풀로 칠한 긴네모꼴의 작은 종이가 유리 위에 붙어 있었는데, 특징은 없지만 정성스럽게 쓴 여자의 글씨 모양으로 보이는 세 줄의 문구가 눈에 띄었다. 아래에는 밑줄이 얌전하게 그어져 있었다.

총동원
첫 번째 동원날은
8월 2일, 일요일로 한다.

제니는 자크가 자기 팔 밑에 밀어넣은 손을 허리춤에 꼭 끼고 있었다. 자크는 꼼짝도 하지 않았다. 그도 또한 다른 사람들과 마찬가지로 생각했다. '그럴 줄 알았어.' 머릿속에서는 여러 가지 상념이 주마등처럼 스쳐갔다. 어쨌든 이렇게 태연히 있을 수 있는 자신이 이상하게 여겨졌다. 순간마다 그를 괴롭히는 경종 소리마저 없었더라면 그는 아마도 어떤 정신적 이완, 소나기가 쏟아질 듯한 늦은 오후 첫 빗줄기가 떨어질 때 몸이 축 늘어지는 것 같은 그런 기분을 느꼈을지도 모른다……. 그러나 이런 부자연스러운 마음의 평정도 잠시뿐이었다. 그것은 상처 입은 사람이 처음에는 그 사실을 몰랐다가 갑자기 상처에서 피가 나면서 심한 통증을 느낄 때와 같았다. 제니는 꽉 다문 그의 치아 사이에서 목쉰 한숨소리가 흘러나오는 것을 알았다.

"자크……."

자크는 입도 열기 싫었다. 그는 제니가 이끄는 대로 몸을 맡기며 사람들이 모여 있는 곳에서 나왔다. 인도 옆에 비어 있는 벤치가 하나 있었다. 그들은 말없이 앉았다. 그들은 계속 물결치며 밀려와 빽빽이 들어선 사람들의 머리 너머로 유리창의 흰 게시물을 보고 있었다. 거기에서 눈을 뗄 수가 없었다.

이처럼 자크는 지난 몇 주 동안 단 하루도 정의라든가 진리라든가 사랑이 승리하리라는 것을 의심해 본 적 없이 살아왔던 것이다. 그것은 계시를 받은 사람이 어떤 기적을 바라는 것이 아니라 절대 확실한 실험의 결과를 기다리는 과학자와 같은 것이었다. 그런데 지금 모든 것이 와르르 무너지고 있는 것이다⋯⋯. 치욕이다! 경멸에 찬 분노가 속에서 들끓으며 목을 조여옴을 그는 느꼈다. 지금까지 이토록 자존심이 상해 본 적이 없었다. 격분하고 실망했다기보다는 오히려 당황하고 굴욕감을 느꼈던 것이다. 민중의 의지의 무력함에, 고칠 수 없는 인간의 우매함에, 이성의 무력함에 모욕감을 느꼈던 것이다! ⋯⋯ '그러면 나는?' 하고 자크는 생각했다. '지금 무엇을 해야 하지?' 정신이 번쩍 들면서 그는 스스로 가장 깊은 고독의 경지까지 빠져 들어갔다. 그 속에서 그는 회답을 찾고 지령을 찾고 행동방향을 찾았다. 아무 소용이 없었다. 그리고 자기 자신의 불확실함을 앞에 두고 어떤 공포를 느끼지 않을 수 없었다.

제니는 그의 침묵을 애써 깨뜨리려고 하지 않았다. 다만 공포가 섞인 호기심으로 주위를 바라보고 있었다. 그녀로서는 동원이라든가 전쟁이라든가 하는 것이 무엇인지 이해하기란 어려운 문제였다. 즉시 생각나는 것은 어머니며 다니엘이며, 특히 자크의 일이었던 것이다. 더구나 뭐가 뭔지 상상조차 할 수 없는 그녀에게 이들 친한 사람들의 주위를 맴도는 위험한 일이 어떤 것인지 뚜렷하게 떠오를 리가 만무한 일이었다.

자크의 걱정스러워하는 모습에 응답이라도 하듯 제니는 낮은 목소리로 말했다.

"어떻게 하시겠어요?"

차분하고 여유 있는 목소리였다. 자크는 순간 이런 생각을 했다. '저런 걸 보면 제니는 역시 든든해⋯⋯.'

그러나 자크에게는 거기에 대답할 만한 용기가 없었다. 그는 눈길을 돌려 이마의 땀을 닦았다. "어쨌든 역으로 가지" 하면서 그는 자리에서 일어났다.

오후 내내 안느는 전화기 옆 안락의자에 몸을 파묻고 앙투안의 전갈을 기다렸으나 허사였다. 그녀가 수화기를 들 뻔한 적은 수없이 많이 있었다. 화가 머리끝까지 치밀었다. 그러나 기다리기는 해도 자기 쪽에서 먼저 걸지는 않기로 결심했다. 신문 한 장이 펼쳐진 채 발밑에 떨어져 있었다. 그녀는 울분을 감추지 못하면서 그것을 훑어보았다. 오스트리아니 러시아니 독일이니 하는 이따위 것들이 나에게 무슨 상관이 있다는 기야? ……그녀는 마치 광기 들린 여자처럼 몸을 웅크리면서 그들의 집에서, 바그람로(路)에 있는 그들의 방에서 앙투안과 한바탕 벌일 장면을 줄곧 마음속에 그리고 있었다. 그리고 그와 곁들여 여러 가지 새로운 사실, 여러 가지 말대답, 갈수록 신랄한 질책을 계속 생각해 내면서 잠시 자신의 언짢은 마음을 달래고 있었다. 그런가 하면 곧 노여움도 잊어버리고 그에게 용서를 빌며 두 팔로 그를 감싸 침대 쪽으로 유인하는 것이었다…….

갑자기 안느는 아래층에서 문이 삐걱거리는 소리와 함께 사람이 뛰어오는 발소리를 들었다. 그녀는 기계적으로 시계 쪽으로 눈을 돌렸다. 5시 20분 전. 바람결에 문이 열리더니 가정부가 얼굴을 내밀었다.

"부인! 조제프가 동원령을 보고 왔어요! 우체국에 붙었대요! 전쟁이 났어요!"

"그래서?" 하고 안느는 쌀쌀맞게 대꾸했다.

안느는 마음속으로 영문도 모르면서 '전쟁……' 하고 되풀이했다. 먼저 머리에 떠오르는 것은 실망이었다. '시몽이 돌아오겠군.' 그리고 그녀는 이렇게 생각했다. '그 멍청이 전쟁에나 나갔으면 좋으련만.' 그러나 곧 비통한 생각에 그녀는 마음의 충격을 받았다. '어머, 전쟁이 일어나면 토니도 나가게 된다……. 죽게 되는데…….' 안느는 의자에서 벌떡 일어났다.

"내 모자와 장갑을……. 빨리……. 차를 불러."

안느는 벽난로 위의 거울 속에서 나이 탓으로 코가 뾰족히 나와 있는 자기 모습을 발견했다. '안 되겠어……. 오늘은 너무나 흉한 얼굴이야' 하고 그녀는 절망적으로 생각했다.

가정부가 돌아왔을 때 안느는 안락의자에 앉아 윗몸을 앞으로 구부리고 무릎 사이에 두 손을 모아 꼭 끼고 앉아 있었다. 그녀는 몸을 일으키려 하지도 않고 부드러운 목소리로 말했다.

"그만두겠어, 쥐스틴……. 고마워……. 조에게 오지 않아도 된다고 일러 줘……. 목욕 준비나 해 줄래? 아주 뜨겁게……. 그리고 침대를 정돈해 줘. 눈 좀 붙이려 하니까……."

얼마 뒤 그녀는 어둠침침한 방 안에 누워 있었다. 커튼이 드리워져 있었다. 손 닿는 곳에 전화기가 놓여 있었다. 전화가 걸려올 경우에 손만 뻗으면 되었다……. '그래도 서늘한 시트 속에 들어오니까 괴로운 기분도 나아지는 군. 물론 금방 기분이 좋아지지는 않겠지. 적어도 30분 정도는 참고 기다려야 할 거야. 그러노라면 가슴이 두근거리는 것도 멈추고, 흥분도 가라앉고 머리도 조금은 안정될 거야. 그러나 이렇게 누워서 눈을 감은 채 꼼짝도 하지 않고 눈도 깜박이지 않고 기다린다는 것은 정말 초인적인 노력이 필요해. 토니…… 전쟁…… 토니…… 아, 그를 만나기라도 했으면……. 다시 그를 차지할 수 있다면…….'

그녀는 벌떡 일어나 맨발로 휘청거리면서 두 손으로 얼굴을 가린 채 작은 응접실까지 뛰어갔다. 그리고 의자를 끌어 잡아당기는 것도 귀찮아 책상 앞, 양탄자 위에 그대로 꿇어앉아 종이와 연필을 잡았다. 그리고 마구 갈겨썼다.

토니 너무나 괴로워요. 더 이상 참을 수 없어요. 못 견디겠어요, 못 견디겠어요. 당신은 아마 외출하시겠지요? 언제쯤? 아무 소식도 안 주시는 군요. 무엇 때문에 그러시는 거지요? 무슨 이유 때문에? 토니, 무슨 일이 있어도 만나고 싶어요. 오늘밤, 우리의 집에서. 당신을 기다릴게요. 지금은 5시. 지금 가겠어요. 거기에서 저녁 내내 밤새도록 기다리고 있겠어요. 언제라도 좋으니까 와 주세요. 꼭 와 주세요. 어떻게든지 만나고 싶어요. 꼭 온다고 약속해 주세요. 나의 토니, 꼭 와 주세요.

안느는 초인종을 눌렀다.

"조에게 이것을 곧 가지고 가라고 해요. 바로…… 방에까지 올라가라고 해요."

안느는 문득 시몽이 아침 기차를 타고 이제 곧 도착하리라는 생각을 했다……. 그녀는 서둘러 옷을 입고 도망치듯 집을 빠져나왔다. 흥분을 좀 가라앉히기도 할 겸해서 그녀는 일부러 걸어가기로 마음먹었다. 그리고 마음이 초조하기는 했지만 바그람로(路)까지 걸어갔다.

이번만은 어쩐지 앙투안이 틀림없이 꼭 와 줄 것만 같은 생각이 들었다.

안느는 막다른 골목 뒷문을 통해 '그들의 집'으로 들어갔다. 그리고 자물쇠 구멍에 열쇠를 넣고 돌리는 순간 그가 와 있다는 것을 '느꼈다'. 안느는 너무나 확신을 가지고 있었으므로 승리자 같은 미소를 지었다. 그녀는 가만히 문을 닫은 다음, 문이 열려 있는 몇 개의 방을 발끝으로 지나가면서 "토니…… 토니……" 하고 낮은 목소리로 불러 보았다. 방에는 아무도 없었다. 내 목소리를 듣고 숨어 있겠지. 서둘러 욕실로 갔다. 부엌에도 달려가 보았다. 지쳐 버린 그녀는 방으로 되돌아와서 침대 위에 앉았다.

앙투안은 없다. 그러나 곧 오겠지…….

안느는 천천히 옷을 벗기 시작했다. 먼저 구두를 벗었다. 그리고 단번에 살이 드러나도록 팔을 쭉 뻗어 마치 과일 껍질을 벗기듯이 양말을 벗었다. 발소리가 난 것 같아서 뒤를 돌아보았다. 아니야, 그이가 아니야……. 그녀의 두 눈은 방 안을 두리번거리더니 그들의 침대 쪽으로 쏠렸다. 그녀는 언제나 자기가 먼저 눈을 떠서 잠들어 있는 연인의 모습을 남몰래 지켜보는 것, 그리고 주름 하나 없는 그의 이마, 얌전한 그 입, 의지를 잃은 그 입—긴장이 풀리고 반쯤 열려 있어 어린애 같은 그 입술과는 아주 다른 그의 입을 보는 것이 좋았다! 그럴 때만이 그를 차지하고 있다는 느낌이 들었던 것이다. '나의 토니……' 곧 올 거야. 그녀는 확신을 가지고 있었다. 오늘 저녁에는 오겠지.

안느의 생각은 틀리지 않았다.

68. 8월 1일 토요일—자크와 제니, 헤르만 뮐러가 도착하길 기다리다

북부역은 군대가 점령하고 있었다. 역 앞 광장, 홀 안에서 눈에 띄고 귀에 들리는 것은 붉은색 바지, 걸어 총, 간결한 명령, 개머리판 소리뿐이었다. 그런데도 민간인의 통행은 허용되고 있었다. 자크는 제니를 데리고 쉽게 플랫폼까지 갈 수 있었다.

벌써 60명쯤 되는 투사가 와서 열차를 기다리고 있었다. "그럴 줄 알았어!" 하고 그들은 서로 가까이 오면서 되풀이해서 말했다. 그들은 화가 나서 머리를 저으며 두 주먹을 불끈 쥐곤 했다. 그러면서 격앙된 눈초리로 잠시 서로의 얼굴을 뚫어지게 바라보았다. 그러나 이러한 격한 감정을 너무나 쉽게 억누른 그들의 얼굴에서는 이미 어쩔 수 없다는 식의 체념 같은 것이 엿보였다. '불가피한 일이었어'라고 생각하는 것 같았다.

"보스가 있었다면 뭐라고 말했을 것이며, 어떻게 했을까?" 하고 늙은 라브는 가만히 자크의 손을 잡으면서 말했다.

"이제는 밀러와의 협의밖에 아무런 희망이 없어" 하고 자크는 나지막하게 말했다. 그 말투는 완강했다. 그는 서약한 것은 지켜야 한다는 식으로 자신의 확신을 고집하고 있었다.

앞쪽의 플랫폼 끝에는 사회당 대의원 대표들이 따로 작은 무리를 이루고 있었다.

자크는 제니와 라브와 함께 어느 쪽에도 섞이지 않고 여러 무리 사이를 빠져나갔다. 그는 먼 곳을 쳐다보며 마치 꿈을 꾸듯이 말했다.

"가장 절박한 시기에 가장 무거운 책임을 떠맡고 독일에서 오는 그 사람……. 아무것도 모른 채 그저께 베를린을 떠나 벨기에를 거쳐오는 그 사람……. 그는 오는 동안 러시아의 동원—오스트리아의 동원—게다가 Kriegsgefahrzustand(전시태세)—그리고 오늘 아침에는 조레스의 암살을 차례차례로 알았을 것이 틀림없어……. 더구나 열차에서 내리자마자 프랑스의 동원을 알게 될 거야……. 결국 총동원령이 오늘밤 자기 나라에서도 내려진 것을 알게 될 거야……. 비장한 일이지……."

드디어 기관차가 구름 같은 증기를 내뿜으며 수증기 속에서 모습을 드러냈을 때 플랫폼에는 동요가 일더니 모두가 일제히 앞쪽으로 나아갔다. 그러나 거기에는 역원들이 감시를 하고 있었다. 잠시 소요가 있다가 갑자기 통행이 막혀 버렸다. 국회의원 대표들만이 열차에 가까이 가는 것이 허락되었다.

자크는 그 사람들이 한 객차를 둘러싸고 있는 것을 보았다. 그 객차의 디딤대에 두 사람의 여객이 서 있었다. 자크는 헤르만 밀러의 모습을 곧 알아보았다. 한 사람은 본 적이 없는 젊은 남자였다. 단단한 골격에 의지가 강해 보이는 그의 얼굴에서는 곧은 정신력과 강인한 인상이 풍겼다.

"밀러와 같이 있는 자는 누구지?" 하고 자크가 라브에게 물었다.

"앙리 드망이라는 벨기에 사람이야. 진실하고 순수한 남자야. 사려 깊고 탐구적인 형이고…… 수요일 브뤼셀에서 틀림없이 만났을 텐데? ……독일어를 우리말 하듯이 잘해. 틀림없이 통역으로 같이 왔을 거야."

제니는 자크의 팔을 툭 쳤다.

"보세요…… 이젠 지나가게 하는군요."

세 사람은 서둘러 대표들 그룹 쪽으로 가려고 했다. 그러나 줄지어 서 있는 여행객들이 완전히 출구를 막고 있었다. 자크와 제니가 개찰구로 나왔을 때는 팔레부르봉에서 있을 비공식집회에 독일대표를 곧장 데리고 갈 의원들의 모습은 이미 보이지 않았다.

역의 큰 홀에는 많은 사람들이 방금 붙여놓은 벽보 앞에 서 있었다. 자크와 제니는 그 쪽으로 걸어갔다. 벽보의 표제는 굵은 대문자로 씌어 있었다.

외국인들에 대한 조치

그들의 뒤쪽에서 빈정거리는 듯한 목소리가 들려왔다.
"아주 재빠르군! 미리부터 인쇄해 놓은 게 틀림없어!"
제니는 뒤를 돌아보았다. 그 말을 한 사람은 푸른 작업복 차림에 담배꽁초를 입에 물고 있는 젊은이였다. 어깨 위에는 두꺼운 가죽으로 된 새 군화 한 켤레를 둘러메고 있었다.
"그런 자네도" 하고 옆의 남자가 징이 박혀 있는 군화를 가리키며 말했다. "솜씨가 재빠르군!"
"카이저의 궁둥이를 걷어차기 위해서야!" 하고 내뱉다시피 말하면서 그 노동자는 멀리 가버렸다. 모두들 웃음을 터뜨렸다.
자크는 꼼짝도 하지 않았다. 그의 두 눈은 벽보에서 떠나지 않았다. 그의 손가락은 제니의 팔꿈치를 꼭 쥐고 있었다. 그리고 다른 손으로는 굵은 활자로 씌어 있는 한 구절을 제니에게 가리켰다.

외국인은 국적이 무엇이든 간에 동원 첫째 날이 끝나기 전 파리의 요새 지대를 떠나도록 할 것. 다만 출발전 역내 헌병대에 가서 신원 증명을 받을 것.

자크의 머릿속에서는 여러 가지 생각이 주마등처럼 스쳐갔다.
'외국인……' 제니 집에 두고 온 꾸러미 속에는 베를린에서의 임무를 위한 가짜 증명서가 들어 있다……. 프랑스 사람 자크 티보라면 병역면제증명서를 보인다 하더라도 스위스에 들어가기가 힘들 것이다. 그러나 제네바 학생

에베를레가 법정유예기간 안에 귀국한다면 아무 문제가 없지 않을까? ……
'동원 첫째 날이 끝나기 전이라면'…… 일요일…… 바로 내일…….

'내일 저녁까지 출발하는 거다' 하고 그는 불현듯 생각했다. '그런데 제니는?'

자크는 제니의 어깨에 팔을 두르고 사람들 틈을 헤치며 그녀를 밀고 갔다.

"이것 봐" 하고 자크가 헐떡거리며 말했다. "무슨 일이 있어도 형 집에
들러야겠어."

제니도 굵은 활자로 쓰인 '외국인' 등등의 문구를 눈여겨보았다. 그런데
자크는 무엇 때문에 갑자기 침착성을 잃은 것일까? 어째서 자기를 이렇게
빨리 데리고 가려고 할까? 왜 앙투안한테 가려고 할까? 그것은 아마 자크
자신도 말할 수 없었는지 모른다. 코마르탱 거리에서 경종이 울리는 순간 그
가 누구보다도 먼저 생각한 사람은 앙투안이었다. 그리고 벽보를 보며 마음
이 흐트러져 있는 이 순간에도 그의 마음은 형을 꼭 만나야겠다는 엉뚱한 욕
구에 사로잡혀 있었다.

제니는 감히 물어볼 엄두가 나지 않았다. 좀처럼 와본 적이 없는 북부역과
동부역 주변 동네가 그녀에게는 다니엘의 출발을 전송하던 날 밤에 자크로
부터 달아났을 때의 추억과 이어져 있었다. 그리고 지금도 생생한 그 추억이
그녀의 가슴을 짓누르는 것 같았다.

겨우 1시간 만에 거리의 모습은 완전히 바뀌었다. 거리를 지나는 사람들
의 숫자가 더 늘어난 것은 아니지만 사람들은 여전히 많았다. 그러나 한가롭
게 거니는 사람은 하나도 없었다. 누구나 자기 일만 생각하면서 서둘러 가고
있었다. 각자 서둘러 해결해야 할 일, 조치를 취해야 할 일, 넘겨주어야 할
맡은 물건, 만나야 할 친척, 친구, 서둘러 화해해야 할 일, 분명히 해 두어
야 할 결별 따위가 갑자기 생각난 듯 서두르는 것 같아 보였다. 모두들 시선
을 아래로 떨구고 입을 꼭 다문 채 걱정스런 얼굴로 급히 앞질러 가려고 지
나가는 차량도 뜸해진 차도를 달려가고 있었다. 택시도 별로 눈에 띄지 않았
다. 운전기사들은 자유로운 몸이 되기 위해 차를 차고에 넣어 버렸다. 버스
도 볼 수 없었다. 대중교통을 위한 차량도 오늘밤부터 징발되어 버린 것이
다.

제니는 자크를 쫓아가느라고 무척 애를 먹었다. 그러면서도 그것을 눈치
채지 못하게 하려고 무진 애를 썼다. 자크는 다른 사람들과 마찬가지로 긴장

한 얼굴에 턱을 앞으로 내민 채 걷고 있었다. 마치 무엇에 쫓기는 사람 같아 보였다. 그의 생각을 확실히 알 수는 없었지만 자크가 커다란 고민이 있다는 것은 알 수 있었다.

사실이었다. 지금까지는 의식하지 못한 채 막연하게 남아 있었던 여러 가지 생각들이 벽보를 읽는 순간부터 명확해졌던 것이다. 그의 눈앞에 메네스트렐의 모습이 어른거렸다. 브뤼셀의 방, 푸른 잠옷 차림에 얼빠진 듯한 눈초리를 하고 서 있던 조종사의 모습이 다시 떠올랐다……. 그리고 재로 가득했던 벽난로도……. 목요일 이후 아무런 소식도 없다. 자크는 여러 번 자문해 보곤 했다. '그는 그곳에서 무엇을 하고 있을까?' 물론 혁명적 행동에 전념하고 있겠지……. '외국인은 파리를 떠나도록 할 것'……. 제네바에 가면 조종사 곁에서 전과 다름없이 순수하고 남의 속박을 싫어하는 활동적인 동지들을 다시 만날 수 있을 것이다! 자크는 리차들레나 미퇴르크, 무장한 유럽의 중심부에 고립되어 있지만 예나 다름없이 활동하고 있을 그 집단을 떠올렸다. 스위스로 도망칠까? ……그 유혹은 아주 강했다. 그렇지만 그는 망설였다. 그것은 제니 때문일까? 그렇다……. 그러나 그가 결단을 내리지 못하고 있는 진정한 이유가 꼭 제니 때문이라고는 말할 수 없다. 그렇다면 떠나고자 하는 데 어떤 양심의 가책이라도 느끼고 있다는 말인가? 전혀 그렇지 않다! 오히려 그와는 반대이다. 자신의 첫째 임무는 자신이 끊임없이 비난하고 공박해 온 것을 군인이 되어서 지키는 것을 거부하는 일이다……. 요컨대 안전하게 몸을 숨긴다는 생각은 용서할 수 없는 일이다. 다른 사람들은 어찌되든 자신만 안전지대에 가 있다니! ……그럴 수는 없어! 자신이 평화롭게 살 수 있는 길은 동원된 형제들이 당하게 될 위험과 똑같은 위험을 거부함으로써 스스로 그것을 겪을 때만 비로소 가능한 것이다……. 그렇다면? 중립국으로 몸을 숨기는 것을 그만두고 이대로 프랑스에 머물러 있을까? 계엄령 아래에 있는 나라에서 전쟁과 군대에 맞서 싸울까? 모든 평화주의적 선전이 곧장 무자비한 탄압에 맞닥뜨리게 되는 이 나라에서? 위험인물로 감시받고, 사전에 형사피고인으로 투옥될 것이 틀림없는 이 나라에서? 그것은 어리석은 일이다……. 그렇다면? 스위스로 몸을 숨기는 거다! …… 그러나 거기에 가서 도대체 무엇을 할 것인가?

"존재한다는 것, 그것은 아무 뜻도 없는 것이다" 하고 그는 격한 투로 말했다. 그리고 제니가 어리둥절해 하는 것을 보고 "존재한다는 것, 생각한다는 것, 믿는다는 것, 그것은 아무 뜻도 없어! 자기 생활, 자기 의사, 자기 확신을 '행동'으로 나타내지 않는 한 그것은 아무런 뜻도 없는 거야!"

"행동으로?"

제니는 잘못 들은 게 아닌가 생각했다. 하기야 자크가 하는 말의 뜻을 어떻게 이해할 수 있겠는가?

"이것 봐" 하며 자크는 여전히 통명스럽게 혼잣말이라도 하듯 계속했다. "이번 전쟁은 인터내셔널의 이상을 오랫동안 짓밟아 버릴 거야! 아주 오랫동안…… 아마 여러 세대에 걸쳐……. 그래서 말이야, 지금의 일시적인 파멸에서 그 이상을 구하기 위해 어떤 '행위'가 필요하다면 나는 기꺼이 그것을 하겠어! 비록 그 행위가 희망을 가져다주지 못한다 하더라도! ……그렇지만 어떤 행위일까?" 하고 그는 낮은 소리로 덧붙여 말했다.

제니는 갑자기 발걸음을 멈추었다.

"자크! 당신 떠나려고 하는 거지요!" 자크는 가만히 제니를 바라보았다. 그녀는 더 또렷하게 말했다. "제네바로?"

자크는 반쯤 그렇다는 시늉을 했다.

서로 다른 두 감정, 기쁨과 비탄이 그녀의 가슴을 찢어 놓았다. '자크는 스위스에 가면 살아남을 것이다! ……하지만 자크가 없는 나는 어떻게 할 것인가?'

"내가 떠날 결심을 한다면" 하고 자크가 말했다. "물론 그것은 제네바일 거야. 우선 거기에 가면 아직도 무엇인가는 할 수 있을 테니까……. 그리고 가짜 서류도 갖고 있어서 스위스라면 쉽게 들어갈 수 있어. 당신 벽보를 읽었겠지만……."

제니는 발끈해서 그의 말을 가로막았다.

"떠나세요! 내일이라도!"

자크는 단호한 그녀의 목소리에 깜짝 놀랐다.

"내일이라도?"

제니는 자신도 모르게 희망이 아주 없는 것은 아니라는 느낌이 들었다. 왜냐하면 되묻는 말투 속에 '아니야. 좀 있다가 그럴지 모르겠다는 거야. 내일은 아니야'라는 뜻이 담겨져 있는 것 같았기 때문이다.

자크는 다시 걷기 시작했다. 제니는 지친 두 다리를 끌면서 자크에게 매달리다시피 해서 걸어갔다.

"내일 출발할지도 몰라" 하고 마침내 자크는 중얼거렸다. "만일…… 만일 당신이 나와 함께 떠난다면."

제니는 행복한 나머지 몸을 떨었다. 지금까지의 걱정이 한꺼번에 기적같이 사라졌다. 자크는 떠나려고 한다. 그는 살아남을 것이다! 더구나 자신과 함께 떠나려고 한다. 둘 다 헤어지지 않아도 된다!

그러나 자크는 제니가 망설이고 있는 것이라 생각했다.

"자유스러운 몸이 아니군?" 하고 그가 말했다. "어머니가 아직 빈에 계셔서……."

대답 대신 제니는 아까보다 더 바짝 그에게 달라붙었다. 심장의 고동이 관자놀이까지 느껴졌다. 지금 자신의 몸과 마음은 자크에게 속해 있다. 둘은 이제 서로 헤어지는 일이 있어서는 안 된다. 자크를 보호하고, 위험에 처하는 일이 없도록 해야 한다…….

이제 그들은 이 출발을 이미 오래전부터 계획해 온 것처럼 의논하고 있었다. 자크는 스위스행 야간열차의 정확한 시간을 잊고 있었다. 그러나 앙투안 집에 가면 시간표가 있을 것이다. 또한 제니가 여권 없이도 여행할 수 있는지 어떤지를 확인해야 한다. 여자들의 경우 수속도 덜 까다로울 것이 틀림없다. 차표를 살 돈은? 둘이 가진 돈을 합하면 충분했다. 제네바에 가면 자신이 어떻게 해결하면 된다……. 그러나 모든 것은 독일대표와의 협의 결과에 달려 있다. 과연 어떻게 될까? 갑자기 독일과 프랑스 두 나라에서 반란이라도 일어나게 된다면?

그들은 어디를 어떻게 지났는지도 모르게 튈르리 궁전에 인접해 있는 공원까지 왔다. 갑자기 지쳐 버린 제니는 땀에 흠뻑 젖어 있었다. 그녀는 머뭇거리며 멀리 화단 속에 보이는 벤치 하나를 가리켰다. 그들은 거기에 가서 앉았다. 둘밖에는 아무도 없었다. 정오부터 도시를 짓누르던 후텁지근한 날씨는 지금 화단의 향기를 지면에 붙들어 두고 있는 것 같았다.

'스위스에 간다면' 하고 제니는 생각했다. '엄마한테 편지를 보낼 수도 있겠지. ……그러면 엄마는 우리를 만나러 올 거야. 스위스는 중립국이니까!

……' 그녀는 벌써부터 다시 만난 어머니와, 위험을 피해 있는 자크를 사이에 둔 제네바에서의 생활을 그리고 있었다.

자크는 여전히 강박관념에 사로잡혀 혼자 다시 생각해 보았다. '출발한다는 것, 그래 그것도 좋아……. 하지만 가서 무엇을 하지?' 그는 모든 희망을 메네스트렐에게 걸어 보려고 했다. 그리고 제네바야말로 혁명을 그대로 밀고 나갈 수 있는 최후의 보루라고 생각하려고 했다. 그러나 그것은 헛된 생각이었다. 그는 대화실을 생각해 보았다. 그러나 거기에서 자기가 해야 할 혁명적 과업의 효과에 대해서는 의구심을 떨쳐 버릴 수가 없었다. 자크는 일어섰다. 도저히 가만히 있을 수가 없었다.

"자, 따라와. 위니베르시테 거리에 가서 쉬도록 해."

제니는 소스라치게 놀라며 몸을 움찔했다.

자크는 미소를 짓고 있었다.

"그래! 같이 가자."

"저도요? 형님댁에? 당신과 함께?"

"이제 와서 무슨 상관이 있어? 형도 알고 있는 편이 더 좋아."

자크가 아주 자신 있고, 결연해 보였으므로 제니는 자신의 의향 같은 것은 송두리째 버리고 순순히 그의 뒤를 따라갔다.

69. 8월 1일 토요일―자크, 제니를 앙투안에게 데려가다

현관에 새 장교용 트렁크 하나가 놓여 있었다. 그리고 거기에는 물건을 산 상점의 꼬리표가 아직 매달려 있었다.

"선생님은 이쪽에 계십니다." 레옹은 그렇게 말하면서 두 젊은이에게 진찰실의 문을 열어 주었다.

제니는 망설이지 않고 안으로 들어갔다.

방 안은 조용했다. 자크는 책상 앞에 서 있는 형의 모습을 알아보았다. 형이 혼자 있을 줄 알았던 자크는 스튀들레와 르와가 서로 떨어져 앉아 있던 안락의자에서 뒤이어 모습을 나타내자 실망했다. 르와는 창 가까이에, 그리고 스튀들레는 서가 구석에 앉아 있었다. 앙투안은 서류를 정리하고 있었다. 책상 밑의 휴지통에는 종이쪽지가 가득 차 있었다. 그리고 찢어 버린 종이쪽지는 양탄자 위에 흩어져 있었다.

앙투안은 제니 쪽으로 걸어오더니 인자한 모습으로 그녀의 손을 잡았다. 그는 별로 놀란 기색도 보이지 않았다. 오늘같은 날에는 사람들은 어떤 일에도 놀라지 않게 되어 있다. 게다가 그는 장례식 뒤에 퐁타냉 부인이 감사의 뜻을 전하기 위해 병원을 찾아와 몇 마디 써 놓고 가면서 그녀의 출발을 알린 사실이 머리에 떠올랐다. 그는 파리에 혼자 남게 된 제니가 무슨 조언을 구하러 온 것으로 막연히 생각했다. 그리고 자크와는 계단에서 만난 것으로 생각했다.

형제의 눈길이 서로 마주쳤다. 형제간의 감회 때문인지 어떤 우정어린 미소이면서도 여러 가지 의미가 담긴 미소를 지으며 그들의 입은 긴장되었다. 그 둘을 대립시키고 있는 모든 상황에도 불구하고 그들이 이토록 서로 가깝게 느껴본 적은 지금까지 한 번도 없었다. 돌아가신 아버지의 침대 앞에서조차도 그들은 같은 핏줄에 의해 맺어져 있다는 사실을 지금처럼 느껴보지 못했던 것이다. 한 마디도 하지 않고 서로의 손을 꼭 잡았다.

앙투안이 제니를 의자에 앉도록 한 다음, 그녀의 어머니의 여행에 관해 무엇인가 물어보려고 하는 순간 문이 열렸다. 주슬렝에 끌려 테리비에가 모습을 나타냈다.

그는 곧장 앙투안에게 왔다.

"바로 생각했던 대로야······. 어찌할 도리가 없어······."

앙투안은 곧바로 대답하지 않았다. 그의 눈길은 진중하고 침착하기까지 했다.

"그래, 어쩔 도리가 없어" 하고 그는 드디어 말했다. 그러면서 미소를 지었다. 그 미소는 자신이 생각하고 있던 대로라는 뜻을 나타내고 있었다. 그리고 그런 생각이 그에게는 하나의 힘이 되었다.

(마뉘엘 르와가 동원 사실을 알리러 왔을 때 앙투안은 주슬렝의 연구실에 있었다. 그는 태연했다. 담배 한 개비를 손에 들고 기계적으로 담배에 천천히 불을 붙였다. 지난 사흘 동안 그는 세계 정세에 온통 정신이 팔려 어쩔 수 없이 수동적으로 이끌려 가며, 자신의 조국과 계급에 대해 연대 책임감 같은 것을 느꼈다. 마치 덤프트럭에서 쏟아져 내려오는 돌더미 속의 한 개의 조약돌처럼 무력해져 있었다. 자신의 장래며 자신의 계획이며 일생 두고두고 구상했던 조직이며 그 모든 것이 땅에 떨어져 버린 것이다. 그의 눈앞에

는 미지(未知)만이 있을 뿐이었다. 그러나 그 미지와 함께 행동도 있었다. 이처럼 잠재력을 지닌 사고방식 덕분에 그는 바로 일어섰다. 그는 이미 끝나 버린 것, 불가피한 일이라고 여겨지는 것을 대했을 때는 언제까지나 거기에 매달리지 않는 장점을 가지고 있었다. 장애란 새로 주어진 과제인 것이다. 어떤 장애이든 사람들이 마음먹기에 따라서는 하나의 도약대가 될 수도 있고, 새로운 계기를 마련해 줄 수도 있는 것이다……)

"언제 출발해?" 테리비에가 물었다.

"내일 아침 콩피에뉴야……. 그런데 자네는?"

"모레, 월요일. 샤롱이야……." 테리비에는 마침 그들 쪽으로 걸어오는 스뛰들레에게 물었다. "당신은?"

테리비에는 항상 기분이 좋아서 오늘도 여전히 명랑한 목소리로 광대뼈 언저리를 붉히면서 턱수염이 난 포동포동한 얼굴 위에 쾌활한 표정을 짓고 있었다. 그런데 이러한 명랑함과 불안한 눈길과의 대조는 보기에 괴로울 정도로 균형을 잃은 얼굴 모습을 보여 주었던 것이다.

"나 말이야?" 하고 칼리프는 눈을 깜박이면서 말했다. 마치 테리비에에게서 질문을 받고 꿈에서 깨어난 것 같아 보였다. 그는 마치 자크를 설득하려고 하는 것처럼 자크를 향해 몸을 돌렸다. "나도 출발해!" 하고 그는 거만한 투로 말했다. "단 일주일 뒤야. 에브뢰로 갈 거야."

자크는 그를 보지 않으려고 했다. 결코 그를 나무라는 뜻에서 그런 것은 아니었다. 자크는 칼리프의 일생이 끊임없는 헌신과 희생의 연속이었다는 것을 알고 있었다. 그리고 지금 자신의 신념과는 관계없이 '방어적인' 이 전쟁에 나감으로써 성실한 이 사람은 이번에도 자신의 의무라고 생각하는 일에 잘 따르려 한다는 것을 알았다.

자크는 눈으로 제니를 찾았다. 제니는 다른 사람들과 좀 떨어져 벽난로 근처에 서 있었다. 별로 쑥스러워하는 기색은 안 보였으나 멍하니 있는 듯했다. 자크는 그녀가 살짝 몸을 일으켜 눈으로 의자를 찾은 뒤 몇 걸음 걸어가 거기에 앉는 것을 보았다. '얼마나 유연한 몸가짐인가' 하고 자크는 생각했다. 아직 자기 팔에 그녀를 껴안고 있는 것 같은 느낌이었다. 그는 최초의 키스를 해 주었을 때 몸을 떨면서 격렬하게, 그러면서도 참을성 있게 대하던 그녀의 태도를 생각했다. 야릇한 불안이 엄습했지만 그는 조금도 거부감을 느끼지 않았다. 눈과 눈이 마주쳤다. 자크는 살짝 웃었다. 그리고 자기도 모르게 얼굴을 붉혔다.

앙투안은 제니에게로 걸어가 다니엘의 일을 물어보았다. 그때 테리비에가 끼어들었다.

"그런데 병원 쪽 일은 어떻게 할 거야? 무슨 조치를 미리 취해 놓았나?"

"옛날 친구들에게 와 달라고 했어. 우리가 있는 곳은 아드리엥, 도마, 거기에 들레리 신부도 승낙해 주었어……. 그런데" 하며 앙투안은 느닷없이 손가락으로 테리비에 쪽을 가리켰다. "전번에 주슬렝이 자네에게 빌려 준 문헌을 자네는 아직까지 우리에게 돌려주지 않았어! '아데노이드와 그로소프토시즘' 말이야……."

테리비에는 미소를 지으면서 마치 제니를 증인으로 삼는 것처럼 했다.

"보시다시피 어쩔 도리가 없는 사람이라서! ……좋아, 문헌을 스튀들레에게 돌려주겠어…… 걱정말고 떠나거나, 군의관님!"

길거리에서는 활짝 열린 창문 하나를 통해 얼마전부터 군가와 말의 발 구르는 소리가 시끄럽게 들려왔다. 모두가 내다보려고 창가 쪽으로 갔다. 자크는 이것을 기회로 방 한가운데 혼자 남아 있는 형에게로 가까이 갔다. 그러나 그때 마침 앙투안도 친구들 쪽으로 갔다. 자크도 형의 뒤를 따라 창 쪽으로 갔다.

엥발리드 쪽에서 오고 있는 포병대의 대열은 네 사람의 나팔수와 깃발 하나를 선두로 생페르 거리를 올라오고 있는 이탈리아 사람들의 시위 대열과 마주쳤다. 이탈리아 사람들은 발길을 멈추고 '라 마르세예즈'를 높이 부르며 포병대에게 환호를 보냈다. 북소리가 울려 퍼졌다. 귀가 멍멍할 정도였다.

앙투안은 창문을 닫고 이마를 유리창에 대고 잠시 깊은 생각에 잠겼다. 자크는 바로 그 옆에 서 있었다. 다른 친구들은 방 안으로 되돌아갔다.

"오늘 아침 영국에서 온 편지를 받았어" 하고 앙투안은 조금도 자세를 흐트리지 않으면서 말했다.

"영국에서?"

"지젤에게서."

"그래?" 하면서 자크는 슬쩍 제니 쪽을 살펴보았다.

"수요일자 편지야. 전쟁이 날 경우에 어떻게 해야 하는지 물어왔어. 수도

원에 그대로 있으라고 회답할 거야. 그 애로서는 그것이 가장 좋은 길이지 뭐, 안 그래?"

자크는 애매하게 고개를 숙이며 찬동의 뜻을 표했다. 그는 다른 친구들과 떨어져 있다는 것을 확인했다. 그래서 제니에 관해 이야기하려고 생각했다. 그러나 어떻게 말을 꺼내야 할까?

마침 그때 갑자기 앙투안이 자크 쪽으로 몸을 돌렸다. 그의 얼굴에는 불안한 표정이 감돌았다. 그는 목소리를 낮추어 물어보았다.

"네 결…… 결심은…… 지금도……?"

"물론."

단호한 말투였다. 그러나 조금도 오만한 투는 아니었다.

앙투안은 동생의 눈길을 피하면서 몸을 구부리고 있었다. 그러고는 손가락 끝으로 멀리서 들려오는 북소리의 리듬에 맞추어 창유리를 무의식적으로 두드리고 있었다. 그는 자신이 말을 더듬거린다는 것을 알아차렸다. 이런 일이 그에게는 아주 드문 것이었는데 언제나 깊은 마음의 동요의 표시이기도 했다.

현관 쪽에서 레옹이 안내하는 목소리가 들려왔다.

"필립 박사가 오셨습니다."

앙투안은 벌떡 자리에서 일어났다. 남다른 감동이 그의 얼굴을 환하게 했다.

필립 박사는 어설픈 모습으로 문 앞에 나타났다. 박사는 눈을 끔벅이면서 방 안을 한 번 둘러보았다. 그러더니 앙투안에게 그의 눈길을 멈추었다. 박사는 우울한 듯이 계속 고개를 흔들었다. 그는 헐렁한 모닝코트의 뒷자락에서 손수건을 꺼내 이마의 땀을 닦았다.

앙투안은 앞으로 나갔다.

"드디어 올 것이 왔군요, 선생님……."

박사는 아무 말도 하지 않고 그의 손을 잡았다. 그리고 그대로 자기 앞에 있는 흰 천으로 커버를 씌운 긴 의자 끝에, 마치 줄을 놓쳤을 때의 꼭두각시처럼 털썩 주저앉았다.

"출발은 언제인가?" 하고 박사는 짧고 휘파람을 부는 것 같은 목소리로 물었다.

"내일 아침입니다."

박사는 사탕 모양의 기침약을 빨 때처럼 입술로 습한 소리를 내고 있었다.

"지금 막 병원에 갔다왔습니다" 하며 앙투안은 무엇인가 알려 주려는 듯 다시 말했다. "모두 잘 해 놓았습니다. 제 일은 브뤼엘에게 인계해 놓았습니다."

두 사람은 그대로 입을 다물었다.

박사는 아래를 보며 고개를 야릇하게 흔들었다. "여보게, 자네도 알겠지만" 하며 드디어 박사는 말을 꺼냈다. "……이 전쟁은 길어질 걸세…… 아주 길어질 거야."

"많은 전문가들은 오히려 그와는 반대로 말하던데요" 하고 앙투안은 별로 확신도 없이 말했다.

"저런!" 하고 말을 가로막는 박사의 태도는 마치 오래전부터 전문가들과 그들의 예측 같은 것을 어떻게 생각해야 하는지를 알고 있는 사람 같았다. "모두가 보급이라든가 신용 같은 것을 평상시의 기초 위에 두고 생각하고 있어. 그러나 여러 나라 정부는 제정신을 잃고 있으므로 양보하기는커녕 오히려 막판 승부를 노리며 전면적인 파괴의 길로 나갈 거야! ……더구나 지난 1주일 동안의 경과를 보면 얼마든지 그럴 수 있어. ……그래, 나는 전쟁이 아주 길어지리라고 믿어. 그리고 이 전쟁에서 모든 나라는 자의든 타의든 도중에서 전쟁을 그만둘 수는 없을 테니까 결국 모두 한꺼번에 몰락하고 말 거야."

잠시 말을 멈추었다가 박사는 계속했다.

"나는 항상 이런 생각을 하지 않을 수 없어……. 전쟁…… 도대체 그런 일이 있을 수 있다고 그 누가 믿었겠나? ……그것은 어디까지나 언론이 고의로 진상을 애매하게 만들어 놓았으므로 침략자라는 관념이 불과 며칠 사이에 모두에게 점차로 흐려지게 되고 각 나라 국민은 자기들의 '명예'가 위기에 처해 있다고 생각하게 된 거야……. 1주일에 걸친 미친 듯한 공포감, 과장, 허세, 그 결과로 온 유럽 국민은 마치 마귀에 홀린 사람처럼 증오의 고함을 지르며 서로 으르렁대고 있어……. 생각해 보지 않을 수가 없어……. 이건 오이디푸스(그리스 전설 테베의 왕 오이디푸스, 아버지를 죽이고 어머니와 결혼한다는 신탁의 결과, 그대로의 운명을 따르다 결국은 미쳐 두 눈을 뽑아내고 방랑하다 아테네에서 죽음)의 비극 그대로야……. 오이디푸스에게도 예고가 있었어. 그러나 그는 그 운명의 날, 전에 자기에게 통고한 무시무시한 일을 잊고 있었던 거지……. 우리도 똑같아……. 우리의 선지자들은 이미 모든 것을 예언하고 있었던 거야. 위험을 똑똑히 알고 있었어. 그리고 그 위험이 오는 방향, 곧 그 위험이 발칸이며 오스트리아며 차리즘이며 범게르만주의 쪽에서 오리라는 것을 빤히 내다보고 있었던 거야. ……미리 알고 경계를 해 온 것이지……. 많은 현명한 사람들은 큰 재앙을 막으려고 모든 노력을 기울여 왔어. ……그런데도 일이 이렇게 된 거야. 전쟁을 피할 수 없게 되었어! 왜냐고? 나는 이 문제를 이모저모로 검토하고 있어. ……왜냐고? 아마도 그것은 그렇게 두려워하면서 예기했던 사건 속에 뭔가 뜻밖의 일이 끼어들어 그것이 사건의 양상을 약간 바꾸어 놓으면서 곧 사건을 알아볼 수 없게 만들기 때문이야……. 사람들이 세심한 주의를 해도 운명의 함정에 놀아나게 말이야……. 우리는 완전히 함정에 빠져버린 거야……."

마뉘엘 르와를 중심으로 주슬렝, 테리비에, 자크, 제니가 모여 있는 방 저쪽 끝에서 젊은 웃음소리가 터져나왔다.

"뭐라고요?" 하고 르와가 테리비에를 향해 말했다. "나도 한탄 같은 것 좀 해봅시다! 덕분에 숨도 좀 돌리고 '실험실' 신세도 면해 보게! 앞으로 우리는 감격적인 체험을 겪게 될 겁니다!"

"겪는다고?" 하고 주슬렝이 중얼거렸다.

제니는 르와의 얼굴을 보고 있었는데 곧 눈을 돌렸다. 흥분해 있는 르와의 얼굴을 보고 있는 것이 고통스러웠기 때문이다.

필립 박사는 멀리서 그 말을 들었다. 그는 앙투안 쪽으로 몸을 돌렸다.

"젊은 사람들은 그것이 어떤 것인지 떠올릴 수조차 할 수 없을 거야…… 그럴 수밖에 없겠지만……. 나는 70년 전쟁^(1870년 프로이센 -프랑스 전쟁)을 겪었어……. 젊은 이들은 아무 것도 몰라!"

그는 또다시 손수건을 꺼내어 얼굴과 입술과 턱수염을 닦았다. 그리고 한참동안 두 손바닥을 닦았다.

"여러분은 모두 떠나가겠지" 하며 박사는 우울한 듯 낮은 목소리로 말을 계속했다. "그리고 노인들은 나가지 않아도 된다고 분명히 생각할 거야. 그러나 그것은 틀렸어. 우리의 운명은 여러분의 운명보다 더 비참한 거야. 왜냐하면 우리의 목숨은 벌써 끝난 거니까."

"끝났다고요?"

"그래. 완전히 끝나 버렸어……. 1914년 7월, 그런대로 우리의 존재이유를 만들어 주던 무엇인가가 끝나고 우리 노인들이 있을 필요가 없는 무엇인가가 시작되고 있으니까."

앙투안은 뭐라고 대답해야 할지 몰라 애정이 넘치는 눈길로 박사를 물끄러미 바라보았다.

박사는 입을 다물었다. 하지만 곧 무엇인가 우스꽝스러운 생각이 떠오르기라도 한 듯이 콧소리로 냉소를 터뜨렸다.

"나는 내 생애를 통해 세 번 어두운 시기를 겪었다고 봐" 하고 박사는 많은 학생을 앞에 놓고 강의할 때와 같은 진중한 말투로(그럴 때 학생들은 '피—피 자기 말에 도취되어 천천히 말한다'라고 말하곤 했었다) 시작했다. "첫 번째 시기는 내 청년기에 혁명을 가져다주었어. 두 번째 시기는 내 장년기를 뒤집어 놓았고 세 번째 시기는 내 노년기를 아마 망쳐 놓을 거야……."

앙투안은 그가 말을 계속하도록 격려라도 하는 것처럼 박사의 얼굴을 뚫어지게 바라보았다.

"첫 번째 시기는 신앙심 깊은 시골뜨기 소년이었던 내가 어느 날 밤 네 개의 복음서를 차례로 읽어 가면서 그것이 모순덩어리에 지나지 않는다는 것을 발견했을 때이고……, 두 번째 시기는 저 에스테라지 ^(드레퓌스 사건 때 드레퓌스에게 죄를 뒤집어 씌우기 위해 문서를 작성한 보병 소령의 이름)라는 야비한 작자가 '비밀문서'라고 불리는 엉터리를 조작했는데도 사람들은 오히려 그 사람 대신 아무 혐의도 없는 유대인 드레퓌스를 그 자리에 올려놓고 몹시 괴롭혔을 때였어……."

"그리고 세 번째 시기는" 하고 앙투안이 쓸쓸한 듯한 미소를 띠면서 말에 끼어들었다. "그것은 결국 오늘이군요……."

"아니야…… 세 번째 시기는 1주일 전에 여러 신문이 일제히 최후통첩의 본문을 실었을 때, 그리고 당구^(전쟁을 뜻함)의 전모가 드러났을 때야……. 그리고 각 나라의 민중이 캐넌^(당구를 칠 때 연달아 공 두 개를 맞히기를 의미)의 희생자가 되리라는 것을 알았을 때……."

"캐넌이라고요?"

짙은 눈썹에 가려 있는 박사의 눈은 거의 잔인하게 보일 만큼 짓궂음으로 번득이고 있었다.

"그래. 지극히 수상한 캐넌이야, 티보! 붉은 공은 세르비아—부딪히는 쪽이 오스트리아의 흰 공—이것을 미는 것이 또 하나의 흰 공인 독일……

그런데 큐를 쥐고 있는 쪽은 누구인가? 러시아인가? 아니면 영국인가?" 그는 마치 말의 울음소리같이 노기에 찬 웃음을 터뜨렸다. "그것을 알 때까지 죽고 싶지 않아."

자크는 앙투안과 필립 박사가 앉아 있는 구석으로 걸어갔다.

"선생님" 하고 앙투안이 말했다. "선생님께 제 동생을 이미 소개해 드린 적이 있지요?"

박사는 자크를 날카롭게 노려보았다.

자크는 박사에게 인사했다. 그러고 나서 앙투안에게 말했다.

"혹시 기차시간표를 갖고 있지 않아?"

"있어……." 둘의 눈길이 서로 마주쳤다. 앙투안은 가까스로 '무엇 때문에'라고 물어보려다가 생각을 바꾸어 이렇게 말했다. "저기 있어……. 전화번호부 밑에."

"그런데 당신은 언제 떠납니까?" 하고 박사가 물었다.

자크는 몸을 쭈뼛거리며 망설이다가 앙투안을 바라보았다. 앙투안은 알아듣기 힘들 만큼 빠르게 말했다.

"동생은 실은…… 다른 문제로……."

잠시 침묵이 흘렀다.

필립 박사는 앙투안이 하는 말을 이해했을까? 박사는 매우 주의 깊게 자크를 눈여겨보았다. 전에 자크와 나눈 대화를 기억하고 있을까? 그는 저쪽으로 가는 자크의 뒤를 눈으로 좇았다.

둘만 남자 앙투안은 박사 쪽으로 몸을 기울였다.

"동생은 나름대로 원칙이 있어서 병역을 거부하고 있습니다……."

박사는 잠시 아무 말 없이 가만히 있었다.

"절대적 신앙이란 어떤 것이든 정당한 거야" 하고 박사는 힘없는 목소리로 인정했다.

"아닙니다" 하고 앙투안이 말했다. "현재와 같은 상황에서 우리의 의무는 매우 간단하고 뚜렷하다고 봅니다. 어느 누구도 그것을 피해서는 안 됩니다."

박사는 앙투안의 말을 듣지 못한 것 같았다.

"……정당하면서도 ……아마 불가결한 것인지도 몰라" 하고 박사는 콧소리를 내면서 말을 이었다. "인류가 과연 절대적 신앙 없이 발전할 수 있을까? 역사를 다시 읽어 보게나, 티보……. 위대한 사회변혁이란 그 어느 것을 막론하고 그 밑바닥에는 언제나 불합리한 것에 대한 어떤 종교적인 갈망이 필요했던 거야. 이성이란 결국은 무위(無爲)만을 가져다줘. 인간에게 행동하기 위해 필요한 충동이나 인내하는 데 필요한 끈질긴 힘을 주는 것은 신앙밖에 없어."

앙투안은 입을 다물고 있었다. 스승을 대할 때면 그는 자연스럽게 제자로 되돌아가곤 하는 것이었다.

그는 벽난로 앞, 자크 곁에 서 있는 제니가 시간표를 향해 몸을 기울이고 있는 것을 보고 순간 놀랐다. 어머니가 오스트리아에서 타고 올지도 모를 기차 시간표를 알아보려고 하는 것일까?

박사는 자기 생각을 계속 큰 소리로 이야기했다.

"누가 알아, 티보? 어쩌면 자네 동생 같은 생각을 하고 있는 사람들이야 말로 선구자가 아닐까? 또 숙명적인 이 전쟁이야말로 구대륙의 균형이 밑바닥까지 뒤흔들림으로써 우리가 생각지도 못했던 새로운 유사 진리의 개화가 마련될지 누가 알아? ……그렇게 생각하는 것이 좋을지도 모르지. ……안 될 이유라도 있나? 유럽 모든 국가는 지금 그들의 정신적, 물질적인 힘을 송두리째 이 열화 속에 투입하려 하고 있어. 이것이야말로 정말 전례가 없는 일이야. 그 결과는 전혀 예측할 수가 없어……. 누가 알아? 문명의 모든 요소가 이 열화 속에서 어쩌면 개조될지 말이야! 인간은 달관할 줄 아는 날이 올 때까지 아직도 쓰라린 경험을 숱하게 맛보아야 할 거야! ……그런 날이 올 때 인간은 비로소 이 지구상에서 살아 나가기 위해 과학이 가르쳐 준 것을 겸허하게 이용하려 들겠지……."

레옹이 살그머니 열린 문 사이로 얼간이 같은 옆얼굴을 내밀었다.

"누가 뵀으면 합니다."

앙투안은 눈살을 찌푸렸지만 바로 일어났다.

"선생님, 잠깐 실례해도 될까요?"

레옹은 현관에서 기다리고 있었다. 그리고 아무런 표정 없이 푸른 봉투가 눈에 띄게 놓여 있는 쟁반을 내밀었다.

앙투안은 그것을 들어 열어 보려고도 하지 않고 주머니 속에 쑤셔 넣었다.

"그분께서 회답이 없으시냐고 묻는데요" 하고 레옹은 눈을 내리깔고 중얼거렸다.

"그분이란 누구인가?"

"운전기사입니다."

"없어!" 하고 앙투안이 말했다. 그러고는 홱 돌아섰다. 왜냐하면 뒤에서 문 열리는 소리가 들렸기 때문이다.

자크가 제니를 앞세우고 현관에 나타났다.

"너희들 돌아가는 거니?"

"응."

자크는 마치 앙투안이 레옹을 향해 "없어!"라고 말한 것과 똑같이 단호하면서도 퉁명스러운 투로 말했다. 그는 형을 뚫어지게 바라보았다. 원망의 빛이 역력한 수수께끼 같은 눈길에는 실은 이런 뜻이 담겨 있었다. '오늘처럼 언제인가 우리는 형이 혼자 있는 줄 알고 만나러 왔지. 그런데 형은 우리에게 1분의 시간도 주지 않았어!'

앙투안은 더듬거리며 말했다.

"벌써 가려고? ……제니도?"

'만일 제니가 무슨 상담이나 부탁할 일이 있다면' 하고 그는 문득 생각했다. '왜 그것을 말하지 않고 가려고 하는 걸까? 더구나 자크하고 같이 있는데?'

앙투안은 생각나는 대로 물어보았다.

"내가 출발하기 전에 뭐 도와줄 일이라도 있을까?"

제니는 애매한 미소를 지으면서 잠깐 머리를 숙이고 감사의 뜻을 표했다. 앙투안은 어떻게 생각해야 좋을지 몰랐다.

"그런데 너는?" 하고 그는 짐짓 계단 쪽으로 걸어가는 자크에게 물었다. "너하고는 이제 만날 수 없게 되는 거니?"

그 말투에 어찌나 친근감이 엿보였던지 제니는 눈을 들었다. 자크 역시 몸을 돌렸다. 앙투안의 얼굴에 커다란 감동이 떠올랐다. 이것을 보자 원망스럽게 생각했던 자크의 마음도 가라앉았다.

"내일 떠나?" 하고 자크가 물었다.

"응."

"몇 시에?"

"아주 일찍. 7시쯤 떠날 거야."

자크는 제니를 바라보았다. 그리고 좀 쉰 목소리로 말했다.

"배웅하러 올까?"

앙투안의 얼굴은 순식간에 환하게 빛났다.

"그래 줘! 와 줘⋯⋯. 역까지 바래다 줄래?"

"알았어."

"고마워." 앙투안은 다정스럽게 동생을 바라보았다. "고마워." 그는 되풀이했다.

셋은 같이 문까지 갔다.

자크는 문을 열고 먼저 제니를 나가게 했다. 그리고 자신도 형을 뒤돌아보지 않고 문지방을 넘어섰다. 층계참에 서 있던 자크는 중얼거리듯이 말했다.

"그럼, 내일 봐."

그러고 나서 자크는 문을 닫았다. 그러나 바로 그 순간 그는 생각을 바꾸었다. "먼저 내려가" 하고 그는 제니에게 말했다. "아래에서 다시 만나." 그러고는 서둘러 주먹으로 문을 두드렸다.

앙투안은 아직 현관에 있었다. 그가 다시 와서 문을 열어 주었다. 자크는 성큼 안으로 들어가 문을 닫았다.

"할 말이 있어서" 하면서 자크는 아래를 보고 있었다.

앙투안은 무엇인가 심각한 일이 있다는 것을 바로 느꼈다.

"이리 와."

자크는 아무 말도 하지 않고 형의 뒤를 따라 서재까지 갔다. 서재에 들어가자 그는 닫힌 문을 뒤로 하고 우뚝 섰다. 그리고 형의 얼굴을 지그시 바라보았다.

"형, 형도 알고 있어야 해⋯⋯. 우리는 형에게 무엇인가 말할 것이 있어서 둘이서 왔던 거야⋯⋯. 제니와 내가⋯⋯."

"제니와 네가?" 하고 앙투안은 놀란 듯이 되물었다.

"응" 하고 자크가 분명하게 대답했다. 그러면서 야릇하게 미소를 지었다.

"제니와 둘이서?" 하고 앙투안은 어처구니없다는 듯이 되물었다. "무슨 뜻이지?"

"오래된 일이야" 하고 자크는 자신도 모르게 얼굴을 붉히면서 간결하면서도 또박또박 끊어서 설명했다. "이제는 일이 이렇게까지 되어 버렸어. 완전히 결정됐어. 1주일 동안."

"결정됐어? 도대체 뭐가?" 앙투안은 긴 의자가 있는 데까지 물러가 앉았다. "이것 봐" 하고 그는 더듬거리며 말했다. "농담이겠지? ……제니라고? ……너하고 제니가?"

"그렇다니까!"

"별로 잘 아는 사이도 아닐 텐데……. 게다가 지금? 이런 때 결혼 약속을 했다고? …… 그래서? 그럼 프랑스를 떠나는 것을 그만두기로 했단 말이니?"

"아니. 내일 밤에 떠나. 스위스로." 잠시 뒤에 덧붙여 말했다. "제니도 같이 가."

"같이라고? 이봐, 자크, 너 미쳤구나! 완전히 미쳤어!"

자크는 여전히 미소를 짓고 있었다.

"천만에, 형……. 일은 아주 간단해. 우리는 서로 사랑하고 있으니까."

"아, 바보 같은 소리 그만해!" 하고 앙투안은 격렬하게 말했다.

자크는 심술궂은 웃음을 띠었다. 그는 형의 태도에 완전히 기분이 상했다.

"형은 아마 우리 둘의 감정에 놀라서…… 거기에 따를 수 없다는 거겠지……. 하는 수 없지……. 미안하지만 하는 수 없어……. 나는 형에게 알려 주려고 했던 거야. 이제는 됐어. 그럼 또 만나."

"잠깐!" 하고 앙투안이 외쳤다. "바보 같은 짓이야! 그런 바보 같은 생각을 하고 있는 너를 이대로 보낼 수 없어!"

"잘 있어."

"안 돼! 할 말이 있어!"

"소용없어. 우리는 서로 이해할 수 없다는 것을 알게 됐는데……."

자크는 나가려는 시늉만 해 보였지 나가려고도 하지 않았다. 잠시 침묵이 흘렀다.

앙투안은 마음을 가다듬으려고 애썼다.

"이것 봐, 자크…… 좀 냉정히 생각해 보자……." 자크는 빈정거리는 듯한 미소를 지었다. "두 가지 점에서 문제를 생각해 보아야 해······. 하나는 너의 성격이야. 다른 하나는 네가 택한 시기의 문제이고······. 그래, 우선 너의 성격, 인간 됨됨이야······. 진실을 말할 테니 들어 봐. 너는 다른 사람을 행복하게 해 주기에는 근본적으로 부적당한······. 근본적으로! 그러니까 만일 이런 경우가 아니더라도 너는 결코 제니를 행복하게 해 줄 수 없을 거야. 따라서 어떤 경우라도 너는 절대로······." 자크는 어깨를 움츠려 보였다. "들어 봐. 어떤 경우라도! 더구나 지금과 같은 경우에는 더더구나! ······ 전쟁······ 더구나 너의 그런 사상을 가지고는! ······네가 어떻게 할 것이며 어떻게 될지? 그건 미지수야. 정말 미지수지! ······네가 위험을 무릅쓰든 말든 그것은 너의 자유야. 하지만 이런 시기에 다른 사람을 너의 운명에다 묶어 놓겠다는 거니? 끔찍한 일이지 뭐야! 너는 완전히 정신 나간 사람이야! 일고의 가치도 없는 어린애 같은 짓이야."

자크는 웃음을 터뜨렸다. 자신만만하고 무례하고 거의 증오심에 찬 웃음, 미친 사람 같은 웃음이었다. 그러나 갑자기 웃음을 멈추었다. 머리카락을 손가락으로 거칠게 추어올린 다음 화가 나서 팔짱을 끼었다.

"그래! 나는 형을 찾아왔어. 형에게 우리의 행복을 들려주고 싶어서 온 거야. 그런데 형이 말하는 것이 고작 그거야?" 그는 또다시 한 번 어깨를 으쓱한 다음 문의 손잡이를 잡았다. 그리고 돌아보면서 어깨 너머로 외쳤다. "나는 형을 알고 있는 것으로 믿고 있었어. 그런데 형을 알기 시작한 것은 5분 전부터야! 이제는 형의 가치를 알겠어! 형은 인정머리 없는 사람이야! 형은 한 번도 사랑을 해 본 적이 없어! 앞으로도 사랑 같은 것은 모를 거야! 냉혈한, 정말 인정머리 없는 인간이야!" 자크는 형을 아래위로 훑어보았다—신성한 자신의 사랑을 뽐내며 상대를 경멸이라도 하듯. 그는 얼굴을 찌푸리며 미소지었다. 그리고 마음에도 없는 소리를 지껄였다. "형은 자신이 어떤 인간인지 알고 있어? 형의 면허증, 그리고 형이 잘난 체하는 게 다 뭐야? 형, 형은 냉혈한이야! 불쌍한 인간에 지나지 않아, 불쌍한 인간 말이야!"

자크는 씩씩거리며 신경질적인 냉소를 짓더니 문을 세차게 닫고 나갔다.

앙투안은 잠시 고개를 숙인 채 카펫을 바라보며 꼼짝도 하지 않았다.

"냉혈한!" 하고 낮은 목소리로 말했다.

그는 숨을 헐떡거리고 있었다. 흥분한 나머지 고산병 때문에 오는 현기증

같은 육체적인 불쾌감을 느꼈다. 팔을 앞으로 뻗어 손을 수평으로 내밀어 보았다. 손이 떨리고 있는데도 그것을 억제할 수 없었다. '맥박이 120쯤 되겠군……' 하고 그는 생각했다.

그는 천천히 일어나서 창가까지 갔다. 그리고 덧문을 열었다.

가운데 마당은 조용했다. 마당 저쪽의 겹으로 된 벽 사이에 한 그루의 마로니에 나무가 맥없이 잎을 떨면서 누런 반점을 드러냈다. 그러나 앙투안의 눈에는 아무것도 보이지 않고 오로지 자크의 파렴치한 얼굴, 거만한 미소, 취해 있는 듯하면서 고집스러운 눈길만이 아른거렸다.

"너는 한 번도 사랑해 본 적이 없잖아!"라고 그는 쇠로 된 난간을 두 주먹으로 꼭 쥐면서 중얼거렸다. "바보 같은 놈, 그런 것이 사랑이라면, 그래, 나는 한 번도 사랑해 본 적이 없다! 그리고 나는 그것을 자랑으로 삼겠다!"

옆 건물의 창가에 한 소녀가 얼굴을 내밀고 앙투안을 쳐다보았다. 너무 큰 소리로 말했나? 그는 창가를 떠나 방 한가운데로 되돌아왔다.

'사랑! 시골에선 모두가 아무렇지 않게 사랑이란 이름으로 말하고 있어……. 시골사람들은 '발정한' 짐승이라고 말하지……. 그러나 우리가 그렇게 하기에는 너무나 유치하고 창피스러운 일이야! 더 승화시켜야 해! 흰 눈동자를 굴리면서 이렇게 부르짖어야 해. '우리는 서로 사랑하고 있어! ……나는 그녀를 사랑하고 있어! ……사—랑! !!' 열정, 알고말고, 그것은 사랑에 빠진 인간들의 전유물이야! 나로 말할 것 같으면 '냉혈한'이야! 좋아! ……그리고 당연히 '형은 이해 못해!'라고 하겠지. 언제나 변함없는 후렴이지. 나 말고는 아무도 이해할 수 없다는 식으로 거드름을 피우고 싶은 욕구야! 자기들로서는 으쓱해지는 일이겠지! 정신병자들이야! 정말 정신병자들이야. 미친놈은 예외 없이 남이 모르는 것을 자랑하고 싶어하거든!'

앙투안은 노여움에 찬 눈으로 계속 몸부림치고 있는 자신의 모습을 거울 속에 비추어 보았다. 그는 두 손을 주머니 속에 찔러 넣었다. 그리고 자기의 노여움에 더 그럴 듯한 구실을 붙였다.

'내가 몹시 화를 내는 것은 그런 어리석음 때문이다! 그래. 나의 양식 때문에 화를 내고 격앙되는 거다……. 그렇다고 내가 그것을 깨달은 것은 지금 처음 있는 일이 아니다. 양식에 상처를 받으면 표저나 치통을 느낄 때처럼 아픈 법이다!'

서재에서 필립 박사가 자기를 기다리고 있다는 생각을 했을 때야 비로소 그는 제정신이 들었다. 그는 어깨를 흔들었다.

"자……."

그의 손가락은 무의식적으로 주머니 속에 있는 종이쪽지를 만지작거리고 있었다. 안느의 편지……. 그는 그것을 꺼내 둘로 찢어 그대로 휴지통에 집어던졌다. 그의 눈은 테이블 위에 있는 군대수첩 위로 갔다. 그러자 갑자기 기운이 쭉 빠지는 것 같았다. 내일이면 전쟁, 여러 가지 위험―팔다리가 잘려 죽을지도 모르지? '형은 한 번도 사랑해 본 적이 없어!' 내일이면 청춘기가 갑자기 끝나게 된다. 그리고 사랑할 수 있는 시기도 영원히 지나가고 만다…….

그는 별안간 휴지통에 몸을 굽혀 찢어져서 반이 된 봉투를 주위 속에서 편지 조각을 꺼내 펼쳐 보았다. 그것은 애무처럼 부드럽고 거센 외침이었다.

……오늘밤 우리집에서. 당신을 기다릴게요. ……어떻게 하든지 만나고 싶어요.

꼭 온다고 약속해 주세요. 나의 토니, 꼭 와 주세요.

앙투안은 힘없이 안락의자에 앉았다. 마지막 하룻밤을 그녀 곁에서 지낸다면……. 또 한 번 달콤한 사랑을 해 본다면……. 이것을 마지막으로 다시 한 번 그녀의 품에 안겨 잠들어 모든 것을 잊을 수 있다면……. 그는 갑자기 어떤 향수, 넘실거리는 큰 파도와 같은 격렬한 비탄의 물결에 휘말렸다. 테이블 위에 팔꿈치를 괴었다. 그리고 한동안 두 손으로 머리를 감싸고 어린 아이처럼 흐느껴 울었다.

70. 8월 1일 토요일―동원의 밤, 파리

파리는 평온하기는 했지만 비통한 기운이 감돌고 있었다. 정오 무렵부터 몰려오기 시작한 구름은 둥근 천장을 이루면서 시가지를 어슴푸레한 황혼에 잠기게 했다. 교통수단을 잃은 사람들이 불안한 모습을 하고 바쁜 걸음으로 뛰다시피 걸어가고 있는 어두운 거리를 향해 평소보다 일찍 불을 켠 카페와 상점이 희미한 빛줄기를 던지고 있었다. 사방의 지하철 입구는 승객의 인파로 보도 위에까지 꽉 차 있었다. 모두들 지하철역 안으로 들어갈 때까지 조바심을 내면서 계단 위에서 30분쯤 발을 구르며 있을 수밖에 없었다.

자크와 제니는 기다리는 것을 단념하고 오른쪽의 강기슭까지 걸어갔다.

곳곳에서 신문팔이의 모습이 눈에 띄었다. 사람들은 앞다투어 호외를 사서 잠시 걸음을 멈추고 탐욕스런 눈으로 서둘러 훑어보곤 했다. 모두가 자신도 모르게 거기에서 무슨 대단한 뉴스라도 찾아보려는 듯이 혈안이 되어 있었다. 모든 일이 잘 수습이 되었는지, 유럽 지도자들이 갑자기 생각을 바꾸었는지, 지도자들의 의견이 일치해 타협적 해결의 길을 찾아냈는지, 이제 그것으로 어리석은 악몽은 사라졌는지, 그래서 공연히 걱정만 했을 뿐 별일 없이 끝나게 되는지 등……

동원령이 내린 뒤에는 〈위마니테〉사도 다른 곳과 마찬가지로 텅 비어 버렸다. 다들 개인 생활로 되돌아간 것 같았다. 입구에도 계단에도 사람의 그림자라고는 찾아볼 수 없었다. 자크는 복도 안을 유일하게 왔다 갔다 하는 한 보이의 말을 통해 스테파니가 자기 방에 없다는 것을 알았다. 당직은 갈로가 맡고 있었다. 그러나 그는 내일자 신문 편집 때문에 문을 굳게 닫고 있었다. 자크는 제니가 몹시 지쳐 있는데도 그림자처럼 따라다니기에 굳이 안으로 밀고 들어가려고 하지는 않았다.

"프로그레 카페까지 가보자" 하고 자크가 말했다.

프로그레의 아래층 홀에는 아무도 없었다. 지배인도 자리를 비웠다. 그의 아내만이 혼자 카운터에 앉아 있었다. 아무래도 그녀는 눈물을 흘린 것 같았다. 그래서인지 자리를 뜨려고도 하지 않았다.

그들은 중이층으로 올라갔다.

한 테이블에만 사람들이 꽉 차 있었다. 몇 명의 투사들이었는데, 모두가 젊은이들로 자크는 모르는 얼굴들이었다. 두 사람의 모습을 보자 그들은 잠시 입을 다물었다. 그러다가 다시 토론을 계속했다. 자크는 목이 말랐다. 그는 제니를 입구 가까운 의자에 앉게 하고 맥주 한 병을 가지러 내려갔다.

"그럼 자네는 어떻게 할 거야? 헌병이 오는 것을 기다리려고 하는 거야? 그리고 바보같이 총살당하려고 그래?"

그렇게 말하고 있는 사람은 혈색 좋고 챙 달린 모자를 깊숙이 내려 쓴 25살쯤 되어 보이는 청년이었다. 그의 목소리는 거칠었다. 그는 검고 날카로운 눈으로 동지들의 얼굴을 차례로 뚫어지게 바라보고 있었다.

"그런데 확실히 말해 둘게!" 하며 그는 신경질적으로 말을 계속했다. "우리, 곧 우리처럼 사태를 가까이에서 보아온 자들에게는 분명한 것이 하나 있어. 그리고 이것이 뭐니뭐니해도 가장 중요한 거야. 즉 우리는 전쟁을 원하지 않는 나라의 백성이라는 거야. 따라서 양심의 가책을 받을 일은 하나도 없어!"

"그러나 다른 나라 사람들도 모두 똑같은 말을 하고 있어" 하고 그 가운데 가장 나이가 들어보이고, 지하철 역원의 제복을 입은 40대의 남자가 말에 끼어들었다.

"그러나 독일놈들도 그렇게는 말 못할 거야! 어쨌든 평화의 열쇠를 쥐고 있잖아! 2주일 전부터 전쟁을 막을 수 있는 기회는 열 번도 넘게 있었어!"

"우리도 똑같아! 우리는 러시아에 대해 솔직히 '빌어먹을 놈!' 하고 말해 줄 수 있었을 거야!"

"지금 와서 그런 말을 해 보았자 무슨 소용이 있어! 지금 생각하면 독일놈들은 비열하게 전쟁을 획책했던 거야! 자업자득이지! 지금 와서 평화를 부르짖어야 무슨 소용 있겠어, 모두가 바보는 아니니까! 프랑스는 얻어맞았으니까 이제는 지켜야지! 프랑스는 자네, 나, 우리 모두의 일이야!"

지하철 역원을 제외한 나머지 사람들은 모두 찬성하고 있는 것 같았다.

자크는 실망한 눈길을 제니 쪽으로 보냈다. 그는 스튀들레가 애원하듯이 말한 것이 생각났다. '나는 독일에 죄가 있다고 믿을 필요가, 필요가 있어!'

따라놓은 맥주를 마시지도 않고 자크는 제니에게 눈짓을 하면서 자리에서 일어났다. 그러나 떠나기 전에 그는 그 패거리들 쪽으로 걸어갔다.

"방어적인 전쟁! ……정당한 전쟁, 정의로운 전쟁! ……당신들은 그것이 언제나 변함없는 속임수라는 것을 모르는 모양이군요! 당신들까지도 그런 것에 넘어가고 있는 거요? 동원령이 내려진 지 아직 3시간도 안 됐어요. 그런데 벌써 그 지경이 되어 있는 겁니까? 지난 1주일 동안 신문은 그런 당치도 않은 편견을 부추기기에 여념이 없는데 당신들은 거기에 그냥 속수무책으로 있겠단 말인가요? 그런 편견이야말로 군부의 수뇌들이 십분 이용하려고 노리고 있는 거라고요! ……만일 당신들 같은 사회주의자들이 거기에 맞서지 않는다면 누가 그런 미친 짓을 물리칠 수 있겠느냔 말입니다!"

자크는 그들 가운데 특별히 어느 한 사람을 두고 한 말은 아니었다. 그는 차례차례 한 사람 한 사람을 뚫어지게 바라보았다. 그러면서 입술을 떨고 있었다.

그들 가운데에서 가장 젊고, 얼굴과 머리가 모두 하얀 가루투성이인 미장이가 그를 향해 어릿광대 같은 얼굴을 치켜들었다.

"내 생각도 샤테니에와 같아" 하고 젊은이는 침착하고 밝은 목소리로 말했다. "나는 첫날에, 즉 내일 동원되었어! ……나는 전쟁을 증오해. 하지만 나는 프랑스 사람이야. 그리고 지금, 우리나라가 공격당하고 있어. 국가가 나를 필요로 하니까 나는 갈 거야! 나는 가, 어쩔 수 없는 심정으로. 그러나 가야만 해!"

"나도 여러분과 마찬가지야" 하고 옆에 있던 남자가 딱 잘라 말했다. "나는 3일째 되는 화요일에 떠나게 되어 있어……. 나는 바르르뒤크에서 태어났어. 거기에는 노인들이 있어……. 내 고향이 독일 영토가 되는 것을 털끝만큼도 바라지 않아!"

'프랑스 사람 열 명 중 아홉은 이렇다니까!' 하고 자크는 생각했다. '자기들 방어본능의 반응을 정당화하기 위해 끝까지 프랑스를 죄없는 것으로 만들려고 하는가 하면, 상대방이 파렴치한 책모를 꾸몄다는 결론을 짓기에 급급하고 있어…… 더구나' 하고 그는 생각했다. '이런 청년들은 자기들이 갑작스럽게 침범당한 나라에 속해 있고, 집단적 원한이라는 자극적인 공기를 호흡함으로써 어떤 불순한 만족감을 맛보고 있는 것은 아닐까?' 레츠 추기경 _(17세기 프랑스의 정치가. 1648년 '바리케' '이드의 날' 지도자로 유명. 저서 《회상록》)이, 국민들에게는 자기들이 공격할 때에도 마치 자기들은 방어한 데만 골몰하고 있는 것처럼 보이게 할 때 가장 그 효과가 크다라고 말한 이후 아무것도 변한 것은 없다.

"잘 생각해 보시오!" 하고 자크가 차분한 목소리로 말했다. "만일 여러분이 저항을 포기한다면—내일이면 너무 늦어요! ……이 점을 생각해 봐요. 국경 저 너머에서도 마찬가지로 분노와, 잘못된 비방과 완강한 반발 같은 것이 폭발할 겁니다! 각 나라 국민들은 싸움 좋아하는 개구쟁이들이 어린 짐승의 눈을 하고 서로 치고받는거나 똑같은 꼴이 되었어요. 그러면서 '저쪽에서 먼저 싸움을 걸어왔어! ……라고 합니다. 어리석기 짝이 없는 게 아니고 무엇이겠습니까?"

"그러면, 어떡해?" 하며 미장이가 외쳤다. "동원당한 우리가 뭘 어떻게 하라는 거야?"

"만일 여러분이 폭력은 정의로울 수 없다는 것, 인생은 성스럽다는 것, 평화시에는 살상행위를 금지하면서 전시에는 그것을 자행하도록 명령하는 따위의 두 가지의 도덕률은 있을 수 없다고 생각한다면—동원을 거부하십시오! 전쟁을 거부하십시오! 여러분 자신에게 충실하십시오! 인터내셔널에 충실하세요!"

홀 입구에 있던 제니는 갑자기 자크 쪽으로 걸어와서 그에게 바짝 몸을 기댔다.

미장이가 일어섰다. 그는 화가 난 모습을 하고 팔짱을 꼈다.

"총살당하기 위해서? 천만에, 이봐! 자네 재미있는 소리를 하는군! ……하여튼 '거기에' 간 이상은 누구나 운명에 맡기는 거야. 좀 운이 좋으면 살아날 수도 있겠지!"

"그러나" 하며 자크가 외쳤다. "여러분은 자신의 의사나 자신의 개인적인 책임을 강자라고 하는 사람들의 손에 넘기는 것이 얼마나 비겁한 일인지 잘 알고 있습니다! 여러분은 '나는 반대하지만 이제는 어쩔 도리가 없어……'라고 생각하겠지요. 물론 괴로운 일입니다. 하지만 여러분은 그렇게 복종하는 것이 어려우면서도 가치 있는 일이라고 여김으로써 헐값으로 자신의 양심을 잠들게 하는 것입니다……. 여러분은 범죄적인 일에 말려들고 있다는 것을 모른다는 말입니까? 어떤 정부도 국민을 노예화하고 국민을 학살하기 위해 있는 게 아니라—국민에게 봉사하고 국민을 보호하며 국민을 행복하게 해주기 위해 정권을 맡고 있다는 것을 잊었나요?"

지금까지 아무 말도 하지 않고 있던 30살쯤 되어 보이는 머리가 검은 남자가 주먹으로 쾅 하고 테이블을 내리쳤다.

"그게 아니야! 자네 말은 틀렸어. 오늘 자네는 틀렸어! ……맹세코 나는 지금까지 정부와 타협한 일이 한 번도 없어. 나는 자네에게 지지 않을 정도의 사회주의자야! 당원증을 지닌 지가 5년이나 돼! 그런 내가, 사회주의자인 내가 정부를 위해 다른 사람들과 똑같이 총을 들 각오를 하고 있어!" 자크는 그의 말을 멈추게 하려고 했다. 그러나 상대는 목소리를 높였다. "그런 것은 신념 따위와는 아무런 관계가 없어! 민족주의자, 자본가, 부자들, 그런 것들하고는 나중에 두고 볼 일이야! 톡톡히 맛을 보여줄 테니까, 나에게 맡겨도 좋아! 하지만 지금은 이러쿵저러쿵 하고 있을 때가 아니야! 우선 프러시아놈들을 혼내 주는 일이 문제야! 전쟁을 하고 싶어한 것은 그놈들이니까! 원했으니 해 보라지! 그리고 이봐, 분명히 말해 두지만 그놈들은 곧 뉘우치게 될 거야!"

자크는 천천히 어깨를 으쓱했다. 속수무책이었다. 그는 제니의 팔을 잡고 계단 쪽으로 끌고 나왔다.

"역시 사회당 만세야!" 하고 그들 뒤에서 누군가가 외쳤다.

밖으로 나온 둘은 한동안 말없이 걸었다. 어렴풋이 들려오는 천둥소리가 비를 한바탕 쏟을 것 같은 날씨를 알려 주었다. 하늘은 먹구름으로 뒤덮여 있었다.

"알겠지?" 하며 자크가 말했다. "나는 전쟁이라는 것이 감정 문제가 아니라 단순히 경제적 경쟁으로 인한 부득이한 충돌에 지나지 않는다고 믿어왔고, 또 그런 생각을 수없이 되풀이해 왔어. 그런데 말이야, 이런 민족주의적 광란이 오늘날 사회의 모든 계층으로부터 이렇게 자연스럽고 무분별하게 일어나는 것을 보면 나는 어쩐지…… 전쟁이란 게 오히려 인간의 어둡고 다스리기 힘든 감정 대립의 결과이며, 이해관계로 인한 격돌같이 단순히 하나의 계기나 구실에 지나지 않는가 하는 생각을 하게 돼……." 자크는 다시 입을 다물었다. 그러고 나서 생각나는 대로 사고의 맥락을 더듬어 가며 말했다. "그리고 무엇보다도 가소로운 것은 자신들을 정당화시킬 뿐만 아니라 전쟁을 수락하는 것을 마치 이치에 맞고 '자유의사'에서 나온 것처럼 떠들어 대는 일이야! ……그래, 자유의사에서 나온 것처럼 말이야! ……그런 형편없는 자들 모두가 바로 어제까지만 해도 전쟁에 대해 필사적으로 투쟁해 왔어. 그리고 지금은 마지못해 그 속에 말려들어 가고 있으면서 마치 자발적으로 행동하는 것처럼 보이려고 안간힘을 쓰고 있어! ……비통한 일이지 뭐야." 자크는 좀 사이를 두었다가 말을 이었다. "그토록 경험 많고 경계를 게을리하지 않는 사람들도 일단 애국적 감정에 심금을 울리는 말만 들으면 그냥 넘어가고마니……. 딱한 일이야. 도무지 이해할 수 없어……. 아마 이래 서인지 몰라. 평범한 사람은 순박하게도 자신을 조국이라든가, 국민이라든 가, 국가라는 것과 동일시하는 거야……. 흔히들 이렇게 말하거든. '우리 프 랑스 사람은……' '우리 독일 사람은…….' 그런데 개개인을 두고 볼 때 그들 개개인은 확실히 평화를 간절히 원하기 때문에 그 나라가, 곧 자기 나라가 전 쟁하고 싶어한다는 것을 도저히 생각할 수 없는 거야. 그래서 이렇게 말할 수 있을 거야. 인간이 평화를 바라는 만큼 당연히 자기 나라나 동포에게는 아무런 죄가 없는 것으로 생각하게 되고, 그러니까 전쟁의 위협은 오로지 외 국에서 오는 것으로 생각하게 되고, 자기 나라 정부에는 책임이 없고, 자기 는 피해자 집단에 속해 있으므로 그러한 집단을 지킴으로써 자신을 지키는 거나 다름없다고 생각하기 쉬워……."

굵은 빗방울이 떨어지기 시작하자 자크는 잠시 입을 다물었다. 마침 그들 은 증권거래소 앞 광장을 지나가고 있었다.

"뛰어가자" 하고 자크가 말했다. "아니면 흠뻑 젖게 될 거야……."

둘은 겨우 비를 피해 콜론느 거리의 아케이드까지 올 수 있었다. 이날 하 루종일 도시를 짓누르던 소나기 기운이 지금 갑자기 억수같이 퍼붓기 시작 한 것이다. 신경을 두들기는 것 같은 번개가 끊임없이 치고 있었으며, 또 계 속되는 천둥소리를 내며 주위의 건물 사이에 울려 퍼졌다. 카트르셉탕브르 거리 주위를 근위기병대 한 중대가 재빨리 지나갔다. 물을 튀기며 뛰어가는 말 위의 기병은 폭우를 맞으며 김이 나는 말의 목 위로 몸을 굽히고 있었다. 그리고 잘 그린 전쟁 그림에서 보듯이 기병들의 헬멧이 납빛 하늘 밑에서 번 쩍이고 있었다.

"저리로 들어가자" 하고 자크는 아케이드 구석의 그리 밝지 않지만 벌써 사람들로 붐비는 작은 식당을 가리키면서 말했다. "비가 멎기를 기다리면서 뭐라도 먹자."

많은 손님들로 북적거리는 대리석 테이블에서 둘이 나란히 앉을 수 있는 장소를 찾기란 쉬운 일이 아니었다.

자리에 앉자마자 제니는 피로로 쓰러질 것 같았다. 두 무릎이 떨리고 어깨 와 목덜미가 아파왔다. 머리는 참을 수 없을 정도로 무거웠다. 몸이 어쩐지 좋지 않을 것만 같았다. 몇 분이라도 눈을 감고 몸을 쭉 뻗어 잠들 수 있다면⋯⋯. 자크 곁에서 잠들 수 있다면⋯⋯. 그러자 곧 어젯밤의 추억이 제니의 마음을 사로잡았다. 그것은 그녀에게 힘을 가져다주는 채찍과도 같은 것이었다. 곁에 있던 자크는 아무것도 눈치채지 못했다. 제니는 그의 옆얼굴, 땀에 젖은 목덜미, 밤색의 윤기 나는 거무스레한 머리를 바라보았다⋯⋯. 제니는 하마터면 자크의 팔을 잡고 이렇게 말할 뻔했다. '집에 돌아가요. 다른 건 아무래도 좋아요. ⋯⋯나를 안아 주세요. ⋯⋯꼭 안아 주세요!'

주위에서는 모두가 이야기를 주고받느라고 정신이 없었다. 그들의 눈은 빛나고 있었다. 그리고 친근감이 도는 눈길로 소금 그릇과 겨자 그릇을 건네주곤 했다. 누가 들어도 터무니없고 이치에 맞지 않는 정보인데도 태연하게 자신 있는 것처럼 주고받다가는 곧 신빙성이 있는 것으로 만들어 버리곤 했다. "이런 폭풍우로 공세가 늦어지지 않았으면 좋으련만" 하고 중년 부인이 한탄했다. 그녀의 얼굴에는 천진하지만 공격적인 용맹함이 드러나 보였다— "70년 전쟁 때는" 하고 제니 앞에 있는 칼라에 훈장을 단 뚱뚱한 신사가 설명했다. "전투행위는 선전포고가 있은 지 한참 뒤에, 적어도 2주일은 지난 뒤에야 시작됐지요."—"설탕이 모자란 것 같아" 하고 누군가가 말했다. — "소금도요" 하고 용감한 그 중년 부인이 덧붙였다. 그녀는 속내이야기라도 하려는 듯이 제니에게로 몸을 굽혔다. "나는 우물쭈물하지 않고 바로 대비해 놓았어요."

훈장을 단 신사는 누구를 상대로 말하는 것도 아닌데, 목소리를 떨면서 아주 감격해 마지않으며 설득력 있는 투로 동부수비대의 어떤 대령에 관한 이야기를 들려주었다. 그 대령은 예하 장병들을 국경선에서 10킬로 지점까지 후퇴시키라는 명령을 받자 프랑스가 이미 적에게 굴복한 줄 알고 권총을 꺼냈다. 그리고 수치를 당하고 살아남는 것이 싫어서 연대 앞에서 권총으로 머리를 쏘아 자살했다는 것이다.

테이블 끝 쪽에서 한 노동자가 말없이 무엇인가 먹고 있었다. 경계하는 듯한 그의 눈길이 자크의 눈과 마주쳤다. 그는 곧 입을 열었다.

"모두들 농담은 그만들 하시지요" 하고 그는 화가 난 투로 말했다. "오늘 저녁에도 우리는 공장에서 이번 주의 임금을 받지 못했소!"

"또 어쩐 일이오?" 하고 신사는 친절한 투로 물었다.

"고용주 말로는 돈이 은행에 예치되어 있는데 그만 은행이 문을 닫았다는 거예요……. 그래서 한바탕 난리가 났어요! 그렇다고 뭐 뾰족한 수가 있어야지요. '월요일에 다시 오라'고 말하더군요……."

"물론 그럴 겁니다. 월요일에는 꼭 지불할 겁니다" 하고 그 용감한 부인이 말했다.

"월요일이라고요? 우선 내일부터 동원되어 가는 사람들이 많은걸요. 그렇다면 아실 만하지요? 저는 떠나지만 내 뒤로 아내와 애들을 돈 한 푼 없이 남겨놓고 가게 된다는 걸 말입니다?"

"그 걱정일랑 하지 마세요" 하고 훈장을 단 신사가 단호하게 말했다. "그것은 다른 일과 마찬가지로 정부가 미리 알아서 처리하기로 되어 있어요. 구청에서 보조금 배분이 있을 겁니다. 걱정 말고 떠나세요! 가족들은 국가가 잘 보호해 줄 테니 조금도 모자란 것이 없을 겁니다!"

"그럴까요?" 하고 그 남자는 마음이 좀 동한 듯 중얼거렸다. "그런데 왜 확실히 말해 주지 않을까요?"

용케 석간신문의 호외를 사서 손에 들고 있던 자크 옆의 한 남자는 거기에 실린 푸앵카레의 〈프랑스 국민에게 고함〉이라는 선언문을 넌지시 보여 주었다.

사람들이 일제히 손을 내밀었다.

"봅시다! 봅시다!"

그러나 그 남자는 신문을 내놓으려고 하지 않았다. "읽어 보세요!" 하고 훈장을 단 신사가 명령하듯이 말했다.

엉큼한 얼굴에 키가 작달막하고 나이 들어 보이는 그 남자는 코안경을 다시 고쳐 썼다. "여기에는 장관 모두가 나란히 서명했어요!" 하고 그는 과장된 투로 말했다. 그러고는 가성 비슷한 목소리로 읽기 시작했다. "정부는 스스로의 책임을 생각하면서, 그리고 이를 이대로 내버려 두는 것은 스스로의 신성한 의무를 저버리는 것으로 통감하면서 여기에 사태의 필요에 의해 동원령을 내리는 바이다." 노인은 숨을 조금 가다듬었다. "확실히 동원은 전쟁이 아니다……."

"들어 봐요" 하고 제니가 희망에 부푼 목소리로 속삭였다.

자크는 어깨를 으쓱했다.

"쥐덫 속에 넣으려는 거야……. 그러나 일단 잡히면 놓아주지 않을 걸!"

"현재 상황으로 보아"하며 코안경을 낀 남자는 계속 읽어 내려갔다. "동원은 오히려 명예로운 평화를 보장하는 최선의 방법이라고 생각할 수 있다……."

가까운 테이블에 있던 사람들까지도 조용해졌다.

"더 큰 소리로 부탁해요!" 하고 홀 구석에 있던 누군가가 소리쳤다. 그 남자는 일어나서 계속 읽었다. 그의 목소리는 이따금 높아졌다. 지금 그는 자기 자신이 국민을 향해 이야기하는 것 같은 기분인 것이 틀림없었다. 그는 엄숙한 투로 되풀이했다.

"……명예로운 평화를 보장하는 최선의 방법이라고 생각한다……. 정부는 고귀한 국민의 냉정을 기대하며, 무모한 감정에 끌리지 않기를 바란다."

"브라보!" 하고 부인이 말했다.

"무모하다니!" 하고 자크가 중얼거렸다.

"……정부는 모든 프랑스 국민의 애국심을 기대하며, 자신의 의무를 게을리하는 사람은 하나도 없다는 것을 알고 있다. 영원한 프랑스, 평화를 사랑하고 단호한 결의를 보이는 프랑스가 있을 뿐이다. 평정, 신중, 위엄을 가지고 완전한 단결을 보여주는 '정당함'과 '정의'의 프랑스가 있을 뿐이다."

낭독이 끝나자 얼마동안 침묵이 흘렀다. 뒤이어 이런 열광적인 주제에 대한 토론이 새로이 활기를 띠기 시작했다. 그 부인의 영웅적 정신은 결코 그녀 혼자만의 것이라고는 할 수 없었다. 훈장을 단 신사는 얼굴에 붉은 빛을 띠었다. 테이블 끝에서는 임금을 받지 못한 노동자가 눈물을 글썽거리고 있었다. 다들 무언가 즐거운 일이라도 있는 듯 집단적인 도취감에 취해 있었다. 모두가 공연히 들떠 자신을 잃고 흥분해서 숭고함에 도취해 있는가 하면, 조국을 위해 몸을 바칠 각오가 되어 있는 것 같아 보였다.

자크는 잠자코 있었다. 그는 같은 시간에 저쪽 책임자 카이저나 차르가 서명했을 것이 틀림없는 똑같은 선언문을 생각하고 있었다. 곳곳에서 같은 힘을 발휘하며, 어쩌면 도처에서 똑같이 어처구니없는 흥분을 불러 일으키고 있을지도 모를 이상한 그 문장을…….

그는 제니가 별로 손도 대지 않은 포타주 접시를 그대로 앞으로 내미는 것을 보았다. 그는 제니에게 눈짓을 하면서 자리에서 일어났다.

밖에 나가니 이미 비가 멎은 상태였다. 집집마다 발코니에서는 빗방울이 떨어지고 있었다. 흙탕물로 불어난 도로변의 도랑물은 요란한 소리를 내며 하수구로 흘러들어 가고 있었다. 비에 젖어 번쩍이는 보도 위에는 사람들이 무질서하게 다시 각자 갈 길을 가기 시작했다.

"이제 의회로 가자" 하고 자크가 빠른 발걸음으로 제니를 이끌면서 말했다. "저쪽에서는 그들이 뮐러와 무슨 일을 꾸미고 있을까?"

그런 생각이 무모한 것으로 여겨졌지만, 그렇다고 그는 아직 절망하지는 않았다.

71. 8월 1일 토요일—자크와 제니의 하룻밤—동원을 눈앞에 둔 사회주의자들의 급변

팔레부르봉은 남의 눈에 띄지 않게 경찰이 지키고 있었다. 그런데도 앞마당 철책 뒤에는 여러 무리의 사람들이 서성거리고 있었다. 자크는 여전히 뒤따라오는 제니를 데리고 그쪽으로 가보았다.

전등 불빛에 비친 무리들 한편에서 자크는 라브의 옆모습을 알아볼 수 있었다.

"회담은 아직 끝나지 않았어" 하며 라브가 일러 주었다. "모두 지금 막 나와서 저녁식사를 하러 갔어. 곧이어 토의가 계속될 거야. 그러나 여기가 아니라 〈위마니테〉사의 편집실이야."

"그래서? 첫인상은 어땠어?"

"좋지 않았어……. 더구나 정보는 좀처럼 얻을 수 없었어. 모두가 상기되어 있었고, 목이 말라 죽을 뻔한 모양이야—거기다 말문이 막힌 사람들 같았어……. 무엇인가 그래도 얻어 낼 수 있었던 사람은 시블로뿐이었으니까……. 그런데 그는 우리에게 자신의 실망을 털어놓았어. 안 그래?" 하고 그는 마침 가까이 온 쥐믈렝 쪽을 향해 말했다.

제니는 아무 말 없이 두 남자를 바라보고 있었다. 그녀에게는 쥐믈렝이 별로 탐탁하게 여겨지지 않았다. 땀을 흘리고 있는 창백하고 길쭉한 얼굴이며, 넓적하고 이상하게 튀어나온 턱이며, 입을 충분히 벌리지 않고 말을 짧게 끊어서 하는 버릇이며, 넓은 어깨며, 너무나 작고 너무나 검은 눈동자를 통해 비치는 차가운 광채 따위가 제니에게 어쩐지 거북스러움을 느끼게 했다. 그에 반해 울퉁불퉁한 이마에 맑고 슬픈 눈빛을 띤 나이든 라브, 언제나 온정이 넘치는 눈길로 자크를 바라보는 그의 모습은 제니에게 신뢰감과 친근감을 주었다.

"뮐러 그 사람은 어쩐지 확실한 위임장 따위는 갖고 있지 않은 것 같아" 하고 쥐믈렝이 말했다. "확고부동한 제안 같은 것은 아무것도 갖고 오지 않은 모양이야."

"그럼, 무엇 때문에 왔을까?"

"오로지 정보를 얻어 내려는 목적에서이지."

"정보라니?" 하며 자크가 외쳤다. "손을 쓸 틈도 없는 지금에 와서!"

쥐믈렝은 어깨를 으쓱했다. "손을 쓰다니…… 농담 말게나! ……이렇게 상황이 시시각각으로 변하고 있는데 지금에 와서 무슨 결정을 내릴 수 있겠나? 독일에서도 총동원령을 내렸다는 사실을 자네는 알고 있나? 우리보다 조금 뒤인 5시에 내렸어……. 그리고 오늘밤 공식적으로 러시아에 대해 선전포고를 한다는 거야."

"그러나" 하고 자크는 조바심을 내면서 말을 계속했다. "어쨌든 간에 그 뮐러라는 작자는 독일과 프랑스의 프롤레타리아 단결을 위해 오지 않았나? 두 나라의 파업을 조직하기 위해?"

"파업이라고? 천만에" 하고 쥐믈렝이 대답했다. "내 생각으로는 이번 월요일부터 정부가 양원(兩院)에 청구하기로 되어 있는 군사예산을 프랑스 사회당이 지지할지 어떨지 그것을 알기 위해 온 것뿐이야. 결국 그것뿐이야."

"그런데 그것만이라도 상당한 거지" 하며 라브가 말했다. "그런 확실한 한 가지 점에 관해서 프랑스와 독일의회의 사회주의자들이 비슷한 정책을 채택한다면 좋겠는데."

"그건 뭐라고 말할 수 없는데" 하고 쥐믈렝이 아리송하게 말했다.

자크는 그 자리에서 발을 동동 구르며 어쩔 줄 모르고 있었다.

"하여튼 우리가 말할 수 있는 것은" 하며 쥐믈렝이 확신에 찬 투로 말했다. "당 지도자들이 온갖 방법을 다 써서 뮐러를 설득한 것은 프랑스가 전쟁을 피하기 위해 모든 수단을 다 썼다는 점을 보여 준 것이야. ……최후의 순간까지! 국경수비대의 후퇴에 동의할 때까지! ……이렇게 우리 프랑스 사회주의자들은 적어도 우리 나름대로의 양심은 갖고 있어! 그리고 우리에게는 독일을 침략국가로 인정할 수 있는 권리가 있는 거야!"

자크는 얼빠진 듯이 그를 바라보았다.

"바꿔 말하면" 하고 자크가 딱 잘라 말했다. "프랑스의 사회당 대의원들은 군사예산에 찬성하려든다는 것인가?"

"어쨌든 반대할 수는 없어."

"어떻게 '반대할 수 없다'는 건가?"

"적어도 표결에는 끼어들지 않을 테니까" 하고 라브가 말했다.

"아" 하고 자크가 외쳤다. "조레스가 살아 있었더라면!"

"흥……, 현재와 같은 상황에서라면 보스도 반대 투표는 감히 못했을 거야."

"하지만" 하며 자크는 자기도 모르게 말을 꺼냈다. "침략국가와 침략당한 국가를 구별하는 것이 얼마나 어리석은 일인가를 조레스는 수없이 외쳐 왔어! 그런 구별을 한다는 것은 말도 안 되는 억지에 지나지 않아! 자네들 모두 현재 우리를 궁지에 몰아넣고 있는 진정한 원인, 곧 자본주의라든가 각국 정부의 제국주의적 생각을 잊고 있는 것 같아! 최초의 적대행위가 어떤 양상을 띠든 간에 국제 사회주의는—전쟁에 맞서서! —온갖 전쟁에 맞서서 일어나야만 해! 그렇지 않으면!"

라브는 얼버무리며 찬성의 뜻을 표했다.

"원칙적으로는, 그래……. 뮐러도 그런 식으로 말한 것 같아……."

"그래서?"

라브는 짜증스럽다는 몸짓을 요란스럽게 했다.

"이야기는 그 정도로 끝났어. 그리고 모두 사이좋게 저녁식사를 하러 나갔어."

"아니야" 하고 쥐믈렝이 응수했다. "잊은 게 한 가지 있어. 뮐러가 자기 당의 지도자들과 협의하기 위해 베를린에 전화를 걸고 싶어 했다던데."

"저런" 하고 자크가 말했다. 그는 어떻게 해서라도 희망을 잃고 싶지 않았던 것이다.

자크는 화가 난 듯이 휙 돌아서서 몇 걸음 앞으로 걸어나갔다가 다시 두 사람의 곁으로 돌아와 바로 앞에 우뚝 섰다.

"내 생각을 자네들에게 말해 볼까? 뮐러 그자 말이야. 그는 프랑스 사회당의 인터내셔널리즘과 평화주의가 어느 정도인가 알아보기 위해 온 거야. 만일 정부의 민족주의를 좌절시키기 위해 어떤 일이라도 각오하고 있고, 총파업도 불사한다면 아직도 평화를 구할 수 있는 길은 있어! 그렇고말고! 동원령이 내려져 있는 지금이라도! 프랑스의 프롤레타리아와 독일의 프롤레타리아가 멋지게 결합한다면 아직 평화를 구할 수 있는 길은 있어! 하지만 사실은 정반대야. 그는 무엇을 보았지? 떠버리, 궤변가, 말로는 전쟁이나 민족주의자를 규탄하지만 실은 군사예산에 이미 찬성하고, 참모본부에 전권을 위임할 생각을 하고 있는 온건파들이야! 그는 마지막 순간까지 여전히 어처구니없고 범죄적인 반론을 보았을 거야. 이론적으로만 맺어져 있는 인터내셔널의 이상과 사회당의 지도자들 사이에서도 실제로 아무도 그 때문에 희생하고 싶어 하지는 않는 이 모든 국가적 이익 사이에서의 여전히 석연치 않은 충돌 말이야!"

자크가 이야기를 하고 있는 동안 제니는 매우 지쳐 있기는 했지만 그에게서 눈을 떼지 않았다. 제니는 마치 자신이 잘 알고 있고 자기를 위해 들려주는 음악을 듣고 있는 듯 자크의 목소리에 도취되어 있었다. 그녀는 주의 깊게 듣는 척했지만 실은 너무 피곤해서 아무것도 듣지 못했다. 그녀는 자크의 얼굴을 엿보고 있었다. 자크의 얼굴 가운데서도 특히 입 근처를 살피고 있었다. 그리고 선이 길게 뻗는가 하면 놀라울 정도로 살아 있는 생물 같이 수축되는 그 부드러운 입술에 눈길을 쏟으면서 그와 접촉했을 때처럼 육체적인 정감을 느꼈던 것이다. 그의 팔에 안겼던 어젯밤을 떠올리면서 제니는 초조감에 안절부절못하고 있었다. '갔으면 좋겠는데' 하고 그녀는 생각했다. '저 사람 무엇을 기다리는 걸까? 가버리면 될 텐데……. 빨리 집에 가면 좋을 텐데……. 다른 일이야 아무래도 좋은데!'

이 패거리에서 저 패거리로 뛰어다니며 정보를 퍼뜨리던 카디외가 두 사람이 있는 곳으로 왔다.

"내무성과 교섭해서 밀러가 베를린에 전화를 걸도록 애써 보았는데 헛일이었어. 통신이 완전히 끊어졌어. 너무 늦었어! 양쪽 모두 계엄령이야……."

"아마 마지막 기회였을 거야" 하고 자크는 제니 쪽으로 몸을 구부리면서 중얼거렸다.

카디외가 자크의 말을 듣고 비아냥거리듯 말했다.

"무슨 기회였다는 거야?"

"프롤레타리아의 행동기회! 인터내셔널의 행동기회!"

카디외는 입가에 야릇한 미소를 띠었다. "인터내셔널?" 하며 그는 되물었다. "이것 봐, 좀 현실주의자가 되어보자고. 이미 오늘부터 인터내셔널은 평화를 위한 투쟁과는 상관없게 되었어. 전쟁이 나 버렸으니까!"

낙담 끝에 심술이라도 부리겠다는 것일까? 그는 어깨를 으쓱하더니 어둠 속으로 사라졌다.

"그의 말이 옳아" 하고 쥐믈렝이 중얼거렸다. "불길한 징조지만 그의 말이 옳아. 이미 전쟁은 시작됐어. 오늘밤 우리의 뜻과는 상관없이 사회주의자들도 모든 프랑스 사람과 마찬가지로 전쟁에 '휘말리는 거야……' 우리는 우리의 인터내셔널 활동을 다시 찾을 것이며, 또다시 시작할 거야. 그렇고말고. 그러나 지금은 아니야. 오늘밤, 평화주의의 시기는 지나가 버렸어."

"쥐믈렝, 자네 입으로 그런 말을 하다니?" 하고 자크가 말했다.

"그래! 새로운 사실이 있어. 전쟁은 여기에 엄연히 '존재하고' 있어. 나에게는 이 사실로 인해 모든 것이 변해 버렸어. 그리고 사회주의자로서의 우리 임무는 매우 분명해졌다고 생각해. 우리는 지금 정부의 행동을 견제해서는 안 돼!"

자크는 어리둥절한 듯이 그를 물끄러미 바라보았다.

"그럼, 자네는 동원을 받아들일 셈인가?"

"물론이지. 분명히 말해 두지만 돌아오는 화요일에 시민 쥐믈렝은 루앙에 있는 239예비 연대에 1개 보병 이등병으로 입대할 거야!"

자크는 시선을 떨구고 아무 대답도 하지 않았다.

라브는 그의 어깨에 손을 얹었다.

"마음에도 없는 고집 부리지 말어……. 오늘 저녁에는 저 친구와 의견이 다르겠지만 내일이면 생각도 같아질 거야……. 명백한 사실이지. 프랑스의 입장은 말할 것도 없이 민족주의를 떠받드는 것이니까. 우리 사회주의자들은 이웃나라 제국주의의 침략에 맞서서 민주주의를 지키는 데 앞장서야만 해!"

"그럼, 자네까지?"

"나 말인가? 이렇게 늙지 않았다면 지원해 보겠는데…… 어쨌든 해볼 거야. 나 같은 늙은이도 도움이 될지 모르니까……. 왜 나를 보는 거야? 내 생각은 변하지 않았어. 언젠가 군국주의에 맞서서 다시 싸우기 위해서라도 꼭 오래 살고 싶어. 군국주의는 언제까지나 나의 증오의 대상이니까! …… 그러나 현재로서는 경거망동을 삼가야 해. 오늘의 군국주의는 어제의 그것과는 달라. 오늘의 군국주의, 그것은 프랑스의 구세주야. 그것만이 아니야.

위기에 처한 민주주의의 구세주라 할 수 있어. 그러니까 나는 적의를 거둘 거야. 그리고 동지들과 행동을 같이하려고 해. 총을 들고 나라를 지킬 거야. 두고보면 알겠지만!"

그는 자크의 시선에 맞서서 똑바로 쳐다보고 있었다. 매우 부끄러워하면서도 자신에 찬 미소가 그의 입가에 슬며시 떠올랐는데, 그것이 그의 두 눈에 엿보이는 슬픈 빛을 한층 침통한 것으로 만들었다.

"라브까지!" 하고 자크는 눈길을 돌리며 중얼거렸다. 숨이 막힐 것만 같았다. 그는 제니의 팔을 붙잡고 작별인사도 하지 않고 함께 나와 버렸다.

철책 앞에는 흥분한 한 무리의 사람들이 출구를 가로막고 있었다.

중앙에서는 갈로의 비서인 파제스가 요란한 몸짓을 하면서 떠들어 대고 있었다. 자크는 그를 둘러싸고 있는 젊은 투사들 가운데서 몇 사람의 안면 있는 얼굴을 찾아냈다. 부비에, 에라르, 푸즈롤, 조합주의자인 라투르, 〈위마니테〉사의 편집자인 오델과 샤르당.

파제스가 자크의 모습을 보자 아는 체를 했다.

"뉴스를 알고 있나? 페테르부르크에서 전보가 왔어. 독일이 오늘 저녁 러시아에 선전포고를 했어."

집회 때면 꼭 연설을 하는, 나이가 사십쯤 되어 보이고 병색이 돌며 생기가 없어 보이는 부비에가 자크 쪽을 돌아보았다.

"전화위복이 될 수도 있어! 전선에 가면 우리의 일거리가 있을 테니까! 총과 탄약을 주어 보라지!"

자크는 아무 대답도 하지 않았다. 그는 부비에를 경계하고 있었다. 사람을 피하는 그의 눈초리가 싫었기 때문이다(어느 날 밤 부비에가 아주 격렬한 연설을 한 집회에 참석했다가 돌아올 때 무를랑이 자크에게 이렇게 말한 적이 있다. "나는 저자를 엄중히 감시하고 있어. 내가 보기에는 아무래도 도가 지나친 것 같아…… 경찰의 검거가 있을 때마다 언제나 먼저 잡혀. 그런데 마치 우연인 것처럼 언제나 공소기각 결정이 나거든……").

"그런데 가장 웃기는 일은" 하고 부비에가 숨가쁜 웃음을 띠며 계속 말했다. "그놈들은 우리를 민족주의적 전쟁에 몰아넣으려고 하나 봐! 한 달도 안 돼서 내란이 일어나리라는 것을 전혀 눈치도 못 채고 있어!"

"그리고 두 달 안에 혁명이야!" 하고 라투르가 외쳤다.

자크는 태연하게 물었다.

"자네들도 동원에 응할 작정인가?"

"그럼! 이런 기회를 놓칠 수 없지!"

"자네는?" 하고 자크는 파제스를 향해 물었다.

"물론!"

그의 얼굴에서는 여느 때와 같은 표정을 찾아볼 수가 없었다. 그의 목소리는 신경질적으로 높아지고 있었다. 마치 취한 사람처럼 보였다.

"이번 전쟁이야말로" 하며 파제스가 말을 이었다. "우리의 잘못 때문에 막지 못한 것이 아니야! 막으려야 막을 수도 없었어. 이것은 사실이야……. 스스로 자멸해 가고 있다는 것을 전혀 눈치채지 못하는 이런 병든 사회는 적어도 이번 전쟁을 계기로 앞으로는 사라졌으면 싶어. 스스로 부른 이 재난에서 자본주의가 살아남지 못하게 하는 것은 오로지 우리에게 달려 있어! 이번 전쟁이 적어도 사회발전에 기여했으면 하는데! 인류에 이바지하고! 이것이 마지막 전쟁이었으면 해! 해방전쟁이 됐으면 해!"

"전쟁에는 전쟁으로 맞서는 거야!" 하고 누군가가 소리쳤다.

"드디어 전쟁에 나가는 거야" 하고 오델이 외쳤다. "그러나 어디까지나 혁명투사로서 결정적인 무장해제와 민중해방을 위해 싸우는 거야!"

브리앙과 너무나 닮았으므로 (열띠고 신중한 투로 떨리는 그 목소리까지 브리앙과 똑같다고 해서) 언제나 사람들의 주의를 끌었던 우체국 직원 에라르가 천천히 이렇게 말했다.

"그래! …… 몇천 몇만의 무고한 사람들이 이제부터 희생될 거야! 끔찍한 일이야! 그러나 이렇게 잔혹한 일을 받아들이도록 할 수 있는 유일한 길은 우리가 미래를 위해 몸을 바치고 있다고 생각하는 것이지! 이런 피의 세계에서 돌아오는 자들은 모두가 다시 태어나는 자들이 될 거야……. 그들의 눈앞에는 오직 폐허밖에는 아무것도 남지 않을 거야. 그리고 그들은 그런 폐허 위에다 마침내 새로운 사회를 건설할 테지!"

자크 뒤에 있던 제니는 그의 어깨가 떨리고 있는 것을 보았다. 그녀는 자크가 토론에 끼어들 것이라고 생각했다. 그러나 자크는 아무 말도 하지 않고 그녀 쪽을 돌아보았다. 제니는 그의 표정이 바뀐 것을 보고 깜짝 놀랐다. 자크는 또다시 제니의 팔을 잡았다. 그리고 제니를 껴안다시피 하고 무리 곁을 떠났다. 자크에게는 제니가 같이 와 준 것이 기뻤다. 고독감을 이겨내기에 덜 고통스러웠기 때문이다. '그렇다' 하고 그는 생각했다. '그렇다! ……진심으로 부정하는 것을 받아들이기보다는 오히려 죽음을 택하는 것이다! 신념을 포기하는 것보다는 죽는 편이 낫다!'

"듣고 있었어?" 하고 자크는 잠시 생각에 잠겼다가 제니에게 물었다. "나는 이제 저런 자들은 인정하지 않겠어."

때마침, 철책 앞에서 토론하는 동안 아무 말도 하지 않고 있던 푸즈롤이 그들 뒤에서 따라잡았다.

"자네가 말한 대로야" 하고 그는 다짜고짜 말했다. 그리고 자기 말을 들어 달라고 하면서 두 사람이 걸어가는 것을 억지로 막았다. "나는 나 자신의 신념에 충실하기 위해 도망치려고까지 했어. 그런데 알다시피! ……만일 그렇게 할 경우 나는 그것이 겁이 나서가 아니라 신념에 따라 했다는 확신이 아무래도 들 것 같지 않아. 왜냐하면 사실 나는 끔찍이 겁이 많으니까……. 그래서 어리석은 짓인 줄 알지만 저자들과 마찬가지로 떠날 거야……."

그는 자크의 대답을 기다리지 않고 당당한 걸음걸이로 물러갔다.

"아마 저런 패거리들이 많을 거야……" 하고 자크는 꿈을 꾸듯이 중얼거렸다.

둘은 부르고뉴 거리를 지나 센 강가로 나가기 위해 팔레부르봉을 따라 걸어갔다.

"나를 가슴 아프게 하는 것이 무엇인지 알아?" 하고 자크는 잠시 침묵을 지키다가 말했다. "그것은 저들의 눈길, 저들의 목소리, 저들의 움직임에서 엿볼 수 있는 어떤 무의식적인 희열이야……. 이런 생각을 갖게 할 정도야. '만일 오늘밤에라도 문제가 해결되어서 동원이 해제된다고 하면 저자들의 첫 반응은 실망하는 것이 아닐까? ……그리고 무엇보다도 실망을 안겨 주는 것은" 하면서 자크는 계속했다. "그것은 그들이 모든 정열을 저런 식으로 전쟁에 쏟고 있다는 사실이야! ……저런 용기, 죽음을 아무렇지 않게 생각하는 저런 마음가짐! '헛되이' 쓰는 그런 모든 정신력의 백분의 일이라도 시기를 놓치지 말고 모두가 마음을 합해서 평화를 위한 일에 썼더라면 전쟁은 충분히 막을 수 있었을 텐데……."

콩코르드 다리 위에서 그들은 스테파니와 마주쳤다. 스테파니는 날카로운 코 위에 커다란 안경을 쓰고 고개를 숙이고 혼자 걸어오고 있었다. 그 역시 회담 결과를 알기 위해 바삐 오는 길이었다.

자크는 그에게 회담은 멈추었지만 곧 〈위마니테〉사에서 다시 이어질 것이라고 일러 주었다.

"그렇다면 신문사에 돌아가겠어" 하고 말하면서 스테파니는 발길을 돌렸다.

자크는 침울해 있었다. 그는 아무 말도 없이 몇 걸음 걸었다. 그러고는 무를랑의 예언을 떠올리면서 스테파니를 팔꿈치로 툭 쳤다.

"끝이야. 이제 더 이상 사회주의자 같은 것은 없어. 있는 것은 '사회주의적 극단적인 애국자'뿐이야."

"왜 그런 말을 하지?"

"모두가 나가기로 마음먹었다는 것을 나는 알고 있어……. 조국이 위기에 처해 있다는 새로운 신화를 위해 혁명적 이상을 버림으로써 그들은 자신들의 양심에 충실한 것으로 믿고 있는 거야! 전쟁 반대를 가장 격렬하게 외치던 자들이 지금에 와서는 또 가장 열심히 전쟁하기 위해 동분서주하고 있어! ……쥐믈렝 ……파제스 ……모두가! ……심지어는 늙은 라브까지도, 여차하면 뛰어들 채비를 하고 있어!"

"라브가?" 하고 스테파니가 이해를 못하겠다는 듯이 되풀이했다. 그러면서도 그는 계속해서 말했다.

"별로 놀라운 일은 아니야……. 카디외도 나가니까. 게다가 베르테와 주르당도. 그자들은 어제부터 벌써 군대수첩을 주머니에 지니고 있어……. 갈로조차 근시인데도 병참부에서 빼돌려 최전선으로 갈 수 있도록 육군성과 협상해 달라고 게드에게 부탁했다니까!"

"당은 완전히 마비되어 버렸어" 하고 자크가 침통한 투로 결론을 내렸다.

"당이? 그렇지 않을지도 몰라. 그러나 당수를 잃은 것은 분명히 전쟁에 맞서는 데 있어서 방해요소야."

자크는 동지애를 느끼면서 스테파니 쪽으로 가까이 갔다.

"자네도 조레스가 아직 살아 있었더라면 하고 생각하겠지……?"

"물론, 그는 우리와 뜻을 같이 했을 거야! 아니 그보다는 당 전체가 그와 뜻을 같이 했겠지! ……뒤노아 그 친구가 옳은 소리를 했어. '사회주의 정신은 갈라지지 않을 것'이라고."

세 사람은 말없이 콩코르드 광장을 건너갔다. 자동차가 한 대도 보이지 않는 광장의 정경은 그 어느 때보다도 넓고 환한 것 같았다. 신경질적인 스테파니의 얼굴은 끊임없이 경련에 떨고 있었다.

갑자기 스테파니가 걸음을 멈추었다. 가로등 불이 그의 긴 얼굴 위의 이상한 기복을 두드러지게 했다. 깊은 그림자를 띤 눈구멍 위에는 이따금 안경의 그늘이 번쩍이고 있었다.

"조레스?" 하고 스테파니가 말했다(그 이름을 말하면서 마치 노래를 부르는 것 같은 남프랑스 억양의 그의 목소리가 어찌나 다정하고 또 절망적인 투를 띠었던지 자크는 목이 메어올 정도로 감동했다). "지난 목요일 브뤼셀을 떠나면서 그가 내 앞에서 뭐라고 말했는지 알아? 마침 위스망도 암스테르담으로 떠나면서 조레스에게 작별인사를 했어. 보스는 느닷없이 그를 노려보면서 이렇게 말했어. '위스망, 내 말을 명심하게. 만일 전쟁이 터지면 끝까지 인터내셔널을 지켜 주기 바라네! 동료들이 자네더러 분쟁에 끼어들기를 부탁해도 절대로 그렇게 해서는 안 되네. 인터내셔널을 지켜야 하네! 그리고 만일 나, 조레스가 자네에게 교전국 어느 쪽이든지 편을 들기를 부탁해도 위스망, 결코 말을 들어서는 안 되네! 어떠한 일이 있어도 꼭 인터내셔널을 지켜야 하네!'"

자크는 완전히 흥분해 외쳤다.

"그래! 비록 우리의 숫자가 10명밖에 안 되더라도! 비록 우리 숫자가 둘밖에 안 되더라도! 어떤 일이 있어도 인터내셔널을 지켜야 해!" 그의 목소리는 떨리고 있었다. 제니는 감격한 나머지 몸을 떨면서 그의 곁으로 다가섰다. 그러나 자크는 그것을 알아차리지 못한 것 같았다. 그는 맹세라도 하듯이 다시 한 번 되풀이했다. "인터내셔널을 지키는 거야!"

'그러나 어떻게?' 하고 그는 생각했다. 그리고 자기 혼자 어둠속으로 가라앉는 것 같은 느낌이 들었다.

자크와 제니가 〈위마니테〉사의 편집실에서 나왔을 때는 이미 자정이 지나고 있었다. 그날 밤 거기에는 많은 투사들이 정보를 알려고 몰려왔었다. 자크는 별로 희망을 가지고 있지 않았지만 독일대표와의 회담 결과를 모른 채로는 돌아가고 싶지 않았다. 자크는 핼쑥해진 제니의 얼굴을 보는 것이 괴로워 곧 뒤쫓아갈 테니 먼저 집에 돌아가 쉬기를 여러 번 간청하다시피 했다. 그러나 그때마다 그녀는 거절했다. 마침내 갈로가 20명쯤 되는 다른 사회주의자들과 함께, 둘이 있던 스테파니의 사무실로 들어와 회담이 끝나간다는 것을 알려 주었다. 뮐러도 드망도 시간에 쫓기고 있었다. 벨기에행 마지막 민간열차를 타려면 북부역까지 서둘러 가야만 겨우 탈 수 있을 정도였다. 자크와 제니는 그들 둘이 모리제의 안내를 받아 복도를 지나는 모습을 보았다. 의원현장을 두른 카쉥이 두 사람의 출발을 돕기 위해 역까지 배웅하기로 되어 있었다. 그렇지만 뮐러가 벨기에 국경을 통과할 수 있을지는 미지수였다.

갈로는 질문공세를 받고 텁수룩한 머리를 화가 난 듯이 흔들고 있었다. 마침내 그의 입을 통해 자세한 이야기를 들을 수 있었다. 결국 프랑스와 독일 사회당 사이의 최후의 절충은 어떠한 결론에도 이르지 못했다는 것이다. 6시간에 걸친 진지한 토의의 결과는 프랑스와 독일 두 나라의 사회당 의원은 비록 전비(戰費)의 승인에 반대는 하지 않더라도 적어도 찬성 투표만은 삼가자는 결의를 그나마 미온적으로 밝히는 데 그쳤다. 그리고 '불안정한 사태에 따라 더 이상 명확한 약속은 삼간다'는 가소로운 결론을 내리고 헤어졌다는 것이다.

이것으로 모든 것은 끝장나고 말았다. 범국가적 연대의식이라는 신조도 한낱 속임수에 지나지 않았던 것이다.

자크는 제니 쪽으로 눈을 돌렸다. 그것은 마치 자신이 느끼고 있는 절망에서 벗어나기 위해 그녀에게서 어떤 구원이라도 찾아보려는 것 같은 태도였다. 제니는 무릎 위에 손을 놓고, 등을 탁자에 기댄 채 좀 떨어진 의자에 앉아 있었다. 천장의 전깃불은 그녀의 옆얼굴을 비스듬히 비치며, 광대뼈와 눈꺼풀 밑에 그늘을 만들었다. 되도록 눈을 크게 뜨고 있으려고 했으므로 동공은 크게 열려 있었다. 그런 제니를 안아 주고, 그런 나약함을 달래며 고이 잠들게 해 줄 수 있다면……. 오늘밤 자크에게는 세상 사람들에 대해서 가지고 있는 동정심보다 자기에게 유일한 것으로 생각되는 연약하고 지쳐 있는 제니에 대한 연민의 정이 열 배나 더 컸던 것이다.

자크는 제니 곁으로 걸어가 그녀를 부축하여 일으킨 다음 아무 말도 없이 밖으로 데리고 나왔다.

마침내! 그녀는 자크보다 먼저 계단을 뛰어 내려갔다. 피곤한 것도 잊고 있었다. 그리고 둘이 인도 위에 섰을 때, 그리고 자크가 타는 듯한 손으로 자신의 허리를 슬그머니 감싸는 것을 느꼈을 때 흐뭇한 가운데 그와는 서로 떨어질 수 없는 불가분의 사이라는 느낌을 넘어 무언가 불안하고 두렵게 느껴지는 아주 새로운 그 무엇이 엄습함을 문득 느꼈다. 그리고 그 격렬함 때문에 피가 관자놀이까지 몰려와 제니는 비틀거리며 손을 이마에 갖다 댔다.

"아주 피곤해 있군" 하고 자크가 놀란 듯이 중얼거렸다. "어떻게 하면 좋을까? 오늘밤엔 차라고는 한 대도 보이지 않으니……."

두 사람은 지치고 흥분한 몸을 서로 바싹 붙인 채 어둠속에서 걷기 시작했다.

길거리에는 아직도 많은 사람들의 모습이 보였다. 곳곳에 경찰과 근위병들이 작은 무리를 지어 경계하는 모습이 눈에 띄었다.

노트르담 데 빅투아르 광장까지 왔을 때 그들은 성당의 문이 활짝 열려 있는 것을 보고 깜짝 놀랐다. 둘은 가까이 가보았다. 중앙홀은 어둡고 기이한 동굴처럼 움푹 들어가 있었다. 그러나 무수한 삼각 촛대가 환하게 비치고 있어서 반원형의 뒤쪽은 마치 타오르는 덤불숲(신이 모세에게 모습을 나타낸 가시덤불) 그대로였다. 이렇게 늦은 시간인데도 기둥과 기둥 사이에는 조용히 기도를 드리는 사람들의 모습으로 꽉 차 있었다. 참회실 주변에는 젊은이들이 무릎을 꿇고 자기 차례를 기다리고 있었다. 자크는 호기심에 끌리기도 했지만, 또 한편으로는 이런 시간에 혼잡할 정도로 대중의 신앙이 열렬한 것에 자신도 모르게 감동되어 잠시 안에 들어가 보고 싶은 생각이 들었다. 그러나 제니는 반대를 하며 그를 붙잡았다. 그녀의 마음속에 있는 3세기에 걸친 신교도의 피가 성대한 의식—우상숭배—가톨릭적인 것에 저항감을 느끼게 했던 것이다…….

둘은 자신들의 인상을 서로 이야기하지도 않고 계속 길을 걸었다.

제니는 더욱더 피로에 지쳐 자크의 팔에 매달리다시피 해서 걸어갔다. 그러다가 그녀는 까닭없이 자크의 손을 잡고 그 손에 자신의 볼을 갖다 대었다. 자크는 깜짝 놀라 우뚝 섰다. 그리고 주위를 한 번 살펴본 다음에 제니를 어떤 집 문 구석으로 밀고 가서 꼭 껴안았다. '이제야!' 하고 제니는 생각했다. 두 입술이 포개졌다. 제니는 이제 그에게서 입술을 떼려고 하지 않았다. 몇 시간 전부터 그녀는 이 키스를 기다렸던 것이다. 제니는 눈을 감았다. 그리고 몸을 떨면서 그가 하는 대로 몸을 내맡겼다.

그들은 중앙시장을 가로질러 생미셸 거리로 올라갔다. 마침 상원의 큰 시계가 1시 30분을 가리키고 있었다. 오가는 보행자들도 아까보다는 뜸해졌다. 그러나 파리의 사방 문으로 통하는 간선도로에는 징빌된 우마차며, 고삐에 의해 끌려가는 말의 행렬이며, 군인들이 운전하고 가는 자동차들이며, 어디론지 알 수 없는 목적지를 향해 묵묵히 이동해 가는 군대 등의 행렬이 꼬리에 꼬리를 물고 차도 위를 지나가고 있었다. 오늘밤에야말로 유럽에는 휴식이라는 것이 있을 수 없었다.

둘은 천천히 걸어갔다. 제니는 다리를 절며 걷고 있었다. 그리고 한쪽 발이 구두 뒤축 때문에 까진 것을 말하지 않을 수 없었다. 자크는 제니가 좀더 자기에게 기대기를 바랐다. 그는 제니를 부축해서 거의 안다시피 했다. 제니는 그 때문에 자존심이 몹시 상했다. 집에 가까이 갈수록 그들의 초조한 마음속에는 무언가 막연한 불안이 뒤얽히곤 했다. 그들은 서로가 육체적으로 그리고 정신적으로 버틸 수 있는 한계점에 와 있다는 것을 느꼈다. 그러나 이런 피로와 불안 속에서도 기쁨의 불길이 집요하게 타오르고 있었다.

방의 전깃불을 켜면서 제니가 얼핏 눈여겨본 것은 최근 며칠동안 집에 들어올 때마다 그러했듯이 집 지키는 아주머니가 빈에서 온 편지를 문 밑으로 밀어넣었는지를 확인하는 일이었다. 아무것도 없었다. 그녀의 마음은 초조해졌다. 둘이서 출발하기 전에 어머니의 소식을 받을 가능성은 이젠 없다.

"스위스와 오스트리아 사이의 통신만이라도 평상시대로라면 좋을 텐데" 하고 그녀는 중얼거렸다. 이제 그녀에게는 그 길만이 유일한 희망이었다.

"제네바에 도착하는 대로 영사관에 가도록 할게" 하고 자크가 약속했다. 그들은 각자 머리에서 떠나지 않는 어젯밤의 추억에 사로잡힌 채 지친 얼굴에 겁먹은 눈초리를 하고 있었다. 그리고 이렇게 환한 불빛 아래에 단둘이 있게 된 것이 갑자기 어색한 느낌이라도 들었던지 현관에 서서 미적거렸다.

"자" 하고 자크가 말했다. 그러나 그렇게 말한 대로 움직이지 않았다. 그는 기계적으로 몸을 구부려서 떨어져 있는 신문을 주워 천천히 접은 다음 작은 테이블 위에 놓았다.

"목이 말라 죽을 지경이야" 하고 그는 경쾌하지만 어딘가 좀 어색한 태도로 말했다. "당신은?"

"나도."

부엌에는 그들이 점심때 먹다가 남긴 음식이 식탁 위에 그대로 놓여 있었다.

"조촐한 우리의 저녁식사군" 하고 자크가 말했다.

그는 물이 차가워질 때까지 수돗물을 틀어놓았다. 그리고 가장 가까운 의자에 앉아 있는 제니에게 컵을 내밀었다. 그녀는 몇 모금 마신 다음 눈길을 돌리면서 컵을 건넸다. 자신의 입술이 방금 닿았던 곳에 자크가 자기 입을 가져다 댈 것이 틀림없었기 때문이다……. 자크는 연거푸 물을 두 컵 마시고는 만족한 듯이 트림을 했다. 그리고 나서 제니에게로 왔다. 그는 두 손으로 제니의 얼굴을 감쌌다. 그리고 몸을 수그렸다…… 그러나 그는 얼굴을 바싹대고 한참동안 그대로 바라보는 것으로 그쳤다. 그리고 나서 아주 부드러운 목소리로 말했다.

"가엾은 제니…… 이미 밤도 깊었어……. 당신은 퍽 지쳐 있어……. 그리고 내일 밤은 긴 여행이야……. 가서 실컷 자야 해……, 당신 침대에서" 하고 그는 덧붙였다.

제니는 아무 대답도 하지 않고 어깨를 축 늘어뜨렸다. 자크는 휘청거리는 제니를 억지로 일으켜 부축해 주면서 방문까지 데리고 갔다.

방 안은 어두웠다. 열린 창문을 통해 여름밤의 으스름한 빛만이 스며 들어올 뿐이었다.

"이제 자. 푹 자야 해" 하고 자크는 제니의 귀에다 대고 되풀이했다.

제니는 몸을 잔뜩 긴장하고 있었다. 그리고 그에게 몸을 바싹 붙인 채 문지방에서 움직이지 않았다. 제니는 귓속말처럼 속삭였다.

"저쪽으로……."

'저쪽'이란 다니엘 방의 긴 의자를 두고 하는 말이었다……. 자크는 깊이 한숨을 내쉬었다. 그리고 아무런 대답도 하지 않았다. 제니가 스위스로 같이 가겠다고 했을 때 자크는 이렇게 생각했었다. '제네바에 가서 제니를 내 아내로 삼겠다.' 그런데 비장했던 오늘 하루의 격동이 지나자 보편적인 균형이 깨어지는 것만 같았다. 뜻하지 않은 일이 힘을 발휘하고, 예외적인 것이 마치 당연한 것처럼 되어 버렸다. 이제는 약속 같은 것이 문제가 아니었다…….

자크는 한참동안 자신을 충분히 의식하면서 자기 자신과 싸웠다. 그는 제니 곁을 떠나면서 가만히 그녀를 바라보았다.

제니는 맑은 눈길을 자크 쪽으로 보냈다. 지금 똑같은 동요, 심각하고 순수한 즐거움이 두 사람의 마음을 억누르고 있었다.

"그러지" 하고 자크가 말했다.

72. 8월 2일 일요일—퐁타냉 부인의 귀가

시간표 상으로는 오후 5시쯤에 도착하기로 되어 있던 생프롱 급행은 11시가 지나서야 겨우 라로슈 역에 도착했다. 간선은 군수품 열차가 통과하는 데 이용하도록 하기 위해 일반열차는 즉시 측선으로 밀려났다. 일반열차는 거의 전부가 낡은 삼등칸으로 편성되어 있고 열 개의 좌석이 있는 칸막이 객실에 열셋에서 열다섯 명의 승객이 들어차 만원을 이루고 있었다. 수없는 조차(操車) 작업 끝에 열차는 새벽 1시가 되어서야 겨우 파리를 향해 떠났다. 그리고 3시에는 추격기병 같은 속도로 므렁 역을 지나가더니 얼마 안 가서 센 강의 다리 위에서 멈추고 말았다. 새벽녘의 우윳빛이 강의 곡선을 희끄무레하게 나타내고 있었다. 아침안개 속에서 깜박거리는 몇 줄기의 불빛이 파리가 가까이 있다는 것을 알려 주었다. 언덕 너머로 차츰 동이 트기 시작했다. 그리고 아래쪽으로 물줄기를 따라 1개 연대가 행군하고 있는 모습과 그 뒤를 긴 행렬의 군 차량이 뒤따르고 있는 것이 눈에 띄었다.

열차는 새벽 4시 30분이 되어서야 헤아릴 수 없는 정차, 부정기적인 출발, 터널 속에서 여러 차례의 대기 끝에 마침내 기적을 울리며 신호마다 서면서 천천히 파리 교외를 가로질러 파리—리옹—지중해 선 역에서 300미터 떨어진 플랫폼도 없는 철로 선상에 멈췄다.

퐁타냉 부인은 철도원의 지시에 따라 자갈 위에 내려 선로를 따라 역의 홀 쪽으로 쫓겨가는 다른 여행객들의 뒤를 따라갔다. 무거운 여행용 가방이 넓적다리에 부딪혀 걸음을 옮길 때마다 그녀를 휘청거리게 했다.

부인은 외국인들을 이탈리아로 보내는 마지막 열차를 타고 전쟁으로 한창 혼란스런 가운데 빈을 떠났던 것이다. 사흘에 걸친 여행이었다. 일곱 번이나 객차를 갈아탔으며, 사흘밤을 꼬박 뜬 눈으로 지냈다. 그러나 그녀는 남편에 대한 고소를 취하고 퐁타냉이라는 이름을 조사보고서에서 지우는 데 성공했다.

붉은 바지를 입은 군인들로 가득 찬 역의 홀 안은 야영지를 방불케 했다. 부인은 역을 빠져나오기까지 걸어서 총대 사이를 교묘히 헤쳐 나와야만 했으며, 보초들이 지키고 있는 문에 막혀 몇 번이고 가던 길을 되돌아와야만 했다. 한시도 머릿속을 떠나지 않는 아들 생각이 이런 병사들 사이에 있다 보니 더욱더 그녀의 가슴을 조여 왔다. 다니엘에게서는 아무런 소식도 없었다. 집에 돌아가면 몇 통의 편지가 와 있겠지. 다니엘! 어떻게 지내고 있을까? 부인은 백척간두에 놓인 조국을 지키기 위해 국경의 풋말 근처에서 멋진 군복을 입고, 반짝이는 철모를 쓰고, 말을 타고 있는 아들의 모습을 그려 보았다……. 주님이 지켜 주시겠지! 아들을 걱정하는 것은 믿음이 약한 탓일지 모른다.

밖에는 택시도 없고 버스도 눈에 띄지 않았다. 걸어서 집에까지 못 갈 것도 없었다. 목적지에 닿는 즐거움이 그녀에게 모든 피로를 잊게 했다. 그렇지만 짐은 어떻게 한담? 수화물보관소 앞에는 벌써 백 명도 더 되는 사람이 줄지어 서 있었다. 하는 수 없이 여행용 가방을 질질 끌면서 역 광장을 건넜다. 그리고 문이 열려 있는 카페를 찾아 냈다. 난잡한 테이블이며 졸린 듯한 보이의 얼굴이며 날이 밝기 시작했는데도 불이 켜진 채로 있는 몇 개의 전등불로 보아 규칙을 무시하고 밤새 영업을 한 것이 틀림없다. 카운터에 있는 젊은 여자는 부인의 상냥한 미소에 마음이 움직였는지 기꺼이 짐을 맡아 주었다. 한숨 돌린 퐁타냉 부인은 옵세르바투아르 거리의 집을 향해 떠났다. 이렇게 해서 그녀는 마침내 고생스러웠던 여행을 끝마치게 된 것이다. 30분 뒤면 집에 가서 차 쟁반을 앞에 두고 제니 옆에 있을 수 있다. 부인은 피곤한 것조차 거의 잊고 있었다.

8월 2일 아침의 파리는 이미 술렁거리고 있었다. 집에 도착한 부인은 집의 큰 문이 닫혀 있는 것을 보고 놀랐다. 시계는 멎어 있었다. 그러나 커튼이 아직 드리워진 집 지키는 아주머니의 방 앞을 지나가면서 5시 30분이 넘지 않았을 것이라고 생각했다. '제니는 자고 있겠지. 분명히 도어 체인을 걸어놓았을 거야' 하고 계단을 오르면서 부인은 생각했다. '현관의 벨 소리는 들을까?'

부인은 벨을 누르기 전에 혹시나 해서 자신의 열쇠로 열고 들어가려고 했다. 문이 열렸다. 자물쇠가 이중으로 잠겨져 있지 않았다.

현관에 들어서자 부인의 눈에 언뜻 들어온 것은 검은색의 남자용 펠트모자였다……. 다니엘의 것인가? 아니야……. 섬뜩했다. 문이란 문은 모두 열린 채로 있었다. 복도 입구까지 두어 걸음 걸어갔다. 저쪽 구석 부엌에는 불이 켜져 있었다……. 꿈을 꾸고 있는 것일까? 어찌된 영문인지 알 수 없었다. 부인은 잠시 벽에 기댔다. 아무 소리도 들리지 않았다. 집 안은 텅 빈 것 같아 보였다. 그런데 이 모자며 켜 있는 전깃불이며…… 문득 강도가 들어온 것이 아닌가 하는 생각도 들었다……. 무심코 복도에서 부엌 쪽으로 걸어갔다. 문이 활짝 열려 있는 다니엘의 방 앞까지 온 부인은 엉겁결에 발길을 멈추고 멍하니 눈을 크게 떴다. 긴 의자 위의 제멋대로 놓여 있는 쿠션 사이에 두 몸뚱아리가 서로 부둥켜안고 있는 것이 아닌가……

순간적으로 도둑이 들어온 것이 아닌가 하는 의구심이 살인사건이 아닌가 하는 생각으로 바뀌었다. 그것도 한순간에 지나지 않았다. 왜냐하면 부인은 얼굴을 맞대고 누워 있는 둘의 얼굴을 알아보았기 때문이다. 잠들어 있는 자크의 품에 제니가 자고 있는 것이 아닌가!

부인은 재빨리 복도 뒤로 몸을 비쳤다. 그리고 마치 심장의 고동소리로 인해 자기가 여기에 있다는 것이 알려지기라도 하는 것처럼 가슴 위에 손을 대고 있었다. 오로지 떠오르는 생각은 달아나자는 일념뿐이었다. 아무것도 모르는 척하기 위해 달아나자! 끔찍한 모욕을 피하기 위해 달아나자. 저 애들의 굴욕과 자신의 모욕을 피하기 위해……

곧 부인은 발소리를 죽여 현관까지 갔다. 당장에라도 쓰러질 것만 같아 거기에 서 있지 않을 수 없었다. 자신이 환각에 사로잡혀 있었던 것이 아닌가 하는 생각까지 들었다. 그러나 그 순간 테이블 가운데에 아무렇게나 놓여 있는 자크의 모자가 또다시 눈에 띄었다. 그것을 본 부인은 몸이 뻣뻣해짐을 느꼈다. 층계참의 문을 조심스럽게 연 다음 소리가 나지 않도록 살며시 다시 닫았다. 그러고 나서 난간에 매달려 한 계단 한 계단 무거운 몸을 이끌고 내려왔다.

이제 어떻게 하면 좋을까? 집 지키는 아주머니의 방문을 두드려 대문을 열게 해서 자기라는 것, 자기가 돌아왔다는 것, 그리고 또다시 급히 나간다는 것을 알려 줄까? ……마침 그녀가 돌아오는 소리에 눈을 떴는지 집 지키는 아주머니는 벌써 일어나 옷을 갈아입는 것 같았다. 커튼 안쪽으로 불이 켜져 있었고, 한길로 향한 문은 열려 있었다. 부인은 눈에 띄지 않고 밖으로 나올 수 있었다.

어디로 갈까? 어디에 가면 쉴 수 있을까?

부인은 차도를 건너 작은 공원으로 들어갔다. 사람 하나 볼 수 없었다. 가장 가까이 있는 벤치에 털썩 주저앉았다.

주위에는 오직 고요함과 상쾌함이 감돌고 있을 뿐이었다. 멀리서 둔탁한 소리가 계속 들려왔다. 그것은 생미셸로(路)를 끊임없이 지나가는 수송차량과 트럭이 내는 소리였다.

퐁타냉 부인은 무슨 소리인지 알고 싶지도 않았다. 집을 비운 사이에 무슨 일이 일어났으며, 어떻게 해서 일이 이렇게까지 되었는지 생각해 보려고도 하지 않았다. 곰곰이 생각해 볼 엄두도 나지 않았다. 그저 계속 '보고만' 있었다. 그녀의 눈앞에 어른거리는 광경은 영락없는 현실이었다. 흐트러진 긴 의자며, 빛이 들어오는 창 밑으로 뻗은 제니의 맨발이며, 딸의 상체를 부둥켜안고 있는 자크의 팔이며, 그리고 둘의 단정치 못한 자세, 자면서도 입술을 맞대고 있는 그들의 축 늘어지고 괴로운 듯하면서도 황홀한 표정……. '그들의 모습은 보기에 얼마나 아름다운가' 하고, 부인은 부끄러움과 두려움에도 불구하고 그렇게 생각할 수밖에 없었다. 부인의 분노, 본능적인 격분에는 벌써 다른 감정, 마음속 깊이 뿌리내린 감정, 곧 다른 사람을 존경하고, 그 운명을 존중하고, 또 다른 사람의 책임을 존중하는 감정이 뒤섞여 있었다.

자크는 잠을 자면서도 집 안에서 무엇인가 움직였다는 것을 직감적으로 안 것일까? 자크는 깜박거리면서 눈을 떴다. 순간 모든 것이 다시 생각났다. 그의 눈길은 자고 있는 제니의 얼굴을 보기 전에 그녀의 벗은 발, 풍만한 가슴, 한쪽 어깨의 곡선 위로 쏠렸다. 입가에 잡힌 주름 위의 슬픈 표정! 가만히 움직이지 않는 얼굴 위의 고통스러운 표정! 고통스러우면서도 평화스러운 표정……. 임종의 고통이 처참했던 죽은 처녀의 얼굴…….

자크는 숨을 죽이고 있었다. 굳은 그녀의 얼굴에서 눈을 뗄 수가 없었다. 사랑스럽다는 감정보다는 연민, 회한, 공포의 감정이 앞서는 것이었다. 그들에게는 지금 하나의 숙명이 무겁게 짓누르고 있었다. 숙명? 아니, 그것과는 다르다. 이렇게 된 것은 자신이 원해서였으며, 오직 자기가 이렇게 되기를 원했기 때문이다. 마치 먹이에 달려들 듯이 언제나 제니에게 덤벼들어 마침내 그녀의 사랑을 얻어 낸 것은 자기 쪽이었다. 더구나 그런 뒤 곧 자취를 감추어 그녀를 절망에 빠지게 했었다. 그런데 이번 여름에 또다시 그녀에게, 다시 마음을 잡고 모든 것을 잊으려고 하는 그녀에게…… 돌이킬 수 없는 일까지 해 버렸다. 일주일 전까지만 해도 제니는 자기 없이도 살 수 있었다. 그러나 지금에 와서는 안 된다. 제니는 자신의 것이 되었다. 자신은 이렇게 제니를 자신의 항적(航蹟) 속으로 끌어들인 것이다. 이 얼마나 무서운 미지의 세계를 향해서인가? ……제니는 이제 자기 없이는 삶에서 아무 맛도 느낄 수 없게 되었다. 그렇다고 자기와 같이 있으면 과연 행복할까? 아니다. 자신도 이 사실을 잘 알고 있다. 앙투안이 했던 말 그대로이다! 자신은 다른 사람에게 행복을 가져다줄 만한 인물이 못 된다.

앙투안…… 자크의 눈은 본능적으로 시계를 찾았다. 형을 역까지 배웅하기로 약속한 것이 오늘 아침이다. 6시 20분 전. 5분 뒤면 일어나야 한다.

열린 창문을 통해 차가 단속적으로 굴러가는 소리가 들려왔다. 자크는 고개를 들었다. 군부대, 수송차량, 포병대의 탄약 보급차 대열이 시가지를 지나가고 있었다. 전쟁은 눈앞에, 그들이 눈뜨기를 기다리고 있었다. 동원 첫날은 8월 2일 일요일이다……. 오늘 아침 전쟁은 모든 사람에게 시작된 것이다!

그는 한쪽 팔꿈치를 괴고 귀를 기울이는가 하면 눈은 똑바로 앞을 바라보며, 이마는 땀에 젖은 채 가만히 있었다. 가끔 그 소리는 뜸해지는 것 같았다. 쇠가 부딪치는 소리 다음에는 가슴을 뭉클하게 하는 정적이 뒤따르곤 했다. 그러나 정적을 뚫고 이따금 새가 펄럭이는 소리 아니면 한길의 가로수 꼭대기에서 불어오는 산들바람 소리가 마치 한숨처럼 들려왔다. 그 뒤에 멀리서 또다시 우울한 소리가 들려왔다. 발을 맞춰 걷는 소리가 점점 가까워지더니, 정적을 누르고 참새소리를 뒤덮으며 모든 것을 압도하면서 점점 커져 갔다.

자크는 제니가 잠에서 깨어날까 봐 살며시 그녀를 들어 올려 두 팔로 안았다. 그들의 살이 맞닿자 그녀는 잠 속에서도 갑자기 몸을 움츠리며 중얼거렸다. "안 돼…… 안 돼……." 제니는 눈을 뜨면서 자크에게 미소를 지어 보였다. 부드러우면서도 겁에 질린 듯한 미소였다. 한편 굳어 있던 눈동자 깊숙한 곳에서 두려움의 빛이 서서히 사라져 갔다. 잠시 그들은 서로 꼭 껴안은 채 꼼짝도 하지 않았다. 이렇게 가만히 열렬히 안고 있으면서 그 둘의 몸은 지난밤의 여러 가지 추억으로 떨고 있었다. 그러나 여러 가지 추억이 똑같은 것은 아니었다……. 자크가 힘차게 다시 껴안았을 때 제니는 사랑의 감미로움을 느끼면서도 또다시 고통을 겪어야 한다는 공포감 때문에 본능적으로 피하려고 했다. 그러나 약한 마음과 자크에 대한 애정에 이끌려, 그리고 흥분과 욕정에 못 이겨 몸을 맡겼다⋯⋯. 대담한 체념—그런 그녀의 태도에는 열정과 즐거움의 빛마저 역력했으므로 자크는 그것을 의심할 정도였다. 그러한 승낙 뒤에 공포와 체념과 자발적인 의지가 숨겨져 있다고는 생각지도 못했던 것이다.

등을 벤치에 기대고, 스커트 위에 두 손을 마주잡고 있는 퐁타냉 부인은 무슨 생각을 할 기력도 없이 가만히 앞을 바라보고 있었다.

시간이 흘렀다. 아침 햇살에 빛나는 공원은 새소리, 푸르름, 꽃들, 그림자를 잔디 위로 길게 늘어뜨리고 있는 몇 개의 흰 조각상과 함께 부인의 주변을 조용한 분위기로 감싸주었다. 급한 걸음걸이로 한길을 비스듬히 가로질러 가는 남자와 여자들은 벤치 위에 축 늘어져 있는 상복차림의 부인을 거들떠보지도 않았다. 나뭇잎에 가려 그녀의 집 창문은 보이지 않았다. 그러나 우거진 나무 밑으로 집의 대문만은 보였다.

그녀는 별안간 머리를 숙여 베일을 내렸다. 지금 막 자크에 뒤이어 제니가 문지방에 나타난 것이 아닌가⋯⋯. 이쪽으로 걸어오지 않는 한 이 정도의 거리라면 그들의 눈에 띄거나 자신을 알아볼 염려는 없었다. 마음을 단단히 먹고 다시 얼굴을 들었을 때 그들은 빠른 걸음으로 뤽상부르 공원 쪽으로 멀어져 간 뒤였다.

부인은 안도의 숨을 내쉬었다. 혈관의 피가 끓어오르는 것 같았다. 그녀는 멍하니 둘의 모습이 사라질 때까지 눈으로 그들의 뒤를 좇았다. 그리고 얼마간 맥을 놓고 그대로 앉아 있었다. 자리에서 일어나자 그녀는 확고한 걸음걸이로—어쨌든 하염없이 기다리던 덕분에 피로는 좀 풀린 편이었다—자기 집으로 걷기 시작했다.

73. 8월 2일 일요일—동원령을 받은 앙투안 출발

"쉬고 있어" 하고 자크가 제니에게 말했다. "나는 형을 역까지 배웅하러 갈 거야. 그리고 무를랑에게 가서 작별인사를 하고 C.G.T.와 〈위마니테〉사에 들를 작정이야. 그런 다음 정오까지는 다시 데리러 올게."

그러나 제니는 그렇게 하려 하지 않았다. 그녀는 오늘 아침 혼자 집에 남아 있지 않기로 결심했던 것이다.

"그렇지만 짐을 꾸려야 하지 않아? 게다가 어제 이야기한 뒤처리는? 우물쭈물 하다가는 오늘밤 떠날 수 없어" 하면서 자크는 제니를 달랬다.

그녀는 전에는 볼 수 없었던 미소, 수줍어 하면서 육감적이고 눈물을 머금은 듯한 미소를 띠었다.

"지금 생각으로는…… 전에 우리가 갔던 라파예트 거리의 작은 공원에 가 볼까 해요. 당신은…… 북부역에서 나오는 길에 거기에서 만났으면 하는데. 아니면 나중에라도 좋아요."

그들은 뤽상부르 공원을 지나 위니베르시테 거리까지 함께 걸어간 다음, 제니는 생 뱅상 드 폴 성당 앞까지 혼자 가서 거기에서 시간 여유를 가지고 자크를 기다리기로 했다. 그녀는 서둘러 옷을 갈아입으러 갔다.

앙투안은 새벽 3시에 안느와 헤어졌다.

그는 어제 저녁 지난날처럼 그녀를 다시 보고 싶은 욕망을 물리칠 수 없었다. 마치 사형수가 특별대우를 받듯이 아무런 환상도 갖지 않고 마지막으로 쓸쓸한 기쁨을 맛보았다. 그러나 막상 헤어지려고 할 때 안느가 보여 준 비통한 절망, 그리고 그 유혹에 굴복했다는 후회 때문에 그는 몸을 떨며 좌절감에 빠졌던 것이다. 집에 돌아온 그는 새벽녘을 서랍정리, 서류소각, 거기에 샬르 씨, 식모들, 베즈 양, 또한 베르뇌이유 거리에 살고 있는 두 고아, 눈치 빠른 서기인 로베르 보나르와 그 동생 등, 여러 사람들에게 보내려고 생각했던 약간의 돈을 봉투에 넣으면서 시간을 보냈다.

(그는 지금까지 틈틈이 그런 사람들의 뒤치다꺼리를 해 왔었다. 그리고 지금과 같은 이런 커다란 혼란의 처음 몇 주일 동안 그런 사람들을 무일푼으로 내버려 두고 싶지 않았던 것이다) 그런 다음 그는 지젤에게 좀더 영국에 있으라고 권고하는 긴 편지를 썼다. 그리고 또 한 통의 편지는 제네바 주소로 자크에게 썼다. ─왜냐하면 어제의 사건으로 미루어 보아 자크가 자기에게 작별인사를 하러 오지 않을 것으로 확신하고 있었기 때문이다. 그는 애정이 담긴 말로 어제 그의 마음을 아프게 해서 미안하며, 종종 소식을 보내 줄 것도 부탁한다는 몇 마디를 썼다.

이런저런 일을 끝낸 다음 예비역 군복을 입기 위해 욕실에 들어갔다. 일단 군복을 입자 마음이 가라앉은 듯했다. 마치 오래 주저하던 일을 단호히 해치운 것 같은 기분이었다.

각반을 매면서 그는 마음속으로 출발전에 해 두고자 했던 여러 가지 일을 두루 생각해 보았다. 아무것도 잊어버린 것은 없었다. 이렇게 모든 것을 확실하게 해 놓으니까 마음이 한결 놓였다. 군의관으로서의 일을 효과적으로 수행하기 위해서는 여러 가지 물품이 모자랄 것이라는 생각이 문득 들었다. 지금까지 매우 정성스럽게 마련해 놓았던 장교용 트렁크 안의 속옷 종류며 개인용품이며 혹시나 해서 가져가려던 책가지 등 대부분의 것을 몽땅 끄집어냈다. 그 대신 찬장 안에 있는 붕대, 찜질약, 핀셋, 주사기, 마취약, 소독제 따위를 가져가기로 했다.

식모 둘은 벌써부터 잠자리에서 일어나 복도를 돌아다니고 있었다(레옹은 이미 파리에 없었다. 입대 전에 노인들을 보러 고향으로 떠난 것이다).

아드리엔느가 식당에 아침 준비가 되었다고 알리러 왔다. 눈은 울어서 충혈되어 있었다. 그리고 앙투안에게 포장을 잘 했으니 닭고기 튀김을 짐 속에 넣어 가져가라고 애원하다시피 했다.

앙투안이 식탁에서 일어나려고 할 때 마침 벨이 울렸다.

그의 얼굴은 약간 파리해졌다가 부드러운 미소로 환해졌다. 자크일까?

아닌게 아니라 자크였다. 그는 문지방에 우뚝 서 있었다. 앙투안은 멋쩍은 듯이 앞으로 다가갔다. 감격한 나머지 목소리가 나오지 않았다. 마치 어제 아무 일도 없었던 것처럼 형제는 말없이 손을 마주 잡았다.

"늦지 않았나 걱정했어" 하고 마침내 자크가 더듬거리며 말했다. "준비는 다 됐어? 나가려던 참이었군."

"그래…… 7시에…… 이제 곧 7시군."

앙투안은 되도록 목소리를 침착하게 하려고 애썼다. 그는 쾌활한 동작으로 군모를 들어 머리에 썼다. 지난번에 입대했을 때보다 머리가 커진 것일까? 아니면 머리카락이 더 길어진 것일까? 머리 위에 얹힌 군모가 우스꽝스러워 보였다. 그는 현관 거울에 비친 자신을 보고는 눈살을 찌푸렸다. 그리고 어색한 솜씨로 허리띠를 매면서 주위를 멍하니 둘러보았다. 자기 집과 시민으로서의 자신의 삶과 자신에게 이별을 고하는 것 같은 느낌이 들었다. 그러나 그의 두 눈은 거울에 비친 무뚝뚝한 자신의 모습으로 끊임없이 되돌아오곤 했다.

　그때 마침 팔을 축 늘어뜨리고 나란히 서 있던 두 식모가 울음을 터뜨렸다. 그는 역정이 났지만 미소를 지어 보이며 두 여인에게 다가가서 손을 잡았다. "자, 자……" 그의 군대식 말투는 어딘가 어색하게 울렸다. 자신도 그것을 눈치챘다. 그는 서둘러 나가려고 자크 쪽을 돌아보았다. "이걸 내리는 것을 도와줄래?"

　형제는 장교용 트렁크의 손잡이를 각자 붙잡고 층계참까지 왔다. 문을 지나다가 트렁크의 모서리가 문에 부딪혀 바른 지 얼마 안 된 바니시 위에 긴 자국을 냈다. 그것을 본 앙투안은 순간 자신도 모르게 얼굴을 찌푸렸지만 바로 못 본 체했다. 자신의 과거와 미래와의 단절을 가장 강렬하게 느낀 것은 바로 이 순간이었을지도 모른다.

　그들은 한 마디의 말도 나누지 않고 3층에서 아래층까지 내려왔다. 징이 박힌 군화를 신은 앙투안의 걸음걸이는 무거워 보였다. 단추를 채운 군복 윗옷과 딱딱한 칼라 때문에 숨이 막힐 것 같았다. 아래층에 내려온 앙투안은 헐떡거리면서 중얼거렸다.

　"바보짓을 했구나. 엘리베이터가 있다는 것을 잊고 있었어."

　그는 택시를 못 잡을 것으로 예상했다. 그래서—운전기사인 빅토르가 오늘 아침부터 트럭 징발을 위해 퓌토에 동원되었기 때문에—자기 차를 타기로 결정했다. 그리고 그 차를 다시 몰고 오도록 하기 위해 이웃에 있는 자동차 수리공장의 늙은 수리공을 데리고 가기로 했다.

　정문 밑의 아치 지붕 아래에서는 흰 옷을 입은 집 지키는 아주머니가 그의 출발을 지켜보고 있었다. 그녀는 훌쩍훌쩍 눈물을 흘리면서 이렇게 말했다.

　"앙투안 씨!"

　앙투안은 그녀에게 쾌활하게 외쳤다.

　"곧 다시 만나요!"

　그리고 나서 그는 운전기사를 차 구석에 타도록 하고 자크를 자기 옆에 앉도록 했다. 그리고 자신이 직접 핸들을 잡았다.

　이미 거리에는 많은 사람들이 오가고 있었다.

　도로의 쓰레기 치우는 일도 엉망이어서 집집마다 문 앞에는 아직 거두어 가지 않은 쓰레기가 어지럽게 널려 있었다.

강변까지 온 차는 군인들이 운전하는 비무장 트럭이나 자동차의 행렬을 통과시키기 위해 오랫동안 멈추어야 했다. 루아얄 다리 위에서 또다시 멈췄다. 차도 가운데서는 길 가는 사람들이 하늘을 쳐다보며 즐거운 듯 모자를 흔들어댔다. 자크는 차창 밖으로 머리를 내밀었다. 엷은 구름이 낀 하늘 위에 마침 여섯 대의 비행기가 낮은 비행으로 삼각형을 이루어 북동쪽으로 비행하고 있었다. 날개 아랫면의 삼색 표시 ^(프랑스를 나타내는 청·백·적의 삼색)가 확실히 보였다.

리볼리 거리에는 양쪽으로 서 있는 구경꾼들 사이를 야전복 차림의 식민지 보병 1개 연대가 군악대도 없이 매우 인상적인 침묵 속에서 발을 맞추어 행진하고 있었다. 말을 탄 대대장이 지나갈 때마다 군중은 모두 모자를 벗었다.

오페라로(路)에는 발코니마다 깃발로 장식되어 있었다. 자동차는 적십자 자동차가 서 있는 옆을 지나 부삽과 곡괭이를 든 작업복 차림의 군인 1개 분대 옆을 지나갔다.

오페라로(路) 광장에서 또다시 멈춰야만 했다. 열 대 정도의 장갑차를 거느린 포병대의 탄약보급차 대열이 바스티유 쪽을 향해 올라가고 있었다. 오페라 극장 옥상에서는 여러 팀의 일꾼들이 '단엽비행기'^(제1차 세계대전 때의 독일 비행기)가 야간 파리 상공에 나타나는 것을 감시하기 위한 탐조등을 설치하고 있었다.

큰 거리에는 경찰관의 정리에도 불구하고 밤 동안 약탈당한 독일계나 오스트리아계 상점 앞에 구경꾼들이 몰려들었다. '보헤미안 크리스탈' 상점 주위에는 유리 파편과 산산이 부서진 거울 조각으로 길이 온통 뒤덮여 있었다. '빈 맥주홀'도 습격을 당한 것 같았다. 구멍이 뚫린 진열대를 통해 깨진 거울이며 부서진 테이블이며 의자 따위가 보였다.

자크는 이런 애국심에 불타는 최초 광란의 표시를 말없이 바라보고 있었다. 그는 흥분한 모습으로 거리와 사람들의 얼굴을 살폈다. 가만히 있을 수만은 없는 심정이었다. 그렇다고 형에게 말할 거리가 있는 것도 아니었다. 게다가 차 구석에 운전기사가 있다는 것도 하나의 구실이 되었다……. 그는 몹시 초조한 마음으로 여러 가지 일을 생각했다. 제니, 어젯밤의 일, 앞으로 둘이서 제네바로 가는 일……. 그리고 그 다음에는? 생각은 언제나 그 문제에 부딪치곤 했다……. 메네스트렐, 대화실…… 그렇다. 어떤 명분이 있어도 두 번 다시 그러한 대기상태의 생활, 허망한 음모, 장황한 논의를 하는 생활을 되풀이해서는 안 된다……. 그러면 어떻게 할까? 투쟁하고 행동하며 모험을 하는 것이다—그런데 과연 저쪽에 가서 그렇게 할 수 있을까? ……
자크는 별안간 몸서리쳤다. 그때까지 천천히 차를 몰던 앙투안은 행인들이
인도 위에는 말할 것도 없고 차도에까지 몰려들었으므로 경적을 울리지 않
을 수 없었다. 그는 얼굴도 돌리지도 않고 한 마디 말도 없이 잠깐 차가 멈
춘 것을 기회로 한 손을 자크의 무릎 위에 올려놓았다. 그러나 자크가 그 애
정어린 태도에 응할 틈도 없이 손은 다시 핸들을 잡았다. 그리고 차는 다시
움직이기 시작했다.

　모뵈주 거리는 아내나 친척들의 환송을 받는 동원된 사람들로 들끓었다.
그들은 빽빽이 열을 지어 정거장을 향해 올라가고 있었다.
　"무척 서두르는군." 자크는 몹시 놀라며 중얼거렸다.
　"그런데" 하고 앙투안이 억지로 웃으면서 빈정거리듯 말했다. "저 패거리
들이 기차를 타려면 반나절 아니 그 이상을 플랫폼에서 꼼짝없이 기다려야
할 거야!"
　'늦지 않게 가려고 하는군' 하고 자크는 생각했다. '처음부터 질서 있는 행
동으로 전쟁을 하려고! 그들은 자신들의 수가 많다는 것, 그리고 자신들이
원하기만 한다면 지배자가 될 수 있다는 것을 깨닫지 못하고 있으니…….'
　밤에 서둘러 만든 나무로 된 방책이 사람들이 역 안으로 넘어오지 못하게
울타리를 이루고 있었는데, 그것을 군인들이 지키고 있었다. 어찌나 혼잡했
던지 자동차로 다가간다는 것은 엄두도 내지 못할 정도였다. 앙투안은 차를
세웠다. 자크는 트렁크 드는 것을 도와 차도를 건넜다. 좁은 입구는 총검을
든 보병 1개 소대가 지키고 있었다. 동원된 사람들만이 울타리 안으로 들어
갈 수 있었다.
　특무상사 하나가 군대수첩을 조사하고 있었다. 그는 눈을 들어 앙투안의
견장을 보고 경례를 했다. 그리고 곧 한 사병을 시켜 '군의관'의 짐을 운반
하도록 했다.
　앙투안은 동생 쪽을 돌아보았다. 둘은 각자 상대편의 눈길에서 똑같은 질
문을 읽었다. '다시 만날 수 있을까?' 그들의 두 눈에는 동시에 눈물이 핑 돌
았다. 둘의 모든 과거, 둘이서 같이 소유하고 있고, 비록 하찮은 것이긴 하
지만 그들만이 가지고 있는 가정의 여러 가지 일이 불현듯 머릿속에 떠올랐

던 것이다. 두 사람은 약속이나 한 듯이 팔을 벌려 어색하게 껴안았다. 자크의 펠트모자가 앙투안의 군모 챙에 부딪쳤다. 둘이서 이렇게 껴안아 본 지도 퍽 오래된 일이었다. 둘 다 어린시절부터의 일을 순간적으로 되새겨 보았다.

그런데 사역 당번병이 와서 트렁크를 잡아 어깨에 둘러메고 걷기 시작했다. 앙투안은 서둘러 동생에게서 물러섰다. 지금 그의 생각은 오직 한 가지밖에 없었다. 사역병의 뒤를 따라가는 일, 그리고 자신의 새로운 생활을 위해 유일한 소유물로 남아 있는 짐을 잃지 않는 일이었다. 그는 이미 동생 쪽은 보지 않았다. 건성으로 손을 내밀어 자크의 손을 잡은 그는 그 손을 꽉 쥐었다. 그리고 나서는 약간 비틀거리면서 인파 속으로 휩쓸려 들어갔다.

눈물이 앞을 가린 채, 계속 몰려오는 사람들에게 밀린 자크는 몇 걸음 비켜섰다. 그리고 방책에 등을 기댔다.

동원된 사람들은 끊임없이 울타리 안으로 하나하나 들어갔다. 그들은 모두 비슷한 또래였다. 모두 젊은 사람들이었다. 또 모두가 버려도 아깝지 않은 헌 옷을 입고 커다란 신발을 신었으며, 모자를 쓰고 있었다. 그리고 하나같이 터질 듯한 가방, 새 배낭을 어깨에 비스듬히 둘러메고 있었는데, 그 속에 들어 있는 빵과 와인병의 가느다란 목이 불쑥 튀어 나온 것이 눈에 띄곤 했다. 대부분의 사람들은 한결같이 무뚝뚝하고 체념한 듯한 표정, 궁지에 몰렸을 때처럼 절망과 공포가 깃든 표정을 하고 있었다. 자크는 그들이 배웅 나온 사람들과 헤어진 다음 군대수첩을 손에 들고 차도를 비스듬히 가로질러 가는 모습을 보고 있었다. 어떤 사람들은 길을 건너다 말고 방금 떠나 온 인도 쪽을 되돌아보기도 했다. 자신들을 줄곧 정신없이 바라보는 길 건너편 남녀의 눈길을 느꼈던지 손짓을 하기도 하고, 때로는 심술궂은 미소를 슬쩍 짓기도 했다. 그러고는 턱을 긴장시키고 똑같이 쥐덫 안으로 들어갔다.

"거기에 있으면 안 돼요! 가시오!"

총을 어깨에 메고 방책을 따라 보초를 서고 있는 현역 군인은 야전복 차림의 가슴이 딱 벌어진 청년이었다. 그의 두툼한 손은 개머리판을 잡고 있었다. 수염을 약간 기르고 있었으며, 그의 눈길은 사람의 시선을 피하는 순박한 데가 있었다. 그리고 임무의 중요성 때문인지 표정이 굳어 있었다.

자크는 하라는 대로 차도 쪽으로 들어섰다.

그의 앞을 고급 승용차 한 대가 지나갔다. 앞 창에는 좁다란 옥양목 띠에

'동원된 자들은 무료 승차'라고 쓴 것이 걸려 있었다. 운전기사는 제복을 입고 있었다. 차 안에는 배낭을 든 대여섯 명의 젊은이로 꽉 차 있었는데 그들은 신병처럼 목청을 다하여 고래고래 소리를 지르고 있었다. "알자스와 로렌이다. 우리에게는 알자스가 필요하다!"

자크가 가까이 간 인도에서는 지금 막 한쌍의 남녀가 작별을 고하는 중이었다. 남자와 여자가 마지막으로 서로의 얼굴을 바라보고 있었다. 어머니 곁에는 네 살쯤 된 사내아이가 장난을 치고 있었다. 치마에 매달려 노래를 부르면서 한 발로 깡충깡충 뛰었다. 남자는 몸을 굽혀 어린아이를 붙잡고 들어올려 키스를 해 주었다. 키스를 어찌나 세게 했던지 어린아이는 미친 듯이 몸부림쳤다. 남자는 어린아이를 땅에 내려놓았다. 여자는 가만히 있으면서 아무 말도 하지 않았다. 앞치마를 두르고 헝클어진 머리에 두 볼은 울어서 얼룩이 진 채 광기어린 두 눈으로 남자를 뚫어지게 바라보고 있었다. 남자는 여자가 자기에게 달려들어 놓아주지 않을까 봐 겁이 난 사람처럼 여자를 껴안으려고도 하지 않고 오히려 뒤로 물러서서 여자를 똑바로 바라보았다. 그러더니 갑자기 몸을 돌려 정거장 쪽으로 뛰어갔다. 여자는 남자를 다시 부른다거나 그의 뒷모습을 눈으로 좇으려고도 하지 않고 몸을 획 돌리더니 도망치듯 뛰어갔다. 여자의 뒤에 질질 끌려가던 어린아이는 무엇에 부딪혀 넘어질 뻔했다. 마침내 그 여자는 어린아이를 팔 끝으로 들어올리고는 발길을 멈추지도 않고 어깨에 메었다. 그리고 황급히 달려갔다. 어쩌면 아무도 없는 집에 한시라도 빨리 가서 문을 잠그고 혼자 목놓아 울고 싶은 심정에서 그런지도 모른다.

가슴이 뭉클해 옴을 느낀 자크는 눈을 돌렸다. 그리고 그는 광장에서 멀리 갔다 되돌아오곤 하면서 목적 없이 우왕좌왕하기 시작했다. 그러나 자신도 모르게 오늘 아침 수없이 많은 고난의 사람들이 마치 숙명적인 모임에 참석이라도 하듯이 인생의 끈을 끊기 위해 모여 들었던 이 비통한 자리에 여전히 되돌아오곤 하는 것이었다. 자크는 슬픔과 용기를 보여 준 그들의 눈길 속에서 자기의 시선과 공감하는 시선이 없나 하고 찾아 보았다. 하나의 눈길, 오직 하나의 눈길이라도 좋다. 비탄에 빠져 있지만 주머니 속에서 두 주먹을 불끈 쥐고, 무력하나마 노여움에 떨고 있는 숨은 분노의 빛을 읽을 수 있는 눈길! 그러나 허사였다! 곳곳에서 여러 모습으로 긴장한 사람들의 모든 얼굴에서는 똑같은 낙담, 똑같이 허망한 고뇌만 찾아볼 수 있을 뿐이었다! 이따금 맹목적인 용맹의 빛이 보이기도 했다. 그러나 여기저기에서 희생을 위한 똑같은 복종, 무의식적이건 또는 소심해서건 간에 똑같은 배신, 똑같은 자포자기밖에 볼 수 없었다! 그래서 자크에게는 이 세상의 모든 자유가 자기 이외에는 어느 누구에게서도 찾아 볼 수 없는 것 같은 생각이 들었다.

이렇게 생각하자 그의 마음은 갑자기 강한 힘과 오만으로 부풀어 올랐다. 그의 신념은 조금도 흔들리지 않았다. 그는 이것을 대중의 무리보다 월등한 것으로 끌어올렸다. 비록 그 자신은 누구 하나 거들떠보지 않는 버림받은 몸이기는 하지만, 허위에 물들고 복종에 몸을 맡기고 있는 이런 민중에 견주면 홀로 이렇게 용감히 반항을 외치는 자신이 그들보다 강하다고 느끼지 않을 수 없었다! 그는 정당하고 올바른 길을 가고 있었던 것이다. 자기 나름대로 정의를 알고 눈에 안 보이는 미래의 힘을 파악하고 있었던 것이다. 평화주의적 이상이 단순히 일시적인 패배를 가져올지는 몰라도 그 위대함을 손상시키거나 그것의 승리를 위협할 수는 없다. 이 세상의 어떤 힘으로도, 오늘 저질러지고 있는 이 잘못은—비록 그것이 몇백만의 희생자로부터 고귀하게, 그리고 침착한 태도로 받아들여지고 있다하더라도 하나의 잘못, 엄청난 잘못임을 부정할 수 없는 것이다!

'이 세상의 어떤 힘도 올바른 사상을 옳지 않다고 할 수는 없다!'라고 자크는 절망과 확신에 도취되어 되풀이했다. '어떠한 속박을 당하더라도, 일시적으로 후퇴하는 일은 있더라도 언젠가는 진실이 명백히 드러나는 날이 올 것이다!'

그러나 이런 혼란 속에서 과연 그 진실이 도움이 될 수 있을까? 자크는 자유로워지고 싶기 때문에 달아나려는 것이다. 그러나 그러한 자유를 자신은 어떻게 하려는 것인가?

지난 며칠동안 혁명에 대한 자신의 미온적인 태도는 어떠한 의욕상실 때문이 아니었는가 하는 생각도 들었다. 그 책임을 제니와의 사랑 탓으로 돌리고 싶은 생각도 들었다. 별안간 제니가 생각났다. 그러면서 1시간 전부터 그렇게도 쉽게 제니를 깡그리 잊고 있었던 자신에 대해 놀라지 않을 수 없었다. 그는 지금 제니가 존재하고 자기를 기다리고 있고, 자기가 심취되어 있는 고독에서 자기를 앗아가려는 것이 원망스러울 정도였다. '그녀가 갑자기 죽기라도 했으면……' 하고 자크는 생각했다. 그리고 한순간 엉뚱한 공상에 사로잡혀 슬픔과 동시에 다시 홀가분한 몸이 된다는 무언가 씁쓸함이 뒤섞인 기분을 맛보았다…….

그러나 그는 지금 생 뱅상 드 폴의 작은 공원 쪽으로 걸음을 재촉하고 있었다. 그러면서 조금전까지 미친 듯이 부인하던 것은 아랑곳없이, 게다가 뉘우치는 기색도 없이 그리운 사랑에 몸부림치며 벌써 미소 짓고 있었다.

앙투안의 자동차가 위니베르시테 거리를 떠난 지 10분도 채 안 되어, 마치 박물관에 진열된 역마차처럼 먼지투성이 지붕 위에 짐을 실을 수 있는 우중충한 구식 짐마차 한 대가 대문 앞에 와서 멈추어 섰다.

마차에서 내린 소녀는 생울타리와 새로 칠한 건물 정면을 멋쩍은 눈으로 바라보았다. 그리고 나이 먹은 마부에게 돈을 치른 다음, 의자에 놓았던 두 개의 손가방을 들고 서둘러 둥근 천장 밑으로 들어섰다.

짧은 겉옷을 걸친 수위 아주머니가 문 앞에 모습을 드러냈다.

"어머나! 지젤 아가씨 아니세요!"

그녀가 어찌나 겁에 질린 두 눈을 하고 있었던지 지젤은 무언가 심상치 않은 일이 기다리고 있다는 것을 직감했다.

"아가씨! 아무도 안 계세요! 앙투안 씨는 지금 막 떠나셨어요!"

"떠나셨다고요?"

"입대하셨답니다!"

지젤은 아무 대답도 하지 않았다. 사랑스러운 그녀의 눈빛, 온순한 동물 같은 그녀의 눈빛이 순식간에 어두워졌다. 그녀는 들고 온 손가방을 발 옆에 내려놓았다. 창백해진 이 혼혈아의 작은 얼굴에는 놀라움이 아주 자연스럽게 새겨지면서 잔주름들이 아롱지는 것 같았다(그녀는 수녀원의 기숙사생들과 여름방학을 지내러 갔던 영국 해변에서 유럽에서 일어나고 있는 사태를 매우 피상적으로 들어왔을 뿐이었다. 그런데 바로 어제 프랑스의 동원이 절박하다는 소식을 신문을 통해 알고 두려운 나머지 누구와 상의도 없이 런던에 들르지도 않고 곧바로 뛰어가 프랑스행 첫 배를 탄 것이다).

"물론 남자분들은 누구나 할 것 없이 모두 소집을 당하셨어요." 수위 아주머니가 설명했다. "레옹은 어제 저녁 떠났습니다. 빅토르도, 집에는 아드리엔느와 클로틸드밖에 없어요."

지젤의 얼굴은 환해졌다. 아드리엔느와 클로틸드! ……천만다행이다! 아직 희망이 있다. 자신을 길러 준 두 식모, 그들은 그녀에게 가족이었다. 자신에게 남은 가족이다……. 그녀는 기운을 내서 몸을 일으켰다. 그리고 손가방을 빼앗다시피 해서 받아든 수위 아주머니 뒤를 따라 엘리베이터 쪽으로 걸어갔다.

"어머나, 모두 변해 버렸군요?" 하고 그녀는 중얼거렸다.

이 하얀 계단, 이 난간……. 불면으로 정신이 몽롱해진 그녀의 머릿속에는 여러 가지의 영상과 추억이 꼬리를 물고 이어졌다. 그런데 옛날 흔적을 찾아보려야 찾아볼 수 없는 변모된 이런 분위기 속에서는 아주 낯선 건물 안에 있는 것보다도 더 소외감을 느끼게 했던 것이다.

그런 지 30분 뒤에 꽃무늬가 있는 무명 가운 차림의 지젤은 두 하녀와 함께 넓은 앙투안의 식당에 앉았다. 그녀 앞에는 어린시절을 생각나게 하는 뜨거운 초콜릿과 버터를 발라서 구운 고기가 놓여 있었다. 식탁에 팔꿈치를 괴고 초콜릿이 들어 있는 찻잔을 스푼으로 저으면서 이 순간적인 안락에 어린아이처럼 몸을 맡기고 있었다. 그녀는 지금까지 한 번도 생기에 넘친 적이 없었다. 모든 행동이 규칙에 의해 제한된 영국 수도원 부속학교 생활은 그녀에게 무엇 하나 새로운 것을 하고 싶다는 생각을 들지 않게 했다.

어깨를 오므린 채 축 늘어진 젖가슴을 하고 긴장이 풀린 표정으로 자신을 내맡기고 있는 지젤의 모습에서 이미 젊음의 매력 같은 것은 찾아볼 수 없었다. 이제는 야성미 넘치는 '니그로' 아가씨가 아니었다. 둔한 몸에 두툼한 입술을 하고, 크고 무표정한 눈길에 노예 종족의 숙명적 굴종에 억눌린 하나의 유색 노예에 지나지 않았다.

지젤의 도착으로 인해 완전히 정신이 나가 있던 두 하녀에게는 뜻하지 않은 기분전환의 기회가 주어진 셈이다. 지젤을 가운데 두고 앉은 두 여인은 우는가 하면 또 웃기도 하면서 서로 질세라 수다를 떨었다. 두 여인은 베즈 아주머니에 관해서 그칠 줄 모르고 이야기를 들려주었다. 여인들은 매달 일요일에 꺼림칙한 것도 있고 해서 '양로원'에 바나나와 캐러멜을 가지고 갔다고 했다. 클로틸드는 노인이 '노망이 났다'는 것을 숨기지 않고 말했다.

지금은 양로원의 하찮은 일 이외에는 어떤 일에도 관심이 없다는 것, 둘이 찾아가도 때로는 뭔가 딴 뜻이 있어서 찾아오는 귀찮은 외부사람 대하듯 퉁명스럽게 맞이한다는 것, 대부분의 경우 트럼프 놀이를 놓치지 않으려고 면회실이 문을 닫기도 전에 미리 둘을 쫓아 버린다는 따위의 이야기를 서슴없이 들려주었다.

지젤은 울어서 부어오른 두 눈을 하고 이 이야기를 듣고 있었다. 그녀는 한숨을 지으며 말했다.

"돌아가기 전에 뵈러 가겠어요."

"돌아가기 전에?"

두 여인은 느닷없이 큰 소리를 질렀다. 둘은 어떻게 해서든지 지젤이 다시 영국으로 돌아가는 것을 말리기로 단단히 마음먹고 있었다. 앙투안 씨가 몇 달은 생활할 만한 돈을 자기들에게 주고 갔다고 일러 주었다. 아드리엔느는 벌써 세 사람의 생활이 어떠할 것인가를 자기 나름대로 그리며 흥겹게 이야기하고 있었다. 그녀는 여러 가지 계획을 들려주면서 지젤을 어리둥절하게 했다. 아드리엔느는 오늘 아침 신문에서 '조국의 방위를 위해 몸을 바치고자 하는 프랑스 여인들에게 보내는 호소'라는 기사를 오려 놓았었다. 몸을 바쳐 나라에 봉사할 수 있는 기회는 얼마든지 있다! 동원된 사람들의 어린아이들을 위한 탁아소, 유아를 위한 유제품 배급소, 구급용 붕대류의 준비작업, 군복 제조를 위한 일 등…… 모두가 국토방위를 위해 헌신할 의무가 있다! 문제는 어떤 일을 선택하는가에 있다고 떠들어 댔다.

지젤은 마음이 움직였던지 미소를 짓고 있었다. 특별히 서둘러 되돌아갈 이유는 없었다. 프랑스에 있으면 확실히 도움이 될 것이다…….

수위 아주머니도 두 하녀도 모두 자크의 이름을 입 밖에 올리려 하지 않았다. 지젤은 자크가 스위스에 있는 줄로만 알고 있었다. 그래서 물어보려고 하지도 않았다. 이틀이 지난 뒤에 클로틸드가 수다를 떨다가, 그녀가 파리에 도착하던 날 자크는 파리에 있었다고 했을 때에야 비로소 그 사실을 알게 된 것이다. 그러나 그 사실을 좀더 일찍 알았다고 해서 과연 그를 만날 수 있었을까? 누구 하나 그의 주소를 알고 있는 사람은 없었다. 게다가 그녀 자신도 그를 만나볼 생각이나 했을까?

74. 8월 2일 일요일—자크, 전쟁반대를 위한 투쟁을 결의

자크는 〈레탕다르〉사의 계단을 올라가면서 층계참까지 이르기도 전에 무를랑의 방 앞 흙털개 위에 놓인 우유병을 보고 실망한 듯 이렇게 외쳤다.

"자리에 없구나!"

벨을 눌러 보았으나 아무런 대답도 없었다. 자크는 혹시나 해서 간격을 두고 세 번 노크를 했다.

"누구야?"

"티보."

문이 열렸다. 무를랑은 윗몸은 벗은 채 수염과 머리는 온통 비누투성이가 되어 나왔다.

"실례했네!" 하고 그는 제니가 있는 것을 보고 말했다. "여인을 데리고 온다고 미리 말했으면 좋았을 것을." 그는 발로 문을 밀었다. "들어오게……. 앉아요."

입구 가까운 곳에 짚으로 된 의자가 하나 있었다. 제니는 바로 거기에 앉았다.

창문은 모두 닫혀 있었다. 방 안에는 판지, 풀, 초석, 먼지 냄새가 가득했다. 끈으로 묶은 신문지 다발이 책상, 정원용 벤치, 부서진 나무통 위 곳곳에 쌓여 있었다. 마루 구석의 톱밥이 담긴 접시 옆에는 낡은 가스계량기가 뒹굴고 있었는데, 절단되어 납작해진 가스관이 잘라 버린 나무토막처럼 튀어나와 있었다.

무를랑은 다시 부엌으로 갔다.

"지금 막 돌아왔어. 옷차림이 하도 지저분해서" 하고 그는 수도꼭지 아래에서 재채기를 하면서 멀리서 고함쳤다. 그는 곧 깨끗한 셔츠로 갈아입고 머리를 수건으로 쓱쓱 문지르면서 나타났다. "밤을 밖에서 지냈어. 바보같이 말이야……. 겁쟁이처럼……. 알다시피 동원이란 내 경우에는 말하자면 가택수색이며 검거야……. 가택수색 같으면 아무 때고 오라지. 아무것도 없으니까. 미리 대비해 놓았거든. 하지만 검거라면 좀 기다려줬으면 해……. 뭐, 끌려가는 것이 그렇게 무서운 건 아니야." 그는 장난기어린 눈길로 제니를 바라보며 말했다. "구치소에 있던 몇 달만큼 마음이 편안해 본 적이 없으니까……. 구치소가 없었다면 아마 나는 책을 생각하거나 책을 쓰겠다는 생각은 아예 할 틈도 없었을 거야······ 그건 그렇고, 가장 먼저 잡히는 무리에는 끼고 싶지 않았어! ······어제 '병아리들'(경찰을
뜻함) 이 사방을 샅샅이 뒤졌어. 퓌터의 집, 젤파의 집······ 〈에그랑틴느〉(들장미
라는 뜻) 사까지 말이야. 찾아낸 것은 별로 없어. 고작해야 피에르 마르탱의 선언문뿐. '양식에 호소한다'라는 그것 말이야, 알고 있지? 마침 동료들이 인쇄소에 쌓아두었던 것을 꺼내려는 순간 덮쳤어. 그런데 크레스, 로베르 크레스란, 〈라 비 우브리에르〉(노동자의 생활
이라는 뜻) 사의 그자 말이야, 병역면제를 받아 한 번도 군대에 들어가본 적이 없는 청년이야. 그자가 반군국주의 삐라를 썼다고 고발당해 끌려가 감금되어 있는 것 같아. 그리고 지금 제1차 신체검사를 기다리고 있는데 검사 뒤에는 최전선으로 가게 되는 모양이야······ 어제 저녁에 그 사실을 들었어. 동호인 여러분에게 조심하세요! 뭐, 이런 거지. ······한 마디로 붙잡힌다는 것은 어리석은 짓이라고 생각했으므로 나는 도망친 거야······."

"그래서?"

"친구들 집에 가면 은신처를 찾으리라고 믿었어. 그런데 천만에 말씀이야! 시롱 집보다는 여기가 더 안전해. 그래서 기요 집에 갔지. 아무도 없는 거야. 고티에의 집도 마찬가지로 아무도 없었어. 라 세이뉴, 모리니, 발롱 집에도 그랬고. 모두들 서둘러 달아난 거야. 나처럼! 그래서 밤새도록 혼자 발길 닿는 대로 떠돌아다녔지. 오늘 아침 뱅센느에서 신문을 사 보고서야 비로소 내가 운이 좋았다는 것을 깨달았어. 그래서 집으로 돌아온 거야. 일은 이렇게 됐어." 그는 눈썹이 덮인 두 눈을 자크 쪽으로 향했다. "자네 신문 보았나?"

"아니."

"아직도?"

무를랑의 눈길은 제니 쪽으로 쏠렸다가 다시 자크 쪽으로 와서 머물렀다. 그는 제니가 있다는 것, 게다가 자크가 동원 다음날 아침 10시에 아직 정보를 모르고 있다는 것 사이에 어떤 관계가 있는가를 찾는 것 같았다. 그는 못에 걸려 있던 검은 작업복 주머니에서 신문 한 뭉치를 꺼냈다. 그리고 오물을 줍듯이 손가락 끝으로 그 가운데 한 장을 꺼내고는 다른 신문은 타일을 깐 바닥 위에 던져 버렸다.

"자, 이봐, 웃을 기분이 나면 웃어봐. 웬만한 일은 참고 견디는 이 몸이지만 이번에는 한 대 얻어맞은 기분이야! 〈르 보네 루주〉(^{붉은 모자}_{라는 뜻})도 그렇고! 메를르와 알메레이다의 신문도 어느덧 푸앵카레 정부의 기관지가 되어 버렸어! 오래 살다 보면 별의별 것을 다 보게 돼! 자 읽어 봐!"

자크는 무를랑이 못에 걸려 있던 작업복을 들고 노기에 차 옷을 팔에 끼우는 동안 낮은 목소리로 읽어 내려갔다.

"……우리는 정부가 블랙리스트를 이용하지 않으리라는 것을 뚜렷하게 말할 수 있다……. 정부는 프랑스 대중, 특히 노동자계급을 믿고 있다. 우리 모두가 아는 것처럼 정부는 평화를 지키기 위해 불가능한 것을 시도해 왔고 지금도 시도하고 있다. 굳은 결의를 가지고 혁명의 뜻을 품은 자들의 명확한 의사표시야말로……."

"굳은 결의를 가지고 혁명의 뜻을 품은 자들이라! ……너절한 놈들!" 하고 무를랑이 투덜거리며 말했다.

"……정부를 완전히 안심시킬 수 있다……. 프랑스 국민은 모두가 자신의 의무를 다할 것이다……. 바로 이것이야말로 정부가 블랙리스트의 이용을 포기함으로써 얻고자 하는 것이다."

"어때? 어떻게 생각해? 나는 이것이 도대체 무엇을 뜻하는지 이해하기 위해 두 번이나 되풀이해 읽어야 했어. 하여간 사실을 확실히 해두어야 해. 말하자면 프랑스의 프롤레타리아는 흔쾌히 그자들의 전쟁을 받아들이고 있는 거야. 그리고 노동자의 반대도 별로 위험한 정도가 아니야. 그래서 정부가 예방 검거를 주춤하는 거야…… 알겠나? 그것은 모든 혁명가들에게 호소하고 상냥하게 귀를 잡으며 '자아, 심술궂은 사람들아, 여러분의 반항도 용서해 주겠소! 그러니까 여러분은 군인으로서의 의무를 다하시오!'라고 하는 거나 같아. 정부는 마치 인정 많은 왕같이 농담하며 블랙리스트 따위를 찢어 버리고 요주의인물을 풀어 주는 거야……. 왜냐하면 요주의인물이래야 별거 아닌 것들이니까, 알겠나?"

무를랑은 웃고 있었다. 늙은 예수 같은 그 얼굴을 찡그리며 내는 호탕하면서도 괴상하고 듣기에 불쾌한 웃음소리에는 무엇인가 섬뜩함을 느끼게 하는 것이 있었다.

"요주의인물, 그런 것은 없어! 이제는 없어! 알겠나? 정부가 이 정도까지 자신만만하게 나오는 것을 보면 혁명파 지도자들이 내무성에 얼마나 확실한 보증을 해 주었는지 알 만할 거야! 전쟁 첫날부터 아무런 위험을 느끼지 않게 이처럼 관대한 태도로 나오는 것을 보면 말이야! 지저분한 것들, 우리를 고스란히 정부에 팔아넘긴 거야! ……흥! 이번에는 좋아. 이것으로 끝장났어! 참모본부가 유리한 입장에 있어! 전쟁을 하러 가는 자들은 어떤 불평도 할 수 없어. 불평을 할 수 있는 자라면 전쟁을 시키는 자들이야!" 그는 헐렁헐렁한 작업복 허리에 뒷짐을 지고 몇 걸음 물러갔다. "그렇지만 말이야!" 하고 그는 갑자기 획 돌아서며 말했다. "나는 그렇게는 생각할 수 없어! 이것으로 일이 끝장났다고는 생각할 수 없단 말이야!"

자크는 소스라쳤다.

"나도 그래요" 하며 자크는 낮은 목소리로 말했다. "속수무책이라고는 생각하지 않아요! 지금이라도!"

"지금이라도!" 하며 무를랑이 메아리처럼 말을 되받았다. "하물며 며칠 뒤, 몇 주일 뒤에 짐승 같은 취급을 받는 불쌍한 그 족속들이 모두 전쟁터의 맛을 알게 되는 날에는 더더구나 그래! ……아, 크로폿킨이 있었더라면……. 아니면 다른 누구라도 좋아. 무엇을 할 것인가를 말해 주고 또 사람들이 귀담아 들을 만한 힘을 가진 어느 누군가가! 동지들은 모두 이 전쟁에 찬성했어. 그들은 속았기 때문이야. 그리고 이번에도 그들의 고지식함을 교묘히 이용했기 때문이야……. 하지만 사소한 계기가 생겨 갑자기 다시 정신을 차리는 날에는 모든 것이 한순간에 뒤바뀔 수 있어!"

자크는 회초리에 맞은 사람처럼 자리에서 벌떡 일어났다.

"뭐라고? ……사소한 계기? 무슨 계기?" 그는 무를랑 쪽으로 걸어갔다. "도대체 당신 생각으로는 사람들이 무엇을 할 수 있다는 겁니까?"

그의 목소리가 이상한 울림을 띠었으므로 제니는 그를 바라보았다. 그리고 공포에 사로잡혀 입을 반쯤 벌린 채 한동안 숨을 죽이고 있었다.

어리둥절한 무를랑은 잠자코 자크를 바라보았다. 자크는 중얼거리듯이 말했다. "무슨 생각을 하는 건데요? 말해 보세요!"

무를랑은 좀 당혹해 하며 어깨를 으쓱했다.

"무슨 생각을 하느냐고? 당치도 않은 바보 같은 생각인지도 몰라……. 이런 거야……. 생각나는 대로 말하자면…… 모든 것이 다 너무나 터무니없어! 그렇더라도 나는 희망을 갖지 않을 수 없어. 어디까지나 희망을 갖고 있으며, 모든 것을 제쳐놓더라도 희망을 계속 갖지 않을 수 없어! ……민중은—상대국의 민중과 마찬가지로 우리 민중도—속은 것이 틀림없어! 누가 알아? 혹시나……."

자크는 무를랑을 뚫어지게 바라보고 있었다.

"혹시나라고요?"

"혹시나…… 글쎄, 어떻게 말하면 좋을지 모르겠군……. 만일 두 나라 군대 사이에 어떤 양심이 번득여서 이렇게 두터운 허위의 벽을 무너뜨릴 수 있다면! 이런 불행한 자들이 갑자기 제정신을 차리고 불을 뿜는 전선을 사이에 두고 모두 똑같이 끌려나왔다는 것을 깨닫게 된다면 모두들 다같이 폭발하는 분노와 반항에 분연히 일어나게 되지 않을까? 그리고 자신들을 끌어낸 그자들에게 등을 돌리게 되지 않을까?"

자크는 눈이 부셔 갑자기 앞이 잘 보이지 않는 것처럼 깜박거렸다. 그리고 눈을 아래로 깔고 제니를 못 본 척하면서 그녀 곁으로 돌아와 앉았다.

잠시 어색한 분위기 속에서 침묵이 흘렀다. 셋이 모두·어렴풋이 느끼기는 했지만 뭐라고 꼬집어 말할 수 없는 일이 일어난 것 같았다.

"그런데 그건 거국적인 공감을 얻고 있어!" 무를랑은 잠시 사이를 두었다가 말했다. "지방에서는 사회당 시의회가 모두 조국의 위기를 선포하고, 국토방위를 부추기며 독일을 문명국가군에서 추방하기로 한다는 의사 일정에 찬성한 거야! 여길 봐!" 하고 그는 아까 마룻바닥에 내던졌던 한 뭉치의 신문을 주우면서 말했다. "이게 C.G.T.의 성명서야. 프랑스의 무산계급에게 고함. C.G.T.가 무엇을 말하려고 하는지 알겠나? 사건이 우리를 전쟁에 몰아넣었다…… 프롤레타리아는 인류를 전쟁의 참화로부터 보호하기 위해 어떤 노력을 계속해야 되는지 일반적으로 충분히 이해하고 있지 못했다……. 다시 말하면 '이제는 별 수 없으니까 체념하고 가서 죽기나 하라지!'라는 식이야……. 이것이 철도종사원 조합에서 낸 선언문이야…… 철도종사원 것이라고! 우리의 철도종사원! 있을 수 있는 일인가 말이야! —이게 오늘 아침 파리 전시가지의 벽에 나붙었어. 동지들! 공동의 위기를 앞에 놓고 오래된 원한은 사라졌다. 사회주의자, 조합주의자, 혁명가 여러분, 여러분은 카이저의 비열한 계략을 타도해야 한다. 그리고 공화국의 부름이 있을 때 여러분은 앞장서서 그 소리에 따라야 한다! ……잠깐, 기다려. ……또 있어. 더 용감한 자의 소리를 들어 봐! 자, 이걸 차분히 들어 봐. 육군장관에게 보내는 공개장…… 서명? 맞춰봐! 귀스타브 에르베라고 서명되어 있어! ……나는 프랑스가 큰 재앙을 피하기 위해 최선을 다한 것으로 사려되므로 특별한 배려에 의해 국경을 향해 출발하는 최초의 보병 연대에 편입할 것을 간곡히 부탁하는 바이다! 자, 이거야! 그래, 이봐! 멋지게 변절했어! 〈라 게르 소시알〉^{(사회투쟁})사의 주필이라는 귀스타브 에르베! 전에는 어떤 국가든 간에 노동자의 피를 한 방울도 흘리게 할 자격이 없다고 부르짖던 귀스타브 에르베가! …… 그런 일이 있었으므로 정부는 아무 탈 없이 책상 서랍 속에 블랙리스트를 넣어 둘 수 있는 거야! 정부는 이렇게 우리의 위대한 혁명적 지도자들을 하나하나 손 안에 넣은 거야!"

누군가가 문을 두드렸다.

"누구야?" 하고 무를랑이 문을 열기 전에 물었다.

"시롱."

들어온 사람은 쉰 살쯤 되어 보이는 남자였다. 납작한 얼굴에 회색수염을 기르고, 벗겨진 넓은 이마와 납작코에 눈과 눈 사이가 무척 떨어져 있고, 빈정거리는 듯한 눈길이었다. 정력적이면서 냉정해 보이는 얼굴이지만 교만한 데가 전혀 없었다.

자크와는 이미 안면이 있는 남자였다. 유일하게 무를랑 집에서 자주 만났던 사람이었다.

조합주의자인데 혁명적 활동 때문에 몇 번이나 형무소 신세를 진 일이 있는 고참 투사인 시롱은 최근 몇 년 동안 운동권에서 떨어져 살고 있었다. 그는 기술을 배우면서 여가가 생기면 팸플릿을 쓰기도 하고 〈레탕다르〉지에 기고하기도 했다. 그리고 무를랑과 마찬가지로 독립행동가의 한 사람으로서 언제나 정신을 똑바로 차리고 있고, 확고한 신념을 가지고 의연하게 스스로를 지키며, 어리석은 일에 대해 엄하고 동료들과의 교유보다 대의명분을 중시하는 사람이었다. 그래서 모든 사람들에게서 존경을 받는가 하면 너무 신중한 태도 때문에 비난을 받기도 하고, 개인적인 재능 때문에 약간 질시의 대상이 되기도 하는 그런 사람 가운데 하나였다.

"앉게나" 하고 무를랑이 말했다. 그러나 비어 있던 의자라고는 제니가 앉아 있는 것밖에 없었다. "그런데 읽어 보았나, 놈들의 신문을?"

시롱은 어깨를 으쓱해 보였다. 그런 그의 태도는 신문 따위는 아무 문제도 아니며, 그가 찾아온 것은 이번 사건 때문이 아니라는 것을 말해 주는 것 같았다.

"오늘밤 '장 바르(카페)'에서 모임이 있어" 하고 그는 무를랑을 바라보며 말했다. "자네에게는 내가 알리기로 했어. 꼭 나와 주었으면 해."

"별로 생각 없어." 무를랑은 퉁명스럽게 말했다. "안 가도 알 만해……."

"그게 문제가 아니야" 하고 시롱이 말을 가로막았다. "나는 갈 거야. 그들에게 말해 줄 것이 있어. 그런데 둘이 아니면 곤란해."

"그렇다면 이야기가 다르지" 하고 무를랑은 갈 뜻을 비췄다. "그럼 도대체 어떤 일이야?"

상대는 얼른 대답을 하지 않았다. 그는 자크와 제니를 바라본 뒤에 창가로 걸어가 창문을 반쯤 연 다음 다시 무를랑 곁으로 돌아왔다.

"여러 가지 해야 할 일이 있는데 아무도 생각하는 것 같지 않아. 우리는 엄청난 궁지에 몰려 있어. 새삼 말할 필요도 없지. 그렇다고 팔짱을 끼고 그놈들에게 완전히 내맡길 수도 없는 노릇이야!"

"설명을 해 봐."

"이런 거야. 만일 사회당과 조합주의 지도자들이 정부에 동조해서 협력하는 것이 좋다고 생각할 경우에는 적어도 그 협력의 대가로 자기들을 대표하는 자들을 위해 어떤 보증을 요구해야 한다고 생각해. 자네 생각은 어떤가? 전쟁은 확실히 하나의 혁명적 상황을 만들어내. 그것을 잘 이용해야 해! 조레스라면 틀림없이 그렇게 했을 거야! 프롤레타리아를 위해 국가로부터 양보를 얻어 냈을 것이 틀림없어……. 그것만이라도 어디야! 전쟁은 모두에게 속박과 희생을 요구해. 대단한 것은 아니지만 이런 처지에 놓이는 노동자들을 위해 최소한의 통제기능은 확보해 주자는 거야! 아직도 조건을 붙일 여지는 있어. 지금 정부는 우리가 필요한 거야. 그러니까 주는 데까지 주자는 거야……. 자네 생각은 어떤가?"

"조건이라고? 예를 든다면?"

"예를 든다면? 정부로 하여금 모든 군수공장을 징발하도록 해서 기업가들이 전쟁터에 죽으러 가는 국민들의 등을 쳐서 엄청난 이익을 얻지 못하게 하는 거야. 그리고 그런 공장을 조합관리 밑에 두는 거야……."

"나쁘지 않군" 하고 무를랑이 중얼거렸다.

"한편 물가상승을 막아야 해. 벌써 곳곳에서 그런 조짐이 보이고 있어. 한 가지 방법밖에 없다고 생각해. 정부가 최저생활에 꼭 필요한 모든 생필품을 압수해서 국가의 저장품으로 하고, 중개업자들과 투기하는 자들을 몰아내어 배급제를 하는 거야……."

"굉장한 시도를 꿈꾸고 있군……."

"기구며 인원이며 모두 다 갖추어져 있어. 이미 움직이고 있는 협동조합을 이용만 하면 돼……. 자네 생각은 어떤가? 물론 이 모든 건 두고 봐야 하겠지만. 그러나 프랑스 전국에 걸쳐, 알제리까지 계엄령이 선포되어 있으니까 욕심 많은 사업가들로부터 약자를 지키기 위해서는 그 계엄령을 이용해야만 해!"

시롱은 자신의 침착한 목소리가 울려 퍼지는 방 안을 왔다 갔다 하고 있었다. 그는 이따금 두 젊은이를 건성으로 슬쩍 바라보곤 했지만 이야기는 무를랑만을 상대로 할 뿐이었다. 아주 매끈한 그의 이마 위에 땀이 방울졌다.

자크는 잠자코 있었다. 표정은 예사롭지 않게 긴장되어 있고 눈빛은 빛나고 있었지만 두 사람의 대화에 귀를 기울이고 있지 않았다. 자신의 여러 가지 상념에 사로잡혀 갈피를 못 잡고 있는 그에게는 시롱이니, 공장이니, 계엄령이니, 국가의 저장품이니 하는 따위는 안중에도 없었다. ……갑자기 두 군대 사이에 무엇인가 양심이 번득여서 두터운 이 허위의 벽을 무너뜨릴 수 있다면! ……이라고 무를랑이 말했지…….

자크는 무를랑이 잠시 말을 멈추는 틈을 이용해서 제니에게 눈짓을 한 다음 자리에서 일어났다.

"벌써 가나?" 하며 무를랑이 물었다. "오늘밤 '장 바르'에 오겠지?" 자크는 꿈에서 깨기라도 한 듯이 보였다.

"나요?" 하며 그는 되물었다. "못 가요. 오늘밤은 외국인 퇴거 마지막 날이에요. 우리 둘은 스위스로 가요……. 작별인사를 하러 왔습니다."

무를랑은 제니를 본 다음 자크를 바라보았다.

"그래? 결심했나? ……스위스에? 그래…… 잘했어……." 그는 갑자기 자신도 모르게 매우 흥분한 것 같아 보였다. "그럼" 하고 그는 퉁명스러운 투로 말했다. "가도록 해. 그런데 그쪽에 가더라도 우리를 위해 일을 잘 해 주기 바라네. 그럼 행운을 비네!"

자크는 흥분된 데다 혼란을 느끼면서 잠시 혼자 있고 싶은 생각에 사로잡혀 어찌할 바를 모르고 있었다.

"그런데, 제니, 정신 똑바로 차리고 내가 하는 말 들어" 하고 둘이 길거리로 나오자마자 자크는 중얼거리듯이 말했다. 그는 제니의 팔을 잡고 그녀 쪽으로 몸을 기울이며 부드럽게 그리고 위엄을 보이면서 말을 계속했다. "당신은 저녁까지 해야 할 일이 많아. 또 당신은 피곤해. 그러니까 집으로 돌아가는 게 좋겠어. 내 말을 들어. 당신은 좀 쉬어야 해…… 벌써 10시 15분이야. 내가 집에까지 데려다 줄게……〈위마니테〉사에는 혼자 가겠어. 그런 다음 당신의 출발을 위한 수속도 알아보아야지. 2시간이면 다 끝날 거야……. 알겠지?"

"네" 하고 제니가 말했다.

그녀는 확실히 참을 수 없는 상태였다. 지쳐 있는 데다가 몸은 열이 나고 죽을 것 같았다. 그녀는 허리가 끊어지는 것 같았지만 작은 공원의 딱딱한 의자에 앉아 오랫동안 기다렸다. 그곳은 자크가 '이 세상의 어느 누구도 내가 당신을 사랑하듯이 나에게서 사랑을 받아본 적이 없어!'라고 말하던 바로 그 장소였다. 고통스러우리 만큼 허탈감에 빠져 있던 그녀는 가깝기도 하면서 이미 먼 옛일과도 같이 되어 버린 그날 밤의 모든 상세한 일들, 또 뒤에 잇달은 매일매일의 일들—그리고 바로 어제 저녁의 충격적이고 기적 같은 일들을 다시 생각했다……. 그리고 2시간이나 기다린 끝에 자크가 계단 위에 모습을 나타냈을 때 제니는 고뇌의 빛에 살기를 띤 그의 얼굴, 멍한 그의 눈길을 보고 두 사람이 정신적으로 하나가 될 수 없음을 깨달았다. 그러면서 그녀는 심한 슬픔을 느끼지 않을 수 없었다. 지금까지 자신이 긴 몽상에 잠겨 있었던 사실을 감히 이야기할 생각도 하지 못하고 다만 앙투안의 출발에 관해 한 이야기에 귀를 기울였을 뿐이었다. 제니는 걸어서 무를랑의 집에까지 끌려갔었다. 그러나 이제는 지칠대로 지쳐 있었다. 자크를 따라 딴 곳으로 간다는 것은 엄두도 못 낼 것 같았다……. 제니는 집에 돌아가 쿠션 사이에 몸을 파묻고 피로에 지친 몸을 달래고 싶은 생각밖에는 없었다.

전차는 아주 뜸해졌다. 그러나 다행히 아직 끊어지지는 않았다. 그들은 걸지 않고 바스티유에서 생미셸로(路)까지 갈 수 있었다. 자크는 옵세르바투아르 거리까지 그녀를 부축해서 걸어갔다. 그들은 문 앞에서 헤어졌다.

"그럼 다녀올게⋯⋯. 1시와 2시 사이에 돌아올 테니까." 자크는 미소를 지으면서 이렇게 말했다. "그리고 둘이 파리에서 마지막 저녁을 먹도록 하자고⋯⋯."

그러나 그가 20미터도 채 못 갔을 때였다. 뒤에서 지금까지 들어보지 못한 비명과도 같은 목소리가 들려오는 것이 아니겠는가.

"자크!" 그는 후다닥 뛰어서 제니 곁으로 왔다. "엄마가 돌아와 있어요!" 제니는 넋이 나간 사람처럼 자크를 바라보았다. "수위 아주머니가 나를 붙잡고 일러 주었는데⋯⋯ 엄마가 오늘 아침에 돌아오셨대요⋯⋯."

둘은 온갖 생각으로 갑자기 정신이 나간 사람들처럼 서로 얼굴을 뚫어지게 바라보았다. 제니의 머리에 얼핏 떠오른 것은 치우지 않고 그대로 나온 어수선한 집 안, 흐트러진 채로 있는 다니엘의 침대, 목욕실 안의 자크의 세면도구 ⋯⋯그녀는 순간 마음을 정했다. 그리고 자크의 팔을 붙들었다.

"따라와요!"

그녀의 얼굴은 냉엄했으며, 속마음을 헤아릴 수 없었다. 그녀는 아무렇지 않은 것처럼 되풀이했다.

"따라와요. 함께 집으로 가요."

"제니!"

"따라오라니까요!" 하고 그녀는 냉담한 말투로 되풀이했다.

제니는 단단히 결심을 한 것 같아 보였다. 자크는 정신이 몹시 혼란스러워진 데다가 마음도 약해져서 아무런 저항도 하지 않고 그녀의 뒤를 따라갔다.

제니는 앞장서서 계단을 재빨리 올라갔다. 조금전까지 느꼈던 피로도 완전히 잊었다. 어차피 이렇게 된 바에 한시라도 빨리 일의 결말을 짓고 싶어 하는 것 같았다.

그러나 층계참에서 열쇠를 열쇳구멍에 넣으려다가 멈추었다. 그녀는 휘청거리고 있었다. 둘은 조용한 가운데 헐떡거리는 서로의 숨소리를 들을 수 있었다. 제니는 아무 말도 하지 않았다. 뻣뻣해진 몸으로 문을 열었다. 그리고 나서 자크의 손목을 붙들더니 꼭 쥐었다. 그리고 그를 이끌고 집 안으로 들어갔다.

75. 8월 2일 일요일―퐁타냉 부인 앞에 선 자크와 제니

퐁타냉 부인은 부부생활을 하면서 가장 고통스러운 때조차 경험한 적이 없는 혼란 속에서 아침나절을 보냈다.

다행히 다니엘의 방문은 닫혀 있었다. 홍차를 끓여 마시려고 부엌에 가지 않았던들 아마 자신이 악몽에 희롱당하고 있지는 않나 하고 생각했을지도 모른다. 그러나 둘의 식기를 알아보았을 때 부인은 본능적으로 눈을 감고 발길을 돌려 그대로 자기 방으로 돌아왔다.

낙담 속에서 보낸 몇 분 뒤에는 마치 몽유병자 같은 열병 증세가 계속되었다. 여행하면서 입었던 옷을 벗고 헌 옷으로 갈아입은 다음 방 안을 정돈하고 별로 대수롭지 않은 일도 정성들여 끝마쳤다. 부인은 어떻게 해서든지 마음을 가라앉히려고 햇볕이 스며드는 덧창 달린 창가의 안락의자에 가서 앉았다. 무슨 일이 있어도 자제력을 되찾아야지. 그러기 위해서는 항상 가지고 다니는 작은 성경책이 필요하지만 여행용 가방 속에 넣어 두었으므로 손 닿는 곳에 없었다. 부인은 선반 위에 있는 아버지의 헌 성경책을 찾으러 갔다. 그것은 검은색 겉표지로 된 묵직하고 두꺼운 성경책으로 퐁타냉 목사가 여백에 표시를 하고 주를 새까맣게 달아놓은 것이었다. 부인은 아무렇게나 펼쳐 읽어 보려고 애썼다. 그러나 굳을 대로 굳어 있는 그녀의 머리에 성경구절이 들어올 리가 없었다. 그녀는 자신도 모르게 일관성 없는 여러 가지 영상과 상념에 빠져들었다. 그러는 가운데 다니엘의 생각이 떠오르는가 하면 빈에서 사업가들과의 일이며, 여행 동안의 고생스러웠던 일이며, 군대로 가득 찼던 여러 곳의 정거장의 기억이 뒤섞여 되살아나곤 했다. 그리고 그런 지리멸렬한 연상 끝에는 줄곧 제니와 자크가 껴안고 잠자던 침대의 광경이 눈에 선하게 떠오르는 것이었다. 가까운 거리를 지나가는 수송차의 소리가 벽을 뒤흔들며 부인의 머릿속에 울려오면서 그녀의 환상을 불길한 반주처럼 뒤덮었다. 부인은 난생처음 대처할 수 없는 갑작스러운 공포에 짓눌리는 것 같았다. 돌풍에 휘말려 끌려가는 느낌, 끔찍한 혼란으로 인해 유럽과 자기 집이 약탈당하고, '악령'이 전세계를 지배하는 그런 느낌에 사로잡혔던 것이다.

부인은 갑자기 옆방 쪽에서 무엇인가 움직이는 소리를 들었다. 뒤이어 복도에서 사람의 발소리가 나는 것을 들었다. 부인의 얼굴이 굳어졌다. 그렇다고 일어날 기력도 없었다. 그냥 윗몸을 일으켜 보았을 뿐이다. 문이 열렸다.

검은 베일을 쓴 유달리 창백해 보이는 제니가 초췌한 모습으로 눈을 부릅뜨고 들어왔다.

꽃무늬가 있는 옷을 입고, 무릎 위에 성경책을 얹은 채, 늘 앉는 그 자리에 아주 침착한 모습으로 자리잡고 있는 어머니를 보는 순간 제니는 깜짝 놀라 어찌할 바를 몰랐다. 지금까지 몇 년 동안이나 잊고 있던 자신의 과거가 눈앞에 아른거리는 것 같았다. 제니는 자기 뒤에서 이러지도 저러지도 못하고 있는 자크는 거들떠볼 생각도 하지 않고 어머니에게로 달려가 두 팔로 어머니를 감싸안았다. 그리고 더 몸을 가깝게 하려고 카펫 위로 몸을 미끄러뜨리며 이마를 어머니 옷에 파묻었다.

"엄마……"

애정과 연민의 마음이 퐁타냉 부인을 순식간에 극도의 불안으로부터 벗어나게 했다. 부인의 마음은 관용으로 가득 찼다. 동시에 자신이 목격한 그 비밀도 하나의 부정한 행위가 아니라 단순히 마음이 약해서 그러했던 것처럼 다른 각도에서 생각하게 되었다. 부인은 다시 찾은 딸을 향해 이미 몸을 구부리고 있었다. 그리고 두 팔로 안아 주며 고백을 들은 다음 실수의 정도를 알아서 이해하고 도와주며 앞으로의 갈 길을 인도해 주려고 했다. 그런데 부인은 깜짝 놀라 숨을 죽였다. 복도의 벽에서 그림자 하나가 움직였던 것이다……. 제니는 혼자가 아니었다! 자크가 거기에 있는 것이 아닌가! 그리고 막 이 자리에 모습을 나타내려 하는 순간이었다! …… 딸의 목덜미에 두었던 부인의 손이 경련을 일으켰다. 그녀는 열린 문을 계속 바라보고 있었다. 몇 초가 지났다. 크레이프 베일에서 참을 수 없을 만큼 역한 냄새가 풍겼다…… . 마침내 자크가 문 앞에 모습을 나타냈다. 퐁타냉 부인의 눈앞에는 다시금 침대의 광경, 실신해 있는 것 같은 둘의 얼굴이 어른거렸다.

부인은 목이 메인 듯하면서도 다분히 질책과 공포의 뜻이 담긴 목소리로 중얼거렸다.

"너희…… 정말 너희……"

자크는 어느새 방 안에 들어와 있었다. 그는 부인 앞에 우뚝 서서 겸연쩍어 하면서도 거만한 태도로 그녀를 바라보았다. 부인은 또렷하게 말했다.

"잘 있었니, 자크."

제니는 재빨리 고개를 치켜들었다. 제니는 미소 짓고 있지는 않았다. 그러나 입을 비죽거리며 표정을 일그러뜨리고 있었으므로 얼굴 위에 무언가 악마의 웃음 같은 것이 엿보였다. 푸른 두 눈동자는 본능을 그대로 드러내고 있다는 느낌을 줄 정도로 전혀 다른 빛, 철면피 같은 빛으로 번득이고 있었다. 제니는 자크를 향해 팔을 뻗으면서 그의 손목을 덥석 붙잡고 세차게 끌어당겼다. 그리고 어머니 쪽을 향해 몸을 돌리며 짐짓 다정한 투로 말했다. 그러나 거기에는 의기양양해 하는가 하면 도전적이며 거의 협박 비슷한 투가 깃들어 있었다.

"엄마, 이분을 다시 만나게 되었어요! 그리고 영원히 같이 있을 거예요!"

퐁타냉 부인은 순간 둘을 차례로 쳐다보았다. 부인은 되도록 미소를 지으려고 했다. 그러나 뜻대로 되지 않았다. 두 입술 사이에서는 자신도 모르게 가벼운 한숨소리가 흘러나왔다.

제니는 어머니를 유심히 바라보았다. 이 한숨소리에서, 놀라워 하면서도 온정에 떨고 있는 어머니의 얼굴에서 제니는 승낙의 표시 같은 것을 읽을 수 있을 것으로 기대했었다. 그런데 그녀의 의심 많은 감수성은 오히려 자기를 한심하게 여기면서 반대하는 빛만을 보았던 것이다. 제니는 그 때문에 발끈했다. 그리고 자식으로서 품고 있는 애정의 깊은 곳까지 상처받은 것으로 여겼다. 제니는 어머니에게서 물러났다. 그리고 재빠른 동작으로 일어나 자크에게로 가서 몸을 기대며 우뚝 섰다. 반항하는 듯한 그녀의 태도며, 흥분해 있는 듯한 그녀의 눈길에는 터무니없고 맹목적이며 뻔뻔스러우리만큼 도전적인 오만함이 엿보였다.

이에 반해 자크는 변함없는 친근감을 가지고 퐁타냉 부인을 바라보고 있었다. 그리고 만일 무슨 말을 해야 한다면 아마 이렇게 말했을 것이 틀림없다. '저는 당신을 이해합니다…… 하지만 당신도 저희를 이해해 주셔야 합니다……'

퐁타냉 부인은 당혹스런 눈길로 둘을 바라보았다. 그녀는 시선을 떨어뜨렸다. 다시금 침대의 광경이 눈앞에 아른거렸기 때문이다……

잠시 침묵이 흘렀다.

드디어 부인은 평상시의 습관대로 자크에게 너그러운 태도를 보였다.

"둘 다 그렇게 서 있지 말고…… 자리에 앉으려무나……."

자크는 제니를 위해 의자를 가까이 가져다주었다. 그리고 자신은 퐁타냉 부인의 지시대로 왼쪽에 앉았다.

간단한 이 몇 마디가 긴장되었던 분위기를 한결 부드럽게 만드는 것 같았다. 단순히 방문을 했을 때처럼 세 사람이 둥글게 자리를 잡자마자 흥분 상태가 가라앉고 정상으로 되돌아온 것 같았다. 자크는 비교적 자연스러운 말투로 침묵을 깨고 부인이 여행에서 돌아오면서 겪은 이런저런 일에 대해 물을 수 있었다.

"그러면 내가 보낸 마지막 편지를 못 받았단 말이니?" 하고 퐁타냉 부인이 제니에게 물었다.

"아무것도. 편지라고는 한 통도. 엄마의 편지는 한 통도 안 왔어요. 이 엽서 말고는. 제일 먼저 부친 엽서. 월요일 빈 역에서 쓴 엽서 말이에요." 제니는 이를 악물고 짤막짤막하게 말했다.

"월요일?" 하고 퐁타냉 부인은 되풀이했다. 여행 동안의 하루하루를 생각해내려고 애쓰면서 부인은 눈을 깜박거렸다. "그렇지만 나는 매일 밤 두 통의 편지를 썼어. 한 통은 너에게, 그리고 한 통은 다니엘에게."

다니엘의 일을 생각한 부인은 새삼 가슴이 찢어지는 것 같았다.

"한 통도 안 왔어요" 하고 제니는 퉁명스레 말했다.

"그럼 다니엘한테서는 소식이 없었니?"

"있었어요. 꼭 한 번."

"지금 어디 있대?"

"뤼네빌을 출발했대요. 그리고 나서는 아무 소식이 없어요."

침묵이 흘렀다. 어색해진 자크는 다시 입을 열었다.

"그런데…… 언제 빈을 떠나셨나요, 부인?"

퐁타냉 부인은 그것을 생각해 내는 데 약간 힘이 들었다.

"목요일" 하고 드디어 부인이 말했다. "그래. 목요일 아침이었군……. 그래도 위테노(이탈리아의 도시)에 도착한 것은 밤이었어. 그리고 다음날 정오가 되어서야 겨우 밀라노를 향해 떠날 수 있었어."

"목요일 아침 오스트리아에서는 이미 베오그라드가 포격당하고 점령됐다는 것을 아셨습니까?"

퐁타냉 부인은 당황한 모습으로 자크를 바라보았다.

"기억이 안 나는데" 하고 부인은 솔직히 말했다. 빈에 체류하는 동안 부인은 오직 남편의 명예를 지키는 일에만 골몰했었다. 그래서 사태가 어떻게 돌아가고 있는지 거의 모르고 있었던 것이다.

'제니는 내가 일처리를 잘 했는지 어쨌는지 물어보려고 하지도 않는구나' 하고 부인은 생각했다. 그리고 딸을 보면서 갑자기 이런 비통한 생각이 떠올랐다. '내가 돌아온 것에 대해 실망하고 있는 것은 아닐까?'

자크는 무엇인가 말을 해야겠기에 계속해서 빈에서의 민심 동향과 시위운동에 관해 물어보았다. 그리고 퐁타냉 부인도 자크와 마찬가지로 이처럼 대수롭지 않은 문제에 매달리면서 되도록 자크가 묻는 말에 대답하려고 했다. 그 길만이 무서운 설명의 시기를 늦출 수 있었기 때문이다. 왜냐하면 세 사람 모두가 그 순간 어떤 형태로건 '설명'하는 것이 절박하며 불가피하다는 것을 계속 생각하고 있었기 때문이다.

자크는 제니를 대화에 끌어들이기라도 하려는 것처럼 계속 제니 쪽을 돌아보았다. 그러나 아무런 반응도 없었다. 제니는 듣고 있는 것 같지 않았다. 뻣뻣이 세운 목이라든가, 야윈 얼굴에 일으키고 있는 경련이라든가, 냉혹하면서 사람의 시선을 피하는 눈길이라든가, 오늘 아침에는 입술을 꼭 다물고 턱을 앞으로 내밀고 있는 태도나 모든 것이 사람들을 기피하려는 마음가짐뿐만 아니라, 뭔가 숨기는 것 같으면서 막힌 태도, 게다가 적의에 찬 긴장까지 보이고 있었다. 등받이가 허리를 제대로 받쳐 주지 않는 의자에 앉아 있다 보니 몸이 괴롭고 신경이 곤두서서 제니는 냉담한 눈길로 방 안을 두리번거리고 있었다. 그러면서 별로 현실감이 나지 않는 무대장치 속의 조연 배우라도 보듯이 이따금 어머니를 힐끗 보곤 했다. 성경책을 손에 들고, 창가의 햇살을 받기 위해 언제나 비스듬히 놓여 있는 벨벳 천이 씌워진 낡은 안락의자에 앉아 있는 퐁타냉 부인의 모습은 마치 태초부터 거기에 앉아 있는 사람 같아 보였다. 그것은 먼 옛날의 추억, 시시각각 서서히 그녀에게서 떨어져 나가는 지나간 과거(그것은 감동적인 장면도 있었지만 특히 짜증스럽게 생각되는 과거)를 상징하고 있었다. 배를 탄 사람들이 작별을 고하기 위해 배웅 나온 친척들과 멀어져 가듯이 안개 속으로 깊이 빠져들어가는 거나 다름없는 과거였다. 제니는 벌써 다른 강기슭을 향해 노를 젓고 있었다. 그리고 출발 준비를 하는 선박처럼 가슴을 졸이며 새로운 생활을 위한 맥박이 고동치는 것을 느꼈다. 만일 이때 자크가 그녀의 팔을 붙잡고 '따라와요. 모든 것을 영원히 버려요'라고 말했다면 그녀는 아마 뒤를 돌아보지도 않고 대뜸 떠나 버렸을지도 모른다.

침묵 속에서 머리맡 탁자 위 제롬과 다니엘의 사진 곁에 놓인 작은 시계가 길게 시간을 알렸다.

자크는 그쪽으로 눈을 돌렸다. 그리고 갑자기 달아나고 싶은 생각이 들어 제니 쪽을 향해 몸을 구부렸다.

"11시군⋯⋯. 나는 슬슬 가 봐야겠어."

둘은 슬쩍 눈길을 주고 받았다. 제니는 동의한다는 뜻으로 고개를 끄덕였다. 그리고 자크보다 먼저 일어났다.

퐁타냉 부인은 가만히 그 둘을 지켜보고 있었다. 부인에게 떠오른 생각은 퍽이나 괴로운 것이었다. 그토록 솔직하고 순수하던 제니가⋯⋯ 전과는 달리 아주 딴사람이 된 것이다! '양심의 가책'을 느끼는 듯하고 사람을 회피하는 태도⋯⋯ 그렇다. 겉으로는 아무렇지도 않은 것 같아 보이지만 지금 이 순간─그들 둘에게서─어쩐지 위선자 같은 모습이 엿보였던 것이다. 둘은 마치 자기들이 예지자이며, 비전을 전수 받은 사람이나 되는 것처럼 어처구니없게 어색하게 거드름을 피우며 서로 얼굴을 마주 보고 있었다. 퐁타냉 부인은 '두 명의 공범자⋯⋯'라고 생각했다. 그 생각은 틀림없었다. 그들 사이에는 각자 심취되어 있는 사랑의 음모가 있었다. 절대적이고 신비스러우며 전례 없이 유일한─그야말로 유일한 사랑의 음모, 마치 자기들 외에는 어느 누구도 그런 사랑의 예외적인 특수성을 이해할 수 없는 것처럼!

제니의 동의에 힘을 얻은 자크는 작별인사를 하기 위해 퐁타냉 부인 곁으로 다가갔다.

부인은 너무나 갑작스런 출발에 완전히 당황해 버렸다. 둘은 이제 더 이상 아무 말도 하지 않고 자기를 혼자 남겨둔 채 가려는 것일까? 자신은 이제 믿을 수 없다는 말인가? 부인은 자기 자신을 납득시키고, 자신에게 상처를 주는 이런 무례까지도 감수하기 위해 노력하고 있었다. 오히려 자기 쪽에서 억지로라도 속내 이야기를 털어놓았어야 하지 않았을까? 그러나 이미 때는 늦었다. 또 그녀에게는 그럴 만한 용기가 없었다. 게다가 피곤하기도 했지만 지금까지 받은 정신적인 충격, 곧 불쾌감과 부당한 행위 때문에 신경이 날카로워져 있었다. 어쩌면 오랜만에 서로 마주 대하는 이 마당에 아무런 변명없이 끝나는 편이 오히려 좋을지도 모른다……. 그러면서도 그녀는 딸을 원망하지 않을 수 없었다. 그러나 지금 더 원망스럽게 여기고 있는 것은 딸의 불륜이라기보다는 오히려 이해할 수 없고 온당치도 않으며 받아들일 수도 없는 그 반항적인 태도였던 것이다! 부인은 자크를 나무랄 생각은 조금도 없었다. 오히려 이번 방문을 통해 호감까지 갖게 되었다. 겁을 먹은 듯하면서 공손하게 나오는 자크의 태도를 보고 무언가 남모를 이해심까지 느꼈다. 그런 자크에게서 부인은 순수한 양심, 저속함이 전혀 없는 내면의 생활을 엿볼 수 있었다. 게다가 그는 다니엘의 친구였던 것이다. 부인은 만일 주님의 뜻이라면 자크를 자식처럼 사랑해 줄 마음의 준비도 되어 있었다.

부인은 자크에 대해서는 원망스런 생각을 갖고 있지 않았다. 그래서 막상 자크의 손을 잡는 순간, 마치 다니엘에게 하듯이 자크를 끌어당겨 '아니 그것보다 꼬옥 껴안아 주려무나, 애야'라고 말하려던 참이었다. 불행히도 그 순간 부인은 제니 쪽을 쳐다보았다. 제니는 두 사람 쪽을 향해 서 있었다. 그리고 증오심이 담긴 날카로운 눈길을 어머니에게 쏟고 있었다. 그러면서 그 눈길은 이렇게 말하는 것 같았다. '그래요, 저는 엄마를 감시하고 있어요. 엄마가 무엇을 하려는지 지켜보고 있어요. 내가 자크를 집에 데리고 들어온 뒤부터 엄마가 과연 어머니다운 태도를 보여 주실 것인지 어떤지 보고 싶어요!' 그래서 부인의 마음은 그 어느 때보다도 노여움으로 불타올랐다. 그녀는 갑자기 자존심이 상했다. 자발적으로 하려던 것을 무언의 협박 같은 것 때문에 하기는 싫다!

부인은 조금전까지 해 줄 마음이 있었던 포옹을 단념하고 대신 자크에게 손을 내밀었다. 그래서 자크만이 악수를 통해서 그녀가 손을 떨고 있고, 감격해 하며, 무언의 동의로써 애정을 보여 주고 있음을 느꼈다.

이것은 한순간에 지나지 않았다. 자크가 제니를 데리고 나가는 것을 보면서 퐁타냉 부인은 순간적으로 자기와 제니와의 관계에서 앞날의 모든 행복이 상처받고 위태롭게 되었다는 것, 그 어느 것과도 바꿀 수 없는 자기와 딸 사이의 관계가 끊겼다는 것을 순간적으로 느끼면서 몹시 가슴 아파했다. 부인은 겁이 났다.

"제니…… 너도 가니?"

"아니요" 하고 제니는 뒤도 돌아보지 않고 쌀쌀맞게 말했다.

복도로 나오자 제니는 자크의 팔을 잡았다. 그리고 아무 말도 하지 않고 재빨리 자크를 현관까지 끌고 갔다.

거기까지 가자 제니는 잡고 있던 자크의 팔을 놓았다. 서로 마주 보고 있는 그들의 눈길 속에는 당황한 빛이 역력했다.

"어쨌든 나하고 같이 가겠지?" 하고 중얼거리듯이 자크가 물었다.

제니는 몸을 움찔했다.

"아니 새삼스럽게!" 그녀는 의심이라도 받은 것 같아 모욕감을 느꼈다. "⋯⋯그렇지만 엄마한테 뭐라고 말할 거야?" 하고 자크는 잠시 사이를 두었다가 물었다.

제니는 팔을 올려 손으로 참나무로 된 옷장의 기둥을 붙잡고 자크 앞에 섰다. "오" 하고 제니는 고개를 심하게 흔들며 말했다. "이제 어떻게 되든 나에게는 상관없어요!"

자크는 놀라 그녀의 얼굴을 유심히 바라보았다. 그의 눈길은 우중충한 나무를 꼭 쥐고 있는 그녀의 손, 가는 근육이 떨리는 놀랄 만큼 흰 그녀의 손까지 미끄러져 내려갔다. 그는 그 손에 입을 맞추었다.

제니는 느닷없이 이렇게 말했다.

"모시고 가면 어때요?"

"누구를? 당신 엄마를?" 자크는 잠시 망설였다. "좋아, 만일 당신이⋯⋯ 물론이지⋯⋯. 그런데 왜? 엄마가 우리와 같이 가실까?"

"모르겠어요" 하며 제니는 서둘러 대답했다. "아니야, 그렇지 않을 거라고 생각해요⋯⋯. 그래도 앞으로의 일을 생각하면⋯⋯." 그녀는 입을 다물고 살짝 미소를 지어 보였다. "어쨌든 고마워요!" 하고 그녀는 말했다. "어디서 만날까요?"

"내가 당신을 데리러 여기에 오면 안 돼?"

"안 돼요."

"그럼 짐은?"

"그다지 무겁지 않을 거예요."

"혼자 전차 있는 데까지 갖고 갈 수 있을까?"

"갈 수 있어요."

"그럼 내 서류는? 요전에 당신 방에 놓아둔 꾸러미는⋯⋯."

"내 짐 속에 넣을게요."

"그럼 리옹 역에서 다시 만나는 걸로 하지……. 몇 시에?"

그녀는 잠시 생각에 잠겼다.

"2시에. 늦어도 2시 30분에."

"구내식당에서 기다릴게. 됐어? 기차 시간까지 거기에 짐을 놓아두면 되니까."

제니는 다가와서 두 손으로 자크의 얼굴을 감쌌다. '나의 사랑' 하고 그녀는 생각했다. 제니는 정열적인 눈길로 자크의 눈 속을 천천히 들여다보았다. 마침내 그들의 두 입술이 합쳐졌다.

이번에도 제니 쪽에서 먼저 몸을 떼었다.

"가요" 하고 제니는 말했다. 그 목소리에도 그 표정에도 극도의 초조함과 피로가 섞여 있었다. "나 엄마한테 돌아가겠어요. 그리고 처음부터 끝까지 모두 이야기하겠어요."

76. 8월 2일 일요일―제니, 어머니와 격론

제니의 집을 나오자마자 자크는 아까 〈레탕다르〉사를 나올 때 몹시 혼자 있고 싶어 했던 마음의 흔들림에 다시 사로잡혀 우선 해야 할 일이 무엇인가를 잠시 생각해 보았다. 그러자 갑자기 무를랑의 말이 다시 마음속에 울려왔다. 사소한 계기만 생긴다면 충분할지 몰라……. 만일 뜻밖에 두 나라의 군대 사이에 어떤 양심의 번득임 같은 것이 있어서…….

그렇게 된다면 더할 나위 없이 경탄할 만한 일이다. 두 나라의 군대 사이에……. 이런 생각이 어찌나 강렬하게, 또 어찌나 구체적으로 명확하게 머릿속에 파고들었던지 자크는 손잡이에 손을 얹고 머리는 멍청해진 채 무모함과 희망에 가슴 설레이면서 계단 한가운데 우뚝 섰다. ……5, 6시간 전부터 무의식중에 그의 가슴속에서 꿈틀거리고 있던 하나의 계획이 마침내 뚜렷해지면서 그의 마음을 온통 사로잡았다. 그것은 막연한 꿈이나 허황된 욕망만은 아니었다. 그의 마음속에서 갑자기 뚜렷해진 것은 무엇인가 확실한 계획, 자기 자신의 행동에 대한 결정적인 계획이었다. 그것이야말로 무정부주의자들이 은근히 품고 있는 것 같은 고정관념 가운데 하나였다. 그는 지금 자신이 왜 스위스에 가려고 하는지, 그리고 거기에 가서 무엇을 하려고 하는

지를 알게 되었다! 아무런 활동도 하지 않고 무익하게 불안 속에서 여러 날을 지낸 뒤 지금에 와서야 비로소 그는 어떤 구체적인 행위를 통해, 고독하지만 어떤 과감한 행동을 통해 자신의 신념을 위해 투쟁할 것이며, 전쟁을 막기 위해 어떻게 싸울 것인가를 알게 되었다! 말할 것도 없이 그 행동은 희생을 필요로 했다! 그 사실은 이미 처음부터 알았다. 그는 별로 허세를 부리지 않고, 또 자기의 용기를 내세우려는 생각도 없이 그것을 받아들였다. 자기가 목숨까지 바치려고 하는 이 행위야말로 대중의 양심을 깨우쳐 주고, 사태의 흐름을 단번에 변화시킬 수 있으며, 민중과 동포애와 정의에 역행하여 결속해 있는 세력을 타도하기 위해서 생각할 수 있는 마지막 수단이라는 절대적인 확신이 섰던 것이다.

자크는 퐁타냉 부인이 돌아왔다는 것도 지금 막 기이한 방문을 끝내고 오는 길이라는 사실도 까맣게 잊고 있었다. 뿐만 아니라 제니마저도 잊고 있었다.

반대로 제니는…… 어머니의 방으로 돌아가기 전에 자크가 떠나가는 모습을 보기 위해 슬그머니 발코니로 나갔다. 그리고 그가 늦지나 않을까 은근히 불안해 하고 있었다. 제니는 마침내 자크가 대문에서 나오는 것을 보았다. 그런데 그는 길에 가득 찬 통행인이나 차의 행렬 같은 것에는 아랑곳하지 않고 정신이 나간 사람처럼 생미셸로(路) 쪽으로 달려가는 것이었다. 제니는 자크의 모습이 보이지 않을 때까지 배웅했다. 그러나 자크는 뒤돌아보지 않았다.

홀로 남은 퐁타냉 부인은 안락의자 등에 머리를 기대고 한동안 화석처럼 굳어진 채 꼼짝하지 않고 있었다. 그녀는 무엇 하나 생각을 또렷하게 정리할 수가 없었다. 그녀가 받은 인상은 이렇게 낙담과 함께 되풀이하는 막연한 말로 구체화될 뿐이었다. '이거 큰일났군……' 부인은 자크와 제니가 같은 뿌리의 나무줄기처럼 나란히 자기 앞에 서 있던 모습을 계속 생각하고 있었다. 그리고 뜻하지 않은 어떤 연상작용에 의해 자기 아버지의 엄숙한 응접실, 그 창가에 검은 장식끈을 두른 밝은색 모닝코트를 입은 약혼자 제롬이 몸을 뒤로 젖힌 채 활기차고 의기양양한 모습으로 자신에게 미소 짓고 있던 모습이 눈앞에 떠올랐다. 자기들도 그 당시 얼마나 자신감을 가지고 미래를 향해 돌진했던가! 둘 다 얼마나 과감하게 가족들의 반대에 맞섰던가! 제롬이 곁에 있어 주면 얼마나 대담했던가! ……지난날에 흥분했던 일, 자기들만이 그런 열정을 알 수 있다고 확신하고 있던 일이 주마등처럼 다시 떠올랐다. 그리고 이런 하찮은 일을 떠올리면서 원망스럽다든가 혹은 우울하다는 느낌은 조금도 들지 않았다. 오히려 행복을 약속해 주는 이런 것들이 살아온 동안 실현되기라도 한 것처럼 그녀는 기쁨으로 충만해 있었다.

부인은 딸이 돌아오는 발소리를 듣고 소스라쳤다. 각오를 단단히 한 것 같은 그 발소리며 문을 닫는 태도, 긴장된 얼굴이며 무엇에 홀린 듯 멍하고, 격정적이면서도 강렬한 그 눈길에 부인은 몸이 오싹해짐을 느꼈다. 그녀는 다정스럽게 대해 주는 것만이 효과적인 치유방법일 것이라고 생각하면서 조심스럽게 말했다.

"애야, 엄마에게 키스해 주렴……."

제니는 살짝 얼굴을 붉혔다. 입에는 아직 자크의 입술 감촉이 남아 있었다. 제니는 모자와 베일을 벗어 그것을 침대 위에 놓으러 가는 데만 정신이 팔려 마치 어머니의 말을 못 들은 척했다. 그러고는 피곤해 못 견디겠다는 듯이 방구석에 있는 긴 의자에 가서 누웠다.

제니는 들뜬 목소리로 좀 어색하게 외쳤다.

"엄마, 나 무척 행복해요!"

퐁타냉 부인은 날카로운 눈길로 딸 쪽을 바라보았다. 약간 도전적인 어조가 울리는 딸의 이 말에서 어머니로서의 부인의 마음은 어떤 비탄의 징후를 엿보는 듯했다. 부인의 입장으로는 설사 위험을 무릅쓰더라도 꼭 이행해야 할 하나의 의무, 마지막 의무가 하나 남아 있다고 생각하지 않을 수 없었다. 부인은 그 명령이 성령에 의한 것이라고 생각하면서 위엄을 보이며 다시 몸을 일으켜 세웠다.

"제니야" 하며 부인은 말했다. "너 단 한 번이라도 기도를 해 봤니? 진심으로 기도를 해 보았느냔 말이다. ……너는 '성령이 나와 함께 있다고' 말할 수 있겠니?"

처음 몇 마디를 듣자마자 제니는 발끈했다. 제니와 어머니 사이에는 신앙의 문제가 하나의 무서운 심연처럼 되어 있었다. 그리고 제니만이 그 심연의 깊이를 알고 있었다.

퐁타냉 부인은 말을 계속했다. "제니야…… 나의 딸 제니야…… 너의 거만한 마음을 버려 주기 바란다……. 함께 기도하자. 그리고 모든 것을 알고 계시는 그분께 구원을 청하자……. 그분과 함께 너의 마음속에 간직한 비밀을 들여다보아라……. 제니야! 너는 마음 한구석에 무엇인가…… 꺼림칙한 것을 느끼지 않니?" 부인의 목소리가 떨리기 시작했다. "……무엇인가 ……누구인가 ……네가 잘못된 길로 가고 있는지도 모른다고 가르쳐 주시지 않니? 그리고 '네가 너 자신을 속이고 있는지 모른다고' 가르쳐 주시지 않니?"

제니가 잠자코 있는 것을 보자 부인은 제니가 기도를 올리기 위해 마음을 가다듬는 줄 알았다. 그러나 꽤 긴 침묵 끝에 제니는 한숨을 내쉬었다.

"엄마는 이해 못해요!"

그 말투는 거칠고 실망한 듯했으며, 적의마저 담겨 있었다.

"이해할 수 있단다. 애야…… 이해하고말고!"

"이해할 수 없어요!" 하고 제니는 말했다. 가만히 한쪽을 보고 있는 그 눈길에는 어쩔 줄 몰라하면서도 완강한 면이 엿보였다. 자신이 다른 사람으로부터 인정받지 못하고 있다는 생각, 자신이 학대받고 있다는 생각에 사로잡혀 그것을 어떤 병적 쾌감을 가지고 즐기고 있었던 것이다. 그리고 하마터면 '엄마는 우리의 사랑이 어떤 것인지 전혀 모를 거예요!'라고 말할 뻔했다. 그러나 '사랑'이라는 말을 큰 소리로는 말할 수 없었다. 제니는 억지로 미소를 지었다.

"나는 아까 엄마가 이해하지 못한다는 것을 알았어요……. 전혀 이해하지 못한다는 것을!"

"무슨 말이니, 제니야? 아까 내가 너희를 냉대라도 했단 말이니?"

"그래요."

"그래요라니?"

"그렇다니까요!" 하고 제니는 천장을 쳐다보면서 분명하게 말했다. 그리고 불만이 가득 담긴 낮은 말투로 윗몸을 일으키며 똑똑히 말했다. "만일 우리를 이해했다면 한 마디쯤은 해 주었어야 했을 거예요! 우리의 행복을 같이 나눈다는 것을 보여 주기 위해서 한 마디쯤이라도!"

퐁타냉 부인은 눈길을 돌리면서 겨우 말했다.

"너의 생각은 옳지 않다, 제니야……. 어떻게 나에게 그런 섭섭한 말을 할 수 있니? 나는 오늘 아침 아무것도 모르고 여기에 왔단다……. 너는 나를 멀리 하고 있고, 나에게 모든 것을 감추고 있어……."

제니는 어깨를 한번 으쓱하면서 어머니의 말을 가로막았다. 그런 몸짓은 그녀에게는 어울리지 않는 것으로, 어쩌면 그녀의 어머니도 지금까지 한 번도 본 일이 없는, 말하자면 자크의 몸짓을 그대로 본뜬 것이었다. 제니는 고집스럽고 묘한 태도, 그러면서도 무엇인가에 만족한 태도를 보이며 말했다.

　"아무것도 엄마에게 감추지 않았어요! ……아시겠죠. 엄마는 아무것도 모르고 나무라고 있는 거예요. 2주일 전까지만 해도 나조차 생각도 못하고 있었어요……."

　"그렇지만 내가 너를 떠난 지가 2주일이 안 되었어. 오늘로서 겨우 1주일…… 그런데 내가 떠날 때 너는 생각조차 못하고 있었다고?"

　"그래요!"

　(그러나 그것은 거짓말이었다. 자크와 북부역에서 만나던 날 밤에 어머니는 아직 파리에 있었기 때문이다. 그녀는 머리를 뒤로 젖히고 얼굴을 돌려 어머니의 눈길을 피했다. 그러나 목소리만은 거짓말하고 있다는 것을 여실히 드러내고 있었으므로 모녀는 둘 다 똑같이 얼굴을 붉혔다)

　"만일 2주일 전에" 하며 제니가 말을 이었다. 그러면서 억지로 살짝 웃는 것으로 보아 마음의 동요를 느끼고 있는 것이 역력했다. "엄마가 자크에 대해 말을 해 주었더라면 나는 그를 증오한다고 대답했을 거예요. 두 번 다시 만나지 않겠다고 말이에요!"

　퐁타냉 부인은 두 손을 안락의자 손잡이에 놓으면서 단숨에 몸을 구부렸다.

　"그렇다면 단지 며칠 사이의 일이란 말이니? ……잘 생각해 보려고도 하지 않고……"(부인은 하마터면 '나에게 말하려고도 하지 않고……'라고 말할 뻔했다) 부인은 다만 "저…… 다니엘에게 의논해 보려고도 하지 않고……"라고 덧붙였을 뿐이다.

　"다니엘?" 하고 제니는 놀라는 척하면서 되풀이했다. "다니엘은 왜요?" 왠지 자신도 모르게 화가 치밀어(이것은 자신도 모르는 사이에 오랜 세월에 걸친 애정의 속박이라든가 말 못하고 있던 짜증이 치밀어오른 것이 틀림없다) 제니는 다시 뻔뻔스러운 웃음소리를 냈다. 그리고 왠지 어머니가 가장 상처받기 쉬운 곳을 찔러 주고 싶은 유혹을 느끼면서 말했다. "마치 다니엘이라면 무엇이든지 알 수 있고, 무엇이든지 이해할 수 있기라도 한 것 같군요! 다니엘이라면 저에게 무슨 말을 해 줬을까요? 누구나 말할 수 있는 어리석은 소리나 했겠지요! '분별 있는' 소리 말이에요!"

"제니야……" 하고 퐁타냉 부인은 탄식하듯 말했다.

그러나 제니는 이미 자제력을 잃었다.

"엄마도 틀림없이 그런 것을 생각하고 계시겠지요? 똑똑히 말씀해 보세요! ……뭐라고요? 전쟁이라고요? ……아니면 뭐예요? 자크와 제가 서로 잘 알지도 못한다고요? 제가 행복해질 수 없다고요?"

"제니야!" 하고 또다시 퐁타냉 부인이 되풀이했다.

부인은 어안이 벙벙해서 딸의 얼굴을 뚫어지게 바라보았다. 찌푸린 눈살이며, 굳은 얼굴이며, 날카로운 목소리로 말하고 있는 제니는 부인이 20년을 곁에서 보아온 제니와는 전혀 딴판이었다. 제니는 최근에 폭발한 본능에 사로잡혔던 것이다……. 부인은 한편으로 '정말 무책임하다'라고 절망적으로 생각했지만, 또한 거기에는 관용과 스스로를 위안하는 마음이 담겨 있었다.

어머니의 반대, 심지어는 어머니가 괴로워하고 있는 것조차도 제니의 마음을 움직이기는커녕 오히려 자극했다.

"그 사람이라면 불행해져도 상관없다고 한다면요? 다니엘과는 관계가 없어요! 오로지 제 문제예요! 충고 따위는 듣고 싶지도 않아요! 다른 사람이 어떻게 생각하든 상관없어요! 그이하고 있는 이상 다른 누군가와 의논할 필요는 없어요!"

퐁타냉 부인은 새로운 일격을 당하고 얼굴이 파랗게 질렸다. 그녀의 마음을 가장 아프게 하는 것은 그러한 무례가 꽤나 의도적이고 고의적이라는 사실이었다. '악의 영혼', '암흑의 영혼'이 딸의 마음에 자리잡은 것이다! 부인은 주님을 향해 공포에 찬 호소를 했다. 그녀는 악의에 찬 이런 공기의 감염으로부터 더는 자기 자신을 지킬 수가 없었으며, 자신을 엄습하는 분노를 물리칠 수도 없었다. 그런 가운데서도 그녀는 여전히 단호한 말투를 유지하면서 조심스럽게 말했다.

"너는 지금까지 언제나 정신적으로 완전한 독립을 누려왔어, 제니야. 그것은 너도 잘 알고 있을 게다. 네가 분별할 줄 아는 나이가 되면서부터 너에게 나의 의사를 조금도 강요한 적도 없고, 무리한 권고를 한 적도 없다. 지금도 너는 내 의견 같은 것은 듣지 않은 채 마음대로 행동할 수 있다고 생각해도 좋아. 그러나 나는 나대로의 의무가 있으므로……."

"제발 그만, 엄마!"

"……너에게 말해 줄 의무가 있어. 비록 그것이 헛된 일이라 할지라도……너를 너 자신으로부터 미리 보호해 줄 의무 말이다……. 제니야…… 애야…… 나는 너의 올바른 마음에 호소한단다……. 네가 선과 악의 관념을 완전히 잊고 있어서야 되겠니? 눈을 뜨고 다시 정신을 가다듬어야지! 너는 지금 엉뚱하게 길을 잃고 헤매고 있는 거야……. 너는 지금 열정에 너 자신을 내맡기고 있는 거야. 그러면서 조금도 후회하지 않을 뿐만 아니라 오히려 그것을 마치…… 힘이나…… 용기나…… 기품을 나타내는 것처럼 생각하고 있으니……." 부인은 헐떡거리고 있었다. 그녀는 자신의 역량이 부족하다는 생각, 너무 피곤해서…… 방법이 서툴렀으며, 꼭 일러 두었어야 할 말은 하지도 못하고 공연히 언성만 높였다는 생각을 하면서 가슴이 찢어지는 듯했다. ……만일 누워 있는 제니를 보는 순간, 둘이 다니엘의 긴 의자 위에 엉켜 있던 광경이 갑자기 부인의 눈앞에 아른거리지 않았던들 그녀는 그냥 입을 다물어 버렸을지도 모른다. "너는 부끄럽게 생각해야 해!" 하고 부인은 중얼거리듯이 말했다.

"제발 그만, 엄마!" 하고 제니는 그만하라는 식으로 매몰차게 되풀이했다.

"부끄러운 일이야!" 하고 부인은 스스로를 자제하지 못하고 말을 이었다. "제니, 네가 어쩌면? 나의 어린 딸인 네가! ……혼자 있게 되었다고 해서 그런 유혹에 빠지다니!" 부인은 자신도 모르게 분개한 것을 뉘우치면서 하던 말을 멈추고 이야기 방향을 바꾸었다. "불과 며칠 사이에 이렇게 중대하고, 이렇게 엄청난 결과를 가져오는 결심을 하다니? 온 생애를 결정짓는 문제를? 그것도 너의 일생뿐만 아니라 우리의 생애가 걸려 있는 일인데……너의 오빠의 일생, 나의 일생까지…… 하여튼 그건 우리 모두의 장래까지 걸려 있는 일이야! 너는 이런 것까지도 생각했어야 해! 그런데 그렇지 못했어! 나 없는 사이에도 그러했고…… 지금도 너는……."

"그만 하세요, 엄마! 그만! 그만 하세요!"

"너는 제정신이 아니야! 어린애 같은 짓을 한 거야!" 몹시 지친 퐁타냉 부인이 말했다. 그러면서 끊임없이 마음속으로 되뇌이던 말을 마침내 내뱉고야 말았다. "그래서는 좋을 게 하나도 없다!"

갑자기 이는 큰 파도가 그녀를 들어올리듯이 제니는 마음속에서 억누르고 있던 격정이 끓어오름을 느끼면서 홀연히 일어섰다. 아, 제니는 오늘 자기 어머니를 얼마나 혹독하게 몰아세우는가! 몰이해하고 냉담하며, 이기주의라고!

"내 입상에서 말할까요?" 하고 제니는 어머니 쪽으로 걸어가면서 말했다. "우리 두 사람 가운데 자신을 똑똑히 알지 못하는 사람이 있다면 그것은 엄마 쪽이에요! 이제와서야 알게 된 한 가지 사실은 지금까지 엄마는 자신을 위해, 자기 자신만을 위해 나를 사랑했다는 거예요! 우리 사랑에 반대하는 이유는 질투심 때문이에요! 엄마는 질투하고 있는 거예요! 질투! 엄마는 오직 한 가지 일만 생각하고 있어요. 나를 엄마 곁에 두고 싶다는 이기적인 생각! ……그렇지만 그건 기대하지 마세요! 이제 안 돼요! 걱정을 끼치고 싶지 않지만 그래도 엄마가 빨리 이 사실을 아시는 것이 좋을 것 같아요. 자크는 오늘 저녁 스위스로 떠나요. 그리고 나도…… 나도 같이 떠나요!"

"오늘 저녁? 스위스로?" 퐁타냉 부인은 들릴 듯 말 듯한 목소리로 중얼거렸다.

"갑자기 생각해 낸 것은 아니에요. 엄마가 돌아오시기 전부터 그렇게 하기로 했어요. 막차로……."

"너도? 오늘밤에?"

"네, 곧 떠날 거예요!"

"안 된다! 못 간다. 제니야! 그건 안 돼!"

"아무리 그러셔도 소용없어요, 엄마" 하고 제니는 날카로운 목소리로 말했다. "이제는 아무도 우리 생각을 바꿀 수는 없어요!"

"내가 반대한다! 알겠니?" 대답하려고도 하지 않은 채 제니는 어깨를 으쓱했다. "알겠니, 제니야? 나는 네가 출발하는 것을 허락하지 않는다!"

"무슨 말씀을 하셔도 소용 없어요. 엄마…… 다시 말씀드리지만…… 그리고 저더러 이래라저래라 하지 마시고 만일 엄마가…… 조금이라도 애정이 있다면……."

"조금이라도 애정이 있다면이라고?" 퐁타냉 부인은 말이 막혔다. 다른 말은 모두 잊어버렸다. 다만 이 끔찍한 몇 마디만이 기억에 남았다.

"그래요! 엄마가 정말 나의 행복을 생각해 주신다면" 하고 제니는 이제 완전히 자제력을 잃고 말했다. "만일 엄마가 진정으로 저를 사랑한다면, 그래요, 엄마는 오늘……."

이 말을 들은 퐁타냉 부인은 이제 더는 참을 수 없었다. 그녀는 두 손으로 이마를 감싸고 손가락으로 귀를 막으면서 살을 에는 듯한 딸의 목소리를 듣지 않으려고 했다.

'결정은 인간이 하는 것이 아니고 신이 하는 것이다'라고 부인은 눈을 감으면서 생각했다. '주여, 당신의 뜻이 이루어지소서!'

부인은 쾅 하는 소리를 듣고 불안스럽게 머리를 들었다. 제니가 방을 나가면서 문을 닫는 소리였다. 침대 위에 놓았던 모자도 베일도 사라졌다.

'기도를 해야 한다…… 기도를 해야지.' 퐁타냉 부인은 생각했다. 부인은 아까 본 제니의 모습, 극도로 흥분해서 버릇없이 서 있던 제니의 그 모습을 떨쳐 버릴 수가 없었다…….

"주여" 하며 부인은 애원했다. "도와주소서. 저에게 힘을 주소서……. 돌이킬 수 없는 것은 아무것도 없사옵니다……. 당신이 만드신 인간에 대해서 절대로 절망해서는 안 되옵니다……."

부인은 천천히 성경말씀을 두 번 암송했다. '눈에 보이는 것을 보지 말고 보이지 않는 것에 마음을 두어라. 눈에 보이는 것은 일시적인 것이고 보이지 않는 것은 영원한 것이니라.'

드디어 처음에는 멍한 상태가 잠시 이어지다가 곧이어 그와는 반대로 뜻하지 않게 활발한 정신의 움직임이 뒤따랐다. 몹시 피로를 느낀 부인은 어깨를 움츠리고 두 손을 모아 꼼짝도 하지 않고 안락의자에 몸을 파묻었다. 그러나 머리는 지극히 명석하게 움직이고 있었다. 그녀는 인내를 가지고 처음으로 자기반성에 노력을 기울여 보았다. 언제나 시련의 순간에 그러하듯이 그녀는 자신의 고통을 분석하고 그 윤곽을 잡아, 말하자면 그것을 부각시키고 주님께 바칠 수 있도록 하나의 명확한 것으로 만들고자 애썼다. 주님께 바치는 것이야말로 잃은 것이 아니다…….

제니가 스위스로 떠난다는 것이 부인의 마음을 가장 아프게 하는 것은 아니었다. 아무래도 부인은 그것을 믿을 수 없었다. 옳건 그르건 간에 그녀가 무엇보다도 괴로워하는 것은 자신이 속았다는 사실이다. 그녀의 상처, 참되고 깊은 상처는 거기에 있었다. 부인은 자기가 너그러운 애정을 베풀어 왔고, 제니가 아직 어린 소녀에 지나지 않았을 때부터 그 아이를 자유롭게 해 주었으므로 모녀 사이에는 서로 믿는 습관이 만들어져 중대한 결심을 할 경우에는 반드시 자기에게 그것을 알리고 자기의 동의를 구할 것으로 순박하게 믿어 왔던 것이다. 그런데 일생의 가장 결정적인 시기에 제니는 어머니를 속인 것이다. 그것도 어머니가 집을 비운 틈을 이용해서 지금까지 어느 누구보다도 엄한 어머니 보호 아래에서 자란 딸이 깜찍하게 속임수를 써서 행동한 것이다. 갑자기 반항적인 태도를 취하면서 지금까지 아무것도 모른 채 꾹참고 견딘 그 엄격한 보호를 박차고 나간 것이다. 물론 퐁타냉 부인으로선 바로 직전에 목격한 장면이 있기는 했지만 그렇다고 딸에 대한 애정에는 의심의 여지가 없었다. 어머니로서의 애정이 그것 때문에 줄어들었다고도 생각하지 않았다. 그렇다. 부인이 타격을 받은 것은 자신이 품고 있던 '신뢰' 때문이었다. 부인이 제니에게 품고 있던 신뢰가 이토록 무참히 짓밟혔을 때 그것은 영원히 치유될 수 없는 상처로 남을 수밖에 없었다. 애정은 옛날과 조금도 다를 바 없었다. 그러나 과연 똑같은 신뢰를 가질 수 있을까? 아니다, 이제는 절대로.

이렇게 생각하자 부인은 절망하지 않을 수 없었다. 그녀는 성경을 다시 손에 들고 아무렇게나 펼쳤다. 별로 애쓰지도 않고 성경구절에 주의를 집중시킬 수 있었다. 마음의 평온이 점차 찾아들었다. 그것은 이상하고도 뜻밖이며, 거의 불안스러울 정도의 평온함이었다. 좀더 주의를 기울여 자기 자신을 살펴본 부인은 갑자기 평온의 끔찍한 비밀을 엿본 것 같았다. 그녀의 마음속에는 자신도 모르게 어떤 감정이 싹트며 서서히 그리고 확실하게 떠오르고 있었다……. 그 감정은 그녀의 생애에서 가장 괴로웠던 시절에 이미 체험해서 잘 알고 있는 것으로, 더 이상 헛되이 괴로워 할 기력도 없고 또 그럴 필요도 없다고 판단한 나머지 제롬과 헤어지기로 결심했을 때 느꼈던 감정이다. 감정? 오히려 본능적인 반응이라는 편이 좋을지도 모른다. 그것은 본질적인 방어 같은 것이었다. '그것은' 하고 부인은 생각했다. '우리로 하여금 어떤 종류의 고통을 참을 수 있도록 하기 위해 자연이 현명하게도 우리에게서 끌어내 주는 치유법이다……' 부인은 성경을 내려놓았다. 그러고는 자신이 느끼고 있는 것의 특징을 규명하고 이것에 이름을 붙여보려고 애썼다. ……체념일까? 초연한 태도일까? ……아마도 애정과 무관심이라는 이토록 서로 모순된 두 감정의 혼합을 지칭할 만한 용어는 없지 않을까? 무관심! 부인은 이 가혹한 말에 몸을 떨었다. 기나긴 세월 동안 자신의 가슴을 뿌듯하게 했던 어머니로서의 애정이 어떤 사태의 급박감 때문에 어느 날 갑자기 무관심으로 바뀔 수 있다는 것—비록 지금 이 순간 그렇게 함으로써 다소 위안이 되더라도—그것은 앞날에 놓일 또 하나의 시련인 것이다. 부인은 눈을 감았다. 이제 더는 생각하고 싶지가 않았다. "당신의 뜻이 이루어지기를" 하고 그녀는 또 한 번 중얼거렸다. 그러나 부인은 슬픔에 몸둘 바를 몰랐다. 그녀는 또다시 두 손으로 얼굴을 감싸고 눈물을 흘렸다.

77. 8월 2일 일요일—자크, 제니와의 마지막 만남

제니는 무턱대고 도망가기로 마음먹었다. 그리고 자기 장래의 모든 것이 걸려 있는 이 행동을 틀림없이 수행하기 위해서는 어떤 일이 있어도 어머니를 다시 만나서는 안 된다는 것을 본능적으로 깨달았다……. 게다가 생각해 볼만한 시간이 있어서도 안 된다는 것을 알았다.

제니는 곧장 자기 방까지 달려왔다. 그리고 흥분 속에서 자기가 가지고 있던 속옷과 검은 옷 몇 가지를 가방 속에 넣었다. 그 일이 끝나자 이를 악물고 얼굴을 붉히면서 모자와 베일을 썼다. 그러고 나서는 거울도 보지 않고 마치 무엇에 쫓기는 사람처럼 집을 나왔다.

'이제는 혼자이고 자유로운 몸이 되었다' 하고 그녀는 공포와 흥분이 뒤섞인 마음으로 계단을 재빨리 내려오면서 생각했다. '이제 나에게는 정말 그이 밖에 없다!'

밖에 나온 제니는 잠시 현기증을 느꼈다. 어디로 갈까? 2시 전에 역구내 식당에 가보아야 자크가 자기를 기다리고 있을 리 없다. 게다가 지금은 정오를 좀 지났을 뿐이다. 아무래도 좋다. 짐이 있으므로 가장 간단한 방법은 지금이라도 곧 생미셸로(路)와 생제르멩로(路)를 지나는 전차를 타고 리옹 역에 가는 것이다.

다행히 전차도 금방 왔다. 승강구 쪽에 자리를 잡을 수 있었다.

'아무것도 생각하지 말자' 하고 그녀는 생각했다. '아무것도 생각하지 말자.'

별로 애쓰지 않고도 그녀는 조금전의 강박관념에서 벗어날 수 있었다. 왜냐하면 만원을 이루고 있는 전차 속에서는 마치 무슨 사건이 일어난 뒤처럼 모두가 와자지껄 떠들고 있었기 때문이다. "그런데 그 결혼 때문에, 부인! 오늘 아침 구청 호적계의 창구에는 어디에 머리를 내밀어야 할지 모를 정도였답니다. 동원 전에 결혼하려는 사람들이 하도 많아서 말입니다!"—"그럼 결혼수속은……"―"아주 간소화됐더군요. 전시에는 전시에 맞도록 한다는 거지요…… 출생증명서 두 통과 군대수첩만 있으면 어떤 관계이든 간에 불과 5분만에 정식 결혼을 할 수 있거든요……."―"저는 아주 좋은 일이라고 생각해요. 정신적으로나 실제적으로도……."―"허허, 정신적인 면에서야 부족할 게 없지요! 프랑스의 경우 여차하면 언제든지 대처할 능력이 있으니까요."―"저는 성벽(^{파리시를}_{둘러싼 성벽}) 가까운 곳에 살고 있습니다. 그런데 동이 트면 징병계의 사무실은 사람들로 바글거린답니다. 떼를 지어 몰려와요!"―"아니에요" 하고 군복을 입은 한 군의관이 정정을 했다. "아직 지원을 받고 있지 않아요. 아마 문의나 신청 정도겠지요……."

바스티유에서 갈아탄 전차도 만원이었다. 승객들은 선 채로 의자 사이에 콩나물 시루처럼 들어차 있었다. 그런데도 제니는 친절한 한 아주머니의 배려로 앉을 수 있었다. 짐을 들고 쩔쩔매는 그녀를 보고 자기 어린 딸의 자리를 양보해 준 것이다.

전차가 굴러 가면서 내는 소리와 사람들 이야기 소리에 스스로를 달래며 제니는 자신의 생각에서 벗어나기 위해 머리 위에서 주고받는 사람들 이야기에 의식적으로 귀를 기울였다.

전차는 소르본 쪽으로 올라가는 경포병 연대를 통과시키기 위해 생 자크 거리 앞에서 멈추어야만 했다.

"파리에 주둔하고 있던 군대란 군대는 모두 슬그머니 떠난 것 같군요……."―"명령체계가 잘 되어 있는 것 같아요. 모든 것이…… 군대식으로 진행되고 있어요."―"그건 그래! 처음부터 되어가는 걸로 보아 오래가지 않을 게 틀림없어."―"나는 휴가로 보주 지방(^{프랑스 동북부}_{의 산악지방})의 리보빌레에 가 있었어요……. 그런데 동부의 용감한 군인들, 특히 기병들을 보았을 때에는 모두가 안심했답니다!"―"그건 그럴지도 모르지만 10킬로미터나 후퇴하다니 바보 같은 짓이지요……."―"뭐 그 정도야! 그놈들 등 뒤에는 2백만이나 되는 러시아 보병이 있어요. 그리고 앞에는 우리가 있고!"―"호텔 주인한테서 들었는데요, 룩상부르에서 온 여행자 이야기로는 프랑스 비행사가 독일의 체펠린(^{독일}_{비행선})을 정면으로 공격했대요. 그 비행선은 마치 비눗방울처럼 산산조각이 났다는군요!"―"헛소문은 주의해야 해요" 하고 차장이 말했다. "아까도 어떤 손님이 말하기를 어제 저녁에 알자스에서 결정적인 승리를 거두었다고 하더군요."—"농담이겠죠. 확실히 지나쳤어요! ……그건 그렇고, 독일 척후대가 낭시 근처에 나타났다더군요……."—"낭시라니! 설마!"— "여러분, 소와송 다리를 폭파시켰다는 것을 못 들으셨나요?"—"우리 쪽에서 했나요, 아니면 놈들이 했나요?"—"물론 우리 쪽이죠? 소와송에서요!"—"어쩌면 간첩의 짓인지도 모르지요…… 간첩을 주의해야 해요! 득실거리는 것 같아요! 경찰만으로는 손이 모자랄 겁니다. 각자 동네와 집안을 감시해야 할 거예요."—"내 동생은 오를레앙 역에 근무하고 있는데 계수의 이야기로는 바로 옆방에 사는 남자가 침대 밑에 독일 국기를 감추고 있는 것을 보았대요."—"나 같으면" 하고 코안경을 걸친 한 신사가 점잔을 빼면서 말을 거들었다. —"나는 독일 사람이 '독일 만세!'라고 외친다고 해서 별로 문제될 게 없다고 생각해요. 물론 그것이 도전적인 성질의 것이 아니라는 범위 안에서 말이에요……. 어쩌겠습니까? 그들은 독일인이고, 그들에게는 조금도 죄가 없는데……."

전차는 모베르 광장에서 또다시 멈추었다. 군중이 완전히 길을 막고 있었기 때문이다. 제니는 모주 거리 입구에서 손에 각목을 들고 날뛰는 군중들이 '마기 유제품 상점'이라고 쓰인 한 가게의 진열장을 소란을 피우며 마구 부수는 것을 보았다.

전차 안 사람들도 흥분했다.

"용기를 내!"—"마기는 프러시아인이군요……" 하며 코안경을 쓴 신사가 말했다. "더구나 독일 창기병의 대령입니다! ……〈악시옹 프랑세즈〉가 오래전에 고발했어요! 동원령이 내리는 것을 기다려 한탕 한 거지요!"—"뭐 오늘 아침에 벨빌에서만도 그 가게 우유 때문에 100명 이상의 어린아이가 목숨을 잃었다는 거예요!"

제니는 각목이 계속 오가는 것을 보고 있었다. 그것이 셔터에 부딪쳐 나는 둔탁한 소리를 들었다. 드디어 철판이 부서졌다. 내부의 유리창이 산산조각 났다. 가게 앞에 떼를 지어 모여 있던 군중이 기뻐서 어쩔줄 모르고 있었다. "독일을 쳐부숴라! 배신자들을 죽여라!" 자전거를 탄 경찰관 1개 소대가 광장 모퉁이에 와서 내렸다. 그들은 개입하려고 하지 않고 멀리서 그 광경을 지켜보고 있었다. 프랑스가 공격당했으므로 민중은 복수를 하는 것이다. 결국 하는 대로 내버려 둘 수밖에 없었다.

마침내 전차는 리옹 역에 도착했다.

역 광장은 사람들로 꽉 차 있었다. 제니는 짐을 끌고 군중을 헤치며 식당에 들어가 사리를 잡았다.

활짝 열린 출입문을 통해 따가운 햇볕이 홀 안으로 쏟아져 들어오고 있었다. 제니는 구석 모퉁이에 몸을 쪼그리고 앉아 땀에 젖은 두 손을 꼭 쥐고 있었다. 자크가 오기까지는 시간이 아직 많이 남아 있었으나 그녀는 입구에서 눈을 떼지 않고 있었다. 찌는 듯한 더위였다. 전차에 흔들리며 온 뒤인데다가 불편한 가죽의자 위에 앉아 있으려니 온몸이 온통 쑤셔 왔다. 햇빛 때문에 눈을 뜰 수가 없었다. 많은 사람이 역광을 받으며 계속 드나들었다. 다른 사람들은 짐 실은 마차를 손으로 밀면서 보도 위를 빠른 걸음으로 지나갔다. 제니는 주위를 둘러보는 것을 멈추고 곁에 두었던 가방을 쥐었다. 그러고는 가방을 테이블 아래로 밀어넣었다. 그러나 곧 다시 그것을 의자 위에 올려놓았다. 이런 부산한 그녀의 움직임은 몹시 흥분해 있다는 것을 여실히 보여주고 있었다. 여기까지 오는 동안에는 다행히 마음을 딴 데로 돌릴 수 있었다. 그런데 지금은 별수없이 자기 자신과 싸울 수밖에 없었다. 그리고 어쩌면 앞으로도 한 시간을 홀로 이런 내적인 흥분상태로 거기에 있어야 한다는 생각에 그녀 마음은 참을 수 없는 불안감으로 가득 찼다. 되도록 보잘 것없는 일에 마음을 돌리고, 대수롭지 않은 일을 여러 가지로 생각해 보려고 했다. 그러나 지금까지 멀찌감치 밀어두었던 무서운 생각이 마치 주위를 둘러싸고 있던 육식 조류 떼가 점점 거리를 좁혀오듯 자신의 머리 주위를 맴돌고 있음을 느꼈다……. 그녀는 스스로를 지키려고 잠시 눈 앞에 가지런히 놓인 것을 살펴보기도 하고, 바구니 속에 있는 크루아상과 받침접시의 각설탕을 세어 보기도 했다. 그리고 또다시 입구 쪽으로 눈길을 돌려 사람들이 오가는 것을 바라보았다. 모자를 쓰지 않은 반백의 한 여자가 문지방을 넘어 들어왔다. 입구 가까이에 있는 첫 번째 테이블을 보자 두 손으로 머리를 감싸고 털썩 주저앉았다. 그 순간 제니는 지금까지 뿌리치려고 하던 추억, 그리고 기회만 있으면 그녀에게 덤벼들려고 하던 추억에 사로잡히고 말았다……. 안락의자에 몸을 파묻고, 두 손을 관자놀이에 꼭 대고 있는 어머니, 홀로 남겨두고 온 어머니의 모습이 눈앞에 떠올랐다. 지금은 무엇을 하고 계실까? 점심을 드시려 하고 계실까? 제니는 흐트러진 부엌 안, 더러운 두 사람의 식기 앞에 있을 어머니 모습을 그려 보았다······ 그러면서 이번에는 자신도 눈을 감고 이마를 두 손 안에 파묻었다.

얼마동안 그녀는 그대로 움직이지 않았다. 엄마는 질투를 하고 있는 거예요! ······엄마가 조금이라도 애정을 갖고 있다면······. 그녀는 자신이 내뱉은 말을 되새기고 있었다. 어떻게 그런 말을 입 밖에 낼 수 있었으며, 또 어떻게 그런 뒤에 집을 떠나올 수 있었는지 도무지 알 수가 없었다!

마침내 얼굴을 들었을 때 그녀의 표정은 침착해지고 굳어 있었다. 그리고 두 뺨에는 손가락으로 세게 누른 자국이 뚜렷이 남아 있었다. '생각한들 무슨 소용이 있어' 하고 제니는 생각했다. '결국 나는 그렇게 할 수밖에 없었어. 다른 도리가 없었어.' 그녀는 뭔가를 보는 것도 아니면서 눈을 똑바로 뜨고 같이 떠나기로 결심한 그 부담감에 짓눌린 채 한동안 그대로 있었다. 지금 그녀가 망설이고 있는 일은 꼭 한 가지가 있었다. 그 행동, 거역할 수 없는 그 의무를 수행하기 전에 자크가 오는 것을 기다려야 할까? 왜? 그와 의논하기 위해서? 그러면 그가 자신으로 하여금 단념하도록 할지도 모른다는 비열한 희망을 자신이 간직하고 있다는 것일까? 아니다. 결심을 바꿀 수는 없다. 그렇다면 가장 절박한 일은 어머니의 고통을 덜어드리는 일이 아닐까?

제니는 몸을 일으켜 종업원을 불렀다.

"어디에 가면 속달을 부칠 수 있을까요?"

"우체국 말입니까? 오늘 같은 날에는 틀림없이 열려 있을 겁니다! _(시간적 배경이 되고 있는 8월 2일은 일요일임) 자, 여기서 보입니다. 저 푸른 가로등이 있는 곳······."

"짐을 좀 맡아 주세요. 곧 돌아올 테니까."

그녀는 뛰어나갔다.

정말 우체국은 열려 있었다. 창구에는 시민들과 군인들이 몰려 있었다. 그녀는 속달우편 용지를 한 장 받자 단숨에 써 내려갔다.

엄마, 저는 제정신이 아니었어요. 엄마를 괴롭힌 일을 평생 잊을 수 없을 거예요. 하지만 저를 이해해 주시고 잊어 주세요. 저는 남겠어요. 오늘 밤 자크와 함께 스위스로 가려던 것을 그만두겠어요. 엄마를 홀로 있게 하고 싶지 않아요. 자크는 체류기간이 다 됐어요. 그는 꼭 떠나야만 해요.

저는 뒤에 가기로 하겠어요. 될 수 있으면 엄마하고 같이 갔으면 해요. 어때요? 제가 자크를 다시 만날 수 있도록 동행하는 것을 거절하지 않으시겠죠?

곧 집으로 달려가서 엄마를 껴안고 싶어요. 하지만 그이가 출발하기 전에 몇 시간을 그 사람과 같이 지내지 못한다면 그것은 너무나 가슴 아픈 일일 거예요. 오늘 저녁 저는 엄마 곁으로 돌아가겠어요. 그리고 죄다 말씀드리겠어요. 그리고 용서를 빌겠어요.

J

제니는 다시 읽지 않고 편지를 봉했다. 그녀의 손이 떨리고 있었다. 그리고 온몸에 식은땀이 흐르면서 속옷이 살에 찰싹 붙었다. 속달편지를 우체통에 넣기 전에 그것이 다음 시간에 배달된다는 것을 확인했다. 그러고 나서 천천히 다시 광장을 지나 식당 구석으로 되돌아와 앉았다.

지금 막 그 일을 끝낸 자신의 마음은 좀 가라앉았을까? 자문해 보았지만 아무런 대답을 얻을 수 없었다. 겸연쩍은 일을 했으므로 기진맥진해 있는 것 같았다. 피를 흘린 뒤같이 축 늘어진 기분이었다. 완전히 의기소침해 있어서 자크가 오는 것이 불안하게 여겨질 정도였다. 그에게서 멀리 떨어져 있으면 더 마음이 강해져서 약속을 지킬 수 있을 것 같은 느낌이 들었다. 자신의 행동에 대해 곰곰이 생각해 보려고 했다. '며칠 뒤면…… 1주일 뒤면…… 기껏해야 2주일 뒤면……' 그가 없는 2주일 동안! 그런 이별을 앞두고 느끼는 공포는 정말 죽음의 공포나 다를 바 없었다.

드디어 입구 쪽에 자크의 옆모습이 뚜렷하게 드러났을 때 그녀는 자리에서 일어났다. 그리고 파랗게 질린 채 가만히 그가 있는 쪽을 바라보며 기운 없이 우뚝 서 있었다. 자크도 바로 제니를 알아보았다. 그는 대뜸 무엇인가 심상치 않은 일이 일어났다는 것을 알아차렸다.

제니는 슬픔에 잠겨 있는 듯한 몸짓을 하면서 어떤 질문에도 대답하지 않았다.

"여기서는 싫어요…… 나가요."

자크는 손에서 가방을 뺏어 들고 제니를 따라 밖으로 나왔다.

제니는 인도 위에서 사람들을 헤치며 몇 걸음 걸었다. 그러다가 별안간 걸음을 멈추었다. 그러고는 자크를 향해 비통한 눈길을 쏟으면서 매우 낮은 목소리로 빠르게 말했다.

"나는 오늘 저녁 당신과 함께 떠날 수 없어요……."

자크의 입술이 반쯤 열렸다. 그러나 아무 대답도 하지 않았다. 몸을 굽혀 가방을 땅에 내려놓았는데, 다시 몸을 일으켰을 때 거의 자신도 모르게 얼굴 표정을 다시 꾸밀 여유를 갖게 되었다. 아연실색하면서 믿을 수 없어하는 표정에는 '나의 사명…… 이제 나는 자유의 몸이다!'라고 처음에 자신도 모르게 떠올렸던 섬광 같은 생각은 조금도 찾아볼 수 없었다.

둘은 여행자들과 군인들에게 떠밀렸다. 자크는 제니를 두 개의 기둥과 기둥 사이에 움푹 들어간 곳까지 물러서게 했다.

제니는 다급한 투로 말을 이었다.

"나는 출발할 수 없어요……. 엄마하고 떨어질 수가 없어요……. 오늘은 안 돼요……. 실은 …… 엄마하고 몹시 다투었어요……."

제니는 그의 눈길을 쳐다볼 용기가 없어서 가만히 아래를 보고 있었다. 한편 자크는 그녀를 살피고 있었다. 그리고 입술을 떨면서 눈에는 깊은 시름을 띤 채 그녀가 말하는 것을 도와주기라도 할 것처럼 몸을 구부렸다.

"이해해 주시겠어요?" 하고 그녀는 중얼거리듯 말했다. "그 지경을 해 놓고는 떠날 수가 없어요……."

"알겠어, 알겠어……" 하고 그도 중얼거리듯이 말했다.

"엄마와 함께 있어야 해요……. 적어도 며칠동안이라도…… 그 다음에 당신과 함께 있을 거예요…… 곧…… 될 수 있으면 빨리."

"그래" 하고 그는 힘을 주어 말했다. "될 수 있으면 빨리!" 그러나 마음 속으로는 이렇게 생각했다. '안 된다. 절대……. 이것으로 끝장이다.'

둘은 한동안 서로의 얼굴도 보지 않고 마비된 것처럼 말없이 있었다. 제니는 어머니와 자기 사이에 벌어졌던 일을 털어놓고 싶었다. 그러나 일의 자초지종을 이제는 생각해 낼 수조차 없었다. 하기야 생각해 낸들 무슨 소용이 있을까? 그녀는 혼자 속을 태우며 말도 못하고 있는 이런 비극 속에서 말할 수 없는 고독감을 느끼면서 여기에 자크는 아무런 관계가 없다는 것, 그리고 앞으로도 계속 방관자로 있으리라는 것을 깨달았다.

자크 역시 순간적으로 그녀와는 완전히 다르다는 것을 스스로 느끼고 있었다. 뿐만 아니라 다른 모든 사람과도 다르다는 것. 2시간 전부터 그의 마음을 사로잡고 있는 영웅적 행위에 대한 도취감은 그를 고립시키고, 모든 정상적 감흥에 대해 무감각하게 만들었다. 무엇엔가 부딪혀 멈추어버린 시계처럼 그의 정신은 제니가 발설한—자신을 해방시켜 준—처음의 몇 마디, "당신과 함께 떠날 수 없어요"라고 한 말에 들러붙어 움직이지 않고 있었다. 그의 태도에서 드러나듯이 괴로움과 절망은 꾸며진 것은 아니었지만 결국 피상적인 것이었다. 이것으로 마지막 속박이 끊어지고 마는 것이다. 드디어 출발이다. 홀로 출발하는 것이다. 이것으로 모든 것이 간단해졌다……

제니는 이제 내일부터 자크를 보지 못하리라는 생각을 하며 그의 얼굴을 뚫어지게 바라보고 있었다. 그녀는 그의 얼굴에서 발산되는 위력에 압도당해 있었으며, 또 마음이 혼란해져 있었으므로 어떤 변화가 그의 마음속에서 일어나고 있는지, 또 그 결심에 의해서 어떤 새롭고도 해방된 얼굴이 나타나고 있는 것인지 분간할 수가 없었다. 그리움에 사무친 눈길로 그녀는 표정이 풍부한 그의 커다란 입 언저리, 턱, 어깨…… 전에 그것을 베개삼아 잠들었던 심장이 고동치는 우람한 가슴 근처를 바라보고 있었다……. 그리고 오늘밤에는 그에게 안겨, 그 몸의 열기에 감싸여 지낼 수 없다고 생각하자 그 괴로움이 어쩌나 가슴을 에는 듯했던지 그녀는 나머지 모든 것은 잊고 말았다.

"나의 사랑……"

자크의 두 눈에서 무엇인가 번득이는 것을 보자 그녀는 자신의 애정표시가 너무 지나쳤다는 것을 알았다……. 전에도 겪었던 그 번득임을 떠올리면서 그녀는 자신도 모르게 갑자기 공포에 몸을 떨었다. 자신은 오직 그의 가슴에 안겨 잠들었으면 했던 것이다. 그것 이외에는 아무것도 바라는 것이 없었다…….

자크의 흐리멍덩한 눈길이 제니의 눈을 가만히 들여다보고 있었다. 그는 거의 입술을 움직이지도 않고 중얼거리듯이 말했다.

"떠나기 전에…… 우리의 마지막 오후야…… 어때?"

제니는 이 마지막 기쁨을 감히 거절할 수가 없었다. 그녀는 얼굴을 붉혔다. 그리고 다정하면서 멋쩍은 미소를 지으면서 얼굴을 돌렸다.

자크의 눈은 그녀를 떠나 햇살이 드는 광장 저쪽 '오텔 데 부아야죄르

（여행자들의 호텔'이란 뜻）'…… '상트랄 팔라스（중앙호텔'이란 뜻）'…… '오텔 뒤 데파르（출발호텔'이란 뜻）'라고 쓴 황금빛 간판이 번쩍이고 있는 건물 정면을 두리번거렸다.

"가자" 하고 그는 제니 팔을 잡으면서 말했다.

78. 8월 3일 월요일—자크, 제네바로 돌아 감. 메네스트렐 방문

사프리오는 의심스럽다는 태도를 취했다.

"누가 그러던가?"

"카루주 거리의 수위가" 하고 자크가 대답했다. "지금 기차에서 막 내렸어. 아직 아무도 만나지 않았어."

"Si, si……（이탈리아어로, '그래, 그래'란 뜻） 브뤼셀에서 돌아온 뒤로는 죽 내 집에 묵고 있어" 하며 사프리오가 털어놓았다. "그는 숨어 있는 거야…… 나는 알고 있었어. 알프레다 없이 자기 집에 가는 것이 괴로웠던 거야. 그래서 내가 잘해 주었어. '조종사, 내 집으로 오는 게 좋겠어'라고. 그래서 온 거야. 그는 지금 위에 있어. 형무소 생활이나 다름없지. 온종일 침대에서 신문만 보고 있어. 류머티스 때문에 한탄하고 있어……. 그것도 하나의 pretesto（이탈리아어로 '구실'이란 뜻）야" 하고 그는 눈짓하며 덧붙여 말했다. "누구와도 만나기 싫기 때문이야…… 아무도 만나려 하지 않아. 심지어 리차들레까지도! 아, 자네도 알다시피 그 사람 굉장히 변했어! 고약한 여자 때문에 완전히 기가 꺾여버렸어! 원 세상에, 저렇게 될 줄이야……." 사프리오는 절망적이라는 몸짓을 해보였다. "이제 그는 끝장났어."

자크는 아무런 대답도 하지 않았다. 사프리오의 말은 자크에게 마치 안개 속을 지나듯 몽롱하게 들려왔다. 그는 파리에서 제네바까지 18시간이라는 기나긴 여행을 하는 동안 겪은 몽유병자와 같은 상태에서 아직 헤어나지 못했던 것이다. 게다가 잇몸이 아파 견딜 수 없었다. 그는 이미 지난 몇 주일 동안 그 때문에 잠을 이루지 못한 적이 여러 번 있었는데, 어제 저녁에 기차에서 바람을 쐬어 더욱 악화되었던 것이다.

사프리오는 말을 계속했다.

"밥은 먹었나? 마실 것은? 아무것도 싫어? 그럼 담배나 한 대 피우게. 좋을 거야, 아오스타 산（産）이야!"

"그를 만났으면 해."

"잠깐만 기다려……. 위에 가서 자네가 돌아온 것을 알려 줄게. 만나줄지 어떨지 모르겠어……. 그러고 보면 자네도 많이 변했어!" 하고 그는 정다운 눈길로 자크에게 속삭였다. "Si, si! 내 말은 들은 척도 안하고 전쟁을 생각하고 있군……. 모두가 변해 버렸어……. 그쪽에서 본 것이나 이야기해 보게. 그래, 자네를 떠나게 그냥 내버려 두던가? ……가장 꼴불견인 것은 말일세, 군인이 된 다음부터 모두가 미쳐 날뛰는 거야! 그놈의 군가에 그놈의 furia(이탈리아어로 '광기'란 뜻) 말이야! ……동원된 자들을 태운 군용열차에서는 모두가 눈을 반짝이면서 '베를린으로!'라고 외치고 있어. 그리고 저쪽에서는 'Nach Paris!'(독일어로 '파리로'의 뜻) 라고 해."

"내가 본 사람들은 노래 따위 부르지 않았어" 하고 자크는 침울한 태도로 말했다. 그러고는 흥분한 목소리로 별안간 잠에서 깨어난 사람처럼 말했다. "사프리오, 꼴불견인 것은 그런 것들이 아니야……. 그것은 인터내셔널의 짓이야……. 인터내셔널은 아무것도 하지 않았어. 인터내셔널은 배신했어……. 조레스가 죽자 다들 느슨해졌어! 모두가, 가장 뛰어난 자들까지도! 조레스의 친구였던 르노델도! 게드도! 상바도! 바이양도! 그래, 바이양만은 괜찮은 자이지! 의회에서 유일하게 '전쟁보다는 봉기를!'이라고 용감히 외친 자니까. 모두가 똑같아! C.G.T.의 지도자들까지도! ……다른 건 몰라도 이게 가장 이해할 수 없는 거지! 그렇다고 그자들이 의회주의에 물들었던 것은 아니야! 이른바 '선전포고와 함께 즉각적인 총파업!'이라는 연방회의의 결정도 형식적인 것이었어. 동원령 전날에도 프롤레타리아는 여전히 망설이고 있었어. 마음만 먹었으면 단행할 수 있었을 텐데! 그런데 그자들은 시도해 보려고도 하지 않았어! '신성한 국토! 조국! 민족적 단결! ……프러시아 군국주의에 대한 사회주의 방어!' 그들의 구호는 이런 것들뿐이었어. 그리고 '도대체 지금부터 어떻게 하자는 거야?'라는 질문에 그들은 '동원에 따르시오!'라고 대답하는 게 고작이었어."

사프리오의 눈에는 눈물이 가득 고여 있었다.

"여기도 모든 것이 뒤죽박죽이야" 하고 그는 잠시 침묵을 지키다가 말했다. "동지들도 이제는 목소리를 낮추어 말하고 있어…… 두고 봐! 모두가 변했어……. 겁이 나는 모양이야……. 지금 같아서는 연방정부(스위스)도 중립이야. 우리를 저버리는 거지. 그런데 내일이라도? 떠나야 한다면 어디로 가지? ……모두가 전전긍긍하고 있어. 경찰은 물샐틈없이 감시하고 있고. …
…본부에는 아무도 없어. ……리차들레는 밤에 자기 집 아니면 보아소니 집
에서 모임을 가질 거야. ……신문을 갖고 오면 해독할 수 있는 자가 다른
사람들을 위해 번역을 해 주고 있지. 그 뒤에 논쟁이 벌어지는데 모두가 흥
분해……. 아무것도 아닌 일에 말이야! 도대체 무엇을 할 수 있겠어? ……
리차들레만이 일을 하고 있어. 그는 확신을 갖고 있어. 인터내셔널이 몰락할
리가 없으며, 오히려 더 강하게 소생할 거라고 말하고 있어! 지금이야말로
이탈리아가 발언할 때라는 거야. 그러면서 스위스와 이탈리아의 사회주의자
들이 단결해서 바야흐로 명예를 회복할 때라는 거야……왜냐하면” 하고 그
는 의기양양하게 얼굴을 치켜들면서 말을 계속했다. “자네도 알다시피 이탈
리아에서는 프롤레타리아 전체가 충실해! 이탈리아야말로 혁명을 위한 진정
한 조국이야! 당 지도자들, 말라테스타, 보르기 그리고 무솔리니 모두가 그
어느 때보다도 열심히 싸우고 있어! 그건 이탈리아 정부가 전쟁에 휘말리는
것을 막기 위해서 뿐만 아니라 유럽의 모든 사회주의자들, 즉 독일과 러시아
의 사회주의자들과 단합해서 머지않아 평화를 되찾기 위해서인 거야!”

‘그렇다…….’ 자크는 생각했다. ‘평화를 되찾기 위해서 더 빠른 길이 있다
는 것을 그들은 잊고 있었던 것이다!’

“프랑스에도 아직 버티고 있는 몇 개의 집단이 없는 것은 아니야” 하고
자크는 마치 그런 문제가 이제 자기에게는 아무런 흥밋거리도 되지 않는다
는 듯 초연한 투로 중얼거렸다. “예를 들면 금속공업연합 사람들과도 연락
을 취해야 해. 거기에도 믿을 만한 사람들이 있으니까. 메르하임의 소문을
들었나? ……모나트도 있고, 〈노동생활〉 녀석들도 있어. 그자들은 꿈적도
하지 않았어……. 게다가 또 있어. 마르도프…… 〈깃발〉 패들과 함께 무를
랑이 있고…….”

“독일에는 리프크네히트가 있어……. 리차들레는 이미 그와 연락을 취하
고 있는 중이야.”

“빈에도 있어……. 오스메르가……. 미퇴르크를 통하면 연락은 문제없어
…….”

“미퇴르크?” 하고 사프리오가 말을 가로막았다. 사프리오는 일어나 있었
다. 그의 두 입술은 떨리고 있었다. “미퇴르크? 모르고 있단 말인가? ……

그는 떠났어!"

"떠났다고?"

"오스드리아로!"

"미퇴르크가?"

사프리오는 눈을 아래로 깔았다. 로마인풍의 잘생긴 그 얼굴에는 동물적인 비통함이 적나라하게 드러나 보였다.

"브뤼셀에서 돌아온 날에 미퇴르크는 '나는 돌아간다'라고 말했어. 우리는 모두 이렇게 말했어. '미친 건가! 자네는 이미 탈영자로 낙인 찍혔어!' 그런데 그는 이렇게 말하더군. '그건 틀림없는 사실이야. 하지만 탈영자라고 해서 비겁한 자라고는 말할 수 없어. 탈영자도 막상 전쟁이 나면 복귀한다고. 나는 가야겠어!' 그래서 나는 이렇게 말해 주었어. '미퇴르크, 가서 무엇을 하려고 그래? 군대에 들어가려는 것은 아니겠지?' 나는 이해할 수가 없었어! ……그런데 그가 하는 말이 '아니야, 군대에 들어가려고 그러는 것이 아니야. 본보기를 보여 주기 위해서야. 모두가 보는 앞에서 총살당하는 내 꼴을 보여 주기 위해서 말이야!' 사정은 이렇게 된 거야. 그리고 저녁에 떠나 버렸어……." 그의 말은 결국 흐느낌으로 끝났다.

"미퇴르크가?" 하고 자크는 멍청한 눈길로 중얼거렸다. 얼마 있다가 그는 사프리오 쪽을 돌아보았다. "자, 내가 왔다고 그에게 가서 전해 주지 않겠나?"

혼자 남은 자크는 낮은 목소리로 되풀이했다. '미퇴르크……' 미퇴르크는 무엇인가 할 일을 한 것이다. 그는 자신이 할 수 있는 것은 모두 했다. ……자기 자신에게 충실하다는 것을 증명하기 위해 할 수 있는 것은 모두 한 것이다! ……그리고 본보기가 되는 행위를 선택해서 자신의 생애를 거기에 바친 것이다…….

사프리오는 2층에서 내려왔을 때 자크의 얼굴에서 사라진 미소의 흔적 같은 것을 보고 깜짝 놀랐다.

"자네는 운이 좋구먼, 티보! 만나 주겠대……. 올라오라고!"

자크는 사프리오의 뒤를 따라 약국 쪽에 달린 나선형 계단을 올라갔다. 다 올라가서 사프리오는 비켜서며 첫칸 구석의 판자로 칸막이가 된 조종사의 은신처를 가리켰다.

"저기야…… 혼자 가봐. 그 편이 낫겠어."

메네스트렐은 문이 열리는 쪽으로 얼굴을 돌렸다. 그는 번들거리는 얼굴을 하고 침대 위에 누워 있었다. 땀으로 착 달라붙은 그의 검은 머리카락은 그렇지 않아도 작은 머리를 더 작아 보이게 했으며, 이마는 훨씬 튀어나와 보이게 했다. 그는 축 늘어뜨린 손 끝에 한 장의 신문을 들고 있었다. 머리 위로는 타는 듯한 하늘을 향해 나 있는 네모난 창을 배경으로 천창(天窓)이 하나 열려 있었다. 방 안 공기는 숨이 막힐 것 같았다. 타일을 깐 마루 위에는 몇 장의 신문이 어지럽게 널려 있는가 하면 반쯤 피우다 만 담배가 흩어져 있었다.

침대 쪽으로 힘차게 걸어오다 말고 우뚝 서서 미소를 짓는 자크에게 메네스트렐은 아무런 반응도 보이지 않았다. 그러나 그는 류머티스 환자답지 않게 기운찬 동작으로—(자크는 바로 oune pretesto(이탈리아어로 '분발했네'라는 뜻)라고 생각했다)—벌떡 일어났다. 그는 빛바랜 아마포 비행복을 알몸에 그대로 입고 있었다. 헤쳐진 옷깃 사이로 털투성이의 야윈 가슴이 드러났다. 옷차림이 깔끔하지 못해서인지 더러운 느낌마저 주었다. 너무 긴 머리카락은 목덜미에서 마치 오리 꽁무니같이 깃털모양의 곡선을 이루며 끝이 올라가 있었다.

"왜 돌아왔나?"

"거기서 제가 할 일이 뭐가 있겠어요?"

메네스트렐은 서랍장에 기대어 있었다. 그는 팔짱을 낀 채 수염을 어루만지면서 자크를 바라보았다. 전에는 보지 못한 안면근육 경련이 왼쪽 눈을 계속 깜박거리게 했다.

자크는 이런 대접에 완전히 맥이 풀려 지금까지의 일을 되는 대로 주섬주섬 이야기해 주었다.

"저쪽이 어떤 상황인지 당신은 상상도 못할 겁니다. ……집회가 모두 금지되어 있어서 회의 같은 것은 가질 수도 없고…… 검열까지 있어서 어느 신문도 반대기사 같은 것은 엄두도 못 내고 있는 실정입니다……. 어느 카페 테라스에서의 일인데 국기에 경례를 늦게 했다고 해서 맞을까 봐 줄행랑치는 녀석도 보았어요. ……그런 상황에서 무엇을 한단 말입니까? 병영에 삐라라도 뿌릴까요? 대번에 끌려가게요? 뭐라고요? 사보타주? 알다시피 내 취미에는 맞지 않고…… 게다가 포탄저장고나 군수품 열차를 폭파시키려고 해도 수백 개의 저장고와 수천 개의 열차가 있으니…… 그것도 안 되고 지금으로서는 저쪽에서 할 일이 아무것도 없어요! 아무것도!"

메네스트렐은 어깨를 으쓱했다. 힘없는 미소가 그의 입술에 살짝 스쳐 지나갔다.

"여기도 마찬가지야!"

"생각하기 나름이지요!" 자크는 눈길을 돌리며 말했다.

메네스트렐은 그 말을 들은 것 같지 않았다. 그는 서랍장 쪽을 돌아보며 세면대에 손을 담그고 그 손으로 자기 이마를 적셨다. 빈 의자가 없어 자크가 서 있다는 것을 알아차리고는 서류가 가득 놓인 나무걸상 하나를 치워 주었다. 주위를 두리번거리는 그의 흐리멍덩한 눈길은 무엇에 정신을 빼앗긴 것 같은 사람의 그것이었다. 그는 다시 침대로 돌아가 두 팔을 흔들거리며 매트 끝에 앉아 깊은 한숨을 내쉬었다.

그러다가 느닷없이 중얼거렸다.

"자네도 알다시피 나에게는 그녀가 필요해……."

또렷하면서도 거의 무관심한 듯 내뱉는 그 말투는 다만 사실만을 말할 뿐, 다른 뜻은 없었다.

"그들 둘은 그런 짓은 하지 말았어야 했어요." 자크는 좀 망설이던 끝에 중얼거렸다.

이번에도 메네스트렐은 그 말은 못 들은 것 같았다. 그러면서도 그는 다시 일어나서 발로 신문 한 장을 걷어차더니 문 앞까지 걸어갔다. 그리고 잠시동안 상처 입은 곤충처럼 한쪽 발을 끌면서 흥분과 무기력이 뒤섞인 모습으로 방 안을 가로질러 성큼성큼 걷기 시작했다.

'저렇게도 변할 수 있을까?' 하고 자크는 생각했다. 그는 아직도 의구심을 품지 않을 수가 없었다. 자크는 자기가 그 자리에 있다는 것을 상대가 잊고 있는 것 같아서 그만큼 천천히 그를 살필 수 있었다. 얼굴은 바짝 마른 것이 전에 보여 주던 집중된 힘이라든가 언제나 깨어 있던 명민한 표정도 찾아볼 수 없었다. 눈은 끊임없이 움직이고 있었으나 총기가 없었다. 그리고 눈길은 놀라울 정도로 부드러워져서 이따금 어떤 차분함과 평온함 같은 것이 엿보였다. '아니, 틀려' 하고 자크는 즉시 생각을 바꾸었다. '차분함과는 다르다.

무기력이다…… 무기력이 가져다주는 소극적인 평온이다.'

"그들 둘이 그러지 말았어야 했다고?" 마침내 메네스트렐은 막연하게 묻는 것 같은 말투로 되풀이했다. 그는 계속 걸으면서 어깨를 으쓱했다. 그러더니 갑자기 자크 앞에 우뚝 섰다. "그 일 뒤로 이제 내가 더 이상 갖지 못하는 관념이 있다면 그것은 책임 관념이야!"

'그 일……' 자크는 메네스트렐이 단순히 자기 신상에 관한 일이라든가, 알프레다나 패터슨과의 일뿐만 아니고 유럽, 나아가서 지도자들, 외교관들, 또 당의 당원들, 그리고 어쩌면 자기 자신의 일, 자신의 임무를 저버린 것을 생각하고 있다는 느낌을 받았다.

메네스트렐은 다시 한 번 이 벽에서 저 벽으로 걸어갔다가 다시 침대에 와 누우면서 중얼거렸다.

"결국 누구에게 책임이 있는 거야? 자신의 행위에 대해서, 자기 자신에 대해서 책임을 지는 사람 말이야? 자네는 책임을 질 줄 아는 사람을 알고 있나? 나는 지금까지 한 번도 그런 사람을 만난 적이 없어."

긴 침묵이 흘렀다. 불투명하고 견딜 수 없는 침묵, 그것은 더위, 가차없이 내리쬐는 태양과 뒤섞여 있었다.

메네스트렐은 꼼짝도 하지 않고 눈을 감은 채 누워 있었다. 누우니까 아주 커 보였다. 손톱은 담배 때문에 누렇게 되었고, 손가락은 눈에 안 보이는 공을 쥐고 있듯이 반쯤 오므리고 있었는데 손바닥을 위로 한 채 그 손을 매트 밖으로 내놓았다. 소맷자락 밖으로 손목이 보였다. 자크는 맹수의 발톱 같은 그 손을 유심히 바라보았다. 지금까지 그것이 이토록 연약하고 여성적으로 보인 적이 없었다. '고약한 여자 때문에 기가 꺾여 버렸군……' 그렇다. 사프리오의 말은 과장이 아니었다! ……그렇지만 그런 사실을 인정한다는 것은 아무것도 설명해 주지 못한다. 자크는 다시 한 번 메네스트렐의 비밀에 부딪쳤다. 모든 상황으로 미루어 마침내 결단의 시기가 왔다고 희망을 가질 수 있는 이때 체념을 해서야 되겠는가? 더구나 이런 기질의 남자가……

'이런 기질이라고?' 자크가 생각했다.

메네스트렐은 꼼짝도 하지 않고 느닷없이 이렇게 말했다.

"미퇴르크는 과감하게 죽음과 마주하러 갔어."

자크는 깜짝 놀라 몸을 떨었다.

'누구나 나름대로의 죽음을 택한다'라고 그는 생각했다.

짧은 시간이 흘렀다. 자크는 중얼거리듯이 말했다.

"자기 죽음으로 한 가지 일을 할 수 있다고 한다면 그렇게 어려운 일은 아닐 겁니다…… 의식적인 행위. 궁극적인 행위. 무엇인가 유익한 행위라면."

메네스트렐의 손이 약간 떨렸다. 눈을 아래로 깔고 있는 울퉁불퉁한 얼굴은 화석처럼 굳어 있었다.

자크는 상체를 일으켰다. 그는 초조한 몸짓으로 이마에 흘러내린 머리를 쓸어올렸다.

"나는" 하며 자크가 말했다. "그렇게 하고 싶어요."

갑자기 자크의 목소리가 이상하게 떨리자 메네스트렐은 눈을 크게 뜨고 고개를 돌렸다. 자크는 천창을 바라보고 있었다. 빛을 가득 받고 있는 늠름한 자크의 얼굴에 굳은 결의가 나타나 있었다.

"후방에서는 투쟁이 불가능해요! 적어도 현재로서는. 각국 정부에, 계엄령, 검열, 언론, 애국적인 망상에 맞설 방법이 아무것도 없어요. 속수무책이지요! ……그러나 전선에서는 문제가 달라요! 전선에 나가는 사람들에게는, 그래요, 영향력을 행사할 수 있어요! 바로 그런 사람들을 대상으로 해야 해요!" 메네스트렐은 아리송한 몸짓을 했다. 자크는 그것을 자기 말을 의심하는 몸짓이라고 여겼지만 실은 신경질적인 경련에 지나지 않았다. "들어 보세요! ……오, 그것은 나도 알아요. 오늘은 모두 총에 꽃을 꽂고 '라 마르세예즈(프랑스 국가)'나 '바하트 암 라인(독일 군가)'을 부르겠지요. 그러나 내일이면? ……노래를 부르며 떠나간 바로 그 남자는 현실에 맞닥뜨린 가엾은 남자에 지나지 않을 겁니다! 전쟁을 맞닥뜨릴 겁니다! 배는 고프고 발은 피투성이가 된 채 지칠대로 지친 데다 포격이나 돌격, 부상자나 전사자들을 처음 보고 공포에 떨고 있는 한 사람…… 바로 그런 남자에게 말해 주어야 하는 겁니다! 그런 남자에게 부르짖어야 합니다. '바보 같은 녀석! 자네는 또 착취당했어! 자네의 애국심, 의협심, 용기를 착취한 거야! 모든 사람이 자네를 속였어! 자네가 믿었던 모든 사람들, 스스로를 지키기 위해서 자네가 선택한 사람들까지도! 그러나 이제는 그들이 자네에게 뭘 바라고 있었는지 알아야 해! 반항해! 그들을 위해 목숨 바칠 것을 거부하라고! 사람 죽이는 일을 거부해야 해! 자네 앞에 있는 형제들에게, 자네처럼 속고 착취당한 사람들에게 구원의 손길을 내밀도록 해! 총을 버려! 그리고 모두가 반항하는 거야!'" 그는 감격한 나머지 숨이 막힐 것만 같았다. 잠시 숨을 돌린 다음 다시 말을 계속했다. "모든 것은 그런 사람을 움직이는 데 있어요! ……'어떻게?'라고 당신은 나에게 물으시겠지요."

메네스트렐은 한쪽 팔꿈치로 몸을 일으켰다. 그는 눈에 감도는 비웃음을 감추지 못하고 주의 깊게 자크의 얼굴을 가만히 바라보았다. 그런 그의 태도는 사실 이렇게 묻는 것 같았다. '그건 그래. 그런데 어떻게?'

"비행기로!" 하고 자크는 질문을 기다리지 않고 외쳤다. 그러고는 목소리를 낮추어 더 느린 투로 말했다. "비행기라면 그들에게 갈 수 있어요! ……전선 위로 가야 해요. 프랑스군대와 독일군대 위를 나는 거예요……. 두 나라의 군대 위에 몇천, 몇만 장의 삐라를 뿌리는 거지요. 두 나라 말로 된 선전문 말입니다! ……프랑스사령부와 독일사령부에서는 삐라가 숙영지 안으로 들어오는 것을 막겠지요. 그러나 별수 없어요. 별수 없고말고요! 수천 킬로에 달하는 전선의 하늘 위로부터 눈송이 같은 삐라가 내려와 여러 마을이며 야영지며 군인들이 밀접해 있는 모든 지역에 흩어지는 것을 막을 길이 없겠지요! ……눈송이 같은 그 삐라는 구석구석에 파고들 겁니다! 프랑스에서도 독일에서도 그것을 읽게 될 테고요! ……모두가 알게 될 겁니다! ……그리고 이 손에서 저 손으로 옮겨지며 예비편대와 민간인 손에까지 들어가게 될 겁니다! ……프랑스, 독일의 모든 노동자, 모든 농민에게 그들의 실상이 어떠하며 그들이 무엇을 해야 할 것인가를 알려 줄 겁니다! 그리고 그들 앞에 마주 선 동원병들이 어떤 자들인지를! 그리고 그들 서로 죽이는 일이 얼마나 터무니없고 잔인한 죄악이라는 것을 알게 될 겁니다!"

메네스트렐은 무슨 말을 하려고 하다가 그대로 입을 다물었다. 그리고 천장을 보면서 다시 누웠다.

"아, 조종사, 그런 삐라의 효과를 생각해 보세요! 항거하도록 유도하는 데 있어서는 대단한 호소력이 있습니다! ……효과라고요? 아마 엄청날 겁니다! 적대시하고 있던 군대가 전선의 한 지점에서라도 서로 친해지기만 한다면 그것은 도화용으로 길게 뿌린 화약에 불이 옮겨가듯 곧 번져 나갈 겁니다! 반항이지요……. 지휘관들의 사기저하…… 그런 비행이 있는 바로 그 날 프랑스사령부와 독일사령부는 마비될 겁니다. ……내가 비행할 지역에서

는 모든 행위가 불가능하게 되겠지요! ……얼마나 멋진 일입니까! 선전효
과는 대단할 겁니다! 얼마나 놀라운 비행기입니까…… 평화의 사절이지요
…… 동원령이 내리기 전에 인터내셔널이 거두지 못한 승리를 오늘에 와서
이룩하는 셈이지요! 프롤레타리아의 단결, 전면파업에는 실패했지만 전투요
원들 사이에 형제애를 이룩하는 데는 성공을 거두는 셈입니다!"

메네스트렐의 입술에 살짝 미소가 감돌았다. 자크는 그를 향해 한 발 걸어
갔다. 자크 역시 굳은 확신을 보이면서 미소 짓고 있었다. 그는 냉정함을 잃
지 않고 목소리도 높이지 않으면서 말을 이었다.

"지금 말한 것 가운데서 어느 것 하나 실현불가능한 것은 없습니다. 다만
누군가가 나를 도와줘야 해요. 그래서 당신 도움이 필요해요. 당신은 옛날
관계도 있고 하니까 비행기를 나에게 구해다 줄 수 있어요. 그리고 며칠이면
나에게 조종술을 가르쳐 줄 수 있을 테고요. 몇 시간만 목적지를 향해 날면
되니까요. 전선은 비행기로 날아갈 수 있는 거리에 있습니다.

스위스 북부를 향해 날아가면 알자스에 집결해 있는 프랑스군대와 독일군
대에까지 다다르는 것은 아무것도 아닙니다……. 그래요, 맞아요. 전부 검
토해 보았어요. 여러 가지 어려움과 위험에 대해서도…… 여러 가지 어려움
이 있기는 해도 당신이 나서서 나를 도와주신다면 그런 것은 이겨 낼 수 있
습니다. 위험이 있다면, 그것은 물론 한 가지밖에 없습니다. 그러나 그것은
저의 문제입니다!" 그는 별안간 얼굴을 붉히며 입을 다물었다.

메네스트렐은 슬쩍 눈짓을 했다. 자크 쪽에서도 그것이 무엇을 뜻하는지
를 이내 알아차렸다. 메네스트렐은 슬며시 몸을 일으켜 침대 끝에 앉았다.
그는 자크의 눈길을 피했다. 두 발을 흔들거리며 손바닥으로 두 무릎을 가볍
게 문지르면서 잠시동안 아래를 보고 있었다. 드디어 그는 자세를 바꾸지도
않고 이야기를 시작했다.

"그런데, 프랑스를 도망쳐 온 자네가 스위스에서 누구의 의심도 받지 않
고 어떻게 조종연습을 할 수 있다고 생각하나? 그리고 불과 며칠만에 혼자
이륙해서 지도를 보고, 지형을 판별하고 몇 시간 동안 혼자 날 수 있다고 생
각하나?" 그의 목소리는 담담하고 약간 빈정거리는 투가 섞여 있었다. 얼굴
도 무표정했다. 그는 한쪽 손을 턱높이까지 올렸다. 그리고 잠시 멍청한 눈
으로 더러운 손톱을 하나하나 살펴보았다. "그럼 이제는" 하고 그는 거의

퉁명스럽게 말했다. "어때? 나를 좀 혼자 있게……."

어리둥절해진 자크는 방 한가운데 가만히 서 있었다. 그는 상대가 말한 대로 하기 전에 자신이 잘못 들은 게 아닌가 싶었다. 한 마디 찬성의 말이나 충고, 격려의 미소 같은 것도 없이 과연 이대로 돌아가라는 것인가 자문하면서 메네스트렐의 눈길과 마주치려고 애썼다.

"그럼 잘 가게" 하고 메네스트렐은 눈을 들지 않고 또렷하게 말했다.

"다시 뵙지요"

자크는 중얼거리듯이 말하면서 문 쪽을 향해 걸어갔다. 그는 나가려다 화가 치밀어 홱 돌아섰다. 조종사의 두 눈이 그를 바라보고 있었다. 옛날과 다름없는 열렬한 눈길, 그 눈길은 놀란 듯 자크를 바라보고 있었다. 그러나 그것은 언제나처럼 저의를 알 수 없는 눈길이었다.

"내일 또 와주게" 하고 메네스트렐은 매우 빠른 투로 말했다(그의 목소리는 옛날 그대로의 음색, 단호함, 빠른 말투를 되찾았던 것이다). "내일 오전 중, 느지막이. 11시에……. 그리고 피신하도록 해. 알겠나? 나타나지 말게. 아무에게도! 자네가 되돌아온 것을 여기서는 아무도 눈치채지 못하도록 해야 해." 별안간 메네스트렐의 얼굴은 전혀 뜻밖에 그 어느 때보다도 부드러운 미소로 빛났다. "그럼 내일 보세."

'그렇다.' 메네스트렐은 자크가 나간 뒤 문이 닫히자 생각했다. '이렇게 된 바에야 못할 것도 없지 않을까?'

그는 이런 엉뚱한 계획의 효과를 꼭 믿지는 않았다. 적대관계에 있는 군대들 사이의 화해라! 언젠가는 가능할지도 모른다. 여러 달 동안의 고통과 살육이 있은 뒤에는! ……그러나 사기를 떨어뜨리고 반항의 씨를 뿌린다는 것은 나쁘지 않다…….

'그의 생각은 잘 알겠다. 결국 자신의 열렬한 의지를 이루어 보겠다는 생각이다…….'

그는 일어나서 빗장을 지르고 방 안을 가로질러 몇 걸음 걸어갔다.

'이 기회다……' 하고 그는 침대 쪽으로 되돌아오면서 생각했다. '어쩌면 단 한 번 주어지는 기회일지도 모른다……. 한 가지 해결방법일지도 모르지!'

79. 8월 4일 화요일—제네바에서 바젤로 향하는 열차 안의 자크

자크는 지금 머리를 나무 칸막이에 기대고 있다. 기차 소음이 몸속까지 파고들어 써지면서 그를 흥분시킨다. 삼등칸 안에는 자크 혼자였다. 창은 활짝 열려 있었으나 가마솥 같은 더위, 그는 땀에 흠뻑 젖은 채 그늘진 의자에 몸을 내던졌다……. 이제 들리는 것은 기차의 소음이 아니라 발동기가 돌아가는 소리이다……. 하늘을 나는 비행기…… 하얀 삐라가 무수히 허공에 흩어진다…….

이마를 스쳐가는 바람도 뜨겁다. 그러나 내려진 블라인드의 부딪치는 소리가 어쩐지 서늘한 느낌을 주는 듯하다. 그의 눈 앞에서는 여행가방이 기차의 흔들림에 따라 계속 흔들거린다. 빛이 바랜 누런 부대용 삼베로 된 여행가방, 마치 순례 배낭처럼 불룩해 있다. 이 마지막 여행까지 충실하게 따라다니는 낯익고 정든 벗……. 자크는 몇 가지 서류와 속옷 따위를 여기에다 부랴부랴 쑤셔넣었다. 시간이 없어서 되는 대로 골랐다. 간신히 급행열차 시간에 맞춰 올 수 있었다. 그는 메네스트렐의 지시에 따라 행선지도 말하지 않고 또 아무도 만나지 않고 1시간 만에 제네바를 떠나온 것이다. 아침부터 아무것도 먹지 않았다. 역에서 담배를 살 만한 여유도 없었다. 그런 것은 아무래도 좋다.

그는 그대로 떠났다. 이번이야말로 정말 출발이다. 고독한 익명의 출발, 돌아올 수 없는 출발이다. 이 더위, 성가시게 하는 이 파리 떼, 망치로 머리를 두들기는 듯한 이 모루 소리만 없다면 한결 마음이 평온할 텐데. 평온하면서 든든할 텐데. 지금까지 겪은 고뇌와 절망의 나날은 이제 지나가 버린 일이다.

그는 잠시 눈을 감았다. 그러나 곧 다시 눈을 떴다. 자신의 꿈을 이루기 위해서는 명상 같은 것은 전혀 필요치 않다…….

언덕 꼭대기를 스치고 날아가 푸른 골짜기를 향해 하강해서 초원이며 숲이며 도시 위를 날아간다……. 그는 메네스트렐 뒷자리에 앉아 있다. 발밑에는 삐라가 쌓여 있다. 메네스트렐이 신호를 했다. 비행기가 지상에 가까워진다. 우글거리는 푸른 군모, 붉은 바지, 회녹색의 긴 윗옷(프랑스 사병의 복장) ……자크는 몸을 구부려 삐라를 한아름 안아 그것을 아래로 던진다. 엔진이 붕붕 소리를 낸다. 비행기가 태양을 향해 날아 올라간다. 자크는 몸을 숙였다가 다시 일으켜 무수한 흰 삐라를 끊임없이 아래로 뿌린다. 메네스트렐은 어깨 너머로 자크를 보면서 웃음짓는다.

메네스트렐…… 메네스트렐, 자크의 사명감은 이 단단한 지점을 중심으로 계속 돌고 있다.

자크는 지금 막 그와 헤어지고 오는 길이다. 오늘 아침 그는 어제의 메네스트렐과 완전히 딴사람이 되어 있었다. 옛날 보스 모습 그대로였다! 곧은 상반신, 정확하고 기민한 몸짓. 정장을 하고 구두를 신고 마침 나갔다 들어오던 참이었다. 처음 맞이할 때부터 의기양양한 그 미소! '잘 돼가! 운이 좋아서. 생각했던 것보다는 모든 것이 쉬울 거야. 사흘 뒤면 우리는 이륙할 수 있어.' 우리라고? 자크는 뭐가 뭔지 이해할 수 없어 모호한 몇 마디를 더 듬거리며 말했다. "……그룹의 핵심인 사람들이…… 귀중한 생명을…… 내던진다는 것은 큰 잘못인데……." 그러나 메네스트렐은 그를 슬쩍 보면서 단번에 말을 막았다. 그리고 냉혹한 눈길을 보이면서 어깨를 으쓱했다. 그것은 아주 인간미 넘치는 동작으로써 '나는 이제 어떤 일에도 누구에게도 도움이 안 되는 사람이다……'라고 말하는 것 같았다. 드디어 그는 다시 몸을 일으켜 재빨리 이렇게 말했다. "쓸데없는 말은 하지마……. 자네는 빨리 바젤에 가. 여러 가지 이유가 있어. 국경에서 뜨면 바로 알자스를 날게 될 거야……. 각자 최선을 다하는 거야. 나는 비행기를 준비하고 자네는 삐라를 준비하는 거야. 우선 문장을 만들어야지. 쉬운 일은 아니겠지. 하지만 자네는 이미 그것을 생각해 두었을 거야. 그러고 나서 인쇄하는 거야. 그것은 프라트네르에게 맡기면 돼. 자네는 모르나? 여기에 소개장을 써놓았어. 그라이펜카제에 있는 책가게야. 인쇄소를 갖고 있고 안심할 수 있는 직공도 있어. 거기에 있는 사람들은 독일어는 물론 프랑스어도 유창하게 해. 그들이 자네의 삐라를 번역해 줄 거야. 며칠밤만 작업하면 두 나라 말로 된 삐라를 백만 장은 찍어 낼 수 있어……. 어쨌든 모든 것은 토요일까지 준비되어 있어야 해. 사흘을 꼬박 일해야 해, 불가능한 것은 아니야……. 편지 왕래는 안 돼. 나도 그렇고 누구나 우편은 감시받고 있어. 무슨 일이 생기면 믿을 만한 사람들을 시켜 미리 알려 줄 테니까. 주소는 이 봉투 안에 있어. 그 밖에 다른 확실한 지시와 함께. 그리고 몇 개의 지도도……. 안 돼. 지금 꺼내 보지마! 가는 도중에 살펴보도록 해……. 그래서 내가 지정하는 장소에 내가 정한 그날 바로 그 시간에 국경 가까이 오는 거야…… 알겠나?" 그제야 비로소 그의 얼굴 표정에는 부드러움이 감돌고 목소리도 조금 누그러졌다. "잘 됐어. 12시 30분 발 바젤행 열차가 있어." 메네스트렐은 앞으로 걸어나가면서 자크의 어깨 위에 두 손을 얹었다. "고마워…… 힘든 일을 맡아 주어서 ……." 그의 눈길은 빛을 잃고 있었다. 자크는 순간 메네스트렐이 자기를 안으려고 그러는 줄 알았다. 그러나 메네스트렐은 반대로 급격한 동작으로 그 손을 도로 뒤로 당기며 생각했다. '나는 하마터면 어리석은 짓을 할 뻔했구나. 그를 빨리 보내야 하는데.' 그는 약간 다리를 절면서 자크를 문 쪽으로 밀고 갔다. "기차를 놓치겠어. 그럼 또 만나!"

자크는 일어나 바람을 좀 쐬려고 창가로 갔다. 밖을 내다보았다. 하지만 8월의 햇볕에 눈부시게 빛나고 있는 낯익은 호수와 알프스 경치도 그의 눈에는 들어오지 않았다.

제니……. 바로 어제까지만 해도 파리에서 오는 기차의 긴 의자에 앉아 그녀와의 일을 되새길 때마다 무언가 견디기 어려운 고통이 그의 가슴을 에는 듯하곤 했다. 다시 한 번 푸른 눈동자의 작은 얼굴을 자신의 두 손으로 잡고, 머리털 속으로 손가락을 넣어 그녀의 두 눈이 감동에 젖고, 두 입술이 방긋이 열리는 것을 아주 가까이에서 보았으면! 한 번만, 오직 단 한 번만, 그렇게도 유연하고 타오르는 것 같던 그 젊은 육체를 안고 싶었다! ……그는 벌떡 일어나 통로로 나가 두 손으로 창틀을 꽉 잡았다. 그리고 눈을 감은 채 몸을 비틀고, 가슴을 두근거리면서 바람과 매연과 석탄재가 마구 스치는 대로 얼굴을 내맡겼다. ……지금 그는 그다지 괴로움 없이 그녀를 생각할 수 있게 되었다. 그녀는 지금 그의 추억 속에 고이 잠들어 있다. 정열적으로 사랑했던 사람이 죽은 거나 다름없는 것이다. 탄식해 보았자 돌이킬 수 없는 일이라는 생각이 그의 마음에 안정을 가져다주었다. 목적 달성이 눈앞에 다가옴에 따라, 모두―어제까지의 생활도, 파리도, 지난 1주일 동안의 격동도―가 별안간 먼 옛날 일처럼 여겨졌다! 그는 지금 제니와의 사랑도 마치 어린시절의 일, 아무리 해도 되살릴 수 없는 지나간 과거의 일처럼 생각하고 있다. 지금 그에게 주어진 미래란 앞을 알 수 없는 내일에 불과한 것이다……

자크는 무심코 들어올렸던 블라인드를 다시 아래로 내렸다. 그는 두 손을 주머니 속에 넣었다가 땀으로 축축해진 것을 알고는 곧 다시 꺼냈다. 더위 때문에 짜증이 났다. 게다가 먼지며 소음이며 이 파리 떼들! 그는 다시 의자에 앉아 칼라를 떼어 냈다. 그러고는 의자 끝에 쪼그리고 앉아 한쪽 팔을 창 밖으로 내밀고 생각에 잠겨 보려고 애썼다.

중요한 것은 지금부터다. 삐라를 쓰는 일, 모든 것은 여기에 달려 있다. 그 것은 밤하늘의 섬광과도 같은 것으로서 서로 죽이려는 사람들의 폐부를 찌르고 그들의 마음속에 뚜렷이 파고들어 모두가 일제히 일어나게 해야 한다!

머릿속에서는 이미 두서없는 여러 가지 말이 떠오르고 있다. 심지어는 문장까지도 집회에서 하듯이 울림을 갖고 막연하게 떠오른다.

'적대시하고 있는 군대들이여…… 어째서 적대시한단 말입니까? 프랑스인, 독일인…… 모두 우연히 태어난 것뿐입니다……. 인간으로서는 똑같은 것입니다! 노동자, 농민 대중, 근로자, 근로자 여러분! 어째서 서로가 적입니까? 국적이 달라서인가요? 그러나 동일한 이해가 있습니다! 모든 것이 그들을 한데 묶고 있습니다! 모든 것이 그들을 자연의 벗으로 만들고 있습니다!'

그는 수첩과 몽당연필을 주머니에서 꺼냈다. '머리에 떠오르는 것을 그대로 적어 놓을까?'

프랑스인이여, 독일인이여, 모두가 형제들입니다! 여러분은 같은 인간입니다! 그리고 똑같이 희생자들인 것입니다! 허위를 강요당한 희생자인 것입니다! 여러분 중의 그 어느 누구도 여러분과 똑같은 근로자들의 표적이 되기 위해 자진해서 아내와 자식을 버리고 집과 공장과 가게와 논밭을 버린 사람은 없을 것입니다! 죽는다는 것은 누구에게나 무서운 일입니다. 살상행위도 누구나 혐오하는 일입니다. 생명이란 성스러운 것이라는 확신은 누구나 갖고 있습니다. 전쟁이란 어리석은 짓이라는 것을 누구나 잘 알고 있습니다. 이런 악몽에서 벗어나고 싶은 욕망, 아내와 자식, 일거리, 자유와 평화를 하루빨리 되찾고 싶은 욕망은 어느 누구에게나 마찬가지입니다! 그런데 여러분은 지금 서로 알지도 못하면서, 또 서로 죽일 아무런 이유도 없이, 그리고 사람들이 어째서 여러분들을 살인자가 되도록 몰아붙이는지조차 알지 못하면서 총에 탄환을 장전한 채 서로 마주보며 여차

하면 어리석게도 서로 죽이려고 하고 있습니다!

기차는 속력을 늦추더니 마침내 멈추었다.

"로진!"

숱한 추억이 깃든 도시……. 캄메르진 하숙의 황금빛 전나무로 된 방……. 소피아…….

사람 눈에 띌 것 같아 내려가 보고 싶은 유혹을 뿌리쳤다. 커튼을 조금 열어 보았다. 역, 플랫폼, 신문판매대……. 어느 겨울날 저녁, 아버지가 세상을 떠남으로 인해서 파리로 돌아가기 전에 앙투안과 함께 서성거리던 곳이 바로 저기 보이는 3번 플랫폼이다……. 형과 함께 여행하던 때가 10년은 된 것 같은 느낌이 들었다.

복도에서는 짐을 든 사람들이 어린아이들을 손에 잡고 오가고 있었다. 헌병 둘이 지나가며 차 안을 검사하고 있다. 나이 든 한 쌍의 부부가 자크가 있는 칸으로 들어와 자리를 잡았다. 남자는 일 때문에 손이 거칠어진 늙은 노동자로 여행을 위해 나들이옷을 입고 있었는데, 곧바로 윗옷과 넥타이를 벗고 이마의 땀을 닦으며 여송연을 피워 물었다. 아내는 그 윗옷을 얌전히 접어 자기 무릎 위에 놓았다.

자크는 한쪽 구석에 몸을 파묻은 채 수첩을 다시 들었다. 몹시 흥분된 상태에서 그는 계속 갈겨썼다.

불과 2주일도 안 되었는데 집단적이고 악마 같은 광기, 유럽 전체가 그렇다! 신문은 모두 엉터리 보도뿐, 모든 나라의 국민이 한결같이 거짓말에 취해 있다! 어제까지만 해도 있을 수 없는 가증스러웠던 일이 지금은 불가피하고 필연적이며 정당한 것으로 되어 있다! ……어디를 가나 민중은 인위적으로 만들어진 흥분에 들떠 이유도 모르고 서로 달려들려고 하고 있다! 죽고 죽이는 것이 영웅주의와 지고한 정신의 동의어나 되는 것처럼! ……이 모든 것이 어째서 그렇단 말인가? 누구를 위하여? 그 책임자는 어디에 있단 말인가?

책임자들……. 그는 지갑 속에서 접힌 종이 한 장을 꺼냈다. 그것은 기욤 2세에 관한 책 속에서 카이젤이 한 연설의 한 구절을 반네드가 그를 위해 발췌해 준 것이다. '나는 굳게 믿고 있다. 국가 사이의 분쟁 대부분은 이런 범죄적인 방법에 의하여 오직 자신의 권력을 지키고 자신의 인기를 높이려는 몇몇 장관의 술책과 야심의 결과라고.' '이것의 독일어 원문을 찾아야겠는데' 하고 그는 생각했다. '그래서 그들에게 이렇게 말해 주어야겠다. "자! 이것이 당신들의 카이젤의 말이다." 원문을 찾아야지. 어디서? 어떻게? ……반네드에게 물어볼까? 편지는 안 된다. 메네스트렐이 금지시켰으니까……. 원문을 찾아야지! 바젤의 도서관에서? 그런데 책의 표제는? 그리고 찾는 데는 시간이 걸린다……. 안 되겠다…… 그러나! 원문을 찾아야지!' 피가 머리끝까지 올라와 그를 얼떨떨하게 만들었다. '책임자…… 책임자……' 그는 흥분한 나머지 자세를 바꾸었다. 이런 자들 때문에 그는 몹시 화가 났다. 노파가 놀란 눈으로 그를 유심히 바라보고 있다. 노파는 앞에 있는 좀 높은 의자에 앉아 있다. 검은 구두에 흰 양말을 신고 있다. 기차의 흔들림으로 그녀의 다리가 흔들거린다…… '책임자…… 원문을 찾아야지…….' 노파가 계속 자기 쪽을 보고 있다면……. 그러나 노파는 바구니에서 빵 한 조각과 자두를 꺼낸다. 그것을 천천히 씹는다. 그리고 결혼반지가 빛나고 있는 손 안에 씨를 뱉어 낸다. 이마 위에는 파리 한 마리가 마치 시체 위를 지나는 것처럼 왔다 갔다 하는 데도 노파는 그것을 느끼지 못하는 것 같다……. 참을 수 없다! 자크는 일어났다.

어떻게 그 원문을 구해야 하나…… 바젤에서? 안 된다, 안 돼. 헛수고일 뿐이다……. 너무 늦어……. 그것을 못 찾을 것은 뻔한 일이다!

신선한 바람을 쐬고 싶어서 그는 통로에 나와 두 손으로 창틀을 잡았다. 어두운 구름이 마침 알프스산맥을 덮고 있다. '소나기가 올 것 같군. 그러니까 이렇게 무덥지…….'

위에서 내려다보이는 호수는 짙은 수은색을 띠고 있어서 찬란한 빛을 잃었다. 호반까지 늘어져 있는 유황을 함유한 것 같은 포도밭이 독에 물든 듯 푸른빛을 띠고 있다.

'책임자들…… 방화범을 찾으려면 우선 그 화재로 이득을 본 사람을 생각해 봐야지…….' 그는 얼굴의 땀을 닦은 다음 다시 연필을 들었다. 그리고 선 채로 창틀에 몸을 기대고 노파며, 소나기를 머금은 후텁지근함이며, 파리떼며, 기차 소음과 흔들거림이며, 적개심을 불러일으키는 온갖 세상, 이 모든 것에 신경을 쓰지 않으려고 노력하면서 열기에 들뜬 듯이 적기 시작했다.

눈에 보이지 않는 힘인 국가가 마치 농부가 그 가축을 다스리듯이 여러분을 다스려 왔습니다! ……국가! 국가란 무엇입니까? 프랑스 국가, 독일 국가, 그것은 과연 국민들을 위해 올바르고, 또한 진정으로 믿을 수 있는 대표자인가요? 대다수의 이익을 옹호하는 입장에 있는가요? 아닙니다! 프랑스와 마찬가지로 독일이라는 국가도 소수집단이 대표하고 있는 국가이며 투기업자 일당의 대리공사에 지나지 않습니다. 그들 일당에게는 금전만이 힘입니다. 더구나 그들은 오늘날 은행이며, 큰 회사며, 운수업체며, 언론이며, 군수업체 등 모든 것을 장악하고 있습니다! 그들은 절대다수의 희생으로 특정 사람들의 이익을 꾀하려는 봉건적 사회조직의 절대군주인 것입니다! 지난 몇 주일 동안 우리는 이러한 조직의 활동을 봐 왔습니다! 또 우리는 이런 조직의 복잡한 톱니바퀴가 모든 평화적 저항을 하나씩 분쇄하는 것을 봐 왔습니다! 바로 이런 조직이 여러분에게 지금 총대를 메게 한 다음 국경에 내몰아 대부분의 여러분과는 아무런 관계도 없을 뿐더러 죽음마저 예고하는 이익을 지키도록 하고 있습니다! ……죽음으로 끌려가는 사람들은 자신들의 희생이 과연 누구의 이익을 위한 것인지 자문해 볼 권리가 있습니다! 바로 자신의 목숨을 바치기 전에 그것이 누구를 위하고, 무엇 때문에 바치는지 알 권리가 있는 것입니다!

첫 번째 책임자들을 꼽는다면 소수의 공익 착취자, 대금융가, 대기업가들로서 그들은 이 나라에서 저 나라로 옮겨 다니면서 악착같은 경쟁을 시도하고, 오늘날 자기들의 특권을 단단하고 튼튼하게 하기 위해 그리고 자기들의 번영을 계속 넓혀 가기 위해 서슴지 않고 대중을 희생시키고 있습니다! 그들이 말하는 번영이란 대중을 부유하게 만들고 대중의 조건을 개선하기는커녕 오히려 살상행위를 삼가고자 하는 여러분들을 더욱더 노예화할 뿐입니다!

그러나 이들 착취자들만이 책임져야 하는 것은 아닙니다. 그들은 각 나라마다 정부의 요직인사 가운데서 지지자들과 보조자들을 확보해 놓고 있습니다……. 책임자들 가운데 제2선에는 카이젤 자신이 지적했듯이 과대망상증에 걸린 소수 정치가들이 있습니다…….

'원문을 찾아야지' 하고 그는 생각했다. '원문을 찾아야 해……'

……이런 소수의 협잡꾼, 장관, 대사, 야심적인 장군들은 외교의 참모 본부를 배경으로 음모와 정치적 책략을 통해 인정사정없이 여러분의 생명을 걸도록 한 것입니다. 그러면서도 그들은 그들 계략의 대상이었던 프랑스 국민, 독일 국민인 여러분의 의사를 묻지도 않을 뿐더러 알리지조차 않았습니다……. 그 이유는 이러합니다. 민주화된 20세기 유럽에서 그 어느 나라 국민도 그들 나라의 대외정책 방향에 대해 관여할 줄 몰랐던 것입니다. 그리고 여러분이 선출했고 당연히 여러분을 대표해야만 할 의회조차도 훗날 여러분을—여러분 모두를—살상의 마당으로 이끌고 갈 비밀조약을 전혀 알지 못했던 것입니다!

그리고 이런 엄청난 책임자들 배후에는 독일과 마찬가지로 프랑스에도, 대은행업자의 투기를 조장하거나 또는 당파심을 가지고 정치가들의 야심을 부채질하면서 어느 정도 의식적으로 전쟁을 가능하게 만드는 자들이 있습니다. 보수정당, 고용주 단체, 민족주의 언론이 여기에 속합니다! 또한 교회도 여기에 속한다고 보아야 할 것이 곳곳의 성직자란 자들이 사실은 유산계급을 위해 하나의 정신적인 헌병대 노릇을 하고 있습니다. 그러면서 교회는 스스로 초자연적인 의무를 거역하면서 도처에서 금전의 위력에 영합하며 그 인질이 된 것입니다!

자크는 쓰던 것을 멈추고 다시 읽어보려고 했으나 뜻대로 되지 않았다. 몽당연필로 썼던 탓으로 손가락에 경련이 일어나고, 흥분한 데다 불편한 자세와 흔들리는 기차 때문에 글씨를 거의 읽을 수가 없었다.

'정리해야겠군' 하고 자크는 생각했다. '제대로 안 되었어……. 반복한 말이 많아…… 너무 길고…… 상대를 납득시키려면 짧고 짜임새가 있어야 해……. 그러나 그들로 하여금 반성하게 해 생각을 다시 하게 하려면 근본적인 사상도 필요하다! ……어렵군!'

이제 더 이상 서 있을 수가 없다. 다시 앉자. 혼자 있었으면……. 그는 비어 있는 칸을 찾기 위해 통로를 따라 걸어보았다. 하지만 모두 차 있을 뿐더러 시끄러웠다. 하는 수 없이 먼저 자리로 되돌아와야만 했다.

기울어가는 태양은 열차칸을 눈이 부실 정도의 황금빛으로 가득 채웠다. 노인은 더위에 지쳐 꺼진 여송연을 입에 문 채 한쪽 팔꿈치를 괴고 코를 골며 자고 있다. 노파는 여전히 무릎 위에 윗서고리를 놓고 신문으로 부채질하고 있다. 흰 머리칼이 섞인 머리털이 바람에 흔들렸다. 그녀는 자크의 눈길을 피한다. 그러나 자크는 자기 쪽으로 눈길을 고정시키고 슬쩍 몰래 엿보는 그녀의 무서운 눈초리를 줄곧 놓치지 않았다.

그래서 그는 팔짱을 끼고 눈을 감았다. 그러고는 좋든 싫든 마음을 가라앉히기 위해 백까지 세었다. 갑자기 그는 피로에 눌려 잠들어 버렸다.

자크는 소스라치며 눈을 번쩍 떴다. 자신도 모르게 잠들어 있었던 것이다. 몇 시일까? 기차가 속력을 늦추고 있다. 어디쯤 왔을까? 같은 칸에 있던 사람들은 서 있다. 노인은 윗옷을 입고 다시 꽁초에 불을 붙였다. 노파는 손가방을 자물쇠로 잠그고 있다……. 자크는 어리둥절해서 어느 역인가 살폈다. 베른? 벌써 도착했나?

"Grüetzi!"(Gott grüsse Sie!의 약칭으로 '신의 가호가 있기를'이라는 뜻) 그의 앞을 지나면서 노인이 말했다.

플랫폼에는 많은 사람이 있다. 앞다투며 기차에 올라탄다. 열차칸은 독일어를 하는 수다스러운 한 가족이 차지한다. 어머니, 할머니, 두 어린 딸과 가정부. 선반에는 시장 바구니와 어린애 장난감이 산더미같이 쌓여 있다. 여자들은 지치고 겁에 질린 듯한 얼굴을 하고 있다. 더위에 지친 두 어린 딸은 빈 구석자리를 차지하려고 아우성이다. 모처럼 여름휴가를 왔는데 전쟁이 나서 자기 나라로 돌아가는 사람들 같다. 아버지는 첫째 날에 연대에 소집당한 것이 틀림없다.

열차가 다시 출발했다.

자크는 승객으로 가득 찬 통로로 나갔다. 대부분은 남자들이다.

왼쪽에는 세 사람의 스위스 청년이 목소리를 높여 프랑스어로 잡담을 하고 있다.

"비비아니가 아직 수상이긴 하지만 아무런 권한도 없어……."—"외무장관이 된 도메르그란 어떤 사람이지?"

오른쪽에는 팔에 가방을 끼고 있는 한 젊은 학생과 교수로 보이는 코안경을 쓰고 나이가 지긋한 한 남자가 신문을 읽고 있다.

"보셨습니까?" 하고 청년은 〈제네바〉 일보를 교수 쪽에 내밀면서 비웃는 투로 말했다. "교황이 놀라운 일을 했군요! 전세계 가톨릭 신도들에게 호소함이란 것을 냈으니 말입니다!"

"그래서?" 하고 나이가 든 사람이 되물었다. "자네가 바라든 바라지 않든 간에 세계에는 아직도 몇백만의 가톨릭신도가 있는 것이 사실이야. 교황의 파문(破門)이라고? 그것이 정식파문이라면 엄청난 반향을 불러일으키는 것이지……. 적어도 일이 시작되기 전에 나왔으면 좋았을 뻔했는데!"

"읽어 보십시오" 하며 학생이 말했다. "아마 교황이 전쟁을 공식적으로 비난하고 있다고 생각하시겠죠? 권력층을 비난하는 것일까요? 모든 교전국을 아무런 차별 없이 똑같이 떠들썩하게 파문선고 대상으로 여긴다고 생각하십니까? 그런데 잠깐! 교황의 신중함일까요? 아닙니다. 아니에요……. 내일이라도 사람을 죽이기 위해 무장하게 될 몇백만의 가톨릭신도에게, 그리고 어쩌면 자신들의 양심을 납득시키기 위해 교황의 명령을 불안하게 기다리고 있는 그들에게 교황의 입장에서 기껏 할 수 있는 말—'죽여서는 안 된다! 거부하라!'가 아닙니다. 그랬더라면 사실 전쟁을 불가능하게 했을지도 모르지요……. 그게 아닙니다! 교황은 자랑스럽게 이렇게 말했습니다. '자, 궐기하십시오, 성도들이여! …… 궐기하십시오. 그러나 그리스도를 향해 그대들의 영혼을 드높이는 것을 잊지 마십시오!'"

자크는 건성으로 듣고 있었다. 그는 어디에선가 본 적이 있는 동원된 신부가 문득 생각났다. 어디에서였던가? 앙투안을 배웅하러 간 북부역에서였다……. 초롱초롱한 눈매에 운동선수 같은 젊은 신부('청소년후원회 신부', '청소년지도자' 같은 신부)로서 등산객이 신는 것 같은 새 신발 위로 걷어올린 수단(성직자가 입는 발목까지 오는 긴 옷) 위에 두 개의 잡다한 물건을 넣는 주머니를 걸고, 중사가 쓰는 작은 모자를 귀 위에 멋지게 걸치고 있었다……. 북부역, 앙투안…… 앙투안, 다니엘, 제니…… 자신도 모르게 생각나는 사람들, 그리고 주위에 보이는 사람들은 지금 자기와는 다른 세계에 속하는 사람들이다. 미래가 존재하는 산 사람의 세계, 그리고 자신이 없어도 인생행로를 계속 걸어갈 사람들이다…….

왼쪽에서는 세 사람의 스위스 청년들이 독일이 벨기에에 보낸 최후통첩에 대해 분통을 터뜨렸다.

자크는 한 발 다가가 귀를 기울였다.

"정말 붙어 있었어. 독일 1개 군단이 어젯밤 벨기에 국경을 넘어 리에주를 향해 신군하고 있다는 거야."

한 젊은 남자가 옆칸에서 나와 그들과 합류했다. 벨기에인이다. 급히 나뮈르에 돌아가 군에 지원하려는 남자다.

"나는 사회주의자입니다" 하며 그 청년은 바로 선언했다. "그러므로 나는 '힘'이 '권리'를 억누르는 것을 보고 있을 수 없어요!"

그는 하염없이 지껄이고 있다. 그는 목소리를 높여 튜튼민족의 야만성을 규탄하고 서구문화를 예찬하고 있다.

다른 승객들도 가까이 모여들었다. 모두가 한결같이 독일 정부의 파렴치에 대해 분개하고 있다.

"벨기에 의회는 오늘 아침 회의를 열었습니다" 하고 50세쯤 되어 보이는 남자가 말했다. 심한 튜튼 억양에 프랑스어를 하는 남자이다. "사회주의자들이 국방예산을 가결한 것으로 생각하십니까?"

"물론. 만장일치로" 하고 벨기에 청년이 덤벼들 듯이 눈을 부릅뜨고 상대를 위압하면서 외쳤다.

자크는 아무 말도 하지 않았다. 그는 벨기에 청년이 말한 것이 옳다는 것을 알았다. 그래서 그는 브뤼셀에서의 벨기에 사회주의자들의 태도, 그들이 전적인 평화주의 정책을 내세우던 것을 떠올리면서 몹시 분개했다! ……반 데르벨드…… 지난주 목요일이었으니 아직 엿새도 안 되었구나…….

"파리에서도" 하고 스위스 청년 가운데 한 사람이 말했다. "전시예산을 위해 오늘 의회를 소집해 놓고 있습니다."

"파리도 마찬가지일 겁니다!" 하고 벨기에 청년이 열을 올리며 말했다. "어느 연합국이라도 사회주의자들이 예산에 찬성하지 않는 나라는 없을 겁니다. 뻔한 일이지요! 정의는 우리 편입니다! ……이번 전쟁은 강요당한 전쟁입니다. 프러시아 군국주의에 맞서서 싸우는 이 전쟁에서는 진정한 사회주의자라면 모두가 앞장서야 합니다!" 그는 그렇게 말하면서 독일 사투리 쓰는 남자를 계속 아래위로 훑어보았다. 남자는 잠자코 아무 말도 하지 않았다.

위기에 처한 조국을 구하자! 독일 제국주의를 타도하자! 이것이 모든 사람들의 입에서 되풀이되는 말이었다. 자크가 어제 읽은 프랑스 좌익계 신문의 최신판에서도 같은 구호가 여기저기에서 눈에 띄었다. 곳곳의 사회주의자들은 전쟁반대를 포기했다. 바로 어제도 교외 이곳저곳에서 모임이 있었다고 한다. 그러나 그것은 '동원된 사람들의 가족을 돕는 방법에 관한 토의'를 하기 위한 것이었다! 이제 전쟁은 하나의 기정사실이 되어 버렸다. 어떤 항변도 받아들여지지 않는 하나의 사실이다. 특히 〈사회투쟁〉지는 이런 경향이 두드러진다. 귀스타브 에르베는 첫 페이지에 이렇게 뻔뻔스럽게 썼다. '조레스, 당신은 우리 꿈이 무산되는 것을 보지 않으니 행복한가…… 그러나 나는 이처럼 신경질적이고 감격하기 잘하며 또 이상주의적인 우리 국민이 이 괴로운 의무를 완수하러 가겠다고 수락하는 것을 못 보고 타계한 당신을 못내 아쉬워 하고 있습니다! 당신이 계셨더라면 우리 사회주의 노동자들을 보고 아마 자랑스럽게 여겼을 것입니다!' 더 그럴싸한 것은 지금까지 그렇게도 반민족주의를 내세우던 철도종사원 조합이 〈철도종사원에게 보내는 글〉이었다. '공동의 위기를 앞에 놓고 우리의 오래된 원한은 사라졌다! 사회주의자들이여, 조합활동가들이여, 그리고 혁명주의자들이여, 카이저의 저속한 계략을 무찌릅시다. 공화국의 목소리가 울려 퍼질 때에 부름에 앞장서서 응답합시다!' '정말 웃기는 일이다……' 하고 자크는 생각했다. '지금까지 불가능한 것으로 여겨왔던 민중 각 파의 의견통일이 이제야 모든 나라에서 이루어지다니! 그것도 전쟁에 의해 실현되었다니! 전쟁반대로 그것이 실현되었더라면……. 정말 웃기는 일이다! 오늘 인터내셔널 동지들은 곳곳에서 한결같이 국가적 입장에서 전쟁을 받아들이고 있다! 사실 보름 전에 인터내셔널 동지들이 합심해서 예방책으로 파업을 결정하기만 했더라도 전쟁을 충분히 막을 수 있었을지 모른다!' 자크는 마지막으로 유일하게 독립적 자세를 취하고 있는 논조를 영국 신문 〈데일리뉴스〉지에서 볼 수 있었다. 신문 논설은 성명서의 논조를 띠고 있었는데, 독일이 벨기에에 최후통첩을 보내기 전에 쓰인 것이었다. 그 신문은 영국 여론에서 최초의 호전적인 풍조가 나타나기 시작한 것을 비난하고 있었다. 그러면서 영국은 그런 풍조의 만연으로부터 스스로를 지키고 자유와 절대적 중립을 고수하며, 어떤 경우든 비록 적의 군대가 벨기에 국경을 침범하는 모험을 저지르는 한이 있더라도 절대 불간섭의 필요성을 단호하게 선언하고 있었다. 틀림없이 그랬어……. 그러나 오늘 영국 정부당국의 말에 의하면 영국도 과감하게 이 악마의 춤에 끼어들고 있다는 것이다!

벨기에 청년의 떨리는 목소리가 통로에 울려 퍼졌다.

"아마 조레스 자신이 앞장서서 모범을 보였을지도 모르죠! 조레스 말입니까, 선생? 그도 달려가서 군에 지원했겠지요!"

'조레스······' 하고 자크는 생각했다. '그는 과연 당원들이 탈당하는 것을 막을 수 있었을까? 끝까지 버틸 수 있었을까?' 자크는 갑자기 몽마르트르 거리의 카페 앞에서 제니와 함께 서 있었던 때를 떠올렸다······. 어둠속에서 아무 말 없이 떼지어 있던 군중······ 구급차······ '그래, 오늘이 그의 장례식이다' 하고 그는 생각했다. '화환, 연설, 삼색기, 군악대에 휩싸여 있을 그의 관! 그자들은 위대한 조레스의 유해를 독차지해서 그것을 조국의 이름으로 휘둘러 대고 있다······. 아, 조레스의 관이 동원령이 내려진 파리시내를 지날 때 정말 아무런 소요도 일어나지 않는다면 그것은 모든 것이 끝장났기 때문이며, '노동자에 의한 인터내셔널'이 완전히 망했기 때문이며, 조레스와 함께 매장되기 때문인 것이다······.'

그렇다. 현재로서는 최면술에 걸린 저쪽의 여러 대도시에서는 모든 것이 끝장났다. 후방도 그렇다. 현재로서는 모든 수단이 끊겼다. 그러나 전선에서는 분명히 전쟁을 마주 대하고 있는 불행한 사람들이 지옥의 저주를 끊기 위해 오직 한 마디의 부름을 기다리고 있다······. 불똥이 한 번 튀기기만 하면 해방을 위한 폭동이 마침내 폭발할 것이다!

일관성 없는 몇 마디가 다시 그의 머리에 떠올랐다. '여러분은 생기발랄합니다······. 그런 여러분을 죽음으로 몰아가려고 하고 있습니다······. 여러분에게서 생명을 강제로 빼앗으려 하고 있습니다! 무엇 때문에 그럴까요? 대은행가의 금고 속에 새로운 자본을 만들어 넣기 위해서 입니다!' 그는 주머니 속의 편지를 만져보았다. 그러나 사람들이 오가는 북새통 속에서, 이런 소음 속에서 어떻게 적을 수 있겠는가? 게다가 20분도 채 못 되어 바젤에 도착할 텐데. 프라트넬을 찾아 숙소를 알아본 다음 일을 할 수 있는 은신처를 찾아야지······.

곧 그는 마음을 정했다. 잠을 잔 것이 다행이었다. 머리가 맑아지고 몸에는 정력이 넘쳐흐르는 것을 느낀다. 프라트넬은 기다려줄 것이다. 가라앉을 줄 모르는 이 흥분을 그냥 가시게 하는 것은 바보 같은 짓이리라. 거리로 나가지 말고 역 대합실 구석에 가서 몸을 숨기자. 그리고 머리에 떠오르는 여러 가지 말을 즉석에서 종이 위에 쓰자……. 대합실 아니면 역 구내식당에서. 배도 몹시 고프다.

80. 8월 4일 화요일―자크, 바젤 역 식당에 숨어 선동 전단을 씀

예상 밖의 은신처! Restauration Dritterklasse(독일어로 '삼등
여객 식당'의 뜻)는 매우 넓으므로 손님이 많기는 해도 홀 가운데만 차 있었고 구석은 완전히 비어 있었다.

자크는 비어 있는 테이블 가운데서도 벽 쪽에 있는 큰 테이블을 골랐다.

그는 겉옷을 벗고 칼라를 풀어헤쳤다. 그리고 프라이팬에 화이트소스를 끓여 당근을 곁들인 기름기가 철철 흐르는 맛좋은 송아지고기 1인분을 눈 깜짝할 사이에 먹어 치웠다. 또 차가운 물 한 병도 깨끗이 비웠다.

천장에서는 송풍기가 윙윙거리고 있었다. 식당 여종업원이 그윽한 향기를 풍기는 커피잔 가까이에 필기구를 준비해 주었다.

한 소년이 쟁반을 들고 계산대 앞에서 맴돌고 있다. Cigaren! Cigaretten! (시가 없나! 시가 없나!
라는 뜻의 독일어) 아, 그래, Cigaretten! ……12시간 동안의 금연 뒤에 들이마시는 첫 모금은 정말 꿀맛 같다! 머리가 핑 도는 쾌감, 끓어오르는 듯한 생동감이 혈관 속을 흐르면서 그의 두 손을 떨리게 한다. 테이블에 몸을 구부린 채 이맛살을 찌푸리고 담배연기에 두 눈을 깜박거리면서 그는 머릿속에 잡다하게 떠오르는 여러 가지 생각을 애써 정리하려고 하지 않는다. 정리는 나중에 머리를 식힌 뒤에 하기로 하자…….

굶주림에 조바심이 난 그의 펜은 이미 종이 위에서 움직이기 시작한다.

프랑스인 혹은 독일인 여러분, 여러분은 속고 있습니다! 두 진영에서는 여러분에게 이번 전쟁이 단순한 방어전 뿐만 아니라 여러 국민의 권리, 정의, 자유를 위한 싸움이라고 말하고 있습니다. 왜냐고요? 그것은 독일 노동자와 농민 어느 누구도, 또 프랑스 노동자와 농민 그 어느 누구도 침략 전쟁을 위해서라면, 또는 영토나 시장 정복을 위해서라면 그들의 피흘리기를 거부했으리라는 것을 잘 알고 있기 때문입니다!

여러분 모두에게 이웃의 군국주의적 제국주의를 타도하기 위한 전쟁에 나가는 것으로 믿게 하고 있습니다. 마치 군국주의는 모두가 비슷한 것 같이 말입니다! 프랑스에서 최근 몇 년 동안 호전적 민족주의가 독일에서만큼 동조자를 얻지 못한 것처럼 말입니다! 또 여러 해 전부터 여러분의 두 나라 정부의 제국주의가 똑같이 전쟁 위험을 무릅쓰지 않은 것처럼 말입니다! ……여러분은 속고 있습니다! 그들은 여러분 모두에게 침략자의 사악한 침입에 맞서서 조국을 지키는 것으로 믿게 하고 있습니다. 그런데 프랑스와 독일의 참모본부는 여러 해 전부터 후안무치하게 앞다퉈 전격적인 공격을 개시할 방법을 연구해 왔습니다! 그리고 두 나라 군대 지휘관들은 이런 '침략'에 따른 이익을 확인하고자 애쓰고 있었습니다. 그러면서 지금에 와서는 **자신들이 준비하고 있었던** 이 전쟁을 여러분들에게 정당한 것으로 보이게 하려고 상대방을 비난하고 있는 것입니다!

　여러분은 속고 있습니다! 여러분 가운데 우수한 사람들도 여러 국민의 권리를 위해 기꺼이 몸을 바치는 것으로 믿고 있습니다. 국민도 권리도, 공식적인 연설을 떠나서는 지금까지 한 번도 고려의 대상이 되어 본 적이 없습니다! 또 전쟁에 뛰어든 나라치고 어느 한 나라도 국민투표에 부쳐 의사를 물어본 사실이 없습니다! 여러분 모두는 내용도 모를 뿐더러 어느 누구도 거기에 서명하지 않았을 낡고 독단적인 비밀조약의 노리개가 되어 죽음을 향해 끌려가는 것입니다! ……여러분 모두가 속고 있는 것입니다! 거짓에 속은 프랑스인 여러분, 여러분은 독일의 침략을 막고, 야만족의 위협으로부터 문명을 지켜야 한다고 생각하고 있습니다. 거짓에 속은 독일인 여러분, 여러분은 독일이 포위되고 국가의 운명이 위기에 처해 있으며, 외국의 끝없는 탐욕으로부터 여러분의 번영을 지켜야 한다고 생각하고 있습니다. 독일인이든 프랑스인이든 여러분 모두가 똑같이 속아, 이 전쟁이 '신성한 전쟁'이라고 굳게 믿고 있습니다. 그리고 애국심의 발로에 따라 국가의 '명예'를 위해, '정의의 승리'를 위해 여러분의 행복이라든가 자유라든가 목숨 따위는 기꺼이 희생해야 한다고 믿고 있습니다! ……여러분은 속고 있습니다! 불과 며칠 사이에 파렴치한 선전이 꾸며낸 허망한 선동에 여러분 모두가 끌려 제물이 되었으며, 사실 아무런 위험에도 처해 있지 않은 조국이 부르자마자 서로 싸우기 위해 용감하게 출정한 것입니다! 더구나 여러분 모두는 자신들이 지배계급의 장난감에 지나지 않는다는 것을 모르고 있습니다! 뿐만 아니라 그들의 책략**도구**에 지나지 않으며, 또 지배욕과 이익을 만족시키기 위해 그들이 낭비하는 금전과 다를 바 없다는 것을 모르고 있습니다!

프랑스와 독일 정부는 그야말로 똑같은 거짓말을 하면서 교활하게 여러분을 속이고 있습니다! 지금까지 유럽의 어떤 정부도 그런 파렴치한 짓을 한다든가, 중상모략을 위해 이토록 교묘한 짓을 일삼는다든가, 거짓 설명을 시사한다든가, 허위보도를 퍼뜨린다든가, 여러분을 공범자로 끌어들이기 위해 온갖 수단을 다 써서 공포와 증오를 불러일으킨다든가 하는 따위의 일을 한 적이 없습니다! ……여러분은 불과 며칠 사이에 그들이 요구하는 희생이 얼마나 큰 것인가를 생각할 겨를도 없이 입영하고 무장하여 살상과 죽음을 향해 끌려나간 것입니다. 모든 자유를 일시에 박탈당한 것입니다! 두 나라에서 같은 날 계엄령이 내려졌습니다! 또한 두 나라에서 똑같이 무자비한 군부독재가 등장했습니다! 그 이유를 따지고 책임을 묻고 스스로 깨우치고자 하는 사람에게는 화가 있을 뿐입니다. 하기야 여러분 가운데 누가 과연 그것을 할 수 있었겠습니까? 여러분은 진실을 전혀 알 수 없었습니다. 여러분이 얻는 유일한 정보는 관영통신, 즉 '**국가적 거짓말**'을 통한 것이었습니다! 폐쇄된 국경 안에서 절대적인 권력을 휘두르는 그들 언론은 지금 오직 한 가지만을 전합니다. 바로 지배자들의 목소리입니다. 그리고 그들이 목적을 달성하려면 여러분의 순진한 무지와 순종이 필요합니다!

여러분에게 잘못이 있다면 그것은 제때 불을 끄지 못했다는 것입니다! 여러분은 전쟁을 막을 수 있었습니다! 그러나 여러분은 평화를 사랑하는 압도적인 절대다수를 결집시키고 조직할 줄 몰랐으며, 방화범들에 맞서서 모든 계층, 모든 나라의 운동을 개시하고, 또 평화를 갈구하는 여러분의 의사를 유럽 나라들에 강요하기 위해 일관성 있고 결정적인 방법을 시의적절하게 쓸 줄 몰랐던 것입니다.

지금 사방에서는 무자비한 채찍질이 개개인의 양심을 침묵시켜 버렸습니다. 곳곳에서 여러분은 눈을 가린 동물처럼 맹목적인 복종을 강요당하고 있습니다……. 인류는 일찍이 이와 같은 굴복과, 이와 같은 이성과 지성의 억압을 경험해 본 적이 없습니다! 또한 권력이 양식있는 사람들에게 이토록 철저하게 포기를 강요하고 이처럼 잔인하게 대중의 의지를 짓밟아

버린 적도 없습니다!

자크는 입술 위에서 타들어가던 담배꽁초를 받침 접시에다 비벼 껐다. 그는 흘러내린 머리카락을 신경질적으로 털어버리고 뺨에 흘러내린 땀을 닦았다. '……이처럼 잔인하게 대중의 의지를 짓밟아버린 적이 없다!' 이 말의 울림은 막연한 환각 속에, 마치 실제 눈앞에 있는 두 군대의 전선에서 자신이 큰 목소리로 외치는 것처럼 그의 귓전을 때렸다.

자크는 바로 얼마전에 자신을 열광시켰던 것과 똑같은 감격, 흥분, 해방감을 느끼고 있었다. 그때는 갑자기 믿음과 분노, 사랑에 대한 흥분이 일어나, 다른 이들을 설득하고 끌어들여야겠다는 생각에 휩싸였다. 그리고 그는 느닷없이 연단에 뛰어올라가 대중을 굽어보며 스스로 즉흥적인 자기도취에 빠져 연설을 했다.

자크는 주머니에서 담배를 꺼냈지만 불을 붙이는 것도 잊고 다시 펜을 움직였다.

이제 여러분은 그들의 전쟁이 어떤 것인가를 알고 있습니다! ……여러분은 총알소리, 부상자들과 죽어가는 자들의 신음소리를 들었을 것입니다! 이제는 그들이 준비하고 있는 참혹한 대량살상을 예감할 수 있을 것입니다! 벌써부터 여러분 대부분은 새삼 환상에서 깨어나 그토록 쉽게 속아 넘어간 것을 양심 깊은 곳으로부터 부끄러워하고 있을 것입니다! 사랑하는 사람들을 그렇게 서둘러 버리고 왔다는 생각이 지금 여러분의 머릿속을 떠나지 않고 있을 것입니다. 여러 가지 현실에 쫓기는 여러분의 정신은 마침내 다시 깨어났으며, 여러분의 두 눈도 열렸습니다! 이번 전쟁의 주모자인 금전의 지배세력이 말도 되지 않는 동기에서, 어떤 정복의 야욕에서, 여러분과는 아무 관계가 없을 뿐더러 여러분 가운데 그 어느 누구도 결코 그 혜택을 보지 못할 어떤 물질적 이익의 추구를 위해, 여러분에게 이 엄청난 희생을 강요한다는 사실을 알게 되었을 때 여러분은 얼마나 기가 막혔습니까!

여러분의 자유는 어떻게 된 것입니까? 여러분 양심은? 인간의 존엄성은? 가정의 행복은 어떻게 된 것입니까? 국민의 한 사람으로서 마땅히 지켜야 할 하나밖에 없는 보배인 여러분 목숨은 어떻게 되었습니까? 프랑스든 독일이든 국가가 도대체 무슨 권리를 갖고 있기에 여러분을 가정으로부터, 일터로부터 앗아가고 여러분의 생명을 좌지우지할 수 있으며, 여러분의 개인적인 이익, 의지, 신념 그리고 가장 인간적이고 가장 순수하며, 가장 정당한 여러분의 본능을 저버릴 수 있단 말입니까? 도대체 무엇이 그들에게 여러분의 생사를 좌지우지할 수 있는 그 엄청난 권한을 가져다준 것일까요? 그것은 바로 여러분의 무지 때문입니다! 여러분의 소극적인 태도 때문입니다!

이제라도 뉘우치고 온몸으로 맞선다면 지금이라도 여러분은 자유의 몸이 될 수 있습니다!

여러분이 그렇게 할 수 없다니! 포탄이 난무하여 육체적으로나 정신적으로 최악의 고통을 당하는 여러분은 머나먼 평화—전쟁의 첫 제물인 여러분이 영원히 알지 못할 그 평화를 기다린다는 것인가요? 여러분 뒤를 따라 전선으로 끌려갈 여러분의 후배들, 여러분과 마찬가지로 '영광스러운' 대량학살의 희생자가 될 그들이, 여러분이 모르는 그 평화를 알게 되리라고 생각하십니까?

너무 늦었다고 말하지 마십시오. 이제는 굴종과 죽음만이 있다고 체념하지 마십시오! 그것은 비겁한 짓입니다! 그리고 그릇된 생각입니다!

도리어 속박에서 벗어날 때가 온 것입니다! 자유, 안전, 여러분이 박탈당한 행복과 삶의 즐거움, 이 모두를 다시 쟁취하는 것은 **오로지 여러분에게 달려 있습니다!** 늦기 전에 정신을 차리십시오!

여러분은 참모본부가 이런 골육상쟁을 하루라도 더 하지 못하게 하는 방법, 매우 확실한 한 가지 방법을 갖고 있습니다. 그것은 **싸우기를 거부하는** 것입니다! 총궐기하여 맞섬으로써 그들의 위력을 송두리째 뒤엎는 것입니다.

여러분은 할 수 있습니다!

내일이라도 할 수 있습니다!

여러분은 할 수 있습니다. 그렇다고 보복당할 위험은 추호도 없습니다!

그러기 위해서는 세 가지 조건, 분명한 세 가지 조건이 필요합니다. 즉 여러분의 봉기가 **신속해야** 하며, 모두가 **동시에** 일어나야 합니다.

신속해야 한다는 것은 여러분의 지휘관들이 여러분에 대한 예방조치를 취할 만한 시간적 여유를 갖지 못하도록 해야 하기 때문입니다. 모두가 그리고 함께 일어나야 하는 것은 국경을 마주하고 있는 두 진영에서 '동시에' **집단행동**을 하느냐에 따라 성공여부가 결정되기 때문입니다! 만일 희생을 거부하는 자가 50명밖에 되지 않으면, 여러분은 가차없이 총살당할 것입니다. 그러나 그것이 500명, 1천 명, 1만 명이라면, 곳곳의 진영에서 **동시에 집단으로** 일어난다면, 여러분의 반항의 외침이 두 나라 군대의 이 연대에서 저 연대로 퍼져나가 마침내 수적으로 엄청난 힘을 발휘할 수 있을 때면 **어떤 억압도 불가능하게 되는 것입니다!** 그리고 여러분을 지휘하는 사령관들, 그리고 그 사령관을 임명한 정부는 비록 가증스러운 권력 안에 안주하고 있어도 불과 몇 시간 안에 영원히 마비되고 말 것입니다!

이런 결정적인 순간이 얼마나 엄숙한가를 여러분 모두 이해하십시오! 단번에 여러분의 자유를 되찾으려면 위의 세 가지 조건만 갖추면 됩니다. 그리고 이 세 조건 모두가 여러분에게 달려 있습니다. 여러분의 봉기가 **신속히, 만장일치로** 그리고 **동시에** 행해져야 합니다!

긴장된 표정을 한 자크는 호흡이 가빠져서 휘파람 소리를 내는 듯했다. 그는 잠시 쓰던 것을 멈추었다. 그리고 유리로 덮인 천장을 장님 같은 눈길로 쳐다보았다. 현실의 세계는 사라져 버렸다. 아무것도 눈에 들어오지 않았고 아무것도 귀에 들리지 않았다. 오직 괴로운 듯한 얼굴을 하고 자크를 돌아보는 수많은 수난자의 모습만이 어른거렸다.

프랑스인 그리고 독일인 여러분! 여러분은 같은 사람이며, 형제나 다름 없습니다! 여러분의 어머니, 여러분의 아내, 여러분의 자녀들을 대신하여, 여러분에게 더할 나위 없이 고귀한 것을 대신하여, 몇 세기에 걸쳐 인간으로 하여금 그들이 정의롭고 이성적인 존재가 되도록 한 창조주의 입김을 대신하여 말씀드립니다. 여러분은 이 마지막 기회를 잡아야만 합니다! 구원은 여러분의 눈앞에 있습니다! 일어서십시오! 모두 일어서십시오! **늦기전에!**

이 외침의 전단은 오늘 일제히 프랑스와 독일, 그리고 여러분의 모든 전선에 걸쳐 무수히 투하됩니다. 지금 이 순간에도 두 나라 진지에서는 수많은 프랑스인과 독일인의 마음이 여러분의 마음과 똑같이 떨고 있으며, 수많은 주먹이 올라가고, 수많은 양심이 허위와 죽음에 맞서서 삶의 승리를 얻기 위해 반항하기로 결의를 굳히고 있습니다!

용기를 내십시오! 망설이지 마십시오! 조금이라도 망설인다면 여러분을 파멸로 이끌 수 있습니다! **내일 당장** 반란을 일으켜야 합니다!

내일 해가 뜰 무렵에 프랑스인, 독일인 여러분, 모두 같은 시각에 용기와 형제애를 갖고 개머리판을 거꾸로 드십시오.(^{싸우기를 거부} _{한다는 뜻}) 그리고 무기를 버리고 똑같은 해방을 부르짖으십시오!

일제히 일어나서 전쟁을 거부하십시오! 각국에 즉각적인 평화수립을 요구하십시오!

내일 해가 뜨자마자 일제히 일어나십시오!

자크는 조심스럽게 펜을 잉크스탠드 위에 놓았다.

그는 천천히 상체를 일으키면서 테이블에서 약간 물러났다. 눈을 내리깐 그의 움직임은 유연하고 조심스러워서, 마치 참새들을 놀래키는 것을 두려워 하기라도 하는 듯했다. 얼굴에서 모든 긴장이 사라졌다. 마치 무엇을 기다리는 듯했다. 약간 괴롭긴 하지만 마음속에 두고 있던 일을 끝마친 것 같은 모습이었다. 마음은 한결 가라앉고, 머리도 아까처럼 심하게 아프지 않고, 별다른 고통도 느끼지 않으면서 마침내 천천히 현실로 되돌아오는 기분이었다……

자크는 몹시 흥분해서 빼곡히 쓴 몇 장의 종이쪽지를 기계적으로 다시 모았다. 삭제할 곳은 한 군데도 없었다. 종이쪽지를 접어 잠시 그것을 매만지다가 갑자기 가슴에 꼭 안았다. 그는 잠시 몸을 숙였다. 그리고 입술을 움직이지 않고 마치 기도하듯이 중얼거렸다. '……세상에 평화를 가져다주어야지…….'

81. 8월 5부터 8일—자크, 바젤에 머물다

프라트넬은 자크를 한 노파 집에 묵게 하였다. 노파는 스툼프라는 투사의 어머니로서, 얼마전부터 그녀의 아들은 임무수행차 집을 떠나 있었다. 자크는 바젤에 살면서 서점에서 일하는 행세를 했다. 프라트넬은 그에게 규정에 따라 계약서를 작성해 주었다. 이렇게 해두면 선전포고가 있은 뒤부터 그 어느 때보다도 적극적인 경찰이 그가 여기에 와 있는 것을 수상쩍게 여길 때 손쉽게 직업과 주소를 댈 수 있을 것이다.

프티바젤(바젤시 변두리의 한구역) 에르렌 스트라세(프라트넬이 가게를 낸 그라이펜가스에서 그리 멀지 않았다) 빈민가에 있는 스툼프 부인의 집은 금세 쓰러질 것 같은 누추한 집이었다. 자크가 빌린 방은 좁은 복도같이 되어 있으며 그 양끝에는 낮은 창이 달려 있었다. 유리가 끼어 있지 않은 창 하나는 가운데 마당을 향해 있었다. 거기에서는 토끼장의 악취와 시큼한 야채껍질 냄새가 올라왔다. 또다른 창은 거리 쪽으로 향해 있었으며, 길 건너편으로 바젤 역의 석탄고가 보였다. 대부분 독일점령지였다. 머리 바로 위 손이 닿을 듯한 천장에는 햇볕에 뜨겁게 달은 기왓장이 널려 있었는데, 가마 속 철판 같은 뜨거운 열기를 밤낮없이 발산하였다.

이런 한증막 같은 곳에 갇혀서 자크는 삐라를 쓰고 있다. 먹을 것이라고는 아침에 스툼프 부인이 문 앞에 놓고 가는 커피 한 잔과 거위기름을 바른 빵뿐이다. 이따금 정오쯤에 더위가 기승을 부릴 때면 만사 제쳐놓고 나가버리기도 한다. 그러나 밖에 나가자마자 그 누추한 집이 그리워져 급히 돌아오곤 한다. 그리고 침대에 누워 땀투성이가 된 채 눈을 감고 자신의 꿈을 더듬어 본다……. 하늘을 나는 비행기……. 메네스트렐 뒤에 자리를 잡고 자신은 몸을 구부리고 여러 묶음의 삐라를 움켜쥔다. 그리고 그것을 하늘에 뿌린다…… 붕붕거리는 엔진소리와 피의 고동이 뒤섞인다. 그는 지금 커다란 날개를 가진 새나 다름없다. 그는 이 삐라를 자신의 가슴에서 끄집어내어 땅 위에 뿌린다…….

'내일 해가 뜰 무렵 일제히 일어서십시오!' 삐라의 각 부분이 자연스레 정리되어 간다. 문장이 형태를 이루어 간다. 이제는 모두 외워 버렸다. 침대에 누워 가만히 천장을 올려다보면서 끊임없이 마음속으로 되뇐다. 가끔 별떡 일어나 테이블로 달려가 문장을 다시 손질하거나 단어의 위치를 옮긴다. 그러고는 침대에 돌아와 다시 눕는다. 주위의 초라한 장식쯤은 그다지 안중에도 없다. 그는 자신의 이상 속에서 살고 있다……. 반란이 점점 가까워 온다……. 사령부에서는 장교들이 서로 이마를 맞대고 의논하고 서기관들이 미친 듯이 날뛴다. 총사령부와의 연락도 끊겼다. 이제는 아무리 억압해도 소용없다. 각국 정부가 지금이라도 체면을 유지하고자 한다면 한 가지 길밖에 없다. 급히 휴전협정을 맺는 일이다…….

그의 집념은 그를 괴롭히면서도 힘을 북돋아 준다—커피와도 같이. 그는 지금 이 두 가지 가운데 어느 한쪽이 없어도 견딜 수 없다. 어떤 절박한 일이 생겨서—이를테면 잠시 서점에 들른다든가, 층계참에서 스툼프 부인을 만난다든가 해서—잠시 자신의 꿈에서 벗어나기만 해도 그는 마음이 불안해져 약에 중독된 환자처럼 서둘러 고독 속으로 되돌아오곤 한다. 그러면 곧 마음의 안정을 되찾는다. 그것은 단순한 평온이 아니라 행복한 활기에 넘친 일종의 흥분과도 같은 것이다. ……이따금 손이 떨려서 쓰던 것을 멈추거나 혹은 벽에 걸린 거울 조각 속에서 땀으로 번질거리는 자신의 얼굴, 푹 패인 뺨, 귀신들린 듯한 자신의 눈길을 발견할 때 그는 난생처음 자신이 병들어 있다는 것을 알게 되곤 한다. 그런 생각을 하면서 그는 미소짓는다. 지금 그것이 무슨 상관이 있단 말인가? ……그는 찌는 듯한 더위 때문에 잠을 이룰 수 없는 밤에는 쉴새없이 일어나서 물수건을 적셔 뜨거워진 몸을 식힌 다음 느긋하게 천창에 기대곤 한다. 천창은 '지옥'을 향해 열려 있다. 석탄고의 소음 속에서 수많은 철도종업원들이 아크등 불빛 아래에서 움직이고 있다. 저 멀리 줄지어 있는 창고의 어둠 속에는 트럭이 흔들거리고, 광차가 서로 부딪치며 수없이 많은 빛을 사방으로 비추고 있다. 좀더 멀리 반짝이는 철로 위에는 끝없는 수송열차가 기적을 울리며 전쟁 중인 독일의 어둠 속으로 빠져들어 가고 있다. 자크는 자신도 모르게 미소를 지었다. 자신만이 알고 있다. 이 모든 소요가 헛되다는 것을 자신만이 알고 있다……. 해방의 날이 다가오고 있다……. 벌써 삐라도 썼다. 카펠이 그것을 독일어로 번역해 줄 것이다. 프라트넬이 120만 장을 찍을 것이다……. 취리히에서 메네스트렐이 비행기를 마련하고 기다린다……. 아직 며칠 남아 있다. '내일 해가 뜰 무렵에 모두 일어서십시오…….'

48시간의 끈질긴 작업 끝에 자크는 마침내 자신의 원고를 인쇄에 맡기기로 했다. '토요일까지는 끝내야 한다'라고 메네스트렐이 말했지…….

프라트넬은 주위에 종이뭉치가 산더미처럼 쌓여 있고, 입구에는 인조가죽으로 된 이중문이 있으며, 아침인데도 덧문이 모두 닫혀 있는 그의 서점 뒷방에 있었다(그는 40세쯤 되어 보이며 키가 작고 생김새가 추하며 건강도 좋지 않은 남자이다. 위가 나빠서 입에서 악취가 난다. 새가슴처럼 불룩 나온 가슴이며, 완전히 벗겨진 머리며, 가느다란 목이며, 튀어나온 매부리코가 독수리를 떠올리게 한다. 툭 튀어나온 코가 몸을 앞으로 쏠리게 하여 몸의 중심을 잃은 것 같아 보인다. 이런 것은 프라트넬 자신에게도 줄곧 불안정감을 안겨다 주고, 그가 거북해하는 그런 모습이 곧 상대편에게도 전달되곤 한다. 그러나 그의 이런 추한 모습을 늘 대하다 보면 순박한 눈길, 다정한 미소, 조금만 말끝을 흐려도 기분이 드러나고 여차하면 언제나 우정을 바칠 것처럼 소곤대는 그런 목소리를 가진 자라는 것을 알게 된다. 그러나 자크에게 지금 새 친구 같은 것은 필요 없다. 그에게는 이제 아무도 필요치 않다).

프라트넬은 실의에 빠진 모습이었다. 지금 바로 독일의회에서 전쟁예산이 가결됐다는 확실한 정보를 사회민주당의 소수파 의원으로부터 받았기 때문이다.

"프랑스 사회당의원이 의회에서 찬성투표를 했다는 사실 자체가 벌써 크나큰 충격이야" 하며 그는 분노에 차 떨리는 목소리로 털어놓았다. "여하튼 조레스 암살 뒤 다소 예측했던 일이지만……. 그러나 독일놈들이! 유럽 최대의 프롤레타리아 세력인 우리 사회민주당이! ……투사로서의 내 생애에서 가장 견디기 어려운 충격이야! ……나는 처음부터 관보를 믿으려고 하지 않았어. 나는 사회민주당원 모두가 제국주의 정부에 대해 공공연한 비난을 가할 것으로 믿었어. 통신사 기사를 읽었을 때 나는 웃을 수밖에 없었어! 당치도 않은 거짓말, 책략의 냄새를 풍기고 있었으니까! 나는 '내일이면 취소될 것이다!'라고 생각했어. 그런데 이 꼴이 되고 말았으니. 일이 이렇게 되었으니 꼼짝없이 굴복하는 수밖에. 모든 게 명확해, 이상할 정도로 명확해! ……어떻게 일이 이렇게 되었는지 나는 아직도 모르겠어. 어쩌면 영원히 진실을 알 수 없을지도 몰라……. 라이엘에 따르면 베트만 홀베크가 29일에 수데쿰을 불러 사회민주당의 반대를 멈추도록 했다는 거야……."

"29일?" 하며 자크가 물었다. "그렇지만 29일에는 하제가 브뤼셀에서 연설했는데! ……나도 거기에 있었어! 그 연설도 들었고!"

"그럴 수도 있지. 라이엘에 따르면 독일대표가 베를린으로 돌아왔을 때는 이미 지도위원회가 소집되어 굴복하기로 정해져 있었다는 거야. 즉 카이젤은 동원령을 내려도 좋다는 것, 반란이나 총파업 따위는 없을 거라는 것을 알고 있었지! ……의회투표 전 비밀회의에서 당의 집회도 가졌을 거야. 아마 조용히 진행되지 않은 것이 틀림없어! 나는 아직 리프크네히트, 레데블, 메랑크, 클라라 제트킨, 로자 룩셈부르크 같은 사람들을 의심할 생각은 없어! 다만 그들은 소수였어. 그래서 배신자들에게 굴복할 수밖에 없었던 거야……. 그러나 사실은 사실이야. 그들은 전쟁을 가결했어! 30년의 노력, 30년의 투쟁, 긴 세월동안 어렵게 쟁취한 것을 한 번의 투표로 날려 버린 거야……. 사회민주당은 하루 만에 프롤레타리아 세계로부터 영원히 신망을 잃은 거야……. 적어도 두마(러시아 의회)에서는 러시아 사회주의자들이 차리즘에 맞섰어! 그들은 모두 전쟁반대를 투표로 가결했어! 세르비아에서도 마찬가지였고! 나는 두찬 포포비치의 편지 사본을 보았어. 세르비아 사회주의자들의 반대는 요지부동이었다는 거야! 국토 방위를 위한 애국심이 명분을 갖고 있는 유일한 나라도 반대했어! ……영국에서도 저항은 집요했어. 키르 하디는 꿋꿋하게 버텼지. 여기 최근 〈인디펜던트 레이버 파티(영어로 '독립 노동당'의 뜻)〉가 있어. 어쨌든 이 모두가 용기를 북돋우는 일이 아니겠나? 절망해서는 안 되네. 조금씩 우리의 목소리를 들려주어야 해. 우리 모두의 입을 틀어막을 수는 없을 거야……. 무슨 수를 써서라도 저항하는 거야! 인터내셔널은 재기할 거야! 그날에는 인터내셔널의 신뢰를 받았는데도 제국주의적 독재에 형편없이 굴복한 자들에게 그 책임을 묻게 되겠지!"

자크는 잠자코 듣고만 있었다. 그는 상대에 대한 예의 때문에 찬성의 뜻을 표했다. 그는 자신이 파리에서 본 것을 생각하며 이제는 어떤 배신에도 놀라지 않았다. 자크는 테이블 위에 흩어져 있는 신문 몇 장을 들고 별 관심 없는 듯 큰 표제를 읽었다. '독일 병력 10만이 리에주를 향해 진군하고 있다…… 영국이 육해군을 동원하다…… 니콜라이 대공이 러시아 총사령관에 임명되다…… 이탈리아가 중립을 공식발표…… 알자스에서 프랑스군의 결정적인 공격.'

알자스……. 자크는 신문을 밀어 놓았다. 알자스에서 공격……. '여러분은 이제 전쟁이 어떤 것인가를 알았습니다! 여러분은 총알이 난무하는 소리를 들었습니다……' 지금 자신의 고독한 흥분을 방해하는 어떤 것도 참을 수 없었다. 한시라도 빨리 여기를 나가 밖에 있고 싶었다.

프라트넬이 조판을 시작하려고 원고를 손에 들자마자 자크는 부랴부랴 뛰쳐나갔다.

바젤은 자크가 한가로이 거닐 수 있는 곳이다. 바젤, 웅장한 라인 강이 흐르고, 광장과 여러 공원도 보인다. 그늘과 빛, 타는 듯한 더위와 서늘함이 대조를 보이는 바젤. 자크는 땀에 젖은 손을 생수가 솟아나는 샘에 담갔다. 8월의 태양이 하늘을 뜨겁게 달구고 있다. 아스팔트 도로에서는 역한 냄새가 올라온다. 자크는 좁은 길을 지나 성당 쪽으로 올라갔다. 뮨스터 광장은 텅 비어 있다. 자동차도 사람도 전혀 눈에 띄지 않았다……. 1912년의 바젤회의! ……성당은 닫혀 있는 것 같다. 붉은 사암(砂巖)색이 마치 옛날 토기와 같은 빛을 띤다. 낡은 테라코타로 된 성골함은 웅대하고 조용한 모습으로 햇빛에 내던져진 것 같았다.

여기 라인 강이 내려다보이는 언덕 위, 성당 뒤편의 그늘과 강 덕분에 서늘한 바람이 통하는 마로니에 나무 그늘 아래 자크가 홀로 있다. 아래쪽 숲에 가려진 수영학교에서는 이따금 유쾌한 소리가 들려온다. 자크 외에는 산비둘기밖에 없다. 날개 치며 날아가는 산비둘기를 잠시 눈으로 좇는다. 그렇다. 바젤에 오기 전까지는 이렇게 처절하게 고독을 느껴본 적이 없다. 그는 완벽한 고독의 존귀함과 그 위력에 취한 듯이 음미하고 있다. 모든 일을 끝낼 때까지 이런 고독에서 벗어나고 싶지 않은 것이 지금 그의 심정이다……. 갑자기 아무런 이유도 없이 이런 생각이 떠올랐다. '나는 다만 절망감 때문에 이렇게 행동하고 있다. 나는 다만 자유를 갈망하여 이렇게 행동하고 있다……. 나는 전쟁을 막지 못할 것이다……. 나 자신 이외에는 아무도, 아무도 구출하지 못할 것이다……. 할 일을 끝마치면 달아나야지!' 자크는 무서운 생각을 떨쳐 버리려고 일어났다. 그는 주먹을 불끈 쥐었다. '모든 것을 적으로 삼고 결코 패배하지 않아야 한다! 그리고 죽음 속으로 달아나는 거다…….'

불그스레한 둑 너머 다리와 다리 사이로 굽어진 라인 강 저편, 종탑과 프티바젤의 공장 굴뚝 너머, 더운 안개에 쌓인 저 풍요롭고 숲이 우거진 지평 전체가 독일, 지금의 독일, 동원령이 내려진 독일, 총검소리가 이미 지축까지 흔들고 있는 독일이다. 자크는 서쪽 국경선이 라인 강과 맞닿는 곳, 이쪽 스위스의 높다란 둑에서 돌을 던지면 닿을 듯한 독일의 강변, 그 평야에까지 가 보고 싶은 생각이 들었다.

자크는 생탈방을 빠져나가 교외로 나왔다. 태양은 가차없이 내리쬐면서 하늘 가운데로 천천히 솟아오르고 있다. 잘 가꾸어진 울타리에 싸여 푸른 잎으로 덮인 선반이며, 그네며, 잔디밭을 적시는 분무며, 꽃무늬가 있는 식탁보에 덮인 흰 테이블 따위가 놓인 여러 채의 별장을 보면, 전화에 휩싸여 있는 유럽에도 아직 평온함을 유지한 채 보호받고 있는 곳이 있다는 것을 알 수 있다. 그런데 빌슈휄덴에 이르렀을 때 그는 군가를 부르며 숲에서 내려오고 있는 훈련복 차림의 스위스병 대대와 마주쳤다.

라아르드 숲은 오른쪽 언덕 중턱에 있다. 라인 강과 나란히 나 있는 길고 좁은 길은 어린 나무들이 빽빽이 들어선 숲을 가로질러 뻗어 있다. 발트하우스라고 적혀 있는 표지판이 눈에 띄었다. 왼쪽으로는 나무 사이로 양지바른 녹색 벌판이 펼쳐지며, 그 가운데로 꾸불꾸불한 라인 강이 흐르고 있다. 이런 풍경과 대조적으로 오른쪽에는 숲이 우거져 나무로 뒤덮인 가파른 산이 우뚝 솟아 있다. 자크는 아무 생각도 하지 않고 천천히 걸어갔다. 며칠동안 갇혀 있던 생활을 하다 이렇게 햇볕을 쪼이며 집 사이를 걸어서인지 나무 그늘이 말할 수 없이 상쾌했다. 산기슭 언덕 위, 숲에 덮인 흰 건물 하나가 녹음 사이로 보였다. '저곳이 발트하우스구나' 하고 자크는 생각했다. 샛길 하나가 비스듬히 부두까지 나 있다. 물 가까이에 있어서인지 나무 그늘이 한결 시원하다. 자크는 돌연 라인 강 강가로 나왔다.

독일이 저기 있다. 오직 이 빛나는 물줄기에 갈라져 있을 뿐이다.

독일 쪽은 삭막하다. 물가 건너편에는 낚시꾼 하나 보이지 않는다. 사과밭에도 농부의 모습이 보이지 않는다. 사과밭은 지평선을 가르는 언덕 아래 종탑을 중심으로 그 주위에 모여 있는 붉은 지붕의 작은 마을과 강 사이로 뻗어 있다. 그러나 자크는 물가 가시덤불 뒤에 숨겨진 삼색의 오막살이 지붕을 알아보았다. 초소인가? 아니면 농병이나 세관원 사무실?

자크는 여러 가지로 이상해 보이는 이 풍경에서 눈을 뗄 수가 없다. 두 손을 주머니에 찔러 넣고 축축한 땅 위에 우뚝 선 채 독일 그리고 유럽을 바라보고 있다. 그에게는 이러한 역사적인 강변에 홀로 서서 세상과 자신의 운명 위를 눈을 크게 뜨고 바라보는 이 순간만큼 차분하고 머리가 맑으며 또 의식이 명석해진 적이 지금까지 한 번도 없었다. 언젠가는, 언젠가는 올 것이다! ……한마음이 되어 고동치는 날이 올 것이다. 인간의 평등이 존엄성과 정의로움 속에서 이루어지는 날이 올 것이다……. 어쩌면 동포애의 시대가 열리기까지 인류는 이러한 증오와 폭력의 시기를 거쳐야 할지 모른다……. 자크는 이제 한시라도 기다릴 수 없다. 지금 자신을 송두리째 내던져야만 하는 인생의 시점에 와 있는 것이다. 그러나 지금까지 자신의 몸을, 모든 것을 송두리째 바쳐 본 적이 있는가? 어떤 사상을 위해, 어떤 친구를 위해, 어떤 여인을 위해 몸을 바쳐 본 적이 있는가? ……없다. ……혁명적 사상을 위해서도 그러지 못했고, 제니를 위해서도 그러지 못했다! 자신을 송두리째 바칠 기회가 있을 때도 자신의 소중한 부분은 언제나 제외시켜 왔다. 자신에게서 버려야 할 부분이 있으면 그것을 인색하게 골라 버리는 소심한 탕아의 인생을 살아왔다. 그러나 지금은 자기 자신의 전부를 어디에 소멸시켜야 하는지 알게 되었다……. 이제 마음속에서는 자신의 몸을 희생하겠다는 생각이 불꽃처럼 타오르고 있다. 끊임없이 절망 속에서 헤매며, 매일같이 모든 것을 포기하고 싶은 생각과 싸우면서 살아야 했던 시기도 이제는 끝났다! 스스로 죽음을 받아들이는 것은 스스로를 포기하는 것과는 다르다. 이것이야말로 하나의 운명에 꽃을 피우는 것이다!

수풀 속에서 사람의 발소리가 들려 자크는 무심코 돌아보았다. 검은 옷을 입은 나무꾼 부부이다. 남자는 허리춤에 손도끼를 끼고 있다. 여자는 두 손에 바구니를 하나씩 들고 있다. 두 사람 모두 스위스 농부 같은 근엄한 얼굴, 꾹 다문 입, 불안해 보이는 눈초리를 하고 있는 것이 인생이 만만하지 않다는 것을 굳게 믿고 있는 것 같다. 둘 다 이런 덤불 속에 몸을 숨기고 건너편 동태를 유심히 살피고 있는 낯선 남자를 만난 것이 뜻밖인지 경계하는 눈초리로 빤히 바라보고 있다.

너무 국경 가까이까지 온 것이 잘못이다. 강기슭에는 세관관리의 순찰대나 경비병들이 있을텐데……. 자크는 급히 길을 되돌아왔다. 그리고 큰길로 나가기 위해 무작정 덤불을 헤치고 나왔다.

같은 날 저녁 무렵에 자크는 카펠이 지정한 장소에 나갔다.

"밖에서 기다려 줘" 하고 카펠이 말했다. "지금 재진 시간이어서 과장님이 안 계셔. 10분 뒤에 다시 올게."

소아병원은 프티바젤 강변에 자리잡고 있다. 담쟁이덩굴로 생울타리를 친 좁은 마당이 4층 건물을 둘러싸고 있다. 각 층마다 요양소처럼 테라스가 달려 있는데, 거기에는 병든 아이들의 침대가 해가 비치는 쪽을 향해 줄지어 있다. 나무가 우거진 숲 그늘에는 흰 의자가 몇 개 놓여 있다. 자크는 거기에 가서 앉았다. 얼마나 평온하고 얼마나 조용한가……. 그 정적을 깨는 것은 새소리와 저 너머 나뭇가지 사이로 보이는 어린 환자들의 재잘거리는 소리뿐이다. 이따금 간호사가 곁에 가면 어린 환자는 가녀린 상체를 일으키곤 한다.

조약돌 위를 급히 걸어오는 발소리가 들렸다. 카펠이다. 가운도 걸치지 않고 안경도 끼지 않은 채 헐렁헐렁한 셔츠와 리넨 바지만 입은 그의 모습은 장난꾸러기 같아 보였다. 머리카락은 멋진 금발이며 볼이 조금 패고 피부는 부드럽고 매끈매끈하다. 그러나 놀라운 것은 그의 이마이다. 주름이 가득 팬 이마는 마치 노인 이마 같다. 그리고 황금색 속눈썹에 가려진 푸른 금속빛을 띤 눈도 그 성숙함이 사람을 놀라게 한다.

카펠은 독일 사람이다. 그는 이곳 바젤에서 의학공부를 계속하고 있다. 그러면서 독일로 돌아갈 생각도 하지 않고 있다. 낮에는 Kinderspital('소아병원'이라는 뜻)에서 웨브 교수와 함께 일한다. 저녁부터 밤까지는 혁명을 위해 투쟁한다. 서점 단골이라는 인연 때문에 프라트넬은 그에게 오후시간에 독일어로 번역해 달라고 부탁했다. 게다가 그는 자크의 계획에 대해서는 아무것도 모르고 있다. 따라서 아무런 질문도 하지 않았다.

카펠은 주머니에서 고딕체의 가늘고 뾰족한 글씨로 쓰인 4페이지쯤의 종이를 꺼냈다. 자크는 그 종이쪽지를 빼앗다시피해서 손에 들고 그것을 매만지면서 살펴보았다. 그의 손끝은 떨리고 있다. 이 독일인에게 자신을 짓누르고 있는 그 목적을 들려주고 털어놓아야 할까? …… 아니다, 관두자. 심정을 토로하고 우정을 나눌 때가 아니다. 자신에게 남아 있는 이 며칠동안 강자답게 고독에 파묻혀 있는 도리밖에 없다. 그는 종이를 접으며 간단히 이렇게 말했다.

"고마워."

카펠은 벌써 조심스럽게 화제를 바꾸었다. 그는 주머니에서 신문 한 장을 꺼냈다.

"이것 봐, 여기 이런 것이 났어. '아카데미 데 시앙스 모랄(*정신과학학술원*'을 말함)에서 현 위원장인 앙리 베르그송 씨가 벨기에 통신회원들에게 경의를 표하는 발언을 했다.' 그가 말하기를, '독일과 싸우는 이번 전쟁은 그야말로 문명과 야만의 전쟁이다…….' 베르그송이!"

이렇게 말하면서 그는 멀리서 나는 소리에 귀를 기울이기라도 하는 것처럼 갑자기 하던 말을 멈추었다.

"바보 같은 소리야……. 자네는 그렇게 생각하지 않나? 나는 하루에도 몇 번이나—특히 저녁때와 밤에—무엇인가 쿵하고 떨어지는 소리를 듣는 것 같아……. 엘자스(*알자스 지방을 독일식으로 발음한 것*)에서의 포성 같은 것 말이야……."

자크는 눈을 돌렸다. 알자스에서…… 그렇다. 거기에서는 벌써 대량학살이 시작된 것이다……. 어떤 새로운 생각이 가슴속에 떠올랐다. 수많은 무고한 희생자들이 영문도 모르고, 타의에 의해 희생을 강요당하고 있는 이 순간에도 자신의 운명을 지배하고, 죽음을 스스로 택했다는 것에 대해 긍지를 느끼고 있다. 이러한 죽음이야말로 신념에 따른 행위이자 반역자로서 최후의 항의일 것이며, 또한 부조리한 세상에 대한 최후의 반항이나 다름없을 것이다. 이는 깊이 생각한 끝에 계획한 일이므로 자신의 흔적을 남길 것이며, 자신이 보이려고 했던 정확한 의미를 충분히 발휘하게 될 것이다.

카펠은 잠시 잠자코 있다가 다시 말했다.

"어렸을 때 라이프치히에서 살았는데 그때 우리집이 바로 구치소 근처에 있었어. 어느 겨울날 저녁때—마침 눈이 오고 있었어—동네에 소문이 나돌길 사형집행인이 왔는데 새벽에 사형집행이 있을 거라는 거야. 지금도 기억하고 있어. 나는 아무 말도 하지 않고 야음 속으로 들어갔지. 밤도 깊었어. 눈도 꽤 쌓여 있었고, 밖에는 사람의 그림자조차 얼씬거리지 않았어. 광장 근처는 소름이 끼칠 정도로 조용했어. 나는 혼자서 몇 번이나 구치소 근처를 서성거렸지. 집에 돌아갈 수 없었어. 이런 생각을 머리에서 떨쳐 버릴 수가 없었지. 저기 벽 너머에 한 사람이 있다. 사형선고를 받은 사람, 자신도 그것을 알고 사형을 기다리는 사람……."

몇 시간 뒤에 자크는 싸구려 시가 연기가 자욱한 카페할레(*독일어로 '카페'라는 뜻*) 구석, 싸늘한 도자기 난로에 등을 기댄 채 밀크커피에 빵을 담가 먹으면서 생각에 잠겨 있다. 거미줄 끝에 매달린 거미같이 천장에 달려 있는 전구의 불빛에 눈이 부신 자크는 졸음이 밀려와 혼자만의 세계로 빠져들었다.

프라트넬은 그를 저녁식사에 잡아 두려고 했다. 그러나 자크는 피곤하다는 구실로 선전 삐라의 교정을 급히 본 뒤 도망치다시피 그곳을 빠져나왔다. 그는 프라트넬에게 호감을 갖고 있으면서도 그런 감정을 그에게 좀더 확실하게 보여 주지 못하는 자신을 원망했다. 그러나 진부한 이야기로 꽉 찬 혁명에 관한 그의 수다며 상대를 바라보는 그 집요한 눈길이며 상대의 팔 위에 손을 움켜쥐듯 올려놓는 버릇이며 또 보기 흉한 가슴위로 턱을 느닷없이 수그리는가 하면 자신의 속마음을 털어놓는 음모자처럼 아주 낮은 목소리로 말을 얼버무리는 수법, 그 모든 것이 자크를 몹시 짜증나게 하고 정신적으로 견딜 수 없게 했다.

그러나 여기에 있으면 마음이 아주 편하다. 카페할레는 음산하고 초라하다. 식탁보도 없는 커다란 나무식탁은 낡은 데다 칠도 벗겨져 있어서 마치 칠판과 같은 색감과 감촉을 느끼게 한다. 여기서는 양배추를 곁들인 소시지라든가 스프라든가 둥그스름하게 자른 빵 같은 것을 아주 싼 값에 먹을 수 있다. 조용하지는 않지만 자크는 여기에서 고독을 찾을 수가 있다. 이름도 모르는 어수선한 사람들 속에서의 고독이다.

카페할레는 늘 만원이다. 여기서 진을 치고 있는 손님들이란 기이한 무리들로서 세상을 등진 사람들, 독신자, 떠돌이 신세를 면치 못하는 인간들이다. 손님들 가운데는 단골로 드나들면서 시끄럽게 구는 학생들도 있는데 그들은 여자 종업원들의 이름도 모두 알고 있다. 그들은 오늘 저녁 전보에 관해 이러쿵저러쿵 떠들어 대는가 하면 칸트며 전쟁이며 세균학이며 동물기계론이며 매춘행위 따위에 관해서 번갈아 토론을 벌이고 있다. 또한 상점 종업원이나 사무실에 근무하는 직원들도 보인다. 그들은 단정한 옷차림으로 말수가 적으며, 반(半)부르주아적인 조심성을 부담스럽게 여기면서도 그것을 극복하지 못하고 서로를 경원하는 사람들이다. 다른 한편에는 몸이 허약해 보이며 분류하기가 좀 힘든 패거리들, 실직 노동자들, 아직 아이오도폼 냄새를 풍기며 병원에서 막 퇴원한 듯한 회복기의 환자 같은 패거리들, 문 가까이에 자리를 잡고 가지런히 모은 무릎 위에 조율용 도구 주머니를 놓고 있는 장님 같은 불구자들도 있다. 카운터 앞에 있는 둥근 테이블에는 구세군 여자 셋이서 저녁식사를 하고 있다. 야채만 먹으며, 턱끈이 달린 모자를 쓰고 무엇인가 경건한 속내 이야기를 서로 소곤거리고 있다. 그 밖에 표류하듯이 정처없이 떠돌아다니는 무리들, 빈고와 범죄, 또는 불행의 파도에 휩쓸려 여기까지 온 볼품없는 녀석들. 하지만 여기 이렇게 앉아 있는 것만으로도 다행스럽게 여기며 감히 눈을 치켜들 생각도 하지 않고 등을 구부린 채 쓰라린 과거를 생각하면서 수저로 수프를 뜨기 전 우선 그 속에 빵을 한참동안 넣어두는 그런 손님들도 있다. 마침 그들 가운데 한 사람이 자크 앞에 와서 앉았다. 순간 눈이 마주쳤다. 자크는 그 남자의 눈길에서 모든 범죄용의자들이 암호처럼 내비치는 빛을 얼핏 느꼈다. 그것은 안테나 끝에서 나누는 지극히 은밀하고 수수께끼 같은 감정의 교환, 번개처럼 짧고 언제나 똑같은 질문이다. '그런데 자네는? 자네도 역시 이단자, 반항자, 쫓기는 자인가?'

한 젊은 여인이 입구에 나타나 홀 안으로 성큼성큼 걸어 들어왔다. 늘씬한 몸매에 가벼운 발걸음. 검은 투피스를 입은 여인은 누군가를 찾고 있는 눈치였으나 상대가 눈에 띄지 않는 모양이다.

자크는 고개를 숙였다. 별안간 가슴이 답답해졌다. 그는 돌연 자리에서 일어나 도망쳐 나왔다.

제니…… 지금쯤 어디에 있을까? 그를 잃어버린 제니, 프랑스 국경에서 보낸 간단한 엽서 이외에는 아무런 기별을 받지 못한 제니는 어떻게 지내고 있을까? 자크는 이렇게 갑자기 참을 수 없는 감격과 그리움이 일 때마다 그녀를 생각하곤 했다. 그리고 잠 못 이루는 밤마다 그녀를 미쳐 버릴 정도로 껴안고는 한다……. 그녀에게 자기가 필요할 것이라는 생각, 자기에게서 버림받은 그녀의 장래가 불확실하다는 생각을 하면 그는 참을 수가 없다. 그렇다고 그런 일에 크게 마음을 두고 있는 것은 아니다. 그녀를 위해 생명을 유지하고 싶다는 생각은 조금도 해 본 적이 없다. 그는 자신의 사랑을 희생하는 것이 배신이라고는 생각하지 않는다. 제니가 사랑해 준 자기 자신에게 충실할수록 자기의 사랑에도 충실한 것이라고 생각했다.

밖에는 밤이 깃들고, 거리는 적막에 휩싸였다. 그는 정처없이 거의 뛰다시피 걸었다. 쉬지 않고 걷는 그의 입에서는 남성적인 노래가 새어 나왔다. 이제는 제니 생각도 떠오르지 않았다. 그는 이제 누구의 손길도 닿지 않는 곳에 와 있다. 그의 마음속에는 지금 사람을 순수하게 만드는 영웅적인 흥분만이 타오르고 있을 뿐이다.

82. 8월 9일 일요일—마지막 준비

매일 자크가 가장 마음을 쓰는 것은 메네스트렐에게서 받은 지시사항 중 하나를 따르는 것이다. '매일 아침 8시와 9시 사이에 융스트라세 3번지 앞을 지나갈 것. 창에 붉은 천이 걸려 있는 날 휼츠 부인을 불러내 "빈방이 있다고 해서 찾아왔는데요"라고 말할 것.'

8월 9일 일요일 8시 반쯤 엘제세르 스트라세와 융스트라세 모퉁이를 지나던 그는 순간 심장이 멎는 것 같았다. 3번지 발코니에 마른 빨래가 널려 있다. 그리고 식탁보와 냅킨 사이 눈에 잘 띄는 곳에 붉은 무명이 걸려 있는 것이 아닌가!

이 주변 동네의 거리에는 작은 집들이 늘어서 있는데, 집과 길 사이에는 조그만 정원이 있다. 자크가 3번지의 돌계단을 올라가려고 할 때 문이 저절로 열렸다. 현관의 어슴푸레한 빛 속에서 화려한 블라우스에 소매를 걷어올린 금발 여인이 나타났다.

"마담 휼츠?"

그녀는 대답도 하지 않고 그를 들여보낸 다음 문을 닫았다. 복도는 좁은 현관처럼 되어 있는데 문이란 문이 모두 닫혀 있어서 꽤 어두웠다.

"빈방이 있다고 해서 찾아왔는데요……."

그 여인은 재빠르게 블라우스 안에 두 손가락을 넣더니 무엇인가를 꺼내 그에게 내밀었다. 전서구(傳書鳩)에게 주는 것처럼 둥글게 만 얇은 종이였다. 자크는 그것을 주머니 안에 넣으면서 그 종이에서 잠시 여인의 온기를 느낄 수 있었다.

"미안합니다만 잘못 아셨어요." 여인이 큰 소리로 말했다.

그와 동시에 여인은 다시 낮은 층계 쪽으로 나 있는 문을 열어 주었다. 자크는 여인과 눈을 맞추려 했으나 그 여인은 눈을 아래로 내리깔고 있었다. 그는 목례를 하고 밖으로 나왔다. 그러자 곧 문이 닫혔다.

몇 분 뒤 자크는 프라트넬과 같이 현상접시 위로 몸을 구부리고 전갈을 해독하고 있다.

알자스에서의 작전에 관한 정보에 의하면 즉시 행동에 옮길 필요가 있다. 비행은 10일 월요일로 결정한다. 새벽 4시에 출발, 일요일부터 월요일까지 깊은 밤을 이용해 뻬라를 니팅엔 북동 고지에 보낼 것. 프랑스 참모본부가 발행한 국경지도를 참고할 것. Burg의 G와 Dittingen의 D 사이에 직선을 그을 것. 회합지점은 G와 D와 같은 거리에 있는 곳, 비포장도로가 내려다보이며 엄폐물이 없는 고원지대. 동이 트면 비행에 주의할 것. 가능하면 착륙에 이상이 없도록 지상에 흰 천을 펼쳐놓을 것. 연료 50리터를 가져올 것.

"오늘밤이다……" 하고 자크는 프라트넬 쪽을 돌아보며 중얼거렸다. 그의 얼굴에는 오로지 흥분의 빛만 나타났다.

프라트넬은 음모자 기질을 타고 난 사람이다. 일찍부터 서적상으로 잔뼈가 굵은 이 병약자는 일당을 거느리기에 알맞은 풍부한 상상력과 재빠른 결단력을 갖고 있다. 천성적으로 위험과 모험을 즐기는 그의 성격 때문에 혁명당을 위한 그의 헌신은 확고한 신념 못지않게 언제나 중시되어 왔다.

"그 점에 관해서는 이틀동안 충분히 생각해 보았어" 하고 프라트넬이 즉시 말했다. "우리가 결정한 것으로 만족해야 해. 나머지는 실행뿐이야. 나에게 맡겨. 자네는 될 수 있는 대로 밖에 나타나지 않는 것이 좋아."

"하지만 소형 트럭은? 오늘밤 안에 댈 수 있을까? 그리고 운전기사는? ……카펠에게는 누가 알리러 가지? 뻬라를 급히 비행기까지 옮기려면 여러 사람이 필요할 텐데……."

"나에게 맡겨" 하고 프라트넬이 되풀이했다.

"예정대로 모두 준비해 놓을 테니까."

그렇다. 만일 자크가 혼자 모든 것을 해야만 했다면 프라트넬과 똑같이 앞장서서 필요한 일을 했을 것이다. 그런데 며칠동안 홀로 지내면서 아무 일도 하지 않은 데다가 육체적으로 지쳐 있는 지금의 자크로서는 프라트넬에게 일임하는 것이 오히려 편했다. 프라트넬은 세부사항을 모두 미리 정해 놓았다. 그는 자기 지역의 투사들 가운데서 믿을 수 있는 폴란드 태생의 자동차 정비공장 주인을 한 사람 알고 있었다. 그는 그 사람을 만나러 가려고 자전거에 올라탔다. 자크는 가게 뒷방에, 아직도 메네스트렐의 지시사항이 떠 있는 작은 현상접시를 보며 혼자 있기로 했다.

기다리는 동안 자크는 꼼짝도 하지 않았다. 그는 프라트넬에게 부탁해서 얻은 참모본부의 지도를 무릎 위에 펴놓고 부르그와 디팅엔을 찾았다. 그러나 모든 것이 뒤죽박죽되었다. 정신적인 부담감에 짓눌려 있는 그는 무엇을 생각할 마음이 도무지 생기질 않았다. 지난 일주일 동안 오로지 그 목적만을 생각하며 꿈속에서 살다시피했다. 자기 자신이라든가 앞으로의 운명 같은 것은 어쩌다 생각날 뿐이었다. 지금 그는 돌연 몇 시간 뒤면 수행하게 되는 행위, 그에게는 마지막이 될지도 모를 행위를 눈앞에 두고 있다. 그는 마치 자동인형처럼 되풀이하고 있다. '오늘밤…… 내일…… 내일 새벽…… 비행기.' 그러나 마음속에는 이 생각뿐이다. '내일이면 만사가 끝난다.' 그는 돌아오지 못한다는 것을 알고 있다. 메네스트렐이 아주 멀리, 연료가 바닥날 때까지 날아가리라는 사실을 알고 있다. 그 뒤에는…… 도대체 어떻게 될 것인가? 비행기가 전선에서 격추된다? ……아니면 그대로 노획될까? ……군법회의로 넘어간다면 그것은 프랑스 쪽일까 아니면 독일 쪽일까? ……어쨌든 현행범이다. 재판도 받지 않고 처형당한다……. 무서운 생각이 들면서 놀라울 정도로 의식이 또렷해진 자크는 순간 두 손으로 이마를 감쌌다. '생명은 하나밖에 없는 재산이다. 그것을 희생한다는 것은 미친 짓이다. 그런 희생이야말로 죄악이다. 자연에 위배되는 죄악이다! 영웅적인 행위 모두가 어리석은 범죄행위인 것이다!'

그런데 갑자기 마음속에 이상하리만큼 평온함이 찾아들었다. 공포의 물결이 지나간 것이다……. 그 물결은 그로 하여금 곶을 돌아 다른 해변가에 이르도록 했다. 그는 지금 다른 수평선을 바라보고 있다. ……전쟁을 막을지도 모른다. ……반란, 동포애, 휴전! '성공을 거두지 못하더라도 훌륭한 본보기이다! 어찌되었건 나의 죽음은 훌륭한 행위인 것이다……. 명예를 지켜야 한다……. 충실하고…… 충실하고 또 유익한 존재가 되어야 한다……. 중요한 것은 유익한 존재가 되는 일이다! 나의 일생을, 쓸모없었던 나의 삶을 되찾는 일이다……. 그리고 무한한 안식을 찾는 일이다…….'

지금 그의 온몸에는 어떤 정신적인 이완, 휴식을 취할 때처럼 포근한 느낌이 감돌고 있다. 슬픔이 약간 깃든 충족감 같은 것이다……. 그리하여 그는 마침내 무거운 짐을 벗게 된다……. 번잡하고 실망만 안겨다 주는 이 세상, 비타협적이고 기대에 어긋나기만 했던 자기 자신과도 안녕이다……. 그는 아무 미련 없이 삶을 생각한다. 삶과 죽음을…… 아무런 미련도 없이 오직 동물적인 망아 속에서, 다른 것은 아무것도 머리에 들어오지 않을 만큼 강한 마비 속에서……. 삶과 죽음만이…….

프라트넬이 자크를 다시 보았을 때 그는 아까와 똑같이 그대로 움직이지 않고 두 무릎 위에 팔을 괸 채 두 손으로 이마를 감싸고 있다. 자크는 무의식적으로 일어나서 낮은 목소리로 말했다. "아, 사회주의가 배신하지 않았더라면……!"

프라트넬은 자동차 정비공장 주인을 데리고 왔다. 머리털이 희끗희끗하고 침착하고 결단력 있어 보이는 그런 남자이다.

"안드레예프야……. 소형 트럭도 준비되어 있대. 우리를 안내할 거야. 삐라와 연료는 구석에 넣고……. 카펠에게도 알렸어. 곧 올 거야……. 해 질 무렵에 떠나도록 하자고……."

두 사람이 도착하자 정신이 번쩍 든 자크는 더욱 안전을 기하기 위해 해가 있을 때 길을 알아 두자고 제의했다. 안드레예프도 동의했다.

"따라오게. 거기까지 안내할 테니까" 하고 안드레예프가 말했다. "소형 무개차를 몰고 가겠어. 그러면 둘이서 산책이라도 하는 것처럼 보일 테니까……."

"그런데 삐라를 끈으로 묶어야지?" 자크가 프라트넬에게 물었다.

"거의 끝났어……. 한 시간만 작업하면……. 자네가 돌아올 때까지는 되어 있을 거야."

자크는 지도를 들고 안드레예프 뒤를 따라갔다.

프라트넬은 카펠과 함께 짐 포장을 끝내고 지하실에서 두 사람을 기다리고 있다.

삐라는 4페이지에 걸쳐—두 페이지는 프랑스어로, 그리고 다른 두 페이지는 독일어로—모두 가볍고 질긴 특수용지에 인쇄되어 있다. 자크는 120만 장의 삐라를 2천 장씩 나누어 각 다발마다 손톱으로 끊을 수 있는 얇은 종이

따로 묶게 했다. 전체 무게는 2백 킬로를 조금 넘을 정도이다. 자크가 지시한 대로 프라트넬은 카펠의 도움을 얻어 다발을 10개씩 포장했다. 60개의 꾸러미가 되었다. 각 꾸러미의 끈은 한 손으로 쉽게 풀 수 있도록 매듭이 지어져 있다. 자크는 예순 개나 되는 이 꾸러미를 쉽게 옮기기 위해 우체국 직원들이 쓸 법한 커다란 배낭을 구해 놓았다. 이렇게 해서 짐꾸러미 모두가 여섯 개로 줄었으며, 각 꾸러미의 무게는 40킬로 정도였다.

안드레예프의 자동차는 5시가 되어서야 돌아왔다.

자크는 안절부절못하고 있다.

"아주 사정이 나빠…… 멧제르렌을 지나가는 길은 경계가 심해……. 도저히 안 되겠어. 세관관리며 초소며……. 라우펜을 거쳐 뢰쉔츠까지는 길이 좋지만 거기까지 가서는 통행이 불가능할 정도의 좁은 도로로 가야 해……. 소형 트럭은 못 갈 거야……. 자동차는 단념해야 해……. 수레를 구해야겠어……. 말 한 마리가 끄는 농부의 수레 말이야……. 수레라면 어디나 갈 수 있어. 그리고 사람들 눈길도 끌지 않을 테고."

"수레라고?" 하고 프라트넬이 말했다. "어려울 것 없지……." 그는 주머니에서 수첩을 꺼내 거기에 쓰인 명단을 살폈다. "나를 따라와" 하고 그는 안드레예프에게 말했다. "둘은 남아서 일을 마무리짓도록 해."

아주 자신만만한 프라트넬의 모습을 본 자크는 그와 함께 가지 않기로 했다.

"나머지 짐을 끈으로 묶는 것쯤은 나 혼자 해도 돼." 단둘이 남자 카펠이 자크에게 말했다. "자네는 쉬도록 해. 좀 자두는 게 좋을 거야……. 안 그래?" 카펠은 곁으로 와서 자크의 손목을 잡았다. "열이 있는데" 하고 그는 좀 쉬었다가 말했다. "키니네를 줄까?" 자크가 어깨를 한번 으쓱하며 거절하자 덧붙였다. "그러면 풀 냄새 나고 숨도 제대로 쉴 수 없는 이 구멍 속에 있지 말고…… 나가서 산책이라도 좀 해!"

그라이펜가스 거리는 나들이옷을 입고 놀러나온 가족들로 꽉 차 있다. 자크는 인파에 섞여 다리까지 갔다. 거기에서 그는 좀 망설이다가 왼쪽으로 돌아 강변까지 내려갔다. '운이 좋다……. 얼마나 멋진 저녁하늘인가…….' 그는 머리를 우뚝 쳐들고 미소까지 지었다. 아무 생각도 하지 말자. 긴장하지

도 말자……. '그들이 수레를 구하면 좋겠는데……. 모든 일이 순조롭게 되어 가면 좋겠는데…….'

강을 따라 난 길에는 사람의 모습이 거의 보이지 않았다. 그는 석양빛에 온통 붉게 물들어 어른거리는 강물을 내려다보았다. 둑 아래 배 끄는 길 위에서는 수영객들이 석양빛에 몸을 말리고 있다. 자크는 잠시 발길을 멈추었다. 공기는 이루 말할 수 없이 평화롭다. 웃통을 벗은 상체가 풀 속에서 아주 부드럽게 빛나고 있다……. 자신도 모르게 눈물이 핑 돌았다. 그는 다시 걷기 시작했다. 메종 라피트에서의 일, 센 강변에서의 일, 여름에 다니엘과 멱 감던 일…….

운명이란 어떤 숱한 길로 이끌며, 어떤 숱한 길을 돌아가게 하기에 옛날 그 소년을 오늘 마지막 저녁까지 데리고 온 것일까? 그것은 우연의 연속일까? 결코 아니다! ……그 모든 행동은 서로 연관성이 있다. 지금 그는 그것을 느끼고 있으며, 지금까지도 막연하게나마 줄곧 느껴 왔다. 그의 생애는 무언가 수수께끼 같은 목적을 향해 운명의 쇠사슬에 오랫동안 굴복해온 것에 불과하다. 그런데 지금 그 종착역에, 화려한 피날레에 도달한 것이다. 죽음은 장려한 이 일몰처럼 그의 눈앞에서 빛나고 있다. 이미 두려움은 뛰어넘었다. 헛된 허세는 버리고 머릿속을 가득 메운 비애를 느끼면서도 단호하고 심취된 마음가짐으로 그 부름에 응하고 있다. 이런 것을 의식하고 죽음에 임하는 것이야말로 삶의 완성이다. 자기 자신에 대한 충실함……반항적 본능에 충실한 궁극적인 행위인 것이다……. 그는 어릴 때부터 언제나 '아니다!'라고 말해 왔다. 자신을 확인하는 단 하나의 방법이었다. 그렇다고 삶에 대한 부정은 아니었다…… 세상에 대한 부정이었다! 그런데 그는 지금 자신의 마지막 거부, 지금까지 살아온 모습에 대한 그의 마지막 '아니다!'에 와 있는 것이다…….

무턱대고 걷다보니 어느새 베트슈타인 다리 아래까지 왔다. 머리 위에는 차, 전차 등이—살아 있는 인간들이 지나가고 있다. 아래쪽 공원에는 정적과 녹음이 은신처처럼 마련되어 있다. 그는 벤치에 앉았다. 여러 갈래의 산책길이 잔디밭과 숲 주위에 나 있다. 서양삼나무의 낮은 가지 위에서는 비둘기가 울고 있다. 산책로 건너편에는 아직 젊어 보이는 한 여인이 연보랏빛 앞치마를 두르고 앉아 있다. 몸집은 어린 소녀 같은데 초췌한 얼굴이다. 여인 앞에 있는 유모차 안에서는 갓난아이가 자고 있다. 머리털도 제대로 안 나고 밀랍색 얼굴을 한 태아 같은 어린아이. 여인은 빵을 게걸스럽게 뜯어먹고 있다. 그녀는 멀리 강 쪽을 바라보고 있다. 그리고 어린아이 같은 가냘픈 손으로 이음새가 삐걱거리는 낡은 유모차를 건성으로 흔들고 있다. 앞치마는 색이 바래 있지만 깨끗하다. 버터를 바른 빵이다. 그녀의 표정은 평화롭고 거의 만족스러워 보인다. 가난에 시달린 흔적은 전혀 보이지 않았다. 하지만 시대의 온갖 빈곤이 차마 눈뜨고 볼 수 없을 만큼 강하게 느껴져서 자크는 자리에서 일어나 달아났다.

프라트넬이 마침 서점에 돌아왔다.

눈을 반짝이고 가슴을 불쑥 내밀면서 말했다.

"드디어 구했어! 덮개가 있는 마차야. 무엇을 실어도 눈에 안 띌 거야. 끌고 가는 것은 멋진 암말이야. 안드레예프가 몰고 갈 거야. 폴란드 농장에서 일했으니까…… 시간은 훨씬 더 걸리겠지만 어디나 갈 수 있어."

83. 8월 9일 일요일—언덕 위에서 회합

하일리히가이스트 키르헤 교회 종탑에서 자정을 알리는 종이 울렸다. 야채를 실은 수레 한 대가 남쪽 변두리 인적 없는 곳을 천천히 지나 옛시 가도에 이르렀다.

두꺼운 덮개는 사방이 쇠고리로 고정되어 있어 안이 전혀 보이지 않았다. 프라트넬과 카펠은 차 뒤에 앉아 손으로 입을 가리고 낮은 목소리로 이야기를 나누고 있다. 카펠은 담배를 피우고 있다. 이따금 담뱃불이 움직이는 것이 보인다.

자크는 맨 구석에 처박혀 있다. 삐라 꾸러미 사이에 어깨를 구부리고 앉아 두 손으로 무릎을 껴안고 어둠속에서 이런저런 반성을 하고 있다. 그는 흥분을 가라앉히기 위해 눈을 감고 되도록 몸을 움직이지 않으려고 한다.

소리를 죽여 가며 말하는 프라트넬 목소리가 들려온다.

"그런데 카펠, 우리 일을 생각해 보자구. 이런 때 비행기가 뜬단 말이야 ……. 우리 셋이 의심받지 않고, 무엇을 하는지 심문당하지도 않고 무사히 마차로 다시 출발할 수 있을까? 자네는 어떻게 생각하나?" 하고 프라트넬은 마차 안을 들여다보면서 물어보았다.

자크는 아무런 대답을 하지 않았다. 그는 착륙했을 때를 생각하고 있다……. 지상에 내렸을 때 살아 있는 사람들에게 무슨 일이 일어날지를! ……

수다스러운 프라트넬이 말을 계속한다. "더구나 마차를 숲 속에 감추어 둔다고 하더라도…… 짐을 내리고 나면 비행기가 오기 전에 안드레예프와 마차를 보내야 해. 날이 밝기 전에 가도까지 나올 수 있게 말이야."

자크는 벌써 비행기에 타고 있는 자신을 생각하고 있다……. 그는 비행기 동체에서 몸을 내민다……. 무수한 흰 종이가 공중에서 소용돌이친다……. 초원, 숲, 집결한 군대…… 수많은 삐라가 들판 위에 뿌려진다……. 눈발처럼 총소리가 요란하다. 메네스트렐이 뒤를 돌아다본다. 피투성이가 된 그의 얼굴이 보인다. 그의 미소는 이렇게 말하는 것 같다. '이것 봐. 우리는 그들에게 평화를 가져다주고 있어. 그런데 그들은 우리에게 총질을 해오고 있으니…….' 비행기가 날개에 총탄을 맞고 활공하며 하강을 시작한다……. 신문에 날까? 아니다. 언론에는 함구령이 내려져 있다. 앙투안도 모를 것이다. 앙투안은 영원히 모를 것이다.

"그런데 우리는 어떻게 하는 거야?" 하고 카펠이 물었다.

"우리? 비행기에 짐을 싣고 나면 각자 재빨리 철수하는 거야!"

"All right!" 하고 카펠이 말했다.

짐수레는 평지에 나온 것 같다. 말이 약간 빠른 속도로 달리기 시작했다. 수레 자체가 높은 데다가 짐이 적게 실려서 계속 흔들린다. 그런 어둠 속에서의 단조로운 동요는 사람을 침묵과 졸음으로 끌어넣게 마련이다. 카펠은 담뱃불을 껐다. 그리고 두 발을 짐짝 위에 길게 뻗었다.

"잘 자게."

얼마 있다가 프라트넬이 투덜거리기 시작했다.

"바보 같은 안드레예프, 이런 속도로 가면 예정보다 빨리 도착하게 돼, 안 그런가?"

카펠이 아무 대답도 하지 않자, 프라트넬은 자크 쪽을 돌아다보며 말한다.

"일찍 갈수록 들킬 위험이 더 많아, 안 그래? ……이것 봐, 자는 거야?"

자크는 듣지 못했다. 그는 방 한가운데 서 있다. 소년원에서 입었던 것과 똑같은 격자무늬 작업복을 입고 있다. 자기 앞에는 반원형으로 군사회의의 장교들이 앉아 있다. 그는 의연하게 얼굴을 들고 한 마디 한 마디 똑똑히 말하고 있다. '나는 나 자신을 기다리고 있는 것이 무엇인지 알고 있습니다. 그러나 나는 나에게 남아 있는 마지막 권리를 행사할 것입니다. 당신들은 내 말을 듣고 난 다음에 나를 처형하도록 하십시오!' 중세풍의 큰 홀로 된 재판소는 호화스러운 격자천장으로 되어 있으며, 그것을 더 돋보이게 하기 위해 금색이 칠해져 있다. 재판을 주재하는 장군은 법정 중앙의 높은 자리에 앉아 있다. 그 사람은 분명 크루이 소년원의 원장이었던 펨므 씨다. 자원해서 입대해 장군이 된 것일까? ……옛날 모습 그대로이다. 젊고 금발이며, 면도를 심하게 한 다음 분을 바른 그의 둥근 두 뺨, 반짝이는 안경 뒤에 가려져 있는 그의 눈길이 그때나 다름없다. 그리고 깃에 검은 아스트라한이 달린 겉옷을 맵시있게 입고 있다. 그 아래에는 늙은 헌병 두 사람이 가슴에 찬란한 훈장을 달고 작은 테이블 앞에 나란히 앉아 있다. 그들은 끊임없이 무엇인가를 쓰고 있다. 테이블 밑으로는 그들의 의족이 앞으로 나와 있다. '나는 나 자신을 변명하려는 것은 아닙니다! 확신을 갖고 행동한 일이니까 아무런 변명도 할 필요가 없습니다. 그러나 여기에 있는 당신들은 이제 곧 죽게 될 한 사람의 입에서 나오는 참된 소리를 꼭 들어 주어야 합니다……' 그의 손은 바로 앞 마루 위에 세워진 반원형의 난간을 잡고 있다. 여기에 있는 사람들……. 그는 자기 뒤에 까마득히 줄지어 있는 방청석, 관중들로 꽉 차 있는 자동차 경기장의 관람석과 같은 것이 있는 것을 느낀다. 제니가 와 있다. 그녀는 혼자 벤치 끝에 앉아 있다. 연보랏빛 앞치마를 두르고 유모차를 잡은 채 창백한 얼굴에 멍한 모습을 하고 있다. 그러나 그는 그쪽으로 고개를 돌리려고 하지 않는다. 그녀를 위해 말하는 것은 아니다. 또 자신을 향해 무거운 눈길을 쏟으며 묘한 침묵을 지키고 있는 이 군중을 위해 말하는 것도 아니다. 그렇다고 그 앞에 줄지어 앉아서 그를 물끄러미 바라보는 장교들을 위해 말하고 있는 것도 아니다. 옛날 자신에게 그렇게도 자주 모욕을 주었던 펨므 씨를 상대로 말하고 있는 것이다. 그는 태연한 상대의 얼굴을 미친듯이 쳐다보고 있다. 그러나 상대는 잠시도 그의 눈길을 받아주지 않는다. 눈은 뜨고 있는 것일까? 번쩍거리는 안경과 군모의 그늘 때문에 확실한 것은 알 수 없다. 자크는 작은 회색빛 눈 깊은 곳에서 빛나던 그의 심술궂은 눈빛을 아주 잘 기억하고 있다! 아니다. 얼어붙은 것 같은 얼굴 표정으로 보아 집요하게 눈을 아래로 깔고 있는 모양이다. 그는 묘하게도 원장 앞에 혼자 서 있는 듯한 느낌이 든다. 함부르크의 독 사이에서 발견한 곱슬곱슬한 털의 절름발이 강아지와 함께 이 세상에 홀로 있는 듯한 느낌……! 만약 앙투안이 여기에 온다면 펨므 씨의 눈을 억지로라도 뜨게 할 텐데. 그는 혼자다! 모두에게 맞선 채 그는 혼자다. 장군, 장교들, 헌병들, 이름도 모를 이 군중, 그리고 제니까지 모두 그를 피고인으로 여기고 그에게서 해명을 들으려고 한다. 얼마나 바보 같은 짓인가! 그를 재판할 권리라도 가지고 있는 것처럼 행세하는 사람들 그 어느 누구보다도 자신은 위대하고 순수하다! 자신이 지금 맞서고 있는 것은 사회 전체인 것이다……. '여러분의 법보다 우수한 법이 있습니다. 그것은 양심의 법입니다. 내 양심은 여러분의 모든 법전보다 더 큰 소리로 말하고 있습니다……. 나는 전쟁터에 나가 개죽음을 당하느냐 아니면 여러분에게 속은 사람들을 해방시키기 위해 반항하다가 죽느냐 하는 갈림길에 있었습니다. 그러다가 선택한 것입니다! 나는 기꺼이 죽기로 했습니다. 그러나 그 죽음이 여러분을 위한 것은 아닙니다! 내가 죽음을 택한 것은 여러분이 아무리 그런 행위를 증오해도 나에게는 가장 귀중한 것으로 여겨지는 것, 즉 인류의 형제애를 위해 여러분의 간섭을 받지 않고 끝까지 싸울 수 있는 단 하나의 방법이기 때문입니다!' 한 마디 한 마디가 끝날 때마다 마루에 세워놓은 작은 난간 손잡이가 손 안에서 떨리고 있다. '나는 선택을 했습니다! 그리고 어떤 운명이 나를 기다리고 있는지도 알고 있습니다!' 그는 갑자기 자신에게 총을 겨누고 있는 병사들의 모습이 떠올라 몸서리를 쳤다. 맨 앞줄에서 그는 파제스와 쥐믈랭의 모습을 알아보았다. 그는 머리를 들었다. 그리고 다시 법정에 서 있는 자신의 모습을 보았다. 사형을 집행하는 병사들의 영상이 어찌나 똑똑히 떠올랐던지 그의 찌푸린 얼굴에 경련이 일어났다. 그러나 그는 찌푸린 얼굴을 이내 도도한 웃음으로 바꾸는 데 성공했다. 그는 차례로 장교들 얼굴을 바라보았다. 그리고 펨므 씨를 보았다. 그 옛날 불안한 마음과 경계심을 갖고 원장의 침묵이 무엇을 감추고 있는지 알아내려고 할 때 그랬던 것처럼 그를 뚫어지게 바라보았다. 자크는 날카로운 목소리로 소리를 질렀다. '나는 어떤 운명이 나를 기다리고 있는지 알고 있습니다! 그러나 여러분은 알고 있습니까? 여러분은 자신이 가장 강하다고 믿고 있습니까? 오늘날! 물론 한 번의 신호와 총 몇 발로 나를 침묵케 했다고 자랑할 수야 있겠지요. 그러나 나 하나를 없앴다고 해서 모든 것을 막을 수는 없습니다! 나의 메시지는 내가 죽어도 계속 살아남습니다! 그것은 내일이라도 여러분이 생각도 못했던 수확을 거두게 될 것입니다! 그리고 나의 호소가 아무런 반향을 일으키지 못한다 하더라도 여러분이 피바다 속으로 밀어넣은 국민들은 곧 눈을 뜨고 정신을 차리게 될 것입니다! 내 뒤에도 나와 똑같은 수많은 사람들이 그들의 양심과 연대의식에 고취되어 여러분을 적으로 삼고 봉기하게 될 것입니다! 여러분과 여러분의 범죄적인 체제에 대항해서 인간다운 현실과 정신적인 힘이 일어설 것이며, 그 앞에서는 여러분의 가장 악랄한 탄압도 맥을 못추게 될 것입니다! 이 세상의 진보도 미래도 확실히 여러분에게 불리하게 작용하고 있습니다! 국제사회주의는 여전히 활동하고 있습니다! 이번에 어쩌다가 비틀거리는 일이 있기는 했습니다. 그리고 여러분은 그 비틀거림을 잔인하게 이용했습니다. 그렇습니다. 여러분은 마침내 동원을 성공시켰습니다! 그러나 그런 하잘것없는 성공에 안심하지 마십시오! 여러분은 사회질서를 여러분 편리한 대로 정복할 수는 없을 것입니다. 결국 인터내셔널리즘(^{국제노동자}_{연맹주의})이 여러분을 물리칠 것입니다! 전세계에서 승리를 거둘 것입니다! 그러므로 이 몸 하나를 처형한다고 해서 대세를 막을 수는 없는 것입니다!' 그는 펨므 씨 얼굴을 뚫어지게 바라보았다. 장님의 얼굴, 밀랍인형의 얼굴, 알 수 없는 무관심을 보여주는 부처의 아련한 미소⋯⋯. 자크는 화가 치밀어 몸을 떨었다. 어떻게 해서라도 자신의 적인 이 남자와 대적해야지! 한 번만이라도 이쪽을 꼭 보게 해야지! 그는 느닷없이 이렇게 외쳤다. '원장 선생님, 나를 보세요!'

"왜 그래? 뭐라는 거야? 나를 불렀나?" 하고 프라트넬이 물어보았다.

장군이 눈꺼풀을 치켜들었다. 영혼이 빠져나간 눈길. 직업간호사가 병원에 입원해 있는 위독한 환자를 보면서, 임종을 앞둔 이 남자가 이제는 매장을 앞둔 시체에 불과하다고 생각하는 그런 눈길⋯⋯. 이때 갑자기 아주 무서운 생각이 자크의 머릿속을 스쳐갔다. '저 사람은 내 개까지 죽일 거야. 수위인 아르튀르를 시켜서. 아르튀르가 그의 부관이 됐으니까⋯⋯.'

"뭐라고?" 하고 프라트넬이 되풀이했다.

자크가 아무런 대답을 하지 않자 그는 어둠속에서 손을 뻗어 자크의 정강이를 건드렸다. 자크는 눈을 떴다. 그러나 우선 눈에 들어온 것은 포장을 씌운 수레의 천장이 아니고 중죄재판소의 황금빛 격자천장이었다. 마침내 그는 의식을 되찾았다. 프라트넬, 삐라가 들어 있는 짐, 짐수레…….

"나를 불렀나?" 하고 프라트넬이 되물었다.

"아니."

프라트넬이 잠시 침묵을 지키고 있다가 말했다. "이제 라우펜 가까이에 온 것 같아." 그러고 나서 자크의 말을 듣기를 체념한 듯 자기도 입을 다물었다.

카펠은 짐수레 위에 누워 어린아이같이 잠을 자고 있다. 프라트넬은 이따금 일어나 짐수레 덮개의 터진 틈으로 밖을 살폈다. 얼마 있다가 그는 낮은 목소리로 이렇게 알렸다.

"라우펜이다!"

마차는 인적 없는 마을 한가운데를 보통 속도로 지나갔다. 2시였다.

20분 정도 더 가더니 말이 걸음을 멈추었다.

카펠이 자리에서 벌떡 일어났다.

"왜 그래? 무슨 일이야?"

"쉿!"

마차는 로렌츠를 지나가던 참이었다. 이제는 계곡을 벗어나야 한다. 마을을 나오자, 먼지가 이는 웅덩이투성이의 가파른 비포장도로가 뻗어 있다. 안드레예프가 마차에서 내렸다. 그는 등불을 끄고 말의 고삐를 잡았다. 일행은 행진을 계속했다.

울퉁불퉁한 길 때문에 마차가 심하게 흔들렸다. 마차의 용수철과 나무로 된 타원형의 작은 문이 삐걱거렸다. 자크, 프라트넬, 카펠 세 사람은 좁은 마차 안에서 짐이 좌우로 미끄러지지 않게 하려고 몹시 애를 썼다. 짐짝이 서로 부딪쳐서 내는 소리가 자크에게는 하나의 리듬, 부드럽고 향수를 불러일으키는 듯한 악절을 떠오르게 했다. 처음에는 그것이 무엇인지 알지 못했다……. 쇼팽의 연습곡이다! 제니…… 메종 라피트의 정원…… 옵세르바투아르 거리의 응접실……. 그의 요청에 따라 제니가 피아노를 쳐주던 그날 저녁이 엊그제 같은데 지금은 벌써 아득한 옛일이 되고 말았다…….

반시간 정도 왔을까, 다시 마차가 멈춰 섰다. 안드레예프가 덮개끈을 풀러 왔다.

"다 왔어."

세 남자는 아무 말도 않고 마차에서 뛰어내렸다.

이제 겨우 3시다. 별이 총총한 밤인데도 여전히 캄캄하다. 그러나 동쪽에서는 하늘이 환히 밝아오기 시작했다.

안드레예프는 말을 작은 나무기둥에 매었다. 이제 프라트넬은 침묵을 지키고 있다. 가게에 있을 때만큼 침착해 보이지 않는 모습이었다. 그는 어둠을 눈여겨 살피면서 이렇게 중얼거렸다.

"그런데 자네가 말하는 고원지대는 어딘가?"

"따라와." 안드레예프가 말했다.

네 사람은 작은 관목을 심어놓은 경사지를 기어올랐다. 언덕 꼭대기, 고지대 가까이에 이르자 앞장서서 걸어가던 안드레예프가 걸음을 멈추었다. 잠시 숨을 돌리고 난 뒤, 한쪽 손을 프라트넬 어깨 위에 얹고 다른 손으로는 어둠을 가리키며 설명한다.

"저기부터는—곧 알게 되겠지만—나무가 없어. 그래서 고원지대라는 거야. 거기를 선택한 그분은 자기가 할 일을 알고 있는 사람이야.

"이제부터는" 하며 카펠이 독촉했다. "안드레예프가 돌아갈 수 있도록 빨리 마차에서 짐을 내려야 해."

"시작합시다!" 하고 자크가 큰 소리로 말했다. 의연한 자신의 목소리에 자크 자신도 놀랐다.

네 사람 모두 아래로 내려왔다. 고원지대와 길 사이가 가팔랐으나 자루와 물통을 운반하는 일은 불과 몇 분 만에 끝났다.

"좀더 날이 밝아지면" 하고 자크가 흰 천을 땅에 내려놓으면서 말했다. "중심에서 떨어진 곳 서너 군데에다 흰 천을 펼쳐 놓도록 하자고, 착륙을 위해서 말이야."

"이제 자네는 마차를 끌고 내빼면 되는 거야!" 하고 프라트넬이 안드레예프에게 소리쳤다.

안드레예프는 세 사람 쪽으로 몸을 돌리고 잠시 가만히 있었다. 그리고 드디어 그는 자크 쪽으로 한 걸음 걸어왔다. 그의 얼굴 표정은 확실히 보이지 않았다. 자크는 자연스럽게 두 손을 앞으로 내밀었다. 너무 감격한 탓인지 말이 나오지 않았다. 갑자기 그는 앞으로 다시는 보지 못할 이 남자에 대해 어떤 애정을 느꼈다. 상대는 이 사실을 눈치채지 못했을 것이다. 안드레예프는 자크가 내민 두 손을 꽉 움켜 쥐었다. 그리고 몸을 구부려 조용히 자크의 어깨에 입을 맞추었다.

얼마동안 비탈길을 내려가는 발소리가 울렸다. 고양이 울음소리처럼 차축이 삐걱거리는 소리가 들렸다. 마차가 방향을 바꾸고 있다. 그리고 더 이상 아무 소리도 들리지 않는다⋯⋯. 안드레예프가 포장을 걷거나 아니면 마차에 오르기 전에 말고삐를 점검하는 것이 틀림없다⋯⋯. 드디어 마차가 흔들린다. 마차 바퀴와 용수철이 삐걱거리는 소리, 말발굽이 모래땅에 박히는 소리가 처음에는 또렷하게 들려왔으나 차츰 어둠속으로 사라져 간다. 프라트넬, 카펠, 자크 셋은 경사지 끝에 나란히 서서 말 한 마디 주고받지 않고 어둠속을 바라보며 소리가 멀어져 가기를 기다렸다. 마침내 정적만이 찾아들자 카펠이 먼저 고원지대 쪽으로 돌아가 느긋하게 몸을 죽 펴고 누웠다. 프라트넬은 옆에 가서 앉았다.

자크는 그대로 서 있었다. 지금으로서는 아무것도 할 일이 없다. 날이 밝기를 기다리며 비행기가 오기를⋯⋯ 어쩔 수 없이 꼼짝하지 못하고 있어야 한다는 생각이 그를 다시금 번민 속으로 빠뜨렸다. 아, 이 마지막 순간을 혼자 보낼 수 있다면⋯⋯. 그는 동료들에게서 빠져나오기 위해 몇 걸음 앞으로 걸어갔다. '지금까지는 모든 일이 순조롭다⋯⋯. 이제 메네스트렐을 기다리기만 하면 된다⋯⋯. 멀리서도 들리겠지⋯⋯. 좀더 밝아지면 천을 깔아야지⋯⋯.' 어둠속은 온통 벌레들의 울음소리로 들끓고 있다. 열병에 시달리고 피로한 탓에 몸도 제대로 가누지 못하는 그는 상쾌한 밤공기를 쐬기 위해 흥건히 땀에 젖은 얼굴을 내밀었다. 어둠속에서 가끔 속삭이고 있는 프라트넬과 카펠에게서 너무 떨어지지 않기 위해 둘의 주위를 맴돌며, 고르지 않은 고원지대 위를 휘청거리며 왔다 갔다 했다. 마침내 지친 두 다리의 힘이 빠지자 그는 땅바닥에 주저앉았다. 그리고 두 눈을 감았다.

두꺼운 벽을 통해 돌바닥 위를 살금살금 걸어오는 발소리가 들렸다. 제니가 무슨 수를 써서라도 감옥 안으로 들어와 다시 한 번 자기에게 오리라는 것을 알고 있었다. 그렇게 하기를 기다리고, 바라고 있었지만 지금은 원치 않는다⋯⋯. 몸부림친다⋯⋯. 문을 닫아 주시오! 혼자 있게 해 주시오! 그러나 너무 늦었다! 그녀가 온다. 창살을 통해 그녀의 모습이 보인다. 진료소의 희고 긴 복도 구석에서 그를 향해 걸어온다. 그의 앞에서 벗어서는 안 되는 크레이프 베일로 얼굴을 반쯤 가린 채 그를 향해 오고 있다. 그것을 벗으면 안 된다고 한 것은 그자들이었다……. 자크는 맞이할 생각이 없는 듯 가만히 그녀를 보고만 있다……. 그녀 가까이 가려고도 하지 않는다. 그 누구와도 더 이상 접촉하려 하지 않는다. 그는 창살 너머의 인간이다……. 그러나 지금 자신도 모르게 베일을 걸친 채 떨고 있는 그녀의 작고 둥근 머리를 감싸 쥐고 있다. 베일을 쓴 채 굳은 그녀의 모습을 뚜렷이 알 수 있다. 그녀가 낮은 목소리로 묻는다. '당신, 두려우세요?' '그래…….' 이가 어찌나 심하게 떨리는지 그는 말을 할 수가 없다. '그래. 당신에게만 털어놓을 수 있어.' 그녀는 놀라면서도 명랑한 목소리로, 전혀 그녀답지 않은 노래하는 듯한 목소리로 이렇게 속삭였다. '그렇지만 이제 끝났어요……. 모두 다 잊을 수 있어요. 최후의 평화를 얻을 수 있어요…….' '정말 당신 말대로야. 그러나 당신은 그것이 어떤 것인지 모르고 있어……. 당신은 이해할 수 없어…….' 그의 뒤편에서 누군가 감방 안으로 들어왔다. 그는 뒤돌아보려고 하지 않는다. 그의 어깨가 격렬하게 흔들린다……. 모든 것이 사라졌다. 누군가가 그의 눈을 가리고 있다. 여러 사람의 주먹이 그를 떠민다. 그는 걸어간다. 상쾌한 바람이 목덜미의 땀을 식혀 준다. 잔디를 밟고 걸어간다. 눈은 가려져 있지만 자신이 병사들에게 둘러싸여 플랭팔레 광장을 건너가고 있다는 사실은 분명히 알고 있다. 병사들이 있건 말건 아무래도 좋다. 이제는 아무것도, 그리고 어느 누구도 생각하지 않는다. 그는 오직 자신의 몸을 둘러싼 미풍, 밤이 끝나고 날이 새는 그 평화스러움에만 골몰하고 있다. 그의 두 뺨 위로 눈물이 흐른다. 그는 눈을 가린 얼굴을 높이 치켜들고 걸어간다. 확고한 걸음걸이지만, 마치 관절이 어긋난 꼭두각시처럼. 다리가 부들부들 떨리는 데다 발걸음을 내딛는 곳마다 구멍이 움푹 패여 있는 것 같았기 때문이다. 아무래도 좋다. 그는 앞으로 걸어가고 있다. 주위에서 웅성거리는 소리가 마치 바람의 속삭임같이 부드럽게 계속 들려온다. 한 발씩 내디딜 때마다 그는 목적에 다가간다. 그리고 무엇인가 부서지기 쉬운 것을 바치듯 두 손으로 들어올리고 있다. 넘어지지 않고 마지막까지 갖고 가야 한다. 어깨 뒤에서 누군가가 비웃는다……. 메네스트렐인가?

　그는 천천히 눈을 떴다. 머리 위 하늘에서는 벌써 별이 사라져 가고 있다. 밤은 끝나 가고 있다. 산등성이 뒤, 동쪽에서부터 빛으로 물들기 시작한다.

그리고 황금빛 분을 바른 듯한 하늘 위로 산등성이의 윤곽이 뚜렷해지고 있다.

그는 깨어 있다는 느낌이 들지 않았다. 악몽 때문에 모든 것을 깡그리 잊어버린 것이다. 힘차게 피가 고동치고 있다. 정신은 마치 비 온 뒤의 풍경같이 맑고 상쾌한 느낌이다. 이제 행동의 시간이 다가오고 있다. 메네스트렐이 곧 올 것이다. 준비는 모두 되어 있다……. 여러 가지 생각을 뚜렷하게 이어가는 예민한 머릿속에서는 쇼팽의 악절이 음을 약화시킨 반주처럼 가슴을 에는 듯한 감미로운 소리로 들려온다. 주머니에서 수첩을 꺼내 한 장을 찢었다. 그것을 프라트넬에게 맡길 생각이었다. 무엇을 쓰는지 잘 보지도 않고 급히 써 내려갔다.

제니, 내 생애에서 하나밖에 없는 사랑. 내 마지막 마음을 당신에게 바치오. 나는 당신에게 오랜 세월동안 사랑을 줄 수도 있었을 것이오. 그런데도 고통만을 안겨 주었구려. 나와의 추억을 항상 마음속에 간직해 주었으면 하오…….

무언가 둔탁한 소리가 들려오더니 곧이어 그의 발밑에서 대지를 흔든다. 그는 쓰던 것을 멈추었다. 그것은 멀리에서 들려오는 연속적인 폭음이었다. 그는 그 소리를 듣는 순간 땅에 엎드렸다. 즉시 알아차렸다. 대포소리다! …… 수첩을 주머니에 넣고 펄쩍 일어났다. 고원지대 끝, 경사지 가까이에 있던 프라트넬과 카펠은 벌써 일어나 있다. 자크는 그들이 있는 곳으로 뛰어갔다.

"포성이야! 알자스에서 나는 포성이야!"

세 사람은 한곳에 모여 목을 앞으로 내밀고 눈을 똑바로 뜬 채 꼼짝하지 않았다. 그렇다. 전쟁이다. 떠오르는 아침 햇살을 기다리다 또다시 전쟁이 시작된 것이다……. 바젤에서는 이런 소리가 들리지 않았다…….

그들이 숨을 죽이고 있는 동안 대지의 반대쪽에서 다른 소리가 들려와 동시에 돌아보았다. 셋은 눈짓으로 서로에게 물었다. 들릴까 말까 하는 그 소리, 그러면서도 시시각각 크게 들려오는 그 소리가 무엇을 뜻하는지 그들 가운데 어느 누구도 감히 말하려고 하지 않았다. 포성은 먼 곳에서 규칙적으로 정확한 간격을 두고 들려오고 있다. 그러나 그것도 벌써 세 사람의 귀에는 들리지 않았다. 세 사람은 남쪽을 향한 채 곤충 같은 것이 부르릉거리며 귀청을 울리는 푸르스름한 하늘을 유심히 살피고 있다…….

갑자기 세 사람은 동시에 두 손을 높이 들었다. 호게르왈스의 정상 위로 검은 점이 하나 솟아오른 것이다. 메네스트렐이다!

자크가 외쳤다.

"표식이다!"

셋은 각자 천을 한 장씩 손에 들고 고원지대의 서로 다른 지점을 향해 달려갔다. 자크가 가장 멀리까지 가야 했다. 그는 접은 천을 가슴에 꼭 안고 흙덩이에 채여 비틀거리며 뛰어갔다. 시간에 맞추어 고지대 끝까지 가야 한다는 것 이외에는 아무것도 생각나지 않았다. 그는 고개를 쳐들고 귀가 먹먹해질 만큼 폭음을 내며 날아오는 비행기를 잠시도 놓치지 않았다. 비행기는 먹이를 쫓는 새처럼 원을 그리며, 그를 태우고 가기 위해 그에게 덤벼드는 것 같았다.

84. 8월 10일 월요일─최후의 조치

싸늘한 바람이 얼굴을 채찍처럼 후려치고 콧구멍과 입을 막으며 마치 물에 빠진 듯한 느낌을 주는 데도, 자크는 자신이 앞으로 나가고 있다는 느낌이 전혀 들지 않았다. 마치 기차의 차량과 차량 사이를 연결하는 흔들리는 철판 위에 서 있는 것 같이 계속 흔들렸다. 한편, 비행모 귀마개가 있는데도 천둥이 치는 것 같은 소리가 고막을 울려 귀가 먹먹해진 자크는 비행기가 심하게 요동하면서 고원지대를 서서히 이륙한 것도 몰랐다. 주위 공간은 휘발유 냄새가 나는 구름뿐이다. 눈은 뜨고 있지만 눈길과 생각은 모두 이 솜덩어리 속에 빨려 들어갔다. 그는 재빨리 호흡을 되찾았다. 그러나 머리를 찧는 듯 마비시키며, 손발 끝까지 끊임없이 방전을 느끼게 하는 이 격렬한 소리에 신경이 익숙해지게 하기 위해서는 더 많은 시간이 필요했다. 점차 그의 의식은 여러 가지 형상이나 관념을 정리하기 시작했다. 아니다. 이것은 이미 꿈이 아닌 것이다! ……그의 몸은 의자 등에 매여 있고, 두 무릎은 주위에 가득 쌓인 삐라 때문에 조금도 움직일 수가 없었다. 몸을 일으켜 보았다. 그의 앞을 안개처럼 뒤덮은 희끄무레한 삐라 뭉치 속에서 그는 한 사람의 모습, 어깨, 비행모 따위가 크고 검은 날개 그늘에 실루엣처럼 뚜렷하게 드러나는 것을 보았다. 조종사다! 곧 열광적인 환희가 그를 사로잡았다. 드디어 이륙한 것이다! 지금 한창 날고 있는 것이다! 그는 동물적인 외침, 승리의 긴 함성을 질렀다. 그러나 그것도 포효하는 폭풍 속에 삼켜져 메네스트렐의 등은 꼼짝도 하지 않았다.

자크는 밖으로 고개를 내밀었다. 바람이 심하게 그를 때리며, 숫돌에 칼을 갈 때와 같은 날카로운 소리가 그의 귓전에서 휘파람을 분다. 눈에 들어오는 것은 거대하고 형체를 알 수 없는 잿빛의 프레스코화, 옆으로 눕혀서 아주 높고 먼 곳에서 보는 프레스코화이다. 빛이 바래고 금이 가고 말라서 흐려진 색채를 띤 몇 개의 작은 섬을 나타내는 프레스코화. 아니다. 프레스코화가 아니다. 이것은 우주지도의 한 페이지이다. 사람의 발자취가 닿지 않은 커다란, 미지의 대지 지도이다. 그는 지금 프라트넬과 카펠이 아래쪽에서 마치 날개 없는 곤충처럼 땅을 기어다니는 생활을 계속하고 있다는 놀라운 사실을 생각하고 있다……. 현기증이 나면서 눈앞이 캄캄해졌다. 그는 깜짝 놀라 다시 자리에 앉아 눈을 감았다……. 그러자 갑자기 어릴 때의 자기 모습이 떠올랐다. 아버지의 모습…… 앙투안과 지젤…… 다니엘…… 그리고 이어지는 희미한 모습. 테니스복을 입은 메종 라피트 공원에서의 제니의 모습……. 그러고는 모든 것이 사라졌다. 그는 다시 눈을 떴다. 그의 앞에는 여전히 메네스트렐이 등을 구부리고 비행모를 쓴 채로 있다. 아니다. 환각이 아니다. 드디어 꿈이 실현된 것이다! 그런데 그것이 어떻게 이루어졌던가? 그 자신도 어떻게 된 영문인지 모른다. 고원 위에서 열심히 천을 펼치던 그 때부터—그는 그때 괴물이 자신을 덮치는 것으로 알고 반사적으로 땅바닥에 엎드렸다—지금 보듯이 이런 놀라운 순간이 올 때까지 자기 행동의 통제력을 완전히 잃어버렸던 것이다. 기억력은 무의식적으로 아무런 통일성도 없는 몇 가지의 영상을 기록하고 있을 뿐이었다. 새벽의 어렴풋한 여명 속에서 움직이는 망령과도 같은 몇 개의 그림자……. 그는 생각해 내려고 했다. 갑자기 그에게 다시 떠오르는 것은 메네스트렐이 악마와도 같이 갑자기 모습을 드러냈을 때의 일이다. 그때 메네스트렐은 하늘에서 떨어진 운석에 생명과 목소리를 불어넣어 주면서 동체 밖으로 상반신과 가죽 비행모에 싸인 얼굴을 내밀고 "삐라를 빨리!"라고 외쳤었지. 또한 자크는 어두운 밤의 고원 지대를 뛰던 사람들, 이 손에서 저 손으로 건네지던 삐라 주머니를 떠올렸다. 그리고 자신이 휘발유통을 갖고 메네스트렐 곁에 기어올라 갔을 때 조종사가 전깃불에 비친 기체 속에 웅크린 채 긴 스패너로 나사못을 조이며 이쪽을 돌아보고는 "접촉이 나빠! 기사는 없나?"라고 말하던 일도 떠올렸다. "마차와 함께 돌아갔습니다." 대답을 듣자 메네스트렐은 한 마디도 하지 않고 다시 자기 자리로 돌아가 버렸다……. 그런데 자신은 어떻게 해서 여기에 와 있는 것일까? 이 비행모는? 누가 이 벨트를 묶어 주었나?

그런데 비행기는 날고 있는 것일까? 비행기는 집요한 소리로 공간을 가득 채우면서 빛 속에서 멈춘 채로 떠 있는 물체처럼 보였다. 자크는 돌아보았다. 태양은 뒤에 있다. 아침 해이다. 그러면 방향은 북서인가? 확실히 '알트키르히 턴'^(알자스 지방의 지역명)이다……. 그는 밖을 내다보려고 몸을 일으켰다. 경탄할 만한 이 풍경! 안개는 걷혔다. 지금 비행기 아래쪽 까마득히, 그가 지난 나흘동안 지겹도록 눈여겨본 참모본부의 지도가 햇볕이 드는 곳에 뚜렷하게 그리고 생생하게 전개되고 있다.

마음속으로 호기심을 느낀 자크는 금속 창틀에 턱을 괴고 낯선 이 세계를 바라보며 넋을 놓고 있다. 프로펠러가 남겨 놓고 지나간 흔적 같은 크고 희끄무레한 한 선이 풍경을 두 개로 갈라놓고 있다. 계곡인가? '일르' 계곡인가? 이렇게 은하의 중앙에서 볼 때 은빛 수증기에 군데군데 가려져 물결치는 뱀과 같은 것, 그것이 강이다. 그리고 오른쪽에서 그 강을 끼고 달리고 있는 푸르스름한 선은? 길인가? 알트키르 대로인가? 그리고 정맥과 소정맥이 복잡하게 얽혀 있는 것 같이 서로 교차하여, 안개 낀 초원 위에 뚜렷이 떠올라 있는 것들은 수많은 다른 길들이 아닐까? 그리고 처음에는 눈에 들어오지 않았지만 잉크로 그은 것 같은 선, 거의 직선에 가까운 저 선은? 철로인가? 온몸의 생명력이 이렇게 열심히 내려다보고 있는 눈길 속에 뭉쳐져 있다. 그는 지금 계곡을 끼고 있는 언덕의 기복을 분명히 분간할 수 있다. 여기저기 잠들어 있는 것 같던 안개의 늪이 바람에 기지개를 켜며 끊어지면서 지금까지 보이지 않았던 커다란 공간을 보여 주고 있다. 여기 나무가 우거진 산꼭대기가 짙은 녹색을 보여 주고 있다. 저기 오른쪽에 지금 막 안개가 걷히는 데서 얼굴을 내미는 것은 무엇일까? 마을일까? 언덕 중턱에 원형 극장처럼 생긴 한 마을, 햇빛을 받아 장밋빛으로 빛나며, 눈에 보이지 않는 무수한 생명이 복닥거리고 있을 작은 마을의 풍경…….

비행기는 살짝 뒤쪽으로 기울어져 있다. 자크는 지금 자신이 민첩하게, 그리고 확실하게 계속 오르고 있다는 것을 느낀다. 이제는 엔진소리에도 익숙해져 오히려 그것이 필요했고, 그것 없이는 못 견딜 것 같으며, 그것에 자신을 내맡기고 도취되어 있다. 그것은 지금 그의 흥분의 음악적 표출같이 되어 버렸다. 마치 교향곡과 같은 힘찬 음파가 이런 기적적 사실을, 자크가 그 목적을 향해 날아가고 있는 이 이상한 비행을 하나의 음성으로 나타내 주는 것 같다. 이제 그는 투쟁한다든가 선택한다든가 할 필요가 없다. 무엇을 하려고 생각할 필요도 없다. 해방! 바람을 가르는 비행, 고공의 대기, 꼭 성공하고야 말겠다는 확신, 이런 것들이 그의 맥박을 더 빨리, 더 강하게 뛰게 했다. 그는 가슴속 깊은 곳에서 심장의 고동이 격렬하게, 그리고 율동적으로 고동치고 있음을 느꼈다. 그것은 인간적인 반주와 같은 것이며, 그 주위 모든 공간을 진동케 하는 전설적인 개선가를 위해 그의 온몸이 참여하는 것이나 다름없는 것이다……

메네스트렐은 몸을 움직인다.

조금전에도 그는 몸을 앞으로 구부렸다. 지도를 읽으려고 하는 것일까? 아니면 단순히 조종장치를 단단히 조이려고 하는 것일까? ……자크는 신이 나서 메네스트렐의 동작을 눈여겨보았다. "이것 봐!" 하고 메네스트렐이 외쳤다. 그러나 거리와 소음 때문에 두 사람의 의사소통은 불가능했다. 메네스트렐은 다시 몸을 일으켰다. 그러더니 다시 몸을 구부렸다. 한동안 상체를 숙인 채 있었다. 자크는 의아한 듯이 그를 관찰했다. 메네스트렐이 무엇을 하는지 보이지 않았다. 그러나 어깨가 급히 움직이는 것으로 보아 무엇인가 열심히 하고 있고, 손으로 무엇을 만지고 있는 것 같다. 긴 스패너를 쓰고 있는 것이 틀림없다. 그는 고원지대에서 메네스트렐이 그것을 손에 들고 있던 것을 본 기억이 났다.

그러나 별로 걱정할 필요는 없다. 메네스트렐은 그 일에 정통하니까……

별안간 공중에서 어떤 진동, 충격 같은 것이 일어났다. 도대체 무슨 일일까? 자크는 놀라 주위의 공간을 살펴보았다. 잠시 뒤에 그는 그 이유를 알았다. 이 충격, 에어포켓과 같은 갑작스러운 이 공간은 단지 뜻하지 않게 갑자기 생긴 정적이었다. 엔진 소리가 갑자기 엄숙하고 완전한 정적, 우주적인 정적으로 대치되었기 때문이다……. 왜 엔진을 껐을까?

메네스트렐은 다시 몸을 일으켰다. 서 있는 것이 틀림없다. 그의 상반신에 가려져서 비행기 앞부분이 보이지 않는다. 자크는 눈을 똑바로 뜨고 움직이지 않는 상대의 등을 유심히 살피고 있다. 서로 말을 주고받지 못하는 것이 몹시 안타깝다!

비행기는 정적에 놀란 것같이 여러 차례 조용히 굽이치는 듯하더니 곧 화살이 날아가는 것과 같은 소리를 내며 공중으로 곧장 뻗어갔다. 활공인가? 아니면 급강하인가? 왜 이런 조작을 하는 것일까? 메네스트렐은 소리 때문에 비행기의 위치가 알려질 것이 두려워서 그러는 것일까? 그렇지 않으면 하강이라도 하려는 것일까? 벌써 전선 가까이까지 온 것일까? 이제 곧 최초의 삐라를 뿌릴 때가 온 것일까? 그렇다. 틀림없다. 메네스트렐은 돌아보지도 않고 살짝 왼손으로 손짓을 해보였다. ……자크는 몸을 떨면서 삐라 묶음 하나를 잡으려고 손을 뻗었다. 그러나 느닷없이 좌석에서 미끄러져 중심을 잃었다. 벨트가 겨드랑이를 꽉 조였다. 무슨 일일까? 비행기가 수평을 잃고 아래로 곤두박질한다. 무엇 때문일까? 일부러 그러나? ……의구심이 마음속에 파고든다. 어쩌면 어떤 위험이 있을지도 모른다는 생각과 메네스트렐에게 품고 있는 전적인 믿음이 서로 교차하고 있다……. 그는 한손으로 좌석 끝을 움켜잡고 밖을 보기 위해 몸을 일으키려고 했다. 이 얼마나 놀라운 일인가! 풍경이 뒤집힌다. 조금전까지만 해도 융단처럼 펼쳐져 있던 밭이며, 초원이며, 숲이 지금은 흔들거리고 울툭불툭하게 보이며, 마치 타오르는 수채화처럼 오므라든다. 그리고는 돌풍처럼 노호하며 대이변이 일어났을 때와 같은 속도를 보이면서 어지러울 정도로 점점 자신을 향해 솟아 올라온다!

그는 허리에 힘을 주어 벨트를 끊고 몸을 뒤로 젖혔다.

추락이구나! 만사 끝장이다…….

아니다. 비행기는 기적적으로 동체를 뒤로 젖히더니 거의 정상비행 태세로 다시 돌아왔다……. 메네스트렐은 아직 조종을 계속하고 있다……. 다행이다!

비행기는 조종불능에 이르러 잠시 표류한다. 그러자 거센 파도와 같은 것이 비행기를 덮치면서 들어올리더니 흔들어 놓았다. 마침내 기체의 분해가 시작된다. 기체가 삐그덕거린다. 비행기는 왼쪽으로 기울어진다. 날개 위로 급선회하는 것인가? 아니면 불시착인가? 자크는 몸을 둥글게 하고 금속판에 매달린다. 그러나 손톱이 미끄러져 잡을 수가 없다. 선명한 환상이 망막에 떠오른다. 햇살에 비친 전나무 숲, 목장…… 그는 본능적으로 두 눈을 감았다. 무한을 느끼게 하는 순간. 머리는 텅 비고 심장이 죄이는 듯하다……. 고양이 울음소리 같은 것이 고막을 찢는다. 그는 불꽃과 같은 장밋빛 창에 휩싸여 몸을 구르며, 소용돌이치는 무수한 빛 속으로 이끌려 간다. 요란하게 계속 울리는 종, 종……. 그는 외쳐 보려고 했다. '메네스트……' 그의 턱은 상상을 초월할 정도의 격렬한 충격에 의해 바스러졌다……. 그리고 마치 회반죽을 한번 펴서 벽에 내던지듯이 몸이 공간으로 내던져졌다.

강렬한 열기…… 화염, 폭음, 화재로 인한 악취…… 뾰족한 것, 예리한 것이 수없이 그의 두 다리를 뚫는다. 숨이 차서 몸부림친다. 열화 속에서 밖으로 기어나오기 위해 초인적인 노력을 한다. 그러나 꼼짝할 수 없다. 두 다리가 화염에 꼭 묶여 있다.

뒤쪽에서 단단한 갈퀴 두 개가 어깨를 붙잡고 그를 끌고 간다. 처참하게 찢기고 찢긴 그는 울부짖는다…… 상처입은 등이 질질 끌려 몸은 갈가리 찢겨진다…….

갑자기 이 모든 공포가 평온함 속으로 가라앉는다. 암흑. 그리고 허무…….

85. 8월 10일 월요일―알자스에서 프랑스군의 퇴각

여러 사람의 목소리……. 펠트로 된 두꺼운 장막을 통해 멀리서 들려오는 말소리. 그런데 그들의 말이 끈질기게 마음속에 파고든다……. 누군가가 그에게 말을 걸어온다. 메네스트렐인가? ……메네스트렐이 그를 부른다……. 그는 몸부림친다. 이 불완전한 수면 속에서 빠져나오려고 안간힘을 쓴다.

"당신 누구야? 프랑스인인가? 스위스인인가?"

그의 허리며 허벅지며 무릎이 물어뜯기는 듯 견딜 수 없을 만큼 고통스럽다. 온몸을 송곳으로 찔러 땅에 박은 것 같은 느낌이다. 온통 상처투성이이다. 혀는 부풀어오를 대로 올라 숨을 쉴 수가 없다. 눈을 감은 채 목덜미를 뒤로 젖히고 고개를 좌우로 흔들어 본다. 소용없는 짓인 줄 알면서도 몸을 다시 일으키려고 어깨에 힘을 주어본다. 그러나 등을 찌르는 듯한 아픔 때문에 신음소리가 새어 나온다. 도저히 참을 수가 없다. 휘발유 냄새, 타는 형

젊 냄새가 코와 목구멍을 꽉 메우고 있다. 입에서는 침이 질질 흐른다. 그리고 꽉 다물 수도 없는 입가에서는 과육 같은 끈끈한 핏덩어리가 쏟아진다.

"국적은? 어떤 사명을 띠고 있었나?"

귓가에서 여러 사람의 목소리가 윙윙거린다. 그리고 인사불성인 그를 괴롭힌다. 떨리는 시선이 불투명한 어둠속에서 떠올랐다가 눈꺼풀 사이로 슬그머니 빠져나가더니 갑자기 환히 떠오른다. 나무꼭대기와 하늘이 보인다. 흰 먼지투성이 각반…… 붉은 바지…… 군대다……. 한 무리의 프랑스 보병이 몸을 굽히고 그를 내려다보고 있다. 그들이 그를 죽인 것이다. 그리고 죽어가고 있다…….

그런데 삐라는? 비행기는?

그는 머리를 약간 쳐들었다. 눈길이 병사들 다리 사이를 헤쳐 간다. 비행기는…… 30미터쯤 떨어진 곳에 형체를 알아볼 수 없는 잔해가 되어, 꺼진 장작더미처럼 한구석에서 연기를 뿜고 있다. 고철더미, 거기에 숯덩이처럼 된 몇 개의 넝마가 걸려 있다. 좀 떨어진 곳에 갈가리 찢긴 날개 하나가 땅에 깊이 박혀 풀 위로 우뚝 솟아 있는 것이 마치 허수아비 같다……. 삐라는! 그는 한 장의 삐라도 던져 보지 못하고 죽어 가고 있다! 지금 그 묶음은 불에 타 영원히 재 속에 파묻혀 버렸다! 그리고 앞으로는 어느 누구도 두 번 다시는……. 그는 머리를 뒤로 젖혔다. 그 눈길은 맑은 하늘을 멍청히 바라보고 있다. 삐라에 대해 한없는 연민을 느끼고 있다……. 그러나 너무나 고통스럽다. 다른 것은 아무것도 생각나는 것이 없다……. 두 다리의 골수까지 파고드는 화상. 그렇다. 죽어 버리는 거다! 한시라도 빨리…….

"들리나? 대답해 봐! 프랑스인가? 비행기 안에서 무엇을 하고 있었나?"

아주 가까이에서 들려오는 숨가쁜 목소리. 빈틈없지만 거칠지는 않은 목소리다.

그는 눈을 떴다. 아직 젊어 보이지만 피로 때문에 퉁퉁 부어오른 얼굴. 푸른 차양을 덧댄 군모 아래 안경을 낀 푸른 두 눈. 또다른 사람들의 목소리가 들려오며 서로 뒤섞이더니 이렇게 주고받는다. "정신이 든 것 같군!"—"중대장에게 보고했나?"—"중위님, 무슨 서류를 지니고 있을 겁니다. 뒤져 보아야겠습니다……."—"하여튼 운좋게 살았군!"—"이제 곧 중대장님이 올 겁니다. 파스켕이 부르러 갔습니다……."

안경을 낀 남자가 한쪽 무릎을 꿇었다. 호크를 푼 겉옷 위로 수염이 텁수룩한 턱과 목이 보인다. 가슴 위에는 가죽띠와 끈이 서로 엉켜 있다.

"불어를 모르나? ……Bist du Deutsch? Verstehest du?"<small>('독일 사람인가? 무슨 밀인
지 이해하나?'를 묻는 독일어)</small>

타박상을 입은 그의 어깨를 거칠게 잡아당겼다. 알아들을 수 없는 신음소리가 새어나온다. 중위는 곧 손을 도로 뺐다.

"괴로운가? 물을 줄까?"

자크는 눈썹을 움직이면서 그렇다는 대답을 했다.

"어쨌든 불어를 아는군" 하고 중위가 몸을 일으키며 중얼거렸다.

"중위님, 간첩인 것이 틀림없습니다……."

자크는 귀에 거슬리는 그 목소리가 나는 쪽으로 고개를 돌리려고 했다. 그때 마침 한 무리의 병사가 이동하고 있었는데, 거기에서 3미터쯤 떨어진 곳에 검은 덩어리가 땅에 엎어져 있는 것이 눈에 띄었다. 무엇인지 구분할 수 없을 정도로 까맣게 타버린 것으로, 사람 같아 보이는 것이 있다면 풀 위에 던져진 뒤틀린 팔뚝 뿐이다. 그리고 그 팔 끝에는 물새의 물갈퀴처럼 검은 것이 보인다. 자크는 거기에서 눈을 뗄 수가 없다. 가늘고 신경질적인 손, 반쯤 오그라든 손가락은 무엇을 잡으려는 듯 하늘을 향하고 있다……. 자크 주위에 있던 여러 사람의 떠들썩한 목소리가 차츰 흐려져가는 것 같다…….

"중위님, 파스켕이 중대장님을 모셔 왔습니다……. 파스켕은 모든 것을 보았습니다. 마침 초소로 커피를 가지고 가는 길이었답니다……. 그런데 비행기가……."

펠트 장막을 통해 들려오듯이 그 목소리는 차츰 멀어져간다. 하늘로 솟아 있는 나무꼭대기가 아른거린다. 그리고 고통도 차츰 멀어져가더니 말할 수 없는 나른함 속으로 녹아들어 간다……. 삐라…… 메네스트렐…… 자신도 이렇게 죽어가는 것이겠지…….

도대체 어떤 신비롭고 불가항력적인 이유 때문에 자신은 지금 부서져서 갈팡질팡하며 무력해진 이 배에 몸을 맡기고 있는 것일까? 메네스트렐은 이미 오래전에 물속으로 자신의 몸을 내던졌다. 호수 위에 몰아치던 그 폭풍우가 그들의 배를 너무나 거세게 뒤흔들어 놓았기 때문이다……. 태양은 녹아내린 납처럼 타오르고 있다. 자크는 이 열기를 피하려고 애썼으나 헛된 일이다. 어깨를 움직이려고 노력하면서 그는 눈꺼풀을 반쯤 열었다가 이내 다시 감았다. 황금빛 화살이 그의 눈 속까지 상처를 입혔기 때문이다. 그는 고통스러워하고 있다. 보트 밑에 있는 수많은 뾰족한 자갈이 그의 몸 전체에 극심한 고통을 주고 있다. 메네스트렐을 불러 보고 싶지만 입 속에 타오르는 목탄 같은 것이 있어서 혓바닥을 몹시 아프게 한다……. 충격. 엄청난 통증이 말초신경까지 느껴진다. 갑작스러운 파도에 밀려 배가 선창가에 부딪히기라도 한 것 같다. 그는 눈을 떴다……. "이것 봐, 취급주의, 물 줄까?" 군모…… 그렇게 말한 것은 헌병이다……. 낯설고, 면도도 제대로 하지 않은 시골 신부의 얼굴을 한 헌병이다. 주위에서는 거칠고 탁한 목소리들이 서로 엇갈린다. 고통스러워하고 있어. 다쳤나 봐. 무슨 사고를 당한 것이 틀림없어. 목이 마르다……. 불덩이 같은 입술에 양철컵이 닿는다. "뭐, 그까짓 놈들의 소총쯤이야 별거 아니야. 문제는 기관총이지! 더구나 놈들은 어디를 가거나 갖고 다니거든!"—"뭐, 기관총이라면 우리 쪽도 있으니까! 이제 곧 그 맛을 보여 주게 될 거야!"

마시고 싶다……. 햇볕을 쬐어 땀에 흠뻑 젖어 있는데도 그는 오한으로 몸을 떨고 있다. 컵을 갖다댄 치아가 덜덜 떨린다. 그의 입은 온통 상처투성이다……. 물 한 모금을 정신없이 들이키자 목이 조여 온다. 약간의 물이 턱 위로 흘러내린다. 팔을 올려 보려고 한다. 손목에 수갑이 채워져 있는 데다가 또 손목이 들것의 가죽끈에 단단히 묶여 있다. 더 마시고 싶다. 그러나 컵을 쥐고 있던 손이 뒤집히고 말았다……. 문득 모든 것이 기억났다. 삐라…… 검게 탄 메네스트렐의 손, 비행기, 열화…… 그는 뜨거운 햇살과 눈물과 먼지와 땀 때문에 눈이 쓰라려 눈을 감았다……. 목이 마르다……. 고통스럽다. 이제는 고통스럽다는 생각밖에는 아무것도 떠오르지 않는다. 그러나 주위에서 웅성거리는 소리에 눈을 다시 뜬다.

주위에는 옷차림이 단정치 못하고 땀 때문에 머리털이 찰싹 달라 붙은 꼴사나운 보병들이 오가면서 떠들어대고 서로 부르며 고함친다. 그는 이런 병사들이 우글거리는 길가, 풀 위에 놓여 있는 들것에 누워 있다. 노새가 끄는 마차 몇 대가 삐걱거리며 그가 누워있는 바로 곁을 엄청난 먼지를 일으키면서 서지도 않고 천천히 지나간다. 2미터쯤 떨어진 길가에서는 헌병들이 서서 수통을 높이 들고 번갈아 물을 마시고 있다. 길가에는 세워놓은 총과 산더미처럼 쌓아놓은 배낭이 끝없이 줄지어 있다. 병사들은 경사지에 옹기종기 무리지어 누워서 한담을 하기도 하고 몸짓 손짓을 하기도 하며 담배연기를 내뿜기도 한다. 피로에 지친 병사들은 길게 누워 얼굴 위에 팔을 얹고 뙤약볕 아래에서 잠을 자고 있다. 바로 곁에 있는 구덩이에서는 아주 어린 병사가 양손을 펴고 두 눈을 크게 뜨고는 하늘을 쳐다보면서 풀잎을 씹고 있다. 마시고 싶다, 마시고 싶다……. 고통스럽다. 아프지 않은 데가 없다. 입이며 다리며 등이며…… 통증이 허리를 스쳐갈 때마다 가는 신음소리가 입 밖으로 흘러나온다. 그렇지만 추락 뒤, 비행기가 불에 휩싸인 직후 살을 파고드는 것 같던 고통과는 달랐다. 누군가가 치료해 주고 상처를 붕대로 감아 준 것이 틀림없다. 그러자 문득 어떤 생각이 비몽사몽간에 그의 머릿속을 스쳐갔다. 두 다리의 절단수술을 했나 보다……. 이제 와서 무슨 상관이 있는가? 그래도 절단이라는 생각이 머리를 떠나지 않는다. 두 다리를…… 그 두 다리를 느낄 수 없다. ……무엇이 어떻게 됐는지 알고 싶다……. 몸은 가죽끈으로 들것에 단단히 묶여 있다. 그렇지만 목만은 추켜올릴 수 있다. 피투성이가 된 두 손과, 무릎까지 찢긴 바지 아래로 쑥 나와 있는 두 다리가 보인다. 내 다리다! 그대로 다 있다……. 살아 있는 다리일까? 붕대로 두 다리를 감았다. 그리고 포장용 상자에서 떼어 낸 듯한 나뭇조각을 대고 두 다리를 무릎에서 발목까지 단단히 묶어 놓았다. 그 나뭇조각에는 취급주의라고 쓴 검은 글씨가 또렷하게 남아 있다……. 그는 피로에 지쳐 고개를 축 늘어뜨렸다.

주위에는 많은 사람의 목소리…… 수많은 사람, 수많은 병사…… 전쟁…… 어떤 병사들은 이런 말을 주고받는다. "어떤 용기병의 말에 의하면 연대는 저쪽에 집결되어 있다는 거야……."—"뭐, 대열에 끼어 있기만 하면 돼. 저쪽에 가서 슬슬 붙으면 모를 거야."—"자네들은 도대체 어디서 왔나?"—"이름을 대면 어딘지 알겠나? 저쪽에서 왔어……. 자네들은?"—"우리도 마찬가지야. 금요일부터 줄곧 걸었어!"—"우리도 마찬가지야!"—"이봐, 우리도 뻔해. 공격이 시작되면서부터—7일, 금요일부터 오늘까지 꼭 사흘째야, 안 그래? —통틀어 6시간도 못잤어. 그렇지, 마이아르? 더구나 아무것도 못 먹었어. 토요일에는 저녁으로 약간 지급을 받았지. 그러나 후퇴를 시작한 뒤부터 이런 소동 속에서는 보급이 전무 상태야. 마을에 나가 어떻게 했으면 됐을 것을……." 멀리서 성난 목소리가 들려왔다. "그러나 이대로 끝낼 수는 없어!"—"확실히 이것으로 볼장 다 본 거야! 안 그래, 샤보? 깨끗이 끝장났어! 다시 공세를 취한다면 반드시 지고 말 거야!"

가장 고통스러운 것은 뭐니뭐니해도 입의 상처이다. 그것 때문에 침을 삼킬 수도, 말을 할 수도, 물을 마실 수도, 숨조차 거의 쉴 수가 없다. 조심스럽게 혀를 움직여본다. 목구멍 구석에는 휘발유와 탄 바니시 냄새가 가실 줄을 모른다……

"더구나 밤마다 밖에서 경계를 서야 하고…… 게다가 부대가 칼스바하의 전면에 나가기라도 하면……."

그렇다. 혀에 상처를 입은 것이다. 부어 있으며, 심하게 찢어졌다……. 얼굴에 파편을 맞았거나 아니면 추락할 때 턱이 으스러진 것이 틀림없다. 그런데 입 안이 아프다. 골똘히 궁리해 보았다. '치아로 혀가 잘렸구나' 하고 그는 생각했다. 너무 긴장한 탓에 기진맥진해졌다. 망연자실한 그는 다시 눈을 감았다. 감고 있는 눈앞에 무수한 불꽃이 춤을 춘다. 두 다리는 여전히 욱신거린다. 그는 나지막하게 끙끙 앓는 소리를 냈다. 그러다가 다시 갑작스럽게 찾아드는 평온한 마음에 몸을 맡긴다…… 망각…….

"온통 화상투성이군……. 두 다리는 엉망진창이고……. 간첩일지도……."
그는 다시 눈을 떴다. 보이는 것은 여전히 장화와 각반.

헌병들이 들것 옆으로 왔다. 그 주위를 여러 사람이 둘러쌌다. "하여튼 비행기는……."—"놈들이 탄 토브(제1차 세계대전 때의 독일의 단엽비행기 이름)를 브리카르 그자가 보았어…….."—"브리카가?"—"아니! 제5중대 몸집 큰 하사관 브리카르 말이야." —"놈들이 탔던 토브는 형체조차 찾아볼 수 없게 되었어!"—"이것으로 한 대가 준 셈이군!"—"아무튼! 취급주의, 저 녀석은 운이 좋은 편이야……. 다리는 엉망이지만 목숨은 건진 것 같군……." 이렇게 말하는 사람의 목소리는 낯설지가 않았다. 그는 고개를 돌렸다. 지금 말하면서 자크를 살피고 있는 남자는 벗겨진 이마에 생기 없는 눈을 하고 있던 시골 신부 같은 그 늙은 헌병이다. 바로 자크에게 물을 준 그 남자이다. "됐어!" 하고 다른 헌병이 소리질렀다. 이글이글 타는 듯한 두 눈에 머리털이 검고, 작달막하고 딱바라진 코르시카 사람의 얼굴을 한 남자이다. "부대장님, 마르주라의 말로는 취급주의 저놈 살기는 할 거라는 거예요! 그러나 오래는 못 갈 거라는군요!" 헌병반장은 코웃음을 쳤다. "오래는 못 갈 거야, 그래…… 파오리 말이 옳아.

오래는 못 갈 거야!" 소매에 여러 줄의 새 금장식을 붙인 아주 덩치가 큰 남자였다. 검은 수염이 잔뜩 난 그의 얼굴에서 보이는 것은 생고기 빛을 띤 두 개의 광대뼈뿐이다. "그럼 왜 그 자리에서 처치하지 않았나요?" 하고 병사 하나가 반장에게 물었다. 반장은 아무런 대답을 하지 않았다. "그러면 이대로 운반하실 건가요?"—"본부에 인계해야 해" 코르시카인이 설명했다. 반장은 불쾌한 듯 고개를 돌렸다. 그리고 못마땅하다는 투로 이렇게 중얼거렸다. "명령을 기다리고 있는 거야." 건달같이 생긴 보병중사가 갑자기 껄껄대고 웃기 시작했다. "우리와 똑같군! 이틀째 그 명령이라는 것을 기다리고 있으니!"—"식량도 그렇고!"—"이 꼴이 뭐야!"—"연락병도 없나 봐……. 연대장이다." 호각 소리에 모두 이야기를 멈췄다. "풀어 총! 대대 출발!"—"배낭을 메라! 이봐, 일어나! 배낭을 메라니까!"

자크 주위는 지금 이동하느라고 소란을 피우며 야단법석이다. 대대는 다시 행진을 시작한다. 그는 어두운 굴 속으로 빠져 들어간다. 배 주위에서는 물소리가 찰랑거린다. 심한 파도가 일며 배를 들어올려 흔들다가 물결치는 대로 이끌고 간다……. "오른쪽으로 밀어!"—"무슨 일이야?"—"오른쪽으로 밀라니까!" 동요 때문에 그는 눈을 떴다. 눈 앞에 들것의 앞 막대를 쥔 헌병의 등이 보인다.

대열이 흔들린다. 그 물결은 두 다리를 공중으로 뻗고 배가 불룩해진 채 길 위에 버려진 노새의 시체를 피해 지나간다. 사람들은 썩은 냄새 때문에 침을 뱉는가 하면 얼굴에 날아드는 파리를 쫓느라고 잠시 몸부림을 친다. 그리고 대열은 다시 절룩거리며 나아간다. 그리고 징 박은 구두창이 자갈투성이 땅 위를 소리내며 다시 걷는다.

몇 시나 됐을까? 해가 머리 위에서 내리쬐어 얼굴이 뜨겁다. 고통스럽다. 10시나 11시쯤 되었겠지? 어디로 데려가는 것일까? ……먼지 때문에 몇 미터 앞도 보이지 않는다. 왼쪽에 있는 연대마차는 여전히 매캐한 뽀얀 먼지 속을 아주 느리게 가고 있다. 길은 온통 먼지로 자욱하며, 말똥, 축축한 모직물, 가죽끈, 땀투성이 사람 냄새를 풍기고 있다. 고통스럽다. 무엇보다도 기운이 없다. 생각할 힘도, 마비상태에서 빠져나올 기력도 없다. 목은 먼지 때문에 칼칼하고, 잇몸은 열과 갈증 때문에 마를 대로 말라 있으며, 혀는 완전히 피투성이가 되어 있다. 마치 수많은 병사들의 발소리, 행군하는 군대의 소리 속에 홀로 내버려진 채 삶과 죽음의 갈림길에서 헤매는 기분이다……. 인사불성과 악몽으로 오랫동안 괴로워하다가도 이따금 정신이 반짝 들때면 끊임없이 마음속으로 되풀이한다. '기운을 내자…… 기운을 내야 한다……' 가끔 병사들이 들것에 바싹 붙어서 걸을 때 그에게는 흔들리는 그들의 상반신과 총신, 그리고 자신과 하늘 사이에서 흔들거리는 공기만이 보일 뿐이다. 마치 넘실거리면서 앞으로 나아가는 숲 한가운데 있는 듯한 느낌이 든다. 얼빠진 듯한 그의 눈은 흔들거리는 잡낭, 푸른 헝겊으로 싼 물통에 매달려 반짝이는 컵에 집요하게 쏠렸다. 많은 병사는 배낭의 가죽끈을 풀고 그 배낭을 허리 아래까지 내려 놓았다. 그들의 어깨는 축 늘어져 있고 얼굴은 먼지와 땀투성이다. 어쩌다가 자기에게 쏠리는 눈길을 마주하면 주의 깊으면서도 넋 나간 것같은 표정을 짓는다. 어딘가 불안하고 놀라울 정도로 멍청한 표정이다……. 그들은 어깨를 나란히 하고 아무것도 보지 않으며 묵묵히, 비틀거리면서도 그들의 목숨을 구할 퇴로를 계속 걸어가고 있다. 그리고 그들의 기력은 맷돌에 갈리듯 이렇게 길 위에서 쇠진되고 만다. 오른쪽에는 균형잡힌 얼굴에 기력이 없어 보이는 키가 큰 병사가 의무병 완장을 달고 머리를 치켜들고는 마치 기도라도 하는 듯 근엄한 걸음걸이로 걷고 있다. 들것 왼쪽에는 조심스러운 걸음으로 절룩거리면서 걷고 있는 몸집이 작은 병사가 있다. 멍한 자크의 눈길은 계속 뒤에 처져서, 힘들여 발길을 옮길 때마다 무릎을 약간 절룩거리는 이 병사의 다리로 향한다. 가끔 대열이 흐트러질 때면 수목이며 울타리, 초원, 햇살을 가득 받고 있는 전원 풍경이 온통 자크 눈에 들어온다……. 꿈이 아닐까? 조금전에 길가에서 농가의 정원이 눈에 띄었는데, 주위에는 벽토로 된 헛간이며 덧문이 닫혀 있는 잿빛 집이며 여러 마리의 암탉이 모이를 쪼아먹고 있는 두엄더미가 있었다. 그리고 가축들의 배설물 냄새가 그가 있는 곳까지 풍겨 왔다……. 멍청해진 자크는 거의 눈을 감은 채 흔들리는 대로 몸을 맡기고 있다. 두 다리가…… 입이…… 누가 물이라도 한 모금 주는 사람이 있으면……. 행군은 급작스럽게 계속 멈추곤 한다. 그리고 그 뒤에 병사들은 간격을 좁히기 위해 그리고 벌어진 사이로 짐마차가 끼어들지 못하게 하기 위해 숨을 헐떡이며 뛰어야만 했다. "정말 한심하군! 왜 모두 같은 길로 들어서는지!"—"이봐, 어디나 다 그래! 길이란 길 어디를 가나 차들 뿐이야! 하여튼 사단 전체가 후퇴하고 있으니까!"—

"사단이라고? 제7군단 전체인가 봐!"

"이것 봐, 자네는 어디 가는 거야?"―"자네 미치지 않았나?"―"이봐, 국민병!" 한 보병이 대열을 거슬러 길을 비스듬히 가로질러 가면서 적군이 있는 동쪽으로 향했다……. 부르는 것도 아랑곳하지 않고 그는 여러 대의 수레와 병사들 사이로 끼어들었다. 젊어 보이지는 않는다. 그의 턱수염은 희끗희끗 얼룩져 있었다. 먼지 때문만은 아니었다. 총도 없고 배낭도 없이 농부가 입는 갈색 바지에 색이 바랜 군용 외투 차림이다. 허리에는 탄약갑이며 수통이며 잡낭 등 덜렁거리는 물건들을 잔뜩 차고 있다. "이봐, 도대체 어디로 가는 거야?" 그는 앞으로 내민 팔을 뿌리치며 사람들을 밀어제치고 걸어간다. 험상궂은 얼굴에 집요하고 거친 눈길. 입술을 움직이고 있는 것이 마치 망령과 속삭이기라도 하는 것 같다. "이봐, 고향에라도 돌아가는 건가?"―"행운을 비네!"―"돌아가면 엽서 잊지 말게!" 뒤를 돌아보지도 않고 한마디 말도 없이 그 남자는 앞으로 갔다. 돌더미를 넘어 도랑을 건너가더니 목장의 경계를 이루고 있는 관목을 헤치며 갔다. 그러고는 자취를 감추었다.

"어렵쇼! 배가 있네!"―"도로 위에?"―"뭐라고?"―"가교병 대대의 후퇴다! "―"대열을 막아 버렸어."―"어디야?"―"정말이군! 저것 봐! 수륙양용 배야! 꼴좋다!"―"이것 봐, 조제프, 이제 라인 강을 건너는 것을 단념했나 보군!"―"앞으로!"―"전진!" 대열이 동요하더니 또다시 행군을 계속한다.

백 미터쯤 떨어진 곳에서 대열은 또다시 멈추었다. "또 무슨 일이지?" 이번에는 꽤 오랫동안 멈춰져 있다. 도로와 철도가 만나는 곳에서 길디긴 텅빈 열차가 지나가고 있다. 파열할 만큼 가열된 기관차가 씩씩거리며 그것을 천천히 끌고 있다. 헌병들은 먼지 속에다 들것을 내려놓았다. "반장님, 아무래도 형세가 좋지 않은 것 같습니다. 군용물자를 계속 후송하고 있으니 말입니다!" 하고 마르주라가 살짝 웃으며 말했다. 반장은 열차를 바라보고 있다. 그리고 얼굴의 땀을 닦으면서 아무런 대답도 하지 않는다. "흥!" 하고 코르시카 태생의 키 작은 남자가 빈정거리며 말했다. "반장님, 마르주라 저자는 후퇴를 시작한 뒤로 아주 좋아하고 있어요!"―"마르주라 자식" 하고 또 다른 헌병 한 사람이 거들었다. 목줄기가 단단하고 건강하게 생긴 남자이다. 그는 돌더미 위에 앉아 빵조각을 갉아먹고 있다. "저놈 그저께 적 창기병이 나타났을 때 어쩐지 마음이 동한 것 같더니……." 마르주라의 얼굴이 붉어졌다. 코가 크고 커다란 회색눈의 마르주라. 그의 눈길은 슬픔에 잠겨 있고 사람의 눈길을 피하는 듯 하지만 그래도 강한 의지가 엿보인다. 고집스러워 보이는 언제나 타산을 잊지 않는 농부의 얼굴이다. 그는 말없이 자기를 보고 있는 반장에게 하소연한다. "반장님, 분명히 말씀드리지만 저에게는 전쟁이란 것이 통 성미에 맞지 않아요. 저는 코르시카 사람이 아닙니다. 저는 본래 전쟁을 좋아하지 않습니다."

반장은 그의 말에 귀 기울이지 않았다. 그는 오른쪽을 보고 있었다. 둔탁한 말발굽 소리가 열차 소리와 함께 들려왔다. 도로를 따라 기마병 일대가 말을 타고 달려오고 있다. "수색대인가?"—"아니야, 참모부야."—"그럼, 무슨 명령이라도 있었나?"—"길을 비켜라!" 홍갑기병 대위를 선두로 두 하사와 몇 명의 기병이 그 뒤를 뒤따르고 있다. 그들을 태운 말은 차량과 병사들 사이를 뚫고 들것을 돌아 길을 건너더니 건너편에서 모여 밭을 가로질러 서쪽으로 가 버렸다. "저자들은 운이 좋군!"—"아닌 것 같은데! 기병 사단은 적들이 우리 뒤쪽에서 공격하지 못하도록 남아서 끝까지 지키도록 명령을 받은 것 같아!"

들것 주위에서는 병사들이 이런저런 이야기를 나누고 있다. 단추를 푼 군용외투 안쪽, 땀이 흐르는 가슴팍 위에는 전사할 경우 군번을 알 수 있도록 검은 끈 끝에 인식표가 매달려 있다. 저들은 나이가 얼마나 됐을까? 모두가 주름지고 더럽고 하나같이 노인 같은 얼굴을 하고 있다. "물 좀 남았나?"—"한 방울도 안 남았어!"—"7일째 되는 날 밤에 우리들은 체펠린(독일의 체펠린 장군에 의해 설계된 비행선)을 보았거든. 바로 숲 위를 날아가고 있었어……."—"후퇴하는 것이 아니라고? 뭐? 이것이야말로 후퇴나 다름없어!"—"아니야. 참모부의 한 장교가 '상관'에게 말하는 것을 사단 연락병이 들었다고 하면서 전하는 말이 후퇴하는 것이 아니래!"—"자네들 알겠나? 후퇴하는 것이 아니라는 거야!"—"아니고말고! 소위 전략적 후퇴라는 거지. 반격을 준비하기 위한 거야……. 그래 놓고 멋지게 한방 먹이는 거야…… 놈들은 독 안에 든 쥐야. 특무상사님께 물어봐. 독 안에 든 쥐라는 것이 무슨 뜻인지 알겠나? 먹이로 유인해서 독 안으로 들어가게 하는 거야, 알겠지? 그 다음에 쾅! 뚜껑을 닫는 거야. 그러면 놈들은 꼼짝 못하고 우리 것이 되는 거지!"—"토브다!"—"어디?"—"퇴비 더미 바로 위에."—"토브다!"—"앞으로 가!"—"특무상사님, 토브예요!"—"앞으로 가라니까. 저기에 수송차량이 있다……. 저게 열차의 꼬리야."—"어떻게 토브라는 것을 알았어?"—"이것 봐요! 사방에서 쏘아 대고 있잖아요. 저런!" 공중에서 번쩍번쩍 빛나는 작은 점을 중심으로 작은 솜털 같은 것이 뭉게뭉게 피어나서 잠시 뭉쳐 있다가 바람결에 흐트러진다. "대열을 만들어라! 앞으로!" 몇 량의 마지막 객차가 천천히 선로 위를 지나간다. 건널목 차단기가 올라간다.

밀고 밀리는 대혼잡……. 그리고 그 충격……. '용기를 내자, 용기를…….' 순간적으로 정신이 들자 그의 귀에는 머리 위로 들것의 앞부분을 든 헌병의 헐떡거리는 소리가 들린다. 뒤이어 온 천지가 뒤집히는 것 같다. 현기증과 구역질. 용기를 내자……. 병사들의 지리멸렬한 대열이 붉고 푸른 목마처럼 빙글빙글 돌며 지나간다. 그의 입에서는 신음소리가 흘러나온다. 가냘프고 신경질적인 메네스트렐의 손이 검은 빛을 띠다가 눈에 띄게 오그라들며 불에 탄 닭발처럼 변한다. 삐라는! 모든 것이 타 버리고, 모든 것이 사라졌다……. 죽는 거다…… 죽는 거다…….

자동차의 경적 소리. 그는 눈꺼풀을 추켜올렸다. 대열은 어떤 마을 입구에서 멈춰 있었다. 자동차가 경적을 울린다. 뒤에서 오는 차다. 병사들은 자동차가 지나가도록 길 옆으로 피한다. 반장은 차렷 자세로 경례를 한다. 작은 기를 단 무개차다. 장교들이 가득 타고 있다. 차 구석에는 금테를 두른 장군 모자. 자크는 다시 눈을 감았다. 군법회의의 환상이 머리를 스쳐 지나간다. 그는 법정의 중앙, 금테를 두른 모자를 쓴 장군 앞에 서 있다……. 펨므 씨다……. 경적이 끊임없이 울리고 있다. 모든 것이 뒤죽박죽이다……. 다시 눈을 뜨자 잘 다듬어진 울타리, 잔디밭, 제라늄, 줄무늬 차양이 달린 별장이 보인다……. 메종 라피트…… 철문 위에 적십자기가 걸려 있다. 정면 계단 앞에는 총탄 세례로 창이 온통 깨진 텅 빈 구급차가 한 대 있다. 대열은 그곳을 지나 몇 분간 나아가더니 멎는다. 들것을 난폭하게 내려놓는다. 대부분의 병사들은 잠시만 멎어도 서서 기다리지 않고 마치 그 자리에서 죽어도 좋다는 식으로 배낭도 총도 그대로 멘 채 털썩 주저앉는다.

마을에서 2백 미터쯤 떨어진 곳이다. "마을까지 가서 멎을 것 같은데" 하고 반장이 말한다.

또다시 출발하느라고 야단법석이다. "출발!" 대열은 다시 출발하여 50미터쯤 가다가 또 정지한다.

충격. 무슨 일이지? 해는 아직 중천에 있어 몹시 뜨겁다. 도대체 몇 시간 전부터, 며칠전부터 이렇게 걷고 있는 것일까? 고통스럽다. 입 안에 흐르는 피가 침과 섞여 고약한 맛이 난다. 노새에 붙어 있던 등에와 파리가 턱과 손 위에 덤벼든다.

마을의 한 개구쟁이가 눈을 반짝이며 주위를 둘러싸고 있는 병사들에게 웃으면서 이야기를 해 주고 있다. "공무소 지하실…… 채광 환기창 바로 앞에…… 셋이 있어요! 포로가 된 독일 창기병 셋이 있어요……. 모두 벌벌 떨고 있어요! 꼭 새끼고양이 같아요! ……아이들을 봐도 자기들의 팔이라도 자르러 온 줄로 알아요……. 보초 둘 사이에 끼여 오줌 누러 나온 놈이 있었는데…… 정말 죽이고 싶었어요!" 반장은 그 아이를 불렀다. "이 근처에 아직 와인이 있을까?"—"물론 있어요!"—"자, 여기 20수가 있다. 가서 1리터만 사와라."—"반장님, 돌아오지 않을 겁니다……" 마르주라가 뻔한 일이라는 듯 반대했다. —"전진! 중대, 앞으로 가!" 다시 50미터쯤 행진. 어느 길의 교차지점까지 왔을 때 1개 소대의 기병대가 말에서 내렸다. 오른쪽, 흰 나무판자로 둘러싸인 아래쪽 지면에서는—장터임에 틀림없다—여러 명의 하사관이 보병중대의 생존자를 모으고 있다. 한가운데서는 대위가 장황하게 연설을 하고 있다. 그것이 끝나자 대열이 흩어졌다. 짚가리 근처에서 이동 인사반이 수프를 나누어주고 있다. 그릇이 부딪치는 소리, 떠드는 소리, 다투는 소리, 마치 벌집을 쑤셔 놓은 것 같다……. 아이가 헐레벌떡 뛰어와 와인 한 병을 번쩍 쳐들고 흔든다. 그는 웃고 있다. "이것 봐요, 말씀하신 와인이에요. 이게 14수랍니다. 도둑놈들이지요."

자크는 다시 눈을 떴다. 와인병에 김이 서려 언 것 같아 보인다. 자크는 그것을 보면서 눈을 깜박거렸다. 그 병을 보고만 있어도…… 마시고 싶다…… 마시고 싶다……. 헌병들이 반장 주위에 모였다. 반장은 우선 손바닥으로 그 냉기를 즐기기라도 하는 듯 병을 두 손으로 감싸고 있다. 그는 서두르지 않는다. 두 다리를 벌리고 편히 앉아, 병을 들어 햇볕에 비쳐 본다. 그리고 병을 입술에 갖다 대기 전에 입 안을 깨끗하게 하기 위해 마른기침을 요란하게 하고는 침을 뱉어 냈다. 한 모금을 마시고 난 그는 미소지으면서 제일 고참인 마르주라에게 병을 내민다. 마르주라는 과연 자크를 생각할까? 아니다. 그는 와인을 마시고 난 다음 옆에서 콧구멍을 벌름거리고 있는 파오리에게 넘겨 준다. 자크는 슬며시 눈을 감았다—더 이상 그런 광경을 보고 싶지 않았기 때문이다…….

　주위에서 많은 사람의 목소리가 들려온다. 그는 눈을 떴다가 다시 감았다. 용기병 하사들—그들의 부대는 지름길에서 기다리고 있다—이 대열이 멈춰 있는 것을 기회로 보병들에게 다가가서 잡담하고 있다. “우리들은 경기병 여단에 속해 7일에 제7군단과 같이 전투에 들어갔어……. 탄까지 가서 거기에서 이렇게 선회해 라인 강을 따라 다시 올라가 배수진을 칠 생각이었어. 그런데 너무 급히 서둘렀어. 길을 잘못 들었던 거야, 알겠나? 너무 급히 서둘렀던 거지. 말은 허덕이고 병사들은 지쳐 있고……. 그러니 후퇴할 수밖에.”—“그야말로 난장판이더군!”—“그 정도는 아무것도 아니야! 우리들은 모두 북부에서 오는 길이야……. 거기야말로 아수라장이야! 도로 위에는 군대뿐만 아니라 겁을 먹은 마을사람들까지도 모두들 달아나느라 야단법석이니까!”—“우리는” 하고 한 보병중사가 낮은 목소리로 열을 내며 말했다. “전위 쪽에 파견됐어. 해질 무렵에 알트키르히에 도착했지.”—“8일에?”—“8일 토요일, 바로 그제 말이야…….”—“우리도 거기에 있었어……. 보병들은 정말 잘했어, 훌륭했어. 알트키르히는 프러시아병으로 득실거렸는데, 보병들이 놈들을 눈깜짝 할 사이에 무찔러 쫓아 버렸어……. 그리고 우리는 그날 밤 놈들을 왈하임까지 추격했어.”—“우리들은 타골스하임까지도 갈 수 있었어.”—“그 다음날 우리들 앞에는 쥐새끼 한 마리 없었어……. 쥐새끼 한 마리도! 윌 하우젠까지…… 베를린까지 그런 식으로 가는 줄 알았지! 웬걸, 놈들이 우리를 진격하도록 내버려 둔 것은 놈들대로 속셈이 있어서 그랬던 거야. 그제부터 놈들은 반격을 시작했어. 저쪽은 대단한 격전이었나 봐.”—“다행히 후퇴하라는 명령을 받았으니 망정이지! 안 그랬으면 아마 지금쯤은 모두 전사했을 거야.” 대열에 있던 보병 특무상사와 몇 사람의 중사가 이야기를 들으려고 다가왔다. 특무상사는 핏발이 선 눈에 광대뼈는 붉게 상기되었으며, 목소리는 거칠었다. “우리는 13시간 동안, 쉬지도 않고 13시간 동안이나 싸웠어! 안 그래, 로세? 13시간이나…… 적의 창기병들은 우리 앞, 전나무 숲 속에 숨어 있었어. 평생 못 잊을 거야. 놈들은 결코 물러서려 하지 않았어. 그래서 중대를 왼쪽으로 보내 숲을 우회하도록 수를 쓴 거야. 나는 퓌토에 있는 짐메르(맥주회사의 이름)에서 회계를 맡았던 몸이야! ……그 런 내가 1킬로 이상이나 포복을 했으니 말이야. 2시간, 3시간 동안이나. 목 적지인 농가까지는 도저히 못 갈 줄 알았어. 그런데 거기에 닿은 거야. 농가 에 있던 놈들은 모두 지하실에 있었어. 여자들과 아이들은 울고 있었고, 불 쌍한 생각이 들더군……. 결국 가두어 놓고 열쇠로 잠갔지. 알자스인이었 어. 하지만 안심할 수는 없었지……. 그리고 벽에다 총안을 만들었어……. 그리고 모두 2층으로 올라가 창마다 침대 매트리스를 세워 놓았어. 기관총 은 한 대밖에 없었지만 탄약이 산더미처럼 있었으므로 꼬박 하루는 버텼던 거야. 연대장은 우리가 모두 전멸한 줄로 알았나 봐……. 그런데 이렇게 되 돌아왔어! 어떻게 해냈는지 믿을 수가 없을 정도야! ……그래도 원대복귀 하라는 명령이 떨어지자, 글쎄, 모두가 기다렸다는 듯이 서둘러 돌아오더 군! 숲을 떠날 때는 2백 명은 족히 되었었어. 그런데 농가를 떠날 때는 60 명을 넘지 못했어. 그중 20명은 부상자였고……. 그런데 실은—내 말을 믿 지 못하겠지만—별로 무섭다는 생각이 들지 않았어……. 무섭게 여기지 않 았던 이유는 모두 자기가 무슨 짓을 하는지 모르고 있었기 때문이야. 사병도 장교도 모두가 정신없었어. 아무것도 보이지도 않고, 통 알 수도 없는 상황 이었어. 모두가 몸을 숨기기에 바빴거든. 전우가 쓰러지는 것조차 모르고 있 었으니까. 내 바로 곁에서 전우 하나가 피를 뿜으면서 쓰러졌어. '당했다!' 라고 말하더군. 지금도 귓가에서 맴돌아. 분명히 그의 목소리를 들었어. 그 런데 누구였는지 전혀 모르겠어. 그를 돌아다볼 사이도 없었으니까. 그저 정 신없이 돌진하고 고함치고 쏘아 댔어. 모두 제정신이 아니었지. 안 그래, 로 세?"—"우선" 하고 로세는 화가 난 듯한 태도로 사람들 얼굴을 하나하나 바 라보면서 말했다. "확실히 말해 두겠는데, 프러시아 그놈들은 우리 앞에서 는 전혀 문제가 되지 않아!"—"반장님!" 하고 한 헌병이 외쳤다. "출발입 니다!"—"뭐? 그럼 전진!" 하사관들은 제자리로 뛰어갔다. "그쪽은 더 좁 혀라! 좁혀!"—"앞으로!"—"그럼 또 만나세. 행운을 비네!" 하고 용기병 들 앞을 지나면서 반장이 외쳤다.

대열은 다시 행군을 시작했다. 이제는 멎는 일 없이 밀집한 대열로 길을 꽉 메우면서, 그리고 가축들이 발을 구르는 것과 같은 소리로 길을 온통 뒤덮으면서 어떤 마을로 들어갔다. 행군 속도가 늦추어졌다. 들것의 동요로 인한 고통도 한결 줄어들었다. 자크는 주위를 살펴보았다. 많은 집······. 이제 고통도 이것으로 끝인가?

집집마다 문 앞에는 동네 사람들이 떼를 지어 서 있다. 늙은이, 어린애를 안고 있는 여인들, 어머니의 치맛자락에 매달려 있는 꼬마들. 그들은 몇 시간 전부터, 어쩌면 새벽부터 벽에 등을 기대고 목을 내밀고는 걱정스러운 얼굴로 먼지와 햇볕에 앞을 제대로 분간하지 못하면서도 끊임없는 연대의 차량행렬, 군수품과 식량수송 차량의 행렬, 위생반, 포차, 피로에 지친 연대의 행렬 따위가 길을 가득 메운 채 지나가는 것을 바라보고 있었다. 얼마전까지만 해도 국경을 향해 가던 이 당당한 '국경수비대'를 그들은 마음 든든하게 생각하며 배웅하였다. 그런데 지금은 적의 침략에 자신들을 남겨놓고 이렇게 궤주하고 있는 것이다. 먼지 때문에 숨도 제대로 쉴 수 없는 이 마을은 철거 현장처럼 햇볕에 먼지가 뽀얗게 일고 있다. 벌집을 쑤셔 놓은 것 같은 소리가 곳곳의 큰길, 골목, 광장을 가득 메우고 있다. 가게란 가게는 모두 남아 있는 빵, 고기, 와인을 약탈해 가는 병사들로 야단법석이다. 교회 앞 광장은 병사들과 멈추어 있는 차량들로 꽉 차 있다. 용기병들은 고삐를 잡고 그늘이 약간 져 있는 오른쪽에 떼지어 있다. 얼굴이 붉고 화가 난 듯한 지휘관 한 사람이 말의 목 위로 몸을 구부리고 오페레타에서 입을 법한 제복을 입은 늙은 마을밭 관리인에게 욕설을 퍼붓고 있다. 교회의 정면 현관문은 활짝 열려 있다. 어둠침침한 본당에는 짚을 깔고 누운 부상병들이 줄지어 있고, 그 주위에서 여자들, 간호사들, 흰 앞치마를 두른 군의관들이 바삐 움직이고 있다. 햇볕이 쨍쨍 내리쬐는 짐수레 위에서는 보급계 하사관이 떠들썩한 소란 속에서 악을 쓰듯이 고함을 지르고 있다. "제5중대! 배급!" 종대는 조금씩 속도를 늦추고 있다. 교회 뒤에 있는 대로는 점점 좁아져 하나의 오솔길을 이룬다. 좁은 길로 대열이 들어서자 병사들은 그 자리에서 발을 구르며 욕설을 퍼부어 댄다. 한 노인이 집 문 앞에서 등받이가 달린 안락의자에 앉아 마치 구경거리라도 있는 듯이 양손을 무릎 위에 얹은 채 보고 있다. 노인은 마침 앞을 지나가는 반장을 불렀다. "저 멀리까지 후퇴하는 것이오?"─"모르겠어요. 명령을 따를 뿐이죠." 노인은 물과 같이 맑은 눈길로 들것과 헌병들을 두리번거리며 잠시 바라보았다. 그러고 나서 어이없다는 듯이 고개를 내저었다. "나도 70년 전쟁을 겪어 봤어……. 하지만 우리는 더 오래 버텼는데……."

자크의 눈길이 동정어린 노인의 눈길과 마주쳤다. 포근한 느낌…….

대열은 행군을 계속하고 있다. 이제는 마을의 중심지를 지나갔다. "마지막 민가에서 휴식을 취할 것 같은데" 하고 조금전에 헌병 중위에게 묻고 온 반장이 말했다. —"그 편이 낫겠네요" 하고 마르주라가 말했다. "다시 출발할 때는 앞장을 서게 될 테니까요." 포석길이 끝나고 양쪽에 낮은 민가와 작은 정원이 있고, 인도도 없는 넓은 길이 다시 이어졌다. "정지! 차를 지나가게 해라!" 연대에 소속된 차량이 계속 앞으로 가고 있다. "너희들" 하며 반장이 말했다. "혹시 배급차량이 뒤늦게 오지 않나 살피고 와……. 배가 고파서……. 나는 취급주의도 있고 하니 파오리와 남아 있겠어……."

들것은 수많은 병사들이 물통에 물을 채우려고 몰려드는 길가 근처에 놓였다. 우물 둘레의 돌 위로 넘쳐흐른 물은 작은 도랑을 이루며 흐르고 있다……. 자크는 흐르는 그 물에서 눈을 뗄 수가 없다. 입 안은 고약한 철 냄새로 가득했다. 침은 마치 물에 젖은 솜 같았고……. "마실 것을 줄까?" 꿈같은 이야기이다! 흰 주발이 한 노파의 손에서 빛나고 있다. 주위에 구경꾼들이 몰려들었다. 병사들, 민간인들, 거무죽죽한 피부의 노인들, 꼬마들, 아낙네들. 주발이 자크의 입술 가까이로 다가온다. 몸이 부들부들 떨린다……. 그의 눈길은 개의 눈과 같이 고맙다는 표시를 하고 있다. 우유다……. 그는 고통을 참으며 한 모금 한 모금 마신다. 노파는 앞치마 끝으로 조심스럽게 턱을 닦아 준다.

계급줄을 세 개 두른 한 군의관이 그곳을 지나다가 그의 옆으로 다가왔다. "부상자인가?"—"네, 군의관님. 쓸모없는 놈입니다……. 간첩입니다. 독일놈으로……." 노파는 놀란 듯 벌떡 몸을 일으켰다. 그리고 주발에 남아 있던 우유를 대뜸 먼지 속으로 부어 버렸다. "간첩…… 독일놈……." 그 말은 입에서 입으로 전해졌다. 자크 주위에는 많은 사람들이 모여들어 적의에 불타 위협적인 태도를 보이고 있다. 그는 혼자인 데다가 몸이 묶여 있어서 속수무책이다. 그는 눈길을 돌렸다. 얼굴 위로 푸른색의 웃옷을 입고 있는 한 사환의 모습이 보인다. 그 아이는 심술궂게 웃으며, 손가락 사이에 꺼지지 않은 담배꽁초를 들고 있다. "내버려둬!" 하고 반장이 꾸짖었다. —"간첩이라면서요!" 하고 사환이 대들었다. —"간첩이다! 와서 구경해! 간첩이래!"—근처 여러 집에서 사람들이 몰려나와 증오에 찬 무리를 이루었다. 헌병들은 그들을 가까이 오지 못하게 하느라고 진땀을 뺐다. "무슨 짓을 했어?"—"어디서 붙잡았대?"—"왜 죽이지 않아?" 한 꼬마가 자갈을 한 줌 줍더니 그를 향해 던진다. 다른 꼬마들도 이 아이를 따라한다. "그만 해! 귀찮게 굴지 말아, 빌어먹을 놈들아!" 하고 화가 난 반장이 소리질렀다. 그리고 파오리를 향해 "이 녀석을 가운데 마당으로 옮겨. 그리고 살문을 닫도록 해."

자크는 들것이 들려 옮겨지는 것을 느꼈다. 그는 눈을 감았다. 욕하는 소리, 비웃는 소리가 멀어진다.

주위는 조용해졌다……. 도대체 여기는 어디일까? 그는 조심조심 살펴보았다. 그는 사람들의 눈에 띄지 않도록 하기 위해 어떤 농가의 가운데 마당, 건초 냄새가 물씬 나는 헛간 그늘에 눕혀 있었다. 옆에는 낡은 사륜마차의 연결봉 두 개가 공중으로 들려 있는데, 그 위에서 몇 마리의 닭이 졸고 있다. 이 얼마나 조용한 그늘인가! ……아무도 없다…… 이런 곳에서 죽을 수 있다면…….

난데없이 헌병들이 들이닥쳐 요란하게 그를 흔들어 깨운다. 닭들은 놀란 듯 꼬꼬댁거리며 날개를 크게 퍼덕이며 달아났다.

무슨 일이 일어났을까? 사방에서 부르는 소리, 이리저리 뛰는 소리, 온통 야단법석이다. 반장은 황급히 겉옷과 장비를 몸에 걸쳤다. "자! 취급주의야, 부탁한다……. 빨리!" 마당 저쪽에는 좁은 길이 나 있는데 구급차 행렬이 그곳을 쏜살같이 지나간다. "반장님, 야전병원마저 옮기는군요."—"그런가 봐. 마르주라는 어디에 있어? 서두르자, 파오리…… 뭐라고? 공병도?" 일대 병사들이 뒤따르는 두 대의 소형 트럭이 마당 안으로 들어왔다. 병사들은 급히 말뚝과 철사다발을 내려놓았다. "저 구석에 말이 들어올 수 없도록 울타리를 만든다……. 나머지는 이쪽에……. 서둘러!" 반장은 불안한 얼굴로 작업을 감독하고 있는 중사에게 물어본다. "전황이 그렇게 나쁜가?"—"아무래도 그런가 봐요! ……우리는 진지를 구축하고 오는 길입니다……. 놈들은 이미 보주산맥(프랑스 동북부에 있는 산맥 이름)을 점령한 것 같아요……. 그리고 놈들은 벨포르(프랑스 알자스 지방 도시 이름)를 향해 오고 있는 것 같고요……. 점령당하는 것을 피하려고 휴전 교섭을 생각하고 있다는 것도 같고……."—"농담이겠지? 그렇다면 우리는 끝장이다.”—“어쨌든 줄행랑 치는 것이 안전할지도 모르지요……. 주민들을 끌어내고 있어요. 1시간 안에 마을을 철수시키는 겁니다…….” 반장은 부하 병사들 쪽을 돌아보았다. “그런데 이번에는 누가 취급주의를 맡을 차례지? 마르주라, 꾸물거릴 시간이 없어! 자 빨리!” 엔진 소리가 마당을 뒤덮었다. 짐을 내린 트럭은 되돌아갔다. 소란 속에서 대위의 목소리가 크게 울려 퍼진다. “쟁기든 쇠스랑이든 예초기든 눈에 띄는 것은 무엇이든지 모아 와……. 그리고 주민들이 덤프차를 가지고 가는 일이 없도록 중위에게 가서 일러 두게. 도로에 바리케이드를 쌓을 때 필요할 테니까…….”—“자, 마르주라!” 하고 반장이 고함쳤다. —“네, 반장님…….”

네 개의 팔이 들것을 움켜 잡았다. 자크는 신음소리를 냈다. 헌병들은 이미 종대가 행군을 시작하고 있는 도로로 재빨리 나왔다. 대열이 하도 빽빽해서 들것을 들고 그 사이로 끼어들기란 여간 어려운 일이 아니었다. “밀어! 무슨 일이 있어도 안으로 들어가야 해!”—“제기랄!” 하고 파오리가 소리쳤다. “아무렴 이놈을 끌고 며칠이고 행군할 수는 없는 일 아닌가!”

심하게 흔들린다…… 또 흔들린다…… 온몸의 상처가 다시 눈을 뜬 것 같다…….

마을은 온통 혼란에 빠져 있다. 집집마다 마당에서는 사람 부르는 소리, 고함치는 소리, 비탄의 소리만이 들려온다. 농부들은 급히 말에 수레를 달고 있다. 여인들은 그 수레에 작은 봇짐, 트렁크, 유아용 침대, 음식이 들어 있는 바구니를 닥치는 대로 싣고 있다. 수많은 가족들은 병사들 틈에 끼어 여러 가지 물건들을 잔뜩 실은 손수레, 유모차를 밀면서 피란가고 있다. 도로 왼쪽에서는 군수품 수송차량, 덩치가 큰 페르시아 산(産) 말이 이끄는 공병차가 귀청을 찢는 듯한 소리를 내면서 전속력으로 달리고 있다. 사방의 골목길에서는 당나귀나 말들이 끄는 짐수레가 쏟아져 나오고 있다. 노파와 어린 아이들은 가구며 나무상자며 담요 따위가 산더미처럼 쌓여 있는 그 위에 앉아 있다. 민간인 마차는 도로의 중앙을 줄지어가는 연대 차량 사이에 끼어들어간다. 보병들은 오른쪽으로 밀려 길 옆이든 도랑이든 닥치는 대로 아무 데나 걸어가고 있다. 해가 쨍쨍 내리쬔다. 그들은 등을 구부리고 군모를 뒤로 젖혀 쓴 채 목에 손수건을 걸고, 짐을 실어나르는 동물처럼 짐을 잔뜩 짊어지고는 (어떤 사람은 등에 장작더미까지 지고 있다) 총총걸음으로 말 한 마디 없이 걷고 있다. 그들은 자신들의 연대에서 이미 이탈한 보병들이다. 어디에서 오는지 그리고 어디로 가는지도 모른다. 그런 것은 별 문제가 되지 않는다. 일주일 동안 전투를 한 그들로서는 무엇이 어떻게 되어가는지 이해하는 것을 단념한 지 이미 오래다! 알고 있는 것은 '후퇴하고 있다'는 사실뿐이다……. 피로, 공포, 치욕, 도망간다는 기쁨, 이런 것들이 한결같이 그들로 하여금 거친 표정을 짓도록 했다. 그들은 서로 누구인지도 모른다. 서로 말을 주고받으려고도 하지 않는다. 어쩌다가 서로 부딪치면 욕설이나 퉁명스러운 말을 주고받을 뿐이다…….

자크는 심하게 흔들릴 때마다 눈을 떴다 감았다 했다. 두 다리의 통증은 헛간 그늘에서 쉬고 있는 동안에 조금 가라앉은 것 같다. 그러나 타는 듯한 입속은 계속 아파온다……. 주위에서는 사람들의 상반신과 총이 흔들거린다. 먼지와 사람의 탈을 쓴 이 짐승들의 냄새 때문에 숨이 막힐 것 같다. 아무렇게나 흔들리고 있는 많은 몸뚱아리의 물결이 그의 빈 위 속에 배멀미 같은 구역질을 불러일으킨다. 그는 생각하려고도 하지 않는다. 이미 모든 사람들로부터 그리고 자기 자신으로부터도 버림받은 한 물건에 지나지 않는다…….

행군은 계속된다. 둑 사이에서 길이 좁아졌다. 계속 길이 막혀 멈춘다. 그때마다 들것을 거칠게 땅에 내려놓는다. 자크는 그때마다 눈을 뜨고 신음소리를 냈다. "제기랄" 하고 파오리가 중얼거린다. "반장님, 이렇게 가다가는 곧 프러시아놈들에게 당하고 말 겁니다……."—"그럴 리가" 하고 반장은 신경질을 내며 소리질렀다. "보다시피 다시 나아가고 있잖나!" 종대는 다시 움직이다가 그럭저럭 50미터쯤 가더니 또 멈춘다. 헌병들은 지금 보병 1개 중대가 총을 메고 밀집해서 기다리고 있는 철도 선로의 교차지점에 멈추어 있다. 장교들은 중대장을 중심으로 둑 위에 서서 무엇인가 의논하면서 지도를 보고 있다. 반장은 호기심을 갖고 들것 옆으로 다가온 중사를 잡고 이렇게 물었다. "당신들은 어디로 가는 길입니까?"—"모르겠습니다……. 중대장님은 명령을 기다리고 있습니다."—"아무래도 정세가 좋지 않은 모양이지요?"—"네, 어지간히……. 북쪽에 적의 창기병대가 나타난 것 같아요……." 한 장교가 둑 가장자리까지 가더니 외쳤다. "총을 들어! 사열종대로 내 뒤를 따라와!" 그리고 혼잡한 도로를 왼쪽으로 하고 병사를 데리고 도로를 따라 풀밭으로 들어갔다. "저 친구 바보는 아니군요, 반장님! 저 친구

우리보다 먼저 숙영지에 도착할 겁니다!" 반장은 수염을 만지작거리면서 아무 대답도 하지 않았다.

이번의 정지 상태는 오래 끌고 있다. 대열은 정말 봉쇄당한 것 같다. 왼쪽의 포차 대열마저도 꼼짝하지 않고 있다. 자전거반의 1개 소대는 자전거를 밀면서 차량 사이를 빠져나가려고 했다. 그러나 그들 역시 교묘하게 뒤얽힌 이 혼잡 속에 갇히고 말았다.

20분이 지났다. 대열은 10미터도 나아가지 못했다. 오른쪽 들판으로는 보병 부대가 도로 따위는 아랑곳하지 않고 무조건 서쪽으로 후퇴하고 있다. 조바심이 난 반장은 부하를 향해 눈짓을 해 보였다. 모두들 들것 위로 머리를 맞대고 낮은 소리로 밀담을 나눈다. "빌어먹을, 이렇게 온종일 시간을 낭비하며 있을 수는 없어…… . 부대놈들 그런 생각이라면 멋대로 가라지…… . 나는 나대로 특별한 임무가 있어. 이 녀석은 오늘 저녁 사령부 헌병대에 인계해야겠어…… . 모든 것은 내가 책임질 테니까. 나를 따라와! 자, 어서!" 헌병들은 망설이지 않고 그 말에 따른다. 주위에 있는 병사들을 밀치며 모두 들것을 움켜쥐고 도랑을 넘어 비탈길을 올라갔다. 그러고는 꼼짝 못하고 발이 묶여 있는 호송대와 도로를 벗어나서 들을 가로질러 내달았다.

도랑을 뛰어넘고 언덕을 오를 때 자크는 쉰 목소리로 길게 신음소리를 냈다. 그는 목을 돌려보았다. 부어오른 입술을 좀 벌려 보려고 한다…… . 또 몹시 흔들거린다…… . 다시 흔들거린다…… . 하늘이며 나무며 모든 것이 흔들거린다…… . 비행기가 불길에 휩싸인다. 그의 두 발이 탄다. 죽음이, 끔찍한 죽음이 두 다리와 넓적다리를 휘어잡더니 마침내 심장까지 올라온다…… . 그는 그대로 기절을 했다.

갑자기 무엇엔가 부딪혀 그는 의식을 차렸다. 어디인가? 들것은 풀 위에 놓여 있다. 언제부터? 이런 도피행각이 그에게는 며칠전부터 이어져 온 것 같다…… . 햇살이 달라졌다. 해가 더 낮아지면서 저물기 시작했다…… . 죽음이 찾아들고 있다…… . 약이라도 먹은 것처럼 심한 통증이 온몸을 마비시킨다. 그는 충격이나 소리나 사람의 목소리가 아득히 멀리서 들려오는 깊은 지하에 파묻혀 있는 기분이 든다. 잠자고 있었나? 꿈을 꾸고 있었나? 흰 염소가 풀을 뜯어 먹고 있던 아카시아 숲이라든가 헌병들의 장화가 진창에 빠지면서 자기에게 진흙을 튀기던 질퍽한 초원이 기억에 떠올랐다…… . 눈을 크게 뜨고 주위를 보려고 했다. 마르주라, 파오리, 반장 세 사람이 한쪽 무릎을 꿇고 있다. 전방 몇 미터 앞에는 움직이지 않는 커다란 퇴비. 엎드려 있는 보병 중대. 배낭이 뒤얽혀 있어 마치 풀 속에서 움직이는 거대한 등딱지 같다.

대위 하나가 병사들 뒤에 서서 쌍안경으로 지평선을 살피고 있다. 왼쪽에는 언덕. 경사가 완만한 초원 위로 붉고 푸른 군대가 초록빛 도박대 위에서 트럼프가 펼쳐지듯 부채모양으로 전개되어 있다…….

"반장님, 무얼 기다리고 계십니까?"—"명령을."—"만일 뛰기라도 해야 한다면" 하고 마르주라가 말했다. "이런 취급주의를 어떻게 데리고 간단 말입니까?"

대위는 반장 곁으로 다가와 그에게 쌍안경을 넘겨 주었다. 별안간 말발굽 소리가 오른쪽에서 들려온다. 기병대 소대. 선두에 있는 용기병 하사는 말등자 위에 똑바로 서 있어 헬멧의 장식털이 바람에 나부끼고 있다. 하사는 대위 앞까지 와서 말을 세웠다. 기운차고 쾌활하며 어린아이 같은 용모를 하고 있다. 하사는 장갑을 낀 손으로 오른쪽을 가리켰다. "놈들은 저기에 있습니다……. 언덕 뒤에…… 여기서 3킬로 떨어진 곳에……. 지금쯤은 아마 사단병력이 투입되었을 겁니다!"

하사는 큰 소리로 말했다. 자크는 그를 얼핏 보았다. 헬멧을 쓴 다니엘의 모습이 혼수상태에 빠져 있는 자크의 머릿속을 스쳐갔다…….

쇠가 서로 부딪치는 소리가 공중에서 진동한다. 그것을 들은 맨 뒷줄의 병사는 명령을 기다리지도 않고 곧 총에 칼을 꽂았다. 같은 동작이 옮겨 가더니 지상은 곧 번쩍번쩍 빛나는 총검의 들판이 되었다. 모든 사람들은 고개를 치켜들었다. 그들의 눈길은 한결같이 그 위의 하늘이 평온하고 맑은 순금빛으로 물든 음침한 언덕 위로 향했다……. 하사는 눈짓으로 부하 기병들을 다시 불러모았다. 그들의 말이 풀 위에서 발을 구르더니 소대는 급히 다시 출발했다. 대위가 고함쳤다. "이것 봐, 우리에게 명령을 하달하라고 말해 줘!" 그리고 대위는 반장 쪽을 돌아보면서 이렇게 말했다. "알겠나? 왼쪽도 연락두절! 오른쪽도 마찬가지야! 이런 혼란상태에서 도대체 우리더러 어떻게 하라는 거야?" 대위는 부하들 쪽으로 걸어갔다.

"반장님, 여기에 있으면 안 되겠는데요……" 하고 마르주라가 더듬거리며 말했다. "저런" 하고 파오리가 말했다. "저쪽에서 움직이기 시작했어!" 정말 그렇다. 목장에 흩어져 있던 대대는 한줄 한줄 계속 뛰어나와 언덕 꼭대기로 왔다. 그리고 병사들의 대열은 차례대로 비탈 너머로 사라져 갔다. "진격!" 하고 대위가 고함쳤다. ―"우리도 진격!" 하고 반장이 말했다.

들것을 들어올리면서 또 흔들어 댔다. 자크는 신음했다. 그러나 그 소리에 귀를 기울이는 사람이 아무도 없을뿐더러, 아무에게도 그 소리가 들리지 않았다. 아, 이대로 내버려 두었으면…… 이대로 그냥 죽게 내버려 두었으면……. 그는 눈을 감는다. 오, 또 심한 충격……. 50미터쯤 갔을 때 들것은 난폭하게 풀 위에 놓인다. 헌병들은 쪼그리고 앉아 잠시 숨을 돌리고는 다시 떠난다. 병사들은 오른쪽 왼쪽으로 껑충껑충 뛰어서 제각기 언덕을 기어올라 가기 시작한다. 헌병들은 마침내 정상을 몇 미터 남겨 놓은 지점까지 도달했다. 대위는 바로 그곳에 있다. 그는 이렇게 설명했다. "저쪽 협곡 깊숙한 곳에 틀림없이 숲과 길이 있을 거야……. 분명히 숲을 지나 북서쪽으로 갈 수 있을 거야. 빨리 서둘러야 해……. 정상을 지나면 보일 거야." 마지막 보병부대가 나올 차례다. "앞으로!"―"우리도 뒤따르자!" 하고 반장이 외쳤다. 들것은 또 난폭하게 들어올려져 정상에 닿았다. 군데군데 관목이 잘려 있는 작은 목장이 나무가 무성한 협로 쪽으로 비탈져 있다. 그 협로 건너편에는 숲이 이어져 지평선을 가리고 있다. "지름길을 곧바로 내려가기만 하면 된다! 앞으로!" 그러나 갑자기 휘파람과 같은 소리가 길게 울려 퍼진다. 무엇인가 빙빙 돌며 날라오는 듯한 날카로운 소리가 점점 커진다……. 들것은 또 풀 위에 털썩 놓인다. 헌병들은 병사들과 함께 땅바닥에 붙어 몸을 엎드린다. 각자 머리에 떠오르는 생각은 한 가지밖에 없다. 될 수 있는 대로 납작하게 엎드려, 썰물 때 넙치가 모래에 묻히듯 땅 속에 숨는 일이다. 귀청이 터질 것 같은 요란한 소리가 전방의 협로 너머 숲 속에서 작열한다. 모두가 공포에 질린 얼굴을 하고 있다. "우리 위치를 알고 있는 모양이다!"―"앞으로!"―"놈들의 숲 속에서 당하겠다!"―"협로로! 협로로 가자!" 병사들은 허리에 힘을 주고 다시 일어나 언덕 위로 뛰어올라 간다. 지면의 얕은 기복이나 조그마한 관목까지 이용하면서 땅에 납작 엎드렸다가 다시 뛰어나 간다. 헌병들은 들것을 분해라도 할 듯이 마구 흔들어 대면서 뒤를 따른다. 그들은 마침내 숲 가장자리에 이르렀다. 지금 자크는 상처를 입어 꼼짝도 못하는 고깃덩어리에 불과하다. 내려오는 동안 온몸의 무게가 부러진 두 다리로 몰렸다. 가죽끈이 팔과 넓적다리에 파고든다. 지금은 아무런 의식이 없다. 숲의 경계를 짓는 전나무 사이를 들것이 총알처럼 빠져나가는 동안 그는 언뜻 눈을 뜬다. 가지에 여러 군데를 찔렸으며, 얼굴과 두 손이 벗겨져 있다. 뒤이어 갑작스러운 진정상태. 미적지근하고 구역질나게 하는 피를 흘릴 때처럼 생명이 빠져나가고 있다는 느낌이 들었다. …… 현기증…… 허공으로의 추락…… 비행기, 삐라……. 공기를 가르는 듯한 신관(信管) 소리가 가까워지다가 멀어진다……. 자크는 눈을 떴다가 다시 감는다……. 사람들이 웅성거리는 소리……. 그림자. 가만히 있는 사람들의 모습…….

들것은 나무 아래, 하늘을 찌를 듯한 전나무 낙엽 위에 놓여 있다. 주위에는 무엇인가 석연치 않은 움직임……. 보병들은 서로 몸을 붙이고 한곳에 모여 있다. 어찌나 서로 밀착되어 있던지 마치 한덩어리로 찍어낸 것 같다. 그들은 무거운 장비 때문에 목을 움츠린 채, 나뭇가지에 걸리는 총과 배낭 때문에 꼼짝달싹 못하면서 앞으로 가지도 몸을 돌리지도 못하고 제자리에 서서 발을 동동 구르고 있다. "밀지 마!"—"뭘 기다리는 거야?"—"수색대를 내보냈어."—"숲이 안전한지 어떤지 살펴봐야 해!" 장교들과 하사관들은 병사들을 집결시키려고 이리저리 뛰어다니지만 소용없다. "조용히들 해!"—"제6중대 모여라!"—"제2중대!" 들것 곁에 있던 한 병사가 전나무에 등을 기대고 있다. 졸음이 대뜸 죽음과 같이 엄습해 왔다. 잿빛 얼굴을 한 젊은 남자이다. 뻣뻣한 팔로 총을 무의식적으로 허리에 꼭 끼고 있는 것이 마치 받들어 총을 하고 있는 것 같다. "제3대대가 엄호하기 위해 측위에 나갔나 봐……."—"이봐, 모두 이쪽이야! 이쪽!" 뚱뚱하고 촌놈 같은 하사 하나가 병아리를 거느린 암탉같이 그의 분대를 이끌고 숲 속으로 들어갔다.

한 중위가 들것 위를 성큼 뛰어넘어 갔다. 겸손할 줄 모르는 상관 같은 거만하고 비열한 태도로 미루어 보아 자신의 위신을 지키기 위해서는 무슨 일이든지 서슴지 않고 할 사람이다. "하사관들, 모두들 조용히 하라고 해! 말을 들을 거야 안 들을 거야? 제1소대 집합!" 병사들은 얼굴을 찌푸리며 슬금슬금 움직이려고 한다. 자신들에게도 임무가 있고 소속이 있다고 생각하면서 자신들의 지휘관들과 동료들을 찾고 있을 뿐이다. 어떤 병사들은 마치 전쟁이 항상 숲 건너편이나 평지에서 일어나고, 전나무 숲의 지평 쪽은 한계를 긋고 있기라도 한 것처럼 터무니 없는 생각을 하면서 시시덕거리고 있다. 가끔 한 연락병이 땀을 흘리고 숨을 헐떡이면서 상대를 못 찾아 화가 난 듯 욕설을 내뱉으며 사람들을 헤치고 나아갔다. 그리고 연대명 또는 연대장의 이름을 미친 듯이 부르며 나무와 병사 사이로 모습을 감추었다⋯⋯. 아까보다 더 귀청을 찢을 듯 날카로운 소리가 나무 위로 지나갔다. 주위는 곧 조용해졌다. 모두가 등을 굽히고 메고 있는 배낭 속에 고개를 파묻는다. 이번에는 오른쪽에서 폭발했다⋯⋯. "칠십오 미리다!"^{(프랑스군}^{의 대표)} —"아니야! 칠십칠 미리야!"^{(독일군}^{의 대표)} 헌병들은 들것 주위에 있는 것이 당연한 것처럼 그 주위에 모여 꼼짝 않고 고립된 집단을 이루고 있다. 마치 인간의 물결에 밀리지 않으려고 애쓰는 작은 섬 같다.

숲 기슭에서 별안간 누군가의 목소리가 터져나왔다. "가늠선 1천8백 미터! ⋯⋯조준선 산등성이⋯⋯, 검은 작은 숲⋯⋯. 명령에 따르라! 발사!" 맹포화로 인해 하늘이 뒤흔들린다. 숲 속이 조용해졌다. 다시 포격이 시작된다. 포탄이 점점 더 줄지어 날아간다. 숲 기슭에 있던 병사들은 모두 들판 쪽을 돌아보았다. 발사명령이 내리지 않았는데도 쏘는 재미로 대강 겨냥을 하고 나뭇잎 사이로 쏘아 대고 있다. 조금전까지도 나무에 기대어 잠자고 있던 젊은 병사는 지금 들것 끝에 무릎을 꿇고 총을 가장귀에 얹고 계속 열심히 쏘고 있다. 쏠 때마다 자크는 채찍으로 얻어맞는 것 같은 느낌이 든다. 그렇다고 눈을 뜰 기력도 없다.

갑자기 오른쪽에서 몇 마리의 말이 힘차게 달려오고 있다⋯⋯. 말을 탄 두 지휘관과 대령 한 사람이 나뭇가지를 요란스럽게 꺾으면서 숲 속으로 뛰어들었다. 날카로운 목소리가 총성을 압도하며 들려온다. "누구의 명령이야? 정신 나갔나? 어디를 향해 쏘고 있는 거야? 여단 전부를 쏠 작정인가?" 사방에서 하사관들이 고함친다. "쏘지 마! 모두 집합!" 지금까지의 소동이 순간적으로 멈추었다. 모두가 한곳에 밀집되어 있어서 결코 대열을 가다듬을 것 같지 않아 보였지만 일단 집단에 속해 있다는 생각이 들자 병사들은 차츰 혼란에서 벗어나 같은 방향으로 발길을 돌렸다. 이윽고 상급장교들의 뒤를 따라 철새떼처럼 천천히 남쪽을 향해 움직이기 시작했다. 냄비며 수통이며 반합이 부딪치는 소리가 부드러운 흙을 밟고 가는 투박한 군화 소리와 섞여 마치 양떼가 지나가듯이 수풀 속을 가득 메운다. 나뭇진 냄새가 뒤섞인 먼지가 적갈색 구름처럼 나무 사이로 올라간다.

"반장님, 저희는 어떻게 하지요?" 반장은 이미 결심이 서 있었다. "우리도 따라가는 거야!"—"이 취급주의를 데리고 말입니까?"—"별 수 없지! ……자! 나를 따라 앞으로 가자!" 공격하러 나가기라도 하려는 듯이 헌병 둘을 뒤에 거느리고 부랴부랴 인파 속으로 들어갔다. 남은 두 사람은 재빨리 자크를 들어올렸다. "알겠어, 마르주라?" 하고 파오리가 속삭였다. 그리고 자신도 인파 속으로 끼어들려 했으나 너무나 빽빽이 늘어서 있어서 가려고 할 때마다 들것은 사정없이 밀려나고 말았다. "간격이 좀 생길 때까지 기다리자" 하고 마르주라가 일러 주었다. "제기랄!" 파오리가 뒤에서 들고 있던 들것을 난폭하게 내려 놓았다. "그렇다면 나는 반장님께 가서 기다려 달라고 말해야겠어……."—"이것 봐, 파오리, 나를 남겨 놓고 가지 않겠지!" 하고 소리지르면서 마르주라도 똑같이 들것을 팽개쳤다. 그러나 파오리에게는 이미 그 말이 들리지 않았다. 그는 뱀장어같이 민첩하게 사람들 틈 속에 미끄러져 들어갔다. 그리고 그의 푸른 군모와 햇볕에 그을린 짧은 목덜미도 이내 시야에서 사라졌다. "빌어먹을!" 하고 마르주라가 말했다. 그는 자크에게 마실 물을 줄 때처럼 자크에게 몸을 구부렸다. 그의 두 눈은 분노로 번득였다. "개새끼, 공연히 우리를 고생만 시키는군!" 그러나 자크의 귀에는 들리지 않았다. 의식을 잃은 것이다.

마르주라는 나뭇가지를 헤치며 마침 지나가던 보병의 견장을 붙들려고 했다.—"이것 봐, 좀 같이 들어 줘!"—"나는 담가병이 아니야" 하고 상대는 말하면서 재빨리 팔을 뿌리쳤다. 마르주라는 호인 같아 보이는, 덩치 큰 금발 병사를 찾아냈다. "이봐, 좀 도와줘!"—"농담 말아!"—"도대체 이 녀석을 어떻게 해야 하나" 하고 마르주라는 중얼거렸다. 그는 손수건을 꺼내 무심코 얼굴의 땀을 닦았다.

이윽고 인파가 좀 줄어들었다. 파오리만 돌아온다면 문제없이 나아갈 수 있을 텐데! "대위님!" 마르주라가 머뭇거리며 불렀다. 마침 한 장교가 고삐를 끌면서 지나갔다. 그러나 그는 앞을 똑바로 바라보면서 이쪽으로 고개를 돌릴 생각도 하지 않았다……. 지금 걸어가고 있는 병사들은 낙오자들이다. 고개를 축 늘어뜨린 채 지친 몸으로 발을 질질 끌며 뒤처지지나 않을까 걱정하면서 정신없이 걸음을 재촉하고 있다. 부탁해 보았지만 소용이 없다. 아무도 거추장스러운 이따위 들것은 떠맡으려고 하지 않을 거야…….

갑자기 숲 건너편, 들판 쪽에서 여러 사람의 목소리와 황급히 달려 가는 발소리가 들렸다……. 마르주라는 얼굴이 새파랗게 질려 돌아보았다. 그는 본능적으로 권총 케이스를 열고 총대를 잡았다. 그게 아니었다! 프랑스인들의 목소리였다. "저쪽이야, 저쪽!" 부상자 한 사람이 전나무 사이에서 나타났다. 머리에 붕대를 감고 핏기 없는 얼굴로 마치 몽유병 환자처럼 뛰어간다. 뒤이어 열 사람 정도의 보병이 덤불 속으로 헤치고 들어간다. 배낭도 총도 없다. 그들도 역시 부상병들이다. 팔은 붕대를 감아 목에 걸고 손이나 무릎은 헝겊으로 둘둘 감았다. "이봐, 저쪽이야? 저쪽으로 갈 수 있어? …… 놈들은 그리 멀지 않은 곳에 있어!"—"머…… 멀지 않은 곳이라고?" 하고 마르주라가 더듬거리며 말했다.

또다시 수풀을 헤치는 소리가 났다. 뒷걸음치며 한 군의관이 나타났다. 그는 두 간호병에게 길을 터주고 있다. 그들은 모자도 안 쓰고 송장 같은 얼굴빛을 한 뚱뚱한 남자를 두 손을 모아 의자로 만들어 운반하는 중이다. 그 남자는 눈을 감고 장교복을 풀어헤치고 있으며 소매에는 견장이 네 개 달려 있다. 그리고 피투성이가 된 셔츠 밑으로 배가 불룩 튀어나와 있다. "살살…… …… 살살해……." 군의관은 마르주라와 그의 발 밑에 있는 자크를 언뜻 보았다. "들것 아닌가! 이건 누구야? 민간인인가? 부상병인가?" 마르주라는 차렷자세로 중얼거렸다. "간첩입니다. 군의관님……."—"간첩이라고? 야단스럽기는! ……지휘관님에게 이런 들것이 필요하다. ……자, 빨리 비켜라!"

마르주라는 순순히 들것을 묶었던 가죽끈을 풀기 시작했다. 자크는 깜짝 놀라 한쪽 손을 들고 두 눈을 떴다……. 군의관의 모자인가? 앙투안은 아닐까? ……그는 무슨 영문인지 알아보고, 또 기억을 더듬어 내려고 초인적인 노력을 한다. 풀어 준 다음 마실 것을 주려나 보다……. 그런데 어떻게 된 영문인가? 들것을 들어올린다! 아야! ……좀 살살 들어 주었으면! 두 다리가! ……끔찍한 고통. 널빤지를 받쳤는데도 부러진 정강이 뼈가 살 속으로 파고들어, 새빨갛게 불에 달구어진 바늘이 골수까지 들어오는 것 같다……. 고통 때문에 일그러진 입술, 공포 때문에 휘둥그레진 그의 두 눈을 눈여겨보는 사람은 아무도 없다……. 손수레를 뒤엎어 물건을 내리듯이 들것 밖으로 덜렁 내던져진 자크는 신음소리를 내며 옆으로 나가 자빠졌다. 갑자기 오한이, 다리에서부터 올라오는 오한이 죽음이 찾아오듯 천천히 심장까지 올라오고 있다…….

헌병은 아무런 불평도 하지 않았다. 그는 겁이 나는 듯 수위를 눌러 보았다. 군의관은 지도를 살펴보았다. 두 명의 간호병은 셔츠가 붉게 물들어 있는 지휘관을 재빨리 들것 위에 옮겨놓았다. 마르주라는 더듬거리며 물었다. "군의관님, 적은 가까이 있습니까?" 갑자기 날카로운 소리가 길게 나면서 대기를 찢는다. 뒤이어 아주 가까이에서 폭발음이 머릿속을 뒤엎는다. 그리고 거의 동시에 일제히 들판 쪽에서 사격소리가 들려온다.

"앞으로 가!" 군의관이 외쳤다. "양면포화에 당하겠다……. 여기 있으면 우리 모두 당한다!"

다른 사람들과 마찬가지로 마르주라도 폭발하는 순간 땅에 납작하게 엎드렸다. 그는 다시 일어서려 해도 일어설 수가 없었다. 순간 병사들이 들고 가는 들것과 숲 속으로 들어가는 부상병들이 보였다. 그는 공포에 짓눌린 목소리로 고함을 질렀다. "어떻게 해야 되지? 나는 도대체 어떻게 하라는 거야? 게다가 취급주의는?" 팔에 붕대를 감고 행렬 끝에 있던 한 늙은 하사가 발길을 멈추지도 않고 뒤를 돌아보았다. "나는 도대체 어떻게 해야 할까?" 마르주라가 애원하듯 되풀이했다. "기다려 줘……. 이 녀석을 데리고, 나더러 어떻게 하라는 거야?" 거무튀튀한 얼굴에 구식민지 부대 병사로서, 예비역인 이 늙은 하사는 부상당하지 않은 한 손을 나팔처럼 입에 대고 이렇게 외쳤다. "대단한 물건이군, 자네 간첩은! 해치워 버려, 이 멍청아! 잡히지 않으려면 자네도 빨리 달아나라고!"

"그럴 수 없어!" 마르주라가 외쳤다.

이제 그는 혼자다. 눈을 감고 누워 있는, 송장이나 다름없는 이 남자와 단둘이 있다. 주위는 엄숙하고 으슥한 정적만이 감돌 뿐……. '가까이 있다……. 해치워 버려…….' 그는 겁먹은 눈으로 권총 케이스에 손을 슬며시 가져갔다. 눈을 깜박거렸다. 붙잡히지나 않을까 하는 두려움과 사람을 죽인다는 공포 사이에서 계속 마음의 갈등을 겪고 있다. 그는 지금까지 결코 사람을 죽인 적이 없다. 짐승조차도……. 이 순간 만일 자크의 눈이 조금이라도 열려 있었더라면, 그리고 마르주라가 어쩌다가 살아 있는 눈동자와 마주쳤더라면 아마……. 그러나 이미 목숨이 끊어진 것 같은 창백한 이 옆모습, 눈

앞에 납작하게 엎어져 있는 이 관자놀이……. 마르주라는 고개를 돌렸다. 그는 눈꺼풀을 떨며 입을 꽉 다물고 손을 죽 뻗었다. 총구가 어딘가에 닿았다. 머리털일까? 귀일까? ……그는 용기를 내기 위해—또한 자신을 정당화하기 위해—이를 악물고 외쳤다.

"개새끼!"

고함소리와 함께 총성이 울렸다.

홀가분해졌다! 마르주라는 다시 일어서서 뒤도 돌아보지 않고 덤불 속으로 뛰어들었다. 나뭇가지가 그의 얼굴을 후려친다. 그의 군화 밑으로 마른 가지들이 바스락거린다. 우거진 숲 속을 따라 후퇴하는 병사들의 발자국이 나 있다. 동료들은 멀리 가지 않은 모양이군……. 살았다! 그는 뛰었다. 위험이며 고독이며 살인 행위의 기억을 떨쳐 버리기 위해 뛰었다……. 그는 더 빨리 뛰기 위해 잠시 숨을 죽이곤 했다. 그리고 다시 뛸 때마다 분노와 공포를 흩뜨리려고 이를 악물고 끊임없이 외쳤다.

"개새끼! …… 개새끼! …… 개새끼!"

Epilogue
에필로그

1. 르 무스키에 요양원에서의 앙투안

"피에레! 전화 소리 안 들려?"

사무실 근무 연락병은 치료 때문에 의사도 환자도 아래층을 텅 비운 아침 시간을 이용 베란다 난간에 기대어 재스민 냄새를 맡고 있었다. 그는 황급히 담배를 끄고 달려가 수화기를 들었다.

"여보세요!"

"여보세요! 여기는 그라세 우체국. 르 무스키에 진료소로 온 전보입니다."

"잠시만······." 연락병은 메모지와 연필을 끌어당겼다. "말씀하세요."

우체국 직원은 전문을 읽기 시작했다.

"파리—1918년 5월 3일—7시 15분—닥터 티보—가스중독 환자 진료소—그라세 부근 르 무스키에—알프 마리팀—알겠습니까?"

"마—리—팀." 연락병이 되풀이 말했다.

"계속합니다. 베즈 아주머니······ 블라디미르 할 때의 W에 A, I, Z, E······ 베즈 아주머니 사망—장례는 양로원에서 일요일 10시—발신인 지젤. 이상. 다시 읽겠습니다······."

연락병은 홀을 나와 계단 쪽으로 갔다. 마침 그때 흰 가운을 걸친 늙은 위생병이 쟁반을 들고 사무실 입구에 나타났다.

"뤼도빅, 올라가는 길인가요? 그럼 이 전보를 53호실에 전해 줘요."

53호실에는 아무도 없었다. 침대도 방도 말끔히 정돈되어 있었다. 뤼도빅은 열린 창가로 다가가 정원을 살펴보았으나 거기에도 티보 군의관은 없었다. 몸이 성해 보이는 몇몇 환자가 푸른 파자마 차림에 운동화를 신고, 사병 혹은 장교의 작업모를 쓴 채 양지에서 즐거운 이야기를 나누며 왔다 갔다 하고 있었다. 다른 사람들은 사이프러스나무를 따라 가지런히 놓인 그늘진 천 의자 위에서 몸을 쭉 뻗은 채 신문을 읽고 있었다.

위생병은 식은 탕약 그릇이 놓인 쟁반을 다시 들고 57호실로 들어갔다. '57호'는 두 주째 누운 채로 꼼짝을 못하고 있었다. 얼굴은 땀으로 흠뻑 젖어 있고, 초췌한 모습에 텁수룩한 수염을 한 그는 베개 위로 얼굴을 내민 채 고통스럽게 숨을 쉬었다. 씩씩거리는 그의 숨소리는 복도에서도 들을 수 있었다. 뤼도빅은 그릇에 물약 두 숟가락을 따라 환자가 마실 수 있도록 목을 받쳐준 뒤 세면대에 가서 침 뱉는 그릇을 비웠다. 그러고는 몇 마디 격려의 말을 하고 나서 닥터 티보를 찾으러 갔다. 그는 그 층에서 내려가기 전에 혹시나 해서 49호실 방을 열어 보았다. 대령이 긴 등의자에 길게 드러누운 채 가까이에 침그릇을 놓고 세 명의 사병을 상대로 브리지를 하고 있었다. 그곳에도 군의관의 모습은 보이지 않았다.

"틀림없이 흡입실에 있을 거야." 계단 밑에서 마주친 닥터 바르도가 알려주었다. "나에게 맡겨. 그리로 가는 길이니까."

머리에 두건을 두른 환자 여러 명이 의자에 앉아 흡입기 쪽으로 몸을 구부리고 있었다. 조용한 작은 방에는 박하와 유칼리유(油) 냄새가 나는 증기가 가득 차 있어서 서로의 얼굴도 알아볼 수 없을 정도였다.

"티보, 전보가 왔어."

앙투안은 눈물로 젖어 있는 충혈된 얼굴을 타월 밑으로 내밀었다. 그는 눈의 물기를 닦은 뒤 놀란 표정으로 바르도의 손에서 전보를 받아 겉봉을 뜯었다.

"중대한 일인가?" 앙투안은 아니라는 듯이 고개를 저었다. 낮고 굵은 목소리에 억눌린 듯 울림이 없는 소리로 그는 이렇게 말했다. "친척 할머니가 …… 돌아가셨어."

그는 전보를 파자마 주머니 속으로 슬그머니 밀어 넣고 다시 타월 아래로 모습을 감추었다.

바르도가 그의 어깨를 툭 쳤다.

"화학 실험 결과가 나왔어. 자네 일 끝마치는 대로 내게로 오게나."

닥터 바르도는 앙투안과 같은 또래였다. 두 사람은 각자 의학을 시작할 무렵 파리에서 알게 되었다. 그 뒤 바르도는 2년 동안 산속에 들어가 요양하기 위해 학업을 중단해야만 했다. 회복되기는 했지만 조심해야 했고 파리의 겨울이 싫었으므로 그는 몽펠리에 대학 (지중해 연안에 있는 도시)서 학위를 취득했다. 그리고 호흡기질환 전문의로 진출했다. 선전포고가 내렸을 때, 그는 랑드 지방의 한 요양소 원장직을 맡고 있었다. 그런데 1916년, 몽펠리에 대학 학생이었을 때 그의 스승이었던 세그르 교수가 남프랑스에 가스중독자 병원 창설 임무를 맡게 되었다고 하면서 그에게 함께 일해 주었으면 하고 요청해 왔던 것이다. 그래서 두 사람은 함께 그라스 근처에다 지금의 르 무스키에 요양소를 세우기에 이른 것이다. 이곳에서는 60여 명 이상의 사병과 15명 정도의 장교가 치료를 받고 있었다.

앙투안은 1917년 11월 말 샹파뉴 전선을 시찰하다가 이페리트 가스의 해를 입은 뒤 후방에 있는 여러 군데의 요양소를 전전했다. 그리고 아무런 효과를 못 보고 초겨울에 마침내 이곳으로 오게 된 것이다.

르 무스키에의 장교용 병동 안에서는 앙투안이 가스에 중독된 유일한 군의관이었다. 이들 두 사람은 서로 젊은시절 의사로서의 추억을 공유하고 있었으므로 성격이 아주 다른데도 자연스럽게 가까워졌다. 바르도는 비교적 명상적이고 일에 전념하는 기질이면서도 모험심이 적고 의지가 약한 편이었다. 그러나 앙투안과 마찬가지로 의학에 대해서는 대단한 열정과 까다로울 정도의 직업적인 양심을 갖고 있었다. 두 사람은 곧 자신들이 같은 부류에 속한다는 것을 알아차렸다. 그래서 그들 사이에는 굳은 우정이 맺어졌다. 세그르 교수에게서 모든 일을 위임받은 바르도는, 식민지 군대의 군의관이었으며 중상을 입은 뒤 르 무스키에 요양소로 임명되어 온, 자기의 조수인 닥터 마제와는 아무리 해도 뜻이 맞지 않았다. 사정이 이런 만큼 바르도는 앙투안에게만은 자신이 생각하고 있는 것을 조금도 거리낌없이 흔쾌히 털어놓곤 했다. 그리고 여러 가지 문제점이 아직 모호한 치료법에 관한 자신의 연구 결과를 앙투안에게 묻기도 하며, 또 그것을 알려 주기도 했다. 물론 앙투안이 바르도의 일을 도와준다는 뜻은 아니었다. 왜냐하면 그는 너무나 치명적인 부상을 입어 무엇보다도 자신의 일이 걱정스러운 데다가 또 병이 너무 자주 재발하므로 증상에 세심한 주의를 기울여야 했으므로 딴 데 마음을 쓸여유가 없었다. 그러나 그럼에도 불구하고 앙투안은 다른 환자들의 증상에 끊임없이 신경을 쏟았다. 그리고 잠시나마 병세가 나아져서 기운이 나고 마음이 편해져서 여유가 생기기만 하면 바르도의 진찰실에 모습을 나타내 그의 실험에 참여하기도 했으며, 때로는 세그르 교수가 매일 밤 방에 바르도와 마제를 모아놓고 하는 회의에도 참석하곤 했다. 이처럼 환자로서의 생활만을 하는 것이 아니라, 이따금 의사의 생활도 함께 할 수 있는 요양소의 분위기가 그에게는 별로 괴로운 것이 아니었다. 이곳 생활에서도 그는 지난 15년간 평시에서나 전시에서나 그의 참되고 유일한 생존 이유였던 것으로부터 완전히 관계를 끊지는 않았던 것이다.

앙투안은 흡입이 끝나자마자 급격한 기온의 변화로부터 자신을 보호하기 위해 목둘레에 목도리를 감고 바르도를 만나러 갔다. 바르도는 가스중독 환자들에게 시키는 호흡체조를 몸소 감독하기 위해 매일 아침 30분씩 별관에서 지내곤 했다.

바르도는 환자들 가운데 우뚝 서서 다정한 눈초리로, 쉰 목소리에 숨을 헐떡거리고 있는 이 불협화음을 지켜보고 있었다. 그는 가장 키가 큰 환자들보다도 두개골 절반쯤은 더 커 보였다. 나이에 비해 일찍 벗겨진 대머리 때문에 그의 얼굴은 희멀쑥해 보였고, 키가 더욱 커 보였다. 그의 몸집은 키와 균형을 이루고 있었다. 바르도는 전에 결핵환자였지만 거구의 남자였다. 어깨에서 허리까지 그의 상반신은 등뒤에서 보면 터질 듯한 가운을 통해 딱 벌어진 몸집과 당당한 체구를 드러내고 있었다.

"만족스러워" 하고 바르도는 탈의실로 쓰고 있는 작은 방으로 즉시 앙투안을 데리고 가면서 말했다. 그 방에는 두 사람밖에 없었다. "실은 걱정하고 있었어. 그런데 그럴 필요가 없게 되었어. 단백의 반응이 음성이야. 좋은 징후지."

그는 소매 깃에서 한 장의 종이쪽지를 꺼냈다. 앙투안은 그것을 받아 들고 훑어보았다.

"이것을 베낀 다음 오늘 저녁 돌려주겠네." (가스중독 초기부터 앙투안은 별도의 비망록을 만들어 거기에다 증상에 관한 임상일지를 자세히 꼬박꼬박 써왔다)

"흡입을 너무 오랫동안 하는군" 하며 바르도가 중얼거렸다. "피곤하지 않나?"

"아니, 괜찮아" 하고 앙투안이 대답했다. "이렇게 흡입하는 것이 아주 좋아." 그의 목소리는 약하고 숨이 가쁜 듯했지만 또렷하게 들려오는 목소리였다. "잠에서 깼을 때는 분비물이 목구멍에 많이 쌓여 있어서 목소리가 전혀 나오질 않아. 그런데 보다시피 증기로 닦아 내면 훨씬 더 좋아져."

바르도는 자기 주상을 굽히지 않았다.

"내 말을 듣게나. 그러나 너무 남용하지 말게. 목소리가 안 나오는 것이 짜증나기는 하겠지만 그리 대수로운 건 아니야. 너무 오랫동안 흡입을 할 경우 기침이 나오는 것을 급격하게 막아 버릴 위험이 있다네."

그의 느릿느릿한 발음은 그가 부르고뉴 지방 태생이라는 것을 여실히 말해 주었다. 그의 그런 발음은 눈길에서도 엿볼 수 있듯이 다정하고 진지한 표정을 더욱 두드러지게 해 주었다.

바르도는 의자에 앉았다. 그리고 앙투안도 자리에 앉게 했다. 그는 언제나 환자들에게 자신은 바쁘지 않고, 그들의 이야기를 얼마든지 들어 줄 시간이 있으며, 그들의 하소연을 들어 주는 것만이 자신의 관심사라는 인상을 주기 위해 노력하고 있었다.

그는 어제 하루 동안의 앙투안의 증세에 관해 물은 뒤에 말했다. "한동안 거담제(^{거담}^제)를 복용하는 게 좋겠네. 테르핀(^{거담}^제)이든 드로세라(^{끈끈이}^{주걱})든 아무거나 좋아. 서양지치(^{달여서 발한·}^{이뇨제로 씀})를 달인 것 속에 넣는 거야……. 그래, 민간요법이지……. 잠들기 전에 땀을 흠뻑 흘리도록 하게나. 단 감기에 걸리지 않도록 해야 하네. 가장 좋은 방법이야!"

모음과 이중모음에 힘을 주어 발음하는 말투와 마지막 모음을 노래하듯 길게 끄는 그 말투('거담제 pôtions expectôrântes…… 서양지치 bourrâche…… 땀을 흠뻑 흘리는 거야 sûeur abôndânte……')는 첼로의 저음부 현을 활로 짓누르는 듯했다.

바르도는 여러 가지 충고를 되풀이하는 데 기쁨을 느끼고 있었다. 그리고 자기 치료방법의 효과에 대해 종교적인 확신을 갖고 있었으므로 어떠한 실패를 당하더라도 실망하는 법이 없었다. 그는 무엇보다도 남을 설득하는 것을 좋아했다. 특히 앙투안에 대해서 그러했다. 치사한 질투심에서가 아니라 앙투안이 자기보다 우수하다는 것을 알고 있었기 때문이다.

"게다가" 하며 그는 앙투안에게서 눈을 떼지 않고 말을 계속했다. "야간의 분비물을 줄이고 싶으면 며칠동안 살바르산 요법을 써 보는 것이 어떨까? ……어때?" 하고 그는 때마침 들어온 닥터 마제에게 덧붙여 말했다.

마제는 아무런 대꾸도 하지 않았다. 그는 탈의실 구석에 있는 옷장을 열고 카키색 군복을 흰 작업복으로 갈아입었다. 여러 번의 세탁 때문에 빛이 바래고 아주 후줄근해졌지만 훈장이 더덕더덕 달려 있었다. 방 안에서는 고약한 땀 냄새가 코를 찔렀다.

"목소리가 잠기는 상태가 심해질 경우 스트리크닌을 언제고 다시 쓸 수 있을 거야" 하며 바르도는 말을 이었다. "이번 겨울에 샤푸이에게 해 보니까 결과가 좋았어."

마제는 돌아보며 깔보는 듯한 투로 말했다.

"권하기에 그보다 더 고무적인 예가 없다는 식이군!"

마제의 네모난 얼굴의 좁은 이마에는 깊은 칼자국이 나 있었다. 이마 언저리까지 나 있는 희끗희끗하고 숱 많은 그의 머리카락은 짧게 깎여 있었다. 눈의 흰자위는 하찮은 일에도 충혈되곤 했다. 오랜 식민지 근무로 햇볕에 탄 그의 얼굴에는 검은 콧수염이 텁수룩하게 나 있었다.

앙투안은 의아하다는 태도로 바르도를 바라보았다.

"티보의 경우는 다행히도 샤푸이의 경우와는 아무런 관계가 없어" 하고 바르도가 재빨리 말했다. 불만스러워하는 눈치가 역력했다. "샤푸이는 아무래도 상태가 좋지 않아" 하며 이번에는 앙투안 쪽을 향해 설명했다. "지난밤에도 좋지 않았어. 나를 깨우러 두 번이나 왔으니까. 심장의 중독이 매우 빠르게 진전되고 있어. 완전한 이상수축성 부정맥이야……. 오늘 아침도 소장이 오는 대로 57호실로 데려갈 생각이야."

마제는 작업복의 단추를 채우면서 다가왔다. 세 사람은 이페리트 가스에 피해를 입은 환자들의 심장과 혈관장애에 관해 잠시 이야기를 나누었다. 바르도에 의하면 그것은 '환자의 나이에 따라 아주 다르다'는 것이었다(샤푸이는 포병 대령으로 8개월 전부터 치료를 받고 있었다. 그리고 이미 오십 줄을 넘어섰다).

"……그리고 그들의 병력(病歷)에 따라서" 하고 앙투안이 덧붙였다.

샤푸이는 같은 층의 이웃이었다. 앙투안은 그를 여러 번 진찰해 준 바 있었다. 그리고 대령이 가스중독증에 걸리기 전에 이미 잠복성 증모형 협착증을 보이고 있었다는 것을 앙투안은 알고 있었다. 이 사실은 세그르나 바르도 그리고 마제도 알아차리지 못한 것 같았다. 앙투안은 이 사실을 말해 주려고 했다(그는 남의 잘못을 찾아내어 그것을 상대방에게 알려 주는 데서 전보다 짓궂은 쾌감을 느끼고 있었다. 비록 상대가 친구일지라도 자신이 병고에 시달리고 있다는 열등감에서 오는 하찮은 복수심 때문이었다). 그런데 그에게 말한다는 것이 여간 힘든 일이 아니었다. 그래서 그는 포기하고 말았다.

"신문을 보았습니까?" 하고 마제가 물었다.

앙투안은 읽지 않았다는 시늉을 해 보였다.

"독일군의 플랑드르 지방 공격은 사실상 저지된 것 같아" 하고 바르도가 말했다.

"그래, 그런 것 같아" 하며 마제도 의견을 같이했다. "이프르는 잘 버텼어. 이제르 강의 전선도 확보되어 있다고 영국군이 공식적으로 발표하고 있고."

"희생이 컸을 거야" 하고 앙투안이 말했다.

마제는 살짝 어깨를 흔들어 보였다. 그것은 '대단히 컸을 거야'라고도, '별거 아니었을 테지!'라고도 의미하는 듯했다. 그는 옷장으로 다시 가서 군복 윗도리의 주머니를 뒤져보고 나서 앙투안에게 왔다.

"자, 이걸 보게나. 과랑이 나에게 건네 준 스위스 신문인데…… 보게나. 중유럽 쪽의 공식 성명에 따르면 4월 한 달 사이에 영국군은 이제르 강 전선에서만도 20만 명 이상의 희생자를 냈다는 거야!"

"연합군 측 모두가 이 숫자를 알게 된다면……" 하고 바르도가 말했다.

앙투안은 고개를 끄덕였다. 그리고 마제는 가소롭다는 듯 껄껄대며 웃었다. 그는 문 가까이에 있었는데, 어깨 너머로 뒤돌아보며 이렇게 말했다.

"정확한 정보라면 일반 사람들에게까지 전해지지도 않아! 전쟁이니까!"

그는 언제나 다른 사람을 우습게 여기는 듯했다.

"오늘 아침 내가 무엇을 곰곰이 생각하고 있었는지 알고 있나?" 하며 그는 마제가 나가자 다시 말을 이었다. "말하자면 오늘날 어떤 나라의 정부도 자기 나라의 국민감정을 대표하고 있지 못하다는 거야. 양쪽 진영을 두고 볼 때 일반대중이 진정으로 무엇을 생각하는지 아는 사람은 아무도 없어. 지도자들의 목소리가 지도받는 사람들의 목소리를 덮어 버리고 있어……. 보라고, 프랑스의 경우를! 자네는 전쟁을 한 달 더 늦추는 한이 있더라도 알자스 로렌 지방을 되찾기를 바라는 병사가 20명 중에 한 사람이라도 있을 거라고 생각하나?"

"50명 중에 한 사람도 없겠지!"

"그런데도 전세계는 클레망소와 푸앵카레가 프랑스의 일반여론을 진정으로 대변하고 있는 것으로 확신하고 있어. 전쟁은 전례 없이 공공연한 허위 분위기를 만들어 냈어! 여기저기서 말이야! 과연 각 국민이 앞으로 그들의 진정한 목소리를 들려줄 수 있을지, 그리고 유럽의 언론이 과연 제구실을 하는 날이 올지 나는 의심스러워⋯⋯."

세그르 교수가 들어오자 그는 말을 멈추었다.

교수는 두 사람의 인사에 군대식의 거수경례로 응답했다. 그는 바르도와 악수했다. 그러나 앙투안에게는 손을 내밀지 않았다. 주걱턱이며 매부리코며 금테 안경에 흰 앞머리가 너울거리는 작은 체구의 그는 티에르^(19세기 프랑스 정치가·역사학자) 풍자화와 흡사했다. 그는 옷차림에 몹시 신경을 썼으며, 언제나 말끔히 면도한 모습이었다. 그의 간결한 말투와 깔끔한 태도 때문에 동료들조차 그에게서 거리감을 느끼고 있었다. 그는 혼자 떨어져 자기 사무실에서 살고 있었다. 식사도 그리 가져오게 했다. 대단한 일꾼인 교수는 바르도와 마제의 임상 소견을 기초로 가스중독 환자들의 치료법에 관해 의학잡지에 게재할 원고를 쓰면서 나날을 보내고 있었다. 그가 환자들을 직접 대하는 것은 환자가 새로 들어온다던가 갑자기 병이 악화되는 경우를 빼놓고는 드물었다.

바르도는 57호실 환자의 상태에 관해 그에게 설명하려고 했다. 그런데 교수는 첫마디부터 상대의 말을 가로막고는 문 쪽을 향해 걸어가면서 이렇게 말했다.

"가 보세나."

앙투안은 두 사람이 나가는 것을 물끄러미 바라보았다. '좋은 녀석이야, 바르도 저 친구는' 하고 그는 생각했다. '저런 친구를 갖고 있다는 건 정말 다행스런 일이야.'

앙투안은 언제나 이 시간에 자기 방으로 되돌아와 거기에서 치료를 끝낸 다음 정오까지 쉬곤 했다. 어떤 때는 아침나절의 진료 때문에 녹초가 되어 안락의자에서 졸다가 점심식사를 알리는 종소리에 소스라쳐 깨는 경우도 자주 있었다.

앙투안은 거리를 약간 둔 채 두 사람의 뒤를 따라갔다. '어쨌든' 하고 그는 문득 생각했다. '만일 이곳에서 죽어 버렸더라면 바르도 같은 친구의 우정은 아무런 도움도 안 되었을 테지…….'

앙투안은 호흡을 조절하기 위해 천천히 걸어갔다. 3층까지 올라갈 때에는 이따금 조금만 방심해도 옆구리에 통증을 느끼곤 했다. 별로 심한 것은 아니었지만 그래도 그 통증을 잊기까지는 몇 시간이 걸리곤 했던 것이다.

조제프는 이번에도 발을 내리는 것을 잊어 버렸다. 그 때문에 약품이 가지런히 놓여 있는 선반 주위에서 몇 마리의 파리가 날아다니고 있었다. 파리채는 못에 걸려 있었다. 그러나 완전히 지친 앙투안은 쫓아낼 엄두도 나지 않았다. 그는 창 앞에 전개되고 있는 멋진 풍경은 거들떠보지도 않고 창문의 발을 내린 다음 안락의자에 앉았다. 그리고 잠시 눈을 감고 있었다. 그런 뒤 주머니에서 전보를 꺼내 그것을 무심코 다시 읽었다.

그 노파도 마침내 자신의 생애를 끝마쳤다. 이 세상을 하직하는 것 이외에는 무슨 할 일이 있었겠는가? 하지만 그다지 고령은 아니었는데……. "육십이 넘어서, 알다시피 앙투안, 이 나이에 나는 누구의 신세도 지고 싶지 않아." 그녀는 남은 생애를 양로원에서 지내기로 마음 먹었을 때 고개를 흔들며 이렇게 되풀이했던 것이다. 티보 씨가 세상을 떠난 뒤 며칠도 안 되어서였다. 1913년 12월 아니면 1914년 1월 경이었을 것이다……. 지금은 1918년 5월이니 벌써 4년도 더 된 일이구나! 세상을 떠날 때 그녀의 나이가 칠십은 되었을까? 앙투안은 매다는 촛대 아래서 앞가르마를 탄 희끗희끗한 머리 사이로 드러난 노랗고 작은 그녀의 이마며, 식탁보 위에서 떨고 있는 상아 같은 작은 손이며, 무엇엔가 놀란 노새 같은 작은 두 눈을 다시 보는 듯했다. 그녀는 모든 것에 무서움을 타곤 했다. 이를테면 벽장 속에서 쥐소리가 난다든가, 천둥소리가 멀리서 울린다든가, 마르세유에서 일어난 페스트 소동이라든가, 시칠리아 섬에서 기록된 지진 등. 쾅 하고 닫히는 문소리나 좀 급작스러운 벨 소리에도 "어머나!" 하고 소스라쳐 놀라곤 했다. 그리고는 불안한 모습으로 스스로 '두건'이라고 일컫던 검은 실크로 된 짧은 외투 밑으로 팔짱을 끼는 것이었다. 그리고 그녀의 웃음소리가 떠올랐다……. 그녀는 자주 웃곤 했다. 그것도 늘 하찮은 일에, 어린 소녀처럼 킥킥거리며 순박한 웃음을 짓곤 했다. 분명 젊었을 때는 매력적이었을 것이다. 어떤 기숙사 마당에서 까만 벨벳으로 된 리본을 목에 달고 땋아 늘인 머리를 헤어네트 속에 말아넣고는 굴레 던지기를 하고 있는 그녀의 모습을 쉽게 그려 볼 수 있었다! ……젊었을 때는 도대체 어떠했을까? 한 번도 그때 이야기를 한 적이 없었다. 그렇다고 그녀에게 그런 질문을 한 사람도 없었다. 이름이라도 알고 있는 사람이 있었을까? 어느 누구도 그녀를 이름으로 부르는 사람은 없었다. 성으로 부르는 사람도 없었다. 다만 그녀의 직분에 따라 지칭했을 따름이다. '수위 아주머니'라든가 '승강기'라고 부르는 것처럼 그녀를 '마드무아젤'이라고 불렀던 것이다. 20년 동안 줄곧 티보 씨의 횡포 밑에서 경건한 공포심을 갖고 살았다. 20년 동안 줄곧 앞에 나타나지 않고 묵묵히 지칠 줄 모르며 살아왔던 그녀는 집안의 중심인물이었다. 그렇다고 어느 누구도 그녀의 꼼꼼함이나 상냥함을 고맙게 여기지 않았다. 자신을 내던진 헌신과 자기희생과 겸허와 한정되고 소박한 애정으로 시종일관한 생애였다. 그렇지만 보상은 거의 없었다.

'지젤은 슬퍼할 거야' 하고 앙투안은 생각했다.

꼭 그렇게 믿는 것은 아니었지만 그는 그렇게 생각하고 싶었다. 오랫동안의 잘못을 뉘우치는 뜻에서 그에게는 지젤의 슬픔이라도 필요했던 것이다.

'편지를 써야지' 하고 앙투안은 급하게 생각했다(동원된 이후로 그는 꼭 필요한 경우를 제외하고는 편지를 쓰지 않았다. 그리고 병석에 누운 뒤부터는 편지 쓰는 일을 완전히 그만두다시피 했다. 때때로 지젤, 필립 박사, 스튀들레, 주슬렝에게 몇 자 끄적거려 엽서를 보내는 것이 고작이었다). '긴 조전(弔電)을 쳐 보내야겠군' 하고 그는 생각했다. '그러면 며칠 간 여유를 두고 편지를 쓸 수 있을 테니까……. 어째서 장례식 시간을 알려 왔을까? 설마 내가 여행을 할 수 있으리라고 생각하지는 않았을 텐데!'

전쟁이 시작된 이래 그는 한 번도 파리에 간 적이 없다. 거기에 가 보았자 무슨 할 일이 있단 말인가? 보고 싶은 사람들은 모두 자신과 마찬가지로 동원되었으니 말이다. 집과 텅 빈 아파트와 용도가 바뀐 실험실에 가 보았자 무슨 소용이 있단 말인가? 자신의 휴가 차례가 돌아올 때마다 그 기회를 다른 친구들에게 양보하곤 했다. 전선에 있을 때만 해도 활동적이고 규칙적인 생활에 얽매여 있었으므로 생각할 틈이 없었다. 단 한 번, 쏨므에서의 공격 개시 전에 '휴가'를 받은 적이 있었다. 그래서 겨울이 끝날 무렵 혼자 틀어

박히기 위해 디에프로 출발했었다. 그러나 그곳에 도착한 지 이틀 뒤에 다시 기차를 타고 부대로 되돌아왔던 것이다. 그것은 역한 바닷물 냄새가 풍기고 밤낮으로 눅눅한 바람이 불어 대며, 게다가 부상당한 영국 병사들로 우글거리는 그 도시에서 한가롭게 지낸다는 것이 너무나 고통스럽게 여겨졌기 때문이었다. 동원된 뒤 그는 한 번도 지젤을(필립 박사도 제니도 그 어느 누구도) 만난 적이 없었다. 처음으로 부상을 입은 뒤 회복기에 있는 동안 지젤이 생디지에로 그를 문병오겠다는 것조차도 그는 거절했다. 그는 2, 3개월마다 한 번씩 지젤과 주고받는 애틋하고 간결한 편지만으로 후방 세계와, 과거의 세계와 최소한도로 접촉을 유지하는 것으로 충분했다.

그가 제니의 임신을 알게 된 것은 편지를 통해서였다. 또한 편지를 통해 자크가 죽은 것이 틀림없다는 사실도 확인하게 되었다. 1915년 겨울에 그와 매우 친밀한 편지를 여러 차례 교환한 제니는 제네바에 갔으면 한다는 편지를 그에게 보내왔다. 제니는 이 여행에 두 가지 목적을 두고 있었다. 곧 가족들로부터 멀리 떨어진 그곳에서 아무도 모르게 아이를 낳고 싶다는 것과, 스위스에 머물면서 자크의 죽음―그때까지 수수께끼에 쌓여 있던 자크의 죽음에 관해서 이런저런 조사를 해 보고자 한다는 것이었다. 제니와 여전히 관련을 맺고 있던 혁명가 동지 사이에서는 자크가 8월 초순 '위험한 임무'를 수행하다가 행방불명이 됐다는 소문이 파다했었다. 그래서 앙투안은 제니를 뤼멜에게 소개해 주어야겠다는 생각을 했었다. 뤼멜이 소집된 곳은 파리였는데, 그것도 자신의 근무처인 케도르세였다. 그는 별 어려움 없이 제니에게 필요한 통행증을 얻어 주었다. 제네바에 갔던 제니는 거기서 반네드를 만났다. 반네드는 제니가 조사하는 일을 도와주었다. 그는 제니와 함께 바젤에 가서 제니를 프라트넬에게 소개했다. 마침내 제니는 이 서점 주인을 통해 자크의 마지막 며칠동안에 관해 여러 가지 확실한 정보를 얻게 되었다. 선전문을 작성한 일이며 메네스트렐의 비행기를 기다렸던 일이며, 8월 10일 아침에 알자스 전선을 향해 비행한 사실 따위를 알 수 있었다. 그 뒤의 일은 프라트넬도 아는 바가 없었다. 그러나 제니를 통해 이런 사실을 알게 된 앙투안은 뤼멜에게 조사를 의뢰했다. 그리하여 독일수용소의 포로명단을 조사했으나 헛수고만 하던 끝에 마침내 파리 육군성의 문서보관소에서 8월 10일자 보병 사령부가 발부한 한 문서를 발견하기에 이른 것이다. 알자스 주둔 군대의 퇴각에 관해 언급하고 있는 이 문서에는 비행기 한 대가 격추되면서 화염에 휩싸였다고 기록되어 있었다. 시체는 완전히 불에 타버려 누가 누구인지 신원을 알 수 없다는 것이었다. 그러나 비행기의 잔해로 미루어보아 스위스제 비무장기임에 틀림없다고 했다. 그리고 그 보고서는 타버린 종이뭉치 속에서 격렬한 반군국주의 삐라 조각을 판독할 수 있었다고 덧붙이고 있다. 의심할 여지가 없었다. 시체는 자크와 조종사임에 틀림없었다……. 이 무슨 개죽음이란 말인가! 앙투안은 이런 죽음이 보여 주는 어처구니없는 상황을 받아들일 수 없었다. 4년이 지난 지금에 와서도 슬프다기보다는 오히려 노여움이 앞서는 것이었다.

앙투안은 자리에서 일어나 파리채를 떼어내 화가 난 듯 열두어 마리의 파리를 때려잡았다. 그리고 나머지는 수건으로 내쫓으려고 했다. 그런데 갑자기 기침이 나와 안락의자 등에 두 손을 얹고 몸을 구부린 채 꼼짝달싹을 못했다. 몸을 겨우 일으킬 수 있게 되자 그는 습포에 테레벤틴을 적셔 그것을 잠시 가슴에 갖다 대었다. 일시적으로 편안해지자 침대에 가서 그 위에 있는 베개 두 개를 집어 들고 와 의자에 다시 앉았다. 그리고 울혈을 피하기 위해 상체를 곧바로 하고 엄지와 인지로 후두를 누르며 조심스럽게 호흡 연습을 시작했다. 그러면서 점점 더 고른 숨결로 또렷한 발음을 내기 위해 안간힘을 썼다.

"아…… 에…… 이…… 오…… 우……"

그의 눈길은 방 안을 이리저리 둘러보고 있었다. 좁고 역겨울 정도의 보잘것없는 방이었다. 오늘 아침에는 바닷바람 때문에 창의 발이 흔들거렸다. 래커로 칠한 짙은 분홍빛 벽 위에는 반사광이 춤을 추고 있었다. 그 벽은 코니스 밑에서 너풀거리고 있는 초콜릿빛의 메꽃 무늬를 지닌 프리즈에까지 드러나 있었다. 화장대 거울 위에는 어떤 잡지에서 오려낸 것 같은 세일러복 칼라를 한 6명의 미국 여자들이 한 줄로 늘어 서서 한쪽 다리를 들어 활 모양으로 구부리고 있었다. 이것은 앙투안보다 먼저 53호실에 있던 환자가 생존시 걸어 놓았던 장식품 중 마지막으로 남은 것이었다. 다른 것은 다 처분했지만 미치광이 같은 이 6명의 '아가씨들'만은 너무나 높은 곳에 걸려 있어서 그것을 떼어 내는 일이란 무모한 짓 같았다. 2층 병동의 사환인 조제프를 시켜 마지막으로 그것을 한 번 더 떼내려고 했지만 조제프는 키가 작은 데다가 발판마저 아래층에 있었다. 그래서 그는 차라리 그 문제를 잊기로 했다.

소나무로 된 작은 책상 위에는—침 뱉는 도자기 그릇이 당당히 자리잡고 있는가 하면, 약품이 들어 있는 작은 병과 상자 사이에 헌 신문이며 잡지, 전선의 시도며 음반 따위가 산더미처럼 쌓여 있었다—그가 매일 저녁 그날의 의학적 관찰을 적어 두는 비망록을 펼칠 만한 자리밖에는 남아 있지 않았다. 세면대의 유리선반 위에도 약병이 잔뜩 쌓여 있었다. 책상과 칠하지 않은 옷장(여기에는 속옷들과 옷가지가 들어 있었다) 사이에는 장교용 트렁크가 세워져 있었다. 칠이 벗겨져 있긴 하지만 '제2대대 군의관'·닥터 티보라는 글씨를 아직 읽을 수 있었다. 그 장교용 트렁크는 못 쓰게 된 축음기의 받침대로 쓰이고 있었다.

장밋빛이 도는 이 감방에 갇혀 자기 병세의 추이를 지켜보며, 결과적으로 나아진 것은 없지만 그래도 치유의 뚜렷한 징후를 기대하면서 지내온 지도 어느덧 5개월이 가까워 온다……. 그는 이 방 안에서 괴로워하고, 시간을 헤아리고, 먹고 마시고 기침을 하고, 끝까지 읽은 적이 없는 책을 들여다보기도 하고, 과거와 미래를 곰곰이 생각해 보기도 하고, 사람들의 방문을 받고 농담도 하며 전쟁과 평화에 관해 숨이 가쁠 정도로 토론도 하곤 했던 것이다. 열이 나고, 숨이 가쁘고 불면으로 고통스러워하고 있는 시간에 자신을 지켜본 이 침대, 이 안락의자, 이 침그릇이 역겨울 때도 있었다. 다행히 지금의 상태는 꽤 자주 아래층에 내려가 도피할 수 있을 정도였다. 그럴 때면 읽지는 않지만 그런대로 자신의 고독을 달래주는 책 한 권을 들고 사이프러스나무가 늘어선 산책길 아니면 올리브나무 밑으로 몸을 피하곤 했다. 때로는 물을 끌어올리는 소리 때문에 시원한 느낌을 갖게 하는 채소밭 멀리까지 몸을 피하기도 했다. 혹은 잠시 서 있을 수 있는 기력이 생길 때면 바르도와 마제와 함께 실험실에 틀어박히기도 했다. 그곳에 가면 곧 친숙한 분위기를 맛볼 수 있었던 것이다. 바르도는 앙투안에게 가운을 빌려주며 자신이 하는 일에 가담시켰다. 그곳을 나올 때는 기진맥진하곤 했지만 그런 날이야말로 그에게는 더할 나위 없이 흐뭇한 날이었던 것이다.

회복될 날을 기다리며 그곳에서 헛되이 보내는 강요된 이 휴식기간, 몇 주일, 몇 개월을 미래를 위해서 유익하게 이용할 수만 있다면! 이미 여러 차례 무엇인가 개인적인 일을 시도해 보았다. 그러나 그럴 때마다 병이 재발하여 무슨 결과를 얻어내기도 전에 하는 수 없이 하던 일을 멈추지 않으면 안 되었던 것이다. 특히 그의 머릿속을 떠나지 않았던 것은 바로 전쟁이 일어나기 전에 자신이 수집해 놓은 유아기의 호흡장애와 어린아이의 지능발육 내지는 그에 관한 관찰 기록을 하나의 긴 연구로 완성시키는 일이었다. 이제 자료는 충분히 모여서 대단한 저서는 아닐지라도 잡지에 실을 경우 적어도 방대한 주제를 다룬 글을 만들 수 있을 정도는 되었다. 우선권을 확보하기 위해 그것을 빨리 발표하고 싶었다. 왜냐하면 그건 이미 '유행중'인 주제라서 잘못하다가는 다른 소아과 전문의에게 선수를 빼앗길 우려가 있기 때문이었다. 그러나 설사 자신의 건강이 그 일을 허락한다 하더라도 그에 관한 문헌이며 실험한 모든 것을 파리에 두고 왔으므로 시도해 보고자 해도 어쩔 도리가 없었다. 비서였던 르와는 전쟁이 일어나고 겨우 2개월 만에 아라스 지역 공격 때 소대 병력 전체와 함께 실종되었으며, 주슬렝은 2개월 전부터 실레지아의 포로수용소에 수용되어 있다. 한편 1916년 베르됭에서 부상당한 스튀들레는 상처는 나았지만 귀가 먹어 방사선과 전문의로 있다가 최근 근동 파견 군대의 위생반에 배속되었다.

점심식사 시간이 다가옴을 알리는 첫 번째 징이 울리자 앙투안은 자리에서 일어났다. 그는 목 안쪽을 들여다보기 위해 세면대의 벽등을 켰다. 식사를 하기 전에 무엇을 삼킬 때마다 느끼는 고통을 가라앉히기 위해 목 안에 약간의 약물을 주입하곤 했다. 어떤 날에는 그 고통이 무척 견디기 힘들어 바르도에게 달려가 전기소작치료를 받아야만 할 때도 있었다.

두 번째 징이 울리기를 기다리면서 앙투안은 안락의자를 창가까지 밀고 가서 발을 올렸다. 그의 눈 앞에는 광활한 계단식 경작지가 펼쳐져 있었으며, 그 뒤로는 바위투성이의 산마루가 우뚝 솟아 있었다. 오른쪽에는 눈에 익은 구릉의 능선이 기복을 이루며 뿌연 햇살 속에서 짙은 청색이 도는 바다 지평선까지 이어지고 있었다. 아래에는 정원이 있었는데 그곳으로부터 꽃향기가 풍겨오는가 하면 여러 사람의 목소리가 들려오기도 했다. 앙투안은 사이프러스나무가 양쪽에 늘어선 큰 산책길에서 환자들이 언제나처럼 오가는 것을 잠시 눈여겨보기 위해 몸을 구부렸다. 그는 환자들을 모두 알고 있었다. 과랑과 그의 말동무인 부아즈네(성대를 다치지 않은 사람은 이들 둘뿐이었다. 그래서 그들은 아침부터 저녁까지 지껄이고 있었다), 책을 옆구리에 끼고 있는 다로스, 사람들이 '캥거루'라고 부르는 에크만, 매일 아침

하듯이 한 무리의 젊은 장교들에 둘러싸인 채 지도를 펴놓고 공보(公報)에 관해 이런저런 설명을 붙이는 레몽 사령관. 그들이 흥분해서 계속 몸짓을 하는 것만 보아도 앙투안에게는 그들의 목소리까지 들리는 듯했다. 그리고 자신도 그들 사이에 끼여 있었던 것과 거의 다름없는 피로를 느꼈다.

징이 다시 울리자 온 정원이 겁에 질린 개미떼처럼 술렁이기 시작했다.

앙투안은 한숨 쉬며 다시 몸을 일으켜세웠다. '저 음침한 징소리만큼 마음을 스산하게 하는 것도 없을 거야' 하고 그는 생각했다. '왜 다른 데서처럼 종을 치지 않을까?'

그는 시장기를 전혀 느끼지 않았다. 게다가 또다시 여기서 내려가 음식 냄새를 맡으며 시끄러운 식사 시중 소리, 언제나 변함없는 '장교 식당'의 혼잡을 견뎌 내야 한다는 생각에 맥이 풀렸다. 또 마음에도 없는 미소를 지으며, 독일의 작전계획에 관해 매일같이 듣는 장광설, 전쟁이 얼마나 오래갈 것인가에 대한 예측, 공보의 내막에 관한 설명 따위를 듣는 일이 끔찍하게만 여겨졌던 것이다. 이 모든 것들은 으레 짓궂은 소리, 전선에서의 추억, 음담 같은 것을 곁들이기 마련이었다. 거기에다 점액의 모양이라든가 전날 밤에는 가래의 양이 많았다는 식의 솔직한 고백에 이르게 되면 더욱 견디기 힘들었다.

그는 잠옷 윗도리를 벗고, 세 줄의 계급장이 달린 낡은 하얀 리넨 군복으로 갈아입은 뒤 주머니에서 지젤의 전보를 꺼냈다. 그러고는 갑자기 꼼짝도 않고 그 자리에 우뚝 섰다.

'거기에 가면 어떨까?'

그는 자신도 모르게 미소를 지었다. 그러지 못하리라는 것을 알고 있었다. 그런 내적인 확신이 있었기에 그 환상적인 계획을 중심으로 온갖 상상력을 펼쳐볼 수 있었다. 물론 그 계획 자체가 전혀 실현 불가능한 것은 아닐 것이다. 여러 가지로 조심하면서 꾸준히 치료를 계속하고 흡입기와 필요한 약품 일체를 가져가기만 한다면 병세가 악화될 염려는 조금도 없을 것이다. '장례는 일요일 오전 10시'…… 내일 토요일 오후에 떠나는 급행을 타면 일요일 아침에는 충분히 파리에 도착할 것이다. 세그르는 분명히 허락해 줄 테고 도스의 경우는 상태가 더 나빴는데도 허가해 주지 않았던가? 어떤 뜻에서는 절호의 기회인지도 모른다. 뜻밖의 일인 만큼 마음이 끌리지 않는 것도 아니고…….

앙투안은 문득 전쟁 전과 마찬가지로 풍족하고 건강한 생활을 하던 시절에 그랬던 것처럼 좋은 음식이 차려져 있는 식당차의 식탁에 혼자 조용히 앉아 있는 자신의 모습을 그려보았다.

파리에 가면 옛 스승인 필립 박사에게 자신의 건강상태에 관해 물어볼 수 있을 것이다…… 무엇보다도 자신이 모아 놓은 문헌과 '테스트'를 다시 보게 될 것이다. 노트와 책을 한 보따리 싸 가지고 와야지. 일할 때 필요한 모든 것, 기약없는 이 회복기를 메울 수 있는 것을……

파리! 3, 4일 동안의 도피! '장교 식당' 없는 3, 4일!

그래, 망설일 이유가 어디에 있단 말인가?

2. 파리에서 베즈 아주머니의 매장

적막 속에서 찰카닥 하고 빗장소리가 났다. 그리고 수위실의 쪽문이 살짝 열렸다. 푸른 나사로 된 소매와 반지가 빛나고 있는 주름투성이의 손이 앙투안의 눈에 들어왔다.

"곧바로 가세요" 하고 누군가가 모습을 드러내지 않고 중얼거렸다. "복도를 죽 따라가면 안뜰이 나옵니다."

텅 빈 현관은 타일로 번쩍거리는 복도로 이어져 있었으며, 양로원의 조용한 안쪽을 향해 뻗어 있었다. 왼쪽에는 검은 털실로 짠 세모꼴 숄을 어깨에 두른 두 노파가 층계의 아랫계단에 쭈그리고 앉아 마치 단역배우처럼 서로 얼굴을 맞대고 목소리를 죽여 가며 무엇인가 종알거리고 있었다.

사분의 삼쯤 햇볕이 드리워진 안뜰에는 사람의 그림자조차 보이지 않았다. 성당은 뜰 구석에 자리잡고 있었다. 입구의 문이 하나 열려 있었는데, 그것이 건물 전면에 직사각형의 어두운 공간을 만들어 주고 있었다. 그곳을 통해 오르간 소리가 흘러나오고 있었다. 이미 장례 미사가 시작했던 것이다. 앙투안은 건물 쪽으로 가까이 갔다. 어두운 성당 안을 들여다보는 순간 그의 눈에는 작은 불꽃들이 타오르고 있는 삼각 촛대가 보였다. 성당의 타일 바닥은 안뜰의 지면보다 낮았으므로 두 단쯤 내려가야 했다. 앙투안은 통로를 가로막고 있는 장의사 인부들 사이를 비집고 들어갔다. 작은 실내는 사람들로 꽉 차 있었다. 성당 안은 지하 성당답게 냉기가 감돌았다. 앙투안은 한 손으로 성수반을 짚고 간신히 발돋움해 보았다. 성단 앞에는 검은 시트로 어설프게 싸인 관이 네 개의 큰 촛대 사이에 안치되어 있었다. 그렇게 초라한 영구대 뒤에 안경을 쓴 백발의 키 작은 남자가 팔짱을 끼고 서 있었다. 그리고 곁에는 간호사인 듯한 여자 한 사람이 무릎을 꿇고 있었는데, 푸른 베일로 얼굴을 가리고 있었다. 그녀가 고개를 돌리자 앙투안은 그녀가 지젤임을 알 수 있었다. '친척도 없고 친구도 없고…… 바보스런 저 샬르밖에는 아무도 없으니……' 하고 그는 생각했다. '오기를 잘했다……. 그런데 제니의 모습이 안 보이는데…… 퐁타냉 부인도 다니엘도……. 오히려 다행이다. 내가 파리에 와 있다는 사실을 그들에게 알리지 말라고 지젤에게 일러 두어야지. 그러면 메종 라피트에 가지 않아도 될 테니까.' 그는 세모꼴 숄을 쓰고 있는 노파들과 큰 베일을 쓰고 있는 수녀들이 빽빽히 줄지어 앉아 있는 벤치에 아는 얼굴이 아무도 없다는 것을 확인했다. '도저히 끝까지 서 있지 못하겠는걸……. 이 안이 춥기도 하지만…….' 그가 나가려고 할 때 주위의 벤치가 삐걱소리를 냈다. 참례자들이 무릎을 꿇기 위해 자리에서 일어나는 소리였다. 연미사를 집전하던 신부가 두 손을 높이 들고 신도들 쪽으로 몸을 돌렸다. 앙투안은 그가 큰 몸집에 이마가 벗겨진 베카르 신부임을 알아보았다.

앙투안은 층계를 다시 올라가 안뜰로 되돌아갔다. 마침 햇살이 비치는 벤치가 있어서 거기에 가 앉았다. 견갑골 사이의 아픈 곳 때문에 그는 몹시 고통스러웠다. 이번의 긴 철도여행이 그를 너무 혹사시킨 것 때문은 아니었다. 밤에 오는 동안 그런 대로 몇 시간은 발을 뻗고 누워 있을 수 있었다. 실은 리옹 역에서 포엥 뒤 주르까지 강가의 돌투성이 도로 위를, 그것도 낡은 택시를 타고 오다 보니 완전히 녹초가 되어버린 것이다.

'어린아이의 관 같군' 하고 그는 생각했다. '그렇게도 작았던가!' 그에게는 위니베르시테 거리의 집에서 종종걸음 치며 왔다 갔다 하던 그녀의 모습, 또는 방 안에서 상감 세공한 책상 앞에 놓인 의자 끝에 빛을 등지고 걸터앉아 있는 그녀의 모습이 선명하게 떠올랐다—그것은 그녀가 말하듯이 '대대로 내려오는 가구'였다. 또한 그것은 티보 씨의 집을 관리하기 위해 왔을 때 그녀가 지니고 온 유일한 유품이기도 했다. 이 '비밀' 서랍에다 그녀는 매달 월급을 챙겨넣곤 했으며, 온갖 소중한 물건을 보관해 두고 있었다. 그리고 여기에다 잡동사니도 쑤셔넣었던 것이다. 대추즙이며 영수증이며 편지지며 바닐라 상자며 티보 씨가 쓰다 버린 연필 토막이며 팸플릿이며, 요리책, 실,

바늘, 단추, 쥐약, 방수포, 홍채주머니, 아르니카, 집 안의 헌 열쇠 꾸러미 일체, 그리고 기도서라든가 사진이라든가 그 밖에 손의 피부를 부드럽게 하는 오이 포마드 따위를 넣어두고 있었다. 그래서 서랍이 열리자마자 그 포마드의 김빠진 냄새가 바닐라와 홍채 냄새와 뒤섞여 현관까지 풍겼다. 어린시절의 앙투안과 자크에게는 이 책상 서랍이 오랫동안 신기한 보물처럼 현혹적인 매력의 대상이 되었었다. 훗날 자크와 지젤은 그 책상 서랍을 '마을의 잡동사니'라고 불렀다. 왜냐하면 무엇이든지 찾아볼 수 있는 시골의 잡화상 같은 것이었기 때문이다……

사람들의 발소리에 앙투안은 고개를 들었다. 검은 옷을 입은 장의사들이 두 번째 문을 열었다. 그리고 화환을 안뜰로 들고 와 땅에 내려놓았다. 앙투안은 일어섰다.

식이 끝날 무렵이었다. 양달령 앞치마를 두른 수녀 둘이 시선을 떨군 채 야채를 가득 실은 작은 수레를 끌고 지나가더니 안뜰을 둘러싼 건물 가운데 하나로 재빨리 자취를 감추었다. 2층 십자형 유리창의 커튼은 들어 올려져 있었다. 그리고 그 창 뒤에는 짧은 윗도리 차림의 거동이 자유롭지 못한 노파들이 자리잡고 있었다. 몸이 성한 사람들은 성당으로부터 나오더니 절뚝거리며 문 양편으로 무리를 지어 모였다. 오르간 소리가 그쳤다. 은빛 십자가와 사제의 흰 옷이 어둠 속으로부터 모습을 드러냈다. 두 사람의 남자가 둘러맨 관이 나타났다. 뒤에는 어린이 합창대가 따르고 있었고, 그 다음에 늙은 사제, 베카르 신부 순서로 이어지고 있었다.

이번에는 지젤이 돌계단을 올라와 햇빛을 받으며 모습을 드러냈다. 그녀의 뒤에는 샬르 씨가 있었다. 운구하는 사람들은 장의사 인부들이 관 위에 화환을 올려놓도록 하기 위해 잠시 멈추어 섰다. 지젤은 두 눈에 눈물을 가득 머금은 채 관 쪽을 바라보고 있었다. 생각에 잠긴 그녀의 얼굴에서 성숙한 표정을 발견한 앙투안은 놀라지 않을 수 없었다. 지젤을 생각할 때 그는 언제나 열다섯 살의 말괄량이를 떠올리곤 했던 것이다. '지젤은 나를 보지 못했어……. 내가 여기에 와 있으리라고는 꿈에도 생각하지 못할 거야.' 그는 상대편이 아무것도 눈치채지 못하는데 자신만이 일방적으로 그녀를 살피고 있는 것에 약간 거북스러움을 느꼈다. 그는 지젤의 얼굴색이 진한 흑갈색이라는 것을 까맣게 잊고 있었다. '이마 위의 흰 장식 때문에 피부가 더 검

게 보이는 것이 틀림없어……'

검은 장갑을 낀 샬르 씨는 손에 고풍스런 모자를 들고 있었다. 그는 목을 내밀고는 새 같은 작은 머리를 좌우로 흔들고 있었다. 앙투안의 모습을 얼핏 알아본 그는 마치 터져나오는 비명을 억누르기라도 하려는 듯 손을 갑자기 입으로 갖다 댔다. 지젤이 뒤를 돌아보았다. 그녀의 눈길은 앙투안에게로 쏠렸다. 앙투안을 한눈에 알아보지 못하기라도 한 듯이 그녀는 잠시 그를 뚫어지게 바라보았다. 그러고 나서 그에게로 달려와 흐느끼기 시작했다. 앙투안은 그녀를 어색하게 껴안았다. 관을 둘러메고 있던 사람들이 다시 걷기 시작하는 모습을 보고 그는 지젤에게서 슬며시 몸을 비켰다.

"곁에 있어줘요" 하고 지젤은 속삭이듯 말했다. "떠나지 마세요."

그녀는 자기 자리로 되돌아갔다. 앙투안도 그 뒤를 따라갔다. 샬르 씨는 두 사람이 오는 것을 멍하니 바라보고 있었다.

"앙투안 씨 아니세요?" 하고 그는 앙투안이 손을 내밀자 꿈이라도 꾸고 있는 듯 중얼거렸다.

"장지는 먼가?" 하고 앙투안이 지젤에게 물었다.

"르발루아에 있어요……. 마차가 있어요" 하고 그녀는 낮은 목소리로 대답했다.

장례 행렬은 천천히 안뜰을 지나갔다.

말 두 마리가 이끄는 영구마차가 큰길에서 기다리고 있었다. 동네 사람들과 아이들이 인도 위에 울타리를 이루고 있었다. 낡은 마차 위에는 마치 코끼리 등 위에 놓인 가마처럼 어떤 특별석 세 자리가 마련되어 있었다. 거기는 여러 개의 디딤대를 밟고 올라가게 되어 있었다. 세 자리는 지젤, 샬르 씨 그리고 장례 담당자를 위해 마련되었는데 장례 담당자는 자기 자리를 앙투안에게 양보하고 마부 곁 의자로 기어올라갔다. 마차가 흔들하더니 변두리 지역의 포석길 위를 덜커덕거리며 느린 속도로 굴러가기 시작했다. 두 신부는 장례를 위해 마련한 사륜마차를 타고 뒤따랐다.

자리에 올라타려고 계속 애를 쓴 탓에 앙투안은 기관지가 아파왔다. 자리에 앉은 직후부터 계속 기침이 발작적으로 나왔기 때문에 그는 한순간 고개를 숙인 채 손수건을 입에 갖다 대고 있어야만 했다.

지젤은 두 남자 사이에 앉았다. 그녀는 기침이 멎기를 기다렸다가 드디어 앙투안의 팔을 잡았다.

"와 주어서 고마워요. 별로 기대도 하지 않았었는데!"

"아, 이런 시기에는 뜻하지 않게 무슨 일이 일어날지 모르니까요" 하고 샬르 씨는 거드름을 피우며 탄식하듯 말했다. 그는 앙투안이 기침하는 것을 바라보려고 몸을 기울이고 있었다. 그리고 안경 너머로 앙투안을 계속 바라보았다. 머리를 설레설레 저으면서 그는 이렇게 말했다. "실례했습니다. 바로 알아뵙지 못해서요. 그럴 수밖에 없지 않았겠어요, 지젤 씨?"

앙투안은 불쾌하지 않은 척하면서 이렇게 말했다.

"그래요. 꽤 말랐으니까…… 이페리트 가스(^{제1차 세계대전 때 독일군이 벨기에의} _{이프르를 공격할 때 사용한 독가스}) 때문에!"

지젤은 낮은 그 목소리에 흠칫하여 돌아보았다. 그녀는 안뜰에서 처음 앙투안을 본 순간 그의 전체적인 모습에 매우 놀랐었다. 그러나 그때는 그를 똑똑히 살피지 못했었다. 하기는 그의 모습이 변했다고 해서 조금도 놀라운 일은 아니었다. 왜냐하면 5년 동안이나 만나지 못한 데다 군복 차림이었으니까. 그런데 자신이 생각했던 것보다는 앙투안 쪽에서 더 충격을 받은 것은 아닌가 하는 생각이 지금 그녀의 뇌리를 스쳐 갔다. 그녀는 앙투안이 가스중독이라는 것에 관해 상세한 내용을 들은 적이 없었다. 그가 남프랑스에서 치료를 받고 있으며, '회복중에 있다'는 사실만을 여러 번의 그의 편지를 통해 알고 있을 뿐이었다……

"이페리트라고요?" 하고 샬르 씨는 의기양양한 태도로 그 방면에 전문가인 체하면서 되받았다. "아무렴요. 이페리트 가스군요. 무타르드(^{'겨자'라는} _{뜻의 프랑스어})라고도 하지요. 현대문명이 발견한 것 가운데 하나라고 할까요." 줄곧 그는 신기한 듯 앙투안을 뚫어지게 바라보고 있었다. "그놈의 가스 때문에 '홀쭉해'지셨군요. 대신 무공훈장을 받으셨네요. 거기에다 훈장이 두 개라……아니, 영광스러운 일이지요."

지젤은 앙투안의 군복을 힐긋 바라보았다. 편지에서 그는 이 훈장에 관해 한 마디도 비친 적이 없었다.

"그런데 의사들은?" 하고 그녀는 엉겁결에 말을 꺼냈다. "뭐라고 하던가요? 앞으로도 계속 병원에 있어야 한대요?"

"회복이 더디니까" 하고 앙투안은 솔직히 말했다. 그러면서 애써 미소를 지어 보였다. 무엇인가 더 하고 싶은 말이 있는지 깊게 한숨을 내쉬다가 입을 다물어버렸다. 말들은 빨리 달리기 시작했다. 마차의 흔들림 때문에 그는 숨을 쉴 수가 없었다.

"우리 발명소에서는 무엇이건 필요한 것은 다 팔고 있습죠. 물론 방독면 도요" 하고 샬르 씨는 느닷없이 입을 비죽거리는가 하면 치아를 드러내 보이면서 지껄였다.

지젤은 다정한 말 한마디를 해 주고 싶었다.

"샬르 씨, 댁의 사업은 잘 되어가고 있나요? 만족스럽게 여기세요?"

"아무렴요, 잘되고 말고요…… 요즈음의 상황답게 말이죠! 상황 변화에 적응해야지요. 어쨌든 발명가란 발명가는 모두 동원되어 버렸답니다. 그들은 전선에 가서는, 글쎄, 무엇 하나 제대로 하는 일이 없어요. 이따금 무엇인가 생각해 내는 자가 있기는 합니다만. 예를 들면 이번에 막 생산해 낸 '연합국의 주사위 놀이'를 들 수 있지요. 가지고 다니기 간편하고…… 작전 지역을 도안해 끼워 넣었답니다. 즉, 라 마른느라든가, 레 제파르주라든가 두아몽 따위를……. 전선의 참호에서는 매우 평판이 좋은 모양입니다. 상황에 적응해야지요, 지젤……."

'여하간 저 자는 여전하군' 하고 앙투안은 생각했다.

영구마차는 포엥 뒤 주르에서 르발루아로 가기 위해 외곽도로로 접어 들었다. 일요일인 오늘은 구름 한 점 없는 청명한 하루가 될 것 같았다. 이미 햇살은 뜨거워지고 있었다. 성벽 위에서는 병사들이 한가로이 거닐고 있었다. 도핀느 문 앞에서는 밝은 빛깔의 드레스를 입은 파리 여성들이 어린아이와 개를 데리고 부아(블로뉴 숲)로 가고 있었다. 그리고 인도 위에는 꽃을 가득 실은 야채상의 마차가 죽 늘어서 있었다. 옛날과 조금도 달라지지 않았다. 조금도…….

"그래, 지젤…… 무슨 병으로 돌아가셨지?" 하고 앙투안은 마차의 흔들림 때문에 떨리는 목소리로 물었다.

지젤은 재빠르게 몸을 돌렸다.

"무슨 병이냐고요? 아주머니는…… 흔히 말하듯이 노환이었어요. 위라든가 신장이라든가 심장 따위가 그만. 몇 주 전부터 아무것도 소화시키지 못했으니까요. 마지막 날 밤에 갑자기 심장이 멎었어요." 그녀는 잠시 입을 다물었다. "아주머니가 양로원에 들어간 다음부터는 성격이 얼마나 변했는지 상상도 못할 거예요……. 자신의 일 이외에는 아무것에도 마음을 쓰지 않았으니까요……. 자기 관리, 자신의 안락, 저축한 돈……. 아주머니는 시중드는 사람이나 수녀들을 몹시 괴롭혔답니다……. 그랬다니까요! 사사건건 시비를 거는가 하면 자신이 학대받고 있다고 믿었으니까요. 마침내는 옆 사람이 돈을 훔쳐갔다고 외쳐댈 정도였어요. 말로 하자면 끝이 없어요……. 어떤 때는 수녀들이 자기를 독살하려고 한다면서 며칠이고 물 한 방울도 마시지 않고 있었어요!"

그녀는 다시 입을 다물었다. 침묵이 흘렀다. 앙투안의 대답이 없는 것을 그녀는 오해하고 있었다. 앙투안이 자기를 나무라는 것으로 여겼던 것이다. 왜냐하면 얼마전부터 그녀는 양심의 가책을 느끼며 거기에서 벗어나지 못하고 있었기 때문이다. 아주머니를 위해서 자신이 해야 할 일을 모두 잘했는지 어떤지를 줄곧 자문해 왔던 것이다. '나는 아주머니가 전적으로 키우다시피 했어' 하고 그녀는 생각하곤 했다. '그런데도 나는 아주머니 곁을 떠날 수 있게 되자마자 떠나 버렸어. 그리고 양로원으로 아주머니를 찾아간 것도 몇 번 안 되고…….'

"메종에서는" 하며 그녀는 변명이라도 하려는 듯이 목소리에 약간 힘을 주면서 말을 이었다. "병원 일로 꼼짝할 수가 없었어요! ……아주머니를 보러 온다는 것이 여간 힘든 일이 아니었답니다. 특히 지난 몇 개월 동안에는 통 아주머니를 찾아뵙지 못했어요. 그러다가 지난달에 원장님의 편지를 받고 바로 달려왔어요. 잊으려야 잊을 수 없군요……. 불쌍한 아주머니……. 아주머니는 방구석에서 속옷 바람으로 트렁크 위에 앉아 정신 나간 모습으로 자기의 옷가지를 정리하고 있었어요. 띠를 두른 머리에는 흰 헤어네트를 쓰고 한쪽 발에만 양말을 신고 있었으며, 다른 한쪽은 맨발인 채. 이미 해골처럼 되어 있었어요. 이마는 불룩 튀어나와 있고, 두 뺨은 움푹 패어 있었으며 목 언저리의 살은 다 빠져버린 채……. 그래도 다리만은 놀랄 만큼 정정했어요. 싱싱하기까지 할 정도였으니까요. 마치 젊은 처녀의 다리같이 ……. 나에 관한 일이나 다른 사람의 소식 같은 것은 물으려고 하지도 않았어요. 그저 주위 사람들과 수녀들에 대한 불평만을 털어놓기 시작했어요. 그러더니 사물함을 열러 가더군요. 왠지 알겠어요? '만일의 경우를 생각해서' 저축한 돈을 숨겨 둔 서랍을 나에게 보여 주고 싶었던 거예요. 그리고 장례식에 관한 이야기를 시작했어요. '앞으로는 나를 못 보게 될 거다. 죽을 테니까.' 그러면서 하는 말이 '하지만 걱정하지 마라. 원장님께 부탁해서 너의 새해 선물은 어떻게 해서라도 보내줄 테니까.' 나는 그 말을 농담으로 돌리려고 했어요. '하지만 아주머니, 아주머니는 여러 해 전부터 돌아가신다고 말씀해 오지 않았어요!' 그랬더니 아주머니는 화를 벌컥 냈어요. '나는 죽고 싶어! 산다는 게 지겨워 못 견디겠어!' 그러고는 다리를 바라보면서 말씀하셨어요. '이것 봐, 내 발이 얼마나 귀여운가. 너는 언제나 사내 같은 발을 하고 있었지!' 작별하는 순간 아주머니를 껴안으려고 했더니 몸부림치며 하는 말이 '나를 껴안지 마. 고약한 냄새가 나니까. 나에게는 늙은이 냄새가 나거든……' 바로 그때 아주머니는 당신에 관해 얘기했어요. 내가 문간에 가 있으려니까 나를 다시 부르더군요. '애야, 이가 여섯 개나 빠졌어! 마치 무가 뽑히듯 빠져 버렸다니까!' 그러고는 쾌활하게 웃기 시작했어요. 아주머니의 귀여운 웃음 있잖아요? '이가 여섯 개나. 앙투안에게도 말해 줘……. 그리고 나를 보고 싶거든 빨리 와 달라고 일러줘!'"

앙투안은 듣고만 있었다. 감흥이 전혀 없는 것은 아니었다. 이제는 병이라든가 죽음에 관한 이야기에 대해 어떤 호기심 같은 것마저 느끼게 되었다. 그건 그렇고, 지젤이 수다를 떠는 덕에 자신은 말을 하지 않고 있을 수 있었다.

"그래, 그게 마지막 방문이었나?"

"아니오. 열흘 전쯤에도 갔어요. 아주머니가 영성체를 받았다고 알려 왔기 때문이죠. 방 안은 어두컴컴했어요. 이제는 햇볕을 이겨내지 못하시더군요. 마르트 수녀님이 나를 침대까지 인도해 주셨어요. 아주머니는 이불로 감싸여 있었는데 아주 작아 보였어요……. 수녀님은 혼수상태에 있는 아주머니를 깨워 보려고 했어요. '지젤이에요!' 마침내 이불이 들썩이더군요. 내가 왔다는 것을 알아차렸는지, 나를 알아보았는지 그것은 모르겠어요. 아주머니는 이렇게 또렷이 말했어요. '이다지도 끈담!' 그리고 잠시 뒤에 하는 말이 '새로운 것이 뭐 있나, 전쟁은?' 아주머니에게 말을 걸었지만 아무런 대꾸가 없더군요. 무슨 말인지 알아차리지 못하는 것 같았어요. 내 말을 여러 번 가로막으면서 '그래? 새로운 것이 있냔 말이야?'하셨어요. 이마에 입맞춤을 해 드리려고 했더니 나를 떠밀면서 하시는 말이 '내 머리를 헝클어뜨리지 마라!'였지요. 불쌍한 아주머니……. 내 머리를 헝클어뜨리지 마라라는 말이 내가 들은 마지막 말이에요."

샬르 씨는 손수건으로 눈물을 닦은 다음 그것을 정성스럽게 접었다. 그러고는 나무라는 듯한 어조로 입 안에서 중얼중얼 말했다.

"그건 안 되지……. 머리를 망가뜨리면 안 돼!"

지젤은 재빨리 고개를 숙였다. 그녀의 얼굴에는 자신도 모르게 청순하면서도 장난기 어린 미소가 얼핏 스쳐갔다. 앙투안도 그 미소를 놓치지 않았다. 갑자기 지젤이 아주 친근하게 느껴졌다. 그래서 니그레트(^{'어린 깜둥이'}^{계집애'라는 뜻})라고 부르며 옛날처럼 약올려 주고 싶었다.

샹페레 문의 철책을 지날 무렵 형식적인 검문 때문에 마차가 멈추었다. 광장에는 방공용 대공포차며 기관총 장비, 장갑차며 위장덮개로 가리워진 채 보초병들이 감시하고 있는 대공 조명차 따위가 정차해 있었다.

장례 행렬이 다시 움직이기 시작하여 르발루아의 번잡한 시내로 접어 들자 샬르 씨가 탄식하듯 이렇게 말했다.

"아! ……어찌 되었던 아주머니는 양로원에 계셨기 때문에 행복했어요! 앙투안 씨, 저도 바로 그러기를 바랍니다. 바로 남자를 위한 양로원말입니다. 단 시설이 좋은 양로원……. 그렇다면 안심할 수 있겠죠. 어떤 일이 일어나도 걱정하지 않아도 될 테니까요." 그는 안경을 닦으려고 벗었다. 안경을 벗은 그의 두 눈은 껌뻑이고 있었으며, 감상적이면서도 다정한 빛이 엿보였다. "앙투안 씨, 아버님에게서 받은 연금도 양로원에 몽땅 기부할 겁니다" 하며 그는 말을 이었다. "그러면 죽을 때까지 편안할 수 있겠죠……. 아침나절까지 잘 수 있을 테고, 또 나만의 일을 생각할 수 있을 테지요. 참, 라니에 있는 어떤 양로원에 가본 적이 있어요. 하지만 지금과 같은 상황에서는 그곳은 너무 동쪽에 있어요. 독일놈들에 대해서는 걱정 안 해도 될까요? 게다가 거기 지하실(^{여기서는 지하}^{대피소를 뜻함})이란 것들이 형편없거든요. 진짜 지하실이 아니죠. 지금과 같은 상황에서는 진짜 지하실이 필요합니다……." 그는 지금과 같은 상황에서라는 말을 떨리는 목소리로, 그리고 불길한 전조를 뿌리치기라도 하려는 듯 검은 장갑을 긴 두 손을 앞으로 들어 올리면서 말했다. 스웨이드 가죽으로 된 다 낡아빠진 장갑은 너무 길뿐만 아니라 뻣뻣해진 가죽이 손가락 끝에 볼품없이 꼬여 있어 작은 쌍각 모루 같았다.

앙투안과 지젤은 잠자코 있었다. 두 사람은 이제 미소를 짓고 싶은 마음도 없었다.

"모든 것이 다 걱정스럽군요. 어디에 가도 안심할 수 없으니" 하며 샬르 씨는 푸념 섞인 투로 말을 이었다. "경보가 있는 날 밤에도 진짜 대피소만 있으면 안심할 수 있을 텐데……. 거기라면 안심할 수 있겠지요. 19구의 내 집 앞에는 대피소가 하나 있어요. 진짜……" 그는 잠시 입을 다물었다. 왜냐하면 앙투안이 기침을 하기 시작했기 때문이다. 마침내 그는 이렇게 결론지었다. "앙투안 씨, 이런 상황에서 대피소에서 며칠 밤을 지낸다 해도 그것도 그런 대로 괜찮은 편이랍니다!"

말들은 큰 담을 따라가며 속도를 늦추었다.

"여기가 틀림없어요" 하고 지젤이 말했다.

"그럼, 다음에 너는 어디로 가지?" 하고 앙투안이 물었다. 그는 옆구리에 울려오는 마차의 동요를 줄이기 위해 마차의 등받이에 어깨를 바싹 대고 있었다.

"위니베르시테 거리, 당신 집에요……. 그저께부터 거기에 묵고 있어요. 마차로 거기까지 데려다 주기로 되어 있어요. 계산에 포함되어 있으니까."

"그보다는 택시를 잡도록 하지" 하고 앙투안은 미소를 지으며 말했다. 마차에 올라탔을 때부터 앙투안은 거기에 꼼짝 않고 있는 것이 고통스럽게 느껴지기도 했지만, 거기에서 내려올 생각을 하니 끔찍하게만 여겨졌던 것이다. 그래서 돌아올 때는 다른 교통수단을 찾기로 단단히 마음 먹고 있었다.

지젤은 놀란 눈으로 그를 바라보았다. 그러나 아무런 이유도 묻지 않았다. 때마침 마차는 묘지의 입구를 통과했다.

3. 앙투안 옛집으로 돌아오다

"모두가 잘 붙었네요. 10분 동안 그대로 있을 수 있지요?"

"20분이라도."

8개의 흡각을 아무것도 걸치지 않은 등 위에 붙인 앙투안은 위니베르시테 거리의 작은 서재 의자 위에 말 타듯 걸터앉아 있었다.

"잠깐만" 하고 지젤이 말했다. "감기 걸리면 안 되니까."

그녀는 안락의자 등 위에 놓아두었던 간호사 외투를 들고 와 그것으로 앙투안의 두 어깨를 감싸주었다.

그는 '어쩌면 이렇게 다정하고 친절할 수 있을까' 하고 생각하면서 자신의 마음을 따뜻하게 해 주는 그녀의 온정이 예전과 다름없음을 발견하고 몹시 마음의 동요를 느꼈다. '지난 몇 년 동안 어째서 지젤을 멀리했을까? 왜 편지도 하지 않았을까?' 그는 르 무스키에의 장밋빛 도는 자신의 방, 거울 위로 다리를 쳐들고 있는 6명의 처녀들, 식사 때의 혼잡스러움, 헌신적이기는 하지만 거친 조제프의 시중 따위가 문득 생각났다. '지젤의 간호를 받으며 여기에 있으면 얼마나 좋을까……'

"문은 열어 놓겠어요" 하고 그녀는 말했다. "만일 필요한 것이 있으면 부르세요. 나는 포포트(장교·하사관의 회식) 준비할 테니까요."

"그만둬, 포포트는 하지 마!" 하고 그는 퉁명스럽게 말했다. "제발 그만둬! 포포트라면 이젠 넌더리가 나니까. 4년이나 됐어!"

지젤은 미소를 지어 보였다. 그리고 그를 혼자 남겨놓고 나갔다.

혼자가 된 그는 보금자리를 다시 찾았다는 느낌, 머리맡에 다정한 여인의 손길이 있다는 생각뿐이었다.

동시에 그는 그 '냄새'와 함께 있었다. 그것은 그가 문지방을 넘어 현관을 지나면서 전에 모자를 걸던 왼쪽 모자걸이에 자신의 군모를 무심코 걸었을 때부터 그를 사로잡았다. 그 뒤 그는 줄곧 콧구멍을 벌름거리며 자기 집의 그 냄새를 집요한 호기심을 갖고 맡고 있었다. 망각 속에 있었지만 지금 바로 생각나는 그 냄새, 불분명하게 떠다니기 때문에 꼭 집어서 무어라고 말할 수 없는 냄새, 그것은 그림이며 양탄자, 커튼과 안락의자와 책 따위에서 발산되는 것으로서, 층마다 구석구석 스며들어 있었다. 모직물, 왁스, 담배, 가죽, 약품 등 잡다한 냄새가 뒤섞인 것이었다……

묘지에서 돌아와서, 여행용 가방을 찾기 위해 리옹 역에 들르는 길이 그에게는 한없이 길게 여겨졌었다. 옆구리의 통증이 더욱 심해지고, 호흡곤란은 더 심해져만 갔다. 집 앞에 이르러 택시에서 내리면서 심히 몸이 불편함을 느낀 앙투안은 이번 여행을 시도한 자신을 몹시 나무라기까지 했었다. 다행히 그는 치료도구를 지니고 왔으므로 집에 닿자마자 산소를 공급하기 위한 주사를 놓아 호흡곤란을 가라앉힐 수가 있었다. 이어서 지젤은 그의 지시에 따라 흡각을 붙여 주었다. 흡각이 효력을 나타내기 시작했다. 이미 기관지가 시원해지면서 호흡도 훨씬 편안해졌다.

앙투안은 꼼짝도 않고 목을 굽힌 채, 등을 펴고 의자의 등받이 위에 야윈 두 팔을 포개놓고 감동 어린 눈길로 주위를 살펴보고 있었다. 아무것도 변한 것이 없었다. 그는 집에 돌아와 자신의 작은 서재를 다시 보았을 때 이렇게도 마음의 혼란을 느끼리라고는 미처 생각지도 못했었다. 지젤은 순식간에 커버를 벗긴 다음 안락의자를 제자리에 갖다 놓았다. 그리고 덧문을 열고 발을 반쯤 내렸다. 아무것도 변한 것이 없었다. 그러나 모든 것이 의외라는 느낌이 들었다. 전에 그가 줄곧 살아온 방이건만, 마치 오랜 세월을 까맣게 잊고 있다가 갑자기 놀라울 정도로 또렷하게 떠오르는 어린시절의 여러 가지 추억처럼, 친숙하면서도 동시에 낯선 느낌을 주었던 것이다. 그의 눈길은 아름답고 엷은 밤색 양탄자, 가죽으로 된 안락의자, 긴 의자, 쿠션, 벽난로와 그 위에 놓인 벽시계, 장식으로 붙인 것들, 서가의 선반 등을 반가운 듯 두리번거렸다. '나는 정말 이 집의 가구를 이토록 소중하게 여겼던 것일까?' 하고 그는 생각했다. 사실 그는 4년 동안 이 책들을 생각해 본 적이 한번도 없었지만, 책 한 권 한 권마다 마치 바로 어제 손으로 만지기라도 한 것처럼 정확하게 표제를 생각해 낼 수가 있었다. 개개의 가구마다, 물건마다—조그만 원탁, 거북이 등딱지로 만든 종이용 칼, 용이 그려져 있는 청동재떨이, 담뱃갑 따위가—그에게는 무언가 자신이 걸어온 삶의 한 시기를 생각나게 했던 것이다. 그것을 구입한 때와 장소라든가, 병세의 진행 과정을 지금도 일일이 기억할 수 있는 어느 환자가 치료 후 감사의 뜻으로 주던 일, 안느의 이런저런 몸짓, 칼리프의 이런 저런 견해, 아버지에 대한 이러저러한 추억 따위를, 저마다 생각나게 했다. 그도 그럴 것이 이 서재는 티보 씨의 화장실이었기 때문이다. 크고 육중한 마호가니 세면대, 거울이 달린 옷장, 발 담그는 구리대야, 방구석에 있던 신발장 따위가 눈을 감아도 선하게 떠올랐다……. 만일 자신이 개조한 지금의 방 모습이 아니고 어린시절에 줄곧 지내며 보아온 그 방을 보았다 해도 더 이상 놀라지는 않았을 것이다.

'이상하기도 하지……' 하고 그는 생각했다. '방금 대문을 들어서면서 내 집이 아니고 아버지의 집으로 들어온다는 느낌이 들었으니…….'

그는 눈을 다시 떴다. 긴 의자에 붙은 낮은 책상 위에 전화가 있는 것이 눈에 띄었다. 거기에서 수없이 전화를 걸던 청년, 기운차고 자신의 힘을 자랑스럽게 여기며, 독선적인 태도로 언제나 바삐 왔다 갔다 하고, 산다는 것과 행동한다는 것에 기쁨을 느끼며 지칠 줄 모르던 그 청년의 모습이 지금 그의 눈앞에 떠올랐다. 그 청년과 지금의 자기 자신 사이에는 전쟁과 반항과 명상의 4년이 가로놓여 있었다. 거기에는 몇 개월을 두고 겪은 고통, 일시적으로 닥쳐오는 체력 감퇴, 한순간도 잊을 수 없는 조로(早老)의 시기가 있었다. 갑자기 의기소침해진 앙투안은 두 팔 위에 이마를 대고 엎드렸다. 과거 앞에서 현재는 차츰 희미해져 갔다. 아버지, 자크, 베즈 아주머니 모두가 고인이 됐다. 지난날 가족과의 생활이 젊음과 건강의 프리즘을 통해서 떠올랐다. 그런 옛날을 되찾을 수 있다면 무엇인들 바치지 않겠는가! 다시는 오지 않을 지나간 과거라고 생각하는 애석한 심정에 현재의 슬픔이 뒤섞여 있었다. 고독을 떨쳐버리기 위해 지젤을 부르려고 했다. 그러나 아직은 정신을 가다듬을 만한 힘이 있었다. 현실을 직시할 만한 힘이 있었다. 만사는 건강의 문제이다. 무엇보다 건강을 되찾아야 한다. 그는 되도록 빨리 은사인 필립 박사와 진지하게 의논하여 더 적극적이고 더 빠른 치료 방법을 강구해 보기로 결심했다. 르 무스키에에서 받은 치료는 결국 몸을 허약하게 하는 것임에 틀림없었다. 그가 이토록 몸이 쇠약해진다는 것은 정상이 아니었다. 필립은 자신이 원기를 되찾도록 도와줄 것이다. 필립…… 지젤…… 그의 생각은 혼란해지기 시작했다. 지젤을 르 무스키에로 데려간다…… 회복…… 갑자기 그는 졸음에 빠져들었다.

몇 분 뒤에 눈을 떴을 때 안락의자의 팔걸이에 걸터앉아 그를 바라보는 지젤이 있었다. 지젤은 약간 불안한 눈치로 그를 바라보느라고 눈살을 찌푸리고 있었다. 무엇이든지 전혀 감출 줄 모르는 지젤의 윤기 있는 얼굴을 보고 앙투안은 그녀가 무엇을 생각하고 있는지를 읽을 수 있었다.

"내 꼴이 추하다고 생각하지, 안 그래?"

"아니, 야위었다고."

"작년 가을에 비하면 9킬로가 빠졌어!"

"그 정도면 몸이 좀 가벼워졌다고 느끼지 않으세요?"

"많이."

"아직도 음색이 좀…… 쉰 것 같아요" (그녀가 주목한 앙투안의 변화 중에서 마음을 가장 섬뜩하게 하는 것은 그가 이토록 약해졌다는 것, 그의 성대가 쉬어 있다는 것이었다)

"지금은 아무것도 아니야. 그러나 어떤 때는, 예를 들면 아침 같은 때는 목소리가 전혀 나오질 않아."

잠시 침묵이 흘렀다. 지젤이 벌떡 일어서면서 침묵을 깼다.

"그것을 떼어 버릴까요?"

"좋을 대로."

지젤은 의자를 끌고 가서 그의 곁에 걸터앉았다. 그가 감기에 걸리지 않도록 하기 위해 두 손을 외투 밑으로 넣었다. 그리고 살짝 흡각을 떼어 냈다. 그녀는 그것을 차례로 자기 무릎 위에 놓았다. 그러고 나서 앞치마의 네 귀퉁이를 치켜들고 유리로 된 흡각을 헹구러 갔다.

앙투안은 일어섰다. 아까보다 훨씬 편히 호흡할 수 있게 된 것을 확인하고 둥근 보랏빛 자국이 난 앙상한 자신의 등을 거울에 비추어 본 다음 옷을 다시 입었다.

그가 지젤에게로 갔을 때 그녀는 이미 식탁 준비를 끝마쳤다.

그는 넓은 식당, 거기에 가지런히 놓여 있는 스무 개 남짓한 의자, 전에 레옹이 예식을 거행하듯 식사 준비를 하던 대리석 찬장을 한번 휘둘러본 뒤 이렇게 말했다.

"저, 전쟁이 끝나면 곧 집을 팔까 해."

지젤은 손에 접시를 든 채 몸을 돌려 놀란 모습으로 그를 바라보았다.

"이 집을요?"

"모두 다 처분하고 싶어. 전부 다. 나는 자그마한 아파트를 하나 빌리면 돼. 단출하고 실용적인…… 나는…….."

그는 미소지었다. 자신도 무엇을 어떻게 하려는지 잘 알지 못하고 있었다. 그러나 한 가지 분명한 사실은 오늘 아침까지 생각했던 것과는 반대로 옛날과 같은 생활은 다시는 시작하지 않겠다고 결심한 것이었다.

"얇은 고기찜, 버터에 볶은 국수, 그리고 딸기…… 이 정도면 될까요?" 하고 말하는 지젤의 태도에는 앙투안이 전적으로 자신의 기호에 따라 다시 만든 집안 분위기인데도 불구하고 애착을 못 갖는 이유를 굳이 묻고 싶지 않다는 뜻이 다분히 들어 있었다. 그녀는 꿈이라는 것이 별로 없었다. 그래서 장래의 계획 같은 것에는 그다지 관심을 가져 본 적이 없었다.

"수고를 많이 했군" 하고 앙투안은 차려놓은 식탁을 보며 말했다.

"아직 10분쯤은 기다려야 해요. 게다가 아직 냅킨을 못 찾았어요."

"내가 가서 찾아올게."

골방은 펼쳐진 채 아무렇게나 놓여 있는 접는 침대 하나가 어수선한 느낌을 주었다. 매트의 움푹 들어간 곳에 여남은 개의 묵주가 있는 것이 눈에 띄었다. 의자 위에는 옷가지가 어지럽게 놓여 있었다.

"어째서 끝방을 차지하지 않았을까?" 하고 그는 생각했다.

그는 벽장을 열어 보았다. 계속해서 두 번째, 세 번째 벽장도 열어 보았다. 세 개 모두가 새 셔츠나 속옷으로 가득 차 있었다. 시트, 베갯잇, 타월 천으로 된 가운, 행주, 취사용 앞치마 따위의 몇 다스나 되는지 알 수 없는 것들이 살 때 붉은 끈으로 묶은 그대로였다. 그는 어깨를 으쓱했다. '이게 다 무슨 짓이람…… 꼭 필요한 것만 있으면 되지. 나머지는 경매소에나 보내버리지!' 그러면서도 그는 냅킨 한 다발을 집어들었다. 그리고 그 중에서 두 뭉치를 꺼냈다. '그 이유를 알 만하군! 자크의 방에서 자고 싶지 않아서 여기에 와 있는 거야……'

그는 복도를 다시 나와 한가로운 걸음걸이로 래커칠을 한 벽을 만져보기도 하고, 지나는 길에 이 방 저 방 문을 살며시 열어 보기도 하며, 마치 남의 집을 방문한 사람처럼 호기심 어린 눈초리로 방 안을 들여다보았다.

현관으로 돌아온 그는 두 짝으로 된 진찰실 문 앞에 멈추어섰다. 들어갈까 말까 잠시 망설이다가 마침내 손잡이를 돌렸다. 방은 모두 닫혀 있었다. 서가 앞에는 커버를 씌운 가구들이 아무렇게나 놓여 있었다. 방은 더 커 보였다. 덧문 틈 사이로 들어오는 햇살이 한줄기 광선을 흐트러뜨려, 마치 손님을 초대하는 날에나 들어갈 수 있는 시골의 커다란 응접실 같았다.

그는 문득 1914년 7월 하순, 스튀틀레가 들고 와 보여 주던 여러 개의 신문, 논쟁하던 일, 번민에 싸여 있던 일을 떠올렸다. 그리고 동생이 몇 차례 찾아왔던 일을……. 그때 자크는 제니를 데리고 오지 않았던가? 동원령이 내리던 바로 그날에?

그는 문틈에 기댄 채 상체를 구부리고 코를 쿵쿵거리며 냄새를 맡고 있었다. 그 냄새가 여기에는 더 잘 보존되어 있었다. 다른 곳보다 더 코를 찌르고, 약간 다르기는 하지만 더 향기로웠다. 방 한가운데는 크고 당당한 사무용 책상이 시트에 가려진 채 있었는데, 그 모양이 꼭 어린아이의 영구대와 비슷했다.

'저 밑에 무엇을 쌓아 두었을까?'

그는 들어가서 덮인 것을 걷어올려 보기로 했다. 책상 위에는 소포와 소책자가 산더미처럼 쌓여 있었다. 전쟁이 시작된 뒤부터 수위 아주머니는 갖가지 인쇄물, 팸플릿, 신문, 잡지 그리고 여러 곳의 실험실에서 보내 오는 각종 견본을 여기에 가져다 놓았던 것이다. '무슨 냄새일까?' 하고 그는 생각했다. 전에 늘 맡아오던 냄새 말고도 독특한 냄새로서, 무겁고 어딘가 모르게 그윽한 향기가 섞여 있었다.

무심코 그는 몇 권의 의학잡지의 겉봉을 뜯어 뒤적거려 보았다. 그런데 별안간 라셀이 머리에 떠올랐다. 어째서일까? 왜 안는 아니지? 이 집에는 한 번도 발을 들여놓은 적이 없으며, 게다가 지난 몇 달 동안 전혀 생각해 본 적이 없는 라셀이 어째서 떠오를까? '라셀은 어찌 되었을까? 지금쯤 어디에 있을까? 적도 지방 어디, 유럽에서 먼 곳, 전쟁과는 상관없는 곳에서 이르슈와 함께 있겠지…….' 르 무스키에로 가지고 가려 했던 여러 권의 소책자를 그는 벽난로 위로 던져버렸다. '지금 이런 잡지를 독차지하고 있는 의사들이란 모두 동원되지 않은 늙은이들이다……. 행운이지! 이걸 기회로 돈을 몽땅 긁어모을 거야…….' 그는 차례를 훑어보았다. 전선의 이동 야전 병원으로부터 한 젊은 군의관이 틈틈이 시간을 내어 기이한 증상에 관해 짤막한 보고를 보내온 것이 눈에 띄었다. 특히 외과담당 군의관들이. '전쟁이 적어도 이 방면에는 공헌할 거야. 외과의학을 발전시키는 일에는.' 그는 잡지 더미를 뒤져 여기저기에서 별책을 찾아내면 그것을 벽난로 위에 올려놓으며 그 방에 그대로 있었다. '내가 유아의 호흡질환에 관한 논문만이라도 정서할 수 있다면 세비옹은 그의 잡지에다 틀림없이 실어줄 텐데…….'

다른 것들과는 색다르게 여러 종류의 우표가 붙어 있는 소포 하나가 그의 눈길을 끌었다. 곧 그것을 집어 냄새를 맡아 보았다. 조금전에 맡았던 향기로운 그 냄새가 또다시 그의 마음을 흔들어 놓았다. 콧구멍을 벌름거리며 발신자의 이름을 눈여겨보았다. 마드무아젤 보네. 코나크리 병원. 프랑스 령 기니. 우표에는 '1915년 3월' 소인이 찍혀 있었다. 3년 전이다. 깜짝 놀란 그는 이 작은 소포를 손안에 넣고는 뒤집어 보며 무게를 재어 보았다. 약품인가? 향수인가? 끈을 잘랐다. 그리고 사방에 온통 못을 박은 직사각형의 붉은색 나무상자에서 종이를 꺼냈다. '허, 참…… 열기가 힘들군……' 그는 연장이라도 없나 해서 사방을 두리번거렸다. 호기심이 가지만 하는 수 없이 포기하려는 순간, 주머니에 군용 칼이 있다는 생각이 떠올랐다. 상자의 가느다란 홈에서 칼날이 삐걱 소리를 냈다. 슬쩍 힘을 가하자 뚜껑이 열렸다. 강렬한 향수 냄새가 코를 찔렀다. 동양의 향료, 안식향, 향나무 향내였다. 익히 알고 있는 냄새이면서도 무어라고 꼬집어 말할 수가 없었다. 그는 깔려 있는 톱밥을 손톱 끝으로 조심스럽게 헤쳤다. 먼지투성이의 작고 노르스름한 구슬 몇 개가 반짝이며 나타났다. 불현듯 지난날의 일이 떠올랐다. 몇 알의 이 노란 구슬…… 용연향과 사향으로 된 목걸이! 라셀의 목걸이!

앙투안은 그것을 손가락 사이에 들고 조심스럽게 문질렀다. 그의 두 눈에서는 눈물이 글썽거렸다. 라셀! 그녀의 하얀 목과 목덜미…… 르아브르항, 새벽녘의 로마니아호의 출범……. 그런데 이 목걸이는 왜 보냈을까? 코나크리의 마드무아젤 보네란 누구일까? 1915년 3월…… 이런 사실은 대체 무엇을 뜻하는 것일까?

그는 복도에서 나는 발소리를 듣고 부랴부랴 그 목걸이를 주머니 속에 밀어넣었다. 지젤이 식사 때문에 그를 부르러 온 것이다. 그녀는 문지방에 우뚝 서서 냄새를 맡아보았다.

"이상한 냄새네요."

그는 아무렇게나 쌓여 있는 잡지와 약품을 시트로 다시 덮었다.

"여기에도 온갖 특수한 약품을 쌓아 놓았기 때문이야……."

"오지 않겠어요? 준비됐으니까."

그는 지젤의 뒤를 따라갔다. 주머니 깊숙이 넣은 손바닥의 우묵한 곳에서 차가운 구슬이 미지근해지는 것을 앙투안은 느꼈다. 그는 갈색이 도는 하얀 라셀의 육체를 생각하고 있었다.

4. 앙투안, 지젤과 위니베르시테 거리 집에서 점심을 하다

둘이 큰 식탁 한쪽 끝에 나란히 자리를 잡자마자 지젤은 다정하면서도 단호한 태도로 이렇게 말했다.

"자, 이제는 건강상태에 관해 진지하게 말해 주세요."

앙투안은 입을 내밀었다. 그는 자신에 관해, 자신의 병과 치료에 관해 얼마든지 말할 용의가 있었다. 게다가 간곡히 요청해 오는 것이 불쾌하지 않았다. 지젤이 묻는 처음 몇 가지 질문에는 심드렁하게 대답했다. 그런데 그 여러 가시 질문이 바보스럽지 않다는 것을 곧 알아차렸다. 언세나 어린 소너로만 여겨졌던 지젤도 지난 3년 동안의 병원생활을 통해 정확한 지식의 소유자가 되었던 것이다. 이제는 의학에 관해 이야기해도 될 만한 상대였다. 그들 사이에는 더욱 긴밀한 관계가 이루어질 수 있었다. 지젤이 자기에게 보여 주는 관심에 힘을 얻은 앙투안은 자신의 증상을 설명하고, 지난 몇 달 동안 겪은 여러 과정에 대해 이야기해 주었다. 만일 지젤이 그가 하는 말을 대수롭지 않게 여기는 눈치를 보였더라면, 그리고 애써 격려의 말만을 계속했더라면 그는 즉시 자신의 불안을 과장했을지도 모른다. 그러나 지젤이 긴장된 얼굴로 자신의 말에 귀를 기울이며, 또 매우 진지하고 무엇인가 탐색하는 듯한 눈길로 응시하고 있는 것을 보자 앙투안은 오히려 안심시키려는 투로 이렇게 말을 맺었다.

"언제고 나는 회복될 거야." (그리고 사실 그는 마음속으로 그렇게 생각하고 있었다) "시간이 좀 걸리겠지" 하며 그는 확신에 찬 미소를 지어 보였다. "하지만, 암, 회복되고 말고 회복돼야지. 그런데 문제는 이거야. 나는 완전히 회복될까? 이를테면 내가 후두를 못 쓰게 된다든가 아니면 성대가 아주 약해진다고 상상해 봐. 전처럼 활동할 수 있을까? ⋯⋯알겠지만 살 수 있으리라는 확신만으로는 견딜 수 없어. 앞으로 불구의 인간으로 살아갈 생각은 없으니까. 전처럼 나의 건강을 되찾는다는 확신을 갖고 싶은 거야! 그런데 그게 확실치가 않아⋯⋯."

지젤은 상대의 말을 더 잘 알아듣고 분명히 이해하기 위해서 하던 식사를 멈추었다. 그리고 원시인의 눈처럼, 동그랗고 무엇에 놀란 듯하면서도 바라보는 순박하고 유순한 두 눈으로 그를 유심히 바라보고 있었다. 몇 년 동안 굶주려왔던 이런 다정한 배려가 그에게는 무척 흐뭇하게 여겨졌다. 그는 안심이 되는 듯 살며시 웃었다.

"이건 확실치는 않아. 하지만 불가능한 것은 아니야. 끈기 있게 노력한다면 불가능한 일은 거의 없으니까! ⋯⋯지금까지 나는 꼭 하려고 마음먹었던 일은 모두 해냈으니까. 이번이라고 해서 못해낼 것은 없지 않을까? ⋯⋯나는 낫고 싶어. 틀림없이 나을 거야."

마지막 말에 힘을 주다 기침이 나와 앙투안은 말을 중단하지 않으면 안 되었다. 기침은 매우 격렬했다. 그리고 한참 계속되었다. 그러는 동안 지젤은 접시 위로 고개를 숙이고 몰래 앙투안을 살피고 있었다. 그녀는 스스로 마음을 가라앉히고자 애썼다. '저이는 마음만 먹으면 할 수 있어. 몸조리를 할 수 있을 거야. 그리고 틀림없이 회복될 거야.'

기침이 멎자 지젤은 그를 향해 몸을 돌렸다. 앙투안은 잠시 가만히 있겠다는 시늉을 했다.

"물을 좀 마셔요" 하고 지젤은 자기 잔에 물을 채우면서 말했다. 그리고 입에서 맴도는 질문을 참지 못하고 이렇게 물었다. "언제까지 있을 거예요?"

앙투안은 아무런 대답을 하지 않았다. 그 질문이야말로 앙투안이 듣고 싶지 않은 것 중의 하나였다. 실은 그의 휴가는 나흘이었다. 그러나 그 휴가를 단축시킬 생각을 하고 있었다. 일시적인 치료밖에는 별 방법이 없는 데다가 이것저것 피곤해지는 일이 많은 파리에서 나흘이라는 긴 시간을 보내고 싶지 않았다.

"며칠이나?" 하고 지젤은 눈길로 그에게 물으면서 말을 이었다. "8일? 6일? 5일?"

앙투안은 아니라는 뜻으로 고개를 저었다. 숨을 깊이 들이마시더니 미소를 지은 뒤 이렇게 말했다.

"내일 떠나."

"내일이라고요?" 그녀는 어찌나 실망했던지 목소리까지 떨었다. "그렇다면 메종 라피트에는 오지 않겠다는 말인가요?"

"안 돼, 지젤…… 이번에는 안 돼……. 다음 기회에 …… 여름쯤에……."

"하지만 만나자마자? 오랜만인데! 내일이라고요? 파리에 같이 있을 수도 없어요. 무슨 일이 있어도 오늘밤엔 메종으로 되돌아가야만 해요. 내일 아침에 꼭 해야 할 일이 있어요. 생각 좀 해보세요! 집을 비운 지가 3일이나 됐어요. 떠나기 전날 6명의 환자가 새로 왔던걸요!"

"하지만 하루는 온종일 함께 지낼 수 있지 않겠어" 하고 그는 달래듯 말했다.

"그런데 그것조차 불가능해요" 하고 그녀는 아연실색하며 외쳤다. "곧 양로원에 가야 해요. 아주머니에 관한 여러 가지 일과 가구 문제를 속히 처리해야 해요. 방을 비워주어야 하니까요⋯⋯."

그녀의 두 눈엔 눈물이 그렁그렁했다. 앙투안은 지젤이 어렸을 적 몹시 슬픔에 잠겨 있던 때의 일이 문득 생각났다. 순간, 이런 생각이 그의 머릿속을 스쳐갔다. '지젤 곁에서 간호를 받으며 이런 애정을 느낀다면 얼마나 좋을까⋯⋯.'

앙투안은 무슨 말을 해야 좋을지 몰랐다. 자신도 이번 만남이 너무나 짧은 것을 한편으로는 몹시 가슴 아프게 여기고 있었다.

"어쩌면 연장시킬 수 있을지도 몰라⋯⋯" 하며 그는 확신도 없이 나오는 대로 말했다. "모르겠어. 한번 해보지⋯⋯."

지젤의 두 눈은 대번에 빛나더니 생글거리기 시작했다. 눈물을 머금은 그녀의 눈은 아름답기 그지없었다(이것 역시 앙투안에게는 지난날의 일들을 생각나게 했다).

"아무렴 그렇게 해야지요!" 하고 그녀는 결정이 된 듯 손뼉을 치며 말했다. "그리고 며칠을 메종에 와서 같이 지내는 거예요!"

'아직 어린애야' 하고 그는 생각했다. '뭐라고 꼬집어서 말할 수는 없지만 지젤의 순박한 면이 여자로서의 성숙함과 대조를 이루고 있어 아주 매력적인걸⋯⋯.'

앙투안은 화제를 바꾸기 위해 자못 궁금한 듯한 태도로 몸을 구부리며 이렇게 말했다.

"그런데, 설명 좀 해봐. 파리에 아무도 함께 가지 않았으니 어찌된 일인지 말이야! 메종은 그렇게 먼 곳도 아닌데 장례식에 혼자 오게 하다니!"

지젤은 즉시 반박했다.

"거기에서 우리가 하고 있는 일이 어떤 것인지 전혀 알지 못하고 있기 때문이에요! 어쩌겠어요? ⋯⋯내가 자리를 비우면 다른 사람들이 그만큼 할 일이 많아지니!"

앙투안은 지젤의 분개한 태도에 미소를 짓지 않을 수 없었다. 지젤은 앙투안을 설득하기 위해 병원의 일이 어떤 것인지, 메종에서의 그들의 생활이 어떤 것인지에 관해 막힘없이 설명하기 시작했다.

(1914년 9월 중순, 라 마른 전투가 있은 뒤부터 무엇인가 도움이 되고 싶다는 욕망에 사로잡혀 있던 퐁타냉 부인은 메종 라피트에 병원을 하나 세울

계획을 쭉 해 왔던 것이다. 부인은 생제르멩의 숲가에 아버지로부터 물려받은 부동산을 처분하지 않고 그대로 가지고 있었다. 마침 그 집에 세들어 있던 영국 사람들은 전쟁이 일어나자 프랑스를 떠나버렸다. 그 낡은 별장이 비게 된 것이다. 그런데 그 집이 너무 좁기도 하거니와 기차 역에서 너무 떨어져 있어서 물건을 구하는 데도 불편했다. 그래서 그 무렵 퐁타냉 부인은 자기 집보다 훨씬 크고 그 고장과 가까이 위치해 있는 티보 씨의 집을 빌렸으면 하는 생각에서 앙투안에게 물었던 것이다. 물론 앙투안은 쾌히 승낙했다. 그는 즉시 파리에 남아 있는 지젤에게 편지를 써보내 두 하녀와 함께 퐁타냉 부인이 별장을 뜯어 고치는 일을 돕도록 했다. 한편 퐁타냉 부인 쪽에서도 외과의사의 아내이자 간호사 자격증을 소지하고 있는 조카 니콜 에케의 협조를 받기로 되어 있었다. 전상자(戰傷者)구원협회 주관 아래 운영위원회가 재빨리 구성되었다. 그리하여 급히 서둘러 시설을 갖춘 티보 집안의 별장은 6주일 뒤에는 위생국 산하의 '제7병원'이라는 이름으로 한 무리의 회복기 환자들을 최초로 받을 준비를 갖추게 되었다. 그 뒤로 퐁타냉 부인과 니콜이 운영하고 있는 '제7병원'은 단 하루도 환자가 없는 날이 없었다)

앙투안은 이미 여러 통의 편지를 통해 이 모든 것을 알고 있었다. 자기 아버지의 집이 그래도 무엇인가에 기여한다는 사실이 그에게는 여간 기쁜 일이 아니었다. 특히 파리에서 하는 일 없이 빈둥빈둥 지내지나 않을까 걱정했던 지젤이 퐁타냉 집안에서 따뜻한 대접을 받고 있다는 것이 기뻤다. 사실 앙투안은 제7병원의 운영문제 같은 것에는 별로 관심이 없었다. 그렇다고 옛날 티보 씨의 요리사였던 건장한 클로틸드가 관리하고 있고, 지금은 기괴한 팔랑스테르(19세기 초 프랑스 경제학자 푸리에가 주장한 사회주의적 공동생활체) 꼴을 하고 있는 퐁타냉 집안의 별장에 관해서 관심을 두고 있는 것도 아니었다(그 별장에는 지금 니콜과 지젤이 와서 살고 있고 다니엘도 절단수술을 받은 뒤에 끼어들었고 스위스에서 돌아온 제니도 아이를 데리고 와 있었다). 앙투안은 지젤이 늘어놓는 이야기에 호기심을 갖고 귀 기울이고 있었다. 지금까지 별로 생각해 보지도 않았던 이런 작은 인간집단의 생활이 눈앞에 별안간 하나의 실체로 떠올랐던 것이다.

"우리 가운데서 가장 고생하는 사람은 제니예요" 하고 지젤이 설명했다. 그녀는 말하고 싶은 것이 한두 가지가 아니었다. "제니는 장 폴을 보살피는 일 말고도 시트와 속옷류 시중까지 들고 있어요. 세탁이며 다림질이며 바느질이며 회계며, 거기에다 침대를 38개, 때에 따라 40개, 많을 때는 45개까지 들여놓는 병원인데 거기에 필요한 온갖 시트와 속옷류를 정리하고, 또 그것을 매일 나눠 주는 일을 한다고 떠올려 보세요! 저녁 때는 녹초가 되어서 돌아오곤 해요. 오후는 내내 병원에서 지내지만 아침 시간은 어린애를 돌보기 위해 별장에 있어요. 퐁타냉 부인은 환자들 곁을 떠나지 않고요. 마구간 위에다 방 하나를 더 들여놓은 것 아세요?"

앙투안은 지젤이(그토록 근엄했던 베즈 아주머니의 조카인) 자기 입으로 제니에 관해서, 그것도 제니가 어머니가 되었다는 사실을 지극히 당연한 것처럼 말하는 것을 듣고 사뭇 이상한 생각이 들었다. '틀림없어' 하고 그는 생각했다. '3년 전의 일이야…… 예전 같으면 틀림없이 남의 입에 오르내릴 일이었을 텐데 이렇게 모든 가치관이 온통 뒤죽박죽되다 보니 이제는 오히려 쉽게 받아들여지는군……'

"더군다나 모처럼 파리에 왔다가 장 폴을 보지도 않고 돌아가시다니!" 하고 지젤은 원망하는 투로 말하면서 한숨지었다.

"제니는 무척 섭섭해 할 거예요."

"아무 말도 하지 않으면 될 거 아냐."

"그럴 수는 없어요" 하고 지젤은 이상할 정도로 진지한 투로 말하면서 별안간 고개를 숙였다. "제니에게 나는 아무것도 숨기고 싶지 않아요. 결코."

앙투안은 놀란 듯이 그녀를 바라보았다. 그러나 굳이 그 이유를 묻고자 하지 않았다.

"그런데 휴가를 늘일 자신은 있으세요?" 하고 지젤이 물었다.

"애써 보겠어."

"어떻게요?"

앙투안은 계속 거짓말을 했다.

"뤼멜에게 휴가 담당 군행정실에 전화를 걸도록 부탁하겠어."

"뤼멜……" 하고 말하는 지젤의 모습은 무슨 생각에 잠겨 있는 듯했다.

"그렇지 않아도 오늘 그를 찾아보려고 하던 참이었어. 꽤 오랫동안 만나지 못했으니까. 우리를 위해 여러 가지로 애써 준 것에 대해 인사도 할 겸해서."

오늘 이야기를 나누는 가운데 앙투안이 자기 입으로 자크의 죽음에 관해 암시하기는 이것이 처음이었다. 지젤의 얼굴은 갑자기 일그러졌다. 거무죽

죽한 그녀의 얼굴이 더욱 검어 보였다.

(1914년 가을, 지젤은 자크의 죽음을 오랫동안 믿으려 하지 않았다. 자크로부터 아무런 기별이 없다는 것, 제네바에 있는 자크의 친구들이 보내온 소식에 따르면 자크가 행방불명이 되었다는 것, 제니와 앙투안의 확신 등, 이 모든 것이 그녀에게는 문제가 되지 않았던 것이다. '전쟁을 핑계삼아 또다시 달아났어' 하고 그녀는 줄곧 생각해 왔다. '이번에도 다시 돌아올 거야.' 이와 같이 자크가 돌아올 날을 불안한 마음으로 기다리면서 9일 기도를 하곤 했다. 이 무렵 그녀는 제니와 가까워졌다. 이들 두 여인이 친하게 된 것은 처음에는 꽤나 불순한 타산에 근거를 두고 있었다. '자크가 돌아왔을 때 친구 사이가 된 우리를 보게 될 거다. 그렇게 되면 나는 제삼자로서 그들 생활 속에 끼어들 수 있을 거야. 그리고 자크는 자기가 없는 동안 내가 제니를 돌보아 준 것을 고맙게 생각하겠지…….' 그런데 뤼멜을 통해 비행기가 화염에 휩싸여 추락했다는 사실을 알았을 때, 그리고 공식문서의 사본을 읽었을 때, 그녀는 싫어도 사실을 인정하지 않을 수 없었다. 그러면서도 마음속으로는 막연한 느낌으로 그것이 분명한 사실은 아니라고 믿고 있었다. 그리고 지금도 문득 생각날 때마다 마음속으로 이렇게 되뇌이곤 하는 것이었다. '누가 알아?')

앙투안과 눈길이 마주치고 싶지 않았던 지젤은 다시 고개를 숙였다. 그리고 자신의 모든 것이 갑자기 침몰하기라도 한 듯 흐르는 눈물을 억지로 참으며 얼마동안 꼼짝하지도 않고 멍하니 있었다. 마침내 그녀는 북받쳐오는 눈물을 참기 위해 부엌으로 갔다.

'몸이 무척 둔해졌구나' 하고 앙투안은 생각했다. 그러면서 그녀의 뒷모습을 계속 바라보았다. 그리고 본의 아니게 그녀의 마음을 그토록 혼란스럽게 한 것을 한편 가슴 아프게 여겼다. '저 허리! ……상체며 몸 전체가 나이보다 열 살은 더 들어보이는걸. 서른은 넘어보이는군!'

그는 주머니에서 목걸이를 꺼냈다. 버찌 씨처럼 굵고 진한 회색 사향 옥의 작은 알이 용연향의 구슬과 번갈아 끼워져 있었다. 그 용연향의 모양과 색깔이 꼭 자두와 흡사해, 반투명하고 어두운 황색은 너무 익은 자두 같았다. 앙투안은 그 목걸이를 무심코 손가락 사이로 굴리고 있었다. 용연향 구슬이 미지근해졌다. 앙투안에게는 지금 막 라셀의 목에서 벗긴 것처럼 느껴졌다…….

딸기 접시를 든 지젤이 다시 모습을 나타냈을 때 그녀의 얼굴에서는 아직도 슬픈 기색을 역력히 읽을 수 있었다. 그것을 본 앙투안은 가슴이 뭉클해졌다. 지젤이 딸기 접시를 식탁 위에 놓으려고 했을 때 앙투안은 아무 말도 하지 않고 은팔찌를 끼고 있는 그녀의 적갈색 손목을 쓰다듬어 주었다. 그녀는 소스라쳤다. 그러면서 속눈썹을 바르르 떨었다. 지젤은 앙투안의 눈길을 피했다. 그녀는 자기 자리에 앉았다. 다시 눈물 두 방울이 눈가에 맺혔다. 이번에는 자신의 슬픔을 감추려고도 하지 않고 애매한 미소를 띠면서 앙투안 쪽으로 몸을 돌렸다. 그리고 한동안 아무 말도 없이 그대로 있었다.

"나는 바보예요" 하고 지젤은 마침내 한숨지으며 말했다. 그리고 차분히 딸기에 설탕을 치기 시작했다. 그러나 곧 설탕통을 내려놓더니 신경질적으로 몸을 일으켰다. "내가 가장 고통스럽게 여기고 있는 게 무엇인지 아세요, 앙투안? 그건 내 주위에 누구 하나 그의 이름을 입 밖에 내지 않는다는 거예요……. 제니는 항상 그이를 생각하고 있어요. 나는 그것을 알 수 있고, 또 피부로 느끼고 있어요. 장 폴이 자크의 아들이므로 제니는 그토록 그 아이를 귀여워하는 거예요. 그리고 자크는 언제나 우리 가운데 존재하고 있어요. 내가 지금 제니에게 애정을 품고 있는 것도 실은 자크에 대한 추억 때문이지요. 그리고 제니 역시 그런 것이 없다면 무엇 때문에 나를 이렇듯 따뜻하게 맞이해 주며, 언니처럼 대하겠어요? 그런데 제니는 결코 자크에 관한 이야기를 입 밖에 내는 법이 없어요! 마치 우리 둘을 끊임없이 괴롭히고 있고 영원히 우리 둘을 묶어놓고 있는 비밀이라도 되는 것처럼 말이에요. 그래서 그 비밀에 관해 어떤 암시도 해서는 안 되는 것처럼 말이지요! 그 때문에, 앙투안, 나는 숨이 막힐 지경이랍니다! ……숨기지 않고 말해 두지만" 하고 그녀는 숨을 헐떡이며 말을 이었다. "제니는 교만해요. 그리고 까다롭고! 제니…… 이제는 제니가 어떤 여자인지 알아요! 나는 제니를 좋아해요. 제니와 장 폴을 위해서라면 목숨이라도 바치겠어요! 하지만 나는 괴로워요. 제니가 그토록 마음을 닫고 있는 게 괴로워요. 게다가 그다지도…… 뭐라고 말해야 좋을지……. 제니는 자크가 자기를 제외한 모든 사람들로부터 버림받았다는 생각 때문에 괴로워하는 것 같아요. 자크를 이해한 사람이 자기뿐이라고 생각하고 있어요! 그리고 그런 생각에 광적으로 집착하고 있어요! 그래서 아무하고도 자크에 관한 이야기를 하려고 하지 않아요. 특히 나하고는! 하지만, 하지만……."

굵은 눈물방울이 그녀의 뺨 위로 흘러내렸다. 갑자기 나이 들어 보이는 얼굴에는 슬픈 기색이 보이지 않고 앙투안으로서는 무어라 꼬집어 설명할 수 없는 잔인함이 뒤섞인 열정과 분노의 빛이 이글거렸다. 앙투안은 곰곰이 생각해 보았다. 놀라운 것은 제니와 지젤이 그렇게 가까워져 있으리라고는 짐작조차 못했었다는 사실이다.

"제니는 내가…… 자크를 좋아한다는 것을 전혀 알지 못하고 있는 게 틀림없어요" 하고 지젤은 목소리를 낮추어 말했다. 그러나 그 목소리는 여전히 상기된 그대로였다. "나는 자크에 관한 이야기를 제니와 마음을 터놓고 할 수 있기를 무척 바라고 있어요! 아무것도 감출 게 없으니까요. 제니가 모든 것을 알았으면 해요! 전에는 내가 자기를 미워했었다는 것도. 그래요, 아주 미워했어요! 그런데 지금은 정반대예요. 자크가 죽은 뒤로는 내가 자크에 대해 느끼고 있던 모든 것을……"(그녀의 눈길은 자기(紫氣)와 같은 광채를 띠기 시작했다) "……그것을 그대로 제니와 그의 어린아이에게 쏟고 있다는 것을 알아 주었으면 해요!"

조금전부터 앙투안에게는 지젤이 하는 말이 거의 귀에 들어오지 않았다. 그는 오로지 그녀의 갈색 눈꺼풀과 긴 속눈썹의 움직임에만 정신이 팔려 있었다. 천천히 올렸다가 다시 천천히 내리면서 눈동자의 빛을 가렸다가 다시 드러내곤 하는 그 움직임은 마치 켜졌다 꺼졌다 하는 등대의 불빛과도 같았다.

그는 식탁 위에 팔꿈치를 올려놓은 다음 한 손으로 턱을 괴었다. 그리고 황홀감에 젖은 채 손가락 끝에 배인 사향 냄새를 맡고 있었다.

"이제 나에게는 두 사람 모두 한집안 식구나 다름없어요!" 하고 지젤은 애서 침착한 척하면서 말을 이었다. "제니는 나를 언제나 자기 곁에 있게 하겠다고 약속했어요."

'만일 내가 제의하면 나와 함께 있어 줄까?' 하고 앙투안은 마음속으로 생각했다.

"……그래요, 그렇게 약속했어요. 그래서 나는 사는 보람을 느끼며 앞으로의 일도 생각하게 된 거예요. 아시겠어요? 이제 이 세상에서 나에게 소중한 것은 아무것도 없어요. 있다면 그것은 제니일 뿐, 그리고 귀여운 꼬마일 뿐!"

'제니는 받아들이지 않을걸' 하고 앙투안은 생각했다. 한편 그녀의 떨리는 목소리에서 무엇인가 귀에 거슬리는 울림을 알아챈 그는 거기에 그녀의 본심이 드러나 있는 것 같아 섬뜩했다. '틀림없어' 하고 그는 생각했다. '저 두 여인의 속사정—두 미혼녀가 서로 다정히 지내고 있는 것은 그 마음속에 여러 가지 괴로움이 있기 때문인 깃이다! 애정노 틀림없이 있겠지, 그러나 질투심도 분명히 숨겨져 있다. 그리고 증오심도 어느 정도는 깔려 있는 게 틀림없지! 이런 것들이 모두 뒤범벅되어 격렬한 애정처럼 보이는 것이다……'

지젤은 이야기를 계속했다. 지금 그녀가 하고 있는 말은 스스로를 달래며 자신의 마음을 가라앉히기 위한 푸념에 지나지 않았다. 그녀는 이런 말을 하지 않고는 견딜 수가 없었다.

"제니는 특출한 사람이에요. 품위 있고 정력적이며…… 아주 멋있어요! 하지만 남들에게는 얼마나 엄격한지 몰라요! 예를 들자면 다니엘을 대하는 태도도 아주 냉혹해요. 어처구니없을 정도니까요. 내 느낌으로는 나에게도 마찬가지로……. 하기야 제니 입장에서 볼 때 그럴 만한 자격을 가졌다고 할 수 있겠지요. 제니에 비하면 나야 보잘것없는 인간이니까요! 하지만 제니가 늘 옳은 것만은 아니에요. 진실을 똑바로 볼 줄 모르며, 자기 자신만 너무 믿고 있어요. 다른 사람들의 생각 같은 것은 인정하려 들지 않으니까요. 그렇다고 내 쪽에서 무리한 것을 요구하는 것도 아닌데! 만일 장 폴이 자기 아버지의 종교를 그대로 따르는 것을 제니가 원치 않는다 해도 나로서는 어쩔 수 없는 일이며, 제니를 설득할 생각도 없어요……. 그러나 그럴 경우 최소한 목사님에게 세례만이라도 받게 하는 것이 좋을 텐데!" 그녀의 눈길은 냉엄한 빛을 띠었다. 그리고 전에 베즈 아주머니가 그렇게 했듯이 툭 튀어나온 이마를 고집스럽게 몇 번 흔들었다. 입술을 꼭 다물고 있는 것이 어떤 타협도 있을 수 없다는 듯한 태도였다. "그렇게 생각하지 않으세요?" 하고 그녀는 앙투안 쪽으로 몸을 획 돌리면서 외쳤다. "그 애를 신교도로 만들고 싶다면 그렇게 하라지요! 하지만 자크의 아이를 개처럼 키워서는 안 돼요!"

앙투안은 애매한 몸짓을 했다.

"당신은 그 애를 모르세요" 하며 지젤은 말을 이었다. "천성이 다혈질이어서 신앙심이 필요한 애예요!" 이렇게 말하면서 한숨짓더니 별안간 말투를 바꾸어 괴로운 듯이 말을 이었다. "자크와 꼭 닮았어요! 자크에게 신앙이 있었다면 아무 일도 일어나지 않았을 텐데!" 지젤의 얼굴 표정은 또다시 순식간에 변하면서 부드러워졌다. 한편 그녀의 두 눈은 기쁨의 미소와 함께 점차 빛나기 시작했다.

"그 애는 자크를 너무나 닮았어요! 짙은 밤색 머리도 꼭 닮았어요! 눈과 손도 그렇고요! ……이제 겨우 세 살밖에 안 되었는데 어찌나 고집쟁이인 지! 토라졌는가 하면 아주 응석받이이기도 해요." 이렇게 말하는 그녀의 목소리에서 이미 원망스러워하는 흔적은 전혀 찾아볼 수 없었다. 그녀는 명랑하게 웃으며 말했다. "나를 지이 아주머니라고 불러요!"

"그래, 그렇게 고집불통인가?"

"자크와 똑같아요. 화내는 것까지 닮았어요. 겉으로 드러내지 않고 화내는……. 그럴 때면 정원의 구석 쪽으로 도망가서 혼자서 무엇인가 생각하곤 해요."

"영리한가?"

"아주! 뭐든지 금방 이해하고 눈치도 빨라요. 그리고 감수성이 어찌나 예민한지! 다정하게 대하면 무슨 일이라도 말을 잘 들어요. 하지만 거칠게 대한다든가, 하고자 하는 것을 못하게 막으면 눈살을 찌푸리고는 두 주먹을 불끈 쥔답니다. 그때는 제정신이 아니에요. 그것도 자크와 똑같아요." 지젤은 잠시 무슨 생각에 잠겨 있는 듯했다. "지난번에 다니엘이 그 애의 사진을 찍었어요. 제니가 보내드렸지요?"

"아니. 그 애의 사진 같은 것은 아직 한 번도 받아본 적이 없어."

뜻밖이라는 듯 지젤은 앙투안을 향해 두 눈을 치켜들었다. 그리고 질문하려는 듯 무엇인가 우물거리더니 그만두고 말았다.

"그 사진, 핸드백 속에 있는데…… 보실래요?"

"보여줘."

지젤은 핸드백을 가지러 갔다. 그리고 거기에서 아마추어가 찍은 작은 사진 두 장을 꺼냈다.

작년에 찍은 것 같은 한 장은 장 폴이 자기 어머니와 함께 찍은 것이었다. 좀 통통해진 제니의 얼굴은 옛날에 비해 훨씬 복스럽고 부드러워 보였으며, 어딘지 모르게 위엄이 있어 보였다. '제 어머니를 그대로 닮았구나' 하고 앙투안은 생각했다. 제니는 검은색 드레스를 입고 있었다. 그리고 장 폴을 안고 돌계단 위에 앉아 있었다.

다음 사진은 분명히 최근에 찍은 것 같은데 장 폴만이 있었다. 작은 체구에 놀라울 정도로 근육이 발달한 장 폴이 몸에 꼭 맞는 스웨터를 입고 턱을 아래로 당긴 채 시무룩한 표정을 지으며 뻣뻣이 서 있었다.

앙투안은 이 두 장의 사진을 한참동안 들여다보았다. 특히 두 번째 사진이 자크를 더욱 생각나게 했다. 머리털이 나 있는 모습이며, 움푹 들어간 날카로운 눈초리, 입, 턱 따위가 자크를 그대로 닮았다. 그야말로 티보 집안 특유의 다부진 턱이었다.

"그런데 말이에요" 하고 지젤은 선 채 앙투안의 어깨 쪽으로 몸을 구부리며 설명했다. "모래 장난을 하고 있던 중이었어요. 저기에 삽이 있었어요. 그 장난을 못하게 하니까 화가 나서 삽을 집어던지더군요. 그러고는 벽까지 뒷걸음쳐 갔어요."

앙투안은 웃으며 지젤을 향해 얼굴을 들었다.

"그렇게 귀여운가?"

지젤은 아무 대답도 하지 않고 미소만 지었다. 경탄스러울 정도의 애정을 담고 있는 듯한 그 밝은 미소야말로 그 어느 것보다도 많은 것을 말해 주고 있었다.

그렇지만 앙투안 입장에서는 눈치채지 못할 한 가지 가슴 아픈 일이 그녀를 엄습해 왔다. 지난날 저지른 그 어처구니없는 짓을 생각할 때마다 그녀는 가슴이 죄어드는 것만 같았다(2년 전의 일이다. 아니, 더 되었는지도 모른다. 장 폴이 아직 젖먹이였을 때였다. 지젤은 장 폴을 안아 주고 흔들어 주며 품에 안아 재우는 것을 무엇보다 좋아했다. 젖을 물리고 있는 제니를 보면 쓰라린 절망과 질투의 감정이 그녀를 엄습하곤 했다. 어느 여름날의 일이다. 제니는 그녀에게 장 폴을 맡겼다. 소나기를 머금은 짜증스럽도록 무더운 날씨였다. 엉뚱한 유혹에 사로잡힌 채 지젤은 장 폴을 데리고 자기 방에 틀어박혔다. 그리고 자기의 젖을 물려 주었다. 아아, 그때 장 폴이 조그만 입으로 얼마나 걸신들린 듯 그녀에게 달라붙었으며, 그리고 그 작은 입이 젖을 빨 때 얼마나 유방을 물어뜯으며 아프게 했던가! 그런 일이 있은 뒤 지젤은 며칠동안 피하출혈과 함께 부끄러운 생각 때문에 무척 괴로워했었다……. 그것은 죄악이었는가? 그녀는 고해실에서 낮은 목소리로 그 일을 고백하고, 오랫동안 스스로 속죄한 뒤에야 비로소 마음의 안정을 되찾을 수 있었다. 그 뒤로는 두 번 다시 그런 일을 되풀이 하지 않았다).

"늘 그런 식인가? 고집불통의 그런 태도 말이야?" 하고 앙투안이 물었다.

"오, 그야 자주 있는 일이에요! 하지만 그때마다 다니엘이 그러지 못하게 하지요. 그래도 다니엘의 말만큼은 그런대로 듣는 편이랍니다. 다니엘이 남자니까 그런가 봐요. 참, 그 애는 엄마를 무척 좋아한답니다. 물론 저도 퍽 좋아하지요. 하지만 우리는 여자들이라서, 글쎄, 뭐라고 말하면 좋을까? 그애는 벌써 남자라는 우월감을 갖고 있어요. 우스워요? 그렇지만 그게 사실이에요! 하찮은 일에서도 그런 것을 느낄 수 있는걸요."

"내 생각으로는 두 사람이 늘 그 애 곁에 있으니까 위엄이 없어지는 게 아닌가 해. 반면 삼촌과 만나는 기회는 드무니까……."

"드물다고요? 그 애는 오히려 우리보다는 삼촌과 함께 보내는 시간이 더 많아요. 우리는 병원에 가고 없으니까요! 다니엘이 거의 온종일 그 애를 돌보고 있어요."

"다니엘이?"

지젤은 앙투안의 어깨 위에 올려놓고 있던 손을 떼더니 약간 몸을 비키며 의자에 앉았다.

"그래요. 왜요? 놀라셨나요?"

"다니엘이 애 보는 일을 하다니 도무지 상상이 되질 않는군."

지젤은 무슨 뜻인지 이해하지 못했다. 그녀가 다니엘을 알기 시작한 것은 그가 절단 수술을 받은 뒤부터였다.

"정반대예요. 오히려 장 폴이 그의 친구가 되어 주고 있어요. 메종 라피트에서는 하루가 길어요."

"그런데 지금은 제대한 몸일 텐데, 그렇다면 다시 일을 시작하지 않았나?"

"병원에서요?"

"그래, 그림 그리는 일말이야!"

"그림 그리는 일이라고요? 그가 그림 그리는 것은 본 적이 없는데……."

"그러면 다니엘은 파리에 자주 가지 않나?"

"전혀. 집 밖은 고사하고 정원에도 나가는 일이 없어요."

"그 정도로 걷는 것을 힘들어 하나?"

"그 때문은 아니에요. 다리를 저는 것도 눈여겨보지 않으면 모를 정도이니까요. 특히 새 기계를 쓰기 시작한 뒤부터는……. 그런데도 통 나가려고 하지 않아요. 신문을 읽는 일, 장 폴을 보살피며 같이 놀아 주는 일, 그 아이와 함께 집 안을 거니는 일이 고작이랍니다. 이따금 클로틸드에게 가서 완두콩 껍질을 까거나 과일 껍질을 벗겨 잼을 만드는 것을 도와주기도 하지요. 어떤 때는 테라스의 자갈을 고르기도 해요. 자주 있는 일은 아니지만……. 그런 기질을 타고난 사람인 것 같아요. 차분하고 무관심하며 약간 무딘 듯한……."

"다니엘이?"

"그렇다니까요."

"전에는 전혀 그렇지 않았는데…… 지금은 퍽 비관하고 있는 모양이군."

"무슨 말씀이세요! 조금도 따분해하지 않아요. 여하간 푸념을 한다거나 하는 일이 전혀 없으니까요. 이따금 뚱한 모습을 보일 때도 있지만, 그것도 딴 사람하고 그렇지 나하고는 절대로 그런 일이 없어요. 그것은 딴 사람들이 그를 대할 줄 모르기 때문이지요. 니콜은 공연히 그분을 괴롭히며 약을 올리곤 해요. 제니도 서투르지요. 입을 다물거나 냉랭하게 대해서 그의 마음을 상하게 해요. 제니는 마음이 착해요. 아주 착해요. 그런데 그것을 나타낼 줄 몰라요. 남을 기쁘게 해 주는 말이나 태도를 보이는 적이 없으니까요."

앙투안은 더 이상 아무런 대꾸도 하지 않았다. 지젤은 어이없어하는 그의 태도를 보더니 웃음을 터뜨렸다.

"다니엘의 기질을 잘 모르시나 봐요. 그분은 언제나 응석받이로 자라온 게 틀림없어요. ……게다가 너무나 게으르답니다!"

식사는 이미 끝난 지 오래다. 지젤은 시계를 보자마자 부리나케 자리에서 일어났다.

"식탁을 치우고 가 보아야 해요."

지젤은 앙투안 앞에 서서 그를 다정한 눈길로 바라보았다. 아무도 없는 방에 환자를 혼자 남겨 두고 가는 것이 못내 아쉬운 눈치였다. 그녀는 무엇인가 말하려는 듯 망설이고 있었다. 상냥하면서 수줍은 듯한 미소가 눈길을 스쳐가더니 마침내 입술에까지 떠올랐다.

"오후 늦게 모시러 올까요? 혼자 여기에 있느니 차라리 메종 라피트에 가서 우리와 함께 저녁시간을 보내는 것이 어떨까요?"

앙투안은 고개를 저었다.

"어쨌든 오늘 저녁은 안 돼. 오늘 뤼멜을 꼭 만나야 해. 내일은 필립 박사를 만나야 하고. 게다가 아래층에 가서 정리할 것도 있고, 여러 가지 서류도 찾아야…….”

앙투안은 무엇인가 곰곰이 생각하고 있었다. 르 무스키에는 금요일 저녁까지 돌아가면 된다. 그러므로 메종 라피트에서 이틀을 보낸다고 해서 문제될 것은 아무것도 없었다.

“그런데 거기에 가면 대체 어디서 묵는다는 거야?”

지젤은 대답도 하기 전에 재빨리 몸을 구부려 기쁜 듯이 키스를 했다.

“어디서냐고요? 물론 별장에서이지요! 빈 방이 두 개나 있어요.”

앙투안은 장 폴의 사진을 손에 들고 있었다. 그리고 틈틈이 그것을 들여다보곤 했다.

“좋아. 휴가 연장을 위해 수속을 밟겠어. 그럼 내일 저녁에…….” 그는 사진을 손가락 사이에 끼고 높이 쳐들었다. “내가 가져도 되겠지?”

5. 뤼멜, 맥심으로 앙투안을 초대

지젤이 떠나간 뒤 혼자 있게 된 앙투안은 뤼멜에게 전화를 걸었다. 일요일인데도 불구하고 뤼멜은 케도르세(프랑스
외무성)의 자기 사무실에 나와 있었다. 뤼멜은 오후에는 한 시간도 낼 수 없다고 사과한 뒤, 저녁식사를 같이 하자고 제의했다.

앙투안은 8시에 외무성에 도착했다. 뤼멜은 전등이 희미하게 비치고 있는 층계 밑에서 그를 기다리고 있었다. 관청답게 어두침침한 불빛 아래에서 조용히 사무실을 나서는 공무원들의 오가는 모습이며, 늦게 누군가를 만나러 온 몇몇 방문객들이 말없이 드나드는 모습은 어딘지 모르게 범상치 않고 사람의 눈길을 피하는 듯한 느낌을 주었다.

“맥심으로 가자. 자네를 병원생활의 분위기에서 좀 벗어나게 해 줄 거야” 하고 뤼멜은 다정하게 위로하는 듯한 미소를 띠면서 말했다. 그러면서 그는 앞마당에 세워져 있는 작은 기가 달린 자동차로 앙투안을 안내했다.

“별로 보잘것없는 손님인데” 하고 앙투안은 솔직히 말했다. “저녁에는 우유밖에 먹지 않는걸.”

“거기 가면 병에 넣어 차게 한 아주 좋은 우유가 있어” 하고 뤼멜은 말했다. 그는 맥심에 가서 저녁식사를 하기로 마음을 정하고 있었다.

앙투안은 승낙의 표시로 머리를 끄덕였다. 그는 종일 집에서 서류정리함을 뒤지고, 서고에서 무엇을 찾아내느라고 몹시 지쳐 있었다. 그래서 오늘 저녁 뤼멜과의 대담이 그에게는 적지 않은 걱정거리였던 것이다. 우선 말하는 것이 힘들다는 것과 성대를 보호해야 한다는 것을 뤼멜에게 알렸다.

"나처럼 말하기 좋아하는 사람에게는 정말 행운이군" 하고 뤼멜이 큰 소리로 말했다. 그는 앙투안의 초췌한 모습, 낮고 억눌린 듯한 목소리 때문에 받은 좋지 않은 인상을 겉으로 드러내지 않기 위해 밝은 체했다.

환하게 불이 켜져 있는 식당 홀에서 본 앙투안의 홀쭉하고 창백한 얼굴은 뤼멜을 한층 더 놀라게 했다. 그러나 그는 앙투안의 건강에 관해 지나치게 관심을 갖고 묻는 것은 삼갔다. 그래서 대수롭지 않은 몇 가지 질문을 한 다음 즉시 화제를 바꾸었다.

"수프는 그만두기로 하지. 오히려 굴이 좋을 거야. 철이 끝날 무렵이긴 하지만 아직은 그런 대로 먹을 만해⋯⋯. 나는 자주 이곳에 와서 저녁을 하곤 한다네."

"나도 여기에 자주 오곤 했어" 하고 앙투안은 중얼거리듯이 말했다. 그의 눈길은 천천히 홀을 둘러본 뒤, 주문을 기다리며 서 있는 늙은 종업원에게로 쏠렸다. "이봐, 장, 나를 모르겠나?"

"아무렴 알아뵙지요, 어르신" 하고 종업원은 인사치레의 미소를 띠며 고개를 숙였다.

'거짓말을 하는구나' 하고 앙투안은 생각했다. '전에는 언제나 선생님이라고 불렀는데⋯⋯.'

"사무실에서 아주 가까워서" 하며 뤼멜은 말을 이었다. "비상이 걸리는 날의 저녁 같은 때는 아주 편리해. 길만 건너면 바로 해군성의 방공호가 있으니까."

뤼멜이 메뉴를 고르고 있는 동안 앙투안은 그를 유심히 바라보았다. 뤼멜도 변해 있었다. 사자 같던 그의 얼굴도 지금은 살이 올라 통통해져 있었다. 갈기를 방불케 하던 머리도 살짝 세어 있었다. 눈 언저리에는 나이 들어 보이는 누리끼리한 피부에 무수한 잔주름이 사방으로 잡혀 있었다. 눈빛만은 푸르고 생기가 있어 보였지만 아래 눈꺼풀 밑에는 거무스름한 군살이 뭔가 곪아서 얼룩진 듯한 광대뼈 위로 늘어져 있었다.

"디저트는 나중에 생각하기로 하지" 하고 뤼멜은 종업원에게 메뉴판을 돌려주며 피곤한 듯이 말했다. 그는 고개를 뒤로 젖히고 두 손을 벌려 잠시 얼굴을 감싸더니 손가락으로 화끈거리는 눈꺼풀을 눌렀다. 그리고 깊은 한숨을 내쉬며 이렇게 말했다.

"여보게, 보다시피 동원된 뒤로 지금까지 단 하루도 휴가를 못 얻었다네. 이제는 지칠 대로 지쳐 있어."

보기에도 그렇게 보였다. 신경이 예민한 뤼멜의 경우 쌓이고 쌓인 피로가 극도의 열병 증세로 나타났던 것이다. 앙투안이 뤼멜과 작별하던 1914년 당시만 해도 뤼멜은 확신에 차 있었고 자신만만했으며 좀 거만스러워 보이기까지 했었다. 그리고 모든 문제에 관해 거리낌 없이 장광설을 늘어놓기는 했지만 거기에는 애써 자중하는 기색도 엿보였다. 그런데 4년에 걸친 과로의 결과, 그는 눈을 끔벅거리며 갑자기 경련이라도 일어난 듯 웃어대고, 어떤 이야기를 하다가 느닷없이 다른 이야기로 비약하면서 쉴새없이 요란한 몸짓을 하는가 하면, 병적인 흥분이 새빨간 얼굴에 떠올랐다가 별안간 심한 우울증에 빠지는 사람으로 변해 있었다. 그러면서도 그는 지난날처럼 당당하게 행동하려고 애썼다. 피곤하다고 투덜대며 지친 모습을 보이면서도 잠깐씩 기운을 되찾곤 했다. 그는 머리를 약간 뒤로 젖히더니 한 손으로 느긋하게 머리카락을 쓸어올렸다. 그러고는 열정을 되찾은 듯 희색이 만면하여 보란 듯이 미소를 지었다.

앙투안은 자크의 죽음에 관해 자세한 조사를 해 준 것과, 제니가 스위스로 가고자 했을 때 그녀에게 베푼 도움에 대해 고마움을 표하려고 했다. 뤼멜은 단호히 그의 말을 가로막았다.

"당연한 일이지! 여보게, 그런 이야기는 그만 하게나! ……" 그러고 나서 경솔하게 이런 말을 내뱉었다. "매력적인 젊은 여인이었어…… 아주 매력적인……."

'저 인간은 너무 사교적이다 못해 가끔 바보가 되는군' 하고 앙투안은 생각했다.

뤼멜은 앙투안의 말을 가로막더니 그대로 말을 이었다. 그는 앙투안이 그 일에 대해 아무것도 모르고 있기라도 한 것처럼 자신이 취한 조치에 관해 자세한 이야기를 시작했다. 그의 머릿속에는 모든 것이 놀라울 정도로 명확하게 기록되어 있었다. 중간에 나섰던 사람들의 이름과 날짜를 거침없이 대고 있었다.

"가련한 최후였어!" 하고 그는 한숨지으며 결론을 내렸다. "자네 우유 안 마시나? 미지근해질 텐데……." 그는 앙투안을 향해 주저하는 듯한 눈길을 보내더니 입술을 축였다. 그리고 고양이 털처럼 헝클어진 수염을 닦더니 또다시 탄식하듯 말했다. "그래, 가련한 최후였어. 자네 생각도 했었어, 참말이야……. 하지만 사정이 사정이었던 만큼…… 자네의 사상…… 티보라는 이름의 명망을 위해서……. 생각해 보면—적어도 가문을 위해서라도—그러한 최후를…… 결국은 오히려…… 바람직스러운 것이 아닐까?"

앙투안은 아무런 대꾸도 하지 않고 눈살을 찌푸렸다. 뤼멜의 말이 아픈 곳을 찔렀기 때문이다. 그러면서도 그는 자크의 최후에 관한 소식을 들었을 때 자신도 그런 생각을 했다는 사실을 인정하지 않을 수 없었다. 그렇다. 틀림없이 그렇게 생각했었다. 그러나 지금에 와서는 그렇지 않다. 오히려 전에 그런 망상을 품고 있었다는 사실을 생각만 해도 가슴이 찢어지는 듯한 자괴감을 느꼈다. 지난 몇 년 동안 체험한 전쟁, 병원에서 오랫동안 불면의 생활을 겪으면서 하게 된 반성 따위는 지난날 자신의 판단에 대해 많은 부분에서 커다란 혼란을 야기했다.

그는 뤼멜과 그런 개인적인 문제를 두고 이야기할 생각은 조금도 없었다. 더구나 다른 곳도 아닌 여기에서라면 더더욱 그러했다. 전에 안느와 저녁식사를 하러 자주 들렀던 이 식당에 들어섰을 때부터 거북함을 느꼈던 것이다. 전쟁이 일어난 지 44개월, 이 화려한 식당에 이토록 많은 손님이 와 있다는 사실에 그는 솔직히 놀라움을 금치 못했다. 전에 저녁이면 손님들로 들끓었던 것과 마찬가지로 자리란 자리는 하나도 빈 곳이 없었다. 부인들은 전처럼 많지는 않아 보였다. 전처럼 화려하지도 않았고, 대부분 간호사 같아 보였다. 남자들은 대부분 군인이었다. 그들은 번쩍거리는 허리띠를 조여 매고 가지각색의 훈장이 달린 긴 군복을 입고 으스대고 있었다. 휴가를 얻어 나온 장교도 몇 명 있었지만 그들 중의 대부분은 파리 관구 아니면 본부 소속 장교들이었다. 그 밖에 비행사들도 꽤 있었는데, 시끄럽게 굴면서 서로 흥겨워하고 있었다. 침울한 눈길에 약간 광기를 띠고 있는 것이 마시기 전부터 취해 있는 듯했다. 이탈리아, 벨기에, 루마니아, 일본식 군복 등 가지각색의 군복을 진열한 듯한 느낌이다. 거기에 해군도 몇 명 있었다. 그들은 거의가 영국인으로 칼라가 젖혀진 카키색 군복 상의와 깨끗한 셔츠를 입고 있었다. 샴페인을 터뜨리며 저녁식사를 하러 온 무리였다.

"회복기가 끝나면 잊지 말고 나에게 알려 주게" 하고 뤼멜이 상냥하게 말했다. "또다시 전선으로 가는 일은 없어야 하니까. 이미 자네는 자네 몫을 할 만큼 한 셈이야."

앙투안은 상대의 말을 바로잡아 주고 싶었다. 1917년 겨울, 최초의 부상이 완쾌된 것으로 판단되어 그는 후방의 병원으로 전속되었던 것이다. 그러나 뤼멜은 말을 이었다.

"지금 같아서는 전쟁이 끝날 때까지 본부에 있을 게 틀림없어. 클레망소가 수상이 됐을 때 나는 자칫하면 런던으로 갈 뻔했지. 그와 각별한 관계를 맺고 있는 푸앵카레 대통령이 아니었다면, 그리고 무엇보다도 내가 의중을 속속들이 다 잘 알고 있고, 또 나를 데리고 있고 싶어하는 베르드로 (당시 외무 장관 이름) 가 반대하지 않았더라면 나는 영국에 가는 수밖에 없었을 거야. 물론 이런 시기에 그곳에서의 생활이라고 해서 흥미가 없는 것은 아니었겠지만 여기에서처럼 모든 일의 중심에 있지는 못했겠지. 참 통쾌한 일이야!"

"그건 나도 알 만하군. 자네야 적어도 특권층에 속하니까 일이 어떻게 돌아가는지 알고 있겠지, 안 그래? 앞으로의 정세도 어느 정도는 예측할 수 있을 테고!"

"그렇지는 않아" 하며 뤼멜은 상대의 말을 가로막았다. "알다니, 천만에. 그리고 예측한다는 것은 더더구나 불가능하고……. 아무리 내막을 알고 있다 해도 과연 어떤 일이 일어나고 있는지 알 수 없으니까. 나중에 가서야 무엇인가가 일어났다는 것을 알게 되는 것이 고작이야. 오늘날의 정치가는 클레망소처럼 독제적이고 강압적인 자라 할지라도 사태에 직접적인 영향을 미치지는 못하는 거야. 오히려 사태에 끌려가고 있지. 전시(戰時)에 통치한다는 것은 사방에서 물이 스며들어 오고 있는 배를 조종하는 것과 같다고나 할까. 가장 위험하다고 생각되는 구멍을 막기 위해 순간순간 임기응변으로 일을 처리할 수밖에 없어. 그야말로 난파 분위기 속에서 살고 있는 거지. 이따금 배의 위치를 측정하고 지도를 보며 대체적인 방향을 지시하는 것이 고작일 뿐이야. 클레망소 수상도 다른 사람들과 다를 바 없어. 그도 이런저런 일을 겪곤 해. 그럴 때마다 될 수 있으면 그것을 이용하곤 할 뿐이야. 현재의 내 직책에서는 그를 아주 가까이에서 보고 있는 편이야. 어쨌든 보기 드문 귀재지……." 뤼멜은 잠시 생각에 잠기는 듯했다. 그리고 주저하다가 말을 이었다. "클레망소 수상은 타고난 회의주의와…… 심사숙고된 비관주의…… 그리고 과감한 낙관주의, 이 세 가지가 역설적으로 혼합돼 있는 인물이라네. 그러나 이 세 가지가 훌륭하게 배합되어 있다는 것을 인정해야 해!" 그는 자신의 발상이 재미있다는 듯이 눈웃음을 치며 묘하게 미소지었다. 그러면서 적절한 표현을 찾아낸 것을 즐거워하고 있었다. 그런데 그것은 사실 지난 몇 달 전부터 그가 새로운 상대를 만날 때마다 써오던 상투적인 문구였다. "게다가" 하며 그는 말을 이었다. "이 위대한 회의주의자는 사실 매우 소박한 신념에 의해 움직이고 있어. 그는 자신의 조국이 패배당해서는 안 된다고 철석같이 믿고 있어. 대단한 정신력이야! 지금도—하기는 우리 둘이서 조용히 할 이야기지만 내가 알기엔 가장 낙관론자였던 자들의 신념조차 흔들리고 있는 이 판국에—이 늙은 애국자에게는 승리가 절대 확실한 거야! 마치 하늘의 뜻에 따라, 프랑스의 대의명분 때문에라도 영광스러운 승리를 거두지 않을 수 없다는 식으로!"

앙투안은 잔기침을 하며 말을 하려고 했다. 마침 그때 옆자리에서 한 영국 군의관이 막 여송연에 불을 붙였다. 앙투안의 목소리가 아주 희미한 데다가 입술에 대고 있는 냅킨 때문에 몇 마디만이 들렸다.

"……미국의 원조……윌슨……."

뤼멜은 알아들은 척하는 것이 더 간단하다고 생각했다. 게다가 자못 흥미 있다는 태도마저 취했다.

"흥" 하고 뤼멜은 꿈을 꾸는 듯한 몸짓으로 뺨을 쓰다듬으면서 말했다. "그래, 윌슨 대통령은 우리가 볼 때 말이지! 이제는 프랑스에서도 영국에서도 그 미국 교수의 변덕에 대해 좋든 싫든 존경해야만 해. 하지만 우리는 그를 높이 평가하지는 않아. 머리가 둔한 자야. 그리고 상대를 조금도 의식하지 않는 자야. 그러면서 정치가라고 하니! 신비스런 상상력이 만들어 낸 환상적 세계에서 살고 있는 거야. 그런 청교도의 단순하기 이를 데 없는 도덕주의로 인해 우리 유럽 종래의 복잡다단한 기구가 잘못되는 일이 없었으면 해!"

앙투안은 말에 끼어들고 싶었다. 그러나 목소리의 상태가 그것을 허락지 않았다. 그가 볼 때는 윌슨이야말로 오늘날 위대한 지도자들 중에서 전쟁의 이면까지도 바라볼 수 있는 유일한 인물이었으며, 세계의 장래를 생각할 수 있는 유일한 인물이었던 것이다. 그는 찬성할 수 없다는 뜻으로 힘찬 몸짓만을 했다.

뤼멜은 가소롭다는 듯 미소를 지었다.

"농담은 아니겠지, 여보게? 여하간 윌슨 대통령의 부질없는 말에 동조하지는 말게나! 잘못하다가는 반 미개국이며 애들 같은 나라인 대서양 저쪽에서 진지하게 받아들일지도 몰라. 그러나 전통이 깊고 사리를 분간할 줄 아는 우리 유럽에서는 어림도 없는 일이지! 그런 공상적인 계획을 우리 유럽에 들여온다면 그야말로 엉망진창이 되고 말 거야! '공정'이니 '정의'니 '자유'니 하는 따위의 대문자로 시작되는 거창한 말을 지나치게 경계한다고 해서 손해볼 것은 없어. 나폴레옹 3세 치하 프랑스에서 '관대한' 정책이라는 것이 어떤 참담한 결과를 가져다주었는지 알아야 할 거야!"

뤼멜은 팔을 뻗어 주근깨가 있는 통통한 손을 식탁보 위에 올려놓았다. 그리고 몸을 구부리며 비밀 이야기라도 하듯이 말했다.

"게다가 소식통에 의하면 윌슨 대통령은 보기보다 순박하지 않아서 자신의 주장에 스스로 속지 않는다는 거야…… '승리 없는 평화'의 주창자인 윌슨은 오로지 주변 상황을 이용하여 구대륙을 미국의 보호 아래에 두고자 하는 야심, 그리고 장차 연합국이 승리할 경우 세계 무대에서 차지할지도 모를 연합국의 우월한 입장을 저지하겠다는 지극히 현실적인 야심을 갖고 있을지 몰라. 여담이지만 바로 그런 점에서 심히 바보스런 짓을 연출하고 있는 거야! 왜냐하면 프랑스와 영국이 이렇다 할 물질적인 이득도 없으면서 여러 해에 걸친 소모전에 국력을 낭비하리라고 믿는 것 자체가 유치한 생각인 거지!"

'하지만' 하고 앙투안은 마음속으로 반론을 폈다. '참된 평화를 이룩하는 것, 영속적인 평화를 이룩하는 것이야말로 유럽 모든 나라에게 전쟁이 가져다주는 가장 큰 물질적인 이득이 아닐까?' 그러나 그는 아무 말도 하지 않았다. 더위와 떠들썩한 소리와 담배 연기에 뒤섞인 음식물 냄새 때문에 그는 점점 더 기분이 언짢아짐을 느꼈다. 차츰 숨 쉬기도 힘들어졌다. '무엇 때문에 여기에 있지?' 하고 생각하면서 그는 자기 자신에 대해 화가 났다. '오늘 밤은 잠들기가 힘들겠군!'

뤼멜은 아무것도 눈치채지 못했다. 그는 월슨을 헐뜯음으로써 일종의 쾌감을 느끼는 것 같았다. 사실 케도르세 안에서는 몇 달 전부터 월슨을 표적으로 모두가 열을 올리고 있었다. 뤼멜은 속이 후련한 듯 큰 소리로 웃으며 하던 말을 멈추었다. 그리고 가시 위에 앉아 있기라도 한 듯 의자에서 안절부절못하고 있었다.

"다행스럽게도 훌륭한 현실주의자이며 당당한 라틴족인 푸앵카레 대통령과 클레망소 수상은 윌슨 대통령의 부질없는 망상은 물론, 그가 가슴속에 품고 있는 과대망상증까지 간파했어. 그런 과대망상증은 어떤 목적에 이용되는가에 따라…… 수확이 결정되는 거야! 지금 이 시점에서는 미국으로부터 가능하면 많은 양의 석유며 자재며 비행기며 인력을 우려내는 것이 중요한 거야. 그러기 위해서는 이 대단한 공급자의 비위를 거슬리지 않을 필요가 있거든. 필요하다면 그의 장단에 기꺼이 춤도 추어야 해. 약간 정신이 나간 자들과 함께 놀아나듯이 말이야. 물론 지금까지 이런 전략의 결과는 괜찮은 편이야……." 뤼멜은 앙투안 쪽으로 상체를 굽히면서 그의 귀에다 대고 속삭였다. "올해 피카르디에서 영국군이 대패한 뒤 우리가 견뎌낼 수 있었던 것도 사실은 우리가 몇 주일에 걸쳐 그에게서 얻어낸 이천 톤의 기름과 그가 매달 우리에게 보내 준 30만의 병력 덕분이라고. ……그러니 이대로 나가는 수밖에 별 도리가 없어. 코안경을 낀 로엔그린(바그너의 오페라 〈로엔그린〉에 나오는 백마의 기사. 그 기사를 자처하는 윌슨 대통령을 빈정대는 것.)의 어처구니없는 괴벽에 장단을 맞추는 수밖에. 앞으로 강력한 미국 군대가 프랑스 땅에 와서 바톤을 이어받을 때 비로소 우리는 숨을 좀 돌릴 수 있을 거야. 그러면 우리는 미국으로 하여금 앞잡이 노릇을 하도록 내버려 두고 구경만 하고 있으면 되는 거지!"

앙투안은 생각에 잠긴 채 뤼멜이 안심 스테이크를 먹고 있는 모습을 바라보고 있었다. 뤼멜은 '살짝 구운 것!'을 주문했다. 그는 발언권을 요청하기라도 하듯 손을 들었다.

"그렇다면 자네는…… 전쟁이 아직 여러 해 계속될 것으로 생각하나?"

뤼멜은 접시를 밀어내더니 몸을 살짝 뒤로 젖혔다.

"아직도 몇 년이라니 말도 안 돼. 그렇게는 생각하지 않아. 어쩌면 뜻밖의 좋은 소식이 있을지 모른다는 생각은 들어……." 그는 아무 말 없이 잠깐 자신의 손톱을 살펴보았다. "이봐, 티보" 하며 그는 옆에 있는 사람들에게 들리지나 않을까 해서 다시 목소리를 낮추면서 말을 이어갔다. "기억나는군. 1915년 2월이었어. 데샤넬 (프랑스의 정치가. 1920년에 대통령이 됨) 씨가 어느 날 저녁 내 앞에서 이런 말을 한 적이 있어. '이 전쟁이 얼마나 지속될지 그리고 어떻게 급변해 갈지는 예측할 수가 없네. 내가 보기에 이것은 대혁명 (1789년 프랑스 혁명), 제정 (나폴레옹 1세의 제정) 시대의 전쟁을 다시 하는 것과 다름없어. 어쩌면 휴전은 있을지 몰라도 궁극적인 평화는 아직 멀었다고 말하지 않을 수 없네!' 그 당시 나는 그것을 하나의 재담으로 흘려 버렸어. 그런데 지금…… 지금 생각해 보니 그 말은 실로 예언자적인 시각을 갖고 했던 것으로 여겨져." 그는 하던 말을 멈추고 잠시 소금 그릇을 만지작거리더니 이야기를 이었다. "내일이라도 연합군이 압도적인 승리를 거둔 다음에 동맹국 (제1차 세계대전에서 연합국에 대항하여 싸운 독일·오스트리아·헝가리를 가리킴)이 무기를 버리더라도 나는 '자아, 휴전은 됐지만 궁극적인 평화는 아직 멀었어'라고 말한 데샤넬 씨와 생각을 같이할 거야."

뤼멜은 한숨을 지었다. 그리고 암기과제를 복습이라도 하는 듯 앙투안을 몹시 짜증나게 하는 어조로 벨기에를 침공한 뒤부터의 정세에 관해 입담 좋게 늘어놓기 시작했다. 그런 식으로 군더더기 없이 뚜렷한 골격만을 압축시킴으로써 사건의 경과는 놀랄 만한 논리성을 띠며 연결되는 것이었다. 그것은 마치 한판의 서양장기에 관해 이야기하는 듯한 느낌을 주기도 했다. 이 전쟁……앙투안이 매일같이 체험한 전쟁, 그것은 갑자기 그에게서 시간적으로 저만치 물러서더니 역사적인 양상으로 떠올랐던 것이다. 라 마른이라든가 라 송므라든가 베르됭 (제1차 세계대전 때 공방과 격전을 벌이던 지역)에서의 전투 따위가 입심 좋은 뤼멜의 입에 오르내리면서 이런 지명들이 지금까지 앙투안에게는 구체적이고 개인적이며 그리고 처참한 추억만을 불러일으키는 것이었는데, 곧 현실성을 잃고 전문적인 보고서의 표제 내지는 다음 세대를 위한 교과서 각 장의 제목 같은 것이 되어 버렸다.

"그리고 이제 1918년" 하며 뤼멜은 결론지었다. "미국의 전쟁개입은 봉쇄망을 조이는 것이 되고, 그건 게르만 민족의 사기 저하를 뜻하는 거야. 논리적으로 말해서 그들의 패전은 불가피해. 이런 새로운 국면에 직면한 그들은 양자택일의 기로에 처하게 됐어. 너무 늦기 전에 불안정하지만 평화협상을 하든가, 아니면 미국군이 물밀듯이 몰려오기 전에 필사적인 공격으로 승리를 하든가. 그런데 그들은 공격 쪽을 택했어. 그것이 바로 지난 3월 피카르디에서 있었던 대대적인 반격이야. 그런데 그것은 성공 바로 직전에 실패했어. 그래서 이번에 다시 공격해 온 거야. 사정은 이렇게 됐어. 과연 이번에는 성공할 것인가? 그럴지도 모르지. 이번 여름까지 프랑스가 화해를 요청하지 않으리라는 장담도 할 수 없어. 하지만 만일 그들이 실패할 경우에는 마지막 카드를 내보일 거야. 전쟁에 진 것이니까. 우리로서는 미군이 대거 도착하기만을 기다리며 이대로 가만히 있든가 아니면—그런데 이것이 포슈 장군의 복안인 것 같아—미군이 전투에 임하기 전에 모든 전선에 걸쳐 공격에서 남은 마지막 병력까지 투입하여 확고한 담보를 손 안에 넣든가 둘 중의 하나야. 그래서 나는 이렇게 말하고 싶어. 진정한 평화, 궁극적인 평화는 아직 멀었다고. 하지만 휴전만은 곧 이루어질 거라고."

뤼멜은 하던 말을 멈추어야만 했다. 앙투안이 너무나 기침을 심하게 해서 이번에는 모르는 척할 수가 없었다.

"미안하네. 쓸데없이 지껄이다보니 공연히 자네만 괴롭혔군. 가보세."

뤼멜은 종업원에게 손짓을 했다. 그리고 미군들이 하는 식으로 바지 주머니에서 구겨진 지폐 몇 장을 꺼내 별거 아니라는 듯이 계산을 끝냈다.

루아얄 거리는 어두웠다. 자동차는 불을 끄고 인도 옆에서 기다리고 있었다.

뤼멜은 고개를 쳐들었다.

"하늘이 맑군. 오늘밤에 분명히 올거야……. 외무성으로 되돌아 가 보아야겠어. 새로운 정보가 들어와 있을지도 모르니까. 하지만 그 전에 자네를 집에까지 데려다 줄게."

뤼멜은 앙투안을 먼저 태운 다음 차에 오르기 전에 주위에 있는 신문팔이 소녀에게서 석간신문을 몇 부 샀다.

"처음부터 끝까지 거짓말이야" 하고 앙투안이 투덜거렸다.

뤼멜은 바로 대꾸하지 않았다. 그는 운전기사와 자기들 사이에 있는 칸막이 유리문을 조심스럽게 닫았다.

"물론 처음부터 끝까지 거짓말이지!" 하고 그는 금세 대들기라도 할 듯이 앙투안 쪽으로 몸을 돌리며 말했다. "안심시키는 소식을 끊임없이 공급하는 것이 식량이나 탄약을 보급하는 것만큼 국가 이익을 위해 중요하다는 것을 자네는 모르고 있단 말인가?"

"그건 그래. 자네들은 민심을 안정시킬 책임이 있으니까" 하고 앙투안은 빈정대듯 말했다.

뤼멜은 다정하게 앙투안의 무릎을 살짝 쳤다.

"자, 자, 티보, 농담은 그만해 두게. 생각 좀 해 보게. 전쟁 중에 있는 정부가 도대체 무엇을 할 수 있겠나? 정세를 주도해 나가? 자네도 알다시피 그건 안 돼. 그렇다고 여론을 이끌고 간다? 그래, 이것만은 가능하지. 그거야말로 정부가 할 수 있는 유일한 것이지! ……그래, 우리는 그 일에 전념하고 있는 셈이야. 자, 뭐라고 말하면 좋을까? 우리의 주된 일은 전황을 조정해서 전달하는 것이야. 국민들로 하여금 끊임없이 궁극적인 승리에 대한 확신을 갖게 하는 것이 필요해……. 또한 그들의 지도자가 군인이든 민간인이든 그 자질이 옳건 그르건 간에 국민들에게 매일같이 신뢰감을 심어 줄 필요가 있어."

"그리고 그걸 위해서라면 수단 방법을 가리지 않는다는 것이겠지!"

"물론이지!"

"계획적인 거짓말이군!"

"솔직히 말해서 자네는 예를 들어…… 우리가 슈투트가르트와 칼스뤼헤에 가하는 공중폭격이 베르타(제1차 세계대전 당시 의 독일 장거리포)가 파리시내에 퍼붓는 모든 포탄보다 훨씬 더 많은 민간인의 '무고한 희생'을 냈다고 말해도 된다는 건가? …… 또 우리가 비인도적이라고 부르고 있는 독일의 잠수함 공격이라 해도 사실 적에게는 꼭 필요한 군사행동이고, 1916년 공격이 실패로 돌아간 뒤, 우리의 저항을 분쇄하기 위해 그들에게 남아 있는 유일한 기회였다는 것도? ……또 루시타니아호(독일 잠수함에 의해 격침되어 승선하고 있던 사람들 모두가 희생된 영국 선박)를 격침시킨 그 유명한 어뢰 공격도, 루시타니아호에 타고 있던 여자와 어린애들의 희생에 비해 무자비한 봉쇄로 인해 독일과 오스트리아에서 이미 죽은 아이들과 여자들의 숫자가 만 배 또는 이만 배도 더 되니까 그게 지극히 정당한 보복이었으며, 매우 유연한 대응책이었다고 해도 된다는 건가? ……아니야, 그렇지는 않아. 진실이라고 해서 다 말해도 되는 것은 아니야! 적은 언제나 옳지 않고, 연합국의 목적만이 항상 옳다고 말해야만 해! 어쩔 수 없이……."

"거짓말하는 것이지!"

"맞아. 전선에서 싸우고 있는 사람들이 후방에서 어떤 일을 계획하고 있는

지를 알지 못하도록 하기 위해서라도! 또 후방에 있는 사람들에게 전선에서 끔찍한 일이 벌어지고 있다는 것을 눈치채지 못하도록 하기 위해서라도! 적국이나 여러 중립국의 영사관 사이에서 이루어지는 막후활동을 아무도 모르게 하는 것이 절대 필요한 거야! 암, 그렇고말고! 따라서 우리 활동의 요점은—군인이 아닌 민간인 지도자들의 활동을 두고 하는 말이지만—결국……자네가 말하듯이 속이는 것으로 끝나는 것이 아니라 교묘하게 속이는 데 있는 거야! 이게 쉬운 일이 아니라는 것을 알아 주었으면 해! 여기에는 오랜 세월의 경험과 그리고 아무리 써도 고갈되는 법이 없는 재치와 창의력이 필요한 것이지. 분명히 말해 두지만 미래는 우리의 편이라고! 효과적인 거짓말로 말할 것 같으면 4년 전부터 프랑스에서 우리는 놀라운 기적을 이룩했어!"

자동차는 불빛이 뜸한 생제르멩 거리와 위니베르시테 거리를 천천히 지난 뒤 앙투안의 집 앞에서 멈추었다. 두 사람은 차에서 내렸다.

"여보게" 하며 뤼멜은 말을 계속했다. "1917년 4월 니벨 공세가 있던 그 주간으로 기억하는데……." 그의 목소리는 돌연 열기를 다시 띠기 시작했다. 그는 앙투안의 팔을 잡고 운전사로부터 좀 떨어진 곳으로 데리고 갔다. "시시각각 무슨 일이 일어나고 있는지 모든 것을 알고 있는 우리에게 그것이 어떠했는지 자네는 상상도 못할 거야. 거듭된 잘못을 뻔히 보고 있던 우리……매일 저녁 군이 입은 피해를 알고 있던 우리가 어떠했겠는가 말이야! 4, 5일 동안의 전투에서 34만의 전사자와 80만 이상의 부상자를 냈어! 게다가 전멸한 여러 연대에서는 반란이 일어났고! ……하지만 진실을 전하고 옳게 행동하는 것이 문제가 아니었어. 반란이 전군에 퍼지기 전에 어떻게 해서든지 그 부대의 봉기를 가차없이 진압하지 않으면 안 되었던 거야! 국가의 사활이 걸린 문제였으니까……. 어떻게 해서든지 명령계통을 유지시키고 잘못을 은폐해서 위신을 지키도록 하는 것이 필요했으니까……. 더 고약했던 것은 잘못을 뻔히 알면서도 의도적으로 밀고 나가 공세를 다시 취했고, 그러다 보니 다른 몇 개 사단을 격전장으로 몰아넣어 슈멩 데 담므와 라포 전선에서 이만 내지 2만5천 명의 병사들을 또 희생시켰던 일이야……."

"그건 또 어째서?"

"비록 보잘것없는 성공일지라도 여하간 그럴듯한 거짓말을 갖다 붙일 수는 있었으니까! 그리고 사방에서 흔들리고 있는 신뢰를 회복하려고 했던 거야! 결국 크라온느의 기습 공격이 적중했어. 그것을 우리는 대단한 승리를 거둔 것처럼 떠들어 댔지. 우리는 안도의 한숨을 내쉴 수가 있었어! 열흘 뒤에 정부는 사령관들을 해임했어. 그러고는 페텡 장군을 임명했어."

피로에 지쳐서 더 이상 서 있을 수 없었던 앙투안은 벽에 등을 기대고 있었다. 뤼멜은 그를 정문까지 부축해 주었다.

"그랬어" 하며 뤼멜은 말을 계속했다. "우리는 안도의 한숨을 쉴 수가 있었지. 하지만 분명히 말해 두는데 그와 같은 4, 5주일을 경험하느니 차라리 내 생애의 1년을 바치겠어!" 그는 진지해 보였다. "그럼 실례하네. 자네를 다시 만나 퍽 기뻤어." 그리고 앙투안이 문턱을 넘어서려고 하자 덧붙여 말했다. "여보게, 부디 몸 조심해! 의사들이란 모두가 매한가지야. 자기 자신의 건강이 문제가 될 때는 아무리 성실한 의사라도 소홀하기 쉬우니까!"

방은 지젤이 정돈해 놓았다. 덧문은 닫혀 있었고 커튼도 드리워져 있었다. 의자의 커버도 치워지고 침대도 잘 정돈되어 있었다. 머리맡의 테이블 위에는 손이 닿는 곳에 컵과 찬물을 넣은 물병이 놓여 있었다. 이런 섬세한 배려가 오히려 앙투안의 마음을 몹시 불안하게 했다. 그는 마음속으로 이렇게 생각했다. '아무래도 내가 생각하고 있는 것 이상으로 지쳐 있는 게 틀림없어…….'

앙투안은 우선 오존 주사를 놓는 일에 신경을 썼다. 그런 다음 안락의자에 몸을 파묻고 10분 정도 상체를 젖히고 목을 등받이에 기댄 채 꼼짝 않고 있었다.

그는 갑자기 끓어오르는 격렬한 적의와 함께 뤼멜을 생각했다. 확실히 부당한 감정이었는지도 모른다. 그는 자신이 그런 감정을 품는 것에 대해 놀라지 않을 수 없었다. '전쟁을 하고 있는 자…… 전쟁을 하고 있지 않은 자…… 우리와 그들 사이에는 결코 화해란 있을 수 없을 것이다!'

그의 호흡곤란은 차츰 잦아들었다. 체온을 재보기 위해 자리에서 일어났다. 38도 1부……. 꽤나 힘든 하루였지만 이 정도면 괜찮은 편이었다.

침대에 눕기 전에 충분히 흡입하는 것을 그는 잊지 않았다.

'안 돼' 하고 그는 화가 치밀어 베개에 머리를 파묻으면서 생각했다. '그들과는 타협할 수 없어! 동원해제 날이 오면 전쟁에 참여하지 않았던 자들은 몸을 숨기거나 우리 눈 앞에서 사라져야만 할 것이다. 내일의 프랑스와 유럽은 마땅히 재향군인들에게 돌아갈 것이다. 어디에서건 거기에 참가한 사람

들은 참가하지 않은 자들과 협력하는 것을 용납하지 않을 것이다!'

그는 어둠 때문에 답답함을 느꼈다. 그러나 불을 켜려고도 하지 않았다. 그 방은 전에 티보 씨가 지내던 방이었다. 세상을 떠나기 전에 노인은 이 방에서 그토록 투병하며 괴로워했던 것이다. 그에게는 그때의 이런저런 세세한 일들이 머리에 떠올랐다. 마지막 목욕이며 자크며 진통제 주사며 임종 당시의 온갖 우여곡절. 어둠 속에서 두 눈을 크게 뜨고 있는 그에게 아버지의 방에 있던 커다란 마호가니 침대, 장식 융단이 깔린 기도대 그리고 온갖 약품을 잔뜩 올려놓았던 서랍장이 보이는 듯했다.

6. 앙투안의 꿈

오존 주사 덕택에 그날 밤은 그리 고통스럽지 않았다. 그러나 앙투안에게는 잠을 자지 못한 것이나 다름없었다. 새벽녘이 되어서야 그는 잠시 눈을 붙일 수가 있었다. 그러나 터무니없는 악몽 속에서 몸부림치다가 땀에 흠뻑 젖은 채 잠에서 깨어났다. 땀을 어찌나 흘렸던지 속옷을 갈아입어야 했다. 다시 누웠지만 잠을 이루지 못하리라는 것을 뻔히 알고 있었으므로 금방 꾸고난 괴상한 꿈의 상세한 내용을 생각해 보기로 했다.

'자…… 확실히 세 가지로 구별할 수 있는 에피소드였어. 세 장면. 그러나 배경은 다 똑같다. 우리집 현관…….'

'처음에 나는 레옹과 함께 그곳에 있었다. 나는 미칠 듯한 불안에 사로잡혀 있었다. 왜냐하면 아버지가 곧 오기로 되어 있었기 때문이다. 사정은 몹시 다급했다. 아버지가 안 계시는 틈을 타서 아버지가 가지고 있는 모든 것을 손안에 넣고, 집 안을 온통 뒤엎어버리려고 했기 때문이다. 그런데 아버지가 곧 돌아오시기로 되어 있었던 것이 아닌가. 그래서 그 사실이 탄로날 참이었다. 끔찍한 일이었다. 어떻게 하면 파국을 모면할 수 있을까 해서 나는 현관에서 서성거리고 있었다. 그렇다고 도망칠 수도 없었다. 무엇 때문이었지? 금방 돌아오기로 되어 있는 지젤 때문이었다……. 레옹도 나만큼이나 얼이 빠진 채 입구의 문에 볼을 대고 망을 보고 있었다. 공포에 질린 듯 크게 뜨고 있던 그의 멍청한 눈이 지금도 눈에 선하다. 불현듯 그는 고개를 돌리더니 나에게 이렇게 물었다. '마님께 알려드리면 어떨까요?'

이것이 첫 번째 장면이다. 다음은, 돌연 아버지가 현관 한가운데, 내 앞에 우뚝 서 있는 것이었다. 아버지는 장례식 때문에 외투 차림에 머리에는 상장(喪章)이 달린(샬르 씨의 것과 똑같은) 모자를 쓰고 있었다. 누구의 장례식이었을까? 그의 옆에는 새 여행용 가방이 마룻바닥에 놓여 있었다(그저께 내가 여기에 올 때 들고 온 것과 모양이 같았다). 레옹은 모습을 감추었다. 아버지는 의연하면서도 바쁜 모습으로 주머니 속을 뒤지고 있었다. 아버지는 나를 알아보고는 이렇게 말했다. '아아, 너로구나? 유모는 여기 없니?' 그리고 나서 또 이렇게 덧붙였다. '얘야, 너에게 이야기해 줄 것이 있는데, 나는 매우 아름다운 나라를 몇 군데 구경하고 왔단다.'(그런 경우 아버지가 취하곤 했던 엄숙하고 아버지 같은 그 말투에) 나는 입이 바짝 말라 아무런 말도 할 수 없었다. 꾸중 들을 일 앞에서 벌벌 떨고 있는 어린애로 다시 돌아간 기분이었다……. 동시에 어리둥절해진 나는 이렇게 자문해 보았다. '이곳까지 올라오면서 아버지는 계단의 모양이 달라진 것을 어째서 모르셨을까? 채색 유리창이 없어진 것도? 양탄자를 새로 깐 것도?' 그리고 나서 나는 겁에 질려 이렇게 생각했다. '어떻게 하면 그 침대를 보지 못하게 우리 방에 들어가시는 것을 막을 수 있을까?' 그 뒤의 일은 기억나지 않는다. 단절이 있었던 것 같다…….

어쨌든 이것이 세 번째 장면이다. 여전히 같은 장소에 서 있는 아버지가 다시 보인다. 그러나 이번에는 실내화를 신고 낡은 점퍼를 입고 있다. 기분이 좋지 않아 보였다. 가끔 턱수염을 어루만지며 칼라 사이에 끼어 있는 목을 추켜올리곤 했다. 그러고는 싸늘한 미소를 지으며 나에게 이렇게 말했다. '얘야, 도대체 내 안경을 어디에 두었느냐?' 아버지가 찾는 안경이란 대모 테 안경으로 내가 아버지의 책상 위에서 발견하여 아버지의 다른 옷가지와 함께 빈민구제 부인회에 갖다 준 바로 그것이었다……. 그 말을 듣자 아버지는 버럭 화를 냈다. 그는 고래고래 소리를 지르며 내게로 다가왔다. '그럼 내 주식은? 내 주식은 어떻게 했어?' 나는 더듬거리며 대꾸했다. '주식이라니요, 아버지?' 비 오듯 땀이 흘러나와 연신 땀을 닦아내야만 했는데, 그렇게 땀을 닦으면서도 바깥에 귀를 기울이고 있었던 것이 생각난다. 나는 승강기의 소리가 들리면서 지젤이(간호사 옷차림으로, 왜냐하면 그녀가 병원에서 돌아올 시간이었으므로) 들어오기를 이제나저제나 하며 학수고대하고 있었던 것이다……. 바로 그 순간 나는 실제로 온몸이 땀에 젖은 채 잠에서 깨어났다.'

앙투안은 자신이 겁에 질려 있었던 것을 떠올리면서 미소를 지었다. 그러나 마음의 흔들림은 여전히 가시지 않고 있었다. '열이 좀 있는 게 틀림없어' 하고 그는 생각했다. 사실 열이 37도 8부나 되었다. 어제 저녁에 비해 좀 내리기는 했지만 아침나절로는 좀 높은 편이었다.

두 시간 뒤 몸단장과 치료에 열중하면서도 그의 생각은 지난밤의 꿈을 떠올리는 것에 푹 빠졌다.

'기이하기도 하군' 하고 그는 생각했다. '매우 짧은 꿈이었지. 전부 해봤자 짤막한 세 장면이었는데. 레옹과 함께 불안하게 기다리던 장면. 이어 여행용 가방을 든 아버지의 출현. 그리고 안경과 주식에 관한 이야기…… 바로 그거였지. 하지만 그것을 중심으로 그 주변에 꽤나 많은 일들이 있었다! 과거란 모두가 매우 특색이 있으면서 너무 완벽하다. 그런데 꿈은 바로 과거에 근거하고 있는 것이다!'

그는 세면대 앞에서 너무 오래 지체하고 있었던 탓에 가슴이 좀 답답해 욕조의 가장자리에 앉았다. 그러고는 잠시 생각에 잠겼다.

'모든 꿈을 만들어 내는 과거란 이미 알려진 현상이며, 그리고 이미 검토된 바가 있는 현상인 것이다. 그런데도 나는 지금까지 그것을 생각해 본 적이 한 번도 없었다. 지난밤의 꿈만 하더라도 상황은 더할 나위 없이 뚜렷하다. 따라서 나에게 그럴 생각만 있다면 확실히 적어 둘 만한 가치가 있을 것이다. 그렇게 하지 않는다면 이틀 뒤에는 깡그리 잊어버리고 말 테니까.'

앙투안은 시계를 보았다. 전혀 서두를 필요도 없었다. 그는 늘 갖고 다니면서 매일 밤 병상 메모를 하던 비망록을 집어들고는 거기서 몇 장의 백지를 뜯었다. 그리고 지젤이 화장실 옷걸이에 걸쳐 놓은 가운으로 몸을 감싸면서 ('매사에 자상한 여자구나' 하고 미소지으면서 그는 생각했다) 다시 침대로 가서 누웠다.

한 시간 남짓 썼을까 난데없이 벨 소리가 울려 그는 쓰던 것을 멈추었다.

필립 박사가 보낸 속달우편이었다. 박사는 매우 정중하게 모레 저녁까지는 앙투안을 만날 수 없어 미안하다고 전해 왔다. 북쪽 지방의 몇몇 병원을 시찰하는 임무를 띠고 이틀 동안 파리를 떠나게 된다는 것이었다.

앙투안은 몹시 실망했다. 그러나 자신이 떠날 때까지는 필립 박사가 돌아올 것이라고 생각하면서 스스로를 달랬다. 박사와는 수요일에 저녁식사를 하자. 그리고 목요일에 그리스행 기차를 타면 된다.

침대 위에는 여러 장의 종이가 흩어져 있었다. 모두 다섯 장이었는데 각각의 글자가 따로 떨어져 있어서 하나같이 알아보기 힘든 기이한 글씨로 뒤덮여 있었다. 그것은 그가 그리스어 작문을 하던 시기에 익힌 습관이었다. 앙투안은 그 종이쪽지들을 모아 다시 읽었다. 처음 두 장에는 꿈을 분석한 이야기가 적혀 있었는데, 기억나는 것 중에서 특정한 것을 상세히 기록하고 있었다. 다른 세 장에는 알쏭달쏭한 해몽이 씌어 있었다. '잘 이해한 것은……' (¹'잘 이해한 것은 명확하게 표현된다'라는 17세기 프랑스의 작가 브왈로의 말) 하고 그는 못마땅하다는 듯 중얼거렸다. 전에는 이와 같이 함축적인 내용을 메모해 두는 일에 남다른 재주가 있어 그의 명석한 두뇌는 오랫동안 사색한 것을 불과 몇 줄의 요점만으로 압축할 수 있었다. '훈련을 다시 해야겠구나' 하고 그는 생각했다. '잡지를 내는 일을 다시 시작하려면……' 앙투안은 다음과 같이 썼다.

꿈에서는 두 가지 사실이 뚜렷이 구별된다.

1 꿈 자체, 에피소드 (여기에는 꿈꾸는 당사자가 늘 어느 정도는 끼여들게 마련이다) 행위, 이것은 일반적으로 짧고, 단편적이고, 변화무쌍하며, 배우가 연기하는 극의 한 장면과 비슷하다.

2 이렇게 짧고 극적인 순간 주위에는 주어진 하나의 상황이 있게 마련이다. 그리고 이 상황이야말로 순간을 지배하며 그 순간을 그럴듯하게 만든다. 행위 바깥에 따로 존재하는 하나의 상황. 그런데 꿈을 꾸는 당사자는 그 상황에 대해 명확한 의식을 갖고 있다. 꿈 자체의 구성면에서 볼 때 꿈을 꾸는 사람은 훨씬 오래전부터 그 상황 속에 자리잡고 있는 셈이다. 요컨대 깨어 있을 때 우리에게 우리의 과거가 생각나는 것이나 다를 바 없다.

내 꿈의 경우에 행위를 형성하는 세 개의 에피소드를 중심으로 꿈의 일부를 이루고 있지는 않지만 암암리에 그 안에 포함되어 있는 일련의 상황이 존재한다는 것을 나는 알고 있다. 그런데 잘 생각해 보면 이들 상황은 두 종류로 나누어져 있으며, 서로 다른 두 개의 구역 같은 것을 이루고 있다. 즉, 첫 번째로는 마치 그 속에 꿈이 감싸여 있는 것 같은 직접적인 상황이 있다. 다음으로는 시간적으로 더 멀리 떨어진 두 번째 구역이 있다.

즉, 훨씬 오래된 일련의 상황이 있는 것이다. 이것은 가상의 과거를 형성하고 있으며, 이 과거가 없었더라면 꿈도 생겨나지 않았을 것이다. 그런데 꿈을 꾼 내가 끊임없이 의식하고 있는 이런 과거가 꿈속에서는 아무런 역할도 하지 않았다. 그것은 단지 꿈에 나오는 등장인물들의 과거가 그들을 우연히 무대 위로 모아놓게 된 그 행위보다 먼저 존재하고 있는 것과 같이 꿈보다 먼저 존재했던 과거인 것이다.

좀더 분명히 밝혀보자. 내가 첫 번째 구역이라고 하는 것은 예를 들면 꿈꿀 동안은 시간이 문제가 되지 않는데도 그때가 몇 시였는지를 나는 알고 있었던 것이다. 그때는 낮 12시 15분 전이었고, 늘 하듯이 점심식사를 위해 지젤을 기다리고 있다는 것을 나는 알고 있었다. 그날 아침 그녀는 마침 외출 중이라 알릴 수가 없었지만 아버지로부터 장례식 때문에 돌아온다는 전보가 와 있었다는 것을 나는 알고 있었다(여기에서 한 가지 알 수 없는 것은 그게 누구의 장례식이었나 하는 것이다. 유모의 장례식은 아니었던 것 같다. 그러나 가까운 인척의 장례식이었던 것만은 틀림없다. 왜냐하면 우리 모두가 슬픔에 젖어 있었기 때문이다). 아버지가 차비를 치르려고 주머니를 뒤지며 잔돈을 찾고 있었다는 것을 알고 있었다. 아버지의 짐을 실은 택시가 아버지를 집 앞에서 내려준 것을 내가 알고 있었기 때문이다(그리고 현관에서 아버지를 보는 것과 동시에 길에 멈추어 선 그 택시를 내가 보고 있었다고 말할 수 있을 것 같다). 그 밖의 여러 가지…….

두 번째 구역의 상황. 이것은 꿈속에서 그 존재를 알고 있었던 꽤 오래된 일련의 사건인 것이다. 그러한 사건에 대해 내가 꿈속에서 생각하고 있었다고는 말할 수 없다. 그러나 그런 사건에 관한 추억은 우리의 실생활에 관한 추억과 마찬가지로 나 자신 속에 있었던 것이다. 따라서 나는 아버지가 어떤 자선단체인지는 모르겠으나 그 단체의 사업과 관계 있는 몇 가지 조사(외국에서의 감화사업 시찰 또는 그런 종류의 것)를 위해 어딘가 아주 먼 곳으로 파견되어 오래전부터 프랑스를 떠나 있었다는 것을 알고 있었다(실은 알고 있는 상태에 있었다고 해야 옳을지도 모르겠다). 매우 먼 곳으로의 여행이므로 결코 돌아오지 못할 것 같은 여행이었다……. 아버지가 출발할 때 그것을 뜻밖의 행운으로 여기면서 우리가 어떤 반응을 보였는지도 나는 알고 있었다. 아버지의 감시의 눈길이 멀어지자마자 내가 지젤을 아내로 맞이했다는 것도 알고 있었다. 아버지의 집을 차지한 다음, 모든 것의 위치를 바꾸어 놓고, 가구를 팔고, 아버지의 개인 소지품들을 수녀들에게 나누어 주고, 사방의 칸막이를 뜯어 내어 집을 완전히 고쳐 버렸다는 것도 알고 있었다(그런데 이상한 것은 꿈속에서 개조한 것들이 실제로 내가 한 것과는 조금도 비슷하지 않다는 것이다. 즉, 꿈에 본 현관은 밝은 황토색으로 칠해져 있었지만 실은 엷은 밤색이 아닌 붉은 카펫이 깔려 있었던 것이다. 그리고 선반이 있어야 할 곳에 아버지의 응접실에 있던 옛날 참나무 시계가 있었다). 게다가 이것만이 아니다. 내가 알고 있었던 것을 적으려면 한이 없을 것 같다. 예를 들면 지젤과 나, 우리 두 사람의 방(그런데 꿈속에서는 이 방의 장면이 나타나지 않았다)은 전에 아버지의 방이었으며, 바그람 거리에 있는 안느의 방과 비슷했었다는 것을 아주 또렷하게 알고 있었다. 그뿐만 아니라 그날 아침 레옹이 방을 치울 시간이 없어서 두 개의 커다란 침대가 흐트러진 채로 있었다는 것, 그리고 아버지가 그 방문을 열지나 않을까 하는 생각에 내가 전전긍긍하고 있었다는 것도 나는 알고 있었다……. 하여간 우리 생활과 우리 주위 사람들의 생활에 관해 자질구레한 것까지 속속들이 나는 알고 있었다. 특히 다음과 같은 점이 이상하게 생각되는데, 그것은 꿈속에서 자크가 전혀 아무런 역할도 하지 않았다는 것이다. 내가 지젤과 결혼한 뒤 질투에 못 이겨 스위스로 망명한 것을 나는 알고 있었다. 그리고 또한 자크가…….

꿈에 관한 메모는 여기에서 끝났다. 앙투안은 더 이상 쓰고 싶지 않았다. 그는 연필로 빈 곳에 다음과 같이 썼다.

이 점에 관해 꿈을 연구한 사람들이 뭐라고 말하는지 알아 볼 것.

그러고 나서 그는 종이쪽지를 접은 뒤 자리에서 일어났다. 그리고 끓일 물을 올려놓았다.

잠시 후 그는 타월로 머리를 감싸고 얼굴은 땀투성이가 된 채, 두 눈을 감고 편안하게 해 주는 증기를 깊숙이 들이마시면서 여전히 어젯밤의 꿈에 관해 생각하고 있었다. 그는 문득 이 꿈의 주제 자체가 어떤 자책감이나 책임감 같은 것, 심지어는 죄의식까지 보여 주는 것으로서 이러한 것들은 깨어 있을 때는 자존심 때문에 어둠 속에 가려져 있는 것이라는 사실을 깨달았다. '그래' 하며 그는 인정했다. '아버지가 돌아가신 뒤에 일어난 일에 대해 내가 큰소리칠 것이라곤 하나도 없다.' (그 말은 단지 사치스러웠던 살림살이에 그치지 않고 안느와의 관계, 밤 외출 등, 요컨대 아무런 저항 없이 안일한 생활에 끌려 들어갔던 과거의 모든 것을 의미하는 것이었다) '게다가' 하며 그는 덧붙였다. '아버지가 물려준 재산의 대부분을 잃어버렸다…….' (대부분의 재산을 집을 개조하는 데 써 버렸다. 그리고 티보 씨의 현명한 투자에 의해 생기는 이윤을 대수롭지 않게 여기면서, 지금에 와서는 아무런 가치가 없게 된 러시아 유가증권으로 바꾸어 놓았던 것이다) '그렇지' 하며 그는 마음속으로 생각했다. '쓸데없는 후회는 하지 말자…….' 그는 양심의 가책을 느끼게 하는 일이 있을 때마다 이런 식으로 마음을 달래곤 했다. 그러면서도 그 꿈이 그것을 잘 말해 주고 있었다. 마음 한구석에서는 '한 집안의 재산'이라는 생각, 자손 대대로 물려주기 위해 절약한 돈이라는 부르주아적인 생각을 그대로 간직하고 있었다. 그리고 그 어디에도 갚아야 할 부채가 있는 것은 아니었으나 그래도 여러 세대에 걸쳐 정성스레 이루어 놓은 재산을 불과 1년도 안 되는 사이에 탕진했다는 사실에 어떤 수치심 같은 것을 느꼈다.

그는 잠시 타월에서 목을 내밀고 신선한 공기를 좀 마신 다음, 충혈된 두 눈을 문질렀다. 그러고 나서 또다시 뜨겁고 축축한 타월로 몸을 감쌌다.

1914년 겨울에 있었던 일을 오늘 아침 두루 생각하고 있던 중, 어제 지젤이 떠난 뒤, 텅 빈 화려한 실험실, 테스트를 적어 넣은 카드상자, 번호는 매겨져 있어도 안에 아무것도 들어 있지 않은, 손도 대지 않은 편지를 진열한 '문헌실', 이름도 당당한 그 방에 들어가면서 짜증스럽게 느꼈던 인상이 불현듯 함께 떠올랐다. 그토록 잘 정돈되어 있으면서도 아직 한 번도 이용한 적이 없는 '붕대실' 안으로 들어가 보았다. 거기에서 지난날 검소했던 아래층 자신의 방이며, 젊은 의사로서 씩씩하고 유능했던 시절 따위를 떠올리면서, 아버지가 세상을 떠난 이후로 자신이 그릇된 길로 빠져들어 갔다는 사실을 비로소 깨달았던 것이다.

미지근해진 흡입기에서는 김이 빠진 듯한 증기밖에는 나오지 않았다. 그는 젖은 수건들을 멀리 내던지고는 얼굴을 닦았다. 그리고 자기 방으로 돌아갔다.

"아…… 에…… 아…… 오……."

거울 앞에 선 그는 목소리를 내보려고 애썼다. 목소리는 여전히 쉬어 있었지만 울림을 낼 수 있어서 일시적으로 후두가 편해졌다.

'흡입체조를 20분 한다……. 그 뒤 10분은 쉴 것. 그러고 나서 옷을 입은 다음, 짐을 챙기기로 하자. 오늘은 필립 박사를 만날 수 없으니까 메종 방향으로 가는 기차면 아무거나 타기로 하자.'

역으로 안내하는 자동차를 타고 튈르리 공원의 화단을 지나면서, 그리고 흰 대리석상들이 5월의 햇살을 받으며 잔디밭 위에 우뚝 서 있는 모습과 엷은 보랏빛 아지랑이가 카루젤 개선문 주변에 어른거리는 것을 바라보다가, 문득 어느 봄날 아침 루브르 광장에서 안느를 만났던 일이 생각났다. 그러자 한 가지 생각이 불현듯 그의 머릿속을 스치고 지나갔다.

"부아(파리의 서쪽에 위치한 불로뉴 숲) 입구로 갑시다" 하고 그는 운전기사에게 외쳤다. "그리고 스퐁티니 거리로 접어드세요."

바탱쿠르 저택 근처에 이르자 그는 속도를 줄이도록 했다. 그리고 창문 옆에 몸을 기댔다. 덧문이란 덧문은 모두 닫혀 있었다. 철문도 닫혀 있었다. 수위실 위에는 다음과 같은 게시판이 매달려 있었다.

아름다운 저택을 팝니다.
안뜰―차고―정원
(총면적 : 625 평방미터)

'팝니다' 위에는 손으로 쓴 '혹은 세줌'이라는 글이 덧붙여 있었다.

자동차는 정원의 담을 따라 천천히 굴러갔다. 앙투안은 아무런 감회도 느끼지 못했다. 정말 아무런 감회도 감격도 애착도 느끼지 못했다. 그리고 어째서 여기에 와 볼 생각이 들었는지 스스로에게 물어보기까지 했다.

"차를 돌려요…… 생라자르 역으로" 하고 그는 운전기사에게 외쳤다.

'그건 그래' 하며 그는 마치 그 어떤 것도 아침의 명상을 그만두게 하지 못한다는 듯 곧 생각에 잠겼다. '나는 내 직업생활을 보다 완전하게 꾸려 나가는 것이 필요하다는 구실로 나 자신을 속여 왔다……. 그러나 그런 물질적인 편의가 나의 일을 고무시키기는커녕 오히려 마비시키는 결과를 가져왔다! 그렇게 훌륭한 기구도 실은 헛돌고 있었을 뿐이다. 거창한 일을 실현하기 위한 모든 것이 마련되어 있었다. 그런데도 사실상 나는 아무것도 하지 않았던 것이다…….' 아버지의 유산에 대한 자크의 태도, 금전에 대한 동생의 혐오감이 문득 머리에 떠올랐다. 앙투안은 당시 자크의 그런 태도를 어리석은 짓으로 여겼던 것이다. '자크가 옳았어. 오늘 같이 있었더라면 우리는 얼마나 서로를 잘 이해했을까! ……금전에 의한 중독. 그것도 물려받은 돈에 의해서 자신이 직접 벌지 않은 돈 때문에……. 만약 전쟁이 없었더라면 나는 볼장 다 본 인간이 될 뻔했다. 결코 그런 중독에서 빠져나오지 못했을 것이다. 돈이면 무엇이든지 살 수 있는 것으로 믿을 정도였으니까. 자신은 별로 일도 하지 않으면서 남을 부리는 것이 가진 자의 당연한 특권처럼 여기고 있었다. 주슬렝이나 스튀들레가 내 실험실에서 이룩한 최초의 발견을 나는 파렴치하게도 나의 공적으로 삼았을지도 모른다……. 착취자, 나는 바로 그런 인간이 될 뻔했다! ……나는 돈으로 남을 지배하는 즐거움을 알았다. 돈 때문에 남에게서 존경받는 즐거움을 알았다. 그리고 그렇게 존경받는 것을 지극히 당연한 것처럼 생각하고, 또 돈이 나에게 무언가 우월함을 가져다주는 것으로 착각하고 있었다……. 그래서는 안 된다! 그리고 돈 때문에 가진 자와 그렇지 않은 사람들 사이에 이루어지는 그릇되고 애매한 관계! 그것은 돈이 만들어내는 가장 음험한 범죄 중 하나이다. 나는 이미 모든 것, 모든 사람을 경계하기 시작했었다. 가장 절친한 친구에 대해서조차도 '왜 그런 말을 하지? 내 돈을 탐내고 있는 게 아닐까?'라는 생각을 미리부터 품었다. 그래서는 안 된다. 안 되고말고!'

이렇게 지난날의 찌꺼기를 휘젓다보니 앙투안으로서는 씁쓸함을 느끼지 않을 수 없었다. 생라자르 역에 도착했을 때에야 비로소 마음이 놓이는 듯싶었다. 자기 자신으로부터 벗어나게 해 주는 이런 기분전환을 다행으로 여기면서, 숨이 찬 것도 잊은 채, 홀을 꽉 메우고 있는 인파 속으로 뛰어들었다.

"표 한 장……. 아니, 메종 라피트까지 군인 삼등칸 한 장……. 기차는 몇 시에 있지요?"

그는 지금까지 삼등열차를 타본 적이 별로 없었다. 오늘 그는 삼등열차를 탄다는 사실에 무언가 짜릿한 쾌감을 느꼈다.

7. 앙투안, 메종 라피트를 방문—다니엘, 장 폴과의 아침 한 때

클로틸드가 문을 노크했다. 한쪽 손 위에 쟁반을 올려놓고 잠시 기다려보다 또다시 노크를 했다. 아무 대답도 없었다. 그녀는 앙투안이 아침식사도 하지 않고 외출한 것으로 생각하고 짜증이 나서 문을 열었다.

방 안은 캄캄했다. 앙투안은 아직 자리에 누워 있었다. 그는 노크 소리를 들었다. 그러나 아침에 흡입을 하기 전에는 전혀 목소리가 나오지 않으므로 처음부터 목소리를 내고자 하는 노력조차 아예 하지 않았다. 그래서 클로틸드에게 손짓으로 그런 사정을 알려 주었다.

앙투안이 그녀를 안심시키고자 하는 미소와 함께 무언의 몸짓을 해 보였지만 클로틸드는 놀라움과 충격으로 눈썹을 치켜세우고는 문지방에 우두커니 서 있었다. 앙투안이 한 마디도 하지 않고 있는 것을 보고 그녀의 머릿속에는—어제 저녁 이곳에 왔을 때 부엌에까지 자기와 이야기하기 위해 오지 않았던가—그가 발작 때문에 거의 마비상태에 빠져 있다는 생각이 문득 스쳐갔다. 그것을 어렴풋이 눈치챈 앙투안은 그녀에게 더욱 미소를 지어 보이면서 쟁반을 침대까지 가져오라고 손짓을 했다. 그리고 머리맡 탁자 위에 놓여 있는 연필과 메모지를 들고 다음과 같이 갈겨썼다.

어젯밤은 푹 잤어. 아침에는 언제나 목소리가 나오질 않아.

클로틸드는 종이에 쓴 글을 천천히 읽어 내려가더니 어이없는 듯 잠시 앙투안의 얼굴을 물끄러미 바라보았다. 그러고 나서 단도직입적으로 이렇게 말했다.

"상관없어요. 단지 앙투안 씨가 이런 모습으로 돌아오실 줄은 생각조차 못했어요……. 놈들이 그야말로 혹독하게 굴었군요!"

클로틸드는 덧문을 열러 갔다. 아침 햇살이 방 안을 가득 채웠다. 하늘에는 구름 한 점 없었다. 그리고 목조 발코니에 매달려 테두리를 이룬 장식용 덩굴이 만들어 낸 액자틀 너머 아주 가까운 곳에는 전나무숲이, 좀더 먼 곳에는 이미 녹색이 짙어지고 있는 나뭇가지와 생 제르멩 숲이 가벼운 미풍에 흔들거리고 있었다.

　"앙투안 씨, 식사나 제대로 하실 수 있으신가요?" 하고 클로틸드는 침대 곁으로 돌아오면서 말했다. 그녀는 찻잔에 뜨거운 우유를 가득 부었다. 앙투 안이 그 속에 빵을 조금씩 뜯어 넣고 있는 동안 앞치마 주머니에 두 손을 찔러 넣고 주의 깊은 태도로 한 발 물러섰다. 그리고 앙투안이 아주 힘들게 삼키고 있는 것을 보고 클로틸드는 참지 못하고 이렇게 되풀이했다.

　"이럴 줄은 생각지도 못했어요, 정말로! 앙투안 씨가 독가스에 중독되었다는 사실은 알고 있었어요. 하지만 '독가스라면 부상당하는 것보다는 낫다' 고 생각했었는데…… 그런데 그게 아니군요! 정말로 저는 병에 대해서는 아무것도 몰라요. 앙투안 씨가 저와 동생 앞으로 보낸 편지에서 지젤 씨와 함께 퐁타냉 부인 댁으로 가라고 하셨을 때 아드리엔느는 즉시 '나는 부상자들을 돌보겠어'라고 말하더군요. 하지만 저는 '나는 부엌일이고 집안일이고 닥치는 대로 할 작정이야. 지금까지 일을 두고 싫다 좋다 한 적은 한번도 없으니까. 하지만 부상병의 시중만은 질색이야. 아무래도 내 성미에 맞지 않으니까'라고 말했답니다. 그 결과 아드리엔느는 병원에서 일하게 되었고 저는 별장에 있게 됐지요. 한가한 시간이 별로 없다고 해서 불평할 생각은 없어요. 아시겠지만 이곳에서 해야 할 일을 제대로 하려면 여자 혼자서는 하루가 25시간이라도 며칠 걸릴 겁니다. 어쨌든 저로서는 상처 속에서 돌아다니는 것보다는 다행스런 일이지요."

　앙투안은 미소를 지으며 듣고 있었다(지젤 대신에 충실한 이 아가씨의 간호를 받는 것도 그다지 나쁘지는 않겠지……. 하지만 유감스럽게도 간호인으로서는 낙제군……).

　앙투안은 그러한 매일의 일과가 얼마나 고된지 자신도 알고 있다는 것을 보여 주기 위해 심각한 표정을 짓고 입술을 꼭 다물었다. 그리고 고개를 여러 번 끄덕였다.

　"허나" 하며 그녀는 양심에 거리끼기라도 한 듯 곧 말을 이었다. "사실 생각보다는 바쁘지 않아요. 대개 여자들은 병원에 가고 없고, 저녁식사 때나 겨우 볼 정도죠. 낮에는 다니엘 씨와 제니 씨, 그리고 꼬마 뿐이니까요."

　마치 몇 년 동안의 전쟁이 지난날에 느꼈던 거리감을 없애 주기라도 한 듯 그녀는 전보다 더 친근감을 갖고 앙투안을 수다로 괴롭히며, 아무런 거리낌

없이 이 사람 저 사람에 대한 자신의 의견을 토로했다. "지젤 씨는 우리와 함께 있으면 언제나 상냥해요." "퐁타냉 부인으로 말할 것 같으면 실은 거만한 분이 아닌데 그 앞에 가면 주눅이 들어 어떻게 말을 꺼내야 할지 모르겠어요." "니콜 씨는 아주 꾀가 많아요—그래서 남을 잘 부려요!" "제니 씨는 말수가 적어요. 하지만 일에는 몸을 아끼지 않을 뿐만 아니라 이해심도 많지요." 그러면서도 그녀의 이야기는 감탄과 애정이 깃든 말투로 여전히 '꼬마'에게로 되돌아가는 것이었다. "꼬마는 훌륭한 사람이 될 거예요! 그리고 고인이 된 자기 아버지처럼 남을 지배할 수 있을 거예요!" ('사실 그 할아버지의 그 손자인 셈이구나' 하고 앙투안은 생각했다) "지금도 제멋대로 하게 내버려두면 금방 주위 사람들을 멍청하게 만들어버리죠……. 앙투안 씨는 상상도 못하실 거예요. 잠시도 가만히 있지 못하고 손을 안 대는 곳이 없어요! 무슨 말을 해도, 누구의 말도 듣는 법이 없고……. 다행히 다니엘 씨가 줄곧 옆에 있으면서 돌보아주니까 괜찮지만. 저는 일이 있어서 그럴 수도 없어요. 잠시도 눈을 뗄 수가 없지요. 다니엘 씨에게는 아주 좋은 상대랍니다. 사실 하루종일 혼자서 껌 씹는 일 이외에는 할 일이 없으니까요. 만일 꼬마를 돌보는 일이 없다면 심심하기 짝이 없을 거예요……." 그녀는 함축성 있는 태도로 고개를 잠시 흔들어 보였다. "요즈음 같아서는 절름발이를 부러워 하지 않을 사람이 없을 거라는 생각을 떨쳐 버릴 수가 없어요……."

앙투안은 메모지를 집어들고 이렇게 써 보였다. '레옹은?'

"아, 가엾은 레옹……." 레옹에 관해 앙투안에게 전해 줄 만한 소식은 별로 없었다(레옹은 전선에 도착하던 그 다음날 샤를르로아 근처에서 14시간의 전투 끝에 포로가 되었다. 앙투안은 수용소의 번호를 알자마자 클로틸드를 시켜 먹을 것이 든 소포꾸러미를 매달 하나씩 보내곤 했다. 그때마다 레옹은 엽서로 간단히 감사인사를 하곤 했다. 그러면서도 레옹은 자신의 생활에 관해서는 일언반구의 설명도 없었다). "그가 우리에게 플루트를 하나 보내달라고 한 사실을 알고 계세요? 지젤 씨가 파리에서 하나 구했어요."

앙투안은 이미 우유를 다 마셨다.

"제니 씨를 도와드리러 내려가 보아야겠어요" 하고 클로틸트는 앙투안 앞에 있는 쟁반을 치우면서 말했다. "화요일은 그분의 빨래날이에요. 그 세탁기란 것이 다루기가 어찌나 힘든지. 꼬마가 어지간히 더럽혀 놓아야지요!"

그녀는 문지방까지 가더니 앙투안을 다시 보려고 뒤로 돌아섰다. 평평한 그녀의 얼굴은 갑자기 생각에 잠긴 듯한 모습을 띠었다.

"앙투안 씨, 지난 몇 년 동안 꽤나 많은 것을 목격한 셈이지요, 안 그래요? 별의별 것을 다! ……아드리엔느에게도 자주 말하지만 '만일 돌아가신 어른께서 되돌아오신다면! 그분께서 세상을 떠나신 뒤에 일어난 일을 당신이 모두 보신다면!'"

앙투안은 혼자가 되자 한가롭게 몸치장을 하기 시작했다. 서두를 필요도 없었다. 그는 그날의 치료를 정성껏 할 생각이었다.

'만일 돌아가신 어른께서 되돌아오신다면……' 클로틸트가 한 말에서 새삼 어젯밤의 꿈이 다시 생각났다. '아버지는 아직도 우리 모두에게 엄청난 영향력을 행사하고 있구나!' 하고 그는 생각했다.

다시 창문을 열었을 때에는 이미 11시가 지난 뒤였다. 앙투안은 자신이 발성 연습하는 것을 아무도 듣지 못하도록 창문을 닫아두었었다.

정원에서 한 남자의 목소리가 들려왔다. "장 폴! 거기서 내려와! 이리 와!" 그러자 멀리서 울려오는 메아리처럼 맑고 침착한 한 여인의 목소리가 들렸다. "장 폴! 단느(장 폴이 다니엘을 부를 때의 애칭) 삼촌이 부르잖니!"

앙투안은 발코니 쪽으로 나갔다. 그는 개머루넝쿨을 헤치지 않고 살며시 밖을 내다보았다. 눈 앞에 정원과 숲을 갈라놓고 있는 도랑을 굽어 보듯 길쭉한 테라스가 펼쳐져 있었다. 플라타너스 두 그루의 그늘 아래에는 (그곳은 전에 퐁타냉 부인이 늘 자리잡고 있던 곳이다) 다니엘이 버들가지로 만든 의자 위에서 두 다리를 쭉 뻗은 채 무릎 위에 책 한 권을 올려놓고 있었다. 그곳에서 얼마 떨어지지 않은 곳에서는 밝은 하늘색 재킷을 입은 아이가 담 밑에 엎어놓은 작은 양동이를 발판으로 테라스의 난간 위로 기어오르려 하고 있었다. 둑 저편, 활짝 열린 문으로 햇볕이 들어오고 전에 정원사가 살던 집에서는 제니가 팔을 드러내고 나무통 앞에 반쯤 꿇어앉아 비누로 빨래를 하고 있었다.

"이리로 오렴, 장 폴!" 하고 다니엘이 다시 외쳤다.

한순간 아이의 더부룩한 갈색 머리털이 햇살에 타오르는 듯했다. 어린아이는 삼촌 곁에 가기로 이미 마음을 먹었다. 그러나 시키는 대로 하기 싫다는 듯 땅바닥에 털썩 주저앉아 삽을 들고 양동이에 모래를 가득 채웠다.

잠시 후 앙투안이 현관 앞의 돌계단을 내려갔을 때도 장 폴은 여전히 그곳에 있었다.

"와서 앙투안 삼촌에게 인사하렴" 하고 다니엘이 말했다.

아이는 난간 밑에 쪼그리고 앉아 아무 소리도 못 들은 척하며 바쁜 듯이 삽을 움직였다. 앙투안이 다가오는 것을 보자 아이는 삽을 놓고 지금까지보다 더 고개를 수그렸다. 장 폴은 팔에 안겨 올려지자 잠시 발버둥을 치다가 하는 수 없다는 듯 소리 높여 웃기 시작했다. 앙투안은 아이의 머리에 키스를 한 다음 귀에다 대고 이렇게 물었다.

"앙투안 삼촌이 싫으니?"

"어" 하고 장 폴은 외쳤다.

그렇게 하다 보니 앙투안은 숨이 가빠왔다. 장 폴을 땅에 내려놓고 다니엘이 있는 곳으로 돌아왔다. 앉자마자 장 폴이 달려와 그의 무릎 위로 기어올랐다. 그리고는 앙투안의 긴 윗도리에 몸을 바싹 붙이고 자는 척했다.

다니엘은 긴 의자에서 꼼짝도 하지 않았다. 그는 넥타이도 매지 않은 채 우중충한 헌 바지와 플란넬로 된 테니스용 줄무늬 윗도리를 입고 있었다. 의족을 한 발에는 검은 반장화가 신겨져 있었고, 다른 쪽에는 맨발에 실내화를 신고 있었다. 그는 살이 많이 쪘다. 이목구비는 전처럼 반듯해 보였지만 얼굴 전체가 통통해져 있었다. 지나치게 긴 머리에 수염을 깎은 푸르스름한 턱을 한 오늘 아침 그의 모습은, 평상시에는 칠칠치 못하게 굴다가도 막상 저녁이 되어 무대에 서면 로마황제처럼 연기하는 지방 순회 비극배우를 떠오르게 했다.

일어나면서부터 기관지와 후두에 정신이 팔려 있던 앙투안은 그다지 대수롭게 여기지는 않았지만 다니엘이 자기와 인사를 나눈 뒤 건강에 관해 아무런 질문도 하지 않았다는 것이 문득 생각났다. 하기는 두 사람은 이미 전날 저녁 건강상태에 관해 이야기를 나누며 서로의 불행을 털어놓았었다. 그는 어색한 분위기에서 벗어나려고 물어보는 듯한 태도로 다니엘이 방금 덮어 자갈 위에 올려놓은 장정한 4절판 책 쪽으로 몸을 구부렸다.

"이거 말인가요?" 하고 다니엘이 말했다. "세계일주…… 옛날 여행잡지

…… 1877년 호." 그는 책을 다시 집어들고 무심한 태도로 페이지를 넘겼다. "삽화로 가득 차 있어요……. 집에 전권을 가지고 있습니다."

앙투안은 꼬마의 머리를 별 생각 없이 쓰다듬고 있었다. 꼬마는 삼촌의 가슴 팍에 머리를 기댄 채 두 눈을 크게 뜨고는 깊은 생각에 잠겨 있는 것 같았다.

"오늘 아침에는 뭔가 새로운 소식이라도 있나? 신문을 읽었겠지?"

"아니오" 하고 다니엘이 말했다.

"연합국의 군사위원회는 최근 포슈 장군의 권한을 이태리 전선까지 확장 하기로 결정한 모양이던데."

"그래요?"

"이제는 공식화되어야 할 텐데."

장 폴은 갑자기 지루한 모양인지 땅바닥에 털썩 내려섰다.

"어디 가니?" 하고 두 삼촌이 동시에 물었다.

"엄마한테."

아이는 두 발을 번갈아 내딛으며 즐거운 듯이 정원사의 집 쪽으로 달려갔 다. 두 사람은 유쾌한 눈길을 서로 주고받았다.

다니엘이 주머니에서 추잉껌을 한 통 꺼내어 앙투안에게 권했다.

"나는 많아."

"심심풀이로 좋아요" 하고 다니엘이 말했다. "나는 담배를 끊었어요."

다니엘은 껌을 하나 꺼내 통째로 입 안에 넣고 씹기 시작했다. 앙투안은 미소지으면서 그 모습을 바라보았다.

"껌을 씹는 자네를 보니 전선에 있을 때의 일이 생각나는군……. 빌레르 브르토뇌에서의 일이야……. 우리는 미군 위생반이 오랫동안 점령하고 있던 농가에 야전병원을 설치하기로 했었지. 그런데 우리 위생병들은 그 자들이 주추며 문, 책상 밑이며 의자 밑 등 사방군데 뱉어낸 껌을 망치로 떼어 내느 라고 하루를 꼬박 소비할 정도였어. 그것들이 나중에는 시멘트처럼 딱딱해 지는데, 그게 얼마나 더러운지! ……앵글로색슨족의 점령이 몇 년만 더 계 속된다면 아르토아 지방과 피카르디 지방의 가구란 가구는 온통 본래의 모 습을 잃고 흉칙한 껌의 집합소가 되고 말거야." 가벼운 기침 때문에 그는 하 던 말을 잠시 멈추어야만 했다. "마치…… 태평양에 있는 몇 개의 바위가… … 구아노(조분석비료)의 산이 된 것처럼!"

다니엘이 미소를 지었다. 자크와 마찬가지로 다니엘의 미소에 언제나 매력을 느꼈던 앙투안은 그의 미소가 조금도 매력을 잃지 않았다는 것, 얼굴이 비록 통통해지긴 했지만 윗입술은 여전히 재기를 띤 채 완만하게 왼쪽으로 비스듬히 처져 있다는 것, 주름진 눈꺼풀 사이로 어딘가 모르게 심술기가 번뜩인다는 사실을 확인하는 순간 뭔가 흐뭇함을 느꼈다.

앙투안은 계속 기침을 했다. 그러면서 괴로워 못 견디겠다는 시늉을 했다.

"보다시피…… 한심해……. 카타르 환자야……" 하고 그는 힘들게 말했다. "그래도 우리는 운이 좋은 편에 속하는지도 몰라!"

"당신은 그럴지도 모르지만" 하고 다니엘이 재빨리 낮은 소리로 말했다.

잠시 침묵이 흘렀다. 이번에는 다니엘이 침묵을 깼다.

"조금전에 신문을 읽었느냐고 물었죠? 안 읽었어요. 되도록이면 읽지 않으려고 해요. 그렇지 않아도 전쟁에 관한 것만 생각나는 걸요! 다른 건 이제 생각하려야 할 수도 없어요. 전황보고만 하더라도 우리처럼 무슨무슨 전선에서 가벼운 움직임……. 아니면 무엇무엇에 대한 기습공격 주효 따위가 무엇을 뜻하는지를 훤히 알고 있는 사람들에게는 이제…… 지긋지긋해요!" 그는 긴 의자의 등받이 위로 머리를 젖혔다. 그리고 눈을 감은 채 낮은 목소리로 말하기 시작했다. "공격을 해 보지 않고서는, 보병처럼 공격을 해 보지 않고서는 이해할 수 없을 겁니다. 기병으로 있을 때는 전쟁이 어떤 것인지 몰랐어요……. 하기는 돌격도 해 보았지요, 세 번……. 그리고 기병의 돌격 역시 말로는 다 할 수 없는 것이지요. 하지만 그건 총검을 착용하고 H시에 '일제히 나오는' 보병의 돌격에 비하면 아무것도 아니에요……."

다니엘은 몸을 부르르 떨더니 두 눈을 다시 떴다. 그리고 껌을 거칠게 씹으면서 앞을 뚫어지게 바라보다가 말을 이었다.

"사실 후방에서 전선이 어떤 것인지 아는 사람이 얼마나 될까요? 전선에서 돌아온 사람은 몇 명이나 되겠어요? ……그리고 돌아왔더라도 그들이 무엇 때문에 그것에 관해 말하겠어요? 그들은 이야기할 수도 없고, 또 이야기하고 싶지도 않을 테니까요. 아무도 자신들을 이해하지 못하리라는 것을 알고 있으니까요."

그는 입을 다물었다. 두 사람은 얼마동안 한 마디도 나누지 않았으며, 심지어는 서로의 얼굴을 바라보지도 않았다. 그러다가 이번에는 앙투안이 이

야기를 시작했다. 그는 기침 때문에 말을 더듬거리거나 군데군데 멈추어야
만 했다.

"이것이 마지막 전쟁이겠지 하고 생각할 때가 가끔 있어. 또 다른 전쟁이
있을지도 모른다는 생각은 아예 하기도 싫은 때가 있어! ······그것에 대해
확신을 갖는 때가 말이야······. 그러다가도 또 어느 순간에는 자신을 잃고···
··· 뭐가 뭔지 모르게 되지······."

다니엘은 아무 말 없이 멍한 눈길로 껌을 씹고 있었다. 무슨 생각을 하고
있는 것일까?

앙투안도 줄곧 입을 다물고 있었다. 몇 분을 계속해서 말하는 것이 그에게
는 너무나 고통스런 일이었기 때문이다. 그러나 그는 지금까지 같은 것을 백
번이고 천 번이고 계속 생각해 왔던 것이다. '소름 끼치는 일이야' 하고 그
는 생각했다. '인간들의 화해에 방해가 되는 모든 것을 냉정히 생각해 보면
······ 정신적인 진보가 이루어져—정신적인 진보가 과연 있을까? —인간이
갖고 있는 본능적 편협함, 타고나면서부터 갖고 있는 완력에 대한 경배심,
그리고 폭력에 의해 지배하고, 자기와는 다르게 느끼고 살아가는 약자에 대
해 자신이 느끼고 살아가는 방식을 폭력으로 강요함으로써 인간이라는 동물
이 느끼는 광적인 쾌감에서 마침내 인류를 벗어나게 하려면 과연 몇 세기나
더 걸려야 할까? 게다가 또 정책이라든가 정부라는 것들이 있으니······ 전쟁
이란 전쟁을 일으키는 당국이나 그것을 결정해서 다른 사람들로 하여금 전
쟁을 하도록 하는 권력자들에게는 위기에 처했을 때 아주 매력적이고 아주
손쉬운 해결책임에 틀림없어······. 여러 나라의 정부가 앞으로는 더 이상 이
런 방법을 쓰지 않으리라고 어떻게 기대할 수 있을까? 그러기 위해서는 그
런 방법이 불가능하다는 것을 그들이 확실히 알고 있어야만 할 거야. 평화주
의가 여론 속에 깊이 뿌리를 내리고 널리 확장되어서 여러 나라의 호전적인
정책이 넘어설 수 없는 장애가 되어야만 할 거야. 그런 것을 기대한다는 것
은 몽상에 지나지 않겠지. 그리고 또 평화주의가 승리한다 하더라도 그것이
과연 평화를 위한 진지한 보장이 될까? 언제고 평화주의 정당이 우리 주변
국가에서 권력을 장악한다고 치자. 그들이 다른 세계에 평화주의 이데올로
기를 폭력으로 강요하기 위해 전쟁의 유혹에 굴복하지 않는다고 누가 장담
할 수 있을까?'

"장 폴!" 하고 클로틸드는 보이지 않는 아이를 향해 쾌활하게 소리쳤다. 그녀는 쟁반 위에 오트밀 주발, 찐 자두, 밀크파이를 올린 것을 들고 두 사람에게 다가왔다. 그리고 그것을 정원용 테이블 위에 놓았다.

"장 폴!" 하고 다니엘이 불렀다.

아이는 햇볕을 받으며 테라스를 건너질러 냅다 달려왔다. 잦은 세탁으로 색이 바랜 푸른 재킷은 그의 눈빛과 흡사했다. 앙투안은 건장한 클로틸드의 팔에 안겨 의자에 옮겨진 장 폴을 보면서 어렸을 때의 자크와 똑같은 것에 새삼 놀랐다. '얼굴 모양이 똑같구나' 하고 그는 생각했다. '곤두선 머리털도 똑같고…… 뿌연 얼굴빛이며, 주름이 진 작은 코 주위에 주근깨가 나 있는 것도 똑같군……' 앙투안은 장 폴에게 미소를 지어 보였다. 장 폴은 자기를 놀리는 것으로 알고 고개를 돌리더니 눈썹을 잔뜩 찡그리며 못마땅한 듯한 눈길로 앙투안을 슬쩍 엿보았다. 그의 두 눈은 자크의 그것과 똑같이 잠시도 가만히 있지 못하며, 너무나 변덕스런 표정을 보이고 있었다. 또 때로는 생글거리며 다정해 보이는가 하면, 때로는 불안한 빛을 띠기도 하고, 때로는 지금처럼 야생적이고 냉혹하며 비정한 모습을 보이기도 했다. 그러나 이런 여러 가지 표정에도 불구하고 눈길은 유난히 날카롭고 상대를 관찰하는 듯했다.

이번에는 제니가 햇볕이 드는 둑을 지나갔다. 소매를 걷어올린 그녀의 두 손은 물일에 부어올라 있었다. 앞치마도 젖어 있었다. 제니는 앙투안을 향해 다정한 미소를 살짝 지어 보이며 이렇게 물었다.

"어제 저녁은 어떠셨어요? ……어머나, 제 손이 젖어 있군요……. 잘 주무셨나요?"

"평소보다는 잘 잔 편이야, 고마워."

풍만한 가슴을 하고 있는 이 젊은 엄마, 가정부가 하는 일을 아무렇지도 않게 하고 있는 제니를 대하면서 앙투안은 갑자기 동원령이 내리던 날, 자크가 위니베르시테 거리로 그녀를 데리고 왔을 때의 일이 문득 생각났다. 그때 제니는 검은 빛깔의 드레스를 몸에 꽉 맞게 입고, 신중하고 무엇인가 경계하는 듯한 태도를 보였었다. 그리고 손에는 장갑을 끼고 있었다.

제니는 다니엘을 돌아보았다.

"장 폴에게 오트밀을 좀 먹여 주었으면 하는데요. 아직 속옷을 널 것이 있어서." 제니는 아들 곁으로 다가가서 목에 냅킨을 매어 주었다. 그리고 새의 목처럼 귀여운 아들의 목덜미를 쓰다듬어 주었다. "단느 삼촌하고 얌전히 오트밀을 먹고 있어라…… 곧 돌아올 테니까" 하고 그녀는 가면서 덧붙였다.

"응, 엄마." (아이는 제니와 다니엘이 그랬듯이 엄―마 하고 하나하나 음절을 떼어서 발음했다)

다니엘은 긴 의자에서 일어나 장 폴 곁에 와서 앉았다. 그는 줄곧 자신의 생각에 몰두해 있었다. 그래서 누이동생이 자리를 비키자마자 아무 일도 없었던 듯이 말을 계속했다.

"그리고 또 다른 사실이 있는데, 이건 말로는 도저히 설명할 수 없을뿐더러, 후방에 있는 사람들은 도저히 상상조차 할 수 없는 일이지요. 즉 발포 지역 안으로 들어가자마자 언제나 일어나는 그 기적과 같은 것, 우선 우연이라는 것에 완전히 몸을 맡기고, 선택의 자유도 없이 개인적인 의사는 송두리째 포기함으로써 느낄 수 있는 해방감 같은 것. 게다가" 하며 그는 감정이 북받치는 듯한 목소리로 말을 이었다. "위기에 처했을 때 서로 모두가 느끼는 동지애, 형제의 우애란…… 그건 그래요. 우리들은 '지원부대'로 가서 후방 4킬로미터만 물러서면 인간으로 되돌아가는 것이지요……"

앙투안은 잠자코 동의를 표시했다. 전쟁이라면 그는 진창과 피의 기억만을 간직하고 있었다. 그러나 다니엘이 무엇을 말하고자 하는지는 알고 있었다. 그도 마찬가지로 다니엘이 말하는 '기적', 싸움터에서의 군대라는 신비스런 공동체, 개인의 순화, 같은 운명이라는 부담감에 의해 공동체 정신과 형제애 정신이 곧바로 형성되는 것을 경험했던 것이다.

장 폴은 앙투안이 있어서 주눅이 들었는지 다니엘이 먹여주는 대로 얌전하게 받아먹었다. 이야기를 하면서도 스푼에 가득 담은 음식을 아이가 벌리고 있는 입에다 능숙한 솜씨로 떠 넣어 주는 것으로 보아 다니엘은 애를 보는 역할에서 초보자가 아닌 것이 분명했다.

'지금 내 눈 앞에서 벌어지고 있는 것은' 하고 앙투안은 갑자기 마음속으로 생각했다. '전 같으면 꿈도 꿀 수 없었던 일이다. 다니엘이 불구가 되고, 이런 누추한 차림으로 어린애를 보는 보모의 신세로 변하다니! 게다가 이 아이는 제니와 자크 사이에서 태어난 아들이 아닌가! …… 어쨌든 사실은 사실이다. 그리고 나 자신은 별로 놀라고 있지도 않으니. 엄연한 사실인 만큼 …… 받아들일 수밖에! 일이 이렇게 된 이상 이러지 않을 수도 있었을 텐데

라는 생각은 금물이다. 또는 아주 다를 수도 있었을 텐데라는 생각도……'
그는 잠시 이런 종잡을 수 없는 생각에 잠겨 있었다. '만일 과랑이 내 말을
듣는다면 자유의지에 관한 사단논법의 연설이라도 하지 않고서는 못 배길걸
……' 하고 그는 생각했다.

"자, 한눈 팔지 말고" 하고 다니엘이 아이에게 꾸짖듯 말했다. 오트밀을
다 먹이고 자두를 주자 놀랄 정도로 빠르게 먹어치웠다. 아이는 테라스 저
쪽, 닭장 철망에 세탁물을 널기 위해 왔다 갔다 하는 어머니의 모습을 눈으
로 좇는 일에 정신이 팔려 있었다. 그래서 다니엘은 장 폴이 입을 벌릴 때까
지 기다리면서 몇 번이고 스푼을 든 채 한참동안 그대로 있어야만 했다. 그
러나 짜증을 내지는 않았다.

일을 마치자 제니는 오빠와 교대하기 위해 서둘러 왔다. 앙투안의 시야에
그녀가 다시 햇빛이 비치는 테라스를 건너오는 모습이 들어왔다. 이미 앞치
마를 벗었으며, 걸으면서 소매도 내렸다. 제니는 다니엘을 그 일에서 벗어나
도록 해 주고자 했다. 그러나 다니엘 쪽에서 반대했다.

"맡겨 둬. 곧 끝날 테니까."

"우유는?" 하고 제니는 명랑한 목소리로 말했다. "빨리! 장 폴이 우유를
마시지 않으면 앙투안 삼촌이 뭐라고 하실까?"

팔꿈치를 세우고 우유 그릇을 이미 밀어 내고 있던 장 폴은 멈추더니 덤벼
들기라도 하려는 듯 완강한 눈길로 앙투안을 노려보았다. 아이는 위협 같은
것을 기대하고 있었던 모양이었다. 그런데 앙투안이 자기편이라도 되는 것
같은 미소와 눈짓을 보내자 아이는 어찌할 바를 모르며 잠시 주저했다. 이어
서 장 폴의 얼굴은 장난기 서린 쾌활함으로 환해졌다. 그리고 자신이 순순히
따르고 있다는 것을 보여 주기라도 하려는 듯 앙투안을 빤히 쳐다보면서 숨
도 쉬지 않고 우유를 들이켰다.

"이제 장 폴은 잠을 자러 갈 차례야. 엄마가 앙투안 삼촌, 단느 삼촌과 함
께 조용히 점심을 들도록" 하고 제니는 장 폴의 냅킨을 풀어주고 아이가 의
자에서 내려오는 것을 도와주며 말했다.

앙투안과 다니엘만이 남았다.

다니엘은 테라스 쪽으로 몇 걸음 움직여 플라타너스의 줄기에서 얇은 껍

질을 벗겨 내어 그것을 물끄러미 바라보더니 손가락으로 뭉갰다. 그러고 나서 주머니에서 다른 껌을 꺼내 그것을 다시 씹기 시작했다. 마침내 그는 긴 의자에 다시 와 다리를 쭉 뻗고 앉았다.

앙투안은 잠자코 있었다. 그는 다니엘의 일, 전쟁에 관한 것, 공격에 대해 생각하고 있었다. 또 일선에서의 그 신비스런 동료 관계를 생각하고 있었다. 르 무스키에에서 그 작은 몸집의 뤼벵이—뤼벵을 볼 때마다 그는 과거 자신의 협력자였던 젊은 르와가 생각나곤 했다—어느 날 식탁에서 떨리는 목소리로, 눈에는 서글픈 빛을 띠면서 '남이 뭐라고 하든 전쟁에는 나름대로 아름다움이 있다'라고 주장하지 않았던가? 그는 20세의 어린 나이에 소르본의 대학에서 돌연 병영으로, 축구팀에서 참호 속으로 뛰어들었다. 그리고 민간 생활에서 아무것도 '시작해 본 것' 없이, 자기 뒤에 아무것도 남겨놓은 것 없이 전선에 뛰어들었던 것이다. 위험한 이 스포츠에 대담하게 몸을 맡겼던 것이다. '전쟁의 아름다움' 하고 앙투안은 생각했다. '내가 눈으로 직접 목격한 온갖 공포에 비한다면 과연 그러할까?'

문득 한 가지 추억이 되살아났다. 어느 날 밤—전투가 오래 지속되었던 1914년 9월 초순경의 일이다. 앙투안은 그 전투를 '프로뱅의 공격'이라고 계속 불러왔지만 다른 사람들은 마른 전투라고 했다—그는 격심한 포격중에 구호반을 급히 이동시켜야 했다. 부상자들의 철수를 무사히 끝낸 다음, 위생병들을 데리고 도랑 속을 기어서 포탄의 낙하점에서 멀리 벗어날 수 있었다. 그리고 지붕이 완전히 없어진 어떤 허름한 집까지 도달할 수 있었다. 두터운 벽과 아치형의 지하실이 있어서 그런 대로 임시대피소는 되는 셈이었다. 바로 그때였다. 적의 대포가 사정거리를 늘리는 것이 아닌가. 포탄의 낙하점이 점점 가까워졌다. 곧 위생병들을 지하실로 내려보내고 자신은 뒤에서 뚜껑을 닫아주었다. 그리고 나서 입구에 기대어 포격이 끝나기를 살피면서 20여 분 정도 혼자 있었다. 그 순간 일이 벌어졌던 것이다. 3, 40미터 떨어진 곳에서 격렬한 폭음이 일자 그는 회반죽 부스러기가 자욱한 속을 헤치며 방구석까지 재빨리 물러섰다. 그러자 어둠 속에 한 줄로 서 있는 자신의 부하들과 부딪쳤다. 왜 그들이 거기에 있는 것일까? 그들은 군의관이 자기들과 함께 '피신'하지 않는 것을 보고 한 사람씩 널판 뚜껑을 열고, 서로 약속이나 한 듯 분대장 뒤에 가만히 줄지어 서 있었던 것이다.

'어쨌든 꽤나 고약한 순간이었지' 하고 앙투안은 생각했다. '하지만 그런 연대감과 성실함은 내가 일생을 두고 잊지 못할 한순간의 기쁨을 가져다주었던 것이다……. 만일 그날 밤 뤼벵과 같은 사람이 '전쟁에는 나름대로의 아름다움이 있다'라고 말했다면 나는 그렇다고 말했을지도 모른다…….'

그러나 그는 곧 생각을 바꾸었다.

"아니야!"

다니엘이 놀라서 고개를 돌렸다. 앙투안이 자신도 모르게 낮은 소리로 그렇게 말한 것이다.

그는 살짝 미소를 짓고는 "사실은……" 하고 말을 꺼냈다. 그는 변명이라도 하려는 듯 미소를 짓다가 곧 자신의 심정을 설명하기를 체념하고 입을 다물었다.

2층에서는 침대에 누워 있기 싫다고 투정하는 장 폴의 울음소리가 들려왔다.

8. 제니와 첫 대화

제니는 아이를 작은 침대에 눕혔다. 그리고 매일 아침 그랬듯이 아이가 잠들기를 기다리면서 식사 후 바로 병원의 내의실에 일하러 갈 수 있도록 옷을 갈아입었다. 한 창문 앞을 지나다가 그녀는 얇은 실크 커튼을 통해 앙투안과 다니엘이 플라타너스 그늘에서 뭔가 얘기하고 있는 모습을 목격했다. 앙투안의 목소리는 울림이 없으므로 그녀에게는 들리지 않았다. 그러나 다니엘의 목소리는 지쳐 있는 듯했으나 갑작스런 생기를 띠곤 했으므로 이따금 들려왔으나 확실히 알아들을 수 없었다.

그녀는 지난날 아무 걱정 없이 야심에 찬 장래의 계획으로 가슴이 부풀어 있던 청년시절의 건장한 두 사람을 생각하며 비통한 심정을 금할 수 없었다. 전쟁은 그들을 지금처럼 만들어버린 것이다……. 그나마 그들은 여기 있기라도 하다! 계속 살아갈 테니까! 건강상태도 좋아지겠지. 앙투안은 자기 목소리를 되찾을 것이고 다니엘도 다리를 저는 일에 익숙해질 테니까. 얼마 안가서 두 사람 모두 자기들의 삶을 되찾게 될 것이다! ……그런데 자크는 다르다! 그 역시 이렇게 화창한 5월의 아침, 남들처럼 그 어딘가에 살아 있을 수 있었을 텐데……. 만일 살아 있었다면 그를 만나기 위해 모든 것을 내팽개치고 갔을 텐데……. 그리고 둘이서 아이를 키웠을 텐데……. 그러나 모든 것은 영원히 끝나 버렸다!

다니엘의 목소리가 더 이상 들려오지 않았다. 제니는 창가로 다가갔다. 그러자 집 쪽으로 오고 있는 앙투안의 모습이 눈에 들어왔다. 그녀는 지난밤부터 앙투안과 단둘이 있을 기회를 찾고 있었다. 장 폴이 잠든 것을 얼핏 눈으로 확인하자, 스커트 단추를 채우고 재빨리 방 안을 대충 치운 다음, 계단 쪽으로 나 있는 문을 열었다.

앙투안은 난간을 움켜잡고 천천히 층계를 올라오고 있었다. 그가 고개를 들고 쳐다보자 제니는 미소를 지었다. 그리고 손가락을 입술 위에 대고 그를 맞이하러 왔다.

"자는 모습을 보러 오지 않겠어요?"

그는 너무나 숨이 가빠 대답은 하지 못하고 대신 발끝으로 걸으며 제니의 뒤를 따라갔다.

그들이 들어선 곳은 푸른 무늬의 쥬이천으로 둘러친 매우 큰 방으로, 넓다기보다는 긴 편이었다. 방구석에는 두 개의 똑같은 침대가 놓여 있었고, 그 사이에 장 폴의 침대가 있었다. 그는 기이하게도 모두 사용되고 있는 것 같아 보이는 두 개의 침대가 있는 이유를 궁금하게 여기면서 '옛날에 부부가 쓰던 방이 틀림없어' 하고 생각했다. 왜냐하면 각 침대 옆에 눈에 익은 여러가지 물건이 놓여 있고, 머리맡 탁자가 있었기 때문이다. 침대 위, 벽 중앙에는 살아 있는 모습처럼 사람의 눈길을 끄는 실물 크기 자크의 초상화가 걸려 있었다. 현대식 기법의 유화로서 앙투안은 오늘 보는 것이 처음이었다.

장 폴은 몸을 오그린 채, 한쪽 어깨는 베개 밑에 묻고 엉클어진 머리에 촉촉한 입술을 살짝 벌리고 잠들어 있었다. 자유로운 팔은 이불 위로 길게 뻗고 있었다. 그런데 그것도 그냥 던져져 있는 것이 아니라 작은 주먹이 마치 주먹질이라도 하려는 듯 꼭 쥐어 있었다.

앙투안은 말없는 몸짓으로 질문하듯 초상화를 가리켰다.

"스위스에서 가져왔어요" 하고 제니가 말했다. 그녀도 그림을 물끄러미 바라보았다. 그리고 나서 다시 아이 쪽으로 눈길을 돌렸다. "무척이나 닮았어요!"

"그 나이의 자크를 당신에게 보여 줬다면 좋았겠군!"

'그러나' 하며 그는 생각했다. '둘이 정신적인 면에서 비슷하다는 것을 뜻하는 것은 결코 아니다…… 이 아이는 자크에게서 찾아볼 수 없는 수많은 요소를 지니고 있다!' 그는 낮은 목소리로 자신의 생각을 마무리했다.

"이상하기도 하지, 안 그래? 멀고 가까운 또 직접적이고 간접적인 수많은 조상들이 이 작은 생명을 만들어 내는데 협력했으니! 그 중에 누구의 영향이 우세할까? 불가사의야…… 한 사람 한 사람이 태어나는 일은 알려지지 않은 기적이야. 개개인이란 옛 요소의 총체이면서도 또 완전히 새로운 집합체야……"

장 폴은 깨지도 않고 주먹을 꽉 쥔 채, 누가 살펴보는 것이 싫은 듯 갑자기 팔로 얼굴을 가렸다. 앙투안과 제니는 함께 미소지었다.

'또 이상한 것은' 하고 앙투안은 제니와 함께 말없이 방의 다른 구석으로 가며 생각했다. '다르게 태어날 수 있는 여러 가지 가능성 중에서 자크가 자기 안에 갖고 있는 이 합성물만이, 장 폴이라는 이 합성물만이 그 형태를 갖추고, 생명을 부여받은 것은 기이한 일이다……'

"다니엘이 무엇에 관해 말하는데 그렇게 열을 올렸나요?" 하고 제니는 목소리를 낮추며 물었다.

"전쟁에 관해서지…… 아무래도 인간이라면 누구나 그런 강박관념에 다시 사로잡히곤 해."

제니의 얼굴 표정이 굳어졌다.

"나는 다니엘과는 그 문제를 절대로 입 밖에 내지 않아요."

"어째서?"

"다니엘은 종종 이런저런 견해를 피력하곤 하는데 나는 그런 다니엘이 부끄럽게만 여겨져요. 민족주의 신문에서 읽은 것들을…… 만약 다니엘이 자크 앞에서 그런 말을 했다면 자크는 결코 참지 못했을 그런 것들 말이에요!"

'그럼 제니는 도대체 무슨 신문을 읽고 있는 것일까?' 하고 앙투안은 생각했다. '자크를 생각하며 〈위마니테〉라도 읽는 걸까?'

제니는 갑자기 그의 곁으로 다가왔다.

"동원령이 내리던 날 저녁에 (지금도 나는 그 장소를 기억하고 있어요. 하원 앞, 초소 근처였지요) 자크는 내 팔을 꼭 붙잡으면서 이렇게 말했어요. '알겠어, 제니? 오늘부터는 사람들을 분류할 때 전쟁을 받아들이는가 또는 거부하는 가에 따라 해야 할 거야!'"

제니는 잠시 꼼짝도 하지 않았다. 지금도 그녀의 머릿속에서는 자크의 말이 메아리치고 있었던 것이다. 이윽고 살짝 미소를 보이더니 획 돌아서서 뚜껑이 열려 있는 마호가니 사무용 책상 앞에 가서 앉았다.

앙투안은 여전히 선 채로 초상화를 유심히 바라보았다. 초상화 속의 자크는 약간 비스듬한 자세로 의자에 앉아 얼굴을 대담하게 들고, 한 손은 꽉 오므린 채 넓적다리 위에 올려놓고 있었다. 그 자세에서는 약간 반항적인 면모가 보였다. 그러나 자연스러웠고, 자크는 늘 그렇게 앉는 것을 좋아했다. 짙은 밤색 머리가 이마를 거칠게 갈라놓았다('나중에 장 폴의 머리도 짙어지겠지' 하고 앙투안은 생각했다). 눈두덩 사이에 숨겨진 눈초리, 못마땅한 입매의 두툼한 입술, 실팍한 턱이 얼굴에 고뇌에 찬, 거의 살기를 띠는 표정을 만들었다. 배경은 미완성인 채로 있었다.

"1914년 6월 것인데" 하며 제니는 설명했다. "패터슨이라는 영국 사람이 그린 거예요. 그 사람 지금은 볼셰비키에 가담해서 투쟁하고 있는 것 같은데……. 반네드가 이 초상화를 자기 집에 가져다 두었다가 제네바에서 저에게 주었어요. 반네드는 색소결핍증에 걸린 사람인데 자크의 친구였답니다……. 아마 편지에 썼던 걸로 아는데요."

제니는 이런저런 추억을 더듬으며 스위스에 머물던 때의 일을 모두 털어놓았다(그녀는 어느 누구에게도 말한 적이 없는 이런 것들을 앙투안에게 이야기할 수 있게 되어 무척 기쁘게 여기고 있는 것 같았다). 반네드는 그녀를 그로브 호텔로 데리고 가서 자크가 있던 방—창이 없고 계단을 향한—을 보여 주었으며, 다음에는 카페 랑돌과 본부로 안내해 대화실 모임의 생존자들을 그녀에게 소개해 주었다……. 바로 그들 중에서 그녀는 전에 〈위마니테〉지에서 조레스 협력자였던 스테파니—파리에서 자크가 소개하여 알게 되었다—를 만나게 되었다. 스테파니는 운 좋게 스위스로 빠져나가 그곳에서 〈그들의 대전〉(제1차 세계대전을 당시에는 대전이라 부름)이라는 신문을 창간했다. 그는 이런 골수 국제 사회주의자들 중에서도 가장 활동적인 사람 중의 하나였다. "반네드는 저와 바젤에도 같이 갔어요" 하고 말하는 그녀의 두 눈은 깊은 생각에 잠겨 있는 듯했다.

제니는 사무용 책상 쪽으로 몸을 굽혀 열쇠로 잠겨 있는 서랍을 열었다.

그리고 보석이라도 다루듯 조심스럽게 원고뭉치를 꺼냈다. 그녀는 그것을 앙투안에게 주기 전에 잠시 두 손으로 잡고 있었다. 앙투안은 호기심을 느끼며 그것을 받아들고 뒤적거려 보았다. 그런데 이런 글귀가…….

그런데 여러분은 오늘 총에 탄환을 장전한 채 어리석게도 서로 죽이려고 하고 있습니다…….

순간 그는 머리에 떠오르는 것이 있었다. 지금 그는 자크가 죽기 전날에 급히 쓴 원고의 마지막 몇 페이지를 손에 들고 있는 것이다. 그것들은 구겨지고, 군데군데 지워져 있었으며, 인쇄 잉크의 얼룩으로 더러워져 있었다. 글씨는 자크의 것이 틀림없지만 서두른 데다 흥분해 있었으므로 흐트러져 있으며, 어떤 곳은 거칠고 힘을 주어 썼는가 하면 또 어떤 곳은 어린아이가 쓴 것처럼 알아보기 어려운 데도 있었다.

프랑스든 독일이든 국가가 도대체 무슨 권리를 갖고 있기에 여러분을 가정으로부터, 일터로부터 앗아가고 여러분의 생명을 좌지우지할 수 있으며, 여러분의 개인적인 이익, 의지, 신념 그리고 가장 인간적이고 가장 순수하며, 가장 정당한 여러분의 본능을 저버릴 수 있단 말입니까? 도대체 무엇이 그들에게 여러분의 생사를 좌지우지할 수 있는 그 엄청난 권한을 가져다준 것일까요? 그것은 바로 여러분의 무지 때문입니다! 여러분의 소극적인 태도 때문입니다!

앙투은 고개를 들었다.
"선언문의 초안이에요" 하고 속삭이듯 말하는 제니의 목소리가 바뀌어 있었다. "바젤에서 프라트넬에게 받았는데…… 프라트넬은 인쇄를 맡았던 서점 주인이에요. 그 사람들이 원고를 그대로 보관했다가 저에게……."
"그 사람들이라니?"
"프라트넬과 자크를 알고 있던 젊은 독일 사람 카펠…… 의사인데…… 아이를 낳을 때 저에게 끔찍이 잘해 주었어요. 그들이, 자크가 머무르면서 이것을 썼다는 집으로 저를 데려가 주었어요. 그리고 자크가 비행기로 떠났다는 고원으로도 안내하고요……." 제니는 이야기를 하면서 군대와 외국인과 간첩으로 들끓던 국경도시에 체류했을 때의 일을 떠올렸다. 라인 강 기슭이며, 삼엄하게 경비하고 있던 다리들이며, 스툼프 부인의 오래된 집이며, 자크가 살고 있던 다락방이며, 석탄투성이의 창고들이 늘어선 풍경을 향해 있는 좁은 천창 등에 관해 앙투안에게 설명하면서 이런 것들을 다시 떠올리고 있었다. 거기에 반네드, 프라트넬, 카펠과 함께 자크가 메네스트렐과 합류하기 위해 타고 갔었다는 흔들거리는 그 마차로 고원까지 갔을 때의 일을. 제니는 이렇게 설명해 주던 프라트넬의 목소리가 아직도 귀에 선했다. '여기서부터 둑으로 올라갔어요. 밤이었지요. 우리는 새벽이 오기를 누워서 기다렸지요. 바로 여기, 산꼭대기의 뚫린 곳을 통해 비행기가 나타나는 게 보이더니…… 이곳에 착륙했어요. 티보가 올라타더군요.'

"그 고원에서 기다리고 있는 동안 자크는 무엇을 했으며, 무엇을 생각하고 있었을까요?" 하고 제니는 한숨지으며 말했다. "그들 말에 의하면 자크는 자기들과 떨어져 있었다는 거예요. 혼자 외딴 곳에 가서 누워 있었다는군요. 자신의 죽음을 예견하고 있었던 게 틀림없어요. 죽음에 닥쳐서 무슨 생각을 했을까요? 저로선 결코 알 수 없는 일이겠지요."

초상화를 물끄러미 바라보던 앙투안은 제니의 이야기를 들으면서 자크가 고원에서 지낸 하룻밤, 운명의 비행기가 도착했을 때의 일을 곰곰이 생각하고 있었다. 어처구니없는 그 희생! 그러한 영웅주의, 그 밖의 허다한 영웅주의의 무익함에 관해 생각하고 있었다. 거의 모든 영웅주의의 무익함에 관해. 그의 머릿속에는 숭고하면서도 공허한 전쟁의 갖가지 추억들이 떠올랐다! '거의 언제나' 하며 그는 생각했다. '그런 대담한 광기를 부릴 수 있는 것은 그릇된 판단 때문이다. 자기 희생을 할 만한 가치가 있는지 어떤지를 생각해 보지도 않고 그저 막연히 어떤 가치에 대해 환상적인 신뢰를 품기 때문이야…….' 그는—물신 숭배라고 할 수 있을 정도로—활력과 의지를 몹시 중요하게 여겼다. 그러면서도 기질적으로 영웅주의에 대해 혐오감을 갖고 있었다. 그리고 4년에 걸친 전쟁은 이러한 혐오감을 강화시켰을 뿐이다. 그렇다고 동생의 행위를 과소평가할 생각은 조금도 없었다. 자크는 자신의 신념을 지키기 위해 죽었다. 자신을 희생하면서까지 자기 자신에게 충실했던 것이다. 그렇게 최후를 마치는 것에 대해서는 존경심을 갖지 않을 수 없다.

그러나 자크의 '사상'을 생각할 때마다 앙투안은 다음과 같은 근본적 모순에 부딪히곤 했다. 즉, 체질적으로 그리고 지적인 면에서 한사코 폭력을 증오하던 동생이—폭력에 맞서서 투쟁하기 위해, 그리고 형제애와 같은 친교를 역설하며 전쟁에 대한 사보타주를 부르짖었을 때 그러한 그의 근본적인 증오심이 입증되지 않았던가? —도대체 어떻게 해서 몇 년씩이나 사회혁명을 위해 투쟁할 수 있었을까? 폭력 중에서도 가장 악질적인 공론가들의 이론적이고 계획적이며 냉혹한 폭력을 지지할 수 있었단 말인가? '자크는 그토록 어리석지는 않았어' 하며 그는 생각했다. '자크는 적어도 자신이 바라는 완전한 혁명이 불의의 살육이나 수많은 속죄양들의 대량학살 없이 가능하다고 믿을 만큼 인간의 본성에 대해 환상을 품고 있지는 않았어!'

그의 시선은 초상화의 수수께끼 같은 얼굴에 집중되어 있다가 다시 제니의 얼굴로 쏠렸다. 제니는 단지 앙투안의 이야기의 흔적을 좇고 있을 뿐이었다. 그런데도 그녀의 얼굴은 내부에서 일어나는 놀랄 만한 흥분으로 빛나고 있었다.

'어쨌든' 하며 그는 생각했다. '나는 지금껏 이렇다 할 일을 해 놓은 것이 아무것도 없다. 그러니 자신의 신념에 따라 극단적인 행동을 하는 사람들을 이러쿵저러쿵 할 권리가 나에게는 없지……. 불가능한 것을 시도하는 용기 있는 사람들에 대해서도 그렇고.'

"뭐니뭐니해도 가장 고통스러운 것 중의 하나는" 하며 제니는 잠시 침묵을 지키고 있다가 말했다. "제가 아이를 낳게 되리라고는 몰랐을 거예요." 이렇게 말하면서 그녀는 원고를 집어 다시 서랍에 넣었다. 그러고는 다시 얼마간 침묵을 지켰다. 잠시 후 마치 생각 한 바를 솔직히 그대로 말하기라도 한다는 듯 (앙투안은 제니가 이렇게 스스럼없이 속내를 털어놓는 것이 무엇보다 기뻤다) "저는 장 폴이 바젤에서 태어난 것이 무척 기뻐요. 그곳은 아기 아빠가 마지막 며칠을 보낸 곳이면서 또 일생을 통해 가장 보람있는 시기를 보낸 곳이기도 하니까요……."

자크의 추억을 떠올릴 때마다 그녀의 푸른 눈동자는 조금씩 짙어졌으며, 약간의 붉은 기운이 관자놀이에 감돌았다. 그리고 얼굴에 강렬하면서도 무언가 충족되지 않은 듯한 기이한 표정이 떠올랐다가는 바로 사라졌다. '자크와의 사랑이 마음속에 영원히 못을 박았구나' 하고 앙투안은 생각했다. 그는 이런 생각을 하면서 화가 났으나 곧 그렇게 화를 내는 자신을 의아하게 생각했다. '터무니없는 사랑'이라고 생각하지 않을 수 없었다. '분명히 서로 어울리지 않는 두 사람 사이의 사랑이란 오해에 불과할 수밖에……. 어쩌면 오래 지속되지 못했을 오해인데도 지금도 추억 속에 남아 있어 자크에 관해 이야기할 때는 어떤 경우라도 빼놓는 법이 없구나!'(그는 이것을 믿어 의심치 않았다. 모든 정열적인 사랑의 밑바닥에는 오해라든가 너그러운 환상이라든가 판단의 오류가 있게 마련이다. 서로에 대해 그릇된 생각을 품고 있는 것이나 그런 것이 없다면 맹목적으로 사랑한다는 것은 불가능할 것이다)

"저의 책임이 무거워졌어요" 하며 그녀는 말했다. "자크가 자기 아들을 어떻게 하고자 했는지에 따라 장 폴을 키워야 할 테니까요. 그걸 생각하면 이따금 두려울 때가 있어요……." 제니는 얼굴을 들었다. 그녀의 눈길에 자랑스러워하는 빛이 스쳐갔다. 그녀는 속으로 '하지만 나는 자신을 믿어요' 하고 생각하는 것 같았다. 그러나 이렇게 말했다. "하지만 저는 그 애를 믿어요!"

여하튼 앙투안은 이토록 씩씩하고, 장래에 대해 이렇게 꿋꿋한 제니를 보게 되어 매우 기뻤다. 실은 그가 받은 몇 통의 편지투로 미루어 전보다 더 마음이 흔들리고 더 마음이 약해져 있는 제니, 일에도 별로 의욕 없는 제니를 보게 되리라고 상상했던 것이다. 그런데 앙투안은 제니가 남이 보기에도 상처입은 사랑을 자신의 힘으로 승화시키기 위해 절망의 늪에서 벗어날 줄 알고, 고생을 한 많은 여성들이 그러하듯 불행에 몸을 내맡기지 않았음을 확인했을 때 그녀가 퍽 대견스러워 보였다. 그렇다. 제니는 건강을 되찾았다. 그리고 꿋꿋하게 자기 자신을 지켜왔으며, 홀로 앞으로의 삶을 떠맡았다. 앙투안은 그녀의 그러한 태도에 무척 감명받았음을 솔직히 시인하면서 이렇게 말했다.

"그 점에서는 제니가 대단한 정신력을 보여 주었어!"

제니는 아무 말도 않고 듣고만 있다가 담담하게 말했다.

"그런 칭찬을 받을 만한 자격이 없어요. 저에게 큰 힘이 되었던 것도 자크와 저, 우리 둘이서 함께 생활한 적이 없었기 때문인 것 같아요. 자크가 세상을 떠났다고 해서 저의 일상이 달라진 것은 아무것도 없으니까요……. 그랬어요. 처음에는 적어도 힘이 돼 주었지요. 다음에는 아이가 있었고요. 장 폴을 낳기 훨씬 전부터 아이를 가졌다는 사실이 저의 마음을 든든하게 해 주었어요. 삶의 목적이 있었으니까요. 즉 자크의 유복자를 키운다는……." 제니는 입을 다물었다가 다시 말을 이었다. "퍽이나 어려운 일이에요……. 이 아이는 꽤나 다루기 힘들어요! 이따금 오싹해질 때가 있으니까요." 제니는 탐색하는 듯하면서 의심하는 듯한 눈길로 아이를 바라보았다. "물론 다니엘이 장 폴에 관해서 말했겠죠?"

"장 폴에 관해서? 아니, 별로."

앙투안은 남매가 장 폴의 성격에 관해 의견이 같지 않다는 것, 그리고 이런 견해차 때문에 두 사람 사이에 불화 같은 것이 일어나고 있다는 것을 눈치챘다.

"오빠의 말로는 장 폴이 재미있어서 일부러 말을 안 듣는다는 거예요. 말도 안 돼요. 그건 틀린 말이에요. 어쨌든 생각보다는 더 복잡해요……. 저도 그 문제에 관해 곰곰이 생각해 보았지요. 분명한 것은 본능적으로 이 애는 '싫다'고 말해요. 하지만 악의가 있어서는 아니에요. 단지 반대해 보고 싶은 심정에서 그러는 거지요. 요컨대 자신을 나타내려는 욕구인 거예요. 자기가 존재한다는 것을 스스로 확인시키려는 욕구 같은 것 말이에요. 그건 분명히 억제할 수 없는 내적 힘의 발로니까 그걸 탓할 수는 없겠지요. 자기 보존의 본능처럼 그건 이 아이의 마음속에 깃들어 있는 본능인 거예요! ……대부분의 경우 저는 장 폴을 꾸짖지 않아요." 앙투안은 재미있다는 듯이 귀를 기울였다. 그는 제니가 이야기를 계속하도록 동의를 표시했다. "이해하시겠죠?" 하고 제니는 신뢰에 찬 미소를 띄우며 말했다. "아이들을 다루어 보셨으니까 놀라시지는 않겠지만…… 이렇게 고집 센 아이 앞에선 어떻게 해야 좋을지 모르겠어요. 그래요. 말을 안 듣는 이 아이를 보노라면 어이가 없기도 하고, 또 아연실색할 때가 한두 번이 아니에요. 감탄에 가깝다고나 할까요. 이 아이가 자라고, 성장하고, 이해력이 생기는 것을 보고 있을 때와 똑같은……. 정원에 혼자 있다가 넘어지기라도 하면 이 아이는 울어요. 그런데 우리들 가운데 누군가가 있을 때는 다치거나 해도 좀처럼 울지 않아요. 사탕을 주겠다 해도 별다른 이유가 없으면 거절하고 말아요. 하지만 나중에 몰래 상자를 훔치러 와요. 그건 먹고 싶어서가 아니에요. 그 상자를 열어보지도 않는답니다. 안락의자의 방석 밑에 감추거나 아니면 모래더미 밑에 파묻으러 가거나 하지요. 왜 그럴까요? 자신이 독립하여 스스로 무엇인가 한다는 것을 보여 주기 위한 단순한 욕망에서 그런 것 같아요……. 꾸짖으면 잠자코 있어요. 하지만 그 작은 근육이 온통 반항기로 뻣뻣해지고 눈빛이 달라져요. 그러면서 어찌나 사납게 노려보는지 더 이상 야단치고 싶은 생각이 없어지고 말아요. 고집불통의 눈초리…… 그러면서도 티 없이 맑고 어딘가 모르게 쓸쓸해 보이는 눈길……. 그 눈초리를 보고 있노라면 저는 압도당하고 말아요! 틀림없이 자크의 어린시절의 눈초리가 그러했겠지요……."

앙투안은 미소를 지었다.

"아마 너의 눈초리겠지!"

제니는 손짓으로 그런 추측을 뿌리쳤다. 그리고 즉시 말을 이었다.

"이건 꼭 말씀드리고 싶어요. 이 아이는 억지로 시키는 일은 무엇이든지 마다해요. 반대로 조금만 상냥하게 대해 주면 고분고분해지고요. 이를테면 토라져 있을 때 팔로 끌어안으면 기분이 완전히 풀어져요. 제 가슴에 얼굴을 파묻고는 저를 꼭 껴안으면서 웃는답니다. 마치 마음속에 지니고 있던 딱딱한 것이 부드러워지다가 별안간 녹아 버리기라도 한 것처럼. 마치 마귀에 흘려 있다가 갑자기 제정신이 들기라도 한 것처럼!"

"상대가 지젤일 때는 더 말을 안 듣겠군?"

"그렇지가 않아요" 하고 제니는 별안간 굳은 표정을 지으며 말했다. "지젤 아줌마는 장 폴이 가장 좋아하는 사람이에요. 지젤만 있으면 만사가 해결되니까요!"

"지젤이 시키는 대로 장 폴이 하는 모양이지?"

"저나 다니엘의 경우처럼은 하지 않아요. 이 아이는 지젤 없이는 못 살 거예요. 그건 지젤이 자기의 온갖 변덕에 굴복하기 때문이지요! 지젤에게 해 달라고 하는 것들이란 대개는 자존심 때문에 다른 사람들에게 부탁하기 어려운 것들이랍니다. 짧은 바지의 단추를 끌러 달라든가 혹은 키가 작아서 손이 미치지 못하는 곳의 물건을 집어 달라든가. 그리고 내가 없으면 고맙다는 인사를 하는 법이 없어요! 이래라저래라 하는 그 말버릇이란! 마치……" 제니는 생각하던 것을 말하기 전에 잠시 말을 멈추었다. "이런 말을 하면…… 지젤에게는 퍽 미안한 일이지만 이건 사실이에요. 장 폴은 지젤이 노예 신분으로 태어났다는 것을 알아채기라도 한 것 같아요……."

이 마지막 몇 마디에 당황한 앙투안은 의아한 눈길로 제니를 바라보았다. 그러나 제니는 그의 눈길을 피했다. 때마침 점심식사를 알리는 종소리가 울리기 시작하자 제니가 일어났다.

그들은 함께 문 쪽으로 다가갔다. 제니는 무엇인가 말하고 싶은 눈치였다. 그녀는 자물쇠를 잡았다가 놓았다.

"마음이 홀가분해졌어요……" 하며 제니는 중얼거리듯 말했다. "스위스에서 돌아온 뒤로 누구하고도 자크에 관해 말할 기회가 없었으니까요."

"하지만 지젤이 있잖아" 하고 앙투안은 지젤이 털어놓은 속내 이야기와 푸념이 생각나서 용기를 내어 말했다.

제니는 두 눈을 내리깐 채, 한쪽 어깨를 문설주에 기대고 서 있으면서 그 말을 못 들은 척했다.

"지젤이요?" 하며 마침내 제니는 앙투안의 말이 자신에게 전달되는 데 얼마간의 시간이 필요했다는 듯이 한참 있다가 되풀이했다.

"너를 이해할 수 있는 사람은 지젤밖에 없을 거야. 자크를 좋아했으니까. 몹시 슬퍼하고 있어…… 지젤도."

제니는 눈을 내리깐 채 고개를 저었다. 아무런 설명도 하기 싫다는 눈치였다. 하지만 앙투안을 바라보더니 뜻밖의 거친 투로 이렇게 말했다.

"지젤이라고요? 지젤에게는 신앙이 있어요! 신앙에 맡기면 되지요. 그래서 고민 같은 것은 할 필요가 없어요!" 제니는 다시 고개를 숙였다. 그러더니 잠시 사이를 두고 이렇게 말했다. "이따금 지젤이 부러울 때가 있어요!" 그러나 그 말투와 웃음이 나오다 막혀 버린 것 같은 목의 울림은 방금 그녀가 한 말과의 모순을 여실히 드러내고 있었다. 제니도 자신이 한 말을 곧 뉘우치는 것 같았다. "하지만 앙투안, 당신도 알다시피 지젤은 저에게 진정한 친구가 되어 주었어요" 하고 그녀는 차분한 목소리로, 그리고 진지한 투로 나지막하게 말했다. "우리의 앞날을 생각할 때 지젤은 우리에게 매우 소중한 사람이에요. 항상 우리 곁에 있어줄 거라고 생각하면 뭔가 위안을 느껴요……."

앙투안은 그 다음에 '하지만'이라는 말이 나오리라 생각했다. 아닌게 아니라 잠시 망설이다가 제니는 이렇게 말을 이었다.

"하지만 지젤은 그런 사람인걸요, 안 그래요? 누구나 자기 개성을 갖고 있으니까요. 지젤에게는 장점이 아주 많아요. 반면에 결점도 있어요……." 또다시 주저하다가 확실히 말했다. "예를 들면 지젤은 솔직한 편이 아니에요."

"지젤이? 그토록 솔직한 눈길을 지니고 있는데!"

처음에 앙투안은 거부감을 느꼈다. 그러나 곰곰이 생각해 보니 제니가 무엇을 말하고자 했는지 알 것 같았다. 확실히 지젤은 위선적인 여자는 아니었다. 다만 자기가 좋아하고 싫어하는 것을 뚜렷이 나타내지 않으며, 구구한 설명을 꺼리곤 했다. 싫어도 내색하지 않고, 몹시 싫어하는 사람들 앞에서도 곧잘 미소지어 보이며 고분고분하게 대하는 그런 여자이다. 소심해서일까? 수줍음 탓일까? 숨기기 위해서일까? 오히려 그녀의 혈관 속에 흐르고 있는 흑백 혼혈의 본능적인 이중인격—오랫동안 노예였던 종족에서 찾아볼 수 있는 선천적인 방어심리라고나 할까? '노예로 태어난 여자…….' 앙투안은 곧바로 자신이 한 말을 바꾸었다.

"그래, 그래, 알 만해."

"그렇다면 짐작하실 거예요. 무척 좋아하면서도, 매일 친하게 지내면서도, 그래요. 그런데도…… 지젤과는 화젯거리로 삼을 수 없는 것들이 있어요." 제니는 다시 몸을 일으켜 세우고 이렇게 말했다. "절대로 말해서는 안되는 것들이!" 그리고 이야기를 끝내려는 듯 순식간에 문을 열었다. "식사하러 오세요!"

9. 제니와 두 번째 대화

식사는 집 밖에, 부엌의 베란다에 차려져 있었다.

점심식사는 빨리 끝났다. 제니는 거의 식욕이 없었다. 앙투안은 식사 전에 치료할 틈이 없었기 때문에 음식을 삼키는 데 힘들어했다. 다니엘만이 클로틸드가 요리한 연골과 그린피스에 열중했다. 그는 아무 말 없이 무심하면서도 방심한 태도로 먹고 있었다. 식사가 끝날 무렵 앙투안이 뤼멜과 '후방의 동원된 자들'에 관해 이야기를 꺼내자 그는 갑자기 지금까지의 침묵을 깨고 '전쟁 모리배들'에 대해 가혹한 변호를 시작했다. —"그자들뿐일 거야, 전쟁을 인간답게 이끌어갈 줄 알았던 것은……" 그리고 냉소적인 감탄과 함께 지난날의 사업주였던 그 '천재적인 도둑 뤼드비그손'이 이룩한 비약을 예로 들었다. 뤼드비그손은 전쟁 초기부터 런던에 자리잡고 있었는데, 주위 사람들의 말에 의하면 시티^(런던의
금융가)의 은행가들과 몇몇 정치가들의 아리송한 도움으로 그 유명한 S.A.C.라는 유한책임연금 주식회사를 설립하여 재산을 몇 배나 늘렸다는 것이다.

'틀림없어. 훗날 제니는 놀랄 만큼 어머니를 닮을 거야' 하고 앙투안은 지난 4년 동안 많이 달라진 제니의 몸집에 놀라며 생각했다. 어머니가 되어 아이에게 젖을 먹이다 보니 허리와 가슴 부분이 풍만해지고, 목도 굵어졌다. 그렇다고 육중해진 그 체구가 보기에 흉하지는 않았다. 오히려 그녀의 몸가짐이라든가 용모, 거기에다 섬세하면서도 어딘지 모르게 냉담해 보이는 표정 속에 지금도 남아 있는 신교도적인 엄격함을 한결 부드럽게 해 주었다. 눈초리만은 예나 다름없이 여전히 고독과 조용한 대담성과 비탄의 빛을 띠고 있었다. 그것은 전에 그녀의 오빠와 자크가 가출했을 때, 앙투안이 어린 소녀인 제니를 처음으로 보고 몹시 마음에 걸려하던 바로 그 눈길이었다. '그건 그렇고, 어쨌든' 하고 앙투안은 생각했다. '지금 제니는 전보다 더 여유가 있어 보이는군. 궁금한 것은 제니의 어떤 매력이 자크의 마음을 그토록 사로잡을 수 있었는지 하는 거다. 전에 제니가 얼마나 못됐었는가! 수줍음과 오만함이 어색하게 뒤섞여 있는 꼴이었지! 그렇게도 쌀쌀해 보이더니! 그런데 지금은 적어도 남에게 자신을 내보이기 위해 초인적 노력을 하고 있다는 인상은 주지 않는다. 오늘 아침만 해도 정말 다 터놓고 나에게 말했다. 그렇다. 나를 대하는 제니의 오늘 아침의 태도는 정말 나무랄 데 없었다. 그건 그래. 제니에게서는 자기 어머니가 지니고 있는 우아함이라든가 정숙함 같은 것은 결코 찾아볼 수 없을 것이다. 그렇다. 저렇게 의연한 척하는 모습 속에는 언제나 '나는 사람들의 눈길을 끌려고 애쓰지 않아요. 남을 즐겁게 해 주려고도 생각지 않아요. 그저 나 자신만으로 충분해요……'라는 생각이 깔려 있을 게 틀림없다. 하긴 사람마다 취미가 다양하니까. 여러 유형의 여자가 있는 것도 필요해. 그렇지만 저런 여자는 내가 좋아하는 유형은 결코 아니지. 어쨌든 제니는 딴사람이 되었다.'

앙투안은 점심식사를 끝내자마자 제니와 함께 병원으로 퐁타냉 부인을 찾아가기로 했다.

다니엘이 다시 긴 의자에 다리를 뻗고 옆으로 누워 커피를 마시고 있는 동안 제니는 장 폴을 깨우러 갔다. 앙투안도 그 틈을 이용해 방으로 올라가 재빨리 흡입을 했다. 그는 오늘 하루의 피로를 걱정하고 있었다.

제니는 늘 자전거를 타고 다녔다. 그래서 돌아올 때를 위해 자전거를 꺼냈다. 그리고 앙투안과 함께 걸어서 공원을 지났다.

"내가 보기에 다니엘은 많이 변했어" 하고 앙투안은 공원을 지나 큰 거리에 이르자 문득 생각난 듯 말했다. "이젠 아무 일도 하지 않는다는 것이 사실인가?"

"전혀 아무 일도!"

그 말에는 비난하는 투가 섞여 있었다. 아침나절 그리고 점심식사를 하는 동안 앙투안은 오누이 사이에 무엇인가 석연치 않은 빛이 감도는 것을 느낄 수 있었다. 얼마전까지 다니엘이 제니에게 베풀던 세심한 배려를 생각해 보더라도 앙투안은 제니의 그러한 태도에 놀라지 않을 수 없었다. 그리고 이 점에 관해서는 다니엘 쪽에서도 소홀하지 않았나 하고 자문해 보았다.

두 사람은 잠시동안 아무 말 않고 걸었다. 싹트기 시작한 보리수 잎이 빛의 얼룩진 그늘을 땅 위에 그대로 그려내고 있었다. 고목 밑의 공기는 하늘이 청명한 데도 불구하고 비 오기 전처럼 답답하고 후텁지근했다.

"향기롭지?" 하고 앙투안이 고개를 들면서 말했다. 어떤 정원 너머로 보이는 한 울타리에서 활짝 핀 라일락꽃 냄새가 풍겨나오고 있었다.

"마음만 있으면 병원에서 일할 수 있을 텐데" 하며 제니는 라일락에는 신경도 쓰지 않고 말했다. "엄마도 여러 번 권했어요. 그럴 때마다 오빠는 '이 목발 가지고는 아무짝에도 쓸모가 없어요!'라고 말했어요. 하지만 그건 핑계에 지나지 않아요……." 제니는 자전거 핸들을 잡고 있던 손을 바꾸며 앙투안 곁으로 다가섰다. "사실 오빠가 남을 위해 무엇인가 하는 것을 본 적이 한 번도 없었으니까요. 지금은 더더구나."

'너무하군' 하고 앙투안은 생각했다. '아이를 봐 주는 것만도 고맙게 생각해야 하는데도.'

제니는 입을 다물고 있다가 신랄한 투로 말했다.

"오빠는 사회적인 의식을 조금도 가지고 있지 않아요."

뜻밖의 말이었다……. '모든 것을 자크와 결부시키고 있구나' 하고 그는 못마땅해 하면서 생각했다. '자크의 입장에서 오빠를 다루는군.'

"정말이지" 하고 앙투안은 외로운 듯이 말했다. "자신을 불구자라고 생각하고 있는 사람은 동정할 만해……."

제니는 다니엘의 일만을 생각하고 있었으므로 거침없이 대꾸했다. "오빠는 전사했을지도 모르는데! 무엇 때문에 불평하는 거지요? 이렇게 살아 있는데 말이에요!" 그녀는 자신의 냉혹함을 의식하지 못하고 서둘러 말했다. "다리라고요? 다리를 약간 절룩거릴 정도니까…… 병원 회계를 맡아 어머니를 돕지 못할 것은 없잖아요? 사회에 도움이 되고자 하는 생각은 갖고 있지 않더라도……."

'여전히 자크의 말 그대로구나' 하고 앙투안은 생각했다.

"……하다못해 그림 그리는 일이야 못할 것 없지 않겠어요? 그래요, 아시겠지만 거기에는 다른 이유가 있어요. 건강문제가 아니라 성격문제랍니다!" 그녀는 극도로 흥분한 나머지 자신도 모르게 보조를 빨리했다. 앙투안은 숨이 가빠왔다. 이것을 눈치챈 제니는 걸음을 늦추었다. "오빠는 늘 너무 편하게만 살아왔어요……. 자업자득이지요! 지금에 와서 별것 아닌 걸로 괴로워하는 것은 다 자만심 때문인 거예요. 정원에 나간 적도 없고 파리에 간 적도 없어요. 어째서일까요? 남들 앞에 나서는 것이 부끄러워서 그런 거에요. 지난날의 '성공' 따위는 단념해야 한다는 결단을 오빠는 못 내리고 있어요! 그가 전에 영위하던 생활방식은 이제 더 이상 할 수 없다는 것을 받아들이지 못하고 있어요! 한심한 소년의 생활! 방탕한 생활! 전쟁 전의 부도덕한 생활말이에요!"

"가혹하군, 제니!"

그녀는 미소짓고 있는 앙투안을 지그시 바라보았다. 그리고 그 미소가 사라지기를 기다리다가 단호한 투로 이렇게 말했다.

"장 폴 때문에 걱정이에요!"

"장 폴 때문에?"

"네! 자크가 저에게 많은 것을 가르쳐 주었어요……. 지금 이곳은 숨막힐 것만 같아요. 이곳은 제가 있을 만한 곳이 못 돼요! 그리고 장 폴이 이런 분위기에서 자라야 한다는 생각을 하면 참을 수가 없어요!"

앙투안은 무슨 말인지 잘 알아듣지 못한 것처럼 상반신을 약간 세웠다.

"이렇게 툭 터놓고 이야기하는 것은 당신을 믿기 때문이에요" 하며 그녀는 말했다. "또 언젠가는 당신의 충고가 필요하기 때문이고요. 저는 어머니를 무척 사랑하고 있어요. 어머니의 용기며 그 품위 있는 삶에 감탄하고 있어요. 또 나를 위해 베푸신 모든 것을 잊지 않고 있어요. 하지만 난들 별수가 있나요? 우리는 어느 것 하나 같은 생각을 갖고 있지 않아요! 어떤 일에도! ……물론 지금의 나는 더 이상 1914년 무렵의 내가 아니에요. 엄마도 그 뒤로 많이 변하셨고요! ……엄마가 병원의 책임을 맡은 지도 4년이나 됐어요. 일을 꾸미고 결정을 내리며, 남에게 명령하고, 남에게서 존경받고, 남을 부리는 따위의 일에만 종사한 지가 4년……. 어머니는 권위주의적인 것에 취미를 붙이셨어요. 어머니는…… 요컨대, 분명히 말씀드리지만 어머니는 전과 같지 않아요!"

앙투안은 믿을 수 없다는 듯이 애매한 몸짓을 했다.

"어머니는 어떤 일이나 너그러우셨어요" 하며 제니는 말을 계속했다. "신앙심이 매우 깊었지만 자신의 견해를 남에게 강요하는 일 따위는 절대로 하지 않으셨어요. 그런데 오늘에 와서는! 환자들에게 어머니가 훈계하는 것을 만일 당신이 듣는다면! 그리고 가장 말을 잘 듣는 사람들이 언제나 가장 긴 병가를 얻지요."

"가혹하군" 하고 앙투안은 되풀이했다. "너무해."

"그런지도 모르지요……. 그래요…… 이렇게 하나부터 열까지 죄다 말씀드려서는 안 될지도 모르겠군요. 어떻게 하면 저의 말을 이해하실 수 있을지 모르겠네요. 자, 예를 들면 엄마는 '우리의 용사들'(제1차 세계대전 당시의 프랑스 군인을 말함)이라고 말하는가 하면, 또 '보슈'(독일 군인을 경멸하는 호칭)라고 한답니다."

"우리도 모두 그렇게 부르지!"

"그렇지 않아요. 관점이 달라요. 4년 동안 저지른 온갖 잔학행위도 애국심의 이름으로 엄마는 너그럽게 봐 주세요! 그리고 거기에 동조하고요! 연합국의 주장만이 순수하고 옳다고 확신하고 계셔요! 독일이 패망할 때까지 전쟁은 계속되어야 한다는 거예요! ……그리고 엄마와 생각을 달리하는 사람들은 프랑스인답지 않다고 하셔요. 그리고 전쟁의 참된 원인을 추구하고, 모든 책임을 자본주의에 있다고 생각하는 사람들은 모두가……."

앙투안은 제니의 말을 들으면서 놀라지 않을 수 없었다. 이런 속내 이야기를 통해 드러난 제니의 정신상태, 세계관, 이미 고인이 된 자크의 영향이 몸에 배다시피 한 그녀의 새로운 가치기준……. 이것은 퐁타냉 부인의 성격적인 변화 이상으로 그의 흥미를 끌었다. 앙투안은 이렇게 말하고 싶었다. '장폴이 걱정이야!' 이러한 제니의 정신적 변천(그에게 그것은 꽤나 부자연스럽고 인위적인 것으로 여겨졌다), 이것이야말로 장 폴의 주변에 어떤 위험한 분위기를 자아내지 않을까 하는 불안이 앞섰기 때문이다. 어쨌든 그것은 어린 두뇌의 발육을 위해 나태한 단느 삼촌의 경우라든가 할머니의 근시안적인 맹목적 애국심보다도 더 위험한 것임에 틀림없었다.

두 사람은 햇볕이 드는 원형 광장으로 나왔다. 거기에서는 티보 집안의 별장 입구가 보였다. 앙투안은 자신도 모르게 넋놓은 사람처럼 주위를 살펴보았다. 아득한 옛날, 전생에 와본 장소 같은 느낌이 들었던 것이다……

그러나 모든 것이 옛날 그대로였다. 길 양쪽에 인도가 있고, 그 끝에 성채의 웅장한 모습이 보이는 넓은 가로수길, 일요일마다 물을 뿜어 대는 원형 분수가 있는 작은 광장, 잔디가 깔린 화단, 회양목 숲, 그리고 그 주위의 흰 울타리 따위가 예나 다름없었다. 또한 아버지가 심도록 한 정원의 나무들이 낮게 가지를 늘어뜨리고 있는 그 밑, 어린 지젤이 숨어 그가 오는 것을 살피고 있던 뒷문도 그대로였다. 이곳에는 어디를 둘러보아도 전쟁의 상처가 보이지 않았다.

제니는 광장으로 들어서기 전에 발걸음을 멈추었다.

"엄마가 전쟁의 고통을 매일같이 겪으면서 생활해 오신 지가 3년도 더 되었어요. 그래서인지 이제는 그런 고통에 무감각해진 것 같아요. 그런 역겨운 일을 하다보니 그만큼 감수성도 무뎌졌나 봐요."

"간호사 일?"

"아니오" 하고 그녀는 냉담하게 대답했다. "그 일이라야 딴게 아니고 젊은 사람들을 치료해 주고 낫게 한 다음 다시 싸움터로 내보내 죽게 하는 것이지요! 한 번 더 투우장에 내보내기 위해 피카도르(말을 타고 창으로 찔러 소를 성나게 하는 투우사를 가리키는 스페인어)의 말의 찢어진 배를 다시 꿰매는 것과 같아요!" 그녀는 고개를 숙였다. 그러다가 뒤늦게 꺼림칙했는지 돌연 앙투안 쪽을 돌아보았다. "마음이 상하셨나요?"

"아니!"

그는 '아니'라는 말을 자연스럽게 한 자기 자신에 대해 놀라움을 금치 못했다. 그리고 제니의 분노나 힐난보다는 퐁타냉 부인식의 조국애가 오늘의 자기 자신과 무척이나 거리가 멀다고 느끼면서 스스로도 놀라지 않을 수 없었다. 그는 동생을 생각하면서 새삼 마음속으로 되뇌었다. '자크가 살아 있다면 전보다 더 잘 이해해 줄 텐데!'

두 사람은 철문에 이르렀다.

제니는 한숨을 지었다. 그들의 산책이 끝나는 것을 섭섭하게 여겼던 것이다. 그녀는 나정하게 미소를 지어 보이며 이렇게 말했다.

"즐거웠어요……. 어쩌다 이렇게 마음을 터놓고 이야기하니까 참 좋아요."

10. 퐁타냉 부인을 만나러 그의 병원을 찾음

공들여 만든 별장의 철문—세월의 흐름에 따라 약간 도금이 벗겨지긴 했지만 O.T.라는 모노그램이 거기에 당당하게 새겨져 있었다—은 열려 있었다. 통로에는 구급차가 오가며 파놓은 바퀴 자국들이 그대로 남아 있었다. 그 통로는 전에 티보 씨가 매일 쇠고랑으로 가는 자갈을 긁어모으도록 한 곳이었는데, 지금은 그 흔적도 찾아볼 수 없었다. 별장의 거의 모든 창문도 열려 있었다. 그리고 나뭇가지 사이로 햇빛을 받은 별장의 정면이 붉은 무늬가 있는 새 블라인드로 화사하게 꾸며져 있는 것이 보였다.

"여기가 속옷류를 취급하는 내 담당구역이에요" 하고 제니는 옛날 차고문 앞에 이르자 말했다. "가 보세요. 베란다를 가로질러 오른쪽 사무실로 들어가세요. 어머니는 거기에 계실 거예요."

혼자가 된 앙투안은 숨을 돌리려고 잠시 멈추어 섰다. 그의 눈길이 가 닿는 모든 수풀과 모든 길모퉁이가 그에게는 즉시 낯익은 것이 되었다. 멀리서 이따금씩 들려오는 피아노 소리가 옛날의 일을 문득 상기시켰다. 머리를 땋아 뒤로 늘어뜨리고 피아노 의자에 앉아 있던 지젤, 그리고 명령이라도 하는 듯 박자를 세는 메트로놈과 아주머니로부터 이중의 감시를 받아가며 음계를 더듬더듬 읽던 지젤…….

무성한 수풀을 통해 보이는 별장 앞에는 축제라도 벌이는 듯 사람들이 법석을 떠는 모습이 눈에 띄었다. 작업모를 쓰고 회색 플란넬 옷을 입은 젊은 병사들이 현관 앞의 층계에 줄줄이 늘어서서 햇볕을 쪼이며 이야기를 하고 있었다. 다른 병사들은 정원의 탁자 주위에 모여 카드놀이를 하거나 아니면 신문을 읽고 있었다. 윗옷을 벗은 채 푸른 군복바지에 각반을 찬 두 병사가 잔디의 풀을 깎고 있었다. 앙투안에게는 잔디 깎는 기계의 덜컹거리는 소리가 짜증스럽게 들렸다. 더 멀리 너도밤나무 그늘에서는 회복기 환자 대여섯 명이 투구대 주위에서 왁자지껄 떠들어 대고 있었다. 그리고 구리로 된 개구리 $\left(\text{구리로 된 개구리 입에}\atop\text{원반을 던지는 놀이를 말함}\right)$ 에 원반이 부딪히는 소리가 들려왔다.

낯선 군의관이 다가오자 계단 위에 아무렇게나 누워 있던 사병들이 일어나 군대식으로 경례를 했다. 앙투안은 돌계단을 올라갔다. 베란다는 전부 유리가 끼워져 있었기 때문에 사방이 막혀 온실 안처럼 후텁지근한 것이 가정의 겨울 온실을 방불케 했다. 건강 때문에 아직 외출할 수 없는 환자들은 거기에 와서 눕곤 했다. 왼쪽에는 피아노가 있었다. 그것은 밝은 색의 호두나무로 만들어진 아주 오래된 악기로서 지젤이 어렸을 때 연습하던 것이었다. 한 사병이 건반 앞에 맞아 서투른 솜씨로 라 마 드롱 $\left(\text{제1차 세계대전}\atop\text{때 유행한 가요}\right)$ 후렴을 치고 있었다.

피아노 소리가 그쳤다. 그리고 그것을 치고 있던 사병은 지나가는 군의관에게 경례를 하기 위해 손을 들었다. 앙투안은 응접실 안으로 들어갔다. 사람 그림자도 보이지 않는 시각이었다. 마치 호텔의 홀 같았다. 안락의자와 의자가 네 개의 트럼프용 책상 주위에 놓여 있었다.

티보 씨의 서재 문은 닫혀 있었다. 압정으로 고정시킨 마분지 위에는 '사무실'이라고 씌어 있었다. 앙투안은 안으로 들어갔다. 처음에는 아무도 보이지 않았다. 방 안에는 전에 쓰던 가구가 그대로 보존되어 있었다. 커다란 떡갈나무 테이블이며 안락의자며 서가가 전에 놓여 있던 그대로 당당하게 자리잡고 있었다. 그러나 서재는 칸막이에 의해 둘로 나뉘어 있었다. 문소리가 나자 타자기 소리가 뚝 그쳤다. 그리고 칸막이 위로 젊은 비서의 얼굴이 나타났다. 그는 손님의 얼굴을 보자마자 큰 소리를 지르며 반가워 했다.

"의사 선생님 아니세요!"

어리둥절한 앙투안은 미소지었다. 사실 앙투안은 자기 쪽으로 다가오는 그 청년을 처음에는 전혀 알아보지 못했다. 그런데 그 청년은 전에 팔에 난 종기를 수술해 주었던 그 소년, 베르뇌이유 거리에 살던 두 고아 중에서 동생인 루루임에 틀림없었다. 전쟁 초기에 파리를 떠나면서 앙투안은 두 아이를 클로틸드와 아드리엔느에게 부탁했던 것이다. 그리고 보니 퐁타냉 부인이 그 두 형제에게 병원에 일자리를 마련해 주었다고 한 것이 어렴풋이 생각났다.

"너 무척 컸구나!" 하고 앙투안이 말했다. "지금 몇 살이지?"

"20년도 $\left(\text{1920년도 소집}\atop\text{적령자를 가리킴}\right)$ 입니다."

"그래, 여기서 무엇을 하지?"

"처음에는 우편물을 담당하다가 지금은 서기 일을 보고 있어요."

"그런데 형은?"

"샹파뉴에 있답니다. 부상당했는데, 들으셨지요? 손을 다쳤어요. 1917년 4월 핌므 근방에서요. 알고 계시지요? 1916년에 입대했답니다. 여기 이 두 손가락을 잘랐어요. 다행히 왼쪽 손이라서……."

"그럼 전선으로 다시 떠났다는 건가?"

"뭐, 형은 요령이 있어서요! 기상관측부대에 배속됐어요. 그러니까 위험은 없어요." 루루는 측은한 눈초리로 앙투안을 바라보았다. 마지막으로 그는 속삭이듯 이렇게 물었다. "독가스 피해를 입으셨다면서요?"

"그렇다네" 하고 앙투안이 대답했다. 그는 자신의 어린시절을 생각나게 하는, 황금빛 못이 박힌 암홍색 벨벳의 작은 안락의자를 눈여겨보았다. 그리고는 지친 모습으로 거기에 가서 앉았다.

"독가스는 야비한 짓이지요" 하고 루루는 얼굴을 찌푸리며 말했다. "그런데다 비열하고…… 치사한 짓이지요."

"퐁타냉 부인은 안 계신가?" 하고 앙투안이 그의 말을 가로막았다.

"위로 올라가셨는데요, 가서 말씀드릴게요. 환자가 또 오기로 되어 있기 때문에 방마다 침대를 들여놓고 있어요."

앙투안은 혼자가 되었다. 아버지와 단둘이 있게 된 것이다. 티보 씨의 강렬한 개성이 아직도 이 방에서 사라지지 않고 있었다. 물건 하나하나에서, 그리고 그 물건의 정해진 용도에 따라 알맞게 선택된 장소에서 느껴졌다. ─ 은뚜껑이 달린 잉크병, 탁상용 램프, 압지틀, 펜 닦개, 벽에 걸린 기압계 등. 그의 개성이 너무 강했기 때문에 가구를 옮겨 놓는다든가 병풍을 치는 것쯤으로는 그의 모습을 완전히 지울 수가 없었다. 그의 개성은 이 방에 집요하게 뿌리를 박고 반세기라는 오랜 세월에 걸쳐 전제적인 권위를 행사해왔던 것이다. 앙투안은 참나무 비슷한 자재로 된 그 문을 슬쩍 바라보기만 해도 잊으려야 결코 잊을 수 없는 방식, 슬며시, 음험하면서도 동시에 거칠게 여닫히는 소리가 귀에 들리는 듯했다. 또 양탄자 위에 길게 펼쳐진 마모 자국을 보았을 때도, 두 눈을 반쯤 뜬 채 부어오른 큼지막한 두 손을 허리춤에 끼워넣고 무거운 발걸음으로 책장과 벽난로 사이를 왔다 갔다 하던 아버지의 모습을 다시 보는 듯했다. 그리고 보나가 그린 예수상의 복제품과 밑의 가죽에 머리글자 두 개가 얽혀 움푹하게 찍혀 있는 주인 없는 그 안락의자를 바라보는 것만으로도, 어깨를 움츠리고 의자에 푹 파묻힌 채 귀찮은 손님 쪽으로 턱수염을 추켜올리고 있는 육중한 아버지의 모습, 그리고 말문을 열기 전에 눈썹 사이의 코안경을 벗어 들고 마치 성호를 긋듯이 정중하고 침착한 태도로 조끼 주머니에 집어넣던 아버지의 모습이 바로 떠올랐던 것이다.

문이 열리는 소리에 앙투안은 일어섰다. 퐁타냉 부인이 들어왔다.

부인은 간호사들과 마찬가지로 블라우스를 입고 있었다. 머리는 완전히 백발이 되었는데도 베일은 쓰지 않고 있었다. 얼굴은 창백하고 홀쭉했다. '심장병 환자같군' 하고 앙투안은 무의식적으로 생각했다. '오래 살지는 못할 것 같다…….'

부인은 그의 두 손을 잡고 자리에 앉게 했다. 그리고 자신은 큰 테이블 저쪽, 안락의자에 가서 앉았다. 그곳이 '이단자'가 늘 가서 앉는 자리임에 틀림없었다. '만일 돌아가신 어르신네가 살아서 돌아오신다면……!'

부인은 곧 그의 건강에 관해 물었다. 부인을 기다리는 동안 잠시 휴식을 취할 수 있었던 앙투안은 미소를 지으며 이렇게 대답했다.

"만일 전선에 그대로 있었다면 나는 이미 죽었을 겁니다. 다행히 나는 심지가 굳기 때문에……."

이번에는 앙투안 쪽에서 병원 일, 이곳에서의 부인의 생활에 관해 물었다. 부인은 즉시 생기를 띠었다.

"나는 아무 쓸모가 없어요……. 다만 훌륭한 일꾼이 한 사람 옆에 있지요. 니콜이 총지휘를 맡고 있어요. 알다시피 그 애는 자격증이란 자격증은 모두 가지고 있어요. 나에게는 엄청난 도움을 주고 있지요……. 그래요, 기가 막힌 일꾼들이랍니다. 그리고 모두 메종에 집이 있는 젊은 부인들과 처녀들이라서 이 집의 방이란 방은 모두 환자들에게 할당되고 있어요. 그리고 간호사들은 자원봉사자들이라서 적은 급여로 그럭저럭 균형을 맞추어 나갈 수 있지요. 여하튼 큰 도움을 받고 있어요! 첫날부터 그랬으니까요! 이 고장 사람들은 무척 인심이 후해요! 생각해 보세요. 침대며 대야며 식기며 속옷 등 일상용품 모두를 이웃 사람들이 보내 주었으니! 그런데 우리는 또 새로운 환자들을 받게 되어 있답니다. 니콜과 지젤은 침구를 모으러 나갔지요. 틀림없이 현재 모자라는 것 모두를 구해 가지고 올 겁니다!"

두 눈을 추켜올리고, 감격에 찬 승리의 미소를 띠고 있는 부인의 모습은 전능하신 주님이 이 세상을, 특히 메종 라피트를 봉사자들과 동정심이 많은 사람들로 충만토록 해준 것에 감사하고 있는 것 같았다.

부인은 여러 차례 별장의 내부를 뜯어 고친 사실, 그리고 앞으로 구상하고 있는 내부 변경에 관해 상세히 설명했다. 전쟁이 언젠가는 끝나리라는 것, 따라서 병원 생활도 그만두게 되리라는 생각 따위는 조금도 하고 있는 것 같지 않았다.

"와서 보세요!" 하고 부인은 쾌활하게 말했다. 아닌게 아니라 구석구석 개조되어 있었다. 당구실은 의무실로, 사무실은 진찰실로, 욕실은 진료실로 쓰이고 있었다. 난방이 잘된 오렌지 나무용 온실은 12개의 침대가 여유 있게 놓여 있는 병실로 개조되어 있었다.

"올라갑시다."

작은 공동침실로 쓰이고 있는 방들은 때마침 텅 비어 있었다. 2층에 15명, 3층에는 10명의 환자가 기거하고 있었다. 다락방이 있는 층에는 붐빌 경우를 대비해서 12개의 보조 침대가 마련되어 있었다.

앙투안은 옛날의 자기 방을 보고 싶은 생각이 들었지만 그 방은 열쇠로 잠겨 있었다. 소독을 하기로 되어 있다는 것이다. 원래 파라티푸스 환자가 쓰고 있었는데 오늘 아침 생제르멩 병원으로 보냈다고 하였다.

퐁타냉 부인은 자못 경영주다운 위엄을 보이며 방마다 문을 열어 보는가 하면, 예리하게 모든 것을 샅샅이 감시하기도 하고, 지나는 길에 세면대가 깨끗한지 확인해 보기도 하며, 라디에이터의 온도, 테이블 위에 흩어져 있는 책과 잡지의 제목까지 검사하면서 이 방 저 방을 두루 살펴보았다. 부인은 이따금 손목을 치켜들고 시간을 확인해 보곤 했는데, 이런 동작은 그녀에게 하나의 버릇처럼 되어버렸다.

앙투안은 약간 헐떡거리면서 그 뒤를 따라갔다. 머릿속에서는 클로틸드가 한 말이 맴돌았다. '만일 돌아가신 어르신께서……!'

3층까지 간 퐁타냉 부인이 그를, 꽃무늬 벽지를 바르고 창문이 마로니에 나무 꼭대기를 향해 나 있는 방으로 안내하자 그는 여러 가지 상념에 사로잡혀 문지방에 우뚝 섰다.

"자크의 방……."

부인은 놀란 듯이 그를 바라보았다. 갑자기 그의 두 눈에 눈물이 가득 고였다. 부인은 어색한 모습을 보이지 않으려고 창문을 닫으러 갔다. 그리고 이런 뜻하지 않은 계기로 더욱 터놓고 이야기하고 싶어지기라도 한 듯 이렇게 말하는 것이었다.

"이번에는 마구간이었던 별채로 안내하겠어요. 그곳이 본부예요. 거기에 가면 좀더 차분히 이야기를 나눌 수 있을 거예요."

두 사람은 아무 말 없이 층계를 내려와 베란다를 지나지 않고 뒷문을 통해 정원으로 나왔다. 사병 네 사람이 그늘에서 철제 침대에 흰 칠을 하고 있었다. 퐁타냉 부인은 사병들 곁으로 다가갔다.

"빨리 서둘러 줘요. 내일까지는 말라야 하니까⋯⋯. 그리고 로브레, 당신은 거기서 내려와요!" (한 남자가 부엌의 처마 위에 올라가 모란 줄기를 묶고 있었다) "그제까지만 해도 침대에 누워 있던 사람이 벌써 사다리 위에 올라가다니?" 수염이 텁수룩하고, 틀림없이 국민군에 편입되어 있었던 것으로 보이는 그 남자는 미소지으면서 부인이 시키는대로 했다. 남자가 아래로 내려오자마자 퐁타냉 부인은 그에게로 다가가 윗옷의 단추 두 개를 푼 다음 그의 옆구리를 짚어 보았다. "그럴 줄 알았어요. 붕대가 느슨해져 있어요. 의무실에 가서 그것을 보이세요!" 그리고 앙투안에게 보라는 듯이 이렇게 말했다. "수술한 지 3주도 안 되었어요!"

두 사람은 옛날 마구간에 가기 위해 잔디밭을 한 바퀴 돌았다. 지나는 길에 마주치는 환자들은 부인에게 고개를 돌려 미소를 지으면서 작업모를 벗어 민간인식으로 인사를 했다.

"내 숙소는 저 위에 있어요" 하고 부인은 별채의 문을 밀면서 말했다. 전에 마구간이었던 아래층에는 칸마다 작업대가 들어서 있었다. 그리고 바닥에는 부스러기가 어지럽게 흩어져 있었다.

"모두들 여기를 잡동사니 작업장이라고 부른답니다" 하고 부인은 지난날 마부가 살고 있던 방으로 통하는 물레방아 같은 좁은 계단을 올라가며 설명했다. "이제는 어떤 작업도 외부에 의뢰하는 일이 없어요. 내가 부탁하는 것이면 무엇이든지 수리를 해 주니까요. 배관공사이건, 목수일이건, 전기 공사이건 간에⋯⋯."

부인은 앙투안보다 앞장서서 세 개의 다락방 중 첫 번째 방으로 들어갔다. 그녀는 그곳을 작으나마 개인 사무실로 쓰고 있었다. 가구라고는 팔걸이가 달린 정원용 의자 두 개, 서류와 장부류가 가득 쌓여 있는 책상 하나가 고작이었다. 그리고 타일을 깐 바닥 위에는 낡은 매트가 놓여 있었다. 앙투안은 방 인으로 들어가자마자 자기가 쓰던 램프가 테이블 위에 놓여 있는 것을 금방 알아보았다. 녹색의 판지로 된 갓을 씌운 큰 석유램프. 그는 나방 소리가 시끄러운 6월의 무더운 지난날의 밤에, 온 집안이 잠들어 있는 동안 그 밑에서 시험 준비를 하곤 했던 것이다. 벽은 석회로 산뜻하게 칠해져 있었다. 그 벽에는 몇 장의 사진이 핀으로 꽂혀 있었다. 몸을 뒤로 젖히고, 안락의자 등받이에 한 손을 올려놓고 있는 청년 제롬. 영국 수병의 옷차림에 장딴지를 드러낸 다니엘. 머리를 땋아서 늘어뜨리고, 불끈 쥐어 쳐든 주먹 위에 길들인 비둘기를 올려놓고 있는 소녀시절의 제니. 그리고 또 상복 차림으로 아이를 무릎 위에 올려놓고 있는 젊은 여인의 모습인 제니.

기침이 나기 시작하자 앙투안은 권하기도 전에 거기에 있던 의자에 앉았다. 그리고 고개를 드는 순간 자신을 유심히 바라보고 있는 퐁타냉 부인의 눈길을 알아차렸다. 그러나 부인은 그의 건강상태에 관해서는 전혀 내색을 하지 않았다.

"오신 걸 핑계삼아 바느질이나 좀 해야겠어요" 하고 부인은 약간 애교스럽게 웃으며 말했다. "바느질할 시간조차 없어요." 그녀는 테이블 위에 있는 까만 성경책을 밀어 내더니 그 자리에 바느질 바구니를 올려놓았다. 그러고나서 또다시 시계를 본 뒤 자리에 앉았다.

"다니엘이 무슨 말을 하던가요? 자기 다리를 보이던가요?" 하고 부인은 한숨을 억누르며 물었다(다니엘은 절단한 자기 다리를 한 번도 부인에게 보이지 않았다).

"아니오. 하지만 자기가 겪은 온갖 고초를 들려주더군요. 몇 가지 운동요법을 권했습니다. 누구나 어느 정도 꾸준히 노력하기만 하면 큰 성과를 얻을 수 있다고……. 하긴 그 자신도 그 기구를 부착한 뒤로는 걷는 데 거의 불편이 없다고 하더군요."

부인은 앙투안의 말을 듣고 있지 않은 것 같았다. 두 손을 스커트의 움푹한 곳에 놓고, 얼굴은 창 쪽으로 돌린 채 꿈을 꾸는 듯한 눈길로 정원의 초목들을 바라보고 있었다.

별안간 부인이 몸을 획 돌렸다.

"그 애가 부상당하던 날 이곳에서 무슨 일이 있었는지 말하던가요?"

"이곳에서? ……아니오."

"주님께서 나에게 그 일을 미리 알려 주셨어요" 하고 부인은 엄숙하게 말했다. "다니엘이 부상당하던 날 주님께서 미리 알려 주셨어요." 부인은 살짝 손을 치켜들고는 마음이 산란해진 듯 입을 다물었다. 이윽고 부인은 아무렇지도 않은 척하면서도 무언가 엄숙함이 깃들인 어조로 (마치 성경의 한 페이지를 외우기라도 하듯, 또한 사람들 앞에서 기적을 증언하는 것이 자신의 의무이기라도 한 듯) 이렇게 말을 이었다. "어느 목요일이었어요. 새벽녘에 눈을 떴어요. 주님이 계신 것을 느꼈어요. 그래서 기도를 하려고 마음먹었지요. 그런데 몸이 아파서—병원을 시작한 뒤로 그렇게 아파보기는 처음 있는 일이었으니까요. 그 뒤로도 그런 일은 전혀 없었답니다—나는 야간 당직 간호사 한 사람을 부르기 위해 창문을 열러 가려고 했어요. 그런데 서 있을 수도 없더군요. 다행히도 여느 때와 달리 내가 모습을 나타내지 않은 것을 알아챈 간호사 한 사람이 때마침 달려왔어요. 그리고 침대에 누워 꼼짝도 못하고 있는 나를 발견한 거지요. 몸을 일으키려고 했지만 현기증이 나서 쓰러졌어요. 마치 상처로 인해 심한 출혈을 한 것처럼 기진맥진해 있었거든요. 그런 와중에 끊임없이 다니엘을 생각하고 있었어요. 나는 기도를 했습니다. 그런데 아침나절 내내 몸의 상태는 점점 더 나빠질 뿐이었어요. 제니가 몇 차례 의사를 데리고 왔어요. 에테르 시럽을 먹으라고 주더군요. 거의 말을 할 수가 없었어요. 그런데 11시 반, 점심식사를 알리는 첫 종이 울린 지 얼마 안 되어서 나는 나도 모르게 소리를 질렀어요. 그러고는 얼마동안 정신을 잃었습니다. 하지만 곧 깨어났고, 기분은 나아져 있었어요. 아주 상태가 좋아져서 저녁 무렵에는 자리에서 일어나 사무실로 내려가서 보고서와 우편물에 사인까지 할 정도였으니까요. 그것으로 끝이었지요." 부인은 단조로우면서 다소 조심스러운 목소리로 이야기를 하면서, 잠시 말을 멈추었다가 다시 시작했다. "그래요. 바로 그날 목요일 새벽에 다니엘이 속해 있는 연대에 공격 명령이 내려졌던 거예요. 오전 내내 아주 용감하게 싸웠대요, 상처 하나 입지 않고. 그런데 11시 반 조금 지나서 포탄의 파편 하나가 넓적다리를 관통한 거예요. 11시 반 조금 지나…… 구조반으로 실려 갔다가 다시 야전병원으로 옮겨져 거기에서 몇 시간 뒤에 다리를 자르게 되었어요. 덕분에 목숨만은 구하게 된 거지요……." 부인은 앙투안의 얼굴을 가만히 보면서 몇 번이고 고개를 저었다. "물론 열흘쯤 지나서야 그 사실을 알게 되었답니다."

앙투안은 아무 말도 하지 않았다. 무슨 말을 할 수 있었겠는가? 부인의 이야기를 들으면서 그는 어린 제니의 뇌막염 사건, 그리고 그레고리 목사의 '기적적인' 치료를 다시 떠올렸다. 또한 필립 박사가 미소를 띠면서 이따금 하던 말이 생각났다. '사람들은 언제나 각자 자기 나름대로의 경험을 갖게 마련이지…….'

퐁타냉 부인은 잠시 잠자코 있었다. 그녀는 일감을 손에 들었다. 그러나 바느질을 시작하기 전에 안경집에서 안경을 꺼내 그것으로 제니와 장 폴의 사진을 가리켰다.

"장 폴을 어떻게 생각하시는지 아직 말씀하지 않았지요?"

"아주 잘생겼더군요!"

"그렇죠?" 하고 부인은 대견스러워하며 말했다. "다니엘이 일요일에 이따금씩 데리고 오곤 해요. 볼 때마다 더 자라고 더 튼튼해지는 것 같아요! 다니엘은 장 폴이 성미가 고약하고 말을 잘 안 듣는다고 투덜대요. 하지만 성깔이 있다고 해서 뭐 놀라울 것은 없지 않겠어요? 게다가 사내애는 담력과 고집이 있어야 해요……. 반대하시는 건 아니겠죠?" 하며 부인은 심술궂게 덧붙여 말했다. "자주 못 보는 것이 안타까워요. 하지만 나에게는 그 애를 보는 것보다는 환자를 돌보는 일이 더 중요해요." 마치 방향을 바꾸었던 물줄기가 다시 본래의 흐름을 되찾듯이 부인은 다시 병원 이야기를 하기 시작했다.

잠자코 듣고 있던 앙투안은 기침이 다시 나올까 두려워서 별 대꾸할 마음도 없었다. 안경을 낀 부인의 모습은 늙어보였다. '심장병 환자의 얼굴빛이구나' 하고 그는 생각했다. 부인은 몸을 똑바로 하고 안락의자에 앉아 있었다. 그리고 허물없는 자세로, 그러면서도 위엄을 잃지 않은 채 천천히 바느질을 하면서 병원일의 진행 과정이며, 또 자신이 맡은 책임감에서 오는 여러 가지 고민거리를 털어놓기 시작했다.

'의미 없는 일이란 없다'라고 앙투안은 생각했다. '전쟁은 이런 류의 여성, 이런 연령의 여성들에게 예기치 않았던 행복의 한 형태를 마련해 주었구나. 헌신하고, 공적인 활동을 할 수 있는 기회, 고마워하는 분위기 속에서 지배한다는 즐거움을…….'

퐁타냉 부인은 그가 무슨 생각을 하고 있는지 짐작이라도 한 듯 이렇게 말했다.

"물론 나는 아무런 불평도 하지 않아요! 내가 하는 일이 때로는 힘겹게 여겨질 때도 있지만 이제는 내게 꼭 필요한 일이 됐어요. 앞으로는 옛날과 같은 생활은 도저히 할 수 없을 것 같아요. 이제는 어떤 일에든 내가 유익한 존재라는 것을 느끼길 바라니까요." 부인은 미소지었다. "아시겠어요? 훗날 당신도 환자들을 위해 병원을 하나 차리셔야지요. 그러면 내가 그 병원을 맡아 관리해 드릴게요!" 그리고 즉시 덧붙여 말했다. "니콜과 지젤…… 어쩌면 제니에게도 도와달라고…… 안 될 이유가 없잖아요?"

앙투안은 신이 나서 같은 말을 되풀이했다.

"안 될 이유가 어디 있겠어요?"

잠시 침묵이 흐르다가 부인이 말을 이었다.

"제니도 살면서 무엇인가 하는 일이 있어야 할 거예요." 부인은 별안간 한 숨짓더니 은연중 떠오른 생각을 아무런 맥락 없이 드러내면서 중얼거렸다. "가엾은 자크. 그를 마지막으로 본 때의 일을 영영 잊지 못할 거예요……."

부인은 또다시 입을 다물었다. 동원령이 내린 그 다음날 빈에서 돌아왔을 때의 일이 생각났던 것이다. 그러나 그녀에게는 이런저런 괴로운 추억을 털어버리는 데 남다른 재주가 있었다. 부인은 이마에 축 늘어진 흰머리를 쓸어 올렸다. 그리고 자신의 마음을 사로잡고 있는 몇 가지 문제를 앙투안과 이야기해 보기로 결심했다.

"우리는 하느님의 예지를 믿어야만 해요" 하며 부인은 말을 시작했다(거기에는 상냥하면서도 명령하는 듯이 '내 말을 가로막지 마세요'라는 어조가 깃들어 있었다). "우리는 주님이 원하시는 바를 받아들여야만 해요. 자크의 죽음도 주님의 그런 뜻 가운데 하나였을 것입니다." 부인은 결정적인 말을 하기 전에 잠시 마음을 가다듬었다. "그 사랑은 가장 고통스러운 결과를 가져올 수밖에 없었을 거예요. 두 사람 모두에게…… 이렇게 말씀드려서 죄송합니다만."

"제 생각도 똑같습니다" 하며 앙투안은 힘주어 말했다. "만일 자크가 살아 있었다면 두 사람의 삶은 그야말로 지옥이나 다름없었을 겁니다."

부인은 만족스러운 눈길로 앙투안을 바라보더니 여러 번 고개를 끄떡이며 동감의 표시를 나타냈다. 그러고 나서 다시 바느질을 시작했다.

또다시 침묵이 이어지다가 부인이 먼저 말을 꺼냈다.

"솔직히 말씀드려 그 일로 인해…… 조금도 괴롭지 않았다고 말한다면 거짓말이겠지요. 제니가 임신했다는 사실을 알았을 때……."

앙투안은 이 일에 관해서 종종 부인을 생각해 보았다. 그래서 부인이 자기 쪽으로 눈을 들었을 때 그는 천천히 눈을 깜박거리면서 잘 알겠다는 시늉을 했다.

"오" 하며 부인은 자기가 말하고자 한 것을 오해하지나 않았을까 걱정하면서 말했다. "그것은 뭐…… 떳떳하지 못한 애를 낳는다는 것이 아니라…… 그래요, 그건 대수로운 일이 아니었어요. 무엇보다도 나의 마음을 아프게 했던 것은 그런 끔찍한 사랑의 모험이 우리 생활 속에 파고들어 언제까지나 꼬리를 물고 다니며 그 증표를 남기지나 않을까 하는 생각 때문이었어요. 솔직하게 말씀드리는 편이 좋겠죠? 저는 이렇게 생각했어요. '이제 제니는 일생동안 멍에를 짊어지게 되었구나. 벌을 받은 것이다! 주님의 뜻대로 이루어지소서!' ……그런데 그것은 잘못된 생각이었어요. 믿음이 부족했던 탓이겠지요. 주님의 뜻은 이루 헤아릴 수 없어요. 그 섭리는 눈에 보이지 않고, 그 은혜는 한이 없는 것이죠. 내가 하나의 시련이며 벌이라고 생각한 것은 사실 주님의 은총이었던 것입니다. 용서의 증표라고 할까, 기쁨의 원천이라고 할까……. 주님은 왜 우리를 벌하실까요? 그런 일이 있었다 해도 거기에 '악'이 조금도 작용하지 않았다는 것을 주님이 우리보다 더 잘 알고 계시지 않았을까요? 그리고 두 사람의 마음이 언제나 밝고, 죄를 범하고 있으면서도 깨끗했다는 것을 우리보다 더 잘 알고 계시지 않았을까요?"

'참 이상하다' 하고 앙투안은 생각했다. '부인 때문에 견딜 수 없을 정도로 짜증이 나야 할 텐데……. 그러기는커녕 부인에게는 나로 하여금 존경하지 않을 수 없게 하는 그 무엇이 있다. 아니 존경이라기보다는 그 이상의 것, 공감 같은 것……. 이것은 부인의 선량함 때문일까? 어쨌든 선량하다는 것, 그것은 매우 귀한 것이다. 참되고 자연스런 선량함이란…….'

"제니는 자기 몫을 훌륭히 해내고 있어요" 하고 부인은 계속 바느질을 하며 노래라도 부르는 듯한 또렷한 목소리로 말을 이었다. "제니는 지금 마음속에 자신의 일생을 고귀하게 해줄 보물을 간직하고 있어요. 즉 자신을 송두리째 바친 것에 대한 추억, 황홀했던 순간에 대한 추억. 그 추억으로 인해 예외적이라고 해도 되겠지요. 그래서 비참한 나날이 뒤따르지 않았던 것입니다."

'인간들 중에는' 하고 앙투안은 생각했다. '이 세상에는 언제나 만족스럽게 생각하는 사람들이 있게 마련이야. 그런 사람들의 경우 모든 일이 순조롭게 풀려갈 테지. 그들의 삶이란 바람 없는 날에 뱃놀이를 하는 것과 같은 것이다. 흐르는 물결에 그냥 몸을 맡기고 있으면 되는 것이니까. 선착장까지…….'

"그리고 지금 제니에게는 아주 고귀한 임무가 주어져 있어요. 아이를……."

"아주 달라졌더군요, 완전히 딴사람이 됐어요" 하고 앙투안은 용기를 내어 말했다. "아주 성숙해지고…… 아니, 성숙해졌다기보다는…… 어쨌든 아주……."

퐁타냉 부인은 바느질거리를 무릎 위에 올려놓았다. 그리고 이미 안경도 벗고 있었다.

"솔직히 털어놓고 싶은 이야기가 있어요. 나는 제니가 행복하다고 생각해요! 그래요, 행복하고말고요. 지금까지는 행복이 무엇인지를 몰랐을 정도로. 또 그 애로서는 그렇게 되는 것이 당연하다고 여겨질 정도로……. 왜냐하면 그 애는 행복을 누리기 위해 태어나지 않았으니까요. 그 애 마음속에는 언제나 괴로움이 자리잡고 있었답니다. 게다가 더 안타까웠던 것은 자기 자신을 미워하는 것이었습니다. 자신을 사랑한다든가, 신에 의해 만들어진 자신 속에 있는 것을 사랑할 줄 몰랐습니다. 딱하게도 그 애는 신앙심을 가져본 적이 없습니다. 그 애의 영혼은 언제나 엉뚱한 일에 쓰이고 있는 성전에 지나지 않았어요……. 그런데 보다시피 성경의 기적이 우리 속에서, 우리 주위에서 매일같이 행해지고 있습니다! 모든 괴로움에는 그 보상이 있게 마련이고, 모든 무질서는 보편적인 조화를 지향하고 있어요. 지금 하느님의 은총이 내려진 것입니다. 내 직감이 틀리지 않아요. 지금 그 애는 미망인으로서 그리고 어머니로서의 역할을 해나가면서 자기가 얻을 수 있는 인간의 행복은 모두, 그리고 자신의 성격으로 만들어 낼 수 있는 조화와 만족을 모두 찾아냈어요. 그리고 내가 지금 느끼는 바로는 그 애의 마음속에는……."

"아주머님!" 하고 정원 쪽에서 부르는 소리가 들려왔다.

퐁타냉 부인이 일어섰다.

"니콜이 돌아왔어요."

"아주머니, 면장님이 오셨어요" 하는 니콜의 목소리가 다시 들려왔다. "말씀드릴 게 있대요."

퐁타냉 부인은 이미 문에까지 가 있었다. 앙투안의 귀에는 그녀가 계단 위에서 쾌활하게 외치는 소리가 들렸다.

"잠깐 올라오렴. 모시고 오도록 해……. 네가 아는 분이 계시니까!"

니콜은 문을 열자마자 흠칫 멈추어 서서, 마치 누군지 잘 알아보지 못하겠다는 듯이 앙투안의 얼굴을 뚫어지게 바라보았다. 앙투안은 가슴을 찔린 듯한 느낌이 들었다. 그리고 우물거리듯이 이렇게 말했다.

"많이 변했지, 안 그래?"

니콜은 얼굴을 붉혔다. 그리고 거북한 심정을 억누르면서 웃음을 지어보였다.

"전혀 그렇지 않아요……. 다만, 설마 여기서 뵙게 되리라고는."

두 사람은 서로 만난 지가 오래되었다. 왜냐하면 그녀는 당직 간호사에게 맡겨둘 수 없는 파라티푸스 환자를 돌보느라고 어젯밤에 별장에서 있었던 저녁식사에도 참석하지 못했기 때문이다.

니콜은 오히려 나이보다 젊어 보였다. 어제 밤샘을 했는데도 불구하고 우윳빛이 감도는 안색은 조금도 변함이 없었다. 푸른 두 눈은 예나 다름 없이 비길 데 없을 만큼 투명했다.

앙투안은 그녀에게 남편에 관한 소식을 물어보았다. 전쟁 중에 두 번 만난 적이 있었다.

"현재 그이의 군용 외과 자동차 부대는 샹파뉴 전선에 있어요" 하고 니콜은 반짝거리는 눈길로 끊임없이 주위를 둘러보며 말했다. 그 눈길은 소녀 같은 순진함과 유부녀의 요염함을 다 풍기고 있어서 어느 것이 그녀의 본심인지 도무지 구분할 수가 없었다. "아주 일이 많대요……. 하지만 잡지에 원고를 쓸 틈은 있나 봐요. 금주에도 타자로 칠 원고를 보내왔어요. 지혈기 사용법에 관해서라든가, 하여튼 그런 논문이에요."

햇살은 그녀의 블라우스 천을 통해 우뚝 솟아 있는 둥근 어깨 위를 미끄러지듯 비추면서, 몸을 움직일 때마다 머리에 쓰고 있는 베일의 주름에 비쳐들고, 솜털이 많은 팔뚝을 금빛으로 물들였다. 그리고 미소지을 때마다 그녀의 치아를 빛나게 했다. '젊은 환자들의 마음을 꽤나 설레게 하겠군' 하고 앙투안은 순간적으로 생각했다.

"어제 참석하지 못해 섭섭했어요" 하고 그녀는 말했다.

"어제 저녁은 어땠나요? 다니엘은 기분이 좋았나요? 같이 좀 어울리도록 해 주셨나요?"

"물론이지. 왜?"

"아주 우울해하며 뚱해 있어요."

앙투안은 안됐다는 시늉을 했다.

"어쨌든 불쌍해!"

"그런 상태에서 벗어나도록 해야지요" 하고 니콜은 말했다. "다시 그림을 그릴 결심을 하도록 말이에요." 진지한 그 말투로 미루어보아 그것이 정말 큰 문젯거리이며, 해결을 위해 앙투안이 꼭 와 주기를 기다리고 있었다는 듯한 태도였다. "지금과 같은 생활을 계속해서는 안 돼요. 바보가 되고 말 거예요. 이대로 나가다가는……."

앙투안은 미소를 지었다.

"그런 줄은 몰랐는걸."

"그렇다니까요. 제니에게 물어보세요. 정말 어떻게 할 방법이 없어요. 우리를 보면 자기 방으로 올라가 버려요. 어울리기가 싫어서일까요? 화가 나서 그럴까요? 뭐가 뭔지 모르겠어요. 혹은 우리와 함께 있어도 입 한번 벙긋하지 않아요. 그럴 때면 응접실의 공기가 갑자기 싸늘해지는 것 같아요! ……그이만 있으면 모두가 거북해하고…… 분명히 말씀드리는데 그를 설득해서 일을 하도록 하고, 파리로 돌아가 사람들을 만나며 새 삶을 시작하게끔 한다면 그에게 그보다 더 큰 도움이 없을 거예요!"

앙투안은 머리를 설레설레 흔들더니 또다시 이렇게 중얼거렸다.

"불쌍해……."

앙투안은 본능적으로 경계하지 않을 수 없었다. 그 이유를 설명할 수는 없지만 그가 받은 인상으로는 니콜이 겉으로 나타내지 않는 어떤 은밀한 생각에 따라 움직이고 있는 것 같았다.

(그것은 전혀 근거가 없는 것은 아니었다. 작년 겨울의 어느 날 밤 이후 니콜은 다니엘에 관해 자기 나름대로의 생각을 갖게 되었던 것이다. 그날, 밤도 늦었으므로 제니와 지젤은 자러 올라가 버린 뒤였다. 니콜은 끝내야 할 일이 있어서 거실의 난로 앞에 다니엘과 함께 늦게까지 남아 있었다. 그러던

중 다니엘이 느닷없이 이렇게 말했다. "니콜, 잠깐만. 그대로 움직이지 마!" 그러더니 주위에 흩어져 있는 어떤 팸플릿 뒷면에다 연필로 니콜의 옆 모습을 스케치하기 시작했다. 그녀는 예기치 않은 그린 변덕에 기꺼이 응해 주었다. 그런데 잠시 뒤, 뭔가 이상한 예감이 들어 뒤돌아보니까 다니엘은 그리던 손을 멈추고 그녀를 노려보고 있는 것이 아닌가. 욕정과 어두운 분노와 치욕과 어쩌면 증오까지도 다분히 섞인 가증스런 눈초리……. 그는 흠칫 눈을 내리깔고 팸플릿을 아무렇게나 구겨서 그것을 난로 속으로 내던졌다. 그런 다음 한 마디의 말도 없이 방을 나가 버렸다. '역시……' 하고 니콜은 어처구니없다는 듯이 마음속으로 생각했다. '아직도 나를 좋아하고 있구나.' 니콜은 아주 오래전, 파리의 아주머니 집에 살고 있었을 때, 당시 청소년이 었던 다니엘이 마치 무엇에 홀린 사람처럼 자신을 집 안 구석구석으로 몰고 다니며 괴롭혔던 일을 또렷하게 기억하고 있다. 이미 오래전에 사라진 것으 로 알고 있었던 그 철부지의 광기 어린 사랑이 이곳 별장에서 같이 생활을 하다보니 되살아난 것이 틀림없었다……. 그날 이후 니콜의 눈에는 모든 것 이 뚜렷해졌다. 모든 것은 다니엘이 자신에 대해 품고 있는 사랑에 연루되어 있었던 것이다. 즉 폐쇄적이고 불안해 하는 태도라든가, 부루퉁한 태도라든 가, 메종을 떠나려 하지 않고, 자신의 습관이나 기질과는 정반대로 은둔해서 빈둥거리며 단정한 척하는 생활을 하고 있는 것이라든가)

"제 생각을 말씀드릴까요?" 니콜은 자신이 그 문제에 집착하는 것이 앙투 안에게 얼마나 이상하게 보일까 하는 것에는 조금도 신경쓰지 않고 말을 계 속했다. "말씀하신 대로 다니엘은 불쌍해요. 하지만 그가 괴로워하고 있는 것은 몸이 부자유스러운 데서 오는 것만은 아니에요. 그래요…… 여자들에 게는 그러한 직감이 있어요. 그이는 틀림없이 또다른 일로 괴로워하고 있어 요. 내적인 일로 그리고 그의 가슴을 짓이기는 일로…… 어쩌면 뜻대로 안 되는 어떤 사랑…… 이루어질 수 없는 열정과 같은 것으로……."

니콜은 자신의 속마음을 너무 드러내 보이지나 않았나 해서 흠칫 겁이 났 다. 그러고는 얼굴을 붉혔다. 그러나 앙투안은 그녀를 보고 있지 않았다. 그 의 눈에 껌을 씹으며 두 손으로 목덜미를 받치고, 눈을 멍청하게 뜬 채 플라 타너스 그늘 밑에 누워 있는 다니엘의 모습이 스쳐 지나갔던 것이다.

"그럴지도 모르지" 하고 그는 순순히 그녀의 말에 동의했다.

니콜은 안심한 듯 웃기 시작했다.

"어쨌든 당신도 다니엘이 전쟁 전에 파리에서 생활하던 모습을 기억하실 거예요!"

그녀는 하던 말을 멈추었다. 층계참에서 나는 아주머니의 발소리를 들었기 때문이다.

퐁타냉 부인은 한 뭉치의 서류를 들고 있었다.

"실례해요. 잠시 볼일이 있어서. 곧 다시 나가야 해요……." 부인은 방금 전해 받은 산더미 같은 편지와 행정서류를 들어 보였다. "매일같이 올라오는 보고서에 짓눌려 있답니다. 관계당국에 몇 부씩 사본을 보내야 해요. 그래서 매일 오후 두 시간은 편지를 쓰는 일에 빼앗기고 있어요!"

"말씀들 하세요" 하고 앙투안은 자리에서 일어났다.

"다시 오셔야 해요. 얼마동안은 우리와 함께 계시는 거지요?"

"그러지 못해요……. 내일 떠나려고 하는데요."

"내일이라고요?" 하고 니콜이 말했다.

"금요일까지는 르 무스키에로 돌아가야만 해서."

세 사람은 흔들거리는 계단을 함께 내려왔다.

퐁타냉 부인은 손목시계를 보았다.

"대문까지만이라도 동행하겠어요."

"저는 이만 실례하겠어요" 하고 니콜이 외쳤다. "그럼 오늘 저녁에 뵙지요."

니콜의 모습이 멀어지자 퐁타냉 부인은 계속 발걸음을 옮기면서 불안정한 목소리로 이렇게 물었다.

"니콜에게서 다니엘에 관해 무슨 말을 들었지요? 불쌍한 다니엘…… 하루에도 몇 번씩이나 그 애 생각을 하는지 몰라요. 또 그 애를 위해 기도도 하고……. 그 애가 지금 겪고 있는 시련은 무척 무거운 거예요!"

"적어도 그가 계속 살아갈 것이라는 사실은 당신도 확신하시지요, 부인. 어쨌든 지금과 같은 때 그런 확신이 선다는 것만도 대단한 일입니다!"

부인은 그 말의 뜻을 이해하려고 하는 것 같지 않았다. 사태를 그런 각도에서 보고 있지 않았던 것이다.

두 사람은 잠시 아무 말 없이 걸었다.

"하루 온종일 혼자······" 하며 부인은 말을 이었다. "불구의 몸을 가지고 혼자서! 혼자 그런 회한을 가지고 있으면서도 그 사실을 아무에게도 털어놓지 않아요······ 나에게까지도!"

앙투안은 정말 의아하다는 듯이 길 한가운데 멈추어 섰다.

"그 애가 무엇을 느끼고 있는지 너무나 잘 알고 있어요" 하며 퐁타냉 부인은 자신감과 비통함이 한데 얽힌 투로 말을 이었다. "그렇게 격렬하면서도 아량 있는 성격을 타고났는데······. 아직도 용기와 건강이 넘치고 있음을 스스로 느끼고 있을 텐데! 조국이 침략당하고······ 위협받고 있는 것을 보고만 있으려니······ 게다가 조국을 위해 자신은 아무 일도 할 수 없으니!"

"그런 식으로 생각하시나요?" 하고 앙투안은 얼떨결에 말해 버렸다. 예기치도 않았던 그런 설명을 듣게 된 앙투안은 설마 하는 기분을 감출 수가 없었던 것이다.

부인은 상반신을 뒤로 젖혔다. 그리고 잘 알았다는 듯한 미소가 약간의 자만의 빛과 함께 입가를 스쳐갔다.

"다니엘이? 사실은 아주 단순해요. 하지만 유감스럽게도 어쩔 도리가 없어요······. 그 애는 이제 자신의 의무를 이행할 수 없기 때문에 비탄에 빠져 있는 겁니다." 그런데 앙투안이 아직 제대로 납득하지 못한 것 같아 보이자 부인은 엄숙하면서도 고집스런 표정을 지으며 이렇게 덧붙여 말했다.

"그것은 확실해요. 그 애가 병원에 오기 싫어하는 것도 실은 그 애 자신이 말하듯이 여기까지 오는 일이 자신을 피곤하게 하기 때문이 아니에요. 그래요. 그건 그 애와 같은 또래, 그 애와 똑같이 부상당했으면서도 내일이라도 당장 싸우러 다시 나갈 수 있는 젊은이들, 젊은 사병들 사이에 있는 것이 견딜 수 없기 때문이죠!"

앙투안은 아무런 대꾸도 하지 않았다. 두 사람은 아무 말 않고 철문 가까이까지 왔다. 퐁타냉 부인은 멈춰섰다.

"언제 또 만날 수 있을지 하느님만이 아시겠군요" 하고 부인은 감동 어린 눈으로 그를 바라보며 말했다. 그리고 부인은 앙투안이 내민 손을 한참동안 자신의 두 손으로 꼭 쥐고 있었다.

"그럼, 행운을 빕니다."

11. 장 폴과 백부 앙투안

'누구나 다니엘에 관해서는 마치 수수께끼처럼 말하고 있군' 하고 앙투안은 광장을 가로질러 가면서 생각했다. '그리고 각자 자기 나름대로의 해석을 나에게 들려주고 있고……. 그런데 십중팔구 거기에는 수수께끼 같은 것이 있을 리 없어!'

좀 지쳐 있긴 하지만 이 정도에 그친 것에 놀라기도 하고 유쾌하게도 생각하면서 그는 서두르지 않고 천천히 퐁타냉 저택을 향해 걸어갔다. 혼자인 것이 마음 홀가분하게 느껴졌다. 보리수가 서 있는 가로수길은 숲까지 죽 뻗어 있었다. 이미 낮아진 오후 4시의 태양은 나무줄기 사이로 비춰 들고 있었으며, 불타는 듯한 긴 줄무늬를 땅 위에 드리우고 있었다. 앙투안은 잠시 남프랑스의 먼지 많은 도로를 생각하면서 일 드 프랑스(파리를 중심으로 한 프랑스의 옛 주 이름) 봄 냄새가 물씬한, 가볍고 시큼한 맛을 풍기는 이곳 공기를 한껏 들이마시고 있었다.

그러나 그의 생각은 우울하기만 했다. 이번 메종 라피트 체류는 그에게 너무 많은 추억으로 혼란을 불러일으켰다. 그리고 티보 집안의 별장 방문은 너무도 많은 망령을 떠올리게 했다. 그 망령은 앙투안을 계속 따라다녔으며, 그것들에 맞설 수가 없었다. 젊은 날의 일, 지난날의 건강했던 시절…… 아버지, 자크…… 하루만에 자크가 유난히 가까워진 느낌이었다. 지금까지는 한 번도 자크의 죽음이 자신에게서 그 어느 누구도 대신할 수 없는 존재, 즉 하나밖에 없는 동생을 앗아간 것이라고 생각해 본 적이 없었다. 그렇다. 자크가 죽은 뒤, 단 한 번도 그의 죽음이 만회할 수 없는 사실임을 지금처럼 뚜렷이 느껴본 적이 없었다. 그는 이런 참된 절망을, 이런 꾸밈없는 절망을 지금에 와서야 비로소 느끼는 자신을 책망하지 않을 수 없었다. 어떻게 그럴 수가 있었단 말인가? 여러 가지 상황과 전쟁 때문에……. 뤼멜에게서 편지를 받았을 당시의 일이 생생히 떠올랐다. 그 편지에 따르면 최소한의 희망을 갖는 것도 어리석은 짓일지 모른다고 했다. 그는 그 편지를 어느 날 저녁, 자신이 속해 있는 사단이 에파르쥐 진지로 출발하기 불과 몇 시간 전에 베르됭 야전병원의 안뜰에서 받았다. 그렇지 않아도 소식을 기다리고 있던 참이었다. 그러나 그날 밤, 출발을 위한 북새통 속에서는 슬픔에 젖어 있을 시간도 없었다. 그 뒤 두 주일 동안도 마찬가지였다. 비를 맞으며 진창 속에서 계속된 이동. 폐허가 된 보에브르 지방의 여러 작은 마을에서 의료봉사를 행하는 데 따르는 어려움. 개인적인 고민 따위는 생각조차 할 수 없을 정도로 기진맥진한 생활. 그 뒤 휴식이 주어져 뤼멜의 편지를 다시 읽고 그에게 회답을 쓸 때도 자크의 죽음에 대해서는 별 생각을 하지 않았다. 그런데 지난날의 가족적인 생활 분위기를 되찾은 지금, 애석해하는 그의 마음은 늦게나마 그 심도를 더해 갔다. 이제는 돌이킬 수 없다는 사실이 격심한 고통 속에서 그를 사로잡고 놓아 주지 않았던 것이다. 바로 앞에 보이는 풍경 하나하나에도 셀 수 없는 추억, 함께 장난하던 추억이 깃들여 있었다. 자크와는 많은 나이차에도 불구하고 저기 보이는 하얀 나무 울타리를 함께 훌쩍 뛰어넘곤 했었다. 건초 베는 시기 전에는 5월의 풀 속을 함께 뒹구는가 하면, 보리수 이끼가 잔뜩 낀 뿌리 사이에서 평평한 등을 한 벌레들이 우글거리는 벌레집을 함께 뒤집어 놓기도 했었다. 그 벌레에 둘은 '병정'이라는 이름을 붙여 주었다. 왜냐하면 등딱지가 검붉은 색인 데다 기묘한 검은 수염을 달고 있었기 때문이다. 오늘과 같은 오후에는 저기 보이는 말뚝 울타리와 생울타리를 따라가며 지나는 길에 금작화류라든가 라일락 꽃송이를 함께 따기도 했고, 또 핸들 위에 수영복이라든가 라켓을 얹어놓고 저기 보이는 길 위를 자전거를 타고 달려가기도 했었다. 그리고 저 멀리 아카시아나무로 그늘진 정문을 바라보면 아직 어렸을 때, 메종 라피트로 피서 와 있던 어느 고등학교 교사에게 여름방학을 이용하여 교습을 받으러 가던 일을 떠올리기도 했다. 9월에 접어들어 해가 질 무렵이면 공원에서 길을 잃고 헤매지나 않을까 해서 아주머니와 자크가 자주 저기 정문까지 마중 나와 있기도 했다. 당시 겨우 세 살밖에 안 된 동생이 아주머니의 손에서 빠져나와 자기를 향해 달려와서는 팔에 매달려 알아들을 수 없는 말로 그날에 있었던 하찮은 일들을 들려주던 일도 떠올랐다……

별장에 이르렀을 때도 그는 이런 저런 생각에 잠겨 있었다. 그곳의 작은 문을 열었을 때, 그리고 정원 입구에 있던 장 폴이 자기에게로 잽싸게 달려오기 위해 다니엘의 손을 갑자기 뿌리치는 것을 보았을 때, 앙투안은 더부룩한 붉은 머리카락을 흩날리며 당돌한 몸짓으로 달려오는 자크를 보는 듯했다. 자신도 모르게 감격한 앙투안은 전에 동생에게 했던 것처럼 두 손으로 장 폴을 붙잡고 번쩍 들어올려 입을 맞추었다. 그러나 그것이 아무리 귀여워서 한 행동이라 해도 강제적으로 하는 것은 못 견뎌하는 장 폴이 발버둥을 치며 어찌나 격렬하게 몸부림을 쳤던지 앙투안은 어쩔 수 없이 숨을 헐떡이며 웃으면서 땅에 내려놓을 수밖에 없었다.

다니엘은 두 손을 주머니에 찔러놓고 그 광경을 물끄러미 바라보고 있었다.

"녀석, 꽤나 씩씩하군!" 하고 앙투안은 아버지나 다름없는 긍지를 느끼며 말했다. "허리 힘이 대단해! 물에서 막 잡아올린 생선 같군!"

다니엘은 미소를 지었다. 그 미소에는 앙투안의 미소에서 찾아볼 수 있었던 것과 아주 흡사한 긍지가 깃들어 있었다. 다니엘은 손을 들어 하늘을 가리켰다.

"아주 좋은 하루군요, 그렇지 않아요? ……또다시 여름이 시작되는군요 ……."

장 폴과의 실랑이 때문에 약간 지친 앙투안은 길가에 앉아 있었다.

"거기 잠시 계실 건가요?" 하며 다니엘이 물었다. "너무 오래 서 있어서 잠시 쉬러 가야겠어요. 꼬마를 좀 맡아주시겠습니까?"

"그러지."

다니엘은 어린아이 쪽으로 몸을 돌렸다.

"앙투안 삼촌과 좀 있다가 돌아오는 거야. 얌전히 있겠지?"

장 폴은 아무 대답도 않고 고개를 숙였다. 그리고 눈을 치뜨고 앙투안을 한 번 힐끗 쳐다보더니 멀어져 가는 다니엘 쪽을 망설이는 눈길로 바라보며 그의 뒤를 쫓아가고 싶어하는 눈치를 보였다. 그런데 때마침 발치에 떨어진 풍뎅이가 눈에 띄자 다니엘은 바로 잊어버리고 그대로 주저앉아 버렸다. 그리고 일어나지 못하고 바둥거리는 벌레를 한동안 물끄러미 바라보고 있었다.

'저 애를 길들이는데 최선의 방법은 무관심한 척하는 거야' 하고 앙투안은 생각했다. 그는 동생이 저 아이 또래였을 때에 좋아하던 놀이가 생각났다. 그래서 두꺼운 솔껍질 하나를 주운 다음 칼을 꺼내어 아무 말 않고 그것을 배 모양으로 다듬기 시작했다.

장 폴은 그 광경을 몰래 지켜보다가 결국은 다가왔다.

"그 칼 누구 거야?"

"내 거지. 앙투안 삼촌은 군인이니까 빵을 자르거나 고기를 자르는 데 칼이 필요하거든."

사실 이런 설명은 장 폴의 관심을 끌지 못했다.

"무엇을 하고 있는 거야?"

"잘 봐……. 모르겠니? 작은 배를 만들고 있단다. 너를 위해 배를 만들고 있는 거야. 엄마가 목욕시켜 줄 때 욕조에다 띄워. 그러면 가라앉지 않고 떠 있을 거야."

장 폴은 이마에 주름을 짓고 듣고 있었다. 무슨 생각에 잠겼는지 뭔가 못마땅해 하는 것 같았다. 가냘프고 쉰 앙투안의 목소리가 불쾌감을 자아냈기 때문이다. 게다가 앙투안의 말을 전혀 이해하지 못한 것 같았다. 지금까지 배를 본 적이 없어서일까? 장 폴은 한숨을 크게 내쉬더니 충격을 받은 듯 발끈했다. 왜냐하면 그 사실이 분명히 틀렸기 때문이다. 그러면서도 앙투안의 말을 바로잡아 주었다.

"하지만 난 엄마하고 안 하고 단느 삼촌이랑 목욕하는걸!"

그러고 나서 앙투안이 배를 만드는 일에는 아랑곳도 하지 않고 풍뎅이 쪽으로 다시 눈길을 돌렸다.

앙투안은 하는 수 없이 배를 버렸다. 그리고 칼을 자기 곁에 놓았다.

잠시 후 장 폴이 다시 곁으로 왔다. 앙투안은 다시 관계를 되돌려 보려고 애썼다.

"오늘은 무슨 재미있는 일이 있었니? 단느 삼촌과 공원에 산보 갔었니?"

장 폴은 기억의 맨 밑바닥을 더듬기라도 하는 것 같더니 그렇다는 시늉을 했다.

"얌전했겠지?"

다시 그렇다는 시늉을 했다. 그러면서 거의 동시에 앙투안 곁으로 와서 잠시 머뭇거리더니 엄숙하게 이렇게 털어놓았다.

"잘 모르겠어."

앙투안은 미소짓지 않을 수 없었다.

"뭐라고? 얌전했는지 어쨌는지 모르겠단 말이야?"

"그게 아니야! 얌전했어!" 하고 장 폴은 초조해진 듯이 외쳤다. 그러고는 여전히 묘한 소심증에 사로잡혔는지 우스꽝스럽게 코를 실룩거리면서 음절 하나하나를 똑똑히 끊어 되풀이했다.

"난 잘 모르겠어."

장 폴은 저쪽으로 가려는 것처럼 앙투안의 뒤쪽으로 돌아가더니 별안간 몸을 굽혀 땅에 있는 칼을 슬쩍 훔치려고 했다.

"안 돼! 그건 안 돼!" 하고 앙투안은 칼에 손을 얹으면서 소리쳤다.

장 폴은 뒤로 물러서지도 않고 화가 난 눈길로 앙투안을 바라보았다.

"그런 걸 갖고 놀면 안 돼! 다치니까" 하고 앙투안은 설명했다. 그는 칼을 접어 주머니에 넣었다. 화가 난 장 폴은 위협적인 태도를 보이면서 금방이라도 덤벼들 듯한 태세였다. 앙투안은 화해하기 위해 왼쪽 손을 크게 벌려 다정하게 앞으로 내밀었다. 아이의 푸른 눈동자가 번쩍 빛났다. 그리고 내민 그 손에 키스라도 하려는 것처럼 그것을 꽉 잡더니 느닷없이 물어뜯는 것이 아니겠는가.

"아야……" 하고 앙투안은 소리를 질렀다. 어찌나 놀라고 당황했던지 화를 낼 겨를도 없었다. "장 폴은 나쁜 사람이야" 하고 앙투안은 물린 손가락을 문지르면서 말했다. "장 폴은 앙투안 삼촌을 아프게 했어."

꼬마는 흥미를 갖고 앙투안을 바라보았다. "많이 아파?" 하고 아이는 물었다.

"많이 아파."

"많이 아프단 말이지" 하고 장 폴은 눈에 띄게 만족해 하면서 반복했다. 그리고는 휙 돌아서더니 깡충거리면서 멀리 도망쳤다.

이 일은 앙투안을 어리둥절하게 했다. '단순히 보복을 하고 싶어서였을까? 아냐……. 그렇다면 뭣 때문일까? 그런 식의 행동에는 여러 가지 뜻이 담겨 있어. 가장 생각하기 쉬운 것은 내가 못하게 하고, 또 못하게 하는 것을 억지로 할 수도 없는 상황에서 자신이 그렇게 무력하다는 사실이 돌연 참을 수 없게 여겨졌기 때문이겠지……. 내 손에 달려든 것도 나를 아프게 한다든가, 그래서 나를 혼내 주겠다는 그런 의도 때문은 아닐 것이다……. 모르기는 해도 어떤 육체적인 필요, 신경을 가라앉히고자 하는 어쩔 수 없는 필요 때문이겠지……. 게다가 그러한 반발심을 판단하기 위해서는 우선 그런 욕구의 정도를 측정해 보는 것이 필요할지도 모른다. 칼을 잡으려는 욕망에는 아마도 거역 못할 그 무엇이 있었을 것이다. 어른도 감히 상상할 수 없을 정도의!'

그는 곁눈질로 장 폴이 아직 가까이 있다는 것을 확인했다. 아이는 10미터쯤 떨어진 곳에서 쌓아놓은 흙 위로 올라가려고 애쓰면서 옆에 누가 있는

지도 신경쓰지 않았다.

'저런 앙심에 찬 반항은 자크라면 얼마든지 할 수 있었을 거야' 하고 앙투안은 생각했다. '하지만 물기까지 했을까?'

앙투안은 좀더 확실히 이해하고 싶어서 과거의 이런저런 일을 더듬어 보았다. 현재와 과거, 아들과 아버지가 어쩌면 저렇게도 똑같을까 하는 생각을 떨쳐버릴 수가 없었다. 장 폴의 눈초리에서 얼핏 읽을 수 있었던 반항, 원한, 도전, 혼자 마음속에 품고 있는 오만과 같은 감정의 싹들은 그에게는 낯익은 것들이었다. 그는 이런 것들을 동생의 눈길에서 수없이 보았던 것이다. 그 유사성이 너무나 명백한 것이어서 조금도 주저함 없이 그 유추를 계속 밀고 나갔다. 그러자 장 폴의 반항적인 태도 속에 자크가 죽을 때까지 반항적인 폭력 아래 감추고 있었던 똑같은 미덕, 소심함, 순박함, 이해받지 못한 애정 등이 엿보였다.

감기에 걸리지나 않을까 걱정되어 막 일어서려고 하던 참에 그의 시선은 때마침 장 폴이 하고 있던 기묘한 곡예에 이끌렸다. 장 폴이 공략하려고 애쓰는 작은 언덕은 높이만도 2미터는 되어 보였다. 오른쪽과 왼쪽은 지면까지 비스듬히 경사가 져 있어서 오르기가 쉬웠다. 그러나 가운데는 가파른 급경사를 이루어 우뚝 솟아 있다. 그런데도 장 폴은 바로 그쪽으로 기어오르려고 하고 있었다. 앙투안은 장 폴이 몇 번이고 뛰어들어 반쯤 올라갔다가는 미끄러져 땅에 굴러 떨어지곤 하는 광경을 보았다. 별로 아프지도 않은 것 같았다. 솔잎이 땅에 쌓여 있었으므로 떨어져도 그 충격이 대단치 않았을 것이다. 장 폴은 자기 일에 온통 정신이 팔려 있는 것 같았다. 세상에 자신과 또 자신이 집착하고 있는 목표만이 존재하고 있는 것 같았다. 다시 시도할 때마다 정상에 조금씩 더 가까이 갔으며, 그럴 때마다 더 높은 곳에서 굴러 떨어지곤 했다. 그러면 장 폴은 무릎을 문지르고는 다시 시작했다.

'티보 집안다운 정력이군' 하고 앙투안은 기뻐했다. '아버지에게는 권력과 남을 지배하고자 하는 성향이 있었지. 자크에게서는 과격함과 반항…… 내 경우는 끈질김……. 그런데 지금? 장 폴의 핏속에 흐르고 있는 저 힘은 과연 어떤 형태를 띨 것인가?'

장 폴은 다시 돌진했다. 어찌나 맹렬하게 뛰어들었던지 거의 꼭대기까지 이르렀다. 그러나 발밑의 흙이 무너지는 바람에 이번에도 균형을 잃었다가 마침 곁에 있는 한 묶음의 풀을 잡고 간신히 몸을 지탱하면서 허리에 마지막 힘을 주었다. 마침내 흙더미 꼭대기까지 기어올라 갔다.

'내가 자기를 보았는지 어떤지 확인하기 위해 틀림없이 뒤돌아보겠지' 하고 앙투안은 생각했다.

그러나 그의 추측은 빗나갔다. 장 폴은 등을 돌린 채 그는 거들떠보지도 않았다. 아이는 작은 두 다리로 잠시 꼭대기에 버티고 서 있었다. 드디어 만족스럽게 여겨졌던지 장 폴은 한쪽 언덕으로 조용히 내려왔다. 그리고 자신이 정복했던 꼭대기는 뒤돌아보지도 않고 나무에 등을 기대고는 신고 있던 샌들 한 짝을 벗어 안에 들어 있던 자갈을 털어내고 나서 그것을 다시 정성스레 신었다. 그러나 구두의 단추를 혼자 끼울 수 없다는 것을 알고 있는 장 폴은 앙투안에게로 왔다. 그리고 아무 말 없이 발을 내밀었다. 앙투안은 미소를 지어 보이면서 해 달라는 대로 샌들의 단추를 끼워 주었다.

"이제 집으로 가볼까?"

"싫어."

'이 아이가 싫다고 말하는 건 남다른 데가 있구나' 하고 앙투안은 생각했다. '제니가 말한 대로야. 특별히 부탁하는 일을 피하려고 한다기보다는, 전반적으로 미리부터 거부하는 것이다……. 그 이유야 어떻든 간에 자기 독립성의 한 조각이라도 남에게 양도하지 않겠다는 것이겠지!'

앙투안은 서 있었다.

"자, 장 폴, 말을 들어. 단느 삼촌이 기다리고 있어. 가자!"

"싫어."

"나에게 길을 가르쳐 주지 않을래?" 하며 앙투안은 다시 말을 이었다(그는 자신이 애를 구슬리는 데 몹시 서투르다는 것을 알고 있었다). "어느 쪽 길로 가지? 이쪽? 아니면 저쪽?" 그러면서 그는 장 폴의 손을 잡으려고 했다. 그러나 아이는 완강하게 두 팔을 허리 위로 가져갔다.

"난 싫다고 말했잖아!"

"좋아!" 하고 앙투안이 말했다. "그럼 여기 혼자 있고 싶은 모양이지? 혼자 있도록 해!" 이렇게 말하면서 그는 짐짓 집 쪽을 향해 걷기 시작했다. 나무줄기 사이로 노을에 장밋빛으로 불타는 듯한 집의 벽이 보였다.

서른 발자국도 채 못갔을 때였다. 같이 가려고 뒤에서 열심히 뛰어오는 장 폴의 발소리가 들렸다. 앙투안은 아무 일도 없었던 것처럼 아이를 흔쾌히 맞아주기로 결심했다. 그런데 장 폴은 그를 앞질러 갔다. 그러고는 발길을 멈추지도 않은 채 불손하게 이렇게 말했다.

"난 집에 갈 거야! 가고 싶으니까!"

12. 메종 라피트에서의 저녁—제니와의 마지막 대화

별장에서의 저녁식사는 지젤과 니콜의 수다 덕분에 언제나 활기를 띠는 편이었다. 하루의 일과를 끝냈다는 행복감에 젖어—또 퐁타냉 부인의 어머니다우면서도 빈틈없는 감독의 눈길에서 벗어나게 되었다는 기쁨인지도 모른다—두 여인은 식사를 하면서 그날 있었던 여러 가지 사건에 관해 자신들이 생각하는 바를 허심탄회하게 털어놓는가 하면, 새로 입원한 환자들에 관해 서로 의견을 나누기도 하고, 또 일하는 동안 생긴 일들에 관해 기숙생들처럼 흥겹게 이야기를 나누기도 했다.

그날 저녁 앙투안은 무척 피곤했지만 두 여자가 전문용어를 써 가면서 여러 가지 치료에 관해 진지하게 토론을 하고, 의사들의 역량에 관해 나름대로 판단을 내리는 것을 재미있게 듣고 있었다. 두 사람은 여러 번 그것에 관한 전문가로서의 앙투안의 의견을 물어 왔다. 그러면 그도 미소를 지으면서 자신의 의견을 말해 주었다.

제니는 같은 식탁에서 식사를 하고 있는 장 폴에게 정신이 팔려 화제에 끼는 둥 마는 둥했다. 한편 다니엘은 늘 그렇듯이 침묵을 지키면서도 (특히 동생과 니콜 앞에서는 그러했다) 앙투안에게만은 여러 번 말을 걸어 왔다.

니콜이 석간신문을 갖고 왔다. 장거리포에 의한 파리 폭격이 문제가 되고 있었다. 파리 6구와 7구의 여러 건물이 최근 피해를 입었다는 것이다. 다섯 명의 사망자 가운데 여자가 셋이고, 젖먹이 아이도 하나 있었다. 이 아이의 죽음에 대해 연합국측의 언론은 독일군의 야만적 행위라고 하면서 입을 모아 맹렬한 비난을 퍼붓고 있었다. 니콜도 그러한 잔악행위가 일어나는 것에 격분했다.

"독일놈들이란!" 하며 그녀가 외쳤다. "전쟁을 하는 수법이 짐승이나 다름없어요! 벌써부터 화염방사기며 독가스를 쓰고 있어요! 게다가 잠수함까지 동원하고! 하지만 무고한 민간인들을 학살하는 것은 무엇에도 비할 수 없는 짓이에요. 그건 극악무도한 짓이에요! 도덕심이라든가 인간으로서의 감정을 송두리째 버리지 않고서는 도저히 있을 수 없는 처사예요!"

"그럼 당신은 정말로, 무고한 민간인들을 학살하는 게 젊은 군인들을 최전선으로 내보내 죽게 하는 것보다 훨씬 비인간적이고, 훨씬 부도덕하며, 훨씬 극악무도한 처사라고 생각하는 겁니까?" 하고 앙투안이 넌지시 물었다.

니콜과 지젤은 어이없다는 듯 그를 바라보았다.

다니엘은 들고 있던 포크를 내려놓고 눈을 아래로 깐 채 잠자코 있었다.

"착각하지 말아요······" 하며 앙투안이 말을 이었다. "전쟁을 어떤 법규로 묶는다는 것, 전쟁을 어느 한도 내에서 제한하고자 한다는 것, 전쟁을 체계화한다는 것(흔히들 말하듯이 전쟁을 인간답게 한다는 것!), 요컨대 '이것은 야만적이다! 이것은 부도덕하다!'라고 규정짓는 것—그것은 곧 전쟁을 하는 또다른 방식이 있다는 것을 인정하는 거나 다름없어요. 이를테면 완전히 문명적인 방법······ 완전히 도덕적인 방법 말입니다."

그는 하던 말을 멈추고 제니의 눈길을 찾았다. 그러나 제니는 무엇인가 마시고 있는 장 폴에게로 고개를 숙이고 있었다.

"말도 안 되는 것은" 하며 그는 말을 이었다. "과연 죽이는 방법에 따라 조금 더 잔인하고, 조금 덜 잔인하다고 말할 수 있는 것일까요? 또 이 사람을 죽이는 것보다 차라리 저 사람을 죽이는 게 낫다는 식의 생각이 정말 가능한 것일까요?"

제니는 장 폴을 돌보던 일을 갑자기 멈추었다. 그러고 나서 금속잔을 어찌나 거칠게 놓았던지 하마터면 그것을 뒤엎을 뻔했다.

"말도 안 되는 것은" 하고 제니는 이를 악물며 말했다. "각 나라 국민의 소극적인 태도예요! 그들은 다수예요! 그들은 힘이 있어요! 모든 전쟁은 그들이 그것을 받아들이느냐 아니면 거부하느냐에 달려 있어요! 도대체 그들은 무엇을 기다리고 있는 거지요? '안 돼!'라고 말하기만 하면 될 텐데. 그러면 그들 모두가 요구하는 평화가 곧 현실이 될 텐데!"

다니엘이 눈을 들었다. 그리고 이상야릇한 눈길로 동생을 한 번 힐끗 바라보았다.

잠시 침묵이 흘렀다.

앙투안이 차분히 결론을 내렸다.

"말도 안 되는 것은 이것도 저것도 아니고, 한 마디로 말해 전쟁 바로 그것이야!"

잠깐 누구 하나 말을 꺼내려고 하지 않았다.

'인간은 너나 할 것 없이 평화를 원하고 있다' 하고 앙투안은 제니가 한 말을 떠올리면서 생각했다. '과연 그럴까? 인간은 평화가 위태롭게 되자마자 그것을 원하지. 그러나 얻고 나면 그때부터 그들 서로 간의 불관용과 투쟁본능 때문에 그것을 불안정한 것으로 만들어 버리고 ……전쟁의 책임을 정부나 정책이 떠맡는 데 있어서 인간의 본성이 차지하는 부분도 잊어서는 안 된다……. 모든 평화주의의 밑바닥에는 다음과 같은 가정이 필요하다. 말하자면 인간의 도덕적 진보에 대한 확신이 전제되어야 한다. 나는 그 확신을 갖고 있다. 아니, 나는 감정적으로 그러한 확신을 가질 필요가 있다. 인간의 양심이 완벽을 향해 무한정 갈 수 없다고 나 스스로 생각할 수는 없으니까! 언젠가는 인류가 이 지구상에 질서와 우애를 확립하는 날이 오리라는 것을 믿을 필요가 있다……. 하지만 그러한 혁명을 실현하기 위해서는 몇몇 현인의 의지나 희생만으로는 충분치가 않다. 거기에는 여러 세기에 걸친 발전이 필요한 것이다. 어쩌면 몇천 년이라는 세월이 필요할지도 모른다…… (20세기의 인간에게서 과연 위대한 것을 바랄 수 있을까?). 그건 그렇고, 괜히 헛고생을 한 셈이군. 현대 사회의 탐욕스런 야수들 속에서 살아갈 수밖에 없는 위안을 그렇게 먼 미래 속에서는 찾아낼 수 없으니까 말이다……'

앙투안은 주위 사람들 모두가 계속 침묵을 지키고 있는 것을 알아챘다. 분위기가 마치 전기를 품고 있는 것처럼 무거웠다. 자신이 이런 갑작스런 뇌우(雷雨)와 같은 분위기의 원인이었던 것을 뉘우치면서 이야기를 다시 명랑하게 이끌어 가기로 했다. 그는 다니엘 쪽을 돌아보았다.

"그런데, 자네 친구인 그 괴짜…… 그 목사님 말이야……. 그 뒤에 어찌 되었나?"

"그레고리 목사?"

그 이름을 들은 것만으로 모두의 눈에는 짓궂은 빛이 역력했다.

니콜은 재미있어 하는 자신의 얼굴 표정과는 대조적으로 슬픈 듯한 목소리로 이렇게 말했다.

"테레즈 아주머니는 그분 때문에 아주 걱정하고 계세요. 부활절 무렵부터 그분은 아르카숑 요양원에 있어요.”

“최근 소식에 의하면 이제는 일어나기 어렵게 되었다는군요” 하고 다니엘이 덧붙였다.

제니는 목사가 전쟁 초기부터 전선에 나가 있었다는 것을 모두에게 주지시켰다. 그리고 다시 이야기는 멈추었다.

앙투안이 뭔가 말해야 한다는 생각에 이렇게 물었다.

“그럼 지원했었나?”

“말하자면” 하고 다니엘이 정정했다. “지원하기 위해 온갖 수단을 다 썼나 봐요. 하지만 나이와 건강 때문에 어쩔 수 없었지요. 그래서 미군 야전병원 소대에 들어갔어요. 그리고 그 무서운 1917년 겨울을 영국군 전선에서 보냈지요. 기관지염이 계속 악화되고…… 각혈……. 그래서 강제로 입원시켰지요. 하지만 때는 너무 늦었어요.”

“우리가 그분을 마지막으로 본 것이 1916년 휴가 때였어요. 이곳에 오셨더랬지요” 하고 제니가 말했다.

이번에는 니콜이 자세하게 설명을 했다.

“그런데 이미 알아볼 수 없을 정도였답니다. 마치 유령 같았어요. 톨스토이처럼 긴 수염을 하고…… 동화 속의 마법사 같았어요!”

“약을 써서 환자들을 치료하는 것을 여전히 거부하고 자기의 주문(呪文)만을 고집하고 있었답니까?” 하고 빈정거리듯 앙투안이 말했다.

니콜은 웃기 시작했다.

“그래요, 그래요……. 그 일에 관해 어처구니없는 말을 했어요. 여기에 왔을 때에는 이미 2년 전부터 자기의 소형 트럭으로 죽어가는 사람들을 운반해 왔다고 하면서 침착한 태도로 ‘죽음은 존재하지 않는다!’라고 되풀이해서 말했어요.”

“니콜!” 하고 지젤이 말했다. 앙투안 앞에서 목사가 놀림감이 되는 것이 보기가 딱해서였다.

“게다가 그분은 죽음이란 말은 한 번도 입 밖에 낸 적이 없어요” 하며 니콜은 말을 이었다. “단지 ‘죽음의 환영’이라고 했지요.”

“그리고 어머니에게 보낸 마지막 편지에는” 하며 다니엘이 미소를 지으면서 말을 이었다. “놀랄 만한 글귀가 씌어 있었어요. ‘내 삶은 얼마 안 있어 눈으로 볼 수 없는 세계 속으로 사라질 겁니다…….'"

지젤은 앙투안을 향해 비난하는 듯한 눈길을 던졌다.

"웃어서는 안 돼요. 우스꽝스런 짓은 해도 성자나 다름없어요."

"그는 성자일지도 모르지" 하며 앙투안은 지젤의 말을 수긍했다. "하지만 운 나쁘게 그런 성인의 손에 걸려든 불쌍한 영국 부상병들을 생각하지 않을 수 없는걸. 그리고 간호병으로서는 틀림없이 위험한 인물이었다고 생각할 수밖에 없군요!"

디저트는 이미 끝났다.

제니는 장 폴을 의자에서 내려 준 다음 자리에서 일어났다. 모두 함께 일어나 그녀의 뒤를 따라 응접실로 갔다. 제니는 그대로 응접실을 지나쳤다. 평소보다 늦었으므로 아이를 재우러 가는 데 마음이 더 급했기 때문이다.

지젤은 불빛에서 떨어진 곳에 있는 낮은 의자에 가서 앉았다. 그녀는 병이 나아 후방부대로 돌아가는 군인들에게 여비 겸 주기로 한 양말을 짜고 있었다. 한편, 다니엘은 피아노 위에 있는 세계일주 한 권을 손에 들었다. 그러고는 방 안에서 유일하게 석유램프가 놓여 있는 둥근 책상 저쪽, 방구석에 있는 긴 의자에 가서 앉았다. '괜히 보는 척하는 걸까' 하고 앙투안은 램프 갓 밑으로 고개를 수그린 채 얌전한 아이처럼 찬찬히 페이지를 뒤적거리고 있는 다니엘을 보면서 생각했다. '아니면 정말로 저 오래된 삽화에 관심이 있는 걸까?'

앙투안은 벽난로 근처로 다가갔는데, 때마침 니콜이 난로 앞에 무릎을 꿇고 앉아 불을 지피고 있었다.

"장작불을 본 지도 오래간만이군!"

"밤에는 아직 쌀쌀해요" 하고 니콜이 말했다. "그래서 불을 때면 따뜻해져요!" 그녀는 몸을 반쯤 일으켰다. "처음 뵌 곳이 바로 여기 메종에서였지요. 또렷이 기억나요…… 당신은?"

"나 역시."

그 옛날, 어느 여름날 저녁에 자크의 간청에 못 이겨, 그리고 아버지 모르게 동생과 '위그노'(^{프랑스의 칼뱅파 신교도}) 집에 같이 가기로 했던 일—자신보다 네 살 위이며 외과의사인 펠릭스 에케를 그곳에서 만나 깜짝 놀랐던 일—장미꽃이 만발한 오솔길에서 제니와 니콜을 만났을 때의 일—자크가 고등사범학교에 입학하여 학생이 되었을 때의 일—풋내기 의사인 자신을 두고 유독 퐁타냉 부인만이 격식을 차려 '의사 선생님'이라고 불러 주던 일 따위를 떠올렸다. 모두들 젊었었다! 앞으로 어떻게 될지 전혀 알지 못하면서 자신들의 나이와 삶에 대해 자신만만했었다. 게다가 모두가 유럽의 정치가들이 그들에게 무슨 재앙을 꾸미고 있는지도 전혀 눈치채지 못하였던 것이다. 그리고 그 재앙 때문에 각자의 사소한 계획마저도 단숨에 무위로 끝나게 되리라는 것, 어떤 사람들의 삶은 파멸로 치닫게 되고, 또 어떤 사람들의 삶은 송두리째 바뀌게 되며, 개개인의 운명에 파멸과 비탄만을 축적시키게 되리라는 것, 앞으로 얼마동안이나 이 세계를 혼란 속으로 빠뜨릴 것인가 하는 문제 따위는 전혀 알지 못하고 있었던 것이 아닌가?

"약혼한 지 얼마 안 되어서였어요" 하고 니콜은 생각에 잠긴 듯이 말을 이었다. 그 당시를 떠올리는 그녀의 모습에는 우수의 그늘이 무겁게 드리워져 있는 것 같았다. "펠릭스가 자기 차로 나를 데리고 갔었죠……. 돌아오는 길에 사르트루빌에서 한밤중에 차가 고장이 났었지요."

다니엘이 눈을 치켜떴다. 그러고는 고개를 전혀 움직이지 않고 두 사람 쪽을 힐끔 쳐다보았다. 앙투안은 그냥 넘기지 않았다. 듣고 있었을까? 이렇게 과거를 떠올리는 일이 그에게는 어떤 감동이나 회한을 불러 일으킨 것일까? 아니면 단순히 이런 잡담이 그를 짜증나게 한 것일까? 다니엘은 다시 책을 뒤적거리기 시작했다. 그러나 얼마 안 가서 하품을 삼키더니 책을 덮고 일어서서 침착하게 저녁인사를 하러 다가왔다.

지젤은 뜨개질을 내려놓았다.

"올라가는 건가요, 다니엘?"

어슴푸레한 빛 속에서 지젤의 머리카락은 더욱 곱슬거리고, 얼굴빛은 더 까무잡잡하며, 눈의 각막은 한층 더 반짝거리는 것 같았다. 이렇게 난롯불에 비친 그녀의 모습, 낮은 의자에 앉은 채 고개를 수그리고 있는 그 모습은 그녀의 조상의 나라 아프리카를 떠오르게 했다. 영락없이 불 앞에 쭈그리고 앉은 아프리카 여인이었다.

지젤이 의자에서 일어섰다.

"램프는 분명히 부엌에 있을 거예요. 오세요, 불을 켜드릴 테니."

두 사람은 함께 응접실에서 나갔다. 앙투안은 무심코 그들의 뒷모습을 바라보았다. 이어서 그의 눈길은 일어선 채 자기를 관찰하고 있는 니콜 쪽으로 되돌아갔다. 남은 것은 두 사람 뿐. 니콜은 야릇하게 미소지었다.

"다니엘은 지젤과 결혼해야만 할 거예요." 하고 낮은 목소리로 그녀가 말했다.

"뭐라고?"

"그래요. 그렇게 되면 더할 나위 없이 좋을 거예요. 당신은 그렇게 생각지 않으세요?"

전혀 예기치도 못했던 니콜의 그런 생각을 알게 된 앙투안은 멍하니 눈을 크게 뜨고, 눈썹을 추켜세운 채 가만히 있었다. 니콜은 웃음을 터뜨렸다. 잘 울려 퍼지는 비둘기 울음소리를 떠올리게 하는 목구멍에서 나오는 웃음이었다.

"그렇게 깜짝 놀라실 줄은 몰랐어요!"

니콜은 안락의자 하나를 불 가까이로 끌어당겼다. 그리고 단정치 못하고, 뭔가 도발적인 자세로 두 다리를 꼬고 앉아서 아무 말 없이 그를 바라보고 있었다.

앙투안은 니콜 곁에 와서 앉았다.

"두 사람 사이에 뭔가 있다고 생각하는 거야?"

"나는 그런 말 하지 않았어요" 하고 그녀는 잘라 말했다. "어쨌든 다니엘 쪽에서는 그런 생각을 해본 적이 분명히 한 번도 없을 거예요."

"지젤도 그럴 거야" 하고 앙투안은 아주 자연스럽게 말했다.

"지젤 역시 그럴지도 모르지요. 하지만 다니엘에게 관심이 있는 것만은 사실이에요. 그의 심부름으로 시내에 가는 것도, 그에게 신문이나 추잉껌을 사다 주는 것도 언제나 지젤이거든요. 항상 친절해요. 게다가 다니엘 쪽에서도 눈에 띌 정도로 흔쾌히 받아들이고 있고요. 다니엘이 지젤에게만은 언짢은 태도를 보이지 않으려고 한다는 것을 당신도 이미 눈치채셨겠지요?"

앙투안은 잠자코 있었다. 지젤이 결혼할지도 모른다는 생각이 우선 그에게는 불쾌한 일이었다. 짧은 기간이었지만 지젤이 한때 그의 생활 속에서 차지하고 있던 과거와 그녀의 위치를 완전히 잊을 수 없었기 때문이다. 그러나 아무리 생각해 보아도 달리 반대할 수 있는 어떠한 명분도 찾아낼 수 없었다.

니콜은 아무 말 않고 연방 웃기만 했는데, 그러는 그녀의 입 언저리에는 두 개의 보조개가 패여 있었다. 그리고 그렇게 즐거워하는 모습에는 무엇인가 도가 지나치고 자연스럽지 못한 데가 있었다. '혹시 니콜이 사촌인 다니엘을 사랑하는 것이 아닐까?' 하고 그는 생각했다.

"의사 선생님, 제 생각이 그다지 터무니없는 것은 아님을 알아 주세요" 하며 니콜이 덧붙였다. "지젤은 그 사람을 위해서라면 자신을 바칠 거예요. 그리고 지젤과 같은 여자에게는 그런 종류의 헌신 속에서만 그럴싸한 자신의 삶을 꾸려나갈 수 있을 테니까요. 다니엘로 말할 것 같으면……" 니콜은 땋아 늘인 금발머리가 의자 등받이에 닿을 정도로 얼굴을 천천히 뒤로 젖혔다. 앙투안은 순간 그녀의 축축한 입술 사이로 치아가 반짝이는 것을 보았다. 그녀는 그대로 눈을 감았다. 속눈썹 사이로 짐짓 짓궂은 눈길이 얼핏 스쳐갔다.

"당신도 알다시피 남에게서 사랑받을 마음의 준비가 항상 되어 있는 사람이라니까요."

어딘지 모르게 초조해 보이던 기색이 그녀에게서 사라졌다. 칸막이를 통해 낡은 계단을 밟을 때 나는 삐걱거리는 소리가 들려왔기 때문이다.

"이를테면 어제 밤샘을 하면서 간호해 준 파라티푸스 환자만 해도 그래요" 하며 니콜은 좀 불안스러울 정도로 능청스럽게 재빨리 화제를 바꾸면서 큰 소리로 말했다. "사부아에서 태어난 사람이에요. 1892년도에 입대한 노병이랍니다." 뒤에 지젤을 데리고 들어오는 제니를 보자 니콜은 말투를 빨리 했다. "무슨 말인지 통 알아들을 수 없는 사투리로 지껄여 대는 거예요. 그런데 줄곧 '엄마!'라고 부르고 있었어요…… 어린아이 같은 목소리로. 가슴이 찢어지는 것 같았어요."

"허허" 하면서 앙투안은 화제에 맞장구를 쳤다. 그러면서도 그렇게 하는 자신이 꽤나 한심스럽게 여겨졌다. "나도 그런 비명을 자주 들은 적이 있어. 하지만 잘못 생각하면 안 돼. 그것은 다행히 반사적인 비명, 예로부터 무의식적으로 해 오는 하나의 습관에 불과한 거야. '엄마!'라고 외치면서 죽어가는 사람들 중에서 똑똑히 자기 어머니를 생각하고 있던 사람은 내가 알기로는 매우 적었던 것 같아."

제니는 두 팔 안에 갈색의 양모 타래를 끼고 그것을 감을 참이었다.

"오늘 저녁에는 누가 나를 도와줄 수 있을까?"

"나는 졸려서" 하고 니콜이 생기를 잃은 미소를 띠며 말했다. 그러고는 시계를 보았다. "어머, 벌써 10시 20분 전이야."

"나는 어때요?" 하고 지젤이 말했다.

제니는 머리를 저었다.

"안 돼요. 당신도 지쳐 있어요. 올라가 쉬도록 해요."

니콜은 제니를 껴안은 다음 앙투안에게로 다가갔다.

"미안해요. 아침 7시에 나가야 한답니다. 게다가 어젯밤에는 한숨도 자지 못했거든요."

이어서 지젤이 그의 곁으로 왔다. 앙투안이 내일 떠난다는 것, 그리고 단 둘이서 지난날의 파리에서의 친밀함을 되살려볼 겨를도 없이 그의 체류가 끝났다는 것을 생각하자 그녀는 가슴이 메어지는 듯했다. 섭섭한 마음을 털어놓고 싶었으나 그랬다가는 왈칵 울음이 터질 것만 같은 두려움이 앞섰다. 지젤은 아무 말도 않고 이마를 앙투안에게로 내밀었다.

"잘 있어, 지젤" 하고 앙투안은 낮은 목소리로 매우 다정하게 말했다.

지젤은 곧 앙투안 쪽에서도 자신이 무슨 생각을 하고 있는지를 미리 알아 차렸으리라는 것, 그 역시 이렇게 헤어지는 것을 몹시 가슴 아파하리라고 굳게 믿었다. 그리고 이러한 확신은 돌연 그녀에게 이 이별을 덜 고통스럽게 해 주었다.

지젤은 앙투안의 눈길을 피하면서 니콜을 따라갔다.

'저런, 제니에게 잘자라는 말도 안 했잖아?' 하고 앙투안은 생각했다. 그는 두 사람 사이에 뭔가 오해가 있었던 게 아닌가 하는 생각을 할 겨를도 없었다. 제니는 거실을 황급히 가로질러 문지방까지 지젤을 쫓아가서는 그녀의 어깨 위에 손을 얹고 이렇게 말했다.

"장 폴에게 이불을 충분히 덮어주지 않은 것 같아요. 다리를 무엇으로 좀 덮어주지 않을래요?"

"장밋빛 이불말인가요?"

"흰색이 더 따뜻하겠지요."

두 사람은 이번에도 인사를 나누지 않았다.

앙투안은 서 있었다.

"제니, 당신은? 일부러 나 때문에 있을 필요는 없는데."

"졸리지 않아요" 하면서 제니는 조금전까지 니콜이 앉아 있던 안락의자에 걸터앉았다.

"그럼 같이 일을 하지. 지젤 대신 할게. 털실을 내게 줘."

"말도 안 돼요!"

"왜? 그렇게 어려운가?"

앙투안은 털실을 집어들고 낮은 의자 위로 몸을 굽혔다. 제니는 미소 지으며 그가 말하는 대로 했다.

"이것 봐" 하고 그는 몇 번 실패하고 나서 말했다. "이제 점점 잘 되어 가는군!"

제니는 이토록 소박하고 친절한 그를 보고 놀라기도 했지만, 또 한편으로는 기쁘게 생각했다. 그리고 그토록 오랫동안 그를 잘못 알고 있었던 자신이 부끄럽게 여겨졌다. 지금 그녀에게 앙투안이야말로 가장 믿을 수 있는 사람이 아닐까? 기침이 나서 말을 못하고 있는 앙투안을 보면서 '어떻게 해서든 낫기만 한다면!' 하고 그녀는 생각했다. '지난날의 건강을 되찾기만 한다면!' 장 폴을 위해서라도 앙투안이 건강을 회복하기를 제니는 바라고 있었다.

기침이 수그러지자 앙투안은 다시 일을 시작하면서 느닷없이 이렇게 말했다.

"제니, 알고 있어? 이런 당신을 보니 얼마나 마음이 놓이는지 몰라. 말하자면 이토록 굳건하고⋯⋯ 이토록 평온한⋯⋯."

털실 뭉치 위로 눈길을 떨구면서 제니는 생각에 잠긴 모습으로 되풀이했다. "평온한⋯⋯."

뭐니뭐니해도 그것은 사실이었다. 그녀 자신도 지금 자신의 슬픔을 감싸주고 있는 이 차분한 분위기에 이따금 놀라곤 했던 것이다. 앙투안이 한 말을 생각하면서 지금 자신의 상태를 3년 반 전에 겪은 정신적인 혼란과, 생각만 해도 끔찍했던 허탈감과 비교해 보았다. 전쟁 발발 초기에 자크로부터 아무런 소식도 없어 최악의 사태를 예감할 수밖에 없었던 상황에서 무기력과 과격함이라는 서로 모순되는 상태에 빠져 있던 자신, 고독에 짓눌리면서도 눈 앞에 있는 타인의 존재를 견디지 못했던 자신의 모습이 눈에 선했다. 그리고 무엇인가 끊임없이 자신에게서 빠져나가고 자신은 끊임없이 붙잡으려고 하는 소중한 그 무엇을 쫓기라도 하듯 어머니를 피해 집을 나서던 자신,

동원령에 의해 달라진 파리 시내를 때로는 오후 내내 걸어다니기도 하고, 전에 자크와 같이 갔던 모든 장소를 피곤한 줄도 모르고 찾아다니던 자신의 모습이 떠올랐던 것이다—동부역, 생 뱅상 드 폴 광장, 크루아상 거리, 그토록 자주 그를 기다리곤 했던 증권거래소 근처의 바, 몽루주의 골목과, 자크가 두 팔로 껴안았던 그 침대 위에 신음 소리를 내며 쓰러져 몇 시간인가 잠들었다가 다시 절망의 하루를 맞기 위해 곧 눈을 뜨지 않았었던가…… 확실히 그렇다. 그런 몇 주일과 비교해 볼 때 지금의 생활은 놀라울 만큼 '평온'하다! 3년이라는 세월 동안 그녀의 주위는 말할 것도 없고, 마음까지도 모든 것이 변했다. 모든 것이, 심지어는 자크의 모습까지도……. 아무리 열렬한 사랑도 시간의 작용에는 맞서지 못한다는 것은 얼마나 기이한 일인가! 지금에 와서 자크를 생각할 때에 오늘날 자크의 모습 같은 것은 상상할 수가 없다. 물론 1914년 7월의 자크의 모습도 그렇다. 지금 그녀에게 떠오르는 자크는 일찍이 알고 있던 열광적이고 변덕스런 모습이 아니라, 한 손을 무릎 위에 올려놓고 화실의 유리창을 통해 들어오는 강렬한 빛을 이마에 받으며 비스듬히 걸터앉아 꼼짝 않고 있는 자크의 모습, 즉 밤낮으로 눈 앞에 보이는 초상화 속 자크의 모습인 것이다.

별안간 제니는 무엇인가 무서운 생각에 사로잡혔다. 자크가 갑자기 돌아온 일을 막 떠올렸던 것이다. 그때 그녀가 느낀 것은 기쁨만큼이나 거북함이었다……. 이제 와서 자신을 속인들 무슨 소용이 있겠는가. 이를테면 1914년 당시의 자크가 돌연 모습을 드러낸다면, 오늘의 제니 앞에 자크가 기적적으로 나타난다면 그녀로서는 지금까지 자크를 위해 준비해 왔다고 믿고 있는 그 자리를 아무런 손상 없이 그에게 되돌려 줄 수 없으리라…….

제니는 앙투안을 향해 비탄의 눈길을 보냈다. 그러나 앙투안은 알아차리지 못했다. 거머쥔 두 주먹으로 털실을 팽팽하게 유지하는 데 정신이 팔려 있는 데다가 좌우 규칙적으로 몸을 기울이며 실을 푸는 데 열중해 있었으므로 마법의 털실오라기에서 눈을 뗄 여유가 없었던 것이다. 그는 자신이 좀 어리석다는 느낌이 들었다. 어깨 언저리의 통증이 고통스러웠다. 이런 일을 돕겠다고 나선 것이 잘못이었다는 것, 이렇게 팔을 드는 동작 때문에 점점 숨이 가빠온다는 것, 의자가 낮은 데다가 너무 불 가까운 곳에 앉아 있었으므로 나중에 위에 올라가 옷을 벗을 때 혹시 감기에 걸리지나 않을까 하고 이런저런 걱정을 하면서 스스로를 나무랐던 것이다.

제니는 그에게 자기 자신에 관해, 자크에 관해, 장 폴에 관해 말하고 싶었다. 오늘 아침 자기 방에서 했듯이. 뜻밖에 마음을 터놓고 이야기할 수 있었던 그 순간을 제니는 온종일 마음속에 간직하고 있었다. 그러나 오늘 저녁에는 다시 경직된 느낌이었다. 대인관계에서 서투른 것, 의사소통이 원만히 이루어지지 않는 것이 그녀의 내면 생활에 있어서 하나의 비극이라 할 만했다! 자크 곁에 있을 때에도 자신을 송두리째 내맡기지 못했었다. '속을 알 수 없는' 여자라고 비난받은 적이 몇 번이었던가? 그것은 지금까지도 고통스런 기억으로 남아 줄곧 머리에서 떠나지 않고 있었다. 훗날 장 폴을 대할 때에는 어떨 것인가? 자신의 소극적이고, 겉으로는 쌀쌀해 보이는 성격 때문에 본의 아니게 그 애에게서 반감을 사지나 않을까?

시계가 울리는 소리에 두 사람은 동시에 고개를 들었다. 그리고 그들은 오랫동안 침묵을 지키고 있었다는 사실을 새삼 의식했다.

제니는 미소를 지었다.

"나머지 타래는 괜찮아요. 이것만 끝내기로 하지요. 올라가 보아야겠어요." 이미 시작한 뭉치를 서둘러 감으면서 제니는 이렇게 설명했다. "안 그러면 금방 잠든 지젤을 깨우게 될지도 모르니까요……. 지젤도 충분히 쉬게 해 주어야 해요."

그 말을 듣는 순간 앙투안은 나란히 놓여 있던 침대가 생각났다. 그리고 지젤이 제니에게 잘자라고 말하지 않았던 것도 이해가 되었다. 두 여인은 같은 방을 쓰고 있었던 것이다. 그러면서 두 사람 모두 작은 어린이용 침대를 가운데 두고 자크의 초상화를 바라보며 잠들곤 했다……. 앙투안은 티보 씨의 집에서 지내던 지젤의 우울했던 어린시절을 생각하면서 가슴이 북받쳐옴을 느꼈다. '불쌍한 지젤이 그래도 하나의 가정을 갖게 되었구나.' 니콜이 한 말이 머리에 떠올랐다. '지젤이 다니엘과 결혼할까?' 왠지는 몰라도 그럴 것 같지는 않았다. 게다가 지젤은 결혼하지 않아도 행복할 수 있었다. 제니와 장 폴의 생활을 지켜보면서 거기서 자기 삶의 보람과 기쁨을 찾을 수 있었던 것이다. 자크의 분신이라 할 수 있는 이 두 사람을 위해 그녀는 공허한 애정과 충견과도 같은 애착을 쏟을 것이다. 지젤은 백발의 흑백 혼혈인이 될 것이며, 늙고 상냥한 '지지^(지젤의 애칭) 아줌마'가 될 것이다…….

실뭉치를 다 감고 나자 제니는 일어서서 털실을 정리한 다음, 장작에 재를 덮었다. 그리고 책상 위에 있는 큰 램프를 손에 들었다.

"내가 들지" 하고 앙투안은 건성으로 말했다.

제니는 그의 숨소리가 하도 거칠고 단속적이었으므로 조금도 그에게 수고를 끼치고 싶지 않았다.

"고마워요. 하지만 늘 하는 일이니까요. 언제나 제가 맨 나중에 올라가거든요."

문에 이르자 제니는 휙 몸을 돌렸다. 그리고 모든 것이 제대로 정리되어 있는지 확인하려고 램프를 치켜들었다. 그녀의 눈길은 오래된 응접실을 둘러본 뒤 이윽고 앙투안에게로 와서 멈추었다.

"장 폴은 이런 환경을 떠나 키우고 싶어요!" 하며 제니는 단호하게 말했다. "전쟁이 끝나는 대로 생활을 바꾸려고 해요. 다른 데 가서 자리잡겠어요!"

"다른 데라고?"

"이 모든 것을 청산하고 싶어요" 하며 제니는 단호하면서도 진지한 투로 말을 이었다. "여기를 떠나고 싶어요."

"그러니까 어디로?" 앙투안에게는 뭔가 짚히는 것이 있었다. "스위스로?"

제니는 대답하기에 앞서 잠시 그를 바라보았다.

"아니요" 하고 마침내 그녀가 말했다. "물론 그것도 생각해 보았어요. 그런데 10월 혁명^(1917년의 러시아 혁명) 이후 자크의 친구였던 믿을 만한 사람들은 모두 러시아로 떠났어요. 그래서 한때는 러시아로 갈 생각도 한 적이 있었어요……. 하지만 그럴 순 없지요. 장 폴은 프랑스 교육을 받는 것이 더 바람직해요. 그래서 프랑스에 있기로 했어요. 그러나 어머니에게서도 다니엘에게서도 멀리 떨어질 생각이에요. 나 자신의 삶을 살 거예요. 어쩌면 시골이 될지도 모르겠어요. 지젤과 함께 어딘가에 가서 자리잡을 거예요. 둘이서 같이 일하겠어요. 그리고 장 폴은, 자크가 그렇게 되기를 원했을지도 모를 그런 아이로 어엿하게 키울 생각이에요."

"제니" 하며 앙투안은 격렬한 투로 말했다. "나도 역시 그때쯤이면 의사로서의 생활을 다시 시작하고 내 몫을 할 수 있을 거야."

그녀는 머리를 저으면서 앙투안의 말을 가로막았다.

"고마워요. 당신에게라면 필요할 경우 서슴지 않고 도움을 청하겠어요.

하지만 나는 무엇보다도 스스로 생활을 꾸려가는 여자가 되고 싶어요. 독립한 여자, 자신의 일을 통해 어디까지나 자유로이 생각하고, 자기가 옳다고 믿는 것에 따라 행동할 권리가 있다고 믿는 그런 여자가 되고 싶어요. 저의 말에 동의하지 않으세요?"

"동의하고말고!"

제니는 다정한 눈길로 감사의 뜻을 나타냈다. 그리고 상대가 알아 주었으면 하는 말은 모두 다 했다는 듯이 문을 열고 앞장서서 계단을 올라갔다.

제니는 앙투안을 그의 방까지 안내한 뒤 응접실의 램프를 거기에 놓으면서 모자라는 것이 없나 확인했다. 그러고 나서 그녀는 손을 내밀었다.

"한 가지 고백할 것이 있어요."

"말해 봐요" 하고 앙투안은 다그쳤다.

"사실 나는…… 당신에 대해 지금 느끼고 있는 것과 같은…… 감정을 항상 가지고 있었던 건 아니에요."

"나 역시 그래" 하고 앙투안은 미소를 지으면서 솔직히 털어놓았다. 그 미소를 보자 제니는 말을 잇지 못하고 망설였다. 제니는 자신의 손을 앙투안의 손에 그대로 맡기고 있었다. 그러면서 엄숙한 눈길로 앙투안을 바라보았다. 마침내 결심한 듯 이렇게 말했다.

"하지만 지금 장 폴의 장래를 생각하면…… 아실 거예요. 그 때문에 나는 감히 당신이 곁에 있어줄 거라고, 그리고 자크의 아이가 당신에게는 남이 아닐 거라고 생각할 용기가 점점 더 나는 거예요. 저에게 조언을 아끼지 마세요, 앙투안. 장 폴에게 자기 아버지의 장점이란 장점은 모두 갖게 해 주고 싶어요. 그렇다고……" 제니는 차마 말끝을 맺지 못했다. 그러나 즉시 상반신을 일으키고는(앙투안은 자기 손가락 사이에 있는 그녀의 작은 손이 떨리는 것을 느꼈다) 뒷걸음치는 말을 장애물 앞으로 몰고 오는 기수처럼 침을 삼키며 다시 말을 이었다. "자크의 결점을 몰랐던 건 아니에요. 당신도 아시겠지만……." 제니는 다시 입을 다물었다. 잠시 후 본의 아닌 말을 입 밖에 냈다는 듯이 먼 곳을 바라보면서 덧붙였다. "그러나 그이가 앞에 있을 때는 그런 것들은 까맣게 잊고 있었어요."

그녀는 눈을 깜빡거렸다. 계속 생각해 내려고 했으나 헛된 일이었다. 다시 앙투안에게 이렇게 물었다.

"점심식사 후에야 떠나시겠지요? 그렇다면⋯⋯" 제니는 애써 미소 지어 보였다. "⋯⋯그렇다면 아침나절에 잠시 다시 뵐 수 있겠군요." 그녀는 손을 빼면서 중얼거리듯이 이렇게 말했다. "편히 쉬세요." 그러고 나서 뒤도 돌아보지 않고 나갔다.

13. 필립 박사의 진찰

"닥터 티보가 오셨어요" 하고 유쾌한 목소리로 늙은 하인이 알렸다.

필립 박사는 앙투안이 오기를 기다리면서 서재에 있는 책상 앞에 앉아 네다섯 통의 편지를 쓰고 있었다. 박사는 서둘러 일어나더니 문지방에 우뚝 서 있는 앙투안을 향해 깡충깡충 뛰는 듯한 어설픈 걸음걸이로 다가왔다. 그는 앙투안의 손을 잡기 전에 깜박거리고 있는 눈꺼풀 사이로 빛을 반사하는 듯한 날카로운 눈길로 앙투안을 빤히 바라보았다. 그리고 머리를 약간 흔들면서 감동을 숨기려고 비웃는 듯한 미소를 띠고 이렇게 말했다.

"자네 멋있는걸, 그 청회색 군복을 입으니! 그래, 어떤가?"

'퍽 늙으셨구나' 하고 앙투안은 생각했다.

박사의 두 어깨는 활 모양으로 굽어 있었다. 그리고 긴 체구는 두 다리에서 더욱 불안정한 느낌을 주었다. 짙은 눈썹과 염소수염은 완전히 세어 있었다. 그러나 몸짓이며 눈길이며 미소는 아직도 활력과 젊음, 심지어는 남을 당황하게 만드는 장난기마저 엿보여서 노인의 얼굴과는 걸맞지 않은 느낌이 들었다.

박사는 검은 줄무늬가 있는 붉은 구식 군복바지에 옷자락이 헤진 모닝코트를 입고 있었다. 그런데 이 양다리 걸친 듯한 옷차림이야말로 반관반민인 그의 직무를 잘 나타내 주고 있었다. 1914년 말 무렵부터 박사는 군의 위생업무 개선을 담당하는 한 위원회의 의장으로 추대되었다. 그날부터 그는 자신이 보기에도 불충분하기 이를 데 없는 위생기구의 결점들을 퇴치하는 임무에 전념했다. 의학계에서 박사의 명성은 그에게 예외적이라 할 만큼의 독자성을 보장해 주었다. 그는 관의 법규와 맞서 악습을 고발하며 관련자에게 경고를 내리기도 했다. 다소 늦은 감이 있기는 하나 지난 3년 동안 이루어진 매우 적절한 여러 가지 개혁은 오로지 박사의 용기 있고 끈질긴 투쟁에 의해 쟁취된 것이다.

필립 박사는 앙투안의 손을 잡고 놓지 않다가 작고 습한 소리를 목구멍으로 내면서 힘없이 앙투안의 두 손을 흔들었다.

"그래서? ……어땠나? ……그 뒤로! ……어떤가?" 그러고 나서 앙투안을 책상 쪽으로 밀면서 "할 말이 하도 많아서 어디서부터 시작해야 할지 모르겠군……." 그는 앙투안을 환자에게 권하곤 하는 안락의자에 앉도록 했다. 그러나 자신은 책상 뒤에 앉지 않고 팔을 쭉 뻗어 이동의자를 앙투안 바로 곁으로 잡아당긴 뒤, 그 위에 말 타듯 걸터앉았다. 그러고는 앙투안의 얼굴을 뚫어지게 바라보았다.

"자, 여보게. 자네 얘기나 들어 보자고. 가스 이야기는 도대체 어느 정도인가?"

앙투안은 당황했다. 그는 필립 박사가 직업적인 깊은 관심과 진중함을 나타내는 모습을 지금까지 몇 번이나 보아왔다. 그러나 자기 자신이 그 대상이 되어 보기는 이번이 처음이었다.

"저의 몰골이 흉하지요, 선생님?"

"약간 여위었군……. 그다지 눈에 띌 정도는 아니야!"

박사는 코에 걸었던 안경을 벗어 닦은 뒤, 그것을 다시 끼고 몸을 굽히며 미소지어 보였다.

"그럼 자초지종을 말해 보게!"

"실은, 선생님, 저는 점잖게 말해서 '중증 가스중독 환자'라고 부르는 그런 사람이지요. 한심하게 되었지요."

박사는 약간 초조해 보였다.

"그만 됐어. 우선 처음부터 들어 보자고. 처음의 부상은? 어떤 흔적이 남아 있나?"

"전쟁이 작년에, 즉 제가 이페리트 가스를 마시기 전에만 끝났더라도 별로 흔적이 없었을 겁니다. 별로 마시지 않았으니까요. 따라서 지금과 같은 상태는 아니었을 겁니다. 그런데 구멍이 뚫려, 정상적인 탄력성을 잃어버렸던 폐의 상태 때문에 가스로 입은 상처가 오른쪽으로 더욱 번져 나갔지요."

필립 박사는 얼굴을 찡그렸다.

"그렇습니다" 하며 앙투안은 생각에 잠긴 듯이 말을 이었다. "아주 심한 타격을 받았습니다. 낙관할 수 없는 상태입니다…… 물론 어떻게 해서든지 이겨내도록 해 보겠습니다. 그러나 오랜 시일이 필요하겠지요. 게다가……."

기침이 나기 시작했으므로 그는 하던 말을 잠시 멈추지 않을 수 없었다. "게다가 앞으로의 삶은 당연히 힘겹겠지요!"

"어떤가, 함께 저녁식사라도 할까?" 하고 문득 생각난 듯 박사가 물었다.

"좋습니다, 선생님. 한데 편지에서도 말씀드렸듯이 저는 식이요법을 하고 있는데요."

"드니에게 일러두었네. 우유를 구해 놓았을 걸세. 그러니 함께 저녁식사를 한다면 이야기도 천천히 들을 수 있네. 그럼 처음부터 얘기해 보게. 도대체 어떻게 그런 일이 일어났나? 안전한 곳에 있는 줄로만 알고 있었는데?"

앙투안은 화가 치미는 듯 어깨를 으쓱해 보였다.

"어처구니없는 일이지요! 작년 10월의 일이었습니다. 당시 저는 에페르네에서 평온하게 지내고 있었습니다. 이것도 분명 숙명인지, 저는 그곳에서 가스중독자들을 돕기 위한 구조반을 편성하는 임무를 떠맡게 되었습니다. 슈맹 드 담므 지역에서 있는 작전 뒤였는데 마침 말메종과 파르니는 아군이 탈환한 직후였습니다. 저는 제게 보내진 가스중독자 가운데 간호병과 담가병이 많은 것을 보고 놀랐습니다. 정말 이상한 일이었습니다. 그래서 각 구조반 안에 가스예방 조치가 충분히 되어 있는지, 그리고 요원이 그 조치를 충실히 이행하고 있는지에 대해 의구심을 품게 되었지요. 어떻게 해서든지 알아보고 싶었습니다. 마침 군단의 의무대장과 안면이 있는 처지라 현장조사를 위한 허가를 얻어냈습니다. 그런데 바로 그 조사를 하고 돌아오던 길에 어처구니없이 당하고 말았던 것입니다……. 제가 전선에서 돌아오던 그 순간에 독일군들이 가스 공격을 해 온 것입니다. 이것이 불운의 시작이었습니다. 두 번째 불운은 계절답지 않게 습하고 훈훈한 날씨였지요. 아시다시피 이페리트 가스는 습기가 있으면 산성반응 때문에 더 독해지지요."

"계속하게" 하고 박사는 말했다. 그는 팔꿈치를 무릎 위에 올려놓고, 두 주먹으로 턱을 받친 다음 앙투안을 가만히 바라보았다.

"저는 사단본부에 두고 온 자동차 쪽으로 가려고 서둘렀습니다. 교대병으로 들끓는 연락참호를 피하려고 지름길을 택할 생각이었지요. 캄캄한 밤이었습니다. 반쯤 물에 잠긴 참호 속을 절벅거리며 20분 정도 걸었습니다. 자세한 것은 생략하겠지만……."

"방독면은 없었나?"

"물론 갖고는 있었습니다! 그런데 빌린 것이었지요. 그것을 쓰는 방법이 서툴렀던 게 틀림없습니다. 아니면 착용한 시기가 너무 늦었던가. 저의 머릿속에는 한 가지 생각밖에는 없었으니까요. 즉 자동차가 있는 곳까지 가야 한다는 일념⋯⋯. 마침내 사단본부에 이르러 차에 올라타고 그대로 달렸습니다. 차라리 사단 소속의 이동 야전병원에 들러 중탄산염으로 즉시 목을 가시는 편이 훨씬 나았을 텐데⋯⋯."

"그야 물론이지!"

"그러나 제가 화를 당했으리라고는 꿈에도 생각지 못했어요. 목 언저리와 겨드랑이에서 따끔거리는 통증을 느낀 것도 한 시간이 지난 뒤였거든요⋯⋯. 에페르네에 도착한 것은 한밤중이었습니다. 저는 곧 콜라르골을 바른 뒤 자리에 누웠습니다. 줄곧 대수로운 일이 아니려니 했지요. 그런데 기관지를 생각했던 것보다 훨씬 깊게 다쳤던 모양입니다. 참, 어처구니없는 짓이지요. 규정대로 모든 주의가 잘 지켜지고 있는지 어떤지를 확인하러 갔던 제 자신이 그것을 지키지 않은 꼴이 되었으니!"

"그래서?" 하며 필립 박사는 말을 가로막았다. 그리고 그런 문제라면 모르는 게 없다는 것을 기어코 과시하면서 덧붙였다. "그 이튿날에 눈의 장애, 위장 장애, 그 밖에 여러 가지⋯⋯."

"그런데 아무런 징후도 없었습니다. 이튿날이 되어도 거의 아무런 증상도 나타나지 않았습니다. 겨드랑이에 가벼운 홍반 정도였죠. 피부에 약간의 염증이 있었으나 별것 아니었습니다. 물집도 없었고. 그런데 기관지에 뜻밖에 깊은 손상이 있었는데, 며칠 지난 뒤에야 비로소 발견했지요⋯⋯. 그 뒤의 일은 짐작하시겠지만 이어지는 후두 기관지염⋯⋯ 위막을 수반하는 급성 기관지염⋯⋯. 흔히들 말하는 후유증이지 뭐겠습니까! 여섯 달 전부터 그 상태죠."

"성대는?"

"비참한 상태랍니다! 저의 목소리는 듣고 계신 그대로입니다. 그래도 오늘 저녁은 아침부터 치료를 한 덕분에 말을 할 수 있는 형편이랍니다. 목소리가 전혀 나오지 않을 때도 가끔 있어요."

"성대의 염증으로 생긴 상처인가?"

"아닙니다."

"신경의 손상인가?"

"그것도 아닙니다. 부어오른 것입니다."

"말할 것도 없이 그것이 성대의 진동을 막고 있는 거야. 스트리키니네를 복용했나?"

"하루에 6내지 7미리그램까지 먹었습니다. 그런데도 아무런 차도가 없습니다! 지독한 불면증만 겹치고!"

"자네 남프랑스에는 언제부터 가 있었나?"

"올해 초부터입니다. 처음에는 에페르네에서 몽모리옹 병원으로 옮겨졌다가 뒤이어 그라스 근처의 르 무스키에 요양소로 옮겨졌습니다. 12월 말쯤이었죠. 그 당시 상처는 점차 아물어가는 중이었습니다. 그런데 르 무스키에에서 폐의 경화증이 확인되었습니다. 호흡곤란이 아주 빠른 속도로 가속화되더군요. 이렇다 할 이유도 없이 체온이 갑자기 39도 9부, 40도까지 올라가는가 하면 금세 37도 5부로 다시 떨어지곤 했습니다……. 2월에는 혈담이 따르는 건성 늑막염을 앓았습니다."

"이제는 그런 심한 체온의 변동은 없나?"

"아직 있습니다."

"무엇 때문이라고 생각하나?"

"감염 때문이라고 보는데요."

"감염이 여전히 잠복해 있단 말인가?"

"아니면 무슨 만성 전염병 탓인지도 모르지요."

두 사람의 시선이 마주쳤다. 앙투안의 눈길에 의아한 듯한 빛이 스쳐갔다. 박사가 손을 내밀었다.

"아니야, 티보! 자네가 그렇게 생각하고 있다면 그것은 기우에 지나지 않아. 내가 알기로는 이런 경우 폐결핵으로 진행되는 예는 전혀 없었어. 이것은 자네가 나보다 더 잘 알 걸세. 이페리트 가스에 침해당한 사람이 결핵환자가 되는 것은 가스를 마시기 이전에 그 증후가 있었던 경우에 한해서…… 그런데" 하고 박사는 몸을 일으키면서 말을 이었다. "자네는 운이 좋은 편이야. 호흡기 쪽에 어떤 병력도 없었으니 말일세!"

박사는 확신에 찬 태도로 미소를 지었다. 앙투안은 묵묵히 박사를 바라보았다. 그는 별안간 다정한 눈길로 노스승을 바라보다가 이번에는 자기 쪽에서도 미소를 지었다.

"네, 알고 있습니다" 하고 그는 말했다. "운이 좋은 편이지요!"

"마찬가지로" 하며 박사는 생각한 바를 뚜렷이 말하려는 듯 계속했다. "폐수종은 질식가스에 의해 상처 입은 사람에게서는 가끔 볼 수 있지만 이페리트 가스에 침해당한 사람에게서는 극히 드문 일이야. 이것 역시 운이 좋았던 거지……. 게다가 이페리트 가스로 인해 폐에 후유증을 일으키는 경우는 극히 드물어. 그리고 내 생각으로는 다른 독가스에 비해 후유증도 대체로 덜 심각한 것 같고 안 그런가? 최근 그것에 관한 좋은 글을 읽었는데."

"아샤르의 글 말입니까?" 하고 앙투안이 물었다. 앙투안은 머리를 흔들어 보였다. "일반적으로 이페리트는 질식가스의 경우와는 반대로 폐포보다는 오히려 소기관지 쪽이며 가스교환을 상대적으로 덜 변화시키는 것으로 알고 있습니다. 그러나 저의 개인적인 경험이라든가 또 저 자신이 다른 사람에 관해 조사한 결과에 따르면 회의적이 되지 않을 수 없습니다. 유감스럽게도 사실 이페리트에 침해를 당한 폐는 온갖 종류의 2차 증상을 보이고 있습니다. 대부분이 다루기 힘든 것으로서 결국 만성화하는 경향을 보이고 있습니다. 게다가 저는 이페리트 환자의 경우 폐포의 내부로부터 측면까지 굳어 폐의 기능이 마비된 예가 무척 많다는 것까지 관찰했습니다."

잠시 침묵이 흘렀다.

"심장 쪽은?" 하고 필립 박사가 물었다.

"오늘까지는 그럭저럭 견디고 있습니다. 그러나 이것도 얼마나 견딜지? 몇 달 전부터 중독상태로 지쳐 있는 몸을 그런대로 지탱해 준 장본인인 심장에게 약해지지 말아달라고 요구하는 것은 무리라고 해야겠지요. 이미 근섬유와 신경핵 등이 독소에 당한 것이 아닌가 하는 생각조차 듭니다. 지난 몇 주일 동안 심장혈관 장애를 몇 차례 겪은 일이 있으니까요."

"겪었다고? 어떻게?"

"아직 X선 검사는 받지 못했습니다. 그리고 청진 결과 저를 간호해 주는 사람들의 말로는 전혀 이상이 없다고 합니다. 그러나 과연 그것이 사실일까요? ……다른 검사 방법도 있습니다. 즉 맥박과 혈압을 재 보는 것이지요. 그런데 체온은 38도 5부 혹은 39도를 넘지 않는데 바로 지난주에만 해도 맥박이 120에서 135 사이를 왔다 갔다 하면서 비정상적인 변화를 보였습니다. 이러한 심계증과 초기 폐수종 사이에 어떤 관계가 있다는 것은 별 놀라운 일이 아니지요……. 그렇게 생각지 않으십니까?"

박사는 그 질문에 대답을 피했다.

"어째서 자주 흡각이라도 해서 심장의 기능을 원활하게 해 주지 않는 거지? 필요하기만 하다면 자락(刺絡)이라도 해야잖나?"

앙투안은 그 말을 듣지 못한 것 같았다. 그는 스승의 얼굴을 유심히 바라보고 있었다. 박사는 미소를 보이더니 조끼 주머니에서 앙투안도 눈에 익은 앞뒤 양면에 뚜껑이 있는 커다란 금시계를 꺼냈다. 그리고 몸을 구부리면서 (정말 호기심이 있어서라기보다는 오래된 타성 때문에 이렇게 한다는 듯이) 앙투안의 손목을 잡았다.

시간이 꽤 흘렀다. 박사는 시곗바늘을 바라본 채 꼼짝도 하지 않고 있었다. 앙투안은 갑자기 무언가 섬뜩한 생각이 들었다. 진지하고 수수께끼 같은 박사의 얼굴을 보던 순간 까맣게 잊고 있던 추억 하나가, 그것도 아주 또렷하게 그의 기억의 밑바닥으로부터 떠올랐다. 박사와 친분을 맺은 지 얼마 안되었을 무렵, 어느 날 아침, 병원에서 매우 까다로운 진찰을 마친 박사와 함께 진찰실을 나올 때였다. 박사는 앙투안의 팔을 잡으며 농담 겸 아주 자신만만한 태도로 이렇게 말했다. "여보게, 의사란 절박한 경우에는 언제나 자기 자신만의 세계로 돌아가 혼자 깊이 생각할 수 있어야 한다네. 그런데 그렇게 하기 위해서는 한 가지 방법이 있어. 즉 크로노그래프란 것이지. 의사는 자기의 조끼 주머니에 받침접시만큼 묵직한 크고 멋진 크로노그래프를 갖고 있어야 해! 이것만 있으면 구원을 받을 수 있지. 불안에 빠진 가족에게 시달릴 수도 있고, 거리에서 사고의 희생자를 앞에 놓고 연달아 질문 공세를 해 오는 군중 속에 있을 수도 있어. 그런 경우 무엇인가 생각하고 싶다든가, 아무도 방해하는 사람 없이 혼자 있고 싶을 때에는 한 가지 마법을 쓰는 거야. 즉 보란 듯이 그것을 꺼내어 맥을 짚는 거지! 순식간에 주위는 쥐 죽은 듯이 조용해지며 혼자만이 되는 거야! 눈금만을 들여다보며 침착한 기분으로 판단을 내릴 수 있고, 서재에서 머리를 감싸고 있는 것과 마찬가지로 정신을 집중해서 진단을 내릴 수도 있어……. 자네 이 점에 대해선 내 경험을 믿어 주고 뛰어가서 멋진 크로노그래프를 사오게나!"

박사는 앙투안이 불안해 하는 것을 눈치채지 못했다. 그는 잡고 있던 손목을 놓고 천천히 일어섰다.

"확실히 맥박이 빨라. 약간 크고. 하지만 정상이야."

"네. 그런데 어떤 때는 반대로, 특히 저녁에는 작고 약해서 재기가 힘들 때가 있습니다. 그 이유를 말씀해 주세요! 게다가 폐의 장애가 악화되면 또다시 맥박이 빨라집니다. 대개 간헐적이지요."

"눈의 압박을 재보았나?"

"그것도 실은 이렇다 할 감소를 보이지 않습니다."

또다시 얼마간의 침묵이 흘렀다.

"이미 폐도 약해져 있습니다" 하고 앙투안은 억지웃음을 지으며 말했다. "게다가 심장까지 약해지면!"

박사는 손짓으로 그의 말을 막았다.

"쳇! 고혈압증과 심계증은 대개 단순한 생체보호현상에 불과해, 티보. 자네 말을 통 이해하지 못하겠군. 자네도 나와 마찬가지로 알고 있으리라 생각되지만, 예를 들어 사소한 뇌혈전의 경우에도 심장은 고혈압증과 심계증을 통해 폐포의 폐색을 훌륭히 막아 주고 있어. 로제가 그것을 증명해 주었어. 그 뒤로 다른 많은 사람들도 증명한 바 있고."

앙투안은 아무 대답도 하지 않았다. 또다시 터져나오는 기침으로 그는 까무러칠 뻔했다.

"어떤 치료를 하고 있지?" 하고 박사는 물었다. 그러나 질문하면서도 그 질문에 그다지 비중을 두고 있는 것 같지 않았다.

앙투안은 말을 할 수 있게 되자마자 낙담한 듯 어깨를 치켜들었다.

"온갖 치료를 다 해 보았습니다! 안 해 본 것이 없을 정도로. 물론 아편제는 말고. 유황제…… 이어서 비소제…… 또 유황제, 비소제……."

그 목소리는 쉬어서 들릴까 말까 할 정도였으며, 이따금 끊어지곤 했다. 그는 입을 다물었다. 스승과의 긴 대화로 인해 완전히 녹초가 되었기 때문이다. 고개를 뒤로 젖히고, 잠시 상체는 곧바로 세우고, 목덜미를 기댄 채 두 눈을 감은 상태로 있었다. 다시 눈을 떴을 때 매우 다정한 박사의 눈길이 자신을 향하고 있는 것에 흠칫했다. 스승의 이러한 따뜻한 표정은 불안스러워하는 태도 이상으로 그의 마음을 뒤흔들어 놓았다. 앙투안은 더듬거리며 이렇게 말했다.

"선생님은 제가 이런 정도까지 되어 있으리라고는……."

"천만에!" 하고 박사는 웃으며 앙투안의 말을 가로막았다. "자네의 최근 편지로 미루어보아 이토록 순조로우리라고는 기대하지 않았어!" 그러면서 이렇게 덧붙였다. "어디, 몸 안의 상태가 어떤지 좀 살펴보자고……."

앙투안은 간신히 일어섰다. 그리고 윗옷을 벗었다.

"정식으로 진찰해 보자고" 하며 박사는 쾌활하게 말했다. "저기 가서 드러눕게나."

그는 흰 시트로 덮혀 있는, 환자들을 눕히는 긴 의자를 가리켰다. 앙투안은 시키는 대로 했다. 박사는 그의 앞에 무릎을 꿇고 아무 말 없이 면밀한 청진을 시작했다. 청진을 끝내자 그는 불쑥 일어났다.

"피이……" 하고 그는 별것 아닌 것처럼 하면서도 앙투안의 불안해 하는 눈길을 피하며 이렇게 말했다. "물론…… 몇 군데 기관지 폐쇄로 인한 호흡 잡음이 있기는 해. 가벼운 침윤이 있는가 봐. 또 오른쪽 폐의 위쪽 모두가 약간의 출혈을……." 그는 마침내 결심한 듯 앙투안 쪽으로 고개를 돌렸다. "새로운 것은 하나도 없어, 안 그런가?"

"네" 하고 앙투안은 말했다. 그리고 천천히 몸을 일으켰다.

"아무렴" 하고 박사는 말을 이으면서 부자유스런 걸음걸이로 책상 앞까지 걸어가 그 앞에 앉았다. 그는 처방을 쓰기라도 하려는 듯 주머니에서 무의식적으로 만년필을 꺼냈다. "폐기종인 것은 의심할 여지가 없어. 솔직히 말하자면 내 생각으로 자네는 오랫동안 점막의 과민성을 느꼈을 수도 있을 것 같은데……." 그는 만년필을 가지고 장난하듯 만지작거렸다. 그러고 나서 눈썹을 추켜세우더니 책상 위에 놓인 물건들을 물끄러미 바라보았다. "뭐, 이런 정도야!" 하고 그는 펼쳐져 있던 전화번호부를 지극히 사무적인 동작으로 덮으면서 말했다.

앙투안은 다가가 책상 가장자리에 두 손을 놓았다. 박사는 만년필 뚜껑을 씌워 주머니에 넣은 뒤 고개를 들었다. 그리고 한 마디 한 마디에 힘을 주며 다음과 같이 결론을 내렸다.

"정말 골치 아픈 일이겠지. 하지만 그 정도일 뿐이야!"

앙투안은 아무 말 않고 그대로 몸을 일으켰다. 그는 거울 앞에서 칼라를 다시 매만지기 위해 벽난로 쪽으로 갔다.

조심스럽게 문을 두드리는 소리가 두 번 났다. "저녁식사가 준비된 모양이네" 하고 필립 박사가 쾌활한 투로 말했다.

그는 자리에 여전히 앉아 있었다. 앙투안은 박사 쪽으로 돌아와 다시 책상 위에 두 손을 얹었다.

"정말 할 수 있는 것은 모두 하고 있습니다. 선생님" 하고 앙투안은 지친 목소리로 중얼거렸다. "모든 것을! 세상에 알려진 치료방법이란 방법은 모두 끈기 있게 해 보고 있습니다. 저의 환자 가운데 한 사람을 치료하듯 임상적 견지에서 저 자신을 살피고 있습니다. 첫날부터 매일 비망록도 작성하고 있고요! 분석과 엑스선 검사도 되풀이하고 있지요. 부주의한 일이 없도록 하기 위해, 또한 치료의 기회를 놓치는 일이 없도록 하기 위해 저 자신을 관찰하면서 살아가고 있습니다." 앙투안은 한숨지었다. "그러면서도 의기소침해지는 저 자신을 이겨내기가 힘들 때가 있습니다!"

"그래서는 안 돼! 알다시피 자네는 나아지고 있지 않은가!"

"그런데 나아지고 있다는 것을 전혀 확신하지 못하고 있는 데 문제가 있습니다!" 하고 앙투안은 말했다. 그는 아무것도 생각하지 않고 단지 직감으로 말했던 것이다. 자신도 모르게 얼떨결에 그렇게 울부짖다시피 한 것이다. 그러자 뜻하지 않은 마음의 흔들림이 갑자기 그를 엄습했다. 마치 금방 입 밖에 낸 그 말이 지금까지 한 번도 겉으로 드러내지 않은 감정을 별안간 노출시키기라도 한 것 같았다. 윗입술의 위쪽에 땀이 보일 듯 말 듯 망울졌다.

박사는 이러한 흔들림을 눈치챘을까? 이러한 그의 비통한 심정을 알았을까? 자신을 언제나 잘 통제할 수 있으므로 얼굴이 여전히 평온하고, 확신에 차 있어 보이는 것일까? 아니다. 쾌활하게 어깨를 으쓱해 보인다든가, 열정적이고 빈정거리는 듯한 가성을 내는 것은 그가 건성으로 그렇게 한다고는 도저히 믿기 어려웠다.

"그럼 어디 나의 속마음을 자네에게 털어놓아 볼까? 좋아, 경과가 그토록 완만한 것을 나는 아주 다행스럽게 여기고 있어!" 박사는 앙투안이 놀라는 모습을 잠시 즐기는 것 같았다. "이봐. 친자식처럼 여기던 전의 인턴 여섯 명 중에서 셋은 전사하고 둘은 평생 불구가 되었네. 이것은 이기적인 생각일지 몰라도 솔직히 말해 여섯 번째만이라도 안전한 상태에 있었으면 해. 전선에서 150킬로 떨어진 남프랑스의 햇살을 받으며 앞으로 몇 달은 더 살기를 말일세! 생각은 자유네만 나로서는 이 악몽이 끝날 때까지 자네가 완쾌되는 것을 조금도 바라고 싶지 않아! 작년 11월에 자네가 가스에 중독되지 않았더라면 오늘 저녁처럼 둘이서 함께 저녁식사를 할 수 있으리라고 누가 장담하겠나!" 박사는 경쾌하게 일어섰다. "이제는 식사나 하지!"

'그의 말이 옳아' 하면서 앙투안은 설득력 있는 박사의 감언에 귀가 솔깃해졌다. '뭐니뭐니해도 나는 심지가 굳은 편이니까……'

식당의 식탁 위에 놓인 포타주 접시에서 김이 모락모락 나고 있었다(몇년 전부터 박사는 수프와 콤포트(과일설탕졸임)만으로 저녁식사를 대신하고 있었다).

박사는 앙투안을 우윳병과 찻잔 앞에 앉게 했다.

"드니가 우유를 데우지 않았군. 데워 오도록 하지."

"아닙니다. 언제나 찬 것을 마신답니다. 괜찮습니다."

"설탕 없이 말인가?"

기침이 나와 앙투안은 대답을 할 수 없었다. 그는 손으로 설탕을 넣지 않는다는 시늉을 해 보였다. 박사는 그쪽을 보지 않으려고 했다. 그러면서 기침하는 것도 잊고, 더 이상 건강에 관한 이야기도 삼가고, 되도록이면 빨리 화제를 바꾸는 것이 좋겠다고 생각했다. 박사는 기침이 끝나기를 기다리면서 포타주에 수저를 넣어 조심스럽게 젓기 시작했다. 그는 침묵 때문에 분위기가 서먹서먹해지는 것을 피하기 위해 지극히 자연스러운 투로 이렇게 말을 시작했다.

"그놈의 보건위원회에서 싸우느라고 또 하루를 보냈어……. 티푸스 예방 백신주사에 관한 정부의 지침이 말이 안 될 정도로 일관성이 없어!"

앙투안은 미소지어 보였다. 그리고 목소리를 가다듬기 위해 우유 한 모금을 마셨다.

"선생님, 누가 뭐라 해도 3년 전부터 선생님은 훌륭한 일을 하셨습니다!"

"정말 고생이 많았다네!" 그는 화제를 바꾸려고 했으나 주제를 찾아 내지 못했다. 그래서 같은 내용의 화제를 계속했다. "정말 고생이 많았지! 1915년 위생기관의 편성 업무를 맡았을 때에 사정이 어떠했는지 자네는 꿈도 꾸지 못할 거야!"

'나 역시 누구보다도 그 사정을 잘 알고 있었지' 하고 앙투안은 속으로 생각했다. 그러나 그는 말할 기회를 되도록이면 피하고 싶었기에 잘 알겠다는 미소를 지으면서 듣고만 있었다.

"그 무렵" 하며 필립 박사는 말을 이었다. "부상병들은 군대나 식량을 수송하는 보통열차편으로 후송되고 있었어. 때에 따라서는 가축을 실어 나르는 차이기도 했어! ……24시간을 난방도 안 된 객차 안에서 기다려야 하는 처량한 사람들도 나는 보았다네. 정규 열차를 마련하기에는 그들의 수가 충분치 않았기 때문이었어. 대개 현지 주민들이 식사를 제공했지. 그리고 치료만 하더라도 그 지방의 인정 많은 부인이나 늙은 약제사들이 그럭저럭 해 주는 정도였으니까! 마침내 기차가 출발한다 해도 흔히 이삼 일 정도 끌려다닌 뒤에야 그 곳간 같은 데에서 나올 수 있었어. 그 때문에 각 열차마다 파상풍 환자가 얼마나 많았던지! 그들을 또 부상병으로 꽉 찬 병원에다 수용했는데, 병원마다 없는 것 투성이었어. 방부제라든가 압정포는 물론 고무장갑조차도 없었으니까!"

"저도 전선에서 사오 킬로쯤 되는 곳에서" 하고 앙투안은 괴로운 것을 참으며 말했다. "외과 전문 야전병원을 본 일이 있는데…… 집게를 헌 냄비에 넣어 장작불로 소독하고 있었습니다."

"부득이한 경우라면 이해가 되지. 난장판이었으니까……." 박사는 언제나처럼 냉소를 살짝 띠었다. "수요가 공급을 윗돌고 있었어. 전쟁은 엄청난 손실을 가져왔어. 게다가 전쟁은 군의 여러 가지 준수사항과 맞지 않았어! ……그러나 용서할 수 없는 것은" 하며 박사는 다시 진지한 투로 말을 이었다. "그것은 의료진을 소집하는 데 있어서 그 착상과 시행방법이 문제였던 거야! 군은 전쟁 첫날부터 유례 없는 예비 인원을 확보하고 있었네. 그런데도 최초의 시찰 임무를 띠고 가보니까 도우체라든가 루엥 같은 유명한 개업 의사들이 스물여덟 내지는 서른 살밖에 안 된 군의관의 지시를 받으며 야전병원에서 이등간호병으로 근무하고 있는 거야! 큰 수술을 지휘하는 것은 무식한 상관들로 표저(漂疽)밖에는 수술해 본 적이 없어 보이는 자들이었어. 그런데 그런 자들이 가장 중요한 수술들을 결정, 집행하고, 닥치는 대로 절단수술을 하는 것이었어. 단지 소매에 네 가닥의 금줄이 있다는 사실만으로, 소집된 민간 의사들의 의견은 귀담아들으려 하지도 않고 말이야. 더구나 일반병원의 외과의사들인데도 자기들 아래에 있다는 것 때문에! ……나와 내 동료들은 가장 기초적인 개혁을 하는 데도 몇 개월이나 걸렸다네. 규칙을 개정하고, 부상병들을 할당해서 전문의에게 맡기기 위해서는 별의별 수단을 다 써야만 했어. 예를 들어 부상병들의 부상 정도라든가 응급처치가 필요한지의 여부는 고려치도 않고 우선 가장 멀리 떨어져 있는 병원부터 가득 채워 놓고 보자는 식의 터무니없는 원칙은 포기하도록 하는 것 말이네. 머리를 다친 부상병들은 보통 보르도나 페르피냥에 보내지곤 했는데, 그들이 목적지까지 이르는 예는 없었어. 회저라든가 파상풍 때문에 가는 도중에 죽었기 때문이지! 12시간 이내에 개두 수술을 했더라면 십중팔구는 살았을 텐데!" 돌연 그는 흥분을 가라앉히더니 입가에 미소를 띠었다. "그 운동 초기에 누가 나를 도왔는지 알겠나? 깜짝 놀랄 거야! 자네 환자 가운데 한 사람이야! 있지 않나, 우리가 함께 깁스를 해 준 다음 베르크로 보낸 그 소녀의 어머니……."

"드 바탱쿠르 부인 말입니까?" 하고 앙투안은 멋쩍은 듯 알아듣기 힘들 만큼 빨리 말했다.

"그래! 그 부인에 관해 나에게 자네가 편지를 한 적이 있지. 기억나나, 1914년?"

아닌게 아니라 전쟁이 일어난 지 얼마 안 되어 시몽 드 바탱쿠르로부터 미스 메리가 딸을 베르크에 혼자 남겨둔 채 영국으로 돌아갔다는 엽서를 받고 그는 필립 박사에게 위게트를 돌보아 줄 것을 부탁한 일이 있었다. 박사는 일부러 먼 길을 찾아가 주었으며, 그리고 위게트가 아무런 지장 없이 정상적인 생활을 다시 할 수 있다는 것을 확인해 주었다.

"그 무렵 나는 바탱쿠르 부인을 몇 번이나 만나보았어. 그 부인은 파리의 사교계를 속속들이 알고 있더군! 그녀는 내가 6주 전부터 부탁해 놓고 기다리던 면회를 하루만에 주선해 주었어. 그녀 덕분에 한가롭게 장관도 직접 만날 수 있었고 내가 조사한 자료의 결과를 털어놓을 수 있었어. 마음속에 간직하고 있던 것을 죄다 말이야……. 두 시간 가까이 이야기할 수 있었다네. 그러나 아주 결정적인 면담이었어!"

앙투안은 잠자코 있었다. 무슨 상념에 사로잡힌 사람처럼 물끄러미 빈 잔을 바라보고 있다가 자신의 그러한 모습을 의식한 듯 태연하게 우유를 조금 잔에 따랐다.

"자네가 보살피던 그 아가씨는 예쁜 처녀가 됐어" 하고 박사는 앙투안이 위게트에 관해 소식을 묻지 않은 것에 놀라며 말했다. "늘 마음 쓰고 있는데 …… 3, 4개월 간격으로 나를 보러 오곤 하지."

'안느와의 관계를 박사는 알고 있었을까?' 하고 앙투안은 생각했다. 그는 마음먹고 물어보았다.

"그 아가씨는 투렌에서 살고 있나요?"

"아니야. 베르사유에서 아버지와 함께 있어. 바탱쿠르는 파리 근처에서 살기 위해 베르사유에 자리를 잡았지. 샤트노가 그를 돌보고 있어. 바탱쿠르도 꽤 운이 나쁜 사람이야!"

'그렇지 않아' 하고 앙투안은 생각했다. '만일 그를 알고 있다면 운이 나쁜 사람이라는 말은 쓰지 않았을 텐데.'

"바탱쿠르가 어떻게 부상당했는지 자네는 알고 있겠지?"

"어렴풋이…… 휴가중이라고 들었는데."

"2년 동안 전선에서 근무하면서 그는 스친 상처 하나 없었어! 그런데 어느 날 밤, 생쥐스트 앙 쇼세에서 휴가를 받아 돌아가는 길이었어. 그가 타고 있던 기차가 대피선에 멈추었는데 마침 그때 독일 비행기들이 공습해 왔어! 그를 찾아냈을 때는 얼굴이 엉망이 된 채, 한쪽 눈은 일그러져 있었고, 다른 한쪽도 매우 위태로운 상태였어. 샤트노가 줄곧 곁에 있으면서 간호했지. 자네도 알다시피 거의 장님이나 다름없다네."

앙투안은 동원령이 내리기 직전 바탱쿠르가 위니베르시테 거리로 찾아왔을 때 그의 맑고 정직해 보이던 눈길이 생각났다. 그 방문을 계기로 그는 마담 바탱쿠르와의 관계를 끊기로 결심했던 것이다.

"저……" 하며 그는 말을 시작했다. 목이 쉬어서 발음이 불분명했으므로 박사는 몸을 앞으로 구부리지 않을 수 없었다.

"바탱쿠르 부인도 그들과 함께 있나요?"

"부인은 미국에 갔지!"

"그래요?"

앙투안은 이 말을 듣고 왜 안도의 한숨을 내쉬었을까?

박사는 조용히 미소를 지었다. 한편 드니는 식탁 위에 구운 사과가 들은 그릇을 가져다 놓았다.

"흠! 그 어머니말인데……" 하고 박사는 사과를 먹으면서 드니가 나가기를 기다렸다. "별난 여자로 보이지 않던가?" 그는 스푼을 든 채 말을 잘랐다. "그렇게 생각지 않나?"

'박사는 알고 있는 것일까?' 하고 앙투안은 다시 자문해 보았다. 마침내 그는 미소를 지으며 얼버무렸다(박사 앞에서 그는 언제나 침착성을 잃곤 했다. 그리고 자신도 모르게 박사 앞에서 줄곧 주눅이 들어 있던 젊은 인턴 시절로 되돌아가곤 하는 것이었다).

"그래, 미국에 있어! 지난번 그 딸을 만났을 때 이런 말을 하더군. '엄마는 친구들이 많아서 틀림없이 뉴욕에 정착할 겁니다.' 들은 바로는 프랑스의 선전기관 같은 데서 파견한 것 같아. 그런데 그녀가 파견된 것과 파리 주재 미국 대사관에 잠시 근무했던 미국인 대위 하나가 본국에 소환된 것은 정확히 일치하고 있단 말이야."

'그래' 하고 앙투안은 생각했다. '확실히 박사는 아무것도 모르고 있는 거야.'

박사는 씨 몇 개를 뱉어 버린 다음 턱수염을 닦았다. 그러고 나서 이야기를 계속했다.

"어쨌든 이것이 르벨에게서 들은 바야. 그는 바탱쿠르 부인이 투르 근처, 자신의 저택 안에 세운 병원을 지금까지 운영해 오고 있지. 부인은 지금도 병원에다 적지 않은 보조를 하고 있는 것 같아……. 그러나 르벨의 이야기라 해도 아무래도 의심스러워. 소문에 의하면 그 역시 옆머리가 희끗희끗한데도 부인과…… 한때 긴밀한 사이였다고 하더군. 그러고 보니 전쟁이 일어나던 첫겨울에 그자가 만사를 제쳐놓고 투렌에 가서 은둔생활을 한 이유를 알 만해. 우유 더 마시겠나?"

"한 잔이면 됩니다" 하고 앙투안은 미소지으며 중얼거리듯 말했다. "우유라면 질색입니다!"

박사는 더 이상 권하지 않고 서툰 솜씨로 냅킨을 접은 뒤 자리에서 일어났다.

"저쪽으로 갈까!" 박사는 다정하게 앙투안의 팔을 잡더니 서재 쪽으로 갔다. "자네는 동맹국들이 루마니아에 강요한 화평조건이라는 것을 보았나? ……시사하는 바가 크다고 생각지 않나? 동맹국들은 석유를 확보하고 있어. 아무렴, 유리한 입장을 차지하고 있는 셈이지. 그러니 무엇 때문에 화평을 하겠어?"

"하지만 미군이 가담하면!"

"설마…… 만일 동맹국들이 이번 여름에 결정적인 승리를 거두지 못하면 —별로 가능성은 없어. 새로운 파리 공격을 시도할 속셈이라고들 하지만—그 래, 내년에는 미국의 군수품과 병력에 맞서기 위해 소련의 군수품과 병력을 동원할 거야. 이거야말로 고갈되지 않는 새로운 저수지라 할 만하지. 생각해 보게나. 어떤 타협도 원치 않고, 각자 힘의 우위를 통해 상대를 굴복시킬 수 도 없는, 힘에 있어서 엇비슷한 두 진영이 맞붙는다면 그 결과는 어떻게 될 까? 두 진영이 기진맥진해서 쓰러질 때까지 서로 싸우는 도리밖에……."

"선생님은 윌슨(제1차 세계대전 당시 미국 대통령)과 같은 사람의 방식에는 기대하는 바가 아무것 도 없으신 모양이지요?"

"그자는 시리우스 별에 살고 있는 사람이야……. 게다가 지금으로서는 프 랑스에서도 영국에서도 평화를 원치 않는 것이 사실이고. 물론 지도자들을 두고 하는 말이지. 파리에서도 런던에서도 바라는 것은 어디까지나 '승리'뿐 이야. 화평하고자 하는 생각을 품으면 그것은 여지없이 역적으로 불려져. 브 리앙과 같은 사람들은 혐의의 대상이 되고 있어. 윌슨 역시 지금은 그렇지 않다 하더라도 얼마 안 가서 그렇게 되겠지!"

"하지만 어쩔 수 없이 화평을 하지 않을 수 없게 되는 일도 있을 테지 요!" 하면서 앙투안은 뤼멜의 말을 생각했다.

"허나 독일이 우리에게 화평을 강요할 수 있는 처지라고는 도저히 생각되 지 않네. 그래. 다시 한 번 말해 두겠는데 대치하고 있는 두 진영의 힘은 거 의 같다고 믿네……. 두 진영이 다 같이 기진맥진해지기 전까지는 해결책이 전혀 없다고 생각해."

박사는 책상 앞의 자기 자리로 되돌아갔다. 한편 피로에 지친 앙투안은 스 승이 다정한 몸짓으로 권하기도 해서 염치불구하고 긴 의자 위에 몸을 쭉 뻗 고 누웠다.

"어쩌면 우리가 살아 있는 동안 종전은 볼 수 있을지 모르지……. 하지만 절대로 평화는 볼 수 없을 거야. 유럽이 평화 속에서 균형을 취하는 것 말일 세." 박사는 잠시 머뭇거리더니 또 이렇게 덧붙여 말했다. "젊은 자네를 앞 에 두고 내가 굳이 '우리'라고 말한 것은 내가 보기에 그러한 균형을 다시 얻기까지는 앞으로 수백 년도 더 걸릴 것 같아서야!" 그는 또다시 말을 멈추 고 앙투안을 몰래 한번 힐끗 보더니 잠시 수염을 매만졌다. 그러고 나서 슬픈 듯이 어깨를 으쓱하면서 말을 이었다. "평화 속에서 균형을 이룬다는 것이 현재와 같은 조건 속에서 과연 꿈꿀 수 있는 일일까? 민주주의의 이상은 지금 파탄에 맞닥뜨려 있어. 상바(프랑스 사회당원. 제1차 세계내전 초기 비비아니가 이끄는 거국내각에 입각함) 말이 옳았어. 민주주의란 전쟁과는 어울리지가 않는다는 거야. 민주주의는 전쟁에 맞닥뜨릴 경우 불에 양초가 녹듯이 용해된다는 거지. 사실 전쟁이 계속될수록 장래의 유럽이 민주적이 될 가능성이 희박해지는 거야. 클레망소나 로이드 조지 같은 사람의 독재도 결코 예상 못할 일이 아니지. 국민들은 하라는 대로 할 테니까. 이미 계엄령에도 익숙해진 터고. 그들은 점차 절대적인 공화제 요구까지도 포기하게 될 거야. 프랑스에서 일어나고 있는 것만 보더라도 그렇지. 예컨대 식료품의 배급관리, 식량소비의 제한, 모든 영역에서의 국가의 간섭, 가령 상공업 분야라든가 개인간의 계약관계, 지불유예령을 보거나. 또 사상 문제도 예외는 아니지. 검열제도를 보거나! 우리는 그 모든 것을 이례적인 조치로 받아들이고 있어. 상황이 상황이니 만큼 그럴 수밖에 없다고 믿고 있는 거야. 사실 이거야말로 전적인 예속화의 전조인 것이지. 일단 목덜미를 꽉 잡히면 다시는 뿌리칠 수 없게 되는 것이야!"

"선생님은 스튀들레를 알고 계시지요? '칼리프'라고 부르던 남자인데······ 저와 같이 일했던 친구말입니다?"

"유대인으로서 아시리아인 같은 턱수염에 마술사 같은 눈을 갖고 있던 그 사람말인가?"

"네. 부상을 입었는데, 지금은 사로니카 전선 어딘가에 있습니다. 그곳에서 이따금 자기 나름대로의 독특하고 예언적인 명론을 보내 옵니다. 그런데 그의 말에 의하면 전쟁 뒤에는 필연적으로 혁명이 뒤따를 것이라는군요. 우선은 패전국에서, 뒤이어 승전국에서 혁명이 일어난다는군요. 돌발적인 혁명이든 완만한 혁명이든 간에 곳곳에서 혁명이······."

"그럴지도 모르지······" 하고 박사는 얼버무리며 대답했다.

"그는 현대 사회의 파산, 자본주의 붕괴를 예언하고 있습니다! 그 역시 이 전쟁은 유럽이 지칠 대로 지칠 때까지 이어질 것이라고 생각하고 있습니다. 하지만 그가 예언한 바에 의하면 모든 것이 없어지고, 모든 것이 평준화되면 새로운 세계가 닥쳐올 것이라는 거죠. 우리 문명이 폐허가 된 그 위에 세계 연방과 같은 것, 완전히 혁신된 기초 위에 전세계적인 커다란 집단적 생활조직 같은 것이 세워질 거라는 거죠."

앙투안은 이야기를 매듭지으려고 무리하게 목소리를 높였다. 그러자 기침이 발작적으로 나와 하던 말을 멈추고 몸을 구부렸다.

박사는 우두커니 지켜보고만 있었다. 그러나 그는 아무것도 알아차리지 못한 것 같았다.

"있을 수 있는 일이지" 하고 박사는 장난기 어린 눈길을 던지며 말했다. 그는 언제나 상상력의 나래를 펼 준비가 되어 있는 사람이었다. "안 될 것이 없지 않은가? 89년(프랑스혁명의
해인 1789년) 당시의 혁명사상이라는 것은 모든 생물학적 사실과는 상반되게 인간은 태어날 때부터 평등하며, 법률 앞에선 평등하지 않으면 안 된다고 오랫동안 우리로 하여금 믿게 했어. 그리고 우리는 그 신비사상에 따라 한 세기를 살아온 셈이야. 그런데 그 사상도 효력이 막바지에 이르러 이제는 다른 종류의 무엇인가 그럴듯하면서도 하잘것없는 이념에 자리를 양보하지 않으면 안 되게 되었는지도 몰라. 이번에는 사상이든 행동이든 간에 새롭고도 생산적인 이데올로기가 등장해서 한동안 인류는 그 이데올로기를 양식으로 삼고 또 거기에 도취될 테지……. 하지만 그 모든 것이 송두리째 뒤엎어지는 날이 또 한 번 올 거야." 박사는 앙투안의 기침이 멎기를 기다리면서 잠시 입을 다물고 있었다. "그래, 그럴 수 있어" 하고 박사는 빈정거리는 듯한 투로 말을 이었다. "하지만 그러한 꿈은 자네의 예언자 친구에게 맡겨 두겠네. 내가 예상하는 미래는 더 가까운 것이고, 아주 다른 것이야. 내 생각으로는 앞으로 여러 나라는 전쟁이 가져다 준 절대권력을 내놓으려고 하지 않을 거야. 따라서 내가 걱정하는 것은 민주적 자유의 시대가 오랫동안 문을 닫을 거란 사실이야. 나도 시인하는 바이지만 우리 시대 사람들에게는 곤혹스러운 일이 아닐 수 없어. 우리는 그러한 자유가 얻어진 것으로, 그리고 그것이 위협받는 일이 절대로 없을 것으로 굳게 믿어 왔어. 그런데 모든 것은 항상 재검토되기 마련이지! ……모든 것이 꿈이 아니었다고 누가 말할 수 있겠나? 그 꿈들은 19세기 말에만 하더라도 항구적인 현실로 여겨졌었지. 그 당시의 사람들은 아주 행복한 시대에 살고 있었으니까."

박사는 두 팔꿈치를 의자팔걸이에 올려놓고, 붉은색이 도는 그의 긴 코를 합장한 두 손으로 향한 채, 발작적으로 오므렸다가 펴곤 하는 손가락을 바라보면서, 마치 혼자서 떠들어 대듯 거친 콧소리로 말을 이었다.

"인류도 이제는 성년기에 접어들었으므로 지혜와 절도와 관용이 세상을 지배하는 시대가 마침내 닥쳐올 것이라고 우리는 믿어왔어……. 지성과 이성이 드디어 인간사회의 발전을 주도해 나가는 세상말이네. 후세의 역사가들의 눈에 우리가 인간에 대해, 그리고 문명을 대하는 인간의 능력에 대해 한심스러운 환상을 품고 있었던 어수룩하고 무지한 인간들로 비치지 않을 것이라고 누가 장담할 수 있겠나? 어쩌면 우리는 인간의 본질적인 조건에 관해 눈을 감고 있었던 것이 아닐까? 예를 들면 파괴본능이라든가 자신들이 애써서 이룩한 것을 무너뜨리고 싶어하는 것은, 우리의 본성이 지니고 있는 건설적인 가능성을 제한하는 기본적인 법칙 가운데 하나가 아닐까? 즉 현인 (賢人)이나 돼야 알 수 있고, 받아들일 수 있는 신비스럽고도 실망스러운 법칙 같은 것 말이야……. 보다시피 우리의 생각과 자네 친구 칼리프의 예언과는 거리가 있는 셈이지" 하며 박사는 비웃는 듯한 투로 말했다. 그리고 앙투안이 계속 기침을 하는 것을 보고는 "뭔가 마시지 않겠나? 물 한 모금? 코데인이라도? 필요 없나?" 하고 물었다.

앙투안은 필요 없다는 몸짓을 해 보였다. 이삼 분이 지나자 (그동안 박사는 잠자코 방 안을 어슬렁어슬렁 걸어다녔다) 그는 한결 기분이 좋아졌다. 상체를 일으켜 두 뺨에 흐르는 눈물을 닦고 나서 애써 미소를 지어보였다. 초췌한 모습에 얼굴은 상기되어 있었으며, 이마에는 땀이 흐르고 있었다.

"선생님…… 저는…… 이만 물러가겠습니다……" 하고 앙투안은 칼칼한 목소리로 띄엄띄엄 말했다. "실례하겠습니다." 그는 다시 미소를 띠면서 겨우 일어섰다. "저는 이제 끝장났습니다. 솔직히 말씀해 주십시오!"

박사는 그 말을 알아들은 것 같지 않았다.

"사람들은 이런저런 말을 하지" 하고 박사는 말했다. "예언도 하고, 나는 자네 친구 '칼리프'를 경멸하면서도 그와 똑같은 짓을 하고 있어! ……이 모든 것이 어처구니없는 짓이야. 지난 4년 동안 보아온 것들 모두가 터무니없는 것이지. 그리고 그런 터무니없는 것들을 근거로 해서 우리가 예측하는 것들 또한 터무니없는 것들이고……. 물론 비판하는 것은 괜찮아. 더구나 현재의 사실을 단죄할 수도 있어. 그것은 어처구니 없는 일이 결코 아니야. 하지만 앞으로 일어날 일을 예측한다는 것은! 알겠나, 이 사람아, 언제나 그 결론은 같다네. 즉 유일한 자세는 과학적인 자세라고 말하겠네. 좀더 겸손하게 말해서 단 한 가지 이성적이며, 실망시키지 않는 자세란—잘못을 '찾는 것'에 있는 것이지, 진실을 찾는 데 있는 것이 아니야……. 그릇된 것을 인정하는 일은 어려워. 그러나 하면 돼. 그리고 엄밀히 말해서 할 수 있는 일은 그것뿐이야! 그 밖의 것은 순전히 황당무계한 망상에 불과해!"

박사는 앙투안이 일어선 채 건성으로 듣고 있다는 것을 알아차렸다. 그는 의자에서 일어났다.

"언제 다시 만나게 될까? 언제 출발하나?"

"내일 아침 8시에요."

박사는 눈에 띄지 않을 정도로 몸을 떨었다. 그는 자신의 목소리가 안정을 되찾기까지 잠시 기다렸다.

"아, 그래……."

그러고 나서 현관으로 가는 앙투안의 뒤를 따라갔다.

그는 앙투안의 꾸부정한 어깨며, 긴 윗옷의 깃으로부터 드러나 보이는 메마르고 핏줄이 솟은 목덜미를 바라보고 있었다. 그는 자신의 마음속을 드러내 보이지나 않을까 두려웠으며, 이와 같은 침묵, 자기 자신의 생각이 두려웠다.

그는 재빨리 말을 꺼냈다.

"요양소는 마음에 드나? 모두들 진지하고? 자네에게 맞는 병원인가?"

"겨울에는 더할 나위 없습니다" 하고 앙투안은 걸어가면서 말했다. "하지만 그곳에서의 여름은 질색입니다. 다른 곳으로 옮겨 주었으면 할 정도이니까요. 가능하다면 시골이 좋을 것 같습니다. 바람이 잘 통하고 습하지 않은 곳…… 솔숲이라도 있는 곳…… 아르카숑? ……그곳은 너무 더워요. 그렇다면? 피레네 산맥에 있는 온천장이라도? ……코트레? 뤼숑?"

앙투안은 현관까지 와 있었다. 그는 걸어놓았던 군모를 벗기기 위해 팔을 치켜들다가 휙 뒤를 돌아보면서 이렇게 덧붙였다. "선생님의 의견은?" 10년이나 같이 일해 오다보니 미묘한 변화의 구석구석까지 꿰뚫어보게 된 박사의 얼굴에서, 그리고 코안경 너머로 깜박거리는 그의 조그마한 잿빛의 두 눈에서 앙투안은 박사 자신도 알아차리지 못한 고백, 즉 깊은 연민과도 같은 것을 얼핏 알아보았다. 그 얼굴과 그 눈길은 하나의 선고와도 같은 것, 즉 '무슨 소용이 있지?'라고 말하는 것 같았다. '여름인들 무슨 상관이 있어? 거기든 어디든…… 어차피 운명은 결정되었는데. 자네는 이제 끝장이야!'

'그렇군' 하고 앙투안은 심한 충격에 망연자실하며 생각했다. '나 역시 알고 있었어…… 끝장이라는 것을!'

"그래, 코트레 말이야" 하고 박사는 부산스럽게 중얼거렸다. 그리고 다시 마음을 가다듬어 "오히려 투렌이 어떨까, 여보게? ……투렌 아니면 앙주……."

앙투안은 물끄러미 마루를 내려다보고 있었다. 그는 박사의 눈을 정면으로 바라볼 만한 용기가 없었다. 선생님의 목소리는 어쩌면 이다지도 꾸민 듯한 느낌을 주는가! 무척이나 마음을 아프게 하는구나!

앙투안은 떨리는 손으로 모자를 썼다. 그리고 고개를 숙인 채 문까지 갔다. 그에게는 한 가지 생각밖에 없었다. 빨리 작별인사를 하고 혼자 자신의 극심한 공포에 맞서는 것이다.

"투렌…… 아니면 앙주……" 하고 박사는 무기력하게 되풀이했다. "알아보겠네……. 그리고 편지로 알리겠네……."

앙투안은 표정의 변화를 감추어주는 챙 밑으로 줄곧 눈을 내리깔고는 기계적으로 손을 내밀었다. 박사는 그 손을 꽉 잡았다. 그의 입에서 울음 섞인 듯한 목소리가 새어나왔다. 앙투안은 손을 빼자마자 문을 열고 도망치다시피 밖으로 나왔다.

"그래…… 앙주라도 좋지 않을까?" 하고 박사는 난간에 몸을 굽힌 채 떨리는 목소리로 말했다.

14. 경보발령의 밤

밖에는 어둠이 짙게 파리를 뒤덮고 있었다. 갓을 씌운 가로등이 인도 위에 푸르스름한 빛의 원을 여기저기 드리우고 있었다. 사람들의 왕래라고는 거의 눈에 띄지 않았다. 이따금 자동차들이 끈질긴 경적을 울리면서 조심스럽게 지나갈 뿐이었다.

비틀거리며 정처 없이 걷고 있던 앙투안은 말제르브 거리를 가로질러 부아시당글라 거리로 들어섰다. 모든 것에 무관심한 듯한 모습으로 고개를 푹수그린 채 숨을 가쁘게 쉬며, 이상하리만큼 공허하고 무엇인가에 얻어맞기라도 한 듯 띵한 머리를 감싸쥐고, 이따금 팔꿈치가 벽에 부딪칠 정도로 건물에 바싹 붙어 걷고 있었다. 그는 아무것도 생각하지 않았다. 그렇다고 괴로운 심정도 아니었다.

그는 지금 샹젤리제 가로수 밑에 와 있었다. 그의 눈 앞에는 가로수의 밑동 너머, 아름다운 봄의 밤하늘 아래로 희미하게 그 모습을 알아 볼 수 있는 콩코르드 광장이 펼쳐졌다. 그곳에는 무수한 자동차들이 소리를 죽이고 사방으로 달리고 있었다. 마치 인광처럼 빛나는 눈을 가진 짐승들이 나타났다가 암흑 속으로 사라지는 듯했다. 앙투안은 벤치를 하나 발견하고 그쪽으로 다가갔다. 그 벤치에 앉기 전에 그는 습관대로 이렇게 생각했다. '감기 들면 안 될 텐데.'(즉시 또 이렇게 생각했다. '뭘 새삼스럽게!') 필립 박사의 눈길에서 읽었던 번개 같은 선고가 그의 머릿속을 떠나지 않았다. 아니, 그것은 마치 하나의 커다란 기생체처럼, 또는 다른 모든 것을 짓눌러버린 뒤 엄청나게 번져나가 마침내 온몸에 번지는 종양처럼 그의 정신뿐만 아니라 육체까지 사로잡았다.

그는 자신의 몸속에 달라붙어 자신을 못살게 구는 것을 짓누르기 위해 몸을 웅크리고, 벤치의 딱딱한 등받이에 기대어 팔장을 낀 채, 오늘 저녁의 일을 다시 생각해 보았다. 의자에 말타듯 걸터앉아 "처음부터 말해보지 않겠나? 그래 처음의 부상은? 어떤 흔적이 남아 있나?"라고 말하던 스승의 모습이 다시금 떠올랐다. 그리고 자신이 한 설명을 차분하게 되새겨 보았다. 그런데 지금 그에게 들려오는 자신의 말은 점차 아까 자기가 한 말과는 전혀 다른 것으로 들려왔다. 지금 그는 자신의 증상을 완전히 새롭고 객관적인 통찰력으로 사실적인 관점에서 설명하고 있었던 것이다. 계속되는 발작이며, 간격이 점점 짧아지는 소강 상태이며, 재발할 때마다 더 심각해지는 증상 등을 준엄한 현실 그대로 묘사했다. 그리고 박사의 일그러진 얼굴에서 점차 걱정스러워하는 빛이 역력해지는 것을, 치명적인 진단이 점차 이루어지는 것을 순간순간 엿볼 수 있었던 것이다. 이마에 땀이 흘러내렸고, 숨은 한층 가쁘고 고통스러워져서 앙투안은 손수건을 꺼내 얼굴을 닦았다.

먼 곳에서 느릿느릿하고 단조로운 소리, 울음소리 같은 것이 별안간 밤의 정적을 깨뜨렸다.

그는 진찰을 받은 뒤, 긴 의자에서 상체를 일으키고 체념이라도 한 듯이 고개를 흔들며 '선생님, 이제는 끝장인가 봅니다!'라고 말했던 자신의 모습이 생각났다. 그 순간 박사는 아무 말 없이 고개를 숙이고 있었다.

그는 자신을 억누르고 있는 괴로움에서 벗어나기 위해 의자에서 벌떡 일어났다. 그러자 우뚝 서 있는 그의 머릿속에, 마치 깊은 심연에서 불어오는 상쾌한 바람결처럼 무엇인가 마음을 달래 준다는 생각이 떠올랐다. '그래, 우리 의사들에게는 언제나 한 가지 방책이 주어져 있다. 기다리지 않아도 된다는 것…… 고통받지 않아도 된다는 것…….'

앙투안은 그대로 서 있을 수가 없었다. 다시 자리에 앉았다.

두 사람의 그림자, 두 여인의 실루엣이 가로수 그늘에서 뛰쳐나왔다. 그와 때를 같이하여 모든 경계 경보의 사이렌 소리가 일제히 울리기 시작했다. 광장 주위에 희미하게 깜박이고 있던 몇 안 되는 가로등도 순식간에 꺼졌다.

'올 것이 왔군' 하고 그는 귀를 기울이며 생각했다. 저 멀리 북소리와 흡사한 소리가 대지를 뒤흔들었다.

뒤쪽의 가로수 길에서는 달아나는 사람들의 발소리가 어둠 속에서 어수선하게 들려오는가 하면, 수많은 사람들이 발길을 재촉하여 무리지어 급히 어둠 속으로 숨었다.

가브리엘 거리에는 전조등을 끈 몇 대의 자동차가 경적을 울리며 줄지어 가고 있었다. 한 무리의 순경이 줄을 맞추어 행진하며 그의 곁을 지나갔다. 앙투안은 어깨를 축 늘어뜨리고, 눈은 초점을 잃은 채, 인간의 온갖 사건으로부터 초연한 듯 자리에 그대로 앉아 있었다.

엉겁결에 몇 분이 흘렀다. 마침내 멀리서 들려오는 둔한 폭발음, 이어서 간격을 두고 울려오는 포성이 그로 하여금 그러한 허탈상태에서 깨어나게 했다.

'몽 발레리엥(파리 근교의 언덕)에 포진하고 있는 포대인가?' 하고 그는 속으로 생각했다. 그는 문득 뤼멜의 말이 생각났다. 해군성의 방공호.

멀리서 포성이 계속 은은하게 울려오고 있었다. 그는 일어서서 광장을 향하여 인도까지 걸어갔다. 이미 파리의 하늘은 웅장하고 화려한 광경으로 살아 숨쉬기 시작했다. 지평선 모든 지점으로부터 방사되는 빛다발이 밤하늘을 이리저리 비추며 우윳빛 꼬리를 길게 늘여뜨렸다가 서로 다시 만나는가 하면, 대담하고 민첩하면서 또 때로는 주저하는 듯한 무수한 별들을 사람의 눈길처럼 탐색하기도 하고, 수상한 어떤 점을 잡기 위해 갑자기 멈추는가 싶더니, 미끄러져가면서 수색을 다시 시작하곤 했다.

앙투안은 차도로 내려갈까 말까 망설이고 있었다. 목덜미가 아플 정도로 하늘을 쳐다보며 그 자리에 꼼짝 않고 있었다. '집에 가서 드러눕자' 하고 그는 생각했다. '눈을 감자. 수면제를 먹고…… 잠을 자야지…….' 뭐라 표현할 수 없는 무력감에 짓눌려 여전히 꼼짝 않고 있었다. '집으로 돌아가는 것이 낫겠다' 하고 그는 생각했다. '택시라도 잡을 수 있으면 좋으련만!' 그러나 지금 광장은 인기척 없이 어둠이 깔린 채 광활하기만 했다. 광장은 가끔씩만 그 모습을 드러낼 뿐이었다. 그것은 지나가는 자동차의 전조등에 의해 간간이 반사되는 난간, 동상, 오벨리스크 (콩코르드 광장 가운데 있는 기념비), 분수, 높은 가로등의 음침한 대열 등과 함께 희미한 어둠 속에서 갑자기 떠오르곤 했다. 마치하나의 환영, 어쩌면 마법에 의해 화석이 된 도시, 사라진 문명의 잔해, 오랫동안 모래 밑에 파묻혀 있던 죽은 도시와도 같았다.

앙투안은 무기력상태에서 벗어나려고 용기를 냈다. 그리고 몽유병 환자처럼 단숨에 그 죽음의 도시로 들어갔다. 튈르리와 강변 모퉁이를 비스듬히 가로질러 가기 위해 오벨리스크 쪽으로 곧바로 나아갔다. 불안감이 감도는 이 하늘 아래에서, 황량한 이 광장을 가로질러 가는 그에게는 마치 끝없는 길을 더듬어가고 있는 듯한 느낌이 들었다. 그는 아무렇게나 무리를 지어 달려가는 벨기에 사병들과 마주쳤다. 이어서 한 쌍의 노부부가 그를 앞질러 갔다. 그들은 어색하게 껴안고는 어둠 속을 헤매는 표류물처럼 갈피를 못 잡으면서 뛰어가고 있었다. 남자 쪽에서 그를 향해 외쳤다. "지하철로 대피하시오!" 앙투안이 대답하기도 전에 그들의 모습은 보이지 않았다.

하늘에서는 눈에 보이지 않는 무수한 모터가 윙윙거리며 단 하나의 거대한 금속성의 진동을 이루고 있었다. 동쪽과 북쪽에서는 격렬한 포성이 들려왔다. 방어선에서는 끊임없이 포탄을 토해내고 있었다. 시간이 갈수록 더 가까운 포대에서 포격을 해왔다. 탐조등이 움직이며 비추고 있으므로 그것의 폭발은 볼 수가 없었다. 포성과 포성 사이에 별안간 콩 볶는 듯한 기관총 소리가 들려왔다.

'루아얄 다리로 가자' 하고 앙투안은 무심코 생각했다.

그는 난간을 따라 강변으로 갔다. 자동차는 한 대도 눈에 띄지 않았다. 불빛도 전혀 없었고, 사람의 그림자도 찾아볼 수 없었다. 이 광란의 하늘 아래에는 아무도 살고 있지 않는 것 같았다. 자신과 강, 둘만이 있었으며, 센 강은 달빛이 휘영청 비추는 들의 샛강처럼 평평히 그리고 조용히 빛나고 있었다.

앙투안은 잠시 멈추어 서서 생각했다. '각오는 하고 있었다. 가망이 없다는 것을 나는 잘 알고 있었다……' 그러면서 그는 다시 자동인형처럼 계속 걸었다.

소음이 어찌나 요란했던지 음의 성질을 알아낼 수조차 없었다. 그런데 갑자기 둔중한 폭음이 다른 모든 소리를 압도하면서 들려왔다. 이어서 몇 번의 폭음이 이어졌다. '폭탄이구나' 하고 앙투안은 생각했다. '놈들이 탄막을 돌파했구나.' 아주 멀리 루브르 방향에서 벵골 불꽃처럼 붉어진 하늘 위로 몇 개인가의 불기둥이 또렷하게 떠올랐다. 앙투안은 뒤돌아보았다. 르발루아이 거나 아니면 퓌토 부근, 여기저기에 화재가 난 듯 불기운이 솟아오르고 있었다……. '사방에 불이 난 모양이구나' 하고 그는 생각했다. 그러다보니 자신의 불행도 잊고 있었다. 마치 신의 맹목적인 노여움이기라도 한 듯, 지금 머리 위를 감돌고 있는 눈에 띄지 않는 이 부자연스러운 위협에 쫓기면서 그는 무엇인가 인위적인 자극에 의해 격분을 금치 못했으며, 또한 일종의 원한에 찬 흥분에 의해 오히려 원기를 되찾을 수 있었던 것이다. 걸음을 재촉하여 다리까지 가서 센 강을 건넜다. 그리고 바크 거리로 들어갔다. 거리는 어두웠다. 그는 쓰레기통에 부딪혔다. 몸의 중심을 잃지 않으려고 허리에 힘을 주자 기관지에 심한 통증이 올라왔다. 집들 사이로 탐조등에 의해 투영되는 하늘을 거울삼아 인도에서 차도로 내려갔다. 뒤에서 윙윙거리는 소리가 요란스럽게 들려왔다. 간신히 인도 위로 다시 올라갔다. 이상하게 생긴 금속성의 번쩍번쩍 빛나는 두 대의 자동차가 완전히 불을 끈 채 질풍처럼 지나갔다. 이어서 작은 깃발을 단 자동차 한 대가 뒤따라갔다.

"소방수들이군" 하고 아주 가까이에서 말하는 누군가의 목소리가 들려왔다. 한 남자가 움푹 들어간 입구 문에 몸을 착 붙이고 있었다. 그리고 소나기가 멎기를 기다리기라도 하는 듯 줄곧 목을 빼고 얼굴을 내밀어 내다보곤 했다.

앙투안은 한 마디도 하지 않고 계속 걸었다. 피로가 다시 그를 엄습해 왔다. 큰 거룻배에 매여 있는 배 끄는 사람처럼 그는 자신의 고정관념에 사로잡힌 채 뒤뚱거리며 앞으로 걸어갔다. '그래, 나는 그 사실을 알고 있었어……. 오래전부터 말이야…….' 그는 비탄에 잠겨 있지만 거기에는 아무런 놀라움도 찾아볼 수 없었다. 충격을 받은 사람같다기보다는 단지 무거운 짐에 짓눌린 사람 같았다. 끔찍하면서도 부인할 수 없는 사실이 그의 마음속에 확고히 자리를 잡았다. 필립 박사의 눈길만 하더라도 그것은 지금까지 남몰래 감추고 있던 것을 표면화시켜 주고, 오래전부터 무의식의 어둠 속에 묻혀 있던 생각을 더욱 뚜렷하게 해준 것에 지나지 않았다.

위니베르시테 거리의 모퉁이, 그의 집에서 몇 걸음 안 되는 곳에 이르자 공포가 그를 엄습해 왔다. 그것은 거기에서 그를 기다리고 있을 고독에 대한 까닭 모를 갑작스러운 공포였다. 그는 그 자리에 우뚝 섰다. 달아나고 싶은 생각이 문득 들었다. 탐조등의 빛으로 온통 비춰지고 있는 하늘을 향해 두 눈을 무심히 들었다. 그러면서 마음속으로 누군가 의지할 수 있는 사람, 동정의 눈길을 구할 수 있는 사람이 없는지 찾고 있었다.

"누구 하나……" 하고 중얼거리듯 말했다.

그러고 나서 잠시 벽에 등을 기댄 채, 탄막 사격 소리, 비행기 소리, 폭탄이 터지는 소리가 두개골을 때리는 속에서도 '단 한 사람의 친구도 없어!'라는 불가해한 이 사실을 곰곰이 생각해 보았다. 남에게 언제나 사근사근하고 친절했으며, 모든 환자로부터 사랑받던 그. 언제나 동료들의 호감을 샀는가 하면 스승들의 신뢰를 한몸에 받고, 몇 명의 여자에서는 열렬한 사랑을 받았던 그가 아닌가—그런데 한 사람의 친구도 없다니! 그것도 지금까지 줄곧 그러했으니! 자크만 하더라도……. '친구처럼 대해 주지도 못하고 죽었다…….'

문득 라셀이 생각났다. 아, 오늘 저녁과 같은 때에 그녀의 품에 안겨 지난 날처럼 '나의 사랑……' 하고 속삭이던 다정하면서도 열정적인 그 목소리를 들을 수 있다면 얼마나 좋을까. 라셀! 지금은 어디에 있을까? 도대체 어찌 되었을까? 저기, 집에 놓아둔 그녀의 목걸이…… 과거의 잔재를 손에 쥐고, 살처럼 빨리 따스해지던 구슬 하나하나를 만져보고 싶은 생각이 그를 사로잡았다. 그 냄새는 마치 라셀이 옆에 있는 것처럼 과거를 떠올리게 해 주리라…….

그는 천천히 벽에서 물러섰다. 그리고 휘청거리는 발걸음으로 문이 있는 데까지 몇 미터를 걸어갔다.

15. 편지

메종 라피트
1918년 5월 16일

나의 넓적다리를 짓이겨놓은 파편 조각들이 나를 성(性)도 없는 인간으로 만들어 버렸습니다. 나는 이런 속내 이야기를 감히 내 입으로 털어놓을 만한 마음의 여유가 없었습니다. 당신은 의사이시니까 아마 짐작하셨겠지요? 당신과 자크에 관해 이야기할 때 그가 그렇게 삶을 끝낸 것이 오히려 부럽다고 했더니 당신은 나를 이상한 눈길로 바라보았습니다.

이 편지는 읽은 뒤 찢어 버리십시오. 남들에게 나의 이런 심정을 알리고 싶지 않습니다. 그리고 남에게서 동정을 받고 싶지도 않기 때문입니다. 난 그저 목숨만 부지하고 있습니다. 나라에서 생활을 보장해 주고 있으니까 누구에게 기대지 않아도 됩니다. 이런 나를 부러워하는 사람들이 많더군요. 어쩌면 그들의 생각이 옳은지도 모르겠습니다. 어머니가 살아 계시는 동안에는 그럴 리가 없겠지만 훗날 언젠가 내가 이 세상을 하직하고 싶다는 생각이 들 때 당신만은 그 이유를 알 수 있을 것입니다.

안녕히 계십시오.

D. F. (^{다니엘 퐁타})

＊＊＊

메종 라피트
5월 23일

친애하는 앙투안

이것은 당신을 탓하려고 쓰는 글이 아닙니다. 실은 당신이 조금 걱정되기 때문입니다. 우리에게 소식을 주겠다고 약속하셨는데 일주일 동안이나 아무런 소식도 없습니다. 긴 여행 때문에 우리가 생각하는 것보다 훨씬 피로에 지치신 모양이지요?

저를 찾아 주셔서 얼마나 저에게는 위로가 되었는지 모릅니다. 뭐라 말해야 좋을지도 모르겠고, 또 어떻게 저의 마음을 사실대로 나타내야 할지도 모르겠습니다. 하여튼 당신이 떠나신 뒤부터는 더욱 고독한 것 같습니다.

제니

* * *

메종 라피트
1918년 6월 8일 토요일

친애하는 앙투안

하루하루 지나다 보니 당신이 메종을 떠난 지도 벌써 3주일이 되어 갑니다. 그런데 여전히 아무런 소식도 없으니 정말 걱정이 앞섭니다. 이렇게 소식이 없는 것은 당신의 건강 탓으로밖에 생각할 수 없군요. 제발 저에게 진실을 말씀해 주십시오.

장 폴은 편도선염으로 며칠동안 열이 무척 났습니다. 지금은 훨씬 나아졌지만 아직 바깥 출입은 시키지 않고 있습니다. 그 때문에 집 안이 좀 어수선한 편이랍니다. 그런데 모두들 그 애가 일주일 동안 드러누워 있는 사이에 많이 큰 것 같다고들 하는군요. 하지만 그런 일이 있을 수는 없지 않겠어요? 하기는 내가 보기에는 병을 앓는 동안에 지능이 발달한 것 같습니다. 책 속의 그림이라든가 다니엘이 그려준 그림 따위에 관해 자기 나름대로의 여러 가지 이야기를 꾸며서 설명한답니다. 저를 비웃지 마세요. 이런 것은 당신 말고는 어느 누구에게도 말할 거리가 못 되니까요. 어쨌든 그 애는 세 살 치고는 놀라울 정도의 관찰력을 갖고 있습니다. 그러니 매우 영리하겠죠.

그 밖에 별다른 일은 없었습니다. 병원에선 자리를 만들기 위해 회복기에 있는 환자들은 될 수 있는 대로 많이 퇴원시키라는 명령이 있었습니다. 그 때문에 열흘 내지 2주 동안은 더 요양을 하리라고 굳게 믿고 있던 불쌍한 사람들을 내보내야만 했답니다. 매일 새로운 환자들이 들어오고 있습니다. 그러자 어머니는 근처 영국인으로부터 현재는 비어 있는 등나무 있는 별장을 빌리기로 하셨습니다. 그렇게 되면 침대를 스무 개는 더, 아니 어쩌면 그 이상을 들여놓을 수도 있을 겁니다. 니콜은 남편으로부터 장문의 편지를 받았습니다. 그의 군용 외과 자동차 부대는 벨포르 근처로 가기 위해 샹파뉴 지방을 떠났다고 합니다. 그의 말에 따르면 샹파뉴에서 입은 인명 손실이 엄청나다고 하는군요. 언제까지 계속될는지? 이 악몽이 언제까지 이어질는지? 매일같이 파리에 다녀오는 메종의 주민들 말에 따르면 폭격으로 인해 파리 시민의 사기가 무척 떨어지고 있다는군요.

에필로그 1883

앙투안, 병세가 다시 악화되었다는 것을 알려 주는 한이 있더라도 제발 사실을 말씀해 주십시오. 우리를 더 이상 이런 불안 속에 내버려 두지 마세요.

당신의 친구
제니

* * *

그리스 1918.6.11.

건강상태 별로 좋지 않음. 하지만 현재로서는 특별히 악화되는 조짐 없음. 며칠 뒤 편지 쓰겠음.

티보

* * *

르 무스키에
1918년 6월 18일

드디어 편지를 쓸 결심을 했습니다, 제니. 이번 나의 긴 여행에 대해 당신이 걱정하는 것도 무리가 아니라고 생각합니다. 돌아오자마자 불안할 정도로 열이 오르내리면서 꽤 심각한 위험신호가 보여 몸져 눕지 않을 수 없었답니다. 그래도 새로운 요법과 매우 열성적인 치료 덕분에 그럭저럭 또 한번 병이 악화되는 것을 막을 수 있었던 듯싶습니다. 일주일 전부터는 다시 일어나 차츰 전의 생활로 되돌아가고 있습니다.

그러나 내가 침묵을 지키고 있던 이유가 병의 재발 때문은 아닙니다. 당신은 나에게 사실을 말해 달라고 하는데 요컨대 이런 것입니다. 나에게 끔찍한 일이 닥쳤습니다. 말하자면 '가망이 없다'는 것을 분명히 알게 된 것입니다. 영원히 가망이 없다는 것 말입니다. 어쩌면 몇 개월은 끌고 나갈지도 모릅니다. 여하간 내가 회복될 가망은 없습니다.

이런 말을 서슴없이 하는 나를 용서해 주기 바랍니다. 자신이 얼마 안 있어 죽게 되리라는 것을 알고 있는 사람에게는 모든 것이 이래도 좋고 저래도 좋고, 매사가 너무나 낯설어 진답니다. 또 쓰겠습니다. 오늘은 더 이상 쓸 수가 없군요.

앙투안

이 사실은 당신 혼자만 알고 있기를 바랍니다.

* * *

르 무스키에
1918년 6월 22일

아닙니다. 제니, 당신이 생각하고 있는 것처럼(아니면 그렇게 생각하고 있는 척하는지 모르겠으나) 나는 있을 수도 없는 공포와 싸우고 있는 것이 아니랍니다. 용기를 내어 좀더 자세하게 설명을 했더라면 좋았을 것을. 오늘은 좀더 자세히 쓰기로 하겠습니다.

나는 지금 하나의 현실을 눈앞에 두고 있습니다. 하나의 '분명한 사실' 앞에 서 있습니다. 그것은 당신과 헤어지던 날, 즉 내가 파리에 머물던 마지막 날, 은사인 필립 박사와 얘기하던 중에 돌연 나를 엄습한 사실입니다. 아마 그분이 계셨기에 그와 같은 급작스런 양면 관찰이 가능했으리라 믿지만, 나로서는 처음으로 내 병의 증상에 관해 명쾌하고도 객관적인 진단, 의사로서의 진단을 내릴 수 있었습니다. 있는 그대로의 사실이 섬광처럼 모습을 드러낸 것입니다.

이번 여행을 하는 동안 나는 충분한 시간을 갖고 그것을 생각해 보았습니다. 처음부터 그날 그날의 상태를 적은 노트를 가지고 갔습니다. 그런데 그 결과 연일 발작이 거듭될수록 병세가 규칙적으로 끊임없이 악화되고 있다는 사실을 알게 되었습니다. 또한 지난겨울에 작성한 문헌이 있는데, 거기에는 가스를 쓴 이래 전문잡지에 실린 프랑스와 영국 두 나라의 의학보고와 온갖 임상기록이 거의 모두 들어 있습니다. 이미 다 알고 있던 사실이지만 이번에 나에게 새롭게 조명되었답니다. 그리고 모든 것이 나의 확신을 뒷받침해 주었습니다. 이곳으로 돌아온 뒤 나를 돌보아 주고 있는 전문의들과 나의 증상에 관해 토론도 해 보았습니다. 그러나 예전처럼 자신이 회복중이라고 믿고, 자신의 신념을 확고히 해 주는 것이라면 무엇이나 그대로 받아들이는 환자로서가 아니라, 친절을 가장한 거짓말로는 더 이상 속일 수 없을 정도로 그 병에 정통하고, 마음의 준비가 되어 있는 동료로서 의견을 나누었습니다. 내가 대뜸 몰아붙였더니 그들은 애매한 태도를 보이며, 의미심장한 침묵을 지키다가 마침내 솔직하게 털어놓더군요.

지금 나의 확신은 뚜렷한 근거 위에 있습니다. 지난 6개월 전부터 중독증이 끊임없이 악화되는 것으로 미루어보아 완쾌될 가망이 전혀, 엄밀히 말해 '전혀' 없습니다. 나를 평생 불구로 만들 만성적인 정지상태조차도 허용되지 않는 것입니다. 그래요. 나는 비탈길 위에 놓여 있는 하나의 구슬이나 다름없습니다. 밑에까지 점점 빠른 속도로 굴러갈 수밖에 없는 운명에 처해 있는 셈입니다. 어떻게 이토록 오랫동안 속고 있었을까요? 의사인 나로서도 웃지 않을 수가 없습니다! 언제까지 견뎌 낼지 모르겠습니다. 그것은 좋든 싫든 앞으로의 발작과 그 격렬함의 정도, 그리고 소강상태가 어느 정도 이어지는가에 달려 있습니다. 병의 재발 정도에 따라, 그리고 치료의 일시적인 효과 여하에 따라 2개월 내지 최대 1년쯤은 살 수 있을 겁니다. 하지만 최종 기한은 결정되어 있습니다. 그리고 그것이 임박했습니다. 어떤 경우에는 흔히 말하는 '기적'이라는 것이 있지만, 내 경우에는 있을 수 없는 일입니다. 과학의 현 단계에서는 한 가닥의 희망도 허용되지 않습니다. 나는 지금 최악의 경우를 호소하여 마음의 위안을 주는 반론을 듣고자 하는 환자로서가 아니라, 확정적으로 판명된 '불치'의 병을 앞에 두고 확실한 자료를 가지고 임하는 임상의의 입장에서 이 글을 쓴다는 것을 믿어주길 바랍니다. 그리고 내가 이렇게 태연하게 말할 수 있는 것도 실은……

6월 23일. 어제 쓰다 만 편지를 다시 계속하겠습니다. 오랫동안 주의를 집중하기에는 아직 나 자신을 충분히 지배할 수 없군요. 제니에게 말할 것이 있는 듯싶었는데 그것도 이제 와서는 생각나지 않습니다. 나는 '태연하게' 썼답니다. 운명을 앞에 두고 이러한 냉정함—슬프게도 매우 불안정한 냉정함이지만—여기에 이르기까지는 무서울 정도의 내적인 혁명을 필요로 했습니다.

깊은 구렁 속에서 여러 날 계속되는 불면의 밤을 보냈습니다. 그야말로 지옥과 같은 고통이었답니다. 그것을 생각하면 지금도 소름이 끼칠 정도로 오싹해지고, 온몸이 떨리는 것 같습니다. 그것은 아무도 떠올릴 수 없습니다.

어떻게 온전한 정신을 가지고 견디어 낼 수 있을까? 그리고 어떤 신비스러운 경로를 통해 그러한 극도의 절망과 반항으로부터 이런 체념의 경지에까지 도달할 수 있단 말인가? 나로서도 설명할 길이 없습니다. 요컨대 뚜렷한 사실로 하여금 이성적인 두뇌에 무한한 힘을 발휘하도록 하는 수밖에. 또한 인간의 본성으로 하여금 지극히 부드러운 순응력을 갖도록 해서 이러한 생각, 즉 살 만큼 살지도 못하고 죽어간다는 생각, 그리고 자신이 갖고 있다고 믿었던 엄청난 가능성들 중에서 그 무엇 하나도 실현하지 못하고 죽어간다는 이런 생각에 익숙해져야 합니다. 여하간 이제는 더 이상 그런 변화의 단계들을 기억조차 못하겠습니다. 오랫동안 이어졌던 사실이니까요. 극심한 절망으로 인한 발작과 허탈감으로 몸부림치는 순간이 서로 교차되곤 했답니다. 그것마저 없었더라면 나는 도저히 견뎌 내지 못했을 겁니다. 그런 상태가 몇 주에 걸쳐 계속되었습니다. 그동안 육체적인 고통과 고된 치료만이 다른 괴로움, 진짜 괴로움을 잊게 해 주었답니다. 점차 올무에서 벗어난 듯한 느낌이었지요. 극기라든가 영웅주의는 물론, 체념 같은 것도 없어졌습니다. 오히려 감각의 무딘 숫돌같이 아무런 반응도 없는 상태, 무관심의 상태, 더 정확히 말해서 마비 상태의 징후가 나타난 것입니다. 나의 이성은 아무런 도움도 되지 못했습니다. 나의 의지도 마찬가지였고요. 나의 의지로 말할 것 같으면 며칠 전부터야 비로소 그런 무감각의 상태를 계속 이어 나가는 데 발휘되고 있답니다. 나는 생활의 리듬을 되찾고자 애쓰고 있습니다. 주위의 사람들과도 다시 관계를 맺고, 그리고 일어나서 침대를 박차고 방에서 빠져나왔답니다. 억지로라도 다른 사람들과 식사를 하려고 노력하고 있습니다. 오늘은 동료들이 브리지를 하는 것을 잠시 들여다보았지요. 이제 저녁이 되어 당신에게 이렇게 글을 쓰고 있지만 별로 힘들다는 생각은 들지 않습니다. 오히려 전에는 맛보지 못한 야릇한 기쁨마저 느끼고 있습니다. 나는 이 편지를 마무리하기 위해 밖으로 나와 사이프러스나무들이 줄지어 있는 그늘 밑에 자리잡았습니다. 사이프러스나무 뒤에서는 간호병들이 일요일마다 하는 공놀이를 하고 있습니다. 처음에는 주위의 이런 광경, 말다툼, 웃음소리 따위가 견디기 어려울 것이라고 생각했는데, 지금은 오히려 여기에 있고 싶고, 또 그럴 수 있게 되었습니다. 어쩌면 이렇게 함으로써 다시 마음의 안정을 되찾을 수 있지 않을까 합니다.

에필로그 1887

어쨌든 이런 노력을 하다 보니 무척 지쳐 있습니다. 다시 편지하겠습니다. 내가 아직 누군가에게 관심을 둘 수 있는 마음의 여유를 갖고 있다면 그것은 제니 당신과 당신의 아이 뿐이랍니다.

앙투안

＊＊＊

르 무스키에
6월 28일

아침부터 나는 제니의 편지를 몇 번이나 읽고 또 읽었습니다. 간결하고 훌륭했을 뿐만 아니라 바로 내가 바라던 그런 편지였습니다. 또 내가 바라던 제니, 그리고 그러하리라고 짐작했던 제니였습니다. 나는 편지를 쓰려고 밤이 되어 집 안이 조용해지기를 기다렸습니다. 이 시각은 환자들의 치료도 끝나고, 당직 간호병의 순시도 끝나는, 말하자면 불면만이―그리고 망령들만이 찾아드는 때랍니다……. 제니 덕분에 나는―이렇게 쓸려던 참이었습니다. 용기를 되찾고 있다고. 그런데 중요한 것은 그런 용기도 아니고, 또 나에게 필요한 것도 그런 용기가 아닙니다. 중요한 것은 누군가가 옆에 있다는 것, 몇 개월이고 계속될지 모르는 나 자신과의 대결에서 외로움을 덜 느끼는 것입니다. 내가 앞으로의 몇 개월이 단축되었으면 하는 생각은 하지 않는다는 것을 알아 주길 바랍니다! 나 자신에게 주어진 유예기간을 포기하고 싶지도 않습니다! 나 스스로도 놀라고 있는 사실입니다. 알다시피 마음만 먹으면 빨리 끝장낼 방법이 없는 것도 아닙니다. 하지만 그 방법은 훗날을 위해 남겨둘 생각이랍니다. 지금은 삼가겠어요. 이 유예기간을 받아들여 거기에 집착하겠습니다. 이상하다고 생각지 않습니까? 하지만 생명에 열렬히 집착할 때 사람은 누구나 할 것 없이 그 생명을 쉽사리 버리지는 못하는 것이랍니다. 그리고 그 생명을 잃게 된다는 것을 느낄 때 더더욱 그러합니다. 벼락을 맞은 나무의 경우도 그 수액은 봄이 되면 계속 올라오고, 그 뿌리도 죽지 않고 계속 생명을 이어가는 법입니다.

그런데 제니, 그 반가운 편지에서 한 가지만 빠졌더군요. 장 폴의 소식 말입니다. 지난번 편지에서 단 한 번 장 폴에 관한 소식을 전해 주었어요. 그 편지를 받았을 때만 해도 나는 극심한 소외감과 모든 것을 거부하고 싶은 심정이었으므로 하루종일, 아니 어쩌면 그 이상 편지를 뜯지도 않은 채로 두었습니다. 마침내 읽어보니 장 폴에 관한 몇 줄이 있더군요. 그래서 처음으로 나는 잠시 고정관념을 떨쳐 버릴 수가 있었고, 무엇에 홀린 듯한 상태에서 벗어나 다른 일에 관심을 기울이며 외부 세계에 다시 눈을 돌릴 수 있었습니다. 그 후부터는 줄곧 장 폴을 생각하고 있습니다. 메종에 있는 동안 나는 그 아이를 직접 보고 어루만지면서 웃음소리를 듣기도 했지요. 지금도 그 아이의 근육이 움찔거리는 것을 내 손가락으로 느끼는 듯합니다. 장 폴을 생각할 때마다 그 아이가 눈에 선합니다. 그리고 그 아이를 중심으로 여러 가지 생각, 미래의 계획 같은 것이 세워지는군요. 죽음을 면할 수 없는 사람에게도 이처럼 여러 가지 계획을 세운다든가 무엇인가에 희망을 두고 싶은 욕망이 있답니다! 장 폴로 말할 것 같으면 살아남아 삶을 시작할 테고, 그 아이에게는 완전히 다른 생활이 있을 것으로 압니다. 이 사실은 지금의 나에게는 허락되지 않는 미래에 대한 돌파구를 마련해 주는 것입니다. 환자의 꿈? 그럴지도 모르겠습니다. 그렇다 해도 하는 수 없지요. 옛날과는 달리 감상적이 되는 것을 별로 두려워하지 않습니다(이것이야말로 확실히 환자의 나약함이지요!). 나는 거의 잘 수가 없습니다. 그렇다고 아직은 약의 힘을 빌리고 싶지도 않아요. 하지만 그것을 쓸 때가 곧 올 겁니다.

나는 재적응을 위한 노력을 체계적으로 계속하고 있습니다. 의지력을 연마하는 것만도 벌써 유익한 일이지요. 신문도 다시 읽기 시작했습니다. 전쟁에 관한 것, 본 쿨만이 라이츠타그(독일 연방 의회 하원)에서 행한 연설도 상대편의 온갖 제의를 미리부터 하나의 술수 내지는 사기를 떨어뜨리기 위한 공세라고 간주하는 한, 서로 간의 평화는 결코 이루어질 수 없을 것이라고 한 그의 말은 지극히 옳은 것입니다. 그런데도 연합국측 언론은 또다시 여론을 속이려 하고 있습니다. 그의 연설에는 조금도 '도전적인' 데가 없는 데도 말입니다. 오히려 타협적이며 의미심장한 데가 있습니다.

(이렇게 쓰기는 해도 여기에는 약간의 비아냥이 없는 것은 아닙니다. 전쟁에 대한 강박관념이 나의 마음에서 사라진 것은 아니니까요. 그리고 그것은 내가 죽을 때까지 나를 떠나지 않을 것입니다. 어쨌든 현재로서는 억지로라도 생각하고 싶은 심정입니다)

오늘은 이만 줄이겠습니다. 이렇게 수다를 떨고 나니까 마음이 후련해지는군요. 곧 다시 쓰겠습니다. 우리는 지금까지 서로 알고 지낼 기회가 없었어요, 제니. 하지만 당신의 편지는 나를 무척 흐뭇하게 해 주었답니다. 그리고 이 세상에 '친구'라고는 당신밖에 없다는 느낌입니다.

앙투안

* * *

르 무스키에
6월 30일

제니, 당신을 깜짝 놀라게 할 소식을 전하겠습니다. 어제 오후, 내가 어떻게 지냈는지 짐작하겠습니까? 계산을 하고, 서류를 뒤적거리며, 또 편지를 쓰며 지냈답니다. 며칠전부터 이런 것들을 생각하고 있었지요. 구체적인 몇 가지 문제를 처리해 놓아야겠다는 어떤 초조감 때문이었습니다. 사후를 위해 모든 것을 깨끗이 정리해 놓고 싶은 심정이랍니다. 얼마 안 있으면 내가 이런 노력을 할 수 있을 것 같지가 않아서 입니다. 이런 걱정이 앞서다 보니 문득 머리에 떠오르는 것이 있어 이 기회를 이용하는 것입니다.

이런 편지를 쓰는 나를 용서해 주길 바랍니다. 어쨌건 장 폴의 보호자인 당신에게 나의 재산상태를 알려 주어야 하겠습니다. 그 이유는 내가 갖고 있는 재산은 당연히 그 아이에게 돌아가야 하니까요.

지금에 와서는 별것 아니군요. 아버지가 나에게 남겨주신 주식이라 해도 별로 남아 있는 것이 없으니까요. 파리의 집을 뜯어 고치느라고 많은 부분을 써버렸기 때문입니다. 그리고 나머지는 무모하게도 러시아 공채로 전환해 버렸습니다. 이것은 절대로 돌려받을 수 없습니다. 다행히 위니베르시테 거리의 집과 메종 라피트의 별장은 그대로 남아 있습니다.

집은 세를 놓든가 아니면 팔아도 좋겠습니다. 당신은 그 수입으로 그럭저럭 살아갈 수 있을 것이며, 장 폴에게 상당한 교육도 시킬 수 있을 겁니다. 그 아이는 호화스러운 생활은 하지 못할 겁니다. 오히려 다행이지요. 하지만 가난에 쪼들려 위축되는 일은 없을 겁니다.

메종 라피트의 별장은 전쟁이 끝나면 파는 것이 좋겠습니다. 신흥부자들은 탐을 낼 것이 틀림없어요. 적어도 그 정도의 가치는 있으니까요. 다니엘의 말로는 당신 어머님의 집이 저당 잡혔다고 하더군요. 내가 보기에 어머님도 당신도 그 집에 무척 애착을 갖고 있는 듯합니다. 그렇다면 티보 별장을 판 돈으로 저당을 완전히 해지하는 것이 바람직하지 않을까요? 그렇게 되면 부모님의 집은 확실히 장 폴의 소유가 될 테니까요. 이 계획을 실천에 옮기는 방법을 공증인에게 물어보겠습니다.

내가 물려줄 것의 대체적인 평가가 끝나는 대로 지젤에게 줄 연금의 액수도 정하도록 하겠습니다. 제니, 장 폴이 성년이 될 때까지 이 모든 것을 당신이 관리해 주십시오. 공증인 베노 씨는 매우 소심하고 좀 형식에 치우친 사람이긴 해도 믿을 수 있는 사람입니다. 요컨대 훌륭한 조언자가 될 만한 사람입니다.

이상이 당신에게 하고 싶었던 이야기입니다. 말하고 나니 마음이 다 후련해지는군요. 최종적으로 뚜렷한 것이 결정되기 전까지는 앞으로 이 문제에 관해서는 더 이상 거론하지 않기로 하겠습니다. 그런데 며칠전부터 내 마음을 사로잡고 있는 다른 한 가지 문제가 있습니다. 당신도 직접 관계가 있는 일입니다. 서로 간에 미묘한 문제이긴 하지만 그렇다고 나로서는 말을 꺼내지 않을 수가 없군요. 그러나 오늘 거론하기에는 그럴 만한 용기가 나질 않습니다.

올리브나무 그늘에서 신문을 읽으며 두 시간쯤 보내고 지금 오는 길입니다. 독일 군대가 꼼짝하지 않고 있다는데, 뒤에서 무슨 음모를 꾸미고 있는 것일까요? 몽디디에로부터 와즈 강에 이르기까지 아군의 저항으로 인해 독일군의 진격이 저지당한 것 같군요. 거기에다 오스트리아군도 패배하고 있습니다. 이것은 적에게 쓰라린 상처를 안겨다 준 것이 틀림없습니다. 미군이 참전하기 전에, 여름 몇 개월 사이에 동맹국들의 노력이 결정적인 성공을 거두지 못한다면 전세는 돌변하고 말 것입니다. 과연 나는 그때까지 살아서 그 광경을 볼 수 있을런지? 한 개인의 시각에서 볼 때 역사를 만들어 내는 갖가지 사건들의 진행 과정은 너무나도 느리군요. 바로 그것 때문에 나는 4년 전부터 얼마나 수없이 몸부림을 쳤는지 모릅니다. 더구나 앞으로 목숨을 부지할 날도 얼마 남지 않은 나의 경우에는!

그건 그렇고, 현재 나의 건강은 일시적으로 소강상태에 있는 것 같습니다. 과연 새로운 혈청의 효과 때문일까요? 호흡곤란을 일으키는 발작도 덜 고통스럽습니다. 갑작스런 발열도 뜸해졌구요. 이상이 나의 건강 상태에 관한 것입니다. 한편 '사기(士氣)'로 말할 것 같으면—이것은 죽어가는 병사들의 무기력을 측정하기 위해 최고사령부가 사용하는 말인데—이것 또한 더 좋아졌다고 하겠습니다. 이 편지를 통해서 당신도 느낄 수 있을는지? 어쨌든 이렇게 긴 편지를 당신에게 쓴다는 사실은 당신과 담소하는데 내가 즐거움을 느끼고 있다는 것을 여실히 보여 주는 것입니다. 이것은 나의 '유일한' 즐거움입니다. 여기서 펜을 놓아야겠습니다. 치료받을 시간이 되었으니까요.

당신의 친구

앙투안

이 치료를 나는 예전과 다름없이 열심히 감내하고 있습니다. 이상하지 않습니까? 나를 대하는 의사의 태도도 이상하리만큼 달라졌습니다. 예를 들자면 현재 병이 호전되어 가는 것을 뚜렷이 보면서도 그 사실을 나에게 말하려고 하지 않습니다. 그리고 자주 나를 찾아오고, 신문이라든가 음반 따위를 가져오기도 하고 또 이렇게 친절을 베풀어 주기도 합니다. 죽음을 기다리고 있는 나로서는 어디를 가도 이곳만한 곳은 없을 것입니다.

＊＊＊

로아양 제23병원(샤랑트 엥페리외르)

1918년 6월 29일

선생님

1916년 가을에 기니를 겨우 떠났으므로 지난달에 보내신 편지는 이제야 겨우 이곳으로 회송되어 저의 손에 들어왔습니다. 저는 이곳에서 외과병동의 간호사로 근무하고 있습니다. 편지에 있었던 소포를 기억하고 있습니다. 단지 저의 기억이 그리 분명하지 않으므로 저에게 문의하시는 내용에 관해서는 상세한 말씀을 드릴 수가 없습니다. 선생님에게 전해 달라고 저에게 소포를 맡기신 분은 제가 모르는 사람이었습니다. 우리 병원에 도착했을 때 이미 황열병의 중환자였는데, 닥터 랑스로의 치료에도 불구하고 며칠 뒤에 세상을 떠나고 말았습니다. 1916년 봄이었던 것으로 생각됩니다. 코나크리에 기항한 배에서 급히 하선시켰던 것으로 분명히 기억하고 있습니다. 그 물건과 선생님의 주소는 제가 숙직 당번을 하는 동안 그분이 잠깐 제정신이 들었을 때 저에게 맡긴 것입니다. 그 이유는 그분이 계속 인사불성의 상태로 있었기 때문입니다. 어쨌든 그분이 선생님께 편지 따위를 전해 달라고 부탁한 적은 없다는 것을 분명히 말씀드립니다. 배가 기항했을 당시 그분은 혼자 여행 중이어서 이삼 일 위독상태가 계속되는 동안 아무도 찾아오는 사람이 없었습니다. 아마 유럽인 공동묘지에 묻혔을 것으로 압니다. 병원사무장인 파브리 씨가 아직 그곳에 계신다면 일지를 조사해서 그 여인의 이름과 사망날짜를 알려 드릴 수 있을지도 모르겠습니다. 이 밖에는 달리 알려 드릴 만한 것은 기억하고 있지 못합니다. 매우 유감스럽게 생각합니다.

뤼시 보네

편지를 봉했다가 다시 뜯었습니다. 그 이유는 앞서 말씀드린 그 부인이 이르트라던가 이르슈라고 하는 커다란 검은 불독 한 마리를 데리고 왔었다는 사실을 알려 드리고 싶었기 때문입니다. 제정신이 들 때마다 부인은 그 개를 찾곤 했습니다. 하지만 병원의 규칙도 있는 데다가 성미가 고약했으므로 병동에는 둘 수가 없었습니다. 동료 간호사 가운데 한 사람이 그 개를 맡고 싶어했었지만 온갖 곤혹을 다 치렀습니다. 어떻게 할 도리가 없었으므로 결국에는 독이 든 환약을 먹였습니다.

16. 앙투안의 일기 (7월, 8월, 9월, 10월, 11월)

르 무스키에
1918년 7월 2일

새벽녘에 잠시 눈을 붙인 사이에 자크의 꿈을 꾸었다. 어찌 된 영문인지 이야기의 맥락을 통 이을 수가 없다. 옛날 위니베르시테 거리의 아래층 방 같다. 자크와 아주 가까이에서 살고 있던 때의 일이 새롭게 떠오른다. 여러 가지 추억 가운데에서도 특히 소년원에서 나온 자크를 내 방으로 데리고 왔을 때의 일. 뭐니뭐니해도 아버지의 감시로부터 그 애를 벗어나도록 해야겠다고 생각한 것은 나였다. 그런데도 비열한 적대감, 나 나름대로의 후회의 감정을 억누를 수 없었다. 지금도 또렷이 기억하고 있다. 나는 마음속으로 이렇게 생각했었다. '좋아. 데리고 있어주마. 하지만 그 때문에 나의 일상적인 일, 나의 일에 지장을 주어서는 안 돼. 그리고 내가 성공하는 일에도 방해가 되어서는 안 되고.' '성공!' 평생 나는 줄곧 이렇게 되풀이해 왔다. '성공하는 거다!' 입버릇처럼 하던 말, 유일한 목적, 이를 위해 바친 15년간의 노력……. 그런데 오늘 아침 침대에 있는 나의 처지에서 볼 때 이 '성공'한다는 말이 얼마나 하찮은 것인가!

이 노트. 어제 경리 담당자에게 부탁하여 그라스 문방구에서 사오도록 하였다. 환자의 어린애 같은 행동인지도 모르겠다. 그러나 두고 볼 일이다. 내가 생각하고 있는 것을 제니에게 편지로 씀으로써 마음이 후련해짐을 나는 확인할 수 있었다. 나는 16살이 될 때까지 일기라는 것을 쓰려고 하지 않았다. 16살 되던 때에 프레드나 제르브롱, 그 밖의 다른 아이들은 일기를 썼지만 나는 그러지 않았다. 때늦은 감이 든다! 일기라기보다는 마음 내킬 때 떠오르는 생각을 적어 두려고 하는 것이다. 확실히 건강에도 좋을 것이다. 환자나 불면증에 시달리는 사람의 머릿속에서는 모든 것이 강박관념으로 변해 버린다. 그래서 무엇인가를 씀으로 해서 거기에서 벗어나는 것이다. 게다가 기분전환도 되고 시간을 이럭저럭 보낼 수 있으니까(예전에는 시간이 너무 빨리 간다고 투덜대던 내가 그럭저럭 시간을 보내다니! 전선에 있을 때도, 그리고 병원에서 지난겨울을 보낼 때도 평생 그랬듯이 나는 눈코 뜰 새 없는 생활을 했다. 한시도 틈이 없고, 시간 가는 것을 느끼지도 못하며 현재를 의식하지도 못했다. 그런데 자신의 죽음을 눈앞에 둔 지금의 나는 시간이 아주 길게 느껴진다).

좋지도 나쁘지도 않은 하룻밤. 오늘 아침의 체온은 37도 7부.

저녁
호흡곤란 재발. 체온 38도 8부. 늑골간의 통증. 늑막에 이상이 생긴 게 아닌지 모르겠다.
떠오르는 여러 가지 망령들을 종이 위에 쓰는 걸로 쫓아 버리자.

하루종일 상속 문제가 머리에서 떠나지 않았다. 사후를 준비하자('사후 문제'에 관한 집요한 생각! 그러나 이번에는 나를 위해서가 아니라 그들, 특히 장 폴을 위해서이다). 몇 번이나 계산을 다시 해 보았다. 메종 라피트의 별장 매각, 위니베르시테 거리의 집 임대료, 실험실의 자재 처분 등. 세든 사람이 화학제품 업자가 아니면 어쩌지? 스튀들레가 떠맡아 줄 거야. 아니면 기계들을 분해해서 구매자를 찾아보겠지.

스튀들레도 생각해 줘야 해. 전쟁이 끝나면 직장도 없이 무일푼일 테니까.

스튀들레와 쥬슬렝에게 문헌과 테스트에 관해 메모를 하나 남겨 두자(의과대학 도서관에 기증한다?).

7월 3일

뤼카가 혈액검사 결과를 나에게 넘겨 주었다. 결코 좋지 않다. 바르도도 느릿느릿한 그의 목소리로 자백하지 않을 수 없었다. '별로 좋지 않아.' 지난 날의 건강했던 피! 처음 부상당한 다음 생디지에서 요양할 때만 해도 나의 몸에 관해 얼마나 자신만만했었는가! 빨리 아문다고 해서 얼마나 피에 관해 자만심을 가졌었는가! 자크도 마찬가지. 티보 가문의 피.

바르도에게 늑막의 합병증이라도 있는 것인지 물어보았다. '이러다 화농이라도 생기면 만사 끝장인데……' 바르도는 마음씨 착한 거인답게 어깨를 으쓱하더니 정성껏 나를 진찰했다. 걱정할 필요 없다고 말했다.

티보 집안의 피. 장 폴의 피! 지난날의 건강했던 나의 피, 우리 가문의 피, 이런 피가 지금 장 폴의 혈관 속에서 힘차게 흐르고 있다! 전쟁이 시작된 이래 나는 단 하루도 죽음을 받아들여 본 적이 없었다. 비록 그것이 10초 동안일지라도 나의 살점 하나 희생하겠다는 생각을 해 본 적은 한 번도 없었다. 그리고 그것은 지금도 마찬가지이다. 나는 죽고 싶지 않다. 그렇다고 지금에 와서 환상을 품을 수도 없다. 어쩔 수 없는 운명을 인정하고 기다려야 한다. 그러나 체념함으로써 그것을 받아들이고 그것의 공모자가 될 수는 없다.

오후

나는 이성이라든가 슬기로움이 어떤 것인지, 그리고 '품위'가 어떤 것인지 잘 알고 있다. 그것은 이 세상을, 그리고 세상의 끊임없는 변천을 그 자체로서 다시 관찰할 수 있는 데 있다. 나 자신을 통해서도 아니고 다가오는 나의 죽음을 통해서도 아니다. 나는 이 우주의 작은 조각 하나에 지나지 않는다고 생각한다. 잘못 만들어진 조각. 할 수 없지. 내가 죽은 다음에도 계속 존재할 나머지 것에 비해 그것이 도대체 무슨 의미가 있단 말인가?

하찮은 것이다. ……그렇다. 그런데도 그것에 그토록 중요성을 부여하고 있었으니!

노력해 보는 거다.

'사사로운 일로 판단을 그르쳐서는 안 된다.'

7월 4일

오늘 아침 제니로부터 좋은 소식. 장 폴에 관해 여러 가지 상냥하고도 자세한 보고. 과랑에게 몇 줄 읽어 주지 않을 수 없었다. 그 역시 자기의 두 아이를 몹시 사랑하고 있다. 제니로 하여금 장 폴의 사진을 꼭 찍어 두도록 해야겠다. 나도 제니에게 '답장'을 꼭 써야겠다. 그런데 힘들다. 하룻밤 푹 쉬고 나서 보자.

퐁타냉과 티보 두 집안이 이렇다 할 만한 것을 아무것도 남기지 못하고 소멸해 가는 바로 그 순간에 그 아이가 태어났다는 것은 기적이다. 달리 표현할 말이 없다. 그 애는 모계로부터 어떤 유전인자를 이어받았을까? 가장 좋은 것이기를 바란다. 그런데 짐작컨대 그 애는 틀림없이 우리 집안의 피를 이어받은 것이 사실이다. 결단력 있고 의지가 강하며 그리고 총명하다. 자크의 아들이며, 티보 집안의 한 사람인 것이다.

하루종일 이런 생각에 잠겨 있었다. 우리 집안에서 때마침 새로운 그 작은 가지가 솟아나 뜻하지 않은 수액의 분출……. 이런 것을 두고 어떤 목적, 어떤 창조의 섭리에 부응하는 것이라고 한다면 어리석은 생각일까? 한 가족으로서의 교만함인지도 모르지. 그런데 그 애야말로 어떤 소명을 띠고 이 세상에 태어난 것이 아닐까? 티보다운 완벽한 형태를 만들어 내기 위한 종족의 숨은 노력의 결실이 아닐까? 자연의 힘에 의해 언젠가는 만들어야만 하는 단 하나의 정수, 결국 이것을 준비하기 위해 아버지와 동생 그리고 내가 태어난 것이 아닐까? 장 폴 이전에 이미 우리 속에 숨어 있던 그 성격의 격렬함과 힘, 이런 것들이 이번에는 진정으로 창조적인 힘이 되어 꽃피우게 되지 않을까?

자정

불면. '쫓아내야' 할 망령들.

이미 한 달 반, 7주 전부터 나는 이미 가망이 없다는 것을 알고 있었다. '자신은 이미 가망이 없다는 것을 알고 있다'라는 이 말, 지금 내가 쓰고 있는 이 말, 이 말은 다른 말과 다를 바 없고 누구라도 이해할 것 같은 말이지만, 실은 죽음의 선고를 받은 자가 아니면 그 어느 누구도 이 말의 뜻을 완전히 파악할 수 없으리라……. 한 인간의 마음을 졸지에 송두리째 앗아가는 전격적인 혁명.

그렇지만 죽음과 줄곧 접촉하고 있는 의사라면…… 죽음과? 그러나 그것은 단순히 다른 사람들의 죽음이었다! 이렇게 육체적으로 체념하지 못하는 이유를 나는 이미 수없이 생각해 보았다(그것은 어쩌면 활기찬 나의 성격 특성에 원인이 있는지도 모르겠다. 오늘 저녁에 문득 떠오른 생각이지만).

지난날의 그 활기—어떤 일을 계획할 때의 그 활동력, 끊임없는 그 도약—따지고 보면 그것은 창조를 통해 나의 삶이 이어지기를 바라는 마음, 즉 '사후에도 그 이름을 남기고' 싶은 심정에서 나온 것으로 여겨진다. 죽는다는 것에 대한 본능적인 공포(물론 일반적으로 그러하겠지만 정도에 따라 매우 다르리라). 나의 경우 이것은 유전적인 성향이다. 아버지의 경우를 곰곰이 생각해 보았다. 아버지의 머릿속을 떠나지 않고 있던 욕망. 자신의 사업이며, 덕행상(德行賞)이며, 크루이의 넓은 광장에 자기 이름을 남겨놓고 싶은 욕망. 당신이 실천에 옮겼듯이 소년원 건물 정면에 자기 이름(오스카르-티보 재단)을 새겨놓고 싶은 욕망. 자기의 세례명(호적상의 신분에서 아버지를 지칭하는 유일한 부분)을 자손만대에 붙이고 싶은 욕망 등. 자신의 모노그램을 정원의 철책이며, 접시 위며, 장정 위며, 심지어는 안락의자를 씌운 가죽 위에까지 붙이도록 한 괴벽! ……그것은 소유자로서의 본능(혹은 내가 처음 생각했듯이 허영심의 발로) 이상의 것이다. 소멸과 싸워 자신의 발자취를 남기고 싶은 웅대한 욕망(내세, 즉 사후의 짧은 실상은 그의 마음을 충족시킬 수 없었던 것이다). 나 자신이나 아버지에게서 물려받은 욕망. 나 역시 나 자신을 후세에 남길 수 있는 어떤 일, 어떤 발견 따위에 내 이름을 붙이고자 하는 숨은 희망을 갖고 있다.

'인간은 자기 아버지의 틀에서 벗어나지 못하는 법이다!'

7주, 50일 동안 낮이나 밤이나 그 '엄연한 사실'과 마주하고 있다! 망설이거나 의심하거나 환상을 품는 일은 한순간도 없었다. 그렇지만 바로 이 점을 적어 두고 싶었다. 이런 강박관념에 시달리면서도 잠시 숨을 돌릴 수 있는 순간이 있다. 잊어서가 아니라 강박관념이 물러서곤 하는 잠시 동안의 간격 …… 순간순간을 살고 있다는 생각이 점점 더 자주 들곤 한다. 2, 3분. 길어야 15분 내지 20분—그러면서 죽는다는 사실이 곧 무대 정면에서 물러나면서 희미해진다. 그럴 때면 나는 바로 움직이거나 차분히 무엇을 읽거나 쓰거나 듣거나 토론도 할 수 있는가 하면 나를 사로잡고 있는 것에서 벗어나기라도 한 듯 나의 건강과는 무관한 것에 관심을 돌릴 수도 있다. 그러면서도 강박관념은 여전히 거기에 버티고 있다. 그리고 나도 끊임없이 그것이 뒷자리에서 따로 도사리고 있다는 것을 느낀다.

(그것이 거기에 도사리고 있다는 것을 자면서도 느낀다)

7월 6일 아침

목요일부터는 기분이 한결 좋아졌다. 이렇게 고통을 덜 느낄 때면 모든 것이 즐겁게 여겨진다. 오늘 아침 신문에는 피아브 삼각주 지대에서 이탈리아군이 이겼다는 기사가 실렸다. 그것은 지금까지 내가 까맣게 잊고 있던 쾌재를 맛보게 해 주었다. 좋은 징조이다.

어제는 아무것도 쓰지 않았다. 밖에 나가서야 노트를 방에 두고 온 것이 생각났다. 가지러 가는 것이 귀찮았다. 그러나 그 때문에 오후 내내 그것이 없다는 생각에 사로잡힌 채 지냈다. 아무래도 이렇게 시간을 보내는 것에 취미를 붙이기 시작하는 것 같다.

오늘은 거의 쓸 틈이 없었다. 검은색 비망록에 기록해야 할 것이 너무 많다. 이 수첩을 산 뒤로는 비망록을 좀 소홀히 했다는 생각이 든다. 아주 짧게만 썼다. 그러나 비망록에 힘을 기울여야 하는 만큼, 더 신경을 써야겠다. 둘로 나누되 '수첩'에는 '망령'에 관한 것, 그리고 '비망록'에는 건강, 체온, 치료, 치료 효과, 반응, 호흡곤란의 경과, 바르도와 마제와의 토론 따위에 관한 것 등등. 스스로 그 기록들의 가치를 과대평가하고 싶지는 않지만, 가스중독 환자이면서 동시에 의사인 내가 발병 첫날부터 메모를 한 이 기록들은 과학의 현 단계로 볼 때 이론의 여지가 없는 유익한 임상 관찰의 총체를 이룰 것으로 믿어 의심치 않는다. 특히 내가 이것을 '최후까지' 계속한다면 바르도는 이것을 '회보'에 실리게 하겠다고 나에게 약속했다.

어제 뚱보 드라에가 외출했다. 병가이다. 그는 자신이 완쾌된 것으로 믿고 있다. 정말 그럴지도 모르지. 누가 알아? 그는 작별인사를 하러 올라왔었다. 쭈뼛거리며, 마치 늦을 것 같아 서둘러야 한다는 식의 태도였다. '다시 봅시다'라든가 그 밖의 비슷한 말도 한 마디 하지 않았다. 마침 방을 치우고 있던 조제프도 문이 닫히자마자 나에게 이렇게 말한 것으로 미루어 보아 그 사실을 눈치챈 것 같았다. "그것 보세요, 군의관님. 모두들 나아지고 있어요!"

나는 아까 이렇게 쓰려고 했었다. '내가 아직 살아 있는 것은 비망록 때문이다'라고. 그러나 여기서 '자살'이라는 문제를 확실히 해 두어야겠다. 비망록은 결국 하나의 구실에 지나지 않았다는 것을 인정해야겠다. 자기 자신을 기만하는 연극이었다! 무슨 기괴한 짓인가. 나는 나 자신이 정말 자살하려고 생각했던 적이 없다고 솔직히 인정하기가 꺼려진다. 그렇다. 최악의 순간에도 그런 적은 없었다. 만약 내가 그렇게 하려고 했다면 그건 파리에서 주사약을 사던 그날 아침이었을 것이다. 그리고…… 기차를 타기 전에 나는 분명히 그것을 생각했었다……. 그날 아침부터 나는 비망록을 가지고 연극을 시작한 것이다. 마치 죽기 전에 마지막으로 처리해야 할 어떤 의무라도 있는 것처럼. 마치 끝내야 할 중요한 일이라도 있는 것처럼. 마치 이 임상노트의 중요성이 그 유혹을 상쇄해 주고, 또한 그 유혹을 외면할 만한 가치가 있기라도 한 것처럼. 용기가 없어서일까? 아니다. 정말 그렇지는 않다. 만약 정말 유혹이 있었더라면 두려움 때문에 그만두지는 않았을 것이다. 그렇다. 나에게 모자란 것은 용기가 아니라 하고자 하는 욕망이다. 솔직히 말해서 유혹이 살짝 스쳐갔을 뿐이다. 나는 그것을 매번 쉽사리 물리쳤던 것이다 (강한 정신력을 가장하면서, 그리고 써야 할 비망록이 있다는 구실을 내세워서……).

그렇지만 내가 급사하지 않는 한—유감스럽게도 그런 일은 없을 것이다—죽는 날이 오기를 얌전히 기다리지는 않으리라는 것을 알고 있다. 나는 확실히 알고 있다. 이 점에 관해서 진실을 말하고 있으며, 분명하게 의식하고 있다고도 믿고 있다. 확신하건대 그날이 올 것이다. 그날을 기다리고 있을 뿐이다. 약은 거기에 있다. 몸만 움직이면 된다(어쨌든 이런 생각을 하는 것만으로도 마음이 가라앉는다).

저녁

점심식사 전에 과랑은 베란다 밑에 있는 우리에게 윌슨 대통령의 최근 연설문 전문이 실려 있는 스위스 신문을 가져왔다. 그는 큰 소리로 그 기사를 읽었다. 과랑도 감격했고 우리도 감격했다. 윌슨의 메시지 하나하나가 유럽의 위기를 쫓아주고, 안도의 한숨을 크게 쉴 수 있게 한다고나 할까! 탄광의 갱이 무너진 뒤 그 속에 매몰된 사람들이 질식하지 않고 구출될 때까지 싸워 버틸 수 있도록 갱 밑으로 산소를 공급해 주는 것에 비유할 수 있으리라.

7월 7일 새벽 5시

고정관념. 그것은 하나의 벽이다. 나는 그 벽에 부딪친다. 다시 일어나 허둥대다 다시 부딪친다. 또 쓰러진 다음 다시 덤벼든다. 벽. 이따금—한시도 그것을 믿지는 않지만—그럴 리가 없다고, 내가 죽는 일 같은 것은 아마 없을 것이라고 애써 생각하려고 한다. 그것은 어떻게 해서든지 논리적인 추리를 거듭한다는 구실을 얻기 위해서지만 결국은 좋든 싫든 또다시 벽에 부딪치고 만다.

오후, 야외에서

윌슨의 메시지를 다시 읽었다. 지금까지의 메시지에 비해 훨씬 명확하다. 평화에 관한 자신의 관념을 정의하고, 규약이 '결정적'인 것이 되기 위한 필수적인 조건을 열거하고 있다. 감동적이리만큼 원대한 계획이다. 1) 또다시 전쟁을 일으킬 위험이 있는 정치 형태의 폐지. 2) 모든 국경의 변경이나 영토 귀속에 관한 문제를 논의하기 전에 당사국 국민의 의견을 묻는다. 3) 모든 국가가 상호 '국제법'의 규정에 관해 협정을 맺는다. 거기서 정해진 규정에 모든 국가는 따르기로 약속한다. 4) '중재 재판소'의 임무를 수행하기 위한 국제기구의 창설. 문명세계에 속하는 '모든' 국가는 어떤 차별도 없이 여기에 대표를 파견할 수 있다.

(이런 것을 쓰고 기록하면서 나는 어린애처럼 즐거워한다. 무엇보다도 마음이 내켰다. 거기에 협력하고 싶은 느낌이다)

여기에서는 이것이 온통 화젯거리가 되고 있다. 모든 사람의 얼굴에 희망의 빛이 보인다. 이 순간 유럽, 미국의 도시마다 상황이 같으리라고 생각하니 가슴이 터질 것만 같다! 도처의 휴식처마다, 대피소마다 이 연설이 메아리치고 있다! 모두가 4년 동안 서로를 죽이는 일에 몹시 지쳐 있다! (지도자들의 명령에 따라 이렇게 서로 죽이고 죽고 한 지가 여러 세기 전부터이다……) 모두가 이와 같이 이성에 호소하는 소리를 기다려 왔다. 책임자들의 귀에도 들릴까? 이번에는 싹이 곳곳에서 꼭 돋아났으면 좋겠다! 목적하는 바가 매우 뚜렷하고 현명하며, 인간의 운명에, 그리고 인간의 깊은 본능에 아주 적합하다! 다만 그것을 실현하기까지는 허다한 문제가 일어날 것이며 꾸준한 노력이 필요할 것이다. 그러나 내일의 세계는 어떠한 희생을 치르더라도 다른 길을 택해서는 안 되며, 바로 이 길로 들어서야 한다는 것은 의심할 여지가 없지 않은가? 4년에 걸친 전쟁의 결과는 학살과 산더미 같은 폐허뿐이다. 아무리 정복열에 불타는 모험가일지라도 전쟁이란 인간에게는 말할 것도 없고, 모든 나라에도 보상할 수 없는 재앙을 가져다 준다는 사실을 인정해야만 할 것이다. 그렇다면? 이제야 전쟁이 얼마나 어리석은 짓인가가 모든 영역에서 경험에 의해 입증됐으며, 이제야 이 점에 관해 정치가들의 확인, 경제학자들의 계산, 일반 대중의 본능적인 반항의 합의점이 도출된 이상, 영원한 평화를 구축하고자 하는 이 마당에 무슨 장애가 있을 수 있단 말인가?

아침식사 뒤 호흡곤란. 주사. 올리브나무 밑의 긴 의자. 제니에게 편지를 쓰기에는 너무 지쳐 있다. 그러나 한시라도 빨리 써야만 한다.

내 앞에서 과랑과 바르도 그리고 마제가 토론을 벌이고 있다. 윌슨의 주요 개념인 국제중재기구의 구성에 관해서이다. 누구도 손해볼 것이 없으며, 각 국가의 경우도 득만 있을 뿐이다. 그런데도 다음과 같은 문제에 관해서는 별로 생각하고 있는 것 같지 않다. 즉 그런 최고재판소의 기능이라면 지금까지 그토록 많은 전쟁의 원인이었던 자존심과 국민 감정을 조정할 수 있으리라는 것이다. 국민이나 정부, 그리고 통치자의 경우도 그들이 아무리 신경이 예민하다 할지라도 이웃 나라의 위협이나 적대적인 동맹국의 압력에 굴복하는 것이 아니고, 여러 국가의 공동이익을 위해 국제재판소가 내리는 선고에 굴복해야 한다면 그들의 자존심과 위신이 별로 손상된다고 느끼지는 않을 것이다. 그런 재판소(과랑의 말로는)는 전쟁 종료와 동시에, 모든 것이 결판나기 '이전에' 구성되어야 한다. 이것은 적대국 간의 불편한 관계에서 논의되기보다는 국제연맹의 차원에서 온건하게 논의되기 위한 것이며, 그렇게 함으로써 연맹은 재정(裁定)을 내려주고 책임을 분담시키며, 공정한 판정을 내릴 것이다.

'국제연맹'—앞으로 모든 전쟁을 불가능하게 하기 위한 유일하고도 가장 확실한 방법이다. 왜냐하면 한 나라가 다른 나라로부터 공격을 당하든가 또는 위협을 받게 되면 모든 나라는 자동적으로 그 침략자에 맞서 침략행위를 무력하게 만들고, 법에 의한 중재를 받아들이지 않을 수 없게 만들 테니까!

좀더 멀리 내다보아야 한다. 그런 국제연맹은 '국제적인' 정치와 경제를 유지하는 것이 되어야만 한다. 그리고 조직적이며 총체적인 협력기구로 발전하여 궁극적으로는 전세계적인 규모가 되어야 한다. 문명을 위한 새로운 단계, 결정적인 단계가 시작되는 것이다.

과랑은 이 점에 관해 매우 옳은 이야기를 많이 했다. 지금 생각해 보니 지난날 과랑을 대하는 나의 태도가 너무 심했던 것 같다. 고등사범학교 출신인 그는 무엇이든지 다 아는 척했으므로 나로서는 무척 아니꼽게 여겨졌던 게 사실이다. 그는 사실 많은 것을 알고 있다. 그는 여러 가지 사건의 흐름을 상세히 알고 있다. 매일 여덟 내지 열 가지 신문을 읽고 있으며, 매주 스위스에서 발간되는 신문 잡지를 소포로 받아 본다. 요컨대 균형잡힌 사람이다(그러나 나는 언제나 '균형잡힌' 사람들에게는 주눅이 들어 있었다). 지금 일어난 사실을 적당한 거리를 두고 역사가의 입장에서 신중히 판단하는 그의 태도는 내 마음에 썩 들었다. 그 자리에는 부아즈네도 있었다(바르도의 말로는 '요양소에 있는 사람들 중에서 대체로 완전한 성대를 갖고 있는 자는 과랑과 부아즈네 둘뿐이다……. 그들은 그것을 십분 이용하고 있다!'고 한다).

어제는 상태가 과히 나쁘지 않았다. 주사 덕분이기도 했겠지만 윌슨의 메시지도 한몫한 것 같다!

덧붙여 말해 두지만 국제연맹의 창립은 이 전쟁의 잔해로부터 기필코 무엇인가 새로운 것, 즉 세계적인 양심 같은 것을 도출해 낼 것이 틀림없다. 이를 계기로 인류는 정의와 자유를 향해 결정적인 도약을 하게 될 것이다.

밤 11시

신문을 뒤적거리다. 수다, 혐오감을 일으키는 졸렬함. 윌슨이야말로 오늘날의 정치가들 중에서 원대한 시야를 갖고 있는 유일한 사람 같다. 그 고귀한 민주주의적 이상. 그에 비하면 우리 프랑스나(영국의) 선동 정치가들이란 하찮은 '정상배들' 같아 보인다. 그들 모두가 상대편을 비난하는 척하지만, 실은 정도의 차이만 있을 뿐 제국주의적 전통의 앞잡이에 지나지 않는다.

부아즈네와 과랑과 함께 미국과 민주주의에 관해 이야기를 나누었다. 부아즈네는 몇 년을 뉴욕에서 산 적이 있다. 미국의 안정성과 안전. 한편 과랑은 예언을 하고 싶었는지, 20세기에는 황인종에 의해서 유럽이 침략될 것이며, 백인종의 장래는 단지 아메리카 대륙에만 국한될 것이라고…….

새벽 2시

불면. 잠시 눈을 붙인 사이에 스튀들레의 꿈을 꾸었다. 파리에 있는 병원 구석의 실험실이었다. 머리에는 군모를 쓰고, 평상시보다 짧은 수염을 하고 가운을 입고 있었다. 내가 그에게 무엇인가 열심히 설명해 주고난 뒤였다. 윌슨 아니면 국제연맹에 관한 일일지도 모른다. 그는 커다란 눈으로 어깨 너머 나를 바라보았다. '그게 어쨌다는 거야, 자네는 곧 죽을 텐데?'

나는 아직 윌슨을 생각하고 있다(스튀들레에게는 미안하지만). 내가 보기에 윌슨은 지금 그가 하고 있는 역할을 위해 태어난 사람 같다. 이번 전쟁의 종결이 바로 모든 전쟁의 종결이 되기 위해서는 새로운 인간, 아무런 원한도 갖고 있지 않은 국외자, 상대를 괴멸시키는 데 미친 듯이 날뛰는 유럽의 지도자들과는 달리 4년 동안의 이런 격변을 체험하지 않은 자의 손에 의해 평화가 이루어지지 않으면 안 된다. 바다 건너 사람인 윌슨. 평화와 자유 안에서 단결을 구현하고 있는 나라의 대표자. 그리고 그의 뒤에는 전세계의 사분의 일이나 되는 인구가 있다! 양식 있는 미국 사람이라면 누구나 이렇게 생각할 게 틀림없다. '우리도 한 세기 전부터 미합중국을 이룩하여 확고하고 건설적인 평화를 유지해 왔는데, 어째서 유럽 합중국은 만들지 못한단 말인가?' 윌슨은 워싱턴과 같은 인물들의 노선을 걷고 있다……(그 역시 그의 연설에서 암시하고 있듯이 그것을 의식하고 있다). 전쟁을 증오하면서도 자기 나라를 전쟁으로부터 해방시키기 위해 어쩔 수 없이 전쟁을 한 워싱턴(과랑의 말에 의하면). 그에게는 동시에 전세계를 해방시키려는 딴생각이 있었다. 그리고 서로 적대시하는 여러 개의 작은 국가를 하나의 광대한 평화적 연방으로 만드는 데 성공한다면 아마 구대륙도 어쩔 수 없이 따르게 되리라는 것이다 (그러나 구대륙이 그런 것을 이해하려면 100년도 더 걸릴 것이다!).

나는 쓰고 있다. 한편 시곗바늘은 문자반 주위를 계속 돌고 있다……. 윌슨 덕분에 나는 '망령'을 쫓아 버릴 수 있었다!

이것은 '시한부 삶을 사는 사람'까지도 가슴을 설레게 하는 문제이다. 파리에서 돌아온 뒤 처음으로 나는 미래의 문제에 관해 관심을 갖게 되었다. 전쟁의 종결과 함께 제기될 세계의 장래. 만약 장래의 평화가 활기 없는 유럽을 개조하고 재건하고 단일화하는 것이 아니라면 모든 것은 영구히 위험을 내포하게 될 것이다. 그렇다. 만약 무력이 각 국가 정책의 주된 역할을 계속하는 경우, 만약 각 나라가 제각기 국경을 경계로 그 안에서 독자적인 행동을 계속하면서 영토 확장욕에 몰두하는 경우, 만약 유럽 국가 연맹이 윌슨이 바라는 대로 상호교역의 자유와 관세 장벽의 철폐를 인정하면서 '경제적' 평화를 이룩하지 못할 경우, 만약 국제적 무정부주의가 완전히 막을 내리지 못할 경우, 만약 각 국민이 일치단결해서 자국의 정부로 하여금 법에 기초를 둔 전체적 질서에 따르도록 하지 못할 경우—그때에는 모든 것을 다시 시작해야 하며, 지금까지 흘린 피가 온통 헛된 것이 되고 말 것이다.

그러나 이 모든 희망이 불가능한 것은 아니다!

(나는 마치 내 자신이 거기에 마땅히 '참여'해야 할 것처럼 쓰고 있다……)

7월 8일

37세. 마지막 생일!

정오의 종소리를 들으면서. 방금 세탁소 여주인과 그 딸이 세탁물을 어깨에 메고 베란다 아래로 지나갔다. 며칠전 그 젊은 여인을 보면서 약간 무거워 보이는 걸음걸이, 활처럼 휜 허리, 뻣뻣한 허리뼈 언저리가 눈에 띄었을 때 느낀 감동. 간신히 알아볼 정도였다. 임신. 3개월 반, 기껏해야 4개월. 가슴을 에는 듯한 감동, 공포, 연민, 선망, 절망! 앞으로 살 날이 얼마 남지 않은 내 앞에, 저기에서 거의 뚜렷하게 펼쳐지고 있는 미래의 불가사의! 생을 얻기까지는 아직 꽤 오랜 기간을 기다려야 하며, 그리고 앞으로 살아가야 할 삶이 어떠하리라는 것을 모르는 태아! 나의 죽음과는 상관없이 태어날 아이……

밖에서

윌슨의 말이 모든 사람들의 마음을 온통 사로잡고 있다. 요즈음 브리지도 휴업 상태다. 상사 클럽도 마찬가지이다. 카드는 만질 생각도 않고 두 시간에 걸쳐 잡담에 여념이 없다.

신문도 논평기사로 가득했다. 오늘 아침 바르도는 이처럼 신문마다 평화에 대하여 환상을 품고 흥분하는데도 불구하고 검열기관이 손을 쓰지 않고 있는 것은 매우 의미심장하다고 말했다. 《J. de L.》(로잔신문)에 좋은 기사가 실려 있다. 1917년 1월에 발표한 윌슨의 메시지를 인용하고 있다. '승리 없는 평화' 그리고 '국가들 간의 점진적인 무장해제를 시발로 '전면적인 무장해제'에 이를 것.' (1917년 1월이라면 304고지 뒤의 폐허가 된 마을이 생각난다. 아치형의 지하실 장교 식당에서 페이앙과 세페르와 함께 무장해제에 관해 토론)

분석을 하기 위해 온 마제 때문에 멈추었다. 염화물, 특히 인산염의 감소.

소나기가 올 것 같아서인지 몹시 피곤하다. 물소리를 듣기 위해 수차가 있는 곳까지 슬슬 가보았다. 무엇을 읽거나 남의 생각에 주의를 집중하는 것이 점점 어려워지고 있다. 내 생각에 몰두하는 일은 아직 그런대로 괜찮다. 이 노트를 쓰는 일이 나에게는 그럭저럭 심심풀이가 되고 있다. 그러나 오래가지는 않을 것이다. 그때까지 활용해야지.

1917년 1월 윌슨의 연설. '무장해제'. 이것이 중요한 요점. 점심식사 때의 잡담. 레몽을 제외하고는 모두가 찬성했다. 지금에 와서는 거리낌 없이 논의의 대상이 되고 있지만 불과 2년 전만 해도 누구 하나 언급도 못했을 뿐 아니라, 생각조차도 할 수 없었던 일이다. 즉 군대는 국민의 기름과 피를 빨아먹고 살찌는 암적인 존재이다('일반대중'은 상상만 해도 끔찍한 일이다. 즉 포탄 제조에 종사하는 개개인의 노동자는 유용한 생산에 협력한다기보다는 국가의 짐이 되는 기생충이 되고 만다는 것). 국가 예산의 삼 분의 일을 군비에 쏟아넣는 나라는 도저히 살아남을 수 없다. 파멸 아니면 전쟁이다. 현재의 재난도 실은 40년에 걸쳐 조직적으로 준비를 한 데에서 오는 필연적인 결과이다. 전면적인 무장해제가 이루어지지 않는다면 항구적인 평화란 있을 수 없을 것이다. 이것은 수없이 들어온 진리이다. 그러면서도 공염불로 끝나고 말았다. 그 이유는 뻔하다. 즉 무장 평화시에는 법보다 힘이 앞서는 것으로 확신하고 있는 각국 정부, 이미 서로 대립하고 있으면서 군비 확장 경쟁에 뛰어든 각국 정부가 서로 합의하여 방향전환을 기대한다든가 또는 모두가 함께 어리석은 전쟁계획을 포기하기를 기대한다든가 하는 것은 착각에 불과하기 때문이다. '그러나' 장차 평화의 시대가 오면 모든 것이 달라질 수 있다. 왜냐하면 유럽의 모든 나라가 무(無)로 돌아가 있을 테니까. 백지상태. 전쟁에 지칠대로 지친 데다가 병기고는 텅 비어 있으니까 그들은 '모든 것'을 새로운 기초 위에 다시 만들어야만 할 것이다. 예외적인 시기, 전례 없는 시기가 다가오는 것이다. 즉 전면적인 무장해제가 가능한 시기가 오는 것이다. 윌슨은 이것을 알아차렸다. 그가 주장한 무장해제가 모든 여론으로부터 열렬한 환영을 받지 않을 수 없다. 4년이란 세월이 그런 길을 마련했고, 전쟁에 대한 본능적인 저항심을 굳건히 했으며, 민족 간의 분쟁을 조정하는 데 있어서 군대에 의한 싸움 대신 마침내 국제적인 도덕심을 확립하고자 하는 욕망을 불러일으킨 것이다.

이제 평화를 원하는 절대 다수의 사람들은 전쟁을 부추겨 이익을 얻고 있는 극소수의 사람들로 하여금 앞으로 평화를 지킬 수 있는 하나의 강한 조직을 받아들이도록 해야 할 것이다. 이것은 하나의 '국제연맹'으로서, 필요에 따라 국제 경찰권을 행사하고, 무력 사용을 영원히 금지시킬 수 있는 중재적 권한을 갖는 것이다. 각국 정부는 이 문제를 국민투표에 부치게 되며, 그렇게 하면 결과는 불을 보듯 뻔하다!

1906 티보네 사람들

오늘 아침 식탁에서는 예견한 대로 레몽만이 분개하며 윌슨을 가르켜 '유럽의 현실'을 전혀 모르는 '계시받은 청교도'로 단정했다. 그리고 보니 그것은 바로 맥심에서의 뤼멜의 견해이기도 했다. 과랑은 레몽의 주장에 정면으로 맞섰다. "다가올 평화가, 각국이 모두 함께 정의를 지키고자 하는 마음가짐이나 연대적인 하나의 유럽을 새로 만들기 위한 화해가 아니라면, 몇 백만이라는 불쌍한 사람들의 귀중한 희생으로 얻은 평화는 한낱 조약에 불과하고 겉치레 평화일 뿐이므로 여차하면 패전국의 복수심에 의해 깨지게 마련입니다!" 이에 대해 레몽은 "신성 동맹이 얼만큼의 가치가 있는지 그리고 얼마나 지속될지를 모두가 알고 있어"라고 말했다. 그런데 화제에 무심코 끼어들었던 나는 기분만 상하고 말았다(깊이 생각해 보면 그것은 그다지 어리석은 말도 아니었으며, 겉보기만큼 역설적인 것도 아니었다). "물론 티보, 자네는 지나치게 현실주의자여서 이런 환상적인 이야기에 오히려 마음이 끌릴 걸세!"

(이것은 확실히 생각해 볼 만한 일이다)

빗방울이 떨어지기 시작한다. 소나기라도 퍼부어 시원한 밤이 되었으면 좋으련만!

7월 9일 새벽녘에

괴로운 밤. 계속되는 기침. 두 시간도 못 잤다. 그것도 몇 번으로 나누어서였던가?

라셀이 생각났다. 이렇게 무더운 밤이면 목걸이의 냄새가 못 견딜 정도이다. 라셀 역시 병원의 침대에서 허망하게 생을 마쳤다. 홀로. 그러나 인간은 누구나 숨을 거둘 때는 혼자인 것이다.

이런 생각이 문득 떠올랐다. 오늘 아침에도 예나 다름없이 이 시각에 어딘가의 참호 속에서 몇천 명의 불쌍한 병사들이 돌격 신호를 기다리고 있으리라는 것. 나는 파렴치하게도 이런 것에서 마음의 위로를 찾으려고 했다. 그러나 그것도 헛된 일. 참호의 엄폐물을 뛰어넘어야 하는 그들을 불쌍하게 생각하기보다는 오히려 건강한 그들, 위험에 몸을 맡기고 있는 그들이 나로서는 훨씬 부럽게 생각되었기 때문이다······.

내가 읽다만 키플링의 작품 속에 '청춘의' 이런 말이 나온다. 자크가 생각난다…… '청춘의'. 이것은 자크에게 잘 어울리는 형용사이다! 자크는 언제나 청년이었다(여러 사전에서 청년의 전형적인 특징을 찾아보라. 그는 그 모든 것을 가지고 있었다. 혈기, 과격함, 수줍음, 대담함과 소심함, 그리고 추상적 관념에 대한 동경, 미온책에 대한 혐오, 회의주의와는 어울리지 않는 데서 나오는 매력……).

그가 어른이 되었더라도 과연 계속 나이 먹은 청년으로 있을 수 있었을까?

밤에 쓴 노트를 다시 읽어 보았다. 레몽이 나에게 한 환상이라는 말…… 아니다. 나는 언제나—지나칠 정도로—현실성이 없는 사고를 멀리해 왔다. 누가 한 말인지는 잊었지만 이 격언을 마음속에 지녀 왔다—'가장 위험한 정신착란은 모든 것을 자기에게 편리하도록 믿는 것이다.' 정말 그래서는 안 된다. 윌슨이 '우리가 바라는 것은 전세계가 순수해지고 그런 세계에서 우리가 살아가는 것이다'라고 선언할 때 나의 회의주의는 거기에 반발하지 않을 수 없다. 즉 인간에 의해 다스려지는 이 세계가 '순수'해지기를 바랄 만큼 나는 인간이 완벽해질 가능성을 믿고 있지 않기 때문이다. 그러나 윌슨이 '평화를 사랑하는 모든 나라를 위해 이 세계가 믿을 수 있어야 한다'고 말할 때는 찬성하지 않을 수 없다. 거기에는 전혀 공상적인 면이 없으니까. 이 사회가 개개인이 서로를 심판하지 못하게 하고, 싸울 일이 있을 때에는 그것을 법정에 맡기도록 한 처사는 잘한 일이다! 그런데 정부 사이에도 서로 대립할 만한 이유가 있다손 치더라도 쌍방의 국민이 서로 적대시하는 것을 막지 못할 이유는 없지 않겠는가? 전쟁. 그것은 과연 자연의 법칙이라 할 만한가? 그렇다면 페스트의 경우도 마찬가지이다. 지금까지의 인류 역사는 해로운 힘에 맞선 영광스러운 투쟁이다. 유럽의 주요 국가들은 점차적으로 통일의 기틀을 마련하는 데 성공했다. 그렇다면 한 걸음 더 나아가 대륙 전체의 통일을 실현하는 데까지는 어째서 갈 수 없단 말인가? 이것이야말로 사회적 본능의 새로운 단계인 동시에 새로운 비약이라 할 만하다. '그러면 애국심은 어떻게 되는 것인가?'라고 소령은 말할지도 모른다. 그러나 전쟁을 부추기는 것은 애국심도 아니고 자연적 감정도 아니다. 그것은 민족주의 감정이며, 후천적, 인위적 감정에 지나지 않는다. 땅이며 사투리며 전통에 대한 애착, 그것이 이웃에 대해 격렬한 적개심을 품는 것은 절대로 아니다. 피카르디

$\binom{프랑스}{최북부\ 주}$와 프로방스$\binom{프랑스}{남부\ 주}$ 지방, 브르타뉴$\binom{프랑스}{북서부\ 주}$와 사부아$\binom{프랑스}{동부\ 주}$ 지방의 경우를 보라. 유럽이 하나의 연방으로 구성될 때 애국적 본능과 같은 것은 단지 지방적인 특색 이외의 아무것도 아닌 것이다.

'공상적인 것!' 그들은 이렇게 부름으로써 윌슨의 생각을 묵살하려고 한다. 신문을 보면 미국의 여러 가지 계획에 대해 가장 호의적인 사람들까지도 윌슨을 가리켜 '위대한 공상가'라든가 '미래의 예언자' 따위로 일컫고 있어서 화가 난다. ……농담이 아니다. 내가 감탄해 마지않는 것은 오히려 그가 가진 '양식'이다. 그의 생각은 간단하다. 그리고 새로우면서도 동시에 매우 오래된 생각이다. 즉 역사상의 온갖 시도와 경험의 귀결점에 해당된다. 유럽은 앞으로 커다란 분기점에 처하게 될 것이다. 연방제도의 재편성이냐 아니면 또다시 계속적인 전쟁 상태로 되돌아가 모든 나라가 완전히 기진맥진하는 상태까지 가느냐이다. 만일 유럽이 처한 현 상황에서 윌슨이 제창한 합리적인 평화─그것만이 진실되고 영속적인 평화인 것이다. 즉 절대적인 무장해제에 뒤따르는 평화이다─를 거부한다면 유럽은 얼마 안 가서(어떤 대가를 치를지 모르지 않는가?) 진퇴양난에 빠져 다시 살상의 길로 내닫게 되리라는 것을 알게 될 것이다. 다행히 그럴 리는 없겠지만.

저녁

괴로웠던 하루. 다시 절망에 빠지다. 함정에 빠진 느낌이다……. 더 나은 상황에 처할 수도 있었을 텐데. 선생들이나 동료들이 인정해 주었듯이 걸맞은 '훌륭한 장래'가 마련될 수도 있었을 텐데(자만심일까?). 그런데 뜻하지 않게 그 참호의 모퉁이에서 들이마신 가스…… 운명이 파 놓은 이 함정, 이 올가미!

새벽 3시. 너무 숨이 가빠 잠을 잘 수가 없다. 베개를 세 개 포개고 앉아 있지 않으면 숨을 쉴 수가 없다. 물약을 먹으려고 불을 켰다. 그리고 다음과 같이 썼다.

나는 지금까지 규칙적으로 일기를 쓸 시간도 또 그런 (낭만적인) 취미도 없었다. 후회막심이다. 만일 지금 내 손안에, 15살 이후 흰 종이 위에 검은 글씨로 나의 모든 과거를 적어 놓은 일기가 있다면 내가 좀더 살았다는 느낌이 들 텐데. 나의 삶은 좀더 당당하고 무게도 있고 폭도 넓어서 역사적인 견실함도 지니고 있을 텐데. 그리고 아무것도 생각나지 않는 잊어버린 꿈처럼 불투명하고 흘러가 버리는 것은 아닐 텐데(마치 병의 경과가 체온표에 기입되어 정해지는 것과 마찬가지로).

나는 '망령'을 쫓아내려고 이 일기를 쓰기 시작했다. 또 그렇게 믿고 있었다. 그런데 그 밑바닥에는 분명치 않은 잡다한 이유가 있었다. 심심풀이, 자신에 대한 위안, 그리고 곧 사라지게 될 것들 즉, 그토록 자랑스럽게 여겼던 이 삶과 이 인격을 조금이라도 남겨두고 싶다는 심정에서였던 것이다. 남겨둔다고? 그런데 도대체 누구를 위해? 무엇을 위해?

어리석은 짓이다. 그 이유는 내가 쓴 것을 나 자신은 되풀이해서 읽어 볼 시간이 없다는 것을 알고 있기 때문이다. 그렇다면 대체 누구를 위해서인가? '어린아이를 위해서'이다! 그렇다. 지금 불면증에 시달리면서도 문득 떠오른 생각이다.

그 아이는 잘생겼고 강인하며 씩씩하게 자라고 있다. 나의 모든 장래, 세상의 모든 장래가 그 아이 속에 있다! 그 아이를 본 이래 나는 끊임없이 그 아이의 일을 생각하고 있다. 그런데 그 아이는 나를 염두에도 두고 있지 않을 것이라는 생각이 줄곧 머리에서 떠나지 않는다. 그 아이는 나를 잊을 것이며, 나에 대해 하나도 모른다. 내가 남기는 것은 몇 장의 사진과 약간의 돈과 그리고 '앙투안 삼촌'이라는 이름뿐이다. 아무것도 없다. 그것을 생각하면 이따금 참을 수 없다. 앞으로 몇 개월 살아 있는 동안만이라도 그날그날 끈기 있게 이 일기를 쓸 수 있다면……. 훗날 장 폴이 나의 흔적과 발자국, 사라져 가는 한 인간의 발자취를 궁금해 하며 찾아 내려고 하지 않을까? 그럴 때 '앙투안 삼촌'은 너에게 하나의 이름, 앨범에 있는 한 장의 사진보다 좀 나은 존재가 되겠지. 물론 나 자신의 모습이 다르리라는 것을 나도 알고 있다. 말하자면 지난날의 내 모습과 이처럼 병에 시달리고 있는 환자로서의 내 모습 말이다……. 어쨌거나 다소 도움은 되겠지! 없는 것보다는 나을 테니까! 나는 지금 그 희망에 매달리고 있다.

너무 지쳤다. 열이 난다. 당직 간호병 방의 불이 켜져 있는 것을 보았다. 베개를 하나 더 가져오게 했다. 이 물약도 이제는 아무런 효과가 없다. 바르도에게 다른 것을 부탁해야지.

어둠 속에서 창문이 푸르스름한 빛을 띄고 있다. 아직 달이 떠 있는 것인가? 아니면 벌써 날이 새기 시작한 것일까? ……(얼마나 잠들었었는지 알 수 없는 반수면 상태 뒤에 시계를 보기 위해 수없이 불을 켜곤 했다. 그리고 비웃는 듯한 글자판을 보고 실망한 적이 한두 번이 아니었다. 고작 11시 10분…… 1시 20분……!

4시 45분. 그렇다면 달은 아니다. 새벽녘의 희미한 빛이다. 맙소사!

7월 11일

며칠동안 침대에서 막막한 고통을 쓸쓸하고 초조한 기분으로 보내다…….

점심식사를 끝냈다(환자용 작은 식탁에서 한없이 걸리는 식사. 다음 요리를 기다리다 못해 지칠 대로 지쳐서 그나마 남아 있는 식욕마저 잃고 만다! ……10분마다 조제프는 쟁반을 들고 나타난다. 그리고 받침접시에는 아주 적은 양의 식사……). 정오에서 3시까지는 마치 밤으로부터 정적을 빌려 온 듯 텅 빈 조용한 한때. 그것을 깨뜨리는 것은 가까이에서 들려오는 기침소리. 전혀 신경을 쓰지 않아도 누구의 기침소리인지를 알 수 있다.

3시에는 체온계, 조제프, 복도에서 들리는 소리, 정원에서 부르는 소리, 생활…….

7월 12일

우울했던 이틀. 어제 X선 검사. 기관지의 결절종 부위가 더 증가했다. 나 자신도 그 사실을 느끼고 있었다.

독일의회에서 그토록 온건한 연설을 한 바 있는 쿨만은 사직해야만 했다. 독일식 정신상태의 불길한 징조. 한편 피아브 삼각주에서 이탈리아군의 전진이 확인되었다.

저녁

줄곧 누워 있었다. 걱정했던 것보다 괴로운 하루는 아니었지만. 다로와 과랑 등 몇몇 사람들과 만날 수 있었다. 오늘 아침 바르도가 모시고 오도록 한 세그르 교수 입회 아래의 오랜 진찰. 이렇다 할 걱정되는 점은 아무것도 없었다. 별로 악화되지도 않았다. 내 주위 사람들은 모두가 안심했다. 희망과 현실을 착각해서는 안 된다고 몇 번이고 되뇌면서도 나 자신이 그런 안도의 물결에 휘말려드는 것 같다. 물론 아군의 전세는 유리한 입장에 있다. 빌리에 코트레, 롱퐁…… 제4군…… (테리비에가 아직 4군에 있다면 그 활약이 대단할 거야!). 하기는 오스트리아군의 패배는 분명한 사실. 그것은 완전한 패배였다. 게다가 일본에 의한 동양의 새로운 전선. 그러나 항상 사정에 밝은 과랑에 의하면 파리가 폭격을 당한 이후부터 사기가 매우 떨어져 있으며, 전선에서도 사람들은 그들의 처자까지 자기들과 마찬가지로 위험에 처하는 것에 무관심할 수 없으리라는 것이다. 그는 많은 편지를 받고 있다. 이제는 지칠 대로 지쳐 있다. 더 이상은 딱 질색이라고 한다. 전쟁이 빨리 끝났으면 좋겠다. 어떤 대가를 치르더라도! ……미군들의 주도하에 어쩌면 전쟁은 곧 끝날지 모른다. 더 잘된 일인지도 모른다. 전쟁이 미국에 의해 끝난다면 우리 지도자들은 평화 체결을 하게 되더라도 미국이 하자는 대로 따르지 않을 수 없을 것이다—그렇게 되면 그것은 윌슨이 원하는 평화이지 우리 장군들이 바라는 평화는 아니다.

지금처럼 몸의 좋은 상태가 내일도 이어지면 제니에게 편지를 써야지.

7월 16일

지난 며칠동안은 아주 고통스러웠다. 기력이 없는 데다가 아무런 의욕도 없었다. 일기장은 바로 손이 닿는 곳에 있었지만 열어 보고 싶은 생각이 전혀 들지 않았었다. 매일 저녁 비망록에 건강상태를 기록하는 것이 고작이었다.

오늘 아침부터 겉보기에는 훨씬 좋아졌다. 호흡곤란도 간격이 뜸해지고 발작도 짧고 기침도 지금까지처럼 심하지 않아 참을 만하다. 일요일부터 다시 시작한 비소요법 덕분일까? 이것으로 다시는 재발이 없는 것일까?

불쌍한 슈메리는 나보다 더 딱한 상태에 있다! 패혈 증세. 회저 병소가 산재한 기관지염. 끝장이다. 그리고 뒤프레는 우측 고정맥의 정맥염이다! ……그리고 베르와 또 코뱅!

'마음속 깊은 곳'에 잠자고 있는 모든 것! (예를 들자면 전쟁 덕분에 나 자신 속에서 발견하게 된, 지금까지 모르고 있던 모든 씨앗…… 증오, 폭력, 게다가 또 잔인함까지도…… 그리고 또한 약자에 대한 경멸…… 공포심

등…… 그렇다. 전쟁을 통해 나는 내 마음속에 있는 매우 천한 본능과 인간의 모든 추한 면을 발견하게 되었다. 내 마음속에 깃들어 있는 이러한 씨앗과 밑바닥을 알아차렸으므로 이제 앞으로는 사람들의 결점이라든가 모든 죄악을 이해할 수 있으리라)

7월 17일, 금요일, 저녁

확실히 상태가 나아졌다. 언제까지 계속될지? 이런 기회를 이용하여 '편지'를 쓰기로 작정했다. 오늘 오후. 여러 번이나 다시 썼다. 좀처럼 잘 써지지 않는다. 처음에는 몇 가지 접근 방법을 통해 분위기를 조성할 생각을 했었다. 그러다가 길고 정성이 담긴 한 통의 편지를 쓰기로 결심했다. 희망이 있다. 내가 알고 있는 한 제니와는 문제를 단도직입적으로 접근하는 것이 더 바람직하다. 일을 단순한 형식으로, 장 폴의 장래를 위해 불가피한 것으로 제기하려고 애썼다.

오늘 저녁 우체통의 우편물 수집은 이미 끝났다. 내일 아침까지 시간이 있으니까 다시 읽어 본 다음 보낼지 말지를 결정하자.

샹파뉴(^{프랑스}_{동북부 주}) 지방에서 독일군의 공세. 로샤(^{프랑스 동북}_{부의 지명})도 포화 속에 있을 것이 틀림없다. 이것이 마른 강에 이르러 생미셸로 밀어붙여 베르됭을 포위하고 나서 마른과 센 강 쪽으로 방향을 돌린다는 그들의 유명한 작전 개시인가? 그들은 이미 마른느 강 북쪽과 남쪽에 진출하고 있다. 도르망도 위험하다(그 도시, 다리며 교회의 광장이며 교회 앞에 있던 이동 야전병원 따위가 눈에 선하다……). 전쟁이 끝나기까지는 아직도 멀었다! 전혀 그럴 기미가 보이지 않는다. 잘되면 1919년은 미군 참전의 해. 그것은 사전연습의 해일 테고. 1920년은 격전의 해. 1921년에 가서야 동맹국의 항복의 해, 윌슨 식 평화의 해, 동원 해제의 해가 될 것이다…….

마지막으로 편지를 다시 읽었다. 만족스러운 문체. 조금도 애매한 데가 없다. 논리적으로도 그 이상 설득력이 있을 수 없다. 제니도 이해해 주고 받아주리라는 것을 의심치 않는다.

에필로그 1913

18일 아침

팬티 바람의 세그르 교수가 눈에 띄었다. 티에르(19세기 프랑스의 정치가·역사가)와는 전혀 닮은 데가 없다!

오후, 정원에서

오늘 아침에 일어난 일을 적어 두자.

재무관 차편으로 편지를 보내기 위해 평상시보다 일찍 일어났다. 창문의 발을 내리러 가던 중 2호 건물의 창 틈새로 아침 단장을 하고 있는 세그르 교수의 모습이 언뜻 눈에 들어왔다. 상반신에는 아무것도 걸치지 않고 착 달라붙은 팬티 차림에(늙어빠진 낙타와도 같은 빈약한 궁둥이!) 젖은 머리를 착 달라붙게 빗질을 한 모습…… 열심히 이를 닦고 있었다. 나는 그를 볼 때마다 티에르 씨와 비슷하다고 생각해 왔다. 그만큼 우리 눈에 비친 그는 장중하고 위엄 있으며, 몸에 꼭 맞는 옷차림에 앞머리를 바람에 날리면서 턱은 앞으로 내민 채, 몸을 곧게 세우고 있는 그런 모습이 아니었는가—처음에는 잘못 본 것이 아닌가 했을 정도였다. 그를 보는 순간 그는 거품 나는 물을 뱉어 내고 나서 거울 쪽으로 몸을 굽혀 손가락을 입에 넣어 의치를 꺼내더니 그것을 불안한 듯이 들여다보며 동물적인 호기심으로 그 냄새를 맡아보는 것이었다. 바로 그 순간 나는 어색해지다 못해 뭐라 설명할 수 없을 정도로 '가슴이 뭉클해짐'을 느끼며 방 한가운데까지 펄쩍거리며 물러갔다. 거만한 그에게서 갑자기—무어라 말하면 좋을까?—어쩐지 다정한 친근감을 느꼈던 것이다…….

이런 경험은 이번이 처음은 아니다. 세그르 교수 말고도 다른 사람들에게서도. 이곳에 와서 의사, 간호병, 환자들 사이에서 생활한 지도 벌써 여러 달이 되었다. 그들의 옆모습이며 그들의 몸짓이며 그들의 버릇 따위를 속속들이 알고 있으므로 멀리서도 안락의자 위로 나와 있는 목덜미, 창에서 재떨이를 비우는 손, 채소밭의 담장 뒤로 지나가는 두 사람의 목소리를 듣기만 해도 누구인지를 어김없이 알아맞힐 수 있다. 그러나 그들에 대한 나의 우정은 매우 평범하고 신중한 관계를 넘어설 수 없었다. 하기는 다른 사람들과 마찬가지로 정신적으로 자유분방하고, 사교적이었던 시절에도 나는 남들과의 사이에 철저한 장벽을 쌓고, 타인 속의 타인이라는 느낌을 가졌었다. 그런데 그들 중의 한 사람이 고독하게 혼자 있는 것을 보면 나의 소외감은 금세 녹아 버려 거의 애정이라 할 수 있는 폭발적인 우정을 느끼기 시작하는 것은 어째서일까? 어쩌다(우연히 거울에 비치거나 혹은 문이 반쯤 열려 있기 때문에) 같은 층에 사는 한 남자가 누가 보지 않는다고 생각하지 않으면 도저히 할 수 없는 하찮은 짓을 하는 것을 목격한 일이 한두 번이 아닌데(주머니에서 남몰래 사진을 꺼내 들여다본다든가, 침대에 눕기 전에 성호를 긋는다든가 또는 은밀한 것을 생각해 내고는 약간 정신 나간 듯한 모습으로 싱긋 웃는다든가)—그럴 때면 즉시 그에게서 '이웃' 사람, '비슷한' 사람, '닮은' 사람임을 발견하고 그 사람과 친구가 될 수 없을까 하는 생각도 잠시 하곤 한다!

어쨌든 '친구를 만드는' 일에는 전혀 소질이 없는 나의 성격. 나는 친구가 없다. 또 가져 본 적도 없었고(바로 이런 점에서 자크가 무척 부럽게 여겨졌었다. 자크에게는 친구가 많았다).

쓰고 싶은 마음이 다시 생겼다. 지난 며칠동안은 확실히 전보다 훨씬 좋아졌다.

저녁

오늘 아침 식탁에서 전쟁의 추억담(평화가 오면 사냥에 관한 이야기보다는 전쟁 이야기가 더 화젯거리가 될 것이다). 다로스는 전쟁이 발발하자마자 알자스 지방에서 수색 나갔을 때의 이야기를 했다. 달빛이 훤히 비치는 밤에 그는 몇 명의 동료들과 함께 모두가 피난 가고 아무도 없는 조용한 어떤 마을을 지나게 되었다. 그런데 세 명의 독일 보병이 총을 끌어안고 인도 위에 누워서 코를 골며 자고 있더라는 것이다. 다로스는 이렇게 말했다. "아주 가까이에서 보니까 독일 사람이라는 생각이 들지 않더군. 기진맥진한 친구로밖에 보이지 않았어. 나는 잠시 망설였지. 결국 그들을 못 본 '척하고' 계속 길을 걷기로 결심했어. 그런데 뒤따르던 여덟 명도 나와 똑같이 하더군. 우리는 잠들어 있는 그들에게서 10미터쯤 갈 때까지도 뒤를 돌아보지 않았어. 그날 저녁 우리들 가운데 누구 하나 우리가 한 일에 관해 말 한 마디 비치지 않았어. 마치 짜기라도 한 것처럼 말이야."

7월 20일

어제 '위원회'가 요양소 '검열'을 실시했다. 이 지방의 모든 '고위층'. 어제부터 세그르 교수, 바르도 그리고 마제는 기진맥진해 있었다. 군대에서의 끔찍한 추억. 후방은 전쟁이라고 해서 변한 것이 아무것도 없다.

'군대의 힘인 규율'에 관해서는 꽤 하고 싶은 말이 있다. 그것이 필요한 것도 알고 있지만! ……브랭이나 그 밖의 다른 군위관들의 일이 생각난다. 예비 의무관들과 비교해 능력이 부족한 그들. 그것은 오로지 그들이 수년 동안 계급을 존중하며 일을 해 왔기 때문이다. 몸에 밴 복종하는 습관. 계급에 따라 진단의 자유와 책임의 소재를 한정하는 습관.

군기(軍紀). 콩피에뉴 부대의 의무실 하사관이었던 그 잔인한 파오리가 생각난다. 기둥서방 같은 그의 얼굴, 언제나 충혈되어 있는 두 눈. 근본이 나쁜 녀석은 아니었을 것이다. 매일 저녁 찌르레기에게 줄 대마씨를 따러 물가에 가곤 하던 그의 인간 됨됨이로 미루어보아……. 전쟁 전에는 그토록 두렵고 보기만 해도 끔찍했던 '직업군인' 중의 한 사람(어째서 직업군인을 했을까? 그 직업이야말로 공포 분위기를 자아내어 동료들을 지배할 수 있는 유일한 길이라는 것을 알아차렸음이 틀림없다). 그는 군의관에게 진찰을 받으러 오는 어린 병사들의 이름을 기록하라는 명을 받았다. 환자들이 문을 두드리는 소리가 사무실까지 들려오곤 했다. 언제나 똑같은 질문을 소리치듯 하던 파오리.

"그래, 제기랄! 아프다는 거야 아니면 괜찮다는 거야?"

나는 겁에 질린 '신병'의 얼굴을 상상했다. "괜찮으면 꺼져!" '신병'은 더 이상 묻지도 않고 되돌아가는 것이 아니겠는가! 군의관의 말로는 파오리야말로 나무랄 데 없는 하사관이라는 것이다. "그 친구 앞에서라면 꾀병을 피우는 놈들은 절대로 용서 없어."

"군대는 한 나라를 대표하는 위대한 학교야"라고 아버지는 말씀하시곤 했다. 그래서 그는 크루이의 소년들을 징병소로 보내곤 했었다.

21일, 일요일

온갖 노력에도 불구하고 이번 분석은 인산염의 감소와 무기성분 감소가 규칙적으로 진행되고 있음을 보여준다.

전황 발표. 전세가 좋은 편이다. 우르크 강 남부에서의 진격. 샤토 티에리에서 진격. 진격은 엔 강으로부터 마른 강에까지 이르고 있다. 포슈 원수(元帥)는 적당한 시기에 방어선으로부터 공격선으로 전환하기 위해 기다리고 있다는 것이다. 드디어 그 시기가 온 것일까?

지휘관은 지도 위에 있는 기(旗)의 위치를 옮기는 데 하루하루를 보내고 있다. 말비의 '반역' 사건(1917년에 일어난 파업을 강경하게 진압하지 못했다는 이유로 우파로부터 패배주의자라고 공격을 받고 해임됨. 클레망소의 교사로 체포되어 반역죄로 기소되었으며 대법원에 의해 5년 추방형을 언도받음. 1924~1940에 의원직에 재선출되었으며, 1926년 잠시동안 내무장관직에 복귀한 바 있음)과 고등법원의 처사에 관한 격렬한 논쟁. 전황 발표가 유리해지기만 하면 기세를 만회하는 정치권.

22일 저녁

니에브르 출신 국회의원인 케라젤의 매부가 오늘 그를 찾아왔었다. 우리와 함께 점심식사를 했다. 급진 사회당원인 것 같다. 그게 무슨 상관이 있담. 지금에 와서는 모든 정당이 전쟁상태에 복종하면서 너나 할 것 없이 케케묵은 이야기만을 되풀이하고 있는데. 역겹고 보잘것없는 담화. 그렇지만 단 한 가지 예외였던 것은 작년 봄 씩스트 드 부르봉(부르봉가문의 후예)이 프랑스 정부에 전달한 오스트리아의 평화안에 관한 것. 과랑은 프랑스 정부가 그것을 거부한 것에 대해 분개하고 있었다. 가장 고집불통이었던 사람은 늙은 리보(1917년 당시 프랑스의 수상)였던 것 같다. 푸앵카레와 로이드 조지를 교묘히 설득한 것은 바로 리보였던 것이다. 당시 프랑스 정계에서의 논쟁의 초점은 다음과 같은 것이었으리라. '부르봉 가문의 한 사람에 의해 공화국에 전달된 평화안 같은 것은 심의할 가치조차 없다. 왕당파가 대대적으로 선전에 이용할 테니까. 그렇게 되면 앞으로 정권을 유지하는 데에 위험이 따르고. 무엇보다도 권력이 장군들의 손안에 있는 오늘날에 있어서는!'

믿기 어렵군!

7월 23일

어제 만난 국회의원. 현대 열병 환자의 좋은 본보기! 12시간을 벌기 위해 밤 특급으로 파리를 출발. 불안한 눈초리로 끊임없이 시계를 본다. 주전자를 만지면서 한 손을 떨고 있는 것으로 미루어 보아 좀 취해 있는 것 같기도 하다. 여러 가지 사상을 피력하는 그의 사고력이 혼란스럽기 짝이 없다.

그는 돌아다니는 것을 좀더 활동적이라 여기고 있다. 그런데 그가 하는 활동이나 그가 하는 일은 전혀 앞뒤가 맞지 않는다. 그는 언성을 높이면 그것이 합리적인 토론인 것으로 착각하고 있다. 그리고 단호한 어조를 띠면 그것이 능력이나 위엄을 나타내는 것으로 착각하고 있다. 또한 대화에서 일화적인 하찮은 것을 보편적인 사상이라도 되는 것으로 잘못 생각하고 있다. 정치에서도 관용의 부재를 총명한 현실주의로 착각하고 있다. 그리고 건강을 대담함으로, 식욕을 만족시키는 것을 삶의 철학이라도 되는 것처럼 등등.

나의 침묵을 전적인 찬동으로 착각하고 있었던 것은 아닐까?

7월 23일, 저녁

우편물. 제니의 회신.

처음에 생각한 것처럼 그녀의 어머니에게 먼저 말하지 않은 것이 지금에 와서는 후회스럽다. 제니는 거절하는 편지를 보내왔다. 신중하면서도 단호한 편지. 그녀는 자신의 행위에 대해 전적인 책임을 지겠노라고 당당히 말하고 있다. 그것은 어디까지나 그녀의 재량권이다. 자크의 아이는 다른 아버지를 가져서는 안 된다는 것, 법률상으로도 그러하다는 것이다. 뿐만 아니라 자크의 아내는 재혼을 해서도 안 된다는 것 등……

나의 실제적인 생각이 그녀의 마음을 움직이기는커녕 전혀 고려의 대상도 되지 않았다. 심지어 일고의 가치도 없는 것으로 여겨졌음이 분명하다. 물론 노골적으로 말하고 있지는 않지만 '사회적 관습'이라든가 '옛날의 편견' 따위와 같은 표현을 명확히 경멸적인 투로 여러 번 쓰고 있다.

물론 나는 단념하지 않는다. 다른 방법으로 설득할 작정이다. 왜냐하면 '사회적 관습' 같은 것은 아무런 가치가 없기 때문이다. 게다가 그런 것에 반항할 이유가 어디에 있단 말인가? 그런 태도야말로 대수롭지 않은 관습에 어떤 중요성을 부여하는 것이나 다름없는 것이다! 특히 이런 점을 강조해야겠다. 즉 그녀 때문이 아니고 장 폴 때문이라는 것을. 떳떳치 못한 출산이라고 해서 아직도 그것을 꺼림칙하게 여기고 있다는 것은 우스꽝스러운 일이다. 그러나 그것은 하나의 기정사실이다. 만약 이 점을 이해시키면 제니도 서슴지 않고 내 이름을 받아들일 것이며, 또 그 아이도 알게 할 것이다. 여러 가지 상황이 여타 경우와는 전혀 다르다. 즉 조만간 내가 사라지기만 하면 모든 것이 아주 간단해질 테니까!

오늘이라도 당장 답장을 해야겠다.

실은 일을 어떻게 처리할 것인지에 관해 뚜렷하게 충분한 설명을 해 주지 않은 내가 잘못이었다. 그녀는 여러 가지 번거로운 상황을 생각했을 게 틀림없다. '상세하고 명확히' 설명을 해 주자. 다음과 같이 알려 주자. '저녁에 특급을 타고 오기만 하면 됩니다. 그라스에서 기다릴 테니까. 모든 것은 면사무소에 준비되어 있습니다. 도착하고 두 시간 후면 또다시 파리행 기차를 탈 수 있을 것입니다. 어쨌든 정식으로 된 호적을 갖고 오기를!'

24일

어제 편지를 쓴 것이 천만다행이다. 오늘로 미루지 않기를 잘했다. 오늘은 괴로운 하루다. 새로운 치료 때문에 몹시 지쳤다.

단지 행정적인 절차를 마치는 것만으로 앞으로 장 폴의 신상에 닥쳐올 모든 어려움을 결정적으로 없애 줄 수 있다고 여긴다면 어리석은 생각이다. 무슨 수를 써서라도 제니를 설득해야 한다.

7월 25일

신문. 아군은 샤토 티에리를 점령했다. 독일군의 패배인가 아니면 작전상의 후퇴인가? 스위스 신문이 전하는 바에 의하면 포슈의 공세는 아직 시작되지 않았다는 것이다. 현재의 목표는 독일군의 퇴각을 견제하는 데 있는 것 같다. 영국군이 전선에서 꼼짝하지 않는 것도 이런 추정을 수긍케 한다.

발작적인 호흡곤란이 그 빈도를 더해 간다. 걱정스럽다. 체온의 변화가 심하다. 의기소침.

27일, 토요일

괴로운 밤. 나쁜 소식. 제니는 끝내 내 말을 들으려 하지 않는다.

오후

주사. 두 시간의 휴식.

제니의 편지. 그녀는 이해하려 들지 않는다. 고집불통이다. 형식에 불과한 것을 그녀는 스스로를 크게 배반하는 것으로 여기는 것 같다('만약 자크에게 상담할 수 있다면 그런 비열한 편견과는 절대로 타협하지 말라고 할 게 틀림없습니다⋯⋯. 그를 배반하는 것이 될 테니까요, 만약⋯⋯.' 등등).

이런 것을 가지고 왈가왈부하며 시간을 낭비하는 것이 화가 난다. 그녀의 동의가 늦어질수록 그만큼 모든 수속이 어려워질 것이다(서류를 갖추는 일이며, 결혼이 이곳에서 이루어진 것으로 하는 일이며 결혼 공시일 따위).

오늘 제니에게 편지를 쓰기에는 너무 지쳐 있다. 나는 이 문제를 감정에 호소해 보기로 했다. 만약 장 폴에게 편안한 일생을 마련해 줄 수 있는 확신을 가졌을 때 내가 느낄 정신적인 안도감을 내세워 보자. 또한 나의 불안감을 과장해 보자. 그리고 제니에게 나의 마지막 기쁨을 거절하지 말아달라고 간청하는 것 따위.

28일

편지를 썼다. 그리고 발송했다. 고된 노력 끝에.

29일

신문. 엔 강에서 벨 강에 이르기까지 전 전선에 걸친 압박. 마른 강은 탈환. 프렌, 페르 숲, 빌르뇌브, 그리고 롱쉐르와 로미니, 빌앙타르드누아⋯⋯. 그 일대 모두가 눈에 선하다!

정원에서

눈에 들어오는 것. 주위는 온통 내가 있는 이 정원과 똑같은 정원. 공 모양의 오렌지나무, 레몬나무, 짙은 녹색의 올리브나무, 껍질이 벗겨진 유칼리나무, 깃털 모양의 위성류, 대황속(大黃屬)의 넓은 잎사귀 식물, 그리고 장미와 제라늄을 폭포처럼 늘어뜨린 항아리 모양의 화분. 가지각색의 빛깔. 온갖 무지개색. 사이프러스나무 울타리를 통해 햇빛에 빛나는 집들, 그 모든 것이 흰색, 장미색, 엷은 보라색, 오렌지색 등 여러 가지 색으로 칠해져 있다. 하늘의 푸른색과는 대조적인 주홍색 기와지붕. 그리고 갈색, 자주색, 짙은 녹색으로 칠해진 나무 베란다! 오른쪽, 가장 가까운 곳에는 엷은 연보라색 덧문이 달린 황갈색 집. 그리고 그 옆에는 선명한 녹색 발이 내려져 있고, 보라색 그림자가 드리워진 넓은 벽면이 있어서 강렬한 인상을 주는 하얀 집!

저런 곳에 집을 갖고, 저런 곳에서 행복을 누리며 일생을 살 수 있다면…….

사이프러스나무가 빽빽이 늘어선 사이로 거의 눈을 뜰 수 없을 정도로 햇살이 전봇대의 사기로 된 뚱딴지에 강렬한 빛을 쏟고 있다.

30일, 저녁

오늘은 아래로 다시 내려가 보았다. 지난 이틀 동안은 내려갈 수가 없었다.

어찌할 바를 모르고 바보가 된 것 같은 느낌.

나 자신에게 미래가 없다는 것을 안 이래로 세상이 마치 의외의 것, 불가사의한 것이 되기라도 한 듯한 눈으로 삶과 다른 사람들을 바라보고 있다.

진격은 이미 저지당한 것 같다. 그런데 느닷없이 러시아(레닌)가 연합국에게 선전포고를 했다. _(1917년, 레닌은 케렌스키 정부를 무너뜨리고 과격파 정부를 조직하고, 그 대신이 됨)

저녁

추억. 아버지가 돌아가시자 나는 그의 편지지를 내게로 가져왔었다. 석 달 후에 나는 지도교수에게 편지를 쓰려고 편지지를 뒤집다가 아버지가 쓰다 만 다음과 같은 필적을 발견했다. '월요일. 친애하는 선생, 오늘 아침에야 비로소 편지를 받고…….' 뜻하지 않은 만남, 마치 손이 죽음과 맞닿는 것 같은 느낌! 아버지가 정성을 들여 쓴 자그마한 글씨체, 생생한 느낌을 주는 그 몇 마디, 영원히 멈춰진 그 노력!

1918년 8월 1일

계속되는 타르드누아에서의 공격. 드디어 유리한 고지를 차지했단 말인가? 그러나 어떤 대가를 치를 것인가? 소아송과 렝스 사이에서는 눈부신 진격. 바르도는 솜므 방면으로부터 한 통의 편지를 받았는데, 불영 연합군이 아미엥 동쪽에서 또다른 공격을 준비하고 있다는 내용이었다. (1914년 8월의 아미엥……. 곳곳에서 빚어지고 있던 그 혼란! 나는 그 기회를 십분 이용했다! 병원 약국에 근무하고 있던 뤼오 덕분에 다량의 모르핀과 코카인을 훔쳐내 우리 구호반에 재보급한 일이 있었지! 2주 후에 마른 전선에서 그것이 얼마나 큰 도움이 되었던가!)

하원은 20세 장정들의 병무소집을 의결했다. 루루가 해당년도에 속하겠군. 불쌍한 녀석은 퐁타냉 병원을 그리워하고 있을 거야.

8월 2일

제니의 고집을 도무지 꺾을 길이 없다. 이번에도 한사코 '안 된다'는 것이다. 짧은 편지. 매우 다정하면서도 요지부동의 결심을 보이고 있는 편지, 하는 수 없다(대단치 않은 실패에도 몸둘 바를 몰라하던 것은 옛날 일. 지금은 체념한다). 제니는 자신의 거절을 하나의 원칙의 문제로 생각한다. 매우 뜻밖이지만 혁명적인 원칙……. 대담하게도 이렇게까지 쓰고 있다. '장 폴은 사생아입니다. 앞으로도 사생아인 채로 있을 겁니다. 그리고 이런 비정상적인 환경 때문에 자크의 아들이 일찍부터 사회와 등겨야 한다면 그것도 감수해야겠지요. 아마 자크도 자기 아들이 이보다 더 나은 출발을 하기를 원치는 않았을 겁니다!'(그럴지도 모르지…… 좋아! 자크가 마음속에 품고 있던 반항정신은 그가 죽은 뒤에도 길이길이 남기를!)

3일, 밤

편지 쓰기에 좋은 시각. 낮보다 머리가 더 맑아지고, 나 자신과 더 가까워질 수 있는 시각. 제니. 그녀가 마음속에 품고 있는 생각은 어떠하던 간에 그녀의 편지는 나무랄 데가 없고, 처음부터 끝까지 일관성이 있다는 사실은 부정할 수 없다. 박력과 대담성이 있는 편지. 게다가 존경심마저 느끼게 한다.

장 폴에게

훗날 앙투안 삼촌이 쓴 것을 읽을 마음이 생겨 이 편지를 읽게 되면 너는 놀라움을 금치 못할 것이다. 너는 이 논의에서 서슴지 않고 어머니가 옳다고 인정하리라는 사실도 삼촌은 알고 있다. 그래도 좋다. 용기라든가 너그러운 마음은 너의 어머니 쪽에 속하는 것이고 나하고는 무관하단다. 단지 너에게 알려 주고 싶은 것은 나를 이해해 달라는 것, 내가 이렇게 끈질기게 주장하는 본심도 부르주아적 편견에 복종하는 기회주의적이고 퇴보적인 것과 거리가 멀다는 사실을 인정해 달라는 것이다. 다음 세대, 즉 너의 세대가 모든 분야에서 끔찍한 곤경, 어쩌면 오랫동안 극복하기 어려운 곤경에 처하게 되지나 않을까 걱정스럽다. 거기에 비하면 너의 아버지나 내가 겪은 어려움은 아무것도 아닌 것이다. 이런 생각을 할 때면 나는 가슴이 죄어오는 것만 같단다. 나는 이미 이 세상에 없으므로 그런 투쟁을 하는 너를 도울 수가 없기 때문이다. 그런 경우 나로서는 너를 위해 그래도 무엇인가를 마련해 주었다고 생각할 때, 마음속에 흐뭇함을 느낄 수 있지 않을까 한다. 말하자면 너에게 떳떳한 호적을 남겨 주고, 너에게 내 이름, 네 아버지의 이름을 지니게 함으로써 네가 세상을 살아가는 데 있어서 너에게 닥칠 여러 가지 장애 가운데 하나를 없애 준 셈이 될 것이다. 너를 보호하기 위해 내가 해 줄 수 있는 유일한 것이다. 그러나 너의 어머니도 말했듯이 이 점에 내가 비중을 너무 두고 있는지도 모르겠다.

8월 4일

신문. 소아송 탈환. 그곳은 3월 말부터 적의 수중에 떨어졌다. 이제 아군은 엔 강과 핌므를 앞에 두고 벨 강에 도달할 수 있게 된 셈이다(핌므라면 아직도 추억이 많다! 바로 그곳에서 전선으로 가는 송데르의 동생을 만났다. 그는 그 뒤 영영 돌아오지 않았다).

랜다운 (영국의 정치가.¹⁸⁴⁵~¹⁹²⁷)의 사려 깊은 연설.

사람들이 그의 말에 귀를 기울일까? 현재 돌아가는 상황으로 보아―과랑도 같은 의견이지만―겨울이 닥쳐오기 전까지는 협상의 시도가 있을 것이다. 그러나 클레망소는 마지막 카드인 미군의 상륙까지는 귀담아들을 것 같지 않다.

러시아. 그곳에서도 별의별 일이 다 일어나고 있는 것이 틀림없다. 연합국군의 아르항겔스크 상륙. 일본군의 블라디보스톡 상륙. 그렇지 않아도 러시아로부터는 하찮은 정보밖에 알아내지 못하는데 하물며 혼란에 빠져 있는 그곳에서 무엇을 알아낼 수 있단 말인가?

저녁

세그르 교수가 마르세유에서 돌아왔다. 참모본부에서는 18일에 시작된 연합군의 반격의 제1단계가 끝나가는 것 같다고 전하고 있다. 목적이 달성된 모양이다. 와즈 강에서부터 뫼즈 강까지 이르는 직선적인 전선. 기습을 시도해 볼 돌출부도 없어져 버렸다. 이 새로운 전선에서 온 겨울을 보낼 작정인가?

8월 5일

마제가 준 새로운 진정제의 결과에 관해 나는 기뻐해도 좋을까? 불면증에는 아무런 효과도 없다. 그러나 정상적인 맥박, 신경의 안정, 좀 무뎌진 감수성. 머리는 맑아지고 머리회전도 빨라진다(적어도 그런 느낌이다). 결국 밤에 잠은 못 이루지만 여느 때보다는 비교적 기분 좋게 지내는 밤이다.

비망록을 쓰기에 알맞은 밤이다!

조제프는 휴가를 떠났다. 그 대신 나이 든 뤼도빅이 왔다. 그의 수다 때문에 골치가 아플 정도다. 그가 방을 치우러 올 때면 나는 슬쩍 피한다. 그런데 오늘 아침에는 사혈 때문에 늦게까지 침대에 있었기 때문에 영락없이 그에게 붙들리는 신세가 되었다. 딸꾹질 때문에 멈춰지기도 하고 또 언성을 높인다든가 하는 따위로 멈춰지곤 하므로 이야기를 나누어도 매우 피곤해진다. 그자는 마룻바닥을 밀랍으로 닦는 일을 자기 '담당'으로 여겼던 모양이다. 양발에 솔을 달고 혼자 떠들어 대면서 일종의 지그(^{빠르고}_{경쾌한 춤})를 춘다.

그는 사부아 지방에서 보낸 자신의 소년시절 이야기를 들려주었다. 그러면서 되풀이하는 말이 "군의관님, 좋은 시절이었지요!" (그래, 뤼도빅, 나 역시 지난날을 회상할 때마다 매우 괴로웠던 일도 '좋은 시절이었어!')

뤼도빅의 말투는 구수한 데가 있다. 이 점은 클로틸드와 유사하다. 그러나 그 어법은 같지 않고 사투리도 덜 쓴다. 그가 일러주는 말에 의하면 자기 아버지는 '바느질 직공'이었다는 것이다. 양복점에서 '바느질하는' 직공, 재단사가 재단한 천을 치수에 맞추어 꿰매는 사람이었다는 것이다. 맞는 말이다. 얼마나 많은 사람들이(자크도 그 중의 하나이지만……) 자신들이 배운 것을 정리하기 위해 바느질 직공과 같은 사람의 도움을 필요로 하는가!

제니는 최근에 보낸 어느 편지에서인가 그의 '주의(主義)'에 관해 말하고 있다. 전혀 사리에 맞지 않는 말이다. 그녀와 그 문제에 관해 토론을 할 생각은 없다. 그러나 자크가 그녀 앞에서 일관성 없이 말한 사상, 그리고 그녀 자신을 모호하게밖에 파악하지 못한 그 사상을 마치 하나의 '주의'로 여기는 것은 내가 보기에 장 폴의 교육을 위해서도 위험스럽기 짝이 없다.

장 폴, 언젠가 이것을 읽게 될 때, 네 아버지의 사상을 지리멸렬한 것으로 판단한 앙투안 삼촌의 생각에 대해 너무 성급한 결론을 내리지 않기를 바란다. 너의 아버지는 어떤 문제가 생길 때마다 충동에 이끌리는 사람처럼 그것에 대해 다양한 견해를 가졌으며, 게다가 대개 그 견해라는 것이 서로 모순을 안고 있어서 자기 자신도 정리하지 못하곤 했다는 사실을 말해 두고 싶을 뿐이다. 적어도 그는 그렇게 다양한 견해에서 하나의 뚜렷하고도 확고한, 그리고 지속적인 확신, 뚜렷이 방향이 설정된 행동지침을 끄집어 낼 수 있었어야 했을 텐데 거의 그러지를 못했단다. 또한 그의 인격만해도 여러 가지가 서로 이질적이고 모순되고 동시에 고압적인 요소로 이루어져 있었다. 물론 그런 것들이 그의 인간 됨됨이를 풍부하게 해 주기는 했지만, 그로서는 그런 요소 중에서 어떤 것을 선택해야 할지를 몰랐을 뿐만 아니라, 그것들을 집결시켜 조화로운 총체로 만들 줄을 몰랐단다. 그런 이유 때문에 그는 언제나 불안스러워했고, 그의 생활은 깊은 고뇌에 빠져 있었던 것이다.

하긴 우리 모두 정도의 차이는 있지만 너의 아버지와 별로 다를 바 없을지도 모른다. 내가 '우리들'이라고 하는 것은 기성체계에는 한 번도 발을 들여놓아 본 적이 없는 사람들을 가리키는 것이다. 그런 사람들이란—그들이 발전해 가는 어느 시기에 있어서 하나의 명확한 철학이나 종교, 즉 이론의 여지가 없는 확고부동하며 확실한 입장 따위를 갖지 못했으므로—주기적으로 자신들의 거점을 정정할 수밖에 없는 사람들, 그래서 끊임없이 즉흥적인 균형을 만들어 낼 수밖에 없는 사람들을 가리키는 것이다.

8월 6일, 저녁 7시

나이 든 뤼도빅. 굵은 손가락으로 49호실의 환자에게 체온계를 넣었다가 빼고, 이어서 55호와 57호의 침그릇을 청소한 다음, 같은 손가락을 설탕통 밑바닥까지 넣었다가 나의 탕약잔에 각설탕을 넣는다. 그러면 나는 이렇게 인사한다. '고맙소, 뤼도빅……'

평범한 하루. 그렇다고 이제 와서 까다롭게 굴 처지는 못 된다.

저녁에 주사. 휴식.

밤

별로 괴롭지 않다. 그러나 잠을 잘 수 없다.

어제 장 폴을 위해 썼던 것. 즉 나에 관한 대목에는 꽤 부정확한 것이 있다. 너는 아마 내가 일생을 통해 균형을 찾아 헤맸다고 생각할 테지. 그건 그렇지 않아. 내 직업 덕분이기도 했겠지만 나는 언제나 균형잡힌 사람인 것으로 자처해 왔다. 그리고 불안으로 괴로워한 적도 거의 없었고.

나 자신에 관하여.

아주 젊어서부터(의학공부를 시작한 첫해부터) 나는 종교적이라든가 또는 철학적인 교리는 전혀 받아들이지 않았다. 그러면서도 나의 모든 성향을 교묘히 조화시켜 나 자신을 위한 생활과 사상의 견고한 틀, 즉 하나의 도덕률을 만들어놓고 있었다. 한계가 있는 틀이긴 했지만 나는 조금도 불편을 느끼지 않았다. 오히려 그 속에서 마음의 평온함을 느끼기까지 했다. 자기 자신이 설정한 한계 속에서 만족하며 살아간다는 것이 나에게는 행복의 조건처럼 되어 있었으며, 그 조건은 나의 일을 위해서도 필수적인 것이었다. 이처럼 나는 일찍부터 몇 가지 원칙을 세워놓고 그 속에 안주하고 있었다—내가 '원칙'이라고 쓰는 것은 이 밖에는 적당한 말이 없기 때문이다. 용어 자체가 건방지고, 무리한 느낌을 주지만—그 원칙은 나의 성격적인 욕구와 의사로서의 생활에 잘 들어맞았던 것이다(대체로 그것은 정력 숭배와 의지 실천 등을 기본으로 삼는 행동가의 유치한 철학이라 할 수 있겠다).

어쨌든 전쟁 전에는 이것을 지극히 옳은 것으로 여기고 있었다. 전쟁이 발발한 뒤에도 최초의 부상까지는 적어도 그러했다. 그런데 (생디지에 병원에서 지내는 동안) 그때까지 그런대로 힘의 균형, 쾌적한 조화를 보장해 주었고, 나의 재능 덕분에 충분한 수확을 거둘 수 있게 해 주었던 사고방식이라든가 행동양식 따위를 다시 검토하기 시작한 것이다.

피곤하다. 이런 자기분석 같은 것을 더 이상 계속하는 것이 괜찮은 건지 망설여진다. 의욕상실. 자승자박. 쓰면 쓸수록 내가 쓰고 있는 것에 대해 자신이 없다.

이를테면, 지금 나는 내 일생을 통해 가장 중대한 몇 가지 행위에 관해 생각해 본다. 그러한 행위 가운데 나로서는 최대한 자연스럽게 수행한 행위가 실은 내가 주장하고 있는 '원칙'과는 분명히 모순된 것이었음을 인정하지 않을 수 없다. 결정적인 순간마다 매번 나는 나의 '윤리관'으로서는 도저히 받아들일 수 없는 결심을 했었다. 그것은 지금까지의 모든 습관, 논리보다도 더 강력한 내적인 힘에 의해 순간적으로 강요된 결심이었다. 그 결과 나는 그런 '윤리관'이라든가 나 자신에 대해 의구심을 품지 않을 수 없었다. 그래서 불안한 마음으로 자문해 보곤 했다. '나는 과연 스스로 생각하고 있는 그런 사람인가?'(결국 이러한 불안은 곧 사라지고, 일상적인 자세로 돌아가 나의 균형을 되찾곤 했다)

오늘 저녁, 이 자리에서 생각해 보건대 (고독에 파묻혀 지난날을 돌이켜 보건대), 과거 내가 살아온 생활양식, 또 그런 생활양식에 잘 따르는 습관 때문에 본의 아니게 나 자신을 인위적으로 변모시키고, 자신의 모습을 가면을 쓴 것 같이 만들어 버렸다는 것을 분명히 알게 되었다. 그리하여 가면과도 같은 그런 모습이 점차 나의 본래 성질까지 바꾸어 버렸던 것이다. 나는 생활의 흐름 속에서 (그런 데다가 나 자신을 곰곰이 생각해 볼 만한 마음의 여유가 거의 없었기 때문에) 만들어진 그 성격에 그럭저럭 순응했던 것이다. 그런데 어떤 중대한 시기에 봉착하여 자신도 모르게 순수하게 마음을 결정해야만 했던 일이 있었는데, 그로 인해 예기치 않게 내 본성의 참모습이 드러나면서 본래의 성격이 그대로 반영되었다.

(이런 것을 밝히게 되어 매우 기쁘다)

이런 경우가 꽤 빈번했던 것으로 안다. 그 결과 다음과 같이 생각하기에 이르렀다. 즉 인간 내면의 본성을 규명하기 위해서는 습관적인 행위에서 찾으려고 할 것이 아니라, 본인도 깨닫지 못하는 뜻하지 않은 행위, 언뜻 보아서는 설명이 되지 않는 것 같은, 때로는 터무니없는 것으로 여겨지는 행위에서 찾아야 한다는 것. 그렇게 함으로써 '진정한 모습'이 드러난다는 것이다.

그런데 자크의 경우는 나와 달랐던 것 같다. 자크에게서는 대부분의 경우 그의 생활의 행동지침이 됐던 것이 깊은 본성(진정한 모습)이었다고 생각하지 않을 수 없다. 그 때문에 그의 생활을 지켜보고 있던 사람들에게는 변덕스러운 기질과 무모한 행위, 그리고 겉으로 앞뒤 안 맞는 것이 가끔 보였던 것이다.

창에 비치는 여명. 또 하룻밤이 지났다. 하룻밤이 줄어든 셈이다……. 잠을 청해 보자. (이번만은 잠을 못 이룬 것을 아쉽게 여기지 않는다)

에필로그 1927

8월 8일, 밖에서

그늘에서조차 섭씨 28도. 대단한 더위지만 쾌적하다(인류의 대부분이 무엇 때문에 기후가 나쁜 북쪽 지방에서 사는지 이해할 수 없다!).

조금 전, 식사 때, 모두가 자신들의 장래에 관해 이야기하는 것을 들었다. 그들 모두가 '가스 중독자'가 영구히 신체장애자로 남아 있는 것은 아니라고 믿고 있다. 또는 믿는 척하고 있다. 그들은 또한 동원령이 멈춰지는 그 시점부터 자신들의 생활을 다시 시작할 수 있을 것으로 믿고 있다. 마치 평화가 오기만 하면 모두가 옛날의 생활을 되찾을 수 있을 것처럼. 어처구니없는 실망이 도사리고 있지나 않을까……

그런데 내가 가장 놀란 것은, 시민으로서의 자신들의 직업에 관해 말하는 그들의 태도이다. 자신들이 그 어느 것보다 좋아해서 선택한 직업이 결코 아닌 것처럼, 마치 중고등학교 학생이 자기 학급에 관해 말하듯 한다. 징역에 관해 말하는 도형수 같지는 않다 하더라도 딱하기 이를 데 없다! 투철한 사명감 없이 인생에 발을 들여놓는 것만큼 비참한 일은 없다. (그렇다—하기는 거짓 사명감을 갖고 인생에 발을 들여놓는다면 문제가 다르지만)

장 폴에게.

애야, '거짓 사명감'을 경계해라. 인생에 실패한 사람들, 노년을 비참하게 보내는 사람들의 대부분은 모두 여기에 그 원인이 있단다.

나는 청년이 된 너를 그려 본다. 열여섯, 열일곱 살의 너를. 그때가 특히 혼란스러울 때이지. 이성에 눈을 뜨기 시작하고, 그 이성의 힘에 대해 헛된 기대를 걸기 시작할 때지. 너의 감정이 큰 소리로 말하기 시작하고, 그 감정의 폭발을 억누르기에 힘든 나이. 새롭게 발견한 시야에 도취되어 정신을 잃고 수많은 가능성 앞에서 망설이는 나이. 아직 연약한데도 스스로 강인하다고 믿으며 인생의 거점과 지표를 찾을 필요성을 느끼고 처음으로 느낀 확신과 처음으로 만난 시련을 향해 정신없이 달려드는 나이…… 조심해라! 또한 그 시기는—너는 거의 깨닫지 못할 것이 틀림없지만—너의 상상력이 진실을 왜곡하기 쉬운 나이이기도 하다. 심지어는 거짓을 사실로 여길 정도로 너는 이렇게 말할 것이다. '나는 알고 있어요.'…… '나는 느끼고 있어요.'…… '나는 확신하고 있어요.'……조심해라! 열일곱 살의 소년이란 마치 고장난

나침반을 믿고 항해하는 조종사에 비유할 수 있다. 청년인 자신의 취향이 태어날 때부터 주어진 것이어서 그것을 자신의 길잡이로 삼아야 하며, 그것이야말로 의심할 여지없이 자기가 앞으로 나아갈 방향을 제시해 준다고 굳게 믿는다. 그리고 일반적으로 부자연스럽고 일시적이며 독단적인 취향에 자신이 끌려다니고 있다는 사실도 깨닫지 못한다. 그런가 하면 틀림없이 자신의 것으로 여기고 있는 경향도 실은 남들의 것으로서, 어느 날 책에서 아니면 세상 어디에서 어쩌다 하나의 가면처럼 찾아낸 것임을 잊고 있다.

이러한 위험으로부터 너는 어떻게 스스로를 지킬 수 있을 것인가? 너를 생각하면 나도 모르게 몸이 떨린다. 네가 나의 충고에 귀를 기울일까?

우선 너에게 바라는 것은 네 스승들의 의견이나, 네 주위에서 너를 아끼는 사람들의 의견을 귀담아들을 줄 알아야 한다는 것이다. 그분들은 겉으로는 너를 이해하지 못하는 것 같지만 실은 네가 너 자신을 알고 있는 것보다 너를 훨씬 더 잘 알고 있단다. 그분들의 충고가 네 신경을 건드리겠지? 그것은 바로 네 자신이 어렴풋하게나마 그 충고가 옳다는 것을 느끼고 있기 때문이다…….

그러나 무엇보다도 내가 바라는 것은 네가 너 자신을 지켜 주었으면 하는 것이다. 너 자신을 속이고 있는 것은 아닌가, 겉모습에 속고 있는 것은 아닌가, 이런 것들을 늘 잊지 않기를 바란다. 너 자신의 이익 같은 것은 염두에 두지 말고 어디까지나 성실함을 관철하고, 그것을 명확하고 유용한 것으로 만들어야 한다. 그리고 다음의 것도 알길 바란다. 즉 너와 같은 환경에서 자란 소년들—말하자면 교육도 받았고 독서로 정신을 함양했으며, 총명하고 말주변도 좋은 사람들 사이에서 자란 너와 같은 소년들의 경우—'경험'보다는 이런저런 사실, 이런저런 관념을 앞세우는 예를 흔히 찾아볼 수 있다는 것이다. 그런 소년들은 자신들이 아직 몸소 체험하지도 못한 무수한 감각을 머릿속으로, 상상력을 통해서만 알고 있다. 그들은 그런 사실은 알아차리지도 못한 채, '안다'는 것과 몸으로 '느낀다'는 것을 혼동한다. 그들은 다른 사람들이 어떤 감정이나 욕망 따위를 느낀다는 사실을 단지 알고 있는 데 지나지 않으면서도, 마치 그런 것들을 자신이 직접 몸으로 느끼고 있기라도 한 것처럼 생각한다.

내 말에 귀를 기울여라. 사명감! 한 예를 들어 보자. 열 살, 열두 살이 되면 너는 모험담에 취해 선원이나 탐험가의 천분을 타고난 것으로 생각할지 모르겠다. 지금 너는 충분한 분별력을 갖고 있으므로 그것을 생각하고 아마 미소를 짓겠지. 그건 그렇고, 열여섯, 열일곱 살이 되면 비슷한 과오가 도사리고 있을 것이다. 조심해야 한다. 그리고 너 자신의 성향을 경계해야 한다. 어쩌다 책을 읽거나, 인생을 살아가는 동안 시인이라든가 위대한 실천가라든가 연인들을 찬양하는 기회가 있을 것이다. 그렇다고 해서 너 자신을 시인인 것처럼, 행동가인 것처럼, 그리고 위대한 사랑의 희생자인 것처럼 착각하는 일이 없도록 해라. 네가 타고난 본질이 어떤 것인지 인내심을 갖고 찾아보도록 해라. 참된 너의 개성을 조금씩 발견하도록 애써라. 쉬운 일은 아니겠지만! 대다수의 사람들은 훨씬 뒤에 가서야 그런 경지에 이른다. 물론 영영 거기에 이르지 못하는 사람들도 많단다. 무엇을 하든 충분한 시간을 가져야만 한다. 서두를 필요가 없다. 자신이 '누구인가'를 알기 위해서는 오랜 시간을 두고 모색할 필요가 있다. 그러나 일단 너 자신을 파악했다는 생각이 들 때는 빌린 옷을 바로 모두 벗어 버리도록 해라. 너 자신이 한계가 있고, 결점을 갖고 있다는 것을 인정해야 한다. 그리고 건전하고 보편적으로 자신을 발전시키도록 노력해라. 참된 목적을 위해서는 속임수를 써선 안 된다. 자신을 알고, 자신을 인정한다고 해서 그것이 노력하는 것을 포기한다든가 또는 자기완성을 단념하는 것을 뜻하지는 않는다. 오히려 그 반대이다! 그렇게 함으로써 최상에 이르는 절호의 기회를 갖게 되는 것이다. 왜냐하면 너의 열정이 비로소 올바른 방향, 즉 모든 노력이 결실을 맺는 방향으로 향하게 될 테니까. 또한 너의 한계를 넓히도록 노력해라. 그러나 그것도 타고난 시야여야만 한다. 다만 그 한계가 어떤 것인지를 충분히 이해하고 난 뒤에야 비로소 가능한 일이다. 인생에서 실패하는 사람들은 대개 출발을 하면서 자신의 성격을 잘못 파악했던가 아니면 자신의 것이 아닌 길로 잘못 들어선 사람들, 또는 새로운 방향을 향해 출발하면서 자신의 '힘의 한계'에 머무를 줄 몰랐던 사람들, 또는 그러한 용기가 없었던 사람들이다.

8월 9일

신문. 로이드 조지의 낙관적인 연설. 사정이 그러한 만큼 좀 과장된 낙관론임에 틀림없다. 어쨌든 지난 20일 동안 프랑스 전선에서 일어난 상황은 정말 뜻밖이었다(파리에서 뤼멜과의 대화). 그런데 어제부터 피카르디에서도 공세가 시작된 것 같다. 그리고 미군의 앞으로의 참전. 퍼싱 장군의 계획은 포슈로 하여금 전선을 재정비토록 해서 파리를 완전히 평정한다는 것, 다음으로 불·영 두 나라 군대가 종전의 전선을 지키고 있는 동안 미군으로 하여금 알자스 쪽을 향해 파죽지세로 돌진하도록 한 다음, 국경을 넘어 독일로 쳐들어가는 데 있는 것 같다. 그럴 경우 어느 독가스 덕분에 전쟁은 이기게 될 것이며 어디까지나 적의 영토에 국한시켜야 한다는 것이다. 왜냐하면 그 독가스 때문에 모든 것이 파괴되고, 수 년 동안 어떤 식물도 자랄 수 없게 되리라는 것 등……(식탁은 온통 감격에 휩싸였다. 불쌍한 독가스 중독환자들, 그 중의 대다수는 전혀 가망이 없는 자들인데 이런 새로운 독가스 이야기를 듣고 한결같이 기뻐하고 있다니……).

다로스는 미군의 통역을 맡고 있는 동생으로부터 온 편지를 우리에게 읽어 주었다. 그의 말로는 미군들의 어린애 같은 자신감이 동생의 신경을 몹시 건드렸다는 것이다. 장교이거나 사병이거나 할 것 없이 모두가 공격만 하면 단시일 내에 최후의 승리를 거둘 수 있다고 장담한다는 것이다. 또한 포로의 수가 너무 많으면 처리하기가 곤란해지므로 500명 정도는 기관총으로 처치해 버려야 한다고 파렴치하게도 공언했다는 것이다(더구나 그 이상가들은 잔인한 미소를 띠고 천진스런 눈매를 지으면서 기회가 있을 때마다 자기들은 '정의'와 '권리'를 위해 싸우러 왔다고 되풀이하고 있다는 것이다).

8월 10일

읽는 일에 그럭저럭 다시 흥미를 갖게 되었다. 별로 애쓰지 않고도 주의를 집중시킬 수 있다. 특히 밤에. 다우슨이란 사람이 쓴(런던에서 발간된 〈의학회보〉) 훌륭한 논문을 다 읽었다. 이페리트 가스의 후유증에 관한 것인데, 다른 독가스의 여파와 비교하고 있다. 그의 관찰은 여러 가지 점에서 나의 소신을 뒷받침해 주고 있다(만성적 경향을 띠는 이차감염 등……). 그에게 편지와 더불어 나의 비망록의 몇 쪽을 보내고 싶은 생각이 든다. 그러나 편지 왕래가 계속되지나 않을까 하는 걱정이 앞선다. 계속할지 어떨지 확신이 없기 때문이다. 8월 초하루부터는 상태가 눈에 띄게 좋아졌다. 근본적으로는 조금도 좋아지지 않았겠지만, 여하튼 고통은 많이 줄었다. 일시적인 소강

상태. 지난 몇 주간과 비교해 볼 때 이 정도라면 꽤 견딜 만하다. 아침마다 사람의 진을 빼는 치료, 호흡곤란의 발작(특히 해가 지는 저녁 무렵), 거기에다 불면증……. 그러나 지난 며칠 밤처럼 무엇을 읽을 수 있을 때는 불면증도 별로 고통스럽지 않다. 비망록을 쓰는 일이 한몫을 했겠지만.

점심식사 전, 창가에서

이 풍경, 광활한 이 기복의 장엄함. 여러 구릉을 향해 공격이라도 하듯 올라가고 있는 좁은 계단식 밭. 낮은 돌담으로 이루어져 있는 흰 석회질의 선으로 나란히 구획된 초록빛의 언덕. 그리고 저 위쪽으로는 벌거벗은 암석의 왕관. 경석으로 되어 있는 것이 오렌지색을 반사하고 있어서 보기에 아주 부드럽다. 그리고 저 밑으로, 아주 멀리, 경작지와 암석이 만나는 곳에 계단식의 작은 마을. 마치 지층의 습곡에 매달려 있는 한 줌의 빛나는 자갈 같다고나 할까. 이 순간, 컴컴하고, 넓고, 그리고 유유한 움직임을 보이고 있는 밭의 선명한 녹색 위로 구름의 그림자가 천천히 움직이고 있다.

앞으로 이런 광경을 몇 주일이나 바라볼 수 있을까?

11일

마제는 생디지에 병원에 있던 군의관 소령 드자벨과 비슷한 의사이다. 드자벨은 가망이 없는 것으로 '판명된' 환자들은 돌보는 일이 절대로 없었다. 그는 늘 이렇게 말하곤 했다. "훌륭한 군의관은 육감이 빨라야 해. 즉 환자에게 더 이상 관심을 '가질 필요'가 없는 정확한 시기를 느낄 수 있어야 해."

그렇다면 마제가 볼 때 나는 아직 '관심'의 대상이 되고 있다는 것일까? 있다면 얼마동안이나?

랑그로아에게 종양이 생긴 뒤부터는 진찰을 받으러 가지 않는다.

솜 강의 공격은 매우 순조롭게 진행되고 있는 것 같다. 영국군 쪽에서도 뒤처져 있고 싶지 않았던 것 같다. 상테르 고지도 재탈환했다. 파리—아미엥 간의 광활한 전선도 해방되었다. 지금 몽디디에에서 전투중. (몽디디에, 라시니, 레송 쉬르 맛츠 등, 이들 지명 모두가 1916년의 여러 가지 추억을 불러일으키는 곳이다!)

과랑은 지극히 낙천적이다. 이제는 모든 희망을 가져도 괜찮다고 주장한다. 나도 그렇게 생각한다. (놀라고 있는 사람들이 꽤 많을 테지. 우선 군민(軍民) 양쪽의 지도자들. 봄에 그자들은 파멸이 이미 가까워온 것으로 예측하고 있었으니까! 모두가 의기양양하고 있겠지. 다만, 너무 그러지는 말았으면 좋으련만)

8월 12일, 저녁
다우슨에게 보내기 위한 비망록의 발췌 부분을 다시 베끼느라고 오후를 보냈다.

여러 가지 신문. 영국군은 페론 장군 아래에 있다. 딱한 페론! 지금 거기에는 무엇이 남아 있을까? (1914년 당시 후퇴 때의 일이 지금도 또렷이 기억난다. 불빛 하나 없는 도시, 어둠 속을 헤매던 순찰용 각등, 기병대의 퇴각, 사람들은 지쳐 있고, 말들은 다리를 절면서……. 그리고 시청의 아래층은 말할 것도 없고 보도 위에까지 줄지어 있던 들것!)

13일, 저녁
여느 때보다 호흡이 가쁘다. 그러나 다우슨에게 보낼 기록만은 끝냈다. 비망록을 다시 훑어보니 흐뭇한 느낌이 든다. 썩 마음에 든다. 도표를 보듯이 병의 진전을 이해할 수 있다. 전체가 하나의 중요한 문헌. 어쩌면 유일한 것이 될지도 모른다. 권위 있는 것으로 인정되어 오랫동안 연구의 기초자료가 될지도 모른다. 자살의 유혹과 싸워야만 한다. 최후까지 기다리며 분석을 마무리지어야지. 아직 잘 알려지지 않은 이런 증상의 완벽한 기록을 내가 죽은 뒤에라도 남겨 놓아야겠다.

때로는 이런 생각이 나의 힘을 돋우는 것 같다. 그런가 하면 또 어떤 때는 이런 생각을 하면서 조금이라도 위안을 얻기 위해 처절하리만큼 나 자신과 싸워야 한다…….

새벽 1시
'회상'. (무슨 생각에 잠겼다가 갑자기 멈추곤 하면서 관념 연상의 맥락을 더듬어 가면서 생각의 흐름을 거꾸로 출발점까지 찾아 간다는 것은 이상한

일이다)

오늘 저녁, 뤼도빅이 쟁반을 들고 들어오는 순간, 잘 닫혀 있지 않았던 소금병 뚜껑이 접시 위에 떨어지면서 땡그랑 소리를 냈다.

나는 거의 신경을 쓰지 않았다. 그런데 저녁 내내, 치료를 받는 동안, 그리고 세면을 하는 동안, 또 기록한 것들을 다시 베끼는 동안 아버지와의 일이 나의 머릿속을 떠나지 않았다. 잇달아 떠오르는 옛날 추억. 식사 때 온 가족이 모였던 일, 위니베르시테 거리에서 혼자 쓸쓸히 저녁식사를 하던 때의 일, 베즈 아주머니와 식탁보 위에 놓인 그녀의 작은 두 손, 일요일마다 메종 라피트에서 창문을 열어놓고 햇볕이 내리쬐는 정원을 바라보던 점심식사 때의 일 등.

어째서일까? 이제는 알 만하다. 접시에 떨어진 소금병의 뚜껑 소리가(무의식적으로) 그 옛날에 식사를 시작할 때마다 아버지의 코안경이 내는 독특한 소리를 생각나게 했던 것이다. 아버지는 자리에 털썩 앉곤 했다. 그러면 끈 끝에 매달린 코안경이 접시 가장자리에 부딪치며 소리를 내곤 했다.

장 폴을 위해 아버지에 관한 몇 가지 기록을 해두는 것이 좋을 것 같다. 할아버지에 관해 그 아이에게 말해 줄 사람이 아무도 없을 테니까.

아버지를 좋아하는 사람은 거의 없었다. 심지어는 우리들까지도 아버지는 좋아하기에 매우 어려운 사람이었다. 나는 아버지를 신랄하게 비판해 왔다. 그런 나의 태도가 항상 옳았다고 할 수 있을까? 지금에 와서 보면 아버지를 좋아할 수 없었던 것은 그가 지니고 있던 어떤 정신력, 어떤 엄격한 덕망의 반작용, 아니면 그런 것이 정도를 지나친 데 있었던 것 같다. 아버지의 일생을 두고 볼 때 그가 남에게 존경을 강요했다고 하기엔 무언가 좀 망설여진다. 그렇지만 어떤 각도에서 볼 때 아버지는 당신이 선행이라고 여기는 일에는 매우 헌신적이었던 것만은 사실이다. 그의 괴벽은 모든 사람들로 하여금 그를 멀리하게 했으며, 그의 선행은 어느 누구의 호감도 사지 못했다. 그는 선행을 실천하는 데 있어서 자기 나름대로의 방식이 있었는데, 그것이 사람들로 하여금 가장 나쁜 결점 이상으로 그를 멀리하는 결과를 가져왔던 것이다……. 아버지도 그런 사실을 깨달았던 것으로 안다. 그리고 당신이 고립되어 있다는 것을 몹시 괴로워했던 것으로 안다.

장 폴, 나는 너의 할아버지인 티보 씨가 어떤 사람이었나를 언제이고 너에게 꼭 설명해 줄 필요가 있다고 생각한다.

8월 14일, 아침

또 뤼도빅의 여전한 수다. 그가 (큰 손으로 수염을 쓰다듬으면서) "군의 관님, 다로스 중위는 '꾀병쟁이'랍니다" 하고 딱 잘라 말했다.

나는 물론 그렇지 않다고 말했다. 뤼도빅은 의연한 태도로 "잘 알고 있지요." 그러면서 그는 이렇게 설명했다. 다로스가 부속병동에 있을 때 체온을 재면서 '속임수'를 쓰더라는 것이다. 15분쯤 운동을 한 뒤가 아니면 절대로 체온을 재는 법이 없었으며, 체온표에 적을 때도 약간씩 올려서 쓰곤 했다는 것이다.

그럴 리가 없다고 말은 했지만…… 나도 걱정스러운 몇 가지 사실을 목격한 적이 있다. 예를 들어 흡입실에서의 일이다. 치료를 받을 때 나태한 그의 태도. 바르도나 마제가 따위를 돌리자마자 흡입하기를 그만둔다던가 하는 따위. 자기 혼자서 치료를 하도록 하는 경우에는 보통 빠지기 일쑤였다. 다로스의 그런 태만은 도무지 이해가 안 간다. 왜냐하면 그 또한 자신의 건강을 몹시 걱정하면서 나에게 자주 물어오기를 '자기의 건강은 이제 전혀 가망이 없다'고 말하곤 했으니까(다로스는 상해를 입지 않았다. 그러나 기관지의 나쁜 상태가 좀처럼 낫지를 않는다).

저녁 무렵, 채소밭에서

긴 의자가 있는 여기까지 오는 것을 나는 좋아한다. 오솔길 위로 드리워진 사이프러스나무의 그림자. 갈대밭. 잘 정리된 화단. 물레방아 소리. 물뿌리개를 들고 왔다 갔다 하는 피에르와 뱅상.

뤼도빅의 험담이 머리를 떠나지 않는다. 그것이 사실이라면, 그리고 다로스가 정말 꾀병을 부리는 사람이라면 생각해 볼 만한 일이다. '그것이 나쁜 짓인가?'

결코 간단하지는 않다. 상대가 누구인가가 문제인 것이다. 뤼도빅의 경우, 두 아들이 전사했다. 그의 입장에서는 꾀병은 '나쁜 짓'이다. 범죄행위라고까지 하겠다. 하나의 도피 행위이니까. 그는 다로스를 군법회의에 회부해야 한다고 생각할지 모른다. 다로스의 아버지가 볼 때도 그것은 나쁜 짓임에 틀림없을 것이다.

(나는 다로스의 아버지를 좀 알고 있다. 때때로 아들을 보러 왔으니까. 아비뇽에 살던 목사이다. 늙은 청교도로서 애국사이다. 그가 막내아들을 군에 입대시켰던 것이다) 그렇다. 분명히 다로스의 아버지 입장에서도 그것은 '나쁜 짓'이다. 그러나 다른 사람에게 있어서는? 예를 들어 바르도에게는? 그는 넉 달 전부터 다로스를 돌보고 있으며, 또 다로스를 매우 좋아하고 있다. 바르도가 무엇인가를 눈치챘다고 가정해 보자. 과연 그는 다로스를 엄벌할까? 아니면 못 본 체할까? 그리고 다로스 자신을 두고 볼 때 그가 '속임수'를 쓴다는 점에서 책망받아 마땅하다고 치자. 그러나 과연 나쁜 짓을 한다고 생각할까?

그러면 나는? 생각해 보아야겠다. 물론 좋은 일이라고 말할 수는 없다. 그것은 병원에 수용되어 고의적으로 병이 낫지 않도록 '연구'하고 있는 전방 기피자들에 대해 느끼는 본능적인 혐오감 때문이다. 그러나 나쁘다고는 할 수 없다.

기이한 일이다. 이것을 규명한다는 것은 흥미 있는 일이다. 좋은 일인가 나쁜 일인가?

우선 다음과 같은 사실은 인정한다. 그가 연극을 하든 아니든 간에 그것과는 상관없이 다로스에게 품고 있는 나의 호감은 변함없다. 다정다감하고 사려 깊고 교양 있는 청년. 근본이 정직한 사람이라고 나는 믿고 있다. 비록 '꾀병'을 부리는 '환자'이긴 하지만 나는 그의 사람 됨됨이를 좋게 평가하고 있다. 그는 나에게 속내 이야기를 자주 털어놓았다. 자기 아버지에 관해, 자신의 젊은 시절에 관해, 성(性)적으로 매우 엄격했던 신교도적 교육에 관해. 또한 결혼생활까지도. 특히 동원령이 내리던 날 저녁, 자기 아내와 리옹에서 지낸 이야기를 들려주었다. 두 사람은 때마침 아비뇽에서 휴가를 보내고 리옹에 돌아오는 길이었다. 이튿날 새벽 그는 자신이 속해 있는 예비 연대에 입대해야만 했다. 두 사람은 용케 허름한 호텔의 방 하나를 구할 수 있었다. 지금도 다음과 같이 말하던 그의 목소리가 귀에 생생하다.

"테레즈는 공포에 떨면서도 울지 않으려고 이를 악물고 있었어요. 나는 아내의 팔에 안긴 채 어린애처럼 흐느끼면서 하룻밤을 보냈지요. 잊으려야 잊을 수 없어요. 아내는 말문이 막힌 채 살며시 내 머리를 쓰다듬더군요. 길거리에서는 밤새 끊임없이 포대가 지나가는 소리. 요란스런 소음이 들려왔어요."

어쩌면 지금은 꾀병을 부리는 환자일지 모른다. 그러나 결코 비겁한 자는 아니다. 보병으로 40개월 간의 복무, 두 번의 부상, 세 번에 걸친 표창. 그리고 마지막으로 오 드 뫼즈에서의 독가스 전쟁이 발발하기 6개월 전에 결혼. 부부 사이에 어린아이 하나. 건강이 좋지 않은 아내. 재산은 없다. 마르세유에서의 초라한 교편 생활. 그가 독가스에 중독된(가볍기는 하지만) 것은 지난 2월의 일이었다. 처음에는 트로아 병원에서 치료를 받았다. 그래서 그의 아내는—나는 이 점을 중요하게 여기고 있다—그곳에 가서 꼬박 한 달을 함께 살 수 있었다. 이어서 그는 전쟁에서 천 리나 떨어져 있는 이곳으로 보내졌다. 그리하여 그는 다시 그리워하던 푸른 하늘, 태양, 휴가나 다름없는 생활을 되찾은 것이다……. 그가 겪은 마음의 갈등을 나는 충분히 떠올릴 수 있다! 폐의 질환을 될 수 있는 대로 오래 끌기 위해 모든 수단을 다 동원할 결심을 했다고 치자—그런데, 그렇지 않을까? 평화가 올 날도 그다지 멀지 않았으니까—선량한 신교도인 다로스로서는 양심의 갈등 없이는 그렇게 할 수 없었을 것이다. 그가 결국 어떻게 해서든지 자신의 목숨을 구하기로 결심했다면—치료를 게을리 한 탓으로 자기의 병을 악화시키는 위험까지도 감수하면서—그것은 과연 '좋은 일'인가? 아니면 '나쁜 짓'인가?

어떻게 대답해야 할 것인가?

그렇다. 그가 비록 그런 결심을 했더라도 나로서는 그에 대해 갖고 있는 호감을 버릴 생각은 없다.

자정

불면증, 불면증. 어두운 암흑 속에서 끝없는 명상…… 되도록이면 나의 주의를 나 자신으로부터, '망령'으로부터 딴 데로 돌리기 위한 어떤 자기보존본능.

다로스. 다로스 사건은 어쨌든 꽤 중대한 문제이다. 즉 나 자신에게도 중대할 뿐만 아니라, 그 사건으로 인해 '나에게' 야기되는 문제 전반에 걸쳐서도 중대하다.

부수적인 이야기지만 나는 이제 책임이라는 것을 믿지 않는다.

전에는 믿었던가? 그렇다. 한 사람의 의사로서 믿을 수 있는 범위내에서 (우리의 경우 책임의 한계라는 것은 일반인들이 생각하는 책임의 한계와 같다고는 할 수 없다. 베르뇌이유에서 저격병 대대의 군의관이면서 법의학자였던 그 노련한 의사와의 토론을 기억한다. 우리의 행위라는 것은 우리의 실존과 주위 환경의 결과에 지나지 않는다는 것을 너무나 잘 알고 있다. 그렇다면 우리는 우리의 유전에 대해 책임을 져야 하는가? 우리의 교육에 대해서도? 우리가 경험한 예에 대해서도? 여러 가지 상황에 대해서도? 아니다. 전혀 그런 것은 아니다).

그러면서도 나는 마치 '나의' 절대적 책임을 믿고 있는 것처럼 언제나 행동해 왔다. 그리고 좋은 일과 나쁜 일에 대해—이것도 기독교적 교육 탓일까?—매우 강한 의식을 갖고 있었다.

(물론 마음이 약해질 때도 있었다. 저지른 과오에 대해서 상대적으로 책임을 회피하고 싶다든가, 좋은 일을 한 것에 대해서는 공로를 인정받고 싶은 심정에서……)

이 모든 것이 모순이 아닐 수 없다.

(장 폴을 위해)

이런 여러 가지 모순을 두려워하지 말아라. 이런 것이 불쾌할 수도 있지만 건전한 것일 수도 있다. 내 정신이 이해할 수 없는 모순에 빠져 있을 때야 말로 나에게서 늘 달아나려고 하는, 진리에 가장 가까웠던 것으로 나는 생각한다.

만약 내가 '다시 태어날 수 있다'면 어디까지나 '의혹이 지배하는' 분위기에서 태어났으면 한다.

생물학적 견해

전쟁에 참가한 처음 몇 년 동안 나는—분개하면서도—정신적, 사회적 문제를 오로지 아주 단순한 생물학적 견지에서 생각하는 것으로 만족했다(이런 식의 사고방식 말이다. '인간, 그것은 다름 아닌 피를 좋아하는 짐승 등등. 그로 인한 손해는 엄격한 사회조직에 의해 제한되어야만 한다. 그리고 그 이상 많은 것을 기대해서는 안 된다'). 나는 콩피에뉴에서 어쩌다 구한 파브르(곤충기의 저자) 책 한 권을 군용 트렁크 속에 넣어 여기저기 끌고 다니기까지

했다. 나는 인간이라는 것, 나 자신을 포함해서 모두가 투쟁, 공격과 방어, 정복, 서로 잡아먹기 따위를 위해 무장한 커다란 곤충에 지나지 않는다고 스스럼없이 생각하고 있었다. 나는 또 이렇게 매정하게 되뇌이곤 했다. '이 전쟁으로 인해 눈을 뜨면 되는 거야, 바보 같으니라고. 세상을 있는 그대로 보는 것이다. 우주란 맹목적인 힘의 총체이며, 가장 저항이 약한 것을 파괴함으로써 균형을 이루는 것이다. 또 자연이란 본능에 있어서 서로 반대되는 인간들과 종족들이 서로 잡아먹고 있는 하나의 살육장과 같은 것이다. 좋은 것도 없고 나쁜 것도 있을 수 없다. 인간이란 담비나 새매 따위와도 별 차이가 없는 것이다.'

부상자로 가득 찬 야전병원의 지하실 구석에서 권리보다 힘이 앞선다는 사실을 어떻게 부정할 수 있겠는가? (몇 가지 추억이 또렷하게 떠오른다. 즉 카토에서의 저녁. 페론의 공격. 토담 뒤에 숨어서의 일이다. 낭 퇴이유르 오두엥의 야전 응급치료소. 베르됭과 카론느 사이, 헛간 안에서 두 명의 어린 저격병의 단말마) 이 세상의 동물학적 현상을 지겨울 정도로 지켜보면서 절망했을 때의 일이 떠오른다.

그러나 내 견해는 깊지 않다……. 내가 헤어나지 못하고 있던 치명적인 비관론 때문에 결국 숨도 쉴 수 없는 밑바닥으로 빠져들게 된다는 사실을 미리 알았어야 했는데.

불을 끄고 잠시 눈을 붙여 보자.

1시
오늘밤에는 잠을 청해도 소용이 없을 것 같다.

저놈의 다로스 때문에(본인은 거의 눈치도 채지 못하고 있겠지만) 나는 15시간 동안이나—평생 지금까지 겪어온 것 이상으로—'정신적인 문제'로 괴로워하고 있다!

문자 그대로의 의미에서 이런 문제는 지금까지 생각해 본 적이 없다. 선이라든가 악이라든가 하는 따위. 일상적으로 써온 편리한 말로써 다른 사람들과 마찬가지로 거기에 실질적인 가치를 부여하지 않고 썼던 것이다. 전혀 강제력을 갖지 않은 공허한 관념인 것이다. 나는 전통적인 도덕률을 어디까지나 다른 사람들을 위해서 인정하고 있었다. 가령, 어떤 혁명정권이 승리한 뒤 그 도덕률을 폐지시키려고 했다면—그리고 나에게 의견을 물으러 왔다면—그런 사회적 기반을 하루아침에 무너뜨려서는 안 된다고 말렸을 것이다. 그런 사회적 기반이란 내가 보기에 완전히 임의적인 것에 지나지 않았다. 그러나 '다른 사람들' 서로 간의 관계에 있어서는 이론의 여지가 없는 실용가치를 지니는 것으로 여기기도 했다. 나로서는 나 자신과 관계가 있는 한 그런 것을 전혀 고려의 대상으로 여기지 않았던 것이다.

(그건 그렇고, 만일 내가 반드시—그럴 틈도 없었고, 또 그런 것을 생각해 본 적도 없었지만—자기 자신의 생활의 규범이 되는 것을 명확히 해야만 했다면 과연 어떤 형식으로 했을까 하는 것이 궁금하다. 아마 다음과 같이 비교적 신축성 있는 형식에 집착했을 것으로 짐작된다. '나의 생활을 윤택케 하고 나의 발전에 이바지하는 것은 선이며, 내 존재의 실현을 방해하는 것은 악이다'—그렇다면 '생명'이라든가 '모든 인격의 실현'이라는 것부터 규명할 필요가 있다……. 그런데 지금으로서는 단념할 수밖에 없다)

사실 내 생활을 지켜본 사람들이 있다면—예를 들어 자크나 필립 박사 같은 사람들—그들은 내가 원칙으로 삼고 누리던 완전한 자유를 거의 알아차릴 수 없었다. 왜냐하면 나는 행동하는 데 있어서 사람들이 한결같이 '도덕'—'정직한 사람들의 도덕'이라고 부르는 것에 언제나 별로 신경을 쓰지 않고도 적응해 왔기 때문이다. 그렇지만 사생활 또는 직업생활의 매우 중대한 시기에 처했을 때는 여러 차례—과장은 피하자. 15년 동안 세 번 내지는 네 번 정도였으니까—나의 자유분방한 행동이 꼭 이론과 부합되는 것이 아니라는 것을 문득 깨달을 때가 있었다. 그간 살아오면서 나는 서너 번쯤 평소 나 자신이 받아들이고 있던 법규에서 벗어난 영역, 즉 이성과는 거리가 멀고 직감과 충동만이 지배하는 영역으로 단숨에 뛰어든 적이 있었다. 상쾌하고 청명한 영역, '극도의 무질서'의 영역으로서, 나는 거기에서 놀라우리만큼 고독과 힘과 자신감을 느꼈다. 그렇다. 자신감이었다. 왜냐하면 갑자기 무엇에 가까워졌다는 느낌(이 문장을 어떻게 끝맺어야 할지 모르겠다……)—말하자면 신이 볼 때 순수한 진리에 가까워졌다는 느낌을 강렬하게 받았기 때문이다(그것은 대문자로 쓰인 진리). 그렇다. 내가 알기로는 적어도 세 번이었다. 모든 사람들이 한결같이 믿고 있는 도덕률을 의식적으로 단호하게 짓밟아 버렸다. 그러면서도 나는 전혀 양심의 가책을 느끼지 않았다. 지금에 와서 생각해 보니 그런 일을 매우 태연스럽게, 추호의 뉘우치는 기색도 없이 자행했던 것이다(더구나 나는 지금까지 후회와 같은 경험을 해 본 적이 없다고 단언할 수 있다. 그것은 타고난 성향처럼 몸에 배어 있어서 자신의 사상이나 행위가 어떻든 간에 그것을 마치 지극히 자연적인 현상처럼 받아들였던 것이다. 그러고는 합리화시켰던 것이다).

오늘밤은 유별나게 무엇을 쓰고 싶은 생각이 든다. 정신도 맑다. 만일 내일 그 대가로 괴로운 하루를 치러야 한다면 감수해야지.

쓴 것을 다시 읽었다. 모든 것에 관해, 그리고 그것을 중심으로 오랫동안 곰곰이 생각해 보았다.

특히 이런 질문을 나 자신에게 던져 보았다. 보통 사람들(일반적으로 통용되는 도덕률을 위반하는 일 없이 생활해 가는 사람들)의 경우 도대체 무엇이 그들을 위반하지 않도록 하는 것일까? 왜냐하면 그들 가운데에는 소위 '부도덕한 행위에 유혹당해 보지 않은 사람이 거의 없기 때문이다……. 물론 종교적 또는 철학적으로 깊은 신념을 갖고 있는 덕분에 '악마'의 함정에 말려들지 않은 신념 있는 사람들은 예외로 하자. 그렇다면 그 밖의 모든 사람들의 경우, 무엇이 그들로 하여금 그렇게 하지 않도록 하는 것일까? 소심함? 세상의 평판이나 항간의 소문을 염려해서일까? 예심판사가 두려워서일까? 앞으로의 사생활 또는 공적인 생활에 지장을 초래할 것이 두려워서일까? 물론 그런 것을 모두 배제할 수는 없다. 그런 장애가 크게 작용할 수도 있다. 그리고 '유혹에 이끌린' 사람들 중의 상당수에게 그런 장애는 어쩌면 극복할 수 없는 것으로 여겨질지도 모른다. 그러나 그런 것은 형이하적인 장애에 지나지 않는다. 만일 다른 장애, 정신적인 차원의 장애 같은 것이 없다면 인간은 종교적인 속박에 얽매어 있지 않는 한 헌병을 두려워 한다든가 아니면 적어도 소문 같은 것을 두려워하는 따위에 의해 겨우 바른길을 유지한다고 말할 수 있을 것이다. 따라서 신앙을 갖지 않은 개개인이 유혹에 맞닥뜨렸을 경우, 전적으로 비밀이 보장되고 절대로 벌을 받지 않는다는 보장이 확실하다면 아마 그들은 즉시 유혹에 몸을 맡기고 신이 나서 '악'을 저지를게 틀림없다……. 그것은 결국 신앙이 없는 자를 붙들어줄 만한 '도덕적인' 동기가 존재하지 않는다는 말이 되며, 또한 신의 율법이라든가 종교적 혹은 철학적 이상 같은 것을 전혀 따르지 않는 자에게는 힘을 지닌 도덕적 금기라는 것이 절대로 존재하지 않는다는 말이 된다.

여담이지만 결국 도덕의식(해야 할 일과 해서는 안 될 일, 선과 악을 우리 모두가 자연스럽게 구별하는 것)이란 그 근원을 종교에 둔 복종심으로서, 현대인에게는 하나의 과거 유물이며, 지나간 여러 세대에 걸쳐 오랫동안 받아들여지다 보니 확고한 성질처럼 된 것이라고 주장하는 사람들에게는 좋은 구실이 될지도 모른다. 나 역시 그러기를 바란다. 그러나 내 생각으로 그것은 신의 존재란 인간이 가정한 것에 지나지 않는다는 것을 잊은 추론인 것 같다. 왜냐하면 인간이 '만들어낸' 신이 그러한 선과 악의 구별을 인간의 정신에 짐 지우리라고는 여기지 않기 때문이다. 오히려 인간 쪽에서 그런 구별을 신에게 부여하여 그것을 신의 계명으로 삼은 것에 지나지 않는다. 애당초 그런 구별이 종교적인 면에 근거하고 있다 하더라도 결국 신에게 그것을 부여한 것은 인간이다. 따라서 그것은 인간이 마음속에 지니고 있었던 것이나 다름없다. 그런데 그것이 인간의 마음속에 깊이 뿌리를 박고 있었으므로 인간은 그런 구별을 하는 데 있어서 영원히 이의를 제기하지 못할 최고의 권위에 의지할 필요성을 느낀 것이다…….

그렇다면 어떻게 해결할 것인가?

4시

여담을 늘어놓다 보니 피곤해졌다. 두 시간 이상 푹 잤다. 이 수첩이 가져다 준 특기할 만한 효과라 할 수 있을 것이다. 또한 나의 철학적인 사고가 가져다 준…….

도대체 어떻게 말하려고 했는지 잊어버렸다. '어떻게 해결할 것인가?' 그래, 어떻게라고? 그런 가운데서도 무엇인가 더 뚜렷하게 알게 된 것 같은 느낌이 든다. 그러나 그 맥락을 다시 찾을 수 없다.

도덕의식 그리고 그것의 근원에 관한 문제. 이것을 사회적 관습의 잔재라고 하면 안 될까? (어쩌면 나는 잘 알려진 설명을 나 자신에게 편리하도록 새삼스레 만들어 내고 있는지도 모른다. 상관없다. 나에게는 새로운 것이니까)

도덕의식이 신의 어떤 율법에서 나온 것이라는 생각을 배격할 경우, 그것은 다음과 같이 생각하는 것과 마찬가지이다. 즉 도덕의식이란 지난날의 인간들에 의해 생겨난 것이며, 그것을 만들어낸 목적이 사라진 뒤에도 계속 습관으로 남게 되어, 그런 습관이 세습이라든가 전통에 의해 우리 속에 깊이 뿌리를 내리고 있는 것이다. 요컨대 그것은 옛날의 인간 집단들이 겪은 여러 가지 경험의 잔재로서, 자신들의 공동생활을 조직하고, 자신들의 사회적인 관계를 규제하기 위해 만들어 내야만 했던 것이다. 훌륭한 경찰 법규의 잔재. 이러한 도덕의식이라든가 '선'과 '악'을 구별하고자 하는 생각이야말로 (즉, 우리 각자의 마음속에 오래전부터 존재하고 있던 구별, 그것이 우리에게 명하는 것은 흔히 부조리하면서도 우리로 하여금 언제나 따르지 않을 수 없게 하는 것, 우리의 이성이 망설이고 거부하는 순간에도 우리를 이끌고 가는 것, 그리고 매우 현명한 사람들도 제정신으로는 도저히 할 수 없는 행위를 하도록 한다고 생각하는 것이야말로) 자존심을 위해서도 지극히 매력적이며 흐뭇한 일이 아닐 수 없다—더욱 매력적인 것은 그런 구별이 사회적 동물인 인간 본능의 잔재임을 인정하는 경우이다. 그러한 본능은 수천 년에 걸쳐 우리에게 이어져 온 것이며, 그리고 우리 인간 사회는 그런 본능에 의해서 완성의 길로 나아가고 있다.

8월 15일, 정원에서

쾌청한 날씨. 저녁기도를 알리는 종소리. 온통 축제 분위기. 하늘과 꽃들과 지평선의 도도함이 쾌청한 날씨의 눈부신 햇무리 속에서 아른거린다. 세상의 아름다움에 맞서 그것을 파괴하고 파국이 닥치기를 빌고 싶은 심정! 아니, 그보다는 어디론가 달아나서 숨고 싶은 심정, 깊이 반성하면서 괴로워하고 싶은 심정.

스파(벨기에의 지명)에서의 대군사회의. 카이저와 군의 수뇌들. 스위스 신문에서는 삼단에 걸쳐 이를 다루고 있다. 그런데 프랑스 신문에서는 한 마디도 언급하지 않았다. 이날은 훗날 초등학교 학생들이 교과서에서 배우게 될지도 모를 역사적인 날이다. 그리고 그 결과는 전쟁의 방향을 돌려놓을 역사적인 날임에 틀림없을 것이다……

과랑에 의하면 외무성의 인사들 가운데에는 올해 겨울 평화가 올 것이라고 공공연히 말하는 사람들도 많다는 것이다.

공보에는 별로 대단한 것도 없다. 소나기가 오기 전의 무더위처럼 무겁게 짓누르는 기대감.

저녁, 10시

어젯밤에 고심하며 쓴 것을 다시 읽어 보았다. 그토록 장황하게 늘어놓은 것에 놀라면서도 불만이 교차한다. 좀 지나치게 나의 한계를 드러낸 것 같다 ……(게다가 인간들이 쓰는 어휘라는 것이 고작 감정만 나타낼 수 있을 뿐, 논리를 전할 수는 없다!).

장 폴을 위하여,

얘야, 아픈 사람의 이러한 횡설수설에 근거해서 앙투안 삼촌을 평가하지 말아다오. 삼촌은 복잡한 관념체계와 대면할 때면 언제나 거북함을 느껴 왔다. 그런 것에 발을 들여놓기만 하면 처음부터 어찌할 바를 모르는 거야……. 전에 루이 르 그랑 학교(고등중학교)에서 철학과 바칼로레아(프랑스의 대학 입학 자격시험) 시험 준비를 할 때(두 번째에 합격한 것은 이 시험이 유일한 것이었다) 나는 정말 굴욕적인 시간을 겪곤 했다……. 서툰 사람이 비눗방울로 곡예하는 것 같은 느낌이었다고나 할까! 죽음과 마주하고 있는 지금도 그런 나의 성향에는 아무런 변화도 생기지 않았단다. 추상적인 사변에는 근본적으로 맞지 않는 이러한 나의 기질을 고치지 못한 채 나는 이 세상을 하직할 것이다!

자정 무렵

비니(19세기 프랑스의 철학 시인)의 《일기》는 지루한 감을 주지 않는다. 그런데도 주의력이 산만해지면서 무심코 그만 손에서 책을 떨어뜨린다. 불면증에서 오는 신경질. 생각이 헛돌고 있다. 죽음, 별 볼일 없는 인생, 별 볼일 없는 인간. 정신을 바짝 차리고 이해하려고 들자마자 막다른 골목에 이른 듯 헤어나지 못하고 마는 수수께끼 같은 것. 아무리 발버둥쳐도 '무엇 때문에?'라는 질문에 해답을 줄 수가 없다.

지난날들의 일을 생각할 때, 즉 환자들을 위해서 모든 것을 다 희생한 일이라든가, 또 나의 '여러 가지 의무'를 수행하는 데 있어서 언제나 최대한의 세심한 주의를 기울인 점 따위를 생각해 볼 때, 온갖 도덕적인 규율에서 해방되었다고 자처하던 내가 무엇 때문에 가히 모범적이라고 할 만한 생활을 할 수 있었을까?

　(나는 지금까지 재능이 있는 사람들이 아니면 감히 접근할 수도 없는 이런 문제는 다루지 않기로 다짐한 바 있다. 하긴 그렇게 하는 것이 그런 문제에 휘말리지 않는 최선의 길이 아닐까?)

　사심 없는 감정이라든가, 헌신적 행위라든가, 직업적 양심 따위는…… 과연 무엇 때문이었을까?

　그런데 상처 입은 어미사자가 맞아 죽으면서까지도 자기 새끼를 떠나지 않는 것은 무슨 까닭에서일까? 미모사가 잎을 접는 것은 무슨 이유일까? ― 또는 백혈구의 아메바 운동, 또는 금속류의 산화는? 등등.

　따지고 보면 무슨 이유가 있는 것은 아니다. 문제를 제기하는 자체가 '무엇인가'가 있다는 것을 가정하는 것이며, 그럴 경우 형이상학적 함정에 빠지게 된다……. 그렇다! 인식 가능한 것의 한계를 인정해야만 한다. 현자들이(르당테크^(프랑스의 생물학자) 등) 역설한 것처럼 예지란 '무엇 때문에'라는 질문은 그만두고 '어떻게 해서'라는 것에 만족하는 데에 있다(하기는 '어떻게 하여'라는 것만으로도 문제삼을 것이 많다!). 무엇보다도 우선 어떤 것이라도 설명이 가능하며 마땅히 그래야 한다는 식의 유치한 생각은 버려야만 한다. 따라서 나 자신이 그러했듯이 논리적인 일관성에서 벗어나는 일이 전혀 없는 것처럼 생각하는 따위는 이제는 삼가자(실은 나는 오래전부터 그렇게 믿어 왔다. 티보 집안의 오만일까? ―오히려 자기 도취라고 하는 편이 낫겠지……).

　어쨌든 여러 가지 태도 중에서 다음과 같은 것도 생각할 수 있다. 거기에는 속임수가 없는 조건으로 도덕적 관습에 따르는 것. 질서를 사랑하고, 또 그것을 따르기를 바랄 수 있다. 그렇다고 해서 그것을 하나의 도덕적 실체로 여겨서도 안 되며, 그것은 공동생활을 해나가는 데 있어서 실질적으로 필요한 것이며, 중요한 사회복지의 조건 이외에는 아무것도 아니라는 것을 잊어서는 안 된다(선(善)이라고 쓰는 것이 싫어서 질서라고 쓴다).

　스스로 '질서를 따르고 있다'고 생각하면서도 자신이 따르고 있는 질서의 법칙이 어떤 것인지를 전혀 모르고 있다―이런 문제를 생각할 때마다 화가 치밀 뿐이다! 나는 이 수수께끼가 언젠가는 풀릴 것으로 오랫동안 믿어 왔다. 그런데 나 자신에 관해 별로 아는 것도 없이 죽을 수밖에 없다―이 세상에 관해서도 마찬가지이지만…….

신자라면 이렇게 대답할지도 모르겠다. '그거야 매우 단순한 거지!' 그러나 나에게는 그렇지 않다!

너무나 피곤하다. 그런데도 잠이 오지 않는다. 이것이 바로 불면의 고통이라는 것이다. 어떻게 해서든지 휴식을 취하고자 하는 육체의 피로와 졸음을 쫓아내는 정신의 불규칙한 활동 사이의 충돌.

이미 한 시간 전부터 엎치락뒤치락하고 있다. 이런 생각으로 고민하고 있기 때문이다. 즉, '나는 낙천주의를 내세우며 살아왔으므로 회의나 의구심을 품고 이대로 죽어서는 안 된다.'

나의 낙천주의. 나는 낙천주의를 내세우며 살아왔다. 이 사실을 의식하지 못했을지는 몰라도 지금에 와서 생각해 볼 때 분명히 그러했던 것으로 여겨진다. 나를 줄곧 부추겨 왔고, 또 끊임없이 나를 뒷받침해 왔듯이 낙천적인 직관과 적극적인 신뢰의 정신은 따지고 보면 과학과 관계가 있고 거기에서 매일 자양분을 얻은 것 같다.

과학. 이것은 단순한 지식 이상의 것이다. 과학은 우주와 조화를 이루고자 하는 바람이다—과학에 의해서 여러 가지 법칙이 예측되는 우주(그리고 그 길을 따라가는 사람들은 '불가사의'의 세계에 이르게 된다. 그것은 종교에서의 불가사의보다 더 광범위하고 더 가슴 설레게 하는 불가사의이다!). 과학을 통해서 사람들은 자연과 자연의 신비와 접촉하며 조화를 이루고 있음을 깊이 느낄 수 있다.

종교적 감정이라 할 수 있을까? 이 말에는 두려움이 따른다. 그러나 결국에는⋯⋯

자비와 희망 그리고 신앙, 언젠가 베카르 신부가 나에게 말하기를 나 역시 신학적 덕을 실행하고 있다고 했다. 나는 이의를 제기하면서 '자비'와 '희망'은 어쩔 수 없이 받아들이지만 '신앙'은 거부한다고 한 적이 있다. 그럼에도 불구하고? 만약 지난 15년 동안 나를 지탱해 온 그 정열을 오늘에 와서 정당화하고자 한다면, 그리고 또한 그런 불굴의 신념의 숨은 뜻을 찾아내고자 한다면 결국 그것은 뭔가 신앙에 꽤 가까운 것이 될 게 틀림없다⋯⋯. 그렇다면 무엇에 대한 신앙인가? 그렇다. 그것은 살아 있는 것들에게서 가능한 성장, 그리고 어쩌면 무한한 성장에 근거를 둔 신앙이리라. '만물이 보다 높은 상태에 다다르고자 한다는 것에 근거를 둔 신앙⋯⋯.'

나는 나도 모르는 사이에 '궁극목적론자'였단 말인가? 상관없다. 어쨌든 나는 다른 '궁극목적론'은 바라지도 않으니까.

8월 16일

열이 있다. 호흡곤란. 숨이 더 가쁘다. 몇 번이나 산소호흡의 도움을 받아야만 했다. 일어나기는 했지만 밖으로 나가지는 않았다.

과랑이 신문을 들고 왔다. 이번 겨울이 지나기 전에는 평화가 올 것이라고 여전히 믿고 있다. 능란하고 끈질기게 자신의 견해를 옹호한다. 기이한 사나이. 미간이 좁고 깜박이는 작은 두 눈, 긴 코, 그레이하운드의 주둥이처럼 튀어나온 그 얼굴에서 풍기듯이 줄곧 근심에 잠긴 듯한 그 모습과는 대조적으로 자못 안심시키는 말을 하고 있는 그를 볼 때 이상한 느낌을 갖지 않을 수 없다. 기침을 하고 끊임없이 가래를 뱉는다. 자기의 직업에 관해 말하면서 마치 간단한 작업처럼 말했다. 그렇지만! 앙리 4세 학교에서 역사를 가르치는 일이란 즐거움이 없는 무의미한 일은 결코 아닐지도 모른다. 고등사범학교에서의 자신의 공부에 관해서도 말했다. 남을 헐뜯기 잘하는 사람. 자신이 옳다는 것을 내세우기 위해 남을 비판하는 걸 지나치게 좋아한다. 이따금 불성실한 사람이 아닌가 하는 느낌도 준다. 지나치게 영리한 사람인지도 모르겠다—자기 자신에게는 관대하지만 남의 일에는 무관심하고 아량을 베풀 줄 모르는 헛똑똑한 사람. 그런가 하면 가끔 기지도 엿보인다.

기지? 기지에는 두 가지가 있다. 이야기하는 내용에 기지가 있는 경우(필립 박사의 경우). 이야기하는 태도에 있어서 기지를 보이는 경우. 과랑의 경우는 재치가 있는 말을 실제로는 한 마디도 하지 못하면서 재치 있는 것처럼 보이는 사람들 축에 속한다. 색다르게 말하는 투라든가 말끝에 힘을 주는 따위. 그런가 하면 약간 목소리를 바꾸기도 하고, 우스꽝스럽게 몸짓을 해 보이기도 하며, 말을 얼버무려 알쏭달쏭한 어법을 구사하는 따위. 또 때로는 장난기로 반짝이는 눈빛이며 말할 때마다 무엇인가를 암시하는 듯한 화법. 필립 박사가 이야기하는 투를 되새겨 보면 그의 말은 신랄하고 날카로운 데가 그대로 남아 있어서 언제나 사람의 마음을 섬뜩하게 한다. 그런데 과랑의 말은 아무리 되새겨 보아도 대부분 무엇 하나 남지 않는다.

8월 17일

호흡이 점점 더 곤란해진다. 엑스선 검사를 받다. 심호흡을 해도 신경막의 변동이 전혀 없는 것으로 나타난다. 바르도는 3일 동안 휴가를 얻었다. 기분이 매우 좋지 않다. 아무런 생각도 나지 않는다.

8월 18일

며칠째 몸이 좋지 않다. 밤에는 더 심하다. 바르도가 없는 동안에 마제에게서 다른 방법으로 치료를 받고 있다.

8월 19일

치료로 매우 지쳤다.

8월 20일

오늘 아침은 이상하게 몸이 홀가분하다. 어젯밤에 맞은 주사 때문에 5시간 이상 잠을 잘 수 있었다! 기관지염이 눈에 띄게 나아졌다. 신문을 읽었다.

저녁

오후 내내 좋았다. 발작은 가라앉은 것 같다. 마제는 만족해 한다.

라셸과의 추억이 줄곧 머릿속을 떠나지 않는다. 이처럼 여러 가지 추억에 사로잡혀 있다는 것은 몸이 쇠약해졌다는 징조가 아닐까? 건강하게 살 때에는 지난 일을 떠올리는 일이 없었다. 나에게는 과거란 전혀 관심 밖의 일이었으니까.

장 폴을 위해.

도덕. 도덕적인 생활. 사람은 각자 자신의 의무를 알고, 그 의무의 성격과 한도를 분명히 해야만 한다. 평소의 경험과 꾸준한 탐구를 통해, 그리고 스스로의 판단에 따라 자신의 태도를 선택해야만 한다. 끈기 있는 훈련. 상대적인 것과 절대적인 것, 가능한 것과 바람직한 것 사이에서 현명하게 헤엄쳐 나가야 하며, 우리 마음속에 있는 '깊은 지혜'의 목소리에 귀를 기울이면서 현실을 똑바로 볼 줄 알아야 한다.

1948 티보네 사람들

자기 자신을 지킬 것. 과오를 두려워하지 말 것. 끊임없이 자신을 부인하기를 두려워하지 말 것. 자신을 해명하고, 자신의 의무를 발견하는 데 있어서 더 앞으로 나가기 위해 자신의 잘못을 인정할 줄 알 것.

(결국 자기 자신에 대한 것 이외에는 의무란 있을 수 없다)

8월 21일, 아침

신문. 영국군은 거의 전진하지 않는다. 우리 프랑스군도 마찬가지이다. 단지 여기저기에서 약간의 전진을 보이고 있을 뿐이다. 공보에서 언급하듯 '약간의 전진'이라고 나는 쓴다. 그러나 '전진하는' 병사들에게는 그것이 무엇을 뜻하는지를 나는 알고 있다. 즉 폭발로 인한 웅덩이, 연락 참호 속에서의 포복, 사상자들로 들끓는 전방의 응급치료소……

치료를 받기 위해 침대에서 일어났다. 아침식사는 아래로 내려가서 하도록 해야겠다.

밤, 야등 불빛에서

좀 눈을 붙였으면 싶었다(어제 저녁에는 체온이 거의 정상, 37도 8부). 그러나 뜬눈으로 밤을 꼬박 새우다. 내내 또랑또랑한 정신상태. 그러다 보니 새벽이 되었다.

그래도 매우 편안한 밤이었다.

23일, 아침

어제 저녁에는 정전으로 인해 쓸 수가 없었다. 지난밤의 경탄할 만한 별똥별에 관해 몇 자 쓰고 싶다.

하도 더워서 새벽 1시쯤 창문발을 걷기 위해 갔었다. 침대에서 아름다운 여름하늘을 넋을 잃고 바라보았다. 심오한 밤하늘. 마치 유탄이 온통 작렬하는 것 같고, 불꽃이 쏟아지는 듯한 하늘. 별들이 사방으로 흘러내린다고나 할까. 솜 강에서의 공격, 마레오쿠르의 참호 등 8월 16일 밤의 일이 생각났다. 별똥별과 영국군의 화전이 환상적인 불꽃놀이에서처럼 엇갈리고 뒤섞였다.

문득 이런 생각이 들었다(그리고 그것이 사실이라고 나는 믿고 있다). 언제나 우주 공간을 생각하며 살아가는 천문학자는 다른 사람들보다 훨씬 편한 마음으로 죽을 수 있을 것이라고.

그런 모든 것에 관해 나는 벌써 오래전부터 꿈꾸어 왔다. 하늘을 물끄러미 쳐다보는 눈길. 무한한 하늘, 망원경이 차츰 개량됨에 따라 끊임없이 심오함을 더해 가는 하늘. 그것은 모든 공상의 대상 가운데에서 우리의 마음을 달래 주는 공상이라 할 만하다. 우리의 태양과 유사한 무수한 별들이 천천히 회전하고 있는 저 공간, 저기에서는 그 태양조차도—지구보다 백만 배나 더 크다고는 하지만—'보잘것없는 것', 무수한 다른 별들 속의 단 하나의 단위일 뿐……

은하수, 무수한 별들, 무수한 태양, 그 주위를 몇십억 개의 행성들이 서로 몇천만 킬로의 거리를 두고 돌고 있는 것이다! 그리고 저 성운, 저곳으로부터 미래의 무수한 태양이 탄생될 것이다! 천문학자들의 계산에 의하면 이처럼 무수한 무리들로 밀집된 세계에도 우리가 전혀 알지 못하는 방사선과 중력에 의한 무수한 반작용이 종횡으로 일어나고, 그 때문에 끊임없이 떨고 있는 에테르의 세계에 견주어볼 때 거의 무(無)에 가까운 것이며, 거대한 공간 속에서 단지 보잘것없는 미세한 공간을 차지하고 있을 뿐이라고 한다.

이렇게 쓰는 것만으로도 이미 상상력은 흔들거린다. 즐거운 현기증. 오늘밤 처음으로, 아마 이것이 마지막일지도 모르지만 나의 죽음에 관해 어떤 평온함, 초연한 무관심의 경지에서 생각할 수 있었다. 죽음의 괴로움에서 벗어나, 소멸해 가는 나의 육체에 거의 무관심할 정도가 된 것이다. 나라는 존재는 무한소에 지나지 않으며, 일고의 가치도 없는 부스러기에 불과하다……

이런 평정함을 되찾기 위해 매일 밤 하늘을 쳐다보기로 마음먹었다.

이제 날이 밝아온다. 새로운 하루.

오후, 정원에서

감사하는 마음으로 다시 일기를 펼친다. 지금까지 일기가 망령을 떨쳐버릴 수 있다는 목적에 잘 들어맞는다고 여겨본 적이 없다.

다시 어젯밤처럼 하늘을 관조하는 데에 마음을 빼앗기고 있다.

인간이 가진 방수성(防水性). 우리 역시 서로 만나는 일 없이, 또한 서로 융화되는 일 없이 서로의 주위를 맴돌고 있을 뿐이다. 각자 독주하고 있을 뿐. 각자 밀폐된 고독 속에 갇혀 있고, 저마다 가죽 주머니 속에 틀어박혀 있는 것이다. 그렇게 자기 삶을 영위하다가 이 세상을 떠나는 것이다. 끊임없는 리듬으로 인간은 태어났다가 죽어 간다. 일 초에 한 사람씩 태어나니까 일 분에 육십 명이 태어나게 된다. 한 시간에 삼천 명 이상의 갓난아기가 태어나며, 또 그만큼 죽는다! 매년 삼백만 명이 사라지는 것만큼 새 생명이 그 자리를 메운다. 이런 것을 진정으로 이해하고 내 것으로 만들어 '실행한' 사람이라면 과연 전처럼 자신의 운명에 대해 자기 본위로 열중할 수 있을까?

6시

오늘은 어쩐지 들떠 있는 기분이다. 놀라우리만큼 몸이 가벼워진 느낌. 자신이 미세한 조각임을 뚜렷이 의식하면서 살고 있는 작은 물질이라는 느낌.

전에 파리에서 제랭제가 자기 친구인 장 로스탕 (생물학자, 극작가 에드몽 로스탕의 차남)을 데리고 와 저녁 한 때를 같이 지내면서 나눴던 흥미진진한 화제가 생각났다…….

이렇게 무한한 우주 속에서의 인간의 조건이란 실로 기이한 것. 일찍이 로스탕이 신랄하며 무엇인가 깨우친 듯한 목소리로, 그러면서도 학자다운 신중한 단정과 시인다운 서정적인 감동과 또렷한 표현을 써가며 인간의 조건을 정의하는 것을 들었을 때와 똑같이 그 사실이 뚜렷하게 떠오른다. 죽음을 눈앞에 둔 지금, 그와 같은 사고에 남다른 매력을 느낀다. 경건한 마음가짐으로 나는 그런 사고를 계속해야 한다. 그런데 거기에서 나의 비탄에 대한 어떤 구제책을 찾아냈다고 할 수 있을까?

나는 본능적으로 형이상학적인 공상을 거부한다. 따라서 지금까지 허무라는 것에 대해 이처럼 뚜렷하게 생각해 본 적이 없다. 나는 지금 공포를 느끼면서, 본능적인 반항을 느끼면서 그것에 다가간다. 그러나 그것을 부정하거나, 터무니없는 희망에 기대를 걸려는 생각은 조금도 없다.

그 어느 때보다도 나의 존재가 보잘것없다는 것을 의식하고 있다. 어쨌든 경이로운 것임에 틀림없다! 아직 얼마동안은 더 나에게 속해 있을 이 세포의 몹시 감탄할 만한 집합을 남의 것처럼 바라보고 있다. 이미 30년 전부터 나 자신 깊숙한 곳에서 나를 구성하고 있는 무수한 세포가 끊임없이 신비스런 교류를 행하고 있다는 것을 느끼고 있다. 이런 화학적 반응과 이런 에너지의 변화가 나도 모르는 사이에 대뇌피질 속에서 이뤄져, 나를 지금 이렇게 뭔가를 생각하고 쓰는 동물로 만들고 있다. 내가 그토록 뽐내던 나의 모든 정신적 활동이란 것도—나와는 무관한 반사작용의 합성물에 지나지 않으며, 또한 불안정한 자연 현상에 지나지 않는다. 따라서 모든 것을 영구히 멈추도록 하기 위해서는 단지 몇 분 동안 세포의 호흡을 멎게 하는 것만으로도 충분할 것이다…….

저녁

다시 자리에 눕다. 정신은 또렷한데 무엇에 약간 취한 듯한 느낌.

인간과 삶에 관해 줄곧 생각한다……. 놀라움과 감탄이 뒤섞인 심정으로 나를 꽃피게 한 유기적 계통에 관해 생각해 보았다. 나 이전에 몇십억의 세기를 통한 생물 역사의 모든 단계가 떠오른다. 태초 이래, 즉 들끓는 바다 밑바닥이거나 또는 타오르는 지각 위에서 어느 날, 어디에선가 불가사의하고, 대개는 우연적인 화학 결합물이 생성된다. 그러다 거기에서부터 원형질 최초의 발현이 일어나, 그 후에 차츰 의식을 갖고 질서나 이성의 법칙이나 정의 같은 것을 생각할 수 있는 기이하고도 복잡한 동물이 될 때까지의 일들이……그리고 데카르트가 태어나고, 윌슨이 태어나기까지의 일들이 떠올랐다.

또 다음과 같은 터무니없는 생각, 그러면서도 매우 그럴듯한 생각도 하게 되었다. 즉 인간보다 훨씬 월등한 다른 형태의 생명체가 탄생될 예정이었으나 그것이 우주 대변동에 의해 형태를 갖추기도 전에 멸망할 수밖에 없었던 것이 아닐까? 지금의 인간을 최후의 일환(一環)으로 하는 유기적 연쇄가 오랜 세월을 거치면서 오늘날까지 이어지고 있다는 것은 기적이 아닐까? 그리고 이런 연쇄가 사라지지 않고 지구의 숱한 지질학적 대변동을 극복할 수 있었다는 것, 또한 자연을 맹목적으로 낭비하는 것에서 벗어날 수 있었다는 것도 기적이 아닐까?

그런데 이런 기적이 과연 언제까지 이어질 것인가? 인류는 어떤(피할 수 없는) 결말을 향해 나아가고 있는 것일까? 일찍이 존재했던 것으로 알려져 있는 삼엽충류, 거대한 전갈, 무수한 부유동물과 포복동물이 자취를 감춘 것과 마찬가지로 인류도 언젠가는 사라지지 않을까? 아니면 인류는 운 좋게 모든 혼돈을 뚫고 나아가 지구상에 남아 있으면서 앞으로도 오랫동안 진화를 계속해 갈 것인가? 그렇다면 언제까지? 태양이 식어 운행을 멈추고, 마침내 인류에게 열기를 보내 주지 않아 살 수 없게 될 때까지일까? 인류가 자취를 감추기까지 얼만큼의 새로운 진보를 이룩하게 될 것인가? 생각만 해도 현기증이 날 것 같다…….

과연 어떤 진보가 있을 수 있을까?

인류만이 어떤 특권적인 역할을 하는 우주의 구상 같은 것은 생각할 수 없다. 이미 자연의 허다한 부조리라든가 모순에 부딪쳐 온 나로서는 예정된 조화 같은 것은 인정할 수 없다. 지금까지 인간의 호소나 물음에 대답해 준 신은 하나도 없다. 신의 대답이라고 여겼던 것은 인간 자신의 목소리의 메아리에 지나지 않았다. 인간의 세계는 닫혀진 세계, 인간에게만 한정된 세계이다. 인간에게 허용된 오직 하나의 야망은 그 한정된 영역을 필요에 따라 최대한으로 이용하는 것이다. 물론 그 영역이란 미미한 인간에 비하면 광대할지 몰라도 우주에 비하면 미세하기 짝이 없는 것이다. 과연 과학은 이런 정도로 만족할 수 있는 방법을 인간에게 가르쳐 줄 것인가? 또한 스스로 미미하다는 것을 의식하면서도 안정과 행복을 찾을 수 있는 방법을 가르쳐 줄 것인가?

불가능한 일은 아니다. 과학은 앞으로도 많은 것을 해낼 것이다. 인간에게는 어쩔 수 없는 한계가 주어져 있다는 것, 인간이 태어난 것은 우연이라는 것, 인간이란 별것 아니라는 것 따위를 가르쳐 줄 것이다. 그것은 오늘 저녁 내가 느끼고 있는 것과 같은 차분한 마음가짐을 가질 수 있도록 인간을 지속적으로 이끌어 줄 것이며, 얼마 안 가서 나에게 다가올 허무, 모든 것이 사라지는 허무를 거의 평온한 마음으로 바라볼 수 있게 해 줄 것이다.

23일

잠에서 깨어나다. 여느 때보다는 오래 숙면을 취할 수 있었다. 몸도 편안해졌다. 숨가쁘게 하는 이놈의 가래만 없다면, 그리고 구멍 뚫린 풀무 같은 이놈의 호흡만 아니면 퍽 기분이 좋으련만.

어떤 도취감 속에서 잠들 수 있었다. 절망적이면서도 감미로운 도취. 오늘 아침 나를 또다시 괴롭히고 있는 모든 것이 어제만 하더라도 가볍게 그리고 중요치 않은 것으로 여겼는데. 허무도 다가오는 죽음도 나로서는 맞서 보아야 소용이 없는 특이한 성격을 띤 하나의 뚜렷한 사실로 여겨졌었다. 숙명론 때문만은 아니었다. 그렇다. 그것은 병과 죽음을 통해 우주의 운명에 참여하고 있다는 느낌이었다.

어제 저녁과 같은 나의 정신상태를 다시 찾았으면!

점심식사 전에 베란다 아래에서. 대화. 축음기. 신문.

노아이용의 전선, 그리고 와즈 강과 엔 강 사이의 전선 전역에 걸쳐 전투가 벌어지고 있다. 24시간 동안 4킬로의 전진. 아군은 라시니를 점령했다. 영국군은 알베르와 브레 쉬르 솜므를 탈환했다. 바로 브레에서의 일이다. 그곳 사제관 뒤에서 불쌍한 드라쿠르는 야영용 변소에서 볼일을 보다가 유탄에 맞아 개죽음을 당하고 말았다.

저녁

어제의 평온함을 되찾을 수 있었다. 오늘 저녁, 식사 때 아주 격렬하면서 긴 호흡곤란의 발작. 그 뒤로부터는 가늠할 수 없을 정도의 피로감.

26일

어제 아침부터 흉골 후부에 거의 끊임없는 통증. 오늘밤에는 참을 수 없을 정도였다. 그 뒤로는 구토증까지.

27일

저녁 7시. 우유를 좀 마셨다. 이제 곧 조제프가 온다. 그리고 내일 아침까지는 나타나지 않는다. 그가 오기를 기다리고 있다. 발소리에 귀를 기울인다. 그에게는 할 일이 산더미처럼 쌓여 있다. 침대를 정돈하고 베개를 바로 놓고 모기장을 치는 일, 물약을 만들고 변기를 갖추는 일, 덧문을 닫는 일, 침그릇을 닦아내는 일, 손이 닿는 곳에 물컵과 약병, 전등과 벨의 스위치 등을 놓는 일…… '군의관님, 안녕히 계세요.'—'잘 가게, 조제프.' 그리고 나서는 8시 30분에 야간근무 위생병인 엑토르 영감이 오기를 기다린다. 그는 말이 없다. 문을 빠끔히 열고 얼굴을 들이민다. '왔습니다. 제가 밤새 있을 테니 걱정 마세요.'

그리고 나서는 고독, 기나긴 밤이 시작된다.

1954 티보네 사람들

자정

기운이 없다. 내 마음속의 모든 것이 뒤틀린다.

모든 것을 나 중심으로 생각하는 것, 그것은 다시 말해 죽음의 길로 가는 것이나 다름없다. 지난날의 누군가의 일이 떠오를 때마다 나는 곧잘 이런 생각을 한다. '내가 죽게 되리라는 것을 그 사람은 모르고 있을 거다.' 혹은 '내가 죽었다는 사실을 알 때 그 사람은 뭐라고 말할까?'

28일

통증이 가라앉는 것 같다. 찾아왔을 때처럼 사라져 주지 않을까?

엑스선 검사 결과가 좋지 않다. 지난번 검사 때 비해 근육조직의 증식이 놀라우리만큼 눈에 띈다. 특히 오른쪽 폐.

8월 29일

고통이 덜하다. 사흘 동안의 고통으로 지칠 대로 지쳐 있다.

공보. 새로운 공세가(스카르프 강에서 벨르 강까지) 진행되고 있다. 영국군은 노아이용을 향해 나아가고 있다. 아군은 바폼을 손에 넣었다.

장 폴을 위해서.

너도 틀림없이 오만해질 것이다. 우리가 그러하니까. 스스로를 인정해라. 이의없이 오만해라. 겸양이야말로 인간을 작게 만드는 기생충적인 미덕에 지나지 않는다(대부분의 경우 그것은 자신의 무력함에 대한 자의식에 지나지 않는다). 허세를 부릴 것도 없고 겸손할 필요도 없다. 강해지기 위해서는 자기 자신이 강하다는 것을 알아야만 한다.

체념하거나 복종하거나 남의 명령을 따르기를 좋아하는 것, 복종하는 것을 자랑으로 여기는 것 따위도 기생충적인 생각이다. 자유를 두려워하는 결과인 것이다. 자신을 크게 하는 덕망을 선택해야 한다. 지고의 덕망이야말로 정력인 것이다. 그리고 자신을 위대하게 만들어 주는 것도 바로 정력이다.

그 보상은 고독.

30일

노아이용은 이미 점령됐다. 그러나 그 대가는?

전쟁이 끝나가기라도 하는 것처럼 언론에서 계속 보도하도록 하는 것은 참으로 이상한 일이다. 미국의 참전은 군사적인 승리, 군사력에 의한 평화에 만족하기 위해서만은 아니었을 것이다. 윌슨은 독일과 오스트리아를 정치적으로 파멸시키고자 한다. 그들을 지지하고 있는 러시아를 그들에게서 떼어내고자 하는 것이다. 그런데 사태의 진전상황으로 미루어 보아 과연 6개월 사이에 두 제국의 붕괴나, 또는 베를린, 비엔나, 페테르부르크에서 효과적인 교섭상대로서의 굳건한 공화정체제의 수립을 과연 기대할 수 있을까?

내 방의 창. 팽팽히 당겨진 여섯 줄쯤의 전선이 사진 건판 위의 줄처럼 장방형의 하늘을 가로지르고 있다. 소나기라도 퍼부을 때에는 가느다란 물방울이 몇 센티미터의 간격으로 서로 합치는 일 없이 쭉 같은 방향으로 전선 위를 미끄러져 간다. 그럴 때면 아무것도 손에 잡히지 않는다. 다른 일 따위는 안중에도 없다……

1918년 9월 1일

새로운 달. 이 달이 끝나는 것을 볼 수 있을까?

아래로 내려가기로 했다. 아래에서 점심식사를 했다.

면도를 하지 않은 이래로(7월 이래) 세면대 위에 걸린 거울에 내 모습을 비추어 볼 기회가 거의 없었다. 조금전에 사무실에서 거울에 비친 내 모습을 언뜻 보았다. 수염이 덥수룩하고 다 죽어가는 환자인 나를 보는 순간 섬뜩한 생각이 들었다. '좀 쇠약해졌군' 하고 바르도가 말했다. 차라리 '전신 쇠약'이라고 말했어야 하는 건데!

이런 상태가 앞으로 몇 주 동안 이어진다는 것은 견딜 수 없는 일이다……

영국군은 켐멜 산을 탈환했다. 아군은 북부의 운하지대를 공격하고 있다. 적은 리스 강(벨기에강) 쪽으로 퇴각하고 있다.

1일, 밤

라셀. 어째서 라셀이 생각날까?

라셀. 다갈색의 속눈썹, 눈매를 둘러싸고 있는 금빛의 테두리. 성숙한 그 눈길! 자신의 쾌감을 나에게 보이지 않으려고 내 두 눈을 가리던 그녀의 손. 꼭 오므린 묵직한 손. 그녀의 입술과 동시에, 그리고 온몸과 동시에 풀어지던 그 손……

9월 2일

바람이 좀 불었다. 바람을 피하기 위해 집 아래로 가서 자리잡았다. 내 바로 위의 베란다 밑에서는 과랑, 부아즈네 그리고 특무상사가 자신들의 학창 시절에 관해 이야기하는 소리가 들렸다(라틴 구(區), 수플로 거리, 바세트 거리, 무도회, 여인들 등……). 잠시 귀를 기울이고 있다가 화가 치밀고 짜증스러워 홀 안으로 다시 올라왔다. 마음도 어지러웠다.

장 폴, 시간을 헛되이 보내는 것을 너무 두려워해서는 안 된다.

아니, 내가 너에게 하고자 하는 이야기가 이런 것은 아니다. 오히려 내가 일러 두고 싶은 것은 한 인간의 일생은 믿을 수 없을 만큼 짧다는 것, 따라서 너 자신을 실현하기 위해 많은 시간이 주어져 있지 않다는 점을 알아야만 한다.

그렇지만 너의 젊음을 어느 정도 불사르는 것도 잊어서는 안 된다. 얼마 안 있어 이 세상을 하직하게 될 앙투안 삼촌은 젊음을 전혀 불사를 줄 몰랐던 것이 후회스럽기만 하다……

9월 3일

여명.

지난밤에는 꿈에 너를 보았다, 장 폴. 너는 이곳 정원에 있었다. 너는 나에게 기대고 있었지. 씩씩하고 탄력 있는 너, 무엇으로도 그 열정을 막을 수 없을 정도로 씩씩하게 자라고 있는 어린 나무와 같은 너를 느낄 수 있었다. 몇 주일 전 내 무릎 위에 앉혔던 어린아이인 너를 보면서 젊은 시절의 나, 의사가 된 나를 보는 듯했다. 잠에서 깨자 문득 이런 생각이 들었다. 처음 있는 일이지만, '이 아이도 의사가 되는 것이 아닐까?'

나는 이런 생각을 중심으로 여러 가지 궁리도 해 보았다. 지금 생각으로는 몇 가지의 기록물, 노트 꾸러미, 십 년 동안 관찰하며 연구한 것, 시작하다 만 계획 따위를 물려줄 작정이다. 네가 스무 살이 될 때, 혹시 그것이 너에게 필요치 않으면 누구든 젊은 의사에게 주도록 해라.

그러나 나는 나의 꿈을 쉽게 버리고 싶지는 않다. 나의 일을 이을 젊은 의사, 그것이 바로 너라는 것을 오늘 아침 알게 되었으며, 또 그랬으면 하는 바람이다⋯⋯.

정오

후두 운동요법을 포기한 것, 호흡연습을 앞당겨 멈춘 게 아무래도 잘못한 일인 것 같다. 보름 사이에 병세가 악화되어 오늘 아침에는 결국 전기 소작을 받기에 이르렀다.

아침나절은 침대에 누워 있었다.

신문. '노동절'의 새 메시지를 몇 번이나 읽고 또 읽었다. 간결하고 고상한 논조. 양식에 차 있는 언사. 윌슨은 유럽의 진정한 평화는 새로운 변화가 아닌, 그 이상의 것이 되어야 한다고 되풀이하고 있다. 그는 분명히 말하고 있다. '이것은 해방전이다.'(미국의 독립전쟁과 마찬가지로) 옛날과 같이 혼미상태에 빠지지 말고, 이번만은 전쟁 전 유럽의 모순적인 상태를 청산할 것. 즉 평화적이며 근면한 각국 국민이 군비로 인해 파산에 이른다던가, 국경을 사이에 두고 언제나 전쟁의 위협을 느끼며 살았던 것과 같은 상태를 청산할 것. 화해한 각국 연합. 미국의 힘을 만들어 주고 있는 그런 안정을 마침내 구대륙에도 가져올 수 있는 평화를 이룩해야 한다. 승자도 패자도 없는 평화. 뒤에 보복의 불씨를 조금도 남기지 않는 평화, 훗날 전쟁 의지의 부활을 조장할 만한 것은 아무것도 남기지 않는 평화.

윌슨은 그러한 평화의 첫 번째 조건으로서 다음과 같은 것을 분명히 지적하고 있다. 즉 독재정부를 타도해야만 한다. 이것이야말로 근본적인 목적이므로 게르만의 제국주의가 근절되지 않는 한, 그리고 오스트리아-독일 연합이 민주적으로 발전하지 않는 한, 그리고 여러 가지 잘못된 생각(잘못되었다고 하는 이유는 그것이 인류의 전반적인 이익에 위배되기 때문이다), 즉 제국주의에 대한 절대적 신앙이라든가 힘에 대한 극단적인 예찬이라든가,

다른 모든 국민보다 독일 국민이 우월하다는 신념 따위(이것은 카이저 측근들의 메시아니즘으로서, 독일인 각자를 십자군 용사로 만들어 전세계에 게르만의 주도권을 강요하는 사명을 띠게 한다는 것이다)가 근본적으로 무너지지 않는 한 유럽의 안정은 보장되지 않는다는 것이다.

저녁

저녁식사가 끝난 뒤 과랑과 부아즈네가 와 주어서 반가웠다. 독일에 관한 화제. 과랑이 주장하는 바로는 힘에 대한 그런 위험한 신비사상은 제국 정치체제의 결과라기보다 오히려 그 민족 특유의 민족성이라는 것이다. 즉 주의(主義)보다는 본능적인 것이라고 한다. 이런저런 이야기가 오갔다. 독일의 경우는 프러시아와 다르다는 것 등등. 과랑 자신도 독일에는 평화적이며 자유주의적인 국가 형성을 위해 필요한 모든 요소가 존재한다는 것을 인정하고 있다. 그런데 게르만적 메시아니즘이 인종적인 본능과 맞물렸을 때도 그럴까? 독재적 제도가 그것을 조장하고 확대시켜 이용할 것은 뻔한 일이다! 그러한 몹쓸 독일을 없애는 일은 우리가 승자가 되었을 때 어떻게 하느냐, 평화조약이 어떤 성격의 것인가, 그리고 패자에 대해 우리가 어떤 태도를 취하는가에 달려 있다. 윌슨이 독일 국민들에게 민주주의의 교육을 강요하는 까닭은 그들의 메시아니즘을 무용지물로 만듦으로써 그것을 둔화시키거나, 아니면 다른 목적으로 방향을 돌리게 할 수 있을지도 모르기 때문이다. 단, 평화조약이 독일 국민에게 보복의 구실을 전혀 주지 않는다는 조건 하에서이다. 그러기 위해서는 앞으로 15년은 필요할 것이다. 어쨌든 나는 희망을 갖고 있다. 1930년 이후의 독일이 공화정체제이고 소박하며, 근면하고 평화적인 독일로서 유럽 연합의 매우 굳건한 하나의 보장이 될 것이라고 생각해도 결코 잘못된 판단이 아니라고 나는 믿고 있다.

부아즈네는 1911년 11월의 일을 상기시켰다(그때 프랑스는 모로코 문제 해결을 위해 프랑스령 콩고의 일부를 독일에 양도함). 매우 정확했다. 카요가 꾀한 불-독 협정이 어째서 전쟁을 지연시키는 것으로만 그쳤겠는가? 그것은 협정이 독일의 정치형태를 바꾸지 않았기 때문이다. 또한 바꿀 수가 없었기 때문이다. 독일, 오스트리아, 러시아의 목표는 그들의 황제, 그들의 장관, 그들의 장군의 목표에 지나지 않았기 때문이다. 윌슨은 그 모든 것을 간파했다. 비록 카이저 한 사람을 타도한다 할지라도, 프러시아 정신, 튜톤 민족의 정신, 제국주의 체제의 정신, 제국주의의 주도권에 대한 야망, 그리고 범게르만주의 정신에 타격을 가하지 못하는 한 그것은 아무런 의미가 없다. 제국주의 체제의 정신이 다시는 되살아나지 못하게 하려면 깊은 원인을 없애 버려야 한다. 그때야 비로소 영원한 평화가 보장될 것이다.

헤이그 평화회담을 실패로 돌아가게 한 것은 카이저 정부이며, 그것도 단독으로 전 유럽을 상대로 한 처사임을 잊어서는 안 된다(자세한 내용은 과랑을 통해 알 수 있었다. 즉 군비 제한에 관해서는 만장일치로 찬성을 얻어 협정까지 체결되었으며 협정의 결과를 크게 기대할 수도 있었다. 그런데 조인 직전 독일대표는 본국 정부로부터 조인에 참가하지 말라는 통고를 받았다는 것이다). 바로 그날 독일은 가면을 벗어 버린 셈이다. 만일 중재 원칙이 가결되어, 군비 제한이 다른 여러 나라와 마찬가지로 독일에 의해 받아들여졌더라면 1914년의 유럽 정세는 아주 달라졌을 것이다. 이 사실을 잊어서는 안 된다. 대륙 중심에 자리잡고 있는 범게르만주의의 확장 정책이 국가적 자존심을 자극하면서 6천만 국민에게 절대 권력을 행사하는 한 유럽의 평화는 있을 수 없다.

9월 4일

오늘 아침부터 끊임없이 자리를 옮기며 이어지는 늑간 신경통의 심한 통증으로 몹시 고통스럽다(게다가 다른 데까지 아프다).

공보는 다시 페론의 탈환을 알리고 있다. 8월 이후 페론이 함락되었다고 발표된 적은 한 번도 없었던 것 같은데.

필립 박사의 짧은 편지. 파리에서는 포슈 장군이 동시에 삼면 공격에 나설 계획을 세우고 있다는 소문이 파다하다고 한다. 한쪽은 생 캉텡에서. 다른 한쪽은 엔느 강에서. 나머지는 뫼즈 강 쪽에서 미군이. 필립 박사도 말하듯이 '앞으로 희생자가 계속 나올 것이다…….' 윌슨의 원칙에 합의하기까지 과연 얼마나 많은 사람이 죽어야 하나?

저녁

과랑이 찾아왔다. 분개하고 있었다. 윌슨의 새로운 메시지를 두고 저녁식사 때 있던 논쟁에 관해 들려주었다. 거의 모두가 한결같이 국제연맹이 전후 견고한 조직을 갖춤으로써, 무엇보다도 독일—오스트리아에 맞서는 문명 세계의 결속을 확대하기 위한 하나의 수단이 되어야 한다고 주장하더라는 것이다. 과랑에 의하면 이런 생각은 프랑스 정부의 높은 사람들(푸앵카레와 클레망소를 필두로 하여)의 머릿속에 이미 깊이 뿌리를 내리고 있으며, 대체로 다음과 같이 요약할 수 있다는 것이다. '유럽의 평화 통일은 다음의 필요 불가결한 조건 없이는 이루어질 수 없다. 곧 그 연합에서 독일인은 제외시켜야 한다는 것이다. 저주받은 종족. 미래 전쟁의 요인. 강인한 독일이 유럽에 존재하는 한 평화는 있을 수 없다. 따라서 독일로 하여금 못된 짓을 하지 못하도록 하기 위해서는 늘 감시해야 한다.'

기괴한 발상. 만일 과랑이 말한 대로라면 그것은 윌슨의 생각을 완전히 배반하는 것이나 다름없다. 유럽의 제삼국을 그 나라가 전쟁의 책임자이며, 영원히 믿을 수 없는 상대라는 구실을 내세워 애초에 유럽의 전체 연맹에서 제외시킨다는 것은 유럽의 법적 기구를 처음부터 무너뜨리는 것이며, 유럽을 영-불의 주도권 아래에 두고자 하는 꿈을 시인하는 것이며, 그리하여 피비린내 나는 갈등의 씨를 일부러 키우는 것이나 다름없다.

윌슨은 양식 있고 노련하므로 이런 제국주의적 함정에 빠질 리가 없다!

5일, 목요일

오늘은 제대로 서 있을 수가 없다. 내 꼴은 정말 독가스 환자가 걸어가고 있는 모습 그대로이다. 계단을 내려가는 데 5분이나 걸렸다.

천천히, 어김없이 죽음을 향해 임종 때의 일을 생각해 보았다. 아버지가 어린시절에 부르던 그 후렴.

이랴, 가라, 기다리고 계신다!

장 폴에게 남겨 둘 아버지에 관한 노트를 속히 써 놓아야겠다.

후방 휴양소에서 안정을 되찾고 있을 무렵, 다시 침대 하나를 얻게 된 것을 다행스럽게 여기며 침대에 누워 얼마나 수없이 전쟁 후의 일을 생각하고, 앞으로의 일, 이제부터 해 나가고자 결심하고 있던 더 나은 생활, 더 근면하고 더 유익한 생활을 천진스럽게 꿈꾸며 시간을 보냈었던가……. 모든 것이 다 틀림없이 잘되어 가리라 여겼었다!

죽음, 죽음. 한시도 뇌리를 떠나지 않는 이 생각. 나에게는 침입자처럼 생각된다. 생소한 것. 기생충. 종양.

그런 것을 받아들일 태세가 되어 있으면 모든 것이 달라질 텐데. 그런데 그러기 위해서는 형이상학에 도움을 빌려야만 한다. 그런데 그러자니…….

무(無)로 돌아간다는 사실에 이토록 저항을 하게 되다니 참 이상하다. 만일 내가 지옥의 존재를 믿고, 그리고 내가 지옥에 떨어질 것이 틀림없다는 확신을 갖고 있다면 과연 어떤 심정일까를 자문해 본다. 지금보다 더 괴로운 심정일까?

9월 5일, 저녁

소령이 책갈피 끈이 달려 있는 잡지 하나를 조제프편에 보내왔다. 그것을 펼쳐 읽어 보았다. 전쟁에는 갖가지 구실이 있다. 그러나 전쟁의 원인은 단한 가지밖에 없다. 즉 군대. 군대를 없애면 전쟁도 없어진다. 그런데 군대를 없앨 수 있는 방법은? 전제주의를 없애는 것. 이것은 빅토르 위고^(19세기 프랑스 대시인)의 연설문에서 인용한 것이다. 그리고 레몽 소령은 여백에 감탄부호와 함께 '1869년 평화회의'라고 썼다.

비웃고 싶으면 비웃으라지. 전제주의 폐지와 군비 제한을 부르짖은 지가 벌써 50년 전의 일이다. 그렇다고 해서 인류가 부조리에서 벗어나는 모습을 볼 가망이 없다고 단념해 버릴 이유라도 있단 말인가?

지난 며칠동안은 전례 없이 가래가 많이 나온다. 폐의 단편이 증가되고 있다. (점막편과 의막)

9월 6일

오늘 아침 르와 부인으로부터 편지가 왔다. 매년 아들이 죽은 날에 편지를 보내온다. (뤼뱅을 보면 자주 마뉘엘 르와가 떠오른다)

르와가 살아 있다면 어떻게 생각할까? 부상을 당하기는 했어도(뤼뱅처럼) 언제나 아무렇지 않은 척하던 르와, 빨리 회복하여 전선으로 되돌아가고 싶어 하던 그가 눈에 선하다…….

장 폴, 네가 스물다섯 살이 되는 1940년에 전쟁에 대해 너는 어떤 생각을 할지 궁금하구나. 아마 너는 재건된 평화로운 유럽에서 생활하겠지. 그때 너는 '국가주의'라는 것이 과연 어떤 것이었는지 이해할 수 있을까? 1914년 8월에, 너와 같은 나이, 즉 스물다섯 살 먹은, 앞날이 창창한 젊은이들의 불가사의한 영웅주의 말이다. 마뉘엘 르와와 마찬가지로 의연히 싸우러 나간 그들을 과연 너는 이해할 수 있을까? 편견을 버리고 이해하도록 해라. 그 젊은이들의 고귀한 정신을 무시해서는 안 된다. 그들은 죽고 싶지 않으면서도 위험에 처한 조국을 위해 남자답게 목숨을 내걸었던 것이다. 그들 모두가 정신이상자는 아니었다. 마뉘엘 르와와 마찬가지로 그들 대부분은 자신들이야말로 다음 세대—너도 그 중의 한 사람이다—를 위해 더 아름다운 미래를 마련해 줄 수 있다고 믿었기에 그러한 희생을 감수한 것이다. 그렇다. 적어도 대다수의 사람들은. 나는 그들을 알고 있다. 앙투안 삼촌은 그들을 위해 증언한다.

신문. 아군은 솜 강을 건너 기스카드에 이르렀다. 소아송 북쪽에서도 진격하여 쿠시를 탈환했다. 과연 아군은 독일군이 에스코 강과 생캉탱 운하 뒤쪽에 포진하는 것을 막을 수 있을까?

7일, 저녁
장 폴을 위해.
나는 앞으로의 일을 생각하고 있다. 너의 장래를. 마뉘엘 르와와 같은 젊은이들이 바라던 것보다도 '더 아름다운' 미래를 말이다. 더 아름다울까? 너를 위해서라도 그렇게 되기를 바란다. 그런데 우리가 너희들에게 유산으로 물려주는 것은 하나의 혼란스러운 세계뿐이다. 내가 매우 걱정하는 것은 네가 혹시라도 매우 어지러운 시기에 삶을 시작하지 않을까 하는 점이다. 모순, 불안정, 신구 세력의 충돌. 그런 오염된 공기를 마시려면 튼튼한 폐를 갖고 있어야 할 것이다. 정신 차려야 한다! 삶의 기쁨이 모든 사람에게 주어지는 것은 아니니까.
나는 될 수 있으면 예언 같은 것은 삼가고 있다. 그러나 내일의 유럽을 내다보기 위해서는 잠시 숙고해 보면 알 수 있다. 경제적으로는 모든 국가가 가난에 허덕일 테고, 곳곳에서 사회생활의 불균형이 나타날 것이다. 정신적으로는 과거와의 급격한 단절, 종래의 가치관 붕괴 등……. 십중팔구는 그로 인한 큰 혼란이 있을 것이다. 하나의 과도기. 격발, 경련, 도약과 재몰락을 동반하는 하나의 과도기인 것이다. 결국에는 균형을 찾겠지만 시간이 걸릴 것이다. 고통이 따르게 마련인 분만기라고나 할까.

그러한 속에서, 장 폴, 너는 어떻게 될 것인가? 사태는 확실히 이해하기 힘들 것이다. 누구나 나름대로 진실을 파악하고 있다고 믿을 것이며, 언제나 그러하듯 누구나 자신이야말로 만병통치약을 갖고 있다고 생각할 것이다. 무질서의 시대라고 해야 할까? 과랑은 그렇게 생각한다. 그렇지만 나의 의견은 다르다. 무질서라 하더라도 그것은 단순히 표면적인 무질서, 일시적인 것에 지나지 않을 것이다. 왜냐하면 인류는 무질서를 향해 가지도 않으며, 또한 그럴 수도 없으니까. 그런 것은 생각할 수도 없다. 역사가 그것을 증명하고 있다. 인류는 불가항력적인 갖가지 변동을 겪으면서도 정돈 상태를 향해 나아갈 수밖에 없다(이 전쟁을 통해 우리는 동포애 내지는 적어도 서로 간의 이해를 향해 한 발 나아갈 것이 틀림없다. 윌슨의 평화안이 실현되면 유럽의 장래는 밝아질 것이다. 인류의 연대의식, 집단적인 문화의식 따위가 민족주의 사상을 대체하게 될 테니까).

어쨌든 너는 엄청난 변화와 개혁을 보게 될 거다. 너에게 꼭 일러두고 싶었던 것은 바로 이 점이다. 앞으로는 여론, 그리고 그 여론을 이끌어가는 구심적 사상이 강력하고 결정적인 영향력을 행사하는 날이 오리라는 것이다. 미래는 일찍이 볼 수 없었던 창조성을 갖게 될 것이다. 개인이 지금보다 더 중요성을 띠게 될 것이다. 유능한 인물은 과거 어느 때보다도 자신의 목소리를 높이며 자신의 의견을 앞세울 수 있는 기회와, 재건에 참여할 가능성도 갖게 될 것이다.

유능한 사람이 되어야 한다. 남에게서 인정받는 인품을 스스로 개발해 나가야만 한다. 통설(通說)은 경계할 것. 인간은 누구나 자신의 개성이 요구되는 일은 부담스러워 할 것이다! 그리고 집단적인 열광의 거대한 물결 속에 빠져들고 싶어할 것이다! 쉽게 믿어 버리고 싶을 것이다. 그렇게 하는 것이 편리하고, 또한 더할 나위 없이 마음이 편하니까! 너는 과연 그러한 유혹에 맞설 수 있을까? 물론 쉬운 일은 아닐 것이다. 인간은 앞길이 불확

실해 보이면 보일수록 어떻게 해서든지 혼란을 피하기 위해 자기를 안심시
켜 주고, 자신을 인도해 줄 만한 기존의 관념을 받아들이기 쉽다. 스스로에
게 제기해 보지만 혼자서는 해결할 수 없는 여러 가지 의문에 그럴싸한 대답
을 해 주는 것은 모두가 피난처처럼 여겨질 것이 틀림없다. 그 대답이 대다
수의 지지를 얻어 믿을 만하게 여겨질 때는 더더욱 그러할 것이다. 그것은
엄청난 위험이다! 맞서라. 모든 슬로건을 거부하여라! 말려들어 가서는 안
된다! 관념론자들이 '같은 패거리'에게 제공하는 나태한 정신적 안락보다는
불확실성에서 오는 번민을 택하도록 해라! 암흑 속에서 홀로 모색하여라.
물론 유쾌한 일은 아니다. 그러나 그로 인한 해는 적다. 가장 나쁜 것은 주
위 사람들의 엉뚱한 착오를 순순히 따라가는 데에 있다. 주의하여라! 이 점
에 있어서는 너의 아버지를 생각하며 본보기로 삼도록 해라! 고독했던 그의
생활, 늘 불안하고 정착하는 일이 없던 그의 사고야말로 너에게는 스스로에
대한 성실함, 결백함, 용기와 품위의 본보기가 되어야만 한다.

　새벽. 불면, 불면.
　(장 폴에게 이야기를 할 때면 '설교자' 같은 말투를 띠는 경향이 있다. '주
의 하라' 따위의 표현은 삼가야겠다)
　'가치있는 사람'이 되어야 한다……. 그것에 관해 단 한 가지를 잊었다.
그 방법을 가르쳐 주어야지.
　방법이라고? 훌륭한 사람에 관한 한 내가 접해 온 사람은 고작 의사에 국
한되어 있다. 그런데 사회생활을 해나가는 데 있어서 여러 가지 사건, 여러
가지 사실 그리고 뜻밖의 일에 부딪쳤을 경우에 유능한 사람들의 태도가 환
자를 대하는 의사의 태도와 별로 다를 바가 없다고 나는 믿어 왔다. 무엇보
다 중요한 것은 되도록 순수한 눈으로 바라보는 것이다. 의학에서는 특수한
증세가 생길 때마다 제기되는 새로운 문제를 해결하기 위해 자기의 지식이
라든가 책에서 얻은 것에만 의존해서는 충분치 않은 경우가 더러 있다. 모든
병은—모든 사회적 위기도 마찬가지이지만—같은 전례가 없는 최초의 증세
로 나타난다. 즉 하나의 예외적인 증세로 나타나는데, 그것을 위해 언제나
새로운 치료법을 생각해 내지 않으면 안 된다. 가치 있는 사람이 되기 위해
서는 풍부한 상상력이 필요하다…….

1918년 9월 8일, 일요일

오늘 아침 일어나자마자 십 센티 정도의 세편(細片)을 토했다. 검사를 위해 바르도에게 보내도록 했다.

지난밤에 쓴 것을 다시 읽어 보았다. 이렇게 장래의 일이라든가 내 뒤에 오는 사람들의 문제에 관해 이따금 관심을 표할 수 있다는 것에 놀라지 않을 수 없었다. 장 폴 때문이라고만 할 수 있을까?

곰곰이 생각해 보면 이러한 관심은 극히 자연발생적인 것이다. 이따금 떠오르는 것이 아니다. 오히려 놀라운 것은 그것이 정신적인 노력과 반성의 결과라는 사실이다. 나로서는 사실 앞으로의 일을 생각하는 것이 꾸준하면서도 지극히 자연스러운 정신적 작업이다……. 기이한 일이다!

아침식사 전.

필립 박사를 놀라게 한 어느 신문의 가십난이 생각난다(직업 이외의 것에 관한 최초의 대화 중 하나였다. 그의 밑에서 일하기 시작한 지 얼마 안 되어서의 일이었다). 한 사형수에 관한 이야기였는데 간수들에 의해 단두대 앞까지 이끌려 온 그 죄수가 몸부림을 치며 '내 편지를 잊지 마세요'라고 큰소리로 외쳤다는 것이다(그 죄수는 자기 애인이 다른 남자와 사귄다는 사실을 감옥에 있다가 알게 되었다. 그러자 처형되던 날 아침, 그는 집행관에게 편지를 보내서 지금까지 형을 받지 않은 다른 큰 범죄를 자백했는데, 그 범죄에는 그의 애인도 적극 가담했던 것이다).

우리는 도무지 이해할 수가 없었다. 마지막 순간까지 이토록 집요하게 세상사에 집착하다니! 박사는 거기에서 대부분의 사람들이 진정으로 비존재를 '실현한다는 것'이 거의 불가능하다는 하나의 증거를 보았다.

그 이야기가 지금의 나에게는 그때만큼 놀랍지가 않다.

9월 9일

입 안에서 악취가 난다. 어째서 이렇게 불필요한 고통까지 겪어야만 한단 말인가? 식욕을 완전히 없애 버리는 크레오소트가 들어 있는 물약, 치과의사를 떠올리게 하는 그 물약에는 처음부터 아무런 기대도 하지 않았다.

오후, 밖에서

오늘 아침, 9월 9일이라는 날짜를 적으면서 문득 떠오르는 것이 있었다. 오늘이 바로 뢰빌에서의 '두 번째' 기념일이다.

저녁

하루종일 뢰빌에서의 일을 생각하며 보냈다.

부대가 도착한 저녁 무렵, 지하 성당(지하실로 납골당이나 예배당으로 쓰임)에 응급치료소를 설치했다. 마을은 잔해투성이였다. 전날 200개의 포탄이 떨어졌기 때문이다. 캄캄한 밤에 조명탄이 난무했다. 여단장의 임무를 맡고 있던 대령의 사령부는 벽이 삼면밖에 남지 않은 집 속에 있었다. 숲 속에서 포열을 하고 있던 75밀리 포의 울림. 늪 주위에는 잔해만 남은 집들. 찢어진 빨간 털이불. 나는 이튿날 아침 바로 그 옆에서 부상을 당했던 것이다. 바짝 마른 진흙과 돌 조각투성이의 땅이 차량 통행으로 움푹 파였다. 그리고 마을 뒤로 보이는 산꼭대기. 지하 성당의 깨진 스테인드 글라스를 통해 보이는 산꼭대기. 그곳으로부터 먼지를 뽀얗게 뒤집어쓴 부상병들이 절뚝거리며 떼를 지어왔다. 그들 모두 한결같이 넋이 나가고 맥이 풀린 모습이었다. 지금도 눈에 선하다. 불난 듯한 하늘 위로 두드러져 보이던 산 정상. 그 위에는 마치 회오리바람에 쓰러진 듯 모두가 같은 방향으로 기울어진 채 비죽비죽 늘어선 철조망의 말뚝들. 그리고 왼쪽에는 낡은 풍차가 날개 위로 쓰러져 있는 것이 마치 무너진 장난감 같아 보였다(이런 것을 모두 써 두고 싶은 이상한 심정. 어째서일까? 잊지 않기 위해서일까? 그렇다면 도대체 누구를 위해서? 어느 날 아침 뢰빌에서 앙투안 삼촌에게 있었던 일을 장 폴에게 알려주기 위해서?). 땅거미가 질 무렵부터 지하 성당은 이미 부상자로 가득 찼다. 신음소리와 욕지거리. 지하실 구석에 있는 짚 위에는 움직일 수 없는 부상자와 함께 전사자들의 시체가 놓여 있었다. 제단 위에는 방풍 램프. 병 위에 꽂아놓은 초가 천장에 둥그렇고 환상적인 그림자를 드리우고 있었다. 책상과 두 개의 통 위에 걸쳐 있는 널빤지, 그리고 갖가지 속옷이 눈에 선하다. 마치 그것들을 기억하기 위해 관찰할 시간적 여유가 있기라도 했던 것처럼 또렷하게 떠오른다! 그때 나의 활약이란! 직업에 거의 도취되어 있다시피 흔쾌히 뛰어들었던 나의 마음가짐. 일에 대한 그 열의. 민첩한 움직임. 스스로 최대한의 힘을 축적하면서. 모든 감각은 놀랄 만큼 눈을 뜬 채, 손가락 발가락 끝까지 온통 긴장시키고, 비참한 심정 같기도 하면서 동시에 꼭두각시 같은 무감각. 목적의식과 사명감에 고무된 채 아무것도 들리지 않고 보이는 것도 없이 오로지 일에만 전념했던 것이다. 상처가 곪지 않도록 하기 위해 제때에 동맥을 잇고, 골절을 임시로 고정시키기 위해 민첩하게, 그렇다고 서두르거나 늦추는 일 없이 모든 필요한 조치를 빈틈없이 처리했다. 다음 차례다!

더 막연하게 떠오르는 것은 좁은 길 저쪽에 들것에 실린 부상병들이 놓여 있던 차고와 그 처마이다. 그러나 총탄이 날아오는 통에 벽에 몸을 바싹 붙이지 않고는 지나갈 수 없었던 그 좁은 길만은 뚜렷이 떠오른다. 그리고 특히 뚜렷이 떠오르는 것은 귓전을 때리던 작은 울음소리 같은 것. 그리고 벽토에 탁 하고 부딪치곤 하던 메마른 탄환 소리! 팔을 붕대로 감아 목에 건 수염투성이의 몸집 작은 소령의 노기 띤 눈초리, 그리고 꿀벌 떼를 쫓기라도 하듯 건장한 손을 관자놀이 언저리에서 휘저으면서 '여기는 파리가 너무 많아. 너무 많아'라고 외쳐 대던 그 모습(롱프레 레 코르생의 야전병원에 함께 있던 수염투성이에 희끗희끗한 머리를 한 그 늙은 지원병이 문득 생각난다. 부상병을 들것에서 내려놓으면서 '자, 내려요, 어서 내려!'라고 외치던 그의 험상궂은 모습과 파리 변두리의 사투리).

밤새도록 일한 우리들은 우회작전이 벌어지고 있는 사실도 눈치채지 못했다. 새벽녘에 연락병이 왔을 때에야 비로소 우리는 마을 측면이 공격을 당하고 있다는 것, 게다가 철수용 참호도 위험하다는 것, 따라서 유일하게 통행 가능한 연락 참호까지 가려면 기관총알이 난무하는 광장을 가로질러 뛰는 수밖에 없다는 사실을 알게 되었다. 그렇다고 목숨을 걸어야 한다는 생각은 잠시도 한 적이 없었다. 단지 쓰러지면서 순간 빨간 털이불이 언뜻 시야에 들어왔다. 그러고 나서 이런 생각이 또렷하게 들었다. '폐를 다쳤구나……. 심장만은 다치지 않았어……. 괜찮겠지.'

(문제는 여기에서 비롯되었다. 그날 아침 다리나 팔을 다쳤더라면 이 꼴은 되지 않았을 것이다. 양쪽 폐가 온전했더라면 그 뒤에 들이마신 약간의 이페리트 가스로 인해 이렇게 참혹한 꼴은 되지 않았을 것이다)

9월 10일

어제부터 머리에 떠오르는 것은 전쟁에 관한 추억뿐이다.

장 폴을 위해 티푸스 환자에 관한 이야기를 적어 두고자 한다. 그것 때문에 나는 병원에 있던 대부분의 동료들보다 훨씬 오랫동안 전선에 머물러 있어야 했다. 1915년 겨울의 일이다. 나는 여전히 콩피에뉴 연대에 소속되어 있었는데, 연대는 북부 전선에 있었다. 그런데 대대에 속해 있는 군의관들에게는 교대제가 채택되어 있었다. 그래서 각자 약 보름에 한 번 정도씩 6킬로 떨어진 후방으로 가서 작은 수용소의 침대 20개 정도 설치해 놓은 의무실을 며칠동안 담당하도록 되어 있었다. 나는 어느 날 저녁에 그곳에 도착했다. 궁륭형의 지하실에는 18명의 환자가 있었다. 그들 모두 열이 있었다. 게다가 상당수의 환자는 열이 40도나 되었다! 나는 램프 불빛 밑에서 그들을 진찰했다. 아니나 다를까. 18명이 모두 티푸스 환자였다. 그런데 전선에는 티푸스 환자를 두는 것이 금지되어 있었다. 실제적으로 군의 수칙상 장티푸스 진단은 절대로 내려서는 안 된다. 그날 저녁에 즉시 상급자에게 전화를 걸었다. 18명의 '딱한 녀석들'이 파라티푸스와 매우 비슷한(나는 신중을 기하기 위해 '티푸스'란 말을 쓰지 않았다) 심한 위장질환에 걸린 듯하다는 것과, 그리고 솔직히 말해서 그들을 즉시 후송하지 않는 한 녀석들은 지하실에서 죽을 것이 뻔하므로 의무실 담당을 거절할 수밖에 없다고 통고했다. 다음날 아침 일찍 자동차를 보내왔다. 사단본부로 출두하라는 것이었다. 나는 높은 사람들과 담판을 지었다. 결국 즉시 후송시켜도 된다는 허락을 받아냈다. 그런데 그날 이후 나의 '근태기록'에는 '요주의'라는 딱지가 붙고 말았다. 그로 인해 나는 부상을 당할 때까지 진급을 거부당하는 신세가 되었다.

저녁

이곳에 있는 다른 사람들과의 관계를 생각해 본다. 전선에서와 마찬가지로 서로간의 친숙함이 있음직한 데도 전혀 그렇지가 않다. 전혀 비교도 되지 않는다. 여기에서 찾아볼 수 있는 것은 단지 동지애, 그것 뿐이다. 전선에서는 하찮은 취사병끼리도 형제나 다름없는데.

내가 알고 지내던 동료들을 생각해 본다. 그들 한 사람 한 사람을 떠올리기만 해도 우울해진다. 거의 모두가 의병 제대 아니면 팔다리가 잘리거나 또는 실종됐다……. 카르리에, 브로, 랑베르 그리고 선량한 다랭, 위아르, 레네, 뮈라통 등 그들은 모두 어디에 있을까? 그리고 소녜는? 그리고 꼬마 눕스는? 그 밖의 다른 동료들은? 그들 가운데 몇 사람이나 무사히 전쟁을 끝마치게 될까?

나는 오늘 보통 때와는 다른 각도에서 전쟁을 생각해 본다. 전에 메종 라피트에서 다니엘이 한 말이 생각난다. '전쟁, 그것은 인간들 사이에 각별한 우정을 나눌 수 있는 기회지요…….'(끔찍한 기회. 그리고 덧없는 우정!) 어쨌든 그의 말에도 일리는 있었다. 어떤 연민과 관용과 서로 간의 가엾어하는 마음가짐이 있으니까. 그런 불행을 함께 나누는 가운데 인간들은 기본적이면서 모두가 똑같은 반응만을 나타낸다. 계급이 높든 낮든 간에 같은 속박, 같은 고통, 같은 권태, 같은 공포, 같은 희망, 같은 진창길, 때로는 같은 식사, 같은 신문. 다른 곳에 비해 그래도 계략이라든가 비열한 짓이라든가 악의 따위가 덜한 편이다. 그만큼 서로서로가 필요한 것이다. 남에게서 사랑을 받고, 도움을 받기 위해 남을 사랑하고 돕게 되는 것이다. 전선에서는 개인적인 반감이나 질투심 같은 것은 거의 찾아볼 수 없다. 증오심도 없다(전면에 대치하고 있는 독일군에게까지도 증오감은 없다. 그들도 똑같이 어리석은 짓의 희생자이니까).

그리고 또 이런 점도 아울러 말해 두어야겠다. 전쟁은 어쩔 수 없는 형세에 의해 하나의 '사색'의 시기를 마련해 준다. 교양이 있고 없고는 굳이 묻지 않아도 알 수 있는 일이다. 단순하면서도 깊은 사색. 대체로 모든 사람들이 매한가지이다. 명상하는 생활과는 거리가 먼 사람들까지도 깊이 생각하게 되는 것은 매일 죽음과 마주하고 있기 때문일까? (예를 들면 이 일기도……) 대대의 동료들 가운데에서 '사색'에 잠겨 본 적이 없는 사람은 하나도 없었던 것으로 안다. 고독하고 내면적인 사색. 필요에 따라 하면서도 남의 눈을 피해 하는 사색. 자신만을 위해 마련된 단 하나의 세계. 그런 어쩔 수 없는 무개성화 속에서 사색이야말로 개성의 마지막 은신처인 셈이다.

그런데 죽음을 모면하게 될 자들에게 그런 사색의 결과로 과연 무엇이 남을까? 대단한 것이 아닐 게 틀림없다. 어쨌든 삶에 대한 강렬한 의욕. 쓸데없는 희생이나 과장된 말이나 영웅주의에 대한 증오? 아니면 그와는 반대로 전선에서의 '미덕'에 대한 향수?

11일

지난번 아침에 토한 세편에 대한 조직검사를 했다. 위막은 없다. 단지 점막의 한 형태일 뿐.

저녁

사실 나는 나의 죽음에 관해 생각하면서 동시에 삶에 대해서도 자주 생각해 본다. 그리고 끊임없이 내 과거의 일을 되돌아본다. 마치 넝마주이가 쓰레기통을 뒤지듯 나의 지난날을 곰곰이 생각해 본다. 작은 갈고리 끝으로 무엇인가 잔해를 끄집어내어 그것을 살핀 다음, 거기에 의문을 제기하면서 끈기 있게 숙고해 본다.

인생이란 정말 보잘것없는 것…… (내 삶이 단축되었으므로 그렇게 생각하는 것은 아니다. 누구의 삶이든 마찬가지이다!) 정말 보잘것없는 것이다. 무한한 어둠 속에서 잠시 비치는 불빛과도 같은 것. 이런 상투어를 반복하면서 이 말이 지니고 있는 참뜻을 알고 있는 사람은 몇 명이나 될지. 그 비통함을 느끼고 있는 사람은 또 몇 명이나 될는지!

'삶의 의미는 무엇인가?' 이런 쓸데없는 질문을 송두리째 떨쳐 버릴 수는 없다. 나 자신의 과거를 떠올리면서 때때로 자신도 모르게 이런 반문을 하곤 한다. '그것은 무엇을 뜻하는 것일까?'

아무런 뜻도 없다. 그러나 이것을 선뜻 받아들이기에는 약간의 고통이 따른다. 왜냐하면 1,800년이라는 세월에 걸친 기독교 정신이 골수까지 박혀 있기 때문이다. 그러나 깊이 생각하면 할수록, 자신의 주변과 마음속을 들여다보면 볼수록 다음과 같은 뚜렷한 진실에 맞닥뜨리게 된다. 즉 '삶이란 아무 의미도 없다.' 수백만의 인간들이 이 지구 위에 태어나서 잠시 우글거리고 살다가 해체되어 자취를 감추는가 하면, 또 다른 수백만의 인간들이 그 자리를 차지했다가 내일이 되면 다시 해체된다. 그들의 잠깐동안의 출현은 아무런 '의미가 없다'. 삶이란 의미가 없다. 그리고 덧없는 나그넷길을 걷고 있는 동안 될 수 있으면 불행을 최소화하려고 애쓰는 것 외에는 삶에서 중요한 것이라고는 아무것도 없다……

이런 사실을 알았다고 해서 생각하는 것만큼 우리가 실망하거나 무력해지는 않는다. 어찌 되었건 인생에 무언가 의미를 부여하고자 하는 사람들의 경우, 그들이 품고 있는 환상에서 벗어나 그것을 깨끗이 털어 버린다면 놀랄 만큼 평온함과 활력과 자유로운 느낌을 갖게 될 것이다. 한 걸음 더 나아가 그것을 다룰 줄 안다면 틀림없이 사고의 활력소가 될 수도 있을 것이다……

지난날, 병원 근무를 마친 뒤에 매일 아침 지나가곤 하던 B동의 아래층 오락실이 갑자기 생각난다. 방 안은 나무쌓기놀이를 하는 어린아이들로 꽉 차 있었다. 거기에는 불치의 아이들, 신체장애아들, 병에 걸린 아이들, 회복기에 있는 아이들 등이 있었다. 요컨대 작은 세계와도 같은 것…… 축소시켜 놓은 인류의 모습……. 대부분의 아이들은 자기 앞에 놓여 있는 나무토막들을 아무렇게나 움직여 보기도 하고 옮겨 놓기도 하고 또 이리저리 뒤집어보기도 하며 놀고 있었다. 더 지능이 앞선 아이들은 집짓기 나무토막들의 색깔을 배합하고 그것들을 정렬시켜 기하학적인 도형을 만들고 있었다. 좀 더 대담한 아이들은 흔들거리는 작은 건물을 만들며 놀고 있었다. 그 가운데에는 간혹 열성적이고 집념도 강하고 창의적이면서 야심적인 아이도 있어서 어려운 모양을 생각해 내어 수없이 실패하면서도 결국에 가서는 다리라든가 오벨리스크라든가 높은 피라미드를 만들어 내는 것이었다……. 그러나 오락 시간이 끝날 무렵에는 모든 것이 허물어져 버렸다. 그리고 리놀륨 위에는 내일의 오락 시간을 위한 나무토막 더미만이 여기저기 흩어진 채 남아 있었다.

요컨대 인생과 아주 닮은 모습이다. 우리도 각자(아무리 멋진 구실을 붙여도) 노는 것 '이외에는 다른 목적이 없으며', 각자 일시적 기분이라든가 능력에 따라 삶이 가져다주는 여러 가지 요소, 곧 태어날 때부터 자기 주위에서 찾아내는 갖가지 색의 수많은 나무토막들을 모으는 것에 지나지 않는다. 그러한 속에서 재능이 뛰어난 자는 자신의 삶을 하나의 복잡한 건물, 하나의 진정한 예술품으로 만들고자 애쓴다. 삶의 놀이가 재미있는 것이 되기 위해서는 그러한 사람들 속에 끼어들어야만 한다……

인간은 각자 자기 나름대로의 방법을 갖고 있다. 각자 우연에 의해 주어진 요소를 갖고 있다. 그런데 오벨리스크나 피라미드를 비교적 잘 만들어 내는 것이 과연 중요한 일일까?

같은 날 밤

애야, 나는 어제 저녁에 쓴 글을 뉘우치고 있다. 너는 이 글을 읽는다면 분개하겠지. '늙은이의 생각'이라고 너는 말하겠지. '환자의 생각…….' 너의 생각이 옳은지도 모른다. 나는 이제 뭐가 뭔지 모르겠다. 하지만 '무엇 때문에 살고, 무엇 때문에 일하고, 무엇 때문에 최선을 다하는가?'라는 의문을 너 스스로도 품게 될지 모른다. 여기에는 좀더 적극적인 다른 대답 따위를 할 수 있을 것이다.

무엇 때문에? 과거와 미래 때문이다. 너의 아버지와 너의 아이들 때문이며, 네 스스로가 이어갈 고리 때문이다……. 연속성을 확보하기 위해…… 받은 것을 뒤에 오는 사람들에게 전달하기 위해—단, 더 좋게, 더 풍요롭게 전달하기 위해서이다.

그런데 우리의 존재 이유는 그것으로 끝나는 것일까?

9월 12일, 아침

나는 '평범한 인간'에 지나지 않았다. 삶이 나에게 요구하는 것과 조화를 이룰 줄 아는 평범한 재능. 보통의 지능과 기억력, 잘 따르는 재주. 평범한 성격. 그리고 그 나머지는 위장에 지나지 않았다.

오후

건강, 행복. 이런 것은 눈가리개에 지나지 않는다. 병은 인간을 명철하게 만든다(스스로를 분명히 이해하고 남을 이해하기 위한 최상의 조건은 한번 병을 '앓고 나서' 건강을 다시 찾는 것이다. 나는 이렇게 쓰고 싶다. '언제나 건강한 인간은 필연적으로 바보'라고).

나는 평범한 인간에 지나지 않았다. 진정한 의미의 교양도 없었다. 나의 교양이라고 해 보았자 나의 직업에 국한된 직업적인 것에 불과했다. 위대한 사람들, 참으로 '위대한' 사람들은 그들의 전문성에 한정되지 않는다. 위대한 의사, 위대한 철학자, 위대한 수학자, 위대한 정치가, 그들은 의사나 철학자 등으로 그치지 않는다. 그들의 두뇌는 다른 영역에서 자유롭게 활동하며, 특수한 지식의 영역에서 벗어날 줄 안다.

저녁

나 자신에 관하여.

나는 단지 운이 좋았던 인간에 지나지 않는다. 나는 가장 쉽게 성공할 수 있는 길을 택했었다(그것 자체가 이미 무언가 실용적인 것에 대한 지능이 존재했음을 증명한다……). 그러나 '보통의' 지능인 것이다. 유리한 상황을 잘 이용할 줄 아는 정도로 말이다.

나는 자만심에 현혹되어 살아왔다.

지금까지 내가 이루어놓은 모든 것을 나의 두뇌와 정력 덕분인 것으로 생각하고 있었다. 내 스스로가 나의 운명을 창조하고 나의 성공을 이룩한 것으로 생각하고 있었다. 그런가 하면 누구보다도 앞장서 가는 인물로 자처하고 있었다. 왜냐하면 나보다 재능이 뒤떨어지는 자들로 하여금 그렇게 생각하게 할 수 있었기 때문이다. 위장. 나는 필립 박사조차 속였었다.

꿈이나 환상은 언제나 오래가지 못하는 법이다. 어쩌면 삶은 나에게 무한한 실망을 미리 마련하고 있었는지도 모른다.

나는 다른 많은 사람들과 마찬가지로 선량한 의사 이상은 바라지 말았어야 할 인간이다.

9월 13일

오늘 아침 가래에 나타난 분홍빛. 11시. 흡각을 위해 오기로 되어 있는 조제프를 기다리기 위해 침대에 누워 있었다.

나의 방. 보기에도 흉측한 이 작은 세계. 이 방에 있는 것 하나하나가 구역질이 날 정도로 눈에 익어 버렸다. 못 하나, 못을 박았던 자리 하나하나, 장밋빛이 도는 벽의 긁힌 자국 하나하나까지 나의 눈에 얼마나 수없이 들어왔던가! 그리고 거울 위에 붙어 있는 그림 속의 '미국 소녀들!'(하기는 그것을 떼어 버리면 무척 허전한 생각이 들지도 모르겠지만)

이 침대에서 보낸 한없는 시간, 헤아릴 수 없는 낮과 밤. 그토록 활동적이던 내가!

활동. 나는 단지 활동적인 것만은 아니었다. 활동이라는 것을 유치할 만큼 광적으로 숭배했었다.

(지난날의 활동에 대해 필요 이상으로 혹평은 하지 말 것. 나의 지식만 하더라도 활동을 통해서 그것을 얻었다. 현실과 몸으로 직접 부딪쳐서. 나는 활동에 의해 만들어졌다. 지옥과 같은 이 전쟁을 그토록 의연하게 감내할 수

있었던 것도 실은 나 자신을 끊임없이 활동하도록 했기 때문이다)

오후

사실 나는 외과의사가 되었어야만 했다. 의료 행위를 하는 데 있어서 외과
의사로서의 기질을 발휘했다. 짐짓 훌륭한 의사가 되기 위해서는 생각하는
사람이 되어야 한다.

저녁

지난날 화려했던 나의 활동에 관해 다시 생각해 본다. 물론 나 자신을 준
엄하게 비판하면서. 지금 그런 나의 태도에서—연기(演技) 같은 것—서투
른 연기 비슷한 것을 엿보는 것 같다(다른 사람들에 대한 경우 이상으로—
그 정도까지는 아니더라도 적어도 같은 정도로—나 자신에 대하여).

나의 약점. 그것은 언제나 '남에게서 칭찬을 받고 싶어하는 것.'(하기 힘든
고백을 한다, 장 폴!)

내가 일을 하는 데 있어서 가장 보람을 느끼는 것은 다른 사람들이 내 앞
에 있을 때라는 사실을 수없이 확인했다. 남들이 내가 일하는 것을 보고 평
가하면서 칭찬하며 감탄해 마지않는다고 느낄 때 나의 모든 능력은 고무되
어 용기와 결단력을 발휘하기도 하고 힘을 느끼기도 했으며, 나의 의지는 억
제될 수 없는 비약을 보이곤 했던 것이다(가령, 페론 폭격의 경우—몽미라
이유의 야전병원의 경우—브뤼레 숲에 대한 기습 따위……. 또 다른 예로는
입대하기 전, 집의 진찰실에서 환자와 마주 앉아 있을 때보다는 병원에서 진
찰을 할 때에 훨씬 날카롭게 진단을 내릴 수 있었고, 더욱 대담하게 치료할
수 있었다).

참된 정력이란 결코 그런 것이 아님을 지금에 와서는 분명히 알고 있다.
즉 정력을 쏟는 일에는 관객이 필요 없다. 그런데 나의 정력만 하더라도 최
대한의 능력을 발휘하기 위해서는 남의 도움이 필요했던 것이다. 만일 로빈
슨 (영국 작가 디포의 / 《로빈슨 표류기》 주인공) 처럼 머나먼 섬 혼자 있었다면 나는 틀림없이 자살했을 것이
다. 그러나 프라이데이 (로빈슨의 / 하인) 가 왔더라면 나는 영웅적인 일을 수행했을지도
모른다…….

저녁

장 폴, 너의 의지를 갈고 닦아라. 마음만 먹으면 안 되는 일이 없을 것이다.

14일

재발. 다른 통증에 곁들여 흉골 뒤쪽에 통증. 그리고 알 수 없는 근육의 경련. 무엇을 먹기만 하면 토해 버린다. 일어날 수도 없다.

과랑이 신문을 가져왔다. 스위스에서는 오스트리아-헝가리의 평화 제의에 관한 소문(?) 그리고 독일에서의 은밀한 혁명운동의 소문(?)이 돌고 있다는 것이다……. 윌슨의 메시지 덕분에 그들 나라에서 이미 민주주의 사상이 뿌리를 내리고 있는 것일까?

생미엘 쪽으로 미군이 진출하고 있다는 소문도 꽤 근거가 있는 것 같다. 그리고 생미엘로 말할 것 같으면 브리에와 메스로 가는 길목이 아닌가! 어쨌든 아군은 도저히 돌파할 수 없다던 힌덴부르크선에 이르렀다.

9월 16일

증세가 조금 나아지다. 구토도 없다. 이틀에 걸친 절식으로 몸이 몹시 피곤하다.

오스트리아의 평화안에 대한 클레망소의 회답. 더할 바 없이 불쾌감을 주는 것. 마치 기병대 장교 같은 말투. 아니 더 심하다. 마치 범게르만주의자나 된 것 같은 말투. 최근의 군사적 성공의 결과를 당연한 것으로 여긴다. 교전국의 한쪽이 유리한 입장에 있는 듯하면 '언제나 제국주의적인' 그들의 저의를 드러내곤 한다. 연합군의 승리가 오로지 미국의 힘에 의한 것이 아닐 경우에 윌슨은 연합국(영·불·소의 삼국 연합) 측으로서는 자기들이 바라는 바를 솔직하게 말할 수 있는 좋은 기회였을 텐데. 그런데 그들은 전후 처리 문제에 있어서 패전국들로부터 가능한 것은 모두 우려냈으면 하지만 그렇지 못할 것이 두려워 허세를 부리며 최대한의 것을 요구하고 있다. 과랑의 말을 빌리면 '약간의 성공에 벌써 연합국 측은 도취해 있다'는 것이다.

17일

자기들이 하고 싶은 대로 말하라지. 기관지염의 반복은 항상 도질 수 있는 폐침윤의 형태로 간주되어 왔다고 한다.

18일

오랜 시간에 걸친 바르도의 검진. 뒤이어 세그르 교수의 진찰. '청색증과 저혈압 증세와 함께 오른쪽 심장의 현저한 약화.'

이미 몇 주 전부터 예상했던 일이다. 옛말에도 있다. '폐가 약해지면 심장을 치료하라.'

간호병의 특징. 급한 일이 있어 부를 때면 들리는 곳에 있는 법이 없다— 그런가 하면 옆에 있는 것이 참을 수 없을 정도로 귀찮게 여겨질 때에는 방에서 나가지 않고 죽치고 있다…….

19일에서 20일까지의 밤

삶과 죽음. 끊임없는 발아(發芽) 등.

오늘 오후 부아즈네와 함께 샹파뉴 전선의 지도를 자세히 들여다보았다. 희끄무레한 석회질의 그 들판(샤롱 동북부의 어느 곳)이 문득 떠올랐다. 1917년 6월, 그곳으로 부대 배속을 옮겼을 때의 일이다. 우리는 그곳에 잠시 멈춰 함께 식사를 하고 있었다. 지면은 전쟁 초기의 포격으로 깊이 패여서 아무것도, 개밀 한 줄기도 돋아나 있지 않았다. 때는 봄이었다. 전선에서 멀리 떨어진 곳이어서인지 주변 지역은 온통 밭갈이가 되어 있었다. 그런데 우리가 있었던 곳 근처에 석회질의 사막 한가운데에 녹색으로 뒤덮인 하나의 작은 섬이 눈에 띄었다. 나는 그쪽으로 걸어갔다. 그것은 독일병사들의 묘지였다. 크게 자란 풀 속, 땅 위에 납작이 누워 있는 무덤들. 그리고 젊은 병사들의 시체 위에는 귀리와 들꽃이 가득한가 하면 나비들도 날아들고 있었다.

지극히 평범한 광경. 그러나 오늘 그 추억은 그때와는 다른 감동을 주었다. 저녁 내내 맹목적인 자연의 섭리에 관해 생각했다……. 그러나 그런 나의 심정을 구체적으로 어떻게 나타내야 좋을지 모르겠다.

9월 20일

생미엘 전선에서의 성공. 힌덴부르크선을 앞에 두고 성공. 이탈리아에서의 성공. 마케도니아에서의 성공. 도처에서 성공을 거두고 있다. 그러나……

그러나 얼마나 많은 희생의 대가일까?

더구나 그것만이 아니다. 아군의 전력이 압도적으로 우세하다는 사실을 안 이후부터 연합국 측 언론의 변화된 논조를 볼 때 어떻게 걱정하지 않을 수 있겠는가? 발퍼($^{당시의}_{영국 수상}$), 클레망소($^{프랑스}_{수상}$), 그리고 랜싱($^{미국}_{국무장관}$)은 얼마나 강경하게 오스트리아의 제의를 일축해 버렸던가? 그리고 벨기에로 하여금 독일의 제의를 거부하게 했을 것이 틀림없는 일이다!

과랑의 방문. 그렇다. 나는 종전이 오기까지는 아직도 멀었다고 생각한다. 독일 공화국을 창설하고, 찰흙으로 된 거인인 러시아를 단단한 초석 위에 올려놓기 위해서는 앞으로 몇 달, 아니 몇 년이 필요하다. 따라서 우리의 승리가 확실해질수록 영속적인 평화가 보장될 수 있는 유일한 수단인 화해에 의한 평화를 받아들이기 어렵다.

과랑과 '진보'에 관해 격렬한 공론(空論). 그는 이렇게 되묻는다, '그렇다면 자네는 진보라는 것을 믿지 않는다는 말인가?'

물론 그것을 믿고 있다. 그러나 그게 무슨 소용인가! 앞으로 '수천 년'이라는 세월이 지나면 모를까. 그 전에는 인간에게서 바랄 것은 아무것도 없다……

21일

아래층에 내려가서 점심식사를 하다.

뤼뱅, 파벨, 레몽 모두가 서로 의견은 달리하고 있지만 한결같이 과격파임에는 틀림없다(부아즈네는 소령에 관해 이렇게 말하고 있다. '저런 인간이 두뇌를 갖고 태어났다는 것은 믿기 어려워. 그자에게 단지 척수밖에 없다고 말하더라도 나는 조금도 놀라지 않을 걸세').

장 폴을 위해서,

진리라는 것은 일시적인 것에 불과하다.

(나는 지금도 기억하고 있다. 살균제로 모든 것을 해결했다고 믿던 시기가 있었다. '세균을 죽인다.' 그런데 그와 함께 인간의 세포까지도 빈번히 죽

이게 된다는 것을 알게 되었다)

모색해라. 그리고 서둘지 말고 어떤 것에도 확정적으로 단정을 내려서는 안 된다. 어떤 길이라도 끝까지 달려가다 보면 막다른 곳에 이르게 마련이다 (의학에도 그런 예가 많다. 똑같은 재능과 똑같은 총명함을 갖고, 진리에 대해서도 똑같은 열의로 불타면서, 그리고 똑같은 현상을 연구하고 똑같은 임상 관찰을 하고 있으면서도 아주 다른, 때로는 정반대의 결론에 도달한 사람들을 나는 알고 있다).

확신하기를 좋아하는 버릇은 젊어서부터 고쳐야 한다.

22일

양쪽 옆구리의 통증이 어찌나 견디기 힘든지 어디든지 가서 자리잡으면 더 이상 몸을 움직일 용기가 나질 않는다. 바르도는 아테네진 연고가 썩 잘 듣는다고 말했다. 그런데 전혀 효과가 없다.

9월 23일

그들은 이제 어디에다 소작(燒灼)을 해야 할지 모르고 있다. 나의 상반신은 거품 떠내는 조리 같다.

25일

어제부터 다시 열이 큰 폭으로 오르내린다.

그렇지만 아래로 내려가 보려고 했다. 그러나 층계참에 이르자 현기증이 나서 하는 수 없이 되돌아와 침대에 누웠다.

이 방, 장밋빛이 도는 이 벽……. 아무것도 보고 싶지 않아서 눈을 감는다.

나는 전쟁 전의 일, 그 무렵의 나의 생활, 나의 젊은 날을 생각한다. 나의 진정한 힘의 원천은 '미래에 대한' 은밀하면서 변함없는 '자신감'이었다. 자신감이라기보다는 확신이라는 편이 낫겠다. 그런데 그처럼 찬란했던 나의 지난날이었건만 지금은 암흑. 바로 이것이 줄곧 나를 괴롭히고 있다.

구토증. 세 차례에 걸쳐 환자가 도착했으므로 바르도는 아래층을 비울 수 없었다. 그래서 오늘 오후에는 마제가 두 번이나 올라왔다. 무뚝뚝한 그의 태도, 늙은 식민지 부대 병사 같은 그의 낯짝이 이제 더 이상 참을 수 없다. 언제나 그렇듯이 땀 냄새가 코를 찔렀다. 토할 것만 같았다.

9월 26일, 목요일
괴로운 밤. 청진해 본 결과 또다른 소염발음의 자리가 생겼다는 것이다.

저녁
주사를 맞고 나서 좀 편안해졌다. 이것도 언제까지 이어질 것인지?
과랑이 잠시 다녀갔다. 그로 인해 몹시 피곤하다. 미군의 대공세. 독일군은 도처에서 후퇴하고 있다. 발칸전선에서도 연합군의 승전. 불가리아가 휴전을 제의하고 있다. 과랑이 말하기를 '불가리아와의 화평은 곧 종전을 뜻하는 것이다. 즉 임신한 여인에게서 양수가 나오는 때와 같은 것이니까……'
독일에서는 드디어 내분이 시작되었다. 사회당원들은 그들의 입각에 앞서 분명한 조건들을 내설었다. 온 국민의 불만이 수상이 한 연설에서도 다분히 풍겨 나오고 있다.
정말로 멋지다. 사태가 너무 급진전하니까 겁이 날 정도다. 터키는 괴멸되었다. 불가리아와 오스트리아는 항복 직전. 도처에서 승전보. 평화는 깊은 구렁처럼 활짝 열려 있다. 현기증이 난다. 유럽은 과연 '진정한' 평화를 누릴 수 있을 만큼 성숙해 있는 것인가?
그라스의 그랑호텔에서는 성탄절까지는 전쟁이 끝날 것이라고 하면서 한 미국인이 1루이($\frac{20}{프랑}$)에 대하여 1천 달러를 걸었다고 한다.
성탄절을 지낼 수 있는 자는 행복하다.

27일
더욱 쇠약해졌다. 호흡곤란. 지난 월요일부터 목소리가 전혀 나오지 않는다. 바르도가 세그르 교수를 모시고 왔다. 오랜 진찰. 평소보다 덜 무뚝뚝하다. 걱정스러운 것인가?

저녁

가래 분석. 폐렴 구균. 무엇보다도 특수 혈청인데도 점점 더 늘어나는 연쇄상 구균. 중독 전염병의 증상이 나타남.

내일 아침 엑스선 검사.

28일

전반적인 감염 증상이 뚜렷하다. 바르도와 마제는 하루에 몇 차례씩 올라온다. 바르도의 말로는 엑스선 검사에 이어 시험적으로 천자법(穿刺法)을 하자는 것이다.

그는 무엇을 두려워하는 것일까? 세포 조직 안의 종기?

10월 6일

한 주일이 지났다.

무엇을 쓰기에는 아직 몸이 너무 쇠약하다. 무기력한 상태. 비망록을 보게 되어 기쁠 따름이다. 게다가 이 방도. 그리고 '미국 아가씨'들도.

다시 한 번 곤경에서 벗어나는 것인가?

10월 7일

한 주일 동안 비망록에 손도 대지 못했다. 기력이 다시 돌아왔다. 체온은 드디어 내려갔다. 아침에는 정상, 저녁에는 37도 9부에서 38도.

모두 이미 끝난 줄로 믿고 있었다. 그런데 그렇지가 않았다.

30일 월요일에 그라스 요양소로 옮겨졌다. 그날 오후, 미셀의 집도로 수술을 받았다. 세그르 교수와 바르도도 입회했다. 오른쪽 폐에 큰 종기. 다행히 번지지는 않았다. 수술 뒤 닷새 만에 르 무스키에로 돌아올 수 있었다.

천자법을 받은 뒤, 29일에 어째서 나는 자살을 하지 않았던가? '생각조차 하지 않았던 것이다.'(분명한 사실이다!)

10월 8일, 화요일

한결 나아진 느낌이다. 죽을 고비를 넘기게 해 준 것을 유감스럽게 생각할 수밖에 없는 나의 심정. 아니다. 그래서는 안 된다. 좀 비열한 느낌이 들지만 즐거운 마음으로 이 새로운 막간을 받아들이자……

그동안 신문을 읽지 못했으므로 주변 상황을 이해하는 데 어려움이 있다. 독일 내각의 사퇴를 나는 까맣게 모르고 있었다. 틀림없이 독일에서는 중대 사태가 벌어지고 있는 것 같다. 스위스 신문에 의하면 평화협상을 위해 막스 핀 바덴이 수상으로 임명되었다.

10월 9일

자랑할 만한 거리가 못 된다. 자살하고 싶다는 생각은 꿈에도 한 적이 없었다. 이 방으로 돌아올 때까지 잊고 있었다. 종양 진단에서부터 수술할 때까지 줄곧 나의 머릿속을 떠나지 않고 있던 것은 단 한 가지. 수술이 될 수 있는 대로 빨리 끝났으면 하는 것밖에 없었다. 더구나 그 수술이 성공적이기를 바라고 있었다는 것.

더욱 창피한 것은 그라스에 머무르는 동안 용연향 목걸이를 여기에 두고 간 것을 못내 아쉬워했다는 사실이다. 게다가 더욱 한심스러운 것은 여기에 돌아오는 즉시 바르도에게 부탁하여…… 그 목걸이를 나의 관 속에 넣어 주겠다는 약속을 받아 내기로 결심까지 했다는 사실이다!

그렇게 할지 어떨지는 모르겠다. 다만 죽어가는 자의 어린애 같은 생각. 그러한 유혹에 내가 굴복하더라도, 애야, 너무 성급하게 나를 판단해서는 안 된다. 앙투안 삼촌을 업신여겨서도 안 되고. 그 목걸이에 얽힌 추억으로 말할 것 같으면 나에게는 어떤 사건과 깊은 연관이 있단다. 그런데 그 사건이야말로 내가 걸어온 하찮은 삶 중에서 그래도 가장 흐뭇하게 여기는 것이다.

10일

미셸의 왕진.

10월 11일, 금요일

어제 있은 미셸의 왕진으로 인해 지쳤다. 하나도 빠짐없이 모두 나에게 설명해 주었다. 저항력이 매우 강한 섬유질의 기둥 같은 것에 의해 칸이 쳐져 있고, 분명히 고름이 고여 있는 커다란 종양. 짙고 끈끈한 고름. 폐는 극도의 수종성 출혈 상태에 있다고 솔직히 말해 주었다. 세균분석 결과는 연쇄상

구균의 배양.

미셸은 이 증상에 흥미를 갖고 있다. 별로 흔한 예는 아니다. 1년 동안 이곳에서 79명의 이페리트 환자가 치료를 받았는데, 그 중에서 '단순' 농양 환자는 7명뿐. 내가 그 중 한 사람이다. 네 사람은 수술이 성공했다. 나머지 셋은……

다행히 '다발' 농양의 경우는 드물다. 수술을 할 수 없다. 79명의 독가스 환자 중 겨우 세 명만이 수술을 받았다. 그런데 세 명 모두가 사망했다.

나는 운이 좋았다(나도 모르게 쓴 말. 깊이 생각할 여유가 있었더라면 절대로 이런 말은 쓰지 않았을 텐데. 어쨌든 쓴 이상 지우지는 않겠다. 고통의 연장을 '운이 나빠서'라고 말하지 못하는 것은 아직도 삶에 대한 애착을 떨쳐버리지 못하고 있기 때문인지도 모른다……).

10월 12일

어제 오후부터 다시 일어나기 시작했다. 살이 더 빠졌다. 9월 20일 이후 2킬로 400그램이 줄었다.

심장은 계속 약해진다. 디지탈린과 드로세린을 하루에 두 번. 끊임없이 흐르는 땀. 불쾌감, 쇠약, 마른 기침, 호흡곤란—이런 증세가 동시에 있다. 그리고 나에게 안부를 물을 때면 며칠 전부터는 그냥 '그럭저럭……'이라고 대답한다.

13일

스위스 신문에는 독일 새 내각이 협상을 시작하기에 앞서 윌슨을 상대로 간접적인 협상을 시도하고 있다는 그럴듯한 내용의 기사가 실려 있다. 즉각적인 휴전 제의가 공공연하게 밝혀지고 있다. 그럴듯한 내용이라고 한 이유는 독일 수상이 의회에서 최근에 한 연설처럼 솔직한 평화 제의이기 때문이다. 어제까지만 해도 그렇게 오만하던 독일이!

연합국 측이 자제하면 좋겠는데! 그리고 승리를 구가하고 싶은 욕망에 사로잡히지 말았으면……. 그러나 이미 곳곳에서 경마 기수의 오만 같은 것이 엿보이고 있다. 내가 보기에 뤼멜 자신도 봄에 최악의 경우가 있으리라는 사실을 잊어버렸음이 틀림없다. 아마도 오늘날 그 친구보다 더 강경한 승리론

자도 없을 것이다!

불쾌한 것은 프랑스 신문에서 끊임없이 되풀이하고 있는 '기쁨'이라는 말이다. '해방'이라고는 할 수 있으나 '기쁨'은 절대로 아니다! 지금 유럽을 짓누르고 있는 갖가지 커다란 고통, 그것을 어쩌면 그렇게도 빨리 잊을 수 있단 말인가? 전쟁이 끝나더라도 그 고통은 사라지지 않고 계속 이어질 것이다.

10월 14일, 밤

불면증이 다시 시작되다. 염증이 생기기 시작했을 때에는 그래도 꾸벅꾸벅 졸 수 있었는데, 나도 모르게 그때가 그리워진다. 텅 빈 머리. 쇠약함. '망령'에 쫓기고 있다. '매우' 고통스러워하고 있다는 것을 또렷이 의식하고 있다.

나는 이 비망록에다 나 자신의 모습을 기록해 두고자 했다. 장 폴을 위해서. 그런데 비망록을 쓰기 시작했을 때에는 이미 주의력이라든가 일관성이라든가 열성 따위를 찾아볼 수 없었다. 이것 또한 실현하지 못한 하나의 꿈이다.

도대체 무슨 상관이 있단 말인가? 될 대로 되라는 식의 마음가짐뿐인 데다가 기름 얼룩처럼 번지기까지 하고 있다.

15일

전면 공세. 도처에서 승전. 모든 전선에서 공세를 취하고 있다. 평화가 사람들 입에 오르내리기 시작한 이래 연합군 사령부는 빨리 먹어치운 음식물의 찌꺼기를 가지고 맛을 보고 있는 듯한 느낌을 준다. 마지막 '몰이 사냥'……

오늘은 기분이 좀 나아진 편이다. 펜을 들 마음이 생긴다.

부아즈네의 방문. 부처님 같은 그의 모습. 넓적한 얼굴. 깊지 않은 눈구멍, 사이가 많이 벌어진 두 눈, 꽃잎이 두터운 꽃들(목련꽃이나 동백꽃)처럼 곡선을 그리고 있는 두꺼운 눈꺼풀. 큰 입, 움직임이 느린 두꺼운 입술. 얼굴에는 총기가 넘치고 있어 바라보고 있노라면 마음이 가라앉는다. 지극히 동양적이면서 어떤 운명론자와 같은 차분함.

사령부 안에 감도는 정신상태에 관해 최근의 정보를 입수했다고 한다. 우려할 만한 상황. '예비군'을 얼마든지 동원할 수 있는 미군에 의존하는 길도 있다고 믿기 시작한 뒤부터는 병력 손실 따위는 아랑곳하지 않는다는 것이다. 그리고 평화를 반대하는 음험한 움직임. 어떠한 휴전도 반대하며, 독일 국경 내로 쳐들어가 베를린에서 평화조약을 맺는다는 등……. 부아즈네는 이렇게 말한다. "그들은 '전쟁 종식' 따위는 안중에도 없고 오로지 '승리'만을 생각하고 있어." 게다가 윌슨에 대한 적개심을 점점 더 노골적으로 드러내고 있다. 그러면서 '14개의 항'(제1차 세계대전 종결 및 평화회의 기초에 관해 윌슨이 제시한 사항) 같은 것은 윌슨 개인의 의견에 지나지 않으며, 연합국 측에서는 그것을 '공식적'으로 승인한 적이 전혀 없다는 것 등. 부아즈네가 지적하는 바로는 7월 이래, 즉 최초의 군사적 승리를 거두기 시작한 이래 언론(검열을 거친 것)은 '국제연맹'에 관해 이따금 언급한 일은 있어도 '유럽 합중국'에 관해서는 한 마디 말도 없었다는 것이다.

저녁

부아즈네가 〈위마니테〉지를 몇 장 두고 갔다. 윌슨의 메시지를 읽은 뒤로 우리 사회주의자들이 더할 나위 없이 초라하게 여겨진다는 사실에 나 자신도 놀랐다. 편협하고 당파색에 젖은 무리들. 그런 무리들, 그런 인간들에게서는 도저히 큰 일을 바랄 수 없다. 유럽의 사회주의 정치가들이란 구시대의 잔해와 함께 정리해야 할 무리들. 그리고 쓰레기와 함께 쓸어버려야 할 것들.

사회주의. 민주주의. 역시 필립 박사의 말이 옳지 않았나 하는 생각이 든다. 그리고 승자가 된 각국 정부가 4년 전부터 익혀온 독재의 관습을 과연 포기할지가 의심스럽다. 클레망소가 이끄는(공화정체제의) 제국주의는 그 기반을 내놓기 전에 맞설지도 모른다! 앞으로 참된 사회주의의 중심은 우선 패전국인 독일에 세워질 것이 틀림없다. 그 이유는 패전국이기 때문이다.

16일

지난 한 주일 동안은 약간의 차도를 보였다.

과랑이 나를 위해 27일자 메시지의 본문을 얻어 왔다. 지난번 것에 비해 새로운 것이 아무것도 없지만 평화의 목적만은 더 명확히 정의하고 있다. '이 전쟁은 새로운 질서를 준비한다 등.' 모든 국민의 전체적인 결속, 그것만이 집단 안보의 보장. 이런 말의 효과가 '시한부 삶'을 살고 있는 나에게 이 정도로 들리는데, 하물며 수백만의 전투요원과 그들의 아내, 어머니들의 느낌은 어떠할지 짐작이 가고도 남는다! 이와 같은 희망을 헛되이 끝나게 해서는 안 된다! 연합국의 지도사들이 윌슨의 원칙을 진지하게 지지하든 안 하든 그런 것은 지금에 와선 별로 문제가 되지 않는다. 사태가 여기까지 와 있는 데다가 하나로 뭉치려는 힘이 매우 강하므로 때가 되면 유럽의 어떤 정치인도 모두가 기다리는 평화를 외면하지는 못할 것이다.

나는 장 폴을 생각하고 있다. 애야, 너를 생각하고 있단 말이다. 한없는 안도감. 바야흐로 새로운 세계가 도래할 것이다. 너는 그런 세계가 확고히 자리 잡는 날을 보게 될 것이다. 너도 거기에 협력해야 한다. 그리고 '남 못지않게' 협력하기 위해서는 언제나 강해야 한다!

17일, 목요일

독일의 첫 번째 제의에 대한 윌슨의 청천벽력 같은 회답. 모든 협상에 앞서 제국의 와해, 군벌 제거, 정체(政體)의 민주화를 분명히 요구하고 있다. 물론 경우에 따라서는 평화가 늦춰지는 것도 각오하고 있다. 그럴 수밖에 없는 강경한 태도도 주된 목적을 잊어서는 안 된다. 이 마당에 시기상조의 휴전이라든가 카이저의 항복 같은 것은 문제가 되지 않는다. 중요한 것은 '전면적인 무장해제와 유럽의 연합'이다. 이것은 제정독일, 오스트리아가 이 땅에서 사라지지 않는 한 실현 불가능하다.

과랑은 실망하고 있다. 나는 과랑과 그 밖의 다른 사람들 앞에서 이렇게 윌슨을 옹호했다. 윌슨이야말로 노련한 전문의와 같아서 병의 원인이 어디에 있는지를 알고 있으며, 붕대를 감아 주기에 앞서 종기를 떼 내어 주는 인물인 것이다.

종기에 관한 한 대가로 자처하는 바르도의 설명에 의하면 이페리트 가스는 종기의 원인에 지나지 않는다는 것이다. 사실 종기는 제2기 증후로서, 이것은 독가스 때문에 야기된 충혈성 상해를 '틈타' 선세포 조직을 침해하는 세포가 그 원인이라는 것이다.

10월 18일

오늘은 힘겹게 피로를 극복했다. 신문 말고는 아무것도 읽을 수 없다.

우리의 '승리'에 관해 언급하고 있는 연합국 측 신문의 논조! 나폴레옹의 영웅적 무훈을 노래한 위고(19세기 프랑스의 대시인, 빅토르 위고)를 방불케 한다……. 이번 전쟁에는 (그 어떤 전쟁도 마찬가지이지만) 영웅적 서사시 같은 것은 있을 수 없다. 잔인하고 절망적일 뿐이다. 마치 악몽처럼 고뇌의 땀 속에서 끝나가고 있다. 많은 영웅적 행위를 낳게 했을지는 몰라도 그런 것은 공포 속에 파묻혀 있다. 그런 영웅적 행위는 참호의 밑바닥에서, 그리고 진흙탕과 유혈 속에서 이루어졌던 것이다. 필사의 용기와 함께. 전쟁에 대해 혐오감을 느끼지만 끝까지 밀고 가야 한다는 정신과 함께. 결국 이 전쟁은 끔찍한 추억만을 남길 것이다. 아무리 나팔을 불어대고, 국기에 경례를 해도 이런 사실에 변화는 없다.

21일

괴로운 이틀 간. 어제 저녁에 고메놀을 기관 내에 주입. 그러나 후두의 침윤과 지각과민 때문에 조작이 꽤 어려웠다. 세 사람이 합세해서야 겨우 성공할 수 있었다. 가련한 바르도는 구슬 같은 땀을 흘리고 있었다. 3시간을 푹자고 나니까 오늘은 한결 몸이 가벼워진 느낌.

수요일(10월 23일)

디지탈린의 분량을 늘렸으므로 효과가 좀더 있을 것 같다.

전혀 목소리가 나오지 않을 때에는 다른 문제지만 이전에 비해 말을 많이 더듬거린다는 것을 알게 되었다. 전에는 드문 일이었고, 있더라도 그것은 언제나 큰 걱정거리가 있다는 표시였다. 그런데 지금의 경우는 체력의 쇠함을 뜻하는 징후 이외에는 아무것도 아닌 것 같다.

신문. 벨기에군은 오스탕드와 브뤼지. 영국군은 릴르, 두에, 루베, 투르코엥에. 무적의 진격. 그런가 하면 독일과 미국 간의 각서 교환은 지지부진한 상태. 그렇지만 윌슨은 선결 조건으로 제정을 개혁하고, 보통 선거를 실시한다는 약속을 받은 것 같다. 이것만으로도 큰 성과를 거둔 셈이다. 그러고 나서 카이저를 퇴위시키는 것이다. 이것은 내일 이루어질 것인가 아니면 6개월 후에 이루어질 것인가? 언론에서는 독일 국내의 소요를 끈질기게 보도하고 있다. 그러나 헛된 희망을 품는 것은 금물이다. 독일에서 혁명이 일어난다면 사태를 급진전시킬 수도 있지만, 다른 한편으로는 복잡하게 만들 수도 있기 때문이다. 이런 까닭에 윌슨은 매우 굳건한 정부가 아닐 경우에는 협상에 응하지 않을 속셈인 것 같다.

10월 24일

그렇다. 나는 환자들에게서 흔히 볼 수 있는 무지라든가, 어처구니없는 환상 같은 것은 부러워하지 않는다. 죽음을 눈앞에 두고 있는 의사의 명철한 의식에 관해 얼토당토 않은 이야기가 전해지고 있다. 그런데 나의 경우는 오히려 그런 명철한 의식이야말로 스스로를 지탱해 가는 데에 도움이 되고 있는 것으로 안다. 뿐만 아니라 최후를 맞을 때까지도 도움이 될 것이 틀림없다. 안다는 것은 결코 슬퍼해야 할 만한 일은 아니다. 그것은 하나의 힘이다. 나는 알고 있다. 내 병이 어떻게 되어가는지를. 내 눈으로 보고 있는 듯하다. 심지어는 '흥미를 끌기까지' 한다. 이와 같은 호기심이 나에게 하나의 뒷받침이 되고 있는지도 모른다.

이 모든 것을 좀더 철저히 분석하여 필립 박사에게 써 보냈으면 싶다.

24일부터 25일에 이르는 밤

그런 대로 견딜 만했던 하루(이제는 내 주장만을 멋대로 내세울 수 없다).
'망령'과 싸우기 위한 일기.

새벽 3시. 한 인간의 죽음이 모든 것을 망각 속으로 실어 간다는 생각에 사로잡힌 채 한동안 잠을 이루지 못하고 있었다. 처음에는 그런 생각이 옳다고 여기면서 절망적으로 거기에만 몰두해 있었다. 그래서는 안 된다. 결코 옳은 생각이 아니었다. 죽음으로 인해 허무로 돌아가는 것은 적은 것, 아주 적은 것에 지나지 않는다.

나는 차분히 지난날의 갖가지 일들을 더듬어 보았다. 내가 저지른 잘못들, 은밀한 애정 편력, 약간 쑥스러운 일 등. 한 가지가 떠오를 때마다 나 자신에게 이렇게 물어보곤 했다. '과연 그런 것은 나의 죽음과 함께 완전히 없어져 버리는 것일까? 나 이외의 어느 누구에게도 추호의 흔적을 남기지 않을 수 있을까?' 거의 한 시간 동안이나 과거를 돌아보며 내가 한 행위 중에서 나의 의식을 떠나 다른 곳에 그 흔적을 전혀 남기지 않는다고 장담할 수 있을까, 그리고 더 이상 확장되지 않고, 정신적으로도 물질적으로도 아무런 결과를 남기지 않을 뿐만 아니라, 내가 죽은 뒤에도 다른 사람이 그것을 기억해 낼지도 모를 씨앗을 전혀 남기지 않았다고 장담할 수 있을까 자문하면서 무엇인가 좀 유별났던 행위를 되새겨 보는 데에 열중했다. 내가 죽은 뒤에 다른 사람의 기억 속에서 싹틀 만한 것이 전혀 없는 어떤 특별한 것이 있지나 않을까 하고 무진 애를 쓰며 찾아보았다. 그런데 추억을 하나하나 더듬어 볼 때마다 결국 떠오르는 것은, 누군가가 그것을 목격했을지도 모른다는 것, 또한 누군가가 그것을 알았거나 그렇지 않으면 적어도 그것을 눈치채고 있었을 것이 틀림없다고 여겨지는 것—그리고 그 사람은 지금 여전히 살아 있어서 내가 죽은 뒤에도 언젠가는 문득 그것을 생각해 내리라는 사실이었다……. 나는 누운 채 엎치락뒤치락하며 뭐라고 설명할 수 없는 회한과 굴욕감에 시달렸다. 그러면서 만약 무엇인가를 찾아내지 못한다면 나의 죽음은 한낱 하찮은 것에 지나지 않는다는 생각, 무(無)로 되돌아가지만 그래도 나 혼자만이 가지고 있는 무엇인가를 '갖고 간다'는 자부심으로 스스로를 달랠 수 있는 처지도 못 되는 것이 아닌가 하는 생각에 줄곧 젖어 있었다.

그러다 갑자기 나는 찾아냈다! 라에넥 병원에서 만난 알제리 여인과의 일.

이것만은 분명히 나만이 갖고 있는 추억이라고 확신할 수 있다! 이것만은 내가 숨을 거두는 순간부터 모든 것이, 모든 것이 철저하게 끝나 버리는 것이다!

새벽녘. 너무 피곤해서 잠을 이룰 수가 없다. 잠시 눈을 붙였는가 했더니 기침 때문에 금세 눈을 떴다.

밤새도록 그놈의 추억의 망령과 싸웠다. 그 괴로운 추억을 허무로 돌리지 않기 위해 여기에다 써 두었으면 하는 유혹과—그와는 반대로 나 혼자만이 그 비밀을 간직하고 싶으므로 그것만은 나의 죽음과 함께 끌고 가야 한다는 이기심 사이에서 갈등을 느끼고 있었다.

그렇다. 아무것도 쓰지 말자.

10월 25일, 정오

몸이 쇠약해졌기 때문일까? 강박관념 때문일까? 아니면 정신착란의 시초인가? 어제 저녁부터 나의 죽음은 그 '비밀'과 계속 관련이 있는 것처럼 여겨진다. 줄곧 떠오르는 것은 나 자신의 문제라든가 곧 다가올 죽음에 관한 것이 아니고, 라에넥 병원에서의 추억과 연관된 일이다(조제프가 와서 평화에 관해 말했다. "군의관님, 우리도 곧 제대하게 되겠군요." 그의 말에 나는 이렇게 대답했다. "나는 곧 죽을 거야, 조제프." 그러나 나의 속마음은 이러했다. '얼마 안 있어 알제리 여인과의 추억도 깨끗이 끝난다.').

그러자 문득 나의 운명을 마음대로 할 수 있을 것 같은 느낌이 들었다. 그렇게 함으로써 내가 죽음을 지배하게 되었다. 왜냐하면 그 '비밀'이 허무의 세계로 함께 인도될 것인가 아닌가 하는 문제는 오로지 나에게 달려 있기 때문이다. 즉 상대가 누구이든 글로 써서 은밀하게 전하기만 하면 되는 것이니까.

오후

참으려고 했는데 결국 과랑에게 말하고 말았다. 물론 구체적인 것은 한 마디도 하지 않았다. 알제리 여인에 관해서는 말할 것도 없고, 라에넥 병원의 이름조차도 말하지 않았다. 마치 말 못할 비밀을 간직하고 있는 아이들이 만나는 사람마다 '나는 알고 있어, 하지만 가르쳐 주지는 않겠어'라고 말하듯. 과랑은 뭔가 어색해 하면서 당황한 기색을 띠고 나를 바라보았다. 그는 분명히 내가 미쳤다고 생각하는 듯했다. 틀림없이 이것이 마지막이 될 테지만 나는 이루 말할 수 없이 자만심에서 오는 만족감을 맛보았다.

저녁

신문들을 뒤적거리면서 머리를 식혔다. 독일에서도 군벌들이 평화 협상을 깨뜨리려고 한다. 루덴돌프(^{제1차 세계대전 당시의 독일
참모총장, 유명한 작전가})는 수상이 미국과 협상하려고 했다 해서 그를 배반자라고 공공연하게 비난하면서 그에 맞서는 반대운동에 앞장섰던 것 같다. 그러나 평화를 지향하는 움직임이 더 강했다. 그래서 루덴돌프는 마침내 사령관직을 사임하게 되었다. 좋은 징조.

과랑의 방문. 발퍼가 우려할 만한 연설을 했다는 것이다. 영국인의 식욕이 눈을 뜨기 시작한 것이다. 독일의 식민지를 합병하려는 심산이다. 과랑의 말에 의하면 작년까지만 해도 로버트 세실 경이 영국 상원에서 '우리는 정복자로서의 제국주의 의도는 전혀 없이 이 전쟁에 참가했다'고 단언했다고 한다 (뒷간에 갈 적 마음 다르고 올 적 마음 다른 법이니까……).

다행히 윌슨이 버티고 있다. 민족 자결권. 전승국들이 식민지의 흑인들을 가축처럼 나누어 갖는 일만은 못하게 할 것이다!

과랑과 식민지의 문제. 만약 연합국이 독일 식민지를 나누고자 하는 유혹에 굴복하고 만다면 그것이야말로 용서받지 못할 과오를 저지르는 꼴이 된다고 과랑은 매우 지혜롭게 설명해 주었다. 모든 식민지 문제를 전면적으로 검토하기 위한 유일한 기회가 주어진 것이다. 국제연맹의 감독 밑에 세계의 자원을 폭넓게 공동으로 이용할 수 있는 길을 모색해야 한다. 이것만이 평화를 보장하는 길이다!

26일

통증이 갑작스레 악화. 하루종일 호흡곤란.

27일

호흡곤란은 드디어 다른 특징들을 나타내기 시작했다. 끔찍한 고통. 후두가 쥐어짜는 듯 뒤틀린다. 호흡곤란에 수축까지 가세한 것이다. 비망록에다 병의 진행 상황을 기록하는 데 거의 한 시간이 걸렸다. (앞으로 매일 메모를 하는 일이 오래 지속될 수 있을지가 의문이다)

28일

지금 막 신문을 가지고 올라온 것은 어린 마리우스였다. 비참한 심정(윤기 있는 얼굴, 밝은 두 눈, 그 젊음…… 자기 건강에 대한 놀라울 정도의 무관심!). 앞으로는 노인이나 환자 이외에는 만나고 싶지 않다. 사형수가 자유롭고 건강한 간수를 더 이상 보기가 역겨워 그에게 달려들어 교살하는 심정을 이해할 만하다…….

10월 29일

죽음과 마주하고 있는 지금 나의 처지에서, 하다못해 작가들이 그들의 작품 속에서 지대한 사랑이라고 말하는 추억이라도 갖고 있다면 아쉬움이 덜할까?

라셀을 또 생각해 본다. 자주 그러나 이기적으로 그리고 환자로서. 라셀이 내 곁에 있어서 그녀의 품에 안겨 죽는다면 얼마나 좋을까 하는 생각이 든다.

파리에서 그 목걸이를 찾아냈을 때 느낀 그 감동! 그녀를 그리워하던 그 열정! 이미 끝난 일이다.

나는 과연 라셸을 '사랑했던가?' 어쨌든 그녀말고는 아무도 사랑해 본 적이 없다. 그토록 사랑한 여자도, 그 이상 사랑한 여자도. 그런데 작가들이 한결같이 '사랑'이라고 하는 것이 바로 그런 것인가?

저녁

이틀 전부터 디지탈린도 전혀 듣지 않는다. 바르도가 곧 와서 컴플을 주사해 줄 것이다.

30일

여러 사람의 방문.

불안해 하는 그들을 바라보았다. 앞으로 그들의 인생 행로는 어떠할까? 그래도 내가 그들보다는 더 특혜를 받은 사람일지도 모른다.

피곤하다. 나 자신에 지쳐 있다. 지쳐 있다. 이제는 어서 끝장이 났으면 싶을 정도다!

모두가 나를 징그럽게 여기고 있다는 사실을 나는 잘 알고 있다.

지난 며칠 사이에 확실히 나의 몰골은 아주 달라졌다. 빠른 속도로 진행되고 있다. 숨차하는 사람의 얼굴, 즉 호흡곤란으로 고통스러워하는 사람의 모습을 하고 있는 것이 틀림없다……. 보기에 그보다 더 끔찍한 일은 없다는 것을 나는 알고 있다.

10월 31일

근처의 부속 신부가 나를 만나고 싶다는 것이다. 이미 토요일에도 왔었다. 그런데 몸이 너무 괴로워서 사절했었다. 오늘은 올라오게 했다. 덕분에 너무나 지쳤다. "기독교인이었던 당신의 어린시절 등……" 하며 시작하려는 그에게 나는 이렇게 말했다. "천성적으로 이해의 필요성을 느끼면서도 믿을 수 없다고 한다면 그것은 나의 잘못이 아닙니다." 그는 '좋은 책'을 나에게 가져다주겠노라고 말했다. 그래서 나는 이렇게 말했다. "어째서 교회는 전쟁에 반대하는 데 망설이고 있는 것입니까? 프랑스의 주교들과 독일의 주교들은 군기(軍氣)를 축복하고 테데움(감사의노래)을 노래하면서 주님께 학살을 감사하고 있는 것이 아닙니까? ……." 그러자 그는 이런 어처구니없는(관료주의적인) 대답을 했다. "살인을 해서는 안 된다는 것이 기독교의 금기이지만 그것이 '정당한' 전쟁일 경우에는 예외인 것입니다."

지극히 우호적인 분위기에서의 대담. 나를 어떻게 설득해야 할지 모르고 있는 것 같았다. 그는 돌아가면서 이렇게 말했다. "자, 자, 당신 같이 훌륭한 사람이 개처럼 죽어서야 안 되지요." 나는 이렇게 되물었다. "그런데 신앙을 갖고 있지 않은 나는 어쩔 도리가 없지 않겠습니까—개처럼?" 출입문에 가 있던 그는 나를 호기심에 찬 눈으로 바라보았다(엄격함과 놀라움과 슬픔이 뒤섞인 표정으로 그리고 또한 애정의 눈길도 깃들여 있었다). '형제여, 어째서 스스로를 비방하시나요?'

두 번 다시 오지 않으리라는 것을 나는 알고 있다.

저녁

누구에게 틀림없이 기쁨을 안겨 준다면 '하는 수 없이' 동의하겠다. 그러나 도대체 누구를 위해 기독교적인 죽음을 받아들여야 한단 말인가?

오스트리아가 이탈리아에 휴전을 제의했다. 과랑이 찾아왔다. 헝가리는 독립과 동시에 공화국을 선포했다.

마침내 평화가 오는 것인가?

1918년 11월 1일, 아침

내 죽음의 달.

'희망'을 잃은 것은 갈증으로 인한 고통보다 더 괴롭다.

그렇기는 해도 나의 몸 속에서는 아직도 생명이 고동치고 있다. 게다가 힘차게…… 이따금 '나는 나 자신을 잊는다.' 잠시 옛날의 나로 되돌아가 다른 사람들과 같은 입장이 되어 뭔가 계획까지도 세워 보곤 한다. 그러다가 돌연 얼음 같은 숨결. 다시금 나는 '알게 된다.'

나쁜 징조. 마제의 발길이 뜸해졌다. 올라오기만 하면 이런저런 이야기를 나에게 모두 해 주는데, 나의 문제에 관해서는 별로 말을 꺼내지 않는다.

형무소의 간수와도 같이 네모진 얼굴의 마제를 앞으로 그리워할 때가 올까?

저녁

문지방을 넘기만 하면 여전히 생동하는 세계가 펼쳐지고 있는데……. 나는 진작부터 혹독한 고독의 수렁에서 헤어나지 못하고 있으니, 살아 있는 자는 아무도 이런 나의 심정을 이해할 수 없으리라.

11월 2일

이제는 움직일 수도 없다. 사흘째 침대에서 안락의자까지의 2미터 반도 움직여 보지 못했다.

이제는 끝장이다. 이제는 창가에 가서 앉을 수도 없단 말인가? 어느 창가에도? 저녁 하늘에는 사이프러스나무의 쓸쓸한 모습……. 정원을 바라볼 수도 없단 말인가, 어떤 정원도?

'이제'는 '끝장이다'라고 나는 쓴다. 그러나 이 말에 숨겨져 있는 지옥에 관해서는 어렴풋이 느낄 뿐이다.

밤

죽음은 어떻게 찾아올 것인가? 밤마다 수없이 나 자신에게 물어보며 지낸 지가 얼마나 되었던가? 여러 가지 경우가 있을 수 있다……. 나이 어린 네다르처럼 갑작스런 후두경련? 아니면 실베르처럼 진행성? 또는 몽비엘이나 포아레처럼 심장쇠약이나 졸도?

새벽 3시

가장 참을 수 없는 것은 불쌍한 트로와야와 같은 질식이다.

그것은 두렵다.

그거라면 도저히 기다리고 있을 수 없다.

저녁

오늘 저녁은 상태가 너무 나빠 바르도를 두 번이나 불렀다. 자정 무렵에 다시 올 것이 틀림없다. 책상 위에 기관 절개를 위해 상자를 두고 갔다.

'죽는 것은 아무것도 아니다. 문제는 고통스러운 것이다'라고 사람들은 말하곤 한다. 그렇다면 그것을 피할 방법도 있는데 무엇 때문에 계속 고통을 겪는단 말인가? 무엇 때문에 줄곧 기다리고 있지? ―그런데도 나는 기다리고 있다!

11월 4일

이탈리아가 오스트리아-헝가리와 휴전 협정에 서명했다.

부속 신부가 다시 왔으면 한다(피곤하다는 구실을 내세워 거절했다). 틀림없이 예고인 것이다. 결단을 내려야 할 날이 다가오고 있다.

5일

얘야, 우리가 바라던 모든 것, 우리가 하고 싶어 하던 모든 것, 우리가 이룩하지 못한 모든 것을 너는 반드시 실현해야만 한다.

11월 6일

과랑이 찾아온다. 휴전이 하루 속히 이루어졌으면 싶다. 그런데 전 전선에 걸쳐 전투는 계속되고 있다. 그 이유는 무엇일까?

목소리가 전혀 나오지 않는다. 한 마디도 할 수 없다.

7일

이제는 성문(聲門)이 거의 열리지 않는다. 환상 환형 후부가 마비된 것인가? 바르도는 통 입을 열지 않는다.

모르핀.

1918년 11월 8일

독일 측의 전권 사절이 아군의 전선을 통과했다. 이걸로 끝이다.

어쨌든 이런 것을 알고 죽으니 다행이다.

11월 9일

병세 악화. 다시 체온의 변화가 심해지다(37도 2부—39도 9부). 울혈성 부종이 생기다. 새로운 증상은 전혀 없다. 그런데도 전체적으로 다시 심해지다.

엑스선 검사를 부탁했다.(어째서일까?) 다른 의심 나는 점이 보이면 정밀검사를 받기 위해서이다. 농양이 또 생기지나 않았을까 두렵다. 체온의 변화는 깊은 화농이 있다는 것을 분명히 말해 준다.

10일

오른쪽 폐의 통증이 점점 더 심해지고 있다. 하루종일 모르핀 투입. 다른 농양이 생긴 것일까? 바르도는 그렇지 않다고 하지만. 특별한 증상을 나타내는 징후가 전혀 없다.

가래는 오히려 감소.

베를린에서 혁명. 카이저가 도망가다. 참호에서는 물론, 여기저기에서 희망과 해방! 그런데 나는…….

11월 11일

괴로운 하루. 여전히 오른쪽, 같은 부위에 참기 어려울 정도로 타는 듯한 통증. 어째서 힘이 남아 있을 때 좀더 일찍 결심하지 못했을까? '때가 왔다' 생각할 때마다 나는…….

(그렇다. '때가 왔다'고 생각해 본 적은 한 번도 없다. 다만 '때가 다가오고 있다'고 생각했을 뿐이다. 그러면서 나는 기다리고 있다.)

12일

바르도가 길어진 호흡과 국지성의 염발음 소리를 듣고 알아냈다.

정오

X선 검사 결과. 오른쪽 폐 위에 경계가 뚜렷하지 않게 그늘진 띠 같은 것이 있다. 횡경막은 움직이지 않는다. 투명도의 전반적인 감소. 종양은 발견되지 않았다. 만약 다른 농양이라면 의심쩍은 부위에 뚜렷한 윤곽과 함께 완

전히 불투명할 텐데. 그렇다면? 천자법을 시도하기에는 아무래도 증상이 너무 모호하다. 만약 다른 농양이 발견되지 않는다면?

13일

여전히 같은 부위에만 한정된 염증. 증세가 확실히 온몸에 퍼지고 있다. 땀이 비 오듯 하며 냄새도 역하다.

저녁

'작은' 농양? '다양한' 작은 농양?

바르도도 분명히 그런 것을 생각하고 있으리라.

그렇다면 속수무책이다. 선세포 조직 안의 농양. 어떠한 처치도 불가능하다. 마지막에는 질식사.

14일

양쪽 폐에 타는 듯한 아픔. 왼쪽 폐도 수종에 걸리다. 농양은 양쪽 폐에 흩어져 있는 것이 틀림없다.

마지막 시도로 고정농양을 해 본다?

저녁

극도의 쇠약 증세와 허탈감. 서랍 속에는 제니와 지젤의 편지 한 통씩. 오늘 저녁에도 제니로부터 편지 한 통. 그 어느 것도 뜯지 않았다. 혼자 있고 싶을 뿐이다. 이제는 어느 누구에게도 줄 만한 것이 없기 때문이다.

밤에는 오랫동안 De profundis clamavi(사자를 위한 기도, '나의 심연으로부터'라는 뜻)를 되뇌었다. 나는 비로소 그 말의 뜻을 이해했다.

15일

그토록 두려움을 갖고 있던 내가 잘못이었다. 내가 생각하고 있던 것보다는 그렇게 무서운 것은 아니리라. 가장 고통스러운 시기는 지난 것 같다. 그토록 최후의 순간을 생각해 온 나는 더 이상 생각해 볼 여지가 없다. 모든 것이 준비되어 있다. 모든 것이 저기에 있다.

에필로그 1997

16일

고정농약은 아무런 효과가 없다. 그들은 그저 해봤을 따름인가? 아니면 하는 척 한 것인가?

이틀째 비망록에 아무것도 쓰지 못했다. 너무나 고통스럽다.

결말을 지을 생각만 한다. '내일' 아니면 '오늘 저녁……' 결정을 내리기가 힘들다.

17일

모르핀. 고독, 정적. 시간이 갈수록 점점 격리되고 소외되는 느낌. 여러 사람의 목소리가 들려오는데도 무슨 말을 하는지 귀담아듣고 싶지 않다.

세편 제거도 거의 불가능해졌다.

그것은 어떤 식으로 올까? 주사할 때까지 맑은 정신으로 계속 쓰고 싶다.

수락하는 것이 아니고 무관심이라 하겠다. 기진맥진해서 맞설 힘도 없다. 불가피한 것과의 타협. 육체적 고통에 몸을 내맡기는 것이다.

마음의 평화.

결말을 지어야겠다.

18일

양쪽 다리에 부종. 마음만 있으면 지금이 그때다. 모든 것이 준비되어 있다. 손을 뻗어 결심만 하면 된다.

밤새도록 나 자신과 싸웠다.

마침내 그 순간.

1918년 11월 18일, 월요일.

37세, 4개월 9일.

사람들이 생각하는 것보다는 간단하다.

장 폴.

1998 티보네 사람들

혼돈의 역사에 휘말린 사람들

왜 지금 《티보네 사람들》을 주목하는가?

《티보네 사람들》지은이 로제 마르탱 뒤 가르(1881~1958)는 "소설의 올바른 길은 어디까지나 인간의 진실이라 여겨지는 것을 구체적으로 구축하고, 평범한 수단으로 착실하게 이야기해 나가는 것"이라고 믿었다.

그는 《티보네 사람들》을 계획하며 두 가지를 염두에 두었다. 첫 번째는 인물의 성격을 유전과 환경을 포함해서 파악하고 그 심리와 감정의 움직임을 통해 작중인물에게 생명을 불어넣는 것이다. 그리고 육체와 정신의 관계, 특히 병과 죽음이라는 부조리가 정신에 미치는 영향에 관심을 두고 인간의 삶과 죽음이 무엇인가 하는 궁극적인 문제에 파고드는 것이 두 번째였다.

이 소설은 가톨릭 신앙을 가진 티보 집안과, 프로테스탄트 신앙에 바탕을 둔 퐁타냉 집안의 이야기이다. 여기에 프랑스인의 일상에 깊숙이 관계된 종교문제가 이원적(二元的) 대립형태로 설정되어 있다. 인습적인 가톨릭 환경에 대한 비판이 소설 전반부에 강하게 드러나 있으며, 후반에서 작중인물들은 제1차 세계대전이라는 혼돈의 소용돌이에 휘말린다. 그때까지 평화로운 프랑스에서 개성적인 삶을 살아오던 사람들은 역사의 수레바퀴 밑에 운명을 내던지게 된다.

1914년부터 1919년까지 벌어졌던 제1차 세계대전을 다룬 〈1914년 여름〉과 〈에필로그〉를, 저자는 제2차 세계대전을 앞둔 1934년부터 1940년에 걸쳐 집필했다. 이는 새로운 전란이 닥쳐온 상황에 20여 년 전 재앙의 원인을 깨닫게 하기 위한 것이었다.

〈1914년 여름〉에서는 제1차 세계대전 발발을 향해 달려가는 유럽 각국의 타산적인 협정과 거래, 또 그에 맞서 분연히 일어나야 했던 제2인터내셔널의 어이없는 붕괴, 그리고 낙관적인 일상성 속에 머물던 국민들의 맹목성,

이 같은 역사의 심각한 과오가 재현된다. 저자는 과거의 교훈을 통해 위험한 미래를 경고하려고 했던 것이다.

〈에필로그〉에서는, 살날이 얼마 남지 않은 앙투안이 인류의 미래에 대해 회의적인 사색과 우려로 가득 찬 예언을 함으로써 종지부를 찍는다. 제2차 세계대전으로부터 수십 년이 지난 오늘날에도 앙투안의 경고는 여전히 중요한 의미를 갖는다. 따라서 《티보네 사람들》은 인류가 그 어리석은 행위를 반복하는 한 영원토록 읽어야 할 소설이다.

1. 〈회색 노트〉—사춘기, 그 고독과 반항

〈회색 노트〉는 1904년의 평화로운 프랑스에서 시작된다. 학교의 비열한 처사에 격분한 자크는 친구 다니엘과 함께 가정과 학교라는 환경으로부터 탈출한다. 이 소설이 탈출이라는 주제로 시작된다는 점을 주목하자. 이 주제는 마르탱 뒤 가르가 《티보네 사람들》 이전에 쓴 《생성 *Devenir*》, 《장 바루아 *Jean Barois*》 등에서도 중요하게 다뤄졌다.

또한 19세기 말부터 20세기 초에 걸친 프랑스 문학에서, 프랑스로부터의 탈출과 유럽에서의 도피가 자주 거론되었다는 사실도 주목할 만하다. 마르탱 뒤 가르의 '탈출'도 그 시대 프랑스의 가톨릭 부르주아 사회라는 견고한 세계에 대한 반항의 형태를 취한다.

이 '탈출' 주제에 부합하는 인물이 바로 자크 티보인데, 그는 기성사회의 통제를 견뎌내지 못하고 반역하는 순수사고형 인간이다. 따라서 권위에 굴복하길 거부하고 부정을 미워하며 비판의 눈을 점점 사회로 돌리게 된다. 하지만 그의 형 앙투안은 전통적인 사회조직 속에서 유능한 인물로 활약하기를 꿈꾸는 체제순응형 인간으로서 티보 집안 특유의 활동적인 실행력을 갖춘 청년이다. 이들 형제의 성격 차이가 처음부터 뚜렷한 대조를 이루고 있다.

자크와 다니엘이 가출하는 계기가 된 정열적 우정의 비밀 교환일기에 대한 학교의 인권침해적 태도는, 저자가 청년기에 쓰다가 멈춘 작품 《어느 성자(聖者) 이야기》에도 나올 만큼 자주 다룬 문제였다. 이는 저자가 이와 매우 비슷한 경험을 가지고 있기 때문이다. 그러나 자크와 다니엘의 열렬한 감정적 교우는 로맹 롤랑이 《장 크리스토프 *Jean Christophe*》에서 아름답게 그려냈듯이 사춘기 소년들 대부분이 이성에 눈뜨기 전에 경험하는, 순수하고

마르탱 뒤 가르
20세기 초 프랑스 문학에서는 '탈출'과 '도피'가 유행했으며, 시대적 배경에는 가톨릭 부르주아에 대한 반항의 형태를 취한다. 《티보네 사람들》의 시작편 〈회색 노트〉에서 '가출'한 자크와 다니엘의 사춘기 성적 경험을 에피소드와 함께 풀어 나간다.

이상주의적인 젊은 영혼의 불길과 호응의 한 예에 불과하다. 따라서 그것은 자연스럽고 건강한 과도적인 현상이다.

자크는 엄격한 가톨릭 환경이라는 끈질긴 방해물로부터 달아나기 위해 프로테스탄트 출신인 다니엘에게 다가갔다고도 할 수 있다. 자유로운 분위기에서 자라 예술재능을 보이는 다니엘이 자크의 감수성을 자극한 것이리라. 그러나 퐁타냉 집안에도 문제가 없는 것은 아니다. 그 문제는 바로 지나친 상냥함과 자유로움이다. 그것이 퐁타냉 집안의 가장 제롬에게 방종한 태도를 허락하고 있는 것이다. 다니엘 역시 그 피를 이어받아 방탕한 생활에 빠지게 된다. 실제로 마르세유에서 친구와 떨어진 다니엘은 길거리에서 만난 이름 모를 연상의 여인에게 이끌려 성적인 첫 경험을 한다. 이런 불순한 성에 대한 입문이 소년의 미래를 과연 어떤 방향으로 이끌어 나가겠는가. 이런 식으로 이성을 알게 된 남자는 여성을 관능적인 한순간 즐거움의 대상으로만 보게 될 가능성이 높다.

마르탱 뒤 가르는 사춘기의 형태, 특히 성적인 첫 체험의 형태를 특별히 중시하는 작가다. 서글플 정도로 순수한 자크의 사랑은 지나치게 이상주의적이고 정신적인 면에 치우친 나머지 육체를 잃은 반쪽짜리 사랑이 될 경향을 지닌다. 그러나 그와 반대로 현실적이고 견실한 앙투안은 영혼과 육체가 하나 되는 충실한 연애를 체험할 수 있게 되는 것이다.

알베르 카뮈는 《마르탱 뒤 가르론》에서 이렇게 말했다.

'마르탱 뒤 가르는 성(性)과 이것이 인생에 던지는 어두운 부분에 솔직하게 접근했다. 그 방식은 솔직하기는 해도 노골적이지는 않았다…… 그는 부적절한 성생활을 통해 성생활의 중요성을 보여 주는 쪽을 택했다…… 예를 들어 바람피우는 남편 앞에서 퐁타냉 부인이 맥을 못 추게 하는 것이 바로 성이다.'

〈회색 노트〉에는 독자에게 혼란을 주는 수수께끼 같은 에피소드가 두 개 있다. 하나는 제니의 병과 그 불가사의한 회복이다. 제니는 갑자기 원인 모를 무거운 병에 걸린다. 의사의 치료가 소용없을 정도의 병인데, 퐁타냉 집안의 지인인 그레고리 목사가 제니를 살려낸다. 그는 퐁타냉 부인과 함께 하느님 앞에 몸을 던지며 기도한다. 그리고 마지막으로 어둡고 폐쇄된 병실 창문을 활짝 연다. 그러자 기적처럼 제니의 병이 일거에 낫는다. 대체 어떻게 된 일일까.

사실 제니는 죽을병에 걸린 것이 아니었다. 진짜 병이 아니라 어떤 계기만 있으면 바로 나을 수 있는 심신증(心身症)에 불과했던 것이다. 제니만이 자크와 다니엘의 가출에 대해 처음부터 알고 있었다. 오빠가 입막음을 해 두었기 때문에 그 비밀은 소녀의 마음을 무시무시하게 짓눌렀다. 이 억압이 그녀의 몸에 병적인 상태를 초래했다. 그런데 어머니의 헌신적인 기도와 사랑이 소녀의 영혼을 깨우고, 창을 열어서 어두운 방을 밝힌다는 그레고리 목사의 처방이 제니의 마음도 활짝 열어 준 것이다. 여기서 '창을 연다'는 동작은 상징적인 의미로 효과를 발휘했다고 볼 수 있다. 저자는 인간의 정신과 육체의 관계에 대해 말하고 있는 것이다. 이는 정신이 육체에게 떨치는 영향을 증명하는 예인데, 〈소년원〉에서는 이와 반대되는 경우, 즉 육체 압박이 정신에 미치는 병적 영향의 전형적인 예를 보게 된다.

수수께끼 같은 두 번째 에피소드는, 자크와 다니엘이 마르세유에서 툴롱으로 걸어가는 도중에 목격하는 사두 짐마차 사고다. 차에 깔린 말의 괴로워하는 모습을 눈 앞에서 본 자크는 다리에 힘이 빠져 털썩 주저앉는다. 그리고 혀를 빼물고 죽은 말의 얼굴에서, 과거 시체안치소에서 보았던 죽은 사람의 창백한 얼굴, 그리고 '마치 살아 있는 듯' 눈을 뜬 채 죽은 사람의 얼굴을 떠올린다. 자크는 그 인상을 다니엘에게 말하면서 언젠가 그곳에 데려가서 보여 주겠다고 한다. 하지만 다니엘은 그런 일에 관심이 없다. 들려오는 피아노 소리에 귀여운 여동생 제니를 떠올릴 뿐이다.

똑같은 상황에서도 둘의 반응은 매우 다르다. 다니엘에게는 따뜻한 가정이 있다. 그러나 자크에게는 아무것도 없다. 그는 고독하다. 그 고독의 괴로움을 자크는 이렇게 표현한다.

"너는 나하고는 다르게 자랐어. 난 어쩔 수 없는 놈이라는 걸 나도 알아. 아무리 애써 봐야 별다른 수가 없는 거지. 그래서 때때로 화가 나면 이성을 잃게 돼. 뭐든지 부수고 때리고 욕을 해 대지. 창문 밖으로 뛰어내릴 수도 있고, 누굴 패 죽일 수도 있을 것 같아!"

이런 욕구불만 가운데 순수사고형 인간이며 극단으로 치닫기 쉬운 자크는 분명히 죽음에 대한 생각에 사로잡힌 적이 있을 것이다. 어린 나이에 자크는 이미 죽음을 생각하고 그 공포에 사로잡혔던 것이다. 이것은 〈아름다운 계절〉에 나오는 차에 치어 죽어가는 개의 죽음에 관한 에피소드에도 드러난다. 또 〈소년원〉에서 자크는 죽은 프뢸링 아주머니의 얼굴에서 말의 시체에서 발견한 것과 똑같은 것을 본다.

마르세유에서 돌아온 두 소년을 맞이하는 두 가정의 서로 다른 태도를 보자. 다니엘은 변명하지 않아도 집의 문지방을 넘자마자 예전 생활로 돌아갈 수 있다. 퐁타냉 부인은 걱정하던 아들이 돌아온 것만으로도 기쁠 뿐이다. 그러나 자크의 문제는 그렇게 해결되지 않는다. 물론 아들이 돌아온다는 것을 안 티보 씨의 마음도 기쁨과 안도로 가득 찬다. 그래서 집에 불을 환히 밝히고 아들을 기다린다. 그러나 그는 엄숙하게 잘 차려입고 자크를 맞이한다. 하나의 마무리 의식을 치르고 아들을 맞이하기 위함이다. 그것은 아들의 사죄와 장래에 대한 맹세, 그리고 아버지의 용서라는 의식이었다. 따라서 자크는 용서를 빌고 아버지의 품에 뛰어들어야 했다. 그러나 두 사람은 아무것도 할 수 없었다. 여기에 아버지와 아들 사이에 존재하는 어려운 문제가 있다. 이런 미묘한 인간심리에서 생겨나는 문제가 간결하고도 진실하게 그려져 있다. 이러한 작은 일이 쌓여 불행한 미래를 낳는 것이다. 이제 탈출의 이야기는 유폐의 이야기로 옮겨간다.

2. 〈소년원〉—학대받은 영혼을 치유하는 사랑의 즐거움

어머니가 따뜻한 포용으로 맞이한 다니엘과는 달리 자크는 냉엄한 아버지에 의해 소년원에 갇히게 된다. 〈소년원〉은 폐쇄되고 음울한 이 세계에 대한 앙투안의 탐색을 하나의 탐정소설식 미스터리 수법으로 그려낸다.

자크는 마치 다른 사람처럼 완전히 변해 있다. 무기력한 데다 마음을 열지 않는다. 알 수 없는 그의 태도에 앙투안은 의혹과 함께 불안을 느낀다. 그리고 석연치 않다고 느끼면서도 그 실체를 파악할 수 없어 괴로워한다.

이 답답함과 불안함은 불투명한 세계에 둘러싸인 카프카 소설의 주인공들이 느끼는 불안감과 비슷하지만, 그 상징적 세계와 달리 이 소설은 어디까지나 현실이다. 그래서 이 소년원이라는 작은 우주는 당시 가톨릭적인 관료사회의 불가해와 음험함, 위선과 부패를 상징하는 것이기도 하다.

자크의 극단적인 성격 변화는 어떻게 설명할 수 있을까. 제니의 경우에는 견딜 수 없는 정신적 중압감이 육체를 짓눌렀다. 그런데 자크에겐 그 반대 현상이 극단적으로 나타난 것이다. 크루이 소년원은 감화기관으로서 탈출이 용납되지 않는 '감옥'이다. 이곳에선 개인의 인격이 전혀 인정되지 않는 정신적인 중압감뿐 아니라, 감금과 학대라는 육체 고문도 가해졌던 것이다. 원장 펨므 씨는 앙투안에게 음식물을 주지 않는 '설득'으로 효과를 거둔다고 설명한다. 그러나 그것은 생명체에게 가장 중요한 먹을 것을 주지 않는 '학대'의 일종이다. 뿐만 아니라 자크는 간수의 용돈벌이를 위해 음란한 그림을 그리거나 강제로 동성애 행위를 당한 일조차 있다. 그러나 소년원 안에서 반항할 수 없는 자크는 복종해야 한다. 이러한 자크의 모습을 보고 알베르 카뮈는 《마르탱 뒤 가르론》에서 다음과 같이 쓰고 있다.

'이 침묵 이상으로 복종을 표현하는 방법은 없을 것이다……. 복종의 객관적 묘사는 미친 듯이 이를 가는 모습 따위로 그려낸 도스토예프스키와 서사적인 방식의 말로밖에 성공한 일이 없다. 더욱이 조용하고 차분한 색조로 복종을 그리려는 사람은 없다. 그러므로 마르탱 뒤 가르는 예술에서 가장 어려운 일에 성공한 셈이다.'

어렵사리 동생을 집으로 데리고 오게 되지만, 그가 오기를 기다리는 앙투안의 심리에 미묘한 갈등이 따른다.

알베르 카뮈(1913~1960)
〈소년원〉에서 자크의 복종 표현 방식에 대하여 카뮈는 《마르탱 뒤 가르론》에서 '가장 성공한 예술'이라고 극찬한다.

이제는 한결 마음이 놓이며 또 자신이 대단하다고 생각하면서 흐뭇해 하였다.

동생에 대한 사랑과 진심에 거짓은 없지만 청년다운 자기만족이 엿보인다. 자크가 집에 오기 하루 전날에는 다음과 같은 현실주의자의 자기중심적 반성이 따라온다.

동생과 함께 살겠다고 한 그의 계획이 갑자기 현실의 조명을 받아 마치 돌이킬 수 없는 미친 짓 가운데에서도 가장 미친 짓으로 생각되었다……. 자기가 어떤 판단의 착오로 이 인명구조작업을 책임지기로 했는지 도저히 이해할 수가 없었다. 허비할 한가한 시간이 있단 말인가?

물론 이것은 순간적인 느낌에 지나지 않는다. 다음날 앙투안은 정반대의 기분으로 자크를 맞이한다. 이렇게 마르탱 뒤 가르는 인간심리의 미묘한 움직임을 무엇 하나 빼놓지 않고, 왠지 모를 어두운 마음이나 보잘것없는 행동 하나하나를 겹쳐놓아 작중인물들에게 생명을 불어넣는다.

두 형제의 성격 차이는 그 둘이 리스벳과 서로 접촉하는 과정에서도 잘 나타난다. 리스벳은 우선 앙투안과 성관계를 가진다. 앙투안은 동생의 정서적인 안정을 위해선지 그녀와 자크의 관계를 용인한다. 자크와 리스벳은 괴테의 시 등을 통하여 빠르게 가까워지지만, 육체적 접촉은 '청순한 애무' 정도에서 그친다. 왜냐하면 '그녀 곁에서는 한 번도 어떤 불순한 욕정에 사로잡혀 본 적이 없었다. 그의 정신과 육체는 완전히 분리되어 있었기' 때문이다.

앙투안과 자크가 퐁타냉 집안을 방문하는 장면은 앙투안과 퐁타냉 부인, 다니엘과 니콜, 자크와 제니라는 세 쌍의 남녀가 연출하는 독특한 성격적 특징과 차이를 뚜렷이 드러낸다.

앙투안과 퐁타냉 부인의 경우는 어른스런 분별력이 덧없는 즐거움에 몸을 맡기는 것을 막는다. 앙투안은 '나는 항상 프로테스탄티즘에 이끌렸다'고 마음에도 없는 말을 하여 부인에게 다가가려고 한다. 그리고 남편에 대한 원망으로 괴로워하던 부인은 '앙투안은 충분히 사랑받을 자격이 있는 남자다……. 이런 사람과 인생을 함께 한다면'이라는 생각을 하지만, 곧바로 그 흥분을 부끄럽게 생각하고 감정을 눌러 버린다. 뿐만 아니라 앙투안을 향한 이끌림에 반성하게 된 부인은 오히려 남편을 용서하고 이혼을 단념한다.

다니엘과 니콜의 사랑은 조숙한 호색꾼의 유희이다. 다니엘은 암실에서 니콜을 유혹하려고 한다. 그러나 니콜은 다니엘의 불순한 유혹을 떨쳐 버린다. 다니엘의 음란한 표정 속에 자신의 어머니를 추락시킨 제롬의 추잡한 모습을 보고만 것이다.

한편 제니는 오빠를 가출하게 한 자크에게 적의를 품고 있었다. 그러나 자크는 제니가 자신과 가장 많이 닮은 인간임을 곧바로 느낀다. 그러나 서툰 자크와 비밀을 지키기 위해 중병에 걸릴 만큼 신경질적인 제니는 쉽게 이어질 수 없다. 그러기는커녕 두 사람은 서로에게 증오심밖에 느끼지 못한다. 그러나 우리는 그 적의가 서로 닮은 남녀의 최초의 반발일 뿐으로, 사실은 친화력의 한 형태가 아닐까 생각하게 된다.

자크가 접한 최초의 이성은 제니가 아니라 리스벳이다. 자크와 리스벳이 맺어지는 사랑 장면은 카뮈도 지적하는 '섹스와 죽음의 동시적 결합'이라는 유명한 장면 가운데 하나이다.

프뢸링 아주머니의 장례식 전날 밤, 자크와 리스벳은 육체적으로 결합한다. 리스벳은 아주머니의 시체가 안치된 방과 자크가 있는 방을 왕래하면서 그를 육체적 사랑으로 끌어들인다. 연상의 여인에 의해 섹스를 처음 경험하는 것은 마르세유에서의 다니엘과 비슷하지만, 자크의 첫 경험은 죽음과 연결됨으로써 다니엘의 경우에서는 볼 수 없는 진실한 의미를 갖는다. 다음날 아침, 잠에서 깨자마자 그는 육체적인 생각을 버리고 '자기 몸에 묻은 것을 털어내 버리고 싶은 욕망, 끈적한 몸을 좍 씻고 싶은 참을 수 없는 욕망'에 사로잡혀 차가운 물을 끼얹었다. '세례'와 같은 이 행위로 그는 몸과 마음이 깨끗해지고 건강을 되찾은 것처럼 행복해진다.

자크의 사랑은 육체적인 면에서는 결여되고, 정신적인 면에서는 정결하면서도 약간 서툴다. 어떤 일에도 진지한 자크의 애인으로서 두 남자와 동시에 관계를 맺는 리스벳은 어울리는 상대라고 하기 어렵다. 그리고 그녀 역시 자크의 고아한 심성을 느끼고 그를 앙투안과 '전혀 다른 사람'이라고 여긴다.

3. 〈아름다운 계절〉―사람에 따라 다른 사랑의 모습

에콜 노르말(고등사범학교) 합격발표장으로 향하는 자크가 "언제나 시험, 시험뿐이니. 더구나 벌써 스무 살이나 됐어"라며 앙투안에게 호소하는 부분에서 독자는 〈소년원〉 이후 5년이라는 기간 동안 자크가 공부에 전념했음을 알게 된다.

에콜 노르말은 프랑스 전 지역의 인문계 수재들이 목표로 하는 최고의 학교로, 그 입학시험에 합격하기란 여간 어려운 것이 아니다. 자크가 그 시험에 전체 3등이라는 성적으로 합격했다는 것은 엘리트 코스로 접어드는 기회가 생겼음을 뜻한다. 그러나 합격을 안 자크는 설레면서도 그다지 기뻐하지 않는 서로 다른 모습을 보인다. 그는 오히려 입시에 '낙방하고', '모든 것으로부터! 톱니바퀴에서' 벗어나고 싶다고 말하며, '텅 비어 버린 방들이여! 출발의 통쾌함이여! 가족이여, 나는 당신들을 증오하노라!'라는 《지상의 양식》 가운데 몇 마디를 인용하여 탈출심리를 암시한다.

앙드레 지드의 《지상의 양식》에 먼저 열중한 것은 다니엘이었다. 기성도덕관으로부터의 해방을 주장하는 《지상의 양식》은 다니엘에게 화가로서의 자유분방한 생활을 변호해 주는 뒷받침, 난잡한 연애에 탐닉하는 관능적인 생활의 핑계가 돼 주었다. 같은 책이 자크에게는 사회구조라는 '톱니바퀴'에서 탈출을 자극하는 역할을 한다. 사회의 톱니바퀴 속에 편입되어 엘리트로서 출세가도를 걷는 것을 혐오하는 자크에게는 최고학부에 합격한 것도 새로운 족쇄처럼 느껴진다. 따라서 이미 의사와 화가라는 천직으로 안정된 생활을 영위하는 앙투안과 다니엘은, 이런 자크에게 있어선 눈살을 찌푸리게 되는 대상일 뿐이다.

〈아름다운 계절〉은 여름에서 가을에 걸친 생명력 넘치는 밝은 계절로 젊은 주인공들이 사랑에 빠지는 시기이다. 이 〈아름다운 계절〉 전반부에서는 호색(好色)을 일삼는 다니엘의 유희적 사랑과 앙투안에게 소중한 사랑의 인연이 되는 의사로서의 활약상이, 그리고 여전히 복잡하게 마음을 주고받는 자크와 제니의 이야기가 담겨있다.

에콜 노르말 합격을 축하한다며 다니엘이 자크 일행을 초대한 술집 파크멜은 다니엘이 바람둥이로서 본색을 드러내는 경박한 사교장이다. 다니엘은 여주인 쥬쥬가 데리고 온 아름다운 리네트에게 눈길을 준다. 한편 리네트는 다니엘을 어디선가 본 적이 있다고 생각하고, 무의식중에 혐오감을 느끼고 있었다. 그래서 다니엘의 성을 듣고 깜짝 놀라 도망친다. 다니엘이 제롬의 아들이라는 것을 알았기 때문이다. 이 어디서 본 듯하다는 느낌과 강한 혐오감은 〈소년원〉 편의 니콜이 암실에서 다니엘에게 느낀 것과 같은 것이었다. 제롬의 숙명적인 방탕이 그 아들에게도 똑같은 그림자를 드리우고 있는 것이다. 그러나 결국 리네트는 "당신의 아이를 갖고 싶어요!"라면서 다니엘을 받아들인다. 예전에 제롬의 아이를 가졌다가 금세 잃었던 그녀는 죽은 아이에 대한 사랑 때문에 증오하는 남자의 피를 이어받은 다니엘에게 몸을 맡기려 한다. 더욱 복잡한 것은 혐오스러워하면서도 육체적으로는 제롬을 잊지 못하는 리네트의 감정이다. 제롬의 이 집요한 영향력은 퐁타냉 부인이 그를 떠나지 못하는 것에서도 같은 효과를 발휘하고 있다.

파크멜의 만찬에서 자크는 세상물정 모르는 철부지에 지나지 않는다. 그는 홀로 우두커니 있으면서 아무리 기다려도 오지 않는 형에 대한 불안한 상상을 키워 나간다. 그런 장소에서도 죽음의 그늘을 떠날 수가 없는 것이다.

이 모임에서 자크가 품는 쓸데없는 걱정과 앙투안이 맞이하는 새로운 사건의 결합, 이것이 《티보네 사람들》에 자주 등장하는 '사건의 결부' 가운데 하나이다.

앙투안은 샬르 씨의 딸을 구하기 위해 대수술을 해야 하는 상황이었다. 하지만 그의 냉정한 판단과 기민한 행동은 그가 의사라는 직업에 얼마나 적합한 사람인지, 또 얼마나 결단력을 갖춘 인간인지 잘 보여 준다. 앙투안이 침착하게 실력을 발휘하는 이 수술 장면은 《티보네 사람들》 중에서도 손꼽히는 명장면이다. 전문가가 읽어도 감탄할 만한 의학서술도 그렇지만, 그 와중에 자연스레 싹트는 앙투안과 라셀의 운명적 만남이 오묘하게 그려지고 있기 때문이다.

라셀은 프랑스 사회의 전통과 관습에 일체 얽매이지 않는 자유분방한 삶의 방식이 몸에 배어 있었다. 그녀는 자신의 집에 들른 앙투안의 손을 있는 힘껏 당겨 거칠게 자신의 방으로 끌고 가 앙투안에게 키스한다. 또한 식사하러 나가며 앙투안이 큰길에서 따로 만나는 편이 좋지 않겠느냐 묻자 라셀은 일소에 부친다. "나요? 나는 완전히 자유로운 몸이에요. 그리고 무슨 일이든지 숨기는 것도 없어요!"라는 라셀의 말은 그녀가 앙투안이 알지 못했던 세계의 여자임을 드러낸다. 따라서 앙투안은 그녀를 지금까지 알던 프랑스 여자들과는 다르다고 느끼고, '그와 같은 수준에 있는' 이 아름다운 여인에게서 '그 누구와도 비교할 수 없는 파트너를 발견하기만 한 것이 아니었다. 태어나 처음으로 한 반려자를, 진정한 친구를 찾았다'며 기쁨에 잠긴다.

자크는 형이 '특별한 밤샘에 관해서, 그리고 그 뒤에 일어났던 모든 일들을 털어놓았을 때', 그 속에서 '천박함'을 느끼고는 불쾌해한다. 그리고 그에 맞서듯 끝까지 순진하게 있고 싶다는 욕망이 솟아나는 것을 느낀다. 앙투안의 '사랑의 하루'라는 말을 듣고는 도저히 참을 수 없어 "아니야, 형, 아니야! 사랑은 그런 게 아니야!"라고 외치고 마는 것이다.

그런 자크를 남몰래 사모하는 소녀 지젤도 어느 샌가 탄력 있고 풍만한 육체를 가진 처녀로 성장해 있었다. 둘은 오빠와 동생으로서 즐겁게 장난치며 지낸다. 묘한 유혹의 부추김을 받으면서. 그러나 자크에게 지젤은 사랑하는 여동생에 불과하다. 병적으로 순수한 그에게는 피가 섞이지 않았다 해도 지젤을 여자로 사랑하는 것은 근친상간과 같은 죄의 무게를 갖는다.

퐁타냉 집안을 방문한 티보 형제는 퐁타냉 부인, 제니, 그리고 니콜과 약혼한 외과의사 에케를 만난다. 하지만 자크는 자신의 합격을 축하하는 평범한 퐁타냉 부인, 그 부인에게 아부하는 앙투안, 무뚝뚝하고 웃지도 않는 제니 등에게 실망한다. 아니, 그보다 함께 어울리지 못하는 자기 자신에게 실망한 것이다. 그러나 동화되지 못하고 고민한다는 점에서 제니도 마찬가지였다. 사촌 니콜이 몸을 건드렸다고 해서 펄쩍 뛰는 이 과민한 소녀는 니콜과 에케를 보고서 '이런 종류의 행복이라면…… 나는 싫어'라면서 이유 없이 슬퍼하고, 죽어 버리고 싶다고 생각한다.

이런 자크와 제니가 테니스를 치면 서로에게 상처를 주는 것 같은 양상을 띤다. 그러나 자크는 어른스럽지 못한 자신과 똑같은 약점을 지닌 제니에게 친밀감을 느낀다.

퐁타냉 부인은 남편의 전보를 받고 암스테르담으로 향한다. 제롬은 다른 사람도 아닌 부인의 사촌 노에미와 6년째 함께 살고 있었는데, 그 노에미가 위독하여 가진 돈을 전부 써 버리자 뻔뻔하게도 도와달라는 전보를 친 것이었다.

이 부인의 밑도 끝도 없는 선량한 행동은 그녀의 성격에서 오는 온화한 정서적 감각과 그것을 부추기는 신교적인 사랑의 교의에 따른 영향이다. 그래서 그것이 좋은 쪽으로 작용할 때는 퐁타냉 집안의 온화하고 애정어린 가족관계를 만들었지만, 한편으로는 온갖 일에 대한 미온적 태도를 낳아 남편과 아들을 방종으로 이끌게 된다. 게다가 부인의 남편에 대한 무른 태도는 남편의 성적매력에 저항할 수 없는 그녀의 약점에서 기인한다. 사실 무엇 하나 제대로 하지 못하는 남성이 여성을 사로잡는 것은 흔히 있는 일이다. 남성이 성적 매력과 함께 자신의 무력함을 무기로 여성의 아니무스에 호소하는 아니마를 천부적으로 이용하기 때문이다.

아내와 함께 메종 라피트로 돌아온 제롬은 아무 거리낌 없이 퐁타냉 사람이 된다. 이 가족의 지나치게 너그러운 분위기는 제롬이 자신의 죄에 대해 반성할 기회조차 앗아가는 것이다. 그는 집을 비운 동안 쌓인 편지더미 속에서 리네트가 2년 전에 보낸 편지를 발견한다. 제롬의 아이를 임신하고 경제적 원조를 바라던 무렵의 편지다.

파리의 유곽에서 일하고 있는 리네트를 찾아낸 제롬은 그녀가 고향으로 돌아가도록 조처하고 연금을 보내기로 한다. 그러고는 '나는 적어도 남들이 생각하고 있는 것보다는 괜찮은 놈이야'라고 되뇌지만, 그 손가락은 리네트의 치마 단추를 풀고 있다. 그리고 아내에게 자초지종을 고백하고 리네트에게 보낼 연금을 부탁할 생각도 한다. 여기서 여성을 이용하는 방탕아의 면모가 극에 달한다.

어른들의 타락한 성생활과 현격한 대조를 보이는 것이 자크와 제니의 딱딱함에 물든 정신적인 대화이다. 그들의 대화는 '시작부터 아주 심각'하다. 그들은 먼저 다니엘을 비판한다. 두 사람의 의견은 다니엘의 방탕한 생활을 '불순'하다고 보는 데에 일치한다. '모든 육체적인 욕망은 다 불순했다.'

그들은 산책 중에 늙은 개가 자동차에 치어죽는 장면을 목격한다. 이것은 〈회색 노트〉에서 말의 참사 장면과 겹친다. 여기서 자크는 제니에게 "이 세상에서 가장 비정한 것은 바로 이 과정, 삶에서 죽음으로 옮겨가는, 그 포착할 수 없는 전략"이라 말하고, 죽음의 고통에 대한 공포를 이야기하며, "내 생각의 대부분은 결국은 죽음의 생각으로 귀결된다"고 한다. 이것은 산책 중인 젊은 남녀에게 어울리는 화제가 아니다. 그러나 제니는 '우리는 서로 많이 닮았구나' 하고 생각한다.

자크는 자신의 문학적 정열과 함께 그것에 대한 경멸을 털어놓는다. 그리고 특히 에콜 노르말에 합격한 것과 그곳 사람들에게 심판받은 것을 부끄럽게 생각한다고 말한다.

또 자크의 죽음에 대한 공포는 죽음으로 차단되는 인간존재의 부조리에 대한 깨달음으로 이어지며, 그의 기성사회 전체에 대한 반항은 태생적으로 예민한 감각이 서유럽 문명 사회의 모순을 무의식적으로 인식하고 있음을 뜻한다.

19세기 말부터 '좋은 시대(벨 에포크)'라는 물질문명의 번영을 이루면서 유럽의 정신문화는 혼돈으로 기울고 있었다. 서유럽 정신지주인 그리스도교의 권위가 흔들리기 시작하여 전통적인 휴머니즘이 불확실해지고, 자본주의 경제 발전을 이룬 각국의 충돌이 머지않아 유럽을 전쟁으로 몰아넣으리라는 예감이 지배하게 되었기 때문이다. 이때 시대감각이 예민한 사람들은 이미 유럽의 우월성을 의심하고, 그로인해 문명 자체에 대한 믿음을 잃고 있었다.

이런 것을 본능적으로 느끼고 있던 자크가 기성사회의 대표격인 최고학부 입학을 떳떳이 여기지 못하고 엘리트 코스를 거부하는 것은 자연스러운 일이다. 그가 가톨릭 사회를 대표하는 아버지를 떠나고 관료직인 중학교 교사들로부터 달아난 것도, 그가 태어나면서부터 순수한 기질과 비판자로서의 소질을 갖추고 있었기 때문이다.

이러한 자크의 사랑은 결코 제니와의 육체적 결합을 바라는 방향으로 달리지 않는다. 그러나 그의 혈기왕성한 마음은 다시금 제니에 대한 사랑으로 부풀어오른다. 그에게 가장 어울리는 사랑의 동작은 달빛에 반짝이는 벽 위에 선명한 '사랑하는 사람의 얼굴 그림자'에 입맞추는 것이었다. 그리고 자크에게 가장 잘 어울리는 처녀인 제니는 '갑자기 뒤로 물러서서' 자신의 그림자를 벽에서 떼내고 공포에 질려 도망간다.

앙투안과 라셸의 정신과 육체가 일치한 성숙한 애정생활은 자크와 제니의 미숙한 사랑과 대조된다. 앙투안의 사회적 지위는 개의치 않고 인간이라는 대등한 입장에서 그를 대하는 라셸을 사랑하려면(라셸은 가끔 앙투안이 의사라는 사실조차 잊는다), 앙투안 역시 부르주아 가정에서 자란 엘리트라는 특권의식을 버려야 한다. 그의 수염에 대한 것이 어째서 몇 번씩이나 언급되는가. 그가 수염을 밀고 이제껏 감추고 있던 입가를 아무렇지 않게 내보임으로써 이제까지 점잔빼던 의식의 변혁을 상징하는 것이다. 이 사랑은 앙투안에게 인간의 복잡함을 가르치고 사람을 사랑하는 기쁨을 깨우쳐 그의 인간성을 풍요롭게 한다. 따라서 그는 죽을 때까지 라셸과 나눈 온기를 잊지 못한다.

라셸은 앙투안에게 '나는 자유로운 여자'라고 거듭 선언한다. 라셸의 자유란 어떤 것이었을까? 그것은 프랑스 사회의 인습에 얽매이지 않는 자유분방함으로 판단할 수 있다. 하지만 라셸의 비밀이 조금씩 드러날수록 앙투안이 도저히 꿈꿀 수 없는 특수한 세계의 주민으로서의 자유임을 알게 된다. 상류 가정에서 예의바르게 자란 앙투안은 기묘한 과거를 가진 이 경험 많은 여자 앞에서는 샌님에 지나지 않는다. 그런 만큼 앙투안에게는 라셸과의 사랑이 더욱 혁명적 체험으로서 의의를 지닌다.

라셸의 아버지는 오페라극장 의상담당이었고, 어머니는 정신병원에 있었다(그녀에게서 느껴지는 약간의 이상성애 경향은 유전 탓일지도 모른다).

라셀은 이르슈라는 우악스런 남자의 정부가 된 뒤 아프리카 생활을 체험했다. 앙투안은 '라셀의 기이한 경험담을 들을 때마다' 그저 놀라며, 프랑스 땅에 자신을 옭아매고 있는 쇠사슬을 생각한다. 그 이야기에 나오는 이르슈라는 남자는 하나의 괴물이다. 이 남자는 일찍이 자신의 딸 클라라와 성적인 관계를 이어 왔다. 클라라는 근친상간의 지옥에서 빠져 나오기 위해 라셀의 오빠 아론과 결혼한다. 그러면서도 클라라는 신혼여행으로 간 이탈리아의 호수로 아버지를 불러들인다. 클라라와 그 아버지의 관계를 안 아론은 자살하기 위해 혼자 호수로 배를 띄우는데, 클라라도 함께 떠나간다. 이윽고 두 사람의 시체가 같은 곳에서 발견된다. 클라라의 성은 죽음으로밖에 구원받지 못했던 것이다.

이르슈가 오라고 하면 라셀 역시 그의 곁으로 돌아가지 않을 수 없다는 점에서 이르슈가 지닌 무시무시한 마력을 느낄 수 있다. 라셀도 죽은 클라라도 이르슈로부터 벗어날 수 없는 운명이었다. 이런 의미에서는 라셀도 자유롭지 않다. 이르슈는 여자에게 응석부리는 제롬과는 달리 무지막지한 강제력으로 여자를 지배하는 힘을 지니고 있다. 그 이르슈가 아프리카에서 라셀을 부르므로 그녀는 가야 했다. 아니, 오히려 그녀는 그 부름을 기다리고 있었다.

"파리로 다시 돌아온 뒤로 나는 그 사람 생각밖에는 아무 생각도 할 수 없었어! 기다리고 또 기다렸어. 그런데 이제 마침내 그 사람이 나더러 오라고 했어!"

라셀은 카사블랑카를 향해 떠나고 앙투안은 절망한 나머지 순간적으로 자살 욕구에 사로잡힌다. 그러나 중요한 것은 앙투안이 라셀과의 행복했던 날들을 결코 잊지 않음으로 해서 슬픔과 기쁨을 이해할 수 있게 되었다는 점이다.

4. 〈진찰〉—삶과 죽음을 결정짓는 것들

〈진찰〉에는 의사 앙투안의 하루가 그려져 있다. 정확하게는 오후 12시 반부터 새벽 2시까지 약 13시간 동안이다. 그런데 이 소설을 보면 〈진찰〉을 비롯한 다른 이야기들도 짧은 기간 동안 일어난 사건들을 중심으로 응축된 몇 개의 장면으로 이뤄져 있음을 알 수 있다. 〈아버지의 죽음〉까지의 이야기들은 모든 것이 이처럼 단기간에 집중된 점(点)으로서의 장면으로 구성되어 있다. 이를 개관해 보면 다음과 같다.

〈회색 노트〉—일주일(1904년 5월 초순 어느 일요일부터)
〈소년원〉—4월의 약 15일 동안, 6월 며칠간(1905년)
〈아름다운 계절〉—여름부터 가을에 걸쳐(1910년)
〈진찰〉—하루(1913년 10월 13일)
〈라 소렐리나〉—일주일(1913년 10월 20일~12월 1일)
〈아버지의 죽음〉—8일간(1913년 11월 30일~12월 7일)

이 같은 점적인 응축법으로 독자는 현실감 있는 정경 속에서 인물들의 생활을 충분히 자기 체험으로 받아들일 수 있으며, 이 소설의 긴 시간적 범위도 지루함 없이 읽게 된다.

〈아름다운 계절〉로부터 3년이라는 세월이 흘러 티보 집안에도 큰 변화가 일어난다. 앙투안은 새로 빌린 이웃집과 자택을 개조하여 유복한 사람들을 위한 고급 진료소를 연다. 그러나 그곳에 자크의 모습은 보이지 않는다. "자크가 떠난 뒤로는"이라고 한탄하는 유모의 말로 미루어 자크의 실종이 암시되고 있다.

지젤도 19세가 되었다. 지젤은 자크가 모습을 감추고 10개월이 지난 뒤, 런던의 꽃집에서 그녀의 생일을 축하하는 장미꽃 다발을 받는다. 이후 그녀는 자크가 살아 있다고 생각하고 런던으로 가서 그를 찾으며 살아간다. 하지만 자크의 부재가 지젤을 여위게 한 것은 무엇 때문일까? 자크와 지젤 사이에 무슨 일이 있었는가? 자크는 왜 다시 달아났는가? 이 수수께끼를 탐정소설식으로 풀어가는 것이 그 다음의 〈라 소렐리나〉이다.

한편 자크의 아버지 티보 씨는 아들이 자살했다고 믿고 있다. 아버지와 아들 사이에 무슨 일이 있었음이 틀림없다. 그러나 티보 씨는 병에 걸려 1년째 병상에 누워 있고 앙투안은 아버지의 죽음이 곧 다가올 것을 예견한다. 티보 집안에 세대교체의 시기가 온 것이다.

이런 이유로 〈진찰〉은 앙투안의 이야기이다. 그는 의사로서 자부심과 만족감을 가지고 임하고 있다. 의사에게는 환자를 진찰하고 치료하는 것만으로 끝나지 않는 심리적이며 도덕적인 책임이 따른다. 예를 들어 살아날 가망이 없는 환자에게 어떻게 대처해야 하는가, 또는 환자 보호자들의 마음을 어떻게 대해야 하는가. 이 모든 것이 의사 개인의 판단과 처치에 맡겨졌을 때 그 책임은 막중하다. 앙투안은 13시간 동안 그런 어려운 상황에 여러 차례 직면한다.

종기가 생긴 가난한 고아 소년을 진찰하고 그 소년의 집까지 왕진하는 에피소드에서는 앙투안의 인간성을 엿볼 수 있다. 라셀과의 생활이 이기적이었던 앙투안에게 선사한 인간다움일지도 모른다. 그리고 앙투안이 두 소년에게 기울이는 관심은 형 로베르가 보이는 삶에 대한 강한 의욕에 공감했기 때문이다. 그것이 앙투안의 정력적인 처세관에 기쁨을 준 것이다.

이어 앙투안은 아버지를 진찰한다. 티보 씨의 병은 2개월도 견딜 수 없을 만큼 위중하다. 그러나 앙투안은 내색하지 않는다. 침착하고 냉정하게 인간의 복잡함을 받아들이는, 의사라는 직업에 어울리는 성격이다. 그러나 위압적이던 아버지가 자신의 말 한 마디에 웃고 우는 존재가 되어 있는 모습을 보고 생명의 연약함과 허망함이 그의 머릿속을 울린다.

안느 드 바탱쿠르의 딸 위게트도 척추까지 결핵균에 감염되어 가망이 없다. 하지만 앙투안은 그 사실을 환자는 물론 어머니 안느에게도 알리지 않는다. 안느의 감정적이고 제멋대로인 성격을 염려하여 환자를 배려한 것이다.

이처럼 환자를 대하는 그의 모습은 세상 모든 의사들에게 일상적인 것에 지나지 않을 것이다. 그러나 환자에게 불안이나 공포 같은 쓸데없는 고통을 주지 않고 세상을 떠나게 하는 것은, 이 소설의 큰 명제 가운데 하나인 '육체와 정신'에 관계된 중요한 부분이다. 즉 마음의 고통을 최소한으로 하여 살아 있는 동안 죽음의 고통을 줄여 주는 것, 이것도 의사로서의 책임인 것이다(마르탱 뒤 가르는 만년에 의사에게 이르기를, 자신의 병세에 대한 진실을 자기에게 알리지 말라고 부탁했다고 한다). 간접적이지만, 이것은 하나의 안락사 개념에 이어진 문제라고 할 수 있다. 그리고 그 문제는 니콜과 의사 에케의 아이 에피소드에서 처음으로 대두된다.

에케의 아이는 더 이상 손을 쓸 수 없는 상태다. 아이가 죽기 전의 고통만큼 안쓰러운 것은 없다. 그리고 그것을 지켜보는 부모의 육체적 한계에까지 이른 고뇌. 아이의 어머니는 다름 아닌 니콜이다. 지칠 대로 지쳐서 깊은 잠에 빠진 니콜의 잠든 얼굴이 앙투안의 남심(男心)을 자극할 만큼 아름답다. 죽음과 정욕이 결합되는 모습이다.

친구 스튀들레와 에케는 앙투안에게 "어떻게든 해 달라"고 한다. 하지만 앙투안은 '생명의 존엄성……'이라며 망설인다. 스튀들레가 말한 것처럼 아이를 안락사시키는 것이 옳은 일일지도 모른다. 아이가 헛되이 고통을 겪을 뿐 아니라 한계에 다다른 아이의 어머니 니콜도 위험하기 때문이다. 여기에서 앙투안은 비로소 자신의 평소 행동원리를 돌이켜보며, 그 행동을 선택하는 것이 '무슨 명목으로' 이루어지고 있는지 자문한다. 그러나 그 괴로운 물음에 대한 답변을 얻을 수가 없다. 그는 사색을 멈추고 식욕을 채우러 바에 들어간다. 그리고 여인의 유혹을 받고 다시 인생의 쾌락에 만족감을 느끼는 남자가 된다.

집에서는 에케의 딸이 죽었다는 소식이 그를 기다리고 있었다. 앙투안은 레옹에게 갓 태어난 새끼 고양이들을 물에 빠뜨려 죽이는 게 어떠냐고 했던 일을 기억해 낸다. 하지만 고양이도 사람과 같은 생물이다. 그는 '무슨 명목으로' 고양이를 죽이라고 명령할 수 있었던 것일까? 이 안락사에 대한 문제는 〈진찰〉에서 해결되지 않는다. 이 문제는 〈아버지의 죽음〉에서 재검토되고, 〈에필로그〉에서 이 소설의 결말을 짓는 역할을 하게 된다. 그러기 위해서는 앙투안 자신이 더 많은 체험을 쌓아갈 수밖에 없는 것이다.

한편 외교전문가 뤼멜은 일단 이야기를 시작하면 그칠 줄 모르는 수다쟁이로, 앙투안에게 유럽 정세에 대한 정보를 줄줄 늘어놓는다. 독일이 오스트리아의 발칸정책을 승인하는 태도로 바꾸었으므로, "유럽 전체가 자동적으로 발칸분쟁에 휘말리게 되겠지"라는 것 등이다. 앙투안은 다소 우스꽝스럽게 멋을 부리는 뤼멜을 얕잡아 보므로 유럽 각국의 불온한 움직임에 대한 이야기를 흘려듣는다.

이 〈진찰〉은 제1차 세계대전이 바로 눈앞에 닥쳐와 있음을 알린다. 따라서 뤼멜을 진찰하는 장면은 특히 주목할 만한 가치가 있는 에피소드이다. 왜냐하면 평화로운 프랑스의 두 가정을 둘러싼 사람들의 심리연구로 진행된 이 소설에 역사가 불길한 얼굴을 들이밀었기 때문이다. 그리고 뤼멜의 이야기를 경멸하는 듯한 앙투안의 무관심은 현 체제와 질서에 안주하는 프랑스 국민 대다수의 낙관적인 맹목성을 가리킨다고 보아도 좋을 것이다. 프랑스는 19세기 후반부터 독일과의 관계에서 오는 긴장상태에 너무나 익숙해져 있었다. 그 때문에 '이번에도 어떻게든 되겠지' 하는 생각이었던 것이다. 그러나 다른 한편으로는 독일에 대한 호전적 기운, 위험한 애국주의도 대두했

〈진찰〉의 배경은 발칸전쟁이 있었던 1913년이다. 그림은 발칸에서 시작된 만행으로, 터키인 무리에 의해 세르비아 시민들이 학살되는 장면이다. 동맹군은 "만약 너희들이 시체들을 수습할 권리를 주장한다면" 모두가 굶주리게 될 것이라고 전쟁을 선포한다.

고, 그것을 경계하는 평화주의 운동도 고조되어 있었다.

5. 〈라 소렐리나〉―애욕의 굴레, 도주와 반항

〈진찰〉의 하루로부터 6주가 지났다. 중병에 걸린 티보 씨는 죽음의 예감으로 겁을 먹고 있다. 그는 그것을 부정해 줄 뭔가를 사람들의 말과 표정에서 찾고, 일부러 자신의 죽음을 입에 올려 그 반응을 본다. 이렇듯 나약하고 흐트러진 모습은 죽음의 문턱에 가까이 있는 사람은 누구나 맞이하는 공포의 딜레마이다.

비서 샬르는 그의 죽음 이후의 자기 생활만을 걱정한다. 그러다 관대한 티보 씨의 말에 샬르는 자기도 모르게 "어르신네가 돌아가시면 곧……"이라고 속내를 드러내며 병자의 공포를 부추긴다. 또 수녀 세린느는 신부를 불러 달라는 말에 "미리 준비한다고 해서 나쁠 것은 없지요"라고 순순히 대답해 그를 절망의 늪에 빠뜨린다.

그러나 앙투안만은 일부러 아슬아슬한 표현을 써 웃음으로 날려 보냄으로써 '환자로 하여금 다시 희망을 가지도록 해 주었다.' 이 '놀라운 대담함은 대번에 모든 망령을 쫓아'준다. 안심한 티보 씨는 하인들을 앞에 두고 '영원한 작별'을 연기하는데, 허영과 허식으로 살아온 남자의 마지막이 삶과 크게 다르지 않음을 보여 준다. 카뮈의 말처럼 이 위선적인 죽음의 흉내는 '어떤 의미에서 그의 일생을 통해 일관됐던 희극을 반영'한 것이다.

이런 가운데 앙투안은 자크의 생존에 대한 실마리를 얻는다. 대학교수 자리쿠르가 자크 앞으로 보낸 편지가 그것이다. 자리쿠르는 스위스 제네바에서 출판되는 '카리오프'라는 잡지에 실린 〈라 소렐리나〉 작품을 건넨다. 이 '소설 속의 소설'이 자크의 도주 동기와 행방을 암시한다. 이 소설에서는 남이탈리아가 무대지만, 앙투안은 이것이 메종 라피트의 티보 집안과 퐁타냉 집안을 모델로 한 것을 이해할 수 있기 때문이다. 자크의 가출 직전 시점부터 사건이 그려져 있는 〈라 소렐리나〉를 앙투안은 동생의 가출 원인과 행방을 찾기 위해 읽기 시작한다.

주세페는 어느 날 오후 여동생 아네타와 함께 파우엘 집안 별장에 갔다 돌아가는 길에 속을 털어놓는다. 자신이 파우엘 댁에 자주 다니는 것은 시빌이 있기 때문이라는 것이다. 절망한 아네타는 달아나려고 하였지만 보리수나무 아래 쓰러진다. 여기서 남매는 무의식중에 근친상간을 범하고 마는 것이다.

집에 돌아오자 두 사람의 늦은 귀가를 기다리던 아버지는 행선지를 추궁한다. 주세페는 파우엘 집에 갔었음을 고백하고 시빌 파우엘과 결혼하겠다고 선언한다. 여기서 부자가 갈라서고, 아들은 '죽으러 간다'며 그대로 집을 나간다.

비록 인물들의 이름은 다르지만 아름다운 메종 라피트와 거기 머물던 티보 집안과 퐁타냉 집안사람들의 모습이 그대로 드러나고 있다. 동생의 행방을 유추한 앙투안은 지젤과 자크의 관계에 대해 기분이 상하지만, 그래도 동생을 찾아 나선다. 스위스 로잔에서 찾아낸 자크에게서는 예전의 성급함과 고집스런 그림자가 자취를 감췄다. 한편 자크도 형의 변모를 알아차린다. 한때 '티보 집안의 혈통'이라고 앙투안이 일컬은 그 격렬함은 이제 두 사람에게서 적어도 외관적으로는 보이지 않는다. 앙투안은 자신의 변화가 '라셸이 주고 간 선물'과 같은 것임을 알고 있었다. 자크도 가출한 뒤 다양한 체험을 거쳐 늠름한 청년의 침착함을 갖추게 되었다. 특히 로잔의 혁명가 집단에서 참되게 살아가기 위한 자리를 발견한 그는 정신적으로 균형잡힌 목적의식을 확실히 가지고 살아가는 인간이 되어 있었다. 여기서 이 시대에 스위스가 어땠는지 간단하게 살펴보자.

프롤레타리아 국제조직 '인터내셔널'은 1864년 런던에서 결성되었다(제1 인터내셔널). 제1회 대회가 스위스 제네바에서 1866년에 개최되었으며, 제2 회 대회는 1867년 로잔에서, 제4회 대회는 1869년 바젤에서 거의 연거푸 스위스에서 개최되었다. 1869년 바쿠닌은 스위스에서 국제사회민주주의동맹을 설립하고 제1 인터내셔널에 합류하였다.

제1 인터내셔널 해체 이후 10년 만에 제2 인터내셔널이 결성되어 제2회 대회가 취리히에서 열렸고(1893년), 티보 형제가 재회하기 전 해인 1912년에는 바젤에서 제8회 대회가 개최되었다. 이 시기의 스위스는 사회주의자들의 활동무대였던 것이다.

〈라 소렐리나〉에 이르러 소설 공간은 프랑스에 국한하지 않고 그 틀을 스위스까지 넓힌다. 각국 사회주의자들의 국적이 상징하는 공간 확대에 의해 앞으로 소설은 유럽 전역을 무대로 할 조짐을 보인다. 그리고 운동가들이 제2 인터내셔널에 결집하여 무엇인가에 대처하려는 기미를 보이고 있는 것이 유럽의 심상치 않은 정세를 알리고 있는 셈이다. 〈진찰〉에서 외교전문가 뤼멜의 입을 빌어 암시한 그 경고가 현실로 나타난 것이다.

사람들은 전반부(〈아버지의 죽음〉까지)의 심리주의적인 경향과 후반부의 역사성과 사상성 사이에 단층이 있다고 지적하곤 한다. 그러나 그런 성급한 결정은 〈라 소렐리나〉가 지닌 중요성을 무시하는 일이다. 이 부분에서 작가가 후반부를 향한 확대를 준비하고 있음을 알아야 한다.

앙투안은 자크의 입을 통해 그의 소설 〈라 소렐리나〉에서 다룬 근친상간이 허구임을 알게 된다. 자크는 오히려 형의 질문에 대하여 '모욕을 당해 창피해하는' 모습을 보인다. 실제로 자크는 키스 이상의 관계를 맺지 않았다. 순수한 자크는 비록 피가 섞이지 않았다고 해도 지젤을 여동생과 같이 여겼기 때문이다. 그럼 왜 자크는 자신의 작품 속에 아네타를 주세페의 친여동생으로 만들고, 게다가 두 남매가 선을 넘는 실수를 저지르게 꾸몄는가.

그것을 주인공의 도주 동기를 선명하게 하기 위한 문학적 허구로 단정한다면 더 이상의 의미는 존재하지 않게 된다. 그러나 이것을 소설을 쓴 자크 자신의 카타르시스라고 생각하면 이야기가 다르다. 지젤은 자크를 한결같이 사랑해 왔고, 자크도 지젤의 육체적인 매력에 저항할 수 없는 데까지 와 있었다. 이것이 가출의 한 원인이었다는 것은 명백하다. 그러므로 이렇게 생각해 보자. 자크는 실제로는 불발로 끝난 것을 가공의 이야기 속에서 폭발시켜 마음에 얽힌 응어리를 없애려 했던 것이 아닐까? 즉 자크가 머물 수 없는 애욕의 굴레에서 벗어나기 위해 그 상태를 상상의 극한까지 증폭시킬 필요가 있지 않았을까.

한편 앙투안은 자크의 가출 원인을 모두 파악했다고 여겼다. 제니와 지젤을 향한 그의 사랑, 그리고 아버지와의 언쟁이었다. 하지만 자크와 자리쿠르와의 만남 역시 하나의 원인임을 놓쳐서는 안 된다.

자크와 만난 자리쿠르는 "잘 다져진 길을 너무 경멸해서는 안 되네"라며 자신 없는 태도로 일반론을 늘어놓는다. 그러다가 자크와 헤어질 때 "난 빈 껍데기야. 끝장났어! …… 내가 쓴 책? 그런 것은 빈 껍데기야!"라고 외치며 직위와 강의, 아카데미가 대체 뭐냐고 소리친다. 갑자기 드러난 교수의 분열된 의식에 자크는 충격을 받는다. 뜻밖의 외침이 자크가 본능적으로 품고 있던 기존 모든 것에 대한 불신, 전통문화와 체제에 의존하는 것에 대한 회의와 죄의식을 다시 인식시킨 것이다. 사실 자크가 교수를 찾아갔다는 것은 그가 망설이고 있었음을 보여 준다. 그런데 교수의 혼란이 자크의 반항적인 정신에 불을 지피고, 과거와 성공가도가 보장된 미래에의 결별을 결정짓게 했다.

이런 반항적인 자크의 정신이 혁명사상을 품은 사람들 속에서 인간의 존엄을 해치는 것에 맞서게 만든 것이다.

6. 〈아버지의 죽음〉-인간의 생명, 바람 앞의 촛불

〈라 소렐리나〉와 〈아버지의 죽음〉 사이에는 시간의 공백이 없다. 티보 씨의 병세가 점점 악화되어 눈을 뗄 수가 없기 때문이다.

티보 씨에게는 더 이상 가족들을 상대로 연기할 기력도, 체력도 남지 않았다. 죽음이 확실히 다가오고 있음을 느끼고 '살려 달라!'고 외쳐 보지만, 그 공포를 덜어 줄 앙투안은 자리를 비운 상태이다.

환자는 베카르 신부를 앞에 두고 "당신이 아냐! ……앙투안! ……앙투안은 어디에 있어?"라고 외친다. 가톨릭 사회의 중요인물이던 그가 신보다도 의술에 도움을 구하고 있는 것이다. 그리고 '살아 있는 얼굴, 그러면서도 생소한 신부의 얼굴'을 분한 듯 바라보며, '세상으로부터 내쫓긴 홀로인 존재'이자 '무서운 공포를 안고 있는 고독한 사람'으로 전락한다.

모든 인간은 홀로 죽음을 맞이해야 한다. 그 순간에는 세계 전체가 잔혹하고 무관심한 것이 될 것이다. 이 깊은 외로움은 '절대적 고독'이라고 할 수 있다. 내세에 희망을 주는 종교가 영혼을 구할 수 있는 경우에는 현세와의 결별도 부조리한 것이 아니다. 하지만 죽는다는 것은 티보 씨뿐만 아니라 모든 인간에게 매우 어려운 일이다. 죽음을 앞둔 티보 씨의 신앙은 황폐해졌다. 아니, 그의 신앙은 본래 진짜가 아니었다. 대개 죽음을 앞에 둔 사람은 진실만을 이야기하는데, 티보 씨에게도 그런 순간이 찾아온다. 신부가 티보 씨의 생애를 '훌륭한 분의 삶'이라 위로하는 것을 듣고, 티보 씨는 "그렇지 않아요!"라고 부정하며 자신이 살아온 기만의 인생에 대해 처음으로 진실한 반성을 한다. 한순간 자기 생애의 진실을 엿보는 그에게 있어선 단 한 번뿐인 마지막 신비의 순간이다. 그리고 그는 "당신의 잘못이요! 왜 그때 나한테 아무것도 말해 주지 않았습니까?"라며 외치고 신부는 아픈 곳을 찔린 듯한 느낌을 받는다. 신부는 교회의 이익 때문에 그를 응석받이로 만들어 온 것이다.

그래서 신부는 표면적인 위로의 태도를 버리고 진실하게 설득하기로 결심한다. 티보 씨의 인생이 교화선도(敎化善導)의 좋은 전례는 아닐지라도 "진실된 신자로서의 종말이 후세 사람들에게 훌륭한 모범이 되도록 합시다"라고 설득한다. 허식에 익숙한 티보 씨는 '오스카르 티보는 성자처럼 세상을 떠났다'라는 말을 사람들로 하여금 하게 만들고 싶어 안정을 되찾는다. 그리고 죽음을 두려워하지 않게 되었을 뿐 아니라 '지금까지 느껴 보지 못했던 편안한 마음'마저 품는다. 신부는 '소송에서 이긴 변호사의 만족감'과 동시에 양심의 가책을 느낀다.

여기에는 생전에 교회와 성직자를 비판한 마르탱 뒤 가르의 '인간생활에는 종교가 필요하다'라는 사고방식이 스며 있다. 소년 시절부터 종교 문제로 고심해 온 이 작가는 결코 태평한 무신론자는 아니다. 그의 작품에서 종교가 차지하는 큰 지위가 이를 증명한다.

그는 교회와 성직자를 통하지 않고 직접 '신성함'과 대화한 인물이다. 청년기에는 구약성서를 맹렬히 반대하면서 사랑을 강설하는 복음서에는 거의 공감했다. 그는 자기의 성장배경인 가톨릭 부르주아 사회를 계속해서 비판에 왔다. 마르탱 뒤 가르는 무신론자라기보다는 반(反)성직주의자라고 칭하는 것이 가장 정확하다. 그러나 그는 때때로 '신은 존재하지 않는다. 하지만 종교는 연약한 인간에게 꼭 필요한 것이다'라고 말한다. 무엇보다도 인간생사 문제에 전념한 작가였기 때문이다.

위의 사고방식은 베카르 신부의 인도에 의한 티보 씨의 안정을 통해 나타나고 있다. 어떤 깨달음을 얻은 티보 씨는 모든 것이 어떻게 되든 상관없다는 생각을 갖기 시작한다. '세상은 이제 죽어가는 그에게 더 이상 몸 둘 곳이 없는 낯설고 밀폐된 하나의 총체를 이루고 있었다. 그는 혼자였다. 신비로움과 마주앉아 있는 혼자일 뿐이었다. 그리고 외로움이 어찌나 절실했던지 하느님께서 같이 계신다 해도 이 고독감을 달랠 길이 없었던 것이다!' 어찌됐든 종교는 무익한 반항이라는 지옥으로부터 그를 구해 준 것이다.

형제가 집에 돌아왔을 때, 아버지는 발작을 일으키고 있었다. 자크가 침대에서 떨어질 뻔한 아버지를 꽉 안아 올린다. 하지만 아버지의 고통을 보고 있는 것이 두려워 조용히 방을 빠져 나오고 만다.

죽어가는 사람의 고통, 특히 육친의 병고는 보고 있는 자에게 견딜 수 없는 육체적 압박이다. 그래서 그것으로부터 벗어나고 싶다는 이기적인 욕구를 일으킨다. 인간의 여린 육체가 나약한 정신에까지 지배력을 미치는 것이다. 의사인 앙투안 역시 견딜 수 없는 고통을 맛보지 않을 수 없다. 그리고 그 고통이 극한에 달하자 앙투안 역시 달아나고 싶은 마음이 들게 된다.

그래서 〈진찰〉에서 불발로 끝났던 안락사 문제가 재기된다. 〈진찰〉의 앙투안에게 에케 딸의 고통은 왕진 갈 때 잠깐 만나는 환자의 고통이며 타인의 문제이다. 하지만 아버지의 죽음의 고통에 대해선 그도 직업적 평정을 유지하기는 힘들다. 발작이 심해지자 앙투안과 자크는 '마음에 두고 있던 본의 아닌 하나의 희망'에 현혹된다. 죽음이 다가왔다는 기대이다. 하지만 티보

마르탱 뒤 가르는 무신론자라기보다 반성직주의 작가이다.

씨의 죽음은 좀처럼 다가오지 않는다.

자크가 어째서 모르핀 주사를 중지했는지 물었을 때, 앙투안은 '이제 아무 것도 배설을 못하니까. 그 주사를 놓으면 틀림없이 죽이는 결과를 가져올 거야'라고 대답한다. 이 짧은 몇 줄의 대화가 형제의 마음에 자리를 잡고, 독자들에게는 무언가를 암시한다.

회복의 희망도 없고, 빈번한 발작에 고통스러워하는 아버지를 보는 게 너무나 힘들어진 자크는 형에게 "편하게 해 드려야지! 무슨 방도를 찾아봐! 어떻게 해서라도!"라며 닦달한다. 그러자 앙투안은 아버지를 조금이라도 편하게 하기 위해 목욕을 시켜드리기로 한다. 앙투안의 의사로서의 이 처치를, 인류의 어리석은 행동에 대한 처방전을 모색하는 앙투안의 현실적 제안이 수록된 〈에필로그〉에서도 발견하게 될 것이다.

죽어가는 환자가 보여 주는 너무나 무서운 모습에 "대안이 없다니 이해할 수 없어!"라며 화를 내는 자크에게 앙투안은 "있어. 할 수 있는 일이 꼭 하나 있어"라고 중얼거리듯 말한다. 그리고 형제는 아버지의 고통, 그리고 자신들의 고통을 빨리 끝낼 안락사에 관해 논의하게 된다.

앙투안은 "움직이지 마세요……. 편안하게 해 드릴 테니까, 아버지……"

라고 속삭이며 티보 씨에게 모르핀을 주사한다. 그 뒤, 형제는 '홀가분한 마음으로 자신들을 사로잡는 동물적인 안락에 몸을 맡기면서' 계단을 내려와 야식을 먹는다. 그리고 그것이 '축하연'인 듯한 느낌을 받는다. '그들은 그 식사를 못 본 척하고 싶었다. 몹시 배고파하는 것도 부끄러운 일이고 해서 슬픈 표정을 하고는 아무 말 없이 식탁에 앉았다.' 죽어가는 자와 살아남은 자. 그리고 인간의 정신과 육체가 견딜 수 있는 고통의 한계. 슬프지만 우리 인간의 현실이다.

앙투안은 '내가 그렇게 했어'라고 마음속으로 되풀이하며, '잘한 일이야'라고 생각한다. 하지만 금방 거기에 '육체적인 악몽에서 벗어나고 싶은 비열함'도 포함되어 있었다는 사실에 반성한다. 그리고 안락사에 대해서, '물론 모든 의사들에게 허용된다면 위험'하며, 불합리하고 비인간적인 규범이라도 '맹목적으로나마 지키는 것이 원칙상 필요'하다는 사실을 인정한다. 그러나 그 규정의 정당성을 인정하면 인정할수록 그것을 의식적으로 어겼다는 사실을 더욱더 시인하고 싶어진다. 그것은 '양심의 문제'로 여겨지며 '일반적인 이야기가 아니다. 나는 다만 이렇게 말할 뿐이다. 지금의 처지에서 나는 해야 할 일을 했을 뿐이다'라는 생각이 들게 된다. 이 〈아버지의 죽음〉에서는 지금도 여전히 논란이 되고 있는 '안락사' 문제가 현실적인 자료를 토대로 검토되고 있는 것이다.

아버지의 주검을 앞에 두고, 앙투안은 또다시 죽음의 의미에 대해서 생각한다. 옳고 그름을 떠나 '허무'하다고 여긴다. 그리고 '죽음'만이 엄연히 존재하며, 그것이 모든 것을 초월한다고 생각한다. 그러나 앙투안은 곧 그런 생각을 접는다.

한편, 자크는 아버지의 죽음이 앙투안과 전혀 다르게 받아들인다. 그는 죽음이 '사고력의 정지'임을 알아차리고 자기 두뇌의 '끊임없는 활동'에 고민한다. 그러면서 '한순간에 정지'하는 '죽음'이야 말로, '생각하는 고통'에서 벗어날 수 있는 침묵 속 '안식'이라 여기게 된다. 어째서 그는 자신의 두뇌활동에 괴로워하며 자살을 떠올리는 것일까. 그것은 그의 두뇌가 언제나 고통스러운 싸움을 계속해야만 하기 때문이다.

스탕달의 《적과 흑》의 주인공 쥘리앙 소렐은 대자연 속에 혼자 들어가 사회로부터 동떨어진 감옥 안에 갇히는데, 그때 처음으로 마음의 평안을 느끼기 시작하여 순수한 감정의 주인이 됨을 느낀다. 그것은 그가 사회 속에 있을 때는 늘 분노와 반항의 싸움에 쫓기고, 그 때문에 두뇌의 '끊임없는 활동'에 고통받아 왔기 때문이다. 자크의 일상도 그러한 분노와 반항에 쫓기고 있었다. 그는 고통스러운 사고력의 '정지'를 허락하는 '죽음'을 동경한다. 그는 늘 죽음과 가까이 살아왔으며 '죽음'을 향한 달콤함에 도취해 있었다. 그리고 죽음과 밀접하게 살아왔으므로 죽음의 순간, 그 현실적인 공포에 사로잡힌다.

그것은 죽음을 맞는 고통이라는 미지의 것에 대한 육체적 공포이며, 〈회색 노트〉의 말의 참사와 〈아름다운 계절〉의 개의 사고가 말하는 '살아 있는 상태에서의 순간적인 죽음'에 대한 공포이다. 형에게 아버지가 임종의 고통을 빨리 끝낼 수 있도록 부탁한 것도 이 때문일 것이다.

자크는 제네바에서 혁명가들 사이에 섞이기는 하나 폭력적인 혁명가가 되지는 못한다. 그는 반항적인 인간이지만 혁명가는 될 수 없다. 혁명은 피를 요구하기 때문이다. 싸움의 일상을 보내면서도 죽음의 공포에 휩싸여 있는 자크는 인간에게 죽음을 요구하는 전쟁이나 혁명에 맞서는 절대평화주의자가 되어 간다.

런던에서 돌아온 지젤은 자크와 재회하지만 그것은 영원한 이별이 되고 만다.

어째서 자크는 늘 외곬으로 사모하는 지젤에게 분노와 경멸을 느꼈던 것일까. 자크의 상념 안에는 '어렴풋한 육체적 매력'과 또는 '별거 아닌 유혹과 견실치 못한 속임수'같은 단어들이 떠오르곤 한다. 그런 한편 지젤을 사랑스럽다 여기며 '순수한 애정의 눈길로' 그녀를 안고 달래며 지켜 주고 싶다고 생각한다. 그러나 그는 그런 애매함 속에 안주할 사람은 아니다. 그에게는 이미 '주위의 언쟁 소리를 압도할 만큼 커다란 쇠 긁히는 소리'가 들려오고, 깊은 어둠 속으로 나아가기 시작한 배의 동요가 전해져 온다.

티보 씨의 장례가 크루이 소년원 성당에서 성대하게 진행된다. 자크는 장례식에는 참례하지 않고, 혼자 묘지에 찾아가 '죽은 아버지를 위한' 눈물을 흘린다. 그리고 묘지를 나와 역으로 향하는 자크를 '죽음'이 집요하게 좇아 온다. 그는 '죽음'의 압박에 몸을 맡기며 생각한다. '인간은 어째서 그토록 바라는 것일까? 무엇을 희망하는 것일까? 인생 그 자체는 모두 하찮은 것인데. 모든 것이, 정녕 모든 것이 헛된 일이다—인간이 죽음이라는 것을 알자마자!' 이러한 부조리에 홀린 자크는 '설사 인생이 짧다 해도 인간에게는 이따금 자기 자신의 일부만이라도 멸망으로부터 구할 수 있다는 생각, 또 하늘이 무너져도 솟아날 구멍이 있듯이 자신을 휘몰고 가는 세파를 이겨내어 자신의 꿈을 다소나마 부상시킬 기회가 주어질 때도 있다'는 생각조차 하고 싶어하지 않는다. 그래서 그는 또다시 '전적으로 자의에 의해 자신을 말살한다는 논리적인 생각'에 홀린다. 저자는 그것을 '무의식의 세계로 착륙했다'라고 표현한다. 이것은 자크에게 그러한 희구(希求)가 애초부터 존재했었음을 의미한다.

앙투안은 장례식에서 돌아오는 길에 베카르 신부와 신앙문제에 관해서 토론한다. 그는 신부가 얘기하는 종교적 불안감 따위를 전혀 이해하지 못한다. 그러나 앙투안은 자크보다는 현실적인 관점에서 '정신적 신앙이 부족하다는 것과 살아가는 데 있어서 최대한의 양식을 갖는다는 것 사이에서 뭐라고 설명할 수 없는 모순'을 느끼고 자문한다.

인간은 자기가 하는 일을 사랑하지 않으면 안 된다. 그러나 왜 그렇게 사랑하지 않으면 안 되는 것일까? 그 이유는 사회적 동물인 인간은 자신의 노력을 통하여 사회의 순조로운 발전에 기여하지 않으면 안 되기 때문이다……. 얼마나 근거 없는 단정이며 가소로운 가정인가! 무슨 명목으로 말인가?

에케 딸의 안락사를 고민하고 있을 때, 미해결로 방치했던 '무슨 명목으로'란 의문은 여기서 인간 영위 전체에 관한 문제로 확대된다. 하지만 아직 그에 관한 답을 얻기엔 앙투안의 경험이 부족하다.

티보 씨의 죽음과 더불어 하나의 세대가 그 막을 내리며, 그와 동시에 프랑스의 평화로운 생활도 종지부를 찍는다.

7. 〈1914년 여름〉—역사의 불길한 얼굴과 쾌락의 보답

사실 마르탱 뒤 가르가 처음에 구상했던 대로라면 〈1914년 여름〉 편은 나오지 않았을 것이다. 그런데 1931년 1월 1일 아내와 함께 교통사고를 당하면서 작품의 방향을 바꾸기로 결심한다. 그가 이 〈1914년 여름〉 편으로 노벨문학상을 수상하고 이후 스톡홀름 노벨 아카데미의 페르할스트름에게 보낸 편지를 보면 그가 어떤 동기에서 이 작품을 썼는지 잘 알 수 있을 것이다.

인류는 역사의 비참한 순간을 통과하고 있습니다. 이미 가는 곳마다 대포가 조준을 맞춰 놓고 있는 것처럼 보입니다. 지구의 양끝에서는 이미 피를 흘리고 있습니다. 이미 비참함에 침식되고 멋대로 날뛰는 광신에 맡겨진 이 세계에는 소리 없는 공포와 분노와 절망과 막연한 숙명론적 분위기 속에 정념이 발효하고 있습니다. 스웨덴 아카데미가 (노벨문학상 수상자 발표를) 1차 세계대전 종전 기념일인 11월 11일로 택한 것은, 총동원령에 앞선 몇 주일 동안의 불안한 동요를 되살리려고 노력하고 있는 이 책이, 과거의 비극적 교훈을 만인에게 환기시킴으로써 평화를 옹호하는 데 나름대로 이바지할 수 있다고 생각했기 때문이라고 확신합니다.

이 〈1914년 여름〉에 들어서면 독자는 지금까지와는 다소 다른 분위기를 느낀다. 먼저 눈에 띄는 것은 사상적인 논의가 큰 부분을 차지하는 점이다. 자크를 둘러싼 혁명가들은 자본주의체제 비판, 사회주의 추진 방법, 노동자 단결 문제, 혁명가 의식 등 이데올로기는 물론, 절박한 유럽 각국의 동향, 전쟁 위협 등과 같은 국제 정세에 대해서 토론한다.

유럽에 다가오는 불길한 사건의 발소리로 인한 필연적인 변화이다. 〈진찰〉에서 잠깐 모습을 비춘 역사와, 〈라 소렐리나〉에서 소설 공간이 유럽적 차원으로 확대됨을 암시했던 국제분쟁은 〈1914년 여름〉에 이르러 현실적으로 크게 부각된다.

자크는 로잔에서 제네바로 이주하여 신문사와 잡지사에서 받은 돈으로 생활하면서 각국 사회주의자들이 모이는 '본부'에 드나든다. '본부'의 중심이라고 볼 수 있는 메네스트렐은 이해하기 힘든 어두운 면을 간직한 혁명가지만, 이후 자크와 숙명적으로 맺어지는 중요 인물이다. 메네스트렐은 과거에 스위스항공협회의 조종사 겸 기관사로 일했으며, 비행사고로 다리에 부상을 입은 뒤 노동운동에 몸을 바친 이력을 가진 인물이다. 사고에 의한 부상이라는 육체적 결함이 그의 성격에 깃든 수수께끼 같은 부분을 형성하고 있는지도 모른다.

자크는 인간이 '조국'을 완전히 떨쳐낼 수는 없으나, 그런 의미의 애국주의가 인터내셔널 혁명가의 이상에 모순되는 것은 아니라고 생각한다. 그는 동지들이 '부르주아적'이라고 말하는 '지극히 프랑스적인 일종의 지적 귀족주의'를 버리지 않고, 인간적인 성실함과 따스함을 지니고 동지들의 신뢰와 우정을 얻는 특수한 입장을 유지한다. 자크의 반발에는 '부정과 불의에 대해 타고난 감각'이라는 동기가 있다. 그의 이상은 '평화와 우애의 새로운 질서' 수립이며 '바른 사회' 건설인데, 그것을 민주주의 국가 내부에서 혁명으로써 실현할 수 있다고 생각한다.

　　한편 오스트리아인 미퇴르크는 폭력주의 이론가이다. 혁명적 활동의 시작은 민주주의와의 철저한 투쟁이어야 하며, '격렬한 고통 없이 혁명은 없다'는 그의 생각은 자크의 이상주의와 근본적으로 대립한다.

　　자크는, 현대 문명사회의 혁명은 과거 많은 피를 흘렸던 우발적인 폭력 혁명과는 다르며, '조레스와 같은 인물들이 인내심을 가지고 이끄는' 휴머니즘에 따라 점진적으로 원만하게 이루어져야 한다고 말한다. 그러나 미퇴르크는 "모든 것을 넘어뜨리고 마지막 잔해까지 모두 고르게 만드는 것이 필요해!"라고 주장한다. 자크는 난동을 선호하는 파괴열의 노예가 되는 것은 옳지 않다고 생각하고, 인간다운 모습으로 머물려는 개인의 의식을 버리고 한 당파의 추상적인 주의(主義)나 집단행동 속에서 '개인'을 없앨 수는 없다고 믿는다. 그런 자크를 미퇴르크는 '생각만 할 뿐 신념이 없다. 정신주의적인 딜레탕트(호사가)에 지나지 않으며 혁명가라고 할 수 없다'고 평가한다. 자크도 자신이 다른 사람들과는 다르다는 것을 인정할 수밖에 없다.

　　지도자 메네스트렐의 생각은 다음과 같다. 먼저 혁명의 선구적 상태라는 것이 있다. 그것이 혁명 상태로 변하기 위해서는 어떤 새로운 요소(예를 들어 전쟁, 패전, 경제위기 등)가 필요하며, 그것이 반란을 야기한다. 그러나 반란이 혁명으로 전개되기는 쉽지 않다. 반란을 반란으로 끝내지 않고 혁명으로 이끄는 것이 혁명 지도자들의 지도적 의사와 능력과 수단이다. 유럽은 혁명의 선구적 상태에 있다. 자본주의 국가 간의 대립이 초래한 위기적 상태인데, 여기엔 반드시 새로운 요소가 발생한다. 프롤레타리아 지도자들은 그때를 위해서 준비를 해두는 것이 가장 중요하다. 그의 생각에서 중요한 것은 새로운 요소를 바라는 것이다. 메네스트렐에게는 전쟁 발발을 방지해야 한다

〈1914년 여름〉 무대가 되는 1914년 6월 28일, 사라예보를 방문 중인 오스트리아 황태자 부부가 세르비아 테러리스트에게 암살되는 사건이 일어난다. 이 사건은 제1차 세계대전을 불러 왔다.

는 사고가 성립되어 있지 않다. 새로운 요소로서 반드시 필요하기 때문이다.

전쟁에 대한 미퇴르크의 생각은 이와 조금 다르다. 현실주의적 폭력혁명 주의자인 그는 대중을 선동하여 전쟁을 막아야 한다고 주장한다. 전쟁은 아직 '애국적 감정'에서 벗어나지 못한 프롤레타리아를 민족주의의 깃발 아래로 끌어들이고, 인터내셔널을 분열시키며 노동자들을 전장의 이슬로 사라지게 할 뿐이라고 주장한다. 그의 입장은 제2 인터내셔널에서 끝까지 전쟁을 반대했던 부류의 시각을 대변한다.

이때 사라예보에 전쟁의 희미한 불꽃이 일어난다. 오스트리아-헝가리 제국 황태자가 한 세르비아 청년의 저격으로 죽은 사건이 일어난 것이다. 이로 인한 전쟁 위기에 대해 자크가 생각해 낸 대응책은 인터내셔널의 이상에 따라 공식적인 집단 데모를 전개하는 것이었다. 독일의회, 프랑스의회, 러시아의회에 손을 쓰고, "각국 외무장관들에게 동시에 압박을 가하는 것이다. 신문활동을 하고! 전 민중들에게 호소하는 것이다!" 그리고 최상의 무기는 전 유럽 노동자들과 손을 잡고 동시에 총파업을 감행하여, 프롤레타리아가 하나가 되어 전쟁 저지에 나서겠다는 것을 각국 정부에 알리는 것이다. 이를 위해서는 각국 인터내셔널 지도자들이 태도를 분명히 해야 한다.

미퇴르크는 자크와 달리 지도자들을 믿지 않는다. 그는 오로지 대중행동에 호소하여 반란상태를 일으켜야 한다고 생각한다. 군수공장에 사보타주를 일으키고, 기관차를 때려 부수고 철도망을 절단하는 등 도처에서 여러 사건을 일으키고, 온 유럽의 혁명조직들이 한꺼번에 불을 붙여서 지도자들과 조합을 좋든 싫든 전쟁거부와 혁명으로 끌어 들인다.

메네스트렐은 자크가 인터내셔널을 찬미하면 "그렇지!" 하고 대답하면서도, 그 입가에 어렴풋한 냉소를 띄운다. 그는 다음과 같이 생각한다. '전쟁이 발발하면 그 전쟁이 프롤레타리아의 의사와 이해에 반해서 자본가들이 일으킨 것이며, 그들의 의사와는 상관없이 범죄적 목적을 위해 동족 살해 속으로 몰아넣었다는 확고한 신념을 될 수 있는 대로 많은 병사들이 가져야만 할 것이다. 이야말로 어떤 일이 일어나도 결코 헛되지 않을 것이다. 제국주의를 타도하기 위한 싹을 심는 데 훌륭한 전술이다!' 단지 말하지 않을 뿐이다.

자크가 프랑스 좌익의 동향을 살피라는 메네스트렐의 명을 받고 파리로 돌아와 앙투안을 만났을 때, 앙투안은 아버지가 물려 준 유산으로 집을 완전히 개조하여 호화스러운 병원 겸 연구소를 만들어 놓았다.

쾌적한 연구생활이라는 우월감 속에 빠져 있는 형을 본 자크는 불안과 조바심을 느낀다. 앙투안도 신문을 통해 발칸정세에 대해 알고 있지만, 유럽 전면전이라는 자크의 말을 곧이들으려 하지 않는다. 그는 모든 것이 예측과는 다른 양상을 보이며 항상 자연스레 해결되므로, 이번에도 어떻게든 될 것이라고 생각한다. 앙투안의 이런 낙관론은 '일주일 동안의 공화국 축제 (7월 14일 파리제)'가 막 끝난 뒤 대다수 프랑스인의 무사태평을 대표한다.

앙투안은 동생에게 "프랑스는 모든 계열, 모든 사회계층을 통틀어 모두가 본질적으로 평화적이야!"라고 말하면서 자국에 대한 신뢰를 강조한다. 이것은 어떤 의미에서는 프랑스 정신의 한 측면을 추상적으로 요약했을 때의 바른 비평이라고 말할 수 있다. 그러나 한 나라의 문화적 측면과 현실적 정치 외교가 반드시 일치하지는 않는다. 그러므로 '승리한 프랑스, 최강의 군대를 가지고 거대한 식민지 제국 위에 군림하는 프랑스'라는 자크의 정의 또한 매우 바르게 파악한 것이다. 실제로 1870년 보불전쟁에서 패한 프랑스에서는 잃어버린 알자스로렌 지역을 회수하길 원하는 애국적 호전 기운이 한창 무르익어 있었다.

자크는 자본주의 제도의 모순과 그에 대한 프롤레타리아 혁명에 대해서 형에게 설명하지만, 그의 초보적인 이론은 어딘가 진부하고 비현실적인 느낌을 준다. 그리고 미퇴르크의 폭력혁명론에 찬성하지 않던 자크가 앙투안을 상대로 메네스트렐의 말투를 흉내 내어 "우선 혁명가들이 과감히 앞장설 필요가 있어. '반란 상태'를 유발하는 거지…… 심지어 그것이 그 무서운 혁명적 혼란이라 해도……"라며 혁명론자가 되어 버린 점이 흥미롭다. 자크 자신도 마음속으로는 '미퇴르크가 내 말을 듣는다면 흐뭇해하겠지' 하고 생각한다. 이것은 앙투안의 무관심이 자신들과 너무나 동떨어져 있어서 생긴 조바심 때문인데, 한편으로는 갑자기 닥쳐온 전쟁 위협의 현실이 자크에게 위기감을 불러일으켰기 때문이다.

앙투안은 자크의 프롤레타리아 독재론을 들으면서 다음과 같이 생각하는데, 이 대목에서도 프랑스의 진실에 대한 바른 판단이 돋보인다.

아프리오리의 의미에서 따져보면, 프롤레타리아 독재 그 자체가 생각할 수 없는 것으로 보이지는 않았다. 그것이 다른 나라인 경우에, 예를 들어 독일에서라면 어렵지 않게 상상할 수 있었다. 그러나 그것이 프랑스에서라면 전혀 불가능한 것 같은 생각이 들었다. 그는 생각했다. '그런 독재는 단순한 방향전환으로 공고히 자리잡을 수 없어. 그런 독재가 승리를 확보하기 위해서는 그것이 긍정되고, 경제적인 결과를 가져오고, 또 새로운 세대 속에 뿌리를 튼튼히 내릴 시간이 필요해. 집요한 포학, 끊임없는 투쟁, 억압, 약탈, 빈곤이 뒤섞인 시간. 적어도 8년, 10년, 어쩌면 15년이라는 시간이 필요할지도 모른다. 프랑스—국민 모두가 불평을 잘하고 개인주의적이며 자신들의 자유를 소중히 여기는 나라, 평범한 혁명가도 자기도 모르는 사이에 소지주의 습관과 취미를 가지고 있는 소액연금생활자의 나라—그런 프랑스가 과연

10년이라는 긴 세월에 걸쳐 이런 엄격한 시련을 견뎌낼 수 있을까? 그런 것을 기대하는 것은 정말 미친 짓이 아닐 수 없어.'

두 사람의 논의는 머지않아 하나의 중대한 문제에 부딪친다. '정치체제나 사회제도가 어떻게 변화하든지 인간의 아둔한 본성은 변화하지 않을 것이다'는 생각이다. 앙투안은 새로운 제도를 세워도 '머지않아 새로운 제도에 또 새로운 폐해가 생긴다'고 생각한다. 그가 동생에게 "본질적인 요소는 변함이 없어. 그것은 인간의 본성이야!"라고 말하자 자크는 창백해진 얼굴을 돌려 버린다. 자크는 인간에 대한 한없는 동정심과 마음으로부터 우러나오는 사랑을 가지고 있으나, 어떻게 하더라도 '인간의 정신적인 가능성에 대해 회의적이지 않을 수 없었다. 마음속 깊은 곳에는 이런 비통한 거부감이 앞을 가로막고 있었다.'

구원하기 힘든 인간의 본성에 대한 자크의 비관적 회의는 〈에필로그〉에서 앙투안의 인류 미래에 대한 사색의 저변을 이루는 것과 서로 통한다. 이 불안감은 현 시대에도 변함없이 쉽게 해답을 얻을 수 없는 영원한 과제로 남게 될 것이다.

여기에서 갑작스레 큰 사건이 일어난다. 퐁타냉 집안의 제롬이 자살을 시도했다는 소식을 가지고 제니가 들이닥친 것이다. 오랜만에 얼굴을 맞댄 자크와 제니는 충격에 빠진다.

제니는 자크를 원망하며 살아왔다. 1910년 여름, 메종 라피트의 담벼락 뒤에서 그녀의 그림자에 뜨겁게 입을 맞추던 자크가 어느 순간 사라졌기 때문이었다. 제니는 괴로워하다가 건강마저 상해 버렸다. 그래서 자크를 맞닥뜨린 제니에게는 아버지의 자살보다 이 재회가 더욱 충격적이다. 혼란스럽기는 자크도 마찬가지여서 이틀을 앞당겨 제네바로 가기로 한다.

이야기 속에 다시 등장한 제롬은 여전히 그 바람기를 잠재우지 못하고 있었다. 가출하지는 않았지만 헝가리의 삼림을 벌채하는 영국계 회사에서 일하며 항상 빈과 런던을 오갔고, 파리에는 아주 가끔씩 올 뿐이었다. '오스트리아와 영국에 각각 현지처를 두고 있었던 것이다.' 그리고 그가 자살을 시도한 것은 명의를 빌려 주었던 오스트리아 회사가 파산하여 소송을 당하게 되었기 때문이다.

제롬은 병원으로 옮겨진다. 앙투안이 지켜보는 가운데 의사 에케가 수술을 집도하지만, 두개골에서 총알은 빼내지 못한다. 퐁타냉 부인은 빈사상태인 제롬의 머리맡에 앉아 남편의 고상하고 아름다운 얼굴을 지켜본다. 그녀에게는 '일생의 유일하고도 위대한 사랑의 대상'이었던 것이다. 부인은 제롬과 함께 마지막으로 나눴던 사랑을 떠올린다. '격렬하고 미칠 듯한 욕정. 간호사를 내보내고 여기 남편 곁에 누워' 그의 몸을 꺼안고 싶다는 욕망이 그녀의 마음을 스친다. 여기에도 역시 '죽음=욕정'의 열광적인 결합이 나타난다. 마르탱 뒤 가르는 가톨릭 신자가 성체배수를 받을 때 느끼는 법열과 성애의 극치에 따른 황홀감과, 죽음을 앞둔 자가 최후에 맞이하는 불가사의한 순간(신神=성性=죽음)을 모두 오묘한 것으로 간주하였다.

　병원을 뒤로 하고 앙투안은 안느가 기다리는 밀회장소로 내달린다. 그는 안느의 '너무나도 분명히 사랑을 위해 만들어진 것처럼 보이는 점'에 끌린다. 그리고 자신이 의사라는 천직에 몰두할 수 있는 자유를 주므로 관계를 이어간다. 그러나 그는 둘 사이가 계속될 것이라는 생각은 꿈에도 하지 않는다. 안느와의 일은 앙투안에게 연애유희에 지나지 않기 때문이다. 그에게 가장 중요한 것은 최선을 다하여 '자기 자신의 일을 하는' 것이다. 그 생각을 하면 자크와의 논쟁 따위도 무의미하다.

　'나는 의사야. 나에게는 해야 할 일이 있고 나는 그 일을 하고 있다. '그들'은 그 이상 무엇을 바란단 말인가? …… 그들의 혁명은…… 나무쌓기놀이를 하는 아이들처럼! …… 혜택이 불확실하게 마련인 대변혁에 집착하지 말고 저마다 적당한 범위 안에서 조화롭고, 보람 있는 일을 하는 데 짧은 인생을 바치는 거야!'

　앙투안의 자기 사명에 대한 진지한 마음가짐은 그가 타인보다 강한 성격을 지니고 있음을 보여 준다. 정력주의는 티보 집안 특유의 사상이다. 단지 자크가 울리는 경종은 시대와 세계가 그런 개인생활 추구를 허용하지 않는 낌새를 보이고 있음을 나타낼 뿐이다. 앙투안은 그것을 과장된 것으로밖에 받아들이지 않는다.

　자크는 제롬의 병원을 다시 한 번 찾아가 제니와 다니엘을 만난다. 제니는 자크를 쏘아볼 뿐이다. 4년 동안이나 얼굴을 보지 못했던 다니엘은 군복을 입고 있었다. "하사관이 되고 동료도 생겼다"는 다니엘의 말에 자크는 '딴사람 같고 경멸적인 눈초리로' 그를 본다. 다니엘이 실종의 이유를 물어도 자크는 대답하지 않는다. 그리고 두 사람은 서로를 이해하지 못한 채 매정하게 헤어진다.

제1차 세계대전 일주일 전인 7월 21일. 자크는 스위스 제네바에 돌아간다. 그러나 쉴 틈도 없이 메네스트렐의 명령에 따라 앤트워프와 파리로 서둘러 간다. 24일 앙투안에게 전화한 자크는 제롬이 전날 밤에 결국 죽었다는 소식을 듣는다. 제롬의 관이 안치된 병원 영안실을 중심으로, 이 가치 없는 인간의 죽음이 새로운 출발의 시작이라도 되듯이 사람들은 저마다 불안정한 미래를 생각한다.

퐁타냉 부인은 바람둥이 남편이 죽음으로써 오랜 인종(忍從)의 생활로부터 구원받는다. 하지만 그녀는 자신의 '지극히 본능적인 이기주의의 결과에 지나지 않는' 들뜬 기분을 영적인 은총에 의한 것이라 해석하고는 신께 감사한다. 이 장면에서 우리는 신앙에 홀린, 철저하지 못하고 미적지근하며 사물을 표면적으로만 해석하는 이 여성의 지성을 발견한다.

니콜은 자신의 어머니 노에미를 타락시킨 증오스런 제롬의 관 앞에 선다. 그녀는 에케와의 부부생활에서 아무런 기쁨도 얻지 못했다. 모든 처녀들이 그렇듯 니콜도 동화 같은 삶을 꿈꾸면서 결혼생활을 시작했으나, 늘 바쁜 남편과의 사이에서 공통점을 찾지 못하고 희망을 잃어버렸다. 앙투안이 안락사 주사를 놓는 데 망설였던 아이의 죽음도 그녀의 삶을 잿빛으로 물들였을 것이다. 바이올린을 배우기 시작했다는 니콜의 쓸쓸한 '여자의 일생'을 다니엘도 동정하게 된다.

제니는 제롬의 자살을 계기로 자크와 재회하게 되어 잃었던 모든 희망이 다시 타오르는 것을 억누르지 못하고 있었다. 자크는 그런 제니의 뒤를 쫓아 그녀의 집으로 갔다가 병원으로 다시 간다. 그리고 병원 앞에서 만난 다니엘이 친구를 자신의 아틀리에로 안내한다.

다니엘이 보여 주는 비슷비슷한 나체화 앞에서 자크는 유럽과 전쟁에 대해 생각한다. 예술가는 예술을 통해서만 인류에 공헌할 수 있다고 생각하는 다니엘에게, 문학적인 재능을 지닌 자크가 다른 데 매달리고 있다는 사실은

'타고난 사명을 배신한 것'으로밖에 보이지 않는다. '자기 운명을 이루지 못한' 인간이 겉으로만 용감한 척 남을 우습게 보는 모습. 그것이 다니엘 눈에 비치는 자크였다. 아무튼 서로에게 거리감을 느끼는 것도 잠시 자크는 다니엘이 전쟁의 최전선에 투입될지도 모른다는 비통한 생각을 한다.

장례를 마치고 떠나는 다니엘을 배웅하기 위해 자크는 역으로 간다. 신문을 읽은 다니엘 역시 전쟁의 불안에 사로잡혀 있었다. 그러나 자크는 친구를 안심시키기 위해 전쟁이 일어날 리 없다고 단언한다. 그는 사회주의세력의 결집이 활발히 이루어지고 있다는 것도 알고 있었다. 그래서 각국 정부의 전쟁활동은 저지되리라는 기대를 버리지 않았다.

오빠를 배웅하러 왔던 제니와 자크는 딱딱한 인사밖에 나눌 수 없었다. 자크는 달아나듯이 달음질쳐 역을 빠져 나온다. 그러나 여기서 이 소설 특유의 '사건의 결부'라 불리는 '우연' 중 하나가 자크를 다시 역의 플랫폼으로 돌아가게 한다. 짐꾼이 짐수레를 가지러 왔기 때문이라는 아주 사소한 우연이다.

여기서부터 제니와 자크의 기묘한 쫓고 쫓기기가 시작된다. 공포에 사로잡혀 달아나는 제니. 흥분해서 쫓아가는 자크. 자크가 뜻밖에도 "제니……용서해 줘"라고 말하자 제니의 정신이 아득해진다. 그러나 자신이 쫓아내지 않을 것을 안 자크가 자신감을 되찾자 그녀는 곧바로 경멸과 냉담을 드러낸다. 이 추격전만큼 순수하고 격렬한 이 연인들에게 어울리는 사랑 방식은 달리 없을 듯하다.

이 장면은 자크와 지젤이 결렬하는 장면과 좋은 대조를 이룬다. 두 장면을 비교해 보면 역시 자크에게 어울리는 연애상대는 지젤이 아니라 제니라는 점을 확실히 알 수 있다. 과거에 지젤에게 품었던 감정마저도 자크는 전부 털어놓는다. 그러자 제니는 그 성실함에 크게 감동한다. 또한 자크가 자신의 불가해한 태도는 제니의 냉정함에도 원인이 있다고 말하자, 그녀는 그 말에 수긍한다. 두 사람은 서로의 감정을 확인하고 헤어진다. 그리고 자크는 온생애를 걸려는 사랑을 위해 그 어느 때보다도 더 정의롭고 순수하고 새로운 세계의 필요성을 느낀다.

전쟁이 코앞에 다가온 절박한 상황에서 유럽 각국의 프롤레타리아가 펼치는 저항운동은 활기를 띠었다. 파리 노동총연맹은 대대적인 시위 계획을 세우고 프롤레타리아의 주의를 환기시킨다. 독일이건 오스트리아건 모든 지역의 사회당들이 노동자의 이름으로 평화적 교섭을 요구하고 있었다.

실존했던 정치가이자 뛰어난 학자인 장 조레스가 등장하여 이야기에 무게를 더한다. 조레스는 1859년에 남부 프랑스에서 태어나 에콜 노르말을 졸업하고 대학교수가 됐다. 26살 때 대의원으로 선출돼 정계에 진출하고 그 뒤 낙선해서 연구생활로 돌아가 학위를 따기도 했다. 그는 1893년에 노동운동의 성행을 앞두고 사회주의자로서 재선됐고 드레퓌스 사건에서는 드레퓌스를 옹호했으며, 프랑스 사회주의 정당을 통합하는 데 힘썼다. 1901년에는 프랑스사회당을 만들고, 1904년에는 통일사회당을 결성하였다. 1904년에는 위마니테사(社)를 세워서 언론 쪽에서도 크게 활동했다. 그의 사상은 마르크스주의의 영향을 받으면서도 개량주의적 경향을 강화해서 자본주의제도 안에서의 사회주의적 변혁을 이상으로 삼았다. 그리고 절대평화주의, 정의와 자유를 추구하는 휴머니즘을 기준으로 하여 반교권(反敎權), 반전, 반식민지정책, 반노동계급 압박을 철저히 주장하는 것이었다. 프롤레타리아의 반항적 운동을 지지했으나 그는 급진적 프롤레타리아 독재주의자는 아니었다. 노동계급의 힘을 키워서 민주주의 국가 안에서 사회개혁을 실현하려고 한 인물이었다. 이와 같이 조레스야말로 자크의 체질과 이상에 완전히 합치되는 위대한 지도자였다. 파리에 온 자크는 위마니테사에 얼굴을 내밀어 프랑스 좌익의 정보를 얻으려고 한다.

여기서 저자 마르탱 뒤 가르의 소설작법의 특징을 살펴보자. 그것은 다음 두 가지이다. 하나는 소설 작품이라는 허구 속에 실존인물을 등장시켜서 그와 소설 주인공 사이에 관계를 맺어 주는 수법이다. 다른 하나는 현실의 역사 속에서 그 역사를 움직일 정도로 중요한 역할을 소설 주인공에게 부여해서 허구와 현실을 한 덩어리로 합치는 대담한 수법이다. 그 역사적 현실이란 것이 얼마나 완벽한 고증을 거친 것인지는 〈1914년 여름〉에서의 유럽 정세 추이에 대한 기술만 봐도 일목요연하다.

첫 번째 수법은 젊은 시절의 드레퓌스 사건을 다룬 걸작 《장 바루아》에서도 나타난다. 드레퓌스 사건과 관련된 중요한 실존인물 에밀 졸라 등이 등장하여 허구의 주인공 바루아와 인연을 맺는 것이다. 《장 바루아》를 읽은 독자는 드레퓌스 재판이라는 역사적 사실의 중심인물이 장 바루아인 것으로 착각하게 돼 버린다. 이는 두 번째 수법의 좋은 예이기도 하다. 이 대담한 수

법을 가능케 한 것은 완벽한 역사 고증에서 생겨난 현실감, 그리고 주도면밀
한 구성과 뛰어난 필력이다. 이 저자가 쓰는 정확하고 뛰어난 역사는 어떤
역사의 재구성이 아니라 재창조였던 셈이다. 자크가 뒤에서 베를린에 방문
한 슈톨바하 대령의 서류를 가져온 것도 이 창조의 한 부분이다. 메네스트렐
이 그 서류를 온전히 세상에 내놓았더라면 세계대전을 막을 수 있었을지도
모르는 일인 것이다.

7월 26일. 앙투안의 응접실에서 자크를 포함한 몇몇 사람들이 갖가지 의견
을 내놓는다. 자크가 독일 인터내셔널리즘에 대한 신뢰를 보이자, 필립 박사
는 조레스가 전쟁방지를 위해 너무 이론적으로 치우친 것에 대해 비판한다.

"사람들은 호전적이고 투쟁적으로 나오는 민중운동을 곧잘 머리에 떠올리
지요. 그러나 평화 유지에 필요 불가결한 통찰력, 의지, 절도를 보여 주는
민중운동 같은 것을 과연 생각할 수 있을까요? …… 과학적인 지혜를 가지고
있다면 아마 파괴본능을 자연적인 본능으로 간주할지 모르지요."

앙투안의 조수이자 국가주의자인 르와는 "남성적인 정력, 위험을 좋아하는 취향, 의무에 대한 자각, 더 적절하게 말하자면 자신의 희생, 크고 집단적이고 영웅적인 행동을 위한 개인의사의 포기"야말로 젊고 훌륭한 청년에게 매력적인 것이라 주장하고, 전쟁은 젊은 세대 입장에서는 "하나의 멋진 스포츠"라고 큰소리를 친다. 필립 박사의 '파괴본능'이라는 인간 본성에 대한 불신감과, "근대전쟁은 모두가 아주 손쉽게 피할 수 있었던 것 같아요. 곧 두세 사람의 국가원수에게 최소한의 양식이나 평화를 위한 의지만 있었다면 말입니다. 그것이 전부가 아닙니다. 대부분의 경우 교전국들은 두 나라 모두 상대국의 진정한 의도를 모르는 데서 오는 부당한 경계심과 공포심에 사로잡혀 있더군요"와 같은 염세적인 전쟁 불필연성(不必然性) 이론에는 하나의 중대한 암시가 포함되어 있다.

외교전문가 뤼멜은 사람들 앞에서는 낙관론을 펼친다. 그러나 앙투안과 단둘이 되자, 절망적인 속내를 드러내며 말한다.

"믿을 수 없는 것은, 여보게, 모든 것이 겉보기와는 달리 어쩌면 도박에 불과하다는 사실이야! 지금 유럽에서 벌어지고 있는 일은 어쩌면 멋진 포커판 같은 것일지도 몰라."

뤼멜의 이야기를 듣고 있던 앙투안에게 안느의 전화가 걸려온다. 앙투안이 "이런 때 밤에 나다니다니……"라며 거절하자, 안느는 "어떤 때인데요?" 하고 묻는다. 그리고 '한낱' 정치문제 때문에 자신을 못 만난다고 하는 앙투안이 거짓말을 한다고 생각한다. 앙투안은 이미 과거의 느긋한 의식에서 벗어나려 하고 있다. 애욕만으로 살아가는 안느는 급속히 그와는 거리가 먼 사람이 되는 것이다. 세상의 불온한 움직임이 한 사람 한 사람의 운명을 집어삼키려 하고 있었다.

자크는 들뜬 마음으로 제니를 만나러 가고, 제니는 자크의 세심하고 성실한 태도에 감격한다. 이제 그녀는 '여태까지는 갇혀서 살아왔으나 지금은 울타리의 경계선이 갑자기 물러서면서 생각지도 않았던 지평선이 보이는 것 같은' 기분을 느낀다. 자크도 마음속에 새로운 자신감이 생겨나 자신만만해졌다. 이는 '그들의 사랑이 단순히 다른 것에 견줄 수 없는 귀중한 것일 뿐만 아니라 또한 아주 예외적이고 전례 없는 일'인 것처럼 여겨졌기 때문이다.

자크는 제니에게 '전쟁의 위협에 맞서서 벌이고 있는 투쟁 이념을' 알려 주고픈 욕망에 사로잡힌다. 제니는 그 이야기를 한 마디도 놓치지 않으려는 듯 귀를 기울인다. 자기 사랑이 잘못되지 않았다고 생각하기 위해 그녀는 자크를 고매하다고 믿고 싶었다. 프로테스탄트인 그녀의 정신은 가톨릭의 공식주의적 사고와는 달리, 인간이 개성을 발휘해서 양심에 따라 행동하는 것을 옳다고 보는 융통성을 갖추고 있었다.

자크는 부르주아 자본주의 사회의 폐해와 인간의 존엄에 대해 오랫동안 이야기한다. 사랑을 막 확인한 연인들의 대화에는 전혀 어울리지 않는 화제이다. 〈아름다운 계절〉에서 함께 산책을 하던 두 사람이 나눈 이야기 또한 그러했는데, 그때는 '죽음'에 대한 이야기였다. 그리고 지금은 '혁명' 이야기이다.

이 장면에서 자크의 연설은 두 가지 중요한 것을 나타낸다. 하나는 자크와 제니라는 두 영혼이 취할 수밖에 없는 독특한 사랑 방식이다. 다른 하나는 더욱 중요한 것으로, 이것이 〈에필로그〉에서 자크의 유복자를 안은 어머니 제니의 정신을 이해하는 데 중요한 복선이 되는, 그녀의 마음속에 일어난 혁명이라는 것이다. 제니는 자크의 혁명론을 그녀의 모든 사랑으로써 이해하려 했다. 그리고 그것은 맹렬한 불길처럼 그녀의 온 정신에 뿌리내렸음이 분명하다. 이 대화 장면을 이해하지 않고서는 〈에필로그〉에 나오는 제니, 마치 또다른 자크처럼 반항적인 제니를 이해할 수 없으리라.

7월 28일, 오스트리아는 세르비아에 선전포고하고 국지전의 막을 열었다. 이날 자크는 메네스트렐의 지령대로 베를린으로 향하는 기차를 탄다. 차 안에서 독일인 승객들이 나누는 시국 이야기는 같은 정세를 두고 각국의 국민이 얼마나 다른 인식을 갖고 있는가를 보여 준다. 그들의 말에 따르면 독일인들은 평화주의자이고 프랑스인은 고집불통의 미치광이다. 그러면 왜 위험한 오스트리아의 뒤를 봐주느냐고 자크가 묻자, 그들은 평화와 전쟁의 열쇠를 쥐고 있는 것은 프랑스라고 답한다. 이 대수롭지 않은 듯한 차 안 모습은 그 시각 차이를 잘 보여 준다.

베를린에 도착하여 카페 아싱거에서 접촉한 트라우텐바하는 자크에게 "자네는 할 일이 아무것도 없어"라고 말하여 그를 낙담하게 한다. 자크의 일은 역의 삼등대합실에서 곯아떨어진 시늉을 하고 있다가 한 여행객이 몰래 놓고 가는 서류뭉치를 받아서 그것을 메네스트렐에게 전하는 것이 전부이다.

의욕적으로 찾아온 자크에게 내려진 이 어린아이 심부름 같은 임무는 이해할 수 없는 기관에 말려들어 농락당하는 개인의 상황을 상징하는 것 같기도 하다.

트라우텐바하는 베를린에 온 오스트리아 참모본부 장교 슈톨바하 대령에게서 오스트리아와 독일의 범죄적인 기록을 훔쳐 내고, 그것을 공개하여 유럽의 국민 및 인터내셔널의 반발을 불러일으킬 생각을 하고 있었다. 자크가 기차에서 만났던 독일인 승객의 독일평화주의론 따위는 이것으로 깨끗이 날아가 버릴 것이다. 왜냐하면 정부의 모색과 시행은 별도로, 양국의 군부가 은밀하고 독단적으로 전면전쟁을 준비하고 있던 일이 밝혀지기 때문이다.

트라우텐바하의 명을 받은 도둑이 호텔 보이로 꾸미고 슈톨바하 대령의 기밀서류를 훔쳐 내는 대목은 영화의 한 장면을 보는 것 같다. 자크는 역에서 그것을 받아 인터내셔널의 열기로 들끓는 브뤼셀로 가서 메네스트렐에게 건넨다.

메네스트렐은 서류를 읽고 독일과 오스트리아 양국 참모본부의 공모사실에 대한 엄연한 증거를 손에 넣는다. 독일 군부는 정부가 모르게 독일 프롤레타리아와 인터내셔널 탄압을 위하여, 세계평화와 제국의 장래를 위태롭게 하는 정책을 진행하고 있었던 것이다. 만약 이 기밀서류가 독일사회민주당 지도부의 손에 들어가면 그것은 곧 그들의 '반전투쟁에서 무서운 무기'가 된다. 이 '대단한 폭발력을 가진 무기'를 잘 이용하면 '전쟁을 좌절시킬 수 있는 일까지도' 가능하다.

메네스트렐은 '전쟁도 혁명도 어떻게 보면 내가 여기에 갖고 있는 봉투 세 개에 달려 있을지도 모른다!'고 자각하지만, '전쟁을 방지하는 것이 과연 좋을까?' 하고 자문한다. 그러고는 곧 '안 돼……. 비록 백의 하나 전쟁을 방지할 수 있는 기회가 있다 해도 결코 그것을 해서는 안 돼!'라고 결론짓는다. 그는 자크에게 서류가 전혀 쓸모없는 것이라고 말하고 만다. 괴물 메네스트렐이 그 시커먼 본성을 드러낸 것이다. 자크와 메네스트렐이라는 두 인물에게 역사적 사실인 세계대전을 막을 수도 있었다는 중요한 역할을 부여한 이 허구는 참으로 대담무쌍하다.

이 시점에서 메네스트렐은 단지 서류를 수중에 보관해 둘 생각이었다. 그가 이것을 불태워 버릴 때 어떤 결정적인 것이 된다. 그리고 그를 그렇게 만든 원인을 살피려면, 우리는 그의 몸과 정신에 관한 문제로 접근해야 한다.

브뤼셀의 노동자집회에서 자크가 본 패터슨과 알프레다의 얼굴은 여느 때와는 달랐다. 패터슨의 눈에는 잔혹한 광기 같은 광채가, 그리고 알프레다의 얼굴에는 술 취한 매춘부 같은 표정이 서려 있었다. 그 시위의 소용돌이 속에서 자크는, "아무래도 오늘 저녁 프레다는 돌아오지 않을 거야"라고 말하는 메네스트렐의 목소리를 듣는다. 그날 밤, 패터슨은 자크에게 알프레다와 함께 영국으로 가겠다고 한다. 그에게 자크는 "당에는 지도자가 필요해. 그 어느 때보다도⋯⋯"라며 그의 배신을 질타하지만 패터슨은 떠나 버린다.

'인간 이하'라고 패터슨이 말하는 메네스트렐과 알프레다의 생활이 어떤 것이었는지는 아무도 알지 못한다. 그러나 불가해하고 섬뜩한 메네스트렐의 파괴적 성격이 육체적(性) 결함 때문임이 패터슨의 "그 자신이 아무것도 아니니까"라는 말에 암시되어 있다. 마침내 단결된 노동자들의 시위가 시작된 이때, 스위스 혁명가집단의 수령 메네스트렐은 부하와 애인에게 배신을 당한다. 그것은 알 수 없는 불길한 느낌을 갖게 한다.

자크는 메네스트렐에게 달려간다. 메네스트렐은 '나갈 준비'를 하고 있었다. 그런데 온 집 안이 말끔하고 소지품들은 가지런히 놓여 있다. 책상 위에 놓여 있던 두 통의 봉투는 조종사가 냉큼 찢어 난로불 속으로 던져 넣는다. 난로 속은 이미 태운 뭔가의 재로 가득 차 있었다. 여자를 잃고 절망한 메네스트렐은 슈톨바하의 서류를 태워 버린 것도 모자라 자살을 결심하고 있었던 것이다. 그러나 자크의 난데없는 '우연한' 방문으로 그는 살아남는다.

7월 30일. 파리로 돌아온 자크가 본 것은 하룻밤 사이 위기로 내몰린 반전투쟁 기운이었다. 좌익신문조차 일제히 논조를 바꾸어 전쟁을 피할 수 없다고 말하고 있었다. 이제는 국제적 동포애보다도 프랑스 국민으로서의 동포애가 우선이 된 것이다.

자크와 제니는 처음으로 서로를 끌어안는다. 메네스트렐과 알프레다는 단결된 시위 한가운데서 결별하고, 자크와 제니는 붕괴의 불안 속에서 결합한다.

한편 앙투안은 안느의 남편 시몽 드 바탱쿠르의 방문을 받는다. 딸 위게트 문제로 상담하러 온 것이다. 앙투안은 시몽의 순수하고 성실한 인격을 접하면서 안느와의 관계를 끝내려고 결심한다. 이미 세계를 뒤흔드는 사건 앞에서 안느와의 정사 따위는 빛을 잃고 있었던 것이다.

'그래서는 안 돼……. 그럴 수는 없어……. 인생이 그래서는 안 되지……. 우선 나부터. 그래, 나의 즐거움, 나의 쾌락 같은 것부터……. 그러나 그 뒤에는 기이하게도 무모하게 희생되는 운명들, 속박된 인간들이 있다……. 이 세상에 혼란과 거짓, 불의와 정신적인 고통이 존재하는 것은 나 같은 인간, 나 같은 생활, 나 같은 행동을 하는 인간들 때문이다……'라는 앙투안의 반성은 인간적 감정임과 동시에, 인생 일반의 문제로 확대되어 있다는 점에서 앙투안의 정신 속에 하나의 혁명이 일어났음을 알리는 것이다. 명예욕 덩어리인 엘리트주의자 앙투안, 쾌적한 생활에 안주하던 부르주아 의사 앙투안은 다시 태어난다. 그러나 그는 당장 자크처럼 바뀌지는 않는다. 앙투안은 어디까지나 앙투안답게 다시 태어나는 것이다.

프랑스의 동원령에 복종하여 소집에 응하느냐 마느냐의 문제로도 형제는 정반대의 답을 내놓는다. 자크의 근본이념은 "폭력으로 세상의 운명을 마음대로 다루는 것을 막을 수 있는 유일한 방법은 우선 스스로 온갖 폭력을 거부하는 것"이다. 그의 답은 '징집에 응해서 동원된 사람은 모두 국가정책에 찬성하는 사람들로서, 그 사실만으로도 전쟁을 승인하고 있는' 것이라는 명쾌한 사실이다. 이에 대해 앙투안은, 민주주의 국가에서는 정부가 정권을 잡고 있다는 것 자체가 대다수 국민의 의사를 합법적으로 대표한다는 뜻이다. 소집에 응하는 것은 곧 "국민의 총의를 따르는 거야. 정권을 잡고 있는 정부의 정책에 대한 개인적인 의견이 어떻든 간에!" 그리고 자크가 "도대체 무슨 명목으로" 개인의 신중하고 정당한 주장까지 희생하고, 자기 자신의 가장 신성한 확신보다도 국민으로서 복종하는 쪽을 우선해야 하느냐고 묻자, 앙투안은 "사회계약의 명목으로"라고 확신에 찬 목소리로 잘라 말한다.

이 '무슨 명목으로'라는 물음에 대해서는 앙투안도 평범하지만 명확한 답을 갖고 있는 것이다. "나는 사회계약에 매이는 거야. 따라서 복종해야 해, 따라야 하고"라고 말하는 그는 소집이 있으면 자기에게 정해진 콩피에뉴 54 연대 보병대대 군의로 종군하는 것이 당연하다고 생각하고 있다. 앙투안의 정신에 혁명이 일어나고 있다고 해도, 그것은 어디까지나 질서신봉자 앙투안 테두리 안에서의 변혁이다. 그리고 그 변혁은 안느의 전화에 수화기를 방치하는 것으로 답하는 그의 무언의 결별로 잘 알 수 있다.

앙투안은 진찰실로 가지 않고 복도로 나가는 문 쪽으로 가서 문을 열쇠로 잠그고 긴 의자로 되돌아와 담배에 불을 붙였다. 그리고 테이블을 향해 마지막 눈길을 던진 다음—수화기는 마치 죽은 뱀처럼 뒤틀린 채 번들거리며 잠잠히 누워 있었다—그는 쿠션 사이로 다리를 쭉 벋고 깊숙이 누웠다.

여기에는 자크와 지젤이 이별할 때의 슬픔도 아름다움도 없다. 그럼에도 불구하고 우리에게 애잔함을 안겨 준다.

앙투안이 안느와의 애욕생활에 종지부를 찍은 7월 31일, 자크는 제니와의 사랑 한복판에 있었다. 그림자처럼 자크에게 달라붙어 파리의 거리를 누비는 제니는 이미 이전의 고집스런 처녀가 아니라 오직 순수한 사랑으로 자크를 연모하는 부드러운 여자가 되어 있었다. 지금 제니는 그 사랑으로 평생 처음으로 행복한 시간을 맛보고 있었다.

거리는 독일의 동원 소식으로 어수선했다. 프랑스 참모본부는 정부에 즉각 동원령을 발동하도록 독촉하고 있었다. 독일은 이미 계엄령 아래 놓여 있었으며 신문에도 함구령이 내려지고, 시위는 일절 금지되었다고 한다. "총파업을 하면 아직 희망이 있어!" 자크는 그것에 최후의 희망을 건다. 그리고 독일사회민주당의 대표위원 헤르만 뮐러가 파리로 와서 조레스와 회견한다는 소문을 듣고 양국 노동자의 전쟁반대 궐기를 꿈꾼다.

자크는 제니에게 조레스의 모습을 보여 주려고 크루아상 카페로 데리고 간다. 여기서 두 사람은 유명한 역사적 사건인 장 조레스 암살을 목격하게 된다. 좌익의 우상 장 조레스는 프랑스 참전 직전 몽마르트르의 한 카페에서 광신적 애국주의자 라울 빌랭의 총탄에 쓰러졌다. 자크가 '동원을 막을 수 있는 유일한 사람'이라고 생각했던 조레스의 죽음으로 전쟁반대의 막은 완전히 내린 듯하다. 삼색기를 흔들며 "독일을 쳐부수자! 카이저를 죽여라! 베를린으로!"라고 외치는 애국청년들의 시위가 이어지고 있는 것이다.

자크의 신변에도 위기가 닥쳐온다. 육군장관이 블랙리스트에 오른 요주의 인물 체포명령에 서명한 것이다. 머무는 숙소마저 위험해진 자크에게 "집으로 오세요. 거기라면 조금도 위험하지 않을 거예요" 하고 제니가 속삭인다. 퐁타냉 부인은 빈으로, 다니엘은 연대로 떠나서 집에는 제니 혼자뿐이지만 그녀는 충분히 숙고한 끝에 '자신이 옳다고 판단한 대로 행동한' 것이었다.

평화에의 희망이 거의 사라진 그날 밤, 독일이 프랑스에 선전포고하기 전날 밤, 자크와 제니는 마침내 육체적으로도 결합하게 된다.

끓어오르는 정열에 도취된 제니의 '순진하면서도 대담하게 나오는 태도는 자크보다도 더 무모해 보였다. 오히려 자크를 침대 쪽으로 몰고 간 것은 제니 쪽이었다.' 두 사람은 꼭 끌어안은 채 침대로 쓰러진다. "꼭 안아 주세요." 그녀는 되풀이하면서 전깃불을 끈다. 이에 자크는 '우리도 결국 다른 사람들과 다를 바 없구나……'하는 생각을 한다. 막연한 분노와 절망, 두려움이 그의 욕망과 뒤섞인다. 추상 속에 사는 인간의 육체적으로는 빈약한 사랑! 정신을 차릴 수 없을 만큼 긴장된 순간이 지나자 그는 해방을 느끼고, 수치심과 함께 정신을 차린다. 그러나 곧 잠에 빠져 들고, 제니는 행복감을 만끽하며 잠으로 빠져든다. 이것이 프랑스의 평화로운 마지막 밤이었다.

1914년 8월 1일 오후 4시 반을 넘은 시각, 총동원령이 내려진다. 사람들은 넋이 나간 표정으로 흩어지고 자크는 '경멸에 찬 분노가 속에서 들끓으며 목이 조여 오는' 것 같다. 그는 그동안 정의나 진리, 사랑이 승리하리라는 것에 아무런 의심도 품지 않고 희망을 걸었던 것이다. 그런데 그것들은 모조리 무너져 버렸다. 그가 그 자리에서 느낀 것은 '민중의 의지의 무력함, 고칠 수 없는 인간의 우매함, 이성의 무력함'이었다.

역의 벽보에는 외국인은 동원령 첫째 날, 파리를 떠나야 한다고 쓰여 있다. 자크는 슈톨바하 임무 때 받은 가짜 신분증을 써서 스위스로 떠날 생각을 한다. '본부'야말로 혁명의 마지막 중심지인 것이다. "떠나세요! 내일이라도!" 예상치 못한 제니의 말에 자크는 깜짝 놀라 덧붙여 말한다. "만일 당신이 나와 함께 떠난다면." 제니는 둘이 헤어지지 않아도 된다는 기쁨에 몸을 떤다.

앙투안은 8월 2일 아침, 출정하기 위한 준비를 하고 있었다. 자크가 제니와 함께 스위스에 간다는 계획을 털어놓자, 앙투안은 기가 막혀 말한다. "너는 다른 사람을 행복하게 해 주기에는 근본적으로 부적당한…… 네가 위험을 무릅쓰든 말든 그것은 너의 자유야. 하지만 이런 시기에 다른 사람을 너의 운명에다 묶어 놓겠다는 거니? 끔찍한 일이지 뭐야!" 자크는 증오심에 찬 웃음을 터뜨리며 외친다. "형은 인정머리 없는 사람이야! 형은 한 번도 사랑을 해 본 적이 없어!
앞으로도 사랑 같은 것은
모를 거야! 냉혈한!"

자크에게 앙투안의 사랑
따위는 사랑이라 부를 수
도 없다. 자크가 사랑이라
부르는 것은 더 엄격하고
더 고귀하며, 더 정신적인
것이다. 동생이 오만하게
나간 뒤 앙투안은 화가 나
서 고함을 지르지만, 곧
자신이 자유롭게 사랑할
수 있는 시기가 지나가고
있음을 느낀다. 앙투안은
쓰레기통에 버렸던 안느의
편지를 주워든다. 총동원

총동원령 포스터
1914년 제1차 세계대전이 발발하자, 당시 실제 상황과 작중
인물들이 숨가쁘게 섞여 들어간다.

령은 좋아하던 좋아하지
않던 간에 모든 연인들을
비장하게 만든다. 그리고 거기에 티보 형제의 닮고도 닮지 않은 두 개의 사
랑이 또렷하게 떠오른다.

파리의 투사들과 노동자들은 신문에서 말하는 대로 외친다. "우리나라는
전쟁을 바라지 않았다. 그러니 양심에 가책을 받지 않아도 된다!" "프랑스
는 공격당하고 있으니 이제는 지켜야 한다!" "전쟁은 싫지만 나는 프랑스인
이므로 공격당하는 조국을 위해 나서야 한다!" 이에 대해 자크는 "평화시에
는 살상행위를 금지하면서 전시에는 그것을 자행하도록 명령하는 따위의 두
가지의 도덕률은 있을 수 없다고 생각한다면 동원을 거부하십시오!"라고 외
치지 않을 수 없다. 그러자 가장 믿을 수 있던 동지조차 "오늘의 군국주의는
어제의 그것과는 달라. 오늘의 군국주의는 위기에 처한 민주주의의 구세주
라 할 수 있어'라고 말한다.

여기에 푸앵카레의 '프랑스 국민에게 고함'이라는 선언문이 사람들을 집단

적인 도취감으로 흥분시킨다. 듣기 좋은 표어나 선동적인 미문조의 격문은 그 감각에 호소하는 힘으로 지성을 마비시키므로 때로 아주 위험한 효과를 끼치는 일이 있다. 자크는 그런 어처구니없는 흥분을 불러일으키는 '이상한 문장'에 대해 생각한다.

사회주의자들의 반전투쟁, 인터내셔널의 운동은 붕괴되는 것인가? 자크는 "끝이야. 이제 더 이상 사회주의자 같은 것은 없어. 있는 것은 '사회주의적 극단적인 애국자'뿐이야"라고 침울하게 중얼거린다. 그러고는 "인터내셔널을 지키는 거야!"라고 맹세하듯 외친다.

어떻게 지키는가에 대해선 자크는 아직 모른다. 그러나 이 시점에서 그가 취해야 하는 행동방향의 윤곽이 잡힌 것으로 볼 수 있다. 왜냐하면 "비록 그 행위가 희망을 가져다주지 못한다 하더라도" "지금의 일시적인 파멸에서 그 이상을 구하기 위해 어떤 '행위'가 필요하다면" 그것을 기꺼이 하겠다는 욕구와 부정한 세계에 대한 거부가 하나 되어 의미 있는 행동을 할 수 있기 때문이다. 그리고 그 행위가 무엇인지에 대한 암시는 동지 무를랑이 자크에게 깨닫게 해 준다. "만일 두 나라 군대 사이에 어떤 양심이 번득여서 이렇게 두터운 허위의 벽을 무너뜨릴 수 있다면! …… 불을 뿜는 전선을 사이에 두고 모두 똑같이 끌려나왔다는 것을 깨닫게 된다면……'이라는 무를랑의 말에 자크는 '눈이 부셔 갑자기 앞이 잘 보이지 않는 것처럼 깜박거렸다.'

8월 2일. 퐁타냉 부인은 사흘이나 걸려 파리에 도착했다. 그녀는 집에 들어서자마자 이상한 분위기를 알아차린다. 그리고 껴안고 자고 있는 제니와 자크의 모습을 본다. 너무 놀란 부인은 달아나듯이 집을 빠져 나온다. 여기서도 이 여성의 커다란 장점이며 결점인, 철저하지 못하지만 온화한 감정이 드러난다. 만일 오스카르 티보였다면 분명히 붉게 달아오른 얼굴로 '나가!' 하고 소리 질렀을 것이다.

아버지는 아이에게 '나가'라고 말한다. 정신분석학자 구스타프 융의 말을 빌리면 '아버지는 끊는 것'이기 때문이다. 이에 반해 '어머니는 품는 것'으로서 끌어안는 속성이 있다. 그래서 제니가 자크와의 스위스행을 선언하자 퐁타냉 부인은 "내가 반대한다! 알겠니? …… 나는 네가 출발하는 것을 허락하지 않는다!"라고 한다. 아버지는 나가라고 말하지만, 어머니는 자신의 지배력을 드러낼 때에도 가는 것을 허락하지 않는다고 한다.

하지만 지금 제니는 품으려 하고 끌어안으려 하는 어머니에 대한 혐오감을 내비친다. 그러면서 "엄마는 이해 못해요!"라고 외치는데, 이는 자크가 앙투안에게 몇 번이나 말한 것과 같은 의미를 품고 있다. 이 말은 본질적으로 다른 점도 품고 있다. 아이들은 부모에게 연애문제로 반항할 때는 백이면 백 '엄마는 몰라'라는 말을 하기 때문이다. 퐁타냉 부인에게 '무엇보다 힘든 것은 자신이 속았다'라는 느낌이다. 부인의 받은 심한 타격은 '자신이 품고 있던 신뢰 때문이었다.' 이것도 세상의 어머니들이 자식에게 배반당했을 때 느끼는 감정 그 자체이다. 그래도 그녀는 딸의 자신을 향한 애정에 대해 어떤 의심도 갖지 않았다. 그리고 '어머니로서의 애정이 그것 때문에 줄어들었다고도 생각하지 않았다.'

제니는 짐을 싸서 집을 나가 버린다. 그러나 아버지의 '나가!'는 아이를 정말 밀쳐 내는 데 반해, 품는 어머니의 상냥함과 버려진 어머니의 애처로움은 아이의 마음을 집으로 돌릴 수밖에 없다. 따라서 제니 역시 돌아올 수밖에 없는 것이다.

자크는 스위스에 가서 할 마지막 결사적인 행위에 대한 계획을 세운다. '지난 며칠 동안 혁명에 대한 자신의 미온적인 태도는 어떠한 의욕상실 때문이 아니었는가 하는 생각도 들었다.' 연애에 자신이 사로잡혔기 때문일까? '그는 지금 제니가 존재하고 자기를 기다리고 있고, 자기가 심취되어 있는 고독에서 자기를 앗아가려는 것이 원망스러울 정도였다. '그녀가 갑자기 죽기라도 했으면……"하는 말도 안 되는 생각이 그의 머릿속을 스친다.

두 사람은 함께 스위스로 떠나지 못한다. 그러나 자크는 가장 먼저 '이제 나는 자유의 몸이다!'라는 생각을 한다. 자크를 기다리던 제니의 마음은 상냥한 어머니와 멀어질 수 없는 아픔이 자식의 마음에 일으킨 변화이고, 여자인 딸이 여자인 어머니에게 가진 이해가 일으킨 변화이다. 이것으로 자크에게 묶였던 마지막 속박이 풀린다.

8월 3일. 혼자 제네바에 돌아온 자크를 기다리고 있는 것은 아주 딴판으로 변해 버린 '본부'와 동지들이다. 이탈리아의 사회주의에 희망을 건 리차들레를 빼면 누구나 목소리를 낮추어 말하고 있다. 자크는 메네스트렐을 만나러 가서 자신의 계획을 털어놓는다. 자크를 돌려보낸 메네스트렐은 이렇게 중얼거린다. '어쩌면 단 한 번 주어지는 기회일지도 모른다……. 한 가지 해결방법일지도 모르고!' 메네스트렐에게 '해결'이란 어떤 것일까? 그는 비행기를 구해서 자신이 비행기를 조종하고 자크와 함께 최전선으로 갈 것을 약속한다. 메네스트렐은 어떤 이유로 그 비행을 받아들인 것일까.

자크는 전쟁을 진심으로 반대하는 절대평화주의자이다. 무고한 사람들이 정치가나 자본가들의 야심에 희생되어 살해되는 전쟁을 막고자 싸워 왔다. 따라서 자크가 목숨을 걸고 삐라를 날리려는 것에는 어떤 모순도 없다. 그러나 메네스트렐은 다르다. 그는 마음속으로 동지들을 배반하고, 은근히 전쟁을 환영하는 폭력적 파괴주의자다. 그것은 전쟁을 막았을지도 모르는 슈톨바하 문서를 묵살한 사건에서 알 수 있다. 메네스트렐에게는 살상을 막기 위한 삐라 살포 비행에 대한 동기가 보이지 않는다. 그렇다면 무엇 때문일까.

이것은 사상이나 이데올로기에서가 아니라 인간의 육체와 정신의 관계라는 은밀하고 깊은 카오스 속에서 찾을 수 있다. 그는 알프레다를 빼앗겼다. 거기에는 육체적인 결함이라는, 그의 정신을 어둡게 한 것이 관계되어 있다. 그에게는 남은 것이 없으며 동지들도 흩어졌다. 그가 '한 가지 해결방법'이라고 생각한 것은 인터내셔널 투쟁으로서의 '해결'이 아니다. 그것은 무(無)와 다름없는 자신의 존재를 말살하기 위한 '해결'이다. 조종사는 자크의 계획 속에 자신의 일생을 걸 수 있는 기회를 찾은 것이다. 메네스트렐의 이 비정상적인 동기는 향후 비행기와 자크의 운명에 관련되었을 우려가 있다.

메네스트렐의 지시에 따라 자크는 바젤로 가서 삐라를 준비한다. 그가 열차를 타고 가는 동안 보이는 풍경들과 상념에 대한 장면은 무척이나 빼어나다.

이 장면에 대해서는 에피소드가 있다. 어느 저녁 마르탱 뒤 가르는 파리의 한 카페에서 작가 발레리 라르보와 이야기하고 있었다. 라르보가 영국에서 온 '의식의 흐름' 수법에 대해 이야기하자, 마르탱 뒤 가르는 친구에게 그런 수법 따위에 정신을 빼앗기지 말라고 충고한다. 문학은 수법 따위의 문제가 아니라 내용의 진실성이 그 생명을 좌우한다는 것이 그의 의견이었다. 라르보는 맞서지 않고 둘은 헤어졌다. 그러나 그날 밤, 집에 돌아온 마르탱 뒤 가르는 〈1914년 여름〉에 바로 그 새로운 수법을 써보았다. 그리고 그것이 차창을 내다보는 자크의 장면과 그 뒤에 나오는 짐마차 속 꿈과 관계가 있는 것으로 여겨진다. 완성된 것은 순수한 '의식의 흐름'과는 다르지만, 자극을

1914. 9. 6. 마른을 넘어 파리로 진격해 온 독일군과 첫 번째 전투가 벌어졌다. 이것이 파리를 구한 결정적인 전투의 시작점이 되었다. 등장인물들은 처절한 제1차 세계대전의 포화 속으로 깊숙이 빨려들어간다.

받은 것은 틀림이 없다.

삐라 원고를 완성한 자크는 홀로 산책을 하며 여러 생각을 한다. '나는 다만 절망감 때문에 이렇게 행동하고 있다. 나는 다만 자유를 갈망하여 이렇게 행동하고 있다……. 나는 전쟁을 막지 못할 것이다……. 나 자신 이외에는 아무도, 아무도 구출하지 못할 것이다……. 모든 것을 적으로 삼고 결코 패배하지 않아야 한다! 그리고 죽음 속으로 도망치는 거다…….'

'스스로 죽음을 받아들이는 것은 스스로를 포기하는 것과는 다르다. 이것이야말로 하나의 운명에 꽃을 피우는 것이다!'

'성공을 거두지 못하더라도 훌륭한 본보기야! 어찌되었건 나의 죽음은 훌륭한 행위인 것이다……. 명예를 지켜야 한다……. 충실하고…… 충실하고 또 유익한 존재가 되어야 한다……. 중요한 것은 유익한 존재가 되는 일이다! 나의 일생을, 쓸모없었던 나의 삶을 회복하는 일이다……. 그리고 무한한 안식을 찾는 일이다…….'

이것들이 자크가 자신의 계획에서 얻은 의의이다. 앞의 세 가지 인용문 첫 번째의 '절망감'은 전쟁과 인터내셔널의 붕괴, 그리고 혼자서 싸워야 하는 고독에서 오지만, 그것은 또한 인생 그 자체에 대한 절망적인 거절이기도 하다. 그는 '끊임없이 절망 속에서 헤매며' 살아왔다. 그리고 '모든 것을 포기하고 싶은 생각과 싸우면서' 살아왔다. 그 바탕에 죽음의 틀에 갇힌 인간 삶의 덧없음이라는 부조리관이 있고, 그렇게 무르고 덧없는 인간을 만든 사회제도나 문명기구 따위에 대한 근원적 불신감이 항상 있어서 그것이 항상 그를 반항과 탈출로 몰아붙였기 때문이다. 인터내셔널의 허망한 와해라는 구체적인 사실은 그의 인간불신을 결정적으로 재확인시켰다. 그런 절망 속에 '기대에 어긋나기만 했던 자기 자신과도 안녕'이라는 것은 멈추지 않는 두뇌활동에서 벗어나고 싶을 뿐인 것이다. 이전에 그는 두뇌 활동이 괴로워 자살을 꿈꿨다. 그래서 이제 정말로 그의 괴로움은 죽음으로밖에 해결할 수 없다. 그의 앞에는 죽음뿐이다. 따라서 최전선에서 삐라를 뿌리는 것이 전쟁을 막을 수 있을지는 그도 확신이 서지 않지만, 그것은 '해야만 하는 것을 해치우고, 자기 자신을 돕는' 것이다. 그 '해야만 하는 것'이란 '죽음을 피하기' 전에 '모든 것을 적으로 삼고 결코 패배하지 않는 것'을 스스로 하고, 그것으로 무의미한 삶에 스스로의 힘으로 의미를 부여하는 것이다. 이것이 '하나의 운명에 꽃을 피우는 것이다.'

두 번째 인용문에 있는 '스스로 죽음을 받아들이는 것'이란 말은 앙드레 말로 《인간의 조건》의 사형집행인이 다가오기 전에 청산가리를 삼킨 공산당원의 일을 떠올리게 한다. 말로에게 '죽음'으로 살해당하는 것과 스스로 죽음을 받아들이는 것은 근본적으로 다른 것이다('죽음'으로 살해당하는 것은 티보의 죽음이다).

우리는 죽음을 피할 수 없다. 그러나 죽음을 무서워하지 않을 수 있고, 나아가 '죽음'을 욕되게 할 수도 있다. '죽음'을 욕되게 하는 것은 '죽음'에 '삶'의 힘을 불어넣어 깊은 의미를 두지 않는 것이다. 이는 극한의 상황에서 죽음을 아랑곳하지 않고 행동함으로써 이루어진다. 그 행동은 뜻이 있고 도움이 되어야만 한다. 말로의 말을 빌린다면 '인간의 존엄'을 지키기 위한 행동이다. 그것이 자크의 말로는 '모든 것을 적으로 삼고 결코 패배하지 않는 것'을 나타내고, 정의를 지키는 '훌륭한 본보기'가 되고, 게다가 '유익하고' '훌륭한 행위'가 되는 것이다.

앙드레 말로는 일본 사무라이의 할복에 비상한 관심을 가지고 있었다. 할복으로 사후에 대의명분을 세워 사무라이의 '명예를 지키는 것'이 되기 때문이다. 말로의 이러한 사상을 '행동의 미학' 혹은 '행동의 신화'라 부르고, 20세기 전반 문학의 하나의 측면이라 생각한다. 그 행동은 말로에겐 혁명적인 행동이 되고, 생텍쥐페리에겐 죽음을 아랑곳하지 않는 직업적 사명의 수행이 된다.

사람들은 마르탱 뒤 가르를 말로나 사르트르, 카뮈처럼 20세기 전반에 새로운 문학경향을 이룬 이들과 구별하려 한다. 그리고 마르탱 뒤 가르를 사실주의적인 대벽화소설가로만 파악하려고 한다. 그러나 20세기 주관주의 작가들이라 부를 수 있는 그런 사람들의 전매특허처럼 여겨지는, 죽음이라는 부조리와 끊임없는 반항, 절대적인 고독과 절대적인 안정, 행동의 형이상학 등의 추상개념이 자크 티보 안에 들어 있음을 알아야 한다. 이런 의미의 전형으로서 자크 티보 이상으로 선명하고 강렬한 주인공을 찾을 수 있을까? 게다가 자크가 '훌륭한 행위'라 생각한 것은 단순한 행동미학이나 신화도 아니다. 그것은 그의 '일생을 회복하는 일이며 쓸모없었던 삶을 회복하는 일'이라는 현실생활의 귀결로서의 사실인 것이다. 카뮈가 마르탱 뒤 가르를 '우리들의 선구자'라고 부르는 것은 이 때문이다.

메네스트렐을 기다리는 동안 자크의 과거 속 두려움과 그리움, 추억들이 꿈으로 형상화되어 나타난다. 그리고 마침내 메네스트렐과 함께 자크는 최전선으로 떠나게 된다. 자크의 앞에는 등을 구부리고 비행모를 쓴 메네스트렐의 머리가 있다. 이것은 이제 꿈이 아니다! 지금 한창 날고 있는 것이다! 자크는 동물적인 외침, 승리의 긴 함성을 지른다. 《티보네 사람들》의 절정 가운데 하나다!

메네스트렐이 몸을 앞으로 굽히고 뭔가 하기 시작한다. 그리고 충격이 일어난다. 엔진이 멈추고 기체는 화살처럼 낙하한다. 자크는 엄청난 기세로 땅위로 내팽개쳐진다. 갑자기 사위가 조용해지고 암흑과 허무 속에 떨어진다.

이 추락에는 알 수 없는 수수께끼가 있다. 이 장면에 대해서는 비행기가 사고를 일으켰다고 보는 설과 메네스트렐이 자살을 위해 고의로 한 추락으로 보는 설이 있다. 메네스트렐이 "접촉이 나빠! 기사는 없나?" 하고 말하는 장면이 있다. 더욱이 급강하하던 비행기가 '기적적으로 동체를 뒤로 젖히더니 거의 정상비행 태세로 다시 돌아왔던' 것을 보면 고장이라는 추측에 타당성이 있다. 그러나 메네스트렐은 삐라 투하를 위해 비행에 참가한 것이 아니다. 그는 오히려 처음부터 전쟁을 저지하는 것에 반대하고 있었다. 더욱이 그 파괴주의자는 세계가 어떻게 되든 아무래도 좋은 상황이다. 그는 죽기 위해 비행기에 오른 것이다. '접촉이 나쁘다'고 말한 것은 실제로 고장 난 곳이 있었다는 이야기일 수 있다. 그러나 비행 전에는 비행기를 미리 손보는 것이 정상이다. 게다가 메네스트렐은 엔진을 끈 뒤 기묘한 행동을 했다. 뒤를 돌아보지도 않고 왼손으로 손짓을 한 것이다. 그것은 삐라 투하를 재촉하는 것이었을까, 아니면 자크에 대한 마지막 작별인사였을까? 저자는 일부러 이 장면을 수수께끼로 남겨 놓았다.

비행기는 알자스 전선에서 퇴거하던 프랑스 부대 한복판에 추락한다. 메네스트렐은 검게 타 죽었다. 자크는 움직일 수도 없고, 말도 할 수 없는 큰 부상을 당했지만 살아 있었다. 프랑스 병사들은 그를 독일 스파이로 단정짓고 포로로 여겨 들것에 실어 부대 본부로 옮기려 한다. 자크는 한 마디도 할 수 없다. 인생에서의 해방을 바란 자크는 자신을 어떻게도 나타낼 수 없는 괴로운 상태에 갇힌다. ('탈출'에서 시작한 자크의 이야기는 결국 '유폐'로 끝나게 되고 만다)

들것에 실려 있는 자크의 눈에 퇴각 중인 군인들과 말이 우왕좌왕하는 혼란스런 모습이 보인다. 위를 향한 자크의 시점에 잡힌, 통제를 잃은 어수선한 병사와 말들의 움직임, 이것이 〈1914년 여름〉 속 유일한 전쟁장면이다. 아무도 전황이 어떻게 되는지, 자신들이 어디로 휩쓸려 가는지 모른다. 자신들이 지고 있는 듯하고 독일부대가 가까이 숨어 있는 것 같지만, 지휘계통이 혼란스러워 자신들이 처한 상황을 제대로 파악하지 못한다. 이러한 전장의 모습을 통한 전쟁 표현은 스탕달 《파르마 수도원》 이후의 수법이다. 그리고 전쟁에 참가한 병사들에게 실제 전장도 이러하다. 그러나 마르탱 뒤 가르가 이런 묘사를 선택한 것은 그의 반영웅주의 때문이다.

적군이 가까이 다가오는데 자크 때문에 도망칠 수 없는 마르주라. 그는 아직 한 번도 사람을 죽인 일이 없지만, 결국 "개새끼!"를 외치면서 자크를 향해 방아쇠를 당긴다. 너무나 비정하고 잔혹한 자크의 죽음. 슬플 정도로 순수한 반항아의 삶은 알자스 들판의 한쪽 구석에서 아무도 모르게 끝났다. 메네스트렐과 함께 비장한 추락사로 끝났더라면, 그래도 운명에 맞서 싸운 영웅의 비극성이 주어졌을지도 모른다. 그러나 저자는 자크에게 영웅주의의 고상함을 나눠 주지 않았다. 자크는 모욕당한 인간으로서 비참한 죽음을 맞이한다.

이 모멸은 인간에 대한 우주의 모멸이라 할 수 있을 것이다. 인간은 하찮은 존재다. 과학주의와 물질주의가 지배하는 이 시대는 하찮은 인간을 더욱 위축시켰다. 이 인간의 위축화가 현대에서 고전적인 의미의 '비극' 성립을 불가능하게 만들었다. 더욱이 마르탱 뒤 가르의 반영웅주의는 비극적인 장엄미를 거절한다. 그러나 20세기에는 20세기만의 '비극'이 있다. 《20세기 문학에서의 비극적 세계상》의

마르탱 뒤 가르와 친구들(1923)
앙드레 지드(맨앞), 장 슐룅베르제(뒤 왼쪽), 자크 리비엘(뒤 가운데), 마르탱 뒤 가르(오른쪽)

저자 그릭스버그의 말을 인용해서 평한다면, '우주에서의 정의 결여에 맞서고 스스로를 속이는 것을 거부하며, 부조리한 것을 바꿀 수 없다고 인정하고, 그에 대한 반항을 계속하며 타협하지 않아 죽은 자는 시대의 새로운 영웅이 되고, 새로운 '비극'의 주인공이 될 수 있다.' 티보 집안의 자크는 '비극성'을 거부하는 비관적인 현실주의자 작가가 세운 반영웅주의적인 현대의 '비극'이라고 해도 과언이 아니다.

8. 〈에필로그〉−별들의 윤회 속에 인류는 어디로 나아가는가

1936년, 〈1914년 여름〉이 출판되자 많은 이들이 《티보네 사람들》을 완결됐다고 생각했다. 저자는 아직 앙투안의 이야기가 남아 있음을 서둘러 출판사에 알렸다. 마르탱 뒤 가르에게 이 대하소설의 진정한 주인공은 앙투안이었다. 이 소설은 앙투안으로 시작해서 앙투안으로 끝난다.

〈에필로그〉는 전작에서 4년 뒤인 1918년 5월부터 시작한다. 앙투안은 독

가스에 중독되어 남프랑스 그라세 근교 르 무스키에 가스중독환자요양소에 입원해 있다.

5월 3일, 앙투안은 지젤에게서 베즈 유모가 죽었다는 전보를 받는다. 앙투안은 파리에서 스승 필립 박사를 만나 진단도 받고, 위니베르시테 거리의 집에 남겨둔 연구노트 같은 것도 가져올 겸 해서 유모의 장례식에 참석한다.

메종 라피트에서 앙투안을 비롯해 티보 집안과 퐁타냉 집안사람들이 모두 한 자리에 모인다. 이로써 이야기는 〈1914년 여름〉의 극심한 열정에서 진정되어, 다시 심리주의적 가정소설의 침착함을 되찾는다. 그러나 전쟁은 이들의 생활을 송두리째 바꾸어 놓은 뒤다.

장례식이 끝나자 앙투안은 지젤과 함께 4년 만에 그리운 자신의 집으로 잠을 청하러 간다. 그는 '이상하기도 하지……. 방금 대문을 들어서면서 내 집이 아니고 아버지의 집으로 들어온다는 느낌이 들었으니……'라며 의아하게 생각한다. 아버지가 죽은 뒤, 거금을 들여 아버지 집을 호화로운 연구소로 개조했기 때문이다. 그는 여기서 아버지와 똑같이 '자신의 힘을 자랑스럽게 여기며, 독선적인 태도'로 자신의 성에 오만하게 자리 잡은 전쟁 전의 자신의 모습을 발견한다. 그 당시 부르주아 청년의사는 제2의 오스카르 티보였다. 예전의 앙투안과 현재의 앙투안 사이에는 '전쟁과 반항과 명상의 4년이 가로놓여 있었다.' 변해버린 것은 앙투안 자신이었다. 전쟁이 그를 바꾸었다. "전쟁이 끝나면 곧 집을 팔까 해……. 모두 다 처분하고 싶어. 전부다. 나는 자그마한 아파트를 하나 빌리면 돼. 단출하고 실용적인……"이라고 앙투안은 지젤에게 말한다. 그리고 '만약 전쟁이 없었더라면 나는 볼장 다 본 인간이 될 뻔했다'라고 생각하면서 아버지의 유산에 대한 자크의 태도, 금전에 대한 동생의 혐오감이 '옳았다'고 반성한다. 앙투안은 '오늘 같이 있었더라면 우리는 얼마나 서로를 잘 이해했을까!'라고 생각한다. 그는 이후에도 이 말을 여러 번 되풀이한다. 전쟁의 경험으로 이전과는 전혀 다른 사람이 되어 돌아온 것이다.

앙투안은 지젤을 데리고 요양소로 돌아갈 수 있다면 좋겠다고 생각한다. 예전에 그는 지젤에게 다정한 사랑을 품었던 적이 있었다. 그래서 그는 딸기 접시를 가져온 지젤의 손목을 쓰다듬는다. 지젤은 소스라치게 놀란다. 그녀에게 앙투안은 영원히 다정한 오빠에 지나지 않는다. 그러므로 그 커다란 집에서 단둘이 지내는 것도 아무렇지 않은 것이다. 여전히 그녀의 마음속에는 복잡하게 굴절된 형태로 자크가 자리하고 있었다.

지젤과 자크는 이별하였으나 지젤은 그를 잊은 적이 없었다. 제니가 자크의 아이를 낳은 것을 안 뒤에도 잊을 수 없었고, 자크가 비행기 사고로 죽었음이 밝혀진 뒤에도 '이번에도 다시 돌아올 거야'라며 끈질기게 기다렸다. 지젤이 퐁타냉 부인의 병원에 근무하며 제니와 친해진 것도 이 때문이다. 만약 자크가 돌아왔을 때 제니와 친하면 '제삼자로서 그들 생활 속에 끼어들 수 있을 거야'라고 생각한 것이다. 복잡하고 굴절되었다는 것은 이런 면을 말한다. '두 미혼녀가 서로 다정히 지내고 있는 것은 그 마음속에 여러 가지 괴로움이 있기 때문인 것이다! 애정도 틀림없이 있겠지, 그러나 질투심도 분명히 숨겨져 있다. 그리고 증오심도 어느 정도는 깔려 있는 게 틀림없지! 이런 것들이 모두 뒤범벅되어 격렬한 애정처럼 보이는 것이다……'라는 앙투안의 판단은 매우 정확하다.

지젤의 굴절된 애정은 제니뿐만 아니라 자크의 유복자 장 폴에게도 미친다. 장 폴이 젖먹이였을 때, 젖을 물리는 제니를 보고 지젤은 쓰라린 절망과 질투에 휩싸인다. 그러다 어느 날 지젤은 아이에게 자신의 젖을 물린다. 그 일을 죄악으로 느낀 그녀는 고해하고 다시는 같은 행동을 되풀이하지 않았다. 저자가 이렇게 무의식적인 충동의 세계까지 발을 뻗는 것은 이 뿐만이 아니다. 사실은 《티보네 사람들》 전체가 인간 내면의 복잡함을 내포하고 있음을 알아야 한다.

앙투안이 고급 레스토랑에서 뤼멜과 만난 일은, 전쟁터에 있던 자와 총격의 뒤편에 있던 자는 '타협할 수 없는' 먼 거리에 있다는 인식을 확인시켜 주었다. 뤼멜에게 증오를 느낀 앙투안은 그날 밤 신기한 꿈을 꾼다. 그것은 자신이 전쟁 전에 부르주아적인 인식을 가졌던 것에 대한 자기혐오의 마음과 나아가서 어떤 죄책감이 표현된 꿈이었다. 다음날 아침, 앙투안은 메종 라피트를 방문하기 위해 역으로 가서 한 번도 탄 적 없던 3등석 열차표를 산다. 3등석에 탐으로써 '무언가 짜릿한 쾌감'을 느끼는 앙투안은 라셀과의 이별로 슬픔과 사랑을 체득하고 전쟁의 경험을 거쳐, 서민적인 모습을 사랑하는 인간으로 완전히 탈바꿈한 것이다.

메종 라피트를 둘러싼 자연의 모습은 8년 전과 전혀 달라지지 않았지만,

사람들의 모습과 생활은 전혀 달라져 있었다. 티보네 별장은 병원이 되어 있고 퐁타냉 집안의 별장은 병원 직원들의 숙소처럼 변해 있었다.

가장 이해할 수 없는 것은 다니엘의 성격이 변한 것이다. 그는 전쟁터에서 한쪽 다리를 잃었다. 이후 병역을 면제받아 메종 라피트로 돌아온 그는, 마치 '거세당한' 남자처럼 아무런 의욕도 없이 그저 묘하게 다정한 게으름뱅이가 되어있었다. 뒤룩뒤룩 살이 찌고 하루종일 껌을 씹으며, 장 폴의 놀이상대가 되어 '애 딸린 여종업원 보조'라는 자리에 만족하고 있다. 맵시있던 호색한 청년화가로서의 모습은 전혀 발견할 수 없다.

다니엘의 수수께끼 같은 변화를 두고 주변 사람들은 제각각 다르게 해석한다. 니콜은 자기중심적인 자만에서 나온 해석으로, 다니엘이 자신에게 연정을 품고 있지만 가망이 없으므로 절제하는, 어떤 반항의 표현이라는 것이다. 앙투안은 그 의견을 한 귀로 듣고 흘린다. 그러나 니콜의 '우리를 보면 자기 방으로 올라가 버려요'라는 말에는 무언가가 담겨 있다. 여기서 '우리'는 제니나 지젤을 포함한 '여자들'을 말한다. 그리고 니콜의 얼굴을 스케치하던 다니엘이 욕정과 어두운 분노와 치욕, 증오가 담긴 눈으로 보고 있었다는 것 역시 그냥 넘길 수 없는 것이 있다.

제니는 다니엘의 '자만심'이 모든 것의 원인이라고 한다. 다니엘은 '방탕한 생활'을 영위했던 예전과 달리, 지금은 여자들에 대한 '성공'을 포기하지 않으면 안 되는데, 단념하지 못하고 있다는 것이다. 제니가 "오빠는 사회적인 의식을 조금도 가지고 있지 않아요"라고 하자 앙투안은 '자크의 입장에서 오빠를 다루는군' 하면서 못마땅해한다.

퐁타냉 부인은, 남자다운 성격의 다니엘이 부상 때문에 '조국이 침략당하고 위협받고 있는 것을 보고만 있으려니' 슬퍼하는 거라고 한다. 퐁타냉 부인의 의견은 여전히 사물의 본질을 꿰뚫어 보지 못하는 그녀의 지성을 나타냄과 동시에 그녀의 콧대 높은 애국주의 의식을 그대로 나타낸다.

다니엘의 이해할 수 없는 변화는 뒤에 가서 그가 앙투안에게 보낸 편지로 알 수 있게 된다. 그것은 또다시 육체와 정신의 관계라는 복합체로부터 나오는 심도 깊은 수수께끼였던 것이다.

퐁타냉 부인의 변화도 실로 놀랄만한 것이다. 제니의 말을 빌리면, 지난 4년 간 부인은 병원에서 지휘봉을 휘두르며 '일을 꾸미고 결정을 내리며, 남에게 명령하고, 남에게서 존경받고, 남을 부리는 따위의 일에만' 종사했다. 권위주의적인 것에 취미를 붙였다는 것이다. 다정하기만 하던 퐁타냉 부인이 환자들에게 훈계하고, '독일이 패망할 때까지 전쟁은 계속되어야 한다'고 주장하며, 자신과 다른 생각을 하는 사람은 '프랑스인답지 않다'라고 단정 짓는다. 프로테스탄트 가족을 싫어하던 오스카르 티보의 머리글자가 새겨진 안락의자에 위그노인 퐁타냉 부인이 느긋하게 앉아서, 병원경영이나 자신의 책임에 대해 말하는 것을 보며 앙투안은 생각한다.

전쟁은 이런 류의 여성, 이런 연령의 여성들에게 예기치 않았던 행복의 한 형태를 마련해 주었구나. 헌신하고, 공적인 활동을 할 수 있는 기회, 고마워하는 분위기 속에서 지배한다는 즐거움을……

이러한 모친의 일에 대한 제니의 평가는 엄격하다. 제니에게 어머니가 부상병들을 위해서 하고 있는 일은 '간호사 일'이라기보다, 단지 '다시 싸움터로 내보내 죽게 하는 것'이다. 제니는 장 폴을 이런 위험한 환경에서 떼놓을 필요가 있다고 생각한다. 앙투안은 퐁타냉 부인보다 제니의 변화에 놀란다. 그러나 이는, 앙투안이 지금까지 제니를 제대로 알지 못했기 때문이다. 앙투안은 제니의 변화를 부자연스럽고 인위적인 것으로 보고, 장 폴에게 다니엘이나 퐁타냉 부인보다 더 위험한 것은 아닌지 걱정한다. 그러면서도 퐁타냉 부인식의 조국애가 제니의 분노와 힐난보다 더 멀게 느껴짐을 깨닫고 스스로도 놀라워한다. '자크가 살아 있다면 전보다 더 잘 이해해 줄 텐데!'라고 생각하며, 동생을 다시 되돌려 받을 수 없음을 인정할 수밖에 없었다.

장 폴은 옹고집에 가깝도록 성미가 괄괄하고, 자크의 반항적인 성격을 그대로 물려받은 아이다. 죽은 동생에 대한 사랑을 몸서리치도록 느끼는 앙투안에게, 티보의 핏줄을 유일하게 이어 주는 아이의 장래는 큰 관심사임에 틀림없다. '티보 집안다운 정력이군…… 장 폴의 핏속에 흐르는 저 힘은 과연 어떤 형태를 띨 것인가?' 앙투안은 '자기 독립성의 한 조각이라도 남에게 양보하지 않겠다는' 강한 의지를 가진 어린아이를, 깊은 관심을 갖고 바라본다. 장 폴이라는 아이를 통해 티보 집안과 퐁타냉 집안의 피가 하나로 이어진 것이다. 그리고 이 두 집안의 혈통을 이어나갈 사람은 바로 이 아이밖에 없다.

앙투안의 이번 여행 목적 가운데 하나는 옛 은사인 필립 박사의 진찰을 받는 것이었다. 《티보네 사람들》에서 필립 박사는 '늙은 현자'의 위치에 있다. 따라서 박사의 진단 장면은 〈에필로그〉에서 핵심이 되는 부분이다.

박사는 앙투안에게 독가스 공격을 받은 후 나타난 증상에 대해 자세한 설명을 듣는다. 이야기를 들은 박사는 주머니에서 커다란 금시계를 꺼내고 앙투안의 맥박을 잰다. 은사의 이 동작에 앙투안은 정신이 번쩍 든다. 일찍이 박사 슬하에 있을 때, 이 동작이 무슨 뜻인지 그의 입으로 들어 알고 있기 때문이다. 앙투안은 자신을 환자로 맞이한 필립 박사가 절박한 상황이라고 느낀다. 그러나 박사는 쾌활하게 "정식으로 진찰해 보자고" 하며 청진을 시작하여 "뭐, 이런 정도야"라며 태연스레 말을 꺼내어 앙투안의 불안을 잠재운다.

두 사람은 식탁에 둘러앉아 시국과 안느 드 바탱쿠르의 소문을 이야기한다. 앙투안은 처음으로 윌슨에 대한 기대감을 입에 담고, 박사는 "그자는 시리우스 별에 살고 있는 사람이야"라고 말한다. 또 스튀들레의 전후 혁명으로 이어지는 세계연방에 관한 견해를 앙투안이 꺼내자, 박사는 그것도 '꿈'에 지나지 않는다고 한다. 필립 박사와 나란히 비교하면, 앙투안은 윌슨에게 기대를 걸고 세계연방의 꿈에 이끌리는 이상주의자로 보인다. 그만큼 박사는 철저한 현실주의자이다. 《티보네 사람들》의 늙은 현자는 신비한 계시를 내리는 신선이 아니다. 오히려 과학주의의 극단에 있는 냉정한 회의론자이다.

박사는 전쟁이 끝나도 유럽이 평화 속에서 평형을 유지해 갈 수는 없을 것이라고 비관적인 견해를 관철한다. 그리고 "그러한 균형을 다시 얻기까지는 앞으로 수백 년도 더 걸릴 것 같아서야!"라고 한다. 그것은 인간의 본성에 파괴본능이라는 것이 있어서 민주주의나 사회주의가 말하는 이상(이것을 박사는 '현혹되기 쉬운 제목'이라고 하는데)을 내세워도 나중에 가서는 다시금 모든 것에 파산이 결정되어 있고 그때마다 혁명이나 전쟁을 되풀이하게 된다고 했다. 박사가 "수백 년은 걸릴 거야"라고 말한 것은, 인류가 앞으로 우매한 전쟁을 더 치르고도 그 경험으로 좀더 현명한 인간이 되지 않는다면 진정한 평화는 획득할 수 없다는 뜻이며, 20세기의 인간에게는 바랄 수 없다는 뜻의 수백 년이었다.

이런 인간우매론을 설명한 필립 박사는 대체 누구의 대변자인가. 여기서 우리는 〈에필로그〉의 내용이 마지막 페이지에 담긴 이유를, 저자가 이것을 쓴 시대에 맞춰 다각적으로 파악하지 않으면 안 된다. 저자는 이 〈에필로그〉를 1937년부터 2년간 썼다. 1939년은 제2차 세계대전이 일어난 해이다.

마르탱 뒤 가르는 새로운 전란에 돌입하는 상황에 절망하여 체념하고 있었다. 이 와중에 그는 이미 10년 전인 1918년 제1차 세계대전 말기의 유럽을 그렸다. 그는 삶이 얼마 남지 않은 앙투안으로 하여금 국제연맹에 호소하였다. 물론 저자는 국제연맹의 이상이 이미 좌초되었음을 알고 있었다. 여기에 〈에필로그〉가 갖는 패러독스, 작가의 비장한 아이러니가 있다. 〈에필로그〉는 더없이 역설적인 글이다. "자신들이 애써서 이룩한 것을 무너뜨리고 싶어하는 것은, 우리의 본성이 지니고 있는 건설적인 가능성을 제한하는 기본적인 법칙 중의 하나가 아닐까?" 이와 같은 필립 박사의 인간불신의 대사는 저자가 하고 싶어하던 말이다. 필립 박사에게 '늙은 현자'의 역할을 준 것은 이 이유 때문이다. 이 박사의 예언을 〈에필로그〉의 기저에 흐르는 소리와 함께 들으면서 읽지 않으면 이 책을 읽었다고 할 수 없다. 그러나 윌슨의 이상에 희망을 품은 앙투안 최후의 노력을 헛수고라고 생각하는 것은 잘못이다. 수백 년 후라도 좋으니 인류가 순간순간 최선의 노력을 다하여 경험을 쌓고 마침내는 새로운 세계를 열어갔으면 하는 것이 〈에필로그〉에서 희망하는 것이다.

박사의 집을 떠나려던 앙투안은 너무나 익숙한 박사의 얼굴에서 '박사 자신도 알아차리지 못한 고백, 즉 깊은 연민과도 같은 것'을 발견한다. 그것은 '하나의 선고'와 같았다. 앙투안은 은사의 표정 속에서 죽음의 선고를 읽어낸다. 심한 충격을 받고 사이렌이 울리는 밤거리를 비틀거리며 정처 없이 걷지만, '우리 의사들에게는 언제나 한 가지 방책이 주어져 있다. 고통받지 않아도 된다는 것……'이라며 스스로를 위로한다.

〈에필로그〉의 후반부는 남프랑스에 있는 앙투안의 병실을 무대로 하여 '편지'와 '앙투안의 일기'를 다루고 있다. 그리고 그 최초의 '편지'에서 다니엘의 이해할 수 없는 성격 변화에 대한 수수께끼를 알 수 있게 된다. 다니엘은 편지의 첫 문장에서 '나의 넓적다리를 짓이겨 놓은 파편들이 나를 성(性)도 없는 인간으로 만들어 버렸습니다'라고 고백한다. 여자를 정복하는 것을 삶의 보람으로 여겼던 쾌락주의자 다니엘이 진짜로 거세당한 인간이 되고 성의 세계로부터 격리 당한 것이다. 이것으로 다니엘의 이상한 행동에 의문이 풀린다. 그는 여자들을 미워하면서 음험한 욕정으로 바라보았다. 그의 삶은 희망을 잃어버렸다. 그렇기에 단번에 죽은 자크가 부럽기까지 한 것이다. 희망 없는 그의 인생은 자살로 마무리 될 때까지 단지 무의미한 나날을 보내게 될 뿐인 것이다.

〈소년원〉에서 육체의 억압으로 정신이 피폐해졌던 자크의 일을 떠올려 보자. 자크는 억압이 사라지면서 정신을 차릴 수 있었다. 또 알프레다의 배신이 없었다면 메네스트렐은 아무 지장 없이 살아갈 수 있었을 것이다. 그러나 다니엘의 육체적 상실은 죽음밖에 해결책이 없다. 이제 육체와 정신의 관계에서 파생된 문제는 올 데까지 와 있다.

다니엘에게는 그가 원하기만 한다면 긴 삶이 주어져 있었다. 하지만 그는 그 시간이 빨리 끝나기를 바랐다. 그와 반대로 앙투안의 삶은 몇 개월 남아 있지 않았다. 그리고 그는 매일같이 죽음과 사투를 벌이며 더 오래 살고 싶어했다.

제15장은 1918년 5월부터 6월 말까지의 편지로 9통으로 되어 있다. 앙투안은 제니에게 보낸 편지에서 자신의 병에 대해 털어놓으면서, 장 폴을 '중심으로 여러 가지 생각, 미래의 계획을 세운다든가 무엇인가에 희망을 두고 싶은 욕망을' 갖고, 그것을 자신에게 허락되지 않는 미래에 대한 돌파구로 삼고 싶다는 이야기를 하고 있다. 이는 다니엘과 정반대로 얼마 남지 않은 날들을 전력을 다해 살아가려는 마음가짐이다.

일기 쓰는 습관이 없던 앙투안은 문방구에서 사온 노트에 일기를 쓰기 시작한다. 그는 '일기' 외에 자신의 증상을 나날이 상세히 기록하는 '임상기록'도 적는다. '가스중독 환자이면서 동시에 의사인 내가 발병 첫날부터 메모를 한 이 기록들은 과학의 현 단계로 볼 때 이론의 여지가 없는 유익한 임상 관찰의 총체를 이룰 것으로 믿어 의심치 않는다'고 여겼기 때문이었다. (자크도 죽기 전에 세상에 도움을 주고 싶어했다) 이 '일기'와 '임상기록'은 죽음을 목전에 두고 '창조를 통해 나의 삶이 계속되기를 바라는 마음', '나 자신을 후세에 남길 수 있는 어떤 일'에 대한 욕구가 분출한 것이다. 그는 이제 처음으로 티보 씨가 자신의 이름을 여러 곳에 남기고 싶어 하던 마음을 이해하게 된다.

7월 17일, 앙투안은 제니에게 장문의 편지를 쓴다. 그것은 장 폴을 사생아로 키우고 싶지 않았기 때문이었고 재산을 양도하기 위해 제니에게 호적상으로 형식적으로나마 결혼을 허락해 달라는 요청의 편지였다. 이에 대해 제니는 끝끝내 거절하면서 이렇게 말한다. '장 폴은 사생아입니다. 앞으로도 사생아인 채로 있을 겁니다. 그리고 이런 비정상적인 환경 때문에 자크의 아들이 일찍부터 사회와 등져야 한다면 그것도 감수해야겠지요. 아마 자크도 자기 아들이 이보다 더 나은 출발을 하기를 원치는 않았을 겁니다!' 이런 제니의 태도는 그녀의 본디 성격에 자크의 혁명적 의식이 결합되어 자신만의 논리에 도달하게 되었던 것이다. 카뮈는 '용맹한 여자 제니는 미망인으로밖에 영속적인 사랑의 기쁨을 발견하지 못할 것이다. 제니는 참정권론자가 될 자격을 갖춘 여자이다. 죽은 남편의 사상에 충실하고, 기묘한 사랑에서 태어난 아이에게 베푸는 이 한결같은 교육이 이 여자를 살아가게 하기에 충분하다'고 평가하고 있다. 자크와 제니, 이 두 사람은 죽음을 통해 하나가 된 기묘한 커플이었다.

앙투안의 '일기'는 장 폴의 이야기와 매일의 병상과 여러 가지 명상(무슨 명목으로)에 대한 기록, 전쟁의 상세한 추이, 미래 인류에 대한 사색이라는 4가지로 되어있다.

그는 장 폴을 위해 일기를 쓰고 있었다. 앙투안에게 있어서 '그 아이가 태어났다는 것은 기적이다.' 그렇기에 제니와 호적상의 결혼까지 생각한 것이다. 제니의 단호한 거절을 받은 앙투안은 그건 그것대로 훌륭하다고 느낀다. 그러나 장 폴의 미래에 기대를 걸고 있던 그는 모친의 격렬하고 반항적인 인생관이 아이의 장래에 위험하다고 보았다. 그래서 그는 '일기'를 통해 자크가 가진 방향 없는 격렬함에 비판을 가하고 또 이것을 이성적으로 중화시키려고 하였다.

그는 장 폴에게 자신의 본성과 천성이 무엇인지 직시하고 오해가 없도록 충분히 모색하라고 이른다. 그는 전쟁 전 자신의 사고와 행동방식, 부상을 입은 뒤부터 새로운 문제에 맞닥뜨린 자신에 관해 이야기한다. 그리고 과거 자신이 살아온 생활양식과 거기에 순응하는 습관 때문에 가면을 쓴 것처럼 되었다고 털어놓았다. 그 가면이 본디 성질까지 바꾸었지만, 마음을 결정해야 했을 때는 본디의 성격이 반영되었다고 했다. 즉 '진정한 모습'이 있음을 깨달았다는 것이다. '마음을 결정해야 했을 때'란 스스로의 결단에 의해 안락사를 결행하고 있는 자신을 바라보는 것이었다. 그리고 자크에 대해서는 '대부분의 경우 그의 생활의 행동지침이 됐던 것이 깊은 본성(진정한 모습)이었다'라고 하였다. 그것이 자크를 '언제나 변덕스러운 기질과 무모한 행위, 그리고 겉으로 앞뒤 안 맞는 것'처럼 보였다고 지적한다. 여기에서 앙투안과 자크의 삶의 방식에 장단점이 드러난다.

또 앙투안은 장 폴에게 '거짓 사명감을 경계하라'고 충고한다. '네 스승들의 의견이나, 네 주위에서 너를 아끼는 사람들의 의견을 귀담아들을 줄 알아야 한다……. 너 자신의 이익 같은 것은 염두에 두지 말고 어디까지나 성실함을 관철하고, 그것을 명확하고 유용한 것으로 만들어야 한다'라고 당부한다. 여기에는 앙투안의 자신이 잃어버린 생에 대한 뒤늦은 반성이 담겨 있다. '자신이 '누구인가'를 알기 위해서는 오랜 시간을 두고 모색할 필요가 있다', '너의 한계를 넓히도록 노력해라'라는 의견은 제니의 사상과 맞서는 아주 다른 견해로서 그간 잘못 살아온 자신을 비판하고 있는 것이기도 하다.

앙투안이 권하는 모색은, 우유부단과 망설임에 사람을 밀어 넣어 방향을 잃게 할 수도 있다. 그러나 그는 그것을 두려워 말라고 말한다.

이런 여러 가지 모순을 두려워하지 말아라. 이런 것이 불쾌할 수도 있지만 건전한 것일 수도 있다. 내 정신이 이해할 수 없는 모순에 빠져 있을 때야말로 나에게서 늘 달아나려고 하는, 진리에 가장 가까웠던 것으로 나는 생각한다. 만약 내가 '다시 태어날 수 있다'면 어디까지나 '의혹이 지배하는' 분위기에서 태어났으면 한다.

이것은 매우 적극성을 띤 회의적 자세로의 권유이다. 그러므로 이 회의란 것은 사람을 비굴하게 만드는 것이 아니어야 한다. 앙투안은 장 폴에게 '너도 틀림없이 오만해질 것이다. 우리가 그러하니까. 스스로를 인정해라. 이의 없이 오만해라. 겸양이야말로 인간을 작게 만드는 기생충적인 미덕에 지나지 않는다. 허세를 부릴 것도 없고 겸손할 필요도 없다'라고 한다. 그리고 '유능한 사람이 되어야 한다'고 말하고, 현대생활에서 맞닥뜨린 가장 중대한 문제에 접근해 간다.

통설은 경계할 것…… 쉽게 믿어 버리고 싶을 것이다. 그렇게 하는 것이 편리하고, 또한 더할 나위 없이 마음이 편하니까! …… 인간은 앞길이 불확실해 보이면 보일수록 어떻게 해서든지 혼란을 피하기 위해 자기를 안심시켜 주고, 자신을 인도해 줄 만한 기존의 관념을 받아들이기 쉽다. 스스로에게 제기해 보지만 혼자서는 해결할 수 없는 여러 가지 의문에 그럴싸한 대답을 해 주는 것은 모두가 피난처처럼 여겨질 것이 틀림없다. 그 대답이 대다수의 지지를 얻어 믿을 만하게 여겨질 때는 더더욱 그러할 것이다. 그것은 엄청난 위험이다! 맞서라. 모든 슬로건을 거부하여라! 말려들어 가서는 안 된다! 관념론자들이 '같은 패거리'에게 제공하는 나태한 정신적 안락보다는 불확실성에서 오는 번민을 택하도록 해라! 암흑 속에서 홀로 모색하여라. 물론 유쾌한 일은 아니다. 그러나 그로 인한 해는 적다. 가장 나쁜 것은 주위 사람들의 엉뚱한 착오를 순순히 따라가는 데에 있다. 주의하여라! 이 점에 있어서는 너의 아버지를 생각하며 본보기로 삼도록 해라! 고독했던 그의 생활, 늘 불안하고 정착하는 일이 없던 그의 사고야말로 너에게는 스스로에 대한 성실함, 결백함, 용기와 품위의 본보기가 되어야만 한다.

여기에서는 더 어려운 회의로 이어지는 길이 설명되고 있다. 그리고 끝으로 자크를 본받으라고 쓰여 있는데 그것은 제네바의 '본부'에서도 아무하고나 어울리지 않고, 고독 속에서 자신의 절대평화주의 사상을 지키던 자크를 말하는 것이다. 왜냐하면 앙투안이 '통설'이라 이름붙인 이것은 이전에 그자신이 안주하고 긍정하고 있던 체제에서의 안일한 일반적 통념이기도 하며, '같은 패거리'가 나타내는 말처럼 편향적이고 획일적이며 교조주의적 당파 이데올로기라는 뜻이 강하게 나타나기 때문이었다. 자본주의 사회는 병들어 있다. 그러나 특별한 어떤 것이 바로 무슨 주의가 되지는 않을 것이다. 따라서 '슬로건을 거부하여라!', '말려들어가서는 안 된다!'라는 문장으로 표현된 것이다. 그럼 어떻게 하면 좋을까. '되도록 순수한 눈으로 바라보는 것이다.' 의학에서는 특수한 증세가 생길 때마다 생기는 새로운 문제를 해결하기 위해 역시 새로운 치료법을 개발해야 한다. 이처럼 '가치 있는 사람이 되기 위해서는 풍부한 상상력이 필요하다'는 것이다.

앙투안은 전쟁 전부터 몇 번이나 궁금해하였던 '무슨 명목으로'라는 물음에 대한 대답도 모색하고 있다. 인간이 이것을 하고 저것을 하지 않는 것은 어떤 기준에 의한 것인가, 무엇이 이것을 선(善)으로 저것을 악(惡)으로 규정하는 것인가 하는 도덕의 문제였다. 그에게 도덕의식의 근원이란 '지난날의 인간들에 의해 생겨난 것이며 그것을 만들어 낸 목적이 사라진 뒤에도 계속 습관으로 남게 되어, 그런 습관이 세습이라든가 전통에 의해 우리 속에 깊이 뿌리를 내리고 있는 것이다.' 그리고 신은 인간이 만들어 낸 것이므로 신이 명한 도덕적 규제라는 것도 결국 인간이 갖고 있던 것을 신에게 부여한 것이다. 그러면 '본능은 수천 년에 걸쳐 우리에게 이어져 온 것이며, 그리고 우리 인간 사회는 그런 본능에 의해 완성의 길로 나아가고 있다'고 볼 수 있다는 것이다. '지난 15년 동안 나를 지탱해 온 그 정열'도 '살아 있는 것들에게서 가능한 성장, 그리고 어쩌면 무한한 성장에 근거를 둔 신앙'이다. 앙투안은 이렇게 '인간정신은 무한진보'라는 환희에 가득 찬 인식에 다다른다. 그는 창을 통해 거대한 우주가 펼쳐진 아름다운 여름의 밤하늘에 눈길을 던진다.

'끊임없는 리듬으로 인간은 태어났다가 죽어 간다. 일 초에 한 사람씩 태어나니까 일 분에 육십 명이 태어나게 된다. 한 시간에 삼천 명 이상의 갓난아기가 태어나며, 또 그만큼 죽는다! 매년 삼백만 명이 사라지는 것만큼 새 생명이 그 자리를 메운다.' 이 순간 인간 개개인의 생에는 의미가 없다. 그러나 '그들이 품고 있는 환상에서 벗어나 그것을 깨끗이 털어 버린다면 놀랄 만큼 평온함과 활력과 자유로운 느낌을 갖게 될 것이다.' 앙투안은 장 폴에게 이야기한다. "무엇 때문에 살고, 무엇 때문에 일하고, 무엇 때문에 최선을 다하는가?'라는 의문을 너 스스로도 품게 될지 모른다. 여기에는 좀더 적극적인 다른 대답 등을 할 수 있을 것이다.'

무엇 때문에? 과거와 미래 때문이다. 너의 아버지와 너의 아이들 때문이며, 네 스스로가 이어갈 고리 때문이다……. 연속성을 확보하기 위해……

받은 것을 뒤에 오는 사람들에게 전달하기 위해—단, 더 좋게, 더 풍요롭게 전달하기 위해서이다.

이것이 장대한 사색을 거친 끝에 도달한 앙투안의 '무슨 명목으로'에 대한 답이 된다. 개인주의자 앙투안은 이제 인간 공동체로의 연대의식을 스스로 깨닫고 자신이 다하지 못한 책무를 장 폴에게서 이루려고 하는 것이다.

자신이 죽은 뒤의 세상을 위해, 그리고 티보 집안의 피를 이을 장 폴의 미래를 위해 앙투안은 세계가 보다 나아지기를 염원한다. 그래서 승리 없는 평화, 전면적인 무장해제, 국제중재기구인 국제연맹의 구성을 설득하는 월슨의 호소에 공명하게 된다. 필립 박사가 말하였듯이 인간의 본성에는 '파괴본능'이 있다는 것을 앙투안도 역사적 증명에서 알고 있다. 따라서 만약 월슨이 '우리가 바라는 것은 전세계가 순수해지고 그런 세계에서 우리가 살아가는 것이다'라고 한다면, 그의 회의주의는 반발하게 될 것이다. '가장 위험한 정신착란은 모든 것을 자기에게 편리하도록 믿는 것'이기 때문이다. 하지만 인간이 구제 불능이어서 잘못을 되풀이하기 쉽기 때문에 세계의 구조를 조정하는 것이라면, 그것은 '공상'이 아니라 '건전한 판단'이 된다. 그리고 이에 대해 앙투안은 확신을 가지고 있었다. 또한 앙투안은 과거에서 미래에 걸친 인간의 진보를 위한 개개인의 노력, 불행을 줄이려는 노력 자체가 허망한 인간이 이루었고, 또 이루어야 할 일임을 깨닫는다. 전쟁이 끝나면 그 노력을 위한 '하나의 과도기'를 거치게 될 것이다. 왜냐하면 교전국 대부분이 힘에 바닥을 드러내 '전쟁에 지칠 대로 지친 데다가 병기고는 텅 비어 있으니까 그들은 '모든 것'을 새로운 기초 위에 다시 만들어야만 할 것이기' 때문이다.

시간이 흐를수록 전쟁은 어둡고 긴 터널을 지나 빛이 스며드는 출구로 달려가고 있었지만, 앙투안의 병세는 그와 반대로 점차 악화되어 간다. 그는 가끔 옛 연인 라셀을 그리워한다. 그리고 그 사랑이야말로 그가 '걸어온 하찮은 삶 중에서 그래도 가장 흐뭇하게 여기는 것'으로 남게 된다.

그리하여 1918년 11월 18일, 앙투안은 주사기에 손을 뻗는다. '일기'는 그의 온갖 생각이 깃든 '장 폴'의 이름을 마지막으로 끝이 난다.

로제 마르탱 뒤 가르 연보

1881년 3월 23일, 파리 외곽 뇌이쉬르센 시(市) 비노 거리 69번지, 조부의 집에서 로제 마르탱 뒤 가르 출생.

1892년 페늘롱 초등학교에 이어서 콩도르세 중학교. 톨스토이의 《전쟁과 평화》에 심취해 큰 영향을 받음.

1896년 파시에 있는 교수 집에서 하숙.

1897년 장송 드 사이 중학교 통학(수사학). 1차 바칼로레아.

1898년 장송 드 사이(철학). 2차 바칼로레아. 소르본에서 문학학사 과정 준비.

1899년 학사과정 입학시험 실패. 파리 고문서학교(École des Chartes) 입학.

1902년 루앙 39보병연대에서 군복무.

1903년 파리 고문서학교 복학.

1905년 고문서학 학위 취득(〈쥐미에주 수도원의 유적〉에 대한 고고학 학위 논문 제출. 면밀한 자료조사에 입각한 역사기술 방법을 익힘. 이 시기부터 소설 집필에 몰두).

1906년 엘렌 푸코와 결혼. 북아프리카에서 〈성자의 일생 *Une vie de Saint*〉 집필 시작. 파리 프랭탕 거리 1번지 정착.

1907년 〈성자의 일생〉 완성 포기. 파리에서 여러 차례 신경정신과 진찰을 받음. 바르비종 체류. 《생성 *Devenir*》 집필.

1908년 오렌도르프 출판사에서 처녀작 《생성》 자비 출간. 주목을 받지 못 했으나 이후 작품의 극적인 장면에 《생성》의 구성법이 반복적으로 등장함.

1909년 소설 《마리즈 *Marise*》 집필 및 자료수집. 그 뒤 이 작품의 집필을 포기하였으나 이 작품 속의 한 에피소드는 《우리들의 하나 *L'une de Nous*》라는 소설로 베르나르 그라세 출판사에서 출간함. 시골생활을 결심하고 르 베르제 도지에 정착.

1910년 《장 바루아 *Jean Barois*》 집필.

1913년 《장 바루아》 완성. 그라세(Grosset) 출판사에서 거절. 19세기 말에
태어난 장 바루아의 사상편력을 대화체만으로 표현한 희극풍의 3부
로 구성된 소설로, 무신론 자유사상 잡지 〈씨 뿌리는 사람〉에서 간
행, 드레퓌스파로 활약하는 지식인을 주인공으로 하여 사회정의와
신앙의 문제를 다룸. 발표와 동시에 높은 평가를 받고 소설가로서
인정받음. 홀로 작품활동을 하던 그는, 이 작품을 계기로 잡지 〈누
벨 르뷔 프랑세즈 *La Nouvelle Revue Française*〉의 일원으로 참여
하게 되며 지드, 슐룅베르제와 가까워짐. 농촌 소극(笑劇) 《를뢰
영감의 유언 *Le testament du pére Leleu*》 집필. 장 슐룅베르제, 자
크 코포 등과 함께 〈N.R.F.〉에 참여. 갈리마르(Gallimard) 출판사
에서 《장 바루아》 출간.

1914년 시골을 무대로 한 소극 《를뢰 영감의 유언》이 샤를 뒤랭과 지나 바
르비에리에 의해 비외 콜롱비에(Vieux Colombies) 극장에서 공연,
극작가로서의 재능을 발휘함. 제1차 세계대전이 일어남과 동시에
소집되어 이틀 뒤 중사계급으로 수송대에 배치 제1기병대 군수를
담당함. 4년 후 전쟁이 끝날 때까지 이 부대에서 복무함. 이 시기
전장을 전전한 것이 《티보네 사람들 *Les Thibault*》의 밑거름이 됨.

1919년 점령지 라인란트에서 제대. 파리 세르슈 미디 거리 9번지에 정착.
코포와 함께 비외 콜롱비에 극장 재개관을 위해 일함. 부인은 이
극장에서 의상실을 운영. 《일기 *Journal*》를 쓰기 시작, 1948년까지
계속 써 나감.

1920년 《티보네 사람들》 집필 구상. 여러 세대에 거치는 가족사를 묘사하
기 위해 치밀한 계획을 세우고 방대한 자료를 수집함. 《티보네 사
람들》 집필을 위해 르 베르제 도지에서 파리 근교 클레르몽으로
이주.

1922년 《회색 노트》 출간. 《소년원 *Le Pénitencier*》 출간. 포르크를 섬 체
류. 《라 공프르 *La Gonfle*》 초고 집필.

1923년 《아름다운 계절 *La Belle Saison*》 출간.

1924년 이에르 해변 체류.《라 공프르》집필.

1925년 벨렘에 있는 테르트르(Tertre)를 장인에게서 물려받아 개조하여 거주지로 삼음.

1926년 테르트르에 정착해《티보네 사람들》집필에 전념.

1928년 《진찰 *La Consultation*》출간.《라 소렐리나 *La Sorellina*》출간. 시골을 무대로 한 희극《라 공프르》출간.

1929년 《아버지의 죽음 *La Mort du Père*》출간. 다음 권《출범 *l'Appareillage*》준비.

1930년 테르트르에서《출범》에 전념.《아프리카의 비화 *Confidence africaine*》집필.

1931년 테르트르 근교에서 교통사고. 아내와 르망의 한 외과병원에서 두 달 간 입원. 근친상간이 문제가 된 중편소설《아프리카의 비화》출간. 아비뇽 근처 소브테르에서 휴양차 체류. 휴양 중《티보네 사람들》내용을 바꾸고 미발표 부분을 모두 없앰.《침묵자 *Un Taciturne*》집필. 샹젤리제 희극단 단장 루이 주베가 발렌틴 테시에, 뤼시앵 보가에르, 장 르누아르와 함께《침묵자》공연. 호평을 받은 한편 동성애 테마가 물의를 일으킴.

1932년 《침묵자》출간.《출범》집필로 인한 부담과 1920년에 세운 최초의 계획 포기로 인하여《티보네 사람들》집필을 멈춤. 소브테르에서 《오래된 프랑스 *Vieille France*》집필.

1933년 마르세유 근교 카시의 한 호텔에 머물며《티보네 사람들》의 완성을 위한 새로운 계획을 구상하고《1914년 여름 *L'Été 1914*》역사적 문헌자료 조사에 전념.《오래된 프랑스》출간.

1934년 니스(Nice)에 정착.

1935년 니스에서《1914년 여름》제1권 완성.

1936년 《1914년 여름》제2권, 제3권 완성.《1914년 여름》1, 2, 3권 출간. 첫 번째 로마 체류(5주 간)

1937년 두 번째 로마 체류(2달 간) 테르트르에서《티보네 사람들》마지막 권《에필로그》준비. 스웨덴 아카데미가 노벨 문학상을 그의《1914년 여름》에 수여하기로 결정한 소식을 니스에서 들음. 노벨상 수상식 참석차 스톡홀름에 아내와 함께 감.

1938년 스웨덴에서 돌아오면서 유럽 여행. 코펜하겐, 베를린, 드레스덴, 비엔나, 뮌헨 체류. 《에필로그》 집필을 위해 테르트르에서 작업. 《를뢰 영감의 유언》이 테아트르 프랑세 연극 공연 목록에 포함됨. 자크 코포 연출.

1939년 아내와 함께 서인도 제도로 떠남. 마르티니크 섬 포르 드 프랑스 부근에 정착. 《에필로그》 완성. 멕시코 만(灣) 여행. 바르바도스, 트리니다드, 라 구아이라, 카라카스, 큐라소, 포르 리몬, 크리스토발, 파나마를 거쳐 라 마르티니크 섬으로 귀환. 선전포고. 프랑스 서인도 제도간 해상 교통 두절로 유럽으로 직접 돌아오는 것이 불가능해짐. 포르 드 프랑스에서 푸에르토리코, 항공편, 푸에르토리코에서 뉴욕, 여객선편 ; 미국에서 3주 간 체류 ; 뉴욕에서 젠, 이탈리아 여객선편 ; 젠에서 니스, 철도편.

1940년 《에필로그》 출간. 독일 침공. 독일군 도착 전야에 부인과 함께 테르트르를 떠남. 니스에 재정착.

1941년 1870년에 태어나 1950년에 죽은 대령의 생애를 회상형식으로 묘사한 《모모르 대령의 수기 Souvenirs du Colonel de Maumort》를 위한 노트를 시작. 미완성 작품이나 완성된 최초 2부로 판단한 바, 청년의 동성애 문제가 다뤄짐. 이는 작가 자신이 전 생애 동안 숨겨온 성적취향이 반영된 작품으로, 유언에 따라 그의 사후 25년인 1983년에 공개되어 초고 출판됨. 1919년~1949년에 거쳐 쓰여진 《일기》의 간행과 맞물려 주목받음.

1942년 이탈리아 점령하 니스에 체류.

1944년 연합군 상륙에 대비. 독일군이 작성한 혐의자 명단에 그의 이름이 올랐다는 사실을 레지스탕스 친구들이 알려 줌. 니스를 떠나 피자크 근처 로르에 있는 그의 딸네 집으로 피신. 니스로 되돌아옴.

1945년~1949년 겨울은 니스에서 여름은 테르트르에서 보냄.

1949년 11월 28일 니스에서 부인 죽다(시미에 묘지에 매장).

1950년 피에르 에르바르와 함께 영화 시나리오 집필. 《회색노트》와 《소년원》 각색.

1951년 　파리에서 죽음이 임박한 앙드레 지드를 만남. 회상록《앙드레 지드
　　　　에 대한 수기 *Notes sur André Gide*》를 출간.

1952년 　테르트르 체류.《모모르 대령의 수기》의 형식상 문제 재고.

1953년 　건강에 대해 심각하게 우려함. 테르트르에서《모모르 대령의 수기》
　　　　의 에피소드인 〈파산〉 새로운 판 집필.

1954년 　건강 상태 좋지 않음. 11월, 12월 두 달 파스퇴르 병원에 입원.

1955년 　테르트르에서 플레이야드(La Pléiade) 전집 출간을 위한《자전적·
　　　　문학적 회상 *Souvenirs Autobiographiques et Littéraires*》집필. 몇해
　　　　전 그의 벗이 된 알베르 카뮈(Albert Camus) 서문으로 전집 출간.

1958년 　니스에서 매우 고통스러운 생활(류머티즘이 온몸으로 번짐). 앙드
　　　　레 말로, 프랑소와 모리아크, 장 폴 사르트르와 함께 알제리에서의
　　　　고문에 반대하는 글에 서명함. 테르트르로 돌아와 장 들레 교수들
　　　　과 함께 지드, 코포와의 서한집 간행 준비. 8월 15일, 밤에 몸져
　　　　눕다. 그리고 다시는 일어나지 못하다. 22일 밤 8시 45분 먼제 세
　　　　상을 떠난 아내의 친구이자 그의 충실한 협조자였던 마리 루지에와
　　　　프로망 교수가 지켜보는 가운데 심근경색으로 숨을 거둠. 그의 뜻
　　　　에 따라 니스 시미에 묘지 부인 옆에 묻히다. 〈마르탱 뒤 가르에
　　　　경의를 표하며〉라는 제목으로 N.R.F. 특별호 발행되다.

옮긴이 민희식(閔憙植)

경기고 졸업 서울대 졸업 프랑스 스트라스부르대문학박사 성균관대 부교수 이화여대 외
국어교육과 교수 계명대·외국어대학프랑스과 교수 한양대 불문과 교수 한양대도서관장
저서 《프랑스문학사》《법화경과 신약성서》《불교와 서구사상》《토마스복음서와 불교》
《어린왕자의 심층분석》 역서 《현대불문학사》 플로베르 《보바리부인》 지드 《좁은문》 뒤마
피스 《춘희》《한국시집(불역)》 박경리 《토지(불역)》 한말숙 《아름다운 연가(불역)》《김춘
수시집(불역)》 허근욱 《내가 설 땅은 어디냐(불역)》《불문학사예술론》《성서의 뿌리》《행
복에 이르는 길》 프랑스문화공로훈장, 펜번역문학상 수상

World Book 120
Roger Martin du Gard
LES THIBAULTS
티보네 사람들 II
마르탱 뒤 가르/민희식 옮김
1판 1쇄 발행/2010. 8. 15
1판 2쇄 발행/2021. 1. 10
발행인 고정일
발행처 동서문화사
창업 1956. 12. 12. 등록 16-3799
서울 중구 마른내로 144(쌍림동)
☎ 546-0331~6 Fax. 545-0331
www.dongsuhbook.com
잘못 만들어진 책은 바꾸어 드립니다.
*
사업자등록번호 211-87-75330
ISBN 978-89-497-0658-0 04080
ISBN 978-89-497-0382-4 (세트)